Le Robert & Collins

Collège espagnol

conception et direction de l'ouvrage
Martyn BACK

rédaction
Laurence LARROCHE
Marion MARTINEZ
avec
David TARRADAS AGEA

direction artistique et coordination technique
Gonzague RAYNAUD
Maud LAHEURTE

maquette
Sophie COMPAGNE - Catherine VALAT

lecture-correction
Brigitte ORCEL
Anne-Marie LENTAIGNE

informatique éditoriale
Martine KNEBEL

supplément couleurs
Patrick MORIZE

Nouvelle édition 2008

ISBN 978-2-84902-463-8

Le Robert & Collins

Collège espagnol

dictionnaire français-espagnol / espagnol-français

sous la direction de
Martyn Back

Le Robert

AVANT-PROPOS

Apprendre l'espagnol par l'exemple

Le Robert & Collins *Collège* va vous aider à apprendre l'espagnol.

Comme tous les dictionnaires bilingues, il répond à deux questions essentielles : *comment cela se dit ?* et *qu'est-ce que cela veut dire ?*

Mais il répond à ces questions d'une manière nouvelle. Du côté français-espagnol, il présente d'abord les mots **dans des phrases** pour que vous puissiez observer leur fonctionnement. Ensuite, il explique clairement les particularités de la langue espagnole : formes irrégulières, emploi des prépositions, de l'accent écrit, du subjonctif...

Du côté espagnol-français, la présentation est différente, car **l'expression** et **la compréhension** ne font pas appel aux mêmes connaissances. Nous avons tout fait pour faciliter l'accès à l'information et pour vous permettre d'éviter les pièges. Les formes verbales irrégulières, par exemple, sont faciles à repérer grâce à un nouveau système de « clés verbales » : **haber** mais aussi **hay** et **había ; dar** mais aussi **dado** et **doy**. Les tableaux de conjugaison sont présentés à leur place alphabétique dans le corps du dictionnaire, et les particularités importantes ressortent **en couleur**. Enfin les faux amis et autres pièges vous sont clairement signalés tout au long de l'ouvrage.

Pour cette nouvelle édition, nous avons ajouté un **supplément en couleurs** qui présente le vocabulaire de base sous forme de **planches thématiques**.

Nous sommes convaincus que le dictionnaire bilingue – s'il est bien adapté aux besoins de son utilisateur – a son rôle à jouer dans l'apprentissage des langues. Nous espérons que Le Robert & Collins *Collège* saura jouer ce rôle de façon efficace, fiable et conviviale.

Martyn Back
Directeur de l'ouvrage

SYMBOLES EMPLOYÉS DANS CE DICTIONNAIRE

▷	exemple
▶	structure ou locution figée
	information importante
	prononciation
	attention ! faux ami ou piège

A

FRANÇAIS — ESPAGNOL

à

1 ▷ Nous avons passé une semaine à Salamanque.
Pasamos una semana en Salamanca.
▷ Pilar est malade, elle est à l'hôpital.
Pilar está enferma, está en el hospital.

1 (pour parler de l'endroit où on est) **en**

2 ▷ Nous allons à Paris la semaine prochaine.
Iremos a París la semana que viene.
▷ Tu vas à la fête de Lucas ?
¿Vas a ir a la fiesta de Lucas?
▷ Cet après-midi, on va au centre commercial.
Esta tarde vamos a ir al centro comercial.

2 (pour parler de l'endroit où on va) **a**

A et el (el centro comercial) se contractent en al. On ne dit jamais 'a el'.

3 ▷ Je serai devant le cinéma à cinq heures.
Estaré delante del cine a las cinco.
▷ Nous sommes rentrés à une heure du matin.
Volvimos a la una de la madrugada.

3 (pour parler de l'heure) **a + la** *ou* **las...**

On dit a la una (à une heure), mais a las dos (à deux heures), a las tres (à trois heures), etc.

4 ▷ Il a été inventé au vingtième siècle.
Fue inventado en el siglo XX.

4 (pour parler d'une époque) **en**

5 ▷ Gégé a un bleu au bras.
Gégé tiene un cardenal en el brazo.

5 (pour parler d'une partie du corps) **en**

6 ▷ J'ai espagnol de trois à cinq.
Tengo clase de español de tres a cinco.

6 ► de... à... : **de... a...**

7 ▷ Ces chewing-gums sont à moi.
Estos chicles son míos.
▷ Il est à toi, ce stylo ?
¿Es tuyo este boli?
▷ Je ne sais pas si les lunettes sont à elles.
No sé si las gafas son suyas.
▷ Je crois que cette montre est à Karim.
Creo que este reloj es de Karim.

7 Pour dire que quelque chose appartient à quelqu'un :
– **avec le pronom personnel :**
à moi = **mío, mía, míos, mías ;**
à toi = **tuyo, tuya, tuyos, tuyas ;**
à lui, à elle, à vous (vouvoiement), à eux = **suyo, suya, suyos, suyas ;**
à nous = **nuestro, nuestra,**

Suite page suivante

▷ À qui sont ces gants ?
¿De quién son estos guantes?

nuestros, nuestras ;
à vous (tutoiement de plusieurs personnes) = vuestro, vuestra, vuestros, vuestras.

abandonner

▷ Notre voisin a abandonné sa famille.
Nuestro vecino ha abandonado a su familia.

abandonar

Si le complément est une personne ou un groupe de personnes, n'oubliez pas de le faire précéder de ***a****.*

abattre

1 ▷ Les ouvriers vont abattre le chêne.
Los obreros van a talar el roble.
2 ▷ Nous avons abattu le mur.
Hemos derribado la pared.
3 ▷ Les terroristes ont abattu le ministre.
Los terroristas mataron al ministro.

1 (= abattre un arbre) **talar**

2 (= abattre un mur, un avion) **derribar**

3 (= tuer quelqu'un) **matar**

Si le complément est une personne ou un groupe de personnes, n'oubliez pas de le faire précéder de ***a****.*

abeille

▷ Une abeille a piqué Élise au bras.
Una abeja picó a Élise en el brazo.

la **abeja**

abîmer

▷ N'abîme pas mon cahier !
¡No me estropees el cuaderno!

estropear

abonné, abonnée

1 ▷ Je suis abonnée à trois magazines.
Estoy suscrita a tres revistas.

2 ▷ Les abonnés ont droit à des réductions.
Los suscriptores tienen derecho a reducciones.

1 ► **être abonné à** un magazine : **estar suscrito/suscrita a** una revista.

2 ► **un abonné, une abonnée** : **un suscriptor, una suscriptora**

Pour un abonné au téléphone ou à un théâtre, on emploie le mot ***abonado, abonada****.*

abonnement

▷ Je dois renouveler mon abonnement.
Tengo que renovar mi suscripción.

(en parlant d'un magazine) la **suscripción** (pluriel : las suscripciones)

Pour le téléphone ou le théâtre, on dit ***el abono****.*

s'abonner

▷ Je vais m'abonner à « OK Magazine ».
Me voy a suscribir a "OK Magazine".

► **s'abonner** à un magazine : **suscribirse a** una revista.

Le pronom réfléchi fonctionne de la façon suivante en espagnol : ***me*** *suscribo,* ***te*** *suscribes,* ***se*** *suscribe,* ***nos*** *suscribimos,* ***os*** *suscribís,* ***se*** *suscriben.*

Pour le téléphone ou le théâtre, on dit ***abonarse****.*

d'abord

▷ D'abord nous allons sauvegarder le document.
Primero vamos a guardar el documento.

primero

aboyer

▷ Les chiens ont aboyé toute la nuit.
Los perros ladraron toda la noche.

ladrar

abréviation

▷ « AB » est l'abréviation de « assez bien ».
"AB" es la abreviatura de "assez bien".

la **abreviatura**

abri

1 ▷ Ils ont construit un abri dans la forêt.
Construyeron un refugio en el bosque.

1 (= refuge) el **refugio**

2 ▷ L'abri à vélos est derrière le gymnase.
El local para bicicletas está detrás del gimnasio.

2 ► **abri à vélos** : local para bicicletas

3 ▷ Vite, mettez-vous à l'abri !
¡Deprisa, poneros a cubierto!

3 ► **se mettre à l'abri** : **ponerse a cubierto**

Le pronom réfléchi fonctionne de la façon suivante en espagnol : ***me*** *pongo,* ***te*** *pones,* ***se*** *pone,* ***nos*** *ponemos,* ***os*** *ponéis,* ***se*** *ponen.*

4 ▷ Nous étions à l'abri de la pluie.
Estábamos protegidos contra la lluvia.

4 ► **être à l'abri** de quelque chose : **estar protegido contra** algo.

abribus

▷ Je t'attendrai à l'abribus.
Te esperaré en la parada del autobús.

la **parada del autobús** (pluriel : las paradas del autobús)

Remarquez que ***autobús*** *porte un accent écrit qui reflète l'accent tonique.*

abricot

▻ J'adore les abricots.
Me encantan los albaricoques.

el **albaricoque**

s'abriter

▻ Nous ne savions pas où nous abriter de la pluie.
No sabíamos dónde resguardarnos de la lluvia.

resguardarse

*Le pronom réfléchi fonctionne de la façon suivante en espagnol : **me** resguardo, **te** resguardas, **se** resguarda, **nos** resguardamos, **os** resguardáis, **se** resguardan.*

La deuxième syllabe du mot espagnol se prononce /gwar/ *et non* /gar/.

abruti, abrutie

▻ Charles est un vrai abruti !
¡Charles es un auténtico imbécil!

el **imbécil**, la **imbécil** (pluriel : **los imbéciles, las imbéciles**)

*Remarquez que le mot espagnol porte sur le **e** un accent écrit qui reflète l'accent tonique.*

absent, absente

▻ Olivia est absente aujourd'hui.
Hoy Olivia está ausente.

ausente

Attention : le verbe qui traduit être *dans* être absent *est **estar** et non **ser**.*

absolument

1 ▻ Tu es d'accord ? – Absolument !
¿Estás de acuerdo? – ¡Por supuesto!

2 ▻ C'est absolument incroyable.
Es completamente increíble.

1 (= oui) **por supuesto**

2 (= vraiment, totalement) **completamente**

absurde

▻ Tes arguments sont absurdes !
¡Tus argumentos son absurdos!

absurdo, absurda

abuser

1 ▻ N'abuse pas du café.
No abuses del café.

2 ▻ Vraiment, il abuse !
¡Francamente, exagera!

1 ► **abuser de** quelque chose : **abusar de** algo.

2 (= exagérer) **exagerar**

accélérateur

▷ Où se trouve l'accélérateur ?
¿Dónde está el acelerador?

el **acelerador**

Attention : à la différence du français, le mot espagnol ne prend qu'un **c**.

accélérer

▷ La route est droite, tu peux accélérer.
La carretera es recta, puedes acelerar.
▷ Accélère, c'est l'heure de rendre les copies !
¡Apresúrate, que ya es hora de entregar los exámenes!

acelerar

Attention : à la différence du français, le mot espagnol ne prend qu'un **c**.

Pour dire à quelqu'un de se dépêcher, on emploie le mot **apresurarse**.

accent

▷ Stéphane a un très bon accent en espagnol.
Stéphane tiene un acento muy bueno en español.
▷ Elle a l'accent espagnol.
Tiene acento español.
▷ Est-ce qu'il y a un accent sur le e ?
¿La e lleva acento?

el **acento**

Attention : à la différence du français, le mot espagnol ne prend qu'un **c**.

Remarquez que l'article français (**un** très bon accent ; **l'**accent espagnol) *ne se traduit pas : tiene ø muy buen acento ; tiene ø acento español.*

accepter

▷ Ils ont accepté notre offre.
Aceptaron nuestra oferta.
▷ Marc n'acceptera jamais de m'aider.
Marc nunca aceptará ayudarme.

aceptar

Attention : à la différence du français, le mot espagnol ne prend qu'un **c**.

► **accepter de faire** quelque chose : **aceptar hacer** algo.

accident

▷ Il y a eu un accident.
Hubo un accidente.
▷ La sœur de Yann a eu un accident de voiture.
La hermana de Yann ha tenido un accidente de coche.
▷ Le nombre d'accidents de la route a augmenté.
El número de accidentes de tráfico ha aumentado.

el **accidente**

► **accident de voiture : accidente de coche**

► **accident de la route : accidente de tráfico**

accompagner

▷ Tu m'accompagnes jusqu'au village ?
¿Me acompañas hasta el pueblo?

acompañar

Suite page suivante

▷ Il accompagne la chanteuse au piano.
Acompaña a la cantante al piano.

*Si le complément est une personne ou un groupe de personnes, n'oubliez pas de le faire précéder de **a**.*

*Attention : à la différence du français, le mot espagnol ne prend qu'un **c**.*

accord

▷ Les deux pays ont signé un accord.
Los dos países han firmado un acuerdo.
▷ Je suis d'accord.
Estoy de acuerdo.
▷ Ana n'est pas d'accord avec son frère.
Ana no está de acuerdo con su hermano.
▷ Nous nous sommes mis d'accord.
Nos pusimos de acuerdo.
▷ D'accord, je viens avec toi !
¡De acuerdo, voy contigo!

el **acuerdo**

► **être d'accord : estar de acuerdo**

*Attention : le verbe qui traduit « être » dans « être d'accord » est **estar** et non **ser**.*

► **se mettre d'accord : ponerse de acuerdo**

*Le pronom réfléchi fonctionne de la façon suivante en espagnol : **me** pongo, **te** pones, **se** pone, **nos** ponemos, **os** ponéis, **se** ponen.*

► **d'accord ! : ¡de acuerdo!**

accordéon

▷ L'accordéon est un instrument typiquement français.
El acordeón es un instrumento típicamente francés.

▷ Pedro apprend à jouer de l'accordéon.
Pedro aprende a tocar el acordeón.

el **acordeón** (pluriel : los acordeones)

*Attention : à la différence du français, le mot espagnol ne prend qu'un **c**.*

*Il n'y a pas d'accent écrit au pluriel. L'accent tonique porte sur le deuxième **o**, comme au singulier.*

► **jouer de l'accordéon : tocar el acordeón**

accorder

▷ Le professeur nous a accordé deux heures de liberté.
El profesor nos dio dos horas libres.

(= donner) **dar**

accoucher

▷ Elle a accouché hier soir.
Dio a luz anoche.
▷ Sandra a accouché d'un petit garçon.
Sandra dio a luz un niño.

dar a luz

► **accoucher de : dar a luz**

accrocher

▷ Où vas-tu accrocher le tableau ?
¿Dónde vas a colgar el cuadro?
▷ Accroche-le au mur.
Cuélgalo en la pared.

(= suspendre) **colgar**

► **accrocher** quelque chose **à** quelque chose : **colgar** algo **en** algo.

accueil

1 ▷ Merci de votre accueil.
Gracias por su acogida.
2 ▷ Demandez à l'accueil si vous voulez des renseignements.
Pregunte en la recepción si quiere información.

1 (= manière d'accueillir quelqu'un) la **acogida**

2 (= endroit où on peut se renseigner) la **recepción**

*Il n'y a pas d'accent écrit au pluriel. L'accent tonique porte sur le **o**, comme au singulier.*

accueillir

▷ La famille de mon correspondant m'a très bien accueilli.
La familia de mi correspondiente me acogió muy bien.

acoger

accuser

▷ Le prof a accusé Louis d'avoir triché.
El profe acusó a Louis de haber hecho trampas.

► **accuser** quelqu'un **de** + infinitif : **acusar** a alguien **de** + infinitif

*Attention : à la différence du français, le mot espagnol ne prend qu'un **c**.*

achat

▷ Nous avons mis nos achats dans la voiture.
Pusimos las compras en el coche.
▷ Nous irons faire des achats en ville.
Iremos de compras al centro.

► **les achats** : **las compras**

► **faire des achats** : **ir de compras**

acheter

▷ Où est-ce que tu as acheté ton lecteur de DVD ?
¿Dónde has comprado tu lector de DVD?
▷ Je vais lui acheter un livre pour son anniversaire.
Le voy a comprar un libro para su cumpleaños.

▷ Ange s'est acheté un nouveau tee-shirt.
Ange se ha comprado una nueva camiseta.

comprar

► **acheter** quelque chose **à** quelqu'un (en parlant d'un cadeau) : **comprar** algo **a** alguien.
► **s'acheter** quelque chose : **comprarse** algo.

*Le pronom réfléchi fonctionne de la façon suivante en espagnol : **me** compro, **te** compras, **se** compra, **nos** compramos, **os** compráis, **se** compran.*

acide

▷ Cette orange est très acide.
Esta naranja es muy ácida.

ácido, ácida

*Remarquez que le mot espagnol porte sur le **a** un accent écrit qui reflète l'accent tonique.*

acier

▷ Le professeur a expliqué comment l'acier est fabriqué.
El profesor explicó cómo se fabrica el acero.
▷ Cette montre est en acier.
Este reloj es de acero.

el **acero**

► **en acier** : **de acero**

acteur

▷ C'est mon acteur préféré.
Es mi actor preferido.

el **actor**

actif, active

▷ Il n'est pas très actif pour son âge.
No es muy activo para su edad.

activo, activa

action

▷ Tu dois être responsable de tes actions.
Debes ser responsable de tus acciones.
▷ Allez, fais une bonne action, aide-les !
¡Venga, haz una buena acción, ayúdales!
▷ Mon père a acheté des actions.
Mi padre ha comprado acciones.

la **acción** (pluriel : **las acciones**)

*Il n'y a pas d'accent écrit au pluriel. L'accent tonique porte sur le **o**, comme au singulier.*

activité

▷ Il y aura beaucoup d'activités pendant notre séjour.
Habrá muchas actividades durante nuestra estancia.

la **actividad** (pluriel : **las actividades**)

actrice

▷ C'est une très bonne actrice.
Es muy buena actriz.

la **actriz** (pluriel : **las actrices**)

*N'oubliez pas que le **z** devient **c** au pluriel.*

actuel, actuelle

▷ C'est un problème très actuel.
Es un problema muy actual.

actual (pluriel : **actuales**)

▻ À l'époque actuelle, il est important de connaître l'informatique.
En la época actual, es importante saber informática.

Notez que cet adjectif a la même forme au masculin et au féminin en espagnol.

actuellement

▻ Actuellement j'habite à Courbevoie.
Actualmente vivo en Courbevoie.

actualmente

addition

1 ▻ Mon petit frère apprend à faire des additions.
Mi hermano pequeño está aprendiendo a sumar.
2 ▻ L'addition, s'il vous plaît !
¡La cuenta, por favor!

1 ► **faire des additions** (= calcul) : **hacer sumas** *ou* **sumar**
2 (au restaurant) **la cuenta**

admettre

▻ J'admets que j'ai fait une erreur.
Admito que he cometido un error.
▻ Jean-Paul a été admis au club de sports.
Han admitido a Jean-Paul al club de deportes.

admitir
Pour traduire **être admis à**, *on utilise en espagnol une tournure impersonnelle avec la troisième personne du pluriel.*

admirer

▻ Tout le monde admire le prof de physique.
Todo el mundo admira al profesor de física.

admirar
Si le complément est une personne ou un groupe de personnes, n'oubliez pas de le faire précéder de **a**.

adolescent, adolescente

▻ Il n'y a pas beaucoup d'activités pour adolescents.
No hay muchas actividades para adolescentes.

el **adolescente**, la **adolescente**
Attention à bien prononcer séparément le **s** *et le* **c**.

adopter

▻ Caro et Bruno ont adopté un petit Péruvien.
Caro y Bruno han adoptado a un niño peruano.

adoptar
Si le complément est une personne ou un groupe de personnes, n'oubliez pas de le faire précéder de **a**.

adorable

▻ La petite sœur de Mónica est adorable.
La hermanita de Mónica es encantadora.

encantador, encantadora

adorer

▷ J'adore les bandes dessinées !
¡A mí me encantan los cómics!
▷ Pilar adore nager.
A Pilar le encanta nadar.

ℹ **Adorer quelque chose** *se traduit en espagnol par une tournure contenant le verbe* ***encantar****. Le sujet de* ***encantar*** *est la chose ou les choses que l'on adore, c'est pourquoi le verbe peut être au pluriel. Par exemple : me* ***encanta*** *el chocolate / me* ***encantan*** *los cómics ; le* ***encanta*** *el té / le* ***encantan*** *las películas de miedo.*

adresse

▷ J'ai oublié l'adresse de Valérie.
He olvidado la dirección de Valérie.

la **dirección** (pluriel : las **direcciones**)

ℹ *Il n'y a pas d'accent écrit au pluriel. L'accent tonique porte sur le* ***o****, comme au singulier.*

▷ Quelle est ton adresse électronique ?
¿Cuál es tu dirección de correo electrónico?

► **adresse électronique : dirección de correo electrónico**

adresser

1 ▷ La lettre était adressée à mon père.
La carta iba dirigida a mi padre.

1 ► **être adressé à** quelqu'un (en parlant du courrier) : **ir dirigido** *ou* **ir dirigida a** alguien

2 ▷ Il ne nous a pas adressé la parole.
No nos dirigió la palabra.

2 ► **adresser la parole à** quelqu'un : **dirigir la palabra a** alguien

3 ▷ Adressez-vous au gardien.
Diríjase al portero.

3 ► **s'adresser à** quelqu'un (= demander des informations) : **dirigirse a** alguien

adroit, adroite

▷ Pilar est très adroite.
Pilar es muy diestra.

(= habile de ses mains) **diestro, diestra**

adulte

▷ Les adultes ne nous comprennent pas toujours.
Los adultos no siempre nos entienden.
▷ Notre chat n'est pas encore adulte.
Nuestro gato todavía no es adulto.

adulto, adulta

aéroport

▷ Nous avons pris un taxi pour aller à l'aéroport.
Cogimos un taxi para ir al aeropuerto.

el **aeropuerto**

affaire

1 ▷ Six euros le pull ? Tu as fait une bonne affaire !
¿Seis euros por un jersey? ¡Has hecho un buen negocio!

2 ▷ Range tes affaires tout de suite !
¡Ordena tus cosas enseguida!

3 ▷ Qu'est-ce qu'il fait comme métier ? – Il est dans les affaires.
¿En que trabaja? – Se dedica a los negocios.

4 ▷ L'affaire du sang contaminé.
El caso de la sangre contaminada.

1 ► **faire une bonne affaire :** **hacer un buen negocio**

2 **les affaires** (= objets personnels) **:** las **cosas**

3 **les affaires** (= le commerce) **:** los **negocios**

4 (= scandale) el **caso**

affamé, affamée

▷ Les enfants étaient vraiment affamés.
Los niños se morían de hambre.

► **être affamé** (= avoir très faim) **:** **morirse de hambre**

*Le pronom réfléchi fonctionne de la façon suivante en espagnol : **me** muero , **te** mueres, **se*** (singulier) *muere, **nos** morimos , **os** morís, **se*** (pluriel) *mueren de hambre.*

affection

▷ Il ne sait pas exprimer son affection.
No sabe expresar su afecto.

▷ Emmanuelle a beaucoup d'affection pour sa grand-mère.
Emmanuelle le tiene mucho afecto a su abuela.

el **afecto**

*Attention : à la différence du français, le mot espagnol ne prend qu'un **f**.*

► **avoir de l'affection pour** quelqu'un **:** **tenerle afecto a** alguien

*Le pronom complément fonctionne de la manière suivante en espagnol : **me** tiene afecto, **te** tengo afecto, **le** tengo afecto, **nos** tienen afecto, **os** tengo afecto, **les** tengo afecto.*

affectueux, affectueuse

▷ Les chats ne sont pas des animaux très affectueux.
Los gatos no son unos animales muy afectuosos.

afectuoso, afectuosa

*Attention : à la différence du français, le mot espagnol ne prend qu'un **f**.*

affiche

1 ▷ Les partis politiques ont recouvert d'affiches les murs de la ville.
Los partidos políticos han recubierto de carteles los muros de la ciudad.

1 (publicitaire) el **cartel** (pluriel : **los carteles**)

Suite page suivante

2 ▷ Philippe a beaucoup d'affiches dans sa chambre.
Philippe tiene muchos pósteres en su cuarto.

2 (décoratif) el **póster** (pluriel : los pósteres)

afficher

▷ Ana a affiché une photo de l'acteur au mur.
Ana ha colgado una foto del actor en la pared.

(en parlant d'un poster, d'une liste) **colgar**

s'affoler

▷ Ne vous affolez pas, ce n'est pas grave !
¡No perdáis la calma, que no es grave!

perder la calma

affreux, affreuse

▷ Ce bâtiment est affreux.
Este edificio es horrible.
▷ Il fait un temps affreux.
Hace un tiempo horrible.

horrible

Attention à bien prononcer les deux **r**.

affronter

▷ La France affrontera l'Espagne en demi-finale.
Francia se enfrentará a España en la semifinal.

► **affronter** quelqu'un : enfrentarse a alguien

Le pronom réfléchi fonctionne de la façon suivante en espagnol : ***me*** *enfrento ...,* ***te*** *enfrentas ...,* ***se*** (singulier) *enfrenta ...,* ***nos*** *enfrentamos ...,* ***os*** *enfrentáis ...,* ***se*** (pluriel) *enfrentan ...*

afin de, afin que

▷ Je vous interrogerai afin de contrôler votre travail.
Os haré preguntas para comprobar vuestro trabajo.
▷ Il y aura une heure de pause afin que vous puissiez vous reposer.
Habrá una pausa de una hora para que podáis descansar.

► **afin de :** para

► **afin que :** para que

De même qu'en français, ***para que*** *est suivi du subjonctif.*

africain, africaine

▷ J'aime bien la musique africaine.
Me gusta mucho la música africana.
▷ Il y a deux Africains dans ma classe.
Hay dos africanos en mi clase.

africano, africana

S'écrit toujours avec une minuscule, qu'il s'agisse de l'adjectif ou du nom.

Afrique

▷ Je m'intéresse beaucoup à l'Afrique.
Me interesa mucho África.

▷ Ils ont toujours vécu en Afrique.
Siempre han vivido en África.

▷ Il va souvent en Afrique pour son travail.
Va a menudo a África para el trabajo.

▷ Plusieurs élèves viennent d'Afrique du Nord.
Varios alumnos vienen de África del Norte.

África

Ne prend généralement pas d'article.

*Remarquez que le mot espagnol porte sur le **A** un accent écrit qui reflète l'accent tonique.*

► **en Afrique** (= dans le continent) : **en África**

► **en Afrique** (= vers le continent) : **a África**

► **l'Afrique du Nord** : **África del Norte**

agaçant, agaçante

▷ Tu es agaçant avec toutes ces questions !
¡Qué pesado que eres con todas estas preguntas!

(en parlant d'une personne, de l'attitude de quelqu'un) **pesado, pesada**

agacer

▷ Cette émission m'agace, éteins la télé.
Este programa me está irritando, apaga la tele.

irritar

*Si le complément est une personne ou un groupe de personnes, n'oubliez pas de le faire précéder de **a** (le irrita mucho **a** Marta).*

*Attention à bien prononcer les deux **r**.*

âge

▷ L'âge n'est pas important.
La edad no importa.

▷ Quel âge as-tu ?
¿Qué edad tienes?

▷ Elle a quel âge, ta sœur ?
¿Qué edad tiene tu hermana?

la **edad**

âgé, âgée

1 ▷ Ma grand-mère est très âgée.
Mi abuela es muy mayor.

2 ▷ Les jumeaux sont âgés de dix-huit ans.
Los gemelos tienen dieciocho años.

1 (= vieux) **mayor** (pluriel : **mayores**)

2 Pour dire l'âge de quelqu'un, on utilise le verbe **tener** suivi du nombre d'années.

agenda

▷ Je vais noter ton adresse dans mon agenda.
Voy a apuntar tu dirección en la agenda.

la **agenda**

*À la différence du français, le mot espagnol **agenda** est féminin.*

agent (de police)

▻ Il y a un agent *ou* un agent de police devant la mairie.
Hay un guardia delante del ayuntamiento.

el **guardia**

s'aggraver

▻ Nos problèmes s'aggravent.
Nuestros problemas se están agravando.

agravarse

Attention : à la différence du français, le mot espagnol ne prend qu'un ***g****.*

Le pronom réfléchi fonctionne de la façon suivante en espagnol : ***se*** (singulier) *agrava,* ***se*** (pluriel) *agravan.*

agile

▻ Les écureuils sont des animaux très agiles.
Las ardillas son unos animales muy ágiles.

ágil (pluriel : **ágiles**)

Remarquez que le mot espagnol porte sur le ***a*** *un accent écrit qui reflète l'accent tonique.*

agir

▻ Arrêtons de parler et agissons !
¡Dejemos de hablar y actuemos!

(= faire quelque chose) **actuar**

agité, agitée

▻ C'est un élève très agité.
Es un alumno muy agitado.

agitado, agitada

agiter

1 ▻ Vous devez agiter le flacon avant de l'ouvrir.
Tiene que agitar el frasco antes de abrirlo.
▻ Samia agitait les bras pour attirer notre attention.
Samia agitaba los brazos para llamarnos la atención.

2 ▻ Arrête de t'agiter, Ludovic !
¡Deja de moverte, Ludovic!

1 (= remuer) **agitar**

2 s'agiter = **moverse**

Le pronom réfléchi fonctionne de la façon suivante en espagnol : ***me*** *muevo,* ***te*** *mueves,* ***se*** (singulier) *mueve,* ***nos*** *movemos,* ***os*** *movéis,* ***se*** (pluriel) *mueven.*

agneau

▻ Regarde les agneaux dans le champ.
Mira los corderos en el campo.
▻ Hier soir nous avons mangé de l'agneau.
Anoche comimos cordero.

el **cordero**

agrafe

▷ Je n'ai pas d'agrafes, tu peux m'en donner ?
No tengo grapas, ¿me puedes dar algunas?

la **grapa**

agrafer

1 ▷ Sophie a agrafé les deux feuilles de papier.
Sophie grapó las dos hojas de papel.

2 ▷ Je n'arrive pas à agrafer ma jupe.
No consigo abrocharme la falda.

1 (= agrafer des papiers) **grapar**

2 (= agrafer un vêtement) **abrochar**

ℹ *Remarquez la traduction du possessif* (agrafer **ma** jupe) *: c'est le verbe qui prend la marque du possesseur (abrochar**me**), tandis que le complément est simplement précédé de l'article (**la**).*

agrafeuse

▷ Mon agrafeuse est cassée.
Mi grapadora está rota.

la **grapadora**

agrandir

1 ▷ Il faut agrandir la porte.
Hay que agrandar la puerta.

2 ▷ Pouvez-vous agrandir cette photo ?
¿Puede ampliar esta foto?

3 ▷ Le trou s'est agrandi.
El agujero se ha hecho más grande.

1 (= agrandir une ouverture) **agrandar**

2 (= agrandir une photo) **ampliar**

3 ► **s'agrandir** (en parlant d'une ouverture qui s'agrandit) **: hacerse más grande**

agréable

▷ J'ai passé des vacances très agréables en Espagne.
Pasé unas vacaciones muy agradables en España.

agradable

agresser

▷ Un homme a agressé mon père.
Un hombre agredió a mi padre.

▷ Lin s'est fait agresser dans la rue.
Agredieron a Lin en la calle.

agredir

ℹ *Pour traduire* **se faire agresser**, *on emploie en espagnol une tournure à la troisième personne du pluriel* (**Lin s'est fait agresser = *agredieron a Lin* ; ils se sont fait agresser = *les agredieron***).

agressif, agressive

▷ Ne sois pas si agressif !
¡No seas tan agresivo!

agresivo, agresiva

Attention : à la différence du français, le mot espagnol ne prend qu'un ***s****.*

agricole

▷ Ils exportent surtout des produits agricoles.
Exportan sobre todo productos agrícolas.

agrícola

Le mot espagnol se termine par un ***a*** *au masculin (****un producto agrícola****) comme au féminin (****una máquina agrícola****).*

Remarquez que le mot espagnol porte sur le ***i*** *un accent écrit qui reflète l'accent tonique.*

agriculteur, agricultrice

▷ Les agriculteurs ont manifesté dans Paris.
Los agricultores se manifestaron en París.
▷ Mon oncle est agriculteur.
Mi tío es agricultor.

el **agricultor,** la **agricultora**

agriculture

▷ L'agriculture est la principale activité de ce pays.
La agricultura es la principal actividad de este país.

la **agricultura**

aide

▷ Est-ce que tu as besoin d'aide ?
¿Necesitas ayuda?
▷ Tirez un trait à l'aide d'une règle.
Tracen una línea con una regla.

la **ayuda**

► **à l'aide de** quelque chose (= en se servant de quelque chose) **: con** algo

aider

▷ Paula a refusé de m'aider.
Paula se negó a ayudarme.

ayudar

Si le complément est une personne ou un groupe de personnes, n'oubliez pas de le faire précéder de ***a*** *(****ayuda a tu madre*** *=* aide ta mère).

▷ Tu peux m'aider à faire la vaisselle ?
¿Me puedes ayudar a fregar los platos?

► **aider** quelqu'un **à** + infinitif **:** **ayudar** a alguien **a** + infinitif

aïe

▷ Aïe ! Tu me fais mal !
¡Ay! ¡Me haces daño!

¡Ay!

aigle

▻ Il y a un aigle noir dans le ciel.
Hay un águila negra en el cielo.

el **águila**

ℹ *Bien que **águila** soit un nom féminin, les articles qui l'accompagnent au singulier sont toujours au masculin (**el** águila blanca, **un** águila pequeña).*

aigu, aiguë

▻ Benjamin a une voix très aiguë.
Benjamin tiene una voz muy aguda.

agudo, aguda

aiguille

1 ▻ Ma mère a acheté des aiguilles pour coudre ma robe.
Mi madre compró agujas para coserme el vestido.

2 ▻ La grande aiguille de ma montre est cassée.
La manecilla de los minutos de mi reloj está rota.

1 (pour coudre ou tricoter) la **aguja**

2 (= l'aiguille d'une montre) la **manecilla**

► **la grande aiguille** : **la manecilla de los minutos**

► **la petite aiguille** : **la manecilla de las horas**

ail

▻ Il y a trop d'ail dans cette sauce.
Hay demasiado ajo en esta salsa.

el **ajo**

aile

▻ L'oiseau a une aile cassée.
El pájaro tiene un ala rota.
▻ J'étais assise près de l'aile de l'avion.
Estaba sentada cerca del ala del avión.

el **ala**

ℹ *Bien que **ala** soit un nom féminin, les articles qui l'accompagnent au singulier sont toujours au masculin (**el** ala está rota, **un** ala blanca).*

ailleurs

1 ▻ Pedro voudrait vivre ailleurs.
Pedro quisiera vivir en otra parte.

2 ▻ Je n'aime pas ce restaurant, allons ailleurs.
No me gusta este restaurante, vayamos a otro lugar.

3 ▻ Je n'ai pas faim, et d'ailleurs je n'aime pas ça.
No tengo hambre, y además esto no me gusta.

1 (= dans un autre endroit) **en otra parte**

ℹ *On peut dire aussi **en otro sitio** ou **en otro lugar**.*

2 (= vers un autre endroit) **a otro lugar**

ℹ *On peut dire aussi **a otro sitio**.*

3 ► **d'ailleurs** (= de plus) : **además**

Suite page suivante

*Remarquez que le mot espagnol porte sur le deuxième **a** un accent écrit qui reflète l'accent tonique.*

4 ▷ Ah oui, d'ailleurs je voulais t'en parler.
Ah sí, por cierto quería hablarte de ello.

4 ► **d'ailleurs** (= au fait) **: por cierto**

aimable

▷ Madame López a été très aimable avec nous.
La señora López fue muy amable con nosotros.

amable

aimant

▷ J'ai mis des aimants sur le frigo.
He puesto imanes en la nevera.

imán (pluriel : **imanes**)

*Il n'y a pas d'accent écrit au pluriel. L'accent tonique porte sur le **a**, comme au singulier.*

aimer

1 ▷ Est-ce que tu aimes le chocolat blanc ?
¿Te gusta el chocolate blanco?
▷ Pepito aime les chats.
A Pepito le gustan los gatos.
▷ J'aime jouer aux échecs.
Me gusta jugar al ajedrez.
▷ Je n'aime pas le sport.
No me gusta el deporte.
▷ Tu n'aimes pas ce film ?
¿No te gusta esta película?
▷ J'aime les romans de science-fiction.
Me gustan las novelas de sciencia ficción.
▷ Juanjo aime les filles blondes.
A Juanjo le gustan las chicas rubias.

1 Pour dire que l'on apprécie quelque chose, on utilise en espagnol le verbe **gustar** précédé du nom ou du pronom correspondant à la personne : **me gusta...** (j'aime...), **te gusta...** (tu aimes...), **le gusta...** (il aime..., elle aime..., vous aimez... [vouvoiement d'une personne]), **nos gusta...** (nous aimons...), **os gusta...** (vous aimez... [tutoiement de plusieurs personnes]), **les gusta...** (ils aiment..., elles aiment..., vous aimez... [vouvoiement de plusieurs personnes]), **a María le gusta nadar** (María aime nager).

*Si ce que l'on aime est au pluriel, le verbe **gustar** doit en porter la marque : **me gustan**, **le gustan**.*

2 ▷ La jupe bleue n'est pas mal, mais j'aime mieux la verte.
La falda azul no está mal, pero prefiero la verde.

2 ► **aimer mieux** quelque chose **: preferir** algo

3 ▷ J'aimerais acheter des rollers.
Me gustaría comprar rollers.

3 Pour dire ce qu'on **aimerait** faire, on utilise en espagnol le verbe **gustar** au conditionnel, précédé du nom ou du pronom correspondant à la personne : **me gustaría...** (j'aimerais...), **nos gustaría...** (nous aimerions...), **a los chicos les gustaría...** (les garçons aimeraient...).

▷ J'aimerais que tu ranges ta chambre.
Me gustaría que ordenaras tu cuarto.

*Attention à la concordance des temps : lorsque **gustaría** est suivi de **que**, il faut utiliser l'**imparfait du subjonctif** après **que** (me gustaría que **ordenaras** tu cuarto ; nos gustaría que **vinieras** temprano).*

4 ▷ Je crois que Francesca aime Kevin.
Creo que Francesca quiere *ou* **ama a Kevin.**

4 (quand on parle d'amour) **querer** *ou* **amar**

*Le complément est une personne : n'oubliez pas de le faire précéder de **a**.*

aîné, aînée

▷ C'est mon frère aîné.
Es mi hermano mayor.
▷ Comment s'appelle ta sœur aînée ?
¿Cómo se llama tu hermana mayor?
▷ Qui est l'aîné ?
¿Quién es el mayor?
▷ L'aînée a quinze ans.
La mayor tiene quince años.

mayor (pluriel : **mayores**)

Notez que cet adjectif a la même forme au masculin et au féminin en espagnol.

ainsi

▷ Vous devez faire ainsi.
Debe hacer así.
▷ Faites l'exercice 21 ainsi que l'exercice 22.
Haced el ejercicio 21 así como el 22.

(= de cette façon) **así**
► **ainsi que : así como**

*Remarquez que **así** porte sur le **i** un accent écrit qui reflète l'accent tonique.*

air

1 ▷ L'air est très pollué à Paris.
El aire de París está muy contaminado.
2 ▷ Je me souviens de l'air mais pas des paroles.
Me acuerdo de la música pero no de la letra.
3 ▷ Tu as l'air content.
Pareces contento.

1 (= l'air qu'on respire) **el aire**

2 (= l'air d'une chanson) **la música.**

3 ► **avoir l'air** + adjectif : **parecer** + adjectif

aise

1 ▷ Je suis très à l'aise ici.
Me siento muy a gusto aquí.
2 ▷ Charles se sentait mal à l'aise devant tous ces gens.
Charles se sentía incómodo frente a tanta gente.

1 ► **à l'aise : a gusto**
► **être à l'aise : sentirse a gusto**

2 ► **mal à l'aise : incómodo, incómoda**

*Remarquez que les deux adjectifs portent sur le **o** un accent écrit qui reflète l'accent tonique.*

ajouter

▷ Ajouter du sel et du poivre et bien mélanger.
Añadir sal y pimienta y mezclar bien.

añadir

alarme

▷ Heureusement, l'alarme de la voiture s'est déclenchée.
Afortunadamente la alarma del coche se activó.

la **alarma**

album

1 ▷ Montre-nous tes albums photos.
Enséñanos tus álbumes de fotos.

1 ► **album photo : el álbum de fotos** (pluriel : **álbumes de fotos**)

*Remarquez que **álbum** et **álbumes** portent sur le **a** un accent écrit qui reflète l'accent tonique.*

2 ▷ Mes cousins ont beaucoup d'albums de bandes dessinées.
Mis primos tienen muchos cómics.

2 ► **album de bandes dessinées : el cómic**

*Remarquez que le mot espagnol porte sur le **o** un accent écrit qui reflète l'accent tonique.*

alcool

▷ Les enfants ne doivent pas boire d'alcool.
Los niños no deben beber alcohol.
▷ L'infirmière a mis de l'alcool sur la blessure.
La enfermera le puso alcohol en la herida.

el **alcohol**

*Il y a un **h** dans le mot espagnol.*

alcoolique

▷ C'est un alcoolique.
Es un alcohólico.

► **un alcoolique, une alcoolique : un alcohólico, una alcohólica**

*Remarquez que le mot espagnol porte sur le deuxième **o** un accent écrit qui reflète l'accent tonique.*

alcoolisé, alcoolisée

▷ La vente de boissons alcoolisées aux mineurs est interdite.
La venta de bebidas alcohólicas a los menores está prohibida.

alcohólico, alcohólica

*Remarquez que le mot espagnol porte sur le deuxième **o** un accent écrit qui reflète l'accent tonique.*

alentours

▷ Il y a plusieurs magasins aux alentours du lycée.
Hay varias tiendas cerca del instituto.

► **aux alentours de** (un endroit) : **cerca de**

Algérie

▷ Karim prépare un exposé sur l'Algérie.
Karim está preparando una exposición sobre Argelia.
▷ Est-ce que tu sais ce qui se passe en Algérie ?
¿Sabes lo que está pasando en Argelia?
▷ Nous aimerions aller en Algérie.
Nos gustaría ir a Argelia.

Argelia
i *Ne prend généralement pas d'article.*

► **en Algérie** (= dans le pays) : **en Argelia**
► **en Algérie** (= vers le pays) : **a Argelia**
*Attention : dans le mot espagnol, le **l** et le **r** sont inversés par rapport au mot français* (Algérie = *Argelia*).

algérien, algérienne

▷ C'est un chanteur algérien connu.
Es un cantante argelino conocido.
▷ Il y a deux Algériens dans ma classe.
Hay dos argelinos en mi clase.

argelino, argelina
i *S'écrit toujours avec une minuscule, qu'il s'agisse de l'adjectif ou du nom.*

algues

▷ Les rochers sont couverts d'algues.
Las rocas están cubiertas de algas.

las **algas**

aliment

▷ Le pain est un aliment très important en France.
El pan es un alimento muy importante en Francia.

el **alimento**

alimentation

▷ Il y a un magasin d'alimentation au coin de la rue.
Hay una tienda de comestibles en la esquina.

► **magasin d'alimentation : la tienda de comestibles** (pluriel : **tiendas de comestibles**)

allée

1 ▷ Prenez la première allée à gauche.
Tome el primer camino a la izquierda.
2 ▷ Au cinéma, je m'assieds toujours près de l'allée.
En el cine, me siento siempre cerca del pasillo.

1 (= une allée dans un parc) el **camino**
2 (= l'allée du cinéma) el **pasillo**

Allemagne

▷ L'Allemagne fait partie de la zone euro.
Alemania forma parte de la zona euro.

▷ Christine habite en Allemagne.
Christine vive en Alemania.
▷ Mon père est allé en Allemagne pour son travail.
Mi padre fue a Alemania para el trabajo.

Alemania

ℹ *Ne prend généralement pas d'article.*

► **l'Allemagne : Alemania**
► **en Allemagne** (= dans le pays) **:** **en Alemania**
► **en Allemagne** (= vers le pays) **: a Alemania**

allemand, allemande

▷ Valentin a un correspondant allemand.
Valentin tiene un amigo por correspondencia alemán.
▷ Les Allemands aiment aller en vacances au Portugal.
A los alemanes les gusta ir de vacaciones a Portugal.
▷ L'allemand est une langue difficile.
El alemán es un idioma difícil.

alemán, alemana

ℹ *S'écrit toujours avec une minuscule, qu'il s'agisse de l'adjectif ou du nom.*

aller

1 ▷ Nous allons en vacances en mai.
Nos vamos de vacaciones en mayo.
▷ Est-ce que tu es déjà allée en Andalousie ?
¿Has ido alguna vez a Andalucía?

2 ▷ Je vais très bien !
¡Estoy muy bien!
▷ Comment vas-tu ?, Comment ça va ?
¿Qué tal?
▷ Bonjour, comment allez-vous ?
Buenos días, ¿cómo está usted?
▷ Comment vont tes parents ?
¿Qué tal están tus padres?
ou
¿Cómo están tus padres?

3 ▷ Ce pantalon te va vraiment bien.
Estos pantalones te sientan realmente bien.

4 ▷ Allez, dépêche-toi !
¡Venga, date prisa!

1 **ir**

*Le verbe **ir** est toujours suivi de la préposition **a** : **fuimos a los Pirineos*** (nous sommes allés dans les Pyrénées), ***vamos al cine*** (allons au cinéma).

2 *Pour parler de la santé, on emploie le verbe* **estar**.

ℹ *Notez l'expression utilisée pour demander si quelqu'un* **va bien** *: si l'on s'adresse directement à un ami ou un parent, on peut dire **¿qué tal?** ; si l'on s'adresse à quelqu'un de façon plus respectueuse, on dit **¿cómo está usted?** ; si l'on prend des nouvelles de quelqu'un, on peut dire soit **¿cómo está...?*** (singulier) *ou **¿cómo están...?*** (pluriel), *soit, de façon plus familière, **¿qué tal está...?*** (singulier) *ou **¿qué tal están...?*** (pluriel).

3 (pour parler d'un vêtement ou d'une couleur qui va/ne va pas à quelqu'un)
sentar

4 ► **Allez ! : ¡venga!**

5 ▷ Je vais préparer le dîner.
Voy a preparar la cena.
▷ Attention, tu vas tomber !
¡Cuidado, que te vas a caer!

5 Quand **aller** sert à exprimer le futur, on emploie en espagnol **ir a** + infinitif.

6 ▷ Bon, c'est l'heure, je m'en vais.
Bueno, ya es hora, me voy.

6 ► **s'en aller : irse**

ℹ *Le pronom réfléchi fonctionne de la façon suivante en espagnol : **me** voy, **te** vas, **se** (singulier) va, **nos** vamos, **os** vais, **se** (pluriel) van.*

7 ▷ Le retour m'a semblé plus court que l'aller.
El viaje de vuelta me pareció más corto que el viaje de ida.

7 (= trajet) **el viaje de ida** (pluriel : **los viajes de ida**)

8 ▷ Un aller simple pour Meaux, s'il vous plaît.
Un billete de ida para Meaux, por favor.

8 (= billet de train) **el billete de ida** (pluriel : **los billetes de ida**)

allergique

▷ Je suis allergique au lait.
Soy alérgico a la leche.

► **être allergique à** quelque chose : **ser alérgico a** algo

ℹ *Remarquez que **alérgico** porte sur le **e** un accent écrit qui reflète l'accent tonique.*

allô

▷ Allô, Claire ? C'est Thomas.
¿Oiga, Claire? Soy Thomas.
▷ Allô ? Oui, bonjour, comment ça va ?
¿Diga? Sí, hola, ¿qué tal?

ℹ *Il y a deux mots différents en espagnol : quand on appelle quelqu'un, on dit* **¿oiga?**, *et quand on décroche on dit* **¿diga?**

s'allonger

▷ Allonge-toi un moment si tu es fatigué.
Échate un rato si estás cansado.

echarse

ℹ *Le pronom réfléchi fonctionne de la façon suivante en espagnol : **me** echo, **te** echas, **se** (singulier) echa, **nos** echamos, **os** echáis, **se** (pluriel) echan.*

allumer

▷ Allume la lumière, s'il te plaît.
Enciende la luz, por favor.
▷ Si tu allumes le feu maintenant, il va faire trop chaud.
Si enciendes el fuego ahora, hará demasiado calor.

encender

allumette

▷ Ne joue pas avec les allumettes, c'est dangereux.
No juegues con las cerillas, es peligroso.

la **cerilla**

allure

1 ▷ Elle a une drôle d'allure !
¡Tiene un aspecto muy raro!

2 ▷ Pierre conduit toujours à toute allure.
Pierre siempre conduce a toda velocidad.

1 (= apparence) el **aspecto**

2 ► **à toute allure :** a toda velocidad

alors

1 ▷ Il fait beau, alors tu peux jouer dehors.
Hace buen tiempo, entonces puedes jugar fuera.

2 ▷ Alors, qu'est-ce qui se passe ?
Bueno, ¿qué pasa?

3 ▷ Laurent est sorti alors que ses parents n'étaient pas d'accord.
Laurent salió aunque sus padres no estaban de acuerdo.

1 (= par conséquent) **entonces**

2 (pour poser une question) **bueno**

3 ► **alors que :** aunque

Ne confondez pas ***aunque*** + indicatif (= alors que, bien que) *et* ***aunque*** + subjonctif (= même si). *Comparez par exemple :*
quieren salir aunque llueve = ils veulent sortir alors qu'il pleut (il pleut, mais ils veulent sortir quand même).
quieren salir aunque llueva = ils veulent sortir même s'il pleut (il se peut qu'il pleuve, mais ils veulent sortir quand même).

Alpes

▷ J'ai appris à skier dans les Alpes.
Aprendí a esquiar en los Alpes.

► **les Alpes :** los Alpes

*Les noms de montagnes sont masculins en espagnol (****los Alpes****,* ***los Pirineos*** = les Pyrénées, ***los Andes*** = les Andes).

alphabet

▷ Nous apprenons à dire l'alphabet en espagnol.
Estamos aprendiendo a decir el alfabeto en español.

el **alfabeto**

Attention à l'orthographe !

alpinisme

▷ L'alpinisme est un sport difficile.
El alpinismo es un deporte difícil.

el **alpinismo**

altitude

▷ Nous étions à 3 000 mètres d'altitude.
Estábamos a 3 000 metros de altitud.

la **altitud**

amande

▷ J'ai acheté des amandes salées.
Compré almendras saladas.

la **almendra**

ambiance

▷ Il y a une très bonne ambiance au club.
Hay muy bueno ambiente en el club.
▷ Il y a de l'ambiance ici !
¡Hay mucho ambiente aquí!

el **ambiente**

► **il y a de l'ambiance : hay mucho ambiente**

ambulance

▷ Vite, appelle une ambulance !
¡Rápido, llama a la ambulancia!

la **ambulancia**

améliorer

1 ▷ Fatima s'entraîne pour améliorer son service au tennis.
Fatima se entrena para mejorar su servicio en tenis.
2 ▷ Mes résultats en français se sont améliorés.
Mis resultados en francés han mejorado.

1 **mejorar**

2 ► **s'améliorer : mejorar**

amende

▷ Carole a eu une amende de soixante euros.
A Carole le han puesto una multa de sesenta euros.
▷ J'ai eu une amende énorme.
Me han puesto una multa enorme.

la **multa**

ℹ *Remarquez la traduction de* **avoir une amende** *: on emploie en espagnol une expression à la troisième personne du pluriel (**han puesto**), où la personne qui reçoit l'amende est le complément du verbe (**a Carole le...**).*

amener

▷ Tu peux amener ton petit frère si tu veux.
Puedes traer a tu hermano pequeño si quieres.

traer

*Si le complément est une personne ou un groupe de personnes, n'oubliez pas de le faire précéder de **a**.*

amer, amère

▷ Cette orange est vraiment amère.
Esta naranja es muy amarga.

amargo, amarga

américain, américaine

▷ Les grands-parents d'Ariel sont américains.
Los abuelos de Ariel son americanos.
▷ J'ai rencontré un Américain dans le train.
Conocí a un americano en el tren.

americano, americana

ℹ *S'écrit toujours avec une minuscule, qu'il s'agisse de l'adjectif ou du nom.*

Amérique

▷ L'Amérique est un immense continent.
América es un continente inmenso.

América

ℹ *Ne prend généralement pas d'article.*
ℹ *Remarquez que le mot espagnol porte sur le* **e** *un accent écrit qui reflète l'accent tonique.*

▷ Isabelle a vécu en Amérique pendant deux ans.
Isabelle vivió en América durante dos años.
▷ Mon frère va en Amérique pour faire un stage.
Mi hermano va a América para hacer prácticas.
▷ L'Amérique du Nord est une région riche.
América del Norte est una región rica.
▷ Cette musique vient d'Amérique du Sud.
Esta música viene de América del Sur.

► **en Amérique** (= dans le continent) : **en América**
► **en Amérique** (= vers le continent) : **a América**
► **l'Amérique du Nord** : **América del Norte** *ou* **Norteamérica**
► **l'Amérique du Sud** : **América del Sur** *ou* **Sudamérica** *ou* **Suramérica**

ami, amie

1 ▷ Amandine est ma meilleure amie.
Amandine es mi mejor amiga.
2 ▷ Léo est son ami, ils ne sont pas mariés.
Léo es su novio, no están casados.
3 ▷ Mon père a une nouvelle amie.
Mi padre tiene otra novia.

1 (= camarade) el **amigo**, la **amiga**
2 (= petit ami) el **novio**
3 (= petite amie) la **novia**

amitié

▷ L'amitié est quelque chose de très important.
La amistad es algo muy importante.
▷ « Amitiés, Nicolas ».
"Un cordial saludo, Nicolas".

la **amistad**

ℹ *À la fin d'une lettre en espagnol, on écrit* ***un cordial saludo****.*

amour

▷ Ce n'est pas de l'amitié, c'est de l'amour.
No es amistad, es amor.

el **amor**

amoureux, amoureuse

▷ Fabrice est amoureux de Lucille.
Fabrice está enamorado de Lucille.
▷ Il y a un couple d'amoureux sur le banc.
Hay una pareja de enamorados en el banco.

enamorado, enamorada

Attention : le verbe qui traduit être *dans* **être amoureux de** *est* ***estar*** *et non* ***ser****.*

ampoule

1 ▷ Je vais changer l'ampoule de la salle de bains.
Voy a cambiar la bombilla del cuarto de baño.

1 (= ampoule électrique) la **bombilla**

2 ▷ J'ai des ampoules aux pieds.
Tengo ampollas en los pies.

2 (= ampoule aux pieds, aux mains) la **ampolla**

amusant, amusante

▷ Le prof de français raconte des blagues très amusantes.
El profesor de francés cuenta chistes muy graciosos.

gracioso, graciosa

s'amuser

1 ▷ Arrêtez de vous amuser et travaillez !
¡Dejad de divertiros y trabajad!
▷ Richard s'amuse à embêter son frère.
Richard se divierte molestando a su hermano.
▷ On s'est bien amusés avec Mamoud.
Nos lo pasamos muy bien con Mamoud.

1 (= se divertir) **divertirse**

► **s'amuser à** + infinitif : **divertirse** + gérondif

► **bien s'amuser : pasárselo muy bien**

ℹ *Le pronom réfléchi fonctionne de la façon suivante en espagnol :* ***me*** *lo paso bien,* ***te*** *lo pasas bien,* ***se*** (singulier) *lo pasa bien,* ***nos*** *lo pasamos bien,* ***os*** *lo pasáis bien,* ***se*** (pluriel) *lo pasan bien.*

2 ▷ Julienne s'amuse à regarder par la fenêtre.
Julienne se entretiene mirando por la ventana.

2 **s'amuser** (= passer son temps) **à** + infinitif : **entretenerse** + gérondif

an

▷ Nous habitons ici depuis trois ans.
Vivimos aquí desde hace tres años.
▷ J'ai quinze ans.
Tengo quince años.

el **año**

ananas

▷ Cet ananas n'est pas mûr.
Esta piña no está madura.

la **piña**

anchois

▷ Tu aimes les pizzas avec des anchois ?
¿Te gustan las pizzas con anchoas?
▷ Nous avons mangé des anchois grillés.
Comimos boquerones a la plancha.

En espagnol, il existe deux mots différents pour dire **anchois : la anchoa** s'il s'agit d'anchois salés et el **boquerón** (pluriel : **boquerones**) s'il s'agit d'anchois frais ou au vinaigre.

ancien, ancienne

▷ Cette broche est ancienne, elle appartenait à ma grand-mère.
Este broche es antiguo, pertenecía a mi abuela.
▷ J'ai rencontré mon ancien prof de maths.
Me encontré con mi antiguo profesor de matemáticas.

antiguo, antigua

La dernière syllabe du mot espagnol se prononce /gwo/ *et non* /go/.

âne

▷ Il y a beaucoup d'ânes en Grèce.
Hay muchos burros en Grecia.

el **burro**

angine

▷ J'ai été absent parce que j'avais une angine.
Estuve ausente porque tenía anginas.

las **anginas**

Attention ! Pluriel en espagnol !

anglais, anglaise

▷ Je crois que la petite amie de Frédo est anglaise.
Creo que la novia de Frédo es inglesa.
▷ Une Anglaise m'a envoyé un e-mail.
Una inglesa me mandó un correo electrónico.
▷ Yoshi parle très bien anglais.
Yoshi habla muy bien inglés.

inglés (pluriel : ingleses), **inglesa**

S'écrit toujours avec une minuscule, qu'il s'agisse de l'adjectif ou du nom.

*Remarquez que le mot **inglés** porte sur le **e** un accent écrit qui reflète l'accent tonique.*

angle

1 ▷ L'angle du bureau est abîmé.
La esquina de la mesa de despacho está estropeada.
▷ Il y a une pharmacie à l'angle.
Hay una farmacia en la esquina.

1 (= la partie extérieure) la **esquina**

2 ▷ Nous avons placé le piano dans l'angle de la pièce.
Hemos colocado el piano en el rincón de la habitación.

2 (= la partie intérieure) el **rincón**

Angleterre

▷ L'Angleterre est l'un des pays du Royaume-Uni.
Inglaterra es uno de los países del Reino Unido.
▷ J'ai passé trois semaines en Angleterre.
Pasé tres semanas en Inglaterra.
▷ Quand irez-vous en Angleterre ?
¿Cuándo van a ir a Inglaterra?

Inglaterra

Ne prend généralement pas d'article.

► **en Angleterre** (= dans le pays) : **en Inglaterra**

► **en Angleterre** (= vers le pays) : **a Inglaterra**

*Attention à bien prononcer les deux **r** de **Inglaterra**.*

animal

▷ Les tigres sont des animaux dangereux.
Los tigres son animales peligrosos.

el **animal** (pluriel : **los animales**)

animé, animée

▷ La Bastille est un quartier très animé.
La Bastille es un barrio muy animado.
▷ J'adore les dessins animés.
Me encantan los dibujos animados.

animado, animada

anneau

▷ La sœur de Marion a un anneau dans le nez.
La hermana de Marion lleva un anillo en la nariz.

el **anillo**

année

▷ Cette année, nous avons un nouveau prof d'espagnol.
Este año tenemos un nuevo profesor de español.
▷ L'année scolaire commence en septembre.
El curso escolar empieza en septiembre.
▷ Bonne année !
¡Feliz año nuevo!

el **año**

► **l'année scolaire : el curso escolar**

Pour souhaiter **bonne année** *à quelqu'un en espagnol, on dit* ***¡Feliz año nuevo!***

anniversaire

1 ▷ Bon anniversaire, Amelia !
¡Feliz cumpleaños, Amelia!
2 ▷ C'est l'anniversaire de mariage de mes parents.
Es el aniversario de boda de mis padres.

1 (= l'anniversaire d'une personne) el **cumpleaños**

2 (= l'anniversaire d'un mariage ou d'un événement) el **aniversario**

Remarquez que ***aniversario*** *est la traduction du deuxième sens seulement. Le sens le plus courant est traduit par* ***cumpleaños****.*

annonce

▷ Tu as vu l'annonce pour la console de jeux ?
¿Has visto el anuncio para la consola de juegos?
▷ Ma mère lit toujours les petites annonces.
Mi madre siempre lee los anuncios por palabras.

el **anuncio**

Attention : à la différence du français, le mot espagnol ne prend qu'un ***n****.*

► **les petites annonces : los anuncios por palabras**

annoncer

▷ Le proviseur annoncera les résultats demain.
El director anunciará los resultados mañana.

anunciar
Attention : à la différence du français, le mot espagnol ne prend qu'un ***n****.*

annuaire

▷ Cherche le numéro de Stéphane dans l'annuaire.
Busca el número de Stéphane en la guía telefónica.

la **guía telefónica** (pluriel : las guías telefónicas)
Remarquez que les deux mots espagnols portent un accent écrit qui reflète l'accent tonique.

annuler

▷ Le voyage à Madrid a été annulé.
El viaje a Madrid ha sido anulado.

anular
Attention : à la différence du français, le mot espagnol ne prend qu'un ***n****.*

anorak

▷ Mets un anorak pour sortir dans la neige.
Ponte un anorak para salir a la nieve.

el **anorak** (pluriel : los anoraks)

antenne

▷ L'antenne de la radio est cassée.
La antena de la radio está rota.
▷ Il y a une antenne parabolique sur le toit.
Hay una antena parabólica en el tejado.

la **antena**
Attention : à la différence du français, le mot espagnol ne prend qu'un ***n****.*

antibiotique

▷ Le docteur m'a prescrit des antibiotiques.
El médico me recetó antibióticos.

el **antibiótico**
Remarquez que le mot espagnol porte sur le premier ***o*** *un accent écrit qui reflète l'accent tonique.*

antillais, antillaise

▷ Nous avons mangé dans un restaurant antillais.
Comimos en un restaurante antillano.
▷ Sandra a épousé un Antillais.
Sandra se ha casado con un antillano.

antillano, antillana
S'écrit toujours avec une minuscule, qu'il s'agisse de l'adjectif ou du nom.

Antilles

▻ Les Antilles sont un groupe d'îles aux Caraïbes.
Las Antillas son un grupo de islas en el Caribe.
▻ Ils habitent aux Antilles.
Viven en las Antillas.
▻ Est-ce que tu aimerais aller aux Antilles ?
¿Te gustaría ir a las Antillas?

► **les Antilles : las Antillas**
► **aux Antilles** (= dans l'archipel) **: en las Antillas**
► **aux Antilles** (= vers l'archipel) **: a las Antillas**

antipathique

▻ La copine d'Hervé est vraiment antipathique.
La novia de Hervé es realmente antipática.

antipático, antipática
*Remarquez que le mot espagnol porte sur le **a** un accent écrit qui reflète l'accent tonique.*

antivol

▻ N'oublie pas de mettre l'antivol sur ton vélo.
No olvides poner el antirrobo en la bici.

antirrobo
*Attention à bien prononcer les deux **r** de **antirrobo**.*

août

▻ Il fait très chaud en août.
Hace mucho calor en agosto.
▻ Nous partons le 15 août.
Nos vamos el quince de agosto.

agosto
*Notez l'emploi de **de** en espagnol quand on dit la date.*

apercevoir

1 ▻ J'ai aperçu le maire dans le métro.
Vi al alcalde en el metro.

2 ▻ Je ne m'étais pas aperçu de la différence.
No me había dado cuenta de la diferencia.
▻ Tu t'es aperçue que Simon n'était pas là ?
¿Te diste cuenta de que Simon no estaba?
▻ Je ne m'en suis pas aperçu.
No me di cuenta.

1 (= voir brièvement) **ver**
*Si le complément est une personne ou un groupe de personnes, n'oubliez pas de le faire précéder de **a**.*

2 ► **s'apercevoir de** quelque chose **: darse cuenta de** algo
► **s'apercevoir que : darse cuenta de que**
Attention à la préposition :
s'apercevoir que = *darse cuenta **de** que*
*Le pronom réfléchi fonctionne de la façon suivante en espagnol : **me** doy cuenta, **te** das cuenta, **se*** (singulier) *da cuenta, **nos** damos cuenta, **os** dais cuenta, **se*** (pluriel) *dan cuenta.*

apéritif

▷ Voulez-vous un apéritif ?
¿Le apetece un aperitivo?
▷ Venez prendre l'apéritif.
Venid a tomar el aperitivo.

(= boisson) el **aperitivo**
► **prendre l'apéritif : tomar el aperitivo**

aplati, aplatie

▷ Les gâteaux sont tout aplatis.
Los pasteles están completamente aplastados.

(= écrasé) **aplastado, aplastada**

apparaître

▷ Un ballon est apparu dans le ciel.
Un globo apareció en el cielo.

aparecer
*Attention : à la différence du français, le mot espagnol ne prend qu'un **p**.*

appareil

1 ▷ Eulalie a eu un appareil photo pour Noël.
A Eulalie le regalaron una cámara fotográfica para Navidad.

1 ► **appareil photo : la cámara fotográfica** (pluriel : **las cámaras fotográficas**)
Remarquez que les deux mots espagnols portent un accent écrit qui reflète l'accent tonique.

2 ▷ Les robots ménagers sont des appareils très utiles.
Los robots de cocina son unos aparatos muy útiles.

2 (électrique) el **aparato**

3 ▷ Nicolás porte un appareil dentaire.
Nicolás lleva un aparato corrector.

3 ► **appareil dentaire : el aparato corrector** (pluriel : **los aparatos correctores**)
*Attention à bien prononcer les deux **r** de **corrector**.*

4 ▷ Bonjour ! Jérôme à l'appareil.
¡Hola! Soy Jérôme.

4 Pour dire son nom quand on parle au téléphone, on utilise le verbe **ser**.

apparemment

▷ Apparemment, ils sont arrivés en retard.
Al parecer llegaron con retraso.

al parecer

appartement

▷ Anne et Jean-François ont acheté un appartement en banlieue.
Anne y Jean-François han comprado un piso en las afueras.

el **piso**
__Piso__ veut aussi dire étage.

appartenir à

▻ Cette voiture appartient à mon frère.
Este coche pertenece a mi hermano.

► **appartenir à** quelqu'un : **pertenecer a** alguien

appel

1 ▻ Il y a eu trois appels pour toi cet après-midi.
Ha habido tres llamadas para ti esta tarde.

2 ▻ Le prof fait toujours l'appel au début du cours.
El profesor siempre pasa lista al empezar la clase.

1 (= appel au téléphone) la **llamada**

2 ► **faire l'appel : pasar lista**

appeler

1 ▻ Le dîner est prêt, appelle ta sœur.
La cena está lista, llama a tu hermana.
▻ Nous allons appeler le bébé Thomas.
Vamos a llamar al bebé Thomas.
▻ Tu peux m'appeler ce soir, je serai chez moi.
Me puedes llamar esta noche, estaré en casa.

2 ▻ Comment tu t'appelles ?
¿Cómo te llamas?
▻ Je m'appelle Gabriel.
Me llamo Gabriel.
▻ Cet outil s'appelle un tournevis.
Esta herramienta se llama un destornillador.
▻ Comment s'appelle ce truc en espagnol ?
¿Cómo se llama este chisme en español?

1 **llamar**
Si le complément est une personne ou un groupe de personnes, n'oubliez pas de le faire précéder de ***a****.*

2 ► **s'appeler : llamarse**
Le pronom réfléchi fonctionne de la façon suivante en espagnol : ***me*** *llamo,* ***te*** *llamas,* ***se*** (singulier) *llama,* ***nos*** *llamamos,* ***os*** *llamáis,* ***se*** (pluriel) *llaman.*

appétit

▻ Tu as bon appétit !
¡Tienes buen apetito!

▻ Bon appétit !
¡Buen provecho!

el **apetito**
Attention : à la différence du français, le mot espagnol ne prend qu'un ***p****.*
Pour souhaiter **bon appétit** *à quelqu'un en espagnol, on utilise non pas le mot* ***apetito*** *mais le mot* ***provecho****.*

applaudir

▻ Toute la classe a applaudi Thierry.
Toda la clase aplaudió a Thierry.
▻ Elles ont applaudi très fort.
Aplaudieron mucho.

aplaudir
Si le complément est une personne ou un groupe de personnes, n'oubliez pas de le faire précéder de ***a****.*
Attention : à la différence du français, le mot espagnol ne prend qu'un ***p****.*
Attention à bien prononcer séparément le ***a*** *et le* ***u*** *de la deuxième syllabe.*

s'appliquer

▻ Applique-toi quand tu écris !
¡Aplícate al escribir!

aplicarse

*Le pronom réfléchi fonctionne de la façon suivante en espagnol : **me** aplico, **te** aplicas, **se** (singulier) aplica, **nos** aplicamos, **os** aplicáis, **se** (pluriel) aplican.*

apporter

1 ▻ Apporte-moi le journal, s'il te plaît.
Tráeme el periódico, por favor.

2 ▻ Je lui ai apporté son petit-déjeuner au lit.
Le llevé el desayuno a la cama.

1 ► **apporter** quelque chose **à** quelqu'un (lorsque le mouvement s'effectue vers la personne qui parle) : **traer** algo **a** alguien

2 ► **apporter** quelque chose **à** quelqu'un (lorsque le mouvement s'éloigne de la personne qui parle) : **llevar** algo **a** alguien

apprécier

▻ Je n'apprécie pas beaucoup le frère de Laure.
No me gusta mucho el hermano de Laure.
▻ J'apprécie les gens honnêtes.
Me gustan las personas honestas.
▻ Juanjo apprécie les choses bien faites.
A Juanjo le gustan las cosas bien hechas.

Pour dire que l'on apprécie quelque chose, on utilise en espagnol le verbe **gustar** précédé du nom ou du pronom correspondant à la personne. Pour plus d'informations, regardez le verbe **aimer**.

apprendre

1 ▻ J'apprends le russe.
Estoy aprendiendo ruso.
▻ Marion aimerait apprendre à nager.
A Marion le gustaría aprender a nadar.

2 ▻ Pedro nous apprend l'espagnol.
Pedro nos está enseñando español.
▻ Ma tante m'a appris à faire du vélo.
Mi tía me enseñó a montar en bici.

3 ▻ Comment as-tu appris son arrivée ?
¿Cómo te enteraste de su llegada?
▻ Nous avons appris que tu étais malade.
Nos enteramos de que estabas enfermo.

1 (= étudier) **aprender**
► **apprendre à** faire quelque chose : **aprender a** hacer algo

*Attention : à la différence du français, le mot espagnol ne prend qu'un **p**.*

2 (= enseigner) **enseñar**
► **apprendre** à quelqu'un **à faire** quelque chose : **enseñar a** alguien **a** hacer algo

3 (quand on parle d'une nouvelle) **enterarse de** algo

*Notez la préposition utilisée en espagnol devant la subordonnée : apprendre que = enterarse **de** que.*

*Le pronom réfléchi fonctionne de la façon suivante en espagnol : **me** entero, **te** enteras, **se** (singulier) entera, **nos** enteramos, **os** enteráis, **se** (pluriel) enteran.*

approcher

1 ▷ Approchez vos chaises.
Acerquen sus sillas.
▷ Approche la lampe du fauteuil.
Acerca la lámpara a la butaca.

2 ▷ Approche-toi, je ne te vois pas bien.
Acércate, que no te veo bien.
▷ Les bateaux s'approchaient de la côte.
Los barcos se acercaban a la costa.

1 ► **approcher** quelque chose : **acercar** algo

Attention à la préposition : approcher quelque chose de = *acercar algo* ***a***.

2 ► **s'approcher : acercarse**

Le pronom réfléchi fonctionne de la façon suivante en espagnol : ***me*** *acerco,* ***te*** *acercas,* ***se*** (singulier) *acerca,* ***nos*** *acercamos,* ***os*** *acercáis,* ***se*** (pluriel) *acercan.*

Attention à la préposition : s'approcher **de** = *acercarse* ***a***.

appuyer

1 ▷ Surtout, n'appuie pas sur ce bouton !
¡Sobre todo no aprietes este botón!

2 ▷ Appuie sur la sonnette quand tu arriveras.
Toca el timbre cuando llegues.

3 ▷ Ne vous appuyez pas sur le portail, la peinture est fraîche.
No se apoyen en el portal, la pintura está fresca.

1 ► **appuyer sur** quelque chose (avec le doigt) : **apretar** algo

2 ► **appuyer sur** la sonnette : **tocar** el timbre

3 ► **s'appuyer sur** quelque chose : **apoyarse en** algo

Le pronom réfléchi fonctionne de la façon suivante en espagnol : ***me*** *apoyo,* ***te*** *apoyas,* ***se*** (singulier) *apoya,* ***nos*** *apoyamos,* ***os*** *apoyáis,* ***se*** (pluriel) *apoyan.*

Attention à la préposition : s'appuyer **sur** = *apoyarse* ***en***.

après

1 ▷ Je viendrai chez toi après l'école.
Iré a tu casa después de las clases.

2 ▷ Demande la permission à tes parents et téléphone-moi après.
Pídeles permiso a tus padres y llámame después.
▷ Et après, qu'est-ce qui s'est passé ?
Y después ¿qué pasó?

3 ▷ D'après Isa, c'est un très bon film.
Según Isa, es una muy buena película.
▷ D'après moi c'est Bernard qui a raison.
Para mí es Bernard quien tiene razón.

1 **después de**

2 (= ensuite) **después**

Remarquez que le mot espagnol porte sur le ***e*** *un accent écrit qui reflète l'accent tonique.*

3 ► **d'après... : según...**

Remarquez que le mot espagnol porte sur le ***u*** *un accent écrit qui reflète l'accent tonique.*

Suite page suivante

ℹ **D'après moi** *et* **d'après nous** *se traduisent respectivement par* ***para mí*** *ou* ***a mi juicio*** *et* ***para nosotros*** *ou* ***a nuestro juicio****.*

après-demain

▷ Nous allons au zoo après-demain.
Vamos al zoo pasado mañana.

pasado mañana

après-midi

▷ L'après-midi est passée très vite.
La tarde pasó muy rápido.

▷ Je viendrai dans l'après-midi.
Vendré por la tarde.

▷ Nous n'allons pas à l'école le mercredi après-midi.
No vamos a clase el miércoles por la tarde.

▷ À trois heures de l'après-midi.
A las tres de la tarde.

la **tarde**

ℹ *Notez l'emploi de* ***por*** *en espagnol pour dire* **dans l'après-midi** *ou quand on parle d'un jour de la semaine.*

arabe

▷ Plusieurs pays arabes produisent du pétrole.
Varios países árabes producen petróleo.

▷ Ma tante a épousé un Arabe.
Mi tía se ha casado con un árabe.

▷ Suzanne apprend l'arabe.
Suzanne está aprendiendo árabe.

árabe

ℹ *S'écrit toujours avec une minuscule, qu'il s'agisse de l'adjectif ou du nom.*

ℹ *Remarquez que le mot espagnol porte sur le premier* ***a*** *un accent écrit qui reflète l'accent tonique.*

araignée

▷ Ben a peur des araignées.
Ben tiene miedo de las arañas.

la **araña**

arbre

▷ Il y a beaucoup d'arbres dans le jardin.
Hay muchos árboles en el jardín.

el **árbol** (pluriel : **los árboles**)

ℹ *Remarquez que le singulier et le pluriel portent sur le* ***a*** *un accent écrit qui reflète l'accent tonique.*

▷ Nous allons décorer l'arbre de Noël.
Vamos a decorar el árbol de Navidad.

► **arbre de Noël** : **árbol de Navidad**

arc

▷ Les Indiens chassaient avec des arcs et des flèches.
Los indios cazaban con arcos y flechas.

el **arco**

arc-en-ciel

▷ Regarde, un arc-en-ciel !
Mira, ¡un arco iris!

el **arco iris** (pluriel : **los arcos iris**)

architecte

▷ Ma mère est architecte.
Mi madre es arquitecta.

el **arquitecto,** la **arquitecta**

arête

▷ Ce poisson est plein d'arêtes.
Este pescado está lleno de espinas.

la **espina**

argent

1 ▷ Monsieur Perret gagne beaucoup d'argent.
El señor Perret gana mucho dinero.
▷ Je reçois sept euros d'argent de poche par semaine.
Me dan siete euros de paga por semana.

2 ▷ L'argent est moins cher que l'or.
La plata es menos cara que el oro.
▷ Mélanie a une belle bague en argent.
Mélanie tiene un precioso anillo de plata.

1 ► **l'argent** (= les sous) **:** el **dinero**
► **argent de poche** (que donnent les parents) **:** la **paga**

2 (= métal) la **plata**
► **en argent :** **de plata**

arme

▷ Les armes sont interdites au lycée.
Las armas están prohibidas en el instituto.

el **arma**
ℹ *Bien que* ***arma*** *soit un nom féminin, les articles qui l'accompagnent au singulier sont toujours au masculin (**el** arma blanca, **un** arma química, las armas blanca**s**).*

armée

▷ Le frère de Raoul est dans l'armée.
El hermano de Raoul está en el ejército.

el **ejército**
ℹ *Remarquez que le mot espagnol porte sur le deuxième* ***e*** *un accent écrit qui reflète l'accent tonique.*

armoire

▷ Ton tee-shirt est dans l'armoire.
Tu camiseta está en el armario.

el **armario**

arracher

▷ Sonia a arraché trois pages de son cahier.
Sonia arrancó tres páginas de su cuaderno.
▷ Le dentiste m'a arraché une dent.
El dentista me arrancó una muela.
▷ Le voleur a arraché le sac de la dame.
El ladrón le arrancó el bolso a la señora.

arrancar

*Attention à bien prononcer les deux **r** de **arrancar**.*

arranger

1 ▷ Pas de problème, ma mère a tout arrangé.
No hay ningún problema, mi madre lo ha arreglado todo.
2 ▷ Ça ne m'arrange pas de partir à six heures.
No me viene bien salir a las seis.
3 ▷ Ne t'inquiète pas, tout va s'arranger.
No te preocupes, todo se arreglará.

1 (= résoudre ou réparer) **arreglar**

*Attention à bien prononcer les deux **r** de **arreglar**.*

2 ► **arranger** quelqu'un (= convenir) : **venir bien a** alguien

3 ► **s'arranger** (= se résoudre, s'améliorer) : **arreglarse**

*Le pronom réfléchi fonctionne de la façon suivante en espagnol : **se** (singulier) arregla, **se** (pluriel) arreglan.*

arrêt

1 ▷ Je descends au prochain arrêt.
Me bajo en la próxima parada.
▷ Où est l'arrêt d'autobus le plus proche ?
¿Dónde está la parada de autobús más cercana?
2 ▷ Le bébé pleure sans arrêt.
El bebé llora todo el tiempo.

1 (dans les transports) **parada**
► **arrêt d'autobus : parada de autobús** (pluriel : **paradas de autobús**)

*Remarquez que le mot **autobús** porte sur le **u** un accent écrit qui reflète l'accent tonique.*

2 ► **sans arrêt : todo el tiempo**

arrêter

1 ▷ Arrête, tu m'énerves !
¡Para, que me estás poniendo nervioso!
▷ Arrêtez de vous plaindre !
¡Dejad de quejaros!
▷ La voiture s'est arrêtée devant la poste.
El coche se paró delante de la oficina de correos.
▷ Il s'est arrêté de rire quand il a vu ma tête.
Dejó de reír cuando vio la cara que ponía.

1 **parar**

► **arrêter de faire** quelque chose : **dejar de hacer** algo
► **s'arrêter : pararse**

*Le pronom réfléchi fonctionne de la façon suivante en espagnol : **me** paro, **te** paras, **se** (singulier) para, **nos** paramos, **os** paráis, **se** (pluriel) paran.*

► **s'arrêter de faire** quelque chose : **dejar de hacer** algo

2 ▷ La police a arrêté le voleur.
La policía detuvo al ladrón.

2 (un coupable, un voleur) **detener**

Si le complément est une personne ou un groupe de personnes, n'oubliez pas de le faire précéder de ***a****.*

arrière

▷ L'arrière de la voiture est abîmé.
La parte de atrás del coche está estropeada.
▷ Asseyez-vous à l'arrière.
Siéntese en la parte de atrás.
▷ Ne te penche pas en arrière, tu vas tomber.
No te eches para atrás, que te vas a caer.

► **l'arrière : la parte de atrás**

► **à l'arrière : en la parte de atrás**

► **se pencher en arrière : echarse para atrás**

Le pronom réfléchi fonctionne de la façon suivante en espagnol : ***me*** *echo,* ***te*** *echas,* ***se*** (singulier) *echa,* ***nos*** *echamos,* ***os*** *echáis,* ***se*** (pluriel) *echan.*

▷ J'ai dû revenir en arrière.
Tuve que volverme para atrás.
▷ Le siège arrière est tout sale.
El asiento trasero está todo sucio.

► **revenir en arrière : volverse para atrás**

► **le siège arrière : el asiento trasero**

Remarquez que le mot ***atrás*** *porte sur le deuxième* ***a*** *un accent écrit qui reflète l'accent tonique.*

arriver

1 ▷ Le train arrive à Fécamp à 15 h 30.
El tren llega a Fécamp a las tres y media.
▷ Ah, la voilà qui arrive !
Ah, ¡ahí llega!
▷ Ses cheveux lui arrivent aux épaules.
El pelo le llega a los hombros.

1 **llegar**

2 ▷ Qu'est-ce qui est arrivé ?
¿Qué ha pasado?
▷ Je ne comprends pas ce qui m'arrive.
No entiendo lo que me está pasando.

2 (= se passer) **pasar**

3 ▷ Il m'arrive d'oublier de prendre mon petit-déjeuner.
A veces me olvido de desayunar.

3 Pour parler de quelque chose qui se produit occasionnellement, on utilise l'expression **a veces**.

4 ▷ Julie est arrivée à les convaincre.
Julie consiguió convencerlos.

4 ► **arriver à faire** quelque chose (= réussir à le faire) **: conseguir hacer** algo

Notez qu'en espagnol il n'y a pas de préposition entre ***conseguir*** *et* ***hacer****.*

Suite page suivante

5 ▷ J'arrive !
¡Ya voy!

5 ► j'arrive ! : ¡ya voy!

arroser

▷ N'oublie pas d'arroser les plantes.
No olvides regar las plantas.

(= arroser une plante ou la terre)
regar

art

▷ Nous sommes allés au musée d'art moderne.
Fuimos al museo de arte moderno.
▷ J'aimerais pratiquer des arts martiaux.
Me gustaría practicar artes marciales.

el **arte**
► arts martiaux : **las artes marciales**

Dans certains cas ***arte*** *est un nom féminin, comme pour* ***las artes marciales****.*

artichaut

▷ On a mangé des artichauts avec de la vinaigrette.
Comimos alcachofas con vinagreta.

la **alcachofa**

article

▷ Tu as lu l'article sur Grenoble ?
¿Has leído el artículo sobre Grenoble?
▷ Trois articles pour quatorze euros, ce n'est pas cher.
Tres artículos por catorce euros no es caro.

el **artículo**

Remarquez que le mot espagnol porte sur le ***i*** *un accent écrit qui reflète l'accent tonique.*

artiste

▷ Picasso était un artiste très célèbre.
Picasso era un artista muy famoso.

el **artista**, la **artista**

ascenseur

▷ Prends l'ascenseur jusqu'au dixième étage.
Coge el ascensor hasta el décimo piso.

el **ascensor**

Attention à bien prononcer séparément le ***s*** *et le* ***c****.*

asiatique

▷ Un livre de cuisine asiatique.
Un libro de cocina asiática.
▷ Le restaurant est tenu par des Asiatiques.
El restaurante está dirigido por unos asiáticos.

asiático, asiática

S'écrit toujours avec une minuscule, qu'il s'agisse de l'adjectif ou du nom.

Remarquez que le mot espagnol porte sur le deuxième ***a*** *un accent écrit qui reflète l'accent tonique.*

Asie

▻ Nous avons parlé de l'Asie en cours de géo.
Hablamos de Asia en la clase de geografía.
▻ Ma mère a travaillé en Asie il y a longtemps.
Mi madre trabajó en Asia hace mucho tiempo.
▻ J'aimerais aller en Asie.
Me gustaría ir a Asia.

Asia

Ne prend généralement pas d'article.

► **en Asie** (= dans le continent) **:** **en Asia**
► **en Asie** (= vers le continent) **:** **a Asia**

aspect

▻ Peu importe l'aspect.
El aspecto tiene poca importancia.
▻ C'est un des aspects les plus intéressants de son travail.
Es uno de los aspectos más interesantes de su trabajo.

el **aspecto**

asperge

▻ Est-ce que tu aimes les asperges ?
¿Te gustan los espárragos?

el **espárrago**

Remarquez que le mot espagnol porte sur le premier ***a*** *un accent écrit qui reflète l'accent tonique.*

aspirateur

▻ Cet aspirateur ne marche pas bien.
Este aspirador no funciona bien.
▻ Ma mère m'a demandé de passer l'aspirateur.
Mi madre me pidió que pasara el aspirador.

el **aspirador**
► **passer l'aspirateur :** **pasar el aspirador**

aspirine

▻ Tu as de l'aspirine ? J'ai mal à la tête.
¿Tienes una aspirina? Me duele la cabeza.

la **aspirina**

assaisonner

▻ Tu as oublié d'assaisonner la salade.
Olvidaste aliñar la ensalada.

aliñar

assassiner

▻ Il a assassiné plusieurs personnes.
Asesinó a varias personas.

asesinar

Si le complément est une personne ou un groupe de personnes, n'oubliez pas de le faire précéder de ***a****.*

s'asseoir

▷ Asseyez-vous, s'il vous plaît.
Siéntese, por favor.
▷ Ils se sont assis sur les fauteuils.
Se sentaron en las butacas.

sentarse
ℹ *Le pronom réfléchi fonctionne de la façon suivante en espagnol : **me** siento, **te** sientas, **se*** (singulier) *sienta, **nos** sentamos, **os** sentáis, **se*** (pluriel) *sientan.*
ℹ *Notez la préposition utilisée en espagnol :* s'asseoir **sur** = *sentarse **en**.*

assez

1 ▷ As-tu assez mangé ?
¿Has comido bastante?
▷ Tu es assez grand pour décider tout seul.
Eres lo bastante grande como para decidir solito.
▷ Il n'y a pas assez d'argent.
No hay bastante dinero.
▷ Tu auras assez de couverts ?
¿Tendrás bastantes cubiertos?
▷ J'en ai assez !
¡Estoy harto!
2 ▷ Ce film est assez rigolo.
Esta película es bastante divertida.

1 (= suffisamment) **bastante**

► **assez de** se traduit par **bastante** quand il s'agit d'une chose au singulier, et par **bastantes** quand la chose est au pluriel.
► **en avoir assez : estar harto** (masculin) *ou* **estar harta** (féminin)

2 (= plutôt) **bastante**

assiette

▷ Mélanie a encore cassé une assiette !
¡Mélanie ha vuelto a romper un plato!

el **plato**

assis, assise

▷ Cécile est assise par terre.
Cécile está sentada en el suelo.

sentado, sentada
Attention : le verbe qui traduit **être** *dans* **être assis** *est* ***estar*** *et non* ***ser***.

assister à

▷ Tous les parents doivent assister à la réunion.
Todos los padres deben asistir a la reunión.

asistir a
Attention : à la différence du français, le mot espagnol ne prend qu'un ***s***.

assorti, assortie

▷ Il portait une chemise bleue et une cravate assortie.
Llevaba una camisa azul y una corbata a juego.

a juego

assurance

▷ Il est obligatoire de souscrire une assurance quand on part en voyage d'études.
Es obligatorio suscribir un seguro cuando se va de viaje de estudios.

el **seguro**

athlète

▷ Tous les grands athlètes européens étaient là.
Todos los grandes atletas europeos estaban allí.

el **atleta,** la **atleta**

athlétisme

▷ Le championnat du monde d'athlétisme.
El campeonato del mundo de atletismo.

el **atletismo**

atlas

▷ Cherche l'Afghanistan dans l'atlas.
Busca Afganistán en el atlas.

el **atlas** (pluriel : **los atlas**)

*L'accent tonique porte sur le premier **a**.*

atomique

▷ Les armes atomiques sont extrêmement dangereuses.
Las armas atómicas son peligrosísimas.

atómico, atómica

*Remarquez que le mot espagnol porte sur le **o** un accent écrit qui reflète l'accent tonique.*

atroce

▷ J'ai une douleur atroce dans le pied.
Tengo un dolor espantoso en el pie.

espantoso, espantosa

attacher

1 ▷ Ils ont attaché le chien avec une corde.
Ataron el perro con una cuerda.

▷ André est tout petit mais il sait déjà attacher ses lacets.
André es muy pequeño pero ya sabe atarse los cordones.

2 ▷ N'oublie pas d'attacher ta ceinture de sécurité.
No olvides abrocharte el cinturón de seguridad.

3 ▷ Adèle s'est attachée à son poney.
Adèle se ha encariñado con su poney.

1 (= attacher un chien, un prisonnier ou ses lacets) **atar**

*Si le complément est une personne ou un groupe de personnes, n'oubliez pas de le faire précéder de **a**.*

2 (= attacher une ceinture) **abrochar**

3 ► **s'attacher à** (= avoir de l'affection) **: encariñarse con**

Notez la préposition utilisée en espagnol : **s'attacher à = *encariñarse con*.**

attaquer

1 ▷ Les requins ont attaqué les baigneurs.
Los tiburones atacaron a los bañistas.

2 ▷ Je vais attaquer ma rédaction pour demain.
Voy a empezar la redacción para mañana.

3 ▷ C'est injuste de s'attaquer aux enfants.
Es injusto atacar a los niños.

1 (= agresser) **atacar**

*Si le complément est une personne ou un groupe de personnes, n'oubliez pas de le faire précéder de **a**.*

2 (= commencer) **empezar**

3 ► **s'attaquer à** quelqu'un : **atacar** a alguien

atteindre

▷ Je n'arrive pas à atteindre l'étagère.
No consigo alcanzar el estante.

alcanzar

attendre

1 ▷ Attends, Loïc, j'ai presque fini.
Espera, Loïc, ya casi he terminado.
▷ J'ai attendu Rosa pendant une heure.
Esperé a Rosa durante una hora.
▷ Ma belle-sœur attend un bébé.
Mi cuñada está esperando un hijo.
▷ Sandrine a attendu que ses parents s'endorment.
Sandrine esperó a que sus padres se durmieran.

▷ J'attends que la peinture sèche.
Estoy esperando a que seque la pintura.
▷ J'attendais qu'il ait terminé.
Esperaba que hubiera terminado.

2 ▷ Je ne m'attendais pas à gagner.
No esperaba ganar.

1 **esperar**

*Si le complément est une personne ou un groupe de personnes, n'oubliez pas de le faire précéder de **a**, sauf pour "attendre un bébé".*

► **attendre que** quelqu'un **fasse** quelque chose : **esperar a que** alguien + subjonctif
► **attendre que** quelque chose **se passe** : **esperar que** algo **ocurra**

*Attention à la concordance des temps : quand **esperar** est au présent, le verbe de la subordonnée est au présent du subjonctif (**estoy esperando** a que **seque** la pintura), mais quand **esperar** est au passé, le verbe de la subordonnée doit être à l'imparfait du subjonctif (**esperó** a que sus padres **se durmieran**).*

2 ► **s'attendre à faire** quelque chose : **esperar hacer** algo

*Notez qu'en espagnol il n'y a pas de préposition entre **esperar** et le verbe qui suit.*

attentat

▷ Il y a eu un attentat au Pays basque.
Ha habido un atentado en el País Vasco.

el **atentado**

attention

1 ▷ Attention, tu vas tomber !
¡Cuidado, que te vas a caer!

2 ▷ Fais attention, ça glisse.
Ten cuidado, que resbala.

▷ Fais attention aux voitures.
Ten cuidado con los coches.

3 ▷ Ne faites pas attention à lui, il boude.
No le presten atención, está enfurruñado.

1 (exclamation) **¡cuidado!**

2 ► **faire attention** (= se méfier) : **tener cuidado**

Notez la préposition utilisée en espagnol : **faire attention à** = *tener cuidado* ***con***.

3 ► **faire attention à** (= remarquer) : **prestar atención a**

atterrir

▷ L'avion a atterri dans le brouillard.
El avión aterrizó en la niebla.

aterrizar

Attention : à la différence du français, le mot espagnol ne prend qu'un ***t***.

attirer

▷ Les choses sucrées attirent les guêpes.
Las cosas dulces atraen las avispas.

atraer

Si le complément est une personne ou un groupe de personnes, n'oubliez pas de le faire précéder de ***a***.

▷ J'essayais d'attirer l'attention de Luc, mais il ne m'a pas vu.
Intentaba llamarle la atención a Luc, pero no me vio.

► **attirer l'attention de quelqu'un** : **llamarle la atención a alguien**

Le pronom personnel fonctionne de la façon suivante en espagnol : ***me*** *llama,* ***te*** *llama,* ***le*** *llama,* ***nos*** *llama,* ***os*** *llama,* ***les*** *llama la atención. Par ex.* **j'ai attiré leur attention en sifflant** *:* ***les llamé la atención silbando***.

attitude

▷ Tu as une attitude ridicule !
¡Tienes una actitud ridícula!

la **actitud** (pluriel : **las actitudes**)

L'accent tonique porte sur le ***u*** *au singulier comme au pluriel.*

attraper

1 ▷ Attrape la balle !
¡Coge la pelota!

2 ▷ La police a attrapé les voleurs.
La policía atrapó a los ladrones.
▷ Karim essaie d'attraper une souris.
Karim está intentando atrapar un ratón.

3 ▷ Paul est absent parce qu'il a attrapé un rhume.
Paul no está porque ha pillado un resfriado.

1 (= saisir) **coger**

2 (= capturer) **atrapar**
*Si le complément est une personne ou un groupe de personnes, n'oubliez pas de le faire précéder de **a**.*

3 (= attraper une maladie) **pillar**

au

Regardez le mot **à**.
Pour **au revoir,** regardez entre **aujourd'hui** et **aussi.**

aube

▷ L'aube est le moment de la journée que je préfère.
El alba es la hora del día que prefiero.

▷ Nous partirons à l'aube.
Saldremos al amanecer.

el **alba**

*Bien que **alba** soit un nom féminin, les articles qui l'accompagnent au singulier sont toujours au masculin (**el** alba ou **un** alba pálida).*

► **à l'aube :** al amanecer

aubergine

▷ La moussaka contient des aubergines.
La moussaka contiene berenjenas.

la **berenjena**

aucun, aucune

1 ▷ Nous n'avons aucun travail pour demain.
No tenemos ningún trabajo para mañana.

2 ▷ Aucun des élèves ne connaissait la réponse.
Ninguno de los alumnos conocía la respuesta.
▷ Combien de cerises as-tu mangé ? – Aucune !
¿Cuántas cerezas comiste?– ¡Ninguna!

1 (suivi d'un nom) **ningún, ninguna**
*Remarquez que **ningún** porte sur le **u** un accent écrit qui reflète l'accent tonique.*

2 (= pas une personne, pas une chose) **ninguno, ninguna**

augmentation

▷ Il y a eu une augmentation du nombre d'élèves cette année.
Ha habido un aumento del número de alumnos este año.
▷ Les camionneurs sont en grève, ils veulent une augmentation de salaire.
Los camioneros están en huelga, quieren un aumento de sueldo.

el **aumento**

► **augmentation de salaire :**
aumento de sueldo (pluriel : **aumentos de sueldo**)

augmenter

1 ▷ La température augmente.
La temperatura aumenta.
▷ Le chômage a augmenté de deux pour cent.
El número de parados ha aumentado en un dos por ciento.
2 ▷ Le prix a augmenté de trois euros.
El precio ha subido tres euros.

1 (en parlant de la température, d'un chiffre) **aumentar**
ℹ *Notez la préposition utilisée en espagnol :* augmenter **de** = *aumentar* ***en***.

2 (en parlant d'un prix) **subir**
ℹ *Notez qu'en espagnol il n'y a pas de préposition entre* **subir** *et le chiffre qui suit.*

aujourd'hui

▷ Aujourd'hui c'est l'anniversaire de Cyril.
Hoy es el cumpleaños de Cyril.

hoy

au revoir

▷ Au revoir et merci pour tout !
¡Adiós y gracias por todo!
▷ Nous avons dit au revoir à nos amis.
Nos despedimos de nuestros amigos.

adiós

► **dire au revoir** à quelqu'un :
despedirse de alguien

aussi

1 ▷ Tu viens aussi à la soirée ?
¿Tú también vas a la fiesta?
2 ▷ Paris n'est pas aussi grand que Madrid.
París no es tan grande como Madrid.

1 (= également) **también**
ℹ *Remarquez que le mot espagnol porte sur le* **e** *un accent écrit qui reflète l'accent tonique.*

2 Dans les comparaisons, on utilise l'expression **tan** + adjectif + **como**.

Australie

▻ Samuel nous parle souvent de l'Australie.
Samuel nos habla a menudo de Australia.
▻ Les kangourous vivent en Australie.
Los canguros viven en Australia.
▻ Ils vont en Australie pour voir leur fille.
Van a Australia a ver a su hija.

Australia
ℹ *Ne prend généralement pas d'article.*
► **en Australie** (= **dans** le pays) : **en Australia**
► **en Australie** (= **vers** le pays) : **a Australia**

australien, australienne

▻ Comment s'appelle la monnaie australienne ?
¿Cómo se llama la moneda australiana?
▻ Il y avait des Australiens dans le car.
Había australianos en el autocar.

australiano, australiana
ℹ *S'écrit toujours avec une minuscule, qu'il s'agisse de l'adjectif ou du nom.*

autant

1 ▻ Si j'avais su qu'il y avait autant de travail...
Si hubiera sabido que había tanto trabajo...
▻ Je n'avais jamais vu autant de gens.
Nunca había visto a tanta gente.
▻ J'ai autant de travail que l'année dernière.
Tengo tanto trabajo como el año pasado.
▻ Il n'y a pas autant de touristes que l'année dernière.
No hay tantos turistas como el año pasado.
2 ▻ Ne mange pas autant, tu vas te rendre malade.
No comas tanto, que te vas a poner enfermo.
▻ Elle ment autant que sa sœur.
Miente tanto como su hermana.

1 **Autant de** se traduit par **tanto** (masculin) *ou* **tanta** (féminin) quand le nom est au singulier, et par **tantos** (masculin) *ou* **tantas** (féminin) quand il est au pluriel.

ℹ *Dans les comparaisons, on utilise l'expression **tanto**, **tanta**, **tantos** ou **tantas*** + nom + ***como**.*

2 Avec un verbe, on emploie **tanto**.

► **autant que** : **tanto como**.

auteur

▻ Nous étudions un texte écrit par un auteur américain.
Estamos estudiando un texto escrito por un autor americano.

el **autor**, la **autora**
ℹ ***El autor** s'emploie quand on parle d'un homme, **la autora** quand on parle d'une femme.*

autobus

▻ L'autobus s'arrête devant l'église.
El autobús para delante de la iglesia.
▻ Beaucoup d'élèves vont au collège en autobus.
Muchos alumnos van al colegio en autobús.

el **autobús** (pluriel : **los autobuses**)
ℹ *Remarquez que le singulier porte sur le **u** un accent écrit qui reflète l'accent tonique.*

autocar

▷ À quelle heure part l'autocar pour Nice ?
¿A qué hora sale el autocar para Niza?
▷ Nous sommes allés en Italie en autocar.
Fuimos a Italia en autocar.

el **autocar** (pluriel : **los autocares**)

autocollant

▷ Il y a un autocollant gratuit dans chaque paquet de céréales.
Hay una pegatina gratuita en cada paquete de cereales.

la **pegatina**

automatique

▷ Les parents de Sébastien ont une voiture automatique.
Los padres de Sébastien tienen un coche automático.

automático, automática

Remarquez que le mot espagnol porte sur le deuxième ***a*** *un accent écrit qui reflète l'accent tonique.*

automne

▷ Je préfère prendre des vacances en automne.
Prefiero tomar vacaciones en otoño.

el **otoño**

automobiliste

▷ Mon père dit toujours que les autres automobilistes conduisent mal !
¡Mi padre siempre dice que los demás automovilistas conducen mal!

el **automovilista**, la **automovilista**

Attention : le mot espagnol prend un ***v*** *là où le français prend un* ***b****.*

autorisation

▷ Tu as demandé l'autorisation à tes parents ?
¿Les has pedido permiso a tus padres?

el **permiso**

autoriser

▷ Mes parents ne m'autorisent pas à sortir le soir.
Mis padres no me dejan salir por la noche.

► **autoriser** quelqu'un **à faire** quelque chose **: dejar** a alguien **hacer** algo

autoroute

▷ Nous prenons toujours l'autoroute quand nous allons à Strasbourg.
Siempre tomamos la autopista cuando vamos a Estrasburgo.

la **autopista**

auto-stop

▷ C'est dangereux de faire de l'auto-stop.
Hacer autoestop es peligroso.

el **autoestop**
► faire de l'auto-stop : **hacer autoestop**

autour de

▷ Il y a une clôture autour du jardin.
Hay una valla alrededor del jardín.
▷ Mon oncle et ma tante sont arrivés autour de trois heures.
Mis tíos llegaron alrededor de las tres.

alrededor de

autre

1 ▷ L'autre épisode était mieux que celui-ci.
El otro episodio era mejor que éste.
▷ Cette jupe n'est pas mal, mais je préfère l'autre.
Esta falda no está mal, pero prefiero la otra.
▷ Les autres filles sont déjà parties.
Las otras chicas ya se han ido.
▷ J'étais toute seule, les autres avaient disparu.
Estaba sola, los otros habían desaparecido.

1 ► l'autre : **el otro, la otra**
► les autres : **los otros, las otras**

2 ▷ Je pourrais avoir une autre glace, s'il vous plaît ?
¿Me podría dar otro helado, por favor?
▷ Cette limonade était très bonne, j'en voudrais une autre, s'il vous plaît.
Esta gaseosa estaba muy buena, quisiera otra, por favor.
▷ Il y a d'autres Français dans l'hôtel.
Hay otros franceses en el hotel.
▷ Ce n'est pas la seule piscine, il y en a d'autres.
No es la única piscina, hay otras.

2 ► un autre, une autre : **otro, otra**
► d'autres : **otros, otras**

autrefois

▷ Mon grand-père dit qu'autrefois les jeunes étaient plus polis.
Mi abuelo dice que antaño los jóvenes eran más educados.

antaño

autrement

1 ▷ Je vais essayer autrement.
Voy a intentarlo de otro modo.

2 ▷ Arrête, autrement je m'en vais !
¡Para, si no me voy!

1 (= d'une manière différente) **de otro modo**

2 (= sinon) **si no**

Autriche

▷ L'Autriche est proche de l'Allemagne.
Austria está cerca de Alemania.

▷ Mes cousins sont en Autriche depuis deux mois.
Mis primos están en Austria desde hace dos meses.

▷ Je ne suis jamais allée en Autriche.
No he ido nunca a Austria.

Austria

ℹ *Ne prend généralement pas d'article.*

► **en Autriche** (= dans le pays) : **en Austria**

► **en Autriche** (= vers le pays) : **a Austria**

autrichien, autrichienne

▷ Vienne est la capitale autrichienne.
Viena es la capital austríaca.

▷ Les Autrichiens parlent allemand.
Los austríacos hablan alemán.

austríaco, austríaca

ℹ *S'écrit toujours avec une minuscule, qu'il s'agisse de l'adjectif ou du nom.*

ℹ *Remarquez que le mot espagnol porte sur le **i** un accent écrit qui reflète l'accent tonique.*

autruche

▷ Il y a plusieurs autruches au zoo.
Hay varios avestruces en el zoo.

el **avestruz** (pluriel : los avestruces)

avalanche

▷ Les skieurs sont morts dans une avalanche.
Los esquiadores murieron en un alud.

el **alud** (pluriel : los aludes)

avaler

1 ▷ J'ai avalé mon chewing-gum !
¡Me he tragado el chicle!

2 ▷ Juliette n'a rien avalé depuis deux jours.
Hace dos días que Juliette no come nada.

1 (= faire descendre dans la gorge) **tragarse**

ℹ *Le pronom réfléchi fonctionne de la façon suivante en espagnol : **me** trago, **te** tragas, **se** (singulier) traga, **nos** tragamos, **os** tragáis, **se** (pluriel) tragan.*

2 (= manger) **comer**

avance

1 ▻ Je suis arrivée à la fête avec une demi-heure d'avance.
Llegué a la fiesta con media hora de adelanto.
▻ Tu as vingt minutes d'avance *ou* tu es en avance de vingt minutes.
Llegaste con veinte minutos de adelanto.

2 ▻ Il est toujours en avance.
Siempre llega pronto.

3 ▻ Nous réserverons les billets à l'avance.
Reservaremos los billetes por adelantado.

1 (en parlant d'avance sur un horaire prévu) el **adelanto**

ℹ *Notez que, pour traduire les verbes* **avoir** *ou* **être** *dans l'exemple ci-contre, on utilise en espagnol le verbe* ***llegar****.*

2 ► **être en avance : llegar pronto**

3 ► **faire** quelque chose **à l'avance** (= tôt) : **hacer** algo **por adelantado**

avancer

1 ▻ Avance un peu, tu es trop loin.
Acércate un poco, estás demasiado lejos.
▻ Avancez votre chaise, vous verrez mieux.
Acerque su silla, verá mejor.

2 ▻ Ma rédaction avance bien.
Mi redacción está progresando bien.

3 ▻ Ta montre avance.
Tu reloj adelanta.

4 ▻ Le directeur a avancé la date de l'excursion.
El director adelantó la fecha de la excursión.

5 ▻ Si nous nous avançons, nous entendrons mieux.
Si nos acercamos, oiremos mejor.
▻ Avance-toi un peu.
Acercate un poco.

1 (= se déplacer en avant) **acercarse**

ℹ *Le pronom réfléchi fonctionne de la façon suivante en espagnol :* ***me*** *acerco,* ***te*** *acercas,* ***se*** (singulier) *acerca,* ***nos*** *acercamos,* ***os*** *acercáis,* ***se*** (pluriel) *acercan.*

2 (= progresser) **progresar**

3 (en parlant d'une montre qui avance) **adelantar**

4 (= avancer une date) **adelantar**

5 ► **s'avancer : acercarse**

ℹ *Le pronom réfléchi fonctionne de la façon suivante en espagnol :* ***me*** *acerco,* ***te*** *acercas,* ***se*** (singulier) *acerca,* ***nos*** *acercamos,* ***os*** *acercáis,* ***se*** (pluriel) *acercan.*

avant

1 ▻ Avant il n'y avait pas d'eau courante.
Antes no había agua corriente.
▻ Allons-y, mais avant achetons quelque chose à manger.
Vamos, pero antes compremos algo de comer.

2 ▻ Vous devez descendre avant le terminus.
Tiene que bajarse antes del final de línea.
▻ Les travaux vont être finis avant juillet.
Las obras terminarán antes de julio.

1 (= d'abord) **antes**

2 (avant + nom) **antes de**

3 ▷ Élodie a fini ses devoirs avant tous les autres élèves.
Élodie terminó sus deberes antes que todos los otros alumnos.

3 ► **avant les autres : antes que los otros**

4 ▷ N'oublie pas de te laver les mains avant de manger.
No olvides de lavarte las manos antes de comer.

4 ► **avant de faire** quelque chose : **antes de hacer** algo

5 ▷ Je dois montrer quelque chose à Vincent avant qu'il ne parte.
Le tengo que enseñar algo a Vincent antes de que se vaya.

5 ► **avant que** + sujet + **ne** + subjonctif : **antes de que** + sujet + subjonctif

6 ▷ Ne te penche pas en avant, tu vas tomber.
No te inclines hacia adelante, que te vas a caer.

6 ► **se pencher en avant : inclinarse hacia adelante**

7 ▷ Asseyez-vous à l'avant.
Sentados delante.

7 ► **à l'avant : delante**

8 ▷ L'avant de la voiture est abîmé.
La parte delantera del coche está estropeada.

8 (= l'avant de quelque chose)
la **parte delantera**

9 ▷ Les sièges avant sont sales.
Los asientos delanteros están sucios.

9 ► **siège avant : el asiento delantero**

avantage

▷ La vie à la campagne a des avantages et des inconvénients.
La vida en el campo tiene ventajas y desventajas.

la **ventaja**

avant-hier

▷ J'ai appelé François avant-hier mais il n'était pas chez lui.
Llamé a François anteayer pero no estaba en casa.

anteayer

avec

▷ Martin est venu avec ses grands-parents.
Martin vino con sus abuelos.
▷ Coupe la ficelle avec des ciseaux.
Corta la cuerda con unas tijeras.
▷ La famille de ma correspondante est très gentille avec moi.
La familia de mi amiga por correspondencia es muy amable conmigo.

con

i ***con*** + pronom personnel de la première ou deuxième personne du singulier = ***conmigo*** (avec moi), ***contigo*** (avec toi).

avenir

▷ Comment est-ce que tu vois ton avenir ?
¿Cómo ves tu futuro?

el **futuro**

aventure

▷ Sophie a raconté ses aventures en Galice.
Sophie contó sus aventuras en Galicia.
▷ Nous sommes allés voir un film d'aventures.
Fuimos a ver una película de aventuras.

la **aventura**

avenue

▷ Les Ramírez habitent sur une grande avenue.
Los Ramírez viven en una gran avenida.

la **avenida**

avertir

1 ▷ Personne ne m'a averti que la sortie était annulée.
Nadie me avisó de que habían anulado la salida.

2 ▷ Je t'avertis, si tu continues je m'en vais !
¡Te lo advierto, si sigues así me voy!

1 (= informer) **avisar**
i *Attention à la préposition :* avertir quelqu'un que = *avisar a alguien* ***de*** *que.*

2 (pour menacer) **advertir**
Si le complément est une personne ou un groupe de personnes, n'oubliez pas de le faire précéder de ***a****.*

aveugle

▷ Ma voisine est aveugle.
Mi vecina es ciega.

ciego, ciega

avion

▷ Sandra a pris l'avion pour venir ici.
Sandra cogió el avión para venir.
▷ Nous irons à Barcelone en avion.
Iremos a Barcelona en avión.

el **avión** (pluriel : **los aviones**)
i *Il n'y a pas d'accent écrit au pluriel. L'accent tonique porte sur le* ***o****, comme au singulier.*

avis

1 ▷ Ils ont tous des avis différents.
Todos tienen opiniones distintas.

1 la **opinión**
i *Remarquez que le mot espagnol porte sur le* ***o*** *un accent écrit qui reflète l'accent tonique.*

2 ▷ À mon avis, c'est la faute de Caro.
A mi juicio, es culpa de Caro.
▷ À ton avis, qui dit la vérité ?
Para tí, ¿quién dice la verdad?

2 ► **à mon avis : a mi juicio** *ou* **para mí**
à ton avis : a tu juicio *ou* **para tí**

ℹ *De la même façon,* **à son avis** *se traduit par* ***a su juicio*** *ou* ***para usted***, **à notre avis** *se traduit par* ***a nuestro juicio*** *ou* ***para nosotros***, **à votre avis** *se traduit par* ***a vuestro juicio*** *ou* ***para vosotros*** *ou* ***a su juicio*** *ou* ***para ustedes*** *selon que l'on tutoie ou que l'on vouvoie, et* **à leur avis** *se traduit par* ***a su juicio*** *ou* ***para ellos***.

avocat, avocate

▷ La mère de Léo est avocate.
La madre de Léo es abogada.

(= la personne) el **abogado**, la **abogada**

avocat

▷ Je prépare une salade d'avocat et de pamplemousse.
Estoy preparando una ensalada de aguacate con pomelo.

(= le fruit) el **aguacate**

avoir

1 ▷ J'ai un frère et une sœur.
Tengo un hermano y una hermana.
▷ La prof d'espagnol a à peu près trente ans.
La profesora de español tiene unos treinta años.

1 (= avoir dans le sens de « posséder ») **tener**

2 ▷ Raoul avait un pantalon kaki et un tee-shirt noir.
Raoul llevaba unos pantalones caqui y una camiseta negra.

2 (= avoir dans le sens de « porter ») **llevar**

3 ▷ Nous avons eu un rabais sur les places de concert.
Conseguimos una rebaja en las localidades del concierto.

3 (= avoir dans le sens d'« obtenir ») **conseguir**

4 ▷ Ma sœur a eu sa licence de maths.
Mi hermana aprobó la licenciatura de matemáticas.

4 (= avoir dans le sens de « réussir ») **aprobar**

Suite page suivante

5 ▷ Mes parents ont acheté la maison en 1988.
Mis padres compraron la casa en 1988.
▷ J'ai vu ce film la semaine dernière.
Vi esta película la semana pasada.
▷ J'ai décidé de faire plus de sport.
He decidido hacer más deporte.
▷ J'ai vu ce film trois fois.
He visto esta película tres veces.

5 Lorsque *avoir* est auxiliaire et qu'il sert à former le passé composé, il y a deux traductions possibles en espagnol :
– le passé simple **(Vi esta película la semana pasada)**, qui s'emploie lorsque la période de temps qui nous sert de référence est complètement terminée
– le passé composé **(He visto esta película tres veces)**, qui s'emploie lorsque la période de temps se prolonge jusqu'au moment présent.

avril

▷ Il pleut souvent en avril.
En abril, llueve a menudo.
▷ Benjamin est né le trois avril.
Benjamin nació el tres de abril.

abril

i *Notez l'emploi de* **de** *en espagnol quand on dit la date.*

B

FRANÇAIS — ESPAGNOL

bac

1 ▷ Je ne peux pas sortir, je prépare mon bac.
No puedo salir, preparo la selectividad.
▷ Je vais passer le bac cette année.
Voy a presentarme a la selectividad este año.
▷ Le frère de Samir a eu son bac.
El hermano de Samir aprobó la selectividad.

2 ▷ Nous avons pris le bac pour traverser le fleuve.
Cogimos el transbordador para cruzar el río.

1 la **selectividad**

► **passer le bac : presentarse a la selectividad**

*Le pronom réfléchi fonctionne de la façon suivante en espagnol : **me** presento, **te** presentas, **se*** (singulier) *presenta, **nos** presentamos, **os** presentáis, **se*** (pluriel) *presentan.*

► **avoir le bac : aprobar la selectividad**

2 (= bateau) el **transbordador** (pluriel : los transbordadores)

baccalauréat

▷ Tu dois étudier davantage pour le baccalauréat.
Tienes que estudiar más para la selectividad.
▷ Je vais passer le baccalauréat cette année.
Voy a presentarme a la selectividad este año.
▷ Sophie a eu son baccalauréat.
Sophie aprobó la selectividad.

la **selectividad**

► **passer le baccalauréat : presentarse a la selectividad**

► **avoir le baccalauréat : aprobar la selectividad**

*Le pronom réfléchi fonctionne de la façon suivante en espagnol : **me** presento, **te** presentas, **se*** (singulier) *presenta, **nos** presentamos, **os** presentáis, **se*** (pluriel) *presentan.*

badminton

▷ Romain joue au badminton le samedi.
Romain juega al bádminton los sábados.

el **bádminton**

*Remarquez que le mot espagnol porte sur le **a** un accent écrit qui reflète l'accent tonique.*

baffe

▷ Si tu continues, je te donne une baffe !
¡Si sigues así, te doy una bofetada!

la **bofetada**

ℹ Baffe *est familier, mais* ***bofetada*** *ne l'est pas.*

bagages

▷ Est-ce que tu as préparé tes bagages ?
¿Has preparado el equipaje?

▷ Mes bagages sont lourds.
Mi equipaje pesa mucho.

el **equipaje**

ℹ ***Equipaje*** *est un nom indénombrable : il ne se met pas au pluriel et s'emploie toujours avec un verbe au singulier.*

bagarre

▷ Il y a eu une bagarre à la soirée.
Hubo una pelea durante la fiesta.

la **pelea**

se bagarrer

▷ Abdul et Rémi se bagarrent souvent.
Abdul y Rémi se pelean a menudo.

pelearse

ℹ *Le pronom réfléchi fonctionne de la façon suivante en espagnol :* ***me*** *peleo,* ***te*** *peleas,* ***se*** (singulier) *pelea,* ***nos*** *peleamos,* ***os*** *peleáis,* ***se*** (pluriel) *pelean.*

▷ Abdul s'est bagarré avec Rémi.
Abdul se peleó con Rémi.

► **se bagarrer avec** quelqu'un : **pelearse con** alguien

bagnole

▷ Le directeur a une vieille bagnole bleue.
El director tiene un viejo coche azul.

el **coche**

Attention : contrairement au français, le mot espagnol ***coche*** *est masculin.*

ℹ Bagnole *est familier, mais* ***coche*** *ne l'est pas.*

bague

▷ Quelle jolie bague ! Elle est à toi ?
¡Qué anillo tan bonito! ¿Es tuyo?

el **anillo**

ℹ *On peut dire aussi* ***la sortija.***

baguette

▷ Une baguette et deux croissants, s'il vous plaît.
Una barra de pan y dos cruasanes, por favor.

(= pain) la **barra de pan** (pluriel : **las barras de pan**)

baie

▷ Notre hôtel est tout près de la baie.
Nuestro hotel está muy cerca de la bahía.

(= partie de la côte) la **bahía**

Remarquez que le mot espagnol porte sur le ***i*** *un accent écrit qui reflète l'accent tonique.*

se baigner

▷ L'eau était bonne, nous nous sommes baignés.
El agua estaba buena y nos bañamos.

bañarse

Le pronom réfléchi fonctionne de la façon suivante en espagnol : ***me*** *baño,* ***te*** *bañas,* ***se*** (singulier) *baña,* ***nos*** *bañamos,* ***os*** *bañáis,* ***se*** (pluriel) *bañan.*

baignoire

▷ Ma sœur reste dans la baignoire pendant au moins une heure !
¡Mi hermana se queda en la bañera como menos una hora!

la **bañera**

bâiller

▷ Tu bâilles beaucoup, tu es fatigué ?
Bostezas mucho, ¿estás cansado?

bostezar

bain

▷ Séréna prend un bain tous les soirs.
Séréna toma un baño todas las noches.

► **prendre un bain** (dans la baignoire) : **tomar un baño**

baiser

▷ Donne-moi un baiser.
Dame un beso.

(= bise) el **beso**

baisse

▷ C'est à cause de la baisse du nombre d'élèves.
Es a causa de la disminución del número de alumnos.

la **disminución**

Remarquez que le mot espagnol porte sur le ***o*** *un accent écrit qui reflète l'accent tonique.*

▷ Le nombre de membres est en baisse.
El número de miembros está bajando.

► **être en baisse : estar bajando**

baisser

1 ▷ Pouvez-vous baisser la vitre, s'il vous plaît ?
¿Puede bajar la ventanilla, por favor?
▷ José ne veut pas baisser le son.
José no quiere bajar el volumen.
▷ Le prix des billets de cinéma a baissé.
El precio de las entradas de cine ha bajado.

1 **bajar**

Suite page suivante

2 ▷ Barbara s'est baissée pour ramasser son livre.
Barbara se agachó para recoger el libro.

2 ► **se baisser : agacharse**

ℹ *Le pronom réfléchi fonctionne de la façon suivante en espagnol :* ***me*** *agacho,* ***te*** *agachas,* ***se*** (singulier) *agacha,* ***nos*** *agachamos,* ***os*** *agacháis,* ***se*** (pluriel) *agachan.*

bal

▷ Toute la famille est allée au bal du quatorze juillet.
Toda la familia fue al baile del catorce de julio.

el **baile**

balade

▷ Nous faisons une balade tous les après-midi.
Damos un paseo todas las tardes.

el **paseo**
► **faire une balade : dar un paseo**

se balader

▷ Coralie adore se balader dans la montagne.
A Coralie le encanta pasearse por la sierra.
▷ On va se balader ?
¿Vamos a pasearnos?

pasearse

ℹ *Le pronom réfléchi fonctionne de la façon suivante en espagnol :* ***me*** *paseo,* ***te*** *paseas,* ***se*** (singulier) *pasea,* ***nos*** *paseamos,* ***os*** *paseáis,* ***se*** (pluriel) *pasean.*

baladeur

▷ Je voudrais un baladeur pour Noël.
Quisiera un Walkman® para Navidad.

el **Walkman®**

balai

▷ Je cherche un balai pour nettoyer ma chambre.
Estoy buscando una escoba para limpiar mi cuarto.

la **escoba**

balance

▷ Cette balance ne marche pas, je ne pèse pas cinquante kilos !
¡Esta balanza no funciona, no peso cincuenta kilos!

la **balanza**

se balancer

▻ Arrête de te balancer sur ta chaise, tu vas tomber.
Deja de balancearte en la silla, que te vas a caer.

balancearse

*Le pronom réfléchi fonctionne de la façon suivante en espagnol : **me** balanceo, **te** balanceas, **se** (singulier) balancea, **nos** balanceamos, **os** balanceáis, **se** (pluriel) balancean.*

balançoire

▻ Il y a des balançoires dans le parc.
Hay columpios en el parque.

el **columpio**

balayer

▻ Marie m'a demandé de balayer la cuisine.
Marie me pidió que barriera la cocina.

barrer

*Attention à bien prononcer tous les **r** de **barrer**.*

balcon

▻ Xavier est sur le balcon, il arrose les plantes.
Xavier está en el balcón, riega las plantas.

el **balcón** (pluriel : los balcones)

*Il n'y a pas d'accent écrit au pluriel. L'accent tonique porte sur le **o**, comme au singulier.*

baleine

▻ Nous avons vu des baleines en Argentine.
Vimos ballenas en Argentina.

la **ballena**

balle

1 ▻ Iñaki a passé la balle à Pepe, qui a marqué un but.
Iñaki pasó la pelota a Pepe, que marcó un gol.

1 (= ballon) la **pelota**

2 ▻ Le cow-boy a mis deux balles dans son fusil.
El vaquero puso dos balas en el fusil.

2 (pour une arme) la **bala**

ballon

1 ▻ Passe-moi le ballon !
¡Pásame el balón!
▻ J'ai un nouveau ballon de foot.
Tengo un nuevo balón de fútbol.

1 (pour jouer) el **balón** (pluriel : los balones)

*Il n'y a pas d'accent écrit au pluriel. L'accent tonique porte sur le **o**, comme au singulier.*

*On peut dire aussi **la pelota**.*

Suite page suivante

2 ▷ Léo avait décoré la salle avec des ballons pour la fête.
Léo había decorado la sala con globos para la fiesta.

2 (pour décorer) el **globo**

banane

1 ▷ Un kilo de bananes, s'il vous plaît.
Un kilo de plátanos, por favor.

1 (= fruit) el **plátano**

i *Remarquez que le mot espagnol porte sur le premier* ***a*** *un accent écrit qui reflète l'accent tonique.*

2 ▷ Quand je voyage, je mets mon argent dans une banane.
Cuando voy de viaje, llevo el dinero en una riñonera.

2 (= sac que l'on porte à la taille) la **riñonera**

banc

▷ Assieds-toi sur ce banc si tu es fatigué.
Siéntate en este banco si estás cansado.

el **banco**

bande

1 ▷ Samedi je vais au cinéma avec une bande de copines.
El sábado voy al cine con un grupo de amigas.

1 (= groupe) el **grupo**

2 ▷ Le docteur a mis une bande autour de ma cheville.
El médico me puso una venda en el tobillo.

2 (= pansement) la **venda**

3 ▷ Dorothée a un pull bleu avec des bandes blanches.
Dorothée tiene un jersey azul con rayas blancas.

3 (= raie) la **raya**

4 ▷ Tintin est une célèbre bande dessinée.
Tintin es un cómic famoso.

4 ► **bande dessinée :** el **cómic** (pluriel : los **cómics**)

i *Remarquez que le mot espagnol porte sur le* ***o*** *un accent écrit qui reflète l'accent tonique.*

bandeau

▷ Je porte un bandeau quand je joue au tennis.
Llevo una cinta para el pelo cuando juego al tenis.

la **cinta para el pelo**

bandit

▷ C'est un jeu vidéo avec des bandits et des policiers.
Es un videojuego con bandidos y policías.

el **bandido**

banlieue

▷ Le RER traverse la banlieue de Paris.
El RER cruza las afueras de París.
▷ Jorge habite en banlieue.
Jorge vive en las afueras.

► la banlieue : **las afueras**

► en banlieue : **en las afueras**

banque

▷ Le père de Djamila travaille dans une banque.
El padre de Djamila trabaja en un banco.

el **banco**

ℹ *Attention : masculin en espagnol.*

banquette

▷ L'homme était allongé sur la banquette arrière de la voiture.
El hombre estaba tendido en el asiento trasero del coche.

el **asiento**

baptême

▷ Dimanche c'est le baptême de mon neveu.
El domingo es el bautizo de mi sobrino.

el **bautizo**

bar

▷ On se retrouvera devant le bar.
Nos encontraremos delante del bar.

el **bar** (pluriel : **los bares**)

barbe

▷ Mon grand-père a une barbe grise.
Mi abuelo tiene barba gris.

la **barba**

ℹ *Notez l'expression **tener barba** (sans article).*

barque

▷ Ces barques sont à louer.
Estas barcas se alquilan.
▷ On a fait de la barque sur la rivière.
Dimos un paseo en barca en el río.

la **barca**

► faire de la barque : **dar un paseo en barca**

barrage

▷ Il y a un barrage sur la rivière.
Hay un embalse en el río.

el **embalse**

barre

▷ L'homme les a attaqués avec une barre de fer.
El hombre les atacó con una barra de hierro.

la **barra**

barrer

▷ Barre ton nom si tu ne veux pas être sur la liste.
Tacha tu nombre si no quieres estar en la lista.

(= rayer) **tachar**

barrette

▷ J'ai perdu ma barrette au cinéma.
Perdí el pasador en el cine.

el **pasador** (pluriel : los pasadores)

barrière

▷ Il y a une barrière autour du champ.
Hay una barrera alrededor del campo.

la **barrera**

*Attention à bien prononcer tous les **r** de **barrera**.*

bas

▷ Erica porte souvent des bas noirs.
Erica lleva a menudo medias negras.

(= les bas qu'on porte aux jambes) las **medias**

bas, basse

1 ▷ Tu peux sauter par-dessus le mur, il est assez bas.
Puedes saltar por encima de la tapia, es bastante baja.
▷ Les prix sont bas ici.
Los precios son bajos aquí.

(= le contraire de haut) (en parlant d'un mur, d'une altitude, d'un prix) **bajo, baja**

2 ▷ Parle plus bas, le prof va t'entendre.
Habla más bajo, que el profesor te va a oir.

2 (= doucement) **bajo**

3 ▷ Le bas de mon pantalon est mouillé.
Tengo mojada la parte inferior de los pantalones.

3 ► **le bas** : **la parte inferior**

4 ▷ Le salon est en bas.
El salón está abajo.
▷ Je t'attendrai en bas de l'escalier.
Te esperaré al pie de la escalera.

4 ► **en bas** : **abajo**

► **en bas de** : **al pie de**

basculer

▷ Tout d'un coup, Jérémie a basculé dans l'eau.
De repente, Jérémie cayó al agua.

(= tomber) **caer**

basket

1 ▷ Le basket est mon sport préféré.
El baloncesto es mi deporte preferido.
▷ Zoé joue au basket dans l'équipe de l'école.
Zoé juega al baloncesto en el equipo del colegio.

1 ► **le basket** (= sport) : **el baloncesto**

► **jouer au basket** : **jugar al baloncesto**

*On peut dire aussi **el básquet**.*

2 ▷ Tes baskets sont super !
¡Tus zapatillas de deporte son guays!

2 ► **des baskets** (= chaussures) : **las zapatillas de deporte**

bassin

▷ Il y a un grand bassin au milieu du parc.
Hay un gran estanque en medio del parque.

el **estanque**

bataille

1 ▷ La France a gagné la bataille.
Francia ganó la batalla.

2 ▷ Nous avons fait une bataille de boules de neige.
Hicimos una guerra de bolas de nieve.

1 (= combat militaire) la **batalla**

2 ► **faire une bataille de boules de neige : hacer una guerra de bolas de nieve**

bateau

▷ Le port est plein de bateaux.
El puerto está lleno de barcos.

▷ Laura veut faire du bateau ce week-end.
Laura quiere ir a navegar este fin de semana.

el **barco**

► **faire du bateau : ir a navegar**

bâtiment

▷ Ce bâtiment est vraiment très laid.
Este edificio es realmente feo.

el **edificio**

bâton

▷ Il marche en s'appuyant sur un bâton.
Camina apoyándose en un bastón.

el **bastón** (pluriel : los bastones)

ℹ *Il n'y a pas d'accent écrit au pluriel. L'accent tonique porte sur le **o**, comme au singulier.*

▷ Peux-tu me prêter tes bâtons de ski ?
¿Me puedes prestar los bastones de esquí?

► **bâton de ski : bastones de esquí**

batterie

▷ La batterie est un instrument très bruyant.
La batería es un instrumento muy ruidoso.

la **batería**

ℹ *Remarquez que le mot espagnol porte sur le **i** un accent écrit qui reflète l'accent tonique.*

▷ Paolo joue de la batterie.
Paolo toca la batería.

► **jouer de la batterie : tocar la batería**

battre

1 ▷ Je n'aime pas les gens qui battent les chiens.
No me gusta la gente que pega a los perros.

1 (= frapper) **pegar**

*Si le complément est une personne, un groupe de personnes ou un animal de compagnie, n'oubliez pas de le faire précéder de **a**.*

2 ▷ L'équipe de Lucien nous a battus.
El equipo de Lucien nos ganó.

2 (= vaincre) **ganar**

*Si le complément est une personne ou un groupe de personnes, n'oubliez pas de le faire précéder de **a**.*

Suite page suivante

3 ▷ Arrêtez de vous battre !
¡Dejad de pelearos!

3 ► **se battre : pelearse**

Le pronom réfléchi fonctionne de la façon suivante en espagnol : ***nos*** *peleamos,* ***os*** *peleáis,* ***se*** (pluriel) *pelean.*

bavard, bavarde

▷ Lola est très bavarde.
Lola es muy charlatana.

charlatán (pluriel : **charlatanes**), **charlatana**

Il n'y a pas d'accent écrit au pluriel ni au féminin. L'accent tonique porte sur le troisième ***a****, comme au singulier.*

bavarder

▷ Kevin et Julie bavardent tout le temps en classe.
Kevin y Julie charlan todo el rato en clase.

charlar

bazar

▷ Quel bazar dans cette chambre !
¡Qué desorden que hay en este cuarto!

(= désordre) **el desorden**

BD

▷ Tu peux me prêter tes BD ?
¿Me puedes prestar tus cómics?

el cómic (pluriel : **los cómics**)

Remarquez que le mot espagnol porte sur le ***o*** *un accent écrit qui reflète l'accent tonique.*

beau, belle

1 ▷ Ce tableau est très beau.
Este cuadro es muy bonito.

2 ▷ Je trouve que Paul est vraiment beau.
Encuentro que Paul es muy guapo.

3 ▷ Il fait beau aujourd'hui.
Hace buen tiempo hoy.

1 (en parlant d'un objet) **bonito, bonita**

2 (en parlant d'une personne) **guapo, guapa**

3 ► **il fait beau : hace buen tiempo**

beaucoup

▷ Jasmine travaille beaucoup.
Jasmine trabaja mucho.

▷ Tu ne manges pas beaucoup, tu es malade ?
No comes mucho, ¿estás enfermo?

▷ Je me sens beaucoup mieux maintenant.
Me siento mucho mejor ahora.

▷ Il y a beaucoup de garçons dans ma classe.
Hay muchos chicos en mi clase.

▷ Tu as beaucoup de patience.
Tienes mucha paciencia.

mucho

Beaucoup de *se traduit différemment selon le genre et le nombre du nom qui suit :*
mucho + nom masculin singulier,
mucha + nom féminin singulier,
muchos + nom masculin pluriel,
muchas + nom féminin pluriel.

▷ Merci beaucoup pour les fleurs.
Muchas gracias por las flores.

► **merci beaucoup : muchas gracias**

beau-père

1 ▷ La petite Marina habite avec sa mère et son beau-père.
La pequeña Marina vive con su madre y su padrastro.

2 ▷ Ma grande sœur s'entend très bien avec son beau-père.
Mi hermana mayor se lleva muy bien con su suegro.

1 (= le mari de la mère) el **padrastro**

2 (= le père du mari ou de la femme) el **suegro**

beauté

▷ Cléopâtre était célèbre pour sa beauté.
Cleópatra era famosa por su belleza.

la **belleza**

bébé

▷ Mon petit frère est encore un bébé.
Mi hermano pequeño es todavía un bebé.

el **bebé**

*Remarquez que le mot espagnol porte sur le deuxième **e** un accent écrit qui reflète l'accent tonique.*

bec

▷ L'oiseau a pris la paille dans son bec.
El pájaro cogió la paja en el pico.

el **pico**

bégayer

▷ Il bégaie quand il s'énerve.
Tartamudea cuando se pone nervioso.

tartamudear

beige

▷ Marc portait un pantalon beige.
Marc llevaba unos pantalones beige.

▷ Le beige ne me va pas.
El beige no me sienta bien.

beige

*En espagnol, **beige** se prononce /beis/.*

*Le mot espagnol **beige** ne prend pas de **s** au pluriel.*

beignet

▷ Mon père nous a acheté des beignets chauds.
Mi padre nos compró buñuelos calientes.

el **buñuelo**

belge

1 ▷ J'adore les chocolats belges.
Me encantan los bombones belgas.

belga

S'écrit toujours avec une minuscule, qu'il s'agisse de l'adjectif ou du nom.

Suite page suivante

2 ▷ Je connais plusieurs Belges.
Conozco a varios belgas.

Le masculin comme le féminin se terminent en -a.

Belgique

▷ La Belgique est tout près de la France.
Bélgica está muy cerca de Francia.
▷ Il n'y a pas de montagnes en Belgique.
No hay montañas en Bélgica.
▷ Ma mère est allée en Belgique pour son travail.
Mi madre ha ido a Bélgica para el trabajo.

Bélgica

Ne prend généralement pas d'article.

► **en Belgique** (= dans le pays) : **en Bélgica**

► **en Belgique** (= vers le pays) : **a Bélgica**

*Remarquez que le mot espagnol porte sur le **e** un accent écrit qui reflète l'accent tonique.*

belle

Regardez le mot **beau**.

belle-mère

1 ▷ La petite Coralie habite avec son père et sa belle-mère.
La pequeña Coralie vive con su padre y su madrastra.

1 (= la femme du père) **la madrastra**

2 ▷ Mon frère s'entend bien avec sa belle-mère.
Mi hermano se lleva bien con su suegra.

2 (= la mère du mari ou de la femme) **la suegra**

béquilles

▷ Marcel doit marcher avec des béquilles.
Marcel debe andar con muletas.

las **muletas**

berceau

▷ Le bébé dort dans son berceau.
El bebé está durmiendo en la cuna.

la **cuna**

berge

▷ Bruno fait souvent du roller sur les berges de la Seine.
Bruno patina mucho en las orillas del Sena.

la **orilla**

berger

▷ Le berger emmène ses moutons à la ferme.
El pastor conduce las ovejas a la granja.

el **pastor** (pluriel : los **pastores**)

berk !

▷ Berk ! Je déteste les épinards !
¡Puaj! ¡Odio las espinacas!

¡puaj!

besoin

▷ J'ai besoin d'un nouveau maillot de bain pour aller à la plage.
Necesito un nuevo bañador para ir a la playa.
▷ Tu n'as pas besoin de ta mère pour faire tes devoirs.
No necesitas a tu madre para hacer los deberes.
▷ J'ai besoin de me reposer.
Necesito descansar.

► **avoir besoin de** quelque chose : **necesitar** algo

► **avoir besoin de** quelqu'un : **necesitar** a alguien

► **avoir besoin de faire** quelque chose : **necesitar hacer** algo

bête

1 ▷ Il y a beaucoup de bêtes sauvages dans cette réserve naturelle.
Hay muchos animales salvajes en esta reserva natural.
2 ▷ Il est bête, il ne comprend rien.
Es tonto, no entiende nada.

1 (= animal) el **animal** (pluriel : los **animales**)

2 (adjectif = idiot) **tonto**, **tonta**

bêtise

▷ Arrête de dire des bêtises !
¡Deja de decir tonterías!
▷ David et Lambert ont encore fait des bêtises.
David y Lambert han vuelto a hacer tonterías.

la **tontería**

Remarquez que le mot espagnol porte sur le ***i*** *un accent écrit qui reflète l'accent tonique.*

betterave

▷ Madame Hernán a fait une salade avec du concombre et des betteraves.
La señora Hernán ha hecho una ensalada con pepino y remolacha.

la **remolacha**

Le nom espagnol ***remolacha*** *est le plus souvent employé au singulier.*
On dit par exemple ***la remolacha es roja*** (les betteraves sont rouges).

beurre

▷ Ne mets pas trop de beurre sur ton pain.
No pongas demasiada mantequilla en el pan.

la **mantequilla**

bibliothèque

▷ Je dois aller à la bibliothèque pour préparer mon exposé.
Tengo que ir a la biblioteca para preparar la exposición.

la **biblioteca**

Suite page suivante

▻ Les parents de Violaine ont une bibliothèque avec des centaines de livres.
Los padres de Violaine tienen una biblioteca con centenas de libros.

ℹ *Quand on parle d'une bibliothèque au sens de* meuble, *on peut dire aussi en espagnol* ***la librería.***

bicyclette

▻ La bicyclette de ma sœur est cassée.
La bicicleta de mi hermana está rota.
▻ Tu vas toujours à l'école à bicyclette ?
¿Vas siempre al colegio en bicicleta?
▻ Emmanuel fait de la bicyclette tous les dimanches.
Emmanuel hace ciclismo todos los domingos.

la **bicicleta**

► **aller à bicyclette : ir en bicicleta**
► **faire de la bicyclette : hacer ciclismo**

bien

1 ▻ Bonjour ! Tu as bien dormi ?
¡Buenos días! ¿Has dormido bien?
▻ Monsieur, je ne me sens pas bien, est-ce que je peux sortir ?
Señor, no me siento bien, ¿puedo salir?
▻ Regarde bien la photo : est-ce que tu me reconnais ?
Mira bien la foto: ¿me reconoces?
▻ Ton dessin est très bien.
Tu dibujo está muy bien.
▻ Ce n'est pas bien de se moquer des gens.
No está bien burlarse de la gente.
▻ J'ai fini. – Très bien ! Maintenant on peut partir.
He terminado. – ¡Muy bien! Ahora nos podemos ir.

1 La traduction la plus courante de bien en espagnol est **bien.**

ℹ *En français,* bien *peut venir entre l'auxiliaire et le participe passé. En espagnol,* ***bien*** *vient toujours à la fin* ***(¿has dormido bien?).***

ℹ *Quand* ***bien*** *est adjectif et signifie* bon, satisfaisant (ton dessin est très bien) *ou* acceptable (ce n'est pas bien de se moquer des gens), *on emploie en espagnol le verbe* ***estar*** *et non* ***ser.***

2 ▻ Tu as l'air bien gai aujourd'hui !
¡Pareces muy alegre hoy!

2 (= très) **muy**

3 ▻ Paul dit que ce prof est très bien.
Paul dice que este profesor es muy bueno.

3 (= bon) **bueno, buena**

N'oubliez pas que, quand il est placé devant le nom, ***bueno*** *devient* ***buen*** (un prof bien = ***un buen profesor***).

4 ▻ Je trouve que la sœur d'Amélie est vraiment bien.
Pienso que la hermana de Amélie es muy guapa.

4 (= beau, belle, en parlant d'une personne) **guapo, guapa**

5 ▻ Vous êtes bien dans ce fauteuil ?
¿Está cómodo en este sillón?

5 (= à l'aise) **cómodo, cómoda**

ℹ *Remarquez que le mot espagnol porte sur le premier* ***o*** *un accent écrit qui reflète l'accent tonique.*

6 ▻ Un bain chaud te fera du bien.
Un baño caliente te sentará bien.

6 ► **faire du bien à** quelqu'un (en parlant d'un bain, d'un voyage, etc) : **sentar bien a** alguien

7 ▷ Geoffroy travaille beaucoup bien qu'il soit malade.
Geoffroy trabaja mucho aunque está enfermo.

7 ► bien que + subjonctif = **aunque** + indicatif

Ne confondez pas ***aunque*** + indicatif (= bien que) *et* ***aunque*** + subjonctif (= même si). *Comparez :*
* ***quieren salir aunque llueve*** = ils veulent sortir bien qu'il pleuve (il pleut, mais ils veulent sortir quand même)
* ***quieren salir aunque llueva*** = ils veulent sortir même s'il pleut (il se peut qu'il pleuve, mais ils veulent sortir quand même).

8 ▷ Je peux prendre un bonbon ? – Bien sûr !
¿Puedo coger un caramelo? – ¡Por supuesto!

8 ► bien sûr! : **¡por supuesto!**

bientôt

pronto

▷ Ma mère aura bientôt quarante ans.
Mi madre pronto cumplirá cuarenta años.
▷ À bientôt, Stéphane !
¡Hasta pronto, Stéphane!

► à bientôt ! : **¡hasta pronto!**

bienvenue !

▷ Bienvenue à Paris, Ana !
¡Bienvenida a París, Ana!
▷ Bienvenue, Carlos!
¡Bienvenido, Carlos!
▷ Bienvenue à tous !
¡Bienvenidos todos!
▷ Bienvenue, les filles !
¡Bienvenidas, chicas!

i *Pour souhaiter la bienvenue à quelqu'un en espagnol, on emploie l'adjectif* ***bienvenido*** *en variant la terminaison selon le sexe et le nombre des personnes à qui l'on s'adresse :* ***bienvenido*** *pour un homme ou un garçon,* ***bienvenida*** *pour une femme ou une fille,* ***bienvenidos*** *= plusieurs personnes de sexe masculin ou des deux sexes,* ***bienvenidas*** *= plusieurs femmes ou filles.*

bière

la cerveza

▷ Deux bières, s'il vous plaît !
¡Dos cervezas, por favor!

bifteck

bistec (pluriel : **los bistecs**)

▷ Momo a fait griller du bifteck pour dîner.
Momo hizo un bistec a la parrilla para la cena.

bijou

la joya

▷ Anouchka porte toujours beaucoup de bijoux.
Anouchka siempre lleva muchas joyas.

bijouterie

▻ Il y a une bijouterie au coin de la rue.
Hay una joyería en la esquina.

(= magasin) la **joyería**

Remarquez que le mot espagnol porte sur le ***i*** *un accent écrit qui reflète l'accent tonique.*

bille

▻ La bille a roulé sous le fauteuil.
La canica rodó debajo del sillón.

▻ Je jouais souvent aux billes quand j'étais petit.
Jugaba mucho a las canicas de pequeño.

la **canica**

► **jouer aux billes : jugar a las canicas**

billet

1 ▻ Je n'ai que des billets et pas de pièces.
Sólo tengo billetes, no tengo monedas.

▻ Les billets de train coûtent soixante euros.
Los billetes de tren cuestan sesenta euros.

2 ▻ Tu as acheté les billets pour le théâtre ?
¿Has comprado las entradas para el teatro?

1 (= un billet de banque, un billet pour les transports) el **billete**

2 (= un billet pour un spectacle) la **entrada**

biscotte

▻ Pour le petit déjeuner je mange des biscottes avec du beurre.
Desayuno biscotes con mantequilla.

el **biscote**

Attention : à la différence du français, le mot espagnol ne prend qu'un ***t****.*

Remarquez que le mot espagnol est masculin.

biscuit

▻ La mère de Carlos nous a proposé du café et des biscuits.
La madre de Carlos nos ofreció café y galletas.

la **galleta**

bise

▻ Sophie m'a fait la bise.
Sophie me dio un beso.

▻ À bientôt. Grosses bises, Wahid.
Hasta pronto. Muchos besos, Wahid.

► **faire la bise à** quelqu'un **: dar un beso a** alguien

► **grosses bises** (dans une lettre) **: muchos besos**

bizarre

▻ C'est bizarre, il n'y a personne.
Qué raro, no hay nadie.

raro, rara

blague

1 ▷ Isabel raconte toujours des blagues très drôles.
Isabel siempre cuenta chistes muy divertidos.

2 ▷ Pourquoi tu as fait ça ? C'est idiot comme blague.
¿Por qué lo hiciste? Es una broma muy tonta.
▷ Toute la classe a fait une blague au prof.
Toda la clase gastó una broma al profesor.

1 (= une histoire qu'on raconte) el **chiste**

2 (= un tour qu'on joue à quelqu'un) la **broma**

► **faire une blague à** quelqu'un : **gastar una broma a** alguien

blanc, blanche

1 ▷ Eulalie a acheté une écharpe blanche.
Eulalie compró una bufanda blanca.
▷ Le blanc est une couleur qui va avec tout.
El blanco es un color que va con todo.

2 ▷ Tu peux me donner une feuille blanche ?
¿Me puedes dar una hoja en blanco?

3 ▷ Laisse un blanc là.
Deja un espacio en blanco ahí.

4 ▷ Il y a quatre blancs d'œufs dans la recette.
Hay cuatro claras de huevo en la receta.

1 (en parlant de la couleur) **blanco, blanca**
► **le blanc** (= la couleur blanche) : **el blanco**

2 (en parlant d'une feuille, d'un formulaire) **en blanco**

3 ► **un blanc** (= un espace vide) : **un espacio en blanco** (pluriel : **espacios en blanco**)

4 ► **blanc d'œuf :** la **clara de huevo** (pluriel : las **claras de huevo**)

blé

▷ Les agriculteurs cultivent du blé ici.
Los agricultores cultivan trigo aquí.

el **trigo**

blessé

1 ▷ Nous avons trouvé un oiseau blessé sur la route.
Encontramos un pájaro herido en la carretera.

2 ▷ Combien de blessés y a-t-il ?
¿Cuántos heridos hay?

1 (quand on a mal) **herido, herida**

2 ► **un blessé : un herido**

blesser

1 ▷ Léon a été blessé dans l'accident.
Léon fue herido en el accidente.
▷ Ta remarque a blessé Carole.
Tu observación ha herido a Carole.

2 ▷ Il s'est blessé avec le marteau.
Se hirió con el martillo.

1 (= faire mal ou vexer) **herir**

Si le complément est une personne ou un groupe de personnes, n'oubliez pas de le faire précéder de ***a****.*

2 ► **se blesser : herirse**

Le pronom réfléchi fonctionne de la façon suivante en espagnol : ***me*** *hiero,* ***te*** *hieres,* ***se*** (singulier) *hiere,* ***nos*** *herimos,* ***os*** *herís,* ***se*** (pluriel) *hieren.*

blessure

▷ Ta blessure n'est pas très grave.
Tu herida no es muy grave.

la **herida**

bleu, bleue

1 ▷ Karim portait un joli pull bleu.
Karim llevaba un bonito jersey azul.
▷ Le bleu va bien avec tes yeux.
El azul va bien con tus ojos.
▷ Les policiers portent un uniforme bleu marine.
Los policías llevan un uniforme azul marino.

1 (en parlant de la couleur) **azul** (pluriel : azules)
► **le bleu** (= la couleur bleue) **:** el azul
► **bleu marine :** azul marino

L'adjectif ***azul marino*** *est invariable au pluriel, c'est-à-dire qu'il ne prend pas de* ***s****.*

2 ▷ Gégé a un bleu au bras.
Gégé tiene un cardenal en el brazo.

2 (quand on s'est fait mal) el **cardenal** (pluriel : los cardenales)

bloc

1 ▷ Un iceberg est un énorme bloc de glace.
Un iceberg es un enorme bloque de hielo.

1 (= gros morceau) el **bloque**

2 ▷ Karine prend des notes sur un bloc.
Karine toma apuntes en un bloc.

2 (pour écrire) el **bloc** (pluriel : los blocs)

blond, blonde

▷ C'est une grande fille blonde.
Es una chica alta y rubia.
▷ Jérémie a les cheveux blonds.
Jérémie tiene el pelo rubio.

rubio, rubia
► **avoir les cheveux blonds :** tener el pelo rubio

bloqué, bloquée

▷ Oh non, la porte est bloquée !
¡Oh, no! ¡La puerta está bloqueada!

bloqueado, bloqueada

blouse

▷ Nous portons des blouses blanches pour les cours de chimie.
Llevamos batas blancas para las clases de química.

(dans un laboratoire, un cours de chimie) la **bata**

blouson

▷ Mon père porte un blouson en cuir marron.
Mi padre lleva una cazadora de cuero marrón.

la **cazadora**

bocal

1 ▷ Je n'arrive pas à ouvrir le bocal, aide-moi !
No consigo abrir el tarro, ¡ayúdame!

1 el **tarro**

Attention à bien prononcer les deux ***r*** *de* ***tarro****.*

2 ▷ J'ai demandé un bocal à poissons pour Noël.
He pedido una pecera para Navidad.

2 ► **bocal à poissons :** la pecera

bœuf

▷ Qu'est-ce que tu prépares pour le dîner ? – Du bœuf avec des pommes de terre.
¿Qué vas a preparar para la cena? – Carne de vaca con patatas.

► **le bœuf** (= la viande) **:** la carne de vaca

Un bœuf (= l'animal) se dit ***un buey*** (pluriel : **bueyes**).

boire

▷ Qu'est-ce que tu veux boire ?
¿Qué quieres beber?

▷ On pourrait aller boire un verre quelque part.
Podríamos ir a tomar una copa por ahí.

beber

► **boire un verre :** tomar una copa

bois

1 ▷ Nous avons cherché des champignons dans le bois.
Buscamos setas en el bosque.

1 (= forêt) el **bosque**

2 ▷ Ce bois est très dur.
Esta madera es muy dura.

▷ Cette chaise est en bois.
Esta silla es de madera.

2 (pour faire des meubles) la **madera**

► **en bois :** de madera

3 ▷ J'ai besoin de bois pour allumer un feu.
Necesito leña para encender un fuego.

3 (pour faire du feu) la **leña**

boisson

▷ Les boissons sont gratuites dans l'avion.
Las bebidas son gratuitas en el avión.

▷ Les boissons gazeuses sont souvent très sucrées.
Las bebidas con gas contienen a menudo mucho azúcar.

la **bebida**

► **boisson gazeuse :** bebida con gas (pluriel : bebidas con gas)

boîte

1 ▷ Qu'est-ce que tu as mis dans cette boîte ?
¿Qué has puesto en esta caja?

1 (pour ranger des choses) la **caja**

2 ▷ C'est la boîte de nuit la plus célèbre de Madrid.
Es la discoteca más famosa de Madrid.

▷ Ils vont en boîte le samedi soir.
Van a la discoteca el sábado por la noche.

2 ► **boîte** (de nuit) **:** la discoteca

► **aller en boîte :** ir a la discoteca

3 ▷ La pile de boîtes de conserve s'est écroulée.
La pila de latas de conservas se derrumbó.

▷ Je n'aime pas les haricots en boîte.
No me gustan las alubias en lata.

3 ► **boîte** (de conserve) **:** la lata (de conservas)

► **en boîte** (= en conserve) **:** en lata

Suite page suivante

4 ▷ Il y a une boîte aux lettres sur le trottoir d'en face.
Hay un buzón en la acera de enfrente.

4 ► **boîte aux lettres :** el **buzón** (pluriel : los **buzones**)

ℹ *Il n'y a pas d'accent écrit au pluriel. L'accent tonique porte sur le **o**, comme au singulier.*

▷ Est-ce que tu peux mettre cette lettre à la boîte, s'il te plaît ?
¿Puedes echar esta carta al buzón, por favor?

► **mettre une lettre à la boîte : echar una carta al buzón**

boiter

▷ Pourquoi tu boites ? Tu t'es fait mal ?
¿Por qué cojeas? ¿Te has hecho daño?

cojear

bol

1 ▷ Tu préfères une tasse ou un bol ?
¿Prefieres una taza o un tazón?

1 (= coupe) el **tazón** (pluriel : los tazones)

ℹ *Il n'y a pas d'accent écrit au pluriel. L'accent tonique porte sur le **o**, comme au singulier.*

2 ▷ Suzanne a du bol, elle a gagné un voyage en Amérique.
Suzanne tiene suerte, ha ganado un viaje a América.

2 ► **avoir du bol** (sens familier) **: tener suerte**

ℹ **Avoir du bol** *est familier, mais* ***tener suerte*** *ne l'est pas.*

bombe

1 ▷ Une bombe a explosé dans le centre commercial.
Una bomba explotó en el centro comercial.

1 (= explosif) la **bomba**

2 ▷ Du déodorant en bombe.
Desodorante en spray.

2 (= aérosol) : el **spray** (pluriel : los sprays)

ℹ *On peut dire aussi* ***el espray*** (pluriel : **los esprays**).

bon, bonne

1 ▷ Je sais que mes résultats en français ne sont pas très bons.
Ya sé que mis resultados de francés no son muy buenos.

▷ Mmm, ce gâteau est vraiment bon !
¡Mmm, este pastel está buenísimo!

▷ Tu as besoin d'un bon bain chaud.
Necesitas un buen baño caliente.

▷ Il fait bon ce soir.
Hace bueno esta tarde.

1 (= savoureux, agréable, compétent, de qualité) **bueno, buena**

ℹ *Pour dire que quelque chose est très bon, vraiment bon, on peut employer* ***buenísimo, buenísima****.*

N'oubliez pas que, quand il est placé devant le nom, ***bueno*** *devient* ***buen*** *(un buen baño caliente).*

2 ▻ Boris est très bon en géographie.
A Boris se le da muy bien la geografía.
▻ Je ne suis pas très bonne en espagnol.
No se me da muy bien el español.

2 *Pour dire que l'on est bon dans une matière ou un domaine, on emploie en espagnol le verbe* ***darse*** *avec la matière ou le domaine comme sujet et la personne comme complément : se* ***me*** *da bien la informática, se* ***le*** *dan bien las matemáticas.*

3 ▻ Ma carte de bus n'est plus bonne.
Mi tarjeta de autobús ya no es válida.

3 (= valable) **válido, válida**
Remarquez que le mot espagnol porte sur le ***a*** *un accent écrit qui reflète l'accent tonique.*

4 ▻ Bravo, c'est la bonne réponse !
¡Bravo, es la respuesta correcta!

4 (= correct) **correcto, correcta**

5 ▻ Bon, on s'en va !
¡Bueno, vamos!

5 (exclamation) **¡bueno!**

6 ▻ Bonne chance !
¡Suerte!
▻ Bon anniversaire !
¡Feliz cumpleaños!

6 Quand on veut exprimer un souhait, la traduction espagnole varie. Reportez-vous au nom qui va avec bon (par exemple, pour **bonne année !**, regardez le mot année).

bonbon

▻ Mes parents ne me donnaient jamais de bonbons.
Mis padres nunca me daban caramelos.
▻ Un paquet de bonbons à la fraise.
Un paquete de caramelos de fresa.

el **caramelo**

Attention : le mot espagnol ***bombón*** *signifie un* **chocolat**.
Pour parler du parfum des bonbons **(bonbons au...** *ou* **bonbons à la...)**, *on utilise en espagnol* ***de*** *+ le nom du parfum. Ainsi, des* **bonbons au café** = ***caramelos de café***.

bond

▻ Alain a fait un bond quand sa mère est entrée.
Alain dio un salto cuando su madre entró.

► **faire un bond : dar un salto**

bonheur

▻ Le bonheur est parfois difficile à trouver.
La felicidad a veces es difícil de encontrar.

la **felicidad**

bonhomme

1 ▻ Il y a un bonhomme bizarre derrière la maison.
Hay un tío raro detrás de la casa.

1 (sens familier) el **tío**
Remarquez que le mot espagnol porte sur le ***i*** *un accent écrit qui reflète l'accent tonique.*

Suite page suivante

2 ▷ Quel beau bonhomme de neige !
¡Qué muñeco de nieve más bonito!

2 ► **bonhomme de neige :** el **muñeco de nieve** (pluriel : los **muñecos de nieve**)

bonjour

▷ Bonjour tout le monde !
¡Hola a todos!
▷ Bonjour ! Tu as bien dormi ?
¡Buenos días! ¿Has dormido bien?

ℹ *La façon la plus générale de dire bonjour est **¡hola!***
ℹ *Pour dire bonjour le matin, on dit aussi **¡buenos días!***
ℹ *L'après-midi, on peut dire **¡buenas tardes!***

▷ Samir ne m'a même pas dit bonjour !
¡Samir ni me saludó!

► **dire bonjour à** quelqu'un : **saludar a** alguien
*Si le complément est une personne ou un groupe de personnes, n'oubliez pas de le faire précéder de **a**.*

bonnet

▷ N'oublie pas ton bonnet, il fait froid dehors.
No te olvides el gorro, hace frío fuera.

el **gorro**
*Attention à bien prononcer les deux **r** de **gorro**.*

bonsoir

▷ Bonsoir ! Comment ça va ?
¡Buenas tardes! *ou* **¡Buenas noches! ¿Qué tal?**

ℹ *En arrivant quelque part ou en rencontrant quelqu'un, on dit **¡buenas tardes!** si c'est en soirée, ou **¡buenas noches!** si c'est la nuit.*
ℹ *En partant on dit **¡buenas noches!***

▷ Bonsoir tout le monde, je rentre chez moi !
¡Buenas noches a todos, me voy a casa!
▷ J'ai oublié de dire bonsoir à Marc.
Se me olvidó de saludar a Marc.

► **dire bonsoir à** quelqu'un : **saludar a** alguien
*Si le complément est une personne ou un groupe de personnes, n'oubliez pas de le faire précéder de **a**.*

bord

1 ▷ Le bord de la table est abîmé.
El borde de la mesa está estropeado.
2 ▷ Nous allons nous arrêter au bord de la route.
Nos vamos a parar al borde de la carretera.

1 (de la table, d'un verre, d'une assiette) el **borde**
2 ► **au bord de :** al borde de

3 ▻ Bob et sa famille ont une maison au bord de la mer.
Bob y su familia tienen una casa a orillas del mar.
▻ Je vais me promener au bord du lac.
Voy a dar un paseo a orillas del lago.

3 *Pour la mer ou pour un lac, on dit* ***a orillas de****.*

bosse

1 ▻ Pei a une bosse sur le front.
Pei tiene un chichón en la frente.

1 (sur le front) el **chichón** (pluriel : los chichones)

i *Il n'y a pas d'accent écrit au pluriel. L'accent tonique porte sur le* ***o****, comme au singulier.*

2 ▻ Cette route est pleine de bosses.
Esta carretera está llena de baches.

2 (sur la route) el **bache**

3 ▻ Combien de bosses ont les chameaux ?
¿Cuántas jorobas tienen los camellos?

3 (dans le dos) la **joroba**

bottes

▻ Où sont mes bottes noires ?
¿Dónde están mis botas negras?
▻ Il y avait des bottes en caoutchouc devant la porte.
Había unas botas de agua delante de la puerta.

las **botas**

► **bottes en caoutchouc :** botas de agua

bouche

▻ Ouvre la bouche !
¡Abre la boca!
▻ On peut se retrouver devant la bouche de métro.
Nos podemos encontrar delante de la boca de metro.

la **boca**

► **bouche de métro :** boca de metro (pluriel : bocas de metro)

bouché, bouchée

1 ▻ Le lavabo est bouché.
El lavabo está atascado.

1 (en parlant d'un lavabo, d'un tuyau) **atascado, atascada**

2 ▻ J'ai le nez bouché.
Tengo la nariz tapada.

2 (en parlant du nez, des oreilles) **tapado, tapada**

bouchée

▻ Tu me donnes une bouchée de ton couscous ?
¿Me das un bocado de tu cuscús?

(= morceau de nourriture) el **bocado**

boucher

1 ▻ Je ne sais pas comment boucher ce trou.
No sé cómo tapar este agujero.

1 (= boucher un trou, une fente) **tapar**

Suite page suivante

▷ Bouche-toi les oreilles s'il y a trop de bruit.
Tápate los oídos si hay demasiado ruido.

► **se boucher les oreilles : taparse los oídos**

ℹ *Le pronom réfléchi fonctionne de la façon suivante en espagnol :* ***me*** *tapo los oídos,* ***te*** *tapas los oídos,* ***se*** (singulier) *tapa los oídos,* ***nos*** *tapamos los oídos,* ***os*** *tapáis los oídos,* ***se*** (pluriel) *tapan los oídos.*

2 ▷ L'évier s'est encore bouché.
La pila se ha vuelto a atascar.

2 ► **se boucher** (en parlant d'un évier, d'un tuyau) **: atascarse**

ℹ *Le pronom réfléchi fonctionne de la façon suivante en espagnol :* ***se*** (singulier) *atasca,* ***se*** (pluriel) *atascan.*

boucher, bouchère

▷ Le boucher m'a donné un gros steak.
El carnicero me ha dado un bistec grande.
▷ André est chez le boucher.
André está en la carnicería.
▷ Ma mère m'a envoyé chez le boucher.
Mi madre me mandó a la carnicería.

el **carnicero**, la **carnicera**

► **chez le boucher** (= dans le magasin) **: en la carnicería**
► **chez le boucher** (= vers le magasin) **: a la carnicería**

ℹ *Remarquez que le mot* ***carnicería*** *porte sur le deuxième* ***i*** *un accent écrit qui reflète l'accent tonique.*

boucherie

▷ Où est la boucherie ?
¿Dónde está la carnicería?

la **carnicería**

ℹ *Remarquez que le mot* ***carnicería*** *porte sur le deuxième* ***i*** *un accent écrit qui reflète l'accent tonique.*

bouchon

1 ▷ Garde le bouchon, il reste du vin dans la bouteille.
Guarda el tapón, queda vino en la botella.

1 (= bouchon de bouteille) el **tapón** (pluriel : **los tapones**)

ℹ *Il n'y a pas d'accent écrit au pluriel. L'accent tonique porte sur le* ***o****, comme au singulier.*

2 ▷ Prenons l'autoroute pour éviter les bouchons.
Cojamos la autopista para evitar los atascos.

2 (= embouteillage) el **atasco**

ℹ *On peut dire aussi* ***el embotellamiento****.*

boucle

1 ▷ Mon frère a des boucles blondes.
Mi hermano tiene rizos rubios.

1 (= boucle de cheveux) el **rizo**

2 ▷ Ma boucle de ceinture est cassée.
Tengo la hebilla del cinturón rota.
3 ▷ Timothée porte une petite boucle d'oreille.
Timothée lleva un pequeño pendiente.

2 (= boucle de ceinture) la **hebilla**

3 ► **boucle d'oreille :** el **pendiente**

*Ne confondez pas **el pendiente*** (= la boucle d'oreille) *et **la pendiente*** (= la pente).

bouclé, bouclée

▷ Alimata a les cheveux bouclés.
Alimata tiene el pelo rizado.

rizado, rizada

bouder

▷ Arrête de bouder, tu n'es plus un bébé !
¡Deja de estar de morros, que ya no eres un niño!

estar de morros

boue

▷ Le jean d'Arnaud est plein de boue.
Los vaqueros de Arnaud están llenos de barro.

el **barro**

bouée

▷ Ma petite sœur nage avec une bouée.
Mi hermana pequeña nada con flotador.

(pour aider un enfant à nager) el **flotador** (pluriel : los flotadores)

bouger

1 ▷ Qui a bougé ma radio ?
¿Quién me ha cambiado de sitio la radio?
2 ▷ Ne bouge pas, je vais prendre une photo.
No te muevas, que te voy a sacar una foto.

1 (= déplacer) **cambiar de sitio**

2 (= se déplacer) **moverse**

*Le pronom réfléchi fonctionne de la façon suivante en espagnol : **me** muevo, **te** mueves, **se*** (singulier) *mueve, **nos** movimos, **os** movéis, **se*** (pluriel) *mueven.*

bougie

▷ Allez, tu dois souffler toutes les bougies sur ton gâteau !
¡Venga, tienes que soplar todas las velas del pastel!

la **vela**

bouillir

▷ L'eau commence à bouillir.
El agua empieza a hervir.
▷ Déborah fait bouillir de l'eau pour le thé.
Déborah está hirviendo agua para el té.

hervir

► **faire bouillir** quelque chose : **hervir** algo

boulanger, boulangère

▷ La boulangère est une dame très sympathique.
La panadera es una señora muy simpática.
▷ André est chez le boulanger.
André está en la panadería.
▷ Mon père m'a envoyé chez le boulanger.
Mi padre me ha mandado a la panadería.

el **panadero**, la **panadera**

► **chez le boulanger** (= dans le magasin) : **en la panadería**
► **chez le boulanger** (= vers le magasin) : **a la panadería**

ℹ *Remarquez que le mot* ***panadería*** *porte sur le* ***i*** *un accent écrit qui reflète l'accent tonique.*

boulangerie

▷ Est-ce qu'il y a une boulangerie dans le village ?
¿Hay una panadería en el pueblo?

la **panadería**

ℹ *Remarquez que le mot espagnol porte sur le* ***i*** *un accent écrit qui reflète l'accent tonique.*

boule

1 ▷ Tu fais une boule avec la pâte et après tu l'étales.
Haces una bola con la masa y después la extiendes.
▷ Tu veux une boule de glace ou deux ?
¿Quieres una bola de helado o dos?
2 ▷ On joue aux boules sur la plage tous les après-midi.
Jugamos a la petanca en la playa todas las tardes.

1 la **bola**

2 ► **jouer aux boules** (= jouer à la pétanque) : **jugar a la petanca**

boulevard

▷ Quentin habite sur le boulevard Carnot.
Quentin vive en el bulevar Carnot.

el **bulevar** (pluriel : **los bulevares**)

boulot

▷ Je ne peux pas sortir, j'ai trop de boulot.
No puedo salir, tengo demasiado curro.
▷ Élise a trouvé un boulot à la mairie.
Élise ha encontrado un curro en el ayuntamiento.
▷ Il va au boulot en bus.
Va a currar en autobús.

el **curro**

ℹ **Boulot** *est familier,* ***curro*** *l'est aussi. Le mot espagnol non familier est* ***el trabajo****.*

► **aller au boulot : ir a currar**

boum

1 ▷ Tu vas à la boum de Youssouf ?
¿Vas a la fiesta de Youssouf?
2 ▷ Et boum, tout a explosé !
Y ¡bum!, todo explotó.

1 ► **une boum** (= une soirée) : **una fiesta**

2 ► **boum !** (= bruit d'explosion ou de chute) : **¡bum!**

bouquet

▻ Il m'a offert un beau bouquet de roses.
Me regaló un bonito ramo de rosas.

el **ramo**

bouquin

▻ Lis ce bouquin, il est super !
Lee este libro, ¡es estupendo!

el **libro**

ℹ **Bouquin** *est familier, mais **libro** ne l'est pas.*

bousculer

▻ Il m'a bousculé et il ne s'est même pas excusé !
¡Me empujó y ni siquiera se disculpó!

empujar

*Si le complément est une personne ou un groupe de personnes, n'oubliez pas de le faire précéder de **a**.*

boussole

▻ Nous avons retrouvé notre chemin grâce à la boussole.
Encontramos el camino gracias a la brújula.

la **brújula**

ℹ *Remarquez que le mot espagnol porte sur le premier **u** un accent écrit qui reflète l'accent tonique.*

bout

1 ▻ Le bout de la table est trop près de la porte.
El extremo de la mesa está demasiado cerca de la puerta.

2 ▻ Prends un bout de pain si tu as faim.
Tómate un trozo de pan si tienes hambre.

3 ▻ L'école est au bout de la rue.
La escuela está al final de la calle.

4 ▻ Au bout de trois heures, tout le monde était fatigué.
Al cabo de tres horas, todo el mundo estaba cansado.

1 (= extrémité) el **extremo**

2 (= morceau) el **trozo**

ℹ *On peut dire aussi **el pedazo**.*

3 ► **au bout de** (dans l'espace) : **al final de**

4 ► **au bout de** (une période de temps) : **al cabo de**

bouteille

▻ Nous recyclons les bouteilles vides.
Reciclamos las botellas vacías.

la **botella**

boutique

▻ Élodie a acheté sa montre dans une boutique à New York.
Élodie compró su reloj en una tienda de Nueva York.

la **tienda**

bouton

1 ▷ J'ai perdu un bouton.
He perdido un botón.
▷ Appuie sur le bouton de gauche.
Pulsa el botón de la izquierda.

1 (sur un vêtement, sur une radio, une télévision) el **botón** (pluriel : **los botones**)

*Il n'y a pas d'accent écrit au pluriel. L'accent tonique porte sur le deuxième **o**, comme au singulier.*

2 ▷ Aurélien a des boutons sur le visage.
Aurélien tiene granos en la cara.

2 (sur le visage, sur le corps) el **grano**

boutonner

▷ Boutonne ton blouson, il fait froid dehors.
Abotónate la cazadora, que hace frío fuera.

abotonar

boxe

▷ Emmanuel aime regarder la boxe à la télévision.
A Emmanuel le gusta mirar el boxeo en la tele.

el **boxeo**

*Attention : contrairement au français, le mot espagnol **boxeo** est masculin.*

▷ Nous sommes allés voir un match de boxe.
Fuimos a ver un combate de boxeo.

► **match de boxe :** el **combate de boxeo** (pluriel : **los combates de boxeo**)

bracelet

1 ▷ Samantha a un joli bracelet en argent.
Samantha tiene una bonita pulsera de plata.

1 (= bijou) la **pulsera**

2 ▷ Le bracelet de ma montre est cassé.
Tengo la correa del reloj rota.

2 (= bracelet d'une montre) la **correa**

*Attention à bien prononcer les deux **r** de **correa**.*

branche

▷ Il y avait des branches sur la route après la tempête.
Había ramas en la carretera después de la tormenta.

(d'un arbre) la **rama**

branché, branchée

1 ▷ Il y a beaucoup de bars branchés à Madrid.
Hay muchos bares de moda en Madrid.

1 (en parlant d'un endroit) **de moda**

2 ▷ Valentine est très branchée.
Valentine es muy moderna

2 (en parlant d'une personne) **moderno, moderna**

brancher

1 ▷ Peux-tu brancher le magnétoscope, s'il te plaît ?
¿Puedes enchufar el vídeo, por favor?

2 ▷ Nous ne sommes pas encore branchés sur l'Internet.
Todavía no estamos conectados a Internet.

1 (en parlant d'un appareil électrique) **enchufar**

2 ► **être branché sur l'Internet : estar conectado a Internet**

bras

▷ Matthieu a pris Anne par le bras.
Matthieu cogió a Anne del brazo.

▷ Elle m'a serré dans ses bras avant de partir.
Me abrazó antes de irse.

el **brazo**

► **serrer** quelqu'un **dans ses bras : abrazar a** alguién

brasse

▷ Je ne sais nager que la brasse.
Sólo sé nadar a braza.

la **braza**

► **nager la brasse : nadar a braza**

bravo

▷ Bravo, ta rédaction est très bonne !
¡Bravo! ¡tu redacción está muy bien!

¡bravo!

Bretagne

▷ Jean-Paul n'a jamais voulu quitter la Bretagne.
Jean-Paul nunca ha querido irse de Bretaña.

▷ Il y a des paysages sauvages en Bretagne.
Hay paisajes salvajes en Bretaña.

▷ On pourrait aller en Bretagne pour le week-end.
Podríamos ir a Bretaña para pasar el fin de semana.

Bretaña

i *Ne prend généralement pas d'article.*

► **en Bretagne** (= dans la région) **: en Bretaña**

► **en Bretagne** (= vers la région) **: a Bretaña**

bretelles

▷ Alice porte une robe avec de fines bretelles.
Alice lleva un vestido de tirantes finos.

▷ Mon grand-père porte souvent des bretelles.
Mi abuelo lleva a menudo tirantes.

los **tirantes**

breton, bretonne

▷ Loïc est breton.
Loïc es bretón.

▷ Il y a beaucoup de Bretons qui travaillent à Paris.
Hay muchos bretones que trabajan en París.

bretón (pluriel : **los bretones**), **bretona**

i *Il n'y a pas d'accent écrit au pluriel ni au féminin. L'accent tonique porte sur le deuxième **o**, comme au singulier.*

i *S'écrit toujours avec une minuscule, qu'il s'agisse de l'adjectif ou du nom.*

bricoler

▷ Mon oncle bricole dans son garage tous les dimanches.
Mi tío hace bricolaje en su garaje todos los domingos.

hacer bricolaje

brillant, brillante

▷ Cette étoile est très brillante.
Esta estrella es muy brillante.
▷ Laurent est un élève brillant.
Laurent es un alumno brillante.

brillante

ℹ *On dit **brillante** pour le masculin et le féminin.*

briller

▷ Regarde comme la voiture brille !
¡Mira cómo brilla el coche!
▷ J'ai utilisé un chiffon pour faire briller mes chaussures.
He utilizado un trapo para sacarles brillo a los zapatos.

brillar

► **faire briller** quelque chose : **sacar brillo a** algo

brioche

▷ J'aime manger de la brioche au petit déjeuner.
Me gusta comer bollo de leche para el desayuno.

el **bollo de leche** (pluriel : los bollos de leche)

ℹ *On peut dire aussi **el brioche**, mot masculin en espagnol et prononcé à la française.*

brique

1 ▷ Il a acheté des briques pour construire un mur dans le jardin.
Compró ladrillos para construir una tapia en el jardín.
▷ Ils construisent un mur en briques.
Están construyendo una pared de ladrillos.

2 ▷ Achète deux briques de lait et du pain.
Compra dos tetrabriks® de leche y pan.

1 (pour la construction) el **ladrillo**

► **en briques** : **de ladrillos**

2 (de lait, de jus de fruit) el **tetrabrik®** (pluriel : los tetrabriks)

briquet

▷ Tu peux me prêter ton briquet ?
¿Me puedes prestar el encendedor?

el **encendedor** (pluriel : los encendedores)

ℹ *On peut dire aussi **el mechero**.*

broche

▷ Cette broche appartenait à mon arrière-grand-mère.
Este broche pertenecía a mi bisabuela.

(= bijou) el **broche**

Attention : contrairement au français, le mot espagnol ***broche*** *est masculin.*

brochette

▷ Nous avons commandé des brochettes au restaurant.
Pedimos pinchos en el restaurante.

el **pincho**

bronzé, bronzée

▷ Tu es très bronzée ! Tu es allée à la plage ?
¡Estás muy morena! ¿Has ido a la playa?

moreno, morena

bronzer

▷ Capucine bronze facilement.
Capucine se pone morena muy fácilmente.

ponerse moreno ou **morena**

Le pronom réfléchi fonctionne de la façon suivante en espagnol : ***me*** *pongo moreno,* ***te*** *pones moreno,* ***se*** (singulier) *pone moreno,* ***nos*** *ponemos morenos,* ***os*** *ponéis morenos,* ***se*** (pluriel) *ponen morenos.*

brosse

▷ Je vais nettoyer mes chaussures avec une brosse.
Me voy a limpiar los zapatos con un cepillo.
▷ Qui a pris ma brosse à dents ?
¿Quién me ha cogido el cepillo de dientes?
▷ J'ai besoin d'une nouvelle brosse à cheveux.
Necesito un nuevo cepillo para el pelo.

el **cepillo**

► **brosse à dents : cepillo de dientes** (pluriel : **cepillos de dientes**)

► **brosse à cheveux : cepillo para el pelo** (pluriel : **cepillos para el pelo**)

brosser

▷ Je vais brosser le chien même s'il n'aime pas ça !
¡Voy a cepillar el perro aunque no le gusta!
▷ N'oublie pas de te brosser les dents.
No olvides de lavarte los dientes.

cepillar

► **se brosser les dents : lavarse los dientes**

Le pronom réfléchi fonctionne de la façon suivante en espagnol : ***me*** *lavo los dientes,* ***te*** *lavas los dientes,* ***se*** (singulier) *lava los dientes,* ***nos*** *lavamos los dientes,* ***os*** *laváis los dientes,* ***se*** (pluriel) *lavan los dientes.*

brouette

▷ Alfonso met toutes les feuilles mortes dans la brouette.
Alfonso está poniendo todas las hojas muertas en la carretilla.

la **carretilla**

*Attention à bien prononcer les deux **r** de **carretilla**.*

brouillard

▷ Il y a du brouillard aujourd'hui.
Hay niebla hoy.

la **niebla**

brouillon

▷ Fais un brouillon d'abord.
Haz un borrador primero.
▷ Tu as vu mon cahier de brouillon ?
¿Has visto mi borrador?

el **borrador** (pluriel : los borradores)

► **cahier de brouillon :** el borrador (pluriel : los borradores)

bruit

▷ Je ne peux pas travailler ici, il y a trop de bruit.
No puedo trabajar aquí, hay demasiado ruido.
▷ Arrêtez de faire du bruit !
¡Dejad de hacer ruido!

el **ruido**

► **faire du bruit :** hacer ruido

brûlant, brûlante

▷ Attention, l'assiette est brûlante.
Cuidado, que el plato quema.

► **être brûlant :** quemar

brûler

1 ▷ Andrés est en train de brûler des branches dans le jardin.
Andrés está quemando ramas en el jardín.

1 ► **brûler** quelque chose : quemar algo

2 ▷ Regarde, cette voiture a brûlé un feu rouge !
¡Mira, este coche se ha saltado un semáforo!

2 ► **brûler un feu rouge :** saltarse un semáforo

*Le pronom réfléchi fonctionne de la façon suivante en espagnol : **me** salto el semáforo, **te** saltas el semáforo, **se*** (singulier) *salta el semáforo, **nos** saltamos el semáforo, **os** saltáis el semáforo, **se*** (pluriel) *saltan el semáforo.*

3 ▷ Tout l'immeuble a brûlé.
Todo el edificio se quemó.

3 ► **brûler** (= être détruit) : quemarse

*Le pronom réfléchi fonctionne de la façon suivante en espagnol : **me** quemo, **te** quemas, **se*** (singulier) *quema, **nos** quemamos, **os** quemáis, **se*** (pluriel) *queman.*

4 ▷ Ne touche pas ça, ça brûle !
¡No toques esto, que quema!

4 ► **ça brûle** (= c'est très chaud) : **quema**

brume

▷ Il y a de la brume ce matin.
Hay bruma esta mañana.

la **bruma**

brun, brune

▷ Olivier a les cheveux bruns.
Olivier tiene el pelo moreno.
▷ C'est une petite dame brune.
Es una señora bajita y morena.

(en parlant des cheveux, de la peau, d'une personne) **moreno, morena**

Bruxelles

▷ Bruxelles est la capitale de la Belgique.
Bruselas es la capital de Bélgica.

Bruselas

bruyant, bruyante

▷ Vous êtes vraiment bruyants !
¡Estáis muy ruidosos!

ruidoso, ruidosa

bûche

▷ Carmen a mis une grosse bûche dans la cheminée.
Carmen puso un enorme leño en la chimenea.

el **leño**

buée

▷ Il y a de la buée sur la vitre.
Hay vaho en el cristal.

el **vaho**

buffet

1 ▷ Il y avait un très bon buffet au mariage de Christine.
Había un bufé muy bueno en la boda de Christine.

1 (= repas) el **bufé**

*Remarquez que le mot espagnol porte sur le **e** un accent écrit qui reflète l'accent tonique.*

2 ▷ Les clés sont sur le buffet.
Las llaves están encima del aparador.

2 (= meuble) el **aparador** (pluriel : **los aparadores**)

buisson

▷ Nous nous sommes cachés dans les buissons.
Nos escondimos entre los matorrales.

el **matorral** (pluriel : **los matorrales**)

*Attention à bien prononcer les deux **r** de **matorral**.*

bulle

1 ▷ Les bulles du champagne me chatouillent le nez.
Las burbujas del champán me hacen cosquillas en la nariz.

2 ▷ Des bulles de savon flottaient dans l'air.
Pompas de jabón flotaban en el aire.

1 (d'air) la **burbuja**

2 (de savon) la **pompa**

bulletin

1 ▷ Tu as oublié de remplir le bulletin d'abonnement.
Olvidaste de rellenar el boletín de suscripción.

2 ▷ Mon bulletin n'est pas très bon ce trimestre.
Mi boletín de notas no es muy bueno este trimestre.

1 (= formulaire) el **boletín** (pluriel : los boletines)

ℹ *Il n'y a pas d'accent écrit au pluriel. L'accent tonique porte sur le* ***i****, comme au singulier.*

2 (= notes à l'école) el **boletín de notas** (pluriel : los boletines de notas)

bureau

1 ▷ La mère de Lucille travaille dans un bureau.
La madre de Lucille trabaja en una oficina.

2 ▷ Ils vont transformer le grenier en bureau.
Van a transformar el desván en despacho.

3 ▷ Le bureau est trop grand pour cette chambre.
La mesa de despacho es demasiado grande para esta habitación.

4 ▷ Est-ce qu'il y a un bureau de tabac dans le village ?
¿Hay un estanco en el pueblo?

1 (= lieu où l'on travaille) la **oficina**

2 (= pièce dans une maison) el **despacho**

3 (= table) la **mesa de despacho** (pluriel : las mesas de despacho)

4 ► **bureau de tabac :** el estanco

bus

▷ Est-ce que le bus est déjà parti ?
¿Ya se ha ido el autobús?

▷ Sandrine va à l'école en bus.
Sandrine va al colegio en autobús.

el **autobús** (pluriel : los autobuses)

ℹ *Il n'y a pas d'accent écrit au pluriel. L'accent tonique porte sur le deuxième* ***u****, comme au singulier.*

► **en bus :** en autobús

but

1 ▷ Le premier but était magnifique.
El primer gol fue magnífico.
▷ Qui a marqué le but ?
¿Quién marcó el gol?

2 ▷ Le but de la visite était de rencontrer de jeunes Espagnols.
El objetivo de la visita era conocer a jóvenes españoles.

1 (dans les sports) el **gol** (pluriel : los goles)
► **marquer un but :** marcar un gol

2 (= objectif) el **objetivo**

C

FRANÇAIS — ESPAGNOL

ça

1 ▷ Ça sent bon ici.
Huele bien aquí.
▷ Ça me fait rire.
Me da ganas de reír.
▷ Ça dépend !
¡Depende!

1 Très souvent, ça ne se traduit pas en espagnol.

2 ▷ Ça c'est un gâteau au café. Tu en veux un morceau ?
Esto es un pastel de café. ¿Quieres un trozo?
▷ Et ça aussi, tu vas l'acheter ?
¿Y eso también lo vas a comprar?
▷ Qu'est-ce que c'est que ça, là-bas ?
¿Qué es aquello?

2 Quand on désigne une chose, ça peut se traduire par **esto**, **eso** ou **aquello** :
- **esto** désigne une chose proche de celui qui parle
- **eso** désigne une chose plus proche de celui qui écoute que de celui qui parle
- **aquello** désigne une chose éloignée de celui qui parle et de celui qui écoute.

3 ▷ Ça y est, j'ai fini !
¡Ya está! ¡He terminado!

3 ► **ça y est ! : ¡ya está!**

4 ▷ On part lundi et on revient mercredi ? – Oui, c'est ça.
¿Nos vamos el lunes y volvemos el miércoles? – Sí, eso es.

4 ► **c'est ça** (= c'est exact) : **eso es**

5 ▷ Il faut le faire comme ça.
Hay que hacerlo así.

5 ► **comme ça** (= de cette façon) : **así**

ℹ *Remarquez que le mot espagnol porte sur le **i** un accent écrit qui reflète l'accent tonique.*

6 ▷ Ça va ? – Très bien, merci. Et toi ?
¿Qué tal? – Muy bien, gracias. ¿Y tú?

6 ► (comment) **ça va ? : ¿qué tal?**

cabane

▷ Marcel et Ludo ont construit une cabane dans la forêt.
Marcel y Ludo han construido una cabaña en el bosque.

la **cabaña**

cabine

1 ▷ Les cabines de la piscine sont toutes occupées.
Todas las cabinas de la piscina están ocupadas.

1 (à la piscine) la **cabina**

2 ▷ Est-ce qu'il y a une cabine téléphonique dans cette rue ?
¿Hay una cabina telefónica en esta calle?

2 ► **cabine téléphonique :** **cabina telefónica** (pluriel : **cabinas telefónicas**)

Remarquez que le mot ***telefónica*** *porte sur le* ***o*** *un accent écrit qui reflète l'accent tonique.*

3 ▷ Où sont les cabines d'essayage, s'il vous plaît ?
¿Dónde están los probadores, por favor?

3 ► **cabine d'essayage :** el **probador** (pluriel : los **probadores**)

câble

▷ Il y a le câble dans les chambres de l'hôtel.
Hay televisión por cable en las habitaciones del hotel.

► **le câble** (= la télévision par câble) **:** la **televisión por cable**

Remarquez que le mot ***televisión*** *porte sur le* ***o*** *un accent écrit qui reflète l'accent tonique.*

cacahuète

▷ Deux jus d'orange et un paquet de cacahuètes, s'il vous plaît.
Dos zumos de naranja y un paquete de cacahuetes, por favor.

el **cacahuete**

Attention : contrairement au français, le mot espagnol ***cacahuete*** *est masculin.*

cache-cache

▷ J'ai joué à cache-cache avec mon petit frère pendant des heures.
Jugué al escondite con mi hermano pequeño durante horas.

► **jouer à cache-cache :** **jugar al escondite**

cacher

1 ▷ Cache les bonbons ! Le prof arrive !
¡Esconde los caramelos, que viene el profesor!

1 **esconder**

Si le complément est une personne ou un groupe de personnes, n'oubliez pas de le faire précéder de ***a****.*

2 ▻ Pierre s'est caché sous l'escalier.
Pierre se escondió debajo de las escaleras.

2 ► **se cacher : esconderse**

ℹ *Le pronom réfléchi fonctionne de la façon suivante en espagnol : **me** escondo, **te** escondes, **se** (singulier) esconde, **nos** escondemos, **os** escondéis, **se** (pluriel) esconden.*

cachet

▻ Prends un cachet si tu as mal à la tête.
Tómate una tableta si tienes dolor de cabeza.

(= médicament) la **tableta**

cachette

▻ Sylviane fume en cachette.
Sylviane fuma a escondidas.

► **en cachette : a escondidas**

caddie®

▻ Elle a rempli le caddie de boîtes de conserve.
Llenó el carrito de latas.

el **carrito**

🔊 *Attention à bien prononcer les deux **r** de **carrito**.*

cadeau

▻ Quel super cadeau ! Tu as vraiment de la chance !
¡Qué regalo más guay! ¡Qué suerte tienes!

▻ Nous voudrions faire un cadeau au prof de français.
Quisiéramos hacer un regalo al profesor de francés.

el **regalo**

► **faire un cadeau à** quelqu'un **: hacer un regalo a** alguien

cadenas

▻ Je vais mettre un cadenas sur la porte de mon casier.
Voy a poner un candado en la puerta de mi casillero.

el **candado**

cadre

▻ Clémence a mis la photo de son copain dans un cadre.
Clémence ha puesto la foto de su novio en un marco.

(pour une photo ou pour un tableau) el **marco**

cafard

1 ▻ Il y a des cafards dans la cuisine.
Hay cucarachas en la cocina.

1 (= insecte) la **cucaracha**

2 ▻ Jean a le cafard parce que sa copine l'a quitté.
Jean está deprimido porque le ha dejado su novia.

2 ► **avoir le cafard : estar deprimido** *ou* **deprimida**

café

1 ▻ Un café et une limonade, s'il vous plaît.
Un café y una gaseosa, por favor.
▻ Je bois toujours du café au lait au petit déjeuner.
Tomo siempre café con leche para el desayuno.
▻ J'adore la glace au café.
Me encanta el helado de café.
2 ▻ J'ai vu Sylvie au café près de l'école.
Vi a Sylvie en el bar cerca del colegio.

1 (= boisson) el **café**

► **café au lait : café con leche** (pluriel : **cafés con leche**)
► **au café** (= parfumé au café) **: de café**

2 (= bar) el **bar** (pluriel : **los bares**)

cafétéria

▻ Ma mère déjeune à la cafétéria tous les jours.
Mi madre almuerza en la cafetería todos los días.

la **cafetería**

*Remarquez que le mot espagnol porte sur le **i** un accent écrit qui reflète l'accent tonique.*

cafetière

▻ Nous avons offert une cafetière électrique à mes parents.
Les regalamos una cafetera eléctrica a mis padres.

la **cafetera**

cage

▻ Je n'aime pas les zoos ; c'est triste de voir les animaux dans des cages.
No me gustan los zoos; es triste ver a los animales en jaulas.

la **jaula**

cagoule

▻ Il fait très froid, n'oublie pas ta cagoule.
Hace mucho frío, no te olvides el pasamontañas.

(pour protéger du froid) el **pasamontañas** (pluriel : **los pasamontañas**)

cahier

1 ▻ C'est mon cahier, pas le tien !
¡Éste es mi cuaderno, no es tuyo!
▻ Oh non, j'ai oublié mon cahier de textes !
¡Oh no, me olvidé el cuaderno de deberes!
2 ▻ Vladimir fait des dessins dans les marges de son cahier de brouillon.
Vladimir hace dibujos en los márgenes del borrador.

1 el **cuaderno**

► **cahier de textes : cuaderno de deberes** (pluriel : **cuadernos de deberes**)

2 ► **cahier de brouillon : el borrador** (pluriel : **los borradores**)

cailler

1 ▻ Ça caille ici !
¡Aquí hace un frío que pela!
2 ▻ On s'est caillés dans le chalet.
Nos pelamos de frío en el chalé.

1 ► **ça caille : ¡hace un frío que pela!**
2 ► **se cailler : pelarse de frío**
ℹ *Le pronom réfléchi fonctionne de la façon suivante en espagnol :* ***me*** *pelo,* ***te*** *pelas,* ***se*** (singulier) *pela,* ***nos*** *pelamos,* ***os*** *peláis,* ***se*** (pluriel) *pelan de frío.*
ℹ *Remarquez que le mot espagnol* ***frío*** *porte sur le* ***i*** *un accent écrit qui reflète l'accent tonique.*
ℹ ***Pelarse de frío*** *et* ***¡hace un frío que pela!*** *comme* **cailler**, *sont familiers.*

caillou

▻ Viens, on va lancer des cailloux dans l'eau.
Ven, vamos a tirar piedras al agua.

la **piedra**

caisse

1 ▻ Jean a ouvert la caisse : elle était vide.
Jean abrió la caja: estaba vacía.
▻ C'est la caisse pour moins de dix articles.
Ésta es la caja para menos de diez artículos.
2 ▻ J'ai mis mon argent à la caisse d'épargne.
He ingresado mi dinero en la caja de ahorros.

1 (= boîte, caisse du supermarché) la **caja**
2 ► **caisse d'épargne : caja de ahorros**
🔊 *Attention à bien prononcer les deux* ***r*** *de* ***ahorros****.*

caissier, caissière

▻ La mère de Bob est caissière au supermarché.
La madre de Bob trabaja de cajera en el supermercado.

el **cajero**, la **cajera**

cake

▻ Il y a du cake avec le thé.
Hay bizcocho de frutas con el té.

el **bizcocho de frutas** (pluriel : los bizcochos de frutas)

calcul

▻ Je ne suis pas très bon en calcul.
No se me da muy bien el cálculo.
▻ Nous avons fait des calculs pour voir si nous avions assez d'argent.
Hicimos cálculos para ver si teníamos bastante dinero.

el **cálculo**
ℹ *Remarquez que le mot espagnol porte sur le* ***a*** *un accent écrit qui reflète l'accent tonique.*

calculatrice

▷ Les calculatrices sont interdites pendant l'examen.
Está prohibido usar calculadoras durante el examen.

la **calculadora**

calculer

▷ Calculons combien ça va coûter.
Calculemos cuánto va a costar.

calcular

calculette

▷ Les calculettes sont interdites pendant l'examen.
Está prohibido usar minicalculadoras durante el examen.

la **minicalculadora**

caleçon

▷ Ce caleçon est beaucoup trop grand pour moi !
¡Estos calzoncillos son demasiado grandes para mí!
▷ Je dois m'acheter un nouveau caleçon.
Me tengo que comprar unos calzoncillos nuevos.

(= sous-vêtement) los **calzoncillos**

ℹ ***Calzoncillos*** *est un nom pluriel : on l'utilise avec un verbe au pluriel (estos calzoncillos **son** demasiado grandes).*

calendrier

▷ Le facteur nous a vendu un calendrier.
El cartero nos vendió un calendario.

el **calendario**

câlin, câline

1 ▷ Mon frère est très câlin.
Mi hermano es muy cariñoso.
2 ▷ Ma petite sœur m'a fait un câlin.
Mi hermana pequeña me hizo mimos.

1 ► **être câlin** *ou* **câline : ser cariñoso** *ou* **cariñosa**

2 ► **faire un câlin à** quelqu'un **: hacer mimos a** alguien

calme

1 ▷ Cyril est très calme à l'école.
Cyril está muy tranquilo en clase.
▷ C'est une rue très calme.
Es una calle muy tranquila.
2 ▷ J'aime le calme de la campagne.
Me gusta la tranquilidad del campo.

1 (en parlant d'une personne, d'un endroit) **tranquilo, tranquila**

2 ► **le calme** (= le silence) **: la tranquilidad**

Le mot espagnol ***la calma*** *existe, mais c'est uniquement un nom qui signifie* **le calme, le sang-froid.** *Par exemple :* ***no pierdas la calma*** **(ne perds pas ton calme).**

3 ▷ Du calme ! Tu es vraiment insupportable aujourd'hui !
¡Cálmate! ¡Hoy estás insoportable!

3 Quand on dit *du calme !* à quelqu'un qui s'agite, on emploie en espagnol le verbe **calmarse** :
¡cálmate! = calme-toi !
¡calmaos! = calmez-vous !
(tutoiement de plusieurs personnes)

calmement

▷ Si tu lui parles calmement, je suis sûr qu'il comprendra.
Si le hablas con calma, estoy seguro de que comprenderá.

con calma

calmer

▷ Personne n'a réussi à calmer Daphné.
Nadie consiguió calmar a Daphné.

calmar
Si le complément est une personne ou un groupe de personnes, n'oubliez pas de le faire précéder de ***a****.*

▷ Calme-toi, ce n'est pas grave !
¡Cálmate, que no es grave!
▷ Finalement la tempête s'est calmée.
Finalmente la tormenta se calmó.

► se calmer : **calmarse**

Le pronom réfléchi fonctionne de la façon suivante en espagnol : ***me*** *calmo,* ***te*** *calmas,* ***se*** (singulier) *calma,* ***nos*** *calmamos,* ***os*** *calmáis,* ***se*** (pluriel) *calman.*

cambrioler

▷ La police a arrêté les hommes qui ont cambriolé la maison.
La policía ha detenido a los hombres que robaron la casa.

robar

camembert

▷ Tu préfères du camembert ou un yaourt ?
¿Prefieres camembert o un yogurt?

el camembert
En espagnol comme en français, le ***t*** *ne se prononce pas.*

caméra

▷ Regardez la caméra et souriez !
¡Mirad la cámara y sonreíd!

la cámara
Remarquez que le mot espagnol porte sur le premier ***a*** *un accent écrit qui reflète l'accent tonique.*

Suite page suivante

▷ Ils ont acheté une caméra vidéo pour filmer leurs vacances.

Han comprado una cámara de vídeo para filmar las vacaciones.

► **caméra vidéo :** la **cámara de vídeo** (pluriel : cámaras de vídeo)

ℹ *On peut dire aussi* ***la videocámara****.*

ℹ *Remarquez que les mots espagnols portent des accents écrits qui reflètent l'accent tonique.*

caméscope®

▷ Est-ce que tu vas emporter ton caméscope en voyage scolaire ?

¿Vas a llevarte la cámara de vídeo cuando vayas de viaje de estudios?

la **cámara de vídeo** (pluriel : cámaras de vídeo)

ℹ *On peut dire aussi* ***la videocámara****.*

ℹ *Remarquez que les mots espagnols portent des accents écrits qui reflètent l'accent tonique.*

camion

▷ Un énorme camion s'est arrêté devant la maison.

Un enorme camión se paró delante de la casa.

el **camión** (pluriel : los camiones)

ℹ *Il n'y a pas d'accent écrit au pluriel. L'accent tonique porte sur le* ***o****, comme au singulier.*

camionnette

▷ Nous avons loué une camionnette pour transporter les meubles.

Alquilamos una camioneta para transportar los muebles.

la **camioneta**

Attention : à la différence du français, le mot espagnol ne prend qu'un ***n*** *et qu'un* ***t****.*

camp

1 ▷ Cet été Thomas fait un camp en Auvergne.

Este verano Thomas va de colonias a Auvernia.

2 ▷ Il y avait deux camps pour la partie de ballon : les rouges et les bleus.

Había dos campos para el partido de balón: los rojos y los azules.

1 ► **faire un camp** (pour les vacances) **:** ir de colonias

2 (= équipe) el **campo**

campagne

▷ Ils veulent vivre à la campagne.

Quieren vivir en el campo.

► **la campagne** (par opposition à la ville) **:** el campo

camper

▷ Manu et ses copains ont campé près de Tours.
Manu y sus amigos hicieron camping cerca de Tours.

hacer camping

camping

1 ▷ Le camping est interdit ici.
Aquí está prohibido el camping.
▷ Savez-vous où est le camping ?
¿Saben dónde está el camping?

1 (= le fait de camper, le terrain) **el camping**

*L'accent tonique porte sur la première syllabe (**cam-**).*

2 ▷ J'aimerais faire du camping cet été.
Me gustaría ir de camping este verano.

2 ► **faire du camping : ir de camping**

Canada

▷ Le Canada est le deuxième plus grand pays du monde.
Canadá es el segundo país más grande del mundo.

► le Canada : **(el) Canadá**

*i **Canadá** peut s'employer avec ou sans l'article **el**.*

*i Remarquez que le mot espagnol porte sur le dernier **a** un accent écrit qui reflète l'accent tonique.*

▷ Il y a des paysages magnifiques au Canada.
En Canadá hay paisajes magníficos.
▷ Ils sont allés au Canada pour chercher du travail.
Fueron a Canadá a buscar trabajo.

► au Canada (= dans le pays) : **en (el) Canadá**
► au Canada (= vers le pays) : **a(l) Canadá**

canadien, canadienne

▷ David lisait un journal canadien.
David estaba leyendo un periódico canadiense.
▷ Les Canadiens ont un accent différent du nôtre.
Los canadienses tienen un acento diferente del nuestro.

canadiense

i S'écrit toujours avec une minuscule, qu'il s'agisse de l'adjectif ou du nom.

canal

▷ Allons nous promener au bord du canal.
Vayamos a dar un paseo a orillas del canal.

el canal (pluriel : **los canales**)

canapé

▷ Christelle dormira dans le lit et Julie sur le canapé.
Christelle dormirá en la cama y Julie en el sofá.

(pour dormir) el **sofá** (pluriel : los sofás)

*Remarquez que le mot espagnol porte sur le **a** un accent écrit qui reflète l'accent tonique.*

*Le mot espagnol **canapé** existe, mais c'est un nom qui signifie surtout* **petit four**.

canapé-lit

▷ Frédérique dormira dans le lit et Christian dans le canapé-lit.
Frédérique dormirá en la cama y Christian en el sofá cama.

el **sofá cama** (pluriel : los sofás cama)

*Remarquez que le mot espagnol porte sur le **a** un accent écrit qui reflète l'accent tonique.*

canard

▷ J'ai donné du pain aux canards dans le parc.
Di pan a los patos en el parque.

(= oiseau) el **pato**

cancer

▷ Le cancer est une maladie grave.
El cáncer es una enfermedad grave.

el **cáncer**

*Remarquez que le mot espagnol porte sur le **a** un accent écrit qui reflète l'accent tonique.*

canette

1 ▷ Tu veux une canette de bière ?
¿Quieres un botellín de cerveza?

1 (= bouteille, en parlant de bière) el **botellín** (pluriel : los botellines)

*Il n'y a pas d'accent écrit au pluriel. L'accent tonique porte sur le **i**, comme au singulier.*

2 ▷ L'aluminium des canettes de soda peut être recyclé.
El aluminio de las latas de soda se puede reciclar.

2 (= boîte métallique) la **lata**

canne

1 ▷ Mon grand-père marche avec une canne.
Mi abuelo camina con un bastón.

1 (pour s'appuyer) el **bastón** (pluriel : los bastones)

*Il n'y a pas d'accent écrit au pluriel. L'accent tonique porte sur le **o**, comme au singulier.*

2 ▷ Laurent m'a prêté sa canne à pêche.
Laurent me ha prestado su caña de pescar.

2 ► **canne à pêche :** la caña de pescar (pluriel : las cañas de pescar)

canon

▻ Il y a des canons anciens dans ce château.
Hay unos cañones antiguos en este castillo.

el **cañón** (pluriel : **los cañones**)
*Il n'y a pas d'accent écrit au pluriel. L'accent tonique porte sur le **o**, comme au singulier.*

cantine

▻ La cantine était presque vide aujourd'hui.
Hoy el comedor escolar estaba casi vacío.

(= salle où on mange à l'école) el **comedor escolar** (pluriel : **los comedores escolares**)
*On peut dire aussi la **cantina escolar*** (pluriel : *las cantinas escolares*).

▻ Je mange à la cantine tous les jours.
Como en el colegio todos los días.

► **manger à la cantine : comer en el colegio**

caoutchouc

1 ▻ Le caoutchouc vient d'un arbre.
El caucho procede de un árbol.

2 ▻ Les semelles de ces chaussures sont en caoutchouc.
Las suelas de estos zapatos son de goma.

1 (= matériau végétal) el **caucho**

2 (= matériau artificiel) la **goma**
► **en caoutchouc : de goma**

capable

▻ Elle est capable de tout dire à sa mère.
Es capaz de contárselo todo a su madre.

capaz (pluriel : **capaces**)
*N'oubliez pas que le **z** devient **c** au pluriel.*

capitaine

▻ Qui est le capitaine de votre équipe de foot ?
¿Quién es el capitán de vuestro equipo de fútbol?

el **capitán** (pluriel : **los capitanes**)
*Il n'y a pas d'accent écrit au pluriel. L'accent tonique porte sur le **a**, comme au singulier.*

capitale

▻ Saint-Jacques-de-Compostelle est la capitale de la Galice.
Santiago de Compostela es la capital de Galicia.

la **capital** (pluriel : **las capitales**)
*Ne confondez pas **la capital*** (= la capitale) *et **el capital*** (= le capital).

capot

▻ Regarde sous le capot, il y a peut-être un problème.
Mira debajo del capó, quizás haya un problema.

el **capó** (pluriel : **los capós**)
*Remarquez que le mot espagnol porte sur le **o** un accent écrit qui reflète l'accent tonique.*

capuche

▷ Je voudrais une veste avec une capuche.
Quisiera una chaqueta con capucha.

la **capucha**

car

▷ Nous avons pris le car pour aller en voyage scolaire.
Cogimos el autocar para ir de viaje de estudios.
▷ Margot est allée en Italie en car avec sa famille.
Margot fue a Italia en autocar con su familia.
▷ J'ai raté le car de ramassage scolaire.
He perdido el autobús escolar.

(= autobus) el **autocar** (pluriel : **los autocares**)

► **en car : en autocar**

► **car de ramassage scolaire : el autobús escolar** (pluriel : **los autobuses escolares**)

ℹ *Il n'y a pas d'accent écrit au pluriel (**autobuses**). L'accent tonique porte sur le **u**, comme au singulier.*

caractère

▷ Mon frère a bon caractère.
Mi hermano tiene buen carácter.
▷ Tu as vraiment mauvais caractère !
¡Tienes muy mal carácter!

► **avoir bon caractère : tener buen carácter**

► **avoir mauvais caractère : tener mal carácter**

ℹ *Remarquez que le mot **carácter** porte sur le deuxième **a** un accent écrit qui reflète l'accent tonique.*

carafe

▷ Une bouteille de vin et une carafe d'eau, s'il vous plaît.
Una botella de vino y una jarra de agua, por favor.

(pour l'eau) la **jarra**

🔊 *Attention à bien prononcer les deux **r** de **jarra**.*

caramel

▷ Il y a du caramel sur le gâteau.
Hay caramelo sobre el pastel.
▷ J'ai mangé le paquet entier de caramels, je ne me sens pas bien !
¡Me comí el paquete de caramelos entero, no me siento bien!

el **caramelo**

caravane

▷ Ils ont acheté une caravane pour partir en vacances.
Han comprado una caravana para ir de vacaciones.

la **caravana**

cardiaque

▻ Monsieur López est cardiaque.
El señor López está enfermo del corazón.

► **être cardiaque : estar enfermo** *ou* **enferma del corazón**

*Remarquez que le mot **corazón** porte sur le deuxième **o** un accent écrit qui reflète l'accent tonique.*

caresser

▻ Le chat ronronne quand on le caresse.
El gato ronronea cuando lo acarician.

acariciar

carnaval

▻ Tu vas te déguiser pour le carnaval ?
¿Te vas a disfrazar para carnaval?

► **le carnaval : carnaval**

carnet

1 ▻ J'ai un carnet où j'écris tous les mots espagnols que j'apprends.
Tengo una libreta de apuntes en la que apunto todas las palabras españolas que aprendo.

2 ▻ J'ai perdu mon carnet d'adresses !
¡He perdido la agenda de direcciones!

3 ▻ Mes parents n'ont pas encore vu mon carnet de notes.
Mis padres todavía no han visto mi boletín de notas.

4 ▻ Deux carnets de timbres, s'il vous plaît.
Dos cuadernillos de sellos, por favor.

1 (pour écrire) **la libreta de apuntes** (pluriel : **las libretas de apuntes**)

2 ► **carnet d'adresses : la agenda de direcciones** (pluriel : **las agendas de direcciones**)

3 ► **carnet de notes : el boletín de notas** (pluriel : **los boletines de notas**)

*Il n'y a pas d'accent écrit au pluriel (**boletines**). L'accent tonique porte sur le **i**, comme au singulier.*

4 ► **carnet de timbres : el cuadernillo de sellos** (pluriel : **los cuadernillos de sellos**)

carotte

▻ Achète un kilo de carottes et un kilo de pommes.
Compra un kilo de zanahorias y un kilo de manzanas.

la zanahoria

Attention à l'orthographe du mot espagnol.

carré, carrée

▻ L'écran de l'ordinateur est presque carré.
La pantalla del ordenador es casi cuadrada.
▻ Dessine un carré et un rond.
Dibuja un cuadrado y un círculo.

cuadrado, cuadrada
► **un carré** (= figure géométrique) **: un cuadrado**

carreau

1 ▷ Il y a des carreaux bleus sur le sol de la cuisine.
Hay baldosas azules en el piso de la cocina.

2 ▷ Ces carreaux sont tellement sales qu'on ne voit rien !
¡Estos cristales están tan sucios que no se ve nada!

3 ▷ Émilie porte un pantalon à carreaux.
Émilie lleva unos pantalones de cuadros.

1 (au sol) la **baldosa**

ℹ *Les* carreaux sur les murs *s'appellent* ***azulejos*** *en espagnol.*

2 (= vitre) el **cristal** (pluriel : los cristales)

3 ► à carreaux : de cuadros

carrefour

▷ Il y a eu un accident au carrefour.
Hubo un accidente en el cruce.

el **cruce**
► au carrefour : en el cruce

carrelage

▷ Ils vont mettre du carrelage dans la cuisine.
Van a poner azulejos en la cocina.

(au mur) los **azulejos**

ℹ *Le* carrelage sur le sol *s'appelle* ***baldosas*** *en espagnol.*

ℹ ***Azulejos*** *et* ***baldosas*** *sont des pluriels : on dit par exemple* ***los azulejos eran caros*** (le carrelage était cher).

cartable

▷ Mon cartable est trop lourd !
¡Mi cartera pesa demasiado!

la **cartera**

carte

1 ▷ Je vais envoyer une carte à Laura pour son anniversaire.
Le voy a mandar una tarjeta a Laura para su cumpleaños.

2 ▷ Vous pouvez jouer aux cartes si vous vous ennuyez.
Podéis jugar a las cartas si os aburrís.

3 ▷ Nous sommes perdus, regardons la carte.
Nos hemos perdido, miremos el mapa.

4 ▷ Regarde la carte et choisis ce que tu veux manger.
Mira la carta y elige lo que quieres comer.

1 (= carte de vœux, carte bancaire) la **tarjeta**

2 (= carte à jouer) la **carta**

ℹ *On peut dire aussi* ***el naipe****.*

3 (= carte routière, carte d'une région) el **mapa**

4 (dans un restaurant) la **carta**

5 ▷ N'oublie pas d'emporter ta carte d'identité.
No olvides de llevarte el carné de identidad.

5 ► **carte d'identité : el carné de identidad** (pluriel : **los carnés de identidad**)

*Remarquez que le mot **carné** porte sur le **e** un accent écrit qui reflète l'accent tonique.*

6 ▷ J'ai écrit plus de vingt cartes postales aujourd'hui.
Hoy he escrito más de veinte postales.

6 ► **carte postale : la postal** (pluriel : **las postales**)

7 ▷ Où est-ce que je peux acheter une carte de téléphone ?
¿Dónde puedo comprar una tarjeta telefónica?

7 ► **carte de téléphone : la tarjeta telefónica** (pluriel : **las tarjetas telefónicas**)

*Remarquez que le mot **telefónica** porte sur le **o** un accent écrit qui reflète l'accent tonique.*

carton

1 ▷ Colle le poster sur ce bout de carton, ce sera plus solide.
Pega el póster a este pedazo de cartón, así será más sólido.

1 (= matériau) **el cartón**

*Remarquez que le mot espagnol porte sur le **o** un accent écrit qui reflète l'accent tonique.*

▷ Anaïs a fabriqué un avion en carton.
Anaïs ha fabricado un avión de cartón.

► **en carton : de cartón**

2 ▷ Nous avons tout mis dans des cartons avant le déménagement.
Lo pusimos todo en cajas de cartón antes de la mudanza.

2 (= boîte) **la caja de cartón** (pluriel : **las cajas de cartón**)

cartouche

▷ Le chasseur a mis une cartouche dans son fusil.
El cazador puso un cartucho en el fusil.

(= cartouche de fusil, d'encre) **el cartucho**

cas

1 ▷ C'est un cas particulier.
Es un caso particular.

1 (= situation) **el caso**

2 ▷ Prends ton parapluie au cas où il pleuvrait.
Llévate el paraguas por si llueve.

2 ► **au cas où** + conditionnel **: por si** + indicatif

3 ▷ Je ne sais pas ce que vous allez faire, mais moi en tout cas je pars !
¡No sé lo que vais a hacer, pero yo en todo caso me voy!

3 ► **en tout cas : en todo caso**

case

▷ J'ai oublié de remplir la dernière case du questionnaire.
Me olvidé de rellenar la última casilla del cuestionario.

(dans un questionnaire, un jeu de société) la **casilla**

casque

1 ▷ Il est idiot, il fait de la moto sans casque !
¡Es tonto, monta en moto sin casco!

2 ▷ Lou aime écouter de la musique avec un casque.
A Lou le gusta escuchar música con cascos.

1 (pour faire de la moto) el **casco**

2 (pour écouter de la musique) los **cascos**

i ***Cascos*** *est un nom pluriel : on dit par exemple* ***estos cascos son pesados*** (ce casque est lourd).

casquette

▷ Les casquettes de base-ball sont à la mode.
Las gorras de béisbol están de moda.

la **gorra**

Attention à bien prononcer les deux ***r*** *de* ***gorra****.*

casser

1 ▷ Attention, tu vas casser l'assiette !
¡Cuidado, que vas a romper el plato!

2 ▷ Ces verres se cassent facilement.
Estos vasos se rompen fácilmente.

1 (= briser) **romper**

2 ► **se casser** (= se briser) : **romperse**

i *Le pronom réfléchi fonctionne de la façon suivante en espagnol :* ***se*** *rompe* (singulier), ***se*** *rompen* (pluriel).

▷ Roxane s'est cassé la jambe en skiant.
Roxane se ha roto la pierna esquiando.

► **se casser la jambe, se casser le bras : romperse la pierna, romperse el brazo**

i *Le pronom réfléchi fonctionne de la façon suivante en espagnol :* ***me*** *rompo,* ***te*** *rompes,* ***se*** (singulier) *rompe,* ***nos*** *rompemos,* ***os*** *rompéis,* ***se*** (pluriel) *rompen la pierna.*

casserole

▷ Les oignons ont brûlé dans la casserole.
Las cebollas se han quemado en la cacerola.

la **cacerola**

cassette

1 ▷ Pendant le cours d'espagnol, nous écoutons des cassettes.
Durante la clase de español, escuchamos casetes.

1 el *ou* la **casete**

*Attention : à la différence du français, le mot espagnol prend un seul **s** et un seul **t**. Attention aussi au genre : le mot **casete** peut être masculin ou féminin. **Casete** peut désigner aussi le magnétoscope, mais dans ce cas il est masculin.*

2 ▷ J'ai besoin d'une cassette vidéo pour enregistrer le film.
Necesito un vídeo para grabar la película.

2 ► **cassette vidéo : el vídeo**

*Remarquez que le mot espagnol porte sur le **i** un accent écrit qui reflète l'accent tonique.*

*On peut dire aussi **la cinta**.*

catalogue

▷ Ce modèle de baskets n'est pas encore sur le catalogue.
Este modelo de zapatillas de deporte no está todavía en el catálogo.

el **catálogo**

*Remarquez que le mot espagnol porte sur le deuxième **a** un accent écrit qui reflète l'accent tonique.*

▷ Elle achète tous ses vêtements sur catalogue.
Compra toda la ropa por catálogo.

► **sur catalogue : por catálogo**

catastrophe

▷ Quelle catastrophe ! J'ai perdu mes clés !
¡Qué desastre! ¡He perdido las llaves!

(= problème) el **desastre**

*S'il s'agit d'une catastrophe naturelle, d'un incendie ou d'un accident, on dit **la catástrofe**.*

catégorie

▷ Il y a plusieurs catégories de modems.
Hay varias categorías de módems.

la **categoría**

*Remarquez que le mot espagnol porte sur le **i** un accent écrit qui reflète l'accent tonique.*

cathédrale

▷ La cathédrale de Burgos est magnifique.
La catedral de Burgos es magnífica.

la **catedral** (pluriel : las catedrales)

*Attention : à la différence du français, il n'y a pas de **h** dans le mot espagnol.*

cauchemar

▷ J'ai rêvé qu'un monstre me poursuivait : quel cauchemar !
Soñé que me perseguía un monstruo : ¡vaya pesadilla!
▷ J'ai fait un cauchemar horrible la nuit dernière.
Anoche tuve una pesadilla horrible.

la **pesadilla**

► **faire un cauchemar** : **tener una pesadilla**

cause

1 ▷ Personne ne connaît la cause de l'accident.
Nadie conoce la causa del accidente.

2 ▷ Ses parents sont fâchés à cause de ses mauvaises notes.
Sus padres están enfadados a causa de sus malas notas.
▷ J'ai raté le bus à cause de Jean.
Perdí el autobús por culpa de Jean.

1 (= raison) la **causa**

2 De façon générale, à cause de se traduit en espagnol par **a causa de,** mais quand on veut dire par la faute de, on utilise **por culpa de**.

ℹ À cause de moi = *por culpa **mía***; à cause de toi = *por culpa **tuya***; à cause de lui *ou* d'elle = *por culpa **suya***; à cause de nous = *por culpa **nuestra***; à cause de vous (tutoiement) = *por culpa **vuestra***; à cause de vous (vouvoiement) = *por culpa **suya***; à cause d'eux *ou* d'elles = *por culpa **suya***.

cave

▷ Il fait noir dans la cave.
Hace oscuro en el sótano.

(= pièce au sous-sol) el **sótano**

ℹ *Remarquez que le mot espagnol porte sur le premier **o** un accent écrit qui reflète l'accent tonique.*

CD

▷ J'ai offert un CD à Juliette pour son anniversaire.
Le regalé un CD a Juliette para su cumpleaños.

el **CD**

ℹ *Comme en français, le mot espagnol **CD** est invariable (**los CD**).*

CDI

▷ Je vais au CDI chercher un livre sur Madrid.
Voy a la biblioteca a buscar un libro sobre Madrid.

la **biblioteca**

CD-ROM

▷ Ali a une encyclopédie sur CD-ROM, c'est très pratique.
Ali tiene una enciclopedia en CD-ROM, es muy práctico.

el **CD-ROM**

Comme en français, le mot espagnol ***CD-ROM*** *est invariable (**los CD-ROM**).*

ce

1 ▷ Ce n'est pas vrai.
No es verdad.
▷ Ce sont des roses.
Son rosas.
▷ C'est moi !
¡Soy yo!
▷ C'est nous !
¡Somos nosotros!

1 Quand ce ne représente rien de précis, il ne se traduit pas en espagnol.

Attention : alors qu'en français on emploie **c'est** *quel que soit le pronom qui suit* (**c'est moi, c'est toi, c'est lui,** *etc.*), *en espagnol il faut mettre le verbe* **ser** *à la personne qui correspond :*
c'est moi = ***soy*** *yo* ; c'est toi = ***eres*** *tú* ; c'est lui = ***es*** *él* ; c'est elle = ***es*** *ella* ; c'est nous = ***somos*** *nosotros* ; c'est vous (tutoiement) = ***sois*** *vosotros* ; c'est vous (vouvoiement singulier) = ***es*** *usted* ; c'est vous (vouvoiement pluriel) = ***son*** *ustedes.*

2 ▷ Je ne sais pas ce que je dois faire.
No sé lo que tengo que hacer.

2 ► **ce que : lo que**

3 ▷ Personne ne comprend ce qui se passe.
Nadie entiende lo que está pasando.

3 ► **ce qui : lo que**

ce, cet, cette

1 ▷ Ce pull est trop petit pour moi.
Este jersey es demasiado pequeño para mí.
▷ Tu veux cette pomme ?
¿Quieres esta manzana?

1 (pour désigner une chose ou une personne proche de celui qui parle) **este, esta**

2 ▷ Où as-tu trouvé ce livre ?
¿Dónde encontraste ese libro?
▷ Cette jupe te va très bien.
Esa falda te sienta muy bien.

2 (pour désigner une chose ou une personne proche de celui à qui on parle) **ese, esa**

3 ▷ Cette maison au bout de la rue est celle de Cédric.
Aquella casa al final de la calle es la de Cédric.
▷ Tu vois ce cinéma là-bas ?
¿Ves aquel cine allá?

3 (pour désigner une chose ou une personne éloignée des interlocuteurs) **aquel, aquella**

4 ▷ Il va faire froid cette nuit.
Va a hacer frío esta noche.
▷ J'ai eu beaucoup de travail cette semaine.
He tenido mucho trabajo esta semana.

4 Quand ce se rapporte à un moment en cours ou à venir (cet après-midi, ce soir, cette semaine, etc.), on utilise **este** ou **esta** en espagnol.

Suite page suivante

5 ▷ Je n'ai pas bien dormi cette nuit.
No dormí bien anoche.

5 ► **cette nuit** (= la nuit passée) : **anoche**

céder

▷ J'ai essayé de convaincre mes parents, mais ils n'ont pas cédé.
Intenté convencer a mis padres, pero no cedieron.

ceder

ceinture

▷ Mets une ceinture si ton pantalon est trop grand.
Ponte un cinturón si los pantalones te quedan grandes.

el **cinturón** (pluriel : **los cinturones**)

i *Il n'y a pas d'accent écrit au pluriel. L'accent tonique porte sur le* ***o****, comme au singulier.*

▷ Attache ta ceinture de sécurité.
Abróchate el cinturón de seguridad.

► **ceinture de sécurité : cinturón de seguridad** (pluriel : **cinturones de seguridad**)

célèbre

▷ Matisse est un peintre très célèbre.
Matisse es un pintor muy famoso.

famoso, famosa

céleri

▷ Je déteste le céleri.
Odio el apio.

el **apio**

célibataire

▷ Est-ce que ton grand frère est célibataire ?
¿Tu hermano mayor es soltero?

soltero, soltera

celle, celle-ci, celle-là

► Regardez **celui, celui-ci, celui-là.**

celles, celles-ci, celles-là

► Regardez **ceux, ceux-ci, ceux-là.**

celui, celle

▻ Le pull bleu est celui que je préfère.
El jersey azul es el que prefiero.
▻ Cette fille est celle qui m'a insulté.
Esa chica es la que me insultó.
▻ Cette télé n'est pas mal, mais celle que j'ai vue hier est encore mieux.
Esta tele no está mal, pero la que ví ayer es aún mejor.

el, la

celui-ci, celle-ci

▻ Quel stylo veux-tu ? – Celui-ci.
¿Qué boli quieres? – Éste.
▻ Ce T-shirt n'est pas mal, mais je préfère celui-ci.
Esa camiseta no está mal, pero prefiero ésta.

éste, ésta

ℹ *En principe, les pronoms démonstratifs espagnols (**éste**, **ésta**, **éstos**, **éstas**, etc.) s'écrivent avec un accent pour les distinguer des adjectifs (**este**, **esta**, **estos**, **estas**, etc.), mais cet usage a actuellement tendance à disparaître.*

celui-là, celle-là

1 ▻ Je n'aime pas cette couleur. – Et celle-là ?
No me gusta este color. – ¿Y ése?
2 ▻ Je voudrais celle-là là-bas.
Quisiera aquélla.

1 (pour désigner une chose ou une personne assez éloignée) **ése, ésa**
2 (pour désigner une chose ou une personne plus éloignée) **aquél, aquélla**

ℹ *En principe, les pronoms démonstratifs espagnols (**ése**, **ésa**, **aquél**, **aquélla**, etc.) s'écrivent avec un accent pour les distinguer des adjectifs (**ese**, **esa**, **aquel**, **aquella**, etc.), mais cet usage a actuellement tendance à disparaître.*

cendre

▻ La cheminée est pleine de cendres.
La chimenea está llena de cenizas.

la **ceniza**

cent

▻ Ça vaut cent trente euros.
Cuesta ciento treinta euros.

ciento

Suite page suivante

▷ L'arrière-grand-mère de Lucien a cent ans.
La bisabuela de Lucien tiene cien años.
▷ Il y a sept cent vingt élèves au lycée.
Hay setecientos veinte alumnos en el colegio.
▷ Ils ont invité deux cents personnes au mariage.
Han invitado a doscientas personas para la boda.

Quand ***ciento*** *est placé devant un nom ou devant le chiffre* ***mil*** (mille), *il devient* ***cien : hay cien mil habitantes en la ciudad*** = il y a cent mille habitants dans la ville.

Dans les multiples (deux cents, trois cents, *etc.*), ***ciento*** *devient* ***cientos*** (masculin) *ou* ***cientas*** (féminin) *et se colle derrière l'autre chiffre :* ***doscientos, doscientas, trescientos, trescientas****, etc.*

▷ Les prix ont augmenté de trois pour cent.
Los precios han aumentado en un tres por ciento.

► **pour cent : por ciento**

centaine

▷ Il y avait une centaine d'enfants à la piscine.
Había un centenar de niños en la piscina.
▷ Ahmed a des centaines de BD.
Ahmed tiene centenares de cómics.

el **centenar** (pluriel : los centenares)

centime

▷ Tu peux me prêter vingt centimes ?
¿Me puedes prestar veinte céntimos?

el **céntimo**

Remarquez que le mot espagnol porte sur le **e** *un accent écrit qui reflète l'accent tonique.*

centimètre

▷ La photo mesure dix centimètres sur quinze centimètres.
La foto mide diez centímetros por quince centímetros.

el **centímetro**

Remarquez que le mot espagnol porte sur le **i** *un accent écrit qui reflète l'accent tonique.*

centre

▷ La table est au centre de la cuisine.
La mesa está en el centro de la cocina.
▷ Ils construisent un centre commercial près de la gare.
Están construyendo un centro comercial cerca de la estación.

el **centro**

► **centre commercial : centro comercial** (pluriel : centros comerciales)

centre-ville

▷ Le centre-ville est plein de rues piétonnes.
En el centro hay muchas calles peatonales.

el **centro**

Si on ne parle pas d'une ville en particulier, on dit ***centro urbano****. Par exemple :* le gouvernement veut réduire la circulation dans les centres-villes = ***el gobierno quiere reducir el tráfico en los centros urbanos.***

▻ Raïssa habite au centre-ville.
Raïssa vive en el centro.
▻ Je vais au centre-ville avec mes copines.
Voy al centro con mis amigas.

► **au centre-ville** (= dans le centre) **: en el centro**
► **au centre-ville** (= vers le centre) **: al centro**

cercle

▻ Fais un cercle avec ton compas.
Haz un círculo con el compás.

el **círculo**

Remarquez que le mot espagnol porte sur le ***i*** *un accent écrit qui reflète l'accent tonique.*

céréales

▻ Margot et Lionel mangent des céréales tous les matins.
Margot y Lionel comen cereales todas las mañanas.

el **cereal**

Attention : contrairement au français, le mot espagnol ***cereal*** *est masculin.*

cerf

▻ Nous avons vu des cerfs dans la forêt.
Vimos unos ciervos en el bosque.

el **ciervo**

cerf-volant

▻ Florian veut un cerf-volant pour son anniversaire.
Florian quiere una cometa para su cumpleaños.
▻ Mon cousin aime jouer au cerf-volant sur la colline.
A mi primo le gusta volar una cometa en la colina.

la **cometa**

► **jouer au cerf-volant : volar una cometa**

Le mot français comète *se traduit* ***cometa****, mais dans ce cas* ***cometa*** *est masculin.*

cerise

▻ Ce que je préfère dans ce gâteau, c'est la cerise sur le dessus !
¡Lo que prefiero en este pastel es la cereza que hay encima!

la **cereza**

certain, certaine

1 ▻ Tu es certain que ton vélo a été volé ?
¿Estás seguro de que te han robado la bici?

1 (= sûr) **seguro, segura**

Attention à la préposition : être certain **que** = *estar seguro* ***de*** *que.*

2 ▻ Certains élèves n'aiment pas la directrice.
A ciertos alumnos no les gusta la directora.

2 ► **certains, certaines** (= quelques) : **ciertos, ciertas**

certainement

▻ Charlotte ira certainement à la fête de Cyril.
Charlotte irá probablemente a la fiesta de Cyril.

(= probablement) **probablemente**

cerveau

▻ Nous avons regardé une émission sur le cerveau humain.
Miramos un programa sobre el cerebro humano.

el **cerebro**

ces

1 ▻ Regarde ces photos : elles sont bien, non ?
Mira estas fotos: están bien, ¿no?

1 (pour désigner des choses ou des personnes proches de celui qui parle) **estos, estas**

2 ▻ Donne-moi ces cahiers, s'il te plaît.
Dame esos cuadernos, por favor.

2 (pour désigner des choses ou des personnes proches de celui à qui on parle) **esos, esas**

3 ▻ Tu vois ces garçons là-bas ?
¿Ves a aquellos chicos?

3 (pour désigner des choses ou des personnes éloignées des interlocuteurs) **aquellos, aquellas**

c'est-à-dire

▻ Ma famille, c'est-à-dire mes parents et mes grands-parents.
Mi familia, es decir mis padres y mis abuelos.

(pour donner une explication) **es decir**

On peut dire aussi ***o sea.***

cet, cette

Regardez le mot **ce.**

ceux, celles

▻ Les chaussettes bleues sont celles que je préfère.
Los calcetines azules son los que prefiero.
▻ Ces garçons sont ceux qui m'ont insulté.
Esos chicos son los que me insultaron.
▻ Ces baskets ne sont pas mal, mais celles que j'ai vues hier me plaisent plus.
Estas zapatillas de deporte no están mal, pero me gustan más las que vi ayer.

los, las

ceux-ci, celles-ci

▻ Je n'aime pas ces verres-là, ceux-ci sont plus jolis.
No me gustan esos vasos, éstos son más bonitos.
▻ Ces lunettes ne sont pas mal, mais je préfère celles-ci.
Esas gafas no están mal, pero prefiero éstas.

éstos, éstas

ℹ *En principe, les pronoms démonstratifs espagnols (**éste**, **ésta, éstos, éstas**, etc.) s'écrivent avec un accent pour les distinguer des adjectifs (**este**, **esta**, **estos**, **estas**, etc.), mais cet usage a actuellement tendance à disparaître.*

ceux-là, celles-là

1 ▻ Je n'aime pas ces tennis. – Et celles-là ?
No me gustan estas zapatillas de deporte. – ¿Y ésas?
2 ▻ Je voudrais ceux-là là-bas.
Quisiera aquéllos.

1 (pour désigner des choses ou des personnes assez éloignées) **ésos, ésas**

2 (pour désigner des choses ou des personnes plus éloignées) **aquéllos, aquéllas**

ℹ *En principe, les pronoms démonstratifs espagnols (**ésos, ésas**, **aquéllos**, **aquéllas**, etc.) s'écrivent avec un accent pour les distinguer des adjectifs (**esos**, **esas**, **aquellos**, **aquellas**, etc.), mais cet usage a actuellement tendance à disparaître.*

chacun, chacune

▻ Nous avons dix euros chacun.
Tenemos diez euros cada uno.
▻ Chacun doit apporter quelque chose à boire.
Cada uno tiene que traer algo para beber.

cada uno, cada una

chagrin

▻ Angélique a du chagrin parce que son chat est mort.
Angélique está triste porque se ha muerto su gato.

► **avoir du chagrin :** **estar triste**

chaîne

1 ▻ Quelle jolie chaîne ! Elle est en or ?
¡Qué cadena más bonita! ¿Es de oro?
▻ Est-ce qu'il y a un film sur une autre chaîne ?
¿Hay una película en otra cadena?

1 (= bijou, chaîne de télévision) **la cadena**

Suite page suivante

2 ▷ Kiki a une super chaîne avec un magnétophone et un lecteur de CD.
Kiki tiene un fantástico equipo de música con magnetófono y lector de CD.

2 (pour écouter de la musique) el **equipo de música** (pluriel : **los equipos de música**)

ℹ *Remarquez que le mot* ***música*** *porte sur le* ***u*** *un accent écrit qui reflète l'accent tonique.*

chaise

▷ Assieds-toi sur cette chaise.
Siéntate en esta silla.

▷ J'ai passé la journée à lire dans une chaise longue.
Me pasé el día leyendo en una tumbona.

la **silla**

► **chaise longue :** la **tumbona**

chalet

▷ Tous les hivers, nous louons un chalet dans les Vosges.
Cada invierno alquilamos un chalé en los Vosges.

el **chalé** (pluriel : **los chalés**)

ℹ *Remarquez que le mot espagnol porte sur le* ***e*** *un accent écrit qui reflète l'accent tonique.*

chaleur

▷ Cette chaleur est vraiment insupportable !
¡Este calor es realmente insoportable!

el **calor**

chambre

▷ Toi, tu dormiras dans cette chambre.
Tú dormirás en este cuarto.

▷ J'ai dormi dans la chambre d'amis.
Dormí en el cuarto de invitados.

(chez soi ou à l'hôtel) el **cuarto**

ℹ *On peut dire aussi* ***la habitación*** (pluriel : ***las habitaciones***).

► **chambre d'amis : cuarto de invitados** (pluriel : **cuartos de invitados**)

ℹ *On peut dire aussi* ***la habitación de invitados****.*

chameau

▷ Les chameaux ont deux bosses.
Los camellos tienen dos jorobas.

el **camello**

champ

▷ Je me suis promenée dans les champs avec Grégoire.
Me paseé en los campos con Grégoire.

el **campo**

champagne

▷ On a ouvert une bouteille de champagne pour mon anniversaire.
Abrimos una botella de champán para mi cumpleaños.

el **champán**

Remarquez que le mot espagnol porte sur le deuxième ***a*** *un accent écrit qui reflète l'accent tonique.*

champignon

1 ▷ Coupe ces champignons, on va faire une omelette.
Corta estas setas, vamos a hacer una tortilla.

2 ▷ Il y a du poulet et des champignons de Paris pour le déjeuner.
Hay pollo con champiñones para la comida.

1 la **seta**

2 ► **champignon de Paris :** el **champiñón** (pluriel : los **champiñones**)

Il n'y a pas d'accent écrit au pluriel. L'accent tonique porte sur le ***o****, comme au singulier.*

champion, championne

▷ Muhammad Ali était un grand champion.
Muhammad Ali era un gran campeón.
▷ Qui est la championne du monde ?
¿Quién es la campeona del mundo?

el **campeón** (pluriel : los **campeones**), la **campeona**

Il n'y a pas d'accent écrit au pluriel ni au féminin. L'accent tonique porte sur le ***o****, comme au singulier.*

championnat

▷ Cette année notre équipe ne participe pas au championnat.
Este año nuestro equipo no participa en el campeonato.

el **campeonato**

chance

1 ▷ Tu vas à Séville ? Quelle chance tu as !
¿Vas a Sevilla? ¡Qué suerte tienes!
▷ Bonne chance pour ton examen !
¡Suerte para el examen!

2 ▷ Paola a des chances de gagner.
Paola tiene probabilidades de ganar.

1 ► **avoir de la chance :** **tener suerte**
► **bonne chance ! :** **¡suerte!**

2 ► **avoir des chances de** + infinitif **:** **tener probabilidades de** + infinitif

changement

▷ Je vois qu'il y a eu des changements ici.
Veo que ha habido cambios aquí.

(= modification) el **cambio**

changer

▷ Tu devrais changer le titre de ta rédaction.
Deberías cambiar el título de tu redacción.
▷ Je voudrais changer cent euros en dollars.
Quisiera cambiar cien euros en dólares.
▷ Tu n'as pas changé !
¡No has cambiado!
▷ Tu veux changer de compartiment ?
¿Quieres cambiar de compartimento?
▷ Va te changer, tu es trempé !
¡Ve a cambiarte, estás empapado!

cambiar
► **changer de... : cambiar de...**
► **se changer** (= changer de vêtements) **: cambiarse**
ℹ *Le pronom réfléchi fonctionne de la façon suivante en espagnol :* ***me*** *cambio,* ***te*** *cambias,* ***se*** (singulier) *cambia,* ***nos*** *cambiamos,* ***os*** *cambiáis,* ***se*** (pluriel) *cambian.*

chanson

▷ Chante-nous une chanson !
¡Cántanos una canción!

la **canción** (pluriel : las canciones)
ℹ *Il n'y a pas d'accent écrit au pluriel. L'accent tonique porte sur le* ***o****, comme au singulier.*

chant

▷ Momo prend des cours de chant.
Momo estudia canto.

el **canto**

chanter

▷ Chante-nous quelque chose !
¡Cántanos algo!
▷ Le coq chante tous les matins à cinq heures.
El gallo canta todas las mañanas a las cinco.

cantar

chanteur, chanteuse

▷ Qui est ton chanteur préféré ?
¿Quién es tu cantante preferido?

el **cantante**, la **cantante**

chapeau

1 ▷ Elle porte un chapeau quand il fait froid.
Lleva un sombrero cuando hace frío.
2 ▷ Chapeau ! Ce que tu as fait était formidable !
¡Bravo! ¡Lo que hiciste fue estupendo!

1 (que l'on porte sur la tête) el **sombrero**
2 (pour féliciter quelqu'un) **¡bravo !**

chapiteau

▷ Le cirque a monté son chapiteau sur la place.
El circo ha instalado la carpa en la plaza.

la **carpa**

chapitre

▷ Le premier chapitre du livre n'est pas très intéressant.
El primer capítulo del libro no es muy interesante.

el **capítulo**

ℹ *Remarquez que le mot espagnol porte sur le **i** un accent écrit qui reflète l'accent tonique.*

chaque

1 ▷ Nous allons en vacances en Espagne chaque année.
Vamos de vacaciones a España cada año.

2 ▷ Ils coûtent un euro chaque.
Cuestan un euro cada uno.

1 **cada**

2 (= chacun) **cada uno, cada una**

charcuterie

1 ▷ Il y a une charcuterie près d'ici.
Hay una charcutería cerca de aquí.

2 ▷ J'ai commandé une assiette de charcuterie.
Pedí un plato de embutidos.

1 (= magasin) la **charcutería**

ℹ *Remarquez que le mot espagnol porte sur le **i** un accent écrit qui reflète l'accent tonique.*

2 (= produits) los **embutidos**

ℹ ***Embutidos** est un nom pluriel : on dit par exemple **estos embutidos son buenísimos*** (cette charcuterie est très bonne).

charcutier, charcutière

▷ Demande un kilo de saucisses au charcutier.
Pídele un kilo de salchichas al charcutero.

el **charcutero,** la **charcutera**

charger

1 ▷ Chargez la voiture, c'est l'heure de partir.
Cargad el coche, ya es hora de salir.

2 ▷ Noémie m'a chargé de téléphoner à Louis.
Noémie me encargó que llamara a Louis.
▷ Je te charge de lui parler de la fête.
Te encargo que le hables de la fiesta.

1 (= mettre un poids sur ou dans quelque chose) **cargar**

2 ► **charger** quelqu'un **de faire** quelque chose **: encargar** a alguien **que** + subjonctif

*Attention à la concordance des temps : quand **encargar** est au présent, le verbe de la subordonnée est au présent du subjonctif (te **encargo** que le **hables** de la fiesta), mais quand **encargar** est au passé, le verbe de la subordonnée doit être à l'imparfait du subjonctif (me **encargó** que **llamara** a Louis).*

chariot

▷ Ils ont volé un chariot au supermarché.
Robaron un carrito en el supermercado.
▷ Où sont les chariots à bagages dans cet aéroport ?
¿Dónde están los carritos del equipaje en este aeropuerto?

el **carrito**
► **chariot à bagages : carrito del equipaje** (pluriel : **carritos del equipaje**)
Attention à bien prononcer les deux ***r*** *de* ***carrito****.*

charme

▷ Je trouve que Loïc a beaucoup de charme.
Encuentro que Loïc tiene mucho encanto.

► **avoir du charme : tener encanto**

chasse

1 ▷ Les Verts sont contre la chasse.
Los ecologistas están en contra de la caza.
▷ Le père d'Estelle va à la chasse tous les dimanches.
El padre de Estelle va de caza todos los domingos.
2 ▷ J'ai tiré la chasse.
Tiré de la cadena.

1 (= le fait de tuer des animaux) la **caza**
► **aller à la chasse : ir de caza**

2 ► **tirer la chasse : tirar de la cadena**

chasser

1 ▷ En Angleterre, ils chassent les renards avec des chiens.
En Inglaterra, cazan los zorros con perros.
2 ▷ La boulangère a chassé Olivier et Charles du magasin.
La panadera echó a Olivier y a Charles de la tienda.

1 (= tuer des animaux) **cazar**

2 (= expulser) **echar**
Si le complément est une personne ou un groupe de personnes, n'oubliez pas de le faire précéder de ***a****.*

chasseur

▷ Nous avons rencontré un groupe de chasseurs dans la forêt.
Encontramos a un grupo de cazadores en el bosque.

el **cazador** (pluriel : **los cazadores**)

chat

▷ Ma grand-mère a quatre chats.
Mi abuela tiene cuatro gatos.

el **gato**

châtaigne

▷ J'ai ramassé des châtaignes avec Madeleine.
Recogí castañas con Madeleine.

la **castaña**

ℹ *Notez la traduction de* **ramasser des châtaignes** *:* ***recoger castañas.***

châtain

▷ Guillaume a les cheveux châtain *ou* Guillaume est châtain.
Guillaume tiene el pelo castaño.

(cheveux) **castaño**

► **être châtain** (en parlant d'une personne) **: tener el pelo castaño**

château

▷ Nous sommes allés au château de Blois en voyage scolaire.
Fuimos de viaje de estudios al castillo de Blois.

el **castillo**

ℹ *Mais attention : on dit* ***el palacio de Versalles*** (= le château de Versailles).

chatouiller

▷ J'aime bien chatouiller mon petit frère.
Me gusta hacerle cosquillas a mi hermano pequeño.

► **chatouiller** quelqu'un **: hacer cosquillas a** alguien

chaud, chaude

▷ Cette soupe est trop chaude !
¡Esta sopa está demasiado caliente!
▷ J'ai chaud, j'enlève ma veste.
Tengo calor, me quito la chaqueta.
▷ Il fait trop chaud, ouvre la fenêtre.
Hace demasiado calor, abre la ventana.

caliente

► **avoir chaud : tener calor**

► **il fait chaud : hace calor**

chauffage

▷ Le chauffage ne marche pas dans notre maison.
La calefacción no funciona en nuestra casa.
▷ Est-ce que vous avez le chauffage central ?
¿Tenéis calefacción central?

la **calefacción**

ℹ *Remarquez que le mot espagnol porte sur le* ***o*** *un accent écrit qui reflète l'accent tonique.*

► **chauffage central : calefacción central**

chauffer

▷ On va faire un feu pour chauffer la pièce.
Vamos a encender un fuego para calentar la habitación.
▷ Fais chauffer de la soupe.
Calienta la sopa.

(= rendre chaud) **calentar**

► **faire chauffer :** (en parlant d'un aliment) **calentar**

Suite page suivante

▷ Viens te chauffer au soleil.
Ven a calentarte al sol.

► **se chauffer** (= se réchauffer) : **calentarse**

ℹ *Le pronom réfléchi fonctionne de la façon suivante en espagnol :* ***me*** *caliento,* ***te*** *calientas,* ***se*** (singulier) *calienta,* ***nos*** *calentamos,* ***os*** *calentáis,* ***se*** (pluriel) *calientan.*

chauffeur

1 ▷ Demande au chauffeur à quelle heure on arrive à Roubaix.
Pregúntale al conductor a qué hora llegamos a Roubaix.

2 ▷ Les chauffeurs de camion sont en grève.
Los camioneros están en huelga.

3 ▷ Le frère de Hakim est chauffeur de taxi.
El hermano de Hakim es taxista.

1 (de voiture, d'autobus) **el conductor** (pluriel : **los conductores**)

2 ► **chauffeur de camion : el camionero**

3 ► **chauffeur de taxi : el taxista**

chausser

▷ Je chausse du 37.
Calzo un 37.
▷ Tu chausses du combien ?
¿Qué número calzas?

► **chausser du... : calzar un...**

ℹ *Notez bien la forme de la question en espagnol.* ***Número*** *dans ce cas signifie* **pointure.**

chaussette

▷ Rémi porte souvent des chaussettes roses.
Rémi lleva a menudo calcetines rosas.

el calcetín (pluriel : **los calcetines**)

ℹ *Il n'y a pas d'accent écrit au pluriel. L'accent tonique porte sur le* ***i****, comme au singulier.*

chausson

1 ▷ À la maison, je porte toujours mes chaussons.
En casa, siempre llevo zapatillas.

2 ▷ Deux croissants et deux chaussons aux pommes, s'il vous plaît.
Dos cruasanes y dos pastelillos de manzana, por favor.

1 (= chaussure d'intérieur) **la zapatilla**

2 ► **chausson aux pommes : el pastelillo de manzana** (pluriel : **los pastelillos de manzana**)

ℹ *Il n'y a pas de traduction exacte de* **chausson aux pommes** *car ces pâtisseries n'existent pas en Espagne.* ***Pastelillo*** *signifie simplement* **petit gâteau.**

chaussure

▷ Latifa a au moins dix paires de chaussures.
Latifa tiene por lo menos diez pares de zapatos.

▷ J'emporte mes chaussures de montagne pour les vacances.
Me llevo las botas de montaña para las vacaciones.

▷ Tu peux louer des chaussures de ski à la station.
Puedes alquilar botas de esquiar en la estación.

el **zapato**

► **chaussures de montagne :** las **botas de montaña**

► **chaussures de ski :** las **botas de esquiar**

chauve

▷ Le père de Pepe est déjà chauve.
El padre de Pepe ya es calvo.

calvo, calva

chauve-souris

▷ Les chauves-souris sortent la nuit.
Los murciélagos salen por la noche.

el **murciélago**

ℹ *Remarquez que le mot espagnol porte sur le **e** un accent écrit qui reflète l'accent tonique.*

chef

1 ▷ Qui est le chef ici ?
¿Quién es el jefe aquí?

2 ▷ Julien est chef de classe.
Julien es cabeza de clase.

3 ▷ Le chef d'orchestre n'est pas content !
¡El director de orquesta no está contento!

1 (= celui ou celle qui commande) el **jefe**, la **jefa**

2 ► **chef de classe :** el **cabeza de clase**, la **cabeza de clase**

3 ► **chef d'orchestre :** el **director de orquesta** (pluriel : los **directores de orquesta**), la **directora de orquesta** (pluriel : las **directoras de orquesta**)

chef-d'œuvre

▷ Je trouve que ce film est un chef-d'œuvre.
Encuentro que esta película es una obra maestra.

la **obra maestra** (pluriel : las **obras maestras**)

chemin

1 ▷ Prenez le chemin à gauche après l'église.
Coja el camino a la izquierda después de la iglesia.

2 ▷ Des touristes m'ont demandé le chemin de la plage.
Unos turistas me preguntaron cómo se iba a la playa.

▷ Je vais vous montrer le chemin.
Le voy a indicar el camino.

1 (= sentier) el **camino**

2 ► **demander le chemin de... : preguntar cómo se va a...**

► **montrer le chemin à quelqu'un : indicar el camino a alguien**

Suite page suivante

3 ▷ On s'est arrêtés en chemin pour acheter des bonbons.
Nos paramos en el camino para comprar caramelos.

3 ► **en chemin : en el camino**

cheminée

▷ Assieds-toi près de la cheminée.
Siéntate cerca de la chimenea.

la **chimenea**

ℹ *Attention à l'orthographe du mot* ***chimenea :*** *le* ***e*** *et le* ***i*** *sont inversés par rapport au français.*

chemise

1 ▷ Le prof d'espagnol porte souvent une chemise à carreaux.
El profesor de español muchas veces lleva una camisa de cuadros.
2 ▷ J'ai mis toutes les photocopies dans une chemise.
Puse todas las fotocopias en una carpeta.
3 ▷ Cette chemise de nuit est trop épaisse.
Este camisón es demasiado grueso.

1 (= vêtement) la **camisa**

2 (= dossier) la **carpeta**

3 ► **chemise de nuit :** el **camisón** (pluriel : los camisones)

ℹ *Il n'y a pas d'accent écrit au pluriel. L'accent tonique porte sur le* ***o****, comme au singulier.*

chemisier

▷ Quelqu'un a vu mon chemisier bleu ?
¿Alguien ha visto mi blusa azul?

la **blusa**

chêne

▷ Il y a un très vieux chêne dans le parc.
Hay un roble muy viejo en el parque.
▷ Cette table est en chêne.
Esta mesa es de roble.

el **roble**

► **en chêne : de roble**

chenille

▷ Regarde, il y a une petite chenille dans la salade !
¡Mira, hay una pequeña oruga en la lechuga!

la **oruga**

chèque

▷ Est-ce que vous acceptez les chèques ?
¿Aceptan los cheques?
▷ Renaud m'a fait un chèque de cinquante euros.
Renaud me hizo un cheque de cincuenta euros.

el **cheque**

chéquier

▷ Alice cherche son chéquier partout.
Alice está buscando el talonario de cheques por todas partes.

el **talonario de cheques**
(pluriel : **los talonarios de cheques**)

ℹ *On peut dire aussi* ***la chequera****.*

cher, chère

1 ▷ À cause de la grêle, les fruits sont très chers !
A causa del granizo, ¡qué cara está la fruta!

1 (= qui coûte beaucoup d'argent)
caro, cara

ℹ *Notez l'emploi de* ***estar*** *dans l'exemple ci-contre, car on parle d'un cas précis dans un endroit précis. En revanche, si on parlait de quelque chose qui est toujours cher, on utiliserait* ***ser*** *:* ***el champán es caro*** (le champagne est cher).

2 ▷ Je me suis acheté un pull pas cher.
Me compré un jersey barato.

2 ► **pas cher, pas chère : barato, barata**

3 ▷ Ça coûte cher d'aller au Mexique en avion.
Es caro ir a México en avión.

3 ► **coûter cher : ser caro**

4 ▷ Chère Barbara, ...
Querida Barbara, ...

4 (pour commencer une lettre)
querido, querida

chercher

1 ▷ Je cherche mon stylo.
Estoy buscando mi boli.

▷ Qui cherches-tu ?
¿A quién estás buscando?

1 (= essayer de trouver) **buscar**

Si le complément est une personne ou un groupe de personnes, n'oubliez pas de le faire précéder de ***a****.*

2 ▷ Nous irons chercher Paul à l'aéroport.
Iremos a buscar a Paul al aeropuerto.

▷ Ma mère vient me chercher à l'école tous les soirs.
Mi madre me viene a buscar al colegio todas las tardes.

2 ► **aller chercher : ir a buscar**

► **venir chercher : venir a buscar**

Si le complément est une personne ou un groupe de personnes, n'oubliez pas de le faire précéder de ***a****.*

*Attention : il y a une préposition (****a****) entre* ***ir*** *ou* ***venir*** *et* ***buscar****.*

3 ▷ Alexandre a cherché à m'attraper mais je me suis échappé.
Alexandre procuró pillarme pero me escapé.

3 ► **chercher à faire** quelque chose **: procurar hacer** algo

Attention : il n'y a pas de préposition entre ***procurar*** *et* ***hacer****.*

cheval

▷ Il y a des chevaux dans ce champ.
Hay caballos en ese campo.
▷ Claire fait du cheval le dimanche.
Claire monta a caballo los domingos.

el **caballo**

► **faire du cheval : montar a caballo**

cheveu

▷ Il y a un cheveu dans ma soupe !
¡Hay un pelo en mi sopa!
▷ Gilda a les cheveux roux.
Gilda tiene el pelo pelirrojo.

el **pelo**

ℹ *On peut dire aussi* ***el cabello.***
ℹ **Cheveu** *et* **cheveux** *ont la même traduction :* ***pelo*** *ou* ***cabello.***
Quand on parle des **cheveux**, *on emploie* ***pelo*** *ou* ***cabello*** *au singulier. On dira par exemple :* ***tiene el pelo muy largo*** (ses cheveux sont très longs).

cheville

▷ Rodolphe s'est cassé la cheville.
Rodolphe se rompió el tobillo.

el **tobillo**

chèvre

▷ Le fermier a plusieurs chèvres.
El granjero tiene varias cabras.

la **cabra**

chewing-gum

▷ Tu veux un chewing-gum ?
¿Quieres un chicle?

el **chicle**

chez

1 ▷ Chez moi nous n'avons pas de télé.
En casa no tenemos tele.

1 ► **chez moi, chez toi, chez lui, chez elle, chez nous, chez vous, chez eux, chez elles** (= dans sa propre maison) **: en casa**

2 ▷ Tu veux rentrer chez toi ?
¿Quieres volver a casa?

2 ► **chez moi, chez toi, chez lui, chez elle, chez nous, chez vous, chez eux, chez elles** (= vers sa propre maison) **: a casa**

3 ▷ Je vais manger chez Clarisse ce soir.
Voy a comer en casa de Clarisse esta tarde.

▷ Pour aller chez David, tu tournes à gauche avant le garage.
Para ir a casa de David, gira a la izquierda antes del garaje.

3 ► **chez** + nom de personne (= dans sa maison) **: en casa de** + nom de personne
► **chez** + nom de personne (= vers sa maison) **: a casa de** + nom de personne

▻ Je préférerais jouer chez toi.
Preferiría jugar en tu casa.
▻ Je viendrai chez toi vers trois heures.
Iré a tu casa a eso de las tres.

ℹ *Quand il s'agit de la maison de quelqu'un d'autre et que cette personne est désignée par un pronom personnel* **(moi, toi,** *etc.), on emploie en espagnol* ***en mi casa, en tu casa, en su casa, en nuestra casa, en vuestra casa.***
Quand **chez** *suit un verbe qui exprime le mouvement, comme* **venir, aller** *ou* **rentrer**, *on emploie* ***a mi casa, a tu casa,*** *etc.*

4 ▻ Bénédicte est chez le coiffeur.
Bénédicte está en la peluquería.
▻ Anaïs doit aller chez le médecin.
Anaïs tiene que ir al médico.

4 *Pour parler d'un magasin, du médecin, du dentiste, on emploie* **en** *s'il n'y a pas mouvement et* **a** *s'il y a mouvement.*

chic

▻ Tu es très chic aujourd'hui, tu vas à une soirée ?
Estás muy elegante hoy, ¿vas a una fiesta?

(= élégant) **elegante**

chien

▻ Le chien de Baptiste boite.
El perro de Baptiste cojea.

el **perro**

Attention à bien prononcer les deux ***r*** *de* ***perro.***

chiffon

▻ Donne-moi un chiffon, je vais nettoyer la table.
Dame un trapo, que voy a limpiar la mesa.

el **trapo**

chiffre

▻ Pense à un chiffre entre un et neuf.
Piensa en una cifra entre uno y nueve.

la **cifra**

chignon

▻ Mon chignon s'est défait.
Se me ha deshecho el moño.

el **moño**

chimie

▻ La chimie est ma matière préférée.
La química es mi asignatura preferida.

la **química**

ℹ *Remarquez que le mot espagnol porte sur le premier* ***i*** *un accent écrit qui reflète l'accent tonique.*

Chine

▻ La Chine est un pays communiste.
China es un país comunista.

China

ℹ *Ne prend généralement pas d'article.*

Suite page suivante

▷ Nous avons passé trois semaines en Chine.
Pasamos tres semanas en China.
▷ Si je vais en Chine, j'aimerais avoir un interprète.
Si voy a China, me gustaría tener un intérprete.

► **en Chine** (= dans le pays) : **en China**
► **en Chine** (= vers le pays) : **a China**

chinois, chinoise

▷ Il y a un bon restaurant chinois dans cette rue.
Hay un buen restaurante chino en esta calle.
▷ Une Chinoise nous a accueillis.
Nos acogió una china.
▷ Les Chinois mangent beaucoup de riz.
Los chinos comen mucho arroz.

chino, china

ℹ *S'écrit toujours avec une minuscule, qu'il s'agisse de l'adjectif ou du nom.*

chips

▷ Un paquet de chips, s'il vous plaît.
Una bolsa de patatas fritas, por favor.

las **patatas fritas**

ℹ ***Las patatas fritas*** *signifie également* les frites.

chirurgien, chirurgienne

▷ Le chirurgien a dit que je devais me reposer.
El cirujano me dijo que tenía que descansar.

el **cirujano**, la **cirujana**

choc

▷ J'ai eu un choc quand j'ai vu Cédric.
Me llevé un susto al ver a Cédric.

► **avoir un choc** (= une surprise) : **llevarse un susto**

ℹ *Le pronom réfléchi fonctionne de la façon suivante en espagnol :* ***me*** *llevo un susto,* ***te*** *llevas un susto,* ***se*** (singulier) *lleva un susto,* ***nos*** *llevamos un susto,* ***os*** *lleváis un susto,* ***se*** (pluriel) *llevan un susto.*

chocolat

1 ▷ J'aime le chocolat ; et toi ?
Me gusta el chocolate; ¿y a ti?
▷ Tu préfères le chocolat noir ou le chocolat au lait ?
¿Prefieres el chocolate solo o el chocolate con leche?

1 (en tablette) el **chocolate**
► **chocolat noir : chocolate solo**
► **chocolat au lait : chocolate con leche**

2 ▷ Elle a eu une boîte de chocolats pour Noël.
Le dieron una caja de bombones para Navidad.

2 (= bouchée au chocolat) el **bombón** (pluriel : **los bombones**)

ℹ *Il n'y a pas d'accent écrit au pluriel. L'accent tonique porte sur le* ***o****, comme au singulier.*

3 ▷ Un café et un chocolat chaud, s'il vous plaît.
Un café y un chocolate a la taza, por favor.

3 ► **chocolat chaud : chocolate a la taza** (pluriel : **chocolates a la taza**)

4 ▷ Il y a de la crème au chocolat pour dessert.
De postre hay natillas de chocolate.

4 ► **au chocolat : de chocolate**

choisir

▷ Je dois choisir un cadeau pour Aurélie.
Tengo que elegir un regalo para Aurélie.

elegir

ℹ *On peut dire aussi* ***escoger****.*

choix

1 ▷ Ils ont un grand choix de livres.
Tienen una gran selección de libros.

2 ▷ Tu n'as pas le choix : tu dois le faire.
No tienes más remedio: lo tienes que hacer.

1 (= sélection) la **selección**

2 ► **ne pas avoir le choix : no tener más remedio**

chômage

▷ Le chômage est en baisse.
El paro está bajando.

▷ La mère de Kevin est au chômage.
La madre de Kevin está en paro.

el **paro**

ℹ *On peut dire aussi* ***el desempleo****.*

► **être au chômage : estar en paro**

chômeur, chômeuse

▷ Combien y a-t-il de chômeurs en France ?
¿Cuántos parados hay en Francia?

▷ Le frère d'Ismaël est chômeur.
El hermano de Ismaël está parado.

parado, parada

ℹ *On peut dire aussi* ***desempleado, desempleada.***

Attention : le verbe qui traduit être *dans* être chômeur *est* ***estar*** *et non* ***ser****.*

choquant, choquante

▷ Je trouve ça choquant.
Encuentro eso chocante.

chocante

chorale

▷ Dorothée chante dans la chorale de l'école.
Dorothée canta en la coral del colegio.

la **coral** (pluriel : las corales)

chose

▷ Il y a des choses qu'il ne faut pas dire.
Hay cosas que no hay que decir.

▷ J'ai beaucoup de choses à faire.
Tengo muchas cosas que hacer.

la **cosa**

► **chose à** + infinitif **: cosa que** + infinitif

chou

1 ▷ Il y a du chou dans cette soupe, je n'aime pas ça.
Hay col en esta sopa, no me gusta.

1 (= légume) la **col** (pluriel : las coles)

Attention : contrairement au français, le mot espagnol ***col*** *est féminin.*

Suite page suivante

2 ▷ Un kilo de choux de Bruxelles, s'il vous plaît.
Un kilo de coles de Bruselas, por favor.

3 ▷ Achète des choux à la crème pour le dessert.
Compra petisus para postre.

2 ► **chou de Bruxelles :** **col de Bruselas**

3 ► **chou à la crème :** **el petisu**

chouchou, chouchoute

▷ Antoine est le chouchou du prof.
Antoine es el preferido del profesor.

el **preferido,** la **preferida**

chouette

1 ▷ Les chouettes dorment pendant la journée.
Las lechuzas duermen durante el día.

2 ▷ Ta montre est très chouette ; elle est neuve ?
Tu reloj es muy guay; ¿es nuevo?

1 (= oiseau) la **lechuza**

2 (= bien, beau) **guay** (pluriel : **guays**)

chou-fleur

▷ Il a préparé du poisson et du chou-fleur pour dîner.
Ha preparado pescado y coliflor para cenar.

la **coliflor** (pluriel : **las coliflores**)

*Attention : contrairement au français, le mot espagnol **coliflor** est féminin.*

chuchoter

▷ Judith m'a chuchoté quelque chose, mais je n'ai pas compris.
Judith me cuchicheó algo, pero no entendí.

cuchichear

chut !

▷ Chut ! Le prof va t'entendre !
¡Chis, que te va a oír el profesor!

¡chis!

chute

1 ▷ Après sa chute, Antoine a remis ses skis.
Después de su caída, Antoine volvió a calzarse los esquís.

2 ▷ Il y a une très belle chute d'eau ici.
Hay un hermoso salto de agua aquí.

▷ Nous sommes allés voir les chutes du Niagara.
Fuimos a ver las cataratas del Niágara.

1 (quand on tombe) la **caída**

*Remarquez que le mot espagnol porte sur le **i** un accent écrit qui reflète l'accent tonique.*

2 ► **chute d'eau :** **el salto de agua** (pluriel : **los saltos de agua**)

*Dans les noms propres en espagnol, on dit **las cataratas**.*

cible

▷ Diane a raté la cible.
Diane no acertó en el blanco.

el **blanco**

cicatrice

▻ Olivier a une grande cicatrice sur le front.
Olivier tiene una gran cicatriz en la frente.

la **cicatriz** (pluriel : las cicatrices)
*N'oubliez pas que le **z** devient **c** au pluriel.*

cidre

▻ Tu veux un verre de cidre avec tes crêpes ?
¿Quieres un vaso de sidra con las crepes?

la **sidra**
*Attention : contrairement au français, le mot espagnol **sidra** est féminin.*

ciel

▻ Le ciel est plein d'étoiles.
El cielo está lleno de estrellas.

el **cielo**

cigare

▻ Mon oncle fume de gros cigares.
Mi tío fuma unos puros enormes.

el **puro**

cigarette

▻ La mère de Coralie a trouvé des cigarettes dans sa poche.
La madre de Coralie le ha encontrado cigarrillos en el bolsillo.

el **cigarrillo**
*Attention : il y a deux **r** dans le mot espagnol **cigarrillo**. Veillez à bien les prononcer.*

cil

▻ Je crois que j'ai un cil dans l'œil.
Creo que tengo una pestaña en el ojo.

la **pestaña**

cimetière

▻ Ils habitent en face du cimetière.
Viven enfrente del cementerio.

el **cementerio**

cinéma

1 ▻ Il y a trois cinémas dans la ville.
Hay tres cines en la ciudad.
▻ Thomas va au cinéma toutes les semaines.
Thomas va al cine todas las semanas.

2 ▻ Arrête de faire du cinéma !
¡Deja de hacer teatro!

1 el **cine**

2 ► **faire du cinéma** (sens familier) : **hacer teatro**

cinq

▻ Camille a cinq paires de tennis différentes.
Camille tiene cinco pares diferentes de zapatillas de deporte.

cinco

Suite page suivante

▷ Nous partirons le cinq décembre.
Saldremos el cinco de diciembre.

*Notez l'emploi de **de** en espagnol quand on dit la date.*

cinquième

1 ▷ C'est la cinquième fois que je t'appelle.
Es la quinta vez que te llamo.

2 ▷ Les Durand habitent au cinquième.
Los Durand viven en el quinto piso.

3 ▷ L'année prochaine je passe en cinquième.
El año que viene voy a hacer primero de E.S.O.

1 (pour compter) **quinto, quinta**

2 (= cinquième étage) el **quinto piso**

3 (= niveau scolaire) **1º de E.S.O.** (primero de Educación Secundaria Obligatoria)

cintre

▷ Mets ta veste sur un cintre.
Pon la chaqueta en una percha.

(pour accrocher les vêtements) la **percha**

circuit

1 ▷ Nous avons fait un beau circuit en Catalogne.
Hicimos un bonito circuito por Cataluña.

2 ▷ Le circuit automobile du Mans est très célèbre.
El circuito automovilístico de Le Mans es muy famoso.

1 (= trajet) el **circuito**

*Notez que, dans l'exemple ci-contre, en se traduit par **por**.*

2 ► **circuit automobile : circuito automovilístico** (pluriel : **circuitos automovilísticos**)

*Remarquez que le mot espagnol **automovilístico** porte sur le deuxième **i** un accent écrit qui reflète l'accent tonique.*

circulation

▷ Il y a beaucoup de circulation dans cette rue.
Hay mucho tráfico en esta calle.

(de voitures) el **tráfico**

*Remarquez que le mot espagnol porte sur le **a** un accent écrit qui reflète l'accent tonique.*

circuler

▷ Il est très difficile de circuler dans Paris.
Es muy difícil circular en París.

▷ Est-ce que les bus circulent le dimanche ?
¿Los autobuses circulan el domingo?

▷ Faites circuler le plat !
¡Haced circular el plato!

circular

► **faire circuler** quelque chose : **hacer circular** algo

cirer

1 ▷ Cire tes chaussures avant de sortir.
Límpiate los zapatos antes de salir.

1 (en parlant de chaussures) **limpiar**

2 ▷ Elle a ciré le parquet.
Enceró el parquet.

2 (en parlant du parquet ou d'un meuble) **encerar**
Ne confondez pas ***encerar*** (= cirer) *et* ***encerrar*** (= enfermer).

cirque

▷ Luc et Justine sont allés au cirque hier.
Luc y Justine fueron ayer al circo.

(= spectacle) el **circo**

ciseaux

▷ Claire apprend à découper des images avec des ciseaux.
Claire está aprendiendo a recortar imágenes con unas tijeras.
▷ Tu peux me prêter une paire de ciseaux ?
¿Me puedes prestar un par de tijeras?

las **tijeras**

► **une paire de ciseaux :** un par de tijeras

cité

1 ▷ Les Dutoit habitent dans une cité en banlieue.
Los Dutoit viven en una urbanización en las afueras.

1 (= immeubles) la **urbanización** (pluriel : las urbanizaciones)

Il n'y a pas d'accent écrit au pluriel. L'accent tonique porte sur le ***o****, comme au singulier.*

2 ▷ Ma grande sœur a une chambre à la cité universitaire.
Mi hermana mayor tiene una habitación en la ciudad universitaria.

2 ► **cité universitaire :** la ciudad universitaria (pluriel : las ciudades universitarias)

citron

▷ J'ai pressé deux citrons et deux oranges.
Exprimí dos limones y dos naranjas.

el **limón** (pluriel : los limones)

Il n'y a pas d'accent écrit au pluriel. L'accent tonique porte sur le ***o****, comme au singulier.*

▷ Cette tarte au citron est délicieuse.
Esta tarta de limón es riquísima.

► **au citron :** de limón

citrouille

▷ Cette citrouille est énorme !
¡Esta calabaza es enorme!

la **calabaza**

clair, claire

▷ C'est la pièce la plus claire de la maison.
Es la habitación más clara de la casa.
▷ Les couleurs claires sont à la mode.
Los colores claros están de moda.
▷ Il portait des chaussettes bleu clair.
Llevaba calcetines azul claro.
▷ L'explication du prof n'était pas très claire.
La explicación del profesor no era muy clara.

claro, clara

claque

▷ Si tu continues, je vais te donner une claque !
¡Si sigues así, te voy a dar una bofetada!

la **bofetada**

claquer

1 ▷ L'élastique a claqué.
El elástico se ha roto.

1 (= se casser) **romperse**

ℹ *Le pronom réfléchi fonctionne de la façon suivante en espagnol :* ***se*** *rompe* (singulier), ***se*** *rompen* (pluriel).

2 ▷ Il fait tellement froid qu'elle claque des dents.
Hace tanto frío que le castañean los dientes.

2 *Pour dire qu'on claque des dents, on emploie l'expression* **me/te/le/nos/os/les castañean los dientes.**

3 ▷ C'est impoli de claquer des doigts pour appeler le serveur.
Es de mala educación chasquear los dedos para llamar al camarero.

3 ► **claquer des doigts : chasquear los dedos**

4 ▷ Brice a claqué la porte parce qu'il était très en colère.
Brice dio un portazo porque estaba muy enfadado.

4 ► **claquer la porte : dar un portazo**

clarinette

▷ J'ai oublié ma clarinette à l'école.
Me dejé el clarinete en el colegio.

el **clarinete**

Attention : contrairement au français, le mot espagnol ***clarinete*** *est masculin. Il s'écrit avec un seul* ***t.***

▷ Léon joue de la clarinette.
Léon toca el clarinete.

► **jouer de la clarinette : tocar el clarinete**

classe

1 ▷ Il y a vingt-cinq élèves dans ma classe.
Hay veinticinco alumnos en mi clase.
▷ La classe était vide quand nous sommes arrivés.
La clase estaba vacía cuando llegamos.

1 (= groupe d'élèves, salle) la **clase**

ℹ *Au sens de* salle*, on peut dire aussi* ***el aula***.

2 ▷ Tu passes dans quelle classe l'année prochaine ?
¿Qué curso vas a hacer el año que viene?

2 (= année d'études) el **curso**

3 ▷ Léo ne va pas en classe, il est malade.
Léo no va a clase, está enfermo.

3 ► **aller en classe : ir a clase**

4 ▷ À quelle heure sortez-vous de classe ?
¿A qué hora salís de clase?

4 ► **sortir de classe : salir de clase**

5 ▷ Cette année nous allons en classe de neige dans les Pyrénées.
Este año vamos a esquiar en los Pirineos con el colegio.

▷ Je ne suis jamais allée en classe de mer.
Nunca he ido de excursión a la costa con el colegio.

5 ► **aller en classe de neige : ir a esquiar con el colegio**

► **aller en classe de mer : ir de excursión a la costa con el colegio**

classer

▷ Le prof nous a demandé de classer ces animaux en trois catégories.
El profesor nos pidió que clasificáramos estos animales en tres categorías.

▷ Si tu classais tes notes un peu mieux, tu les trouverais tout de suite !
¡Si clasificaras los apuntes un poco mejor, los encontrarías enseguida!

clasificar

classeur

▷ Est-ce que quelqu'un a vu mon classeur d'espagnol ?
¿Alguien ha visto mi carpeta de español?

la **carpeta**

classique

▷ Mon père écoute de la musique classique.
Mi padre escucha música clásica.

clásico, clásica

ℹ *Remarquez que le mot espagnol porte sur le **a** un accent écrit qui reflète l'accent tonique. Il ne prend qu'un seul **s**.*

clavier

▷ Le clavier de mon ordinateur ne marche plus.
El teclado de mi ordenador ya no funciona.

el **teclado**

clé ou clef

▷ Lucas a perdu sa clé, il ne peut pas rentrer dans sa maison.
Lucas ha perdido la llave, no puede entrar en casa.

la **llave**

clémentine

▷ Deux kilos de clémentines, s'il vous plaît.
Dos kilos de clementinas, por favor.

la **clementina**

Attention : le mot espagnol ***clementina*** *s'écrit sans accent.*

client, cliente

▷ Les clients de l'hôtel se sont plaints.
Los clientes del hotel se han quejado.

el **cliente,** la **cliente** ou la **clienta**

cligner

▷ Boris a un tic, il cligne tout le temps des yeux.
Boris tiene un tic, parpadea todo el rato.

► **cligner des yeux :** parpadear

clignotant

▷ Le clignotant gauche ne marche pas.
El intermitente izquierdo no funciona.
▷ N'oublie pas de mettre ton clignotant.
No te olvides de poner el intermitente.

el **intermitente**

clignoter

▷ Il y a une petite lumière qui clignote, c'est normal ?
Hay una lucecita que parpadea, ¿es normal?

parpadear

climat

▷ Le climat espagnol est plus chaud que le climat français.
El clima español es más caliente que el clima francés.

el **clima**

L'accent tonique porte sur la première syllabe. Le mot ne prend pas de ***t*** *à la fin.*

climatisation

▷ Elle voudrait une voiture avec la climatisation.
Le gustaría un coche con aire acondicionado.

el **aire acondicionado**

clin d'œil

▷ Benito a fait un clin d'œil à Émile.
Benito le hizo un guiño a Émile.

► **faire un clin d'œil à** quelqu'un : hacer un guiño a alguien

clinique

▷ Aujourd'hui nous allons voir ma grand-mère à la clinique.
Hoy vamos a ver a mi abuela a la clínica.

(= hôpital) la **clínica**

Remarquez que le mot espagnol porte sur le premier ***i*** *un accent écrit qui reflète l'accent tonique.*

clip

▻ Tu as vu le clip de Madonna ?
¿Has visto el clip de Madonna ?

el **clip** (pluriel : **los clips**)

cliquer

▻ Si je clique ici, qu'est-ce qui se passe ?
Si hago clic aquí, ¿qué pasa?
▻ Clique deux fois sur cette icône.
Haz doble clic en este icono.

hacer clic
► **cliquer deux fois** *ou* **double-cliquer : hacer doble clic**

clochard, clocharde

▻ Le pauvre clochard avait l'air gelé.
El pobre vagabundo parecía helado.

el **vagabundo,** la **vagabunda**

cloche

▻ Les cloches de l'église font un de ces bruits !
¡Las campanas de la iglesia hacen un ruido!

la **campana**

clocher

1 ▻ Je vois le clocher de l'église de ma fenêtre.
Veo el campanario de la iglesia desde mi ventana.

2 ▻ Il y a quelque chose qui cloche.
Hay algo que no va.
▻ Qu'est-ce qui cloche ?
¿Qué pasa?

1 ► **un clocher : un campanario**

2 Notez les expressions utilisées en espagnol pour dire que quelque chose **cloche** (= ne va pas comme il faut, au sens familier).

cloque

▻ Latifah s'est brûlée, elle a des cloques sur la main.
Latifah se ha quemado, tiene ampollas en la mano.

(sur la peau) la **ampolla**

clôture

▻ Il y a une clôture tout autour du champ.
Hay una valla alrededor del campo.

(= barrière) la **valla**
ℹ *Si on parle d'une* **clôture en fil de fer barbelé,** *on dit* ***la alambrada.***

clou

1 ▻ Cet outil sert à arracher les clous.
Esta herramienta sirve para arrancar clavos.

2 ▻ Il y a des clous de girofle dans ce plat.
Hay clavos de especia en este plato.

1 (= pointe) el **clavo**

2 ► **clou de girofle : clavo de especia** (pluriel : **clavos de especia**)

clouer

▷ Ils ont cloué des planches en travers de la fenêtre.
Clavaron unas tablas de un lado a otro de la ventana.

clavar

clown

▷ Les clowns du cirque n'étaient pas très amusants.
Los payasos del circo no eran muy divertidos.
▷ Aurélien fait souvent le clown en classe.
Aurélien suele hacer el payaso en clase.

el **payaso**

► faire le clown : **hacer el payaso**

club

▷ Tu viens au club de tennis samedi ?
¿Vienes al club de tenis el sábado?

el **club** (pluriel : los clubs *ou* los clubes)

coca

▷ J'ai commandé un coca, tu en veux un aussi ?
He pedido una Coca-Cola®, ¿tú también quieres una?

la **Coca-Cola®**

Attention : contrairement au français, le mot espagnol ***Coca-Cola*** *est féminin.*

coccinelle

▷ Raphaëlle avait une petite coccinelle sur le dos de la main.
Raphaëlle tenía una pequeña mariquita en el dorso de la mano.

la **mariquita**

cocher

▷ Le prof a dit de cocher une seule case par question.
El profesor dijo que marcáramos con una cruz una sola casilla por pregunta.

marcar con una cruz

cochon

▷ Le fermier est allé nourrir ses cochons.
El granjero fue a dar de comer a los cerdos.

(= animal) el **cerdo**

cochonneries

1 ▷ Jeanne mange trop de cochonneries.
Jeanne come demasiadas porquerías.
2 ▷ Alex a fait des cochonneries avec ses peintures.
Alex lo ha ensuciado todo con sus pinturas.

1 (= mauvaise nourriture) las **porquerías**

2 ► faire des cochonneries (= faire des saletés) : **ensuciarlo todo**

cocktail

▷ C'est un cocktail fait avec du whisky et du jus d'orange.
Es un cóctel hecho con whisky y zumo de naranja.

(= boisson) el **cóctel** (pluriel : **los cócteles**)

ℹ *Remarquez que le mot espagnol porte sur le **o** un accent écrit qui reflète l'accent tonique.*

code

▷ Tu connais le code pour allumer l'ordinateur ?
¿Conoces el código para encender el ordenador?

el **código**

ℹ *Remarquez que le mot espagnol porte sur le premier **o** un accent écrit qui reflète l'accent tonique.*

▷ Hussein a oublié son code confidentiel et il n'a pas pu retirer d'argent.
Hussein olvidó el código PIN y no pudo sacar dinero.

► **code confidentiel** (d'une carte bancaire) : **el código PIN**

ℹ ***PIN*** *est une abréviation anglaise :* ***personal identification number*** (numéro d'identification personnel)

▷ Quel est le code postal de Marseille ?
¿Cuál es el código postal de Marsella?

▷ Mon frère apprend le code de la route.
Mi hermano está estudiando el código de circulación.

► **code postal** : **código postal**

► **le code de la route** : **el código de circulación**

cœur

1 ▷ Marie a dessiné des petits cœurs dans son cahier.
Marie ha dibujado pequeños corazones en su cuaderno.

▷ Le père de Sancho est malade du cœur.
El padre de Sancho sufre del corazón.

1 el **corazón** (pluriel : **los corazones**)

ℹ *Remarquez que le mot espagnol porte sur le premier **o** un accent écrit qui reflète l'accent tonique.*

2 ▷ Je ne sais pas ce que j'ai, j'ai mal au cœur.
No sé qué me pasa, estoy mareada.

2 ► **avoir mal au cœur** (= avoir la nausée) : **estar mareado** *ou* **mareada**

3 ▷ Nous devons apprendre la poésie par cœur pour demain.
Tenemos que aprender la poesía de memoria para mañana.

3 ► **par cœur** : **de memoria**

coffre

▷ Les valises sont dans le coffre.
Las maletas están en el maletero.

(de la voiture) el **maletero**

cogner

1 ▷ Quelqu'un a cogné à la porte.
Alguien ha llamado a la puerta.

2 ▷ Je me suis cognée contre la table.
Me di un golpe contra la mesa.

3 ▷ Rafael s'est cogné la tête contre la chaise.
Rafael se golpeó la cabeza contra la silla.

1 ► **cogner à la porte : llamar a la puerta**

2 ► **se cogner contre** quelque chose : **darse un golpe contra** algo

3 ► **se cogner la tête** *ou* **le genou,** *etc.*, **contre** quelque chose : **golpearse la cabeza** *ou* **la rodilla** *etc.* **contra** algo

coiffé, coiffée

▷ Tu es vraiment bien coiffée aujourd'hui.
Estás muy bien peinada hoy.

peinado, peinada

Attention : le verbe qui traduit **être** *dans* **être coiffé** *est* ***estar*** *et non* ***ser***.

coiffer

1 ▷ Viens ici, je vais te coiffer.
Ven aquí, que te voy a peinar.

2 ▷ Coiffe-toi avant de sortir.
Péinate antes de salir.

1 **peinar**

Si le complément est une personne ou un groupe de personnes, n'oubliez pas de le faire précéder de ***a*** *(****peinó a la niña*** *=* **elle a peigné la petite fille***).*

2 ► **se coiffer : peinarse**

Le pronom réfléchi fonctionne de la façon suivante en espagnol : ***me*** *peino,* ***te*** *peinas,* ***se*** *(singulier) peina,* ***nos*** *peinamos,* ***os*** *peináis,* ***se*** *(pluriel) peinan.*

coiffeur, coiffeuse

▷ La coiffeuse m'a lavé les cheveux.
La peluquera me lavó el pelo.
▷ André est encore chez le coiffeur.
André todavía está en la peluquería.
▷ Je vais chez le coiffeur une fois par mois.
Voy a la peluquería una vez al mes.

el **peluquero,** la **peluquera**

► **chez le coiffeur** (= dans le magasin) **: en la peluquería**

► **chez le coiffeur** (= vers le magasin) **: a la peluquería**

Remarquez que le mot ***peluquería*** *porte sur le* ***i*** *un accent écrit qui reflète l'accent tonique.*

coiffure

▷ J'adore ta nouvelle coiffure.
Me encanta tu nuevo peinado.

(= coupe de cheveux) el **peinado**

coin

1 ▷ Les coins de mon livre sont abîmés.
Las esquinas de mi libro están estropeadas.
▷ Le magasin est au coin de la rue.
La tienda está en la esquina.
2 ▷ Le piano était dans un coin du salon.
El piano estaba en un rincón del salón.
▷ La prof a mis Jean-Pierre au coin.
La profesora castigó a Jean-Pierre en el rincón.
3 ▷ Venez vous asseoir au coin du feu.
Venga a sentarse junto al fuego.

1 (= angle saillant) la **esquina**

► **au coin de la rue : en la esquina**

2 (= angle rentrant) el **rincón** (pluriel : los rincones)

ℹ *Remarquez que le mot espagnol porte sur le premier **o** un accent écrit qui reflète l'accent tonique.*

3 ► **au coin du feu : junto al fuego**

coincé, coincée

1 ▷ Le tiroir est coincé.
El cajón está atrancado.
2 ▷ Nous étions coincés dans l'ascenseur.
Estábamos atrapados en el ascensor.

1 (= qui ne bouge pas, en parlant d'un tiroir, d'une porte) **atrancado, atrancada**

ℹ *On peut dire aussi **atascado, atascada**.*

2 (en parlant d'une personne dans un embouteillage, un ascenseur, etc.) **atrapado, atrapada**

coincer

1 ▷ Nous avons coincé la porte avec un bout de bois.
Atrancamos la puerta con un pedazo de madera.
2 ▷ La porte de l'armoire coince.
La puerta del armario se atranca.
3 ▷ Zut, ma fermeture s'est coincée !
¡Mecachis, se me ha atrancado la cremallera!
4 ▷ Renaud s'est coincé le doigt dans la portière.
Renaud se pilló el dedo en la puerta del coche.

1 (pour empêcher quelque chose de se fermer, de s'ouvrir, etc.) **atrancar**

2 (= être bloqué) **atrancarse**

ℹ *On peut dire aussi **atascarse**.*

ℹ *Le pronom réfléchi fonctionne de la façon suivante en espagnol : **se** (singulier) atranca, **se** (pluriel) atrancan.*

3 ► **se coincer : atrancarse**

ℹ *On peut dire aussi **atascarse**.*

ℹ *Pour le pronom réfléchi, regardez le sens 2.*

4 ► **se coincer le doigt** *ou* **la main,** *etc.* **dans** quelque chose : **pillarse el dedo** *ou* **la mano,** *etc.* **en** algo

ℹ *Le pronom réfléchi fonctionne de la façon suivante en espagnol : **me** pillo el dedo, **te** pillas el dedo, **se** (singulier) pilla el dedo, **nos** pillamos el dedo, **os** pilláis el dedo, **se** (pluriel) pillan el dedo.*

col

▻ Le col de ton manteau est déchiré.
Tienes el cuello del abrigo desgarrado.

(= le col d'un vêtement) **el cuello**

colère

▻ Le père d'Aïcha est très en colère.
El padre de Aïcha está muy enfadado.

► **être en colère : estar enfadado** *ou* **enfadada**

ℹ *On peut dire aussi* ***estar enojado*** *ou* ***enojada****.*

▻ Ne te mets pas en colère, ce n'est pas ma faute !
¡No te enfades, que no es culpa mía!

► **se mettre en colère : enfadarse**

ℹ *Le pronom réfléchi fonctionne de la façon suivante en espagnol :* ***me*** *enfado,* ***te*** *enfadas,* ***se*** (singulier) *enfada,* ***nos*** *enfadamos,* ***os*** *enfadáis,* ***se*** (singulier) *enfadan.*

ℹ *On peut dire aussi* ***enojarse****.*

collant, collante

1 ▻ Mes mains sont collantes, je vais les laver.
Tengo las manos pegajosas, me las voy a lavar.

2 ▻ Il y a un trou dans mon collant.
Tengo un agujero en las medias.

1 (= poisseux) **pegajoso, pegajosa**

2 (= vêtement) las **medias**

ℹ ***Medias*** *est un nom pluriel : on dit par exemple* ***estas medias son demasiado pequeñas*** (ce collant est trop petit).

▻ C'est quatre euros pour trois paires de collants.
Son cuatro euros por tres pares de medias.

► **un collant, une paire de collants : un par de medias**

colle

1 ▻ Tu peux facilement réparer ça avec de la colle.
Lo puedes arreglar fácilmente con pegamento.

2 ▻ Le prof de sport m'a donné deux heures de colle.
El profesor de deporte me dejó castigado dos horas.

1 (= adhésif) el **pegamento**

2 ► **donner une colle à** quelqu'un **: dejar castigado** *ou* **castigada a** alguien

collection

▻ Les parents d'Alexis ont une belle collection de sculptures.
Los padres de Alexis tienen una hermosa colección de esculturas.

1 (= timbres, objets d'art, etc.) la **colección** (pluriel : las **colecciones**)

ℹ *Il n'y a pas d'accent écrit au pluriel. L'accent tonique porte sur le* ***o****, comme au singulier.*

▻ Nadège fait collection de peluches.
Nadège colecciona muñecos de peluche.

► **faire collection de** quelque chose **: coleccionar** algo

*Attention : à la différence du français, le mot espagnol ne prend qu'un **l**.*

collectionner

▻ Gilles collectionne les timbres.
Gilles colecciona sellos.

coleccionar
*Attention : à la différence du français, le mot espagnol ne prend qu'un **l**.*

collège

▻ J'avais un peu peur quand j'ai commencé le collège.
Tenía un poco de miedo cuando empecé la escuela secundaria.

la **escuela secundaria**

collègue

▻ Ma mère va parfois au restaurant avec ses collègues.
Mi madre a veces va al restaurante con sus colegas.

el **colega,** la **colega**

coller

1 ▻ Je dois coller ces articles de journaux sur une page blanche.
Tengo que pegar estos artículos sobre una hoja en blanco.

1 (un timbre, du papier, etc.) **pegar**

2 ▻ Le prof a collé Sylvian alors qu'il n'avait rien fait.
El profesor castigó a Sylvian aunque no había hecho nada.

2 (punir) **castigar**
*Si le complément est une personne ou un groupe de personnes, n'oubliez pas de le faire précéder de **a**.*

3 ▻ Ce timbre ne colle pas.
Este sello no se pega.

3 (= adhérer) **pegarse**
*Le pronom réfléchi fonctionne de la façon suivante en espagnol : **se** (singulier) pega, **se** (pluriel) pegan.*

4 ▻ La table colle, je vais la nettoyer.
La mesa está pegajosa, la voy a limpiar.

4 (= être poisseux) **estar pegajoso** *ou* **pegajosa**

collier

▻ Clara a un joli collier en argent.
Clara tiene un bonito collar de plata.

(= bijou) el **collar** (pluriel : **los collares**)

colo

▻ La colo, c'est super !
¡Qué guay las colonias de verano!

las **colonias de verano**

Suite page suivante

ℹ *Colonias de verano* est un nom pluriel : on dit par exemple ***las colonias de verano son para niños y adolescentes*** (la colo c'est pour les enfants et les ados).

▷ Cet été je vais en colo dans les Alpes.
Este verano voy de colonias en los Alpes.

► **aller en colo : ir de colonias**

colombe

▷ Kevin a vu une colombe dans le jardin.
Kevin ha visto una paloma en el jardín.

la **paloma**

colonie de vacances

▷ Les colonies de vacances, c'est super !
¡Qué guay las colonias de verano!

las **colonias de verano**

ℹ *Colonias de verano* est un nom pluriel : on dit par exemple ***las colonias de verano son para niños y adolescentes*** (la colo c'est pour les enfants et les ados).

▷ Cet été Michaël va en colonie de vacances en Camargue.
Este verano Michaël va de colonias en Camarga.

► **aller en colonie de vacances : ir de colonias**

colonne

▷ Écris ces chiffres sur deux colonnes.
Escribe estas cifras en dos columnas.

la **columna**

ℹ *Attention à l'orthographe et à la prononciation : le **m** et le **n** doivent se prononcer séparément.*

coloré, colorée

▷ Mon petit frère fait des dessins très colorés.
Mi hermano pequeño hace dibujos de muchos colores.

(= aux couleurs vives) **de muchos colores**

coloriages

▷ Je suis un peu vieux pour faire des coloriages !
¡Soy un poco viejo para colorear dibujos!

► **faire des coloriages : colorear dibujos**

colorier

▷ Tu devrais colorier ton dessin.
Deberías colorear tu dibujo.

colorear

coma

▷ Lucile a eu un accident, elle est dans le coma.
Lucile ha tenido un accidente, está en coma.

► **être dans le coma : estar en coma**

combien

1 ▻ C'est combien, un café ici ?
¿Cuánto cuesta un café aquí?

▻ Combien tu pèses ?
¿Cuánto pesas?

▻ Ça fait combien ?
¿Cuánto es?

2 ▻ Je ne sais pas combien de beurre il y a dans ce gâteau.
No sé cuánta mantequilla hay en este pastel.

▻ Combien de profs sont en grève ?
¿Cuántos profesores están en huelga?

3 ▻ Tu chausses du combien ?
¿Qué número calzas?

1 (en parlant d'un prix, d'une mesure) **cuánto**

*Remarquez que le mot espagnol porte sur le **a** un accent écrit qui reflète l'accent tonique.*

2 **Combien de...** se traduit par **cuánto** ou **cuánta** quand le nom qui suit est au singulier (**mantequilla** dans notre exemple).
Combien de... se traduit par **cuántos** ou **cuántas** quand le nom qui suit est au pluriel (**profesores** dans notre exemple).

3 Notez comment on demande la pointure de quelqu'un. **Número** dans ce cas signifie **pointure.**

combinaison

1 ▻ J'ai oublié la combinaison du cadenas !
¡Se me ha olvidado la combinación del candado!

2 ▻ Tu auras besoin d'une combinaison de ski pour aller en classe de neige.
Necesitarás un mono de esquí para ir a esquiar con el colegio.

1 (= suite de chiffres) **la combinación** (pluriel : **las combinaciones**)

*Il n'y a pas d'accent écrit au pluriel. L'accent tonique porte sur le **o**, comme au singulier.*

2 ► **combinaison de ski : el mono de esquí** (pluriel : **los monos de esquí**)

*Remarquez que le mot espagnol **esquí** porte sur le **i** un accent écrit qui reflète l'accent tonique.*

comédie

▻ Ce film est une comédie très drôle.
Esta película es una comedia muy divertida.

(en parlant d'un film, d'une pièce de théâtre) **la comedia**

comédien, comédienne

▻ Gérard Depardieu est un comédien très connu.
Gérard Depardieu es un actor muy famoso.

(= acteur, actrice) **el actor** (pluriel : **los actores**), **la actriz** (pluriel : **las actrices**)

*N'oubliez pas que le **z** de **actriz** devient **c** au pluriel.*

commande

1 ▻ Apparemment, ma commande sera livrée demain.
Al parecer, me entregarán el pedido mañana.
▻ J'ai passé la commande par téléphone.
Hice el pedido por teléfono.

2 ▻ Le pilote m'a montré les commandes de l'avion.
El piloto me enseñó los mandos del avión.

1 (= achat par correspondance) el **pedido**
► **passer une commande : hacer un pedido**

2 ► **les commandes** (d'un avion, d'une machine) : **los mandos**

commander

1 ▻ Qu'est-ce que tu as commandé pour le dessert ?
¿Qué has pedido de postre?

2 ▻ Sophie a commandé un jeu vidéo.
Sophie hizo un pedido de videojuego.

1 (au restaurant) **pedir**

2 (par correspondance) **hacer un pedido de**

comme

1 ▻ Arthur est comme moi, il n'aime pas les maths.
Arthur es como yo, no le gustan las mates.
▻ Comme on était en retard, on s'est mis à courir.
Como se nos hacía tarde, nos echamos a correr.

2 ▻ Tiens la corde comme ça.
Agarra la cuerda así.

3 ▻ Si je n'écris pas comme il faut, mes parents me grondent.
Si no escribo bien, mis padres me riñen.

4 ▻ Tristan se conduit comme s'il avait cinq ans.
Tristan se porta como si tuviera cinco años.

1 (pour comparer, pour parler de la cause) **como**
i *Notez qu'après* **comme** *on utilise en espagnol le pronom personnel sujet (**yo, tú,** etc.) et non le pronom objet (**mí, ti,** etc.) comme en français.*

2 ► **comme ça** (= de cette façon) : **así**
i *Remarquez que le mot espagnol porte sur le **i** un accent écrit qui reflète l'accent tonique.*

3 ► **faire** quelque chose **comme il faut** (= correctement) : **hacer** algo **bien**

4 ► **comme si** + imparfait : **como si** + imparfait du subjonctif

commencer

1 ▻ Miguel a commencé le livre hier et il l'a déjà fini !
¡Miguel empezó el libro ayer y ya lo ha terminado!
▻ L'école commence en septembre.
Las clases empiezan en septiembre.

2 ▻ Commencez à manger, j'arrive.
Empezad a comer, ya vengo.

1 **empezar**
i *On peut dire aussi **comenzar**.*

2 ► **commencer à faire** quelque chose : **empezar a hacer** algo
i *On peut aussi dire **comenzar a hacer algo**.*

comment

1 ▻ Comment allons-nous décider ?
¿Cómo vamos a decidir?
▻ Il m'a montré comment faire ce gâteau.
Me enseñó cómo hacer este pastel.
▻ Comment ? Qu'est-ce que tu dis ?
¿Cómo? ¿Qué dices?
2 ▻ Comment vas-tu ?
¿Cómo estás?
▻ Comment va ta mère ?
¿Cómo está tu madre?
3 ▻ Il est comment, le prof de français ?
¿Qué tal el profesor de francés?
▻ C'était comment, les vacances ?
¿Qué tal las vacaciones?

1 **cómo**

Ne confondez pas avec **como** *(sans accent) qui signifie* comme.

2 Notez bien cette manière de demander **si quelqu'un va bien** : **¿cómo estás?** (comment vas-tu ?), **¿cómo está?** (comment allez-vous ?, comment va-t-il/elle ?), **¿cómo estáis?** (comment allez-vous ?), **¿cómo están?** (comment allez-vous ?, comment vont-ils/elles ?)

Si on s'adresse à quelqu'un qu'on connaît bien et qu'on veut savoir comment il va, on peut aussi dire ***¿qué tal?***

3 Pour demander **comment est** quelque chose ou quelqu'un, on emploie l'expression **¿qué tal...?** et on n'emploie pas de verbe.

commentaire

▻ Capucine faisait des commentaires idiots.
Capucine hacía comentarios estúpidos.

el **comentario**
► **faire des commentaires :**
hacer comentarios

commerçant, commerçante

▻ Les commerçants sont contre la construction du supermarché.
Los comerciantes están en contra de la construcción del supermercado.

(= personne qui tient un magasin) el **comerciante**, la **comerciante**

commerce

▻ Il y a beaucoup de commerces dans notre quartier.
Hay muchos comercios en nuestro barrio.
▻ Roland veut aller dans une école de commerce.
Roland quiere ir a una escuela de comercio.
▻ L'Europe fait du commerce avec les États-Unis.
Europa comercia con los Estados Unidos.

el **comercio**
► **faire du commerce avec :**
comerciar con

commode

1 ▻ Ce n'est pas commode d'habiter à l'autre bout de la ville.
No es práctico vivir en el otro extremo de la ciudad.

1 (= pratique) **práctico, práctica**

ℹ *Remarquez que le mot espagnol porte sur le* ***a*** *un accent écrit qui reflète l'accent tonique.*

2 ▻ Les serviettes sont dans la commode.
Las toallas están en la cómoda.

2 (= armoire à tiroirs) **la cómoda**

ℹ *Remarquez que le mot espagnol porte sur le* ***o*** *un accent écrit qui reflète l'accent tonique. Et à la différence du français, ce mot ne prend qu'un* ***m****.*

commun, commune

1 ▻ Il y a une salle de bains commune dans l'auberge de jeunesse.
Hay un cuarto de baño común en el albergue juvenil.

1 (= partagé, en parlant d'une pièce, d'un jardin) **común** (pluriel : **comunes**)

ℹ *Il n'y a pas d'accent écrit au pluriel. L'accent tonique porte sur le* ***u****, comme au singulier.*

2 ▻ Ces deux événements n'ont rien en commun.
Estos dos acontecimientos no tienen nada en común.

2 ► **en commun : en común**

Attention : à la différence du français, le mot ***común*** *ne prend qu'un* ***m****.*

communauté

▻ La France appartient à la Communauté européenne.
Francia pertenece a la Comunidad Europea.

la comunidad (pluriel : **las comunidades**)

► **la Communauté européenne : la Comunidad Europea**

Attention : à la différence du français, le mot ***comunidad*** *ne prend qu'un* ***m****.*

communion

▻ Ma petite sœur vient de faire sa communion.
Mi hermanita acaba de hacer la comunión.

► **faire sa communion : hacer la comunión**

Attention : à la différence du français, le mot ***comunión*** *ne prend qu'un* ***m****.*

compagnie

▻ Le père de Samuel travaille dans une compagnie d'assurances.
El padre de Samuel trabaja en una compañía de seguros.

la compañía

ℹ *Remarquez que le mot espagnol porte sur le* ***i*** *un accent écrit qui reflète l'accent tonique.*

▷ Le samedi après-midi, je tiens compagnie à mes grands-parents.
El sábado por la tarde, les hago compañía a mis abuelos.

► **tenir compagnie à** quelqu'un : **hacer compañía a** alguien

comparaison

▷ Pour demain nous devons faire une comparaison entre les deux textes.
Para mañana tenemos que hacer una comparación entre los dos textos.

la **comparación** (pluriel : las comparaciones)

ℹ *Il n'y a pas d'accent écrit au pluriel. L'accent tonique porte sur le* ***o****, comme au singulier.*

▷ Tania mesure un mètre cinquante ; moi je suis une géante en comparaison !
Tania mide un metro cincuenta; ¡yo en comparación soy una giganta!

► **en comparaison** : **en comparación**

comparé à

▷ Comparé à Juan, Clément est très petit !
¡Comparado con Juan, Clément es muy bajito!

comparado con

comparer

▷ On ne peut pas les comparer, ils sont très différents.
No se pueden comparar, son muy diferentes.
▷ Léo m'a comparée à sa sœur.
Léo me comparó con su hermana.

comparar

ℹ *Attention à la préposition :* **comparer à** *ou* **avec** = *comparar* ***con****.*

compartiment

▷ C'est dommage, nous ne sommes pas dans le même compartiment.
Qué lástima, no estamos en el mismo compartimento.
▷ Tu es dans un compartiment fumeurs ou non-fumeurs ?
¿Estás en un compartimento para fumadores o para no fumadores?

el **compartimento**
► **compartiment fumeurs** : **compartimento para fumadores** (pluriel : compartimentos para fumadores)
► **compartiment non fumeurs** : **compartimento para no fumadores** (pluriel : compartimentos para no fumadores)

compas

▷ Trace un cercle avec un compas.
Dibuja un círculo con un compás.

el **compás** (pluriel : los compases)

ℹ *Il n'y a pas d'accent écrit au pluriel. L'accent tonique porte sur le* ***a****, comme au singulier.*

compétition

▷ Il y a une compétition d'athlétisme entre les deux écoles ce week-end.
Hay una competición de atletismo entre las dos escuelas este fin de semana.

▷ Pour faire de la compétition, il faut beaucoup s'entraîner.
Para practicar un deporte a nivel competitivo hay que entrenarse mucho.

la **competición** (pluriel : las competiciones)

ℹ *Il n'y a pas d'accent écrit au pluriel. L'accent tonique porte sur le **o**, comme au singulier.*

► **faire de la compétition : practicar un deporte a nivel competitivo**

complet, complète

1 ▷ Cédric a une série complète de bandes dessinées.
Cédric tiene una serie completa de cómics.

2 ▷ Malheureusement, le parking était complet.
Desgraciadamente, el aparcamiento estaba lleno.

1 (= sans rien qui manque) **completo, completa**

2 (en parlant d'un hôtel, d'un train, d'un parking) **lleno, llena**

complètement

▷ Mais il est complètement fou !
¡Pero si está completamente loco!

completamente

compléter

▷ Je dois compléter ces dix phrases avec un verbe de mouvement.
Tengo que completar estas diez frases con un verbo de movimiento.

completar

compliment

▷ Je suis contente, Simon m'a fait un compliment.
Estoy contenta porque Simon me hizo un cumplido.

cumplido

► **faire un compliment à** quelqu'un : **hacer un cumplido a** alguien

compliqué, compliquée

▷ Je n'arrive pas à faire cet exercice, il est trop compliqué !
¡No consigo hacer este ejercicio, es demasiado complicado!

complicado, complicada

comportement

▷ Je ne comprends pas leur comportement.
No entiendo su comportamiento.

el **comportamiento**

se comporter

▷ Tu te comportes comme un enfant !
¡Te comportas como un niño!

comportarse

*Le pronom réfléchi fonctionne de la façon suivante en espagnol : **me** comporto, **te** comportas, **se** (singulier) comporta, **nos** comportamos, **os** comportáis, **se** (pluriel) comportan.*

composer

1 ▷ Joël compose de la musique sur son ordinateur.
Joël compone música en su ordenador.

2 ▷ D'abord tu composes le numéro de l'opérateur, ensuite tu dis que tu veux la France.
Primero marcas el número del operador, luego dices que quieres hablar con Francia.

3 ▷ La classe se compose de dix garçons et treize filles.
La clase se compone de diez chicos y trece chicas.

1 (= composer de la musique, une chanson) **componer**

2 (= composer un numéro de téléphone) **marcar**

3 ► **se composer de** quelque chose : **componerse de**

*Le pronom réfléchi fonctionne de la façon suivante en espagnol : **se** (singulier) compone, **se** (pluriel) componen.*

composter

▷ N'oublie pas de composter ton billet.
No te olvides de picar el billete.

picar

compote

▷ Il y a de la compote de pommes comme dessert.
Hay compota de manzana de postre.

la **compota**

comprendre

1 ▷ Tu comprends ce que je veux dire ?
¿Entiendes lo que quiero decir?

2 ▷ Le livre comprend trois parties.
El libro comprende tres partes.

1 (= saisir) **entender**

*On peut dire aussi **comprender**.*

2 (= se composer de) **comprender**

comprimé

▷ Le médecin m'a dit de prendre deux comprimés.
El médico me dijo que tomara dos comprimidos.

el **comprimido**

compris, comprise

▷ Est-ce que le petit déjeuner est compris dans le prix ?
¿El desayuno está incluido en el precio?
▷ Ça fait cinquante euros tout compris.
Son cincuenta euros todo incluido.
▷ Il y a dix joueurs y compris mes frères.
Hay diez jugadores, incluidos mis hermanos.

(= inclus) **incluido, incluida**

► **tout compris : todo incluido**

► **y compris : incluido**

ℹ *Notez que, dans ce dernier cas, **incluido** s'accorde en genre et en nombre avec le nom qui suit : **mis hermanos** est un masculin pluriel, donc on dit **incluidos**.*

comptable

▷ La mère de Cécilia est comptable.
La madre de Cécilia es contable.

el **contable**, la **contable**
Attention à l'orthographe.

compte

▷ On va faire les comptes pour voir si on a assez d'argent.
Vamos a hacer las cuentas, a ver si tenemos bastante dinero.
▷ Pepa a déjà un compte dans une caisse d'épargne.
Pepa ya tiene una cuenta en una caja de ahorros.
▷ Tu te rends compte de ce que tu as fait ?
¿Te das cuenta de lo que has hecho?
▷ Alice ne s'est pas rendu compte qu'elle était en retard.
Alice no se dio cuenta de que se le hacía tarde.

la **cuenta**

► **se rendre compte de** quelque chose **: darse cuenta de** algo
► **se rendre compte que... : darse cuenta de que...**

ℹ *Le pronom réfléchi fonctionne de la façon suivante en espagnol : **me** doy cuenta, **te** das cuenta, **se** (singulier) da cuenta, **nos** damos cuenta, **os** dais cuenta, **se** (pluriel) dan cuenta.*

compter

1 ▷ Le prof a compté les élèves dans le bus.
El profesor contó a los alumnos en el autobús.

1 (= calculer) **contar**
*Si le complément est une personne ou un groupe de personnes, n'oubliez pas de le faire précéder de **a**.*
Attention à l'orthographe.
ℹ ***Contar** signifie aussi* **raconter**.

2 ▷ Sacha et Dany comptent partir demain.
Sacha y Dany piensan salir mañana.

2 ► **compter faire** quelque chose (= avoir l'intention de faire) **: pensar hacer** algo

3 ▷ On ne peut pas compter sur elle.
No se puede contar con ella.
▷ Tu peux compter sur moi !
¡Puedes contar conmigo!

3 ► **compter sur** quelqu'un :
contar con alguien
*Notez la forme **conmigo**. De même, à la deuxième personne du singulier, on dit **contigo**.*

comptoir

▷ C'est moins cher de boire au comptoir.
Sale más barato beber en la barra.

(dans un café) la **barra**
*Attention à bien prononcer les deux **r** de **barra**.*

se concentrer

▷ Essaie de te concentrer !
¡Trata de concentrarte!
▷ Je n'arrive pas à me concentrer sur mes devoirs.
No consigo concentrarme en los deberes.

concentrarse
*Le pronom réfléchi fonctionne de la façon suivante en espagnol : **me** concentro, **te** concentras, **se*** (singulier) *concentra, **nos** concentramos, **os** concentráis, **se*** (pluriel) *concentran.*
Attention à la préposition : se concentrer **sur** = *concentrarse **en**.*

concerner

1 ▷ Le nouveau règlement nous concerne aussi.
El nuevo reglamento también nos afecta a nosotros.
2 ▷ Ça ne te concerne pas !
¡Esto no te concierne!

1 (= s'appliquer à) **afectar**

2 (= intéresser) **concernir**
*Si le complément est une personne ou un groupe de personnes, n'oubliez pas de le faire précéder de **a**.*

concert

▷ Il y a un concert en ville ce soir.
Hay un concierto en el centro esta noche.

el **concierto**

concierge

▷ Demande au concierge s'il l'a vu sortir.
Pregúntale al portero si le vio salir.

el **portero,** la **portera**

conclusion

▷ Je ne sais pas quoi mettre dans la conclusion de ma rédaction.
No sé qué poner en la conclusión de mi redacción.

la **conclusión** (pluriel : las **conclusiones**)
*Il n'y a pas d'accent écrit au pluriel. L'accent tonique porte sur le **o**, comme au singulier.*

concours

1 ▷ Il y a un concours pour entrer dans certaines écoles.
Hay un examen de ingreso para ciertas escuelas.

1 (pour entrer dans une école) el **examen de ingreso** (pluriel : los **exámenes de ingreso**)

ℹ *Il n'y a pas d'accent écrit au singulier. L'accent tonique porte sur le* ***a****, comme au pluriel.*

2 ▷ Hubert s'est présenté à un concours pour travailler à la mairie.
Hubert hizo oposiciones para trabajar en el ayuntamiento.

2 (pour obtenir un poste) las **oposiciones**

ℹ ***Oposiciones*** *est un nom pluriel : on dit par exemple* ***las oposiciones fueron muy duras*** **(le concours a été très dur).**

3 ▷ Paul a gagné une montre dans un concours à la radio.
Paul ganó un reloj en un concurso de radio.

3 (= jeu) el **concurso**

concret, concrète

▷ Donne-moi un exemple concret.
Dame un ejemplo concreto.

concreto, concreta

concurrence

▷ Il y a beaucoup de concurrence entre les magasins de la ville.
Hay mucha competencia entre los comercios de la ciudad.

la **competencia**

ℹ *Le mot* ***concurrencia*** *existe aussi en espagnol, mais il veut dire* **public** *ou* **foule**.

concurrent, concurrente

1 ▷ L'entreprise de mes parents a beaucoup de concurrents.
La empresa de mis padres tiene muchos competidores.

1 (dans le commerce) el **competidor** (pluriel : los **competidores**), la **competidora**

2 ▷ Chaque concurrent devait répondre à cinq questions.
Cada concursante tenía que contestar a cinco preguntas.

2 (dans un concours) el **concursante**, la **concursante**

condamner

▷ Le tribunal l'a condamné à un an de prison.
La corte le condenó a un año de cárcel.

► **condamner** quelqu'un **à** quelque chose : **condenar** a alguien **a** algo

condition

▷ Ils vivent dans des conditions atroces.
Viven en condiciones espantosas.

la **condición** (pluriel : las **condiciones**)

▷ Tu peux venir à condition de ne rien dire à Émilie.
Puedes venir a condición de que no le digas nada a Émilie.

*Il n'y a pas d'accent écrit au pluriel. L'accent tonique porte sur le **o**, comme au singulier.*

► **à condition de** + indicatif : **a condición de que** + subjonctif

conducteur, conductrice

▷ La conductrice de la voiture était ivre.
La conductora del coche estaba borracha.

el **conductor** (pluriel : los conductores), la **conductora**

conduire

1 ▷ Ici on conduit à droite.
Aquí se conduce a la derecha.

2 ▷ Je conduis mon petit frère à l'école parce que ma mère est malade.
Acompaño a mi hermano pequeño a la escuela porque mi madre está enferma.

3 ▷ Tu t'es conduit comme un imbécile !
¡Te portaste como un imbécil!

1 (en parlant d'un véhicule) **conducir**

2 ► **conduire** quelqu'un quelque part (= l'accompagner) : **acompañar a alguien a alguna parte**

3 ► **se conduire** : **portarse**

*Le pronom réfléchi fonctionne de la façon suivante en espagnol : **me** porto, **te** portas, **se** (singulier) porta, **nos** portamos, **os** portáis, **se** (pluriel) portan.*

conduite

1 ▷ Le prof a dit que ma conduite était inacceptable.
El profesor dijo que mi conducta era inaceptable.

2 ▷ Sarah prend des leçons de conduite.
Sarah está aprendiendo a conducir.

1 (= comportement) la **conducta**

2 ► **prendre des leçons de conduite** : **aprender a conducir**

cône

▷ Je voudrais un cône à la vanille, s'il vous plaît.
Quisiera un cucurucho de vainilla, por favor.

(= glace) el **cucurucho**

Attention à la préposition : à **la** vanille = ***de** vainilla.*

conférence

▷ Il y a une conférence sur la Chine à la mairie.
Hay una conferencia sobre China en el ayuntamiento.

la **conferencia**

Attention : le mot espagnol s'écrit sans accent.

confettis

▷ Tout le monde a jeté des confettis sur André.
Todo el mundo lanzó confeti a André.

el **confeti**

***Confeti** est un nom singulier. On dit par exemple : **el confeti es azul y rojo** (les confettis sont bleus et rouges).*

Suite page suivante

ℹ *Attention : à la différence du français, le mot espagnol ne prend qu'un **t**.*

confiance

▷ Je te fais confiance *ou* j'ai confiance en toi.
Tengo confianza en ti.

la **confianza**
► **faire confiance à** quelqu'un *ou* **avoir confiance en** quelqu'un : **tener confianza en** alguien

confidence

▷ Davina a fait des confidences à Myriam.
Davina le hizo confidencias a Myriam.

► **faire des confidences à** quelqu'un : **hacer confidencias a** alguien

confirmer

▷ Le directeur a confirmé que nous irions en voyage scolaire en mai.
El director confirmó que iríamos de viaje de estudios en mayo.

confirmar

confiserie

1 ▷ Où as-tu acheté ces caramels ? • À la confiserie.
¿Dónde compraste esos caramelos? • En la confitería.

1 (= magasin) la **confitería**

ℹ *Remarquez que le mot espagnol porte sur le deuxième **i** un accent écrit qui reflète l'accent tonique.*

2 ▷ Clémentine mange trop de confiseries.
Clémentine come demasiados dulces.

2 (= bonbon) el **dulce**

confisquer

▷ Le prof a confisqué son baladeur à Manu.
El profesor le quitó el Walkman® a Manu.

2 ► **confisquer** quelque chose **à** quelqu'un : **quitarle** algo **a** alguien

confiture

▷ J'aime la confiture d'abricots.
Me gusta la mermelada de albaricoque.

la **mermelada**

confondre

▷ Ils se ressemblent tellement que je les confonds toujours.
Se parecen tanto que los confundo siempre.
▷ Je confonds toujours Marie avec sa sœur.
Confundo siempre a Marie con su hermana.

confundir

*Si le complément est une personne ou un groupe de personnes, n'oubliez pas de le faire précéder de **a**.*

confort

▷ Mes parents vont dans des hôtels parce qu'ils aiment le confort.
Mis padres se alojan en hoteles porque les gusta el confort.

el **confort**

*Le mot espagnol **confort** se prononce comme en français.*
*On peut dire aussi **las comodidades**, toujours au pluriel.*

confortable

▷ L'auberge de jeunesse était assez confortable.
El albergue juvenil era bastante confortable.

confortable

*On peut dire aussi **cómodo, cómoda**, avec un accent écrit sur le **o** qui reflète l'accent tonique.*

congé

▷ Hervé a deux semaines de congé.
Hervé tiene dos semanas de vacaciones.
▷ Comme mes parents sont en congé, ils viennent me chercher à l'école.
Como mis padres están de vacaciones, me vienen a buscar al colegio.

las **vacaciones**

► **être en congé : estar de vacaciones**

congélateur

▷ Le congélateur ne marche pas.
El congelador no funciona.
▷ Tu as mis le pain au congélateur ?
¿Has puesto el pan en el congelador?

el **congelador** (pluriel : los congeladores)
► **au congélateur : en el congelador**

congeler

▷ Je vais congeler ces restes.
Voy a congelar estos restos.

congelar

connaissance

1 ▷ Justine a de bonnes connaissances en espagnol.
Justine tiene buenos conocimientos de español.

2 ▷ Où as-tu fait la connaissance d'Antonio ?
¿Dónde conociste a Antonio?

1 ► **avoir de bonnes connaissances en : tener buenos conocimientos de**

2 ► **faire la connaissance de** quelqu'un : **conocer** a alguien

***Conocer** signifie aussi* connaître.

connaître

1 ▷ Est-ce que vous connaissez Lisa ?
¿Conoce a Lisa?

1 **conocer**

Suite page suivante

▷ Je connais un bon restaurant dans le quartier.
Conozco un buen restaurante en este barrio.
▷ Isabelle a connu Sébastien à Biarritz.
Isabelle conoció a Sébastien en Biarritz.

Si le complément est une personne ou un groupe de personnes, n'oubliez pas de le faire précéder de ***a****.*

2 ▷ Ils se sont connus il y a trois ans.
Se conocieron hace tres años.

2 ► **se connaître** (= se rencontrer) **: conocerse**

Le pronom réfléchi fonctionne de la façon suivante en espagnol : ***nos*** *conocemos,* ***os*** *conocéis,* ***se*** *conocen.*

connu, connue

conocido, conocida

▷ C'est une chanteuse très connue.
Es una cantante muy conocida.

conscient, consciente

1 (= éveillé) **consciente**

1 ▷ Le conducteur de la voiture était encore conscient.
El conductor del coche todavía estaba consciente.

Attention : le verbe qui traduit être *dans* être conscient *est* ***estar*** *et non* ***ser****.* **Comparez avec le sens** 2.

2 ► **être conscient de** quelque chose **: ser consciente de** algo

2 ▷ J'espère que tu es consciente de ce que tu as fait !
¡Espero que seas consciente de lo que has hecho!

conseil

el **consejo**

▷ Tes conseils ont été très utiles.
Tus consejos fueron muy útiles.
▷ Je vais te donner un conseil.
Te voy a dar un consejo.

conseiller

► **conseiller** quelque chose **à** quelqu'un **: aconsejar** algo **a** alguien
► **conseiller à** quelqu'un **de** + infinitif **: aconsejar a** alguien **que** + subjonctif

▷ Pouvez-vous nous conseiller un bon restaurant ?
¿Nos puede aconsejar un buen restaurante?
▷ Je vous conseille de partir tout de suite.
Os aconsejo que os marchéis en seguida.

Attention à la concordance des temps : quand ***aconsejar*** *est au présent, le verbe de la subordonnée est au présent du subjonctif (te* ***aconsejo*** *que no le* ***digas*** *nada), mais quand* ***aconsejar*** *est au passé, le verbe de la subordonnée doit être à l'imparfait du subjonctif (nos* ***aconsejó*** *que no* ***dijéramos*** *nada).*

conséquence

▷ L'accident a eu de graves conséquences.
El accidente tuvo graves consecuencias.

la **consecuencia**

par conséquent

▷ L'avion était en retard et, par conséquent, ils ont raté la correspondance.
El avión llevaba retraso y, por consiguiente, perdieron la conexión.

por consiguiente

conservatoire

▷ Le conservatoire (de théâtre) est dans la rue Richelieu.
La escuela de arte dramático está en la calle Richelieu.
▷ Samantha veut aller au conservatoire (de musique) après le collège.
Samantha quiere ir al conservatorio después del colegio.

► **conservatoire** (de théâtre) **:** la **escuela de arte dramático**

► **conservatoire** (de musique) **:** el **conservatorio**

conserve

▷ Ce n'est pas bon pour la santé de manger beaucoup de conserves.
Comer muchas conservas no es bueno para la salud.
▷ Achète des tomates en conserve.
Compra tomates en conserva.

la **conserva**

► **en conserve : en conserva**

conserver

▷ On ne peut pas conserver le lait très longtemps.
La leche no se puede conservar mucho tiempo.
▷ Beaucoup de choses se conservent bien au congélateur.
Muchas cosas se conservan bien en el congelador.

(en parlant d'aliments) **conservar**
► **se conserver : conservarse**

ℹ *Le pronom réfléchi fonctionne de la façon suivante en espagnol :* ***se*** (singulier) *conserva,* ***se*** (pluriel) *conservan.*

considérer

▷ Le prof considère que je pourrais avoir de meilleurs résultats.
El profesor considera que podría obtener mejores resultados.

► **considérer que** (= penser que) **: considerar que**

consigne

1 ▷ On pourrait laisser nos bagages à la consigne.
Podríamos dejar el equipaje en la consigna.

2 ▷ Le prof nous a donné des consignes très précises.
El profesor nos dio instrucciones muy precisas.

1 (= bureau où on laisse ses bagages) la **consigna**

2 ► **consignes** (= instructions) **:** las **instrucciones**

console de jeux

▷ Si tu veux, on peut jouer sur ma console de jeux.
Si quieres, podemos jugar en mi consola de juegos.

la **consola de juegos** (pluriel : **las consolas de juegos**)

consoler

▷ J'ai essayé de consoler la pauvre Bénédicte.
Intenté consolar a la pobre Bénédicte.

consolar

*Si le complément est une personne ou un groupe de personnes, n'oubliez pas de le faire précéder de **a**.*

consommer

▷ Cette voiture consomme beaucoup d'essence.
Este coche consume mucha gasolina.

▷ Les Japonais consomment beaucoup de poisson.
Los japoneses consumen mucho pescado.

consumir

construction

▷ La construction de la nouvelle école a commencé il y a un an.
La construcción de la nueva escuela empezó hace un año.

la **construcción** (pluriel : **las construcciones**)

*Il n'y a pas d'accent écrit au pluriel. L'accent tonique porte sur le **o**, comme au singulier.*

construire

▷ Les Préjean veulent construire un garage dans leur jardin.
Los Préjean quieren construir un garaje en el jardín.

construir

contact

1 ▷ Roberto a mis le contact mais le moteur n'a pas démarré.
Roberto le dio al contacto pero el motor no arrancó.

▷ Tu peux couper le contact maintenant.
Puedes apagar el contacto ahora.

2 ▷ Nous ne sommes pas restés en contact, c'est dommage.
No nos mantuvimos en contacto, es una lástima.

1 ► **mettre le contact** (dans une voiture) **: darle al contacto**

► **couper le contact : apagar el contacto**

2 ► **rester en contact : mantenerse en contacto**

*Le pronom réfléchi fonctionne de la façon suivante en espagnol : **nos** mantenemos en contacto, **os** mantenéis en contacto, **se** mantienen en contacto.*

contagieux, contagieuse

contagioso, contagiosa

▷ J'espère que ce rhume n'est pas contagieux !
¡Espero que este resfriado no sea contagioso!

conte

el **cuento**

► **conte de fées** : **cuento de hadas** (pluriel : **cuentos de hadas**)

▷ Charles a un livre de contes africains.
Charles tiene un libro de cuentos africanos.
▷ Quand j'étais petite, j'adorais les contes de fées.
De pequeña, me encantaban los cuentos de hadas.

contenir

1 (= renfermer) **contener**

2 (en parlant de la capacité) **tener capacidad para**

1 ▷ Est-ce que tu sais ce que contient cette boîte ?
¿Sabes lo que contiene esta caja?
2 ▷ Ce seau contient au moins dix litres.
Este cubo tiene capacidad para al menos diez litros.

content, contente

contento, contenta

► **être content de** quelque chose : **estar contento con** algo

► **être content de faire** quelque chose : **estar contento de hacer** algo

▷ Tu n'as pas l'air content, qu'est-ce qu'il y a ?
No pareces contento, ¿qué te pasa?
▷ Quentin est content de ses résultats en maths.
Quentin está contento con sus resultados de matemáticas.
▷ Je suis contente de vous rencontrer.
Estoy contenta de conocerle.

contenu

el **contenido**

▷ Le prix des timbres dépend du contenu du paquet.
El precio de los sellos depende del contenido del paquete.

continent

el **continente**

▷ L'Afrique est un continent immense.
África es un continente inmenso.

continuellement

continuamente

▷ Léon se plaint continuellement, c'est pénible !
Léon se queja continuamente, ¡qué pesado!

continuer

▷ J'ai continué mon exposé sans faire attention à lui.
Continué la exposición sin prestarle atención.
▷ Continue, c'est très bien.
Continúa, está muy bien.
▷ Si tu continues à faire le clown, je m'en vais !
¡Si continúas haciendo el payaso, me voy!

continuar

On peut dire aussi ***seguir****.*

► **continuer à faire** quelque chose : **continuar haciendo** algo

On peut aussi dire ***seguir haciendo*** *algo.*

contour

▷ Adeline a tracé le contour de son dessin en rouge.
Adeline trazó el contorno de su dibujo en rojo.

el **contorno**

contraire

▷ « Chaud » est le contraire de « froid ».
"Caliente" es el contrario de "frío".
▷ Ça ne me dérange pas, au contraire.
No me molesta, al contrario.

► **le contraire : el contrario**

► **au contraire : al contrario**

contrairement à

▷ Contrairement à son frère, elle est très sympa.
Contrariamente a su hermano, es muy simpática.

contrariamente a

contrarier

▷ J'espère que je n'ai pas contrarié Hélène.
Espero que no haya contrariado a Hélène.

contrariar

Si le complément est une personne ou un groupe de personnes, n'oubliez pas de le faire précéder de ***a****.*

contravention

▷ Robert a eu une contravention parce qu'il s'était garé à un endroit où c'était interdit.
Multaron a Robert porque había aparcado en un lugar donde estaba prohibido.

Avoir une contravention *se traduit en espagnol par le verbe* ***multar*** *à la voix passive :* j'ai eu une contravention = ***me multaron***; tu as eu une contravention = ***te multaron***; il a eu une contravention = ***le multaron, etc.***

contre

1 ▷ Ne t'appuie pas contre le mur, je viens de le peindre !
¡No te apoyes contra la pared, acabo de pintarla!
▷ Le Real Madrid joue contre Lazio ce week-end.
El Real Madrid juega contra el Lazio este fin de semana.

1 **contra**

2 ▷ Tu es d'accord avec notre décision ? – Non, je suis contre !
¿Estás de acuerdo con nuestra decisión? – No, ¡estoy en contra!

2 ► **être contre :** **estar en contra**

3 ▷ Noël n'aime pas le café, mais par contre il adore le thé.
A Noël no le gusta el café, pero en cambio le encanta el té.

3 ► **par contre :** **en cambio**

contredire

▷ Elle contredit tout le temps son mari.
Contradice a su marido todo el rato.

contradecir

Si le complément est une personne ou un groupe de personnes, n'oubliez pas de le faire précéder de ***a****.*

contribuer à

▷ Vous pouvez aussi contribuer à la discussion.
Vosotros también podéis contribuir en la discusión.

contribuir en

contrôle

▷ J'ai eu une mauvaise note au contrôle de géo.
Saqué una mala nota en el control de geografía.
▷ Il n'y a pas de contrôle des passeports à la frontière.
No hay control de pasaportes en la frontera.
▷ La police peut faire des contrôles d'identité n'importe où.
La policía puede hacer controles de identidad donde sea.

el **control** (pluriel : los controles)

► **contrôle des passeports :** **control de pasaportes**

► **contrôle d'identité :** **control de identidad**

contrôler

▷ La prof contrôle nos devoirs.
La profesora nos comprueba los deberes.
▷ Nos billets n'ont pas été contrôlés.
No nos han comprobado los billetes.

(= vérifier) **comprobar**

contrôleur, contrôleuse

▷ Le contrôleur est passé dans notre compartiment.
El revisor pasó por nuestro compartimento.

(dans le train, dans le métro) el **revisor** (pluriel : los revisores), la **revisora**

convaincre

▷ On a essayé de convaincre Lucie, mais on n'y est pas arrivés.
Intentamos convencer a Lucie, pero no lo conseguimos.

convencer

Si le complément est une personne ou un groupe de personnes, n'oubliez pas de le faire précéder de ***a****.*

convenir

▷ Est-ce que l'heure te convient ?
¿Te va bien la hora?

► **convenir à** quelqu'un (= lui aller, l'arranger) **: ir bien a** alguien

conversation

▷ Nous avons eu une conversation très intéressante.
Tuvimos una conversación muy interesante.

la **conversación** (pluriel : las conversaciones)

Il n'y a pas d'accent écrit au pluriel. L'accent tonique porte sur le ***o****, comme au singulier.*

convoquer

▷ Le proviseur a convoqué Victorien dans son bureau.
El director convocó a Victorien a su despacho.

convocar

Si le complément est une personne ou un groupe de personnes, n'oubliez pas de le faire précéder de ***a****.*

copain

1 ▷ Est-ce que je peux aller au cinéma avec mes copains ?
¿Puedo ir al cine con los amigos?

1 (= ami) el **amigo**

2 ▷ C'est le nouveau copain de Josie.
Es el nuevo novio de Josie.

2 (= amoureux) el **novio**

copie

1 ▷ C'est l'heure de rendre les copies.
Es hora de entregar los exámenes.

1 (= devoir) el **examen** (pluriel : los exámenes)

Il n'y a pas d'accent écrit au singulier. L'accent tonique porte sur le ***a****, comme au pluriel.*

2 ▷ Je vais faire une copie de cet article.
Voy a hacer una copia de este artículo.

2 (= copie d'un texte, d'une cassette) la **copia**

copier

▷ Leila a copié le dessin.
Leila copió el dibujo.

▷ Judith a tout copié sur moi !
¡Judith lo ha copiado todo de mí!

copiar

Attention à la préposition : copier sur quelqu'un = *copiar* ***de*** *alguien.*

copieux, copieuse

▷ Les repas de l'hôtel sont très copieux.
Las comidas del hotel son muy abundantes.

abundante

copine

1 ▷ Est-ce que je peux aller au cinéma avec mes copines ?
¿Puedo ir al cine con las amigas?

2 ▷ C'est la nouvelle copine de Benoît.
Es la nueva novia de Benoît.

1 (= amie) la **amiga**

2 (= amoureuse) la **novia**

coq

▷ Le coq chante tous les matins à cinq heures.
El gallo canta todas las mañanas a las cinco.

el **gallo**

coque

▷ Il y a des œufs à la coque pour le petit déjeuner.
Hay huevos pasados por agua para el desayuno.

► **œuf à la coque :** el **huevo pasado por agua** (pluriel : los huevos pasados por agua)

coquelicot

▷ Il y a des coquelicots dans le jardin.
Hay amapolas en el jardín.

la **amapola**

coquet, coquette

▷ Étienne est très coquet.
Étienne es muy coqueto.

coqueto, coqueta

ℹ *On peut dire aussi* ***presumido, presumida****.*

coquillage

1 ▷ On va ramasser des coquillages sur la plage.
Vamos a recoger conchas en la playa.

2 ▷ J'aime les coquillages, surtout les huîtres.
Me gustan los mariscos, sobre todo las ostras.

1 (= coquille vide) la **concha**

2 Quand on parle des coquillages avec un animal dedans (par exemple les huîtres ou les moules), on dit **el marisco**.

coquille

1 ▷ Ana a cassé la coquille de l'œuf avec sa cuillère.
Ana rompió la cáscara del huevo con la cuchara.

1 (en parlant d'un œuf, d'une noix) la **cáscara**

Suite page suivante

*Remarquez que le mot espagnol porte sur le premier **a** un accent écrit qui reflète l'accent tonique.*

2 ▷ Où dois-je mettre les coquilles d'huîtres ?
¿Dónde tengo que poner las conchas de las ostras?

2 (en parlant d'un mollusque) la **concha**

coquin, coquine

▷ Le petit frère de Clarisse est très coquin.
El hermano pequeño de Clarisse es muy pillo.

(en parlant d'un enfant) **pillo, pilla**

corbeau

▷ Il y a des corbeaux dans l'arbre.
Hay cuervos en el árbol.

el **cuervo**

Attention à l'orthographe.

corbeille

▷ Nous lui avons offert une corbeille de fruits.
Le regalamos una cesta de fruta.
▷ Jette ça dans la corbeille à papier.
Tira esto a la papelera.

(= panier) la **cesta**

► **corbeille à papier :** la **papelera**

corde

▷ La corde s'est cassée et Quentin est tombé.
La cuerda se rompió y Quentin se cayó.
▷ C'est ta corde à sauter ou la mienne ?
¿Ésta es tu cuerda de saltar o la mía?

la **cuerda**

► **corde à sauter :** **cuerda de saltar** (pluriel : cuerdas de saltar)

cordonnerie

▷ La cordonnerie se trouve au coin de la rue.
La zapatería se encuentra en la esquina.

la **zapatería**

*Remarquez que le mot espagnol porte sur le **i** un accent écrit qui reflète l'accent tonique.*

cordonnier

▷ Le cordonnier va réparer mes chaussures.
El zapatero me va a arreglar los zapatos.
▷ Sophie est encore chez le cordonnier.
Sophie está todavía en la zapatería.
▷ Ils m'ont envoyé chez le cordonnier.
Me mandaron a la zapatería.

el **zapatero**, la **zapatera**

► **chez le cordonnier** (= dans le magasin) **:** **en la zapatería**

► **chez le cordonnier** (= vers le magasin) **:** **a la zapatería**

corne

▷ Ces vaches ont de longues cornes.
Estas vacas tienen cuernos largos.

(en parlant d'un animal) el **cuerno**

cornet

▷ Un cornet avec deux boules, s'il vous plaît.
Un cucurucho de dos bolas, por favor.
▷ Les cornets de frites valent un euro.
Los cucuruchos de patatas fritas cuestan un euro.

(= cornet de glace, de frites) el **cucurucho**

cornichon

▷ J'aime les cornichons avec le pâté.
Me gustan los pepinillos con el paté.

el **pepinillo**

corps

▷ Xavier a un corps très musclé.
Xavier tiene un cuerpo muy musculoso.

el **cuerpo**

correct, correcte

1 ▷ Le calcul n'était pas correct, nous avons dû le refaire.
El cálculo no era correcto, tuvimos que volver a hacerlo.

1 (= exact) **correcto, correcta**

*Attention à bien prononcer les deux **r** de **correcto**.*

2 ▷ Les repas sont corrects mais pas excellents.
Las comidas son pasables pero no son excelentes.

2 (= pas mal) **pasable**

correctement

▷ Si tu ne parles pas correctement, personne ne te comprendra !
¡Si no hablas correctamente, nadie te va a entender!
▷ On a mangé correctement pour dix euros.
Comimos correctamente por diez euros.

correctamente

*Attention à bien prononcer les deux **r** de **correctamente**.*

correction

1 ▷ Les corrections de la prof ne sont pas claires.
Las correcciones de la profesora no son claras.

1 (= sur un texte, un devoir) la **corrección** (pluriel : las correcciones)

*Il n'y a pas d'accent écrit au pluriel. L'accent tonique porte sur le **o**, comme au singulier.*

*Attention à bien prononcer les deux **r** de **corrección**.*

2 ▷ Ludovic a reçu une bonne correction.
Ludovic recibió una buena paliza.

2 (= coups) la **paliza**

correspondance

1 ▷ Dépêche-toi, nous allons rater la correspondance !
¡Date prisa, que vamos a perder el enlace!

2 ▷ Mireille suit des cours par correspondance.
Mireille sigue cursos por correspondencia.

1 (dans le métro, le bus) el **enlace**

ℹ *Quand il s'agit d'un avion, on dit* ***la conexión****.*

2 ► **par correspondance** (par la poste) : **por correspondencia**

correspondant, correspondante

▷ Agathe a une correspondante à Salamanque.
Agathe se cartea con una chica de Salamanca.
▷ Le correspondant de Marc habite à Caracas.
El chico con el que Marc se cartea vive en Caracas.

ℹ *Il n'y a pas d'équivalent espagnol exact du mot* correspondant *quand on parle de la personne à qui on écrit à l'étranger. On emploie une expression avec le verbe* ***cartearse****.*

ℹ *Le pronom réfléchi fonctionne de la façon suivante en espagnol :* ***me*** *carteo con...,* ***te*** *carteas con...,* ***se*** (singulier) *cartea con...,* ***nos*** *carteamos con...,* ***os*** *carteáis con...,* ***se*** (pluriel) *cartean con...*

correspondre

1 ▷ Alban correspond avec un garçon américain.
Alban se cartea con un chico americano.

1 ► **correspondre avec** quelqu'un (= lui écrire) : **cartearse con** alguien

ℹ *Le pronom réfléchi fonctionne de la façon suivante en espagnol :* ***me*** *carteo con...,* ***te*** *carteas con...,* ***se*** (singulier) *cartea con...,* ***nos*** *carteamos con...,* ***os*** *carteáis con...,* ***se*** (pluriel) *cartean con...*

2 ▷ Une livre anglaise correspond à 1,5 euros.
Una libra inglesa corresponde a 1,5 euros.

2 ► **correspondre à** quelque chose (= être équivalent) : **corresponder a** algo

🔊 *Attention à bien prononcer les deux* ***r*** *de* ***corresponder****.*

corriger

▷ Tu as oublié de corriger cette faute.
Te olvidaste de corregir esta falta.
▷ Le prof va corriger les copies pour lundi.
El profesor va a corregir los exámenes para el lunes.

(= corriger une faute, des copies) **corregir**

🔊 *Attention à bien prononcer les deux* ***r*** *de* ***corregir****.*

ℹ *Attention aussi à l'orthographe du mot* ***corregir*** *: le* ***e*** *et le* ***i*** *sont inversés par rapport au français.*

corse, Corse

1 ▷ Jean-Marc a l'accent corse.
Jean-Marc tiene acento corso.

1 (adjectif, personne) **corso, corsa**

▷ Il y a des Corses dans mon village.
Hay unos corsos en mi pueblo.

2 ▷ La Corse est une île.
Córcega es una isla.
▷ Il y a des paysages magnifiques en Corse.
Hay unos paisajes magníficos en Córcega.
▷ Nous avons décidé d'aller en Corse en août.
Hemos decidido ir a Córcega en agosto.

ℹ *S'écrit toujours avec une minuscule, qu'il s'agisse de l'adjectif ou du nom.*

2 ► **la Corse : Córcega**

ℹ *Ne prend généralement pas d'article.*

► **en Corse** (= dans l'île) **: en Córcega**
► **en Corse** (= vers l'île) **: a Córcega**

ℹ *Remarquez que le mot **Córcega** porte sur le **o** un accent écrit qui reflète l'accent tonique.*

costaud, costaude

▷ Paul est très, très costaud !
¡Paul es muy muy fuerte!

(en parlant d'une personne) **fuerte**

ℹ *Le mot français* **costaud** *est familier, mais l'adjectif espagnol **fuerte** ne l'est pas.*

costume

▷ Mon père porte un costume pour aller travailler.
Mi padre lleva un traje para ir a trabajar.

(pantalon et veste) el **traje**

côte

1 ▷ Nous avons conduit le long de la côte.
Condujimos a lo largo de la costa.

2 ▷ Je vous attendrai en haut de la côte.
Os esperaré arriba de la cuesta.

3 ▷ Moussa s'est cassé une côte.
Moussa se ha roto una costilla.

4 ▷ Il y a des côtes de porc pour dîner.
Hay chuletas de cerdo para cenar.

1 (= la côte au bord de la mer) la **costa**

2 (= la côte qu'on monte ou qu'on descend) la **cuesta**

3 (= la partie du corps) la **costilla**

4 (= la côte de porc ou d'agneau) la **chuleta**

côté

1 ▷ Les deux côtés de la feuille sont pleins.
Los dos lados de la hoja están llenos.
▷ Je t'attendrai de l'autre côté de la rue.
Te esperaré en el otro lado de la calle.

2 ▷ Le supermarché est à côté du stade.
El supermercado está al lado del estadio.
▷ À côté de sa sœur, Constance est minuscule !
¡Al lado de su hermana, Constance es minúscula!

3 ▷ Tu devrais mettre du chocolat de côté pour tout à l'heure.
Deberías guardar chocolate para luego.

1 el **lado**

► **de l'autre côté de : en el otro lado de**

2 ► **à côté de : al lado de**

3 ► **mettre** quelque chose **de côté : guardar** algo

coton

▻ Le coton est agréable à porter en été.
Es agradable llevar algodón en el verano.

el **algodón**

*Remarquez que le mot espagnol porte sur le deuxième **o** un accent écrit qui reflète l'accent tonique.*

▻ Ce T-shirt est en coton.
Esta camiseta es de algodón.

► **en coton : de algodón**

coton-tige®

▻ Les cotons-tiges sont au-dessus du lavabo.
Los bastoncillos de algodón están encima del lavabo.

el **bastoncillo de algodón** (pluriel : los bastoncillos de algodón)

*Remarquez que le mot **algodón** porte sur le deuxième **o** un accent écrit qui reflète l'accent tonique.*

cou

▻ La girafe a un long cou.
La jirafa tiene un largo cuello.

el **cuello**

couche

1 ▻ Le gâteau se compose de trois couches de chocolat et de crème.
El pastel se compone de tres capas de chocolate y crema.

▻ La couche d'ozone est plus mince qu'avant.
La capa de ozono es más delgada que antes.

2 ▻ Tu as changé la couche du bébé ?
¿Has cambiado el pañal del bebé?

1 (= épaisseur, en parlant d'un gâteau, de vêtements, de la neige) la **capa**

► **la couche d'ozone : la capa de ozono**

2 (= couche pour bébé) el **pañal** (pluriel : los pañales)

couché, couchée

▻ Est-ce que tes parents sont déjà couchés ?
¿Tus padres ya están acostados ?

▻ Louis était couché dans l'herbe.
Louis estaba tumbado en la hierba.

► **être couché** (= être au lit) **: estar acostado** *ou* **acostada**

► **être couché** (= étendu) **: estar tumbado** *ou* **tumbada**

*Au sens de **étendu**, on peut dire aussi **estar echado** ou **echada**.*

coucher

1 ▻ On ne sait pas où on va coucher ce soir.
No sabemos dónde vamos a dormir esta noche.

1 (= dormir) **dormir**

2 ▷ Je ne veux pas me coucher, je ne suis pas fatiguée !
¡No me quiero acostar, no estoy cansada!

2 ► **se coucher** (= aller au lit) : **acostarse**

ℹ *Le pronom réfléchi fonctionne de la façon suivante en espagnol :* ***me*** *acuesto,* ***te*** *acuestas,* ***se*** (singulier) *acuesta,* ***nos*** *acostamos,* ***os*** *acostáis,* ***se*** (pluriel) *acuestan.*

3 ▷ J'ai envie de me coucher dans l'herbe.
Tengo ganas de tumbarme en la hierba.

3 ► **se coucher** (= s'étendre) : **tumbarse**

ℹ *On peut dire aussi* ***echarse****.*

4 ▷ Le soleil se couche tôt en hiver.
El sol se pone temprano en invierno.

4 ► **se coucher** (en parlant du soleil, de la lune) **ponerse**

5 ▷ Quel beau coucher de soleil !
¡Qué hermosa puesta de sol!

5 ► **coucher de soleil : la puesta de sol** (pluriel : **las puestas de sol**)

coucou

1 ▷ Coucou, c'est moi ! Comment ça va ?
¡Hola, soy yo! ¿Qué tal?

1 (= bonjour !) **¡hola!**

2 ▷ Il y a des coucous dans la forêt.
Hay cucos en el bosque.

2 (= oiseau) **el cuco**

3 ▷ Ils ont rapporté un coucou de Suisse.
Trajeron un reloj de cuco de Suiza.

3 (= pendule) **el reloj de cuco** (pluriel : **los relojes de cuco**)

coude

▷ Je me suis cogné le coude contre la table, ça fait mal !
Me golpeé el codo contra la mesa, ¡cómo duele!

el codo

coudre

▷ Ma mère m'apprend à coudre.
Mi madre me está enseñando a coser.
▷ Juan ne sait même pas coudre un bouton !
¡Juan ni siquiera sabe coser un botón!

coser

couette

1 ▷ Cette couette n'est pas assez chaude.
Este edredón no es suficientemente caliente.

1 (sur le lit) **el edredón** (pluriel : **los edredones**)

ℹ *Remarquez que le mot espagnol porte sur le deuxième* ***o*** *un accent écrit qui reflète l'accent tonique.*

2 ▷ Bérénice se fait des couettes.
Bérénice se hace coletas.

2 ► **se faire des couettes : hacerse coletas**

couler

1 ▷ L'eau coule sur le mur.
El agua corre en la pared.

1 (en parlant d'un liquide, des larmes) **correr**

*Veillez à bien prononcer les deux **r** de **correr**.*

2 ▷ Ce stylo coule, prête-m'en un autre.
Este boli gotea, préstame otro.

2 (en parlant d'un stylo, d'un robinet) **gotear**

3 ▷ Noémie est enrhumée, elle a le nez qui coule.
Noémie está constipada, tiene mocos.

3 ► **avoir le nez qui coule : tener mocos**

4 ▷ Le bateau a coulé mais personne ne s'est noyé.
El barco se hundió pero nadie se ahogó.

4 (en parlant d'un bateau) **hundirse**

*Le pronom réfléchi fonctionne de la façon suivante en espagnol : **se** (singulier) hunde, **se** (pluriel) hunden.*

couleur

▷ La couleur préférée de Guillaume est le rouge.
El color preferido de Guillaume es el rojo.

el **color** (pluriel : los colores)

*Attention : contrairement au français, le mot espagnol **color** est masculin.*

▷ De quelle couleur est la voiture de ton frère ?
¿De qué color es el coche de tu hermano?

▷ C'est l'un des premiers films en couleur.
Es una de las primeras películas en color.

► **de quelle couleur ... ? : ¿de qué color...?**

► **en couleur** (en parlant d'un film, d'une photo, d'un téléviseur) **: en color**

couloir

▷ Attends-nous dans le couloir.
Espéranos en el pasillo.

▷ Je préfère une place côté couloir.
Prefiero un asiento cerca del pasillo.

el **pasillo**

coup

1 ▷ Yann a donné à Marc un coup sur la tête.
Yann dio un golpe en la cabeza a Marc.

▷ On a entendu des coups à la porte.
Oímos unos golpes en la puerta.

▷ Les garçons lui ont donné des coups de pied.
Los chicos le dieron patadas.

▷ Pauline a voulu me donner un coup de poing !
¡Pauline quiso darme un puñetazo!

1 (quand on frappe) el **golpe**

► **coup de pied : la patada**

► **coup de poing : el puñetazo**

2 ▷ On a bu un coup chez Sandrine.
Tomamos una copa en casa de Sandrine.

2 ► **boire un coup : tomar una copa**

3 ▷ Bravo, tu as réussi du premier coup !
¡Bravo, lo conseguiste a la primera!

3 ► **du premier coup : a la primera**

4 ▷ Fabrice a tout avalé d'un seul coup.
Fabrice se lo tragó todo de golpe.

4 ► **d'un seul coup** (= en une seule fois) **: de golpe**

6 ▷ Et tout à coup *ou* tout d'un coup, la lumière s'est éteinte.
Y de repente se apagó la luz.

5 ► **tout à coup** *ou* **tout d'un coup : de repente**

6 ▷ Vous avez entendu les coups de feu ?
¿Oísteis los disparos?

6 ► **coup de feu : el disparo**

7 ▷ Quand j'ai vu Robert, ça a été le coup de foudre !
Cuando vi a Robert, ¡fue un flechazo!

7 ► (en parlant d'amour) **coup de foudre : el flechazo**

8 ▷ Je dois passer un coup de fil.
Tengo que hacer una llamada.

8 ► **passer un coup de fil : hacer una llamada**

coupable

▷ Tout le monde pense que Cyril est coupable.
Todo el mundo piensa que Cyril es culpable.
▷ Je me sens coupable.
Me siento culpable.
▷ La coupable a été arrêtée par la police.
La culpable fue detenida por la policía.

culpable

coupe

1 ▷ Samuel a des billets pour la coupe d'Europe de foot.
Samuel tiene entradas para la Copa de Europa de fútbol.
▷ Je n'ai bu qu'une coupe de champagne mais j'étais un peu soûle.
Sólo bebí una copa de champán pero estaba un poco borracha.

1 (en parlant de sport, d'un verre) **la copa**

2 ▷ Tu peux choisir un gâteau ou une coupe de glace.
Puedes elegir entre un pastel y un helado.

2 ► **coupe de glace : el helado**

3 ▷ Tu as une très jolie coupe de cheveux .
Tienes un corte de pelo muy bonito.

3 ► **coupe de cheveux : el corte de pelo** (pluriel : **los cortes de pelo**)

couper

1 ▷ Je coupe le gâteau, qui en veut un morceau ?
Voy a cortar el pastel, ¿quién quiere un trozo?
▷ Ce couteau ne coupe pas très bien.
Este cuchillo no corta muy bien.
▷ Ils ont coupé le téléphone à cause des travaux.
Han cortado el teléfono a causa de las obras.
▷ Elle a coupé le poulet en six morceaux.
Cortó el pollo en seis trozos.

1 **cortar**

i *Notez la préposition utilisée en espagnol ; c'est la même qu'en français :* en = ***en***.

2 ▷ Cette histoire m'a coupé l'appétit !
¡Esta historia me ha quitado el apetito!

2 ► **couper l'appétit à** quelqu'un **: quitar el apetito a** alguien

Suite page suivante

3 ▷ Attention, tu vas te couper !
¡Cuidado, que te vas a cortar!
▷ Caroline se coupe les cheveux elle-même.
Caroline se corta ella misma el pelo.

3 ► **se couper** : **cortarse**

ℹ *Le pronom réfléchi fonctionne de la façon suivante en espagnol :* ***me*** *corto,* ***te*** *cortas,* ***se*** (singulier) *corta,* ***nos*** *cortamos,* ***os*** *cortáis,* ***se*** (pluriel) *cortan.*

couple

▷ Il y avait un jeune couple en face de nous dans le train.
Había una pareja de jóvenes frente a nosotros en el tren.

la **pareja**

coupure

1 ▷ Daniel a une petite coupure au front.
Daniel tiene un pequeño corte en la frente.

1 (= blessure) el **corte**

2 ▷ Il y a tout le temps des coupures de courant.
Hay constantemente apagones.

2 ► **coupure de courant** : el **apagón** (pluriel : **los apagones**)

ℹ *Il n'y a pas d'accent écrit au pluriel. L'accent tonique porte sur le* ***o****, comme au singulier.*

cour

1 ▷ Nous avons pris des photos dans la cour du château.
Sacamos fotos en el patio del castillo.

1 (d'un bâtiment) el **patio**

2 ▷ La cour de récréation est vide.
El patio de recreo está vacío.

2 ► **cour de récréation** : el **patio de recreo** (pluriel : **los patios de recreo**)

courage

1 ▷ Il faut du courage pour faire ça.
Hace falta valor para hacer eso.

1 (= bravoure) el **valor**

2 ▷ Je n'ai pas le courage d'aller à la piscine aujourd'hui.
No tengo ánimos para ir hoy a la piscina.

2 ► **avoir le courage de** + infinitif (= avoir de l'énergie) : **tener ánimos para** + infinitif

3 ▷ Bon courage, Pepe !
¡Ánimo, Pepe!

3 ► **bon courage !** : **¡ánimo!**

ℹ *Remarquez que les mots espagnols* ***ánimo*** *et* ***ánimos*** *portent sur le* ***a*** *un accent écrit qui reflète l'accent tonique.*

courageux, courageuse

▷ Julie est très courageuse, elle n'a peur de rien.
Julie es muy valiente, no le asusta nada.

valiente

courammment

▻ Monsieur Lambert parle espagnol couramment.
El señor Lambert habla español con fluidez.

(quand on parle très bien une langue) **con fluidez**

courant, courante (adjectif)

▻ Ce mot n'est pas très courant.
Esta palabra no es muy corriente.

(= fréquent) **corriente**

courant (nom)

1 ▻ Le courant a emporté la casquette.
La corriente se llevó la gorra.

2 ▻ Le courant électrique est le même en Espagne et en France.
La corriente eléctrica es igual en España y en Francia.

3 ▻ Vous êtes au courant de ce qui est arrivé à Toshi ?
¿Estáis al corriente de lo que le pasó a Toshi?

1 (d'une rivière) **la corriente**

2 ► **courant électrique : la corriente eléctrica**

*Attention : contrairement au français, le mot espagnol **corriente** est féminin.*

3 ► **être au courant : estar al corriente**

Notez la préposition utilisée en espagnol ; c'est la même qu'en français : de = ***de***.

*Attention à bien prononcer les deux **r** de **corriente**.*

coureur, coureuse

1 ▻ Les coureurs américains sont les meilleurs du monde.
Los corredores americanos son los mejores del mundo.

2 ▻ Momo veut devenir coureur automobile.
Momo quiere llegar a ser piloto de carreras.

3 ▻ C'est un grand coureur cycliste.
Es un gran ciclista.

1 (= athlète) **el corredor** (pluriel : **los corredores**), **la corredora**

*Attention à bien prononcer les deux **r** de **corredor** et **corredora**.*

2 ► **coureur automobile : el piloto de carreras** (pluriel : **los pilotos de carreras**)

3 ► **coureur cycliste, coureuse cycliste : el ciclista, la ciclista**

courgette

▻ Un kilo de courgettes, s'il vous plaît.
Un kilo de calabacines, por favor.

el calabacín (pluriel : **los calabacines**)

*Il n'y a pas d'accent écrit au pluriel. L'accent tonique porte sur le **i**, comme au singulier.*

courir

▻ Mouloud court très vite.
Mouloud corre muy rápido.

correr

Suite page suivante

▷ Rosa est entrée en courant.
Rosa entró corriendo.
▷ Nous savons que nous courons un risque énorme.
Sabemos que corremos un riesgo enorme.

Attention à bien prononcer les deux ***r*** *de* ***correr****.*

► **courir un risque : correr un riesgo**

couronne

▷ Le roi porte une couronne en or.
El rey lleva una corona de oro.

la **corona**

courrier

▷ Est-ce qu'il y a du courrier pour moi aujourd'hui ?
¿Hay correo para mí hoy?

▷ Tu peux me l'envoyer par courrier électronique.
Me lo puedes mandar por correo electrónico.

el **correo**

Attention à bien prononcer les deux ***r*** *de* ***correo****.*

► **courrier électronique : el correo electrónico**

cours

▷ Le cours de maths commence à onze heures trente.
La clase de mates empieza a las once y media.
▷ Nous avons cours le samedi matin.
Tenemos clase el sábado por la mañana.
▷ Une remplaçante nous a fait cours parce que le prof d'allemand était malade.
Una sustituta nos dio clase porque el profesor de alemán estaba enfermo.
▷ Mélanie prend des cours particuliers de chinois.
Mélanie toma clases particulares de chino.

(= leçon) la **clase**

► **avoir cours** (= aller à l'école) **: tener clase**

► **faire cours à** quelqu'un **: dar clase a** alguien

► **prendre des cours particuliers : tomar clases particulares**

course

1 ▷ La course est un sport très difficile.
Correr es un deporte muy difícil.

2 ▷ Il y a une course ce week-end à l'école.
Hay una carrera este fin de semana en el colegio.

3 ▷ Tu veux faire la course avec moi ?
¿Quieres echarme una carrera?

4 ▷ Ils font les courses deux fois par semaine.
Hacen la compra dos veces por semana.

1 ► **la course** (= le sport) **: correr**

2 ► **une course** (= une compétition) **: una carrera**

3 ► **faire la course avec** quelqu'un **: echar una carrera a** alguien

4 ► **faire les courses** (= faire des achats) **: hacer la compra**

Attention à bien prononcer les deux ***r*** *des mots* ***correr*** *et* ***carrera****.*

court, courte (adjectif)

▷ Les jupes courtes sont à la mode.
Las faldas cortas están de moda.

corto, corta

court (nom)

▷ Il y a des courts de tennis près de la piscine.
Hay pistas de tenis cerca de la piscina.

(= court de tennis, de squash ou de badminton) la **pista**

couscous

▷ Nous avons mangé un excellent couscous dans ce restaurant.
Comimos un excelente cuscús en ese restaurante.

el **cuscús** (pluriel : los cuscús)

ℹ *Remarquez que le mot espagnol porte sur le deuxième* ***u*** *un accent écrit qui reflète l'accent tonique.*

cousin, cousine

▷ Ma cousine s'appelle Danielle.
Mi prima se llama Danielle.

el **primo,** la **prima**

coussin

▷ Les coussins du canapé sont confortables.
Los cojines del sofá son muy confortables.

el **cojín** (pluriel : los cojines)

ℹ *Il n'y a pas d'accent écrit au pluriel. L'accent tonique porte sur le* ***i****, comme au singulier.*

couteau

▷ Attention, ne te coupe pas avec ce couteau !
¡Cuidado, no te cortes con ese cuchillo!

el **cuchillo**

ℹ *Quand on parle d'un* **couteau de poche** *ou d'un* **couteau à cran d'arrêt**, *il faut dire* ***la navaja****.*

coûter

1 ▷ Le repas a coûté dix euros.
La comida costó diez euros.
▷ Combien ça coûte ?
¿Cuánto cuesta?

1 **costar**

2 ▷ Ces lunettes de soleil coûtent cher.
Estas gafas de sol son caras.

2 ► **coûter cher :** ser caro

coutume

▷ C'est une coutume espagnole très ancienne.
Es una costumbre española muy antigua.

la **costumbre**

couture

1 ▷ Nous faisons parfois de la couture à l'école.
A veces cosemos en clase.

1 ► **faire de la couture :** coser

Suite page suivante

2 ▷ La couture de ta veste est déchirée.
Tienes la costura de la chaqueta desgarrada.

2 ► **une couture** (= sur un tissu qu'on a cousu) **: una costura**

couvercle

▷ Je n'arrive pas à visser le couvercle du bocal.
No consigo enroscar la tapadera del tarro.

la **tapadera**

couvert, couverte (adjectif)

1 ▷ Il y a une piscine couverte près d'ici.
Hay una piscina cubierta cerca de aquí.

1 (en parlant d'une piscine, d'un court de tennis) **cubierto, cubierta**

*Attention : le mot espagnol prend un **b** là où le français prend un **v**.*

2 ▷ Mathieu est rentré de l'école couvert de bleus !
¡Mathieu volvió del colegio lleno de cardenales!

2 ► **couvert** *ou* **couverte de...** (= plein ou pleine de...) **: lleno** *ou* **llena de...**

3 ▷ Le ciel est couvert aujourd'hui.
Hoy el cielo está nublado.

3 (en parlant du ciel, du temps) **nublado**

couvert (nom)

1 ▷ Pour le pique-nique on va utiliser les couverts en plastique.
Para el picnic vamos a utilizar los cubiertos de plástico.

1 (pour manger) el **cubierto**

*Attention : le mot espagnol prend un **b** là où le français prend un **v**.*

2 ▷ C'est toujours moi qui mets le couvert, ce n'est pas juste !
Siempre soy yo el que pone la mesa, ¡no es justo!

2 ► **mettre le couvert : poner la mesa**

couverture

1 ▷ Si tu as froid, prends cette couverture.
Si tienes frío, coge esta manta.

1 (= couverture pour le lit) la **manta**

2 ▷ La couverture du cahier est abîmée.
La tapa del cuaderno está estropeada.

2 (= couverture d'un cahier, d'un livre) la **tapa**

*On peut dire aussi **la cubierta**.*

couvrir

1 ▷ Myriam a couvert la page de dessins.
Myriam cubrió la página de dibujos.

▷ Elle a couvert le bébé avec son manteau.
Cubrió al bebé con su abrigo.

1 **cubrir**

*Si le complément est une personne ou un groupe de personnes, n'oubliez pas de le faire précéder de **a**.*

Attention à l'orthographe.

2 ▷ Couvre-toi bien, il fait froid dehors.
Abrígate bien, que hace frío fuera.

2 ► **se couvrir** (= s'habiller chaudement) **: abrigarse**

*Le pronom réfléchi fonctionne de la façon suivante en espagnol : **me** abrigo, **te** abrigas, **se** (singulier) abriga, **nos** abrigamos, **os** abrigáis, **se** (pluriel) abrigan.*

CPE

▷ Je dois aller voir le CPE.
Tengo que ir a ver al asesor pedagógico.

el **asesor pedagógico** (pluriel : los asesores pedagógicos), la **asesora pedagógica** (pluriel : las asesoras pedagógicas)

*Remarquez que le mot **pedagógico** porte sur le premier **o** un accent écrit qui reflète l'accent tonique.*

crabe

▷ J'ai trouvé un petit crabe sur la plage.
Encontré un pequeño cangrejo en la playa.

el **cangrejo**

cracher

▷ C'est dégoûtant de cracher par terre !
¡Es asqueroso escupir en el suelo!

escupir

craie

▷ Le prof a demandé à Clara d'aller chercher de la craie.
El profesor pidió a Clara que fuera a buscar tiza.
▷ La prof a écrit la date à la craie sur le tableau.
La profesora escribió la fecha con tiza en la pizarra.

(= craie pour écrire au tableau) la **tiza**

Notez la préposition utilisée en espagnol : à la craie = ***con** tiza.*

cramer

1 ▷ J'ai cramé le dîner, il n'y a rien à manger !
He quemado la cena, ¡no hay nada que comer!
2 ▷ Oh non, le gâteau a cramé !
¡Oh no, se ha quemado el pastel!

1 ► **cramer** quelque chose : **quemar** algo

2 (= être brûlé, en parlant d'un gâteau, d'une feuille de papier, d'un immeuble) **quemarse**

*Le pronom réfléchi fonctionne de la façon suivante en espagnol : **se** (singulier) quema, **se** (pluriel) queman.*

*Le mot français **cramer** est familier, mais les verbes espagnols **quemar** et **quemarse** ne le sont pas.*

crampe

▷ Laurent a des crampes à la jambe, il ne peut pas marcher.
Laurent tiene calambres en la pierna, no puede andar.

el **calambre**

crâne

▷ Nous avons trouvé un crâne de mouton dans le champ.
Encontramos un cráneo de oveja en el campo.

el **cráneo**

ℹ *Remarquez que le mot espagnol porte sur le* ***a*** *un accent écrit qui reflète l'accent tonique.*

crapaud

▷ Il y a des crapauds au bord du ruisseau.
Hay sapos a orillas del arroyo.

el **sapo**

craquer

1 ▷ Le vent soufflait, le parquet craquait, j'avais peur !
¡El viento soplaba, el parqué crujía, y yo tenía miedo!

1 (= grincer) **crujir**

2 ▷ La couture de mon pantalon a craqué.
Se me ha desgarrado la costura de los pantalones.

2 (= se déchirer, en parlant d'une couture ou d'un tissu) **desgarrarse**

ℹ *Le pronom réfléchi fonctionne de la façon suivante en espagnol :* ***se*** (singulier) *desgarra,* ***se*** (pluriel) *desgarran.*

🔊 *Attention à bien prononcer les deux* ***r*** *de* ***desgarrarse****.*

3 ▷ Ce cours est trop difficile, je craque !
¡Esta clase es demasiado difícil, no puedo más!

3 ► **je craque !** (= je n'en peux plus) **: ¡no puedo más!**

4 ▷ Mélodie a craqué pour Nicolas.
Mélodie se ha enamorado de Nicolas.

4 ► **craquer pour** quelqu'un/quelque chose **:**
enamorarse de alguien/algo

ℹ *Le pronom réfléchi fonctionne de la façon suivante en espagnol :* ***me*** *enamoro,* ***te*** *enamoras,* ***se*** (singulier) *enamora,* ***nos*** *enamoramos,* ***os*** *enamoráis,* ***se*** (pluriel) *enamoran.*

cravate

▷ Le père de Natacha porte une horrible cravate rouge et verte !
¡El padre de Natacha lleva una horrible corbata roja y verde!

la **corbata**

crawl

▷ Erika nage vraiment bien le crawl.
Erika nada crol muy bien.

el **crol**

► **nager le crawl : nadar crol**

crayon

▷ Est-ce que c'est ton crayon ?
¿Éste es tu lápiz?

▷ Le prof a dit d'écrire au crayon.
El profesor dijo que escribiéramos con lápiz.

el **lápiz** (pluriel : los **lápices**)

ℹ *Remarquez que le mot espagnol porte sur le **a** un accent écrit qui reflète l'accent tonique.*

ℹ *N'oubliez pas que le **z** devient **c** au pluriel.*

ℹ *Notez la préposition utilisée en espagnol :* **au** crayon = ***con** lápiz.*

▷ J'ai prêté mes crayons de couleur à Simeón.
Le presté los lápices de colores a Simeón.

► **crayon de couleur : el lápiz de colores** (pluriel : **los lápices de colores**)

crèche

1 ▷ La petite sœur de Lola va à la crèche.
La hermana pequeña de Lola va a la guardería.

1 (= garderie) la **guardería**

ℹ *Remarquez que le mot espagnol porte sur le **i** un accent écrit qui reflète l'accent tonique.*

2 ▷ Il y avait une crèche à l'église pour Noël.
Había un belén en la iglesia para Navidad.

2 (de Noël) el **belén** (pluriel : **los belenes**)

ℹ *Il n'y a pas d'accent écrit au pluriel. L'accent tonique porte sur le deuxième **e**, comme au singulier.*

crédit

1 ▷ La banque a refusé de leur accorder un crédit.
El banco se negó a concederles un crédito.

1 (= prêt) el **crédito**

ℹ *Remarquez que le mot espagnol porte sur le **e** un accent écrit qui reflète l'accent tonique.*

2 ▷ Les parents d'Ève ont acheté une voiture à crédit.
Los padres de Ève compraron un coche a plazos.

2 ► **acheter** quelque chose **à crédit : comprar** algo **a plazos**

crème

▷ Ces gâteaux sont pleins de crème.
Estos pasteles están llenos de crema.

▷ Elle se met de la crème sur le visage tous les matins.
Se pone crema en la cara cada mañana.

la **crema**

Suite page suivante

▷ Il y a beaucoup de crème fraîche dans cette recette.
Hay mucha nata en esta receta.

► **crème fraîche :** la nata

crémerie

▷ Où est la crémerie ? Je dois acheter du fromage.
¿Dónde está la mantequería? Tengo que comprar queso.

la **mantequería**

*Remarquez que le mot espagnol porte sur le **i** un accent écrit qui reflète l'accent tonique.*

*On peut dire aussi **la lechería**.*

crêpe

▷ On va faire des crêpes cet après-midi.
Vamos a hacer crepes esta tarde.

la **crepe**

crétin, crétine

▷ Quel crétin ! Il a dit au prof que j'avais oublié de faire mes devoirs !
¡Qué cretino! ¡Le dijo al profesor que me había olvidado de hacer los deberes!

el **cretino**, la **cretina**

creuser

▷ Nous avons creusé un trou dans le jardin pour y planter un arbre.
Cavamos un hoyo en el jardín para plantar un árbol.

cavar

creux, creuse

1 ▷ Le tronc de l'arbre est creux.
El tronco del árbol está hueco.

2 ▷ Il y a des creux et des bosses sur cette route.
Hay huecos y baches en esta carretera.

3 ▷ J'ai un creux, quand est-ce qu'on mange ?
Tengo hambre, ¿cuándo vamos a comer?

4 ▷ Teresa va venir me voir parce qu'elle a un creux entre deux et trois.
Teresa vendrá a verme porque tiene tiempo libre de dos a tres.

1 (adjectif = vide) **hueco, hueca**

2 ► **un creux** (= un trou) **:** un hueco

3 ► **avoir un creux** (= avoir faim) **:** tener hambre

4 ► **avoir un creux** (= un moment libre) **:** tener tiempo libre

crevant, crevante

▷ Cette balade était crevante !
¡Este paseo fue agotador!

(en parlant de quelque chose ou de quelqu'un qui fatigue) **agotador** (pluriel : agotadores), **agotadora**

*Le mot français **crevant** est familier, mais l'adjectif espagnol **agotador** ne l'est pas.*

crevé, crevée

1 ▷ Le pneu est crevé et nous n'en avons pas de rechange.
El neumático está pinchado y no tenemos de recambio.
▷ Karim a eu un pneu crevé sur l'autoroute.
Karim pinchó en la autopista.

2 ▷ Flora était crevée, elle est allée se coucher.
Flora estaba reventada, se fue a la cama.

1 (en parlant d'un pneu) **pinchado, pinchada**

► **avoir un pneu crevé : pinchar**

2 (= fatigué, au sens familier) **reventado, reventada**

crever

1 ▷ Noémie a crevé le ballon de Fabio.
Noémie reventó el globo de Fabio.
▷ Les bulles de savon crèvent très vite.
Las burbujas de jabón revientan muy rápido.

2 ▷ On a crevé sur l'autoroute.
Pinchamos en la autopista.

3 ▷ Je crève de faim ! Quand est-ce qu'on mange ?
¡Me muero de hambre! ¿Cuándo vamos a comer?
▷ Nous crevions de chaud dans la classe.
Nos moríamos de calor en la clase.
▷ Paul a crevé de froid pendant ses vacances au Canada.
Paul se murió de frío durante sus vacaciones en Canadá.

1 (= exploser ou faire exploser) **reventar**

2 (= avoir un pneu crevé) **pinchar**

3 ► **crever de faim/chaud/froid** (= avoir très faim/chaud/froid) : **morirse de hambre/calor/frío**

i *Le pronom réfléchi fonctionne de la façon suivante en espagnol :* ***me*** *muero de...,* ***te*** *mueres de...,* ***se*** (singulier) *muere de...,* ***nos*** *morimos de...,* ***os*** *morís de...,* ***se*** (pluriel) *mueren de...*

crevette

▷ J'adore les crevettes au curry.
Me encantan las gambas al curry.

la **gamba**

i *Les petites crevettes grises s'appellent* ***camarón*** (pluriel : ***camarones***) *en espagnol.*

cri

▷ J'ai entendu des cris et je suis sortie pour voir ce qui se passait.
Oí unos gritos y salí a ver qué pasaba.

el **grito**

crier

▷ Ne crie pas, je ne suis pas sourd !
¡No grites, que no estoy sordo!
▷ Alberto criait de douleur.
Alberto gritaba de dolor.

gritar

crime

▷ Le film raconte l'histoire d'un crime horrible.
La película cuenta la historia de un crimen horrible.

▷ Il est arrivé en retard ? Eh bien, ce n'est pas un crime !
¿Llegó tarde? ¡Pues no es un crimen!

el **crimen** (pluriel : **los crímenes**)

ℹ *Il n'y a pas d'accent écrit au singulier. L'accent tonique porte sur le* ***i****, comme au pluriel.*

criminel, criminelle

▷ Le criminel s'est échappé après avoir tué le ministre.
El criminal se escapó después de haber matado al ministro.

(= meurtrier) el ou la **criminal** (pluriel : **los** ou **las criminales**)

crinière

1 ▷ Le cheval a une belle crinière blanche.
El caballo tiene hermosas crines blancas.

2 ▷ Les lionnes n'ont pas de crinière.
Las leonas no tienen melena.

1 (= crinière d'un cheval) las **crines**

ℹ ***Crines*** *est un nom pluriel : on dit par exemple* ***las crines del caballo son blancas*** **(la crinière du cheval est blanche).**

2 (= crinière d'un lion) la **melena**

crise

1 ▷ Hubert a souvent des crises d'asthme.
Hubert suele tener ataques de asma.

▷ Mon grand-père a eu une crise cardiaque.
Mi abuelo ha tenido un ataque al corazón.

2 ▷ Il y a une crise économique au Japon.
Hay una crisis económica en Japón.

3 ▷ Le père de Naïma a piqué une crise quand elle a refusé de faire ses devoirs.
El padre de Naïma se puso hecho una furia cuando ella se negó a hacer los deberes.

1 (= crise d'asthme, d'appendicite) el **ataque**
► **avoir une crise cardiaque : tener un ataque al corazón**

2 (= situation difficile) la **crisis** (pluriel : **las crisis**)

3 ► **piquer une crise** (= se mettre en colère) : **ponerse hecho** *ou* **hecha una furia**

ℹ *Le pronom réfléchi fonctionne de la façon suivante en espagnol :* ***me*** *pongo hecho una furia,* ***te*** *pones hecho una furia,* ***se*** (singulier) *pone hecho una furia,* ***nos*** *ponemos hechos unas furias,* ***os*** *ponéis hechos unas furias,* ***se*** (pluriel) *ponen hechos unas furias.*

crispé, crispée

▷ Ne sois pas si crispé, ce n'est pas difficile.
No te estés tan crispado, que no es difícil.

crispado, crispada

⚠ *Attention : le verbe qui traduit* être *dans* être crispé *est* ***estar*** *et non* ***ser****.*

cristal

▷ Le cristal se casse facilement.
El cristal se rompe fácilmente.
▷ Ce vase est en cristal.
Este florero es de cristal.

el **cristal**
► **en cristal :** **de cristal**
ℹ *Cristal signifie aussi* **verre** *(= le matériau).*

critique

▷ Je n'ai qu'une critique à faire.
Sólo tengo una crítica que hacer.

la **crítica**
ℹ *Remarquez que le mot espagnol porte sur le premier **i** un accent écrit qui reflète l'accent tonique.*

critiquer

▷ Arrête de critiquer tout le monde et fais quelque chose !
¡Deja de criticar a todo el mundo y haz algo!

criticar
*Si le complément est une personne ou un groupe de personnes, n'oubliez pas de le faire précéder de **a**.*

croche-patte, croche-pied

▷ Quentin m'a fait un croche-patte !
¡Quentin me ha puesto la zancadilla!

► **faire un croche-patte à** quelqu'un **:** **poner la zancadilla a alguien**

crochet

▷ J'ai besoin d'un crochet pour suspendre le tableau.
Necesito un gancho para colgar el cuadro.

(pour accrocher) el **gancho**

crocodile

▷ Il y a d'énormes crocodiles au zoo.
Hay unos cocodrilos enormes en el zoo.

el **cocodrilo**
ℹ *Attention à l'orthographe du mot espagnol **cocodrilo**.*

croire

▷ Je ne te crois pas !
¡No te creo!
▷ Je crois que le film est à huit heures.
Creo que echan la película a las ocho.
▷ Mes parents croient en Dieu.
Mis padres creen en Dios.
▷ Tu te crois malin !
¡Te crees listo!

creer

► **croire en :** **creer en**

► **se croire** + adjectif **:** **creerse** + adjectif

Suite page suivante

Le pronom réfléchi fonctionne de la façon suivante en espagnol : ***me*** *creo listo,* ***te*** *crees listo,* ***se*** (singulier) *cree listo,* ***nos*** *creemos listos,* ***os*** *creéis listos,* ***se*** (pluriel) *creen listos.*

croiser

1 ▷ Il a croisé les bras.
Cruzó los brazos.

1 (en parlant des bras, des jambes) **cruzar**

2 ▷ J'ai croisé Alban dans la rue.
Me cruzé con Alban en la calle.

2 (= rencontrer) **cruzarse con**

Le pronom réfléchi fonctionne de la façon suivante en espagnol : ***me*** *cruzo con...,* ***te*** *cruzas con...,* ***se*** (singulier) *cruza con...,* ***nos*** *cruzamos con...,* ***os*** *cruzáis con...,* ***se*** (pluriel) *cruzan con...*

3 ▷ On s'est croisées mais elle ne m'a pas reconnue.
Nos cruzamos pero no me reconoció.

3 ► **se croiser** (= se rencontrer) : **cruzarse**

Pour le pronom réfléchi, regardez le sens 2.

croisière

▷ Mes grands-parents ont fait une croisière aux Bahamas.
Mis abuelos hicieron un crucero por las Bahamas.

el **crucero**

croissant

▷ Je voudrais deux croissants, s'il vous plaît.
Quisiera dos cruasanes, por favor.

(= pâtisserie) el **cruasán** (pluriel : los cruasanes)

Il n'y a pas d'accent écrit au pluriel. L'accent tonique porte sur le deuxième ***a****, comme au singulier.*

croix

▷ Mettez une croix en face de la bonne réponse.
Pongan una cruz delante de la respuesta correcta.

la **cruz** (pluriel : las cruces)

N'oubliez pas que le ***z*** *devient* ***c*** *au pluriel.*

croquant, croquante

▷ Cette pomme est très croquante.
Esta manzana está muy crujiente.

crujiente

croque-monsieur

▻ Suzie a fait des croque-monsieur pour le déjeuner.
Suzie hizo unos sándwiches calientes de jamón y queso para el almuerzo.

el **sándwich caliente de jamón y queso** (pluriel : los **sandwiches calientes de jamón y queso**)

ℹ *Il n'existe pas d'équivalent exact du* croque-monsieur *en Espagne, c'est pourquoi cette traduction est plutôt une explication. En Catalogne, on dit* ***un bikini****.*

croquer

1 ▻ Nathan s'est cassé une dent en croquant un bonbon.
Nathan se rompió un diente comiendo un caramelo.

1 (= mordre un bonbon, un biscuit ou une pomme) **comer**

2 ▻ Ces pommes croquent, elles sont délicieuses.
Estas manzanas están crujientes, están riquísimas.

2 (= être croquant) **estar crujiente**

3 ▻ Elle a croqué dans la pomme et a fait une grimace horrible.
Mordió la manzana e hizo una mueca horrible.

3 ► **croquer dans** quelque chose : **morder** algo

croquette

▻ Madame Lépine a fait des croquettes de poisson.
La señora Lépine hizo croquetas de pescado.

la **croqueta**

croquis

▻ Je te fais un croquis pour que ce soit plus clair.
Te hago un croquis para que esté más claro.

el **croquis** (pluriel : los **croquis**)

ℹ *L'accent tonique porte sur le* ***o*** *au singulier comme au pluriel.*

crotte

▻ Il y a beaucoup de crottes de chien dans cette rue.
Hay muchas cacas de perro en esta calle.

la **caca**

croustillant, croustillante

▻ J'aime le pain croustillant.
Me gusta el pan crujiente.

crujiente

croûte

1 ▻ Elle mange même la croûte du fromage !
¡Se come hasta la corteza del queso!

1 (= la croûte du pain ou du fromage) la **corteza**

2 ▻ Ma plaie est sèche, maintenant il y a une croûte.
Mi herida está seca, ahora hay una costra.

2 (= la croûte sur une plaie) la **costra**

croûton

1 ▷ Tu me donnes le croûton du pain ?
¿Me das el cuscurro del pan?

1 (= l'extrémité de la baguette) el **cuscurro**

*Attention à bien prononcer les deux **r** de **cuscurro**.*

*On peut dire aussi **el pico**.*

2 ▷ Je fais frire des croûtons pour la soupe à l'oignon.
Estoy friendo unos picatostes para la sopa de cebolla.

2 (= petit morceau de pain frit) el **picatoste**

croyant, croyante

▷ Mon grand-père est croyant.
Mi abuelo es creyente.

creyente

cru, crue

▷ Les Japonais mangent beaucoup de poisson cru.
Los japoneses comen mucho pescado crudo.

(= pas cuit) **crudo, cruda**

cruche

▷ Mets l'eau dans cette cruche.
Pon el agua en esta jarra.

(= pour servir l'eau) la **jarra**

*Attention à bien prononcer les deux **r** de **jarra**.*

crudités

▷ Je n'aime pas les crudités.
No me gusta comer verduras crudas.

las **verduras crudas**

crustacés

▷ Jean-Loup est allergique aux crustacés.
Jean-Loup es alérgico al marisco.

(= les crustacés qu'on mange) el **marisco**

Marisco** est un nom singulier : on dit par exemple **este marisco es excelente (ces crustacés sont excellents).

cueillir

▷ Cet après-midi on va cueillir des mûres.
Esta tarde vamos a coger moras.

coger

cuillère ou cuiller

▷ Les cuillères sont dans le tiroir.
Las cucharas están en el cajón.
▷ Ces cuillères à café sont en argent.
Estas cucharillas de café son de plata.

la **cuchara**

► **cuillère à café :** la cucharilla de café (pluriel : las cucharillas de café)

▷ Il y a trois cuillères à soupe de farine dans la recette.
Hay tres cucharas soperas de harina en la receta.

► **cuillère à soupe : la cuchara sopera** (pluriel : **las cucharas soperas**)

cuillerée

la **cucharada**

▷ Je dois prendre une cuillerée de sirop tous les matins.
Debo tomar una cucharada de jarabe todas las mañanas.

cuir

el **cuero**

▷ Le cuir est à la mode cette année.
El cuero está de moda este año.
▷ Le blouson de Basile est en cuir.
La cazadora de Basile es de cuero.

► **en cuir : de cuero**

cuire

cocer

▷ Le ragoût est en train de cuire.
El estofado está cociendo.
▷ D'abord tu fais cuire les oignons.
Primero cueces la cebolla.

ℹ *Le verbe* ***cocer*** *correspond au verbe français* **cuire** *et à l'expression* **faire cuire**.

cuisine

la **cocina**

▷ Joël est dans la cuisine.
Joël está en la cocina.
▷ Elle fait un stage de cuisine.
Está haciendo un cursillo de cocina.
▷ J'adore la cuisine indienne.
Me encanta la cocina india.
▷ Mon père fait la cuisine le week-end.
Mi padre cocina los fines de semana.

► **faire la cuisine : cocinar**

cuisinier, cuisinière

1 (= le métier) el **cocinero**, la **cocinera**

1 ▷ Élodie veut être cuisinière.
Élodie quiere hacerse cocinera.

2 (= l'appareil ménager) la **cocina**

2 ▷ Vous avez une cuisinière à gaz ou électrique ?
¿Tienen cocina de gas o eléctrica?

ℹ ***Cocina*** *signifie aussi* **cuisine**.

cuisse

el **muslo**

▷ Romain a une bande autour de la cuisse.
Romain tiene una venda alrededor del muslo.
▷ Tu préfères l'aile ou la cuisse ?
¿Prefieres muslo o pechuga?
▷ Je n'ai jamais mangé de cuisses de grenouille.
Nunca hé comido ancas de rana.

► **¿l'aile ou la cuisse ? : ¿muslo** *o* **pechuga?**
► **cuisses de grenouille : ancas de rana**

cuit, cuite

1 ▷ On peut manger les pommes crues ou cuites.
Las manzanas se pueden comer crudas o cocidas.

2 ▷ Ces légumes sont trop cuits.
Estas verduras están demasiado hechas.
▷ Le steak n'était pas assez cuit.
El bistec no estaba suficientemente hecho.

1 (= pas cru) **cocido, cocida**

2 (avec bien, trop ou pas assez) **hecho, hecha**

culot

▷ Mercedes a vraiment du culot !
¡Mercedes tiene mucha cara!

la **cara**

ℹ *Cara signifie aussi* visage.

culotte

▷ On voit sa culotte sous sa jupe.
Se le ven las bragas debajo de la falda.

(= sous-vêtement) las **bragas**

ℹ ***Bragas*** *est un nom pluriel : on dit par exemple* ***estas bragas son demasiado pequeñas*** (cette culotte est trop petite).

cultivé, cultivée

▷ Notre prof de français est très cultivée.
Nuestra profesora de francés es muy culta.

(= qui sait beaucoup de choses) **culto, culta**

cultiver

▷ Dans cette région, les agriculteurs cultivent du maïs.
En esta región, los agricultores cultivan maíz.

(= cultiver des céréales ou des légumes) **cultivar**

culture

1 ▷ Quelles sont les principales cultures dans cette région ?
¿Cuáles son los principales cultivos en esta región?

2 ▷ C'est un magazine sur l'art et la culture.
Es una revista que trata de arte y cultura.
▷ Bastien a une bonne culture générale.
Bastien tiene una buena cultura general.

1 (= plantes cultivées) el **cultivo**

2 (= le savoir, les connaissances) la **cultura**
► **culture générale : cultura general**

curé

▷ Mon père connaît bien le curé du village.
Mi padre conoce muy bien al cura del pueblo.

el **cura**

cure-dent

▷ Il y a une boîte de cure-dents sur la table.
Hay una caja de palillos sobre la mesa.

el **palillo**

curieux, curieuse

▷ Ne sois pas si curieuse !
¡No seas tan curiosa!
▷ C'est curieux, je pensais avoir fermé la porte à clef.
Qué curioso, pensaba haber cerrado la puerta con llave.

curioso, curiosa

curiosité

▷ Sa curiosité énerve beaucoup de gens.
Su curiosidad irrita a mucha gente.

la **curiosidad**

curry

▷ Il a préparé un curry d'agneau *ou* de l'agneau au curry.
Ha preparado cordero al curry.

el **curry** (pluriel : los curries)

curseur

▷ Ces touches servent à déplacer le curseur.
Estas teclas sirven para mover el cursor.

(sur l'écran de l'ordinateur) el **cursor** (pluriel : los cursores)

cutter

▷ Tu peux me prêter ton cutter pour couper ce morceau de carton ?
¿Me puedes prestar el cúter para cortar este pedazo de cartón?

el **cúter** (pluriel : los cúters)

*Remarquez que le mot espagnol porte sur le **u** un accent écrit qui reflète l'accent tonique.*

cybercafé

▷ Gildas va au cybercafé parce qu'il n'a pas d'ordinateur chez lui.
Gildas va al cibercafé porque no tiene ordenador en casa.

el **cibercafé** (pluriel : los cibercafés)

*Remarquez que le mot espagnol porte sur le deuxième **e** un accent écrit qui reflète l'accent tonique.*

cyclisme

▷ Le cyclisme est un sport très courant en France et en Espagne.
El ciclismo es un deporte muy corriente en Francia y en España.

el **ciclismo**

cycliste

▷ Nous avons doublé un groupe de cyclistes.
Adelantamos a un grupo de ciclistas.

(= la personne qui fait du vélo) el **ciclista**, la **ciclista**

cyclomoteur

▷ Fanny a demandé un cyclomoteur pour son anniversaire.
Fanny pidió un ciclomotor para su cumpleaños.

el **ciclomotor** (pluriel : **los ciclomotores**)

cyclone

▷ Il y a eu un cyclone pendant qu'ils étaient en vacances aux États-Unis.
Hubo un ciclón mientras estaban de vacaciones en Estados Unidos.

el **ciclón** (pluriel : **los ciclones**)

ℹ *Il n'y a pas d'accent écrit au pluriel. L'accent tonique porte sur le* ***o****, comme au singulier.*

cygne

▷ Il y a des canards et des cygnes sur le lac.
Hay patos y cisnes en el lago.

el **cisne**

cylindre

▷ C'est un cylindre en verre avec des bulles à l'intérieur.
Es un cilindro de vidrio con burbujas dentro.

el **cilindro**

ℹ *Attention à l'orthographe du mot espagnol.*

D

FRANÇAIS — ESPAGNOL

d'abord

primero

▻ D'abord, j'aimerais te dire que je suis très fâché.
Primero quisiera decirte que estoy muy enfadado.

dame

1 (= femme) **la señora**

2 ► **jouer aux dames** : **jugar a las damas**

1 ▻ Une dame t'a demandé au téléphone ce matin.
Una señora preguntó por ti al teléfono esta mañana.

2 ▻ Je joue souvent aux dames avec Lucie.
Juego mucho a las damas con Lucie.

Danemark

Dinamarca

ℹ *Ne prend généralement pas d'article.*

► **au Danemark** (= dans le pays) : **en Dinamarca**

► **au Danemark** (= vers le pays) : **a Dinamarca**

▻ Le Danemark est un pays scandinave.
Dinamarca es un país escandinavo.

▻ Marta voulait rester au Danemark.
Marta se quería quedar en Dinamarca.

▻ J'aimerais bien aller au Danemark.
Me gustaría mucho ir a Dinamarca.

dangereux

peligroso, peligrosa

► **il est dangereux de** + infinitif : **es peligroso** + infinitif

▻ N'approche pas du bord de la falaise, c'est trop dangereux !
¡No te acerques al borde del acantilado, es demasiado peligroso!

▻ Il est dangereux de traverser la route ici.
Es peligroso cruzar la carretera aquí.

danois, danoise

danés (pluriel : **daneses**), **danesa**

▻ Notre voisine est danoise.
Nuestra vecina es danesa.

Suite page suivante

▷ Le danois est une langue scandinave.
El danés es un idioma escandinavo.
▷ Beaucoup de Danois sont blonds.
Muchos daneses son rubios.

*Il n'y a pas d'accent écrit au pluriel ni au féminin. L'accent tonique porte sur le **e**, comme au masculin singulier.*

S'écrit toujours avec une minuscule, qu'il s'agisse de l'adjectif ou du nom.

dans

1 ▷ Les agrafes sont dans le tiroir.
Las grapas están en el cajón.

1 (en parlant d'un endroit, quand il n'y a pas de déplacement) **en**

2 ▷ Cédric a sauté dans l'eau.
Cédric saltó al agua.

2 (en parlant d'un endroit, quand il y a un déplacement) **a**

*N'oubliez pas que, quand **a** est suivi de **el**, les deux mots se contractent en **al**.*

▷ Nous sommes entrés dans un café parce qu'il pleuvait.
Entramos en un café porque llovía.

*Mais attention : avec le verbe **entrar**, on utilise **en** et non pas **a**.*

3 ▷ Le film commence dans cinq minutes.
La película empieza dentro de cinco minutos.

3 (en parlant d'un délai) **dentro de**

danse

▷ La valse est une danse démodée.
El vals es un baile anticuado.

el **baile**

*On peut dire aussi **la danza**.*

▷ Je n'aime pas la danse moderne.
No me gusta el baile moderno.
▷ Clémence fait de la danse classique.
Clémence hace danza clásica.

► **la danse moderne :** el baile moderno
► **la danse classique :** la danza clásica

danser

▷ On a dansé toute la soirée.
Bailamos toda la noche.
▷ Tu sais danser le tango ?
¿Sabes bailar el tango?

bailar

danseur, danseuse

▷ La danseuse était très souple.
La bailarina era muy flexible.

el **bailarín** (pluriel : los bailarines), la **bailarina**

*Il n'y a pas d'accent écrit au pluriel ni au féminin. L'accent tonique porte sur le deuxième **i**, comme au masculin singulier.*

date

▷ Le prof écrit toujours la date au tableau.
El profesor siempre escribe la fecha en la pizarra.
▷ À quelle date devez-vous partir ?
¿Qué día tienen que irse?

la **fecha**
► **à quelle date... ? :** ¿qué día...?

datte

▻ Nous avons acheté des dattes fraîches au marché.
Compramos dátiles frescos en el mercado.

el dátil (pluriel : **los dátiles**)

*Attention : contrairement au français, le mot espagnol **dátil** est masculin.*

*Remarquez que le mot espagnol porte sur le **a** un accent écrit qui reflète l'accent tonique.*

dauphin

▻ Des dauphins nageaient près du bateau.
Unos delfines nadaban cerca del barco.

el delfín (pluriel : **los delfines**)

*Il n'y a pas d'accent écrit au pluriel. L'accent tonique porte sur le **i**, comme au singulier.*

davantage

▻ Tu devrais sortir davantage.
Deberías salir más.
▻ Ce prof nous donne davantage de devoirs que les autres.
Este profesor nos da más deberes que los demás.

más

► **davantage de... : más...**

de, des, du

1 ▻ Le cartable de Carla est très lourd.
El cartapacio de Carla pesa mucho.
▻ Une bouteille d'eau minérale, s'il vous plaît.
Una botella de agua mineral, por favor.
▻ Le nouveau vient de Rouen.
El nuevo viene de Ruán.
▻ Ils ont fait un voyage de trois semaines en Amérique du Sud.
Hicieron un viaje de tres semanas en América del Sur.
▻ Il y a un kilomètre de l'école à chez moi.
Hay un kilómetro del colegio a mi casa.
▻ Sandra sera en vacances du 8 au 25 juillet.
Sandrá estará de vacaciones del 8 al 25 de julio.

1 La préposition **de** se traduit presque toujours par **de** en espagnol. C'est le cas quand on parle de ce qui appartient à quelqu'un ou à quelque chose, quand on parle du contenu, du matériau dont est fait un objet, de la provenance, de la durée, etc.

*N'oubliez pas que, quand **de** est suivi de **el**, les deux mots se contractent en **del**.*

2 ▻ Il a poussé la chaise du pied.
Empujó la silla con el pie.

2 Quand on parle du moyen employé pour faire quelque chose, on dit **con**.

Suite page suivante

3 ▷ Voulez-vous du café ?
¿Quiere café?
▷ Je n'ai pas de chance.
No tengo suerte.
▷ J'ai des amis à Toulouse.
Tengo (unos) amigos en Tolosa.

3 Quand **de** est article, c'est-à-dire quand il est employé pour désigner un certain nombre de choses ou de personnes, ou une certaine quantité de quelque chose (de belles maisons, du poulet, des voitures, etc.), il ne se traduit généralement pas en espagnol.

ℹ *Quand* des *est l'équivalent de* quelques, *on peut le traduire par* ***unos****, mais ce n'est pas obligatoire.*

dé

▷ C'est ton tour de lancer le dé.
Te toca a ti lanzar el dado.

el **dado**

déballer

▷ D'abord nous avons déballé les assiettes et les verres.
Primero desembalamos los platos y los vasos.

desembalar

débarquer

1 ▷ Nous n'avons pas pu débarquer tout de suite, la porte de l'avion était coincée.
No pudimos desembarcar enseguida, la puerta del avión estaba atrancada.

2 ▷ Ludo a débarqué chez nous à minuit !
¡Ludo se nos presentó en casa a medianoche!

1 (en parlant des passagers d'un avion ou d'un bateau) **desembarcar**

2 (= arriver, au sens familier) **presentarse**

ℹ *Le pronom réfléchi fonctionne de la façon suivante en espagnol :* ***me*** *presento,* ***te*** *presentas,* ***se*** (singulier) *presenta,* ***nos*** *presentamos,* ***os*** *presentáis,* ***se*** (pluriel) *presentan.*

débarras

1 ▷ Il y a un débarras sous l'escalier.
Hay un trastero debajo de las escaleras.

2 ▷ Il est parti ? Bon débarras !
¿Se ha ido? ¡Pues adiós y hasta nunca!

1 (= placard) el **trastero**

2 ► **bon débarras ! : ¡adiós y hasta nunca !**

ℹ *Remarquez que le mot* ***adiós*** *porte sur le* ***o*** *un accent écrit qui reflète l'accent tonique.*

débarrasser

1 ▷ Débarrasse ma chambre de tout ce bazar !
¡Despeja mi cuarto de todo este desorden!

1 (enlever ce qui encombre) **despejar**

2 ▻ C'est toujours moi qui débarrasse la table, ce n'est pas juste !
¡Siempre soy yo el que quita la mesa, no es justo!

2 ► **débarrasser la table : quitar la mesa**

3 ▻ Nous n'arrivions pas à nous débarrasser de Martial.
No conseguíamos deshacernos de Martial.
▻ Je vais me débarrasser de ce vieux manteau et en acheter un autre.
Voy a deshacerme de este viejo abrigo y comprar otro.

3 ► **se débarrasser de : deshacerse de**

i *Le pronom réfléchi fonctionne de la façon suivante en espagnol :* ***me*** *deshago de...,* ***te*** *deshaces de...,* ***se*** (singulier) *deshace de...,* ***nos*** *deshacemos de...,* ***os*** *deshacéis de...,* ***se*** (pluriel) *deshacen de...*

se débattre

▻ Les quatre filles tenaient Teresa, qui se débattait.
Las cuatro chicas sujetaban a Teresa, que forcejeaba.

forcejear

débile

▻ Ce film est complètement débile.
Esta película es completamente estúpida.

(= idiot, au sens familier) **estúpido, estúpida**

i *Le mot* ***estúpido*** *n'est pas familier.*

i *Attention : le mot* ***débil*** *existe en espagnol, mais il signifie* faible.

débloquer

▻ C'est impossible de débloquer le tiroir.
Es imposible desatrancar el cajón.

(en parlant de quelque chose qui était coincé) **desatrancar**

débordé, débordée

▻ Le prof est débordé, il a plus de cent copies à corriger.
El profesor está agobiado de trabajo, tiene más de cien exámenes para corregir.

► **être débordé** (de travail) **: estar agobiado** *ou* **agobiada de trabajo**

déboucher

1 ▻ Nous avons débouché une bouteille de champagne pour mon anniversaire.
Abrimos una botella de champán para mi cumpleaños.

1 (en parlant d'une bouteille) **abrir**

2 ▻ C'est un produit pour déboucher les lavabos.
Es un producto para desatascar los lavabos.

2 (en parlant d'un lavabo, d'un tuyau) **desatascar**

Suite page suivante

3 ▷ Cette rue débouche sur la place.
Esta calle desemboca en la plaza.

3 ► **déboucher sur** (en parlant d'une rue) : **desembocar en**

debout

1 ▷ Francisco était debout près de la porte.
Francisco estaba de pie cerca de la puerta.
▷ Mets la bouteille debout.
Pon la botella de pie.

2 ▷ Il est onze heures et elle n'est pas encore debout !
¡Son las once y todavía no está levantada!
▷ Allez, debout, c'est l'heure !
¡Venga, levántate, ya es hora!

1 (= pas assis, pas penché) **de pie**

2 ► **être debout** (= être sorti du lit) **estar levantado** *ou* **levantada**

ℹ *Pour dire à quelqu'un de se lever, on emploie le verbe* ***levantarse*** *à l'impératif :* ***¡levántate !*** (lève-toi !), ***¡levantaos!*** (levez-vous ! [tutoiement]), ***¡levántese!*** (levez-vous ! [vouvoiement d'une personne]), ***¡levántense!*** (levez-vous ! [vouvoiement de plusieurs personnes])

débrancher

▷ Je vais débrancher l'ordinateur.
Voy a desenchufar el ordenador.

desenchufar

ℹ *Quand on parle du téléphone, on dit* ***desconectar****.*

se débrouiller

▷ Je peux me débrouiller toute seule, tu sais !
¡Puedo arreglármelas sola, sabes!
▷ Karine s'est débrouillée pour avoir des billets.
Karine se las arregló para obtener billetes.

arreglárselas

ℹ *Le pronom réfléchi fonctionne de la façon suivante en espagnol :* ***me*** *las arreglo,* ***te*** *las arreglas,* ***se*** (singulier) *las arregla,* ***nos*** *las arreglamos,* ***os*** *las arregláis,* ***se*** (pluriel) *las arreglan.*

début

▷ Le début du roman n'est pas très bon.
El principio de la novela no es muy bueno.
▷ Au début de la réunion, tout le monde était d'accord.
Al principio de la reunión, todo el mundo estaba de acuerdo.
▷ J'ai rendez-vous chez le médecin au début du mois de mai.
Tengo hora en el médico a principios de mayo.
▷ Au début, je n'aimais pas Denis.
Al principio Denis no me caía bien.

el **principio**

ℹ *On peut dire aussi* ***el comienzo****.*

► **au début de : al principio de**

ℹ *Mais quand on parle d'une semaine, d'un mois, d'une année ou d'un siècle, on dit* ***a principios de****.*

► **au début** (= d'abord) **: al principio**

décalquer

▻ Tu peux juste décalquer la carte au lieu de la dessiner toi-même.
Basta con que calques el mapa en vez de dibujarlo tú mismo.

calcar

décapsuler

▻ Je n'arrive pas à décapsuler cette bouteille.
No consigo abrir esta botella.

abrir

décembre

▻ En décembre il fait très froid ici.
En diciembre hace mucho frío aquí.

▻ Nous partirons le vingt-six décembre.
Saldremos el veintiséis de diciembre.

diciembre

ℹ *Notez l'emploi de* ***de*** *en espagnol lorsqu'on dit la date.*

déception

▻ Le voyage scolaire a été annulé. Quelle déception !
Han anulado el viaje de estudios. ¡Qué decepción!

la **decepción** (pluriel : **las decepciones**)

ℹ *Il n'y a pas d'accent écrit au pluriel. L'accent tonique porte sur le* ***o****, comme au singulier.*

décevant, décevante

▻ L'équipe a eu des résultats décevants.
El equipo ha tenido resultados decepcionantes.

decepcionante

décevoir

▻ Je ne veux pas te décevoir, mais ...
No te quiero decepcionar, pero...

decepcionar

décharger

▻ Aide-moi à décharger la voiture, s'il te plaît.
Ayúdame a descargar el coche, por favor.

descargar

se déchausser

▻ Il faut se déchausser avant d'entrer dans les maisons japonaises.
Hay que descalzarse antes de entrar en las casas japonesas.

descalzarse

ℹ *Le pronom réfléchi fonctionne de la façon suivante en espagnol :* ***me*** *descalzo,* ***te*** *descalzas,* ***se*** (singulier) *descalza,* ***nos*** *descalzamos,* ***os*** *descalzáis,* ***se*** (pluriel) *descalzan.*

déchirer

1 ▻ Attention, tu vas déchirer ton pantalon !
¡Cuidado, que te vas a desgarrar los pantalones!

1 (en parlant d'un vêtement) **desgarrar**

*Attention à bien prononcer les deux **r** de **desgarrar**.*

2 ▻ Raïssa a déchiré la lettre de Paul.
Raïssa rasgó la carta de Paul.

2 (en parlant d'un papier) **rasgar**

décidément

▻ Décidément, tu n'as pas de chance !
¡Desde luego, no tienes suerte!

desde luego

décider

▻ La prof a décidé que nous ferions un test mardi prochain.
La profesora decidió que haríamos una prueba el martes que viene.
▻ Paul a décidé de peindre la cuisine en bleu.
Paul ha decidido pintar la cocina de azul.

decidir

► **décider de faire** quelque chose : **decidir hacer** algo

ℹ *Notez que, contrairement au français, il n'y a pas de préposition entre **decidir** et l'infinitif qui suit.*

▻ Bon, décide-toi, je suis pressé !
¡Bueno, decídete, que tengo prisa!
▻ Finalement, Jorge s'est décidé à partir.
Finalmente, Jorge se decidió a marcharse.

► **se décider : decidirse**

► **se décider à faire** quelque chose : **decidirse a hacer** algo

ℹ *Le pronom réfléchi fonctionne de la façon suivante en espagnol : **me** decido, **te** decides, **se*** (singulier) *decide, **nos** decidimos, **os** decidís, **se*** (pluriel) *deciden.*

décision

▻ C'est une décision très injuste.
Es una decisión muy injusta.
▻ Nous avons pris la décision ensemble.
Tomamos la decisión juntos.

la **decisión** (pluriel : **las decisiones**)

ℹ *Il n'y a pas d'accent écrit au pluriel. L'accent tonique porte sur le **o**, comme au singulier.*

► **prendre une décision : tomar una decisión**

déclarer

▷ Lequel des deux pays a déclaré la guerre ?
¿Cuál de los dos países ha declarado la guerra?
▷ Comme nous n'avons rien à déclarer, ça ne prendra pas beaucoup de temps à la douane.
Como no tenemos nada que declarar, no nos llevará mucho tiempo en la aduana.

declarar

► quelque chose à **déclarer** : **algo que declarar**

déclencher

1 ▷ Myriam a déclenché l'alarme du train par erreur.
Myriam activó la alarma del tren por error.
2 ▷ L'alarme de la voiture s'est déclenchée pendant la nuit.
La alarma del coche se activó durante la noche.

1 (en parlant d'une alarme, d'une sonnerie) **activar**

2 ► **se déclencher** (en parlant d'une alarme, d'une sonnerie) : **activarse**

décodeur

▷ Le décodeur est sur la télé.
El descodificador está sobre la tele.

el **descodificador** (pluriel : **los descodificadores**)

décollage

▷ Le décollage de l'avion a été retardé.
El despegue del avión ha sido retrasado.

el **despegue**

décoller

▷ L'avion décollera à trois heures cinq.
El avión despegará a las tres y cinco.
▷ Geoffroy décolle les timbres pour les mettre dans sa collection.
Geoffroy despega los sellos para ponerlos en su colección.
▷ Le papier peint se décolle dans le couloir.
El papel pintado se está despegando en el pasillo.

despegar

► **se décoller : despegarse**

ℹ *Le pronom réfléchi fonctionne de la façon suivante en espagnol :* ***se*** (singulier) *despega,* ***se*** (pluriel) *despegan.*

décolleté, décolletée

▷ La robe de Sara est très décolletée.
El vestido de Sara es muy escotado.

escotado, escotada

décoloré, décolorée

1 ▷ Cédric porte toujours des jeans décolorés.
Cédric siempre lleva vaqueros descoloridos.
2 ▷ La prof de biologie a les cheveux décolorés.
La profesora de biología lleva el pelo teñido.

1 ► (en parlant de vêtements) **descolorido, descolorida**

2 ► (en parlant des cheveux) **teñido**

ℹ *On peut dire aussi* ***decolorado***

décongeler

▷ N'oublie pas de décongeler le poisson.
No te olvides de descongelar el pescado
▷ Les crevettes ont décongelé en deux heures.
Las gambas se descongelaron en dos horas.

► **décongeler** quelque chose : **descongelar** algo
(= se décongeler) **descongelarse**

déconseiller

▷ Je te déconseille d'aller voir ce film.
Te desaconsejo que vayas a ver esa película.
▷ Je t'avais déconseillé de faire ça.
Te había desaconsejado que hicieras eso.
▷ Nos amis nous ont déconseillé ce camping.
Nuestros amigos nos desaconsejaron ese camping.
▷ Je te déconseille ce restaurant.
Te desaconsejo este restaurante.

► **déconseiller à** quelqu'un **de** + infinitif : **desaconsejar a** alguien **que** + subjonctif

ℹ *Pour traduire* **déconseiller quelque chose à quelqu'un**, *il faut employer en espagnol la même construction que ci-dessus, avec un verbe au subjonctif.*
Attention à la concordance des temps : quand ***desaconsejar*** *est au présent, le verbe de la subordonnée est au présent du subjonctif (te* ***desaconsejo*** *que* ***hagas*** *eso), mais quand* ***desaconsejar*** *est au passé, le verbe de la subordonnée doit être à l'imparfait du subjonctif (me* ***desaconsejó*** *que* ***hiciera*** *eso).*

décontracté, décontractée

1 ▷ L'ambiance est très décontractée dans ce bar.
El ambiente es muy distendido en este bar.
2 ▷ Jules avait l'air très décontracté.
Jules parecía muy relajado.
3 ▷ Le week-end, j'aime porter des vêtements décontractés.
Los fines de semana me gusta llevar ropa cómoda.

1 (en parlant de l'ambiance) **distendido, distendida**
2 (en parlant d'une personne) **relajado, relajada**
3 (en parlant des vêtements) **cómodo, cómoda**

ℹ *Remarquez que les mots* ***cómodo*** *et* ***cómoda*** *portent sur le premier* ***o*** *un accent écrit qui reflète l'accent tonique.*

décor

1 ▷ Les décors sont vraiment beaux dans ce film.
Los decorados de esta película son muy bonitos.
2 ▷ Le décor est très agréable dans ce restaurant.
La decoración es muy agradable en este restaurante.

1 (en parlant d'une pièce de théâtre, d'un film) el **decorado**
2 (en parlant d'une maison, d'un restaurant) la **decoración**

ℹ *Remarquez que le mot espagnol porte sur le deuxième* ***o*** *un accent écrit qui reflète l'accent tonique.*

décoration

▷ La décoration est bizarre chez eux.
La decoración de su casa es rara.

la **decoración**

*Remarquez que le mot espagnol porte sur le deuxième **o** un accent écrit qui reflète l'accent tonique.*

▷ Nous avons enlevé les décorations de Noël.
Quitamos los adornos navideños.

► **décorations de Noël : los adornos navideños**

décorer

▷ Je n'aime pas la façon dont ils ont décoré leur maison.
No me gusta como han decorado su casa.
▷ Le sapin de Noël est décoré de guirlandes.
El árbol de Navidad está decorado con guirnaldas.

(= orner) **decorar**

Notez la préposition utilisée en espagnol : décorer quelque chose **de**... = *decorar algo* ***con***...

décortiquer

▷ Je n'arrive pas à décortiquer ces crevettes.
No consigo pelar estas gambas.

(en parlant des crevettes ou des amandes) **pelar**

découper

1 ▷ Sonia découpe des photos de vedettes dans les magazines.
Sonia recorta fotos de artistas en las revistas.

1 (en parlant d'une photo, de papier) **recortar**

2 ▷ Qui va découper le poulet ?
¿Quién va a cortar el pollo?

2 (en parlant du poulet, du rôti) **cortar**

décourageant, décourageante

▷ C'est décourageant d'avoir tout le temps des mauvaises notes.
Es muy desalentador sacar siempre malas notas.

desalentador (pluriel : desalentadores), **desalentadora**

décourager

1 ▷ Elle essaie de ne pas décourager les élèves les plus faibles.
Trata de no desanimar a los alumnos más flojos.

1 **desanimar**

*Si le complément est une personne ou un groupe de personnes, n'oubliez pas de le faire précéder de **a**.*

Suite page suivante

2 ▻ Ne te décourage pas, essaie encore.
No te desanimes, inténtalo otra vez.

2 ► **se décourager : desanimarse**

*Le pronom réfléchi fonctionne de la façon suivante en espagnol : **me** desanimo, **te** desanimas, **se** (singulier) desanima, **nos** desanimamos, **os** desanimáis, **se** (pluriel) desaniman.*

découverte

▻ C'est une découverte extraordinaire.
Es un descubrimiento extraordinario.

el **descubrimiento**

*Attention : contrairement au français, le mot espagnol **descubrimiento** est masculin.*

▻ Des savants européens ont fait une découverte très importante.
Unos científicos europeos han hecho un descubrimiento muy importante.

► **faire une découverte : hacer un descubrimiento**

découvrir

▻ Un trésor a été découvert au fond de l'océan.
Han descubierto un tesoro en el fondo del océano.
▻ Brice a découvert qu'il avait perdu son porte-monnaie.
Brice descubrió que había perdido el monedero.

(= trouver) **descubrir**

décrire

▻ Décris ton cousin pour voir si je le connais.
Describe a tu primo, a ver si le conozco.

describir

*Si le complément est une personne ou un groupe de personnes, n'oubliez pas de le faire précéder de **a**.*

décrocher

1 ▻ On va décrocher ce tableau.
Vamos a descolgar este cuadro.
▻ C'est toujours Martin qui décroche le téléphone.
Siempre es Martin el que descuelga el telefóno.
2 ▻ Les rideaux se sont encore décrochés.
Las cortinas se han descolgado otra vez.

1 (en parlant de quelque chose qui était en hauteur ou du téléphone) **descolgar**

2 ► **se décrocher** (en parlant de quelque chose qui était en hauteur) **: descolgarse**

déçu, déçue

▻ J'espère que tu n'es pas trop déçu.
Espero que no estés muy decepcionado.

decepcionado, decepcionada

dedans

▻ Reste dedans, il fait trop froid dehors.
Quédate dentro, hace demasiado frío fuera.
▻ Regarde dans ce tiroir, je crois que les CD sont dedans.
Mira en ese cajón, creo que los CD están dentro.

(= à l'intérieur) **dentro**

dédicacé, dédicacée

▻ Hugo a des photos dédicacées de plusieurs footballeurs célèbres.
Hugo tiene fotos dedicadas de varios futbolistas famosos.

dedicado, dedicada

déduire

▻ Si on déduit le loyer du total, ce n'est pas très cher.
Si se deduce el alquiler del total, no resulta muy caro.

deducir

défaire

1 ▻ Lulu a défait le nœud très soigneusement.
Lulu deshizo el nudo con mucho cuidado.
▻ Je déferai ma valise plus tard.
Desharé la maleta más tarde.
2 ▻ Le chignon de Mónica s'est défait.
El moño de Mónica se ha deshecho.

1 **deshacer**

2 ► **se défaire** (en parlant d'un nœud, d'une coiffure) **deshacerse**

défaut

▻ Il y a un défaut dans ce tissu.
Hay un defecto en esta tela.
▻ Tout le monde a des défauts.
Todo el mundo tiene defectos.

(= imperfection) el **defecto**

défendre

1 ▻ Pourquoi est-ce que tu défends toujours ton frère ?
¿Por qué defiendes siempre a tu hermano?

1 (= protéger, soutenir) **defender**

Si le complément est une personne ou un groupe de personnes, n'oubliez pas de le faire précéder de ***a****.*

Suite page suivante

▷ Ne la laisse pas te critiquer, défends-toi !
No la dejes criticarte, ¡defiéndete!

► **se défendre : defenderse**

*Le pronom réfléchi fonctionne de la façon suivante en espagnol : **me** defiendo, **te** defiendes, **se** (singulier) defiende, **nos** defendemos, **os** defendéis, **se** (pluriel) defienden.*

2 ▷ Mes parents me défendent de sortir.
Mis padres me prohiben que salga.

2 ► **défendre à** quelqu'un **de** + infinitif : **prohibir a** alguien **que** + subjonctif

*Attention à la concordance des temps : quand **prohibir** est au présent, le verbe de la subordonnée est au présent du subjonctif (te **prohíbo** que lo **hagas**), mais quand **prohibir** est au passé, le verbe de la subordonnée doit être à l'imparfait du subjonctif (me **prohibió** que lo **hiciera**).*

défendu, défendue

▷ Ne fais pas ça, c'est défendu.
No hagas eso, está prohibido.

(= interdit) **prohibido, prohibida**

Attention : le verbe qui traduit être *dans* être défendu *est* ***estar*** *et non* ***ser***.

défense

1 ▷ Le gouvernement dépense beaucoup d'argent pour la défense.
El gobierno gasta mucho dinero para la defensa.
▷ Sylvia a pris la défense de Yann.
Sylvia defendió a Yann.

1 (= la défense d'un pays, d'une personne) **la defensa**

► **prendre la défense de** quelqu'un : **defender a** alguien

2 ▷ Les chasseurs tuent les éléphants pour prendre leurs défenses.
Los cazadores matan los elefantes para quitarles los colmillos.

2 (= d'un éléphant) **el colmillo**

3 ▷ L'écriteau dit « défense de fumer ».
El cartel dice "prohibido fumar".
▷ L'écriteau dit "défense d'entrer".
El cartel dice "prohibida la entrada".

3 ► **défense de fumer : prohibido fumar**
► **défense d'entrer : prohibida la entrada**

défilé

▷ Nous sommes allés voir le défilé du quatorze juillet.
Fuimos a ver el desfile del catorce de julio.
▷ Marine est invitée à un défilé de mode.
Marine ha sido invitada a un desfile de moda.

el **desfile**

► **défilé de mode : el desfile de moda**

défiler

▻ Les militaires défilaient dans la rue.
Los militares desfilaban por la calle.

(en parlant de soldats ou de manifestants) **desfilar**

Notez la traduction de **dans** la rue *dans l'exemple ci-contre :* ***por*** *la calle.*

définir

▻ C'est un mot difficile à définir.
Es una palabra que cuesta definir.

definir

définitif, définitive

▻ Est-ce que c'est un changement définitif ?
¿Es un cambio definitivo?

(= pour de bon) **definitivo, definitiva**

définition

▻ Voici la définition que j'ai trouvée dans le dictionnaire.
Aquí tienes la definición que he encontrado en el diccionario.

la **definición** (pluriel : las **definiciones**)

Il n'y a pas d'accent écrit au pluriel. L'accent tonique porte sur le ***o****, comme au singulier.*

définitivement

▻ Il a été renvoyé définitivement.
Le expulsaron definitivamente.

definitivamente

défoncé, défoncée

▻ La portière était complètement défoncée.
La puerta estaba completamente destrozada.

(= très abîmé) **destrozado, destrozada**

défoncer

▻ Les voleurs ont défoncé la porte.
Los ladrones echaron la puerta abajo.

(= défoncer une porte) **echar abajo**

déformé, déformée

▻ Ces chaussures sont déformées.
Estos zapatos están deformados.

deformado, deformada

se défouler

▻ Tu devrais faire du karaté pour te défouler.
Deberías hacer kárate para desahogarte.

desahogarse

Le pronom réfléchi fonctionne de la façon suivante en espagnol : ***me*** *desahogo,* ***te*** *desahogas,* ***se*** (singulier) *desahoga,* ***nos*** *desahogamos,* ***os*** *desahogáis,* ***se*** (pluriel) *desahogan.*

▻ Ce n'est pas la peine de te défouler sur moi !
¡No hace falta que te desquites conmigo!

► **se défouler sur** quelqu'un : **desquitarse con** alguien

se dégager

▷ Emmanuel s'est débattu et a réussi à se dégager.
Emmanuel forcejeó y consiguió liberarse.

(= se libérer) **liberarse**

*Le pronom réfléchi fonctionne de la façon suivante en espagnol : **me** libero, **te** liberas, **se** (singulier) libera, **nos** liberamos, **os** liberáis, **se** (pluriel) liberan.*

dégâts

▷ Il y a eu des dégâts dans l'école après l'incendie.
Hubo daños en la escuela después del incendio.
▷ Le tremblement de terre a fait beaucoup de dégâts.
El terremoto produjo muchos daños.

los **daños**

► **faire des dégâts : producir daños**

se dégonfler

1 ▷ Le ballon s'est dégonflé.
La pelota se ha deshinchado.
2 ▷ Lucas s'est dégonflé au dernier moment.
Lucas se echó atrás en el último momento.

1 (en parlant d'un ballon, d'un pneu) **deshincharse**
2 (= renoncer, sens familier) **echarse atrás**

*Le pronom réfléchi fonctionne de la façon suivante en espagnol : **me** echo atrás, **te** echas atrás, **se** (singulier) echa atrás, **nos** echamos atrás, **os** echáis atrás, **se** (pluriel) echan atrás.*

*Remarquez que le mot **atrás** porte sur le deuxième **a** un accent écrit qui reflète l'accent tonique.*

dégouliner

1 ▷ Fais attention, la peinture dégouline sur tes chaussures !
¡Cuidado, que la pintura te está goteando sobre los zapatos !
2 ▷ Les larmes dégoulinaient sur sa figure.
Las lágrimas le corrían por la cara.

1 (en parlant de quelque chose qui tombe goutte à goutte) **gotear**
2 (en parlant des larmes) **correr**

dégourdi, dégourdie

▷ Martha n'est pas très dégourdie.
Martha no es muy espabilada.

espabilado, espabilada

dégoûtant, dégoûtante

▷ Il raconte toujours des histoires dégoûtantes.
Siempre cuenta historias asquerosas.

asqueroso, asquerosa

dégoûter

▻ Ça ne te dégoûte pas de manger ça ?
¿No te da asco comer esto?

dar asco a

degré

▻ Il fait au moins trente degrés aujourd'hui.
Hoy hace por lo menos treinta grados.

el **grado**

dégueulasse

1 ▻ Le repas était vraiment dégueulasse.
La comida estaba realmente asquerosa.

2 ▻ Tu as été dégueulasse avec elle.
Te has comportado como un cerdo con ella.

1 (= mauvais, sale) **asqueroso, asquerosa**

2 ► **être dégueulasse avec** quelqu'un : **comportarse como un cerdo** *ou* **una cerda con** alguien

ℹ **Dégueulasse** *est un mot vulgaire, mais* ***asqueroso*** *et* ***cerdo*** *ne le sont pas.*

déguisement

▻ Lambert portait son déguisement de Batman.
Lambert llevaba su disfraz de Batman.

el **disfraz** (pluriel : los disfraces)

ℹ *N'oubliez pas que le* ***z*** *devient* ***c*** *au pluriel.*

se déguiser

▻ Est-ce que tu vas te déguiser pour la soirée de Cyril ?
¿Te vas a disfrazar para la fiesta de Cyril?

disfrazarse

ℹ *Le pronom réfléchi fonctionne de la façon suivante en espagnol :* ***me*** *disfrazo,* ***te*** *disfrazas,* ***se*** (singulier) *disfraza,* ***nos*** *disfrazamos,* ***os*** *disfrazáis,* ***se*** (pluriel) *disfrazan.*

▻ Anne veut se déguiser en infirmière.
Anne se quiere disfrazar de enfermera.

► **se déguiser en ... : disfrazarse de...**

dehors

1 ▻ Est-ce qu'il fait froid dehors ?
¿Hace frío fuera?

2 ▻ En dehors de Pat et Laurent, personne ne s'est inscrit.
Aparte de Pat y Laurent, nadie se ha inscrito.

1 (= à l'extérieur) **fuera**

2 ► **en dehors de** (= sauf) : **aparte de**

déjà

1 ▻ Tu as déjà fini ?
¿Ya has terminado?

▻ Je t'ai déjà dit que ce n'était pas possible.
Ya te dije que no era posible.

1 (= déjà maintenant) **ya**

ℹ *Notez la place de l'adverbe* ***ya*** *dans la phrase espagnole.*

Suite page suivante

2 ▻ Est-ce que tu as déjà mangé du poisson cru ?
¿Has comido pescado crudo alguna vez?

2 Quand on demande à quelqu'un s'il a déjà fait quelque chose dans sa vie, on emploie l'expression **alguna vez** avec le passé composé.

déjeuner

1 ▻ Le déjeuner est prêt !
¡La comida está lista!

2 ▻ Nous déjeunerons à midi.
Comeremos a mediodía.

1 ► **le déjeuner** (= le repas de midi) : **la comida**

ℹ *On peut dire aussi **el almuerzo**.*

2 (verbe = manger) **comer**

ℹ *On peut dire aussi **almorzar**.*

délai

1 ▻ Le prof nous a donné un délai de deux semaines pour préparer l'exposé.
El profesor nos dio un plazo de dos semanas para preparar la exposición.

2 ▻ Nous avons demandé un délai au prof parce que nous n'avions pas fini.
Le pedimos una prórroga al profesor porque no habíamos terminado.

1 (= temps accordé) el **plazo**

2 (= temps supplémentaire) la **prórroga**

ℹ *Remarquez que le mot espagnol porte sur le premier **o** un accent écrit qui reflète l'accent tonique.*

🔊 *Attention à bien prononcer les **r** de **prórroga**.*

délavé, délavée

▻ Les jeans délavés ne sont plus à la mode.
Los vaqueros descoloridos ya no están de moda.

(en parlant d'une couleur, d'un tissu) **descolorido, descolorida**

délégué, déléguée

▻ Rachid est notre délégué de classe.
Rachid es nuestro delegado de clase.

► **délégué de classe** *ou* **déléguée de classe** : **delegado de clase** *ou* **delegada de clase** (pluriel : **delegados/delegadas de clase**)

délicat, délicate

▻ La soie est un tissu délicat.
La seda es un tejido delicado.
▻ C'est une question délicate.
Es una pregunta delicada.
▻ Ne sois pas si délicat, mange-le !
¡No seas tan delicado, cómetelo!

delicado, delicada

délicieux, délicieuse

▷ Le repas était vraiment délicieux, merci.
La comida estaba riquísima, gracias.

(en parlant de nourriture) **rico, rica**

*Notez le superlatif **riquisimo, riquisima** formé à partir de **rico, rica**. On peut dire aussi **muy rico, muy rica**.*

délirer

1 ▷ Il est très malade, il délire.
Está muy enfermo, está delirando.

2 ▷ Tu délires ! Tu ne penses pas sérieusement que je vais faire ça ?
¡Tú estás mal de la cabeza! ¿No piensas de verdad que voy a hacer eso?

1 (en parlant d'un malade fiévreux) **delirar**

2 (= être fou, au sens familier) **estar mal de la cabeza**

délivrer

▷ C'est un jeu où on doit délivrer les prisonniers.
Es un juego en el que se debe liberar a los prisioneros.

(= délivrer un prisonnier) **liberar**

*Si le complément est une personne ou un groupe de personnes, n'oubliez pas de le faire précéder de **a**.*

demain

▷ Demain c'est l'anniversaire de Rosa.
Mañana es el cumpleaños de Rosa.
▷ Je dois partir. À demain !
Me tengo que ir. ¡Hasta mañana!

mañana

► **à demain ! : ¡hasta mañana!**

***La mañana** signifie **le matin**.*

demande

▷ Lionel a fait une demande de bourse.
Lionel ha pedido una beca.

► **faire une demande de... : pedir...**

demander

1 ▷ Quentin m'a demandé une gomme.
Quentin me pidió una goma.

▷ Le prof nous a demandé de lire ce texte pour demain.
El profesor nos pidió que leyéramos este texto para mañana.

1 ► **demander** quelque chose **à** quelqu'un (= réclamer) **: pedir** algo **a** alguien

► **demander à** quelqu'un **de** + infinitif **: pedir a** alguien **que** + subjonctif

*Attention à la concordance des temps : quand **pedir** est au présent, le verbe de la subordonnée est au présent du subjonctif (te **pido** que no **digas** nada), mais quand **pedir** est au passé, le verbe de la subordonnée doit être à l'imparfait du subjonctif (me **pidió** que no **dijera** nada).*

Suite page suivante

2 ▻ Je vais demander l'heure à ce monsieur.
Le voy a preguntar la hora a este señor.
▻ Sara m'a demandé si je voulais aller à la piscine avec elle.
Sara me preguntó si quería ir a la piscina con ella.

2 (= poser une question)
preguntar

3 ▻ Quelqu'un te demande au téléphone.
Alguien pregunta por ti al teléfono.

3 ► **demander** quelqu'un (quand on veut le voir ou lui parler) **:**
preguntar por alguien

4 ▻ Je me demande pourquoi il n'est pas venu.
Me pregunto por qué no ha venido.
▻ Je me demande si mes parents vont me laisser sortir.
Me pregunto si mis padres me van a dejar salir.

4 ► **se demander... :**
preguntarse

ℹ *Le pronom réfléchi fonctionne de la façon suivante en espagnol :* ***me*** *pregunto,* ***te*** *preguntas,* ***se*** (singulier) *pregunta,* ***nos*** *preguntamos,* ***os*** *preguntáis,* ***se*** (pluriel) *preguntan.*

démanger

▻ Est-ce que ta piqûre de moustique te démange ?
¿Te pica la picadura de mosquito?

picar

se démaquiller

▻ Nous nous sommes démaquillés après la pièce de théâtre.
Nos desmaquillamos después de la obra de teatro.

desmaquillarse

ℹ *Le pronom réfléchi fonctionne de la façon suivante en espagnol :* ***me*** *desmaquillo,* ***te*** *desmaquillas,* ***se*** (singulier) *desmaquilla,* ***nos*** *desmaquillamos,* ***os*** *desmaquilláis,* ***se*** (pluriel) *desmaquillan.*
Attention à l'orthographe du mot espagnol ***desmaquillarse****.*

démarrer

▻ La voiture a démarré sans aucun problème.
El coche arrancó sin ningún problema.

(en parlant d'un véhicule, d'un conducteur, d'un moteur) **arrancar**

Attention à bien prononcer les deux ***r*** *de* ***arrancar****.*
ℹ ***Arrancar*** *signifie aussi* **arracher**.

déménager

▷ Samir et sa famille viennent de déménager.
Samir y su familia acaban de mudarse.

(= changer de maison) **mudarse**

ℹ *Le pronom réfléchi fonctionne de la façon suivante en espagnol :* ***me*** *mudo,* ***te*** *mudas,* ***se*** (singulier) *muda,* ***nos*** *mudamos,* ***os*** *mudáis,* ***se*** (pluriel) *mudan.*

dément, démente

▷ Ils vendent ces vêtements à des prix déments.
Venden esta ropa a unos precios alucinantes.

(= incroyable) **alucinante**

demi

1 ▷ Donne-moi juste un demi-verre de vin.
Dame sólo medio vaso de vino.

1 ► **demi- : medio, media**

ℹ *Il n'y a pas de trait d'union en espagnol entre* ***medio*** *ou* ***media*** *et le nom qui suit. Notez aussi l'absence d'article avant* ***medio****.*

▷ Le vol dure deux heures et demie.
El vuelo dura dos horas y media.
▷ Le train arrive à deux heures et demie.
El tren llega a las dos y media.
▷ Trois kilos et demi de pommes de terre.
Tres kilos y medio de patatas.

► **et demi, et demie : y medio, y media**

2 ▷ Mon père a bu un demi.
Mi padre bebió una caña.

2 ► **un demi** (de bière) **: una caña**

ℹ *Vous trouverez des mots qui commencent par* **demi-** *(comme* **demi-heure** *et* **demi-tour***) à leur place alphabétique dans ce dictionnaire.*

demi-finale

▷ La demi-finale se jouera au Stade de France.
La semifinal se jugará en el Stade de France.
▷ Notre équipe est en demi-finale.
Nuestro equipo está en la semifinal.

la **semifinal** (pluriel : las semifinales)
► **être en demi-finale : estar en la semifinal**

demi-frère

▷ Roland a une sœur et un demi-frère.
Roland tiene una hermana y un hermanastro.

el **hermanastro**

demi-heure

▷ Ça m'a pris une demi-heure.
Me llevó media hora.

► **une demi-heure : media hora**

ℹ *Remarquez qu'en espagnol on n'emploie pas ici l'article* ***una****.*

demi-sœur

▷ Je m'entends très bien avec ma demi-sœur.
Me llevo muy bien con mi hermanastra.

la **hermanastra**

démissionner

▷ Le chef de mon père a démissionné.
El jefe de mi padre ha dimitido.

dimitir

demi-tarif

▷ Un demi-tarif pour « Le livre de la jungle », s'il vous plaît
Un billete a mitad de precio para "El libro de la jungla", por favor.

(= un billet) el **billete a mitad de precio** (pluriel : **los billetes a mitad de precio**)

demi-tour

▷ Quand nous avons vu que le parc était fermé, nous avons fait demi-tour.
Cuando vimos que el parque estaba cerrado, dimos media vuelta.

► **faire demi-tour** (= revenir) : **dar media vuelta**

démodé, démodée

▷ Le prof de maths porte toujours des vêtements démodés.
El profesor de matemáticas siempre lleva ropa pasada de moda.

(en parlant des vêtements ou du style) **pasado de moda** *ou* **pasada de moda** (pluriel : **pasados de moda** *ou* **pasadas de moda**)

démolir

▷ Ils ont démoli le vieux cinéma.
Han derribado el viejo cine.

(= démolir un bâtiment ou un mur) **derribar**

*Attention à bien prononcer les deux **r** de **derribar**.*

démonter

▷ Georges a démonté son vélo pour le réparer.
Georges ha desmontado la bici para repararla.

desmontar

démontrer

▷ Si tu me démontres que c'est possible, je le ferai.
Si me demuestras que es posible, lo haré.

(= prouver) **demostrar**

démoralisé, démoralisée

▷ Suzie est démoralisée parce qu'elle a eu des mauvaises notes.
Suzie está desmoralizada porque sacó malas notas.

desmoralizado, desmoralizada

*Attention à l'orthographe des mots espagnols **desmoralizado** et **desmoralizada**.*

dénoncer

1 ▷ Tu n'as pas honte de dénoncer tes copains !
¡No te da vergüenza chivarte de los amigos!

1 (= dénoncer des camarades de classe) **chivarse de**

Le pronom réfléchi fonctionne de la façon suivante en espagnol : ***me*** *chivo de...,* ***te*** *chivas de...,* ***se*** (singulier) *chiva de...,* ***nos*** *chivamos de...,* ***os*** *chiváis de...,* ***se*** (pluriel) *chivan de...*

2 ▷ Finalement le coupable s'est dénoncé.
Finalmente el culpable confesó.

2 ► **se dénoncer : confesar**

dent

▷ Olivier s'est cassé une dent.
A Olivier se le ha roto un diente.

el **diente**

Attention : contrairement au français, le mot espagnol ***diente*** *est masculin.*

▷ J'ai mal aux dents.
Tengo dolor de muelas.

► **avoir mal aux dents : tener dolor de muelas**

dentelle

▷ La robe de Domi a de la dentelle sur le devant.
El vestido de Domi tiene encaje en la parte de delante.

▷ Elle a acheté une nappe en dentelle.
Compró un mantel de encaje.

el **encaje**

► **en dentelle : de encaje**

dentier

▷ Mon grand-père porte un dentier.
Mi abuelo lleva dentadura postiza.

la **dentadura postiza** (pluriel : las dentaduras postizas)

dentifrice

▷ Zut, j'ai oublié le dentifrice !
¡Mecachis, se me ha olvidado la pasta de dientes!

la **pasta de dientes**

dentiste

▷ Le dentiste est très gentil.
El dentista es muy amable.

▷ Marcel est chez le dentiste.
Marcel está en el dentista.

▷ Je vais chez le dentiste une fois par semaine.
Voy al dentista una vez por semana.

el **dentista** *ou* la **dentista**

► **chez le dentiste** (= dans son cabinet) **: en el dentista**

► **chez le dentiste** (= vers son cabinet) **: al dentista**

dépanner

1 ▷ Quelqu'un est venu dépanner la machine à laver.
Alguien vino a reparar la lavadora.

1 ► **dépanner** quelque chose (= le réparer) **: reparar** algo

Suite page suivante

2 ▻ Un mécanicien est venu nous dépanner sur l'autoroute.
Un mecánico vino a repararnos el coche en el autopista.

2 ► **dépanner** quelqu'un (= réparer sa voiture) : **reparar el coche a** alguien

3 ▻ Est-ce que tu pourrais me dépanner ? J'ai besoin de quelqu'un pour garder le bébé.
¿Me podrías sacar de un apuro? Necesito a alguien para cuidar al bebé.

3 ► **dépanner** quelqu'un (= l'aider) : **sacar de un apuro a** alguien

départ

1 ▻ Le départ est prévu pour onze heures.
La salida está prevista para las once.
▻ Nous avons raté le départ de la course.
Nos perdimos la salida de la carrera.

1 (en parlant d'un voyage, d'une course) la **salida**

2 ▻ Après le départ de Rodrigo, tout le monde était triste.
Después de que Rodrigo se fuera, todo el mundo estaba triste.
▻ Je t'écrirai avant mon départ.
Te escribiré antes de irme.

2 Quand on parle du départ de quelqu'un, on emploie généralement en espagnol une expression avec le verbe **irse**.

Le pronom réfléchi fonctionne de la façon suivante en espagnol : ***me*** *voy,* ***te*** *vas,* ***se*** (singulier) *va,* ***nos*** *vamos,* ***os*** *vais,* ***se*** (pluriel) ***van***.

3 ▻ Au départ, Laure pensait que ce serait facile.
Al principio, Laure pensaba que iba a ser fácil.

3 ► **au départ** (= d'abord) : **al principio**

dépasser

1 ▻ C'était Luc dans la voiture qui nous a dépassés !
¡Era Luc en el coche que nos ha adelantado!

1 (= doubler, en voiture ou à pied) **adelantar**

2 ▻ Nous avons dépassé l'hôtel et nous avons tourné à droite.
Pasamos el hotel y giramos a la derecha.

2 (= aller plus loin que) **pasar**

3 ▻ Mon frère me dépasse de dix centimètres.
Mi hermano me sobrepasa en diez centímetros.

3 (= dépasser en taille) **sobrepasar**

Notez la préposition utilisée en espagnol : dépasser **de** = *sobrepasar* ***en***.

Si le complément est une personne ou un groupe de personnes, n'oubliez pas de le faire précéder de **a**.

4 ▻ Si ça dépasse dix euros, je ne l'achète pas.
Si cuesta más de diez euros, no lo compro.

4 Pour dire que quelque chose dépasse un certain montant, on emploie l'expression **costar más de**.

5 ▻ L'exposé ne doit pas dépasser une demi-heure.
La exposición no debe durar más de media hora.

5 Pour dire que quelque chose dépasse une certaine durée, on emploie l'expression **durar más de**.

se dépêcher

▻ Dépêche-toi, on est en retard !
¡Date prisa, que vamos a llegar tarde!

darse prisa

*Le pronom réfléchi fonctionne de la façon suivante en espagnol : **me** doy prisa, **te** das prisa, **se** (singulier) da prisa, **nos** damos prisa, **os** dais prisa, **se** (pluriel) dan prisa.*

▻ Je me suis dépêché de finir parce que le prof ramassait les copies.
Me apresuré a terminar porque el profesor recogía los exámenes.

► **se dépêcher de faire** quelque chose : **apresurarse a hacer** algo

dépendre

1 ▻ Le résultat dépendra du nombre d'élèves.
El resultado dependerá del número de alumnos.

1 ► **dépendre de** quelque chose : **depender de** algo

2 ▻ Est-ce que tu vas aller à la soirée ? – Ça dépend.
¿Vas a ir a la fiesta? – Depende.

2 ► **ça dépend** : **depende**

dépense

▻ C'est une grosse dépense pour moi.
Es un gasto enorme para mí.

el **gasto**

dépenser

1 ▻ J'ai dépensé beaucoup d'argent le mois dernier.
Gasté mucho dinero el mes pasado.
▻ Cette machine à laver dépense beaucoup d'électricité.
Esta lavadora gasta mucha electricidad.

1 **gastar**

2 ▻ Tu ne te dépenses pas assez.
No haces bastante ejercicio.

2 ► **se dépenser** (= faire de l'exercice) : **hacer ejercicio**

déplacé, déplacée

▻ Bertrand a fait une remarque déplacée.
Bertrand hizo un comentario fuera de lugar.

(= qui ne convient pas) **fuera de lugar**

déplacer

1 ▻ Si on déplace les tables et les chaises, il y aura plus de place au milieu.
Si cambiamos las mesas y las sillas de sitio, habrá más sitio en medio.

1 (= déplacer un objet) **cambiar de sitio**

Suite page suivante

2 ▷ Le monsieur s'est déplacé pour que nous puissions nous asseoir.
El señor se cambió de sitio para que pudiéramos sentarnos.

2 ► **se déplacer** (= bouger) : **cambiarse de sitio**

ℹ *Le pronom réfléchi fonctionne de la façon suivante en espagnol :* ***me** cambio de sitio, **te** cambias de sitio, **se*** (singulier) *cambia de sitio, **nos** cambiamos de sitio, **os** cambiáis de sitio, **se*** (pluriel) *cambian de sitio.*

3 ▷ La mère de Rita se déplace souvent pour son travail.
La madre de Rita viaja mucho para el trabajo.

3 ► **se déplacer** (= voyager) : **viajar**

déplaire

1 ▷ Leur attitude me déplaît.
No me gusta su actitud.
▷ Ça lui a déplu.
Eso no le gustó.
2 ▷ Ça ne me déplairait pas d'aller au Canada.
No estaría mal ir a Canadá.

1 Pour dire que quelque chose nous déplaît en espagnol, on emploie la forme négative de **gustar**.

2 Pour dire que quelque chose ne nous déplairait pas en espagnol, on emploie l'expression **no estaría mal**.

dépliant

▷ L'office du tourisme nous a envoyé des dépliants sur la région.
La oficina de turismo nos mandó unos folletos sobre la región.

el **folleto**

déplier

▷ La carte s'est envolée quand je l'ai dépliée.
El mapa se voló cuando lo desplegué.

desplegar

déposer

1 ▷ Anita a déposé ses bagages dans le couloir.
Anita dejó el equipaje en el pasillo.
▷ Tu veux que je te dépose à la gare ?
¿Quieres que te deje en la estación?

1 (= poser, accompagner en voiture) **dejar**

Si le complément est une personne ou un groupe de personnes, n'oubliez pas de le faire précéder de ***a****.*

2 ▷ Je suis allée déposer un chèque sur mon compte.
Fui a ingresar un cheque en mi cuenta.

2 (= déposer un chèque ou de l'argent liquide) **ingresar**

ℹ *Notez la préposition utilisée en espagnol :* **sur** un compte = ***en** una cuenta.*

dépression

1 ▻ La dépression est une maladie qui peut être grave.
La depresión es una enfermedad que puede ser grave.

▻ La prof de français faisait de la dépression.
La profesora de francés tenía una depresión.

2 ▻ La mère de Nanou a fait une dépression nerveuse.
La madre de Nanou sufrió una depresión nerviosa.

la **depresión**

ℹ *Remarquez que le mot espagnol porte sur le* ***o*** *un accent écrit qui reflète l'accent tonique.*

► **faire de la dépression : tener una depresión**

ℹ *On peut dire aussi* ***deprimir****.*

2 ► **faire une dépression nerveuse : sufrir una depresión nerviosa**

déprimant, déprimante

▻ Ce temps est déprimant.
Este tiempo es deprimente.

deprimente

déprimé, déprimée

▻ Gabriel a l'air déprimé.
Gabriel parece deprimido.
▻ Qu'est-ce qui lui arrive ? Elle est déprimée ?
¿Qué le pasa? ¿Está deprimida?

deprimido, deprimida

Attention : le verbe qui traduit être *dans* être déprimé *est* ***estar*** *et non* ***ser****.*

depuis

1 ▻ Nous sommes en vacances depuis vendredi.
Estamos de vacaciones desde el viernes.

▻ Depuis quand est-ce que tu le connais ?
¿Desde cuándo le conoces?
▻ Depuis que je prends des cours particuliers, j'ai de meilleures notes.
Desde que tomo clases particulares, saco mejores notas.

1 Quand **depuis** est suivi d'un mot ou d'une expression qui se rapporte à une date ou un moment donné dans le temps (par exemple **depuis jeudi, depuis ce matin, depuis le mois dernier**), l'équivalent en espagnol est **desde** (**desde el jueves, desde esta mañana, desde el mes pasado**).

► **depuis quand... ? : ¿desde cuándo...?**

► **depuis que : desde que**

2 ▷ Nous habitons ici depuis deux ans.
Vivimos aquí desde hace dos años.

▷ Depuis combien de temps est-ce que tu la connais ?
¿Desde cuándo la conoces?

2 Quand **depuis** est suivi d'un mot ou d'une expression qui exprime une durée (par exemple **depuis trois jours, depuis une heure, depuis trente ans**), l'équivalent en espagnol est **desde hace** (**desde hace tres días, desde hace una hora, desde hace treinte años**).

► **depuis combien de temps ... ? : ¿desde cuándo...?**

déranger

▷ Je ne veux pas déranger Susana pendant qu'elle travaille.
No quiero molestar a Susana mientras trabaja.
▷ Ça vous dérange si j'ouvre la fenêtre ?
¿Le molesta si abro la ventana?

▷ Ça te dérangerait de t'arrêter au supermarché ?
¿Te molestaría pararte en el supermercado?

molestar

Si le complément est une personne ou un groupe de personnes, n'oubliez pas de le faire précéder de ***a****.*

Notez que, contrairement au français, il n'y a pas de préposition entre ***molestar*** *et l'infinitif qui suit (****te molestaría pararte****).*

déraper

1 ▷ La voiture a dérapé dans le tournant.
El coche derrapó en la curva.

2 ▷ J'ai dérapé sur le trottoir et je suis tombé.
Resbalé en la acera y me caí.

1 (en parlant d'une voiture)
derrapar

Attention à bien prononcer les deux ***r*** *de* ***derrapar****.*

2 (en parlant d'une personne)
resbalar

déréglé, déréglée

▷ Ma montre est déréglée, tu as l'heure ?
Mi reloj no funciona bien, ¿qué hora tienes?

► **... est déréglé** *ou* **... sont déréglés : ... no funciona bien** *ou* **... no funcionan bien**

dermatologue

▷ Mon oncle était dermatologue.
Mi tío era dermatólogo.
▷ Adeline est chez le dermatologue.
Adeline está en el dermatólogo.

el **dermatólogo,** la **dermatóloga**

Remarquez que le mot espagnol porte sur le premier ***o*** *un accent écrit qui reflète l'accent tonique.*

▷ Léon va chez le dermatologue à cause de ses boutons.
Léon va al dermatólogo a causa de sus granos.

► **chez le dermatologue** (= dans son cabinet) : **en el dermatólogo**
► **chez le dermatologue** (= vers son cabinet) : **al dermatólogo**

dernier, dernière

1 ▷ C'est le dernier bonbon, tu le veux ?
Éste es el último caramelo, ¿lo quieres?
▷ Ils habitent au dernier étage.
Viven en el último piso.

1 **último, última**

Remarquez que les mots ***último*** *et* ***última*** *portent sur le* ***u*** *un accent écrit qui reflète l'accent tonique.*

2 ▷ Nous avons eu un test de géo lundi dernier.
Tuvimos una prueba de geografía el lunes pasado.
▷ Le mois dernier il a beaucoup plu.
El mes pasado llovió mucho.

2 (dans le temps) **pasado, pasada**

3 ▷ Il n'y aura plus de bonbons, celui-ci est le dernier.
No habrá más caramelos, éste es el último.
▷ Ursula et Jacobo sont arrivés les derniers.
Ursula y Jacobo llegaron los últimos.

3 ► **le dernier, la dernière : el último, la última**

4 ▷ Le prof a interrogé Corentin en dernier.
El profesor le hizo preguntas a Corentin en último lugar.

4 ► **en dernier : en último lugar**

dernièrement

▷ Est-ce que tu as vu Adèle dernièrement ?
¿Has visto a Adèle últimamente?

últimamente

Remarquez que le mot espagnol porte sur le ***u*** *un accent écrit qui reflète l'accent tonique.*

dérouler

1 ▷ Aide-moi à dérouler le tuyau d'arrosage.
Ayúdame a desenrollar la manguera.

1 **desenrollar**

2 ▷ L'histoire se déroule à Rome.
La historia se desarrolla en Roma.

2 ► **se dérouler** (= avoir lieu) : **desarrollarse**

Le pronom réfléchi fonctionne de la façon suivante en espagnol : ***se*** (singulier) *desarrolla,* ***se*** (pluriel) *desarrollan.*

Attention à bien prononcer les deux ***r*** *de* ***desarrollarse****.*

derrière

1 ▷ Attention, le prof est derrière toi !
¡Cuidado, que el profesor está detrás de ti!

1 ► **derrière** quelqu'un *ou* quelque chose : **detrás de** alguien *ou* algo

2 ▷ Les élèves les plus grands se mettront derrière pour la photo.
Los alumnos más altos se pondrán detrás para la foto.
▷ Assieds-toi derrière avec le bébé.
Siéntate detrás con el bebé.

2 (= au fond, sur une photo, dans une classe, dans une voiture) **detrás**

*Remarquez que le mot **detrás** porte sur le **a** un accent écrit qui reflète l'accent tonique.*

3 ▷ Il m'a pincé le derrière !
¡Me pellizcó el trasero!

3 ► **le derrière** (= les fesses) **: el trasero**

des

Regardez l'entrée **de.**

dès

1 ▷ Tout le monde était prêt dès sept heures.
A las siete todo el mundo ya estaba listo.

1 Pour dire que quelque chose se passe dès telle heure ou tel moment, on emploie en espagnol l'adverbe **ya,** qui signifie **déjà.** Notez la place de **ya** dans la phrase espagnole.

2 ▷ Dès le début, j'ai su que ça serait difficile.
Desde el principio supe que iba a ser difícil.

2 ► **dès le début : desde el principio**

3 ▷ Téléphonez dès que vous arriverez.
Llamad en cuanto lleguéis.
▷ Je le ferai dès que possible.
Lo haré cuanto antes.

3 ► **dès que** + futur **: en cuanto** + subjonctif
► **dès que possible : cuanto antes**

désagréable

▷ Léa a été désagréable avec la prof.
Léa estuvo desagradable con la profesora.

desagradable

*Le mot espagnol **desagradable** ne porte pas d'accent écrit.*

▷ Il est très désagréable d'avoir des crampes.
Es muy desagradable tener calambres.

► **il est désagréable de** + infinitif **: es desagradable** + infinitif

désastre

▷ J'ai oublié le gâteau dans le four. Quel désastre !
Olvidé el pastel en el horno. ¡Qué desastre!

el **desastre**

*Le mot espagnol **desastre** ne porte pas d'accent écrit.*

descendre

1 ▷ L'ascenseur descend, on va le prendre.
El ascensor baja, lo vamos a coger.
▷ Tu peux descendre, s'il te plaît ? J'ai quelque chose à te dire.
¿Puedes bajar, por favor? Tengo algo que decirte.
▷ Est-ce que tu peux m'aider à descendre les valises ?
¿Me puedes ayudar a bajar las maletas?
▷ Jean-Loup a descendu la pente à toute vitesse.
Jean-Loup bajó la pendiente a toda velocidad.
▷ Descends du toit, tu vas te tuer !
¡Baja del tejado, que te vas a matar!
▷ Tu descends cette rue et tu tournes à gauche.
Bajas por esta calle y giras a la izquierda.

2 ▷ On descend au prochain arrêt.
Nos bajamos en la próxima parada.
▷ Nous sommes descendus du train les premiers.
Nos bajamos del tren los primeros.

1 La plupart des sens de **descendre** se traduisent en espagnol par **bajar.**

► **descendre une rue : bajar por una calle**

2 (en parlant du train, du métro, du bus) **bajarse**

ℹ *Le pronom réfléchi fonctionne de la façon suivante en espagnol :* ***me*** *bajo,* ***te*** *bajas,* ***se*** (singulier) *baja,* ***nos*** *bajamos,* ***os*** *bajáis,* ***se*** (pluriel) *bajan.*

descente

▷ La descente est très raide.
La bajada es muy empinada.

(= pente) la **bajada**

description

▷ Sa description du voyage scolaire était très drôle.
Su descripción del viaje de estudios fue muy divertida.

la **descripción** (pluriel : las descripciones)

ℹ *Il n'y a pas d'accent écrit au pluriel. L'accent tonique porte sur le* ***o****, comme au singulier.*

désert (nom)

▷ Ils ont passé trois jours dans le désert en Tunisie.
Pasaron tres días en el desierto en Túnez.

el **desierto**

désert, déserte (adjectif)

▷ Les rues sont désertes à partir de onze heures.
Las calles están desiertas a partir de las once.

desierto, desierta

désespéré, désespérée

▷ Olivia était désespérée quand ses parents lui ont interdit de sortir.
Olivia estaba desesperada cuando sus padres le prohibieron salir.

desesperado, desesperada

déshabiller

1 ▷ Thomas a déshabillé le bébé pour le laver.
Thomas desnudó al bebé para lavarlo.

2 ▷ Je n'aime pas me déshabiller devant les autres.
No me gusta desnudarme delante de los demás.

1 **desnudar**
Le complément est une personne : n'oubliez pas de le faire précéder de ***a****.*

2 ► **se déshabiller : desnudarse**
Le pronom réfléchi fonctionne de la façon suivante en espagnol : ***me*** *desnudo,* ***te*** *desnudas,* ***se*** (singulier) *desnuda,* ***nos*** *desnudamos,* ***os*** *desnudáis,* ***se*** (pluriel) *desnudan.*

désherber

▷ J'ai aidé ma mère à désherber le jardin.
Ayudé a mi madre a quitar las malas hierbas del jardín.

quitar las malas hierbas de

désigner

1 ▷ La flèche désigne la sortie.
La flecha señala la salida.

2 ▷ Nous désignerons les délégués de classe demain.
Mañana elegiremos a los delegados de clase.

3 ▷ C'est un mot qui désigne un certain type d'oiseau.
Es una palabra que designa cierto tipo de pájaro.

1 (= montrer) **señalar**

2 (= élire, nommer) **elegir**
Si le complément est une personne ou un groupe de personnes, n'oubliez pas de le faire précéder de ***a****.*

3 (= s'appliquer à, en parlant d'un mot) **designar**

désinfecter

▷ Tu devrais désinfecter ton genou.
Te deberías desinfectar la rodilla.

desinfectar

désirer

▷ Je désire parler à votre mère, s'il vous plaît.
Quisiera hablar con su madre, por favor.

Pour dire de façon très polie qu'on désire faire quelque chose, on emploie en espagnol le verbe **querer** au conditionnel **(quisiera)**.

désobéir

▷ Mon petit frère a encore désobéi et il s'est fait gronder.
Mi hermano pequeño ha vuelto a desobedecer y le han regañado.

▷ Je n'ose pas désobéir à mon père.
No me atrevo a desobedecer a mi padre.

desobedecer

► **désobéir à** quelqu'un : **desobedecer a** alguien

désobéissant, désobéissante

▷ Lionel est très désobéissant.
Lionel es muy desobediente.

desobediente

désolé, désolée

▷ Je suis désolé, mais ce n'est pas possible.
Lo siento, pero no es posible.

▷ Je suis désolée de vous déranger.
Siento mucho molestarle.

▷ Désolé, c'est trop tard !
¡Lo siento, pero es demasiado tarde!

► **être désolé : sentirlo**

► **être désolé de** + infinitif : **sentir mucho** + infinitif

► **désolé !** *ou* **désolée ! : ¡lo siento!**

désordre

▷ Quel désordre dans cette chambre !
¡Vaya desorden en esta habitación!

el **desorden**

désormais

▷ Désormais, j'irai à l'école à vélo.
A partir de ahora, iré al colegio en bici.

a partir de ahora

dessécher

1 ▷ Le vent dessèche la peau.
El viento reseca la piel.

2 ▷ La plante s'est desséchée sur la fenêtre.
La planta se resecó en la ventana.

1 **resecar**

2 ► **se dessécher : resecarse**

dessert

▷ La glace est mon dessert préféré.
El helado es mi postre preferido.

▷ Qu'est-ce qu'il y a comme dessert ?
¿Qué hay de postre?

el **postre**

ℹ *Notez la préposition utilisée en espagnol :* comme dessert = ***de** postre.*

dessin

▷ Il y a des dessins sur les murs.
Hay dibujos en las paredes.

▷ Qui a fait ce dessin ? Il est très joli.
¿Quién ha hecho este dibujo? Es muy bonito.

1 el **dibujo**

► **faire un dessin : hacer un dibujo**

Suite page suivante

▷ Lola regarde des dessins animés à la télé.
Lola está mirando dibujos animados en la tele.

► **dessin animé** : el **dibujo animado** (pluriel : los dibujos animados)

dessiner

▷ Aurélien ne sait pas encore dessiner.
Aurélien no sabe dibujar todavía.

▷ Juana a dessiné un oiseau.
Juana dibujó un pájaro.

dibujar

dessous

1 ▷ Le cahier de maths est là et le classeur de français est dessous.
El cuaderno de mates está allí y la carpeta de francés está debajo.

1 **debajo**

2 ▷ Le dessous de la table est plein de chewing-gums, c'est dégoûtant !
La parte de abajo de la mesa está llena de chicles, ¡es asqueroso!

2 ► **le dessous de** quelque chose : **la parte de abajo de** algo

3 ▷ Regarde ce tas de livres, ton cahier est en dessous.
Mira esta pila de libros, tu cuaderno está debajo.

3 ► **en dessous** (= sous un objet) : **debajo**

4 ▷ Les gens qui habitent en dessous sont très sympas.
La gente que vive abajo es muy simpática.

4 ► **en dessous** (= à l'étage inférieur) : **abajo**

5 ▷ En dessous de dix euros, ce n'est vraiment pas cher.
A menos de diez euros es muy barato.

5 ► **en dessous de** (en parlant d'un prix) : **a menos de**

6 ▷ Les températures sont tombées en dessous de zéro.
Las temperaturas cayeron por debajo de cero.

6 ► **en dessous de** (en parlant d'une température) : **por debajo de**

dessous-de-plat

▷ Mets un dessous-de-plat, la soupière est brûlante.
Pon un salvamanteles, que la sopera quema.

el **salvamanteles** (pluriel : los salvamanteles)

dessus

1 ▷ Les chaises sont solides, tu peux poser les cartons dessus.
Las sillas son sólidas, puedes poner las cajas de cartón encima.

1 **encima**

2 ▷ Le dessus de l'armoire est plein de poussière.
La parte de arriba del armario está llena de polvo.

2 ► **le dessus de** quelque chose : **la parte de arriba de** algo

destination

▷ Quelle est votre destination ?
¿Cuál es su destino?

▷ De quel quai part le train à destination de Tolède ?
¿De qué andén sale el tren con destino a Toledo?

el **destino**

ℹ ***Destino*** *signifie aussi* **destin.**

► **à destination de** (en parlant d'un train ou d'un vol) **: con destino a**

détacher

1 ▷ Quelqu'un a détaché le chien et il s'est échappé.
Alguien desató el perro y se escapó.
▷ Ne détache pas ta ceinture de sécurité.
No te desates el cinturón de seguridad.

2 ▷ Les chèques sont difficiles à détacher du chéquier.
Cuesta separar los cheques del talonario.

3 ▷ Alice a réussi à se détacher et à s'échapper.
Alice consiguió desatarse y escaparse.
▷ Attention, ta ceinture de sécurité s'est détachée.
Cuidado, que se te ha desatado el cinturón de seguridad.

1 (= détacher un prisonnier, un animal ou une ceinture) **desatar**

2 (= détacher un chèque, un ticket ou un timbre) **separar**

3 ► **se détacher** (= se libérer, se défaire) **: desatarse**

ℹ *Le pronom réfléchi fonctionne de la façon suivante en espagnol :* ***me*** *desato,* ***te*** *desatas,* ***se*** (singulier) *desata,* ***nos*** *desatamos,* ***os*** *desatáis,* ***se*** (pluriel) *desatan.*

détail

▷ Il y a un détail que je n'ai pas compris.
Hay un detalle que no he entendido.
▷ Il nous a raconté l'histoire en détail.
Nos contó la historia con todo detalle.

el **detalle**
► **en détail : con todo detalle**

déteindre

1 ▷ Mon jean a déteint, il est presque blanc maintenant.
Mis vaqueros se han desteñido, ahora son casi blancos.

2 ▷ La chemise rouge a déteint sur tous les autres vêtements !
¡La camisa roja ha desteñido y ha manchado toda la ropa!

1 (= perdre sa couleur) **desteñirse**

ℹ *Le pronom réfléchi fonctionne de la façon suivante en espagnol :* ***se*** (singulier) *destiñe,* ***se*** (pluriel) *destiñen.*

2 Pour dire qu'un vêtement a déteint sur un autre, on emploie les verbes **desteñir** et **manchar**.

se détendre

▷ Détends-toi, le dentiste ne te fera pas mal.
Relájate, el dentista no te va a hacer daño.

(= se décontracter) **relajarse**

détendu, détendue

▷ J'ai trouvé Karim très détendu.
Encontré a Karim muy relajado.

(= décontracté) **relajado, relajada**

détester

▷ Je sais que Lambert déteste son cousin.
Sé que Lambert odia a su primo.

▷ Ma mère déteste faire la cuisine.
Mi madre odia cocinar.

odiar

*Si le complément est une personne ou un groupe de personnes, n'oubliez pas de le faire précéder de **a**.*

► **détester faire** quelque chose : **odiar hacer** algo

détonation

▷ On a entendu une détonation et on a vu de la fumée sortir de la voiture.
Oímos una detonación y vimos humo que salía del coche.

la **detonación** (pluriel : las detonaciones)

*Il n'y a pas d'accent écrit au pluriel. L'accent tonique porte sur le **o**, comme au singulier.*

détour

▷ Nous avons dû faire un détour parce que la rue était bloquée.
Tuvimos que dar un rodeo porque la calle estaba bloqueada.

► **faire un détour : dar un rodeo**

détourner

1 ▷ J'ai essayé de détourner l'attention de Lalia, mais je n'y suis pas arrivé.
Intenté desviar la atención de Lalia, pero no lo conseguí.

2 ▷ N'essaie pas de détourner la conversation !
¡No intentes desviar la conversación!

1 ► **détourner l'attention de** quelqu'un : **desviar la atención de** alguien

2 ► **détourner la conversation : desviar la conversación**

détraqué, détraquée

1 ▷ La radio est détraquée.
La radio está estropeada.

2 ▷ Ce mec est complètement détraqué !
¡Este tío está completamente loco!

1 (en parlant d'une machine ou d'un appareil) **estropeado, estropeada**

2 (= fou, au sens familier) **loco, loca**

Détraqué *est un mot familier, mais **loco** ne l'est pas.*

détritus

▷ Les rues sont pleines de détritus.
Las calles están llenas de desperdicios.

los **desperdicios**

détruire

▷ La bombe a détruit tout l'immeuble.
La bomba destruyó todo el edificio.

destruir

dette

▷ Je t'ai prêté dix euros ; tu dois rembourser tes dettes !
Te presté diez euros; ¡debes pagar tus deudas!

la **deuda**

ℹ *Prononcez bien* ***de – u – da.***

deux

1 ▷ Saïd a deux VTT.
Saïd tiene dos bicicletas todoterreno.
▷ Aujourd'hui c'est le deux avril.
Hoy es el dos de abril.

2 ▷ Les deux écoles sont dans le même village.
Las dos escuelas están en el mismo pueblo.
▷ Je vais prendre les deux.
Voy a coger ambos.
▷ Vous allez partir toutes les deux ?
¿Os vais a ir las dos?

1 **dos**

ℹ *Notez l'emploi de* ***de*** *en espagnol quand on dit la date.*

2 ► **les deux : los dos, las dos**

ℹ *On peut dire aussi* ***ambos, ambas.***

► **tous les deux, toutes les deux : los dos, las dos**

ℹ *On peut dire aussi* ***ambos, ambas.***

deuxième

1 ▷ Le deuxième exercice est plus facile que le premier.
El segundo ejercicio es más fácil que el primero.

2 ▷ Mes grands-parents habitent au deuxième.
Mis abuelos viven en el segundo piso.

1 **segundo, segunda**

2 (= deuxième étage) el **segundo piso**

devant

1 ▷ On s'est garés devant la boulangerie.
Aparcamos delante de la panadería.
▷ Il y avait dix personnes devant moi dans la file d'attente.
Había diez personas delante de mí en la cola.

2 ▷ Les élèves les plus petits doivent se mettre devant.
Los alumnos más pequeños tienen que ponerse delante.
▷ Tu veux t'asseoir devant ?
¿Te quieres sentar delante?

1 (= situé devant un objet, un endroit ou une personne) **delante de**

2 (= à l'avant, sur une photo ou dans une salle) **delante**

développer

▷ Victor prend des cours pour apprendre à développer les photos.
Victor toma clases para aprender a revelar fotos.
▷ Où est-ce que tu fais développer tes photos ?
¿Dónde llevas tus fotos a revelar?
▷ C'est une pratique qui se développe de plus en plus.
Es una práctica que se desarrolla cada vez más.

(= développer des photos) **revelar**

► **faire développer des photos : llevar fotos a revelar**
► **se développer : desarrollarse**

devenir

1 ▷ Elle est devenue très jolie.
Se ha vuelto muy guapa.
▷ Je vais devenir fou avec tous ces exercices !
¡Me voy a volver loco con todos estos ejercicios!

1 Quand on parle d'une transformation involontaire, on emploie en espagnol le verbe **volverse**.

ℹ *Le pronom réfléchi fonctionne de la façon suivante en espagnol :* ***me*** *vuelvo,* ***te*** *vuelves,* ***se*** (singulier) *vuelve,* ***nos*** *volvemos,* ***os*** *volvéis,* ***se*** (pluriel) *vuelven.*

2 ▷ Mélissa voudrait devenir chanteuse.
Mélissa quisiera llegar a ser cantante.

2 Quand la transformation implique des efforts ou un travail, on emploie en espagnol l'expression **llegar a ser** + adjectif ou nom.

3 ▷ Elle est devenue toute rouge.
Se puso colorada.

3 Avec certains adjectifs qui dénotent un changement involontaire et temporaire, par exemple **rouge, pâle** *ou* **triste,** la traduction espagnole est **ponerse** + adjectif.

ℹ *Le pronom réfléchi fonctionne de la façon suivante en espagnol :* ***me*** *pongo,* ***te*** *pones,* ***se*** (singulier) *pone,* ***nos*** *ponemos,* ***os*** *ponéis,* ***se*** (pluriel) *ponen.*

4 ▷ Elle est devenue sourde après l'explosion.
Se quedó sorda después de la explosión.

4 Avec certains adjectifs qui dénotent un changement involontaire et permanent, par exemple **sourd** *ou* **aveugle,** la traduction espagnole est **quedarse** + adjectif.

ℹ *Le pronom réfléchi fonctionne de la façon suivante en espagnol :* ***me*** *quedo,* ***te*** *quedas,* ***se*** (singulier) *queda,* ***nos*** *quedamos,* ***os*** *quedáis,* ***se*** (pluriel) *quedan.*

5 ▷ Tiens, bonjour ! Qu'est-ce que tu deviens ?
¡Hola! ¿Qué es de tu vida?

5 ► **qu'est-ce que tu deviens ? : ¿qué es de tu vida?**

deviner

▷ Devine quelle note j'ai eu en espagnol !
¡Adivina qué nota he sacado en español!
▷ Lucie a deviné que je n'avais pas envie d'aller avec elle.
Lucie adivinó que no tenía ganas de ir con ella.

adivinar

devinette

▷ Vous connaissez cette devinette ?
¿Conocéis esta adivinanza?
▷ On a joué aux devinettes dans la voiture.
Jugamos a las adivinanzas en el coche.

la **adivinanza**

► **jouer aux devinettes :** jugar a las adivinanzas

dévisager

▷ Je n'aime pas la façon dont il dévisage les gens.
No me gusta como mira a la gente de hito en hito.

mirar de hito en hito

Si le complément est une personne ou un groupe de personnes, n'oubliez pas de le faire précéder de ***a****.*

le devoir, les devoirs

1 ▷ On a un devoir sur table d'espagnol la semaine prochaine.
Tenemos un examen de español la semana que viene.

2 ▷ La prof ne nous a pas donné de devoirs pour les vacances.
La profesora no nos puso deberes para las vacaciones.
▷ Je vais faire mes devoirs et après je regarderai la télé.
Voy a hacer los deberes y luego miraré la tele.

1 ► **devoir sur table :** el examen (pluriel : los exámenes)

Il n'y a pas d'accent écrit au singulier. L'accent tonique porte sur le ***a****, comme au singulier.*

2 ► **devoirs** (à faire à la maison) **:** los deberes

Notez la traduction de **donner des devoirs** *:* ***poner*** *deberes.*

► **faire ses devoirs :** hacer los deberes

devoir faire

1 ▷ Je ne peux pas sortir, je dois faire mes devoirs.
No puedo salir, tengo que hacer los deberes.
▷ Pour aller en Chine, nous devons obtenir un visa.
Para ir a China, tenemos que obtener un visado.

2 ▷ Tu dois tenir ta promesse.
Debes cumplir tu promesa.
▷ Loïc devrait travailler un peu plus.
Loïc debería trabajar un poco más.

3 ▷ Tu dois être contente de partir en vacances.
Debes de estar contenta de irte de vacaciones.

1 Pour exprimer ce qu'on doit faire, on emploie généralement **tener que** + infinitif.

2 Quand on doit faire quelque chose par obligation morale, on emploie en espagnol le verbe **deber** + infinitif.

3 Pour dire que quelque chose est probable, on emploie le verbe **deber**.

devoir (de l'argent)

▷ N'oublie pas que tu me dois cinq euros !
¡No olvides que me debes cinco euros!

deber
► **devoir** quelque chose **à** quelqu'un **: deber** algo **a** alguien

dévorer

▷ Eulalie a dévoré le gâteau en dix minutes.
Eulalie devoró el pastel en diez minutos.

(en parlant de nourriture ou d'un livre)
devorar

diabète

▷ Mon grand-père a du diabète.
Mi abuelo tiene diabetes.

la **diabetes**
► **avoir du diabète : tener diabetes**

ℹ *Attention à l'orthographe du mot* ***diabetes****.*

diable

▷ Cet enfant est un vrai diable !
¡Este niño es un verdadero diablo!

el **diablo**

dialogue

▷ Les dialogues du film sont très rigolos.
Los diálogos de la película son muy divertidos.

el **diálogo**

ℹ *Remarquez que le mot espagnol porte sur le* ***a*** *un accent écrit qui reflète l'accent tonique.*

diamant

▷ Béatrice a une bague avec un diamant.
Béatrice tiene un anillo con un diamante.
▷ Le mannequin portait un collier de diamants.
La modelo llevaba un collar de diamantes.

el **diamante**

► **de diamants : de diamantes**

diapositive

▷ Le prof nous a montré des diapositives.
El profesor nos enseño unas diapositivas.

la **diapositiva**

diarrhée

▷ Plusieurs personnes ont eu la diarrhée pendant le voyage.
Varias personas tuvieron diarrea durante el viaje.

► **avoir la diarrhée : tener diarrea**

ℹ *Notez qu'il n'y a pas d'article en espagnol.*

ℹ *Attention à l'orthographe du mot* ***diarrea****. Veillez aussi à bien prononcer les deux* ***r****.*

dictée

▻ La dictée était vraiment difficile.
El dictado era muy difícil.
▻ On a fait une dictée ce matin.
Hicimos un dictado esta mañana.

el **dictado**

► **faire une dictée : hacer un dictado**

dicter

▻ Le prof nous a dicté deux paragraphes.
El profesor nos dictó dos párrafos.

► **dicter** quelque chose **à** quelqu'un **: dictar** algo a alguien

dictionnaire

▻ Regarde dans le dictionnaire.
Mira en el diccionario.

el **diccionario**

ℹ *Attention à l'orthographe du mot espagnol.*

diesel

▻ Léo a mis vingt litres de diesel dans la voiture.
Léo puso veinte litros de diésel en el coche.

el **diésel**

ℹ *Remarquez que le mot espagnol porte sur le **e** un accent écrit qui reflète l'accent tonique.*

diététique

▻ Ursula ne mange que des produits diététiques.
Ursula sólo come productos dietéticos.

dietético, dietética

ℹ *Remarquez que le mot espagnol porte sur le deuxième **e** un accent écrit qui reflète l'accent tonique.*

Dieu

▻ Est-ce que tu crois en Dieu ?
¿Crees en Dios?
▻ Mon Dieu, quelle horreur !
¡Dios mío, qué horror!

Dios

► **mon Dieu ! : ¡Dios mío!**

ℹ *Remarquez que le mot **mío** porte sur le **i** un accent écrit qui reflète l'accent tonique.*

différence

▻ Il y a une grosse différence entre les deux prix.
Hay una gran diferencia entre los dos precios.

la **diferencia**

différent, différente

▻ Marcel et son frère sont très différents.
Marcel y su hermano son muy diferentes.
▻ Le climat galicien est différent du climat andalou.
El clima de Galicia es diferente del clima de Andalucía.

diferente

► **différent de = diferente de**

difficile

1 ▷ Est-ce que tu as trouvé le devoir sur table difficile ?
¿Encontraste el examen difícil?

▷ C'est difficile d'apprendre tout par cœur.
Es difícil estudiarlo todo de memoria.

2 ▷ Ce tiroir est difficile à ouvrir.
Cuesta abrir este cajón.
▷ Ce que tu racontes est difficile à croire.
Cuesta creer lo que estás contando.

3 ▷ Ne sois pas si difficile, mange !
¡No seas tan delicado, come!

1 (= compliqué) **difícil** (pluriel : **difíciles**)

ℹ *Remarquez que le singulier comme le pluriel portent sur le premier **i** un accent écrit qui reflète l'accent tonique.*

► **il est difficile de** + infinitif : **es difícil** + infinitif

2 ► quelque chose **est difficile à** + infinitif : **cuesta** + infinitif + **algo**

ℹ *On peut dire aussi : algo + **es difícil de*** + infinitif.

3 (en parlant de quelqu'un qui a des goûts particuliers) : **delicado, delicada**

difficulté

▷ Nous avons eu des difficultés pour trouver l'adresse.
Tuvimos dificultades para encontrar la dirección.

la **dificultad** (pluriel : **las dificultades**)

diffuser

▷ Le match est diffusé en direct.
El partido se emite en directo.

(à la télévision, à la radio) **emitir**

digérer

▷ C'est un plat difficile à digérer.
Es un plato que cuesta digerir.
▷ Je n'ai pas digéré ce qu'il m'a fait.
No he digerido lo que me ha hecho.

digerir

digestif, digestive

▷ Ce sont des comprimés pour les problèmes digestifs.
Son comprimidos para los problemas digestivos.
▷ Voulez-vous un digestif ?
¿Quiere un digestivo?

digestivo, digestiva

digicode

▻ J'ai oublié le digicode, on ne peut pas entrer !
¡He olvidado el código del portero automático, no podemos entrar!

el **código del portero automático**

*Remarquez que les mots espagnols **código** et **automático** portent un accent écrit qui reflète l'accent tonique.*

diluer

▻ Marie dilue toujours son vin avec de l'eau.
Marie siempre diluye el vino con agua.

diluir

dimanche

▻ Aujourd'hui c'est dimanche.
Hoy es domingo.
▻ Nous partirons dimanche.
Nos marcharemos el domingo.
▻ Mes grands-parents sont venus dimanche.
Mis abuelos vinieron el domingo.
▻ Le dimanche toute la famille va à la messe.
Los domingos toda la familia va a misa.

el **domingo**

► **faire** quelque chose **dimanche :** **hacer** algo **el domingo**

► **le dimanche** (= tous les dimanches) **: los domingos**

dimensions

▻ Je ne connais pas les dimensions de la table.
No conozco las medidas de la mesa.
▻ Nous allons prendre les dimensions de la pièce.
Vamos a tomar las medidas de la habitación.

las **medidas**

► **prendre les dimensions de** quelque chose **: tomar las medidas de** algo

diminuer

1 ▻ Ils ont diminué le prix.
Han rebajado el precio.

2 ▻ Le nombre d'élèves a diminué cette année.
El número de alumnos ha disminuido este año.

1 ► **diminuer** quelque chose (= faire baisser) **: rebajar** algo

2 ► **diminuer** (en parlant d'un nombre, d'un prix ou d'une température) **: disminuir**

*Attention à l'orthographe du mot **disminuir**.*

diminution

▻ Il y a eu une diminution du nombre de chômeurs.
Ha habido una disminución del número de parados.

(= baisse) la **disminución** (pluriel : las disminuciones)

*Il n'y a pas d'accent écrit au pluriel. L'accent tonique porte sur le **o**, comme au singulier.*

*Attention à l'orthographe du mot **disminución**.*

dinde

▻ À Noël, nous mangeons de la dinde aux marrons.
Para Navidad comemos pavo con castañas.

el **pavo**

dîner

1 ▻ Le dîner est prêt.
La cena está lista.

2 ▻ Nous dînerons à huit heures.
Cenaremos a las ocho.

1 ► **le dîner** (= le repas du soir) **: la cena**

2 (= manger) **cenar**

dînette

▻ Tu es un peu vieille pour jouer à la dînette !
¡Eres un poco mayor para jugar a las cocinitas!

► **jouer à la dînette : jugar a las cocinitas**

dingue

▻ Il est complètement dingue !
¡Está completamente loco!

(en parlant d'une personne folle, au sens familier) **loco, loca**

Attention : le verbe qui traduit être *dans* être dingue *est* ***estar*** *et non* ***ser****.*

i Dingue *est familier, mais* ***loco*** *ne l'est pas.*

dinosaure

▻ Il y a un squelette de dinosaure au musée.
Hay un esqueleto de dinosaurio en el museo.

el **dinosaurio**

diplôme

1 ▻ Le frère de Fahrid a un diplôme d'ingénieur.
El hermano de Fahrid tiene un diploma de ingeniero.

2 ▻ Est-ce qu'il faut des diplômes pour faire ce métier ?
¿Hace falta tener títulos para ejercer este oficio?

1 ► **un diplôme de** quelque chose **: un diploma de** algo

2 ► **des diplômes** (= une qualification) **: títulos**

i *Remarquez que le mot espagnol porte sur le* ***i*** *un accent écrit qui reflète l'accent tonique.*

dire

1 ▻ Pardon ? Qu'est-ce que tu as dit ?
¡Perdón! ¿Qué has dicho?

▻ Comment dit-on « soldat » en espagnol ?
¿Cómo se dice "soldat" en español?

▻ Clara m'a dit qu'elle n'était pas contente.
Clara me dijo que no estaba contenta.

1 **decir**

► **dire à** quelqu'un **que... : decir a** alguien **que...**

▷ Pierre a dit à ses enfants de se dépêcher.
Pierre dijo a sus hijos que se dieran prisa.

► **dire à** quelqu'un **de** + infinitif :
decir a alguien **que** + subjonctif

Attention à la concordance des temps : quand ***decir*** *est au présent, le verbe de la subordonnée est au présent du subjonctif (¡te* ***digo*** *que* ***dejes*** *de hacer eso!), mais quand* ***decir*** *est au passé, le verbe de la subordonnée doit être à l'imparfait du subjonctif (me* ***dijo*** *que* ***dejara*** *de hacer eso).*

2 ▷ Est-ce que ça te dit d'aller à la piscine ?
¿Te apetece ir a la piscina?
▷ Tu veux regarder le film ? – Non, ça ne me dit rien.
¿Quieres mirar la película? – No, no me apetece.

2 Pour parler de ce qu'on a envie de faire, on emploie le verbe **apetecer**.

3 ▷ On dirait Paul.
Parece Paul.
▷ On dirait qu'elle pleure.
Parece que está llorando.
▷ Tu entends cette musique ? On dirait du flamenco.
¿Oyes esa música? Parece flamenco.

3 ► **on dirait...** (en parlant de ce qu'on voit ou qu'on entend) :
parece...

4 ▷ Finalement je me suis dit que c'était trop compliqué.
Finalmente me dije que era demasiado complicado.

4 ► **se dire que...** (= penser) :
decirse que...

Le pronom réfléchi fonctionne de la façon suivante en espagnol : ***me*** *digo,* ***te*** *dices,* ***se*** (singulier) *dice,* ***nos*** *decimos,* ***os*** *decís,* ***se*** (pluriel) *dicen.*

direct, directe

▷ Nous avons pris un vol direct pour Lomé.
Cogimos un vuelo directo para Lomé.
▷ Le concert a été diffusé en direct.
El concierto fue emitido en directo.

directo, directa
► **en direct** : **en directo**

directement

▷ Je vais directement à Paris, sans passer par Lille.
Voy directamente a París, sin pasar por Lila.
▷ Tu dois t'adresser directement au proviseur.
Te tienes que dirigir directamente al director.

directamente

directeur

▷ Le directeur a dit que tous les parents devaient venir.
El director dijo que todos los padres tenían que ir.

el **director** (pluriel : **los directores**)

direction

▻ Dans quelle direction est-ce qu'il est parti ?
¿En qué dirección se fue?
▻ Prenez la direction Porte de Clignancourt.
Tomen la dirección Porte de Clignancourt.

▻ Ils ont pris un train en direction de La Rochelle.
Cogieron un tren con dirección a *ou* en dirección a La Rochelle.

la **dirección** (pluriel : las direcciones)

ℹ *Il n'y a pas d'accent écrit au pluriel. L'accent tonique porte sur le* ***o****, comme au singulier.*

► **en direction de : con dirección a *ou* en dirección a**

directrice

▻ La directrice du magasin est venue s'excuser.
La directora de la tienda vino a disculparse.

la **directora**

diriger

1 ▻ Monsieur González dirige le centre de loisirs.
El señor González dirige el centro recreativo.
2 ▻ Il se dirigeait vers la porte mais Delphine l'a arrêté.
Se dirigía hacia la puerta pero Delphine le detuvo.

1 (= diriger une entreprise ou un magasin) **dirigir**

2 ► **se diriger vers : dirigirse hacia**

ℹ *Le pronom réfléchi fonctionne de la façon suivante en espagnol :* ***me*** *dirijo,* ***te*** *diriges,* ***se*** (singulier) *dirige,* ***nos*** *dirigimos,* ***os*** *dirigís,* ***se*** (pluriel) *dirigen.*

discipline

▻ Apparemment, la discipline n'est pas très bonne dans cette école.
Al parecer, la disciplina no es muy buena en aquella escuela.

la **disciplina**

discothèque

▻ Je l'ai emprunté à la discothèque de l'école.
Lo tomé prestado de la discoteca del colegio.

la **discoteca**

discours

▻ Le prof de sport a fait un très long discours.
El profesor de deportes pronunció un discurso muy largo.

el **discurso**

► **faire un discours : pronunciar un discurso**

discret, discrète

▻ Moussa est très discret, il ne pose jamais de questions.
Moussa es muy discreto, nunca hace preguntas.

discreto, discreta

discrètement

▻ Est-ce que tu peux donner ce mot à Muriel discrètement ?
¿Le puedes pasar discretamente esta nota a Muriel?

discretamente

discussion

▻ Nous avons eu une discussion très intéressante.
Tuvimos una charla muy interesante.

la **charla**

Attention : le mot ***discusión*** *existe en espagnol, mais il signifie plutôt* **dispute**.

discuter

▻ Ricardo a discuté avec le prof pendant longtemps.
Ricardo habló mucho tiempo con el profesor.
▻ Nous avons discuté du voyage scolaire.
Hablamos del viaje de estudios.

(= parler) **hablar**
► **discuter avec** quelqu'un : **hablar con** alguien
► **discuter de** quelque chose : **hablar de** algo

Attention : le mot ***discutir*** *existe en espagnol, mais il signifie plutôt* **se disputer**.

disparaître

▻ Mes lunettes ont disparu.
Mis gafas han desaparecido.

desaparecer

dispensé, dispensée

▻ Sophie est dispensée de gym aujourd'hui.
Sophie hoy está exenta de gimnasia.

► **être dispensé de** quelque chose : **estar exento** ou **exenta de** algo

Attention : le verbe qui traduit être *dans* être dispensé de *est* ***estar*** *et non* ***ser***.

disponible

▻ Est-ce que la salle de cours est disponible entre midi et deux heures ?
¿El aula está disponible entre las doce y las dos?
▻ Désolée, je ne suis pas disponible ce soir.
Lo siento, pero no estoy disponible esta tarde.

disponible

Attention : le verbe qui traduit être *dans* être disponible *est* ***estar*** *et non* ***ser***.

dispute

▻ Il y a souvent des disputes entre les élèves.
Hay a menudo discusiones entre los alumnos.

la **discusión** (pluriel : las **discusiones**)

Il n'y a pas d'accent écrit au pluriel. L'accent tonique porte sur le ***o****, comme au singulier.*

On peut dire aussi ***la disputa****.*

se disputer

▷ Mes frères se disputent tout le temps.
Mis hermanos se pelean todo el rato.
▷ Je me suis disputée avec Ángel.
Me peleé con Ángel.

pelearse

ℹ *Le pronom réfléchi fonctionne de la façon suivante en espagnol :* ***me*** *peleo,* ***te*** *peleas,* ***se*** (singulier) *pelea,* ***nos*** *peleamos,* ***os*** *peleaís,* ***se*** (pluriel) *pelean.*

ℹ *On peut dire aussi* ***discutir****.*

disque

▷ Mes parents ont une énorme collection de disques.
Mis padres tienen una enorme colección de discos.
▷ On lui a offert un disque compact pour son anniversaire.
Le regalamos un disco compacto para su cumpleaños.
▷ Le disque dur est presque plein.
El disco duro está casi lleno.

el **disco**

► **disque compact : disco compacto** (pluriel : **discos compactos**)

► **disque dur : disco duro** (pluriel : **discos duros**)

disquette

▷ Est-ce que tu peux me prêter une disquette vierge ?
¿Me puedes prestar un disquete virgen?

el **disquete**

Attention : contrairement au français, le mot espagnol ***disquete*** *est masculin.*

dissertation

▷ Ma sœur a passé tout le week-end à préparer sa dissertation.
Mi hermana se pasó todo el fin de semana preparando la disertación.

▷ Au lycée, nous apprendrons à faire des dissertations.
En el "lycée" aprenderemos a escribir disertaciones.

la **disertación** (pluriel : **las disertaciones**)

ℹ *Il n'y a pas d'accent écrit au pluriel. L'accent tonique porte sur le* ***o****, comme au singulier.*

► **faire une dissertation : escribir una disertación**

dissipé, dissipée

▷ La prof a grondé Lucien parce qu'il était dissipé.
La profesora regañó a Lucien porque estaba revoltoso.

revoltoso, revoltosa

dissolvant

▷ Est-ce que tu as du dissolvant ? J'ai oublié le mien.
¿Tienes quitaesmalte? He olvidado el mío.

(= produit pour les ongles) el **quitaesmalte**

dissoudre

1 ▷ Tu dissous la poudre dans un verre d'eau et tu le bois lentement.
Disuelves los polvos en un vaso de agua y te lo bebes lentamente.

2 ▷ Le sucre ne s'est pas bien dissous dans le café.
El azúcar no se ha disuelto bien en el café.

1 (= faire fondre) **disolver**

2 ► **se dissoudre : disolverse**

Le pronom réfléchi fonctionne de la façon suivante en espagnol : ***se*** (singulier) *disuelve,* ***se*** (pluriel) *disuelven.*

distance

▷ La distance est indiquée sur la carte.
La distancia está indicada en el mapa.
▷ À quelle distance est Brive ?
¿A qué distancia está Brive?

la **distancia**
► **à quelle distance ? : ¿a qué distancia?**

distingué, distinguée

▷ Je trouve qu'elle a l'air très distingué.
Encuentro que tiene un aire muy distinguido.

distinguido, distinguida

distinguer

▷ J'ai du mal à le distinguer de son frère jumeau.
Me cuesta distinguirle de su hermano gemelo.

distinguir
► **distinguer** quelqu'un *ou* quelque chose de... : **distinguir** a alguien *ou* **distinguir** algo **de...**

distraire

1 ▷ J'essaie de distraire mon petit frère qui est malade.
Intento distraer a mi hermanito que está enfermo.
▷ Aurélie a été punie parce qu'elle distrayait les autres élèves.
Castigaron a Aurélie porque distraía a los demás alumnos.

1 (= amuser ou dissiper) **distraer**

Le complément est une personne ou un groupe de personnes : n'oubliez pas de le faire précéder de ***a****.*

Suite page suivante

2 ▷ Tu devrais te distraire, tu travailles trop.
Deberías distraerte, trabajas demasiado.

2 ► **se distraire** (= s'amuser) : **distraerse**

*Le pronom réfléchi fonctionne de la façon suivante en espagnol : **me** distraigo, **te** distraes, **se** (singulier) distrae, **nos** distraemos, **os** distraéis, **se** (pluriel) distraen.*

distrait, distraite

▷ Ludmilla est très distraite, elle ne sait jamais où elle met ses affaires.
Ludmilla es muy distraída, nunca sabe dónde pone sus cosas.

distraído, distraída

*Remarquez que le mot espagnol porte sur le **i** un accent écrit qui reflète l'accent tonique.*

distribuer

▷ Le clown a distribué des bonbons aux enfants.
El payaso repartió caramelos entre los niños.
▷ C'est ton tour de distribuer les cartes.
Te toca a ti repartir las cartas.

repartir
► **distribuer** quelque chose à quelqu'un : **repartir** algo **entre** alguien

distributeur

1 ▷ Le distributeur de boissons est en panne.
La máquina expendedora de bebidas no funciona.

2 ▷ Est-ce qu'on peut s'arrêter au distributeur automatique ?
¿Nos podemos parar en el cajero automático?

1 (= machine) la **máquina expendedora** (pluriel : **las máquinas expendedoras**)

2 ► **distributeur automatique** (pour prendre de l'argent) : **el cajero automático** (pluriel : **los cajeros automáticos**)

*Remarquez que les mots **máquina** et **automático** portent sur le premier et le deuxième **a** un accent écrit qui reflète l'accent tonique.*

diviser

▷ Si on divise le total par quatre, on doit à peu près dix euros chacun.
Si dividimos el total por cuatro, debemos aproximadamente diez euros cada uno.

dividir
► **diviser... par... : dividir... por...**

*Attention : ne confondez pas **dividir*** (= diviser) *et **divisar*** (= apercevoir).

division

▻ Je n'arrive pas à faire cette division sans calculatrice.
No consigo hacer esta división sin calculadora.

la división (pluriel : **las divisiones**)

*Il n'y a pas d'accent écrit au pluriel. L'accent tonique porte sur le **o**, comme au singulier.*

► **faire une division : hacer una división**

divorcé, divorcée

▻ Les parents de Julie sont divorcés.
Los padres de Julie están divorciados.

divorciado, divorciada

Attention : le verbe qui traduit être *dans* être divorcé *est* ***estar*** *et non* ***ser***.

divorcer

▻ Les parents de Marcos ont divorcé l'année dernière.
Los padres de Marcos se divorciaron el año pasado.

divorciarse

*Le pronom réfléchi fonctionne de la façon suivante en espagnol : **me** divorcio, **te** divorcias, **se*** (singulier) *divorcia, **nos** divorciamos, **os** divorciáis, **se*** (pluriel) *divorcian.*

dix

▻ Annie a dix cousins.
Annie tiene diez primos.

▻ Aujourd'hui c'est le dix avril.
Hoy es el diez de abril.

diez

*Notez l'emploi de **de** en espagnol quand on dit la date.*

dix-huit

▻ Nous avons dix-huit invités.
Tenemos dieciocho invitados.

▻ Aujourd'hui c'est le dix-huit juillet.
Hoy es el dieciocho de julio.

dieciocho

*Notez l'emploi de **de** en espagnol quand on dit la date.*

dixième

▻ Le dixième concurrent n'a eu que deux points.
El décimo concursante sólo sacó dos puntos.

décimo, décima

*Remarquez que le mot espagnol porte sur le **e** un accent écrit qui reflète l'accent tonique.*

dix-neuf

▻ Il y a dix-neuf profs dans l'école.
Hay diecinueve profesores en el colegio.

diecinueve

Suite page suivante

▷ Aujourd'hui c'est le dix-neuf novembre.
Hoy es el diecinueve de noviembre.

Notez l'emploi de ***de*** *en espagnol quand on dit la date.*

dix-sept

▷ Il reste dix-sept bonbons.
Quedan diecisiete caramelos.
▷ Aujourd'hui c'est le dix-sept janvier.
Hoy es el diecisiete de enero

diecisiete

Notez l'emploi de ***de*** *en espagnol quand on dit la date.*

dizaine

▷ Il y avait une dizaine de personnes à la réunion.
Había unas diez personas en la reunión.
▷ Elle doit avoir des dizaines de robes.
Debe de tener decenas de vestidos.

► **une dizaine de... : unos diez...** *ou* **unas diez...**
► **des dizaines de... : decenas de...**

docteur

▷ Le docteur a dit que je devais me reposer.
El médico dijo que tenía que descansar.

el **médico,** la **médica**

On peut dire aussi ***el doctor, la doctora.***

▷ Elle est chez le docteur.
Está en el médico.
▷ Je n'aime pas aller chez le docteur.
No me gusta ir al médico.

► **chez le docteur** (= dans son cabinet) : **en el médico**
► **chez le docteur** (= vers son cabinet) : **al médico**

document

▷ Il y a des documents qu'on ne peut pas emprunter à la bibliothèque.
Hay documentos que no se pueden tomar prestados de la biblioteca.
▷ Sous quel nom est-ce que tu as enregistré le document ?
¿Con qué nombre has guardado el documento?

el **documento**

documentaire

▷ Est-ce que tu as vu le documentaire sur les dinosaures hier soir ?
¿Viste el documental sobre los dinosaurios anoche?

el **documental** (pluriel : **los documentales**)

documentaliste

▷ La documentaliste de l'école est très aimable.
La bibliotecaria del colegio es muy amable.

(= bibliothécaire d'une école)
el **bibliotecario,**
la **bibliotecaria**

doigt

▷ Anita s'est tordu le doigt en jouant au volley.
Anita se torció el dedo jugando al balonvolea.

▷ Sébastien avait des ampoules sur les doigts de pied.
Sébastien tenía ampollas en los dedos del pie.

el **dedo**

► **doigt de pied : dedo del pie**
(pluriel : **dedos del pie**)

dominos

▷ Je joue souvent aux dominos avec ma grand-mère.
Juego a menudo al dominó con mi abuela.

el **dominó**

Remarquez que le mot espagnol porte sur le deuxième ***o*** *un accent écrit qui reflète l'accent tonique.*

► **jouer aux dominos : jugar al dominó**

Dominó *est un nom singulier : on dit par exemple* ***el dominó es un juego sencillo*** **(les dominos sont un jeu simple).**

dommage

▷ L'excursion est annulée à cause de la pluie. – Quel dommage !
La excursión queda anulada a causa de la lluvia. – ¡Qué lástima!

▷ C'est dommage que tu ne puisses pas venir avec nous.
Es una lástima que no puedas venir con nosotros.

► **quel dommage ! : ¡qué lástima!**

On peut dire aussi ***¡qué pena!***

► **c'est dommage que... : es una lástima que...**

On peut dire aussi ***es una pena que...***

Remarquez que le mot ***lástima*** *porte sur le premier* ***a*** *un accent écrit qui reflète l'accent tonique.*

donc

▷ Tu ne fais pas partie de l'équipe, donc tu ne peux pas venir.
No formas parte del equipo, así que no puedes venir.

(= par conséquent) **así que**

donner

1 ▷ Erika a donné des bonbons à Malik.
Erika dio caramelos a Malik.

▷ Donne-moi ça !
¡Dame eso!

▷ Cette promenade m'a donné faim.
Este paseo me ha dado hambre.

1 **dar**

► **donner** quelque chose **à** quelqu'un **: dar algo a alguien**

Suite page suivante

2 ▷ Est-ce que quelqu'un a donné à manger au chien ?
¿Alguien le ha dado de comer al perro?

3 ▷ Donne-moi à boire, s'il te plaît, j'ai très soif.
Dame algo para beber, por favor, tengo mucha sed.

4 ▷ Notre chambre donne sur la mer.
Nuestra habitación da al mar.

2 ► **donner à manger à** quelqu'un : **dar de comer a** alguien

3 ► **donner à boire à** quelqu'un : **dar** algo **para beber a** alguien

4 ► **donner sur** (= surplomber) : **dar a**

i *Pour des expressions comme* **donner une claque à quelqu'un, donner un coup à quelqu'un**, *etc., regardez* **claque, coup**, *etc.*

dont

1 ▷ C'est le garçon dont le frère est en prison.
Es el chico cuyo hermano está en la cárcel.
▷ Voici le copain dont la mère connaît la tienne.
Éste es el amigo cuya madre conoce a la tuya.

1 (en parlant de l'appartenance) **cuyo, cuya, cuyos, cuyas**

i ***Cuyo*** *s'accorde en genre et en nombre avec la chose ou la personne qui suit :* ***cuyo*** *= masculin singulier ;* ***cuya*** *= féminin singulier ;* ***cuyos*** *= masculin pluriel ;* ***cuyas*** *= féminin pluriel.*

2 ▷ Il y a trente élèves dans la classe, dont deux sont coréens.
Hay treinta alumnos en la clase, de los que dos son coreanos.

2 Quand on veut parler de choses ou de personnes parmi d'autres, on emploie en espagnol l'expression **de los que** ou **de las que**.

3 ▷ C'est la fille dont je te parlais hier.
Ésta es la chica de la que te hablaba ayer.
▷ La règle dont je me servais est cassée.
La regla que usaba está rota.

3 Quand **dont** introduit le complément du verbe, la traduction dépend du verbe. Par exemple, **parler** à quelqu'un **de** se traduit par **hablar a** alguien **de** ; la traduction de **la fille dont je te parlais** est donc **la chica de la que te hablaba**. **Se servir de** se traduisant par **usar**, la traduction de **la règle dont je me servais** est **la regla que usaba**.

doré, dorée

▷ Le gâteau a une jolie couleur dorée.
El pastel tiene un bonito color dorado.

dorado, dorada

dorénavant

▷ Dorénavant, tu feras tes devoirs tout seul !
¡De ahora en adelante, harás los deberes solo!

de ahora en adelante

i *On peut dire aussi* ***en lo sucesivo***.

dormir

▷ Est-ce que tu as bien dormi ?
¿Has dormido bien?

dormir

dortoir

▷ Il y a deux dortoirs dans l'auberge de jeunesse.
Hay dos dormitorios comunes en el albergue juvenil.

el **dormitorio común** (pluriel : los dormitorios comunes)

*Il n'y a pas d'accent écrit au pluriel du mot **común**. L'accent tonique porte sur le **u**, comme au singulier.*

dos

1 ▷ J'ai mal au dos.
Me duele la espalda.

2 ▷ Marie s'est couchée sur le dos.
Marie se echó boca arriba.

3 ▷ André a des brûlures sur le dos de la main.
André tiene quemaduras en el dorso de la mano.
▷ Écris ton adresse au dos de l'enveloppe.
Escribe tu dirección en el dorso del sobre.

1 (= la partie du corps) **la espalda**

2 ► **sur le dos :** boca arriba

3 (en parlant de la main, d'une feuille ou d'une enveloppe) el **dorso**
► **au dos de :** en el dorso de

dose

▷ Elle a pris une grosse dose d'aspirine.
Tomó una gran dosis de aspirina.

la **dosis** (pluriel : las dosis)

dossard

▷ Pierre porte le dossard numéro trois.
Pierre lleva el dorsal número tres.

el **dorsal** (pluriel : los dorsales)

dossier

1 ▷ Ne t'assieds pas sur le dossier de la chaise, il est cassé.
No te sientes sobre el respaldo de la silla, está roto.

2 ▷ Samia a tout un dossier sur les problèmes d'environnement.
Samia tiene un dossier completo sobre problemas medioambientales.

3 ▷ Il met ses magazines dans des dossiers avec des étiquettes.
Pone sus revistas en unas carpetas con etiquetas.

4 ▷ Je me demande ce qu'il y a dans mon dossier scolaire.
Me pregunto qué habrá en mi expediente.

1 (= le dossier d'une chaise ou d'une banquette) **el respaldo**

2 (= un ensemble de documents) el **dossier** (pluriel : los dossiers)

3 (= un classeur) la **carpeta**

*Le mot **carpeta** s'emploie aussi pour désigner un dossier au sens informatique.*

4 ► **dossier scolaire :** el expediente

douane

▷ Il y avait une longue file de voitures à la douane.
Había una larga fila de coches en la aduana.

la **aduana**

douanier, douanière

▷ Les douaniers nous ont demandé d'ouvrir le coffre de la voiture.
Los aduaneros nos pidieron que abriéramos el maletero del coche.

el **aduanero**, la **aduanera**

double

1 ▷ Son adversaire a fait une double faute.
Su adversario hizo una doble falta.
▷ Nous voudrions une chambre double, s'il vous plaît.
Quisiéramos una habitación doble, por favor.

1 (en parlant de quelque chose qui est fait de deux parties ou qui est deux fois plus grand) **doble**

2 ▷ Le repas a coûté le double de ce que nous avions prévu.
La comida costó el doble de lo que habíamos previsto.

2 ► **le double de... : el doble de...**

3 ▷ Est-ce que tu as gardé un double du certificat ?
¿Guardaste una copia del certificado?

3 (= deuxième exemplaire) la **copia**

doubler

1 ▷ Cette voiture nous a doublés à plus de cent quarante à l'heure !
¡Este coche nos ha adelantado a más de ciento cuarenta kilómetros por hora!

1 (= dépasser) **adelantar**

2 ▷ Les films étrangers sont très souvent doublés.
Las películas extranjeras se doblan muy a menudo.

2 (= doubler les acteurs ou leur voix dans un film) **doblar**

3 ▷ Le nombre d'élèves a doublé en dix ans.
El número de alumnos se ha duplicado en diez años.

3 (= être multiplié par deux) **duplicarse**

douce

Regardez le mot **doux**.

doucement

1 ▷ Parle doucement, le bébé dort.
Habla bajo, que el bebé está durmiendo.

1 (= à voix basse) **bajo**

2 ▷ Appuie plus doucement sur les touches !
¡Pulsa las teclas más suavemente!

2 (= délicatement) **suavemente**

3 ▷ Mon grand-père marche doucement parce qu'il est vieux.
Mi abuelo camina despacio porque es anciano.

3 (= lentement) **despacio**

douche

▷ Ils ont une baignoire mais pas de douche.
Tienen bañera pero no tienen ducha.
▷ Je vais prendre une douche.
Voy a ducharme.

la **ducha**
► **prendre une douche :**
ducharse

Le pronom réfléchi fonctionne de la façon suivante en espagnol : ***me*** *ducho,* ***te*** *duchas,* ***se*** (singulier) *ducha,* ***nos*** *duchamos,* ***os*** *ducháis,* ***se*** (pluriel) *duchan.*

On peut dire aussi ***tomar una ducha****.*

se doucher

▷ Je me douche tous les matins.
Me ducho todas las mañanas.

ducharse

Le pronom réfléchi fonctionne de la façon suivante en espagnol : ***me*** *ducho,* ***te*** *duchas,* ***se*** (singulier) *ducha,* ***nos*** *duchamos,* ***os*** *ducháis,* ***se*** (pluriel) *duchan.*

doué, douée

▷ Serge est un garçon très doué.
Serge es un chico muy dotado.
▷ Séréna est douée en anglais.
A Séréna se le da bien el inglés.

dotado, dotada

Pour dire qu'on est doué dans une matière, on emploie en espagnol l'expression ***darse bien*** *avec le pronom complément qui convient :* ***se me da bien*** *el inglés* = je suis doué en anglais *;* ***se te da bien*** *el inglés* = tu es doué en anglais *;* ***se le da bien*** *el inglés* = il/elle est doué/e en anglais

douillet, douillette

▷ Ne sois pas si douillet, ce n'est qu'une petite piqûre !
¡No seas tan delicado, si no es más que una pequeña picadura!

(en parlant d'une personne)
delicado, delicada

douleur

▷ J'ai une forte douleur dans le dos.
Tengo un fuerte dolor en la espalda.

el **dolor** (pluriel : **los dolores**)

Attention : contrairement au français, le mot espagnol ***dolor*** *est masculin.*

douloureux, douloureuse

▷ Apparemment, c'est une opération assez douloureuse.
Al parecer, es una operación bastante dolorosa.

(en parlant d'une opération ou d'une piqûre) **doloroso, dolorosa**

doute

1 ▷ J'ai des doutes sur lui, je ne sais pas si je peux lui faire confiance

Tengo dudas sobre él, no sé si me puedo fiar de él.

2 ▷ Patrice viendra sans doute avec sa nouvelle copine.

Patrice vendrá seguramente con su nueva novia.

1 la **duda**

*Attention : contrairement au français, le mot espagnol **duda** est féminin.*

2 ► **sans doute : seguramente**

douter

1 ▷ Je doute que ça marche.

Dudo que funcione.

2 ▷ Isa se doutait de quelque chose, mais elle n'était pas sûre.

Isa sospechaba algo, pero no estaba segura.

▷ Je me doutais que ce serait difficile.

Sospechaba que iba a ser difícil.

1 ► **douter que** + subjonctif : **dudar que** + subjonctif

2 ► **se douter de** quelque chose : **sospechar** algo

► **se douter que : sospechar que**

doux, douce

1 ▷ Ce tissu est très doux.

Esta tela es muy suave.

2 ▷ La prof de musique est très douce, elle ne se fâche jamais.

La profesora de música es muy afable, nunca se enfada.

3 ▷ Il fait doux aujourd'hui.

Hace un tiempo agradable hoy.

1 (en parlant d'un tissu doux, de la peau douce) **suave**

2 (en parlant d'une personne douce) **afable**

3 ► **il fait doux : hace un tiempo agradable**

douzaine

1 ▷ Une douzaine d'œufs, s'il vous plaît.

Una docena de huevos, por favor.

2 ▷ Il y avait une douzaine de personnes à la réunion.

Había unas doce personas en la reunión.

1 ► **une douzaine de...** (= douze exactement) : **una docena de...**

2 ► **une douzaine de...** (= environ douze) : **unos doce...** *ou* **unas doce...**

douze

▷ Mon arrière-grand-mère avait douze frères.

Mi bisabuela tenía doce hermanos.

▷ Aujourd'hui c'est le douze avril.

Hoy es el doce de abril.

doce

*Notez l'emploi de **de** en espagnol quand on dit la date.*

dragée

▻ Léna nous a donné des dragées après le baptême de son petit frère.
Léna nos dio unas peladillas después del bautizo de su hermano menor.

la **peladilla**

drap

▻ Les draps n'étaient pas très propres.
Las sábanas no estaban muy limpias.

(= drap de lit) la **sábana**

Remarquez que le mot espagnol porte sur le premier ***a*** *un accent écrit qui reflète l'accent tonique.*

drapeau

▻ S'il y a un drapeau au palais, ça veut dire que le roi y est.
Si hay una bandera en el palacio, significa que el rey está ahí.

la **bandera**

dresser

1 ▻ Nous avons essayé de dresser notre chien, mais il ne veut pas obéir !
¡Intentamos adiestrar a nuestro perro pero no quiere obedecer!

1 (= dresser un chien ou un animal de cirque) **adiestrar**

Si le complément est un animal de compagnie, n'oubliez pas de le faire précéder de ***a****.*

2 ▻ Carlos a dressé la tête quand il a entendu la voix de Carole.
Carlos levantó la cabeza al oír la voz de Carole.

2 ► **dresser la tête : levantar la cabeza**

3 ▻ Le chien dresse les oreilles dès qu'il entend un bruit.
El perro aguza el oído en cuanto oye un ruido.

3 ► **dresser les oreilles : aguzar el oído**

4 ▻ Si tu te dresses sur la pointe des pieds, tu verras mieux.
Si te pones de puntillas, verás mejor.

4 ► **se dresser sur la pointe des pieds : ponerse de puntillas**

Le pronom réfléchi fonctionne de la façon suivante en espagnol : ***me*** *pongo ,* ***te*** *pones,* ***se*** (singulier) *pone,* ***nos*** *ponemos,* ***os*** *ponéis,* ***se*** (pluriel) *ponen de puntillas.*

drogue

▻ La police a arrêté un garçon qui vendait de la drogue.
La policía detuvo a un chico que vendía droga.

la **droga**

se droguer

▷ La sœur de mon copain se drogue.
La hermana de mi amigo se droga.

drogarse

ℹ *Le pronom réfléchi fonctionne de la façon suivante en espagnol : **me** drogo, **te** drogas, **se** (singulier) droga, **nos** drogamos, **os** drogáis, **se** (pluriel) drogan.*

droit

1 el **derecho**

► **avoir le droit de faire** quelque chose (= avoir la permission) : **tener derecho a hacer** algo

1 ▷ Vous avez le droit de marcher sur la pelouse.
Tienen derecho a pisar el césped.

2 ► **avoir droit à** quelque chose : **tener derecho a** algo

2 ▷ David a droit à une bourse.
David tiene derecho a una beca.

3 ► **donner droit à** quelqu'un **à** quelque chose : **dar derecho a** alguien a algo

3 ▷ Cette carte te donne droit à un billet gratuit.
Esta tarjeta te da derecho a un billete gratuito.

4 ► **le droit** (= les lois) : **el derecho**

4 ▷ La sœur de Bertrand fait des études de droit.
La hermana de Bertrand estudia derecho.

droit, droite (adjectif)

1 (= non dévié dans le sens horizontal) **recto, recta**

1 ▷ Ce trait n'est pas droit.
Esta línea no es recta.
▷ Il ne marche pas droit, il doit être soûl.
No camina recto, debe de estar borracho.

► **tout droit** (pour indiquer le chemin) : **todo recto**

▷ La gare ? Vous tournez à gauche et après c'est tout droit.
¿La estación? Gire a la izquierda y luego es todo recto.

2 (= non dévié dans le sens vertical) **derecho, derecha**

2 ▷ Tiens-toi droit quand tu écris.
Ponte derecho cuando escribes.

3 (par opposition à **gauche**) **derecho, derecha**

3 ▷ J'ai mal à la main droite.
Me duele la mano derecha.

droite

1 (= le côté droit) la **derecha**

1 ▷ Muriel ne sait pas reconnaître sa droite de sa gauche.
Muriel no sabe distinguir la derecha de la izquierda.

► **à droite : a la derecha**

▷ L'école est à droite après la station-service.
La escuela está a la derecha después de la estación de servicio.
▷ Tournez à droite aux feux.
Gire a la derecha en el semáforo.

▻ À droite du cinéma il y a un restaurant chinois.
A la derecha del cine hay un restaurante chino.
▻ Les couverts sont dans le tiroir de droite.
Los cubiertos están en el cajón de la derecha.

2 ▻ Beaucoup de gens ont voté pour la droite.
Mucha gente votó por la derecha.
▻ Ils sont de droite.
Son de derechas.

► **à droite de : a la derecha de**

► **de droite** (= situé à droite) **: de la derecha**

2 ► **la droite** (en parlant de politique) **: la derecha**

► **de droite** (en parlant de politique) **: de derechas**

droitier, droitière

▻ Tu es droitier ou gaucher ?
¿Eres diestro o zurdo?

diestro, diestra

drôle

1 ▻ C'est un film très drôle.
Es una película muy divertida.

1 (= amusant) **divertido, divertida**

ℹ *On peut dire aussi* ***gracioso, graciosa.***

2 ▻ C'est drôle, je pensais que j'avais fermé la porte à clé.
Qué curioso, pensaba que había cerrado la puerta con llave.
▻ Il a une drôle de tête.
Tiene una cara rara.

2 (= bizarre) **curioso, curiosa**

► **un drôle de...** *ou* **une drôle de... : un... raro** *ou* **una... rara**

drôlement

1 ▻ Yang était drôlement content de nous voir.
Yang estaba muy contento de vernos.

1 (= très) **muy**

2 ▻ Ça me plaît drôlement.
Me gusta mucho.

2 (= beaucoup) **mucho**

du

Regardez le mot **de**.

dune

▻ La plage est juste derrière les dunes.
La playa está justo detrás de las dunas.

la **duna**

dur, dure

1 ▻ Cette table est faite dans un bois très dur.
Esta mesa está hecha con una madera muy dura.
▻ Le repas était bon, mais la viande était un peu dure.
La comida estaba buena, pero la carne estaba un poco dura.
▻ Les parents de Francis sont très durs avec lui.
Los padres de Francis son muy duros con él.

1 La plupart des sens de **dur** se traduisent en espagnol par **duro, dura**.

Suite page suivante

2 ▻ Le devoir sur table d'histoire était vraiment dur.
El examen de historia era muy difícil.

2 (= difficile) **difícil** (pluriel : **difíciles**)

*Remarquez que le mot espagnol porte sur le deuxième **i** un accent écrit qui reflète l'accent tonique.*

durée

▻ La durée du film n'est pas indiquée sur le programme.
La duración de la película no viene indicada en el programa.

la **duración**

durer

▻ Le voyage en avion dure deux heures.
El viaje en avión dura dos horas.

durar

duvet

▻ Il n'y a pas de couvertures à l'auberge de jeunesse, alors on doit emporter notre propre duvet.
No hay mantas en el albergue juvenil, entonces tenemos que llevar nuestro propio saco de dormir.

(= sac de couchage) el **saco de dormir**
(pluriel : **los sacos de dormir**)

DVD

▻ Lulu a eu un DVD pour son anniversaire.
A Lulu le regalaron un DVD para su cumpleaños.
▻ J'ai plus de cinquante DVD.
Tengo más de cincuenta DVD.

el **DVD** (pluriel : **los DVD**)

dynamique

▻ Mes grands-parents sont très dynamiques pour leur âge.
Mis abuelos son muy dinámicos para su edad.

dinámico, dinámica

*Remarquez que le mot espagnol porte sur le **a** un accent écrit qui reflète l'accent tonique.*

dyslexique

▻ Ali est dyslexique, il a du mal à lire.
Ali es disléxico, le cuesta leer.

disléxico, disléxica

*Remarquez que le mot espagnol porte sur le **e** un accent écrit qui reflète l'accent tonique.*

E

FRANÇAIS — **ESPAGNOL**

eau

▷ L'eau est bonne, on peut se baigner.
El agua está buena, nos podemos bañar.
▷ Tu veux de l'eau ?
¿ Quieres agua ?

el agua

Bien que l'article qui accompagne ***agua*** *au singulier soit masculin* ***(el agua), agua*** *est un mot féminin et les adjectifs qui l'accompagnent doivent se mettre au féminin : el agua está buena.*

▷ Une bouteille d'eau minérale, s'il vous plaît.
Una botella de agua mineral, por favor.
▷ Une carafe d'eau du robinet, s'il vous plaît.
Una jarra de agua del grifo, por favor.

► **eau minérale : el agua mineral**

► **eau du robinet : agua del grifo**

éblouir

▷ Les phares de la voiture en face ont ébloui le conducteur.
Los faros del coche enfrente deslumbraron al conductor.

deslumbrar

Si le complément est une personne ou un groupe de personnes, n'oubliez pas de le faire précéder de ***a****.*

éboueur

▷ Est-ce que les éboueurs sont passés ?
¿Han pasado ya los basureros?

el basurero

s'ébouillanter

▷ J'ai failli m'ébouillanter avec la soupe.
Por poco me escaldo con la sopa.

escaldarse

Le pronom réfléchi fonctionne de la façon suivante en espagnol : ***me*** *escaldo,* ***te*** *escaldas,* ***se*** (singulier) *escalda,* ***nos*** *escaldamos,* ***os*** *escaldáis,* ***se*** (pluriel) *escaldan.*

ébouriffé, ébouriffée

▻ Alexis avait les cheveux tout ébouriffés.
Alexis tenía el pelo todo alborotado.
▻ Tu es toute ébouriffée !
¡Tienes el pelo todo alborotado!

(en parlant des cheveux)
alborotado, alborotada

ℹ **Être ébouriffé** *et* **avoir les cheveux ébouriffés** *se disent de la même manière en espagnol, avec comme antécédent l'adjectif* ***pelo*** *(regardez les exemples à gauche).*

écaille

▻ Le poissonnier a gratté les écailles du poisson avec un couteau.
El pescadero rascó las escamas del pescado con un cuchillo.

(d'un poisson) la **escama**

écart

1 ▻ Il y a un gros écart entre la meilleure note et la plus mauvaise.
Hay una gran diferencia entre la mejor nota y la peor.

2 ▻ Le camion a fait un écart pour éviter la moto.
El camión se hizo a un lado para evitar la moto.

1 (= différence) la **diferencia**

2 ► **faire un écart** (en parlant d'un véhicule) **: hacerse a un lado**

ℹ *Le pronom réfléchi fonctionne de la façon suivante en espagnol :* ***me*** *hago,* ***te*** *haces,* ***se*** (singulier) *hace,* ***nos*** *hacemos,* ***os*** *hacéis,* ***se*** (pluriel) *hacen.*

écarter

1 ▻ Écartez les bras et redressez le dos.
Abrid los brazos y enderezad la espalda.

2 ▻ Écarte ta chaise du feu, c'est dangereux.
Aparta la silla del fuego, que es peligroso.

3 ▻ Les gens se sont écartés pour nous laisser passer.
La gente se apartó para dejarnos pasar.
▻ Écarte-toi de lui, il va te frapper !
¡Apártate de él, que te va a pegar!

1 (en parlant des bras, des jambes)
abrir

2 ► **écarter** quelque chose **de : apartar** algo **de**

3 ► **s'écarter** (= s'éloigner) **: apartarse**

ℹ *Le pronom réfléchi fonctionne de la façon suivante en espagnol :* ***me*** *aparto,* ***te*** *apartas,* ***se*** (singulier) *aparta,* ***nos*** *apartamos,* ***os*** *apartáis,* ***se*** (pluriel) *apartan.*

échafaudage

▻ La façade de la mairie est couverte d'échafaudages.
La fachada del ayuntamiento está llena de andamios.

el **andamio**

échange

1 ▷ Il y a eu un échange entre notre école et une école espagnole.
Ha habido un intercambio entre nuestro colegio y un colegio español.

2 ▷ Tu me donnes ton stylo et, en échange, je te donne ma casquette.
Tu me das tu boli y, a cambio, yo te doy mi gorra.

1 el **intercambio**

2 ► **en échange : a cambio**

échanger

▷ Martin a échangé des timbres contre un billet de cinéma.
Martin cambió unos sellos por una entrada de cine.

cambiar

Notez la préposition utilisée en espagnol : échanger **contre** = *cambiar* ***por***.

échantillon

▷ La vendeuse m'a donné trois échantillons gratuits.
La dependienta me dio tres muestras gratuitas.

la **muestra**

s'échapper

▷ C'est un jeu où les prisonniers doivent essayer de s'échapper.
Es un juego en el que los prisioneros deben tratar de escaparse.
▷ Ils se sont échappés de la prison en hélicoptère.
Se escaparon de la cárcel en helicóptero.

escaparse

écharpe

1 ▷ N'oublie pas ton écharpe, il fait froid dehors.
No olvides la bufanda, que hace frío fuera.

2 ▷ Leïla a le bras en écharpe, il doit être cassé.
Leïla lleva el brazo en cabestrillo, lo debe de tener roto.

1 (= cache-nez) la **bufanda**

2 ► **avoir le bras en écharpe : llevar el brazo en cabestrillo**

échec

▷ Il n'a pas été accepté ; c'est un grave échec pour lui.
No le han aceptado; es un fracaso grave para él.

(= manque de succès) el **fracaso**

échecs

▷ Michaël a appris à jouer aux échecs.
Michaël aprendió a jugar al ajedrez.

► **jouer aux échecs : jugar al ajedrez**

Ajedrez est un nom singulier : on dira par exemple ***el ajedrez es un juego apasionante*** (les échecs sont un jeu passionnant).

échelle

1 ▷ Bérénice est tombée de l'échelle.
Bérénice se cayó de la escalera.

1 (= l'échelle pour monter) **la escalera**

En espagnol, on emploie le même mot, ***escalera****, pour* l'échelle *et* l'escalier.

2 ▷ Quelle est l'échelle de cette carte ?
¿Cuál es la escala de este mapa?

2 (= l'échelle d'une carte ou d'un plan) **la escala**

échiquier

▷ Amélie a un très bel échiquier en bois.
Amélie tiene un bonito tablero de ajedrez de madera.

el tablero de ajedrez (pluriel : **los tableros de ajedrez**)

écho

▷ Il y a de l'écho dans cette grotte.
Hay eco en esta cueva.

el eco

échouer

▷ Ils ont fait beaucoup d'efforts mais ils ont échoué.
Hicieron muchos esfuerzos pero fracasaron.
▷ Ludovic a échoué à son permis de conduire.
Ludovic suspendió el carné de conducir.

(= ne pas réussir en général) **fracasar**

► **échouer à** quelque chose (en parlant d'un examen, du permis de conduire) : **suspender algo**

éclabousser

▷ Arrête d'éclabousser ta sœur !
¡Deja de salpicar a tu hermana!

salpicar

Si le complément est une personne ou un groupe de personnes, n'oubliez pas de le faire précéder de ***a****.*

éclair

1 ▷ Il y a des éclairs dans le ciel.
Hay relámpagos en el cielo.

1 (= foudre) **el relámpago**

Remarquez que le mot espagnol porte sur le premier ***a*** *un accent écrit qui reflète l'accent tonique.*

2 ▷ Tu peux m'acheter un éclair au café ?
¿Me puedes comprar un "éclair" de café?

2 (= gâteau) el **"éclair"**

ℹ *Il n'y a pas de traduction exacte du mot* **éclair** *en espagnol car ces gâteaux n'existent pas en Espagne. Si on veut expliquer, on peut dire que c'est un pastelito relleno de crema.*

éclairage

▷ L'éclairage n'est pas très bon dans cette salle.
La iluminación no es muy buena en este aula.

(= lumière dans une pièce) la **iluminación**

ℹ *Remarquez que le mot espagnol porte sur le* ***o*** *un accent écrit qui reflète l'accent tonique.*

éclaircie

▷ Il devrait y avoir des éclaircies cet après-midi.
Debería haber claros esta tarde.

el **claro**

éclaircir

1 ▷ Tu pourrais peindre ta chambre en jaune pour l'éclaircir.
Podrías pintar tu cuarto de amarillo para aclararlo.

1 (= rendre plus clair) **aclarar**

2 ▷ Ah, enfin le temps s'éclaircit !
¡Ah, por fin el tiempo se despeja!

2 ► **s'éclaircir** (en parlant du temps) : **despejarse**

ℹ *Le pronom réfléchi fonctionne de la façon suivante en espagnol :* ***se*** (singulier) *despeja,* ***se*** (pluriel) *despejan.*

éclairer

▷ Plusieurs lampes éclairent la pièce.
Varias lámparas iluminan la habitación.

(en parlant d'une lampe) **iluminar**

éclat

1 ▷ Lionel s'est coupé avec un éclat de verre.
Lionel se cortó con un trozo de vidrio.

1 (= petit morceau) el **trozo**

2 ▷ Nous avons entendu des éclats de rire dehors.
Oímos unas carcajadas fuera.

2 ► **éclat de rire** : la **carcajada**

3 ▷ La blague de Marie nous a fait rire aux éclats.
El chiste de Marie nos hizo reír a carcajadas.

3 ► **rire aux éclats** : **reír a carcajadas**

éclatant, éclatante

▷ Il fait un soleil éclatant aujourd'hui.
Hoy hace un sol brillante.

(en parlant d'une couleur ou du soleil) **brillante**

éclater

1 ▷ Tout le monde a sursauté quand le ballon a éclaté.
Todo el mundo se sobresaltó cuando el globo estalló.

1 (= exploser) **estallar**

2 ▷ Sonia a éclaté de rire quand Cédric lui a demandé de sortir avec lui.
Sonia se echó a reír cuando Cédric le preguntó si quería salir con él.

2 ► **éclater de rire : echarse a reír**

*Le pronom réfléchi fonctionne de la façon suivante en espagnol : **me** echo, **te** echas, **se** (singulier) echa, **nos** echamos, **os** echáis, **se** (pluriel) echan a reír.*

*On peut dire aussi **ponerse a reír**.*

3 ▷ On s'est éclatés à la soirée de Hassan.
Nos lo pasamos bomba en la fiesta de Hassan.

3 ► **s'éclater : pasárselo bomba**

*Le pronom réfléchi fonctionne de la façon suivante en espagnol : **me** lo paso, **te** lo pasas, **se** (singulier) lo pasa, **nos** lo pasamos, **os** lo pasáis, **se** (pluriel) lo pasan bomba.*

éclipse

▷ Est-ce que vous avez vu l'éclipse hier soir ?
¿Visteis el eclipse anoche?

el **eclipse**

*Attention : contrairement au français, le mot espagnol **eclipse** est masculin.*

écœurant, écœurante

1 ▷ Ce gâteau est tellement sucré qu'il est écœurant.
Este pastel es tan dulce que me produce náuseas.

1 Pour dire qu'un aliment est écœurant, on emploie en espagnol l'expression **producir náuseas** + complément de personne.

*Remarquez que le mot espagnol **náuseas** porte sur le premier **a** un accent écrit qui reflète l'accent tonique.*

2 ▷ La façon dont Suzanne a traité Matthieu est écœurante.
La manera en que Suzanne trató a Matthieu es repugnante.

2 (= injuste, révoltant) **repugnante**

*On peut dire aussi **asqueroso, asquerosa**.*

écœurer

▷ Ça m'écœure.
Esto me da asco.

dar asco a

école

1 ▻ L'école est tout près de l'église.
La escuela está muy cerca de la iglesia.

1 (= établissement) **la escuela**

Escuela désigne surtout l'école primaire ; pour les établissements d'enseignement secondaire, on dit plutôt el colegio.

▻ L'école maternelle et l'école primaire sont dans le même bâtiment.
El parvulario y la escuela primaria están en el mismo edificio.

► **école maternelle :** el parvulario

► **école primaire :** la escuela primaria (pluriel : las escuelas primarias)

2 ▻ Quel jour est-ce que l'école finit ?
¿Qué día terminan las clases?

2 ► **l'école** (= les cours) **:** las clases

écologique

▻ Beaucoup de gens pensent que les problèmes écologiques sont très importants.
Mucha gente piensa que los problemas ecológicos son muy importantes.

▻ Ma mère utilise des produits de nettoyage écologiques.
Mi madre usa productos de limpieza ecológicos.

ecológico, ecológica

*Remarquez que les mots **ecológico** et **ecológica** portent sur le deuxième **o** un accent écrit qui reflète l'accent tonique.*

écologiste

▻ Les écologistes sont contre la construction de l'autoroute.
Los ecologistas están en contra de la construcción de la autopista.

el **ecologista**, la **ecologista**

économie

1 ▻ Nous avons des cours d'économie.
Tenemos clases de economía.

▻ L'économie française va mieux.
La economía francesa va mejor.

1 (= matière, science ou économie d'un pays) la **economía**

*Remarquez que le mot espagnol porte sur le **i** un accent écrit qui reflète l'accent tonique.*

2 ▻ Lucille a mis ses économies à la banque.
Lucille ha puesto sus ahorros en el banco.

▻ Mes parents font des économies pour payer les vacances.
Mis padres ahorran para pagar las vacaciones.

2 ► **économies** (= argent mis de côté) **:** los ahorros

► **faire des économies :** ahorrar

*Attention à bien prononcer les deux **r** de **ahorros** et de **ahorrar**.*

économique

▻ Le Japon a de gros problèmes économiques.
Japón tiene graves problemas económicos.

económico, económica

Suite page suivante

▷ C'est plus économique d'acheter un grand paquet.
Resulta más económico comprar un gran paquete.

Remarquez que les mots ***económico*** *et* ***económica*** *portent sur le deuxième* ***o*** *un accent écrit qui reflète l'accent tonique.*

économiser

▷ Il faut économiser l'énergie.
Hay que ahorrar la energía.
▷ Christian a réussi à économiser mille euros.
Christian consiguió ahorrar mil euros.

ahorrar

Attention à bien prononcer les deux ***r*** *de* ***ahorrar****.*

économiseur d'écran

▷ Il est super, ton économiseur d'écran ! Tu l'as trouvé sur Internet ?
¡Qué guay es tu salvapantallas! ¿Lo encontraste en Internet?

el **salvapantallas** (pluriel : **los salvapantallas**)

écorce

▷ Daphné a écrit son nom avec un couteau sur l'écorce de l'arbre.
Daphné escribió su nombre con un cuchillo en la corteza del árbol.
▷ Tu peux mettre un peu d'écorce d'orange dans la pâte.
Le puedes poner un poco de corteza de naranja a la masa.

la **corteza**

s'écorcher

▷ Vincent s'est écorché dans les ronces.
Vincent se hizo un arañazo en las zarzas.
▷ Je suis tombé de vélo et je me suis écorché le genou.
Me caí de la bici y me hice un arañazo en la rodilla.

hacerse un arañazo

Le pronom réfléchi fonctionne de la façon suivante en espagnol : ***me*** *hago,* ***te*** *haces,* ***se*** (singulier) *hace,* ***nos*** *hacemos,* ***os*** *hacéis,* ***se*** (pluriel) *hacen un arañazo.*

► **s'écorcher le genou, le bras,** *etc.* **: hacerse un arañazo en la rodilla, el brazo,** *etc.*

écossais, écossaise

▷ Eulalie portait une jupe écossaise.
Eulalie llevaba una falda escocesa.
▷ Les îles écossaises sont très sauvages.
Las islas escocesas son muy salvajes.
▷ Il y a trois Écossais qui travaillent ici.
Hay tres escoceses que trabajan aquí.

escocés (pluriel : **escoceses**), **escocesa**

S'écrit toujours avec une minuscule, qu'il s'agisse de l'adjectif ou du nom.

Remarquez que le mot ***escocés*** *porte sur le deuxième* ***e*** *un accent écrit qui reflète l'accent tonique.*

Écosse

▻ L'Écosse fait partie de la Grande-Bretagne.
Escocia forma parte de Gran Bretaña.

▻ Il ne fait pas toujours froid en Écosse.
No hace siempre frío en Escocia.

▻ Sabine doit aller en Écosse pour son travail.
Sabine tiene que ir a Escocia para el trabajo.

Escocia

Ne prend généralement pas d'article.

► **en Écosse** (= dans la région) : **en Escocia**

► **en Écosse** (= vers la région) : **a Escocia**

écouter

▻ J'écoute cette émission de radio tous les dimanches.
Escucho este programa de radio todos los domingos.

▻ J'ai dit à Paul d'arrêter, mais il ne m'a pas écoutée.
Le dije a Paul que parara, pero no me escuchó.

▻ Bon, écoute, on doit partir maintenant.
Bueno, escucha, ahora nos tenemos que ir.

escuchar

écouteurs

▻ Les écouteurs ne marchent plus.
Los auriculares ya no funcionan.

(= casque) los **auriculares**

écran

1 ▻ L'écran de cette télé est immense !
¡Esta pantalla de televisión es inmensa!

2 ▻ N'oublie pas d'emporter de l'écran total .pour la plage.
No te olvides de llevarte crema solar de protección total para la playa.

1 (= l'écran d'un téléviseur, du cinéma, d'un ordinateur) la **pantalla**

2 ► **écran total** (= crème) : **la crema solar de protección total**

écraser

1 ▻ Il faut écraser les canettes avant de les recycler.
Hay que aplastar las latas antes de reciclarlas.

▻ Tu n'as pas besoin d'écraser l'araignée, tu peux la mettre dehors.
No tienes por qué aplastar la araña, la puedes poner fuera.

2 ▻ Tu écrases les pommes de terre et tu les mélanges avec du beurre.
Haces un puré con las patatas y las mezclas con mantequilla.

3 ▻ Je lui ai écrasé le pied en dansant.
Le pisé el pie bailando.

1 (= aplatir) **aplastar**

2 (= réduire en purée) **hacer un puré con**

Remarquez que le mot ***puré*** *porte sur le* ***e*** *un accent écrit qui reflète l'accent tonique.*

3 (en parlant du pied de quelqu'un) **pisar**

Suite page suivante

4 ▻ Elle s'est fait écraser par une voiture.
La atropelló un coche.

4 Pour dire que quelqu'un s'est fait écraser par un véhicule, on emploie en espagnol le verbe **atropellar**, avec le véhicule comme sujet et la personne comme complément.

écrémé, écrémée

▻ Laura boit du lait écrémé.
Laura bebe leche descremada.

descremado, descremada

ℹ *On peut dire aussi* ***desnatado, desnatada****.*

écrire

▻ Nous devons écrire notre nom en haut de la copie.
Tenemos que escribir el nombre en la parte superior del examen.
▻ J'espère que tu m'écriras.
Espero que me escribirás.
▻ Marc et Valérie s'écrivent tous les jours.
Marc y Valérie se escriben todos los días.
▻ Comment est-ce que ça s'écrit ?
¿Cómo se escribe esto?

escribir

► **écrire à** quelqu'un : **escribir a** alguien
► **s'écrire** : **escribirse**

ℹ *Le pronom réfléchi fonctionne de la façon suivante en espagnol :* ***se*** (singulier) *escribe,* ***nos*** *escribimos,* ***os*** *escribís,* ***se*** (pluriel) *escriben.*

écrit, écrite

▻ L'épreuve écrite était plus facile que l'épreuve orale.
La prueba escrita era más fácil que la prueba oral.

escrito, escrita

écriteau

▻ Il y a un écriteau qui dit « interdit de fumer ».
Hay un cartel que dice "prohibido fumar".

el **cartel** (pluriel : los carteles)

ℹ *On peut dire aussi* ***el letrero****.*

écriture

▻ Son écriture est illisible.
Su letra es ilegible.

(= manière de former les lettres) la **letra**

écrivain

▻ Qui est ton écrivain préféré ?
¿Quién es tu escritor preferido?

el **escritor** (pluriel : los escritores), la **escritora**

s'écrouler

▻ Une partie de l'immeuble s'est écroulée.
Parte del edificio se ha derrumbado.

(en parlant d'un bâtiment ou d'un toit)
derrumbarse

Le pronom réfléchi fonctionne de la façon suivante en espagnol : ***se*** (singulier) *derrumba,* ***se*** (pluriel) *derrumban.*

écureuil

▻ Nous avons donné des noisettes aux écureuils dans le parc.
Les dimos avellanas a las ardillas en el parque.

la **ardilla**

écurie

▻ Fanny est allée voir le cheval à l'écurie.
Fanny fue a ver el caballo en la cuadra.

la **cuadra**

eczéma

▻ L'eczéma peut être dû à une allergie.
El eczema puede ser debido a una alergia.
▻ Étienne a de l'eczéma.
Étienne tiene eczema.

el **eczema**

Il y a une autre orthographe possible : ***el eccema****.*

► **avoir de l'eczéma : tener eczema**

édredon

▻ J'ai trop chaud avec cet édredon.
Tengo demasiado calor con este edredón.

el **edredón** (pluriel : **los edredones**)

Il n'y a pas d'accent écrit au pluriel. L'accent tonique porte sur le ***o****, comme au singulier.*

éducation

▻ L'éducation est quelque chose de très important.
La educación es algo muy importante.

la **educación**

Remarquez que le mot espagnol porte sur le ***o*** *un accent écrit qui reflète l'accent tonique.*

▻ Nous n'avons pas de cours d'éducation sexuelle.
No tenemos clases de educación sexual.

► **éducation sexuelle : la educación sexual**

éduqué, éduquée

▻ Les gens bien éduqués ne lisent pas en mangeant.
La gente bien educada no lee mientras come.
▻ Ce garçon est vraiment mal éduqué !
¡Este chico es muy mal educado!

► **bien éduqué, bien éduquée :** **bien educado, bien educada** (pluriel : **bien educados, bien educadas**)
► **mal éduqué, mal éduquée :** **mal educado, mal educada** (pluriel : **mal educados, mal educadas**)

effacer

▻ Efface cette faute et réécris le mot.
Borra esta falta y vuelve a escribir la palabra.
▻ Zut, j'ai effacé ton fichier !
¡Mecachis, te he borrado el fichero!

borrar

*Attention à bien prononcer les deux **r** de **borrar**.*

effectivement

▻ Effectivement, Sandra elle-même m'a dit que c'était vrai.
Efectivamente, Sandra me dijo ella misma que era verdad.
▻ Tu as fait une faute là. – Effectivement, tu as raison.
Has echo una falta ahí. – Efectivamente, tienes razón.

efectivamente

i *On peut dire aussi **en efecto**.*

effet

1 ▻ Notre plaisanterie n'a pas eu l'effet prévu.
Nuestra broma no tuvo el efecto previsto.
▻ L'aspirine ne m'a fait aucun effet.
La aspirina no me ha hecho ningún efecto.
▻ Les effets spéciaux sont géniaux dans ce film.
Los efectos especiales en esta película son estupendos.

2 ▻ Tu as fait une faute là. – En effet, tu as raison.
Has hecho una falta ahí. – En efecto, tienes razón.

1 el **efecto**

► **faire de l'effet à** quelqu'un : **hacer efecto a** alguien
► **effets spéciaux :** **efectos especiales**

2 ► **en effet** (= oui) : **en efecto**

efficace

1 ▻ Bravo, tu as été très efficace !
¡Bravo, fuiste muy eficiente!

1 (en parlant d'une personne)
eficiente

2 ▷ Ces cachets ne sont pas très efficaces.
Estas tabletas no son muy eficaces.

2 (en parlant d'un médicament ou d'une mesure) **eficaz** (pluriel : **eficaces**)

*N'oubliez pas que le **z** devient **c** au pluriel.*

s'effondrer

▷ Tout l'immeuble s'est effondré.
Todo el edificio se hundió.

(en parlant d'un bâtiment) **hundirse**

*Le pronom réfléchi fonctionne de la façon suivante en espagnol : **se** (singulier) hunde, **se** (pluriel) hunden.*

s'efforcer

▷ Mathilde s'efforce de travailler plus, mais elle n'arrive pas à se concentrer.
Mathilde se esfuerza por trabajar más, pero no consigue concentrarse.

► **s'efforcer de** faire quelque chose : **esforzarse por** *ou* **en** hacer algo

*Le pronom réfléchi fonctionne de la façon suivante en espagnol : **me** esfuerzo, **te** esfuerzas, **se** (singulier) esfuerza, **nos** esforzamos, **os** esforzáis, **se** (pluriel) esfuerzan.*

effort

▷ Allez, fais un effort !
¡Vamos, esfuérzate!
▷ Idriss fait des efforts pour être sage.
Idriss se esfuerza por portarse bien.

el **esfuerzo**
► **faire un effort : esforzarse por** *ou* **en**
► **faire des efforts pour** faire quelque chose : **esforzarse por** *ou* **en** hacer algo

*Le pronom réfléchi fonctionne de la façon suivante en espagnol : **me** esfuerzo, **te** esfuerzas, **se** (singulier) esfuerza, **nos** esforzamos, **os** esforzáis, **se** (pluriel) esfuerzan.*

effrayant, effrayante

▷ C'est effrayant !
¡ Es horroroso !

horroroso, horrorosa

effrayé, effrayée

▷ Ils avaient l'air vraiment effrayés.
Parecían muy asustados.

asustado, asustada

égal, égale

1 ▷ Les deux dimensions sont égales.
Las dos dimensiones son iguales.

1 (= pareil) **igual** (pluriel : **iguales**)

Suite page suivante

2 ▷ Tu veux aller au cinéma ou au théâtre ? – Ça m'est égal.
¿Quieres ir al cine o al teatro? – Me da igual.
▷ Hervé dit des méchancetés sur toi. – Ça m'est égal, il est idiot de toute façon !
Hervé dice cosas desagradables sobre ti. – ¡Me da igual, de todos modos es un tonto!

2 ► **ça m'est égal** : **me da igual**

On peut dire aussi ***me da lo mismo****.*

Pour les autres personnes, on dit : ***te da igual*** (= ça t'est égal), ***le da igual*** (= ça lui est égal, ça vous est égal), ***nos da igual*** (= ça nous est égal), ***os da igual*** (= ça vous est égal), ***les da igual*** (= ça leur est égal, ça vous est égal).

égalité

1 ▷ Ils sont pour l'égalité des sexes.
Están a favor de la igualdad de los sexos.
2 ▷ Maintenant les deux équipes sont à égalité.
Ahora los dos equipos están empatados.

1 (= l'égalité entre les gens) **la igualdad**

2 ► **être à égalité** (en parlant de deux équipes ou de deux concurrents) : **estar empatados** *ou* **empatadas**

église

▷ Il y a une belle église tout près d'ici.
Hay una hermosa iglesia muy cerca de aquí.
▷ Sylvaine et sa famille vont à l'église tous les dimanches.
Sylvaine y su familia van a misa todos los domingos.

la **iglesia**

► **aller à l'église** (= aller à la messe) : **ir a misa**

égoïste

▷ Ne sois pas si égoïste, prête-moi ton livre !
¡No seas tan egoista, préstame tu libro!

egoísta

Le mot espagnol se termine par un ***a*** *au masculin (****un chico egoísta****) comme au féminin (****una mujer egoísta****).*

Remarquez que ***egoísta*** *porte sur le* ***i*** *un accent écrit qui reflète l'accent tonique.*

égout

▷ L'égout est bouché.
La alcantarilla está atascada.

la **alcantarilla**

s'égratigner

▷ Tu vas t'égratigner les jambes si tu marches dans les ronces.
Te vas a hacer un arañazo en las piernas si te metes en las zarzas.

► **s'égratigner les jambes, le genou,** *etc.* : **hacerse un arañazo en las piernas, la rodilla,** *etc.*

▷ Sophie s'est égratigné le bras.
Sophie se hizo un arañazo en el brazo.

*Le pronom réfléchi fonctionne de la façon suivante en espagnol : **me** hago un arañazo, **te** haces un arañazo, **se*** (singulier) *hace un arañazo, **nos** hacemos un arañazo, **os** hacéis un arañazo, **se*** (pluriel) *hacen un arañazo.*

égratignure

▷ Ne pleure pas, ce n'est qu'une égratignure.
No llores, si no es más que un arañazo.

el **arañazo**

*On peut dire aussi **el rasguño**.*

élargir

1 ▷ La rue Rousseau va être élargie.
Van a ensanchar la calle Rousseau.

1 (en parlant d'une rue ou d'un trou) **ensanchar**

2 ▷ J'espère que ce jean va s'élargir, il est trop serré.
Espero que se van a ensanchar estos vaqueros porque me van estrechos.
▷ La route s'élargit après ce tournant.
La carretera se ensancha después de esta curva.

2 ► **s'élargir : ensancharse**

*Le pronom réfléchi fonctionne de la façon suivante en espagnol : **se*** (singulier) *ensancha, **se*** (pluriel) *ensanchan.*

élastique

1 ▷ Ce tissu est élastique.
Este tejido es elástico.

1 (= extensible) **elástico, elástica**

*Remarquez que **elástico** et **elástica** portent sur le **a** un accent écrit qui reflète l'accent tonique.*

2 ▷ Sonia attache ses cheveux avec un élastique.
Sonia se ata el pelo con una goma.

2 ► **un élastique : una goma**

3 ▷ Je n'oserais jamais faire du saut à l'élastique.
Nunca me atrevería a hacer puenting.

3 ► **faire du saut à l'élastique : hacer puenting**

élections

▷ Karim s'est présenté aux élections des délégués de classe.
Karim se presentó a las elecciones para delegados de clase.

la **elección** (pluriel : las **elecciones**)

*Il n'y a pas d'accent écrit au pluriel. L'accent tonique porte sur le **o**, comme au singulier.*

électricien, électricienne

▷ L'électricien est venu réparer le radiateur.
El electricista vino a reparar el radiador.

el **electricista**, la **electricista**

électricité

▷ Les ouvriers ont coupé l'électricité.
Los obreros cortaron la electricidad.

la **electricidad**

électrique

▷ Il y a le chauffage électrique dans la maison.
Hay calefacción eléctrica en la casa.

eléctrico, eléctrica

ℹ *Remarquez que **eléctrico** et **eléctrica** portent sur le deuxième **e** un accent écrit qui reflète l'accent tonique.*

s'électrocuter

▷ Andreas a failli s'électrocuter avec un sèche-cheveux.
Andreas por poco se electrocuta con el secador.

electrocutarse

ℹ *Le pronom réfléchi fonctionne de la façon suivante en espagnol : **me** electrocuto, **te** electrocutas, **se*** (singulier) *electrocuta, **nos** electrocutamos, **os** electrocutáis, **se*** (pluriel) *electrocutan.*

électronique

1 ▷ Ce jeu électronique fait un bruit agaçant.
Este juego electrónico hace un ruido irritante.

1 (en parlant d'un jeu, d'un composant, d'un microscope, etc.) **electrónico, electrónica**

ℹ *Remarquez que **electrónico** et **electrónica** portent sur le **o** un accent écrit qui reflète l'accent tonique.*

2 ▷ Le frère de Pepa fait des études d'électronique.
El hermano de Pepa estudia electrónica.

2 ► **l'électronique** (= la science) : la **electrónica**

élégant, élégante

▷ La femme de François est toujours très élégante.
La mujer de François va siempre muy elegante.

elegante

éléphant

▷ Les éléphants d'Asie sont plus petits que les éléphants d'Afrique.
Los elefantes asiáticos son más pequeños que los elefantes africanos.

el **elefante**

ℹ *Attention à l'orthographe du mot espagnol.*

élevage

1 ▷ Mon oncle fait de l'élevage de poulets.
Mi tío cría pollos.

1 ► **faire de l'élevage de** + complément : **criar** + complément

2 ▷ Il y a beaucoup d'élevages de saumons dans la région.
Hay muchos criaderos de salmón en esta región.

2 (= ferme) el **criadero**

élevé, élevée

1 ▻ Cette colline n'est pas très élevée.
Esta colina no es muy elevada.
▻ La température est très élevée pour le mois de mars.
La temperatura es muy elevada para marzo.

2 ▻ C'est un garçon très bien élevé.
Es un chico muy bien educado.
▻ Elle est bête et mal élevée.
Es tonta y mal educada.

1 (= haut) **elevado, elevada**

2 ► **bien élevé, bien élevée : bien educado, bien educada** (pluriel : **bien educados, bien educadas**)
► **mal élevé, mal élevée : mal educado, mal educada** (pluriel : **mal educados, mal educadas**)

élève

▻ Claudie est la meilleure élève de la classe.
Claudie es la mejor alumna de la clase.

el **alumno**, la **alumna**

élever

1 ▻ Mon oncle élève des lapins.
Mi tío cría conejos.

2 ▻ C'est elle qui a élevé ses petits-enfants.
Fue ella quien educó a sus nietos.

1 (en parlant d'animaux) **criar**

2 (en parlant d'enfants) **educar**
Si le complément est une personne ou un groupe de personnes, n'oubliez pas de le faire précéder de ***a***.

éliminer

▻ Il a éliminé son adversaire en demi-finale.
Eliminó a su adversario en la semifinal.

eliminar
Si le complément est une personne ou un groupe de personnes, n'oubliez pas de le faire précéder de ***a***.

élire

▻ Demain nous élirons les délégués de classe.
Mañana elegiremos a los delegados de clase.
▻ Qui a été élu ?
¿Quién fue elegido?

elegir

Si le complément est une personne ou un groupe de personnes, n'oubliez pas de le faire précéder de ***a***.

elle

1 ▷ Elle habite près de la piscine
Vive cerca de la piscina.
▷ J'ai emmené ma chienne chez le vétérinaire ; elle va mieux maintenant.
Llevé a mi perra al veterinario; ahora se encuentra mejor.

2 ▷ J'ai acheté ce CD pour elle.
Compré este CD para ella.

1 Quand **elle** est sujet, le pronom ne se traduit généralement pas en espagnol.

2 Quand **elle** est complément, le pronom se traduit par **ella**.

elle-même

▷ Elle me l'a dit elle-même, alors ça doit être vrai !
¡Me lo dijo ella misma, entonces debe de ser verdad!

ella misma

elles

1 ▷ Elles sont arrivées en même temps.
Llegaron al mismo tiempo.

2 ▷ Ce cadeau est pour elles.
Este regalo es para ellas.

1 Quand **elles** est sujet, le pronom ne se traduit généralement pas en espagnol.

2 Quand **elles** est complément, le pronom se traduit par **ellas**.

elles-mêmes

▷ Elles l'ont fabriqué elles-mêmes.
Lo fabricaron ellas mismas.

ellas mismas

éloigné, éloignée

▷ Ils habitent dans un village éloigné.
Viven en un pueblo alejado.
▷ Sa maison est très éloignée de la mienne.
Su casa está muy alejada de la mía.

alejado, alejada

Attention : le verbe qui traduit **être** *dans* **être éloigné** *est* ***estar*** *et non* ***ser***.

éloigner

1 ▷ Éloigne tes affaires du feu.
Aparta tus cosas del fuego.

2 ▷ Ne t'éloigne pas, on part tout de suite.
No te alejes, que nos vamos enseguida.

1 ► **éloigner** quelque chose **de :** **apartar** algo **de**

2 ► **s'éloigner : alejarse**

Le pronom réfléchi fonctionne de la façon suivante en espagnol : ***me*** *alejo,* ***te*** *alejas,* ***se*** (singulier) *aleja,* ***nos*** *alejamos,* ***os*** *alejáis,* ***se*** (pluriel) *alejan.*

3 ▻ Raúl s'est éloigné du feu parce qu'il avait trop chaud.
Raúl se apartó del fuego porque tenía demasiado calor.

3 ► **s'éloigner de : apartarse de**

Le pronom réfléchi fonctionne de la façon suivante en espagnol : ***me*** *aparto,* ***te*** *apartas,* ***se*** (singulier) *aparta,* ***nos*** *apartamos,* ***os*** *apartáis,* ***se*** (pluriel) *apartan.*

emballage

▻ Quand le colis est arrivé, l'emballage était déchiré.
Cuando el paquete llegó, el envoltorio estaba roto.

(= papier, boîte ou carton) **el envoltorio**

emballer

▻ Marina a emballé le cadeau dans du joli papier.
Marina envolvió el regalo con un bonito papel.

(= envelopper) **envolver**

Notez la préposition utilisée en espagnol : emballer **dans** du papier = *envolver* ***con*** *papel.*

embarquer

▻ Nous avons embarqué à trois heures.
Nos embarcamos a las tres.

(= monter dans un avion ou dans un bateau) **embarcarse**

Le pronom réfléchi fonctionne de la façon suivante en espagnol : ***me*** *embarco,* ***te*** *embarcas,* ***se*** (singulier) *embarca,* ***nos*** *embarcamos,* ***os*** *embarcáis,* ***se*** (pluriel) *embarcan.*

embarrassé, embarrassée

▻ Tania a eu l'air très embarrassé quand j'ai dit ça.
Tania pareció estar muy violenta cuando dije aquello.

violento, violenta

Le mot espagnol signifie aussi violent, violente.

Attention ! Le mot espagnol ***embarazada*** *signifie* enceinte.

embarrasser

1 ▻ Je crois que ma question a embarrassé Suzanne.
Creo que mi pregunta puso en un aprieto a Suzanne.

1 (= mettre mal à l'aise) **poner en un aprieto**

Si le complément est une personne ou un groupe de personnes, n'oubliez pas de le faire précéder de ***a***.

Suite page suivante

2 ▷ Tes affaires embarrassent tout le monde, déplace-les.
Tus cosas estorban a todo el mundo, cámbialas de sitio.

2 (= encombrer) **estorbar**

Si le complément est une personne ou un groupe de personnes, n'oubliez pas de le faire précéder de ***a****.*

embaucher

▷ Quentin a été embauché alors qu'il n'avait aucune expérience.
Contrataron a Quentin aunque no tenía ninguna experiencia.

(pour un poste) **contratar**

Si le complément est une personne ou un groupe de personnes, n'oubliez pas de le faire précéder de ***a****.*

embêtant, embêtante

1 ▷ C'est embêtant de devoir prendre le bus.
Es fastidioso tener que coger el autobús.

2 ▷ Tu es vraiment embêtante avec tes questions !
¡Qué pesada que eres con tus preguntas!

1 (en parlant d'une situation) **fastidioso, fastidiosa**

2 (en parlant d'une personne) **pesado, pesada**

Attention : le verbe qui traduit **être** *dans* **être embêtant** *est* ***ser*** *et non* ***estar****.*

embêtement

▷ J'ai eu plein d'embêtements dernièrement.
Últimamente he tenido muchos problemas.

el **problema**

embêter

1 ▷ Arrête d'embêter Lucas !
¡Deja de molestar a Lucas!
▷ Ça m'embête de lui demander ça.
Me molesta preguntarle eso.

1 (= agacer, gêner) **molestar**

Si le complément est une personne ou un groupe de personnes, n'oubliez pas de le faire précéder de ***a****.*

2 ▷ Je me suis embêtée à la soirée.
Me aburrí en la fiesta.

2 ► **s'embêter** (= s'ennuyer) : **aburrirse**

Le pronom réfléchi fonctionne de la façon suivante en espagnol : ***me*** *aburro,* ***te*** *aburres,* ***se*** (singulier) *aburre,* ***nos*** *aburrimos,* ***os*** *aburrís,* ***se*** (pluriel) *aburren.*

emblème

▷ Quel est l'emblème de l'équipe de basket de l'école ?
¿Cuál es el emblema del equipo de baloncesto del colegio?

el **emblema**

embouteillage

▷ Nous sommes en retard à cause des embouteillages.
Llegamos tarde por culpa de los atascos.

el **atasco**

*On peut dire aussi **el embotellamiento**.*

embranchement

▷ Tournez à droite à l'embranchement.
Gire a la izquierda en el cruce.

el **cruce**

embrasser

▷ Sophie a essayé d'embrasser Jules !
¡Sophie intentó besar a Jules!
▷ J'ai vu qu'ils s'embrassaient.
Vi que se besaban.

► **embrasser** quelqu'un : **besar a alguien**
► **s'embrasser : besarse**

*Le pronom réfléchi fonctionne de la façon suivante en espagnol : **nos** besamos, **os** besáis, **se*** (pluriel) *besan.*

s'embrouiller

▷ Je m'embrouille dans tous ces calculs !
¡Me estoy haciendo un lío con todos estos cálculos!

hacerse un lío

Notez la préposition utilisée en espagnol : s'embrouiller **dans** = *hacerse un lío **con**.*

émigrer

▷ Ils ont émigré aux États-Unis.
Emigraron a Estados Unidos.

emigrar

*Le verbe **emigrar** implique un mouvement, c'est pourquoi la préposition qui suit est toujours **a*** (ils veulent émigrer en Russie = *quieren emigrar **a** Rusia*).

émission

▷ C'est une bonne émission pour les adolescents.
Es un buen programa para adolescentes.
▷ Quelle est ton émission de télé préférée ?
¿Cuál es tu programa de tele preferido?
▷ J'ai écouté l'émission de radio dont tu m'as parlé.
Escuché el programa de radio del que me hablaste.

(= programme de télévision ou de radio) el **programa**
► **émission de télé : programa de tele** (pluriel : **programas de tele**)
► **émission de radio : programa de radio** (pluriel : **programas de radio**)

emmêlé, emmêlée

▷ La corde est tout emmêlée.
La cuerda está toda enredada.

(en parlant des cheveux, d'une corde ou d'un fil) **enredado, enredada**

emménager

▻ Nous avons emménagé ici le mois dernier.
Nos mudamos aquí el mes pasado.

mudarse

ℹ *Le pronom réfléchi fonctionne de la façon suivante en espagnol : **me** mudo, **te** mudas, **se*** (singulier) *muda, **nos** mudamos, **os** mudáis, **se*** (pluriel) *mudan.*

emmener

▻ Est-ce que tu vas emmener ton petit frère avec toi ?
¿Vas a llevar a tu hermanito?
▻ Je peux t'emmener à la gare si tu veux.
Te puedo llevar a la estación si quieres.

► **emmener** quelqu'un **: llevar a alguien**

émouvant, émouvante

▻ J'ai trouvé la fin du film très émouvante.
Encontré el final de la película muy emocionante.

emocionante

ℹ *On peut dire aussi **conmovedor*** (pluriel : ***conmovedores***), ***conmovedora***.

émouvoir

▻ Cette scène a beaucoup ému mon père.
Aquella escena emocionó mucho a mi padre.

► **émouvoir** quelqu'un **:**
emocionar a alguien

ℹ *On peut dire aussi **conmover a alguien**.*

empêcher

1 ▻ On a voulu les empêcher de se battre, mais ils ne nous ont pas écoutés.
Quisimos impedirles que se pelearan, pero no nos escucharon.
▻ On va mettre une barrière pour empêcher que les gens rentrent.
Vamos a poner una barrera para impedir que la gente entre.

1 ► **empêcher** quelqu'un **de** + infinitif *ou* **empêcher que** quelqu'un + subjonctif **: impedir a alguien que** + subjonctif

*Attention à la concordance des temps : quand **impedir** est au présent, le verbe de la subordonnée est au présent du subjonctif (me **quiere impedir** que **salga**), mais quand **impedir** est au passé, le verbe de la subordonnée doit être à l'imparfait du subjonctif (me **impidió** que **saliera**).*

2 ▻ Je n'ai pas pu m'empêcher de rire.
No pude evitar reírme.

2 Quand on veut dire qu'on n'a pas pu s'empêcher de faire quelque chose, on emploie en espagnol l'expression **no poder evitar** + infinitif.

empester

1 ▷ Ça empeste ici !
¡Apesta aquí!

2 ▷ Toute la maison empestait le poisson.
Toda la casa apestaba a pescado.

1 (= sentir mauvais) **apestar**

2 ► **empester le...** *ou* **la... : apestar a...**

s'empiffrer

▷ Ne t'empiffre pas, on va bientôt dîner.
No te atiborres, que vamos a cenar pronto.

▷ On s'est empiffrés de gâteaux tout l'après-midi.
Nos atiborramos de pasteles toda la tarde.

atiborrarse

ℹ *Le pronom réfléchi fonctionne de la façon suivante en espagnol :* ***me*** *atiborro,* ***te*** *atiborras,* ***se*** (singulier) *atiborra,* ***nos*** *atiborramos,* ***os*** *atiborráis,* ***se*** (pluriel) *atiborran.*

empiler

▷ Ludovic a empilé les assiettes sales dans l'évier.
Ludovic apiló los platos sucios en el fregadero.

apilar

ℹ *On peut dire aussi* ***amontonar****.*

empirer

▷ Les résultats de Georgina en maths ont encore empiré.
Los resultados de Georgina en matemáticas han empeorado aún más.

empeorar

emplacement

1 ▷ On a cherché un emplacement libre pendant une demi-heure.
Buscamos una plaza libre durante media hora.

2 ▷ Ils vont construire un centre commercial sur l'emplacement de l'ancienne usine.
Van a construir un centro comercial en el lugar que ocupaba la vieja fábrica.

1 (= place de parking) la **plaza**

2 Quand on parle de l'emplacement qu'occupe ou occupait quelque chose, on dit en espagnol el **lugar que ocupa** *ou* **ocupaba...**

emploi

1 ▷ La sœur de Gregorio a trouvé un emploi au supermarché.
La hermana de Gregorio ha encontrado un empleo en el supermercado.

2 ▷ On a un emploi du temps bizarre cette année.
Tenemos un horario raro este año.

1 (= travail) el **empleo**

2 ► **emploi du temps :** el **horario**

employé, employée

el **empleado**, la **empleada**

▷ L'entreprise a plusieurs centaines d'employés.
La empresa tiene centenares de empleados.

employer

1 (= utiliser) **utilizar**

1 ▷ Le prof a employé un mot que je ne connaissais pas.
El profesor utilizó una palabra que yo no conocía.

2 (en parlant d'un travailleur) **emplear**

*Si le complément est une personne ou un groupe de personnes, n'oubliez pas de le faire précéder de **a**.*

2 ▷ Personne ne veut employer Carmela parce qu'elle n'a pas d'expérience.
Nadie quiere emplear a Carmela porque no tiene experiencia.

empoisonner

(en parlant d'une personne ou d'un animal) **envenenar**

*Si le complément est une personne ou un groupe de personnes, n'oubliez pas de le faire précéder de **a**.*

▷ Ils ont essayé d'empoisonner le roi.
Intentaron envenenar al rey.

emporter

1 **llevarse**

*Le pronom réfléchi fonctionne de la façon suivante en espagnol : **me** llevo..., **te** llevas..., **se** (singulier) lleva..., **nos** llevamos..., **os** lleváis..., **se** (pluriel) llevan...*

1 ▷ N'oublie pas d'emporter des sandwiches pour la randonnée.
No te olvides de llevarte unos bocadillos para la excursión.

▷ Le vent a emporté le toit.
El viento se llevó el techo.

2 ► **à emporter** (en parlant de nourriture) : **para llevar**

2 ▷ Le boucher vend aussi des plats à emporter.
El carnicero también vende platos para llevar.

empreinte

la **huella**

► **empreinte digitale** : **huella digital** (pluriel : **huellas digitales**)

*On peut dire aussi **huella dactilar*** (pluriel : ***huellas dactilares***).

▷ Ils ont laissé des empreintes dans le sable.
Dejaron huellas en la arena.

▷ La police a pris ses empreintes digitales.
La policía le tomó las huellas digitales.

emprunt

el **préstamo**

*Remarquez que le mot espagnol porte sur le **e** un accent écrit qui reflète l'accent tonique.*

▷ Ils n'arrivent pas à rembourser l'emprunt.
No consiguen pagar el préstamo.

▷ Mes parents ont fait un emprunt pour acheter une nouvelle voiture.
Mis padres pidieron un préstamo para comprar un coche nuevo.

► **faire un emprunt : pedir un préstamo**

emprunter

▷ Idriss m'a emprunté dix euros hier.
Ayer Idriss me tomó prestados diez euros.

► **emprunter** quelque chose **à** quelqu'un : **tomar algo prestado a alguien**

ému, émue

▷ Monsieur Lambert était très ému quand nous lui avons donné son cadeau.
El señor Lambert estuvo muy emocionado cuando le dimos el regalo.

emocionado, emocionada

en

1 ▷ Lise et sa famille ont vécu en Amérique.
Lise y su familia vivieron en América.
▷ Il fait très froid ici en hiver.
Hace mucho frío aquí en invierno.
▷ J'ai rencontré Samir en mars 2002.
Conocí a Samir en marzo del 2002.
▷ Tu crois que tu peux le faire en une heure ?
¿Crees que lo puedes hacer en una hora?
▷ On peut y aller en taxi s'il n'y a pas de bus.
Podemos ir en taxi si no hay autobuses.
▷ Il était midi et Claire était encore en pyjama.
Eran las doce y Claire todavía iba en pijama.

1 Quand **en** est une préposition, sa traduction la plus fréquente en espagnol est **en**.

2 ▷ Nous allons en Espagne pour les vacances.
Vamos a España de vacaciones.

2 Quand **en** est utilisé après un verbe de mouvement (aller, venir, partir, etc.), il se traduit par **a**.

3 ▷ Ce pull est en pure laine.
Este jersey es de pura lana.

3 Pour parler de la matière dont est fait un objet, on dit **de**.

4 ▷ Hervé est tombé en courant.
Hervé se cayó corriendo.
▷ Elle m'a regardé en souriant.
Me miró sonriendo.

4 Quand on parle de la manière dont on fait quelque chose, **en** + gérondif se traduit en espagnol par un gérondif seul (non précédé d'une préposition).

5 ▷ Ce n'est pas poli de parler en mangeant.
No es de buena educación hablar mientras se come.

5 Quand **en** signifie **pendant que**, **en** + gérondif se traduit en espagnol par **mientras** + verbe.

6 ▷ En regardant ma montre, je me suis rendu compte qu'il était minuit.
Al mirar el reloj, me di cuenta de que eran las doce.

6 Quand on parle de deux choses qui se passent simultanément, on emploie en espagnol l'expression **al** + infinitif.

Suite page suivante

7 ▷ J'avais du chocolat, mais il n'en reste plus.
Tenía chocolate, pero ya no hay.
▷ Si le café est chaud, donne-m'en, s'il te plaît.
Si el café está caliente, dame un poco, por favor.
▷ Je vois que tu as des bonbons. Tu m'en donnes ?
Veo que tienes caramelos. ¿Me das unos cuantos?

7 Quand on parle d'une quantité de quelque chose, soit on ne traduit pas **en**, soit on emploie une expression telle que **un poco** (= un peu) *ou* **unos cuantos, unas cuantas** (quelques-uns, quelques-unes).

8 ▷ Son adresse ? Ah non, je ne m'en souviens plus.
¿Su dirección ? Ah no, ya no me acuerdo de ella.
▷ Ce film m'a fait peur, j'en ai rêvé toute la nuit.
Esa película me dio miedo, soñé con ella toda la noche.

8 Quand **en** signifie **de** quelque chose, on emploie en espagnol **de** + le pronom qui convient, ou une autre préposition (par exemple **con** s'il s'agit du verbe **soñar**) + le pronom qui convient.

encadrer

▷ Annabelle a encadré une photo de son acteur préféré.
Annabelle ha enmarcado una foto de su actor preferido.

(= mettre dans un cadre) **enmarcar**

enceinte

1 ▷ Ma cousine est enceinte.
Mi prima está embarazada.
▷ Elle n'avait que quinze ans quand elle est tombée enceinte.
Sólo tenía quince años cuando se quedó embarazada.

1 (= qui attend un bébé) **embarazada**
► **tomber enceinte : quedarse embarazada**

2 ▷ Paul a une chaîne avec des enceintes très puissantes.
Paul tiene una cadena de estéreo con unos altavoces muy potentes.

2 (= haut-parleur) **el altavoz**

*N'oubliez pas que le **z** devient **c** au pluriel (**los altavoces**).*

encercler

▷ C'est un jeu où les policiers encerclent les voleurs.
Es un juego donde los policías rodean a los ladrones.

rodear

*Si le complément est une personne ou un groupe de personnes, n'oubliez pas de le faire précéder de **a**.*

enchanté, enchantée

▷ Bonsoir, je m'appelle Béatrice. – Enchanté !
Buenas tardes, me llamo Béatrice. – ¡Encantado!
▷ Les parents de Tony sont enchantés de ses résultats scolaires.
Los padres de Tony están encantados con sus resultados escolares.

encantado, encantada

Notez la préposition utilisée en espagnol : être enchanté **de** + nom = *estar encantado **con*** + nom.

enchères

▷ Nous sommes allés à une vente aux enchères dimanche dernier.
Fuimos a una subasta el domingo pasado.

► **vente aux enchères : la subasta**

enclos

▷ Les agneaux étaient dans un enclos.
Los corderos estaban en un cercado.

(pour les animaux) el **cercado**

encombrer

1 ▷ Tes affaires encombrent tout le monde, déplace-les.
Tus cosas estorban a todo el mundo, muévelas.

1 (= gêner une personne) **estorbar**

Si le complément est une personne ou un groupe de personnes, n'oubliez pas de le faire précéder de ***a***.

2 ▷ Les valises encombrent le couloir.
Las maletas obstruyen el pasillo.

2 (= bloquer un couloir ou une route) **obstruir**

encore

1 ▷ Il est encore en retard !
¡Otra vez llega tarde!

▷ Anaïs s'est encore enfermée dans sa chambre !
¡Anaïs ha vuelto a encerrarse en su cuarto!

1 (= de nouveau) **otra vez**

On peut aussi utiliser l'expression ***volver a*** + infinitif.

2 ▷ Est-ce que Paola est encore chez elle ?
¿Paola está todavía en casa?
▷ Les invités ne sont pas encore arrivés.
Los invitados todavía no han llegado.
▷ Elle est encore plus bête que son frère !
¡Es aún más tonta que su hermano!

2 **Encore** se traduit par **todavía** ou par **aún** dans deux cas : quand il veut dire **toujours** et quand il précède un comparatif.

3 ▷ Je voudrais encore de la glace, s'il te plaît.
Quisiera más helado, por favor.

3 (= plus de) **más**

4 ▷ Tu veux encore un bonbon ?
¿Quieres otro caramelo?

4 ► **encore un...** *ou* **encore une... : otro...** *ou* **otra...**

encourager

▷ La prof d'histoire est sympa, elle encourage toujours les élèves faibles.
La profesora de historia es simpática, siempre anima a los alumnos flojos.

(= donner du courage) **animar**

Si le complément est une personne ou un groupe de personnes, n'oubliez pas de le faire précéder de ***a***.

▷ C'est elle qui m'a encouragé à faire du judo.
Fue ella quien me animó a hacer judo.

► **encourager** quelqu'un **à** + infinitif : **animar a alguien a** + infinitif

encre

▷ Il n'y a plus d'encre dans mon stylo.
Ya no hay tinta en mi boli.
▷ Est-ce que tu écris à l'encre ou au crayon ?
¿Escribes con tinta o con lápiz?

la **tinta**
► **écrire à l'encre :** escribir con tinta

encyclopédie

▷ Je vais regarder dans l'encyclopédie.
Voy a mirar en la enciclopedia.

la **enciclopedia**
ℹ *Attention à l'orthographe du mot espagnol* ***enciclopedia****.*

endives

▷ Ces endives sont amères.
Estas endivias están amargas.

la **endivia**

endormi, endormie

▷ Tu crois qu'il est endormi ?
¿Crees que está dormido?

dormido, dormida

s'endormir

▷ Je me suis endormi sous un arbre.
Me dormí bajo un árbol.

dormirse
ℹ *Le pronom réfléchi fonctionne de la façon suivante en espagnol :* ***me*** *duermo,* ***te*** *duermes,* ***se*** (singulier) *duerme,* ***nos*** *dormimos,* ***os*** *dormís,* ***se*** (pluriel) *duermen.*

endroit

1 ▷ Essayons de trouver un endroit pour pique-niquer.
Tratemos de encontrar un lugar para el picnic.
▷ À quel endroit est-ce que ça s'est passé ?
¿Dónde pasó?
2 ▷ Mets ton pull à l'endroit.
Pon tu jersey del derecho.

1 (= lieu) el **lugar** (pluriel : los lugares)
► **à quel endroit ? :** ¿dónde?

2 ► **à l'endroit :** del derecho

énergie

▷ Je n'ai plus d'énergie, j'abandonne !
¡Ya no tengo más energía, me rindo!
▷ Il faut économiser l'énergie.
Hay que ahorrar la energía.

la **energía**

ℹ *Remarquez que le mot espagnol porte sur le* ***i*** *un accent écrit qui reflète l'accent tonique.*

énergique

▻ Sois un peu plus énergique !
¡Sé un poco más enérgico!

enérgico, enérgica

Remarquez que ***enérgico*** *et* ***enérgica*** *portent sur le deuxième* ***e*** *un accent écrit qui reflète l'accent tonique.*

énervant, énervante

▻ Tu es vraiment énervante avec tes plaisanteries !
¡Qué exasperante estás con tus bromas!

exasperante

énerver

1 ▻ Tu vas énerver tout le monde si tu continues comme ça.
Vas a exasperar a todo el mundo si sigues así.

1 **exasperar**

Le complément est une personne ou un groupe de personnes : n'oubliez pas de le faire précéder de ***a***.

2 ▻ N'énerve pas le bébé juste avant qu'il aille au lit.
No excites al bebé justo antes de que vaya a la cama.

2 (= exciter) **excitar**

Le complément est une personne ou un groupe de personnes : n'oubliez pas de le faire précéder de ***a***.

3 ▻ Julie s'énerve parce qu'elle n'arrive pas à faire son exercice.
Julie se está poniendo nerviosa porque no consigue hacer el ejercicio.
▻ Ne vous énervez pas !
¡ No os pongáis nerviosos!

3 ► **s'énerver : ponerse nervioso** *ou* **nerviosa**

Le pronom réfléchi fonctionne de la façon suivante en espagnol : ***me*** *pongo nervioso,* ***te*** *pones nervioso,* ***se*** (singulier) *pone nervioso,* ***nos*** *ponemos nerviosos,* ***os*** *ponéis nerviosos,* ***se*** (pluriel) *ponen nerviosos.*

enfant

▻ Ils ont un enfant de deux ans.
Tienen un niño de dos años.

el **niño,** la **niña**

enfer

1 ▻ Tu penses que l'enfer existe ?
¿Tu piensas que el infierno existe?

1 el **infierno**

2 ▻ J'ai une idée d'enfer !
¡Tengo una idea genial!

2 ► **d'enfer** (= génial) **: genial** (pluriel : **geniales**)

enfermer

1 ▻ Sabine a enfermé son frère dans le garage.
Sabine encerró a su hermano en el garaje.

1 **encerrar**

Si le complément est une personne ou un groupe de personnes, n'oubliez pas de le faire précéder de ***a***.

Attention à bien prononcer les deux ***r*** *de* ***encerrar***.

Suite page suivante

2 ▷ Roberto s'est encore enfermé dans sa chambre !
¡Roberto se ha vuelto a encerrar en su cuarto!

2 ► **s'enfermer : encerrarse**
ℹ *Le pronom réfléchi fonctionne de la façon suivante en espagnol : **me** encierro, **te** encierras, **se*** (singulier) *encierra, **nos** encerramos, **os** encerráis, **se*** (pluriel) *encierran.*

enfiler

▷ Il a enfilé son blouson en deux secondes.
Se puso la chaqueta en dos segundos.

(= mettre, en parlant d'un vêtement) **ponerse**
ℹ *Le pronom réfléchi fonctionne de la façon suivante en espagnol : **me** pongo..., **te** pones..., **se*** (singulier) *pone..., **nos** ponemos..., **os** ponéis..., **se*** (pluriel) *ponen...*

enfin

1 ▷ Vous arrivez enfin ! Où étiez-vous ?
¡Llegáis por fin! ¡Dónde estábais?
2 ▷ ... et enfin, je voudrais remercier mes parents.
... y por último quisiera agradecer a mis padres.

1 (= finalement) **por fin**

2 (= en dernier) **por último**
ℹ *On peut dire aussi **finalmente**.*

enflé, enflée

▷ Ma cheville est enflée et elle me fait mal.
Tengo el tobillo hinchado y me duele.

hinchado, hinchada

enfoncer

1 ▷ Cyril enfonçait des clous dans une planche avec un marteau.
Cyril clavaba clavos en una tabla con un martillo.
▷ Elle lui a enfoncé l'aiguille dans la main.
Le clavó la aguja en la mano.
2 ▷ Les voleurs ont enfoncé la porte du musée.
Los ladrones derribaron la puerta del museo.

1 (= enfoncer un clou, une aiguille ou une punaise) **clavar**

2 (= enfoncer une porte ou un mur) **derribar**
🔊 *Attention à bien prononcer les deux **r** de **derribar**.*

3 ▷ Nous avons vu le bateau s'enfoncer dans l'eau.
Vimos el barco que se hundía en el agua.

3 ► **s'enfoncer** (dans l'eau, dans la boue, dans la neige) **: hundirse**
ℹ *Le pronom réfléchi fonctionne de la façon suivante en espagnol : **me** hundo, **te** hundes, **se*** (singulier) *hunde, **nos** hundimos, **os** hundís, **se*** (pluriel) *hunden.*

s'enfuir

▷ Ils ont réussi à s'enfuir.
Consiguieron huir.
▷ La police a arrêté les hommes qui s'étaient enfuis de la prison.
La policía detuvo a los hombres que habían huido de la cárcel.

huir

*La préposition employée en espagnol après **huir** est **de**, comme en français.*

engin

▷ Il y avait des ouvriers et de gros engins au milieu de la route.
Había obreros y grandes máquinas en medio de la carretera.

(= machine, appareil) la **máquina**

*Remarquez que le mot espagnol porte sur le premier **a** un accent écrit qui reflète l'accent tonique.*

engrais

▷ L'agriculture biologique utilise des engrais naturels.
La agricultura biológica utiliza abonos naturales.

el **abono**

engueuler

1 ▷ Le prof a engueulé Patricia parce qu'elle n'avait pas fait ses devoirs.
El profesor riñó a Patricia porque no había hecho los deberes.
▷ Je me suis encore fait engueuler par mes parents.
Mis padres me han vuelto a reñir.

1 **reñir**

*On peut dire aussi **regañar**.*

*Le complément est une personne ou un groupe de personnes : n'oubliez pas de le faire précéder de **a**.*

Pour dire qu'on se fait gronder par quelqu'un, il faut utiliser en espagnol la forme active, c'est-à-dire que le complément de la phrase française **(par mes parents)** *devient le sujet de la phrase espagnole* (***mis padres***).

2 ▷ Arrêtez de vous engueuler !
¡Dejad de pelearos!

2 ► **s'engueuler : pelearse**

*Le pronom réfléchi fonctionne de la façon suivante en espagnol : **nos** peleamos, **os** peleáis, **se*** (pluriel) *pelean.*

Le mot **engueuler** *est grossier, mais les traductions espagnoles données ici ne le sont pas.*

énigme

▷ Tous les jours il y a une énigme dans les pages « jeux » du journal.
Todos los días hay una adivinanza en las páginas "juegos" del periódico.

(= devinette) la **adivinanza**

enjamber

▷ Nous avons dû enjamber le chien pour entrer dans le café.
Tuvimos que pasar por encima del perro para entrar en el bar.

(en parlant d'un obstacle) **pasar por encima de**

enlacer

▷ Il a enlacé Nathalie et ils se sont mis à danser.
Abrazó a Nathalie y se pusieron a bailar.

abrazar

Le complément est une personne ou un groupe de personnes : n'oubliez pas de le faire précéder de ***a****.*

▷ Ils se sont enlacés.
Se abrazaron.

► **s'enlacer :** abrazarse

Le pronom réfléchi fonctionne de la façon suivante en espagnol : ***nos*** *abrazamos,* ***os*** *abrazáis,* ***se*** (pluriel) *abrazan.*

enlèvement

▷ La police n'a pas trouvé les personnes responsables de l'enlèvement.
La policía no encontró a las personas responsables del secuestro.

(= le fait de kidnapper quelqu'un) el **secuestro**

enlever

1 ▷ Enlève tes affaires de là, elles m'encombrent.
Quita tus cosas de ahí, que me estorban.
▷ Je n'arrive pas à enlever cette tache.
No consigo quitar esta mancha.
▷ Sacha a enlevé son journal à Thomas pendant qu'il était en train de le lire !
¡Sacha le quitó el periódico a Thomas mientras estaba leyendo!

1 (= ôter un objet ou une tache) **quitar**

► **enlever** quelque chose à quelqu'un : **quitar** algo **a** alguien

2 ▷ J'enlève mon manteau, j'ai trop chaud.
Me quito el abrigo, tengo demasiado calor.

2 (= ôter un vêtement) **quitarse**

ℹ *Là où en français on utilise l'adjectif possessif* (**mon** manteau), *en espagnol on utilise l'article défini* (***el*** *abrigo*).

ℹ *Le pronom réfléchi fonctionne de la façon suivante en espagnol :* ***me*** *quito...,* ***te*** *quitas...,* ***se*** (singulier) *quita...,* ***nos*** *quitamos...,* ***os*** *quitáis...,* ***se*** (pluriel) *quitan...*

3 ▷ Les terroristes ont enlevé la fille d'un homme politique.
Los terroristas secuestraron a la hija de un político.

3 (= kidnapper) **secuestrar**

Le complément est une personne ou un groupe de personnes : n'oubliez pas de le faire précéder de ***a****.*

ennemi, ennemie

▷ Brice est le plus grand ennemi de Fabien.
Brice es el peor enemigo de Fabien.

el **enemigo**, la **enemiga**

ennui

▷ Isa a eu plein d'ennuis dernièrement.
Isa ha tenido muchos problemas últimamente.

(= problème) el **problema**

ℹ *Attention : c'est* ***el*** *problema et non* ***el*** *problemo !*

ennuyer

1 ▷ Ça m'ennuie de devoir lui demander ça.
Me molesta tener que pedirle eso.
▷ Est-ce que ça t'ennuie si j'ouvre la fenêtre ?
¿Te molesta si abro la ventana?

1 (= contrarier) **molestar**

2 ▷ Si vous vous ennuyez, jouez aux cartes.
Si os aburrís, jugad a las cartas.

2 ► **s'ennuyer : aburrirse**

ℹ *Le pronom réfléchi fonctionne de la façon suivante en espagnol :* ***me*** *aburro,* ***te*** *aburres,* ***se*** (singulier) *aburre,* ***nos*** *aburrimos,* ***os*** *aburrís,* ***se*** (pluriel) *aburren.*

ennuyeux, ennuyeuse

1 ▷ C'est l'homme le plus ennuyeux que je connaisse.
Es el hombre más aburrido que conozco.

1 (= rasoir) **aburrido, aburrida**

Attention : le verbe qui traduit **être** *dans* **être ennuyeux** *est* ***ser*** *et non* ***estar. Estar aburrido*** *signifie* **s'ennuyer**.

2 ▷ C'est ennuyeux que tes cousins ne puissent pas venir.
Es muy molesto que tus primos no puedan venir.

2 (= contrariant) **molesto, molesta**

énorme

▷ Il y a un énorme tas d'assiettes à laver.
Hay una enorme pila de platos para lavar.

enorme

énormément

1 ▷ Tout le monde admire énormément le maire.
Todo el mundo admira muchísimo al alcalde.

2 ▷ C'est une fille qui a énormément de problèmes.
Es una chica que tiene muchísimos problemas.
▷ Il faut énormément de patience pour supporter ça.
Hace falta muchísima paciencia para soportar eso.

1 (= beaucoup) **muchísimo**

2 Pour traduire énormément de en espagnol, il faut accorder **muchísimo** au nom qui suit (**los problemas -> muchísimos problemas ; la paciencia -> muchísima paciencia ; el dinero -> muchísimo dinero ; las amigas -> muchísimas amigas**).

enquête

1 ▷ L'enquête de la police n'avance pas.
La investigación de la policía no progresa.

1 (= une enquête sur un crime, sur un vol) la **investigación** (pluriel : **las investigaciones**)

Il n'y a pas d'accent écrit au pluriel. L'accent tonique porte sur le ***o****, comme au singulier.*

2 ▷ Une dame m'a arrêté dans la rue ; c'était pour une enquête.
Una señora me paró en la calle; era para una encuesta.

2 (= sondage) la **encuesta**

On peut dire aussi ***el sondeo****.*

enrager

▷ Il adore faire enrager sa petite sœur.
Le encanta hacer rabiar a su hermana pequeña.

► **faire enrager** quelqu'un **: hacer rabiar** a alguien

enregistrer

▷ J'ai enregistré le film d'hier soir pour Ángel.
Grabé la película de anoche para Ángel.

(en parlant de musique ou d'un film) **grabar**

enrhumé, enrhumée

▷ Ludmilla est enrhumée, elle se mouche tout le temps.
Ludmilla está refriada, se suena todo el rato.

resfriado, resfriada

On peut dire aussi ***constipado, constipada****.*

Attention : le verbe qui traduit être *dans* être enrhumé *est* ***estar*** *et non* ***ser****.*

s'enrhumer

▻ Tu vas t'enrhumer si tu ne mets pas ton manteau.
Te vas a resfriar si no te pones el abrigo.

resfriarse

ℹ *On peut dire aussi **constiparse**.*

ℹ *Le pronom réfléchi fonctionne de la façon suivante en espagnol : **me** resfrío, **te** resfrías, **se** (singulier) resfría, **nos** resfriamos, **os** resfriáis, **se** (pluriel) resfrían.*

s'enrichir

▻ Personne ne sait comment ils se sont enrichis.
Nadie sabe cómo se han enriquecido.

enriquecerse

ℹ *Le pronom réfléchi fonctionne de la façon suivante en espagnol : **me** enriquezco, **te** enriqueces, **se** (singulier) enriquecen, **nos** enriquecemos, **os** enriquecéis, **se** (pluriel) enriquecen.*

enroué, enrouée

▻ Le prof de maths est enroué parce qu'il a trop crié.
El profesor de mates está ronco porque ha gritado demasiado.

ronco, ronca

ℹ *Attention : le verbe qui traduit* être *dans* être enroué *est **estar** et non **ser**.*

enrouler

▻ Pierre a enroulé la corde autour du piquet.
Pierre enrolló la cuerda alrededor del piquete.

enrollar

enseignant, enseignante

▻ Les enseignants sont en grève aujourd'hui.
Los profesores están en huelga hoy.

el **profesor** (pluriel : los profesores), la **profesora**

enseignement

▻ L'enseignement est gratuit et obligatoire.
La enseñanza es gratuita y obligatoria.

la **enseñanza**

enseigner

▻ Madame Moreau enseigne depuis trente ans.
La señora Moreau enseña desde hace treinta años.
▻ J'aimerais enseigner à de jeunes enfants.
Me gustaría enseñar a niños pequeños.

enseñar

► **enseigner à** quelqu'un : **enseñar a** alguien

ensemble

1 ▷ On peut y aller ensemble si tu veux.
Podemos ir juntos si quieres.

2 ▷ Ne parlez pas tous ensemble !
¡No habléis todos a la vez!

3 ▷ Dans l'ensemble, le film n'était pas mal.
En conjunto, la película no estaba mal.

4 ▷ Elle portait un joli ensemble bleu.
Llevaba un bonito conjunto azul.

1 (= à plusieurs) **juntos, juntas**

ℹ *Cette traduction est un adjectif dont la terminaison change en fonction des choses ou des personnes dont on parle :* ***juntos*** = **plusieurs choses/personnes** au masculin ; ***juntas*** = **plusieurs choses/personnes** au féminin.

2 (= en même temps) **a la vez**

3 ► **dans l'ensemble : en conjunto**

4 ► **un ensemble** (= vêtements) **: un conjunto**

ensuite

▷ On pourrait aller au cinéma et ensuite au restaurant.
Podríamos ir al cine y después al restaurante.

después

ℹ *Remarquez que le mot espagnol porte sur le deuxième* ***e*** *un accent écrit qui reflète l'accent tonique.*

ℹ *On peut dire aussi* ***luego*** *ou* ***a continuación****.*

entaille

▷ Je me suis fait une entaille au front.
Me corté en la frente.
▷ Tomás s'est fait une entaille au genou.
Tomás se cortó en la rodilla.

► **se faire une entaille au front** *ou* **au genou,** *etc.* **: cortarse en la frente** *ou* **en la rodilla,** *etc.*

ℹ *Le pronom réfléchi fonctionne de la façon suivante en espagnol :* ***me*** *corto,* ***te*** *cortas,* ***se*** (singulier) *corta,* ***nos*** *cortamos,* ***os*** *cortáis,* ***se*** (pluriel) *cortan.*

entamer

▷ Qui a entamé le paquet de biscuits ?
¿Quién ha empezado el paquete de galletas?

empezar

entasser

▷ Pierre a entassé toutes ses affaires dans le placard.
Pierre amontonó todas sus cosas en el armario.

amontonar

entendre

1 ▻ J'ai entendu un bruit dehors.
He oído un ruido fuera.
▻ Je n'entends rien, parle plus fort !
¡No oigo nada, habla más alto!
▻ On entendait quelqu'un parler.
Se oía a alguien hablar.
▻ Est-ce que tu as entendu parler de ce film ?
¿Has oído hablar de esta película?
▻ J'ai entendu dire qu'ils allaient construire un cinéma.
Oí decir que iban a construir un cine.

2 ▻ Ils s'entendent bien.
Se llevan bien.

▻ Marie s'entend bien avec son demi-frère.
Marie se lleva bien con su hermanastro.

1 **oír**

► **entendre parler de : oír hablar de**
► **entendre dire que... : oír decir que...**

2 ► **s'entendre** *ou* **s'entendre bien** (en parlant de deux ou plusieurs personnes) : **llevarse bien**
► **s'entendre** *ou* **s'entendre bien avec** quelqu'un : **llevarse bien con alguien**

Le pronom réfléchi fonctionne de la façon suivante en espagnol : ***me*** *llevo...,* ***te*** *llevas...,* ***se*** (singulier) *lleva...,* ***nos*** *llevamos...,* ***os*** *lleváis...,* ***se*** (pluriel) *llevan bien con...*

enterrement

▻ Demain c'est l'enterrement du grand-père de José.
Mañana es el entierro del abuelo de José.

el **entierro**

Attention à bien prononcer les deux ***r*** *de* ***entierro****.*

enterrer

▻ Le chien enterre des os dans le jardin.
El perro entierra huesos en el jardín.

enterrar

Attention à bien prononcer les deux ***r*** *de* ***enterrar****.*

entêté, entêtée

▻ Camille est très entêtée, elle refuse de nous parler.
Camille es muy terca, se niega a hablarnos.

terco, terca

On peut dire aussi ***tozudo, tozuda****.*

enthousiaste

▻ Élie n'a pas eu l'air très enthousiaste quand j'ai proposé d'aller à la piscine.
Élie no pareció muy entusiasta cuando propuse que fuéramos a la piscina.

entusiasta

entier, entière

1 ▷ Les filles ont mangé un poulet entier !
¡Las chicas se comieron un pollo entero!
▷ Il est célèbre dans le monde entier.
Es famoso en el mundo entero.
▷ N'oublie pas d'acheter deux litres de lait entier.
No te olvides de comprar dos litros de leche entera.

2 ▷ Je n'ai jamais réussi à voir le film en entier.
Nunca pude ver toda la película.
▷ Tu as lu le livre en entier ?
¿Has leído todo el libro?

1 **entero, entera**

2 Pour dire **en entier,** on emploie en espagnol l'expression **todo el/toda la/todos los/todas las** + nom.

entièrement

▷ La maison a été entièrement détruite.
La casa fue totalmente destruída.
▷ Je suis entièrement d'accord avec toi.
Estoy totalmente de acuerdo contigo.

totalmente

ℹ *On peut dire aussi* ***completamente.***

entonnoir

▷ Pablo a rempli la bouteille avec un entonnoir.
Pablo llenó la botella con un embudo.

el **embudo**

entorse

▷ Je crois que je me suis fait une entorse.
Creo que me he hecho un esguince.
▷ Cécile s'est fait une entorse à la cheville.
Cécile se torció el tobillo.

el **esguince**

► **se faire une entorse à la cheville : torcerse el tobillo**

ℹ *Le pronom réfléchi fonctionne de la façon suivante en espagnol :* ***me*** *tuerzo,* ***te*** *tuerces,* ***se*** (singulier) *tuerce,* ***nos*** *torcemos,* ***os*** *torcéis,* ***se*** (pluriel) *tuercen el tobillo.*

entourer

1 ▷ Entourez la bonne réponse en rouge.
Trace un círculo rojo alrededor de la respuesta correcta.

2 ▷ Le mur qui entoure le jardin est en mauvais état.
La tapia que rodea el jardín está en mal estado.
▷ Elle a entouré le sapin de Noël de cadeaux.
Rodeó el árbol de Navidad con regalos.

1 (= mettre un trait autour de) **trazar un círculo alrededor de**

2 (= être ou mettre quelque chose autour de) **rodear**

ℹ *Notez la préposition utilisée en espagnol :* de = ***con.***

entracte

▷ Il y a un entracte au bout d'une heure.
Hay un entreacto al cabo de una hora.

(au théâtre) el **entreacto**

entraînement

▷ Nous avons deux entraînements de rugby par semaine.
Tenemos dos entrenamientos de rugby por semana.
▷ Avec un peu d'entraînement, tu y arriveras facilement.
Con un poco de entrenamiento, lo conseguirás fácilmente.

el **entrenamiento**

entraîner

1 ▷ C'est Monsieur Legrand qui entraîne les grands.
El señor Legrand es el que entrena a los mayores.

1 (en sport) **entrenar**
Le complément est une personne ou un groupe de personnes : n'oubliez pas de le faire précéder de ***a****.*

2 ▷ Nous devons nous entraîner plus si nous voulons battre l'équipe de Lens.
Tenemos que entrenarnos más si queremos ganar al equipo de Lens.
▷ Entraîne-toi à rattraper le ballon.
Entrénate para coger la pelota.

2 ► **s'entraîner** (en sport) : **entrenarse**
Le pronom réfléchi fonctionne de la façon suivante en espagnol : ***me*** *entreno,* ***te*** *entrenas,* ***se*** (singulier) *entrena,* ***nos*** *entrenamos,* ***os*** *entrenáis,* ***se*** (pluriel) *entrenan.*

► **s'entraîner pour** faire quelque chose : **entrenarse para** hacer algo

3 ▷ Je m'entraîne tous les soirs, mais je suis toujours aussi mauvais.
Practico todas las tardes, pero sigo tan malo como antes.

3 ► **s'entraîner** (= s'habituer) : **practicar**

4 ▷ Le courant entraîne les branches mortes.
La corriente arrastra las ramas secas.

4 (= emporter) **arrastrar**
Attention à bien prononcer les ***r*** *de* ***arrastrar****.*

entre

1 ▷ Luc est assis entre Gilles et Aïcha.
Luc está sentado entre Gilles y Aïcha.
▷ Je les ai vus deux fois entre lundi et vendredi.
Los vi dos veces entre el lunes y el viernes.

1 **entre**

2 ▷ Il y avait, entre autres, le proviseur et sa femme.
Estaban, entre otros, el director y su mujer.

2 ► **entre autres** (en parlant de personnes) : **entre otros, entre otras**

3 ▷ J'ai acheté, entre autres, du pain et du fromage.
Compré, entre otras cosas, pan y queso.

3 ► **entre autres** (en parlant de choses) : **entre otras cosas**

entrée

1 ▻ Pose ta valise dans l'entrée.
Pon tu maleta en la entrada.
▻ Je me charge de réserver les entrées.
Yo me encargo de reservar las entradas.

2 ▻ Je ne prendrai pas d'entrée, juste un plat principal.
No tomaré primer plato, sólo un plato principal.
▻ Qu'est-ce que vous prenez en entrée ?
¿Qué va a tomar de primer plato?

1 (= l'entrée d'une maison ou le billet au spectacle) **la entrada**

2 (= premier plat) el **primer plato**

On peut dire aussi ***el entrante.***

► **en entrée : de primer plato** *ou* **de entrante**

entrepôt

▻ Les entrepôts du supermarché sont en face.
Los almacenes del supermercado están enfrente.

el **almacén** (pluriel : los almacenes)

entreprise

▻ Les parents de Jeanne sont propriétaires d'une entreprise.
Los padres de Jeanne son propietarios de una empresa.

la **empresa**

entrer

1 ▻ Entrez, c'est ouvert !
¡Entre, está abierto!
▻ Nous sommes entrés dans un café parce qu'il pleuvait.
Entramos en un café porque llovía.

2 ▻ Sarah entre au collège en septembre.
Sarah ingresa en el colegio en septiembre.

3 ▻ Nous n'entrerons pas tous dans la voiture.
No cabremos todos en el coche.

4 ▻ La voiture est entrée dans un mur.
El coche chocó contra un muro.

1 (= aller dedans) **entrar**

Notez la préposition utilisée en espagnol : entrer **dans** = *entrar* ***en.***

2 ► **entrer à** (en parlant d'une école ou de l'université) : **ingresar en**

3 ► **entrer dans** (= tenir dans) : **caber en**

4 ► **entrer dans** (= heurter) : **chocar contra**

entre-temps

▻ Céline était chez le coiffeur ; entre-temps moi je suis allé au supermarché.
Céline estaba en la peluquería; entre tanto yo fui al supermercado.

entre tanto

On peut dire aussi ***mientras tanto.***

entretenir

(= s'occuper de) **mantener**

▷ Quand on a une voiture, il faut l'entretenir.
Cuando uno tiene un coche, lo tiene que mantener.

entretien

1 (= soins) el **cuidado**

2 (= réunion) la **entrevista**

1 ▷ Il s'occupe de l'entretien de la voiture.
Se encarga del cuidado del coche.

2 ▷ Mes parents ont eu un entretien avec le proviseur.
Mis padres tuvieron una entrevista con el director.

énumérer

enumerar

▷ Anita a énuméré tous les garçons avec lesquels elle était sortie.
Anita enumeró a todos los chicos con los que había salido.

envahir

invadir

▷ Les touristes envahissent le village tous les étés.
Los turistas invaden el pueblo todos los veranos.

enveloppe

(pour écrire) el **sobre**

▷ N'oublie pas de mettre ton adresse au dos de l'enveloppe.
No te olvides de poner tu dirección en el dorso del sobre.

envelopper

(= emballer) **envolver**

ℹ *Notez la préposition utilisée en espagnol :* envelopper **dans** = *envolver **con**.*

▷ J'ai enveloppé le cadeau dans du joli papier.
Envolví el regalo con un bonito papel.

envers

► **l'envers** (= l'autre côté) : **el revés**

▷ Il y a quelque chose d'écrit sur l'envers de la feuille.
Hay algo escrito en el revés de la hoja.

► **à l'envers** : **al revés**

▷ Tu as mis ton T-shirt à l'envers.
Te has puesto la camiseta al revés.

ℹ *On peut dire aussi **del revés**.*

envie

1 ▷ J'ai envie d'une glace.
Me apetece un helado.
▷ Aurora avait envie d'un café.
A Aurora le apetecía un café.
2 ▷ Parfois j'ai envie de le frapper !
¡A veces tengo ganas de pegarle!

1 Pour dire qu'on a envie de quelque chose, on emploie le verbe **apetecer**, avec la personne comme complément.

2 ► **avoir envie de** faire quelque chose : **tener ganas de** hacer algo

envier

▷ J'envie Hernán parce qu'il va toujours en vacances à l'étranger.
Envidio a Hernán porque siempre va de vacaciones al extranjero.

envidiar

Le complément est une personne ou un groupe de personnes : n'oubliez pas de le faire précéder de ***a****.*

environ

▷ Il y a environ cinq cents élèves dans l'école.
Hay aproximadamente quinientos alumnos en el colegio.

(= à peu près)
aproximadamente

environnement

▷ Certains engrais sont mauvais pour l'environnement.
Ciertos abonos son malos para el medio ambiente.

► **l'environnement** (= la nature) : **el medio ambiente**

environs

▷ Ils habitent dans les environs de Reims.
Viven en los alrededores de Reims.

► **dans les environs de : en los alrededores de**

envisager

▷ Mes parents envisagent d'acheter une caravane.
Mis padres piensan comprar una caravana.

► **envisager de** faire quelque chose : **pensar** hacer algo

s'envoler

1 ▷ Les oiseaux se sont envolés dès qu'ils nous ont entendus.
Los pájaros levantaron el vuelo en cuanto nos oyeron.
2 ▷ La casquette de Yannick s'est envolée.
La gorra de Yannick se voló.

1 (en parlant d'un oiseau) **levantar el vuelo**

2 (en parlant de papiers ou d'un chapeau) **volarse**

Le pronom réfléchi fonctionne de la façon suivante en espagnol : ***se*** (singulier) *vola,* ***se*** (pluriel) *volan.*

envoyer

1 ▷ Tu n'as pas oublié d'envoyer ma lettre ?
¿No te has olvidado de mandar mi carta?
▷ Elle a envoyé mon frère acheter du pain.
Mandó a mi hermano a comprar pan.

1 (en parlant du courrier ou d'une personne) **mandar**

Si le complément est une personne ou un groupe de personnes, n'oubliez pas de le faire précéder de ***a****.*

On peut dire aussi ***enviar****.*

2 ▷ Envoie-moi le ballon.
Lánzame la pelota.

2 (= lancer) **lanzar**

épais, épaisse

1 ▷ Ton pull n'est pas très épais, tu vas avoir froid.
Tu jersey no es muy grueso, vas a tener frío.

1 (en parlant d'un vêtement, d'une couverture ou d'un mur) **grueso, gruesa**

2 ▷ Cette peinture est trop épaisse.
Esta pintura es demasiado espesa.

2 (en parlant d'un liquide) **espeso, espesa**

épaisseur

1 ▷ Ça dépend de l'épaisseur du papier.
Depende del espesor del papel.
▷ Ce livre fait au moins dix centimètres d'épaisseur.
Este libro tiene al menos diez centímetros de espesor.

1 (= grosseur) **el espesor**

Attention : contrairement au français, le mot espagnol ***espesor*** *est masculin.*

► **faire... d'épaisseur :** **tener... de espesor**

2 ▷ Quand il fait très froid, je porte plusieurs épaisseurs de vêtements.
Cuando hace mucho frío, llevo varias capas de ropa.

2 (= couche) **la capa**

éparpillé, éparpillée

▷ Les papiers étaient éparpillés sur le bureau.
Los papeles estaban esparcidos sobre la mesa del despacho.

esparcido, esparcida

épaule

▷ J'ai mal à l'épaule.
Me duele el hombro.

el hombro

Attention : le mot ***espalda*** *existe, mais il signifie* **dos**.

épée

▷ C'est un art martial où on utilise une épée.
Es un arte marcial en la que se usa una espada.

la espada

épeler

deletrear

▷ Est-ce que vous pouvez épeler votre nom, s'il vous plaît ?
¿Puede deletrear su apellido, por favor?

épicé, épicée

picante

▷ Ce curry est trop épicé.
Este curry está demasiado picante.

épicerie

(= magasin) la **tienda de comestibles** (pluriel : las tiendas de comestibles)

▷ Est-ce qu'il y a une épicerie par ici ?
¿Hay una tienda de comestibles por aquí?

épicier, épicière

el **tendero**, la **tendera**

▷ L'épicier a choisi un melon pour moi.
El tendero eligió un melón para mí.

► **chez l'épicier** (= dans le magasin) **:** en la tienda de comestibles

▷ Léa est encore chez l'épicier.
Léa está todavía en la tienda de comestibles.

► **chez l'épicier** (= vers le magasin) **:** a la tienda de comestibles

▷ Ils m'ont envoyé chez l'épicier.
Me mandaron a la tienda de comestibles.

épidémie

la **epidemia**

▷ Il y a une épidémie de grippe à l'école.
Hay una epidemia de gripe en el colegio.

épinards

las **espinacas**

▷ Je déteste les épinards.
Odio las espinacas.

épine

la **espina**

ℹ *En espagnol, on emploie le même mot,* ***espina****, pour l'épine et l'arête.*

▷ Ces roses sont pleines d'épines.
Estas rosas están llenas de espinas.

épingle

el **alfiler** (pluriel : los alfileres)

▷ Il reste des épingles dans la robe que ma mère m'a faite.
Quedan alfileres en el vestido que me ha hecho mi madre.

► **épingle à cheveux :** la horquilla

▷ Tu as perdu une épingle à cheveux.
Has perdido una horquilla.

▻ Élodie a perdu un bouton, alors elle a mis une épingle à nourrice à la place.
Élodie ha perdido un botón, entonces ha puesto un imperdible en su lugar.

► **épingle à nourrice : el imperdible**

épisode

▻ Le dernier épisode du feuilleton était super !
¡El último episodio de la telenovela era guay!

el **episodio**

éplucher

▻ C'est toujours moi qui épluche les pommes de terre !
¡Siempre soy yo el que pela las patatas!

(en parlant des fruits et des légumes) **pelar**

épluchures

▻ Il y avait des épluchures par terre.
Había mondas en el suelo.

las **mondas**

On peut dire aussi ***las mondaduras****.*

éponge

1 ▻ Passe-moi l'éponge, je vais nettoyer la table.
Pásame el estropajo, voy a limpiar la mesa.

2 ▻ Maman, tu peux me frotter le dos avec l'éponge, s'il te plaît ?
Mamá, ¿me puedes frotar la espalda con la esponja, por favor?

3 ▻ Laurie portait un short en éponge.
Laurie llevaba unos pantalones cortos de toalla.

1 (= l'éponge pour nettoyer la table ou la vaisselle) **el estropajo**
2 (= l'éponge pour se laver) **la esponja**
3 ► **en éponge** (en parlant du tissu) **: de toalla**

époque

▻ C'était une époque difficile.
Era una época difícil.

▻ À cette époque, les enfants n'avaient pas autant de liberté.
En aquella época, los niños no tenían tanta libertad.

▻ À l'époque, mes grands-parents vivaient à la campagne.
En esa época, mis abuelos vivían en el campo.

(= période) la **época**

Remarquez que le mot espagnol porte sur le ***e*** *un accent écrit qui reflète l'accent tonique.*

► **à l'époque : en esa época**

épouser

▻ Mon père a épousé ma mère en 1988.
Mi padre se casó con mi madre en 1988.

(= se marier avec) **casarse con**

Le pronom réfléchi fonctionne de la façon suivante en espagnol : ***me*** *caso con..., **te** casas con..., **se*** (singulier) *casa con..., **nos** casamos con..., **os** casáis con..., **se*** (pluriel) *casa con...*

épreuve

▷ L'examen se compose de trois épreuves différentes.
El examen se compone de tres pruebas diferentes.
▷ L'épreuve orale était plus facile que l'épreuve écrite.
La prueba oral era más fácil que la prueba escrita.
▷ Leur équipe a été la meilleure dans toutes les épreuves.
Su equipo fue el mejor en todas las pruebas.

la **prueba**

► **épreuve orale : prueba oral** (pluriel : **pruebas orales**)
► **épreuve écrite : prueba escrita** (pluriel : **pruebas escritas**)

épuisant, épuisante

▷ Cette randonnée était épuisante.
Esta excursión fue agotadora.

agotador (pluriel : **agotadores**), **agotadora**

épuisé, épuisée

1 ▷ Je veux m'asseoir, je suis épuisé !
¡Me quiero sentar, estoy agotado!

2 ▷ Les tennis que je voulais sont épuisés.
Las zapatillas de deporte que quería se han agotado.

1 (= très fatigué) **agotado, agotada**
Attention : le verbe qui traduit être *dans* être épuisé *est* ***estar*** *et non* ***ser***.

2 Pour dire qu'un article dans un magasin est épuisé, on emploie en espagnol le verbe **agotarse** au passé composé.
Le pronom réfléchi fonctionne de la façon suivante en espagnol : ***se*** (singulier) *ha agotado,* ***se*** (pluriel) *han agotado.*

équateur

▷ Est-ce que le Japon est au nord de l'équateur ?
¿Japón está al norte del Ecuador?

el **Ecuador**
Majuscule en espagnol.

équilibre

1 ▷ Déborah a perdu l'équilibre et elle est tombée.
Déborah perdió el equilibrio y se cayó.
▷ Je suis arrivé à garder l'équilibre en m'appuyant sur Robert.
Conseguí mantener el equilibrio apoyándome en Robert.

2 ▷ La pile de livres est en équilibre sur la table.
La pila de libros está en equilibrio sobre la mesa.

1 ► **perdre l'équilibre : perder el equilibrio**
► **garder l'équilibre : mantener el equilibrio**

2 ► **être en équilibre : estar en equilibrio**

équilibré, équilibrée

▷ On nous sert des repas équilibrés à la cantine.
Nos sirven comidas equilibradas en la cantina.

equilibrado, equilibrada

équipe

▷ Notre équipe a gagné tous les matches cette saison.
Nuestro equipo ha ganado todos los partidos esta temporada.

el **equipo**

*Attention : contrairement au français, le mot espagnol **equipo** est masculin.*

__Equipo__ signifie aussi **équipement**.

équipement

▷ J'emporte mon équipement de ski en vacances.
Me llevo el equipo de esquí para las vacaciones.

el **equipo**

__Equipo__ signifie aussi **équipe**.

équitation

▷ L'équitation est mon sport préféré.
La equitación es mi deporte preferido.
▷ Charles fait de l'équitation tous les mercredis.
Charles practica la equitación todos los miércoles.

la **equitación**

► **faire de l'équitation : practicar la equitación**

*Remarquez que le mot **equitación** porte sur le **o** un accent écrit qui reflète l'accent tonique.*

équivaloir

▷ Une livre anglaise équivaut à un euro et demi environ.
Una libra inglesa equivale aproximadamente a un euro y medio.

► **équivaloir à : equivaler a**

erreur

▷ Il y a plusieurs erreurs dans les calculs.
Hay varios errores en los cálculos.

el **error** (pluriel : los errores)

*Attention : contrairement au français, le mot espagnol **error** est masculin.*

▷ Tu as fait une erreur là.
Has cometido un error ahí.
▷ J'ai emporté le parapluie de Malika par erreur.
Me llevé el paraguas de Malika por error.

► **faire une erreur : cometer un error**
► **par erreur : por error**

escabeau

▷ Cyril est monté sur un escabeau pour atteindre l'étagère du haut.
Cyril subió en una escalera de tijera para alcanzar el estante de arriba.

la **escalera de tijera** (pluriel : las escaleras de tijera)

escalade

▷ J'aimerais faire de l'escalade dans les Alpes.
Me gustaría hacer alpinismo en los Alpes.

► **faire de l'escalade : hacer alpinismo**

escalader

▷ Denis et Lambert ont escaladé le mur et se sont échappés.
Denis y Lambert escalaron el muro y se escaparon.

escalar

escalator

▷ Tu prends l'escalator et c'est au troisième étage.
Tomas la escalera mecánica y se encuentra en el tercer piso.

la **escalera mecánica** (pluriel : las escaleras mecánicas)

*Remarquez que le mot **mecánica(s)** porte sur le premier **a** un accent écrit qui reflète l'accent tonique.*

escale

▷ Nous avons pris un vol Paris-Quito avec une escale à Madrid.
Tomamos un vuelo París-Quito con una escala en Madrid.
▷ C'est un vol sans escale.
Es un vuelo sin escalas.
▷ L'avion fera escale à Rio.
El avión hará escala en Río.

la **escala**

► **sans escale : sin escalas**

► **faire escale à : hacer escala en**

escalier

▷ Barnabé a monté l'escalier à toute vitesse.
Barnabé subió la escalera a toda velocidad.

la **escalera**

*On peut dire aussi **las escaleras**.*

*En espagnol, on emploie le même mot, **escalera**, pour l'escalier et l'échelle.*

▷ Prends l'escalier roulant, ça sera plus rapide.
Coge la escalera mecánica, irás más rápido.

► **escalier roulant : la escalera mecánica** (pluriel : las escaleras mecánicas)

*Remarquez que le mot **mecánica(s)** porte sur le premier **a** un accent écrit qui reflète l'accent tonique.*

▷ Un escalier en colimaçon prendra moins de place.
Una escalera de caracol ocupará menos espacio.

► **escalier en colimaçon : la escalera de caracol** (pluriel : las escaleras de caracol)

escalope

▷ Trois escalopes de veau, s'il vous plaît.
Tres filetes de ternera, por favor.

el **filete**

escargot

▷ Ça me dégoûte de manger des escargots.
Me da asco comer caracoles.

el **caracol** (pluriel : **los caracoles**)

esclave

▷ Fais-le toi-même, je ne suis pas ton esclave !
¡Hazlo tú mismo, no soy tu esclavo!

el **esclavo,** la **esclava**

escrime

▷ L'escrime est mon sport préféré.
La esgrima es mi deporte preferido.
▷ Michaël fait de l'escrime tous les week-ends.
Michaël practica la esgrima todos los fines de semana.

la **esgrima**
► **faire de l'escrime : practicar la esgrima**

ℹ *Attention à l'orthographe du mot espagnol* ***esgrima****.*

espace

▷ La Russie a envoyé une fusée dans l'espace.
Rusia ha mandado un cohete al espacio.
▷ Il n'y a pas assez d'espace ici.
Aquí no hay bastante espacio.

el **espacio**

espadrilles

▷ En été j'aime porter des espadrilles.
En verano me gusta llevar alpargatas.

las **alpargatas**

Espagne

▷ L'Espagne et la France sont des pays voisins.
España y Francia son países vecinos.
▷ En Espagne les gens dînent tard.
En España la gente cena tarde.
▷ Nous allons régulièrement en Espagne.
Vamos a España con regularidad.

España

ℹ *Ne prend généralement pas d'article.*

► **en Espagne** (= dans le pays) **: en España**
► **en Espagne** (= vers le pays) **: a España**

espagnol, espagnole

▷ Pablo est espagnol.
Pablo es español.
▷ Madame Sernan nous apprend l'espagnol.
La señora Sernan nos enseña español.

español, española

▷ Les Espagnols ont adopté l'euro.
Los españoles han adoptado el euro.

S'écrit avec une minuscule, qu'il s'agisse de l'adjectif ou du nom.

espèce

1 ▷ Ces deux arbres ne sont pas de la même espèce.
Estos dos árboles no son de la misma especie.

2 ▷ C'est une espèce d'outil avec deux pointes.
Es una especie de herramienta con dos puntas.

3 ▷ Espèce d'imbécile !
¡Pedazo de imbécil!

1 (= variété dans la nature) la **especie**

2 ► **une espèce de...** (pour décrire un objet) : **una especie de...**

3 Pour insulter quelqu'un en espagnol, on dit couramment **¡pedazo de..!** suivi d'un nom.

espérer

▷ J'espère que vous allez bien.
Espero que estéis bien.

▷ J'espère qu'ils vont venir.
Espero que vengan.

▷ Lise espère réussir son examen.
Lise espera aprobar el examen.

esperar

► **espérer que... : esperar que...**

*On emploie le subjonctif après **esperar que** quand il s'agit d'un souhait ; mais si on compte vraiment sur quelque chose, alors on emploie le futur : **espero que podrás venir a la fiesta*** (= **j'espère que tu pourras venir à la soirée**).

***Esperar** signifie aussi* **attendre**.

espion, espionne

▷ James Bond est un espion anglais.
James Bond es un espía inglés.

el **espía**, la **espía**

*Remarquez que le mot espagnol porte sur le **i** un accent écrit qui reflète l'accent tonique.*

espionner

▷ Arrête d'espionner ton frère!
¡Deja de espiar a tu hermano!

espiar

*Si le complément est une personne ou un groupe de personnes, n'oubliez pas de le faire précéder de **a**.*

esquimau, Esquimau

1 ▷ Un esquimau à la vanille, s'il vous plaît.
Un bombón helado de vainilla, por favor.

2 ▷ Les Esquimaux habitent dans l'Arctique.
Los esquimales viven en el Ártico.

1 (= glace) el **bombón helado** (pluriel : los **bombones helados**)

*Il n'y a pas d'accent écrit au pluriel. L'accent tonique porte sur le deuxième **o**, comme au singulier.*

2 ► **Esquimau** (= personne) : el **esquimal** (pluriel : los **esquimales**)

essai

1 ▷ Joël a réussi et pourtant c'était son premier essai.
Joël lo consiguió y sin embargo era su primer intento.
▷ J'ai fait trois essais mais je n'y suis pas arrivé.
Lo intenté tres veces pero no lo conseguí.

2 ▷ La France a marqué un très bel essai.
Francia consiguió un hermoso ensayo.

1 (= tentative) el **intento**
► **faire un essai : intentarlo**

2 ► **marquer un essai** (au rugby) **: conseguir un ensayo**

essayer

1 ▷ Cristina a essayé une nouvelle teinture et maintenant elle a les cheveux orange !
¡Cristina probó un nuevo tinte y ahora tiene el pelo naranja!

2 ▷ J'ai essayé de convaincre Raïssa, mais elle n'a pas voulu m'écouter.
Traté de convencer a Raïssa, pero no quiso escucharme.

3 ▷ Est-ce que je peux essayer ces deux jupes ?
¿Me puedo probar estas dos faldas?

1 (en parlant d'une nouvelle chose, d'un nouveau restaurant, etc.)
probar

2 ► **essayer de** faire quelque chose **: tratar de** hacer algo
i *On peut dire aussi **intentar** hacer algo.*

3 (en parlant d'un vêtement)
probarse
i *Le pronom réfléchi fonctionne de la façon suivante en espagnol : **me** prue bo..., **te** pruebas..., **se*** (singulier) *prueba..., **nos** probamos..., **os** probáis..., **se*** (pluriel) *prueban...*

essence

▷ Le prix de l'essence a encore augmenté.
El precio de la gasolina ha vuelto a subir.
▷ L'essence sans plomb n'est pas aussi mauvaise pour l'environnement.
La gasolina sin plomo no es tan mala para el medio ambiente.
▷ On va prendre de l'essence en chemin.
Vamos a echar gasolina por el camino.

(= carburant) la **gasolina**
► **essence sans plomb : la gasolina sin plomo**
► **prendre de l'essence : echar gasolina**

essentiel, essentielle

1 ▷ Ce point est essentiel.
Este punto es esencial.
▷ Le prof a dit que ce n'était pas essentiel de faire cet exercice.
El profesor dijo que no era esencial hacer este ejercicio.

1 (= indispensable) **esencial** (pluriel : **esenciales**)
► **il est essentiel de** + faire quelque chose **: es esencial** + hacer algo

Suite page suivante

2 ▷ L'essentiel c'est que vous ne soyez pas blessés.
Lo esencial es que no estéis heridos.

2 ► **l'essentiel** (= le plus important) : **lo esencial**

essoufflé, essoufflée

▷ Ludo était essoufflé quand il a atteint le sommet.
Ludo se quedó sin aliento al alcanzar la cumbre.

ℹ *Pour dire qu'on est essoufflé, on emploie en espagnol l'expression* ***quedarse sin aliento*** *au passé.*
Par exemple : je suis essoufflée = ***me he quedado sin aliento****.*

essuie-glace

▷ L'essuie-glace arrière ne marche pas.
El limpiaparabrisas de detrás no funciona.

el **limpiaparabrisas**
(pluriel : los limpiaparabrisas)

essuyer

1 ▷ Passe-moi l'éponge, je vais essuyer la table.
Pásame el estropajo, voy a limpiar la mesa.

1 (= nettoyer) **limpiar**

2 ▷ C'est ton tour d'essuyer la vaisselle.
Te toca a ti secar la vajilla.

2 (= sécher) **secar**

3 ▷ Je n'ai pas eu le temps de m'essuyer après mon bain.
No tuve tiempo de secarme después del baño.
▷ Attends, je m'essuie les mains.
Espera, que me estoy secando las manos.

3 ► **s'essuyer** (= se sécher) : **secarse**

ℹ *Le pronom réfléchi fonctionne de la façon suivante en espagnol :* ***me*** *seco,* ***te*** *secas,* ***se*** (singulier) *seca,* ***nos*** *secamos,* ***os*** *secáis,* ***se*** (pluriel) *secan.*

4 ▷ Essuie-toi les pieds avant d'entrer.
Límpiate los zapatos antes de entrar.

4 ► **s'essuyer les pieds : limpiarse los zapatos**

ℹ *Le pronom réfléchi fonctionne de la façon suivante en espagnol :* ***me*** *limpio,* ***te*** *limpias,* ***se*** (singulier) *limpia,* ***nos*** *limpiamos,* ***os*** *limpiáis,* ***se*** (pluriel) *limpian los zapatos.*

est

▷ Ils habitent dans l'est.
Viven en el este.
▷ Mon village est à l'est de Joinville.
Mi pueblo está al este de Joinville.

el **este**

est-ce que

▷ Est-ce qu'ils sont venus ?
¿Vinieron?

ℹ *Il n'existe pas d'équivalent de* est-ce que *en espagnol. On emploie la structure habituelle pour poser les questions :*

▻ Est-ce que Nicolas est sympa ?
¿ Nicolas es simpático?
▻ Est-ce que tu as de l'argent ?
¿Tienes dinero?
▻ Où est-ce que tu as acheté cette écharpe ?
¿Dónde compraste esta bufanda?

- **est-ce que** + sujet + verbe = sujet + verbe
- **est-ce que** + sujet + verbe + complément = verbe + complément
- adverbe + **est-ce que** + sujet + verbe = adverbe + verbe

ℹ *N'oubliez pas le point d'interrogation à l'envers au début de la question en espagnol.*

estime

▻ J'ai beaucoup d'estime pour José María.
Le tengo mucho aprecio a José María.
▻ Je n'ai pas beaucoup d'estime pour elle.
No le tengo mucho aprecio.

► **avoir de l'estime pour** quelqu'un : **tenerle mucho aprecio a alguien**

estimer

▻ J'estime que tu devrais t'excuser.
Creo que deberías disculparte.
▻ Je n'estime pas que ce soit nécessaire.
No creo que sea necesario.

► **estimer que...** (= juger que) : **creer que...**

estomac

▻ Bruno a l'estomac fragile.
Bruno tiene el estómago frágil.

el **estómago**

ℹ *Remarquez que le mot espagnol porte sur le premier* ***o*** *un accent écrit qui reflète l'accent tonique.*

estrade

▻ Le bureau du prof est sur une estrade.
La mesa del profesor está sobre una tarima.

(= l'estrade du professeur) la **tarima**

et

▻ Lise et André sont partis les premiers.
Lise y André se fueron los primeros.
▻ Maïté est drôle et intelligente.
Maïté es divertida e inteligente.
▻ C'est une activité pour les parents et les enfants.
Es una actividad para padres e hijos.

y

ℹ **Et** *se traduit par* ***y*** *sauf si le mot suivant commence par un* ***i-*** *ou un* ***hi-*** *; dans ce cas on emploie* ***e****.*

étable

▻ Nous avons visité l'écurie et l'étable.
Visitamos la cuadra y el establo.

el **establo**

Attention : contrairement au français, le mot espagnol ***establo*** *est masculin.*

établissement

▻ Le lycée Carnot est le plus grand établissement de la région.
El lycée Carnot es el establecimiento docente más grande de la región.

(= école) el **establecimiento docente** (pluriel : **los establecimientos docentes**)

étage

▻ Ce grand magasin a cinq étages.
Estos grandes almacenes tienen cinco pisos.
▻ Mes amis habitent au troisième étage.
Mis amigos viven en el tercer piso.

(d'un bâtiment) el **piso**

étagère

1 ▻ Le sel est sur l'étagère du haut.
La sal está en el estante de arriba.

2 ▻ Nous avons acheté une étagère pour ma chambre.
Compramos una estantería para mi habitación.

1 (= planche individuelle) el **estante**

2 (= meuble avec plusieurs planches) la **estantería**

étalage

▻ L'étalage du marchand de légumes est magnifique.
La exposición del vendedor de verduras es magnífica.

(dans un marché) la **exposición** (pluriel : **las exposiciones**)

ℹ *Il n'y a pas d'accent écrit au pluriel. L'accent tonique porte sur le* ***o****, comme au singulier.*

étaler

1 ▻ Ludovic a étalé une demi-plaque de beurre sur son pain !
¡Ludovic untó el pan con medio paquete de mantequilla!

1 Pour dire qu'on étale du beurre ou de la confiture sur du pain, on utilise en espagnol le verbe **untar**, avec le pain comme complément d'objet direct et le beurre ou la confiture comme complément après **con**.

2 ▻ Tu étales la pâte, puis tu la mets dans le moule.
Extiendes la masa, y luego la pones en el molde.

2 (en parlant de la pâte à gâteaux) **extender**

3 ▻ Le monsieur a étalé son journal sur ses genoux.
El señor desplegó el periódico sobre las rodillas.

3 (en parlant d'un journal ou d'une carte routière) **desplegar**

4 ▻ Il faut toujours qu'elle étale ses connaissances.
Siempre tiene que hacer alarde de sus conocimientos.

4 (= montrer fièrement) **hacer alarde de**

étanche

▻ Heureusement, ma montre était étanche !
¡Afortunadamente, mi reloj era sumergible!

(en parlant d'une montre) **sumergible**

étang

▻ L'étang est gelé.
El estanque está helado.

el **estanque**

étape

1 ▻ Nous allons faire ce travail en trois étapes.
Vamos a hacer este trabajo en tres etapas.

2 ▻ Notre première étape sera Carcassonne.
Nuestra primera parada será Carcasona.

1 (= phase) la **etapa**

2 (= lieu où l'on s'arrête) la **parada**

état

1 ▻ Il était dans un état lamentable.
Estaba en un estado lamentable.

▻ La petite annonce disait que la moto était en bon état.
El anuncio decía que la moto estaba en buen estado.

▻ Le toit est en mauvais état, mon père va le réparer.
El tejado está en mal estado, mi padre lo va a reparar.

2 ▻ Les retraites sont versées par l'État.
Las jubilaciones las paga el Estado.

1 el **estado**

► **en bon état : en buen estado**

► **en mauvais état : en mal estado**

Attention : le verbe qui traduit être *dans* être en bon *ou* mauvais état *est* ***estar*** *et non* ***ser***.

2 ► **État** (= pays, nation) **: Estado**

États-Unis

▻ Les États-Unis sont un pays très puissant.
(Los) Estados Unidos son un país muy poderoso.

▻ Aux États-Unis les gens fument moins qu'ici.
En (los) Estados Unidos la gente fuma menos que aquí.

▻ Tu es déjà allée aux États-Unis ?
¿Has ido alguna vez a (los) Estados Unidos?

► **les États-Unis : (los) Estados Unidos**

Estados Unidos *peut s'employer avec ou sans l'article* ***los***.

► **aux États-Unis** (= dans le pays) **: en (los) Estados Unidos**

► **aux États-Unis** (= vers le pays) **: a (los) Estados Unidos**

été

▻ Il fera chaud cet été.
Hará calor este verano.

el **verano**

éteindre

1 ▻ Éteins la lumière, s'il te plaît.
Apaga la luz, por favor.

▻ Les pompiers ont réussi à éteindre le feu.
Los bomberos consiguieron apagar el fuego.

1 **apagar**

Suite page suivante

2 ▷ Tout d'un coup, les lumières se sont éteintes.
De repente las luces se apagaron.

2 ► **s'éteindre : apagarse**
*Le pronom réfléchi fonctionne de la façon suivante en espagnol : **se** (singulier) apaga, **se** (pluriel) apagan.*

étendre

1 ▷ Céline a étendu une couverture par terre et s'est couchée dessus.
Céline extendió una manta en el suelo y se tumbó encima.

1 (= étaler) **extender**

2 ▷ Il n'y a pas de place pour étendre ses jambes dans ce cinéma.
No hay sitio para estirar las piernas en este cine.

2 (en parlant des bras ou des jambes) **estirar**

3 ▷ C'est ton tour d'étendre le linge.
Te toca a ti tender la ropa.

3 ► **étendre le linge : tender la ropa**

4 ▷ Étends-toi deux minutes, tu te sentiras mieux.
Échate dos minutos, te sentirás mejor.

4 ► **s'étendre** (= s'allonger) **: echarse**
*Le pronom réfléchi fonctionne de la façon suivante en espagnol : **me** echo, **te** echas, **se** (singulier) echa, **nos** echamos, **os** echáis, **se** (pluriel) echan.*

5 ▷ La plage s'étend sur plusieurs kilomètres.
La playa se extiende sobre varios kilómetros.

5 ► **s'étendre** (en parlant d'une ville ou d'un espace) **: extenderse**
*Le pronom réfléchi fonctionne de la façon suivante en espagnol : **se** (singulier) extiende, **se** (pluriel) extienden.*

étendu, étendue

1 ▷ Le quartier où nous habitons est très étendu.
El barrio en el que vivimos es muy extenso.

1 (= vaste) **extenso, extensa**

2 ▷ Allongez-vous, les bras étendus au-dessus de la tête.
Túmbense con los brazos estirados por encima de la cabeza.

2 (en parlant des bras ou des jambes) **estirado, estirada**

3 ▷ Je les ai trouvés étendus dans l'herbe.
Los encontré tumbados en la hierba.

3 (= couché) **tumbado, tumbada**

éternuer

▷ Fatima a éternué cinq fois.
Fatima estornudó cinco veces.

estornudar

étincelle

▷ L'incendie a été provoqué par une étincelle.
El incendio fue causado por una chispa.

la **chispa**

étiquette

▷ C'est le classeur avec l'étiquette bleue.
Es la carpeta con la etiqueta azul.
▷ N'oublie pas d'enlever l'étiquette du prix.
No te olvides de quitar la etiqueta del precio.

la **etiqueta**

étirer

1 ▷ N'étire pas l'élastique, tu vas le casser !
¡No estires la goma, que la vas a romper!
2 ▷ Le chat s'est étiré et a bâillé.
El gato se estiró y bostezó.
▷ J'espère que ce jean va s'étirer, il me serre un peu.
Espero que estos vaqueros se estiren porque me quedan un poco estrechos.

1 **estirar**

2 ► **s'étirer :** estirarse

Le pronom réfléchi fonctionne de la façon suivante en espagnol : ***me*** *estiro,* ***te*** *estiras,* ***se*** (singulier) *estira,* ***nos*** *estiramos,* ***os*** *estiráis,* ***se*** (pluriel) *estiran.*

étoile

▷ Il y a plein d'étoiles ce soir.
Hay muchas estrellas esta noche.
▷ Myriam a trouvé une étoile de mer sur la plage.
Myriam encontró una estrella de mar en la playa.

la **estrella**

► **étoile de mer :** la estrella de mar (pluriel : las estrellas de mar)

étonnant, étonnante

▷ C'est étonnant que Saïd ne soit pas là.
Es asombroso que Saïd no esté.

asombroso, asombrosa

étonné, étonnée

▷ Marcel a eu l'air étonné quand il m'a vue.
Marcel pareció asombrado al verme.

asombrado, asombrada

étonner

▷ Les progrès d'Aurore en espagnol ont étonné tout le monde.
Los progresos de Aurore en español han extrañado a todo el mundo.
▷ Ça m'étonne qu'Antonin ne soit pas là.
Me extraña que Antonin no esté.
▷ Tu crois que Lin va être d'accord ? – Ça m'étonnerait !
¿Tú crees que Lin va a estar de acuerdo? – ¡Me extrañaría!

extrañar

Le complément est une personne ou un groupe de personnes : n'oubliez pas de le faire précéder de ***a****.*

étouffer

1 ▷ Il a failli étouffer Mercedes en la serrant dans ses bras.
Por poco ahoga a Mercedes abrazándola.

1 ► **étouffer** quelqu'un (= lui couper la respiration) : **ahogar**
Le complément est une personne ou un groupe de personnes : n'oubliez pas de le faire précéder de ***a***.

2 ▷ Qu'est-ce qu'il y a ? – J'ai de l'asthme, j'étouffe !
¿Qué pasa? – ¡Tengo asma, me estoy asfixiando!

2 (= ne pas pouvoir respirer) **asfixiarse**
Le pronom réfléchi fonctionne de la façon suivante en espagnol : ***me*** *asfixio,* ***te*** *asfixias,* ***se*** (singulier) *asfixia,* ***nos*** *asfixiamos,* ***os*** *asfixiáis,* ***se*** (pluriel) *asfixian.*

3 ▷ On étouffe ici.
El ambiente es sofocante aquí.

3 ► **on étouffe** (= il fait très chaud) : **el ambiente es sofocante**

4 ▷ Je me suis étouffé avec une arête.
Me atraganté con una espina.

4 ► **s'étouffer** (= s'étrangler) : **atragantarse**
Le pronom réfléchi fonctionne de la façon suivante en espagnol : ***me*** *atraganto,* ***te*** *atragantas,* ***se*** (singulier) *atraganta,* ***nos*** *atragantamos,* ***os*** *atragantáis,* ***se*** (pluriel) *atragantan.*

étourderie

▷ J'ai fait deux fautes d'étourderie dans ma dictée.
Cometí dos despistes en el dictado.

► **faute d'étourderie** : **el despiste**

étourdi, étourdie

▷ Céline est très étourdie, elle fait des fautes bêtes.
Céline es muy despistada, hace faltas tontas.

despistado, despistada

étrange

▷ Il y a une ambiance étrange ici.
Hay un ambiente extraño aquí.

extraño, extraña

étranger, étrangère

1 ▷ Il y a un groupe de touristes étrangers à l'hôtel.
Hay un grupo de turistas extranjeros en el hotel.
▷ Les étrangers n'ont pas le droit de voter.
Los extranjeros no tienen derecho de voto.

1 (= qui vient d'un autre pays) **extranjero, extranjera**

2 ▷ Les parents de Daniel ont vécu à l'étranger il y a longtemps.
Los padres de Daniel vivieron en el extranjero hace mucho tiempo.
▷ Elle va souvent à l'étranger pour son travail.
Va a menudo al extranjero para el trabajo.

2 ► **à l'étranger** (= dans des pays étrangers) : **en el extranjero**
► **à l'étranger** (= vers des pays étrangers) : **al extranjero**

étrangler

1 ▷ Le criminel a étranglé sa victime.
El criminal estranguló a su víctima.

1 (= tuer) **estrangular**
Le complément est une personne ou un groupe de personnes : n'oubliez pas de le faire précéder de ***a****.*

2 ▷ J'ai failli m'étrangler avec une arête.
Por poco me atraganto con una espina.

2 ► **s'étrangler** (par accident) : **atragantarse**
Le pronom réfléchi fonctionne de la façon suivante en espagnol : ***me*** *atraganto,* ***te*** *atragantas,* ***se*** (singulier) *atraganta,* ***nos*** *atragantamos,* ***os*** *atragantáis,* ***se*** (pluriel) *atragantan.*

être

1 ▷ Le boulanger est sympa.
El panadero es simpático.
▷ Mon père est jardinier.
Mi padre es jardinero.
▷ À qui est ce stylo ?
¿De quién es este boli?

1 La traduction habituelle du verbe être est **ser** quand on parle des caractéristiques de quelqu'un ou de quelque chose (par exemple le caractère ou le métier d'une personne, la couleur ou la matière d'un objet) ou de l'appartenance.

2 ▷ Tu es bien gai aujourd'hui !
¡Estás muy contento hoy!
▷ Senlis est à dix kilomètres d'ici.
Senlis está a diez kilómetros de aquí.
▷ Où étaient-elles ?
¿Dónde estaban?

2 Quand on parle d'un état momentané ou du lieu où se trouve quelqu'un ou quelque chose, on emploie **estar.**

3 ▷ Mes cousins sont venus hiers.
Mis primos vinieron ayer.

3 Là où le verbe **être** sert d'auxiliaire dans le passé composé en français, on emploie soit un passé composé, soit un passé simple en espagnol.

4 ▷ Ils s'étaient déjà battus avant.
Ya se habían peleado antes.

4 Quand le verbe **être** sert d'auxiliaire dans le plus-que-parfait en français, il est traduit par **haber.**

5 ▷ Tu pourrais au moins le traiter comme un être humain !
¡Al menos le podrías tratar como a un ser humano!

5 ► **un être humain : un ser humano** (pluriel : **seres humanos**)

étroit, étroite

▷ Ce chemin est trop étroit pour deux voitures.
Este camino es demasiado estrecho para dos coches.

estrecho, estrecha

étude

1 ▷ Ils font une étude sur la violence dans les écoles.
Están haciendo un estudio sobre la violencia en las escuelas.

2 ▷ Il y a quatre salles d'étude dans l'école.
Hay cuatro salas de estudio en el colegio.

3 ▷ Laïla ne veut pas faire d'études.
Laïla no quiere hacer estudios.

4 ▷ Le frère de Guy fait des études de droit.
El hermano de Guy estudia derecho.

1 (= enquête) el **estudio**

*Attention : contrairement au français, le mot espagnol **estudio** est masculin.*

2 ► salle d'étude (*ou* étude) : **la sala de estudio**
(pluriel : **las salas de estudio**)

3 ► faire des études : **hacer estudios**

4 ► faire des études de... : **estudiar...**

étudiant, étudiante

▷ Il y avait un groupe d'étudiants qui fêtaient la fin de l'année.
Había un grupo de estudiantes que celebraban el final del año.

el **estudiante**, la **estudiante**

étudier

▷ Laura étudie le russe.
Laura estudia ruso.

estudiar

étui

▷ J'ai perdu mon étui à lunettes.
He perdido el estuche de gafas.
▷ Mon père utilise un étui à cigarettes.
Mi padre usa una pitillera.

el **estuche**

► étui à cigarettes : **la pitillera**

euro

▷ Je voudrais changer cent euros en dollars.
Quisiera cambiar cien euros en dólares.

el **euro**

Europe

▷ La France fait partie de l'Europe.
Francia forma parte de Europa.
▷ Miho voudrait vivre en Europe.
Miho quisiera vivir en Europa.
▷ Beaucoup d'Américains viennent en Europe pour faire leurs études.
Muchos americanos vienen a Europa a estudiar.

Europa

Ne prend généralement pas d'article.

► en Europe (= dans le continent) : **en Europa**

► en Europe (= vers le continent) : **a Europa**

européen, européenne

▷ L'Italie est un pays européen.
Italia es un país europeo.
▷ Les Européens ont un niveau de vie élevé.
Los europeos tienen un nivel de vida elevado.

europeo, europea

S'écrit toujours avec une minuscule, qu'il s'agisse de l'adjectif ou du nom.

eux

▻ Tu as acheté ces bonbons pour eux ?
¿Compraste estos caramelos para ellos?
▻ Nous avons dit oui, mais eux ont refusé.
Nosotros dijimos que sí, pero ellos se negaron.

ellos

eux-mêmes

▻ Ils l'ont fabriqué eux-mêmes.
Lo fabricaron ellos mismos.

ellos mismos

évacuer

▻ Les pompiers ont évacué les élèves.
Los bomberos evacuaron a los alumnos.
▻ La directrice a fait évacuer toutes les salles.
La directora mandó que se evacuaran todas las aulas.

evacuar

Si le complément est une personne ou un groupe de personnes, n'oubliez pas de le faire précéder de ***a****.*

s'évader

▻ Deux prisonniers se sont évadés de la prison.
Dos prisioneros se evadieron de la cárcel.

evadirse

Le pronom réfléchi fonctionne de la façon suivante en espagnol : ***me*** *evado,* ***te*** *evades,* ***se*** (singulier) *evade,* ***nos*** *evadimos,* ***os*** *evadís,* ***se*** (pluriel) *evaden.*

On peut dire aussi ***escaparse*** *ou* ***fugarse****.*

évaluer

▻ J'ai du mal à évaluer la quantité de nourriture qu'il nous faut.
Me cuesta evaluar la cantidad de comida que necesitamos.

evaluar

s'évanouir

▻ J'ai failli m'évanouir quand j'ai vu tout ce sang.
Casi me desmayo al ver tanta sangre.

(= se sentir mal) **desmayarse**

Le pronom réfléchi fonctionne de la façon suivante en espagnol : ***me*** *desmayo,* ***te*** *desmayas,* ***se*** (singulier) *desmaya,* ***nos*** *desmayamos,* ***os*** *desmayáis,* ***se*** (pluriel) *desmayan.*

s'évaporer

▻ Toute l'eau s'est évaporée.
Se ha evaporado toda el agua.

(= se transformer en vapeur) **evaporarse**

Le pronom réfléchi fonctionne de la façon suivante en espagnol : ***se*** (singulier) *evapora,* ***se*** (pluriel) *evaporan.*

événement

▷ La visite du ministre est un événement très important.
La visita del ministro es un acontecimiento muy importante.

el **acontecimiento**

éventail

▷ Sarah a rapporté un éventail d'Espagne.
Sarah trajo un abanico de España.

(pour faire de l'air) el **abanico**

éventuellement

1 ▷ On pourrait éventuellement prendre un taxi.
Quizás podríamos tomar un taxi.

2 ▷ Éventuellement je vous appelle, si j'ai besoin d'un coup de main.
Llegado el caso os llamo, si necesito ayuda.

1 (= une suggestion) **quizás**

2 (= une hypothèse) **llegado el caso**

évidemment

▷ Tu crois que c'est vrai ? – Évidemment !
¿Tú crees que es verdad? – ¡Por supuesto!

(= bien sûr) **por supuesto**

ℹ *On peut dire aussi* ***claro*** *ou* ***desde luego****.*

évident, évidente

1 ▷ C'est évident qu'elle est coupable.
Es evidente que es culpable.

2 ▷ Cet exercice n'est pas évident.
Este ejercicio no es tan fácil.

1 (= clair) **evidente**

2 ► **ne pas être évident** (= pas facile) **: no ser tan fácil**

évier

▷ L'évier est encore bouché.
El fregadero está atascado otra vez.

el **fregadero**

éviter

▷ Le camion a fait un écart pour éviter la moto.
El camión se hizo a un lado para evitar la moto.
▷ Évite de manger trop de chocolat.
Evita comer demasiado chocolate.

evitar

► **éviter de faire** quelque chose **:**
evitar hacer algo

évoluer

▷ La situation n'a pas évolué depuis le mois dernier.
La situación no ha evolucionado desde el mes pasado.

evolucionar

exact, exacte

exacto, exacta

▷ Le résultat de l'addition est exact.
El resultado de la suma es exacto.

▷ Oui, c'est exact.
Sí, exacto.

exactement

exactamente

▷ Ces deux T-shirts sont exactement pareils.
Estas dos camisetas son exactamente iguales.

exagérer

exagerar

▷ Elle exagère toujours.
Siempre exagera.

examen

1 (= épreuve) **el examen** (pluriel : **los exámenes**)

*Il n'y a pas d'accent écrit au singulier. L'accent tonique porte sur le **a**, comme au pluriel.*

1 ▷ L'examen écrit était plus facile que l'examen oral.
El examen escrito era más fácil que el examen oral.

2 ► **passer un examen** (de...) : **examinarse (de...)**

2 ▷ Benoît passe son examen de chimie demain.
Benoît se examina de química mañana.

3 ► **examen médical** : **el reconocimiento médico** (pluriel : **los reconocimientos médicos**)

*Notez la traduction de **passer** dans ce cas : **someterse a**.*

3 ▷ Tout le monde doit passer un examen médical au début de l'année.
Todo el mundo debe someterse a un reconocimiento médico a principios de año.

examiner

reconocer

▷ Le docteur m'a examiné et a dit qu'il n'y avait pas de problème.
El médico me reconoció y dijo que no había ningún problema.

excellent, excellente

excelente

*Attention à l'orthographe du mot espagnol **excelente**.*

▷ Ce fromage est excellent !
¡Este queso es excelente!

exception

▷ En général, je trouve ses films intéressants mais il y a des exceptions.
En general encuentro sus películas interesantes, pero hay excepciones.
▷ Tu pourrais faire une exception pour moi !
¡Podrías hacer una excepción conmigo!

la **excepción** (pluriel : las excepciones)
*Il n'y a pas d'accent écrit au pluriel. L'accent tonique porte sur le **o**, comme au singulier.*

exceptionnel, exceptionnelle

▷ C'est un garçon assez exceptionnel.
Es un chico bastante excepcional.

excepcional (pluriel : excepcionales)

exceptionnellement

1 ▷ Exceptionnellement et parce que c'était nous, Monsieur Lalande a ouvert la salle.
Excepcionalmente y porque éramos nosotros, Monsieur Lalande abrió la sala.

1 (= de façon exceptionnelle) **excepcionalmente**

2 ▷ Cette fille est exceptionnellement intelligente.
Esa chica es muy inteligente.

2 (= très) **muy**

exciter

1 ▷ N'excite pas le bébé juste avant qu'il aille au lit.
No excites al bebé justo antes de que vaya a la cama.

1 **excitar**
*Le complément est une personne ou un groupe de personnes : n'oubliez pas de le faire précéder de **a**.*

2 ▷ Ne t'excite pas trop, ce n'est pas encore sûr.
No te excites demasiado, que todavía no es seguro.

2 ► **s'exciter : excitarse**
*Le pronom réfléchi fonctionne de la façon suivante en espagnol : **me** excito, **te** excitas, **se** (singulier) excita, **nos** excitamos, **os** excitáis, **se** (pluriel) excitan.*

exclure

▷ Baptiste a été exclu de l'équipe de foot.
Excluyeron a Baptiste del equipo de fútbol.

excluir

excursion

▷ L'excursion n'a duré qu'une demi-journée.
La excursión sólo duró medio día.

la **excursión** (pluriel : las excursiones)
*Il n'y a pas d'accent écrit au pluriel. L'accent tonique porte sur le **o**, comme au singulier.*

▷ J'ai fait une excursion à la mer avec ma classe.
Fui de excursión a la costa con la clase.

► **faire une excursion : ir de excursión**

excuse

1 ▷ Ton excuse n'est pas très convaincante !
¡Tu excusa no es muy convincente!

2 ▷ Mélanie a dû faire des excuses au prof.
Mélanie tuvo que pedir disculpas al profesor.

1 (= prétexte) la **excusa**

2 ► **faire des excuses à** quelqu'un : **pedir disculpas a** alguien

excuser

1 ▷ Pourquoi est-ce que je devrais excuser quelqu'un comme lui ?
¿Por qué tendría que disculpar a alguien como él?

1 (= pardonner, en parlant d'une personne ou d'une action) **disculpar**

*Si le complément est une personne ou un groupe de personnes, n'oubliez pas de le faire précéder de **a**.*

2 ▷ Oh ! excusez-moi ! Je vous ai fait mal ?
¡Ay perdón! ¿Le he hecho daño?

2 ► **excusez-moi** *ou* **excuse-moi** (employé seul) : **perdón**

*Remarquez que le mot espagnol porte sur le **o** un accent écrit qui reflète l'accent tonique.*

3 ▷ Excusez-moi, mais ce n'est pas ce que j'ai dit.
Perdone, pero no es lo que he dicho.
▷ Excuse-moi de ne pas t'avoir prévenu.
Perdona que no te haya avisado.

3 Quand on veut s'excuser de quelque chose de précis, ou quand on veut corriger quelqu'un poliment, on emploie en espagnol le verbe **perdonar** à l'impératif (**perdona, perdone**).

4 ▷ Il a refusé de s'excuser.
Se negó a disculparse.
▷ Mouna s'est excusée d'être en retard.
Mouna se disculpó por llegar tarde.

4 ► **s'excuser** : **disculparse**
► **s'excuser de faire** quelque chose : **disculparse por hacer** algo

5 ▷ Je m'excuse, mais ce n'est pas ma faute.
Lo siento, pero no es culpa mía.

5 ► **je m'excuse** (= je suis désolé) : **lo siento**

exemplaire

▷ J'ai un autre exemplaire de la facture.
Tengo otro ejemplar de la factura.

(= double) el **ejemplar** (pluriel : los ejemplares)

exemple

▷ Peux-tu me donner un exemple ?
¿Me puedes dar un ejemplo?
▷ Les fauves, par exemple le lion,...
Las fieras, por ejemplo el león,...

el ejemplo

► **par exemple** : **por ejemplo**

s'exercer

1 ▷ Si tu veux t'améliorer, tu dois t'exercer.
Si te quieres mejorar, debes practicar.

1 **practicar**

Suite page suivante

2 ▷ Ana s'exerce à rester sous l'eau sans respirer.
Ana se entrena para mantenerse debajo del agua sin respirar.

2 ► **s'exercer à faire** quelque chose : **entrenarse para hacer** algo

exercice

▷ Le premier exercice de maths est très dur.
El primer ejercicio de mates es muy difícil.

el **ejercicio**

Attention à l'orthographe du mot espagnol.

▷ Le médecin a conseillé à mon père de faire de l'exercice.
El médico aconsejó a mi padre que hiciera ejercicio.

► **faire de l'exercice : hacer ejercicio**

exigeant, exigeante

▷ C'est un entraîneur très exigeant.
Es un entrenador muy exigente.

exigente

exiger

▷ Ils exigent du jus d'orange frais au petit déjeuner.
Exigen zumo de naranja fresco para el desayuno.
▷ Marion a exigé que je lui fasse des excuses.
Marion exigió que le pidiera disculpas.

exigir

exister

▷ Crois-tu que le père Noël existe ?
¿Tú crees que Papá Noel existe?
▷ Il existe une exception.
Existe una excepción.
▷ Il existe des téléphones avec courrier électronique.
Existen teléfonos con correo electrónico.

existir

► **il existe** + nom au singulier : **existe**

► **il existe** + nom au pluriel : **existen**

expédier

1 ▷ Je vais à la poste pour expédier ce paquet.
Voy a correos a enviar este paquete.
2 ▷ J'ai expédié mon travail en une heure.
Despaché el trabajo en una hora.

1 (= envoyer) **enviar**

*On peut dire aussi **mandar**.*

2 (= faire vite) **despachar**

expérience

1 ▷ Il y a eu une explosion pendant l'expérience de chimie.
Hubo una explosión durante el experimento de química.

1 (= essai scientifique) el **experimento**

2 ▷ C'est un ingénieur qui a beaucoup d'expérience.
Es un ingeniero que tiene mucha experiencia.

2 (= habitude, pratique) la **experiencia**

*Ne confondez pas **experimento** et **experiencia** en espagnol !*

expert, experte

▷ Je te donne mon avis, mais je ne suis pas une experte.
Te doy mi opinión, pero no soy una experta.

el **experto,** la **experta**

expirer

1 ▷ Inspirez ! Expirez !
¡Inspirad! ¡Espirad!

2 ▷ Mon passeport expire en juin.
Mi pasaporte expira en junio.

1 (= souffler) **espirar**

2 (= ne plus être valable) **expirar**

*Ne confondez pas **espirar** et **expirar** en espagnol !*

explication

1 ▷ Est-ce que tu as compris l'explication ?
¿Entendiste la explicación?

2 ▷ Denis et Béa ont eu une explication.
Denis y Béa se explicaron.

1 (= éclaircissements) la **explicación** (pluriel : las explicaciones)

*Il n'y a pas d'accent écrit au pluriel. L'accent tonique porte sur le **o**, comme au singulier.*

2 ► **avoir une explication** (= une dispute) : **explicarse**

*Le pronom réfléchi fonctionne de la façon suivante en espagnol : **me** explico, **te** explicas, **se*** (singulier) *explica, **nos** explicamos, **os** explicáis, **se*** (pluriel) *explican.*

expliquer

1 ▷ Tu peux m'expliquer pourquoi tu as fait ça ?
¿Me puedes explicar por qué hiciste eso?

2 ▷ Je ne me suis pas expliqué clairement.
No me he explicado claramente.

1 **explicar**

2 ► **s'expliquer** (= donner des précisions) : **explicarse**

*Le pronom réfléchi fonctionne de la façon suivante en espagnol : **me** explico, **te** explicas, **se*** (singulier) *explica, **nos** explicamos, **os** explicáis, **se*** (pluriel) *explican.*

exploit

▷ Serge nous a raconté ses exploits en Espagne.
Serge nos contó sus hazañas en España.

la **hazaña**

explorer

▷ Hier on a exploré le nord de la ville.
Ayer exploramos el norte de la ciudad.

explorar

exploser

▷ La bombe a explosé tout près du marché.
La bomba explotó muy cerca del mercado.

explotar

On peut dire aussi ***estallar****.*

explosion

▷ Est-ce que vous avez entendu l'explosion ?
¿Oísteis la explosión?

la **explosión** (pluriel : las explosiones)

Il n'y a pas d'accent écrit au pluriel. L'accent tonique porte sur le ***o****, comme au singulier.*

exposition

▷ L'exposition Cézanne est magnifique.
La exposición de Cézanne es magnífica.

(= tableaux, photos) la **exposición** (pluriel : las exposiciones)

Il n'y a pas d'accent écrit au pluriel. L'accent tonique porte sur le ***o****, comme au singulier.*

exprès

1 ▷ Je suis venu exprès pour te voir.
Vine a propósito para verte.

2 ▷ Sammy dit qu'il ne l'a pas fait exprès.
Sammy dice que no lo ha hecho adrede.

1 (= spécialement) **a propósito**

2 (= délibérément) **adrede**

expression

▷ C'est une expression que je ne connaissais pas.
Es una expresión que no conocía.

la **expresión** (pluriel : las expresiones)

Il n'y a pas d'accent écrit au pluriel. L'accent tonique porte sur le ***o****, comme au singulier.*

exprimer

▷ Léo a du mal à exprimer ses sentiments.
A Léo le cuesta expresar sus sentimientos.

expresar

▻ Pepa s'exprime très bien.
Pepa se expresa muy bien.

► **s'exprimer : expresarse**

*Le pronom réfléchi fonctionne de la façon suivante en espagnol : **me** expreso, **te** expresas, **se** (singulier) expresa, **nos** expresamos, **os** expresáis, **se** (pluriel) expresan.*

*Attention : le mot espagnol **exprimir** signifie* **presser (un citron ou une orange).**

expulser

1 ▻ Plusieurs familles ont été expulsées de cet immeuble.
Han desahuciado a varias familias de este edificio.

1 (= expulser d'un logement)
desahuciar

*Le complément est une personne ou un groupe de personnes : n'oubliez pas de le faire précéder de **a**.*

2 ▻ Mathieu a été expulsé du terrain parce qu'il a donné un coup de pied à un joueur.
Expulsaron a Mathieu del terreno porque le dio una patada a un jugador.

2 (= expulser du terrain, d'un club)
expulsar

*Le complément est une personne ou un groupe de personnes : n'oubliez pas de le faire précéder de **a**.*

extérieur

1 ▻ L'extérieur de la maison n'est pas très bien entretenu.
El exterior de la casa no está muy bien mantenido.

1 ► **l'extérieur** (= la partie qui est dehors) **: el exterior**

2 ▻ Je vous attendrai à l'extérieur.
Os esperaré fuera.
▻ Vous pouvez fumer à l'extérieur du bâtiment, mais pas à l'intérieur.
Pueden fumar fuera del edificio, pero no dentro.

2 ► **à l'extérieur** (= dehors) **: fuera**
► **à l'extérieur de** + nom **: fuera** + nom

externe

▻ Les externes peuvent partir à trois heures.
Los externos pueden irse a las tres.

el **externo,** la **externa**

extrait

▻ La prof de français nous a lu un extrait du « Malade imaginaire ».
La profesora de francés nos leyó un fragmento de "El enfermo imaginario".

(= passage) el **fragmento**

extraordinaire

extraordinario, extraordinaria

► **pas extraordinaire** (= pas terrible) : **no muy bueno, no muy buena**

▻ Il nous est arrivé quelque chose d'extraordinaire.
Nos ha ocurrido algo extraordinario.

▻ Comment était le film ? – Pas extraordinaire.
¿Qué tal la película? – No muy buena.

extraterrestre

el **extraterrestre**

▻ Tu crois que les extraterrestres existent ?
¿Tú crees que los extraterrestres existen?

extrême

extremo, extrema

▻ Il fait des températures extrêmes dans cette région.
Hace temperaturas extremas en esta región.

▻ L'extrême droite a eu très peu de voix aux élections.
La extrema derecha ha obtenido muy pocos votos en las elecciones.

extrêmement

(= très) **muy**

▻ Il est extrêmement intelligent.
Es muy inteligente.

F

FRANÇAIS — ESPAGNOL

fabriquer

1 ▻ C'est une entreprise qui fabrique des chaussures.
Es una empresa que fabrica zapatos.

2 ▻ Qu'est-ce que tu fabriques ? C'est l'heure de partir !
¿Qué estás haciendo? ¡Ya es hora de marcharnos!

1 (= produire ou construire) **fabricar**

2 (= faire, au sens familier) **hacer**

fac

▻ Ils vont construire une nouvelle fac.
Van a construir una nueva facu.

▻ Je voudrais aller en fac plus tard.
Quisiera ir a la facu más tarde.

▻ Le frère de Ramona est en fac.
El hermano de Ramona está en la facu.

la **facu**

ℹ *On peut dire aussi* ***la facul****.*

► **aller en fac :** **ir a la facu**

► **être en fac :** **estar en la facu**

ℹ ***Facu****, comme* fac*, est un mot familier.*

façade

▻ Mes parents ont repeint la façade.
Mis padres han vuelto a pintar la fachada.

(= le devant d'un bâtiment) **la fachada**

face

1 ▻ On a déjà écouté les deux faces du disque.
Ya hemos escuchado ambas caras del disco.

2 ▻ Il y a une boulangerie en face.
Hay una panadería enfrente.

3 ▻ La boucherie est en face du cinéma.
La carnicería está enfrente del cine.

▻ Rachid s'est assis en face de moi.
Rachid se sentó frente a mí.

1 (= côté d'un disque) **la cara**

2 ► **en face** (= de l'autre côté) **:** **enfrente**

3 ► **en face de :** **enfrente de**

ℹ *Quand on parle de la position par rapport à une personne, on dit* ***frente a****.*

fâché, fâchée

▷ Lucille est fâchée parce que Marc lui a menti.
Lucille está enfadada porque Marc le ha mentido.

(= pas content) **enfadado, enfadada**

Notez l'emploi du verbe ***estar*** *avec enfadado et enfadada.*

se fâcher

▷ Ne te fâche pas, je vais le réparer !
¡No te enfades, que lo voy a arreglar!

(= se mettre en colère) **enfadarse**

Le pronom réfléchi fonctionne de la façon suivante en espagnol : ***me*** *enfado,* ***te*** *enfadas,* ***se*** (singulier) *enfada,* ***nos*** *enfadamos,* ***os*** *enfadáis,* ***se*** (pluriel) *enfadan.*

facile

▷ Cet exercice est facile.
Este ejercicio es fácil.
▷ Son dernier roman est très facile à lire.
Su última novela es muy fácil de leer.
▷ Cette recette est facile à réaliser.
Esta receta es fácil de hacer.

fácil (pluriel : **fáciles**)

Remarquez que ***fácil*** *et* ***fáciles*** *portent sur le* ***a*** *un accent écrit qui reflète l'accent tonique.*

Notez la préposition utilisée en espagnol : facile à + infinitif = *fácil* ***de*** + infinitif.

▷ Il est trop facile d'accuser les autres !
¡Es demasiado fácil acusar a los demás!

► **il est facile de** + faire quelque chose **:** es fácil + hacer algo

facilement

▷ Aurélien y est arrivé facilement.
Aurélien lo consiguió fácilmente.

fácilmente

Remarquez que le mot espagnol porte sur le ***a*** *un accent écrit qui reflète l'accent tonique.*

façon

▷ Il y a plusieurs façons de le faire.
Hay varias maneras de hacerlo.
▷ Il se comporte d'une façon bizarre.
Se conduce de manera rara.
▷ De quelle façon est-ce que tu vas le faire ?
¿De qué manera lo vas a hacer?
▷ De toute façon, ça m'est égal.
De todas maneras, me da igual.

(= manière, méthode) la **manera**

► **d'une façon... :** de manera...

► **de quelle façon...? :** ¿de qué manera..?

► **de toute façon :** de todas maneras

On peut dire aussi ***de todos modos*** *ou* ***de todas formas****.*

facteur

▷ Est-ce que le facteur est passé ?
¿Ha venido el cartero?

(= employé de la poste) el **cartero**

facture

▷ Est-ce que tu as payé la facture de téléphone ?
¿Has pagado la factura del teléfono?

la **factura**

fade

▷ Cette soupe est un peu fade.
Esta sopa está un poco sosa.

soso, sosa

faible

1 ▷ Je me sens faible aujourd'hui.
Me siento débil hoy.

1 (= sans forces) **débil** (pluriel : **débiles**)

ℹ *Remarquez que* ***débil*** *et* ***débiles*** *portent sur le* ***e*** *un accent écrit qui reflète l'accent tonique.*

2 ▷ Coralie est trop faible en maths pour faire une section scientifique.
Coralie está demasiado floja en matemáticas para hacer ciencias.

2 (en parlant d'un élève ou de résultats) **flojo, floja**

3 ▷ Je crois que Suzie a un faible pour Pedro.
Creo que Suzie tiene debilidad por Pedro.

3 ► **avoir un faible pour** quelqu'un *ou* quelque chose : **tener debilidad por** alguien *ou* algo

faillir

▷ J'ai failli rater le train.
Por poco pierdo el tren.
▷ Il a failli tomber.
Por poco se cae.

ℹ *Pour dire qu'on a failli faire quelque chose, on emploie en espagnol un verbe au présent précédé de* ***por poco*** (= de peu).

faim

▷ Nous avons parlé de la faim dans le monde.
Hablamos del hambre en el mundo.

el **hambre**

ℹ *Bien que l'article qui accompagne* ***hambre*** *soit masculin (****el*** *hambre),* ***hambre*** *est un mot féminin et les adjectifs qui l'accompagnent doivent se mettre au féminin :* ***tengo un hambre canina*** (= j'ai une faim de loup).

▷ J'ai faim ! Quand est-ce qu'on mange ?
¡Tengo hambre! ¿Cuándo comemos?

► **avoir faim : tener hambre**

Suite page suivante

▻ Cette promenade m'a donné faim.
Me ha entrado hambre con este paseo.

*En espagnol, on ne peut pas dire exactement comme en français que quelque chose vous donne faim ; il faut employer l'expression **me entra hambre** (ou **me ha entrado hambre**, ou **me entró hambre**).*

fainéant, fainéante

▻ Sergio est fainéant, il ne veut jamais faire ses devoirs.
Sergio es holgazán, nunca quiere hacer los deberes.
▻ C'est une fainéante qui passe ses journées à regarder la télé.
Es una holgazana que se pasa el día mirando la tele.

holgazán (pluriel : **holgazanes**), **holgazana**

__Holgazanes__ ne porte pas d'accent écrit. L'accent tonique porte sur le deuxième __a__, comme au singulier.

faire

1 ▻ Simon fait des gâteaux pour ses amis.
Simon hace pasteles para sus amigos.
▻ Ça fait un an que je le connais.
Hace un año que lo conozco.
▻ Cyril nous a fait rire avec ses blagues.
Cyril nos hizo reir con sus chistes.
▻ J'ai beaucoup de choses à faire.
Tengo muchas cosas que hacer.

1 **Faire** se traduit généralement par **hacer**.

► **chose à faire** : **cosa que hacer**

2 ▻ Mon frère fait du violon.
Mi hermano toca el violín.

2 Quand on parle d'un instrument de musique, on emploie le verbe **tocar**.

Il n'y a pas de préposition entre __tocar__ et son complément.

3 ▻ La pièce fait dix mètres de long.
La habitación mide diez metros de largo.

3 Pour donner la longueur ou la hauteur, on emploie le verbe **medir**.

4 ▻ Le paquet fait deux kilos.
El paquete pesa dos kilos.

4 Pour donner le poids, on emploie le verbe **pesar**.

5 ▻ Ça fait combien ?
¿Cuánto es?
▻ Ça fait vingt euros.
Son veinte euros.

5 Quand on parle du prix, on emploie le verbe **ser**.

6 ▻ Le prof de français fait vieux.
El profesor de francés parece viejo.

6 (= paraître) **parecer**

7 ▻ Ils se sont fait renvoyer de l'école.
Los expulsaron del colegio.

7 La tournure **se faire** + infinitif se traduit souvent par une tournure active en espagnol.

8 ▷ Ne t'en fais pas, ça va s'arranger.
No te preocupes, las cosas se van a arreglar.
▷ Ne vous en faites pas, ce n'est pas grave.
No os preocupéis, no es nada.

8 ► **s'en faire** (= s'inquiéter) : **preocuparse**

fait

1 ▷ C'est un fait.
Es un hecho.
▷ Le fait qu'il se sente coupable ne change rien.
El hecho de que se siente culpable no cambia nada.
▷ En fait, je pensais que Ludmila serait là.
De hecho, pensaba que Ludmila estaría aquí.

1 (= chose réelle) el **hecho**

ℹ *Notez la préposition utilisée en espagnol :* le fait que = *el hecho* ***de*** *que.*

► **en fait : de hecho**

2 ▷ Au fait, est-ce que tu as vu Cyril récemment ?
Por cierto, ¿has visto a Cyril últimamente?

2 ► **au fait : por cierto**

falaise

▷ Ne monte pas sur la falaise, c'est dangereux.
No subas al acantilado, que es peligroso.

el **acantilado**

falloir

1 ▷ Il faut du courage pour faire ça.
Hace falta valor para hacer eso *ou* **se necesita valor para hacer eso.**
▷ Il nous faut au moins cent euros.
Nos hacen falta al menos cien euros *ou* **necesitamos al menos cien euros.**

1 Quand on veut dire qu'on a **besoin** de quelque chose, on emploie en espagnol l'expression **hace falta** *ou* le verbe **necesitar**.

ℹ *Notez l'accord de* ***hacer*** *avec le nom qui suit (nos hace****n*** *falta cien euros).*

2 ▷ Il m'a fallu une semaine pour faire ma rédaction.
Tardé una semana en hacer la redacción.

2 Quand on veut parler du **temps nécessaire** pour faire quelque chose, on utilise en espagnol le verbe **tardar**.

ℹ *Notez la préposition utilisée en espagnol :* **pour** faire ma rédaction = ***en*** *hacer la redacción.*

3 ▷ Il faut réserver à l'avance.
Hay que reservar por adelantado.

3 ► **il faut** + infinitif : **hay que** + infinitif

4 ▷ Il faut qu'il parte tout de suite.
Tiene que irse en seguida.
▷ Il faut que tu l'appelles.
Tienes que llamarle.

4 ► **il faut que** + sujet + subjonctif : **tener que** + infinitif

5 ▷ Il ne faut pas t'inquiéter.
No debes preocuparte.
▷ Il ne faut pas que nous sortions après minuit.
No debemos salir después de medianoche.

5 Pour parler de quelque chose qu'il **ne faut pas** faire, on emploie le verbe **deber** à la forme négative.

famille

▷ Les familles avec des enfants ont droit à une réduction.
Las familias con niños tienen derecho a una rebaja.

la **familia**

fan

1 ▷ C'est une fan du groupe Pixels.
Es una fan del grupo Pixels.

2 ▷ C'est un fan du Paris Saint-Germain.
Es un forofo del Paris Saint-Germain.

1 (d'un artiste) el **fan**, la **fan** (pluriel : los fans, las fans)

2 (d'une équipe sportive) el **forofo**, la **forofa**

On peut dire aussi ***el*** *ou* ***la hincha****.*

fantastique

▷ Tu as gagné des vacances gratuites ? C'est fantastique !
¿Has ganado unas vacaciones gratuitas? ¡Fantástico!

▷ Raoul adore les films fantastiques.
A Raoul le encantan las películas fantásticas.

fantástico, fantástica

Remarquez que le mot espagnol porte sur le deuxième ***a*** *un accent écrit qui reflète l'accent tonique.*

fantôme

▷ Les gens disent qu'il y a un fantôme dans ce château.
La gente dice que hay un fantasma en este castillo.

el **fantasma**

farce

1 ▷ Nous avons voulu faire une farce au prof.
Quisimos gastarle una broma al profesor.

2 ▷ Nous avons préparé de la farce pour la dinde.
Preparamos un relleno para el pavo.

1 ► **faire une farce à** quelqu'un : **gastar una broma a** alguien

2 (= la farce qu'on mange) el **relleno**

farci, farcie

▷ À Noël, ils mangent de la dinde farcie.
Para Navidad comen pavo relleno.

(en parlant de nourriture) **relleno, rellena**

farine

▷ Il faut deux cents grammes de farine.
Hacen falta doscientos gramos de harina.

la **harina**

fascinant, fascinante

▷ J'ai trouvé la leçon d'histoire fascinante.
Encontré la lección de historia fascinante.

fascinante

fast-food

▷ On pourrait aller dans un fast-food.
Podríamos ir a un restaurante de comida rápida.

el **restaurante de comida rápida** (pluriel : los restaurantes de comida rápida)

fatigant, fatigante

▷ Ce métier est très fatigant.
Este oficio es muy cansado.

cansado, cansada

Ne confondez pas ***ser cansado*** (= être fatigant) *et* ***estar cansado*** (= être fatigué).

fatigué, fatiguée

▷ Je suis fatiguée, je vais me coucher.
Estoy cansada, me voy a acostar.

cansado, cansada

Ne confondez pas ***estar cansado*** (= être fatigué) *et* ***ser cansado*** (= être fatigant).

fatiguer

1 ▷ Cette randonnée nous a tous fatigués.
Esta excursión nos ha cansado a todos.

1 **cansar**

Si le complément est une personne ou un groupe de personnes, n'oubliez pas de le faire précéder de ***a***.

2 ▷ Le médecin a dit que je ne devais pas me fatiguer.
El médico dijo que no debía cansarme.

2 ► **se fatiguer : cansarse**

Le pronom réfléchi fonctionne de la façon suivante en espagnol : ***me*** *canso,* ***te*** *cansas,* ***se*** (singulier) *cansa,* ***nos*** *cansamos,* ***os*** *cansáis,* ***se*** (pluriel) *cansan.*

faut

Regardez le mot **falloir.**

faute

1 ▷ La dictée de Jérémie est pleine de fautes.
El dictado de Jérémie está lleno de faltas.

1 (= erreur) la **falta**

On peut dire aussi ***el error***.

▷ Tu as fait une faute là.
Has cometido una falta ahí.
▷ Il y a des fautes d'orthographe dans cet article.
Hay faltas de ortografía en este artículo.

► **faire une faute : cometer una falta**
► **faute d'orthographe : falta de ortografía** (pluriel : faltas de ortografía)

2 ▷ Ce n'est pas ma faute !
¡No es culpa mía!
▷ C'est la faute du train qui était en retard.
Es culpa del tren que llevaba retraso.

2 Pour dire que quelque chose est de la faute de quelqu'un ou de quelque chose, on emploie le mot **culpa**.

Suite page suivante

▷ C'est la faute à qui ?
¿De quién es la culpa?

*Le pronom possessif fonctionne de la façon suivante en espagnol : es culpa **mía*** (c'est ma faute), *es culpa **tuya*** (c'est ta faute), *es culpa **suya*** (c'est sa/votre/leur faute), *es culpa **nuestra*** (c'est notre faute), *es culpa **vuestra*** (c'est votre faute).

fauteuil

▷ Il y a deux fauteuils dans le salon.
Hay dos sillones en el salón.

▷ Les fauteuils du cinéma ne sont pas confortables.
Las butacas del cine no son cómodas.

Pour parler des fauteuils d'une maison, on peut dire soit el **sillón** (pluriel : los sillones), soit la **butaca**. Mais pour parler des fauteuils du cinéma ou du théâtre, il faut toujours dire la **butaca**.

fauve

▷ Tu as vu l'émission sur les fauves ?
¿Viste el programa sobre las fieras?

la **fiera**

Remarquez que le mot espagnol est féminin.

faux, fausse

1 ▷ Ton calcul est faux.
Tu cálculo es incorrecto.

2 ▷ Ce que tu dis est faux !
¡Lo que dices es falso!
▷ Quelqu'un m'a donné un faux billet de dix euros.
Alguien me ha dado un billete falso de diez euros.
▷ La fausse fourrure est à la mode.
La piel falsa está de moda.

1 (= inexact) **incorrecto, incorrecta**

2 (= pas vrai, pas authentique) **falso, falsa**

fax

▷ Domi m'a envoyé un fax.
Domi me mandó un fax.
▷ Mon père a un fax et une photocopieuse.
Mi padre tiene un fax y una fotocopiadora.

el **fax** (pluriel : los fax)

faxer

▷ Tu peux me faxer la lettre si tu veux.
Me puedes enviar la carta por fax si quieres.

enviar por fax

*On peut dire aussi **mandar por fax**.*

félicitations

▷ Tu as eu ton permis ? Félicitations !
¿Te sacaste el carné de conducir? ¡Felicidades!

las **felicidades**

féliciter

▻ Je vais féliciter Marcos pour son examen.
Voy a felicitar a Marcos por el examen.

felicitar

Le complément est une personne : n'oubliez pas de le faire précéder de ***a****.*

Notez la préposition utilisée en espagnol : féliciter quelqu'un **pour**... = *felicitar a alguien* ***por****...*

femelle

▻ Les femelles ont la tête noire et les mâles ont la tête blanche.
Las hembras tienen la cabeza negra y los machos tienen la cabeza blanca.
▻ C'est une souris femelle.
Es un ratón hembra.

la **hembra**

féminin, féminine

▻ Elle porte des vêtements très féminins.
Lleva ropa muy femenina.
▻ Karine est abonnée à trois magazines féminins.
Karine está suscrita a tres revistas femeninas.

femenino, femenina

Attention à l'orthographe des mots ***femenino*** *et* ***femenina****.*

femme

1 ▻ Il y a plus de femmes que d'hommes dans cette association.
Hay más mujeres que hombres en esta asociación.
▻ C'est la femme de monsieur Carré.
Es la mujer del señor Carré.

1 (= la personne de sexe féminin ou l'épouse de quelqu'un) **la mujer** (pluriel : **las mujeres**)

2 ▻ Qu'est-ce qu'elle fait comme métier ? – Elle est femme au foyer.
¿Qué hace? – Es ama de casa.

2 ► **femme au foyer : el ama de casa** (pluriel : **las amas de casa**)

Bien que l'article qui accompagne ***ama*** *au singulier soit masculin (****el*** *ama),* ***ama*** *est un mot féminin et les adjectifs qui l'accompagnent doivent se mettre au féminin : un ama de casa muy trabajadora* (= une femme au foyer très travailleuse).

3 ▻ Les femmes de ménage de l'école sont très gentilles.
Las mujeres de la limpieza del colegio son muy amables.

3 ► **femme de ménage : mujer de la limpieza** (pluriel : **mujeres de la limpieza**)

fenêtre

▷ J'ai regardé par la fenêtre et j'ai vu que les voisins partaient.
Miré por la ventana y vi que los vecinos se iban.

la **ventana**

fente

1 ▷ Il y a une fente au plafond.
Hay una grieta en el techo.

2 ▷ Tu dois mettre la pièce dans la fente.
Tienes que poner la moneda en la ranura.

3 ▷ Elle portait une jupe avec une fente.
Llevaba una falda con una abertura.

1 (= fissure) la **grieta**

2 (en parlant d'un distributeur ou d'une cabine téléphonique) la **ranura**

3 (en parlant d'une jupe ou d'une robe) la **abertura**

fer

1 ▷ Il y a du fer dans les épinards.
Hay hierro en las espinacas.

▷ Cette grille est en fer.
Esta verja es de hierro.

2 ▷ Le fer à repasser ne marche plus.
La plancha ya no funciona.

1 (= le métal) el **hierro**

*Attention à bien prononcer les deux **r** de **hierro**.*

► **en fer :** de hierro

2 ► **fer à repasser :** la plancha

férié

▷ Le huit mai est un jour férié en France.
El ocho de mayo es un día festivo en Francia.

► **jour férié :** el día festivo (pluriel : los días festivos)

ferme

▷ Nous avons visité une ferme en Dordogne.
Visitamos una granja en Dordoña.

(= exploitation agricole) : **una granja**

fermer

1 ▷ Ferme les yeux et pense à quelque chose d'agréable.
Cierra los ojos y piensa en algo agradable.
▷ J'ai fermé la porte parce qu'il y avait trop de bruit.
Cerré la puerta porque había demasiado ruido.
▷ Ce tiroir ne ferme pas bien.
Este cajón no cierra bien.

1 La traduction la plus courante de fermer est **cerrar**.

2 ▷ Je ferme mon manteau, il fait froid dehors.
Me abrocho el abrigo, hace frío fuera.

2 (= boutonner) **abrocharse**

ℹ *Le pronom réfléchi fonctionne de la façon suivante en espagnol : **me** abrocho, **te** abrochas, **se** (singulier) abrocha, **nos** abrochamos, **os** abrocháis, **se** (pluriel) abrochan el abrigo.*

3 ▷ La porte s'est fermée toute seule.
La puerta se cerró sola.

3 ► **se fermer** : **cerrarse**

ℹ *Le pronom réfléchi fonctionne de la façon suivante en espagnol : **se** (singulier) cierra, **se** (pluriel) cierran.*

fermeture

1 ▷ L'heure de la fermeture varie selon les magasins.
La hora del cierre varía según las tiendas.
▷ J'espère que nous arriverons avant la fermeture du magasin.
Espero que lleguemos antes de que la tienda cierre.

1 el **cierre**

*Attention à bien prononcer les deux **r** de **cierre**.*

ℹ *Notez l'emploi du verbe **cerrar** dans cet exemple.*

2 ▷ La fermeture éclair® est coincée.
La cremallera se me ha quedado atascada.

2 ► **fermeture éclair®** : la **cremallera**

fermier, fermière

▷ Le fermier nous a vendu du lait.
El granjero nos ha vendido leche.

(= agriculteur) el **granjero**, la **granjera**

ferry

▷ Nous avons pris le ferry pour aller à Majorque.
Tomamos el ferry para ir a Mallorca.

el **ferry**

ℹ *On peut dire aussi **el transbordador**.*

fesse

▷ Le médecin m'a fait une piqûre dans la fesse droite.
El médico me puso una inyección en la nalga derecha.
▷ Marie m'a dit que j'avais de grosses fesses.
Marie me dijo que tenía el trasero gordo.

la **nalga**

► **les fesses** (= le derrière) : el **trasero**

fessée

▷ Mes parents me donnaient parfois des fessées.
Mis padres a veces me daban zurras.

la **zurra**

*Attention à bien prononcer les deux **r** et le **z** de **zurra**.*

festival

▷ Il y a un festival de cinéma au mois de juin.
Hay un festival de cine en el mes de junio.

el **festival** (pluriel : los festivales)

fête

1 ▷ Est-ce que tu vas à la fête de Juan ?
¿Vas a la fiesta de Juan?
▷ Toute la famille était à la fête du village.
Toda la familia estaba en la fiesta del pueblo.

2 ▷ Aujourd'hui c'est la fête de Catherine.
Hoy es el santo de Catherine.

3 ▷ La fête foraine se termine dimanche.
La feria se acaba el domingo.

4 ▷ Ils ont fait la fête toute la nuit.
Estuvieron de juerga toda la noche.
▷ J'aime faire la fête.
Me gusta ir de juerga.

5 ▷ N'oublie pas la fête des Mères !
¡No olvides el Día de la Madre!
▷ Dimanche c'est la fête des Pères.
El domingo es el Día del Padre.

1 (= soirée ou célébration) la **fiesta**

2 (= jour du prénom) el **santo**

3 ► **fête foraine :** la feria

4 Pour dire **faire la fête** en espagnol, on emploie une expression avec le mot **juerga**.

5 ► **la fête des Mères :** el Día de la Madre
► **la fête des Pères :** el Día del Padre

fêter

▷ Nous avons fêté l'anniversaire de Carolina.
Celebramos el cumpleaños de Carolina.

(= fêter un événement) **celebrar**

feu

1 ▷ Les pompiers ont réussi à éteindre le feu.
Los bomberos consiguieron apagar el fuego.
▷ Faisons un feu pour nous réchauffer.
Encendamos un fuego para calentarnos.
▷ Quelqu'un a mis le feu à l'immeuble.
Alguien prendió fuego al edificio.
▷ Les rideaux ont pris feu tout de suite.
Las cortinas prendieron enseguida.

2 ▷ Tournez à gauche au feu rouge.
Gire a la izquierda en el semáforo.
▷ La voiture ne s'est pas arrêtée aux feux.
El coche no se paró en el semáforo.

1 (= le feu qui brûle) el **fuego**

► **faire un feu :** encender un fuego
► **mettre le feu à :** prender fuego a
► **prendre feu :** prender

2 ► **feu rouge** *ou* **feux :** el semáforo

ℹ *Remarquez que le mot espagnol porte sur le* **a** *un accent écrit qui reflète l'accent tonique.*

3 ▷ Je ne veux pas manquer le feu d'artifice du quatorze juillet.
No me quiero perder los fuegos artificiales del catorce de julio.

3 ► **feu d'artifice :** los **fuegos artificiales**

ℹ ***Fuegos artificiales*** *est un nom pluriel : on dit par exemple* ***estos fuegos artificiales son magníficos*** (ce feu d'artifice est magnifique).

feuille

▷ Les feuilles commencent à tomber.
Las hojas empiezan a caer.
▷ Est-ce que tu peux me donner une feuille de papier ?
¿Me puedes dar una hoja de papel?

la **hoja**

feuilleton

▷ Lionel ne rate jamais un épisode de son feuilleton préféré.
Lionel nunca se pierde un episodio de su telenovela preferida.

la **telenovela**

ℹ *On peut dire aussi* ***el culebrón*** (pluriel : ***los culebrones***), *surtout pour les feuilletons réalisés en Amérique du Sud.*

feutre

▷ J'ai besoin d'un feutre rouge pour mon dessin.
Necesito un rotulador rojo para el dibujo.

(= stylo) el **rotulador** (pluriel : los **rotuladores**)

fève

1 ▷ Nous avons mangé de la soupe aux fèves.
Comimos sopa de habas.

1 (= le légume) la **haba**

2 ▷ Celui qui trouve la fève doit acheter une autre galette !
¡El que encuentra la sorpresa tiene que comprar otro roscón!

2 (= la figurine de la galette des Rois) la **sorpresa**

ℹ ***Sorpresa*** *est une traduction approximative car, même si la tradition de la galette des Rois existe en Espagne, le gâteau ne contient pas de fève.*

février

▷ Il fait souvent froid en février.
A menudo hace frío en febrero.
▷ Stéphanie est née le trois février.
Stéphanie nació el tres de febrero.

febrero

ℹ *Notez l'emploi de* ***de*** *en espagnol quand on dit la date.*

fiancé, fiancée

▷ Le fiancé d'Isabelle est très sympa.
El novio de Isabelle es muy simpático.

el **novio**, la **novia**

▷ Éric est venu avec sa fiancée.
Éric vino con su novia.

On peut dire aussi ***el prometido, la prometida.***

fiche

▷ Charlotte a des fiches de vocabulaire.
Charlotte tiene fichas de vocabulario.

(= carte) la **ficha**

ficher

1 ▷ Il n'a rien fichu pendant les vacances.
No hizo nada durante las vacaciones.

1 (= faire, au sens familier) **hacer**

2 ▷ Où est-ce que tu as fichu le journal ?
¿Dónde has puesto el periódico?

2 (= mettre, au sens familier) **poner**

3 ▷ Elle lui a fichu une claque.
Le dio una bofetada.

3 (= donner, au sens familier) **dar**

4 ▷ Arrêtez de vous ficher de moi !
¡Dejad de burlaros de mí!

4 ► **se ficher de** quelqu'un (= se moquer, au sens familier) : **burlarse de** alguien

Le pronom réfléchi fonctionne de la façon suivante en espagnol : ***me*** *burlo,* ***te*** *burlas,* ***se*** (singulier) *burla,* ***nos*** *burlamos,* ***os*** *burláis,* ***se*** (pluriel) *burlan.*

5 ▷ Tu peux dire ce que tu veux, je m'en fiche !
¡Puedes decir lo que quieras, me da igual!

5 ► **je m'en fiche : me da igual**

Le mot français ficher *est familier, mais les traductions données ci-dessus ne le sont pas.*

fichier

▷ Je n'ai pas cette expression dans mon fichier de vocabulaire.
No tengo esta expresión en el fichero de vocabulario.
▷ Charles a effacé deux fichiers par erreur.
Charles borró dos ficheros por error.

el **fichero**

fier, fière

▷ Emmanuelle est très fière de sa nouvelle montre.
Emmanuelle está muy orgullosa de su nuevo reloj.

orgulloso, orgullosa

Attention : le verbe qui traduit être *dans* être fier de *est* ***estar*** *et non* ***ser***.

fièvre

▷ Cécile avait 39 de fièvre.
Cécile tenía 39 de fiebre.

la **fiebre**

▻ Je crois que j'ai de la fièvre.
Creo que tengo fiebre.

► **avoir de la fièvre : tener fiebre**

Attention à l'orthographe du mot ***fiebre****.*

figue

▻ Il y a des figues dans cette salade de fruits.
Hay higos en esta macedonia de frutas.

el **higo**

figure

▻ J'ai encore des boutons sur la figure !
¡Otra vez tengo granos en la cara!

(= visage) la **cara**

figurer

1 ▻ Apparemment, mon nom ne figure pas sur la liste.
Al parecer, mi nombre no figura en la lista.

2 ▻ Elle se figure que ça va être facile !
¡Se figura que va a ser fácil!

1 (= être mentionné) **figurar**

2 ► **se figurer que...** (= croire) : **figurarse que...**

Le pronom réfléchi fonctionne de la façon suivante en espagnol : ***me*** *figuro,* ***te*** *figuras,* ***se*** (singulier) *figura,* ***nos*** *figuramos,* ***os*** *figuráis,* ***se*** (pluriel) *figuran.*

fil

1 ▻ J'ai besoin de fil pour coudre ce bouton.
Necesito hilo para coser este botón.

2 ▻ Le fil du fer à repasser est tout emmêlé.
El cordón de la plancha está completamente enredado.

3 ▻ Le fil de fer est rouillé.
El alambre está oxidado.

1 (= le fil pour coudre) el **hilo**

2 (= le fil d'un appareil électrique) el **cordón** (pluriel : los cordones)

Il n'y a pas d'accent écrit au pluriel. L'accent tonique porte sur le ***o****, comme au singulier.*

3 ► **fil de fer : el alambre**

file

1 ▻ Il y a une file de voitures devant la station-service.
Hay una fila de coches delante de la estación de servicio.

2 ▻ Nous sommes restés dans la file de droite.
Nos quedamos en el carril de la derecha.

1 (= rangée) la **fila**

2 (= la partie de la route) el **carril** (pluriel : los carriles)

Attention à bien prononcer les deux ***r*** *de* ***carril****.*

3 ▷ Il y a une file d'attente d'au moins deux cents personnes !
¡Hay una cola de al menos doscientas personas!
4 ▷ On a regardé deux films à la file.
Miramos dos películas seguidas.
▷ Patrick a mangé trois sandwiches à la file.
Patrick se comió tres bocadillos seguidos.

3 ► file d'attente : la **cola**

4 ► à la file : **seguidos** *ou* **seguidas**

filer

1 ▷ La voiture filait à toute vitesse.
El coche iba a toda velocidad.
2 ▷ Il faut que je file !
¡Me tengo que ir!
3 ▷ Tu peux me filer un timbre ?
¿Puedes darme un sello?

1 (= aller) **ir**

2 (= partir) **irse**
ℹ *Le pronom réfléchi fonctionne de la façon suivante en espagnol : **me** voy, **te** vas, **se** (singulier) va, **nos** vamos, **os** vais, **se** (pluriel) van.*

3 (= donner, au sens familier) : **dar**

filet

1 ▷ Ils pêchent avec d'immenses filets.
Pescan con unas redes inmensas.
2 ▷ Je vais prendre le filet de porc.
Voy a tomar el filete de cerdo.

1 (= le filet pour pêcher) la **red** (pluriel : las **redes**)

2 (= le filet de viande ou de poisson) el **filete**

fille

1 ▷ Sylvie est une fille bizarre.
Sylvie es una chica rara.
2 ▷ Ils ont un fils et deux filles.
Tienen un hijo y dos hijas.

1 (par opposition à **garçon**) la **chica**

2 (= la fille de quelqu'un) la **hija**

filleul, filleule

▷ Il fait souvent des cadeaux à son filleul.
Le hace a menudo regalos a su ahijado.
▷ Mélissa est la filleule de ma mère.
Mélissa es la ahijada de mi madre.

el **ahijado**, la **ahijada**

film

▷ Est-ce que vous avez vu son dernier film ?
¿Ha visto su última película?

la **película**
ℹ *Remarquez que le mot espagnol porte sur le **i** un accent écrit qui reflète l'accent tonique.*

fils

▷ Comment s'appelle votre fils ?
¿Cómo se llama su hijo?

el **hijo**

filtre

▷ Zut, il n'y a plus de filtres à café !
¡Mecachis, no quedan filtros de café!

el **filtro**

fin (nom)

1 ▷ J'ai trouvé la fin du film très triste.
Encontré el final de la película muy triste.

1 (= conclusion) el **final** (pluriel : los finales)

2 ▷ Ils partiront fin septembre.
Se marcharán a finales de septiembre.
▷ Ils n'ont plus d'argent en fin de mois.
No les queda dinero a finales de mes.
▷ Ce mouvement artistique est né à la fin du XVIe siècle.
Este movimiento artístico nació a finales del siglo XVI.

2 Quand **fin** est suivi directement d'un nom de mois, on emploie en espagnol l'expression **a finales de.**
Et aussi :
► **en fin de semaine/mois/année/siècle :** a finales de semana/mes/año/siglo

3 ▷ On peut se retrouver en fin d'après-midi.
Nos podemos ver a última hora de la tarde.

3 ► **en fin de** + matinée/après-midi/soirée/journée **:** a última hora de

4 ▷ En fin de compte, c'était une réussite.
A fin de cuentas, fue un éxito.

4 ► **en fin de compte :** a fin de cuentas

fin, fine (adjectif)

1 ▷ Il y a une fine couche de confiture dans le gâteau.
Hay una fina capa de confitura en el pastel.

1 (= mince) **fino, fina**

2 ▷ Ce n'est vraiment pas fin !
¡No es muy inteligente!

2 (= intelligent) **inteligente**

finale

▷ Qui a gagné la finale du championnat ?
¿Quién ganó la final del campeonato?
▷ Notre équipe est en finale.
Nuestro equipo está en la final.

(= match) la **final** (pluriel : las finales)
► **être en finale :** estar en la final

finalement

▷ Qu'est-ce qui s'est passé finalement ?
¿Qué pasó finalmente?
▷ Finalement, ce n'est pas mal.
Finalmente no está mal.

finalmente

finir

▷ Je n'ai pas encore fini ma rédaction.
Todavía no he terminado *ou* acabado la redacción.
▷ La pièce de théâtre a fini à dix heures.
La obra de teatro terminó *ou* acabó a las diez.

terminar *ou* **acabar**

Suite page suivante

▷ Si tu as fini de faire tes devoirs, est-ce que tu peux m'aider ?
Si has terminado *ou* acabado de hacer los deberes, ¿me puedes ayudar?
▷ Jérémie a fini par accepter.
Jérémie terminó *ou* acabó aceptando.

► **finir de faire** quelque chose : **terminar** *ou* **acabar de hacer** algo

► **finir par** + infinitif : **terminar** *ou* **acabar** + participe présent

fissure

▷ Il y a des fissures dans les murs.
Hay grietas en las paredes.

la **grieta**

fixer

1 ▷ Le prof a fixé la carte au mur.
El profesor fijó el mapa en la pared.
▷ On doit fixer une date pour la soirée.
Tenemos que fijar una fecha para la fiesta.

2 ▷ Ne fixe pas les gens, c'est impoli !
¡No mires fijamente a la gente, es de mala educación!

1 (= accrocher, décider) **fijar**

2 (= regarder fixement) **mirar fijamente**

Si le complément est une personne ou un groupe de personnes, n'oubliez pas de le faire précéder de ***a****.*

flacon

▷ À qui est ce flacon de parfum ?
¿De quién es este frasco de perfume?

el **frasco**

flairer

▷ Je crois que le chien a flairé quelque chose.
Creo que el perro ha olfateado algo.

olfatear

flamber

1 ▷ Le bois flambe dans la cheminée.
La madera arde en la chimenea.

2 ▷ On pourrait faire flamber les crêpes.
Podríamos flamear las crepes.

1 (= brûler) **arder**

2 ► **faire flamber** (en parlant de quelque chose qu'on mange) : **flamear**

flamme

▷ Les flammes sont très hautes.
Las llamas son muy altas.
▷ L'immeuble était en flammes.
El edificio estaba en llamas.

la **llama**
► **en flammes** : **en llamas**

flan

▷ Il y a du flan comme dessert.
Hay flan de postre.

el **flan** (pluriel : **los flanes**)

flanquer

▷ Amélie a flanqué une claque à Georges.
Amélie le dio una bofetada a Georges.
▷ Tu m'as flanqué la frousse !
¡Me has dado miedo!

(= donner, au sens familier) **dar**

flaque

▷ J'aime sauter dans les flaques.
Me gusta saltar en los charcos.

el **charco**

flash

▷ Le flash n'a pas fonctionné.
El flash no funcionó.

el **flash** (pluriel : **los flashes**)

flèche

▷ Marc et Thierry jouent avec des arcs et des flèches.
Marc y Thierry juegan con arcos y flechas.
▷ Suis la flèche et tu trouveras la sortie.
Sigue la flecha y encontrarás la salida.

(= l'arme ou le signe) la **flecha**

fléchette

▷ J'adore jouer aux fléchettes.
Me encanta jugar a los dardos.

► **jouer aux fléchettes : jugar a los dardos**

flemme

▷ J'ai la flemme d'écrire à ma copine.
Me da pereza escribir a mi amiga.

la **pereza**

ℹ *Pour dire qu'on a la* **flemme** *de faire quelque chose, on emploie en espagnol l'expression* ***da pereza*** *précédée du pronom personnel qui convient :* ***me*** *da pereza,* ***te*** *da pereza,* ***le*** *da pereza,* ***nos*** *da pereza,* ***os*** *da pereza,* ***les*** *da pereza.*

fleur

▷ Il y a de jolies fleurs bleues dans le jardin.
Hay unas bonitas flores azules en el jardín.
▷ Les arbres sont en fleur.
Los árboles están en flor.

la **flor** (pluriel : **las flores**)

► **en fleur : en flor**

fleurir

▷ Les roses n'ont pas encore fleuri.
Las rosas no han florecido todavía.

florecer

fleuriste

▷ La fleuriste est très aimable.
La florista es muy amable.
▷ Où est Luc ? – Chez le fleuriste.
¿Dónde está Luc? – En la floristería.
▷ Je suis allé acheter des roses chez le fleuriste.
Fui a comprar rosas a la floristería.

el **florista**, la **florista**

► **chez le fleuriste** (= dans le magasin) : **en la floristería**
► **chez le fleuriste** (= vers le magasin) : **a la floristería**

ℹ *Remarquez que le mot **floristería** porte sur le deuxième **i** un accent écrit qui reflète l'accent tonique.*

fleuve

▷ L'Èbre est un fleuve immense.
El Ebro es un río inmenso.

el **río**

ℹ *Remarquez que le mot espagnol porte sur le **i** un accent écrit qui reflète l'accent tonique.*

ℹ *En espagnol on emploie le même mot pour un fleuve et pour une rivière.*

flic

▷ Il y avait des flics partout !
¡Había polis por todas partes!

el **poli**

ℹ ***Poli**, comme **flic**, est un mot familier.*

flipper

▷ Tu veux jouer au flipper avec moi ?
¿Quieres jugar al flipper conmigo?

el **flipper**

flocon de neige

▷ Tu as un flocon de neige sur le nez.
Tienes un copo de nieve en la nariz.

el **copo de nieve** (pluriel : **los copos de nieve**)

flotter

▷ Des feuilles mortes flottent sur la rivière.
Unas hojas secas flotan en el río.

(= flotter sur l'eau ou dans l'air)
flotar

flou, floue

▷ La photo est très floue.
La foto es muy borrosa.

(en parlant d'une image) **borroso, borrosa**

🔊 *Attention à bien prononcer les deux **r** de **borroso** et **borrosa**.*

fluo

▷ Patricia porte des chaussettes fluo.
Patricia lleva unos calcetines fluorescentes.

fluorescente

*Il n'y a pas d'abréviation espagnole équivalente à **fluo** ; il faut utiliser le mot **fluorescente** en entier.*

flûte

1 ▷ La flûte n'est pas très difficile à apprendre.
La flauta no es muy difícil de aprender.
▷ Aurélien joue bien de la flûte.
Aurélien toca bien la flauta.
2 ▷ Où sont les flûtes à champagne ?
¿Dónde están las copas altas?

1 (= instrument de musique) la **flauta**
► **jouer de la flûte :** tocar la flauta

2 ► **flûte à champagne :** la copa alta (pluriel : las copas altas)

foie

▷ Ce n'est pas bon pour le foie de manger trop de chocolat.
No es bueno para el hígado comer demasiado chocolate.

el **hígado**

*Remarquez que le mot espagnol porte sur le **i** un accent écrit qui reflète l'accent tonique.*

foin

▷ Nous avons donné du foin au cheval.
Le dimos heno al caballo.

el **heno**

foire

▷ Est-ce que tu es allé à la foire du livre cette année ?
¿Fuiste a la feria del libro este año?

la **feria**

fois

1 ▷ C'est la première fois que je vois ça.
Es la primera vez que veo esto.
▷ Je te l'ai déjà dit deux fois !
¡Ya te lo he dicho dos veces!

1 (= occasion) la **vez** (pluriel : las veces)

*N'oubliez pas que le **z** devient **c** au pluriel.*

▷ Ne parlez pas tous à la fois !
¡No habléis todos a la vez!
▷ Des fois je me dis qu'il est fou.
A veces pienso que está loco.
▷ Pour une fois, tu pourrais me prêter ton vélo.
Por una vez, me podrías prestar la bici.

► **à la fois :** a la vez

► **des fois** (= parfois) **:** a veces

► **pour une fois :** por una vez

Suite page suivante

▷ Appelle-moi une fois qu'il sera parti.
Llámame una vez que se haya marchado.

► **une fois que** + futur antérieur : **una vez que** + passé composé du subjonctif

2 ▷ Quatre fois cinq égale vingt.
Cuatro por cinco son veinte.

2 (pour multiplier) **por**

folie

▷ Il veut partir tout seul ? C'est de la folie !
¿Se quiere marchar solo? ¡Qué locura!

la **locura**

folklorique

▷ Il y a un festival de musique folklorique à Lorient.
Hay un festival de música folclórica en Lorient.

folclórico, folclórica

ℹ *Remarquez que les mots **folclórico** et **folclórica** portent sur le deuxième **o** un accent écrit qui reflète l'accent tonique.*

folle

Regardez le mot **fou**.

foncé, foncée

▷ Les couleurs foncées me vont mieux que les couleurs claires.
Los colores oscuros me sientan mejor que los colores claros.

oscuro, oscura

foncer

1 ▷ Dès qu'il est entré, il a foncé sur le frigo.
En cuanto entró, fue disparado hacia la nevera.

1 (= se précipiter) **ir disparado** *ou* **disparada**

ℹ *Notez la préposition utilisée en espagnol :* **foncer sur** = *ir disparado **hacia**.*

2 ▷ Le taureau a foncé sur les spectateurs.
El toro arremetió contra los espectadores.

2 ► **foncer sur** (= attaquer) : **arremeter contra**

3 ▷ Nous avons foncé pour essayer d'attraper le train.
Nos dimos prisa para intentar coger el tren.

3 (= aller ou rouler très vite) **darse prisa**

ℹ *Le pronom réfléchi fonctionne de la façon suivante en espagnol : **me** doy prisa, **te** das prisa, **se*** (singulier) *da prisa, **nos** damos prisa, **os** dais prisa, **se*** (pluriel) *dan prisa.*

fonctionner

▷ Ce réveil ne fonctionne pas bien.
Este despertador no funciona bien.

funcionar

fond

1 ▷ Son portefeuille est tombé au fond du bassin.
La cartera se le cayó en el fondo del estanque.
▷ Cédric s'assied toujours au fond de la classe.
Cédric se sienta siempre en el fondo de la clase.
▷ Au fond, il a peut-être raison.
En el fondo, quizás tiene razón.

2 ▷ Ce fond de teint est trop foncé.
Esta crema de base es demasiado oscura.

1 el **fondo**

► **au fond** (= finalement) **:** en el fondo

2 ► **fond de teint :** la crema de base (pluriel : cremas de base)

fondre

1 ▷ La neige est en train de fondre.
La nieve se está derritiendo.

2 ▷ Attends que le sucre fonde dans le café.
Espera a que el azúcar se disuelva en el café.

3 ▷ Cassandre a fondu en larmes.
Cassandre se deshizo en lágrimas.

1 (= se transformer en liquide) **derretirse**

ℹ *Le pronom réfléchi fonctionne de la façon suivante en espagnol :* ***se*** (singulier) *derrite,* ***se*** (pluriel) *derriten.*

2 (= se dissoudre) **disolverse**

ℹ *Le pronom réfléchi fonctionne de la façon suivante en espagnol :* ***se*** (singulier) *disuelve,* ***se*** (pluriel) *disuelven.*

3 ► **fondre en larmes :** deshacerse en lágrimas

ℹ *Le pronom réfléchi fonctionne de la façon suivante en espagnol :* ***me*** *deshago,* ***te*** *deshaces,* ***se*** (singulier) *deshace,* ***nos*** *deshacemos,* ***os*** *deshacéis,* ***se*** (pluriel) *deshacen en lágrimas.*

fontaine

▷ On pourrait se retrouver dans le parc, près de la fontaine.
Podríamos encontrarnos en el parque, cerca de la fuente.

la **fuente**

foot

▷ Le foot est un sport passionnant.
El fútbol es un deporte apasionante.

▷ Karim joue au foot tous les samedis.
Karim juega al fútbol todos los sábados.

el **fútbol**

ℹ *Remarquez que le mot espagnol porte sur le* ***u*** *un accent écrit qui reflète l'accent tonique.*

ℹ *Il n'y a pas d'abréviation espagnole équivalente à* **foot** *; il faut utiliser le mot* ***fútbol*** *en entier.*

► **jouer au foot :** jugar al fútbol

football

▷ Le football est un sport passionnant.
El fútbol es un deporte apasionante.

el **fútbol**

*Remarquez que le mot espagnol porte sur le **u** un accent écrit qui reflète l'accent tonique.*

▷ Karim joue au football tous les samedis.
Karim juega al fútbol todos los sábados.

► **jouer au football : jugar al fútbol**

footballeur

▷ Certains footballeurs gagnent des millions.
Algunos futbolistas ganan millones.

el **futbolista**

force

▷ Il faut de la force pour faire ce métier.
Se necesita fuerza para hacer ese trabajo.
▷ Il va se faire mal à force de faire l'imbécile.
Se va a hacer daño a fuerza de hacer el tonto.

la **fuerza**

► **à force de faire** quelque chose : **a fuerza de hacer** algo

forcément

1 ▷ Ça devait forcément arriver.
Por fuerza tenía que ocurrir.

1 (= inévitablement) **por fuerza**

*Remarquez la place de **por fuerza** dans la phrase espagnole : il est placé en tête de phrase.*

2 ▷ Il faut avoir au moins seize ans. – Non, pas forcément.
Hay que tener al menos dieciséis años. – No, no necesariamente.

2 ► **pas forcément : no necesariamente**

forcer

1 ▷ Les voleurs ont forcé la porte du musée.
Los ladrones forzaron la puerta del museo.

1 **forzar**

2 ▷ On a dû forcer Juan à s'excuser.
Tuvimos que obligar a Juan a disculparse.

2 ► **forcer** quelqu'un **à faire** quelque chose : **obligar** a alguien **a hacer** algo

*Si le complément est une personne ou un groupe de personnes, n'oubliez pas de le faire précéder de **a**.*

3 ▷ Je me suis forcé à manger ce truc dégoûtant.
Me obligué a comer aquella cosa asquerosa.
▷ Nous nous sommes forcés à nous lever tôt.
Nos obligamos a levantarnos temprano.

3 ► **se forcer à faire** quelque chose : **obligarse a hacer** algo

*Le pronom réfléchi fonctionne de la façon suivante en espagnol : **me** obligo, **te** obligas, **se** (singulier) obliga, **nos** obligamos, **os** obligáis, **se** (pluriel) obligan.*

forêt

1 ▷ C'est plus court de passer par la forêt.
Resulta más corto pasar por el bosque.

2 ▷ Ils ont exploré la forêt amazonienne.
Exploraron la selva amazónica.

1 (= bois) el **bosque**

2 (= forêt tropicale ou équatoriale) la **selva**

forme

▷ Ce vase a une drôle de forme.
Este florero tiene una forma rara.

▷ Lucie a un réveil en forme de grenouille.
Lucie tiene un despertador en forma de rana.

▷ On voit que Charles est en forme.
Se ve que Charles está en forma.

la **forma**

► **en forme de :** en forma de

► **être en forme :** estar en forma

formidable

▷ C'est une fille formidable.
Es una chica estupenda.

(= génial) **estupendo, estupenda**

formulaire

▷ Est-ce que tu as rempli le formulaire ?
¿Has rellenado el formulario?

el **formulario**

fort, forte

1 ▷ Il est très fort, il peut soulever cent kilos.
Es muy fuerte, puede levantar cien kilos.

▷ Ce piment est trop fort pour moi.
Este pimiento es demasiado fuerte para mí.

▷ Vous parlez trop fort, vous allez réveiller le bébé.
Habláis demasiado fuerte, vais a despertar al bebé.

2 ▷ Latifa est forte en histoire.
A Latifa se le da muy bien la historia.

▷ Je ne suis pas très fort en maths.
No se me dan muy bien las mates.

1 **fuerte**

2 Pour dire qu'on est fort dans une matière, on emploie en espagnol l'expression **dar muy bien** précédée de **se** et du pronom personnel qui convient.

fortune

▷ Ils ont une immense fortune.
Tienen una inmensa fortuna.

▷ Il a fait fortune en vendant des télés d'occasion.
Hizo fortuna vendiendo teles de ocasión.

la **fortuna**

► **faire fortune :** hacer fortuna

fossé

▷ La voiture s'est retrouvée dans le fossé.
El coche se encontró en la cuneta.

la **cuneta**

fou, folle

1 ▷ Tu es fou ! Arrête !
¡Estás loco! ¡Para ya!

1 (= malade) **loco, loca**

2 ▷ Ce chanteur a un succès fou.
Este cantante tiene muchísimo éxito.

2 Pour dire que quelqu'un a un succès **fou**, un charme **fou**, *etc.*, on emploie en espagnol **muchísimo, muchísima** (= beaucoup de).

3 ▷ Élodie a encore eu la meilleure note de la classe ; c'est fou !
Élodie ha vuelto a sacar la mejor nota de la clase; ¡es increíble!

3 (= incroyable) **increíble**

Remarquez que le mot espagnol porte sur le ***i*** *un accent écrit qui reflète l'accent tonique.*

foudre

▷ La mairie a été frappée par la foudre.
El ayuntamiento fue alcanzado por un rayo.

► **la foudre :** **un rayo**

fouet

1 ▷ Le tigre a peur du fouet.
Al tigre le da miedo el látigo.

1 (= le fouet pour frapper) **el látigo**

Remarquez que le mot espagnol porte sur le ***a*** *un accent écrit qui reflète l'accent tonique.*

2 ▷ C'est plus facile de mélanger les ingrédients avec un fouet électrique.
Es más fácil mezclar los ingredientes con una batidora.

2 (= le fouet pour faire la cuisine) **la batidora**

fouetter

1 ▷ Autrefois on fouettait les criminels.
Antes azotaban a los criminales.

1 (= frapper) **azotar**

2 ▷ Fouette les œufs, puis ajoute-les à la pâte.
Bate los huevos y añádelos a la masa.

2 (= battre des ingrédients) **batir**

fouiller

1 ▷ Les douaniers ont fouillé tout le monde.
Los aduaneros registraron a todo el mundo.

1 ► **fouiller** quelqu'un **:** **registrar a alguien**

Si le complément est une personne ou un groupe de personnes, n'oubliez pas de le faire précéder de ***a***.

2 ▷ Qui t'a permis de fouiller dans mes affaires ?
¿Quién te ha dado permiso para hurgar en mis cosas?

2 ► **fouiller dans** quelque chose **:** **hurgar en** algo

foulard

▻ Déborah porte un foulard parce qu'elle a mal à la gorge.
Déborah lleva un fular porque le duele la garganta.

el **fular** (pluriel : los fulares)

foule

▻ J'ai perdu mes copains dans la foule.
Perdí a mis amigos en la multitud.

(= un grand nombre de gens) la **multitud**

fouler

▻ Yacine s'est foulé la cheville en jouant au rugby.
Yacine se torció el tobillo jugando al rugby.

► **se fouler la cheville : torcerse el tobillo**

*Le pronom réfléchi fonctionne de la façon suivante en espagnol : **me** tuerzo, **te** tuerces, **se** (singulier) tuerce, **nos** torcemos, **os** torcéis, **se** (pluriel) tuercen el tobillo.*

four

▻ Allume le four, puis prépare les ingrédients.
Enciende el horno y luego prepara los ingredientes.

el **horno**

fourchette

▻ Il manque une fourchette.
Falta un tenedor.

(pour manger) el **tenedor** (pluriel : los tenedores)

fourmi

1 ▻ Les miettes attirent les fourmis.
Las migas atraen a las hormigas.

2 ▻ Je suis restée assise par terre trop longtemps, maintenant j'ai des fourmis dans les jambes.
Me quedé demasiado tiempo sentada en el suelo, ahora se me han dormido las piernas.

1 (= insecte) la **hormiga**

2 Pour dire qu'on a **des fourmis dans les jambes**, on emploie en espagnol l'expression **se** + pronom personnel + **han dormido las piernas** : *se **me** han dormido, se **te** han dormido, se **le** han dormido, se **nos** han dormido, se **os** han dormido, se **les** han dormido las piernas.*

fournir

▻ L'école nous fournit les livres.
El colegio nos proporciona los libros.

proporcionar

► **fournir** quelque chose à quelqu'un : **proporcionar** algo a alguien

fourrure

▻ La fausse fourrure était à la mode l'hiver dernier.
La piel falsa estaba de moda el invierno pasado.

la **piel** (pluriel : **las pieles**)
► **fausse fourrure : piel falsa**
ℹ *En espagnol, on emploie le même mot,* ***piel****, pour la fourrure et la peau.*

foutre

1 ▻ Il n'a rien foutu pendant les vacances.
No hizo nada durante las vacaciones.

2 ▻ Où est-ce que tu as foutu le journal ?
¿Dónde has metido el periódico?

3 ▻ Elle lui a foutu une claque.
Le dio una bofetada.

4 ▻ Arrêtez de vous foutre de moi !
¡Dejad de tomarme el pelo!

5 ▻ Tu peux dire ce que tu veux, je m'en fous !
¡Puedes decir lo que quieras, me da igual!

1 (= faire, au sens familier) **hacer**

2 (= mettre, au sens familier) **meter**

3 (= donner, au sens familier) **dar**

4 ► **se foutre de** quelqu'un (= se moquer, au sens familier) **: tomarle el pelo a** alguien

5 ► **je m'en fous : me da igual**
ℹ *Le mot français* **foutre** *est familier, mais les traductions données ci-dessus ne le sont pas.*

foyer des jeunes

▻ On se retrouve tous les samedis après-midi au foyer des jeunes.
Nos encontramos todos los sábados por la tarde en el club de jóvenes.

el **club de jóvenes** (pluriel : **los clubs** *ou* **los clubes de jóvenes**)
ℹ *Remarquez que le mot espagnol* ***jóvenes*** *porte sur le* ***o*** *un accent écrit qui reflète l'accent tonique.*

fragile

▻ Attention, ce vase est très fragile !
¡Cuidado, que este florero es muy frágil!

frágil (pluriel : **frágiles**)
ℹ *Remarquez que le mot espagnol porte sur le* ***a*** *un accent écrit qui reflète l'accent tonique.*

frais (nom)

1 ▻ N'oubliez pas les frais de transport.
No olvidéis los gastos de transporte.

2 ▻ Les frais de scolarité ont augmenté.
La matrícula ha subido.

1 (= dépenses) los **gastos**

2 ► **frais de scolarité : la matrícula**
ℹ *Remarquez que le mot espagnol porte sur le* ***i*** *un accent écrit qui reflète l'accent tonique.*

frais, fraîche (adjectif)

fresco, fresca

▷ Ce jus de fruit est meilleur quand il est frais.
Este zumo de frutas es mejor cuando está fresco.

▷ Ces moules n'ont pas l'air très fraîches.
Estos mejillones no parecen muy frescos.

▷ Il fait frais ce soir, je vais mettre un pull.
Hace fresco esta noche, me voy a poner un jersey.

▷ Tu devrais mettre les restes au frais.
Deberías poner las sobras al fresco.

Attention : le verbe qui traduit être *dans* être frais *est* ***estar*** *et non* ***ser****.*

► **au frais : al fresco**

fraise

la **fresa**

▷ Il y a des fraises dans la salade de fruits.
Hay fresas en la macedonia de frutas.

▷ Tu veux de la glace à la fraise ?
¿Quieres helado de fresa?

► **à la fraise : de fresa**

framboise

la **frambuesa**

▷ Les framboises ne sont pas encore mûres.
Las frambuesas todavía no están maduras.

▷ Lionel avait des bonbons à la framboise.
Lionel tenía caramelos de frambuesa.

► **à la framboise : de frambuesa**

franc (nom)

(= monnaie) el **franco**

▷ Le franc a été remplacé par l'euro.
El franco ha sido sustituido por el euro.

franc, franche (adjectif)

franco, franca

▷ C'est une fille très franche.
Es una chica muy franca.

français, française

francés (pluriel : **franceses**), **francesa**

▷ La cuisine française est réputée.
La cocina francesa es famosa.

▷ C'est un Français qui habite en Galice.
Es un francés que vive en Galicia.

▷ Je trouve que tu parles très bien français.
Encuentro que hablas muy bien francés.

Il n'y a pas d'accent écrit au pluriel ni au féminin. L'accent tonique porte sur le ***e****, comme au singulier.*

S'écrit toujours avec une minuscule, qu'il s'agisse de l'adjectif ou du nom.

France

Francia

► **la France : Francia**

▷ La France est réputée pour ses fromages.
Francia es famosa por sus quesos.

Ne prend généralement pas d'article.

Suite page suivante

▷ En France les gens dînent plus tôt qu'en Espagne.
En Francia la gente cena más temprano que en España.
▷ Tu devrais venir en France.
Deberías venir a Francia.

► **en France** (= dans le pays) **:** en Francia

► **en France** (= vers le pays) **:** a Francia

franchement

1 ▷ Dis-moi franchement ce que tu en penses.
Dime francamente lo que piensas.
▷ Ses blagues sont franchement mauvaises.
Sus chistes son francamente malos.

2 ▷ Franchement, tu exagères !
¡Desde luego, exageras!

1 (= sans mentir, vraiment) **francamente**

2 (pour dire qu'on est indigné) **¡desde luego!**

frange

▷ Tania coupe sa frange elle-même.
Tania se corta el flequillo ella misma.

el **flequillo**

frapper

1 ▷ Ce n'est pas bien de frapper les gens.
No está bien pegar a la gente.

2 ▷ Quelqu'un frappe, va ouvrir.
Alguien llama a la puerta, ve a abrir.

3 ▷ Lucien a frappé dans ses mains pour appeler son chien.
Lucien dio palmadas para llamar a su perro.

1 (= battre) **pegar**
Si le complément est une personne ou un groupe de personnes, n'oubliez pas de le faire précéder de ***a****.*

2 (= cogner à la porte) **llamar a la puerta**

3 ► **frapper dans ses mains :** dar palmadas

freezer

▷ Les glaçons sont dans le freezer.
Los cubitos de hielo están en el congelador.

el **congelador** (pluriel : los congeladores)

frein

▷ Le mécanicien a dit que c'était un problème de freins.
El mecánico dijo que era un problema de frenos.
▷ N'oublie pas de mettre le frein à main.
No te olvides de poner el freno de mano.

el **freno**

► **frein à main :** freno de mano (pluriel : frenos de mano)

freiner

▷ Tout d'un coup, la voiture devant nous a freiné.
De repente, el coche delante de nosotros frenó.

frenar

fréquemment

▻ Nos cousins viennent fréquemment nous voir.
Nuestros primos nos vienen a ver con frecuencia.

con frecuencia

fréquenter

▻ Est-ce que vous fréquentez beaucoup vos cousins ?
¿Tenéis mucho trato con vuestros primos?

(= voir beaucoup) **tener trato con**

frère

▻ Je ne connais pas le frère de Djamila.
No conozco al hermano de Djamila.

el **hermano**

friandises

▻ Tu manges trop de friandises, c'est mauvais pour les dents.
Comes demasiadas golosinas, son malas para los dientes.

las **golosinas**

fric

▻ Est-ce qu'il te reste du fric ?
¿Te queda pasta?

la **pasta**

ℹ ***Pasta***, *comme* **fric**, *est un mot familier.*

frigo

▻ Les carottes sont dans le frigo.
Las zanahorias están en la nevera.

la **nevera**

frileux, frileuse

▻ Je vais mettre le chauffage parce que Mylène est frileuse.
Voy a poner la calefacción porque Mylène es friolera.

friolero, friolera

frimer

▻ Arrête de frimer avec ton nouveau blouson !
¡Deja de fardar con tu cazadora nueva!

fardar

ℹ ***Fardar***, *comme* **frimer**, *est un mot familier.*

fringues

▻ Julie a toujours des fringues incroyables.
Julie siempre tiene una ropa increíble.

la **ropa**

ℹ ***Ropa*** *est un nom singulier : on dit par exemple* ***esta ropa es guay*** (ces fringues sont géniales).

ℹ **Fringues** *est un mot familier, mais* ***ropa*** *ne l'est pas.*

frire

▷ D'abord tu fais frire les oignons.
Primero fríes la cebolla.

► faire frire : **freír**

frisé, frisée

▷ J'aimerais avoir les cheveux frisés.
Me gustaría tener el pelo rizado.
▷ Véro est frisée.
Véro tiene el pelo rizado.

► avoir les cheveux frisés : **tener el pelo rizado**

frisson

▷ Simon a des frissons parce qu'il a la grippe.
Simon tiene escalofríos porque tiene gripe.

el **escalofrío**

ℹ *Remarquez que le mot espagnol porte sur le* ***i*** *un accent écrit qui reflète l'accent tonique.*

frit, frite

▷ Tu préfères du poisson frit ou du poisson cuit au four ?
¿Prefieres pescado frito o pescado al horno?

frito, frita

frites

▷ Je voudrais des frites avec mon steak.
Quisiera patatas fritas con el bistec.

las **patatas fritas**

froid, froide

▷ Cette soupe est froide, c'est dégoûtant.
Esta sopa está fría, qué asco.
▷ Le prof de maths est quelqu'un de très froid.
El profesor de mates es una persona muy fría.
▷ Je peux te prêter un gilet si tu as froid.
Te puedo prestar una chaqueta si tienes frío.
▷ Il fait vraiment froid ce soir.
Hace mucho frío esta noche.

frío, fría

ℹ *Remarquez que les mots* ***frío*** *et* ***fría*** *portent sur le* ***i*** *un accent écrit qui reflète l'accent tonique.*

► avoir froid : **tener frío**

► il fait froid : **hace frío**

froissé, froissée

▷ Mes vêtements étaient froissés quand je les ai sortis de la valise.
La ropa estaba arrugada cuando la saqué de la maleta.

(= avec des plis) **arrugado, arrugada**

🔊 *Attention à bien prononcer les deux* ***r*** *de* ***arrugado*** *et* ***arrugada****.*

fromage

▷ On peut choisir un dessert ou du fromage.
Se puede elegir un postre o queso.
▷ Je voudrais du fromage blanc avec du sucre.
Quisiera requesón con azúcar.

el **queso**

► fromage blanc : el **requesón**

froncer les sourcils

▷ Pourquoi est-ce que tu fronces les sourcils ?
¿Por qué frunces el ceño?

fruncir el ceño

front

▷ Martin a une cicatrice sur le front.
Martin tiene una cicatriz en la frente.

(= partie du visage) la **frente**

Attention : ne confondez pas ***la frente*** (= la partie du visage) *et* ***el frente*** (= le front au sens militaire).

frontière

▷ Il n'y a pas de contrôle des passeports à la frontière.
No hay control de pasaportes en la frontera.

la **frontera**

frotter

1 ▷ Mélanie frottait le bébé avec une serviette.
Mélanie frotaba al bebé con una toalla.
▷ Frotte bien la casserole, elle est sale.
Frota bien la cacerola, está sucia.

1 **frotar**

Si le complément est une personne ou un groupe de personnes, n'oubliez pas de le faire précéder de ***a***.

2 ▷ Le chat se frottait contre moi.
El gato se frotaba contra mí.
▷ Ne te frotte pas les yeux si tu viens de toucher du piment !
¡No te frotes los ojos si acabas de tocar pimiento!
▷ Marc se frottait les mains pour se réchauffer.
Marc se frotaba las manos para calentarse.

2 ► **se frotter : frotarse**

► **se frotter les yeux : frotarse los ojos**

► **se frotter les mains : frotarse las manos**

i *Le pronom réfléchi fonctionne de la façon suivante en espagnol :* ***me*** *froto,* ***te*** *frotas,* ***se*** (singulier) *frota,* ***nos*** *frotamos,* ***os*** *frotáis,* ***se*** (pluriel) *frotan las manos.*

fruit

1 ▷ Donne-moi un fruit, s'il te plaît.
Dame una fruta, por favor.
▷ Les fruits sont chers ici.
La fruta es cara aquí.

2 ▷ Cet arbre a des petits fruits rouges.
Este árbol tiene pequeños frutos rojos.

1 Quand on parle des fruits qui se mangent, on dit la **fruta**, qu'il s'agisse d'un fruit ou des fruits en général.

2 (= le fruit d'un arbre) el **fruto**

fugue

▷ Apparemment, Léo a fait une fugue.
Al parecer, Léo se ha escapado de casa.

► **faire une fugue : escaparse de casa**

Suite page suivante

ℹ *Le pronom réfléchi fonctionne de la façon suivante en espagnol : **me** escapo, **te** escapas, **se** (singulier) escapa, **nos** escapamos, **os** escapáis, **se** (pluriel) escapan de casa.*

fuir

1 ▷ Ils ont essayé de fuir mais la police les a rattrapés.
Intentaron huir pero la policía los alcanzó.

2 ▷ Le robinet fuit toujours.
El grifo todavía tiene un escape.

1 (= se sauver) **huir**

2 (= laisser couler de l'eau ou du gaz) **tener un escape**

fuite

▷ Il y a une fuite quelque part : le plafond est mouillé.
Hay un escape por alguna parte: el techo está mojado.

(= fuite d'eau ou de gaz) el **escape**

fumé, fumée

▷ Je vais prendre le saumon fumé en entrée.
Voy a tomar el salmón ahumado de primer plato.

ahumado, ahumada

fumée

▷ Il y a trop de fumée dans ce bar.
Hay demasiado humo en este bar.

el **humo**

fumer

▷ Tu ne devrais pas fumer, c'est mauvais pour la santé.
No deberías fumar, es malo para la salud.
▷ Il a fumé dix cigarettes en une heure !
¡Fumó diez cigarrillos en una hora!

(= fumer du tabac) **fumar**

furieux, furieuse

▷ Mon père était furieux quand je suis rentré à deux heures du matin.
Mi padre estaba furioso cuando volví a casa a las dos de la madrugada.

furioso, furiosa

Attention : le verbe qui traduit être *dans* être furieux *est* ***estar*** *et non* ***ser***.

fusée

▷ La fusée a explosé dans l'espace.
El cohete explotó en el espacio.

el **cohete**

fusil

1 ▷ Nous avons vu des chasseurs avec des fusils.
Vimos a unos cazadores con escopetas.

2 ▷ Le soldat a fait tomber son fusil par terre.
El soldado dejó caer el fusil en el suelo.

1 (= fusil pour la chasse) la **escopeta**

2 (= fusil de guerre) el **fusil** (pluriel : los fusiles)

futur, future

1 ▷ Mon cousin nous a présenté sa future femme.
Mi primo nos presentó a su futura esposa.

2 ▷ Le futur décrit quelque chose qui arrivera plus tard.
El futuro describe algo que pasará más tarde.

1 (= prochain) **futuro, futura**

2 ► **le futur** : el futuro

G

FRANÇAIS — ESPAGNOL

gâcher

1 ▷ Tu as tout gâché !
¡Lo echaste todo a perder!

2 ▷ Tu as déjà gâché trois feuilles de papier, je ne t'en donne plus.
Ya has desperdiciado tres hojas de papel, ya no te doy más.

1 (= rendre moins agréable) **echar a perder**

2 (= gaspiller) **desperdiciar**

gadget

▷ C'est un gadget très utile dans la cuisine.
Es un aparato muy útil en la cocina.

el **aparato**

gaffe

1 ▷ Oh non, je crois que j'ai fait une gaffe !
¡Oh no, creo que he metido la pata!

2 ▷ Fais gaffe, ça risque de tomber !
¡Ten cuidado, que se podría caer!

1 ► **faire une gaffe : meter la pata**

2 ► **faire gaffe** (= faire attention, au sens familier) **: tener cuidado**

ℹ Faire gaffe *est familier, mais* ***tener cuidado*** *ne l'est pas.*

gagner

▷ À ton avis, qui va gagner ?
Para ti, ¿quién va a ganar?

▷ Arthur a gagné mille euros à la loterie.
Arthur ganó mil euros en la lotería.

ganar

gai, gaie

▷ Tu as l'air bien gai aujourd'hui !
¡Pareces muy alegre hoy!

alegre

galant

▷ Sois galant, ouvre-lui la portière.
Sé galante, ábrele la puerta.

galante

ℹ *On peut dire aussi* ***caballeroso****.*

galerie

1 ▷ Il y a une galerie d'art dans cette rue.
Hay una galería de arte en esta calle.

2 ▷ Ils se retrouvent tous les samedis dans la galerie marchande.
Se encuentran todos los sábados en la galería comercial.

1 ► **galerie d'art :** la galería de arte (pluriel : las galerías de arte)

2 ► **galerie marchande :** la galería comercial (pluriel : las galerías comerciales)

Remarquez que le mot espagnol porte sur le ***i*** *un accent écrit qui reflète l'accent tonique.*

galet

▷ Pierre et Anaïs lancent des galets dans l'eau.
Pierre y Anaïs están tirando guijarros al agua.

el **guijarro**

Attention à bien prononcer le ***j*** *et les deux* ***r*** *de* ***guijarro****.*

galette

1 ▷ Nous avons mangé des galettes dans un restaurant breton.
Comimos crepes en un restaurante bretón.

2 ▷ Cette galette des Rois est excellente.
Este roscón de Reyes es excelente.

1 (= crêpe) la **crepe**

2 ► **galette des Rois :** el roscón de Reyes (pluriel : los roscones de Reyes)

Il n'y a pas d'accent écrit au pluriel. L'accent tonique porte sur le ***o****, comme au singulier.*

galoper

1 ▷ Les chevaux galopent dans le champ.
Los caballos galopan en el campo.

2 ▷ Arrêtez de galoper partout !
¡Dejad de correr por todas partes!

1 (= courir, en parlant d'un cheval) **galopar**

2 (= courir, en parlant d'une personne) **correr**

Attention à bien prononcer les deux ***r*** *de* ***correr****.*

gamin, gamine

▷ Tous les gamins criaient et chantaient.
Todos los críos gritaban y cantaban.

el **crío**, la **cría**

Remarquez que le mot espagnol porte sur le ***i*** *un accent écrit qui reflète l'accent tonique.*

Crío *et* ***cría*** *sont des mots familiers.*

gant

1 ▷ J'ai pris les gants de Mathieu par erreur.
Me llevé los guantes de Mathieu por error.

1 el **guante**

2 ▷ Cette serviette et ce gant de toilette sont pour toi.
Esta toalla y esta manopla son para tí.

2 ► **gant de toilette :** la manopla

garage

▷ Ils ont acheté une maison avec un garage.
Han comprado una casa con un garaje.
▷ Il y a un garage au coin de la rue.
Hay un garaje en la esquina.

el **garaje**

*Attention à l'orthographe du mot espagnol **garaje**.*

garagiste

▷ Le garagiste a dit qu'il ne pouvait pas réparer les freins.
El mecánico dijo que no podía arreglar los frenos.

(= mécanicien) el **mecánico**

*Remarquez que le mot espagnol porte sur le **a** un accent écrit qui reflète l'accent tonique.*

garantie

▷ Est-ce que tu as gardé la garantie du sèche-cheveux ?
¿Guardaste la garantía del secador?

▷ La télé est encore sous garantie.
La tele está todavía en garantía.

la **garantía**

*Remarquez que le mot espagnol porte sur le **i** un accent écrit qui reflète l'accent tonique.*

Notez la préposition utilisée en espagnol : **sous** garantie = **en** *garantía.*

garantir

▷ Je te garantis que ce n'est pas vrai.
Te garantizo que no es verdad.

garantizar

garçon

1 ▷ Il n'y a que des garçons dans cette classe.
Sólo hay chicos en esta clase.
2 ▷ Je vais appeler le garçon et commander un café.
Voy a llamar al camarero y pedirle un café.

1 (par opposition à **fille**) el **chico**

2 (= serveur) el **camarero**

garde

▷ Il y a des gardes devant le palais de l'Élysée.
Hay guardas delante del palacio del Elíseo.

► **un garde :** un guarda

garder

1 ▷ Tu peux garder mon stylo, je n'en ai pas besoin.
Te puedes quedar con mi boli, no lo necesito.
▷ Tu peux le garder, je n'en ai pas besoin.
Te lo puedes quedar, no lo necesito.

1 (= conserver pour soi) **quedarse con**

Suite page suivante

▷ Vous pouvez garder la monnaie.
Puede quedarse con el cambio.

Le pronom réfléchi fonctionne de la façon suivante en espagnol : ***me*** *quedo...,* ***te*** *quedas...,* ***se*** (singulier) *queda...,* ***nos*** *quedamos...,* ***os*** *quedáis...,* ***se*** (pluriel) *quedan...*

Notez l'utilisation de la préposition en espagnol : garder quelque chose = *quedarse* ***con*** *algo.*

2 ▷ Est-ce que tu as gardé la garantie du sèche-cheveux ?
¿Guardaste la garantía del secador?

2 (= mettre de côté) **guardar**

3 ▷ Étienne a dû garder son petit frère hier soir.
Étienne tuvo que cuidar de su hermano pequeño anoche.

3 (= s'occuper de) **cuidar de**

Notez l'utilisation de la préposition en espagnol : garder quelqu'un = *cuidar* ***de*** *alguien.*

4 ▷ Le chien garde la maison.
El perro vigila la casa.
▷ Les soldats gardent les prisonniers.
Los soldados vigilan a los prisioneros.

4 (= surveiller, monter la garde) **vigilar**

Si le complément est une personne ou un groupe de personnes, n'oubliez pas de le faire précéder de ***a****.*

garderie

▷ Éloïse laisse ses enfants à la garderie le mercredi.
Éloïse deja a sus niños en la guardería los miércoles.

la **guardería**

Remarquez que le mot espagnol porte sur le ***i*** *un accent écrit qui reflète l'accent tonique.*

gardien, gardienne

1 ▷ Le gardien de but a été formidable !
¡El portero estuvo estupendo!

1 ► **gardien de but :** el **portero**, la **portera**

2 ▷ La gardienne de musée les a renseignés.
La vigilante de museo les informó.

2 ► **gardien de musée :** el *ou* la **vigilante de museo** (pluriel : los *ou* las vigilantes de museo)

3 ▷ Le père de Léon est gardien de nuit.
El padre de Léon es vigilante nocturno.

3 ► **gardien de nuit :** el **vigilante nocturno**, la **vigilante nocturna** (pluriel : los vigilantes nocturnos, las vigilantes nocturnas)

gare

1 ▷ Tu peux m'emmener à la gare ?
¿Me puedes llevar a la estación?

1 (= la gare pour les trains) la **estación** (pluriel : las estaciones)

*Il n'y a pas d'accent écrit au pluriel. L'accent tonique porte sur le **o**, comme au singulier.*

2 ▷ Gare à toi si je me fâche !
¡Ve con cuidado si me enfado!

2 ► **gare à toi ! : ¡ve con cuidado!**

garer

▷ Où as-tu garé la voiture ?
¿Dónde has aparcado el coche?
▷ Nous n'avons pas trouvé de place pour nous garer.
No hemos encontrado ningún sitio para aparcar.

aparcar

► **se garer : aparcar**

Remarquez que le verbe espagnol n'est pas pronominal.

gaspillage

▷ Tu as utilisé dix feuilles de papier ? Quel gaspillage !
¿Has utilizado diez hojas de papel? ¡Vaya despilfarro!

el **despilfarro**

*Attention à bien prononcer les deux **r** de **despilfarro**.*

gaspiller

1 ▷ Je n'aime pas les gens qui gaspillent la nourriture.
No me gusta la gente que derrocha la comida.

1 **derrochar**

*Attention à bien prononcer les deux **r** de **derrochar**.*

2 ▷ Tu es en train de gaspiller tout ton argent !
¡Estás malgastando todo tu dinero!

2 ► **gaspiller de l'argent : malgastar el dinero**

gâteau

1 ▷ Pour dessert il y a un gâteau au café.
De postre hay un pastel de café.
2 ▷ Ricardo a mangé tout le paquet de gâteaux !
¡Ricardo se ha comido todo el paquete de galletas!

1 (= pâtisserie) el **pastel** (pluriel : **los pasteles**)

2 (= biscuit) la **galleta**

gâter

▷ Ses grands-parents la gâtent trop.
Sus abuelos la miman demasiado.

(= être très gentil avec quelqu'un) **mimar**

*Si le complément est une personne ou un groupe de personnes, n'oubliez pas de le faire précéder de **a**.*

gauche

1 ▷ J'ai mal à la main gauche.
Me duele la mano izquierda.

1 (= qui est à gauche) **izquierdo, izquierda**

Suite page suivante

2 ▷ Muriel ne sait pas reconnaître sa droite de sa gauche.
Muriel no sabe distinguir la derecha de la izquierda.
▷ L'école est à gauche après la station-service.
La escuela está a la izquierda después de la estación de servicio.
▷ Tournez à gauche aux feux.
Gire a la izquierda en el semáforo.
▷ À gauche du cinéma il y a un restaurant chinois.
A la izquierda del cine hay un restaurante chino.
▷ Les couverts sont dans le tiroir de gauche.
Los cubiertos están en el cajón de la izquierda.

2 ► **la gauche** (= le côté gauche) : **la izquierda**
► **à gauche** : **a la izquierda**
► **à gauche de** : **a la izquierda de**
► **de gauche** (= situé à gauche) : **de la izquierda**

3 ▷ Beaucoup de gens ont voté pour la gauche.
Mucha gente votó por la izquierda.
▷ Ils sont de gauche.
Son de izquierdas.

3 ► **la gauche** (en parlant de politique) : **la izquierda**
► **de gauche** (en parlant de politique) : **de izquierdas**

gaucher, gauchère

▷ Tu es droitier ou gaucher ?
¿Eres diestro o zurdo?

zurdo, zurda

gaufre

▷ Les gaufres belges sont délicieuses.
Los gofres belgas son deliciosos.

el **gofre**

*Attention : contrairement au français, le mot espagnol **gofre** est masculin.*

gaufrette

▷ Nous avons emporté un paquet de gaufrettes à la vanille pour le goûter.
Nos llevamos un paquete de barquillos de vainilla para la merienda.

el **barquillo**

gaver

▷ Ne vous gavez pas de bonbons, on va dîner dans une minute.
No os atraquéis de caramelos, que vamos a cenar dentro de un minuto.

► **se gaver de** quelque chose : **atracarse de** algo

*Le pronom réfléchi fonctionne de la façon suivante en espagnol : **me** atraco de..., **te** atracas de..., **se** (singulier) atraca de..., **nos** atracamos de..., **os** atracáis de..., **se** (pluriel) atracan de...*

gaz

▷ Ça sent le gaz. J'espère qu'il n'y a pas de fuite !
Huele a gas. ¡Espero que no haya un escape!

el **gas** (pluriel : los gases)

*Attention à l'orthographe du mot espagnol **gas**.*

gazeux, gazeuse

▻ Les boissons gazeuses sont souvent très sucrées.
Las bebidas con gas contienen a menudo mucho azúcar.

► **boisson gazeuse : la bebida con gas** (pluriel : **las bebidas con gas**)

gazon

▻ Il y a du gazon devant la maison.
Hay césped delante de la casa.

el **césped**

Remarquez que le mot espagnol porte sur le premier **e** *un accent écrit qui reflète l'accent tonique.*

▻ Mon père tondait le gazon.
Mi padre cortaba el césped.

► **tondre le gazon : cortar el césped**

géant, géante

1 ▻ Noël a un écran de télé géant.
Noël tiene una pantalla de tele gigante.

1 (= très grand) **gigante**

2 ▻ Ce garçon est un géant !
¡Ese chico es un gigante!

2 ► **un géant** *ou* **une géante : un gigante** *ou* **una giganta**

gel

1 ▻ Il y a encore du gel sur les arbres.
Todavía queda escarcha en los árboles.

1 (= glace) la **escarcha**

2 ▻ Je mets du gel sur mes cheveux tous les matins.
Me pongo gel en el pelo todas las mañanas.
▻ N'oublie pas d'acheter du gel douche.
No te olvides de comprar gel de ducha.

2 (= produit cosmétique) el **gel** (pluriel : **los geles**)
► **gel douche : gel de ducha** (pluriel : **los geles de ducha**)

gelé, gelée

▻ On peut patiner sur le lac quand il est gelé.
Se puede patinar sobre el lago cuando está helado.
▻ Je suis gelé, mets le chauffage !
¡Estoy helado, pon la calefacción!

helado, helada

Attention : le verbe qui traduit être *dans* être gelé *est* **estar** *et non* **ser**.

gelée

1 ▻ Ma mère fait de la gelée avec les pommes du jardin.
Mi madre hace jalea con las manzanas del jardín.

1 (= confiture) la **jalea**

2 ▻ Il a fait une gelée terrible cette nuit.
Anoche cayó una helada terrible.

2 (= froid) la **helada**

geler

1 ▻ Il va geler cette nuit.
Va a helar esta noche.

1 (= faire très froid) **helar**

Suite page suivante

2 ▷ Les tuyaux ont gelé pendant que nous étions en vacances.
Las tuberías se han helado mientras estábamos de vacaciones.

2 (= devenir gelé) **helarse**

3 ▷ On s'est gelés tout l'après-midi.
Nos helamos toda la tarde.

3 ► **se geler** (= avoir froid, au sens familier) : **helarse**

Le pronom réfléchi fonctionne de la façon suivante en espagnol : ***se*** (singulier) *hiela,* ***se*** (pluriel) *hielan.*

gélule

▷ Je dois prendre une gélule tous les matins.
Debo tomar una cápsula todas las mañanas.

la **cápsula**

Remarquez que le mot espagnol porte sur le premier ***a*** *un accent écrit qui reflète l'accent tonique.*

gênant, gênante

▷ C'est gênant de devoir lui demander ça.
Es molesto tener que pedirle eso.
▷ Je lui ai dit que ce n'était pas gênant.
Le dije que no era un problema.

(= embarrassant) **molesto, molesta**

Pour dire que quelque chose n'est **pas gênant**, *on emploie en espagnol l'expression* ***no es*** *(ou* ***no era*** *au passé)* ***un problema****.*

gencives

▷ Ce dentifrice est bon pour les gencives.
Esta pasta de dientes es buena para las encías.

las **encías**

gendarme

▷ Voilà un gendarme, allons lui demander.
Ahí está un guardia civil, le vamos a preguntar.

el **guardia civil** (pluriel : los guardias civiles)

gendre

▷ Les Murat aiment beaucoup leur gendre.
Los Murat quieren mucho a su yerno.

el **yerno**

gêné, gênée

▷ Hubert avait l'air gêné.
Hubert parecía incómodo.

(= embarrassé) **incómodo, incómoda**

Remarquez que le mot espagnol porte sur le premier ***o*** *un accent écrit qui reflète l'accent tonique.*

▻ Charlotte était toujours gênée en compagnie des adultes.
Charlotte siempre se sentía incómoda en compañía de los adultos.

► (= se sentir mal à l'aise) **être gêné** : **sentirse incómodo**

gêner

1 ▻ Je ne veux pas gêner Luc pendant qu'il travaille.
No quiero molestar a Luc mientras trabaja.
▻ Est-ce que ça te gêne si j'ouvre la fenêtre ?
¿Te molesta si abro la ventana?

1 (= déranger) **molestar**

Si le complément est une personne ou un groupe de personnes, n'oubliez pas de le faire précéder de ***a****.*

2 ▻ Ça me gêne de lui demander ça.
Me da apuro tener que pedirle eso.

2 (= embarrasser) **dar apuro**

général, générale

1 ▻ Mon impression générale, c'est que le film était un peu lent.
Mi impresión general es que la película era un poco lenta.
▻ En général, j'arrive à l'école vers huit heures et quart.
En general, llego al colegio hacia las ocho y cuarto.

1 (= global) **general** (pluriel : **generales**)

► **en général** : **en general**

2 ▻ Le général a donné l'ordre d'attaquer.
El general dio la orden de atacar.

2 ► **un général** (dans l'armée) : **un general** (pluriel : **generales**)

généralement

▻ Généralement, l'école finit fin juin.
Generalmente, las clases terminan a finales de junio.

generalmente

génération

▻ Il y a trois générations différentes qui vivent dans la même maison.
Hay tres generaciones diferentes que viven en la misma casa.

la **generación** (pluriel : **las generaciones**)

Il n'y a pas d'accent écrit au pluriel. L'accent tonique porte sur le ***o****, comme au singulier.*

généreux, généreuse

▻ Tu n'es pas très généreuse ! Tu pourrais partager tes bonbons !
¡No eres muy generosa! ¡Podrías compartir los caramelos!

generoso, generosa

génial, géniale

1 ▷ Judith a eu une idée géniale.
Judith ha tenido una idea genial.

2 ▷ C'est génial !
¡Estupendo!

1 (= de génie) **genial** (pluriel : **geniales**)

2 Pour dire que quelque chose est super, on emploie en espagnol l'expression **estupendo**.

ℹ *On peut dire aussi **guay**.*

genou

▷ Alicia s'est fait mal au genou.
Alicia se ha hecho daño en la rodilla.
▷ Ne te mets pas à genoux, tu vas te salir.
No te pongas de rodillas, que te vas a ensuciar.
▷ Quand je suis entré, elle était à genoux.
Cuando entré, ella estaba de rodillas.
▷ Viens t'asseoir sur mes genoux.
Ven a sentarte en mis rodillas.

la **rodilla**

► **à genoux** : **de rodillas**

► **sur les genoux de** quelqu'un : **en las rodillas de** alguien

genre

1 ▷ Quel genre de musique est-ce que tu préfères ?
¿Qué tipo de música prefieres?

2 ▷ C'est un genre de vélo, mais avec une roue beaucoup plus grande que l'autre.
Es una especie de bici, pero con una rueda mucho más grande que la otra.

1 (= sorte, catégorie) el **tipo**

2 ► **un genre de...** (= une espèce de) : **una especie de...**

gens

▷ Il y a des gens qui font ça tout le temps.
Hay gente que hace eso todo el tiempo.

la **gente**

ℹ ***Gente** est un nom singulier qui s'emploie avec un verbe au singulier, comme dans l'exemple de gauche (**hace**).*

gentil, gentille

▷ Ils ont été très gentils avec moi.
Fueron muy amables conmigo.

amable

gentiment

▷ Ils m'ont très gentiment aidée.
Me ayudaron muy amablemente.

amablemente

géo

▷ La géo est ma matière préférée.
La geografía es mi asignatura preferida.

la **geografía**

ℹ *Remarquez que le mot espagnol porte sur le **i** un accent écrit qui reflète l'accent tonique.*

ℹ *Il n'y a pas d'abréviation espagnole équivalente à **géo** ; il faut utiliser le mot **geografía** en entier.*

géographie

▷ Je ne suis pas très bon en géographie.
No se me da muy bien la geografía.

la **geografía**

ℹ *Remarquez que le mot espagnol porte sur le **i** un accent écrit qui reflète l'accent tonique.*

géométrie

▷ Ce trimestre on fait de la géométrie.
Este trimestre hacemos geometría.

la **geometría**

ℹ *Remarquez que le mot espagnol porte sur le **i** un accent écrit qui reflète l'accent tonique.*

geste

1 ▷ Leurs gestes sont maladroits.
Sus gestos son torpes.

2 ▷ Ils faisaient des gestes pour attirer notre attention.
Hacían señales para llamarnos la atención.

1 el **gesto**

2 ► **faire des gestes** : **hacer señales**

gibier

▷ Il y a beaucoup de gibier dans cette région.
Hay mucha caza en esta región.

la **caza**

🔊 *Attention à bien prononcer le **z** de **caza**.*

gifle

▷ Si tu continues, je te donne une gifle !
¡Si sigues así, te doy una bofetada!

► **donner une gifle à** quelqu'un : **dar una bofetada a** alguien

gifler

▷ Laure a giflé son frère devant tout le monde.
Laure le dio una bofetada a su hermano delante de todos.

► **gifler** quelqu'un : **dar una bofetada a** alguien

gigantesque

▷ À Hong Kong, il y a des immeubles gigantesques.
En Hong Kong hay edificios gigantescos.

gigantesco, gigantesca

gigot

▻ Ce gigot d'agneau est délicieux.
Esta pierna de cordero está deliciosa.

la **pierna de cordero**

gilet

1 ▻ Mets un gilet par-dessus ta robe si tu as froid.
Ponte una chaqueta por encima del vestido si tienes frío.

2 ▻ Il portait un costume avec un gilet rouge.
Llevaba un traje con un chaleco rojo.

1 (= pull ouvert devant) la **chaqueta**

2 (= vêtement sans manches) el **chaleco**

girafe

▻ As-tu vu des girafes en Afrique ?
¿Viste algunas jirafas en África?

la **jirafa**

Attention à l'orthographe du mot espagnol ***jirafa****.*

Attention aussi à bien prononcer le ***j****.*

girouette

▻ Il y a une girouette sur le clocher de l'église.
Hay una veleta en el campanario de la iglesia.

la **veleta**

gîte

▻ Nous avons loué un gîte dans les Vosges pour les vacances.
Alquilamos una casa de turismo rural en los Vosges para las vacaciones.

(= gîte rural) la **casa de turismo rural** (pluriel : las casas de turismo rural)

givre

▻ Les feuilles sont couvertes de givre, c'est très joli.
Las hojas están cubiertas de escarcha, es muy bonito.

la **escarcha**

glace

1 ▻ Il y a de la glace sur le pare-brise.
Hay hielo en el parabrisas.

2 ▻ J'adore la glace au chocolat.
Me encanta el helado de chocolate.

3 ▻ Il y a deux glaces dans la salle de bains.
Hay dos espejos en el cuarto de baño.

1 (= eau gelée) el **hielo**

2 (= crème glacée) el **helado**

3 (= miroir) el **espejo**

Attention à bien prononcer le ***j*** *de* ***espejo****.*

glacé, glacée

▻ Nous avons patiné sur le lac glacé.
Patinamos sobre el lago helado.

▻ Mes mains sont glacées !
¡Tengo las manos heladas!

helado, helada

glacial, glaciale

▻ Il y a un vent glacial ce soir.
Hay un viento glacial esta noche.

glacial (pluriel : glaciales)

glacier

▻ Les glaciers des Alpes sont impressionnants.
Los glaciares de los Alpes son impresionantes.

(= étendue de glace) el **glaciar** (pluriel : los glaciares)

glacière

▻ Est-ce qu'on emporte la glacière pour le pique-nique ?
¿Nos llevamos la nevera para el picnic?

la **nevera**

glaçon

▻ Les glaçons sont dans le freezer.
Los cubitos de hielo están en el congelador.

el **cubito de hielo** (pluriel : los cubitos de hielo)

ℹ *Signifie littéralement* **petit cube de glace**.

glissant, glissante

▻ Fais attention, la route est glissante.
Ten cuidado, que la carretera está resbaladiza.

resbaladizo, resbaladiza

glisser

▻ J'ai glissé et je suis tombée.
Resbalé y me caí.
▻ La voiture a glissé sur le verglas.
El coche resbaló en el hielo.
▻ Attention, ça glisse !
¡Cuidado, que resbala!

resbalar

globe

▻ Simon a un globe terrestre dans sa chambre.
Simon tiene un globo terráqueo en su cuarto.

el **globo**
► **globe terrestre** : globo terráqueo (pluriel : globos terráqueos)

ℹ *Remarquez que le mot* ***terráqueo*** *porte sur le* ***a*** *un accent écrit qui reflète l'accent tonique.*

🔊 *Attention à bien prononcer les deux* ***r*** *de* ***terráqueo****.*

gluant, gluante

▻ Le riz est trop cuit, il est gluant.
El arroz está demasiado hecho, está pegajoso.

pegajoso, pegajosa

goal

▷ Mehmet est goal dans notre équipe.
Mehmet hace de portero en nuestro equipo.

(= gardien de but) el **portero, la portera**

*Attention : le mot espagnol **gol** signifie* **but**.

gobelet

▷ Il faudra cent gobelets en plastique pour la fête.
Necesitaremos cien vasos de plástico para la fiesta.

(= verre en carton, en plastique) el **vaso**

goéland

▷ Il y avait des goélands qui tournaient autour du bateau.
Había gaviotas que daban vueltas alrededor del barco.

la **gaviota**

goinfre

▷ Mari Carmen est une vraie goinfre !
¡Mari Carmen es una verdadera glotona!

el **glotón** (pluriel : los glotones), la **glotona**

*Il n'y a pas d'accent écrit au pluriel ni au féminin. L'accent tonique porte sur le **o**, comme au singulier.*

***Glotón** et **glotona**, de même que* **goinfre**, *sont des mots familiers.*

golf

1 ▷ Le golf n'est pas un sport très fatigant.
El golf no es un deporte muy cansado.
▷ Hubert joue souvent au golf le samedi.
Hubert juega mucho al golf los sábados.

2 ▷ Il y a un grand golf près de la plage.
Hay un gran campo de golf cerca de la playa.

1 (= sport) el **golf**

► **jouer au golf : jugar al golf**

2 (= terrain) el **campo de golf** (pluriel : los campos de golf)

Attention à ne jamais traduire le sens de **terrain** *par **golf** tout court. Il faut dire **campo de golf**.*

golfe

▷ D'ici on voit tout le golfe.
De aquí se ve todo el golfo.

el **golfo**

gomme

▷ Tu peux me prêter ta gomme, s'il te plaît ?
¿Me puedes prestar la goma, por favor?

la **goma**

gonflé, gonflée

▻ Il t'a demandé de l'argent ? Il est gonflé !
¿Te ha pedido dinero? ¡Qué caradura!
▻ C'est une fille drôlement gonflée.
Es una caradura.

Pour dire que quelqu'un est **gonflé** (= **culotté**), *on emploie en espagnol le nom* ***el*** *ou* ***la caradura****.*

Caradura*, de même que* **gonflé**, *est un mot familier.*

gonfler

1 ▻ Nous avons gonflé une centaine de ballons pour décorer la pièce.
Hinchamos unos cien globos para decorar la habitación.

2 ▻ La cheville de Sacha a commencé à gonfler.
El tobillo de Sacha empezó a hincharse.

1 (= envoyer de l'air dans) **hinchar**

2 (= enfler) **hincharse**

Le pronom réfléchi fonctionne de la façon suivante en espagnol : ***se*** (singulier) *hincha*, ***se*** (pluriel) *hinchan.*

gorge

▻ Ma gorge était rouge, alors je suis allé chez le médecin.
Tenía la garganta roja, entonces fui al médico.
▻ Sabine a mal à la gorge parce qu'elle a trop crié.
A Sabine le duele la garganta porque ha gritado demasiado.
▻ J'ai mal à la gorge.
Me duele la garganta.
▻ Nous avons traversé des gorges et des vallées.
Atravesamos gargantas y valles.

la **garganta**

Pour dire qu'on a **mal à la gorge**, *on emploie en espagnol le verbe* ***doler*** *+* complément d'objet indirect.

gorgée

▻ Beatriz a pris une gorgée de whisky et l'a recrachée tout de suite.
Beatriz tomó un trago de whisky y lo escupió en seguida.

el **trago**

gorille

▻ Les gorilles vivent dans la forêt africaine.
Los gorilas viven en la selva africana.

el **gorila**

Attention à l'orthographe du mot espagnol ***gorila****.*

goulot

▷ Le goulot de cette bouteille est très étroit.
El gollete de esta botella es muy estrecho.
▷ Ne bois pas au goulot, c'est dégoûtant !
¡No bebas a morro, es asqueroso!

el **gollete**

► **boire au goulot : beber a morro**

gourde

▷ Nous emportons toujours une gourde quand nous faisons une randonnée.
Nos llevamos siempre una cantimplora cuando vamos de excursión.

(= bouteille) la **cantimplora**

gourmand, gourmande

▷ Elisa est gourmande, elle adore le chocolat.
Elisa es golosa, le encanta el chocolate.

goloso, golosa

gousse d'ail

▷ Il faut deux gousses d'ail pour cette recette.
Se necesitan dos dientes de ajo para esta receta.

el **diente de ajo** (pluriel : los dientes de ajo)

ℹ *Signifie littéralement* dent d'ail.

goût

1 ▷ Cette soupe a un drôle de goût.
Esta sopa tiene un gusto raro.
▷ Tu trouves que ça a bon goût ?
¿Encuentras que esto tiene buen gusto?
▷ Ça a vraiment mauvais goût.
Esto tiene muy mal gusto.
▷ Cette tisane a un goût de citron.
Esta tisana tiene gusto a limón.
2 ▷ Les parents de Cyril ont du goût, leur maison est très jolie.
Los padres de Cyril tienen buen gusto, su casa es muy bonita.

1 (= saveur) el **gusto**

ℹ *On peut dire aussi* ***el sabor***.

► **avoir bon goût : tener buen gusto** *ou* **buen sabor**
► **avoir mauvais goût : tener mal gusto** *ou* **mal sabor**
► **avoir un goût de... : tener gusto** *ou* **sabor a...**

2 ► **avoir du goût** (= savoir ce qui est joli) **: tener buen gusto**

goûter

1 ▷ Goûte ça, je l'ai fait moi-même.
Prueba esto, lo he hecho yo mismo.
2 ▷ Viens goûter chez moi, il y a du chocolat.
Ven a mi casa a merendar, hay chocolate.
3 ▷ Le goûter était très bon, il y avait du gâteau et du chocolat.
La merienda estaba muy buena, había pastel y chocolate.

1 (= essayer) **probar**

2 (= manger dans l'après-midi) **merendar**

3 (= repas de l'après-midi) la **merienda**

goutte

▷ Des gouttes d'eau tombaient du toit.
Gotas de agua caían del techo.

la **gota**

gouttière

▷ Les gouttières sont pleines de feuilles mortes.
Los canalones están llenos de hojas secas.

(sous le toit) el **canalón** (pluriel : los canalones)

Il n'y a pas d'accent écrit au pluriel. L'accent tonique porte sur le ***o****, comme au singulier.*

gouvernement

▷ Le gouvernement a décidé d'augmenter les impôts.
El gobierno ha decidido aumentar los impuestos.

el **gobierno**

Attention à l'orthographe du mot ***gobierno****.*

grâce à

▷ Grâce à Manu, on a pu voir le concert sans payer.
Gracias a Manu, pudimos ver el concierto sin pagar.

gracias a

gradins

▷ Il y avait des milliers de spectateurs sur les gradins.
Había miles de espectadores en las gradas.

(dans un stade) las **gradas**

graffitis

▷ Les murs sont couverts de graffitis.
Los muros están cubiertos de pintadas.

las **pintadas**

grain

▷ Il y a des grains de sable dans ce sandwich !
¡Hay granos de arena en este bocadillo!
▷ Ma mère achète du café en grains.
Mi madre compra café en grano.

(= grain de sable, de maïs, de riz, etc.) el **grano**

► **café en grains : café en grano**

graine

▷ J'ai aidé mon père à semer des graines de laitue.
Ayudé a mi padre a sembrar semillas de lechuga.

la **semilla**

graisse

▷ Il y avait beaucoup de graisse dans ce canard.
Había mucha grasa en este pato.

la **grasa**

grammaire

▷ La grammaire espagnole est plus compliquée que la grammaire anglaise.
La gramática española es más complicada que la gramática inglesa.

la **gramática**

ℹ *Remarquez que le mot espagnol porte sur le deuxième* **a** *un accent écrit qui reflète l'accent tonique.*

gramme

▷ Il faut à peu près cent grammes par personne.
Se necesitan unos cien gramos por persona.

el **gramo**

grand, grande

1 ▷ Yacine est grand pour son âge.
Yacine es alto para su edad.

2 ▷ C'est la plus grande pièce de la maison.
Es la habitación más grande de la casa.
▷ Il y a eu un grand bruit et tout s'est écroulé.
Hubo un gran ruido y se derrumbó todo.
▷ Mozart était un grand musicien.
Mozart era un gran músico.

3 ▷ Qu'est-ce que tu veux faire quand tu seras grand ?
¿Qué quieres hacer cuando seas mayor?
▷ Mon grand frère s'appelle Jean-Luc.
Mi hermano mayor se llama Jean-Luc.
▷ C'est la grande sœur de Florent.
Es la hermana mayor de Florent.

1 (= haut, de grande taille) **alto, alta**

2 (= de grandes dimensions, fort, remarquable) **grande**

ℹ ***Grande*** *devient* ***gran*** *quand il est placé devant un nom singulier.*

3 (= vieux, plus vieux) **mayor** (pluriel : mayores)

ℹ ***Mayor*** *est toujours placé* **après** ***hermano*** *ou* ***hermana*** *quand on traduit* **grand frère** *ou* **grande sœur.**

grand-chose

▷ Tu n'as pas mangé grand-chose, tu es malade ?
No has comido mucho, ¿estás enfermo?
▷ Merci beaucoup ! – Oh, ce n'est pas grand-chose !
¡Muchas gracias! – ¡Oh, no es nada!

ℹ *Quand elle accompagne un verbe, l'expression* **pas grand-chose** *se dit* ***no mucho.***

► **ce n'est pas grand-chose : no es nada**

Grande-Bretagne

▷ La Grande-Bretagne comprend l'Angleterre, l'Écosse et le Pays de Galles.
Gran Bretaña comprende Inglaterra, Escocia y el País de Gales.

Gran Bretaña

ℹ *Ne prend généralement pas d'article.*

► **la Grande-Bretagne : Gran Bretaña**

▻ Il y a beaucoup de Français en Grande-Bretagne.
Hay muchos franceses en Gran Bretaña.
▻ Le père de Martine va souvent en Grande-Bretagne.
El padre de Martine va a menudo a Gran Bretaña.

► **en Grande-Bretagne** (= dans le pays) : **en Gran Bretaña**
► **en Grande-Bretagne** (= vers le pays) : **a Gran Bretaña**
ℹ *Contrairement au français, il n'y a pas de tiret entre **Gran** et **Bretaña**.*

grandeur

▻ Ils sont de la même grandeur.
Son del mismo tamaño.

(= taille) el **tamaño**

grandir

▻ Si Thomas continue de grandir, ça va être un géant !
¡Si Thomas sigue creciendo, va a ser un gigante!

crecer

grand-mère

▻ Quel âge a ta grand-mère ?
¿Cuántos años tiene tu abuela?

la **abuela**

grand-père

▻ Mon grand-père était chauffeur de taxi.
Mi abuelo era taxista.

el **abuelo**

grands-parents

▻ Je vais chez mes grands-parents ce week-end.
Voy a casa de mis abuelos este fin de semana.

los **abuelos**

grange

▻ Le foin est dans la grange.
El heno está en el granero.

el **granero**
*Attention : le mot espagnol **granja** signifie* ferme.

grappe

▻ Nicolas a mangé trois grappes de raisin.
Nicolas se comió tres racimos de uvas.

► **grappe de raisin** : **el racimo de uvas** (pluriel : **los racimos de uvas**)

gras, grasse

1 ▻ Les repas de la cantine sont trop gras.
Las comidas de la cantina tienen demasiada grasa.
2 ▻ C'est un shampoing pour cheveux gras.
Es un champú para pelo graso.
3 ▻ Il y a beaucoup de gras dans ce jambon.
Hay mucha grasa en este jamón.

1 ► **être gras** (= plein de matière grasse) : **tener grasa**
2 (= huileux) **graso, grasa**
3 ► **le gras** (= la partie grasse de la viande) : **la grasa**

gratin

▷ Il y avait un gratin de poisson, c'était délicieux.
Había pescado al gratén, estaba riquísimo.

► **un gratin de... : ... al gratén**

gratter

1 ▷ J'ai bien gratté la poêle, mais la tache n'est pas partie.
Rasqué con fuerza la sartén, pero la mancha no se fue.

2 ▷ Ça me gratte, ça doit être une piqûre de moustique.
Me pica, debe de ser una picadura de mosquito.

3 ▷ Le chien se gratte parce qu'il a des puces.
El perro se rasca porque tiene pulgas.
▷ Ne te gratte pas le bras, tu vas te faire mal.
No te rasques el brazo, que te vas a hacer daño.

1 (= frotter) **rascar**

2 Pour dire qu'une partie du corps **nous gratte**, on emploie en espagnol le verbe ***picar***.

3 ► **se gratter : rascarse**

i *Le pronom réfléchi fonctionne de la façon suivante en espagnol :* ***me*** *rasco,* ***te*** *rascas,* ***se*** (singulier) *rasca,* ***nos*** *rascamos,* ***os*** *rascáis,* ***se*** (pluriel) *rascan.*

gratuit, gratuite

▷ Bénédicte a eu des billets gratuits.
Bénédicte ha conseguido billetes gratuitos.

gratuito, gratuita

gratuitement

▷ Il nous a dit que nous pouvions entrer gratuitement.
Nos dijo que podíamos entrar gratis.

(= sans payer ou sans être payé) **gratis**

i *On peut dire aussi* ***gratuitamente****.*

grave

1 ▷ Apparemment c'est une blessure grave.
Al parecer es una herida grave.
▷ Le prof de musique a la voix très grave.
El profesor de música tiene la voz muy grave.

2 ▷ Je suis désolée ! – Ne vous inquiétez pas, ce n'est pas grave.
¡Lo siento! – No se preocupe, no pasa nada.

1 (= préoccupant, bas) **grave**

2 Pour dire que quelque chose n'a pas d'importance, on emploie l'expression ***no pasa nada.***

gravement

▷ Le grand-père de Luc est gravement malade.
El abuelo de Luc está gravemente enfermo.

(avec *malade* ou *blessé*) **gravemente**

graver

▷ Quelqu'un a gravé ses initiales sur le tronc de l'arbre.
Alguien ha grabado sus iniciales en el tronco del árbol.

grabar

Attention à l'orthographe du mot ***grabar****.*

gravier

▷ Il y a du gravier dans l'allée.
Hay grava en el camino.

la grava

*Le mot **grava** est indénombrable : il ne se met pas au pluriel et ne prend pas l'article indéfini **una**.*

gravillons

▷ Attention, il y a des gravillons sur la route.
Cuidado, que hay gravilla en la carretera.

la gravilla

*Le mot **gravilla** est indénombrable : il ne se met pas au pluriel et ne prend pas l'article indéfini **una**. On dit par exemple **esta gravilla es muy fina*** (ces gravillons sont très fins).

grec, grecque

▷ La cuisine grecque est très bonne.
La cocina griega es muy buena.
▷ J'ai trouvé les Grecs très accueillants.
Encontré a los griegos muy acogedores.
▷ Mélanie parle le grec.
Mélanie habla griego.

griego, griega

S'écrit toujours avec une minuscule, qu'il s'agisse de l'adjectif ou du nom.

Grèce

▷ La Grèce est un pays à l'histoire très riche.
Grecia es un país con una historia muy rica.
▷ Qu'est-ce que vous avez visité en Grèce ?
¿Qué visitasteis en Grecia?
▷ J'aimerais aller en Grèce.
Me gustaría ir a Grecia.

Grecia

Ne prend généralement pas d'article.

► la Grèce : **Grecia**
► en Grèce (= dans le pays) : **en Grecia**
► en Grèce (= vers le pays) : **a Grecia**

grêle

▷ La grêle cognait contre les vitres.
El granizo golpeaba los cristales.

el granizo

grêler

▷ Il a grêlé tout l'après-midi.
Granizó toda la tarde.

granizar

grelotter

▷ Nous grelottions tous dans une salle sans chauffage.
Todos tiritábamos en un aula sin calefacción.

tiritar

grenadine

▷ Une grenadine, s'il vous plaît.
Una granadina, por favor.

la **granadina**

grenier

▷ Les Dutoit ont fait une chambre d'amis dans le grenier.
Los Dutoit han hecho un cuarto de invitados en el desván.

el **desván** (pluriel : los desvanes)

ℹ *Il n'y a pas d'accent écrit au pluriel. L'accent tonique porte sur le **a**, comme au singulier.*

ℹ *On peut dire aussi **la buhardilla**.*

grenouille

▷ Il y a plein de grenouilles dans l'étang.
Hay muchas ranas en el estanque.

la **rana**

grève

▷ Il y a une grève aujourd'hui dans le métro.
Hay una huelga hoy en el metro.
▷ Les profs sont en grève depuis hier.
Los profesores están en huelga desde ayer.
▷ Ils ont décidé de faire grève.
Decidieron hacer huelga.

(= arrêt du travail) la **huelga**

► **être en grève :** estar en huelga
► **faire grève :** hacer huelga

griffe

1 ▷ Le chat a sorti ses griffes.
El gato sacó las uñas.
2 ▷ Les ours ont des griffes énormes.
Los osos tienen garras enormes.

1 (= la griffe d'un chat) la **uña**

2 (= la griffe d'un ours ou d'un lion) la **garra**

griffer

▷ Le chat a encore essayé de griffer le bébé.
El gato trató de arañar al bebé otra vez.

arañar

*Si le complément est une personne ou un groupe de personnes, n'oubliez pas de le faire précéder de **a**.*

grignoter

1 ▷ Tu ne maigris pas parce que tu grignotes tout le temps.
No adelgazas porque picas todo el rato.
2 ▷ La souris grignotait un morceau de fromage.
El ratón roía un trozo de queso.

1 (= manger un peu) **picar**

2 ► **grignoter** quelque chose (= mordre dedans) **: roer** algo

grillage

▷ Il y a du grillage autour du jardin.
Hay una alambrada alrededor del jardín.

► **du grillage** (= une clôture) **:** una alambrada

grille

▷ Lionel a escaladé la grille du parc.
Lionel escaló la verja del parque.

(= clôture) la **verja**

grille-pain

▷ Le grille-pain est cassé.
El tostador está roto.

el **tostador** (pluriel : los tostadores)

On peut dire aussi ***la tostadora****.*

griller

1 ▷ Tu vas faire griller le poisson ou le cuire au four ?
¿Vas a hacer el pescado a la parrilla o lo vas a cocer en el horno?

1 (= cuire, en parlant de la viande ou du poisson) **hacer a la parrilla**

La traduction est la même si on dit **faire griller** *au lieu de* **griller***.*

2 ▷ Je vais faire griller du pain pour le petit déjeuner.
Voy a tostar pan para el desayuno.

2 (en parlant du pain) **tostar**

3 ▷ La voiture devant nous a grillé le feu rouge.
El coche de delante nuestro se saltó un semáforo en rojo.

3 ► **griller un feu rouge :** saltarse un semáforo en rojo

Le pronom réfléchi fonctionne de la façon suivante en espagnol : ***me*** *salto...,* ***te*** *saltas...,* ***se*** (singulier) *salta...,* ***nos*** *saltamos...,* ***os*** *saltáis...,* ***se*** (pluriel) *saltan...*

grillon

▷ Tu entends les grillons dans le champ ?
¿Oyes los grillos en el campo?

el **grillo**

grimace

▷ Le petit garçon nous faisait des grimaces derrière la vitre.
El niño nos hacía muecas detrás de la ventanilla.

► **faire des grimaces à** quelqu'un **:** hacerle muecas a alguien

grimper

1 ▷ La route grimpe.
La carretera está en cuesta.

1 (= être en pente) **estar en cuesta**

2 ▷ Cette côte est difficile à grimper.
Esta cuesta es difícil de subir.

2 ► **grimper** quelque chose **:** subir algo

Suite page suivante

3 ▷ Laurent a grimpé sur le tabouret pour atteindre le placard.
Laurent se subió al taburete para alcanzar al armario.

3 ► **grimper sur** quelque chose : subirse a algo
ℹ *Le pronom réfléchi fonctionne de la façon suivante en espagnol : **me** subo, **te** subes, **se** (singulier) sube, **nos** subimos, **os** subís, **se** (pluriel) suben.*

4 ▷ Les prix grimpent.
Los precios suben.

4 (= augmenter) subir

grincer

▷ La porte grince, c'est agaçant !
La puerta rechina, ¡qué irritante!

rechinar
ℹ *On peut dire aussi **chirriar**.*

grippe

▷ La grippe peut être une maladie grave
La gripe puede ser una enfermedad grave.
▷ La prof de musique n'est pas là, elle a la grippe.
La profesora de música no está, tiene gripe.

la gripe
*Attention à l'orthographe du mot **gripe**.*
► **avoir la grippe :** tener gripe

gris, grise

▷ Je veux acheter une veste grise.
Quiero comprar una chaqueta gris.

gris (pluriel : grises)

grogner

▷ Le chien a commencé à grogner quand nous nous sommes approchés.
El perro empezó a gruñir cuando nos acercamos.

(= faire un bruit menaçant) gruñir

gronder

▷ Ils ont grondé Adeline.
Han regañado a Adeline.
▷ Je vais me faire gronder !
¡Me van a regañar!
▷ Benito s'est fait gronder par ses parents.
Los padres de Benito le han reñido.

(= réprimander) regañar

ℹ *On peut dire aussi **reñir**.*
*Le complément est une personne : n'oubliez pas de le faire précéder de **a**.*
ℹ *Notez comment on utilise les verbes **regañar** ou **reñir** pour traduire* se faire gronder.

gros, grosse

1 ▷ Elle se trouve trop grosse.
Se encuentra demasiado gorda.

1 (= gras) gordo, gorda

2 ▷ Emporte un gros pull, il fait froid là-bas.
Llévate un jersey grueso, allí hace frío.

2 (= épais) grueso, gruesa

3 ▻ Mon parrain m'a envoyé un gros colis pour Noël.
Mi padrino me mandó un gran paquete para Navidad.
▻ J'ai un gros problème, il faut que tu m'aides.
Tengo un gran problema, me tienes que ayudar.

3 (= grand) **grande**

N'oubliez pas que ***grande*** *devient* ***gran*** *devant un nom singulier.*

4 ▻ Ça coûtera en gros dix euros par personne.
Costará aproximadamente diez euros por persona.

4 ► **en gros** (= à peu près) : **aproximadamente**

5 ▻ Ne dis pas ça, c'est un gros mot !
¡No digas eso, es una palabrota!

5 ► **gros mot :** la **palabrota**

groseille

▻ On a ramassé des groseilles pour faire une tarte.
Cogimos grosellas para hacer una tarta.

la **grosella**

grosseur

▻ C'est de la grosseur d'une pomme.
Es del tamaño de una manzana.

(= taille) el **tamaño**

grossier, grossière

▻ Ne sois pas si grossière !
¡No seas tan grosera!

(= vulgaire) **grosero, grosera**

grossir

1 ▻ Oh non, j'ai encore grossi !
¡Oh no, he vuelto a engordar!
▻ Cristina a grossi de deux kilos en une semaine.
Cristina ha engordado dos kilos en una semana.

1 (= prendre du poids) **engordar**

Notez qu'il n'y a pas de préposition entre ***engordar*** *et le nombre de kilos.*

2 ▻ Les pommes grossissent sur l'arbre.
Las manzanas crecen en el árbol.

2 (= grandir) **crecer**

3 ▻ Ils utilisent un microscope pour grossir les objets.
Usan un microscopio para agrandar los objetos.

3 ► **grossir** quelque chose (= l'agrandir, en parlant d'une loupe, d'un microscope) **agrandar** algo

grotte

▻ Nous avons visité des grottes préhistoriques.
Visitamos unas cuevas prehistóricas.

la **cueva**

groupe

▻ Il y avait un groupe de jeunes devant le cinéma.
Había un grupo de jóvenes delante del cine.
▻ Le prof nous a dit de travailler en groupe.
El profesor dijo que trabajáramos en grupo.

el **grupo**

► **en groupe :** **en grupo**

grue

▻ Il y a des grues immenses derrière l'école.
Hay unas grúas inmensas detrás del colegio.

(= machine) la **grúa**

guépard

▻ Le guépard est un animal extrêmement rapide.
El guepardo es un animal muy veloz.

el **guepardo**

guêpe

▻ Guillem s'est fait piquer par une guêpe.
Una avispa picó a Guillem.

la **avispa**

guérir

▻ Malika a guéri en une semaine.
Malika se curó en una semana.

1 (= aller mieux) **curarse**

ℹ *Le pronom réfléchi fonctionne de la façon suivante en espagnol :* ***me** curo, **te** curas, **se*** (singulier) *cura, **nos** curamos, **os** curáis, **se*** (pluriel) *curan.*

▻ Je suis presque guéri.
Ya estoy casi curado.

► **être guéri : estar curado**

guerre

▻ On a vu des images de la guerre à la télé.
Vimos imágenes de la guerra en la tele.

la **guerra**

*Attention à bien prononcer les deux **r** de **guerra**.*

gueule

1 ▻ Le chien a pris l'os dans sa gueule.
El perro cogió el hueso en la boca.

1 (= bouche d'un animal) la **boca**

2 ▻ Je ne sais pas ce qu'elle a, elle fait la gueule.
No sé qué le pasa, está de morros.

2 ► **faire la gueule : estar de morros**

ℹ ***Estar de morros**, comme* faire la gueule, *est familier.*

▻ Paul me fait la gueule.
Paul me pone morros.

► **faire la gueule à** quelqu'un **: poner morros a** alguien

gueuler

▻ Ne gueule pas, je ne suis pas sourd !
¡No grites, que no estoy sordo!

(= crier) **gritar**

ℹ Gueuler *est un mot familier, mais **gritar** ne l'est pas.*

guichet

1 ▻ Va demander au guichet.
Ve a preguntar a la ventanilla.

1 (à la poste, à la banque) la **ventanilla**

ℹ *Signifie littéralement* petite fenêtre.

2 ▻ Il y avait la queue au guichet du cinéma.
Había cola en la taquilla del cine.

2 (au cinéma, au théâtre) la **taquilla**

3 ▷ Est-ce qu'il y a un guichet automatique par ici ?
¿Hay un cajero automático por aquí?

3 ► **guichet automatique** (pour retirer de l'argent) : **el cajero automático** (pluriel : **los cajeros automáticos**)

ℹ *Remarquez que le mot **automático** porte sur le **a** un accent écrit qui reflète l'accent tonique.*

guide

1 ▷ Le guide a expliqué comment le château a été détruit.
El guía explicó cómo el castillo había sido destruido.

1 (= accompagnateur) **el guía, la guía**

2 ▷ On a acheté un guide avant de partir pour l'Italie.
Compramos una guía antes de irnos para Italia.

2 (= livre) **la guía**

ℹ *Remarquez que le mot espagnol porte sur le **i** un accent écrit qui reflète l'accent tonique.*

guider

▷ Quelqu'un a guidé les touristes vers la sortie.
Alguien guió a los turistas hacia la salida.

guiar

*Si le complément est une personne ou un groupe de personnes, n'oubliez pas de le faire précéder de **a**.*

guidon

▷ Sabine sait faire du vélo sans tenir le guidon.
Sabine sabe ir en bici sin sujetar el manillar.

el manillar (pluriel : **los manillares**)

guillemets

▷ C'est un dialogue, il faut employer des guillemets.
Es un diálogo, hay que usar comillas.

las comillas

ℹ *Signifie littéralement* **petites virgules**.

▷ Le mot était entre guillemets.
La palabra estaba entre comillas.

► **entre guillemets** : **entre comillas**

guirlande

▷ On a fabriqué des guirlandes en papier pour décorer la salle.
Hemos hecho guirnaldas de papel para decorar el aula.

▷ Le sapin de Noël est plein de guirlandes.
El árbol de Navidad está cubierto de guirnaldas.

la guirnalda

*Attention à l'orthographe du mot **guirnalda**.*

guitare

▷ Serge a apporté sa guitare.
Serge trajo su guitarra.

▷ J'apprends à jouer de la guitare.
Estoy aprendiendo a tocar la guitarra.

la **guitarra**

*Attention à l'orthographe du mot **guitarra**.*

► **jouer de la guitare : tocar la guitarra**

gym

▷ Nous avons gym le mardi matin.
Tenemos gimnasia los martes por la mañana.

▷ Ma mère fait de la gym à la maison.
Mi madre hace gimnasia en casa.

la **gimnasia**

Il n'y a pas d'abréviation espagnole équivalente à **gym** *; il faut utiliser le mot **gimnasia** en entier.*

► **faire de la gym : hacer gimnasia**

gymnase

▷ Le gymnase est ouvert même le dimanche.
El gimnasio está abierto incluso los domingos.

el **gimnasio**

gymnastique

▷ Tu as regardé le championnat de gymnastique à la télé ?
¿Miraste el campeonato de gimnasia en la tele?

la **gimnasia**

H

FRANÇAIS — ESPAGNOL

habile

▷ Bastien est très habile, il sait fabriquer beaucoup de choses.
Bastien es muy hábil, sabe fabricar muchas cosas.

hábil (pluriel : **hábiles**)

ℹ *Remarquez que le mot espagnol porte sur le **a** un accent écrit qui reflète l'accent tonique.*

habiller

1 ▷ Elle habille ses enfants, puis elle les emmène à la garderie.
Viste a sus hijos, y luego los lleva a la guardería.

2 ▷ Je me suis habillé à toute vitesse.
Me he vestido a toda velocidad.

1 ► **habiller** quelqu'un : **vestir a alguien**

2 ► **s'habiller** : **vestirse**

ℹ *Le pronom réfléchi fonctionne de la façon suivante en espagnol : **me** visto, **te** vistes, **se*** (singulier) *viste, **nos** vestimos, **os** vestís, **se*** (pluriel) *visten.*

habit

1 ▷ Léo veut un habit de pompier pour Noël.
Léo quiere un traje de bombero para Navidad.

2 ▷ Mes habits d'hiver sont au grenier.
Mi ropa de invierno está en la buhardilla.

1 (= panoplie) **el traje**

2 ► **habits** (= vêtements) : **la ropa**

ℹ ***Ropa** est un nom singulier, qui s'emploie avec un verbe au singulier, comme dans l'exemple de gauche (**está**).*

habitant, habitante

▷ Il y a vingt mille habitants dans cette ville.
Hay veinte mil habitantes en esta ciudad.

(= personne qui vit dans une ville ou dans un pays) **el habitante, la habitante**

habiter

▻ Où est-ce que tu habites ?
¿Dónde vives?

(= vivre) **vivir**

habitude

1 ▻ C'est une mauvaise habitude que j'aimerais perdre.
Es una mala costumbre que me gustaría perder.
▻ J'ai l'habitude de me lever tôt.
Suelo levantarme temprano.

1 (= chose que l'on fait souvent) la **costumbre**

► **avoir l'habitude de** faire quelque chose : **soler** hacer algo

ℹ *On peut dire aussi* ***tener la costumbre de*** *hacer algo.*

2 ▻ D'habitude, Thomas a de bonnes notes en espagnol.
Generalmente, Thomas saca buenas notas en español.

2 ► **d'habitude : generalmente**

3 ▻ Le feuilleton était moins intéressant que d'habitude.
La telenovela era menos interesante que de costumbre.

3 ► **... que d'habitude : ... que de costumbre**

habitué, habituée

▻ Lise est habituée à partager sa chambre.
Lise está acostumbrada a compartir su cuarto.

► **être habitué à** faire quelque chose : **estar acostumbrado a** hacer algo

s'habituer

▻ Christophe ne s'est pas habitué à sa nouvelle école.
Christophe no se ha acostumbrado a su nueva escuela.
▻ Je ne m'y suis pas encore habitué.
Todavía no me he acostumbrado a ello.

acostumbrarse

ℹ *Le pronom réfléchi fonctionne de la façon suivante en espagnol :* ***me*** *acostumbro,* ***te*** *acostumbras,* ***se*** (singulier) *acostumbra,* ***nos*** *acostumbramos,* ***os*** *acostumbráis,* ***se*** (pluriel) *acostumbran.*

hache

▻ J'ai besoin d'une hache pour couper du bois.
Necesito un hacha para cortar leña.

el **hacha**

ℹ *Bien que l'article qui accompagne* ***hacha*** *au singulier soit masculin (****el*** *hacha),* ***hacha*** *est un mot féminin et les adjectifs qui l'accompagnent doivent se mettre au féminin : el hacha está oxidad****a****, las hachas están oxidad****as****.*

hacher

▷ D'abord tu haches l'oignon, puis tu le fais frire.
Primero picas la cebolla, luego la fríes.

(avec un couteau) **picar**

haie

1 ▷ Les garçons ont sauté par-dessus la haie.
Los chicos saltaron por encima del seto.

2 ▷ Le coureur est tombé sur la première haie.
El corredor se cayó en la primera valla.

1 (de plantes) el **seto**

2 (= obstacle dans une course) la **valla**

haïr

▷ Je hais cette femme !
¡Odio a esa mujer!

odiar

Si le complément est une personne ou un groupe de personnes, n'oubliez pas de le faire précéder de ***a****.*

haleine

▷ C'est un spray qui rafraîchit l'haleine.
Es un spray que refresca el aliento.

▷ Notre chien a mauvaise haleine.
Nuestro perro tiene mal aliento.

▷ Ils étaient hors d'haleine quand ils sont arrivés.
Estaban sin aliento cuando llegaron.

el **aliento**

► **avoir mauvaise haleine** : tener mal aliento

► **hors d'haleine** : sin aliento

hall

▷ Je t'attendrai dans le hall de l'hôtel.
Te esperaré en el vestíbulo del hotel.

(= entrée d'un hôtel, d'un cinéma ou d'un théâtre) el **vestíbulo**

haltère

▷ Ma mère a des haltères pour son cours de gym.
Mi madre tiene pesas para la clase de gimnasia.

▷ Georges fait des haltères pour rester en forme.
Georges hace pesas para mantenerse en forma.

la **pesa**

► **faire des haltères** : hacer pesas

hamburger

▷ Je vais prendre un hamburger et des frites.
Voy a tomar una hamburguesa con patatas fritas.

la **hamburguesa**

hamster

▷ Mon hamster s'appelle Titus.
Mi hámster se llama Titus.

el **hámster** (pluriel : **hámsters**)

Remarquez que le mot espagnol porte sur le ***a*** *un accent écrit qui reflète l'accent tonique.*

hanche

▷ Ma grand-mère a des problèmes à la hanche.
Mi abuela tiene problemas en la cadera.

la **cadera**

handball

▷ Le handball est mon sport préféré.
El balonmano es mi deporte preferido.
▷ Adrienne joue au handball le samedi.
Adrienne juega al balonmano los sábados.

el **balonmano**

► **jouer au handball : jugar al balonmano**

handicapé, handicapée

▷ Il est handicapé et il utilise un fauteuil roulant.
Está discapacitado y usa una silla de ruedas.
▷ Les handicapés peuvent utiliser ces toilettes.
Los discapacitados pueden usar estos servicios.

discapacitado, discapacitada

hangar

▷ Le tracteur est dans ce hangar.
El tractor está en este hangar.

el **hangar** (pluriel : los hangares)

haricot

▷ Il y a de l'agneau et des haricots pour déjeuner.
Hay cordero y judías para la comida.

la **judía**

ℹ *Dans diverses régions d'Amérique on dit plutôt* ***frijol(es)***.

▷ Les haricots blancs sont difficiles à digérer.
Las judías blancas sont difíciles de digerir.
▷ Il y a des haricots verts dans la salade.
Hay judías verdes en la ensalada.

► **haricots blancs : judías blancas**

► **haricots verts : judías verdes**

ℹ *Dans les trois cas ci-contre, le mot* ***judía(s)*** *peut être remplacé par* ***alubia(s)***.

harmonica

▷ Nous avons acheté un harmonica pour Simon.
Compramos una armónica para Simon.

la **armónica**

ℹ *Remarquez que le mot espagnol porte sur le* ***o*** *un accent écrit qui reflète l'accent tonique.*

▷ Ana joue très bien de l'harmonica.
Ana toca muy bien la armónica.

► **jouer de l'harmonica : tocar la armónica**

hasard

1 ▷ Il n'a pas gagné parce qu'il est le plus doué, c'était seulement le hasard.
No ganó porque sea el más capacitado, sólo fue la suerte.
▷ Le bonoloto est un jeu de hasard.
La primitiva es un juego de azar.

1 (= chance) la **suerte**

► **jeu de hasard : juego de azar**

2 ▷ Si par hasard tu vois Mathieu, dis-lui de m'appeler.
Si por casualidad ves a Mathieu, dile que me llame.

2 ► **par hasard** : **por casualidad**

3 ▷ J'ai choisi une couleur au hasard.
Elegí un color al azar.

3 ► **au hasard** : **al azar**

hausse

▷ Il y a eu une hausse du prix de l'essence.
Ha habido un aumento del precio de la gasolina.
▷ Les prix sont en hausse.
Los precios están en alza.

el **aumento**

► **être en hausse** : **estar en alza**

haut, haute

1 ▷ L'étagère est trop haute pour moi.
El estante es demasiado alto para mí.
▷ L'oiseau vole haut dans le ciel.
El pájaro vuela alto en el cielo.

1 (quand on parle de quelque chose qui est élevé) **alto, alta**

2 ▷ Le haut du mur est peint en bleu.
La parte de arriba de la pared está pintada de azul.

2 ► **le haut de** quelque chose : **la parte de arriba de** algo

3 ▷ Lisa nous attendait en haut de l'escalier.
Lisa nos esperaba en lo alto de la escalera.

3 ► **en haut de** : **en lo alto de**

4 ▷ Ce sont les voisins qui habitent en haut.
Son los vecinos que viven arriba.

4 ► **en haut** (= à l'étage du dessus) : **arriba**

5 ▷ La tour Eiffel fait trois cents mètres de haut.
La torre Eiffel mide trescientos metros.

5 Quand on veut dire la taille de quelque chose ou de quelqu'un en espagnol (une montagne ou une personne, par exemple), on utilise le verbe **medir**

6 ▷ Éloïse portait un joli haut blanc.
Éloïse llevaba un bonito top blanco.

6 ► **un haut** (= un chemisier ou un tee-shirt) : **un top** (pluriel : **tops**)

hauteur

▷ Ils ont mesuré la hauteur du mur.
Midieron la altura de la pared.

(= dimension) la **altura**

haut-parleur

▷ Il y a un haut-parleur à l'arrière de la voiture.
Hay un altavoz en la parte trasera del coche.

el **altavoz** (pluriel : los **altavoces**)

ℹ *N'oubliez pas que le* ***z*** *devient* ***c*** *au pluriel.*

hebdomadaire

1 ▷ Nous nous sommes abonnés à deux hebdomadaires.
Nos suscribimos a dos semanarios.

1 (= magazine) el **semanario**

Suite page suivante

2 ▷ La prof a supprimé la sortie hebdomadaire.
La profesora ha anulado la salida semanal.

2 (adjectif : qui a lieu chaque semaine) **semanal**

héberger

▷ Nous avons hébergé des amis espagnols.
Alojamos a unos amigos españoles.

(= loger temporairement) **alojar**

*Si le complément est une personne ou un groupe de personnes, n'oubliez pas de le faire précéder de **a**.*

hélas

▷ Hélas, nous n'avons pas pu avoir de billets.
Desgraciadamente, no conseguimos entradas.

desgraciadamente

hélice

▷ L'hélice du bateau était cassée.
La hélice del barco estaba rota.

la **hélice**

*Remarquez que le mot espagnol porte sur le premier **e** un accent écrit qui reflète l'accent tonique.*

hélicoptère

▷ L'hélicoptère a atterri dans le champ.
El helicóptero aterrizó en el campo.

el **helicóptero**

*Remarquez que le mot espagnol porte sur le premier **o** un accent écrit qui reflète l'accent tonique.*

herbe

1 ▷ Les vaches mangent de l'herbe.
Las vacas comen hierba.
▷ Il y a des mauvaises herbes partout dans le jardin.
Hay malas hierbas en todo el jardín.
▷ Ma mère met toujours beaucoup d'herbes dans sa ratatouille.
Mi madre siempre le hecha muchas finas hierbas al pisto.

1 (= plante) la **hierba**

► **mauvaise herbe : mala hierba** (pluriel : **malas hierbas**)

► **herbes** *ou* **fines herbes** (pour faire la cuisine) **: finas hierbas**

2 ▷ L'herbe a trop poussé, tu devrais la couper.
El césped ha crecido demasiado, lo deberías cortar.

2 (= gazon) el **césped**

*Remarquez que le mot espagnol porte sur le premier **e** un accent écrit qui reflète l'accent tonique.*

hérisson

▷ Il y avait un hérisson mort sur la route.
Había un erizo muerto en la carretera.

el **erizo**

hériter

▻ Mes parents ont hérité une maison de mes grands-parents.
Mis padres heredaron una casa de mis abuelos.

heredar

héroïne

▻ L'héroïne du livre est une avocate espagnole.
La heroína del libro es una abogada española.

la **heroína**

ℹ *Remarquez que le mot espagnol porte sur le **i** un accent écrit qui reflète l'accent tonique.*

héros

▻ Le héros du film s'appelle Conan.
El héroe de la película se llama Conan.

el **héroe**

ℹ *Remarquez que le mot espagnol porte sur le premier **e** un accent écrit qui reflète l'accent tonique.*

hésiter

1 ▻ J'hésite entre le bleu et le vert.
Dudo entre el azul y el verde.

2 ▻ Serge a répondu à la question du prof sans hésiter.
Serge contestó a la pregunta del profesor sin vacilar.

3 ▻ Qu'est-ce que tu vas lui dire ? – Je ne sais pas, j'hésite.
¿Qué vas a decirle? – No sé qué hacer.

1 ► **hésiter entre... : dudar entre...**

2 ► **sans hésiter : sin vacilar**

3 ► **j'hésite : no sé qué hacer**

heure

1 ▻ Ça nous a pris trois heures.
Nos llevó tres horas.

▻ C'est l'heure de se lever !
¡Es hora de levantarse!

▻ Quelle heure est-il ?
¿Qué hora es?

▻ À quelle heure partez-vous ?
¿A qué hora salís?

▻ Il est cinq heures.
Son las cinco.

▻ Il est arrivé à huit heures vingt.
Llegó a las ocho y veinte.

▻ Je t'appellerai à sept heures et demie.
Te llamaré a las siete y media.

1 la **hora**

► **c'est l'heure de... : es hora de...**

ℹ *Pour demander l'heure, on dit **¿qué hora es?***

► **à quelle heure... ? : ¿a qué hora?**

ℹ *Pour dire l'heure on utilise l'expression **son las*** + chiffre *(sauf pour* une heure : *on dit **es la una**).*

ℹ *Pour dire l'heure jusqu'à la demie, on utilise le mot **y**.*

Suite page suivante

▷ Il était une heure moins le quart.
Era la una menos cuarto.

Pour dire l'heure après la demie, c'est-à-dire lorsqu'on utilise **moins** *en français, on utilise* ***menos*** *en espagnol.*

2 ▷ Éric n'est jamais à l'heure.
Éric nunca es puntual.

2 ► **être à l'heure :** ser puntual

3 ▷ Je déteste me lever de bonne heure.
Odio levantarme temprano.

3 ► **de bonne heure :** temprano

4 ▷ Je reviendrai tout à l'heure.
Volveré más tarde.
▷ Je m'en vais ; à tout à l'heure !
Me voy ; ¡hasta luego!

4 ► **tout à l'heure** (= plus tard) : más tarde

Pour dire qu'on se reverra plus tard, on dit ***¡hasta luego!***

5 ▷ Bérénice a appelé tout à l'heure.
Bérénice llamó hace un rato.

5 ► **tout à l'heure** (= plus tôt) : hace un rato

heureusement

1 ▷ Heureusement, il ne pleuvait pas.
Afortunadamente, no llovía.

1 afortunadamente

2 ▷ Heureusement que tu me l'as dit !
¡Menos mal que me lo has dicho!

2 ► **heureusement que... :** menos mal que...

heureux, heureuse

▷ Lionel n'a pas l'air heureux ces temps-ci.
Lionel no parece feliz últimamente.
▷ Je suis très heureuse.
Soy muy feliz.

(= content) feliz (pluriel : felices)

Attention : le verbe qui traduit être *dans* être heureux *est* ***ser*** *et non* ***estar***.

hibou

▷ Tu entends le hibou ?
¿Oyes el búho?

el búho

Remarquez que le mot espagnol porte sur le ***u*** *un accent écrit qui reflète l'accent tonique.*

hideux, hideuse

▷ Cet immeuble est hideux !
¡Este edificio es horroroso!

horroroso

Attention à bien prononcer les deux ***r*** *de* ***horroroso***.

hier

▷ Hier nous sommes allés au musée.
Ayer fuimos al museo.

ayer

hippopotame

▷ Les hippopotames aiment la boue.
A los hipopótamos les gusta el barro.

el **hipopótamo**

ℹ *Attention à l'orthographe du mot* ***hipopótamo*** *avec un seul* ***p****.*

ℹ *Remarquez que le mot espagnol porte sur le deuxième* ***o*** *un accent écrit qui reflète l'accent tonique.*

hirondelle

▷ Les hirondelles annoncent le printemps.
Las golondrinas anuncian la primavera.

la **golondrina**

histoire

1 ▷ Annelise nous a raconté une histoire incroyable.
Annelise nos contó una historia increíble.
▷ L'histoire est ma matière préférée.
La historia es mi asignatura preferida.

2 ▷ Mon oncle connaît beaucoup d'histoires drôles.
Mi tío conoce muchos chistes.

3 ▷ Elle fait tout le temps des histoires.
Siempre anda poniendo peros.

1 la **historia**

2 ► **histoire drôle :** el **chiste**

3 ► **faire des histoires** (= faire des complications, faire des chichis) : **poner peros**

hiver

▷ Il peut faire très froid en hiver.
Puede hacer mucho frío en invierno.

el **invierno**

hocher la tête

1 ▷ Si tu es d'accord, hoche la tête.
Si estás de acuerdo, asiente con la cabeza.

2 ▷ Si tu n'es pas d'accord, hoche la tête.
Si no estás de acuerdo, di que no con la cabeza.

1 (pour dire oui) **asentir con la cabeza**

2 (pour dire non) **decir que no con la cabeza**

hockey

▷ Il y a deux sortes de hockey : le hockey sur gazon et le hockey sur glace
Hay dos tipos de hockey: el hockey sobre hierba y el hockey sobre hielo.
▷ Je n'ai jamais joué au hockey.
Nunca he jugado al hockey.

el **hockey**

► **jouer au hockey :** **jugar al hockey**

hollandais, hollandaise

▷ Un touriste hollandais m'a demandé un renseignement.
Un turista holandés me pidió información.
▷ Mon frère sort avec une hollandaise.
Mi hermano sale con una holandesa.
▷ Les Hollandais aiment le football.
A los holandeses les gusta el fútbol.

holandés (pluriel : holandeses), **holandesa**

S'écrit toujours avec une minuscule, qu'il s'agisse de l'adjectif ou du nom.

Hollande

▷ La Hollande est une région des Pays-Bas.
Holanda es una región de los Países Bajos.

▷ En Hollande les gens parlent le néerlandais.
En Holanda la gente habla neerlandés.
▷ Est-ce que tu es déjà allé en Hollande ?
¿Has ido alguna vez a Holanda?

Holanda

Ne prend généralement pas d'article.

► **la Hollande :** Holanda
► **en Hollande** (= dans le pays) **:** en Holanda
► **en Hollande** (= vers le pays) **:** a Holanda

homme

▷ Il y a un homme qui te cherche.
Hay un hombre que te está buscando.

el **hombre**

homosexuel, homosexuelle

▷ Les couples homosexuels peuvent parfois adopter des enfants.
Las parejas homosexuales a veces pueden adoptar niños.

homosexual (pluriel : homosexuales)

honnête

1 ▷ C'est quelqu'un de très honnête, qui ne triche jamais.
Es una persona muy honesta, que nunca hace trampas.
2 ▷ Sois honnête avec moi, est-ce que c'est toi qui as fait ça ?
Sé sincero conmigo, ¿fuiste tú quien hizo eso?
3 ▷ Le repas était honnête, mais pas extraordinaire.
La comida fue satisfactoria, pero nada del otro mundo.

1 (= loyal, droit) **honesto, honesta**

2 (= franc) **sincero, sincera**

3 (= pas mal) **satisfactorio, satisfactoria**

honte

1 ▷ Il a tout copié sur moi ! – Quelle honte !
¡Lo copió todo de mí! – ¡Qué vergüenza!

1 la **vergüenza**

*Remarquez que le mot espagnol porte sur le **u** un tréma écrit pour indiquer que le **u** doit se prononcer.*

Suite page suivante

▷ Je suis incapable de parler en public, j'ai trop honte.
Soy incapaz de hablar en público, tengo demasiada vergüenza.

2 ▷ J'espère que tu as honte de ce que tu as fait !
¡Espero que te avergüences de lo que has hecho!

► **avoir honte : tener vergüenza**

2 ► **avoir honte de** quelque chose **: avergonzarse de** algo

ℹ *Le pronom réfléchi fonctionne de la façon suivante en espagnol :* ***me*** *avergüenzo,* ***te*** *avergüenzas,* ***se*** (singulier) *avergüenza,* ***nos*** *avergonzamos,* ***os*** *avergonzáis,* ***se*** (pluriel) *avergüenzan.*

honteux, honteuse

▷ C'est honteux de traiter les gens comme ça !
¡Es una vergüenza tratar a la gente así!

► **c'est honteux** (= c'est un scandale) **: es una vergüenza**

ℹ *Remarquez que le mot espagnol* ***vergüenza*** *porte sur le* ***u*** *un tréma écrit pour indiquer que le* ***u*** *doit se prononcer.*

hôpital

▷ L'hôpital est sur le boulevard Pereire.
El hospital está en el boulevard Pereire.

▷ Lise vient d'être admise à l'hôpital, elle doit se faire opérer.
Lise acaba de ingresar en el hospital, tiene que operarse.

el **hospital** (pluriel : **los hospitales**)

► **être admis à l'hôpital : ingresar en el hospital**

hoquet

▷ Marina a eu le hoquet tout l'après-midi.
Marina tuvo hipo toda la tarde.

► **avoir le hoquet : tener hipo**

horaire

▷ Nous avons un horaire très lourd.
Tenemos un horario muy apretado.

▷ Est-ce que tu as l'horaire des trains ?
¿Tienes el horario de trenes?

▷ Mes parents ont des horaires flexibles.
Mis padres tienen horario flexible.

el **horario**

ℹ ***Horario*** *ne se met jamais au pluriel, c'est pourquoi la traduction de* **horaires flexibles** *est* ***horario flexible.***

horizon

▷ Je vois un bateau à l'horizon.
Veo un barco en el horizonte.

el **horizonte**

► **à l'horizon : en el horizonte**

horizontal, horizontale

▷ Trace une ligne horizontale.
Traza una línea horizontal.

horizontal (pluriel : **horizontales**)

horloge

▷ Il y a une horloge dans la gare.
Hay un reloj en la estación.

el **reloj** (pluriel : **los relojes**)

*Attention à bien prononcer le **r** et le **j** de **reloj**.*

*Remarquez que l'espagnol utilise le même mot **reloj** pour désigner* **une horloge** *et* **une montre.**

horoscope

▷ Que dit ton horoscope cette semaine ?
¿Qué dice tu horóscopo esta semana?

el **horóscopo**

*Remarquez que le mot espagnol porte sur le deuxième **o** un accent écrit qui reflète l'accent tonique.*

horreur

1 ▷ J'ai horreur des épinards !
¡Odio las espinacas!

2 ▷ Il y avait une limace dans la salade. – Quelle horreur !
Había una babosa en la ensalada. – ¡Qué horror!

3 ▷ Cédric adore les films d'horreur.
A Cédric le encantan las películas de horror.

1 ► **avoir horreur de** quelque chose : **odiar** algo

2 Pour dire qu'on trouve quelque chose horrible ou choquant, on emploie en espagnol **¡qué horror!**

3 ► **film d'horreur : la película de horror** (pluriel : **las películas de horror**)

*On peut dire aussi **la película de miedo**.*

horrible

▷ Elle portait un blouson vraiment horrible.
Llevaba una cazadora realmente horrible.

horrible

*Attention à bien prononcer les deux **r** de **horrible**.*

hors-d'œuvre

▷ Je ne prendrai pas de hors-d'œuvre, juste le plat principal.
No tomaré entremés, sólo el plato fuerte.

el **entremés**
(pluriel : **los entremeses**)

hors

▷ Le malade est enfin hors de danger.
El enfermo está por fin fuera de peligro.

► **hors de : fuera de**

▻ Cet ascenseur est hors service, nous devons prendre l'escalier.
Este ascensor está fuera de servicio, tenemos que subir por la escalera.

► **hors service : fuera de servicio**

hospitaliser

▻ Ma grand-mère a été hospitalisée hier.
Mi abuela fue hospitalizada ayer.

► **être hospitalisé** *ou* **se faire hospitaliser : ser hospitalizado**

hôtel

1 ▻ Nous avons trouvé un hôtel bon marché près de la plage.
Encontramos un hotel barato cerca de la playa.
▻ Nous avons dormi à l'hôtel quand nous étions en Espagne.
Nos alojamos en un hotel cuando estábamos en España.

1 (pour loger) el **hotel** (pluriel : los hoteles)

► **dormir à l'hôtel : alojarse en un hotel**

ℹ *Le pronom réfléchi fonctionne de la façon suivante en espagnol :* ***me** alojo, **te** alojas, **se*** (singulier) *aloja, **nos** alojamos, os alojáis, **se*** (pluriel) *alojan.*

2 ▻ L'hôtel de ville est juste à côté de la gare.
El ayuntamiento está justo al lado de la estación.

2 ► **hôtel de ville : el ayuntamiento**

hôtesse

▻ Une hôtesse nous a aidés à trouver le stand.
Una azafata nos ayudó a encontrar el estand.
▻ L'hôtesse de l'air a montré comment attacher les ceintures de sécurité.
La azafata enseñó cómo abrochar los cinturones de seguridad.

(dans une foire ou un salon) la **azafata**
► **hôtesse de l'air : la azafata**

ℹ *Le mot **azafata** désigne à la fois l'hôtesse dans une foire et l'hôtesse dans un avion ; pour éviter les confusions, on peut préciser en disant, par exemple, **la azafata de congresos*** (l'hôtesse de la foire).

housse

▻ Il y a des housses sur les meubles pour les protéger.
Hay fundas sobre los muebles para protegerlos.
▻ La housse de couette bleue est dans le panier à linge.
La funda de edredón azul está en la cesta de la ropa sucia.

la **funda**

► **housse de couette : funda de edredón** (pluriel : fundas de edredón)

hublot

1 ▻ Je voudrais un siège près du hublot.
Quisiera un asiento cerca de la ventanilla.

1 (= la fenêtre d'un avion) la **ventanilla**

Suite page suivante

2 ▷ J'ai regardé les autres bateaux par le hublot.
Miré los otros barcos por el ojo de buey.

2 (= la fenêtre d'un bateau) el **ojo de buey** (pluriel : los ojos de buey)

ℹ *Ojo de buey signifie littéralement œil de bœuf.*

huer

▷ Les élèves ont hué les profs.
Los alumnos abuchearon a los profesores.

abuchear

Si le complément est une personne ou un groupe de personnes, n'oubliez pas de le faire précéder de **a**.

huile

1 ▷ Ne mets pas trop d'huile dans la poêle.
No pongas demasiado aceite en la sartén.
▷ L'huile d'olive est meilleure pour la santé que le beurre.
El aceite de oliva es mejor para la salud que la mantequilla.

2 ▷ N'oublie pas d'emporter l'huile solaire.
No te olvides llevar el bronceador.

1 el **aceite**

► **huile d'olive :** aceite de oliva

ℹ *Remarquez que le mot espagnol est masculin.*

2 ► **huile solaire :** el bronceador (pluriel : los bronceadores)

huit

▷ René a huit frères et sœurs.
René tiene ocho hermanos y hermanas.
▷ Nous étions huit à table.
Éramos ocho para comer.
▷ Aujourd'hui c'est le huit mai.
Hoy es el ocho de mayo.

ocho

ℹ *Notez l'emploi de* **de** *en espagnol quand on dit la date.*

huitième

▷ C'est notre huitième devoir sur table ce mois-ci !
¡Éste es la octava prueba este mes!

octavo, octava

huître

▷ Deux douzaines d'huîtres, s'il vous plaît.
Dos docenas de ostras, por favor.

la **ostra**

humain, humaine

▷ Dans le film, les extraterrestres attaquent les humains.
En la película, los extraterrestres atacan a los humanos.

humano, humana

ℹ *Humano, humana peut être soit un adjectif, soit un nom. Regardez aussi le mot* **être**.

humeur

▻ J'étais de bonne humeur et puis il m'a énervée !
¡Estaba de buen humor pero me ha puesto nerviosa!

▻ Tu es de mauvaise humeur aujourd'hui, qu'est-ce qui se passe ?
Estás de mal humor hoy, ¿qué ocurre?

► **être de bonne humeur : estar de buen humor**

► **être de mauvaise humeur : estar de mal humor**

Remarquez que le mot espagnol est masculin.

humide

▻ Utilise une éponge humide.
Usa una esponja húmeda.

húmedo, húmeda

*Remarquez que le mot espagnol porte sur le **u** un accent écrit qui reflète l'accent tonique.*

humiliant, humiliante

▻ Ce que lui a dit la prof était humiliant.
Lo que le dijo la profesora era humillante.

humillante

*Attention à l'orthographe du mot **humillante**.*

humour

▻ C'est un film plein d'humour.
Es una película con mucho humor.

▻ Heureusement qu'elle a de l'humour !
¡Menos mal que ella tiene sentido del humor!

el **humor**

► **avoir de l'humour : tener sentido del humor**

hurlement

▻ On a entendu des hurlements de douleur.
Oímos unos alaridos de dolor.

el **alarido**

*On peut dire aussi **el aullido**.*

hurler

1 ▻ J'ai eu tellement peur que j'ai hurlé.
Tuve tanto miedo que grité.

▻ Ne hurle pas, je ne suis pas sourd !
¡No grites, que no estoy sordo!

2 ▻ Le chien a hurlé toute la nuit.
El perro aulló toda la noche.

3 ▻ Carlos nous a fait hurler de rire avec ses histoires drôles.
Carlos nos hizo reír a carcajadas con sus chistes.

1 (quand c'est une personne qui hurle) **gritar**

2 (quand c'est un chien ou un loup qui hurle) **aullar**

3 ► **hurler de rire : reír a carcajadas**

hygiénique

▷ Ne mange pas avec tes doigts, ce n'est pas hygiénique.
No comas con los dedos, que no es higiénico.
▷ Il n'y a plus de papier hygiénique dans les toilettes.
No queda papel higiénico en el cuarto de baño.

higiénico, higiénica

ℹ *Remarquez que les mots **higiénico** et **higiénica** portent sur le **e** un accent écrit qui reflète l'accent tonique.*
ℹ *Attention à l'orthographe de ces mots.*

hymne

▷ L'hymne national français s'appelle « la Marseillaise ».
El himno nacional francés se llama "la Marsellesa".

► **hymne national : himno nacional**
(pluriel : **himnos nacionales**)

ℹ *Attention à l'orthographe du mot **himno**.*

hyper

▷ Céline est hyper-sympa.
Céline es supersimpática.

ℹ *Pour traduire en espagnol* **hyper-** + adjectif (= **très** + adjectif), *on emploie en espagnol le préfixe **super**, qui se colle directement devant l'adjectif.*

hypermarché

▷ Il y a un hypermarché dans le centre commercial.
Hay un hipermercado en el centro comercial.

el **hipermercado**
ℹ *Attention à l'orthographe du mot **hipermercado**.*

hypocrite

▷ Je la trouve très hypocrite.
La encuentro muy hipócrita.
▷ Méfie-toi de lui, c'est un hypocrite.
No te fíes de él, es un hipócrita.

hipócrita
ℹ *Remarquez que le mot espagnol porte sur le **o** un accent écrit qui reflète l'accent tonique.*
ℹ ***Hipócrita** peut être soit un adjectif, soit un nom. Remarquez que même la forme masculine se termine en **-a**.*

hypothèse

▷ Je ne suis pas sûr, c'est seulement une hypothèse.
No estoy seguro, es sólo una hipótesis.

la **hipótesis** (pluriel : las **hipótesis**)

ℹ *Remarquez que le mot espagnol porte sur le **o** un accent écrit qui reflète l'accent tonique.*

FRANÇAIS / ESPAGNOL

ici

1 ▷ Assieds-toi ici.
Siéntate aquí.
▷ La poste n'est pas loin d'ici.
Correos no está lejos de aquí.

1 (= à cet endroit) **aquí**

ℹ *Remarquez que le mot espagnol porte sur le* ***i*** *un accent écrit qui reflète l'accent tonique.*

2 ▷ Je terminerai mon travail d'ici lundi.
Terminaré el trabajo de aquí al lunes.

3 ▷ Jusqu'ici, nous n'avons pas eu de problèmes.
Hasta ahora, no hemos tenido problemas.

2 ► **d'ici...** (dans le temps) : **de aquí a...**

3 ► **jusqu'ici** (dans le temps) : **hasta ahora**

idéal, idéale

1 ▷ C'est l'endroit idéal pour un pique-nique.
Es el lugar ideal para un picnic.

2 ▷ L'idéal, ça serait que tu le fasses toi-même.
Lo ideal sería que lo hicieras tú mismo.

1 (= meilleur) **ideal** (pluriel : **ideales**)

2 ► **l'idéal** (= la solution idéale) : **lo ideal**

ℹ *Notez la concordance des temps en espagnol :* ***... sería*** (conditionnel) *que lo* ***hicieras...*** (plus-que-parfait du subjonctif).

idée

▷ C'est une super idée !
¡Es una idea excelente!

la **idea**

identique

▷ Les deux chapeaux sont identiques.
Los dos sombreros son idénticos.

idéntico, idéntica

ℹ *Remarquez que les mots* ***idéntico*** *et* ***idéntica*** *portent sur le* ***e*** *un accent écrit qui reflète l'accent tonique.*

identité

▷ La police fait souvent des contrôles d'identité.
La policía controla a menudo la identidad.
▷ J'ai oublié ma carte d'identité à la maison.
Olvidé el carné de identidad en casa.

la **identidad**

► **carte d'identité :** el carné de identidad (pluriel : los carnés de identidad)

idiot, idiote

▷ Tu es complètement idiot !
¡Eres completamente tonto!
▷ C'est une idiote, ne fais pas attention à elle.
Es una tonta, no le hagas caso.

▷ Arrête de faire l'idiot !
¡Deja de hacer el tonto!

tonto, tonta

ℹ *Tonto, tonta peut être soit un adjectif, soit un nom.*

► **faire l'idiot :** hacer el tonto

ℹ *Si on parle d'une fille ou d'une femme, on dit* ***hacer la tonta*** **(faire l'idiote).**

idole

▷ Romain est l'idole de son petit frère.
Romain es el ídolo de su hermano pequeño.

el **ídolo**

ℹ *Remarquez que le mot espagnol est masculin, et qu'il porte sur le* ***i*** *un accent écrit qui reflète l'accent tonique.*

ignorant, ignorante

▷ Paquito est très ignorant.
Paquito es muy ignorante.

ignorante

ignorer

▷ Je lui ai dit bonjour, mais il m'a ignorée.
Le saludé, pero me ignoró.
▷ J'ignore pourquoi il m'a dit ça.
Ignoro por qué me dijo eso.

ignorar

🔊 *Attention à bien prononcer séparément le* ***g*** *et le* ***n****.*

il

▷ Tu as vu Martial ? Oui, il arrive.
¿Has visto a Martial? Sí, ahí llega.
▷ J'aime bien ce manteau, mais il est un peu long.
Me gusta mucho este abrigo, pero es un poco largo.
▷ Oh non, il pleut !
¡Oh no, está lloviendo!
▷ Il neige aujourd'hui.
Hoy nieva.

ℹ **Il** *ne se traduit généralement pas en espagnol.*

ℹ *L'expression* **il y a** *est présentée plus loin, à sa place alphabétique.*

île

▷ Ils sont en vacances sur une île grecque.
Están de vacaciones en una isla griega.

la **isla**

illégal, illégale

▷ C'est illégal de voyager sans billet.
Es ilegal viajar sin billete.

ilegal (pluriel : **ilegales**)

*Attention à l'orthographe du mot **ilegal**.*

illisible

▷ L'écriture de Noémie est illisible.
La letra de Noémie es ilegible.

ilegible

illuminé, illuminée

▷ Les rues sont illuminées à la période de Noël.
Las calles están iluminadas en la época de Navidad.

(= éclairé) **iluminado, iluminada**

illusion

▷ Ce n'est pas réel, ce n'est qu'une illusion.
No es real, no es más que una ilusión.

la **ilusión** (pluriel : **las ilusiones**)

*Il n'y a pas d'accent écrit au pluriel. L'accent tonique porte sur le **o**, comme au singulier.*

▷ Tu te fais des illusions.
Te haces ilusiones.

► **se faire des illusions : hacerse ilusiones**

*Le pronom réfléchi fonctionne de la façon suivante en espagnol : **me** hago, **te** haces, **se*** (singulier) *hace, **nos** hacemos, **os** hacéis, **se*** (pluriel) *hacen ilusiones.*

illustration

▷ Le livre est plein d'illustrations magnifiques.
El libro está lleno de ilustraciones magníficas.

la **ilustración** (pluriel : **las ilustraciones**)

*Il n'y a pas d'accent écrit au pluriel. L'accent tonique porte sur le **o**, comme au singulier.*

illustré, illustrée

▷ Joël ne lit que des livres illustrés.
Joël sólo lee libros ilustrados.

ilustrado, ilustrada

ils

▷ Ils se sont moqués de moi.
Se burlaron de mí.

Ils *ne se traduit généralement pas en espagnol.*

il y a, il y avait, il y aura

1 ▷ Il y a une pharmacie au coin de la rue.
Hay una farmacia en la esquina.
▷ Il y aura une soirée chez Laura samedi.
Habrá una fiesta en casa de Laura el sábado.
▷ Il y avait beaucoup de monde au concert.
Había mucha gente en el concierto.
▷ Il n'y a pas de lait, je vais en acheter.
No hay leche, voy a comprar.
▷ Il n'y a plus de biscuits dans le placard.
Ya no hay galletas en el armario.

1 ► **il y a** (= il existe) **:** hay
► **il y aura :** habrá
► **il y avait :** había
► **il n'y a pas :** no hay
► **il n'y a plus :** ya no hay

Pour mettre la forme négative au futur ou à l'imparfait, on fait comme pour la forme affirmative : ***no habrá, no había, ya no habrá, ya no había.***

2 ▷ J'ai rencontré Samir il y a deux ans.
Conocí a Samir hace dos años.
▷ Il y a trois heures que j'attends.
Hace tres horas que espero.
▷ Il y a combien de temps que tu es là ?
¿Cuánto tiempo hace que estás aquí?

2 Quand on parle du temps écoulé depuis un événement ou de la durée de quelque chose, on emploie en espagnol le mot **hace**.

Notez l'emploi de ***¿cuánto tiempo hace que...?*** *pour demander depuis combien de temps on fait quelque chose.*

3 ▷ Qu'est-ce qu'il y a ? Ça ne te plaît pas ?
¿Qué pasa? ¿No te gusta?

3 Quand on emploie **qu'est-ce qu'il y a ?** pour demander ce qui se passe, on dit **¿qué pasa?** en espagnol.

image

▷ Nous devons décrire l'image en espagnol pour demain.
Tenemos que describir la imagen en español para mañana.

la **imagen** (pluriel : las imágenes)

Il n'y a pas d'accent écrit au singulier. L'accent tonique porte sur le ***a****, comme au pluriel.*

imagination

▷ Óscar a beaucoup d'imagination.
Óscar tiene mucha imaginación.

la **imaginación**

Remarquez que le mot espagnol porte sur le ***o*** *un accent écrit qui reflète l'accent tonique.*

imaginer

1 ▷ Imagine que tu es sur une île déserte.
Imagina que estás en una isla desierta.

1 **imaginar**

2 ▷ Il s'imagine que ça va être facile.
Se imagina que va a ser fácil.

2 ► **s'imaginer que... : imaginarse que...**

ℹ *Le pronom réfléchi fonctionne de la façon suivante en espagnol : **me** imagino, **te** imaginas, **se*** (singulier) *imagina, **nos** imaginamos, **os** imagináis, **se*** (pluriel) *imaginan.*

imbécile

1 ▷ Espèce d'imbécile !
¡Pedazo de imbécil!

1 (= idiot) el **imbécil**, la **imbécil** (pluriel : los ou las imbéciles)

ℹ *Remarquez que le mot espagnol porte sur le **e** un accent écrit qui reflète l'accent tonique.*

2 ▷ Arrête de faire l'imbécile !
¡Deja de hacer el tonto!

2 ► **faire l'imbécile : hacer el tonto**

ℹ *Si on parle d'une fille ou d'une femme, on dit **hacer la tonta**.*

imitation

▷ Youssouf arrive à faire de très bonnes imitations d'hommes politiques.
Youssouf consigue muy buenas imitaciones de políticos.

▷ Ce n'est pas de l'or, c'est de l'imitation.
No es oro, es de imitación.
▷ C'est une veste en imitation cuir.
Es una chaqueta de imitación cuero.

la **imitación** (pluriel : las imitaciones)

ℹ *Il n'y a pas d'accent écrit au pluriel. L'accent tonique porte sur le **o**, comme au singulier.*

ℹ *Notez l'emploi de **de** en espagnol quand on parle du matériau dont est fait quelque chose.*

imiter

1 ▷ Rafael imite très bien la prof de gym.
Rafael imita muy bien a la profesora de gimnasia.
▷ C'est un métal qui imite l'or.
Es un metal que imita al oro.

1 (= copier une personne ou ressembler à quelque chose) **imitar**

*Si le complément est une personne ou un groupe de personnes, n'oubliez pas de le faire précéder de **a**.*

2 ▷ Sandra a imité la signature de sa mère sur son bulletin.
Sandra ha falsificado la firma de su madre en el boletín de notas.

2 (= copier une signature) **falsificar**

immédiatement

▻ Rends-moi ça immédiatement !
¡Devuélveme esto inmediatamente!

inmediatamente

*Attention à l'orthographe et à la prononciation : le **n** et le **m** doivent se prononcer séparément.*

immense

▻ Le nouvel hypermarché est immense.
El nuevo hipermercado es inmenso.

inmenso, inmensa

*Attention à l'orthographe et à la prononciation : le **n** et le **m** doivent se prononcer séparément.*

immeuble

1 ▻ Les immeubles de Chicago sont extrêmement hauts.
Los edificios de Chicago son altísimos.

2 ▻ Karine habite dans un immeuble en banlieue.
Karine vive en un bloque de pisos en las afueras.

1 (= bâtiment en général) el **edificio**

2 (= appartements) el **bloque de pisos** (pluriel : los bloques de pisos)

immigré, immigrée

▻ Le magasin appartient à une famille d'immigrés.
La tienda pertenece a una familia de inmigrantes.

el **inmigrante**, la **inmigrante**

*Attention à l'orthographe et à la prononciation : le **n** et le **m** doivent se prononcer séparément.*

immobile

▻ Le serpent était parfaitement immobile.
La serpiente estaba completamente inmóvil.
▻ Voyons si tu peux rester immobile pendant une minute.
A ver si te puedes quedar inmóvil durante un minuto.

inmóvil (pluriel : inmóviles)

*Remarquez que le mot espagnol porte sur le **o** un accent écrit qui reflète l'accent tonique.*

*Attention à l'orthographe et à la prononciation : le **n** et le **m** doivent se prononcer séparément.*

impair

▻ Les numéros impairs sont du côté gauche de la rue.
Los números impares están en el lado izquierdo de la calle.

(en parlant d'un numéro ou d'un nombre) **impar** (pluriel : impares)

impasse

▻ Fais demi-tour, c'est une impasse.
Da media vuelta, es un callejón sin salida.

el callejón sin salida
(pluriel : **los callejones sin salida**)

ℹ *Signifie littéralement* **ruelle sans issue**.

ℹ *Il n'y a pas d'accent écrit au pluriel. L'accent tonique porte sur le* ***o****, comme au singulier.*

impatient, impatiente

▻ Ne sois pas si impatient !
¡No seas tan impaciente!

impaciente

impeccable

1 ▻ Raphaël est toujours impeccable.
Raphaël está siempre impecable.

2 ▻ Alors on se retrouve mardi ? – Impeccable !
¿Entonces nos vemos el martes? – ¡Perfecto!

1 (= très soigné) **impecable**

ℹ *Attention à l'orthographe du mot* ***impecable****.*

2 (= super) **perfecto**

imper

▻ Mets ton imper, il pleut.
Ponte el impermeable, que llueve.

el impermeable

ℹ *Il n'y a pas d'abréviation espagnole équivalente à* **imper** *; il faut utiliser le mot* ***impermeable*** *en entier.*

imperméable

1 ▻ Emporte ton imperméable, il va pleuvoir.
Llévate el impermeable, que va a llover.

2 ▻ Ce tissu est imperméable.
Este tejido es impermeable.

1 (= vêtement) **el impermeable**

2 (= étanche) **impermeable**

impertinent, impertinente

▻ Cette fille est très impertinente.
Esta chica es muy impertinente.

▻ Le conseil de classe a puni Laurent parce qu'il a été impertinent avec le prof.
El consejo escolar ha castigado a Laurent porque estuvo impertinente con el profesor.

impertinente

ℹ *Notez l'emploi de* ***ser*** *et de* ***estar*** *avec l'adjectif* ***impertinente*** *: on emploie* ***ser*** *quand on dit que quelqu'un est toujours impertinent, et* ***estar*** *quand quelqu'un est impertinent à un moment donné.*

impoli, impolie

1 ▷ Il est très impoli, il dit beaucoup de gros mots.
Es muy maleducado, dice muchas palabrotas.

2 ▷ Elle a été très impolie avec moi.
Estuvo muy descortés conmigo.
▷ C'est impoli de regarder les gens comme ça.
Es descortés mirar así a la gente.

1 (quand on parle d'une personne toujours grossière) **maleducado, maleducada**

2 (quand on parle d'une personne parfois grossière, ou d'une attitude) **descortés** (pluriel : descorteses)

Il n'y a pas d'accent écrit au pluriel. L'accent tonique porte sur le ***e****, comme au singulier.*

importance

▷ Ça a beaucoup d'importance pour moi.
Esto tiene mucha importancia para mí.
▷ Ne t'inquiète pas, ça n'a pas d'importance.
No te preocupes, no tiene importancia.

la **importancia**

important, importante

▷ Marseille est une ville très importante.
Marsella es una ciudad muy importante.
▷ C'est très important de bien écrire.
Es muy importante escribir bien.

importante

► **il est important de** + faire quelque chose : **es importante** + hacer algo

impossible

▷ Tu peux le faire pour mardi ? – Non, c'est impossible.
¿Lo puedes hacer para el martes? – No, es imposible.
▷ Il a été impossible de faire ça autrement.
Ha sido imposible hacer las cosas de otra manera.

imposible

Attention à l'orthographe du mot ***imposible.***

► **il est impossible de** + faire quelque chose : **es imposible** + hacer algo

impôts

▷ Mes parents ont oublié de payer leurs impôts.
A mis padres se les olvidó pagar el impuesto sobre la renta.

(= taxe sur le revenu) el **impuesto sobre la renta**

Impuesto sobre la renta *est un nom singulier : on dit par exemple* ***el impuesto sobre la renta es más elevado en este país*** (les impôts sont plus élevés dans ce pays).

impression

▷ Ça m'a fait une impression bizarre.
Me causó una impresión rara.

▷ J'ai l'impression qu'il ne dit pas la vérité.
Tengo la impresión de que no dice la verdad.

▷ Ton travail donne l'impression d'avoir été fait à la va-vite.
Tu trabajo da la impresión de haber sido hecho de prisa y corriendo.

la **impresión** (pluriel : **las impresiones**)

Il n'y a pas d'accent écrit au pluriel. L'accent tonique porte sur le ***o****, comme au singulier.*

Notez la préposition utilisée en espagnol : avoir l'impression **que...** = *tener la impresión* ***de*** *que*, donner l'impression **que...** = *dar la impresión* ***de*** *que...*

impressionnant

▷ J'ai vu leur spectacle, c'était très impressionnant.
He visto su espectáculo, era muy impresionante.

impresionante

impressionner

▷ Son talent a beaucoup impressionné le public.
Su talento impresionó mucho al público.

impresionar

Si le complément est une personne ou un groupe de personnes, n'oubliez pas de le faire précéder de ***a****.*

imprimante

▷ Hocine a une imprimante laser.
Hocine tiene una impresora láser.

la **impresora**

imprimé, imprimée

1 ▷ Lalia portait une jolie robe imprimée.
Lalia llevaba un bonito vestido estampado.

2 ▷ La feuille est imprimée des deux côtés.
La hoja está impresa por ambos lados.

3 ▷ Il y avait encore des imprimés au courrier ce matin.
Otra vez había impresos en el correo esta mañana.

4 ▷ J'ai imprimé tous les documents concernant cette affaire.
He imprimido (ou **impreso**) **todos los documentos relativos a este asunto.**

1 (adjectif = avec des motifs) **estampado, estampada**

2 (adjectif = écrit) **impreso, impresa**

3 ► **un imprimé** (= une brochure) : **un impreso**

4 ► Quand il s'agit du participe passé du verbe **imprimer** dans des formes verbales composées, on utilise aussi bien **imprimido** que **impreso**.

imprimer

▷ Est-ce que tu peux imprimer ce document ?
¿Puedes imprimir este documento?

imprimir

imprudent, imprudente

▷ Ne sois pas imprudente, ne sors pas seule.
No seas imprudente, no salgas sola.

▷ Je me demande s'il n'est pas imprudent de ne prévenir personne.
Me pregunto si no es imprudente no avisar a nadie.

imprudente

► **il est imprudent de** + faire quelque chose : **es imprudente** + hacer algo

inattendu, inattendue

▷ La décision du proviseur était inattendue.
La decisión del director fue inesperada.

inesperado, inesperada

inattention

▷ Basile a fait plusieurs fautes d'inattention.
Basile cometió varios descuidos.

► **faute d'inattention :** el **descuido**

inaugurer

▷ Le nouveau bâtiment de l'école a été inauguré par le maire.
El nuevo edificio del colegio fue inaugurado por el alcalde.

inaugurar

incapable

1 ▷ Il est incapable de faire cuire un œuf.
Es incapaz de cocer un huevo.

1 ► **être incapable de faire** quelque chose : **ser incapaz de hacer** algo

ℹ *N'oubliez pas que le **z** devient **c** au pluriel.*

2 ▷ Tu es une incapable !
¡Eres una incompetente!

2 ► **un** *ou* **une incapable : un** *ou* **una incompetente**

incendie

▷ Il y a eu un incendie à la bibliothèque.
Hubo un incendio en la biblioteca.

el **incendio**

incident

▷ Le match s'est déroulé sans incident.
El partido se desarrolló sin incidentes.

el **incidente**

incolore

▷ Sophie porte du vernis à ongles incolore.
Sophie lleva esmalte de uñas incoloro.

incoloro, incolora

incomplet, incomplète

▻ Je n'ai pas eu une bonne note parce que ma réponse était incomplète.
No saqué una buena nota porque mi respuesta era incompleta.

incompleto, incompleta

incompréhensible

▻ Ce que disait le prof était incompréhensible.
Lo que decía el profesor era incomprensible.

incomprensible

Attention à l'orthographe du mot ***incomprensible***.

inconnu, inconnue

▻ C'est un roman d'un écrivain inconnu.
Es una novela de un escritor desconocido.
▻ Tu ne dois pas parler aux inconnus.
No debes hablar con desconocidos.

desconocido, desconocida

Desconocido, desconocida *peut être soit un adjectif, soit un nom.*

inconscient, inconsciente

▻ Tu es complètement inconsciente !
¡Eres completamente inconsciente!
▻ Nous l'avons trouvé inconscient en bas de l'escalier.
Lo encontramos inconsciente al pie de la escalera.
▻ C'était une réaction inconsciente.
Era una reacción inconsciente.

inconsciente

Attention à bien prononcer séparément le ***s*** *et le* ***c***.

inconvénient

▻ L'inconvénient, c'est que ça revient cher.
El inconveniente es que resulta caro.

el **inconveniente**

incorrect, incorrecte

▻ Au bout de deux réponses incorrectes, tu es éliminé.
Al cabo de dos respuestas incorrectas, quedas eliminado.

(= faux) **incorrecto, incorrecta**

Attention à bien prononcer les deux ***r*** *des mots* ***incorrecto*** *et* ***incorrecta***.

incroyable

▻ Noëlle nous a raconté une histoire incroyable.
Noëlle nos contó una historia increíble.

increíble

indépendant, indépendante

▻ Fulbert est quelqu'un de très indépendant.
Fulbert es una persona muy independiente.

independiente

index

▷ Il y a un index à la fin du catalogue.
Hay un índice al final del catálogo.
▷ Ariel porte une bague à l'index.
Ariel lleva un anillo en el índice.

el **índice**

ℹ *Au sens de* **doigt**, *on peut dire aussi* ***el dedo índice***.

indication

▷ Les indications du prof n'étaient pas très claires.
Las indicaciones del profesor no eran muy claras.

la **indicación**

ℹ *Il n'y a pas d'accent écrit au pluriel. L'accent tonique porte sur le* ***o****, comme au singulier.*

indice

▷ Plusieurs indices montrent qu'il était ici ce matin.
Varios indicios demuestran que estaba aquí esta mañana.

(= signe) el **indicio**

Indien, Indienne

▷ Il ne reste pas beaucoup d'Indiens aux États-Unis.
No quedan muchos indios en los Estados Unidos.
▷ Mon copain Ramesh est indien.
Mi amigo Ramesh es indio.

indio, india

ℹ *S'écrit toujours avec une minuscule, qu'il s'agisse de l'adjectif ou du nom.*

indifférent, indifférente

▷ Sylvain a toujours l'air indifférent, rien ne l'intéresse.
Sylvain siempre parece indiferente, nada le interesa.

indiferente

indigestion

▷ Manger juste avant de se coucher peut provoquer une indigestion.
Comer justo antes de acostarse puede provocar una indigestión.
▷ Arrête de manger, tu vas avoir une indigestion !
¡Deja de comer, que vas a indigestarte!

la **indigestión**

► **avoir une indigestion :** indigestarse

indiquer

1 ▷ Un monsieur nous a indiqué la pharmacie la plus proche.
Un señor nos indicó la farmacia más cercana.
▷ L'horloge indique midi et demi.
El reloj indica las doce y media.

1 **indicar**

2 ▷ Elle m'a indiqué le directeur du doigt.
Me señaló al director con el dedo.

2 ► **indiquer du doigt : señalar con el dedo**

*Si le complément est une personne ou un groupe de personnes, n'oubliez pas de le faire précéder de **a**.*

indispensable

▷ Pouvez-vous m'indiquer quelles sont les lectures indispensables ?
¿Puede indicarme cuáles son las lecturas imprescindibles?

▷ C'est indispensable d'avoir un ordinateur.
Es imprescindible tener un ordenador.

imprescindible

*On peut dire aussi **indispensable**.*

► **il est indispensable de** + faire quelque chose : **es imprescindible** + hacer algo

individu

▷ Il y a un individu louche qui habite près de l'école.
Hay un individuo sospechoso que vive cerca del colegio.

el **individuo**

*L'accent tonique porte sur **-vi**.*

individuel, individuelle

▷ Ma mère achète de la soupe en sachets individuels.
Mi madre compra sopa en sobres individuales.

▷ Il y a un supplément pour les chambres individuelles.
Hay un suplemento para habitaciones individuales.

individual (pluriel : individuales)

indulgent, indulgente

▷ Le prof a été indulgent avec Sara.
El profesor fue indulgente con Sara.

indulgente

industrie

▷ Quelle est la principale industrie de la région ?
¿Cuál es la principal industria de la región?

la **industria**

*L'accent tonique porte sur **-dus**.*

industriel, industrielle

▷ C'est une région très industrielle.
Es una región muy industrial.

industrial (pluriel : industriales)

inévitable

▷ Ça devait arriver, c'était inévitable.
Tenía que pasar, era inevitable.

inevitable

inexplicable

▷ L'absence de Marc est inexplicable.
La ausencia de Marc es inexplicable.

inexplicable

infarctus

▷ Le grand-père de Rodrigo a eu un infarctus.
El abuelo de Rodrigo ha tenido un infarto.

el **infarto**

ℹ *Attention à l'orthographe du mot* ***infarto****.*

infect, infecte

▷ Ce sandwich est infect !
¡Este bocadillo es asqueroso!

asqueroso, asquerosa

s'infecter

▷ La blessure s'est infectée.
La herida se ha infectado.

infectarse

ℹ *Le pronom réfléchi fonctionne de la façon suivante en espagnol :* ***se*** (singulier) *infecta,* ***se*** (pluriel) *infectan.*

infection

▷ Il a une infection, il faut qu'il prenne des antibiotiques.
Tiene una infección, tiene que tomar antibióticos.

la **infección** (pluriel : **las infecciones**)

ℹ *Il n'y a pas d'accent écrit au pluriel. L'accent tonique porte sur le* ***o****, comme au singulier.*

inférieur, inférieure

▷ Jérémie se sent inférieur à sa sœur.
Jérémie se siente inferior a su hermana.
▷ Le nombre d'élèves est inférieur à celui de l'année dernière.
El número de alumnos es inferior al del año pasado.

inferior (pluriel : **inferiores**)

ℹ *Comme en français, la préposition employée après* ***inferior*** *est* ***a****.*

infernal, infernale

1 ▷ Mon petit frère a été infernal !
¡Mi hermanito fue insoportable!
2 ▷ Avec la grève de transports j'ai eu une journée infernale !
¡Con la huelga de transporte he tenido un día infernal!

1 (= insupportable, en parlant d'un enfant) **insoportable**
2 (= très dur, en parlant d'une journée) **infernal** (pluriel : **infernales**)

infini, infinie

▷ Silvia a une patience infinie.
Silvia tiene una paciencia infinita.

infinito, infinita

infirme

▻ La mère de Malika est infirme.
La madre de Malika está impedida.
▻ Ces sièges sont réservés aux infirmes.
Estos asientos están reservados para impedidos.

impedido, impedida

Attention : le verbe qui traduit **être** *dans* **être infirme** *est* ***estar*** *et non* ***ser***.

Impedido, impedida *peut être soit un adjectif, soit un nom.*

infirmerie

▻ Paul est allé à l'infirmerie pour demander de l'aspirine.
Paul fue a la enfermería a pedir una aspirina.

la **enfermería**

Remarquez que le mot espagnol porte sur le ***i*** *un accent écrit qui reflète l'accent tonique.*

infirmier, infirmière

▻ L'infirmière a pris ma température.
La enfermera me tomó la temperatura.

el **enfermero,** la **enfermera**

inflammation

▻ C'est juste une inflammation de la gorge
Es sólo una inflamación de la garganta.

la **inflamación** (pluriel : las inflamaciones)

Il n'y a pas d'accent écrit au pluriel. L'accent tonique porte sur le ***o****, comme au singulier.*

influence

▻ Les parents de Karim disent que j'ai une mauvaise influence sur lui.
Los padres de Karim dicen que tengo una mala influencia sobre él.
▻ L'addiction aux drogues a une influence certaine sur le comportement.
La adicción a las drogas tiene una influencia clara en el comportamiento.

la influencia

► **avoir de l'influence sur** quelqu'un : **tener influencia sobre** alguien

► **avoir de l'influence sur** quelque chose : **tener influencia en** algo

influencer

▻ Je ne veux pas t'influencer, mais à mon avis c'est une mauvaise idée.
No te quiero influenciar, pero a mi juicio es una mala idea.

influenciar

Si le complément est une personne ou un groupe de personnes, n'oubliez pas de le faire précéder de ***a***.

informaticien, informaticienne

▻ Les informaticiens trouvent facilement du travail.
Los informáticos encuentran trabajo fácilmente.

el **informático**, la **informática**

*Remarquez que les mots **informático** et **informática** portent sur le **a** un accent écrit qui reflète l'accent tonique.*

information

1 ▻ Il m'a donné des informations très intéressantes.
Me dio una información muy interesante.
▻ Ils ne nous ont donné aucune information sur le retard.
No nos han dado ninguna información sobre el retraso.

1 la **información** (pluriel : las informaciones)

*Il n'y a pas d'accent écrit au pluriel. L'accent tonique porte sur le **o**, comme au singulier.*

*En espagnol on emploie presque toujours **información** au singulier.*

2 ▻ Mes parents regardent les informations tous les soirs.
Mis padres miran las noticias todas las noches.

2 ► **les informations** (= les actualités) : **las noticias**

informatique

▻ Domi veut faire des études d'informatique.
Domi quiere estudiar informática.

la **informática**

informer

▻ Nous devons informer les parents de cet incident.
Tenemos que informar a los padres de este incidente.

informar

*Si le complément est une personne ou un groupe de personnes, n'oubliez pas de le faire précéder de **a**.*

infos

▻ Est-ce que tu as regardé les infos hier soir ?
¿Miraste las noticias anoche?

► **les infos** (= les actualités) : **las noticias**

infusion

▻ Qui veut une infusion avant d'aller se coucher ?
¿Quién quiere una infusión antes de ir a la cama?

la **infusión** (pluriel : las infusiones)

*Il n'y a pas d'accent écrit au pluriel. L'accent tonique porte sur le **o**, comme au singulier.*

ingénieur

▻ Mon père est ingénieur.
Mi padre es ingeniero.

el **ingeniero**, la **ingeniera**

ingrédient

▻ Vérifie que tu as tous les ingrédients avant de commencer.
Comprueba que tienes todos los ingredientes antes de empezar.

el **ingrediente**

initiales

▻ Tu n'as pas besoin de signer, mets simplement tes initiales.
No necesitas firmar, pon simplemente tus iniciales.

las **iniciales**

initiation

▻ Je fais un stage d'initiation au chinois.
Estoy haciendo un cursillo de introducción al chino.

► **stage d'initiation** *ou* **cours d'initiation :** el **cursillo de introducción** (pluriel : los **cursillos de introducción**)

ℹ *Remarquez que le mot* ***introducción*** *porte sur le deuxième* ***o*** *un accent écrit qui reflète l'accent tonique.*

injurier

▻ Il a été renvoyé trois jours pour avoir injurié un prof.
Le expulsaron tres días por haber insultado a un profesor.

insultar

Si le complément est une personne ou un groupe de personnes, n'oubliez pas de le faire précéder de ***a****.*

injuste

▻ Ce que tu as dit à Marine était injuste.
Lo que le dijiste a Marine fue injusto.
▻ Il serait injuste de le traiter comme ça.
Sería injusto tratarle así.

injusto, injusta

► **il est injuste de** + faire quelque chose : **es injusto** + hacer algo

innocent, innocente

▻ Tout le monde savait que Justin était innocent.
Todo el mundo sabía que Justin era inocente.

inocente

ℹ *Attention à l'orthographe du mot espagnol.*

inoffensif, inoffensive

▻ Elle aboie beaucoup, mais elle est inoffensive.
Ladra mucho, pero es inofensiva.

inofensivo, inofensiva

inondation

▻ Il y a eu des inondations dans la région.
Hubo unas inundaciones en la región.

la **inundación** (pluriel : **las inundaciones**)

Il n'y a pas d'accent écrit au pluriel. L'accent tonique porte sur le ***o****, comme au singulier.*

inonder

▻ Qui a encore inondé la salle de bains ?
¿Quién ha vuelto a inundar el cuarto de baño?

inundar

inoubliable

▻ Nous avons passé des vacances inoubliables au Pays basque.
Pasamos unas vacaciones inolvidables en el País Vasco.

inolvidable

inquiet, inquiète

▻ Ils ne sont pas rentrés, je suis inquiète.
No han vuelto, estoy preocupada.

preocupado, preocupada

inquiétant, inquiétante

▻ Ces nouvelles sont inquiétantes.
Estas noticias son preocupantes.

preocupante

inquiéter

1 ▻ Son absence inquiétait ses amis.
Su ausencia preocupaba a sus amigos.

1 **preocupar**

Si le complément est une personne ou un groupe de personnes, n'oubliez pas de le faire précéder de ***a****.*

2 ▻ Ne t'inquiète pas, c'est normal.
No te preocupes, es normal.

2 ► **s'inquiéter : preocuparse**

Le pronom réfléchi fonctionne de la façon suivante en espagnol : ***me*** *preocupo,* ***te*** *preocupas,* ***se*** (singulier) *preocupa,* ***nos*** *preocupamos,* ***os*** *preocupáis,* ***se*** (pluriel) *preocupan.*

inscription

1 ▻ Les inscriptions au lycée se terminent vendredi.
Las matriculaciones para el instituto terminan el viernes.

1 (= l'inscription à un cours ou à une école) **la matriculación** (pluriel : **las matriculaciones**)

2 ▻ L'inscription au club coûte trente euros.
La inscripción al club cuesta treinta euros.
▻ Le mur est couvert d'inscriptions.
La pared está cubierta de inscripciones.

2 (= l'inscription à un club ou les mots écrits sur un mur) **la inscripción** (pluriel : **las inscripciones**)

ℹ *Dans les deux cas, il n'y a pas d'accent écrit au pluriel. L'accent tonique porte sur le **o**, comme au singulier.*

s'inscrire

1 ▻ Mon frère s'est inscrit à la fac.
Mi hermano se ha matriculado en la universidad.
▻ Inscrivez-vous avant le 30.
Matriculaos antes del 30.

1 (= s'inscrire à la fac ou dans une école) **matricularse**

ℹ *Le pronom réfléchi fonctionne de la façon suivante en espagnol : **me** matriculo, **te** matriculas, **se*** (singulier) *matricula, **nos** matriculamos, **os** matriculáis, **se*** (pluriel) *matriculan.*

2 ▻ Je voudrais m'inscrire au club de sport.
Quisiera inscribirme al club deportivo.
▻ Je ne me suis pas encore inscrite.
Todavía no me he inscrito.

2 (= s'inscrire à un club) **inscribirse**

ℹ *Le pronom réfléchi fonctionne de la façon suivante en espagnol : **me** inscribo, **te** inscribes, **se*** (singulier) *inscribe, **nos** inscribimos, **os** inscribís, **se*** (pluriel) *inscriben.*

insecte

▻ Il y avait des insectes partout dans l'herbe.
Había insectos por todas partes en la hierba.

el **insecto**

inséparable

▻ Lise et Jean-Charles sont inséparables.
Lise y Jean-Charles son inseparables.

inseparable

insigne

▻ Alain porte l'insigne de l'équipe de foot sur son pull.
Alain lleva la insignia del equipo de fútbol en el jersey.

la **insignia**

insister

▻ N'insiste pas, j'ai dit non !
¡No insistas, ya te dije que no!
▻ Ça ne répond pas. – Insiste !
No contestan. – ¡Insiste!
▻ La prof a insisté sur ce chapitre en particulier.
La profesora insistió en este capítulo en particular.

insistir

ℹ *Notez la préposition utilisée en espagnol :* insister sur = *insistir **en**.*

insolation

▷ Ne reste pas au soleil, tu vas attraper une insolation.
No te quedes al sol, que vas a sufrir una insolación.

► **attraper une insolation : sufrir una insolación**

insolent, insolente

▷ Elle est très insolente.
Es muy insolente.
▷ Étienne a été insolent avec le prof de français.
Étienne estuvo muy insolente con el profesor de francés.

insolente

ℹ *Notez l'emploi de **ser** et de **estar** avec l'adjectif **insolente** : on emploie **ser** quand on dit que quelqu'un est toujours insolent, et **estar** quand quelqu'un est insolent à un moment donné.*

insomnie

▷ Mon frère a des insomnies.
Mi hermano padece insomnio.

► **avoir des insomnies : padecer insomnio**

inspecteur, inspectrice

▷ Un inspecteur va assister au cours d'espagnol.
Un inspector va a asistir a la clase de español.

el **inspector** (pluriel : los inspectores), la **inspectora**

inspirer

▷ Inspirez ! Expirez !
¡Inspiren! ¡Espiren!
▷ Le sujet de la rédaction n'a pas inspiré les élèves.
El tema de la redacción no inspiró a los alumnos.

inspirar

*Si le complément est une personne ou un groupe de personnes, n'oubliez pas de le faire précéder de **a**.*

installer

1 ▷ Quelqu'un est venu installer l'ordinateur.
Alguien vino a instalar el ordenador.
2 ▷ Ils se sont installés à Nîmes.
Se han instalado en Nimes.
▷ Installe-toi dans le canapé.
Instálate en el sofá.

1 (= mettre en service) **instalar**

2 ► **s'installer : instalarse**

ℹ *Le pronom réfléchi fonctionne de la façon suivante en espagnol : **me** instalo, **te** instalas, **se*** (singulier) *instala, **nos** instalamos, **os** instaláis, **se*** (pluriel) *instalan.*

instant

1 ▷ Pendant un instant, j'ai cru que c'était Sophie.
Durante un instante, creí que era Sophie.

1 el **instante**

2 ▷ Un instant, j'arrive !
¡Un momento, ya voy!

2 ► **un instant ! : ¡un momento!**

instituteur, institutrice

▷ Notre instituteur était très gentil.
Nuestro profesor de primaria era muy amable.

el **profesor de primaria** (pluriel : los profesores de primaria), la **profesora de primaria** (pluriel : las profesoras de primaria)

instruction

▷ Si tu suis mes instructions, tu n'auras pas de problème.
Si sigues mis instrucciones, no tendrás ningún problema.

la **instrucción** (pluriel : las instrucciones)

*Il n'y a pas d'accent écrit au pluriel. L'accent tonique porte sur le **o**, comme au singulier.*

s'instruire

▷ Avec ce jeu, on s'amuse et on s'instruit en même temps.
Con este juego, te diviertes y te instruyes al mismo tiempo.

instruirse

*Le pronom réfléchi fonctionne de la façon suivante en espagnol : **me** instruyo, **te** instruyes, **se*** (singulier) *instruye, **nos** instruimos, **os** instruís, **se*** (pluriel) *instruyen.*

instrument

▷ Est-ce que tu joues d'un instrument de musique ?
¿Tocas algún instrumento musical?

► **jouer d'un instrument : tocar un instrumento**

insuffisant, insuffisante

▷ La quantité de nourriture est insuffisante.
La cantidad de comida es insuficiente.
▷ Le prof de géo a dit que mes résultats étaient insuffisants.
El profesor de geografía dijo que mis resultados eran insuficientes.

insuficiente

insulter

1 ▷ Marco a frappé Bernard parce qu'il avait insulté sa sœur.
Marco pegó a Bernard porque había insultado a su hermana.

1 **insultar**

*Si le complément est une personne ou un groupe de personnes, n'oubliez pas de le faire précéder de **a**.*

Suite page suivante

2 ▷ Elles se sont insultées pendant une demi-heure.
Se insultaron durante media hora.

2 ► **s'insulter : insultarse**

ℹ *Le pronom réfléchi fonctionne de la façon suivante en espagnol :* ***nos*** *insultamos,* ***os*** *insultáis,* ***se*** *insultan.*

insupportable

▷ Ce bruit est insupportable !
¡Este ruido es insoportable!

insoportable

intelligent, intelligente

▷ Lucie est très intelligente.
Lucie es muy inteligente.

inteligente

intention

▷ Qu'est-ce que tu as l'intention de faire ?
¿Qué tienes la intención de hacer?

la **intención** (pluriel : las **intenciones**)

ℹ *Il n'y a pas d'accent écrit au pluriel. L'accent tonique porte sur le* ***o****, comme au singulier.*

interclasse

▷ Ils fumaient pendant l'interclasse.
Fumaban durante el descanso.

el **descanso**

interdire

▷ Mes parents m'ont interdit de sortir.
Mis padres me han prohibido que salga.
▷ Cette pub a été interdite en France.
Este anuncio ha sido prohibido en Francia.
▷ Je t'interdis de me parler sur ce ton.
Te prohíbo que me hables en ese tono.

prohibir

► **interdire à** quelqu'un **de** + infinitif : **prohibir a** alguien **que** + subjonctif

Attention à la concordance des temps : quand ***prohibir*** *est au présent ou au passé composé, le verbe de la subordonnée est au présent du subjonctif (me* ***han prohibido*** *que* ***salga****), mais quand* ***prohibir*** *est au passé simple, le verbe de la subordonnée doit être à l'imparfait du subjonctif (me* ***prohibieron*** *que* ***saliera****).*

interdit, interdite

▷ C'est un film interdit aux moins de 16 ans.
Es una película prohibida a los menores de 16 años.
▷ Il est interdit de fumer dans l'école.
Está prohibido fumar en el colegio.

(= défendu) **prohibido**

► **il est interdit de** + faire quelque chose : **está prohibido** + hacer algo

Attention : le verbe qui traduit **être** *dans* être interdit *est* ***estar*** *et non* ***ser****.*

intéressant, intéressante

1 ▷ J'ai trouvé le cours d'espagnol très intéressant.
Encontré la clase de español muy interesante.
▷ Il est intéressant de connaître l'avis des autres.
Es interesante conocer la opinión de los demás.

2 ▷ Ils le vendent à un prix très intéressant.
Lo venden a un precio muy atractivo.

1 (= passionnant) **interesante**

► **il est intéressant de** + faire quelque chose : **es interesante** + hacer algo

2 (= avantageux) **atractivo, atractiva**

intéresser

1 ▷ La politique n'intéresse pas beaucoup les jeunes.
A los jóvenes no les interesa mucho la política.

2 ▷ Thomas s'intéresse beaucoup aux animaux.
Thomas se interesa mucho por los animales.

1 **interesar**

Si le complément est une personne ou un groupe de personnes, n'oubliez pas de le faire précéder de ***a****.*

2 ► **s'intéresser à** quelque chose : **interesarse por** algo

Le pronom réfléchi fonctionne de la façon suivante en espagnol : ***me*** *intereso por..., **te** interesas por..., **se*** (singulier) *interesa por..., **nos** interesamos por..., **os** interesáis por..., **se*** (pluriel) *interesan por...*

intérêt

1 ▷ Ce film n'a pas le moindre intérêt.
Esta película no tiene el más mínimo interés.
▷ Les taux d'intérêt sont très bas en ce moment.
Los tipos de interés están muy bajos en este momento.

2 ▷ Tu as intérêt à te taire !
¡Más vale que te calles!

1 el **interés**

2 Pour menacer quelqu'un, on emploie en espagnol l'expression **más vale que** + subjonctif.

intérieur

1 ▷ L'intérieur de la maison est plus joli que l'extérieur.
El interior de la casa es más bonito que el exterior.

2 ▷ Je vous attendrai à l'intérieur.
Os esperaré dentro.
▷ Vous ne pouvez pas fumer à l'intérieur du bâtiment.
No puede fumar dentro del edificio.

1 ► **l'intérieur** (= la partie qui est dedans) : **el interior**

2 ► **à l'intérieur : dentro**

► **à l'intérieur de : dentro de**

internat

▷ Les parents de Jonathan veulent l'envoyer dans un internat.
Los padres de Jonathan lo quieren enviar a un internado.

(= école) el **internado**

international, internationale

▷ L'équipe de Marseille participe au championnat international.
El equipo de Marsella participa en el campeonato internacional.

internacional (pluriel : internacionales)

interne

▷ Les internes n'ont pas le droit de sortir après dix-huit heures.
Los internos no tienen derecho a salir después de las seis.

(= élève qui dort à l'école) el **interno,** la **interna**

internet

▷ L'internet est très utile pour chercher des informations.
Internet es muy útil para buscar información.

► **l'internet :** Internet

interphone®

▷ J'ai appuyé sur le bouton de l'interphone, mais personne n'a répondu.
Pulsé el botón del interfono, pero nadie contestó.

el **interfono**

ℹ *On peut dire aussi* ***el portero automático.***

interpréter

▷ Il y a plusieurs façons d'interpréter ce texte.
Hay varias maneras de interpretar este texto.
▷ Le pianiste a interprété un morceau de Mozart.
El pianista interpretó un fragmento de Mozart.

interpretar

interro, interrogation écrite

▷ On a une interro d'espagnol mardi.
Tenemos una prueba de español el martes.

la **prueba**
ℹ *On peut dire aussi* ***el examen.***

interroger

1 ▷ Le prof interroge régulièrement les élèves.
El profesor hace preguntas a los alumnos con regularidad.

1 (= tester les connaissances de) **hacer preguntas**

2 ▷ La police a interrogé plusieurs personnes.
La policía interrogó a varias personas.

2 (= poser des questions à) **interrogar**

Dans les deux cas, si le complément est une personne ou un groupe de personnes, n'oubliez pas de le faire précéder de ***a****.*

interrompre

▷ Ne m'interromps pas sans arrêt !
¡No me interrumpas sin cesar!

interrumpir

interrupteur

▷ L'interrupteur est à gauche de la porte.
El interruptor está a la izquierda de la puerta.

el **interruptor** (pluriel : **los interruptores**)

intervenir

▷ Le directeur a dû intervenir et les séparer.
El director tuvo que intervenir y separarlos.

(= agir) **intervenir**

interview

▷ Vous avez vu l'interview du Premier ministre hier soir ?
¿Visteis la entrevista con el primer ministro anoche?

la **entrevista**

interviewer

▷ La journaliste a interviewé des agriculteurs.
La periodista entrevistó a unos agricultores.

entrevistar

Si le complément est une personne ou un groupe de personnes, n'oubliez pas de le faire précéder de ***a****.*

intime

▷ Julie et Nathan sont amis intimes.
Julie y Nathan son amigos íntimos.

íntimo, íntima

intimider

▷ Le prof de physique intimide ses élèves.
El profesor de física intimida a sus alumnos.

intimidar

Si le complément est une personne ou un groupe de personnes, n'oubliez pas de le faire précéder de ***a****.*

intituler

1 ▷ Comment est-ce que tu vas intituler ton exposé ?
¿Cómo vas a titular tu exposición?

1 (= appeler) **titular**

Suite page suivante

2 ▷ Le chapitre s'intitule « Madrid ».
El capítulo se titula "Madrid".

2 ► **s'intituler : titularse**

*Le pronom réfléchi fonctionne de la façon suivante en espagnol : **se** (singulier) titula, **se** (pluriel) titulan.*

intoxication

▷ Julien a attrapé une intoxication alimentaire.
Julien ha sufrido una intoxicación alimentaria.

la **intoxicación** (pluriel : **las intoxicaciones**)

*Il n'y a pas d'accent écrit au pluriel. L'accent tonique porte sur le **o**, comme au singulier.*

introduction

▷ Je n'ai écrit que l'introduction de mon exposé.
Sólo he escrito la introducción de mi exposición.

la **introducción** (pluriel : **las introducciones**)

*Il n'y a pas d'accent écrit au pluriel. L'accent tonique porte sur le **o**, comme au singulier.*

inutile

1 ▷ Tous ses efforts ont été inutiles.
Todos sus esfuerzos resultaron inútiles.

1 (= qui ne sert à rien) **inútil** (pluriel : **inútiles**)

*Remarquez que les mots **inútil** et **inútiles** portent sur le **u** un accent écrit qui reflète l'accent tonique.*

▷ Inutile d'insister, j'ai dit non !
¡Es inútil insistir, he dicho que no!

► **il est inutile de** + faire quelque chose : **es inútil** + **hacer algo**

2 ▷ Ces précautions sont inutiles.
Estas precauciones no son necesarias.

2 Pour dire que quelque chose n'est pas nécessaire, on préfère en espagnol utiliser l'expression **ser necesario** (*ou* **necesaria/necesarios/necesarias**) à la forme négative.

invalide

▷ La grand-mère de Pierrot est invalide.
La abuela de Pierrot es inválida.

▷ Ces sièges sont réservés aux invalides.
Estos asientos están reservados para los inválidos.

inválido, inválida

*Remarquez que le mot espagnol porte sur le **a** un accent écrit qui reflète l'accent tonique.*

invasion

▷ En été, il y a une invasion de touristes sur les plages.
En verano, hay una invasión de turistas en las playas.

la **invasión** (pluriel : **las invasiones**)

*Il n'y a pas d'accent écrit au pluriel. L'accent tonique porte sur le **o**, comme au singulier.*

inventer

▷ Qui a inventé le téléphone ?
¿Quién inventó el teléfono?

inventar

invention

▷ Ce gadget est une drôle d'invention !
¡Este aparato es un invento raro!

(= une chose inventée) el **invento**

inverse

1 ▷ Non, c'est l'inverse.
No, es lo contrario.

2 ▷ Ils arrivaient en sens inverse.
Llegaban en sentido contrario.

▷ On joue dans le sens inverse des aiguilles d'une montre.
Se juega en el sentido contrario a las agujas del reloj.

1 ► **l'inverse :** lo contrario

2 ► **en sens inverse :** en sentido contrario

► **dans le sens inverse des aiguilles d'une montre :** en el sentido contrario a las agujas del reloj

inverser

▷ Dans cet exercice, tu dois inverser l'ordre des mots.
En este ejercicio, tienes que invertir el orden de las palabras.

invertir

investir

▷ Ils ont investi tout leur argent dans le magasin de leur fils.
Han invertido todo su dinero en la tienda del hijo.

(= placer de l'argent) **invertir**

invisible

▷ La tache est pratiquement invisible.
La mancha es prácticamente invisible.

invisible

invitation

▷ Est-ce que tu as reçu l'invitation pour la soirée de Michaël ?
¿Has recibido la invitación para la fiesta de Michaël?

la **invitación** (pluriel : las invitaciones)

ℹ *Il n'y a pas d'accent écrit au pluriel. L'accent tonique porte sur le **o**, comme au singulier.*

invité, invitée

▷ Nous avions huit invités hier soir.
Tuvimos ocho invitados anoche.

el **invitado**, la **invitada**

inviter

▷ Je n'ai pas envie d'inviter toute la classe à ma soirée.
No tengo ganas de invitar a toda la clase a mi fiesta.
▷ Mon père nous a invités au restaurant samedi dernier.
Mi padre nos invitó al restaurante el sábado pasado.
▷ Qu'est-ce que tu veux boire ? Je t'invite !
¿Qué quieres tomar? ¡Te invito!

invitar

*Le complément est une personne ou un groupe de personnes : n'oubliez pas de le faire précéder de **a**.*

invraisemblable

▷ Lucas nous a raconté une histoire invraisemblable.
Lucas nos contó una historia inverosímil.

(= incroyable) **inverosímil** (pluriel : **inverosímiles**)

irlandais, irlandaise

▷ La campagne irlandaise est très jolie.
La campiña irlandesa es muy bonita.
▷ Il y a un Irlandais qui habite à côté de chez nous.
Hay un irlandés que vive al lado de nuestra casa.

irlandés (pluriel : **irlandeses**), **irlandesa**

S'écrit toujours avec une minuscule, qu'il s'agisse de l'adjectif ou du nom.

Irlande

▷ L'Irlande est une île.
Irlanda es una isla.
▷ Ils vivent en Irlande depuis trois ans.
Viven en Irlanda desde hace tres años.
▷ Beaucoup de Français vont en vacances en Irlande.
Muchos franceses van de vacaciones a Irlanda.
▷ L'Irlande du Nord fait partie du Royaume-Uni.
Irlanda del Norte forma parte del Reino Unido.

Irlanda

Ne prend généralement pas d'article.

► **en Irlande** (= dans le pays) **: en Irlanda**
► **en Irlande** (= vers le pays) **: a Irlanda**
► **l'Irlande du Nord : Irlanda del Norte**

ironique

▷ Il nous regardait avec un sourire ironique.
Nos miraba con una sonrisa irónica.

irónico, irónica

*Remarquez que le mot espagnol porte sur le **o** un accent écrit qui reflète l'accent tonique.*

irrégulier, irrégulière

▻ Le prof a dit que mes résultats étaient trop irréguliers.
El profesor dijo que mis resultados eran demasiado irregulares.
▻ Son pouls est irrégulier.
Tiene el pulso irregular.

irregular (pluriel : **irregulares**)

irriter

▻ Il irrite tout le monde avec ses plaisanteries idiotes.
Irrita a todo el mundo con sus chistes tontos.

irritar

Si le complément est une personne ou un groupe de personnes, n'oubliez pas de le faire précéder de ***a****.*

isolé, isolée

▻ Christelle et sa famille vivent dans une ferme isolée.
Christelle y su familia viven en una granja aislada.
▻ Il s'agit d'un incident isolé.
Se trata de un incidente aislado.

aislado, aislada

issue

▻ Nous sommes face à une situation sans issue.
Estamos frente a una situación sin salida.
▻ Il y a deux issues de secours dans l'avion.
Hay dos salidas de emergencia en el avión.

la **salida**

► **issue de secours :** la **salida de emergencia** (pluriel : **las salidas de emergencia**)

Italie

▻ L'Italie est l'un des pays les plus visités du monde.
Italia es uno de los países más visitados del mundo.
▻ Notre séjour en Italie s'est très bien passé.
Nos fue muy bien la estancia en Italia.
▻ Marc compte aller en Italie en juillet.
Marc piensa ir a Italia en julio.

Italia

Ne prend généralement pas d'article.

► **en Italie** (= dans le pays) **: en Italia**
► **en Italie** (= vers le pays) **: a Italia**

italien, italienne

▻ Sienne est l'une des plus belles villes italiennes.
Siena es una de las ciudades italianas más hermosas.
▻ Les Italiens mangent beaucoup de pâtes.
Los italianos comen mucha pasta.

italiano, italiana

Suite page suivante

▷ Ludo est bon en italien.
A Ludo se le da bien el italiano.

S'écrit toujours avec une minuscule, qu'il s'agisse de l'adjectif ou du nom.

itinéraire

▷ Nous avons suivi un itinéraire plus court que d'habitude.
Seguimos un itinerario más corto que de costumbre.

el **itinerario**

ivoire

▷ L'ivoire vient des défenses d'éléphant.
El marfil procede de los colmillos de los elefantes.

▷ Les touches du piano sont en ivoire.
Las teclas del piano son de marfil.

el **marfil**

► **en ivoire : de marfil**

ivre

▷ Je pense que Marc était un peu ivre.
Pienso que Marc estaba un poco borracho.

borracho, borracha

Attention à bien prononcer les deux ***r*** *du mot espagnol.*

ivrogne

▷ Ce bar est plein d'ivrognes.
Este bar está lleno de borrachos.

el **borracho,** la **borracha**

Attention à bien prononcer les deux ***r*** *du mot espagnol.*

J

FRANÇAIS — ESPAGNOL

jalousie

1 ▷ David m'a dit qu'il n'aimait pas mon nouveau VTT, mais c'est seulement de la jalousie.
David me dijo que no le gustaba mi nueva bicicleta todoterreno, pero no es más que envidia.

2 ▷ Il y a souvent de la jalousie entre frères et sœurs.
A menudo hay celos entre hermanos.

1 (= envie) la **envidia**

2 (= la jalousie entre frères et sœurs ou dans un couple) los **celos**

ℹ *Celos est un nom pluriel qui s'emploie avec un verbe au pluriel.*

jaloux, jalouse

1 ▷ Lionel est jaloux de Mourad parce qu'il a de bonnes notes.
Lionel tiene envidia de Mourad porque saca buenas notas.

2 ▷ Elle dit que son mari est très jaloux.
Dice que su marido es muy celoso.

1 ► **être jaloux de** quelqu'un (= être envieux) : **tener envidia de** alguien

2 (dans un couple ou entre frères et sœurs) **celoso, celosa**

jamais

1 ▷ Je ne suis jamais allé en Espagne.
No he ido nunca a España.

▷ Je ne te parlerai plus jamais.
¡Nunca más te hablaré!

2 ▷ C'est la plus belle ville que j'aie jamais vue.
Es la ciudad más hermosa que he visto en mi vida.

3 ▷ Si jamais tu le vois, dis-lui que je le cherche.
Si por casualidad le ves, dile que lo estoy buscando.

▷ Si jamais je t'attrape...
Si por casualidad te atrapo...

1 Quand la phrase a une valeur négative, on emploie **nunca**.

► **plus jamais** : **nunca más**

2 Quand **jamais** veut dire **de ma vie**, on emploie **en mi vida**. Pour les autres personnes, on dit **en su vida, en nuestra vida**, etc.

3 ► (= au cas où) **si jamais** : **si por casualidad**

ℹ *Signifie littéralement* **si par hasard.**

jambe

▻ Grégory s'est fait mal à la jambe en tombant.
Grégory se hizo daño en la pierna al caerse.

la **pierna**

jambon

▻ J'aime bien les sandwiches au jambon.
Me gustan los bocadillos de jamón.

el **jamón** (pluriel : los jamones)

ℹ *Il n'y a pas d'accent écrit au pluriel. L'accent tonique porte sur le **o**, comme au singulier.*

▻ Madame, je vous sers du jambon cru ou du jambon cuit ?
Señora, ¿le pongo jamón serrano o de york?

► **jambon cru : jamón serrano**
► **jambon cuit : jamón de york**

janvier

▻ En janvier il fait très froid ici.
En enero hace mucho frío aquí.

▻ Nous partirons le vingt-six janvier.
Saldremos el veintiséis de enero.

enero

ℹ *Notez l'emploi de **de** en espagnol quand on dit la date.*

Japon

▻ Ma mère revient du Japon aujourd'hui.
Mi madre vuelve de Japón hoy.

Japón

ℹ *Ne prend généralement pas d'article.*

ℹ *Remarquez que le mot espagnol porte sur le **o** un accent écrit qui reflète l'accent tonique.*

▻ Ils ont vécu au Japon pendant dix ans.
Vivieron en Japón durante diez años.

▻ Nous sommes passés par Amsterdam pour aller au Japon.
Pasamos por Amsterdam para ir a Japón.

► **au Japon** (= dans le pays) **: en Japón**
► **au Japon** (= vers le pays) **: a Japón**

japonais, japonaise

▻ J'adore la cuisine japonaise.
Me encanta la cocina japonesa.

▻ Un groupe de Japonais visitait l'église en même temps que nous.
Un grupo de japoneses visitaba la iglesia al mismo tiempo que nosotros.

▻ Il faut savoir le japonais pour travailler dans cette société.
Hay que saber japonés para trabajar en esta compañía.

japonés (pluriel : japoneses), **japonesa**

🔊 *Attention à bien prononcer le **j**.*

ℹ *S'écrit toujours avec une minuscule, qu'il s'agisse de l'adjectif ou du nom.*

ℹ *Il n'y a pas d'accent écrit au pluriel. L'accent tonique porte sur le **e**, comme au singulier.*

jardin

1 ▷ Léon est dans le jardin, il cueille des fleurs.
Léon está en el jardín, coge flores.

1 (= le jardin d'une maison) **el jardín** (pluriel : **los jardines**)

Il n'y a pas d'accent écrit au pluriel. L'accent tonique porte sur le ***i****, comme au singulier.*

2 ▷ On a passé l'après-midi au jardin public.
Pasamos la tarde en el parque público.

2 ► **jardin public : el parque público** (pluriel : **los parques públicos**)

jardinage

▷ J'ai fait un peu de jardinage ce week-end.
Hice un poco de jardinería este fin de semana.

la **jardinería**

Remarquez que le mot espagnol porte sur le ***i*** *un accent écrit qui reflète l'accent tonique.*

jardinier, jardinière

▷ Les parents de Samantha ont un jardinier.
Los padres de Samantha tienen un jardinero.

(= personne qui travaille dans les jardins) el **jardinero**, la **jardinera**

jaune

1 ▷ Passe-moi le surligneur jaune.
Pásame el marcador amarillo.

1 (= couleur) **amarillo, amarilla**

2 ▷ Le jaune est une couleur gaie.
El amarillo es un color alegre.

2 ► **le jaune** (= la couleur jaune) : **el amarillo**

3 ▷ J'ai besoin de trois jaunes d'œufs pour cette recette.
Necesito tres yemas de huevo para esta receta.

3 ► **jaune d'œuf : la yema de huevo** (pluriel : **las yemas de huevo**)

Javel

▷ L'eau de Javel a laissé une marque blanche sur mon jean.
La lejía me ha dejado una marca blanca en los vaqueros.

► **eau de Javel : la lejía**

jazz

▷ Mes parents écoutent souvent du jazz.
Mis padres a menudo escuchan jazz.

el **jazz**

Se prononce comme en français.

je

▷ Je préfère le chocolat noir.
Prefiero el chocolate solo.
▷ J'étais sûr que c'était elle.
Estaba seguro de que era ella.

Je *ne se traduit généralement pas en espagnol.*

jean

▷ Ce jean est trop petit pour moi.
Estos vaqueros me quedan demasiado pequeños.
▷ Je vais m'acheter un nouveau jean.
Me voy a comprar unos vaqueros nuevos.

los **vaqueros**

*ℹ **Vaqueros** est un nom pluriel qui s'emploie avec un verbe au pluriel.*
*ℹ On peut dire aussi **los tejanos**.*

jet d'eau

▷ Les jets d'eau du jardin public ne marchent pas.
Los surtidores del parque público no funcionan.

(= fontaine) : el **surtidor** (pluriel : los surtidores)

jetable

▷ Est-ce que tu as essayé les lentilles jetables ?
¿Has probado las lentillas desechables?

desechable

ℹ *On peut dire aussi* ***de usar y tirar****, qui signifie littéralement* **pour utiliser puis jeter**.

jetée

▷ On s'est promenés sur la jetée.
Nos paseamos por el espigón.

el **espigón** (pluriel : los espigones)

*ℹ Il n'y a pas d'accent écrit au pluriel. L'accent tonique porte sur le **o**, comme au singulier.*

jeter

1 ▷ Bill a jeté la balle contre le mur.
Bill tiró la pelota contra la pared.
▷ Ils ont jeté des cailloux aux filles.
Les tiraron piedras a las chicas.
▷ Je vais jeter ces vieilles affaires.
Voy a tirar estos trastos viejos.
▷ C'est dangereux de se jeter à l'eau quand elle est froide.
Es peligroso tirarse al agua cuando está fría.

1 (= lancer, mettre à la poubelle) **tirar**

► **se jeter** : **tirarse**

ℹ *Le pronom réfléchi fonctionne de la façon suivante en espagnol :* ***me*** *tiro,* ***te*** *tiras,* ***se*** (singulier) *tira,* ***nos*** *tiramos,* ***os*** *tiráis,* ***se*** (pluriel) *tiran.*

2 ▷ J'ai décidé de me jeter à l'eau et je lui ai tout dit.
Decidí liarme la manta a la cabeza y se lo dije todo.

2 ► **se jeter à l'eau** (= oser) : **liarse la manta a la cabeza**

ℹ *Le pronom réfléchi fonctionne de la façon suivante en espagnol :* ***me*** *lío...,* ***te*** *lías...,* ***se*** (singulier) *lía...,* ***nos*** *liamos...,* ***os*** *liáis...,* ***se*** (pluriel) *lían...*

3 ▷ Le voleur s'est jeté sur moi.
El ladrón se lanzó sobre mí.

3 ► **se jeter sur : lanzarse sobre**
*Le pronom réfléchi fonctionne de la façon suivante en espagnol : **me** lanzo, **te** lanzas, **se** (singulier) lanza, **nos** lanzamos, **os** lanzáis, **se** (pluriel) lanzan.*

jeton

▷ Tu as encore des jetons pour la machine à sous ?
¿Todavía tienes fichas para la máquina tragaperras?

la **ficha**

jeu

1 ▷ Nous avons inventé un nouveau jeu.
Hemos inventado un nuevo juego.
▷ Tu connais ce jeu de cartes ?
¿Conoces este juego de cartas?
▷ Tu peux garder un jeu de clés.
Puedes guardar un juego de llaves.
▷ Mathias passe ses journées à faire des jeux électroniques.
Mathias se pasa el día haciendo juegos de ordenador.
▷ J'en ai assez de tes jeux de mots idiots !
¡Estoy harto de tus juegos de palabras tontos!
▷ Les jeux Olympiques ont lieu tous les quatre ans.
Los Juegos Olímpicos tienen lugar cada cuatro años.
▷ C'est mon jeu de société préféré.
Es mi juego de sociedad preferido.
▷ C'est un jeu vidéo avec des extraterrestres.
Es un videojuego con extraterrestres.

1 el **juego**

► **jeu électronique : el juego de ordenador** (pluriel : los juegos de ordenador)

► **jeu de mots : el juego de palabras** (pluriel : los juegos de palabras)

► **les jeux Olympiques : los Juegos Olímpicos**

► **jeu de société : el juego de sociedad** (pluriel : los juegos de sociedad)

► **jeu vidéo : el videojuego**
*Il y a deux accents toniques dans **videojuego** : sur la première syllabe **(vi-)** et sur la troisième syllabe **(jue-)**.*

2 ▷ Il nous faut un jeu de cinquante-deux cartes.
Nos hace falta una baraja de cincuenta y dos cartas.

2 (= paquet de cartes) la **baraja**

jeudi

▷ Aujourd'hui c'est jeudi.
Hoy es jueves.
▷ Nous partirons jeudi.
Nos marcharemos el jueves.
▷ Mes grands-parents sont venus jeudi.
Mis abuelos vinieron el jueves.

el **jueves**

► **faire** quelque chose **jeudi : hacer** algo **el jueves**

Suite page suivante

▻ Le jeudi Sandra va à son cours de piano.
Los jueves Sandra va a clase de piano.

► **le jeudi** (= tous les jeudis) **:** los jueves

jeune

▻ Quand elle était jeune, ma grand-mère aimait danser.
Cuando era joven, bailar a mi abuela le gustaba.

▻ Un jeune homme m'a aidé à porter mes bagages.
Un joven me ha ayudado a llevar el equipage.

▻ Quelqu'un a appelé pour toi. – C'était une jeune fille ou une dame ?
Alguien llamó para ti. – ¿Era una joven o una señora?

▻ Trois jeunes sont venus demander si tu étais là.
Tres jóvenes vinieron a preguntar si estabas.

joven (pluriel : jóvenes)

ℹ *Il n'y a pas d'accent écrit au singulier. L'accent tonique porte sur le **o**, comme au pluriel.*

► **jeune homme :** el joven (pluriel : jóvenes)

ℹ *On peut dire aussi **el muchacho** ou **el chico**.*

► **jeune femme :** la joven (pluriel : jóvenes)

ℹ *On peut dire aussi **la muchacha** ou **la chica**.*

ℹ ***Joven** peut être soit un adjectif, soit un nom.*

jeunesse

▻ Dans sa jeunesse, mon grand-père a beaucoup voyagé.
En su juventud, mi abuelo viajó mucho.

la **juventud**

*L'accent tonique est sur la dernière syllabe, **-tud**.*

jogging

1 ▻ Le jogging est un sport que tout le monde peut pratiquer.
El footing es un deporte que todo el mundo puede practicar.

▻ Christian fait du jogging avec son père.
Christian hace footing con su padre.

2 ▻ Ludmila a un jogging tout neuf.
Ludmila tiene un chándal nuevo.

1 (= le sport) el **footing**

► **faire du jogging :** hacer footing

ℹ *On peut dire aussi **correr**.*

2 (= survêtement) el **chándal** (pluriel : los chándales)

ℹ *Remarquez que le mot espagnol porte sur le premier **a** un accent écrit qui reflète l'accent tonique.*

joie

▻ Philippe était fou de joie de la voir.
Philippe estaba loco de alegría al verla.

la **alegría**

ℹ *Remarquez que le mot espagnol porte sur le **i** un accent écrit qui reflète l'accent tonique.*

joindre

▻ Je n'arrive pas à joindre Stéphanie, elle doit être en vacances.
No consigo localizar a Stéphanie, debe de estar de vacaciones.

► **joindre** quelqu'un (= lui parler au téléphone) : **localizar** a alguien

joli, jolie

1 ▻ C'est une très jolie fille.
Es una chica muy guapa.
2 ▻ Ils ont un très joli appartement.
Tienen un piso muy bonito.
▻ Quelle jolie voiture !
¡Qué coche más bonito!

1 (en parlant de personnes) **guapo, guapa**
2 (en parlant de choses ou d'endroits) **bonito, bonita**

jongler

▻ Jérémie sait jongler avec quatre balles.
Jérémie sabe hacer malabarismos con cuatro pelotas.

hacer malabarismos

jongleur, jongleuse

▻ Il y a des jongleurs devant la cathédrale.
Hay unos malabaristas delante de la catedral.

el **malabarista,** la **malabarista**

joue

▻ Le bébé a de jolies joues roses.
El bebé tiene unas bonitas mejillas rosadas.

la **mejilla**
*Attention à bien prononcer le **j** et le **ll**.*

jouer

1 ▻ Viens jouer avec nous !
¡Ven a jugar con nosotros!
▻ Jérôme joue au foot dans l'équipe du collège.
Jérôme juega al fútbol en el equipo del colegio.
2 ▻ Cette actrice jouait dans « Titanic ».
Esta actriz actuaba en "Titanic".
3 ▻ Est-ce que tu sais jouer de la guitare ?
¿Sabes tocar la guitarra?

1 (= s'amuser, parier de l'argent) **jugar**
► **jouer à** (en parlant d'un sport) : **jugar a**
2 (= tenir un rôle) **actuar**
3 ► **jouer de** (en parlant d'un instrument de musique) : **tocar**

jouet

▻ La chambre de mon petit frère est remplie de jouets.
El cuarto de mi hermano pequeño está lleno de juguetes.

el **juguete**

jour

1 ▻ Le voyage en train dure deux jours.
El viaje en tren dura dos días.

1 (= durée de vingt-quatre heures) el **día**

Suite page suivante

▷ Quel jour sommes-nous ?
¿Qué día es hoy?

*Pour demander la date, on dit **¿qué día es hoy?***

▷ Isa va à la piscine tous les jours.
Isa va a la piscina todos los días.

► **tous les jours : todos los días**

*On peut dire aussi **cada día**.*

▷ Cette liste n'est pas à jour.
Esta lista no está al día.
▷ Je dois mettre mon journal à jour.
Tengo que poner mi diario al día.

► **à jour : al día**

▷ Le jour de l'An, toute la famille fait une promenade.
El día de Año Nuevo, toda la familia da un paseo.

► **le jour de l'An : el día de Año Nuevo**

2 ▷ Le jour entre dans la chambre.
La luz del día entra en la habitación.
▷ Il fait déjà jour.
Ya es de día.

2 (= la lumière) **la luz del día**

► **il fait jour : es de día**

journal

1 ▷ Anne lit le journal au salon.
Anne está leyendo el periódico en el salón.

1 (= publication de presse) el **periódico**

*Remarquez que le mot espagnol porte sur le premier **o** un accent écrit qui reflète l'accent tonique.*

2 ▷ Est-ce que tu tiens un journal ?
¿Llevas un diario?

2 (= journal intime) el **diario**

3 ▷ Mes parents ne manquent jamais le journal de vingt heures.
Mis padres nunca se pierden las noticias de las ocho.

3 (= informations à la télé ou la radio) las **noticias**

journaliste

▷ Les journalistes posaient des questions au Premier ministre.
Los periodistas le hacían preguntas al Primer Ministro.

el **periodista**, la **periodista**

journée

▷ On a passé une journée très agréable.
Pasamos un día muy agradable.
▷ Je t'appellerai dans la journée.
Te llamaré durante el día.

el **día**

► **dans la journée : durante el día**

joyeux, joyeuse

1 ▷ Tu as l'air bien joyeux aujourd'hui !
¡Pareces muy alegre hoy!

1 (= gai) **alegre**

2 ▻ Joyeux anniversaire !
¡Feliz cumpleaños!
▻ Joyeux Noël !
¡Feliz Navidad!

2 Pour souhaiter à quelqu'un un joyeux anniversaire ou de joyeuses fêtes, on emploie le mot **feliz**.

judo

▻ Le judo est un sport japonais.
El yudo es un deporte japonés.
▻ Milou fait du judo tous les jeudis.
Milou hace yudo todos los viernes.

el **yudo**

► **faire du judo : hacer yudo**

juge

▻ Le juge a décidé que le voleur irait en prison.
El juez decidió que el ladrón iría a la cárcel.

el **juez** (pluriel : los jueces), la **jueza**

*N'oubliez pas que le **z** devient **c** au masculin pluriel.*

*Attention à bien prononcer le **j** et le **z**.*

juger

1 ▻ Tu ne devrais pas juger les gens.
No deberías juzgar a la gente.

1 (= avoir une opinion) **juzgar**

*Attention à bien prononcer le **j** et le **z**.*

*Si le complément est une personne ou un groupe de personnes, n'oubliez pas de le faire précéder de **a**.*

2 ▻ Le prof a jugé que Samia méritait une punition.
El profesor consideró que Samia merecía un castigo.

2 ► **juger que... : considerar que...**

juif, juive

▻ Paul ne mange pas de porc parce qu'il est juif.
Paul no come cerdo porque es judío.
▻ Les juifs prient dans une synagogue.
Los judíos rezan en una sinagoga.

judío, judía

***Judío, judía** peut être soit un adjectif, soit un nom.*

juillet

▻ Nous allons en Grèce en juillet.
Vamos a Grecia en julio.
▻ Qu'est-ce que vous faites pour le 14 Juillet ?
¿Qué hacéis para el 14 de julio?

julio

*Notez l'emploi de **de** en espagnol quand on dit la date.*

juin

▻ Les cours finissent en juin.
Las clases terminan en junio.
▻ Nous partons le 15 juin.
Nos vamos el 15 de junio.

junio

*Notez l'emploi de **de** en espagnol quand on dit la date.*

jumeau, jumelle

▷ Ma cousine a eu des jumeaux.
Mi prima ha tenido gemelos.

▷ C'est Charles, mon frère jumeau.
Es Charles, mi hermano gemelo.

▷ La sœur jumelle d'Ève est secrétaire.
La hermana gemela de Ève es secretaria.

gemelo, gemela
► **jumeaux, jumelles :** gemelos, gemelas
► **frère jumeau :** el hermano gemelo (pluriel : los hermanos gemelos)
► **sœur jumelle :** la hermana gemela (pluriel : las hermanas gemelas)

jumelles

▷ Nous avons regardé les bateaux avec des jumelles.
Miramos los barcos con gemelos.

(pour regarder loin) los **gemelos**

jument

▷ Il y a une jument et un poulain dans le champ.
Hay una yegua y un potro en el campo.

la **yegua**

La deuxième syllabe du mot espagnol se prononce [gwa].

jungle

▷ Ces oiseaux vivent dans la jungle.
Estos pájaros viven en la selva.

la **selva**

*On peut dire aussi **la jungla**.*

jupe

▷ Sonia a une jolie jupe rouge.
Sonia tiene una bonita falda roja.

la **falda**

jurer

1 ▷ Je te jure que c'est vrai !
¡Te juro que es la verdad!

2 ▷ Fabrice a été renvoyé du cours parce qu'il jure tout le temps.
Han expulsado a Fabrice de la clase porque dice palabrotas todo el tiempo.

1 (= faire un serment) **jurar**

2 (= dire de gros mots) **decir palabrotas**

jus

▷ Ces oranges donnent beaucoup de jus.
Estas naranjas dan mucho zumo.
▷ Ils prennent du jus d'orange le matin.
Toman zumo de naranja por la mañana.

▷ Il y a du vin et du jus de fruit.
Hay vino y zumo de frutas.

(de fruit) el **zumo**

*Pour le jus d'une viande cuite, on dit **el jugo**.*

► **jus de fruit :** zumo de frutas (pluriel : zumos de frutas)

jusque

▻ Allez jusqu'à l'église et tournez à droite.
Vaya hasta la iglesia y gire a la derecha.
▻ Jusqu'où est-ce que je dois aller ?
¿Hasta dónde tengo que ir?
▻ J'ai habité là jusqu'en 2001.
Viví ahí hasta el 2001.
▻ Jusqu'ici il n'y a pas eu de problèmes.
Hasta ahora no ha habido problemas.
▻ Marche jusqu'à ce que je te dise d'arrêter.
Camina hasta que te diga que te pares.

hasta

► **jusqu'ici** (= jusqu'à maintenant) : **hasta ahora**

► **jusqu'à ce que** : **hasta que**

juste

1 ▻ Ce n'est pas juste ! Moi je n'ai rien fait !
¡No es justo! ¡Yo no he hecho nada!
▻ Ce jean est un peu juste.
Estos vaqueros me están un poco justos.
▻ Deux cents euros, c'est trop juste.
Doscientos euros es demasiado justo.
▻ Trois heures pour faire ce travail, c'est un peu juste.
Tres horas para hacer este trabajo es un poco justo.

1 (= équitable, étroit, serré) **justo, justa**

2 ▻ Est-ce que mon calcul est juste ?
¿Mi cálculo es exacto?

2 (= exact) **exacto, exacta**

3 ▻ Corinne chante juste.
Corinne canta bien.

3 ► **chanter juste** : **cantar bien**

4 ▻ On est arrivés juste quand le film commençait.
Llegamos justo al empezar la película.

4 (= exactement) **justo**

5 ▻ Je veux juste te parler deux minutes.
Sólo quiero hablarte dos minutos.

5 (= seulement) **sólo**

ℹ *Remarquez que le mot espagnol porte sur le premier **o** un accent écrit qui le distingue de l'adjectif **solo*** (= seul).

ℹ *Notez la place de l'adverbe **sólo** dans la phrase espagnole.*

6 ▻ Qu'est-ce qu'elle a dit au juste ?
¿Qué dijo exactamente?

6 ► **au juste** : **exactamente**

justesse

▻ On a évité le camion de justesse.
Por poco evitamos el camión.

► **de justesse** : **por poco**

justifier

1 ▻ Tu dois justifier ce que tu dis.
Debes justificar lo que dices.

1 **justificar**

Suite page suivante

2 ▻ N'essaie pas de te justifier !
¡No intentes justificarte!

▻ Ils se sont justifiés en disant qu'ils n'étaient pas au courant.
Se justificaron diciendo que no estaban al corriente.

2 ► **se justifier : justificarse**

ℹ *Le pronom réfléchi fonctionne de la façon suivante en espagnol :* ***me*** *justifico,* ***te*** *justificas,* ***se*** (singulier) *justifica,* ***nos*** *justificamos,* ***os*** *justificáis,* ***se*** (pluriel) *justifican.*

K

FRANÇAIS — ESPAGNOL

kaki

▷ Les pantalons kaki sont à la mode cet été.
Los pantalones caqui están de moda este verano.

caqui (pluriel : **caqui**)

kangourou

▷ Est-ce que tu as vu des kangourous quand tu étais en Australie ?
¿Viste canguros cuando estabas en Australia?

el **canguro**

karaoké

▷ Il y avait une soirée karaoké dans le bar.
Había una noche de karaoke en el bar.

el **karaoke**

karaté

▷ Le karaté est un art martial japonais.
El kárate es un arte marcial japonesa.

el **kárate**

ℹ *Remarquez que le mot espagnol porte sur le premier **a** un accent écrit qui reflète l'accent tonique.*

▷ Bob fait du karaté tous les mercredis.
Bob hace kárate todos los miércoles.

► **faire du karaté : hacer kárate**

kermesse

▷ La kermesse de l'école a eu beaucoup de succès.
La fiesta del colegio tuvo mucho éxito.

(= fête) la **fiesta**

ketchup

▷ J'adore le ketchup avec les frites.
Me encanta el ketchup con las patatas fritas.

el **ketchup**

🔊 *L'accent tonique est sur la dernière syllabe **-chup**.*

kilo

▷ Un kilo de carottes, s'il vous plaît.
Un kilo de zanahorias, por favor.

el **kilo**

ℹ *S'écrit aussi **quilo**.*

kilomètre

▻ Le village est à trois kilomètres d'ici.

El pueblo está a tres kilómetros de aquí.

el **kilómetro**

ℹ *Remarquez que le mot espagnol porte sur le premier* ***o*** *un accent écrit qui reflète l'accent tonique.*

ℹ *S'écrit aussi* ***quilómetro****.*

kiosque

▻ J'ai acheté un magazine au kiosque à journaux.

Compré una revista en el quiosco.

el quiosco

ℹ *S'écrit aussi* ***kiosco****.*

► **kiosque à journaux :** el **quiosco** (pluriel : los **quioscos**)

kiwi

▻ Les kiwis contiennent beaucoup de vitamine C.

Los kiwis contienen mucha vitamina C.

el **kiwi**

klaxon®

▻ Où est le klaxon dans cette voiture ?

¿Dónde está el claxon en este coche?

el **claxon**

🔊 *L'accent tonique est sur la première syllabe* ***cla-****.*

ℹ *On peut dire aussi* ***la bocina****.*

klaxonner

▻ Il y a des gens qui klaxonnent sans raison.

Hay gente que toca el claxon sin motivo.

tocar el claxon

ℹ *On peut dire aussi* ***tocar la bocina****.*

kleenex®

▻ Tu as un kleenex, s'il te plaît ? J'ai le nez qui coule.

¿Tienes un kleenex, por favor? Tengo mocos.

el **kleenex®** (pluriel : los **kleenex**)

ℹ *S'écrit aussi* ***clínex****.*

ℹ *On peut dire aussi* ***el pañuelo de papel****.*

L

FRANÇAIS — ESPAGNOL

la ou l' (pronom)

▻ C'est la copine de Frédéric. Tu la connais ?
Es la novia de Frédéric. ¿La conoces?
▻ Ma chienne est malade, je l'emmène chez le vétérinaire.
Mi perra está enferma, la llevo al veterinario.
▻ Si cette cassette te plaît, tu peux la garder.
Si te gusta esta cinta, te la puedes quedar.
▻ Une araignée ! Tue-la !
¡Una araña! ¡Mátala!

la

la ou l' (article)

▻ La prof a dit qu'on pouvait partir.
La profesora dijo que podíamos irnos.
▻ Isabelle a la peau très blanche.
Isabelle tiene la piel muy blanca.
▻ L'idée n'était pas mauvaise, mais elle n'a pas marché.
La idea no era mala, pero no funcionó.

la

là

1 ▻ Ta montre est là, sur la cheminée.
Tu reloj está ahí, en la chimenea.
▻ C'est là que nous travaillons.
Ahí es donde trabajamos.

2 ▻ Je suis là si tu as besoin de moi.
Estoy aquí si me necesitas.

1 (= à cet endroit) **ahí**

*Remarquez que le mot espagnol porte sur le **i** un accent écrit qui reflète l'accent tonique.*

2 (= ici) **aquí**

*Remarquez que le mot espagnol porte sur le **i** un accent écrit qui reflète l'accent tonique.*

3 ▷ Tu préfères cette couleur-là ?
¿Prefieres ese color?
▷ Ces types-là sont bizarres.
Esos tipos son raros.
▷ C'est cette maison-là, au bout de la rue.
Es aquella casa, al final de la calle.

3 Quand là est relié à un nom par un tiret, la traduction est **ese** (masculin singulier), **esa** (féminin singulier), **esos** (masculin pluriel), **esas** (féminin pluriel).
Si on veut désigner des objets ou des gens très éloignés, on emploie **aquel** (masculin singulier), **aquella** (féminin singulier), **aquellos** (masculin pluriel), **aquellas** (féminin pluriel).

là-bas

▷ Sylvian est là-bas, de l'autre côté du fleuve.
Sylvian está allí, al otro lado del río.

allí
ℹ *On peut dire aussi **allá**.*

laboratoire

▷ Je vais chercher les résultats au laboratoire.
Voy a buscar los resultados al laboratorio.

el **laboratorio**

labyrinthe

▷ Il y a un labyrinthe dans le parc du château.
Hay un laberinto en el parque del castillo.

el **laberinto**

lac

▷ Susana va patiner sur le lac gelé.
Susana va a patinar sobre el lago helado.

el **lago**

lacet

▷ Tes lacets sont défaits.
Tienes los cordones desatados.

(de chaussures) el **cordón** (pluriel : **los cordones**)
ℹ *Il n'y a pas d'accent écrit au pluriel. L'accent tonique porte sur le **o**, comme au singulier.*

lâche

1 ▷ Aurélien est lâche, il n'a rien fait pour m'aider.
Aurélien es un cobarde, no hizo nada para ayudarme.
2 ▷ Ce nœud est lâche, il va se défaire.
Este nudo está flojo, se va a deshacer.

1 ► **être lâche** *ou* **être un lâche : ser un cobarde**

2 (= pas serré) **flojo, floja**

lâcher

1 ▷ Ne lâche pas Enrique, il va tomber !
¡No sueltes a Enrique, que se va a caer!

1 (= arrêter de tenir) **soltar**

▷ Marianne a lâché le verre et il s'est cassé.
Marianne soltó el vaso y se rompió.

*Si le complément est une personne ou un groupe de personnes, n'oubliez pas de le faire précéder de **a**.*

2 ▷ J'espère que la corde ne va pas lâcher.
Espero que la cuerda no va a soltarse.

2 (= se détacher ou se casser)
soltarse

*Le pronom réfléchi fonctionne de la façon suivante en espagnol : **se** (singulier) suelta, **se** (pluriel) sueltan.*

là-dedans

▷ Tes affaires sont là-dedans.
Tus cosas están ahí dentro.

(= dans cet endroit) **ahí dentro**

*Remarquez que le mot **ahí** porte sur le **i** un accent écrit qui reflète l'accent tonique.*

là-dessous

▷ Cache-toi là-dessous, vite !
¡Escóndete ahí bajo, rápido!

(= sous cette chose) **ahí bajo**

*Remarquez que le mot **ahí** porte sur le **i** un accent écrit qui reflète l'accent tonique.*

là-dessus

▷ Monte là-dessus, tu verras mieux.
Súbete ahí arriba, verás mejor.

(= sur cette chose) **ahí arriba**

*Remarquez que le mot **ahí** porte sur le **i** un accent écrit qui reflète l'accent tonique.*

là-haut

1 ▷ Tu vois le livre, là-haut sur l'étagère ?
¿Ves el libro, allí arriba en el estante?

1 (= en hauteur) **allí arriba**

*Remarquez que le mot **allí** porte sur le **i** un accent écrit qui reflète l'accent tonique.*

2 ▷ Olivier est là-haut, il fait ses devoirs.
Olivier está arriba, haciendo los deberes.

2 (= à l'étage) **arriba**

laid, laide

▷ Ce tableau est vraiment laid.
Este cuadro es realmente feo.

feo, fea

laine

▷ Cette laine est très douce.
Esta lana es muy suave.
▷ Les chaussettes en laine sont très chaudes.
Los calcetines de lana calientan mucho.

la **lana**

► **en laine :** de lana

laisse

▷ Le chien a cassé sa laisse.
El perro rompió su correa.

la **correa**

*Attention à bien prononcer les deux **r** de **correa**.*

laisser

▷ Je dois vous laisser, j'ai une réunion.
Os tengo que dejar, tengo una reunión.
▷ Ne sois pas égoïste, laisse-moi un peu de chocolat.
No seas egoísta, déjame un poco de chocolate.
▷ Les parents d'Anaïs la laissent sortir le samedi.
Los padres de Anaïs la dejan salir los sábados.

dejar

*Attention à bien prononcer le **j**.*

lait

1 ▷ Chez moi on boit du lait le matin.
En mi casa bebemos leche por la mañana.

1 la **leche**

*Attention : le mot espagnol **leche** est féminin.*

▷ Je n'ai plus de lait démaquillant.
Ya no tengo leche desmaquilladora.

► **lait démaquillant :** la **leche desmaquilladora**

2 ▷ Mets du lait solaire, sinon tu vas attraper un coup de soleil.
Ponte crema solar, que si no te vas a quemar.

2 ► **lait solaire :** la **crema solar**

laitue

▷ Mon père a planté des laitues dans le jardin.
Mi padre ha plantado lechugas en el jardín.

la **lechuga**

lame

▷ Attention, ce couteau a une lame très pointue.
Cuidado, que este cuchillo tiene la hoja muy puntiaguda.

(de couteau, de rasoir) la **hoja**

lampadaire

1 ▷ Allume le lampadaire, tu verras mieux.
Enciende la lámpara de pie, verás mejor.

1 (dans une pièce) la **lámpara de pie** (pluriel : las lámparas de pie)

*Remarquez que le mot **lámpara** porte sur le premier **a** un accent écrit qui reflète l'accent tonique.*

2 ▷ La voiture est rentrée dans un lampadaire.
El coche chocó contra una farola.

2 (dans la rue) la **farola**

lampe

▷ Est-ce que tu as changé l'ampoule de la lampe ?
¿Has cambiado la bombilla de la lámpara?

la **lámpara**

*Remarquez que le mot espagnol porte sur le premier **a** un accent écrit qui reflète l'accent tonique.*

▷ Ma lampe de chevet ne s'allume pas.
Mi lamparilla de noche no se enciende.

► **lampe de chevet :** la **lamparilla de noche** (pluriel : las lamparillas de noche)

▷ Sébastien a utilisé sa lampe de poche pour trouver ses clés.
Sébastien usó su linterna para encontrar las llaves.

► **lampe de poche : la linterna**

lancer

▷ Lance-moi la balle !
¡Tírame la pelota!
▷ Ils lui ont lancé des cailloux.
Le tiraron piedras.

(= jeter) **tirar**

ℹ *Le mot* ***lanzar*** *existe, mais il s'utilise plutôt pour parler d'un satellite ou d'un produit commercial.*

landau

▷ Il y avait un bébé dans son landau devant le supermarché.
Había un bebé en su cochecito delante del supermercado.

el **cochecito**

ℹ *Signifie littéralement « petite voiture ».*

langue

1 ▷ Qu'est-ce que tu as mangé ? Ta langue est toute violette!
¿Qué has comido? ¡Tienes la lengua toda morada!
▷ Mon petit frère me tire tout le temps la langue.
Mi hermanito me saca la lengua todo el tiempo.

1 (= la partie du corps) la **lengua**

► **tirer la langue à** quelqu'un **:**
sacar la lengua a alguien

2 ▷ Laetitia parle quatre langues.
Laetitia habla cuatro idiomas.

2 (= le langage) el **idioma**

ℹ *Dans le sens de langue que l'on parle, on peut dire aussi* ***la lengua****.*

▷ L'espagnol est sa langue maternelle.
El español es su lengua materna.
▷ Il est obligatoire d'apprendre deux langues étrangères.
Es obligatorio aprender dos lenguas extranjeras.

► **langue maternelle : la lengua materna**
► **langue étrangère : lengua extranjera**
(pluriel : **lenguas extranjeras**)

3 ▷ Tu donnes ta langue au chat ?
¿Te das por vencido?
▷ Elle a donné sa langue au chat.
Se dio por vencida.

3 ► **donner sa langue au chat : darse por vencido/vencidos**

ℹ *Le pronom réfléchi fonctionne de la façon suivante en espagnol :* ***me*** *doy por vencido,* ***te*** *das por vencido,* ***se*** (singulier) *da por vencido,* ***nos*** *damos por vencidos,* ***os*** *dais por vencidos,* ***se*** (pluriel) *dan por vencidos*

lapin

▷ Dans leur jardin, ils ont un lapin dans une cage.
En su jardín, tienen un conejo en una jaula.

el **conejo**

laque

▷ Ma grand-mère se met de la laque sur les cheveux.
Mi abuela se pone laca en el pelo.

la **laca**

laquelle

Regardez le mot **lequel**.

large

▷ La rue n'est pas très large, il n'y a pas assez de place pour deux voitures.
La calle no es muy ancha, no hay sitio para dos coches.
▷ Le salon fait six mètres de large.
El salón mide seis metros de ancho.

ancho, ancha

ℹ *Attention : le mot* ***largo, larga*** *existe en espagnol, mais il signifie* long, longue.
ℹ *Quand on veut parler de la largeur de quelque chose, on emploie l'expression* ***medir... de ancho****.*

largement

▷ Ne te presse pas, tu as largement le temps.
No te apresures, tienes tiempo de sobra.
▷ Il y en a largement assez.
Hay de sobra.

(= amplement) **de sobra**

► **largement assez : de sobra**

largeur

▷ Nous avons mesuré la largeur du bureau.
Hemos medido la anchura del despacho.

▷ La rivière fait trente mètres de largeur.
El río mide treinta metros de ancho.

(= dimension) la **anchura**

ℹ *Attention : le mot* ***la largura*** *existe en espagnol, mais il signifie* la longueur.
ℹ *Quand on veut parler de la largeur exacte de quelque chose, on emploie l'expression* ***medir... de ancho****.*

larme

1 ▷ Les larmes coulaient sur les joues d'Amélie.
Las lágrimas resbalaban por las mejillas de Amélie.

1 la **lágrima**

ℹ *Remarquez que le mot espagnol porte sur le premier* ***a*** *un accent écrit qui reflète l'accent tonique.*

2 ▷ Sandra a eu les larmes aux yeux quand le prof l'a grondée.
A Sandra se le humedecieron los ojos cuando el profesor la riñó.

2 Pour dire qu'on a **les larmes aux yeux** on emploie en espagnol l'expression **humedecerse los ojos** avec le pronom personnel qui convient.

ℹ *Le pronom personnel fonctionne de la façon suivante en espagnol : se **me/te/le** / **nos** /**os** /**les** humedecieron los ojos.*

3 ▷ Il était en larmes dans la cour.
Lloraba en el patio.

3 ► **être en larmes : llorar**

lasagnes

▷ J'adore les lasagnes.
Me encanta la lasaña.

la **lasaña**

ℹ ***Lasaña** est un nom singulier qui s'utilise avec un verbe au singulier, comme dans l'exemple de gauche (**encanta**).*

latin

▷ Nous apprenons le latin à l'école.
Estudiamos latín en el colegio.

(= langue) el **latín**

ℹ *Remarquez que le mot espagnol porte sur le **i** un accent écrit qui reflète l'accent tonique.*

lavabo

▷ Il y a deux lavabos dans la salle de bains.
Hay dos lavabos en el cuarto de baño.

el **lavabo**

lavande

▷ Il y a de la lavande dans le jardin, ça sent bon.
Hay lavanda en el jardín, huele bien.

la **lavanda**

laver

▷ Nos voisins lavent leur voiture tous les dimanches.
Nuestros vecinos lavan el coche todos los domingos.

lavar

▷ Ce garçon ne se lave pas assez.
Este chico no se lava bastante.
▷ N'oublie pas de te laver les mains.
No te olvides de lavarte las manos.

► **se laver : lavarse**

ℹ *Le pronom réfléchi fonctionne de la façon suivante en espagnol : **me** lavo, **te** lavas, **se*** (singulier) *lava, **nos** lavamos, **os** laváis, **se*** (pluriel) *lavan.*

lave-vaisselle

▷ C'est très pratique d'avoir un lave-vaisselle.
Tener un lavavajillas es muy práctico.

el **lavavajillas** (pluriel : los lavavajillas)

ℹ *On peut dire aussi* ***el lavaplatos*** (pluriel : ***los lavaplatos***).

le (article)

1 ▷ Le garçon qui est en train de jouer là-bas est dans ma classe.
El chico que está jugando allí va a mi clase.
▷ J'adore le chocolat.
Me encanta el chocolate.

2 ▷ Qu'est-ce que tu fais le mercredi ?
¿Qué haces los miércoles?
▷ Le week-end nous allons souvent à la campagne.
Los fines de semana vamos a menudo al campo.

1 **el**

2 Quand on parle d'un jour ou d'un moment de la semaine, pour dire **tous les...**, on emploie **los** en espagnol.

ℹ *Seul l'article défini* **le** *est traité ici. Pour le pronom* **le**, *allez à l'entrée suivante.*

le ou l' (pronom)

▷ Mon chien est malade, je l'emmène chez le vétérinaire.
Mi perro está enfermo, lo llevo al veterinario.
▷ Si tu aimes ce stylo, tu peux le garder.
Si te gusta este boli, te lo puedes quedar.
▷ Un crapaud ! Attrape-le !
¡Un sapo! ¡Atrápalo!
▷ C'est le frère d'Édouard. Tu le connais ?
Es el hermano de Édouard. ¿Le conoces?
▷ Je sais que mon frère était là, mais je ne l'ai pas vu.
Sé que mi hermano estaba allí, pero no le vi.

lo

ℹ *Quand il s'agit d'une personne, bien que ce soit l'emploi du pronom* ***lo*** *qui est préconisé, en Espagne on emploie presque toujours* ***le*** *à sa place.*

ℹ *Seul le pronom* **le** *est traité ici. Pour l'article défini* **le**, *allez à l'entrée précédente.*

lécher

▷ Le chien m'a léché la figure.
El perro me lamió la cara.

lamer

lèche-vitrines

▷ Mercredi j'ai fait du lèche-vitrines avec mes copines.
El miércoles miré escaparates con las amigas.

► **faire du lèche-vitrines : mirar escaparates**

leçon

1 ▷ La leçon de maths était intéressante.
La lección de matemáticas fue interesante.
▷ Est-ce que tu as appris ta leçon pour demain ?
¿Has estudiado la lección para mañana?

1 (= cours, devoirs) la **lección** (pluriel : las lecciones)

ℹ *Il n'y a pas d'accent écrit au pluriel. L'accent tonique porte sur le **o**, comme au singulier.*

2 ▷ Ma mère m'a fait la leçon parce que j'avais refusé d'aider ma grand-mère.
Mi madre me sermoneó porque me negué a ayudar a mi abuela.

2 ► **faire la leçon à** quelqu'un (= le gronder) **:** **sermonear** a alguien

lecteur, lectrice

1 ▷ Ce livre est pour les jeunes lecteurs.
Este libro es para los jóvenes lectores.

1 (= personne qui lit) el **lector** (pluriel : los lectores), la **lectora**

2 ▷ Mon lecteur de CD ne marche pas.
Mi lector de CD no funciona.

2 ► **lecteur de CD :** el **lector de CD** (pluriel : los lectores de CD)

ℹ *On peut dire aussi **el lector de discos compactos*** (pluriel : ***los lectores de discos compactos***).

3 ▷ Le lecteur « C » ne fonctionne pas.
La unidad « C » no funciona.
▷ Est-ce qu'il y a un lecteur de CD-ROM sur ton ordinateur ?
¿Hay una unidad de CD-ROM en tu ordenador?

3 ► **lecteur** (sur un ordinateur) **:** la **unidad** (pluriel : las unidades)
► **lecteur de CD-ROM :** la **unidad de CD-ROM**

ℹ *On peut dire aussi **el lector de CD-ROM*** (pluriel : ***los lectores de CD-ROM***).

lecture

▷ Ma petite sœur n'est pas très douée en lecture.
A mi hermanita no se le da muy bien la lectura.
▷ J'emporte toujours de la lecture en vacances.
Siempre me llevo lecturas para las vacaciones.

la **lectura**

► **de la lecture** (= des livres) **:** **lecturas**

légal, légale

▷ Est-ce que c'est légal de faire ça ?
¿Hacer eso es legal?

legal (pluriel : legales)
► **il est légal de** + faire quelque chose **:** **es legal** + hacer algo

léger, légère

1 ▷ Emporte des vêtements légers, il va faire chaud.
Llévate ropa ligera, que va a hacer calor.
▷ Il y a une légère différence.
Hay una ligera diferencia.

1 (= qui ne pèse pas beaucoup, qui est fin ou pas très important) **ligero, ligera**

Suite page suivante

2 ▷ Mon père fume des cigarettes légères.
Mi padre fuma cigarrillos light.

2 (en parlant du tabac) **light** (pluriel : **light**)

légèrement

▷ Celui-ci est légèrement plus grand que l'autre.
Éste es ligeramente más grande que el otro.

(= un peu) **ligeramente**

légume

▷ Tu devrais manger plus de légumes.
Deberías comer más verduras.

la **verdura**

lendemain

▷ Jules est arrivé le lendemain.
Jules llegó al día siguiente.
▷ Elle m'a téléphoné le lendemain matin.
Me llamó al día siguiente por la mañana.
▷ Le lendemain de la fête on est allés à la plage.
El día después de la fiesta fuimos a la playa.

► **le lendemain : al día siguiente**

► **le lendemain de... : el día después de...**

lent, lente

▷ Ce film est un peu lent.
Esta película es un poco lenta.

lento, lenta

lentement

▷ Tu marches trop lentement.
Andas demasiado lentamente.

lentamente
On peut dire aussi ***despacio****.*

lentilles

1 ▷ Ma mère a préparé des lentilles avec des saucisses.
Mi madre ha preparado lentejas con salchichas.
2 ▷ Rachel porte des lentilles.
Rachel lleva lentillas.

1 (= légumes secs) las **lentejas**

2 (= lentilles de contact) las **lentillas**

léopard

▷ Les léopards sont des animaux très rapides.
Los leopardos son unos animales muy rápidos.

el **leopardo**

lequel, laquelle, lesquels

1 ▷ Lequel est-ce que tu préfères ?
¿Cuál prefieres?
▷ Je ne sais pas laquelle des deux maisons ils vont acheter.
No sé cuál de las dos casas van a comprar.

1 (quand il y a un choix) **cuál** (pluriel : **cuáles**)

Remarquez que le mot espagnol porte sur le ***a*** *un accent écrit qui indique qu'il s'agit d'un mot interrogatif.*

2 ▷ C'est la fille avec laquelle sort Sammy.
Es la chica con la que sale Sammy.
▷ La société pour laquelle travaille ma mère est à Roubaix.
La sociedad para la que trabaja mi madre está en Roubaix.

2 Quand **lequel** suit une préposition (dans les exemples à gauche, **avec** et **pour** sont des prépositions), il se traduit en espagnol par **el que** (masculin singulier), **la que** (féminin singulier), **los que** (masculin pluriel), **las que** (féminin pluriel).

les (pronom)

1 ▷ Les cahiers qui sont dans le tiroir, peux-tu me les donner ?
Los cuadernos que hay en el cajón, ¿puedes dármelos?
▷ Carole et Pierre m'ont invité. – Je ne savais pas que tu les connaissais.
Carole y Pierre me han invitado. – No sabía que les conocías.

2 ▷ Et ces poésies, tu les as apprises ?
Y estas poesías, ¿las has estudiado?

1 (quand **les** représente un masculin pluriel) **los**

i *Quand il s'agit d'une personne, bien que ce soit l'emploi du pronom* ***los*** *qui est préconisé, en Espagne on emploie presque toujours* ***les*** *à sa place.*

2 (quand **les** représente un féminin pluriel) **las**

i *Seul le pronom* **les** *est traité ici. Pour l'article défini* **les**, *allez à l'entrée suivante.*

les (article)

1 ▷ Les parents de Rocío sont très sympas.
Los padres de Rocío son muy simpáticos.

2 ▷ Ce sont les copines de Camille.
Son las amigas de Camille.

1 (quand **les** représente un masculin pluriel) **los**

2 (quand **les** représente un féminin pluriel) **las**

i *Seul l'article* **les** *est traité ici. Pour le pronom* **les**, *allez à l'entrée précédente.*

lessive

1 ▷ Il y a des traces de lessive sur mon jean.
Hay restos de detergente en mis vaqueros.

2 ▷ C'est mon père qui fait la lessive.
Mi padre es el que hace la colada.
▷ La lessive est en train de sécher.
La colada está secando.

1 (= poudre ou liquide) **el detergente**

2 (= linge qu'on lave) **la colada**

lettre

1 ▷ Les lettres ne sont pas toutes à la même place sur le clavier anglais.
Las letras no están todas en el mismo sitio en el teclado inglés.

2 ▷ Bruno m'a écrit une lettre le mois dernier.
Bruno me escribió una carta el mes pasado.

1 (= signe de l'alphabet) **la letra**

2 (= correspondance) **la carta**

leur, leurs

1 ▷ C'est leur voiture.
Es su coche.
▷ Leurs enfants sont très gentils.
Sus hijos son muy amables.

1 ► **leur** (= possessif) : **su**

► **leurs** (= possessif) : **sus**

2 ▷ Notre canapé n'est pas mal, mais je préfère le leur.
Nuestro sofá no está mal, pero prefiero el suyo.

▷ Ces valises sont les leurs.
Estas maletas son suyas.

2 ► **le leur** : **el suyo**

ℹ Le féminin (= **la leur**) est ***la suya***, le masculin pluriel (= **les leurs**) est ***los suyos***, et le féminin pluriel (= **les leurs**) est ***las suyas***.

ℹ Quand **le leur** est placé après le verbe **être**, il se traduit par ***suyo*** (***suya, suyos, suyas***).

3 ▷ Est-ce que tu leur as écrit ?
¿Les has escrito?
▷ Je le leur ai donné.
Se lo di.

3 (= à eux, à elles) **les**

ℹ *Quand il y a un autre pronom devant* **leur**, *celui-ci se traduit par* ***se*** *en espagnol.*

lever

1 ▷ Le douanier m'a fait lever les bras pour me fouiller.
El aduanero me hizo levantar los brazos para registrarme.

1 (= monter) **levantar**

2 ▷ Les élèves se lèvent quand le proviseur entre dans la classe.
Los alumnos se levantan cuando el director entra en el aula.
▷ Il est onze heures, lève-toi !
Son las once, ¡levántate!

2 ► **se lever** : **levantarse**

ℹ *Le pronom réfléchi fonctionne de la façon suivante en espagnol :* ***me*** *levanto,* ***te*** *levantas,* ***se*** (singulier) *levanta,* ***nos*** *levantamos,* ***os*** *levantáis,* ***se*** (pluriel) *levantan.*

3 ▷ Le soleil se lève très tôt.
El sol sale muy temprano.

3 ► **se lever** (en parlant du soleil) : **salir**

4 ▷ Le jour se lève.
Amanece.

4 Pour dire que le jour se lève, on emploie en espagnol le verbe **amanecer**.

levier

▷ Le levier de vitesse est bloqué.
La palanca de cambios está atascada.

la **palanca**

lèvre

▷ Qu'est-ce que tu as sur les lèvres ?
¿Qué tienes en los labios?

el **labio**

Attention : ***labio*** *est masculin.*

lézard

▷ Il y a des lézards dans le jardin.
Hay lagartos en el jardín.

el **lagarto**

libellule

▷ Regarde cette libellule sur l'eau.
Mira esta libélula en el agua.

la **libélula**

*Remarquez que le mot espagnol porte sur le **e** un accent écrit qui reflète l'accent tonique.*

libérer

1 ▷ Ils ont enfin libéré les otages.
Por fin han liberado a los rehenes.

1 (= relâcher) **liberar**

*Si le complément est une personne ou un groupe de personnes, n'oubliez pas de le faire précéder de **a**.*

*On peut dire aussi **poner en libertad**.*

2 ▷ Le prisonnier a réussi à se libérer.
El prisionero consiguió liberarse.

2 ► **se libérer** (= se détacher) : **liberarse**

*Le pronom réfléchi fonctionne de la façon suivante en espagnol : **me** libero, **te** liberas, **se** (singulier) libera, **nos** liberamos, **os** liberáis, **se** (pluriel) liberan.*

3 ▷ Je vais voir si je peux me libérer pour te filer un coup de main.
Voy a ver si puedo encontrar un momento para echarte una mano.

3 ► **se libérer** (dans son emploi du temps) : **encontrar un momento**

liberté

▷ Ses parents lui laissent beaucoup de liberté.
Sus padres le dejan mucha libertad.
▷ Les animaux sont en liberté dans ce parc.
Los animales están en libertad en este parque.

la **libertad** (pluriel : las libertades)

► **en liberté** : **en libertad**

librairie

▷ Il y a une nouvelle librairie près de l'école.
Hay una nueva librería cerca del colegio.

la **librería**

*Remarquez que le mot espagnol porte sur le **i** un accent écrit qui reflète l'accent tonique.*

libre

▷ Tu peux faire ce que tu veux, tu es libre.
Puedes hacer lo que quieras, eres libre.
▷ Est-ce que tu es libre ce soir ?
¿Estás libre esta noche?

libre

Suite page suivante

▷ Cette place est libre ou occupée ?
¿Este asiento está libre u ocupado?
▷ J'avais une heure libre alors je suis allé à la bibliothèque.
Tenía una hora libre, entonces fui a la biblioteca.

*Notez l'emploi du verbe **ser** quand on parle d'une caractéristique permanente, et du verbe **estar** quand on veut dire qu'on n'a pas d'obligations à un moment donné ou qu'il s'agit d'un état transitoire.*

licence

▷ La sœur d'Emmanuel a une licence de maths.
La hermana de Emmanuel tiene una licenciatura de matemáticas.

(= diplôme) la **licenciatura**

licencier

▷ Ils ont licencié trois cents personnes.
Han despedido a trescientas personas.
▷ Ma sœur s'est fait licencier.
Han despedido a mi hermana.

despedir

*Le complément est une personne : n'oubliez pas de le faire précéder de **a**.*

*Remarquez que le verbe espagnol **despedirse** signifie* **faire ses adieux, prendre congé**.

lié, liée

▷ Les deux incidents ne sont pas liés.
Los dos incidentes no están ligados.

ligado, ligada

Regardez aussi le verbe **lier***, plus bas.*

lien

1 ▷ Il n'y aucun lien entre ces deux histoires.
No hay ninguna relación entre estas dos historias.

1 (= relation entre des choses) la **relación** (pluriel : las **relaciones**)

*Il n'y a pas d'accent écrit au pluriel. L'accent tonique porte sur le **o**, comme au singulier.*

2 ▷ Il a des liens très étroits avec sa famille.
Tiene vínculos muy estrechos con su familia.

2 (= relation entre des personnes) el **vínculo**

*Remarquez que le mot espagnol porte sur le **i** un accent écrit qui reflète l'accent tonique.*

*On peut dire aussi **el lazo**.*

3 ▷ Il faut double-cliquer sur le lien.
Hay que hacer doble clic en el enlace.

3 (en informatique) el **enlace**

*On peut dire aussi **el vínculo**.*

lier

1 ▷ Rien ne nous permet de lier les deux événements.
Nada nos permite ligar los dos acontecimientos.

1 (= établir un lien) **ligar**

2 ▻ On a lié conversation dans le train.
Entablamos conversación en el tren.

2 ► **lier conversation** : **entablar conversación**

lieu

1 ▻ Ce bar est un lieu très à la mode.
Este bar es un lugar muy de moda.

2 ▻ Il a utilisé une tasse au lieu d'un bol.
Utilizó una taza en vez de un tazón.
▻ Aide-moi au lieu de regarder la télé !
¡Ayúdame en vez de mirar la tele!

3 ▻ Le match aura lieu samedi.
El partido tendrá lugar el sábado.

1 el **lugar** (pluriel : **los lugares**)

2 ► **au lieu de** : **en vez de**

3 ► **avoir lieu** (= se passer) : **tener lugar**

lièvre

▻ Nous avons vu un lièvre courir dans le champ.
Vimos una liebre que corría por el campo.

la **liebre**

*Attention : contrairement au français, le mot espagnol **liebre** est féminin.*

light

▻ Il mange des yaourts light pour maigrir.
Come yogures light para adelgazar.

light (pluriel : **light**)

ligne

1 ▻ La première ligne du texte est illisible.
La primera línea del texto es ilegible.
▻ Les lignes de banlieue ne fonctionnent pas bien en ce moment.
Las líneas de cercanías no funcionan bien en este momento.

2 ▻ Bertrand passe des heures à jouer en ligne.
Bertrand pasa horas jugando en línea.

3 ▻ On s'est tous mis en ligne pour rentrer dans la salle des fêtes.
Nos pusimos todos en fila para entrar en la sala de fiestas.

1 la **línea**

*Remarquez que le mot espagnol porte sur le **i** un accent écrit qui reflète l'accent tonique.*

2 ► (sur le web) **en ligne** : **en línea**

3 ► **se mettre en ligne** : **ponerse en fila**

*Le pronom réfléchi fonctionne de la façon suivante en espagnol : **nos** ponemos en fila, **os** ponéis en fila, **se** ponen en fila.*

limace

▻ Les limaces ont mangé les laitues.
Las babosas se han comido las lechugas.

la **babosa**

limitation

▷ La limitation de vitesse est fixée à 80 kilomètres par heure.
La limitación de velocidad está a 80 kilómetros por hora.

► **limitation de vitesse :** la **limitación de velocidad**

limite

1 ▷ Il y a une limite de trois places par personne.
Hay un límite de tres entradas por persona.
▷ La limite entre les deux quartiers est ici.
El límite entre los dos barrios está aquí.

1 el **límite**

Attention : contrairement au français, le mot espagnol ***límite*** *est masculin.*

2 ▷ À la limite, on pourrait prendre un taxi.
En última instancia, podríamos coger un taxi.

2 ► **à la limite** (= s'il le faut vraiment) **: en última instancia**

limonade

▷ Deux limonades, s'il vous plaît.
Dos gaseosas, por favor.

la **gaseosa**

linge

1 ▷ On doit emporter notre propre linge au chalet.
Tenemos que llevar nuestra propia ropa blanca al chalé.
2 ▷ Pour aider ma mère, j'étends le linge.
Para ayudar a mi madre, tiendo la colada.

1 (= draps, torchons, etc.) la **ropa blanca**
2 (= lessive) la **colada**

lion

▷ Dominique a photographié des lions au Kenya.
Dominique fotografió leones en Kenia.

el **león** (pluriel : los **leones**)

liquide

1 ▷ Achète du savon liquide.
Compra jabón líquido.

1 (adjectif = non solide) **líquido, líquida**

Remarquez que le mot espagnol porte sur le premier ***i*** *un accent écrit qui reflète l'accent tonique.*

2 ▷ Ne mets pas trop de liquide vaisselle.
No pongas demasiado lavavajillas.

2 ► **liquide vaisselle :** el **lavavajillas**

3 ▷ J'ai payé avec ma carte parce que je n'avais pas de liquide.
Pagué con la tarjeta porque no tenía dinero en efectivo.
▷ On a payé en liquide.
Pagamos en efectivo.

3 (= de l'argent liquide) **: el dinero en efectivo**

► **en liquide : en efectivo**

lire

▷ Mon père lisait le journal quand je suis arrivée.
Mi padre leía el periódico cuando llegué.

leer

lisse

▷ Paula a la peau très lisse.
Paula tiene la piel muy lisa.

liso, lisa

liste

▷ Zut, j'ai perdu la liste des courses !
¡Mecachis, he perdido la lista de la compra!
▷ Fais une liste, sinon tu vas oublier quelque chose.
Haz una lista, que si no vas a olvidar algo.
▷ Raphaël est sur liste d'attente pour le vol Paris-New York.
Raphaël está en la lista de espera para el vuelo París-Nueva York.

la **lista**

► **être sur liste d'attente : estar en la lista de espera**

lit

▷ Ce lit est très dur.
Esta cama es muy dura.
▷ Je voudrais une chambre avec un lit de deux personnes et un lit d'une personne.
Quisiera una habitación con una cama de matrimonio y una cama individual.
▷ Il est midi et Caroline est encore au lit !
¡Son las doce y Caroline todavía está en la cama!
▷ À quelle heure est-ce que tu vas au lit d'habitude ?
¿A qué hora sueles irte a la cama?
▷ Mon père m'a grondé parce que je n'avais pas fait mon lit.
Mi padre me riñó porque no había hecho la cama.

la **cama**

► **lit de deux personnes : cama de matrimonio** (pluriel : camas de matrimonio)
► **lit d'une personne : cama individual**
(pluriel : camas individuales)
► **être au lit : estar en la cama**
► **aller au lit : irse a la cama**

ℹ *Le pronom réfléchi fonctionne de la façon suivante en espagnol :* ***me*** *voy a la cama,* ***te*** *vas a la cama,* ***se*** (singulier) *va a la cama,* ***nos*** *vamos a la cama,* ***os*** *vais a la cama,* ***se*** (pluriel) *van a la cama.*

► **faire son lit : hacerse la cama**

ℹ *Le pronom réfléchi fonctionne de la façon suivante en espagnol :* ***me*** *hago la cama,* ***te*** *haces la cama,* ***se*** (singulier) *hace la cama,* ***nos*** *hacemos la cama,* ***os*** *hacéis la cama,* ***se*** (pluriel) *hacen la cama.*

litre

▷ J'ai emporté un litre d'eau pour la randonnée.
Me llevé un litro de agua para la excursión.

el **litro**

littérature

▷ Le prof nous a parlé de la littérature du dix-neuvième siècle.
El profesor nos habló de la literatura del siglo diecinueve.

la **literatura**

ℹ *Attention à l'orthographe du mot espagnol.*

livre

1 ▷ Tu as lu ce livre ? Il est génial.
¿Has leído este libro? Es una pasada.
▷ Quelqu'un a vu mon livre de maths ?
¿Alguien ha visto mi libro de matemáticas?
▷ Les livres de classe pèsent très lourd.
Los libros de texto pesan mucho.
▷ Ma mère a beaucoup de livres de cuisine.
Mi madre tiene muchos libros de cocina.
▷ Je n'achète que des livres de poche, ils sont moins chers.
Sólo compro libros de bolsillo, son más baratos.

1 (= un livre qu'on lit) el **libro**

► **livre de classe : libro de texto** (pluriel : libros de texto)
► **livre de cuisine : libro de cocina** (pluriel : libros de cocina)
► **livre de poche : libro de bolsillo** (pluriel : libros de bolsillo)

2 ▷ Une livre de raisin, s'il vous plaît.
Una libra de uvas, por favor.

2 (= la livre, l'unité de poids) la **libra**

livrer

▷ Le facteur nous a livré un colis.
El cartero nos entregó un paquete.
▷ Anaïs s'est fait livrer les achats.
Anaïs ha hecho que le traigan las compras a casa.

► **livrer** quelque chose **à** quelqu'un **: entregar** algo **a** alguien
► **se faire livrer** quelque chose **: hacer que se traigan** algo **a casa**

livret

1 ▷ J'ai perdu mon livret de caisse d'épargne.
He perdido la cartilla de ahorros.

1 ► **livret de caisse d'épargne : la cartilla de ahorros** (pluriel : las cartillas de ahorros)

ℹ *On peut dire aussi* ***la libreta de ahorros****.*

2 ▷ Il vous faut votre livret de famille pour obtenir un passeport.
Necesita el libro de familia para obtener un pasaporte.

2 ► **livret de famille : el libro de familia**

3 ▷ Natacha a un très bon livret scolaire.
Natacha tiene un libro escolar muy bueno.

3 ► **livret scolaire : el libro escolar** (pluriel : los libros escolares)

locataire

▷ Les locataires du rez-de-chaussée sont très sympas.
Los inquilinos de la planta baja son muy simpáticos.

el **inquilino**, la **inquilina**

location

▷ Mon père dirige une entreprise de location de voitures.
Mi padre dirige una empresa de alquiler de coches.

el **alquiler**

locomotive

▷ La locomotive est tombée en panne dix minutes après le départ.
La locomotora tuvo una avería diez minutos después de la salida.

la **locomotora**

logement

▷ C'est difficile de trouver un logement de nos jours.
Es difícil encontrar una vivienda hoy en día.
▷ Ils ont un logement de soixante mètres carrés.
Tienen una vivienda de sesenta metros cuadrados.

(= appartement ou maison) la **vivienda**

loger

1 ▷ Quand nous allons en vacances, nous logeons à l'hôtel.
Cuando vamos de vacaciones, nos alojamos en hoteles.

1 (= habiter temporairement) **alojarse**

ℹ *Le pronom réfléchi fonctionne de la façon suivante en espagnol : **me** alojo, **te** alojas, **se*** (singulier) *aloja, **nos** alojamos, **os** alojáis, **se*** (pluriel) *alojan.*

2 ▷ Nous pouvons loger trois personnes.
Podemos alojar a tres personas.

2 ► **loger** quelqu'un (= accueillir quelqu'un chez soi) : **alojar** a alguien

logiciel

▷ Ce logiciel est très bien pour retoucher les photos.
Este programa está muy bien para retocar las fotos.

► **un logiciel** : **un programa**

Suite page suivante

▻ Ils vendent des logiciels.
Venden software.
▻ Les logiciels sont chers.
El software es caro.

ℹ *Quand on veut parler des logiciels en général, on emploie le mot* ***software****.* ***Software*** *ne se met pas au pluriel et ne s'emploie pas avec l'article indéfini* ***un****.*
ℹ ***Software*** *est un mot d'origine anglaise.*

logique

▻ Oui, je comprends, c'est logique.
Sí, entiendo, es lógico.
▻ C'est logique !
¡Es lógico!

lógico, lógica

ℹ *Remarquez que le mot espagnol porte sur le* ***o*** *un accent écrit qui reflète l'accent tonique.*

loi

▻ C'est la loi, tu dois la respecter.
Es la ley, la tienes que respetar.

la **ley** (pluriel : las leyes)

loin

1 ▻ Est-ce que c'est loin ?
¿Está lejos?
▻ Les vacances sont encore loin.
Las vacaciones quedan todavía lejos.

1 **lejos**

Attention : le verbe qui traduit être *dans* être loin *est* ***estar*** *et non* ***ser****.*

▻ La piscine n'est pas loin d'ici.
La piscina no está lejos de aquí.
▻ Je vois mal de loin.
Veo mal de lejos.

► **loin de :** lejos de

► **de loin** (= depuis une certaine distance) **:** de lejos

2 ▻ Les autres sont encore loin derrière.
Los otros van todavía muy detrás.
▻ Élise est loin devant.
Élise va muy delante.

2 ► **loin derrière :** muy detrás

► **loin devant :** muy delante

3 ▻ Thomas est de loin le meilleur élève de la classe.
Thomas es, con mucho, el mejor alumno de la clase.

3 **de loin** (= de beaucoup) **: con mucho**

loisirs

1 ▻ Qu'est-ce que tu fais pendant tes loisirs ?
¿Qué haces durante tu tiempo libre?
2 ▻ Ce centre propose des loisirs très variés.
Este centro ofrece distracciones muy variadas.

1 (= temps libre) el **tiempo libre**

2 (= activités) las **distracciones**

long, longue

▻ Ce jean est un peu long pour toi.
Estos vaqueros te quedan un poco largos.

largo, larga

▷ La pièce fait dix mètres de long.
La habitación mide diez metros de largo.

▷ Il y a des arbres le long de la rivière.
Hay árboles a lo largo del río.

ℹ *Quand on veut préciser la longueur de quelque chose en espagnol, on emploie l'expression **medir... de largo**.*

► **le long de : a lo largo de**

longtemps

1 ▷ J'ai dû attendre longtemps.
Tuve que esperar mucho tiempo.
▷ Ça a pris longtemps.
Llevó mucho tiempo.
▷ Sonia a été malade pendant longtemps.
Sonia estuvo enferma durante mucho tiempo.
▷ Je ne t'avais pas vu depuis longtemps.
No te he visto desde hace mucho tiempo.
▷ Il y a longtemps que je connais Cédric.
Hace mucho que conozco a Cédric.

2 ▷ Ludmila est arrivée longtemps avant les autres.
Ludmila llegó mucho antes de los demás.
▷ Ils en ont parlé longtemps après.
Hablaron de ello mucho después.

1 **mucho tiempo**
► **pendant longtemps : durante mucho tiempo**
► **depuis longtemps : desde hace mucho tiempo**
► **il y a longtemps que... : hace mucho que...**

2 ► **longtemps avant : mucho antes**
► **longtemps après : mucho después**

longueur

1 ▷ Nous avons mesuré la longueur de la pièce.
Medimos la longitud de la habitación.
▷ La pièce fait dix mètres de longueur.
La habitación mide diez metros de largo.

2 ▷ La longueur du film est indiquée sur le programme.
La duración de la película viene indicada en el programa.

1 (= dimension) la **longitud**

ℹ *Quand on veut préciser la longueur de quelque chose en espagnol, on emploie l'expression **medir... de largo**.*

2 (= durée) la **duración**

lot

▷ Lucile a quand même eu un lot de consolation.
Lucile tuvo con todo un premio de consolación.
▷ Marguerite a gagné le gros lot à la tombola de l'école.
Marguerite ganó el premio gordo en la tómbola del colegio.

(= prix) el **premio**

► **le gros lot : el premio gordo**

loterie

▷ Les commerçants ont donné des lots pour la loterie de l'école.
Los comerciantes han dado premios para la lotería del colegio.

▷ On peut gagner des millions à la loterie nationale.
Se pueden ganar millones en la lotería nacional.

la **lotería**

ℹ *Remarquez que le mot espagnol porte sur le **i** un accent écrit qui reflète l'accent tonique.*

► **la loterie nationale : la lotería nacional**

ℹ *Un seul mot en espagnol, **lotería**, pour désigner aussi bien la* **loterie** *que le* **loto**.

lotion

▷ Cette lotion est bonne pour la peau.
Esta loción es buena para la piel.

▷ Cette lotion après-rasage sent bon.
Esta loción para después del afeitado huele bien.

la **loción** (pluriel : las lociones)

ℹ *Il n'y a pas d'accent écrit au pluriel. L'accent tonique porte sur le **o**, comme au singulier.*

► **lotion après-rasage : loción para después del afeitado**

lotissement

▷ Sandra habite dans un lotissement en banlieue.
Sandra vive en una urbanización en las afueras.

(= ensemble de maisons) la **urbanización**
(pluriel : las urbanizaciones)

ℹ *Il n'y a pas d'accent écrit au pluriel. L'accent tonique porte sur le **o**, comme au singulier.*

Loto

1 ▷ Apparemment, ils ont gagné un million au Loto.
Se ve que han ganado un millón a la lotería.

2 ▷ Combien de bons résultats as-tu eus au loto sportif ?
¿Cuántos resultados has acertado en la quiniela?

1 ► **le Loto : la lotería**

ℹ *Un seul mot en espagnol, **lotería**, pour désigner aussi bien la* **loterie** *que le* **loto**.

2 ► **le loto sportif : la quiniela**

louche

1 ▷ J'ai laissé tomber la louche dans la marmite.
Dejé caer el cucharón en la olla.

2 ▷ Il y a un type louche qui cherche Roland.
Hay un tipo sospechoso que está buscando a Roland.

1 (= ustensile de cuisine) el **cucharón** (pluriel : los cucharones)

ℹ *Il n'y a pas d'accent écrit au pluriel. L'accent tonique porte sur le **o**, comme au singulier.*

2 (en parlant d'une personne qui a l'air louche) **sospechoso, sospechosa**

loucher

▷ Il louche.
Bizquea.

(= avoir un problème aux yeux) **bizquear**

louer

▷ Nous louons notre maison de campagne pendant l'hiver.
Alquilamos la casa de campo durante el invierno.
▷ On pourrait louer une villa pour les vacances.
Podríamos alquilar un chalé para las vacaciones.
▷ J'ai loué un vélo pour la semaine.
Alquilé una bici para la semana.

(en parlant d'un logement, de véhicules ou de skis) **alquilar**

loup

▷ Il y a encore des loups en Roumanie.
Todavía hay lobos en Rumanía.

el **lobo**

loupe

▷ Ma grand-mère a besoin d'une loupe pour lire le journal.
Mi abuela necesita una lupa para leer el periódico.
▷ On a regardé l'insecte à la loupe.
Miramos el insecto con la lupa.

la **lupa**

Notez la préposition utilisée en espagnol : à la loupe = ***con** la lupa.*

louper

1 ▷ Dépêchez-vous, vous aller louper le train !
¡Daos prisa, que vais a perder el tren!

1 (= manquer, en parlant du train ou d'une occasion) **perder**

2 ▷ J'ai loupé ma tarte au citron.
La tarta de limón me salió mal.

2 Pour dire qu'on a mal fait quelque chose, en parlant d'un gâteau ou d'un dessin, on emploie en espagnol l'expression **salir mal** précédée du pronom personnel qui convient.

Le pronom fonctionne de la façon suivante en espagnol : ***me** salió mal, **te** salió mal, **le** salió mal, **nos** salió mal, **os** salió mal, **les** salió mal.*

3 ▷ Jonathan pense qu'il a loupé son examen.
Jonathan piensa que ha cateado el examen.

3 (= rater, en parlant d'un examen) **catear**

4 ▷ Maïté est venue à Paris mais on s'est loupés.
Maïté vino a París pero no nos vimos.

4 ► **se louper** (= ne pas se voir) : **no verse**

*Le pronom réfléchi fonctionne de la façon suivante en espagnol : no **nos** vimos, no **os** visteis, no **se** vieron.*

lourd, lourde

1 ▷ Ta valise est vraiment lourde !
¡Tu maleta es muy pesada!
▷ Arrête ! Aujourd'hui tu es vraiment lourd !
¡Para! ¡Hoy estás realmente pesado!

1 (= qui pèse beaucoup ou agaçant)
pesado, pesada

ℹ *Notez l'emploi du verbe* ***ser*** *quand on parle de quelque chose qui pèse beaucoup, et du verbe* ***estar*** *quand on parle d'une personne qui est pénible à un moment donné.*

2 ▷ Ça pèse lourd !
¡Pesa mucho!

2 ► **peser lourd : pesar mucho**

3 ▷ Il fait lourd aujourd'hui.
Hace bochorno hoy.

3 ► **il fait lourd : hace bochorno**

loyer

▷ As-tu payé ton loyer ce mois-ci ?
¿Has pagado el alquiler este mes?

el **alquiler** (pluriel : los alquileres)

luge

▷ Mes parents m'ont acheté une luge pour aller à la montagne.
Mis padres me han comprado un trineo para ir a la montaña.
▷ On a fait de la luge sur la colline.
Montamos en trineo en la colina.

el **trineo**

► **faire de la luge : montar en trineo**

lui

1 ▷ Christelle n'a pas voulu aller au cinéma avec lui.
Christelle no quiso ir al cine con él.
▷ Mon chien est malade, j'ai acheté ce médicament pour lui.
Mi perro está enfermo, compré este medicamento para él.

1 Quand **lui** vient après une préposition ou une conjonction, il se traduit par **él.**

ℹ ***Él*** *porte un accent sur le* ***e*** *pour le distinguer de l'article défini* ***el.***

2 ▷ Mélanie était là mais je ne lui ai pas parlé.
Mélanie estaba pero no le hablé.
▷ Le chat voulait jouer, alors je lui ai donné une balle.
El gato quería jugar, entonces le di una pelota.
▷ Je le lui ai donné.
Se lo di.

2 Quand **lui** est complément d'objet indirect, l'équivalent espagnol est **le.**

ℹ *Quand il y a un autre pronom devant* **lui**, *celui-ci se traduit par* ***se*** *en espagnol.*

3 ▷ Elle a accepté mais lui a refusé.
Ella aceptó pero él dijo que no.

3 Quand **lui** est sujet (c'est-à-dire quand **lui** signifie **il**), l'équivalent espagnol est **él.**

lui-même

▷ C'est lui-même qui me l'a dit.
Me lo dijo él mismo.

él mismo

lumière

▷ Il y a beaucoup de lumière dans ce bureau.
Hay mucha luz en este despacho.
▷ Éteins la lumière, s'il te plaît.
Apaga la luz, por favor.

la **luz** (pluriel : las luces)

ℹ *N'oubliez pas que le* ***z*** *devient* ***c*** *au pluriel.*

lundi

▷ Aujourd'hui c'est lundi.
Hoy es lunes.
▷ Nous partirons lundi.
Nos marcharemos el lunes.
▷ Mes grands-parents sont venus lundi.
Mis abuelos vinieron el lunes.
▷ Le lundi j'ai cours de violon.
Los lunes tengo clase de violín.

el **lunes**

► **faire** quelque chose **lundi :** hacer algo el lunes

► **le lundi** (= tous les lundis) **:** los lunes

lunette, lunettes

1 ▷ Mon oncle a une lunette pour regarder les étoiles.
Mi tío tiene un anteojo para mirar las estrellas.
2 ▷ Martial doit porter des lunettes.
Martial tiene que llevar gafas.
▷ À qui sont ces lunettes de soleil ?
¿De quién son estas gafas de sol?

1 (= longue-vue) el **anteojo**

2 ► **lunettes :** las gafas

► **lunettes de soleil :** gafas de sol

luxe

▷ Ils sont habitués au luxe.
Están acostumbrados al lujo.
▷ Il y a plusieurs hôtels de luxe dans ce quartier.
Hay varios hoteles de lujo en este barrio.

el **lujo**

► **de luxe :** de lujo

luxueux, luxueuse

▷ L'hôtel était très luxueux.
El hotel era muy lujoso.

lujoso, lujosa

lycée

▷ Le frère de Jeanne va au lycée.
El hermano de Jeanne va al instituto.

el **instituto**

M

FRANÇAIS — ESPAGNOL

ma

▻ Ma sœur s'appelle Rosalie.
Mi hermana se llama Rosalie.

mi

ℹ *Remarquez qu'en espagnol l'adjectif possessif ne porte pas d'accent écrit sur le* ***i*** *(****mi*** *hermana se llama Rosalie), pour le différencier du pronom complément (¿esto es para* ***mí****?).*

mâcher

▻ Mâche avant d'avaler !
¡Mastica antes de tragar!

masticar

ℹ *On peut dire aussi* ***mascar****.*

machin

▻ Qu'est-ce que c'est que ce machin ?
¿Qué es este chisme?

▻ C'est quoi, ce machin ?
¿Qué es eso?

(= objet, au sens familier) el **chisme**

ℹ *Très souvent on traduit le mot* **machin** *par le pronom neutre* ***eso****.*

machinalement

▻ J'ai fait ça machinalement.
Lo hice sin pensar.

sin pensar

ℹ *Remarquez que le mot espagnol porte sur le premier* ***a*** *un accent écrit qui reflète l'accent tonique.*

machine

▻ C'est une machine qui sert à couper le papier.
Es una máquina que sirve para cortar papel.

la **máquina**

ℹ *Remarquez que le mot espagnol porte sur le premier* ***a*** *un accent écrit qui reflète l'accent tonique.*

▻ Tu as mis la machine à laver en marche ?
¿Has puesto en marcha la lavadora?

► **machine à laver : la lavadora**

Suite page suivante

▷ Cédric a gagné cinquante euros aux machines à sous.
Cédric ganó cincuenta euros en las máquinas tragaperras.

► **machine à sous :** la máquina tragaperras (pluriel : las máquinas tragaperras)

mâchoire

▷ Laurent lui a donné un coup sur la mâchoire.
Laurent le dio un golpe en la mandíbula.

la **mandíbula**

ℹ *Remarquez que le mot espagnol porte sur le **i** un accent écrit qui reflète l'accent tonique.*

maçon

▷ Le maçon a fini de construire le mur.
El albañil ha terminado de construir la pared.

el **albañil** (pluriel : los albañiles)

🔊 *L'accent tonique porte sur le **i**.*

madame

▷ Bonjour, madame, je voudrais un kilo de pommes, s'il vous plaît.
Buenos días, señora, quisiera un kilo de manzanas, por favor.

▷ Madame Martínez est venue nous chercher à la gare.
La señora Martínez nos vino a buscar a la estación.

ℹ *Quand on s'adresse directement à quelqu'un, on emploie **señora** en espagnol.*

ℹ *Quand on parle de quelqu'un en l'appelant par son nom de famille,* **madame** *se traduit par **la señora**.*

mademoiselle

▷ Bonjour, mademoiselle, je voudrais un kilo de pommes, s'il vous plaît.
Buenos días, señorita, quisiera un kilo de manzanas, por favor.

▷ Mademoiselle Ibáñez est venue nous chercher à l'aéroport.
La señorita Ibáñez nos vino a buscar al aeropuerto.

ℹ *Quand on s'adresse directement à quelqu'un, on emploie **señorita** en espagnol.*

ℹ *Quand on parle de quelqu'un en l'appelant par son nom de famille,* **mademoiselle** *se traduit par **la señorita**.*

magasin

▷ Il n'y a pas de magasins près de l'hôtel.
No hay tiendas cerca del hotel.

▷ Hier j'ai fait les magasins avec ma mère.
Ayer fui de tiendas con mi madre.

▷ Ce grand magasin s'appelle El Corte Inglés.
Estos grandes almacenes se llaman El Corte Inglés.

▷ On peut tout trouver dans les grands magasins.
Se puede encontrar de todo en los grandes almacenes.

la **tienda**

► **faire les magasins :** ir de tiendas

► **grand magasin :** los grandes almacenes

ℹ ***Grandes almacenes** est un nom pluriel.*

magazine

▻ J'ai lu ça dans un magazine.

Lo leí en una revista.

la **revista**

magicien, magicienne

▻ Il y avait un magicien à la fête d'anniversaire de Patricia.

Había un mago en la fiesta de cumpleaños de Patricia.

el **mago**, la **maga**

magie

▻ Comment est-ce qu'il a deviné ? C'est de la magie !

¿Cómo lo adivinó? ¡Eso es magia!

la **magia**

magique

▻ Elle dit qu'elle a des pouvoirs magiques.

Dice que tiene poderes mágicos.

mágico, mágica

ℹ *Remarquez que le mot espagnol porte sur le **a** un accent écrit qui reflète l'accent tonique.*

magnétique

▻ Mon père a une carte magnétique pour entrer dans son bureau.

Mi padre tiene una tarjeta magnética para entrar en la oficina.

magnético, magnética

ℹ *Remarquez que le mot espagnol porte sur le **e** un accent écrit qui reflète l'accent tonique.*

magnétophone

▻ Chaque équipe a un magnétophone pour interviewer les gens dans la rue.

Cada equipo tiene un casete para entrevistar a la gente en la calle.

(= appareil) el **casete**

magnétoscope

▻ María a gagné un magnétoscope dans un concours.

María ganó un vídeo en un concurso.

el **vídeo**

ℹ *Remarquez que le mot espagnol porte sur le **i** un accent écrit qui reflète l'accent tonique.*

magnifique

▻ Ce garçon a des yeux magnifiques.

Este chico tiene unos ojos magníficos.

magnífico, magnífica

ℹ *Remarquez que le mot espagnol porte sur le premier **i** un accent écrit qui reflète l'accent tonique.*

mai

▷ Il fait souvent doux en mai.
Muchas veces hace bueno en mayo.
▷ Stéphanie est née le trois mai.
Stéphanie nació el tres de mayo.

mayo

ℹ *Notez l'emploi de* ***de*** *en espagnol quand on dit la date.*

maigre

1 ▷ Sandra est très maigre.
Sandra está muy flaca.
2 ▷ Damien mange des yaourts maigres.
Damien come yogures sin grasa.

1 (= très mince) **flaco, flaca**

2 (en parlant du yaourt ou du fromage) **sin grasa**

maigrir

▷ Si tu veux maigrir, fais du sport !
¡Si quieres adelgazar, haz deporte!
▷ Laïla a déjà maigri de trois kilos.
Laïla ya ha adelgazado tres kilos.

adelgazar

ℹ *Notez qu'il n'y a pas de préposition entre* ***adelgazar*** *et le poids.*

mail

▷ Je t'enverrai un mail pour t'avertir.
Te mandaré un correo electrónico para avisarte.

el **correo electrónico**

ℹ *Remarquez que le mot* ***electrónico*** *porte sur le premier* ***o*** *un accent écrit qui reflète l'accent tonique.*

maillot

1 ▷ Stéphane est fier de son maillot du Paris Saint-Germain.
Stéphane está orgulloso de su camiseta del Paris Saint-Germain.
2 ▷ Qui porte le maillot jaune ?
¿Quién lleva el maillot amarillo?
3 ▷ Mélissa a un joli maillot de bain.
Mélissa tiene un bonito bañador.

1 (= tee-shirt de foot) la **camiseta**

2 (= tee-shirt de cyclisme) el **maillot**

3 ► **maillot de bain :** el **bañador** (pluriel : los bañadores)

ℹ *On peut dire aussi* ***el traje de baño*** (pluriel : *los trajes de baño*).

main

▷ Tes mains sont glacées.
Tienes las manos heladas.
▷ Je les ai vus ensemble, ils se tenaient par la main !
Los vi juntos, ¡iban cogidos de la mano!

la **mano**

► **se tenir par la main : ir cogidos de la mano**

▷ Jérôme m'a donné un coup de main pour déplacer l'armoire.
Jérôme me echó una mano para mover el armario.
▷ Ce pull est fait à la main.
Este jersey está hecho a mano.

► **donner un coup de main à** quelqu'un : **echar una mano a** alguien

► **fait à la main** *ou* **fait main :** **hecho a mano**

maintenant

▷ Et maintenant, qu'est-ce que tu vas faire ?
Y ahora, ¿qué vas a hacer?
▷ Maintenant que j'ai un peu d'argent, j'aimerais aller en Espagne.
Ahora que tengo un poco de dinero, me gustaría ir a España.

ahora

► **maintenant que... : ahora que...**

maintenir

▷ Jean maintient que ce n'est pas de sa faute.
Jean mantiene que no es culpa suya.

mantener

maire

▷ Le maire a inauguré le nouveau cinéma.
El alcalde inauguró el nuevo cine.

el **alcalde,** la **alcaldesa**

mairie

▷ L'office du tourisme est dans la mairie.
La oficina de turismo está en el ayuntamiento.

el **ayuntamiento**

mais

1 ▷ Je savais la réponse mais je n'ai pas osé la dire.
Conocía la respuesta pero no me atreví a decirla.
2 ▷ Il n'est pas argentin mais bolivien.
No es argentino sino boliviano.
▷ Je ne viendrai pas mardi mais mercredi.
No vendré el martes sino el miércoles.

1 (pour opposer deux choses) **pero**

2 Quand **mais** est précédé de **pas** il se traduit par **sino**.

maïs

▷ Les agriculteurs de cette région cultivent du maïs.
Los agricultores en esta región cultivan maíz.

el **maíz**

*Remarquez que le mot espagnol porte sur le **i** un accent écrit qui reflète l'accent tonique.*

maison

1 ▷ La maison de Laetitia est magnifique.
La casa de Laetitia es magnífica.
▷ Je suis resté à la maison hier.
Me quedé en casa ayer.
▷ Rentre tout de suite à la maison !
¡Vuelve a casa enseguida!

2 ▷ L'arrière-grand-père de Mathilde est dans une maison de retraite.
El bisabuelo de Mathilde está en un asilo.

1 (= bâtiment) la **casa**

► **à la maison** (= dans la maison) : en casa

► **à la maison** (= vers la maison) : a casa

2 ► **maison de retraite :** el asilo

maître

1 ▷ Ce chien est perdu, où est son maître ?
Este perro está perdido, ¿dónde está su dueño?

2 ▷ Ma petite sœur adore son maître.
Mi hermana pequeña adora a su maestro.

3 ▷ Le maître nageur nous a dit de ne pas plonger.
El socorrista nos dijo que no nos zambulliéramos.

4 ▷ Hubert prend des cours avec un maître nageur.
Hubert toma clases con un profesor de natación.

1 (= propriétaire d'un animal) el **dueño**

2 (= instituteur) el **maestro**

3 ► **maître nageur** (qui surveille la piscine) **:** el socorrista, la socorrista

*Attention à bien prononcer les deux **r** de **socorrista**.*

4 ► **maître nageur** (qui enseigne la natation) **:** el profesor de natación, la profesora de natación (pluriel : los profesores de natación, las profesoras de natación)

maîtresse

▷ Notre maîtresse de maternelle était très gentille.
Nuestra maestra de párvulos era muy amable.

(= institutrice) la **maestra**

*On peut dire aussi **la señorita**.*

majeur, majeure

1 ▷ Tu es majeure, tu n'as pas besoin de la permission de tes parents.
Eres mayor de edad, no necesitas el permiso de tus padres.

2 ▷ La majeure partie des élèves étaient là.
La mayor parte de los alumnos estaban ahí.

3 ▷ Judith porte une bague au majeur.
Judith lleva un anillo en el dedo corazón.

1 ► **être majeur** (= avoir dix-huit ans ou plus) **:** ser mayor de edad (pluriel : mayores de edad)

2 ► **la majeure partie de... :** la mayor parte de...

3 ► **le majeur** (= doigt) **:** el dedo corazón

majorité

▻ La majorité des gens sont d'accord.
La mayoría de la gente está de acuerdo.

► **la majorité de... : la mayoría de...**

majuscule

▻ Il a tout écrit en majuscules.
Lo escribió todo en mayúsculas.
▻ C'est un N majuscule.
Es una N mayúscula.

(= lettre) la **mayúscula**

ℹ *Remarquez que le mot espagnol porte sur le premier **u** un accent écrit qui reflète l'accent tonique.*

mal

1 ▻ Tu as mal écrit mon nom.
Has escrito mal mi nombre.
▻ C'est mal ce que tu as fait !
¡Está mal lo que has hecho!
▻ Ils ne savent pas ce que c'est que le bien et le mal.
No saben lo que son el bien y el mal.

1 **mal**

ℹ *Notez l'emploi du verbe **estar** avec **mal**.*

► **le mal** (= la méchanceté) **: el mal**

2 ▻ Tu as mal ?
¿Te duele?
▻ J'ai mal au bras.
Me duele el brazo.
▻ J'ai mal aux jambes.
Me duelen las piernas.

2 Pour dire qu'on a mal, on emploie en espagnol le verbe **doler**, précédé du complément de personne.

ℹ *Le pronom personnel fonctionne de la façon suivante en espagnol : **me** duele, **te** duele, **le** duele, **nos** duele, **os** duele, **les** duele. Au pluriel : **me** duelen, **te** duelen, etc.*

▻ Mélodie avait mal à la tête.
Mélodie tenía dolor de cabeza.
▻ J'ai mal aux dents.
Tengo dolor de muelas.
▻ Barnabé dit toujours du mal des gens.
Barnabé siempre habla mal de la gente.
▻ Ce livre n'est pas mal.
Este libro no está mal.

► **avoir mal à la tête : tener dolor de cabeza**

► **avoir mal aux dents : tener dolor de muelas**

► **dire du mal de** quelqu'un **: hablar mal de** alguien

► **ne pas être mal** (= pas mauvais) **: no estar mal**

3 ▻ Je lui ai fait mal au bras.
Le hice daño en el brazo.
▻ Ne lui faites pas de mal !
¡No le hagáis daño!
▻ Dounia s'est fait mal au genou.
Dounia se ha hecho daño en la rodilla.

3 ► **faire mal à : hacer daño a**

► **se faire mal : hacerse daño**

ℹ *Le pronom réfléchi fonctionne de la façon suivante en espagnol : **me** hago daño, **te** haces daño, **se** (singulier) hace daño, **nos** hacemos daño, **os** hacéis daño, **se** (pluriel) hacen daño.*

Suite page suivante

4 ▷ Nous avons eu du mal à déplacer le piano.
Nos costó mover el piano.

4 Pour dire qu'on a du mal à faire quelque chose, on emploie en espagnol le verbe **costar**, précédé du complément de personne.

*Le pronom personnel fonctionne de la façon suivante en espagnol : **me** cuesta, **te** cuesta, **le** cuesta, **nos** cuesta, **os** cuesta, **les** cuesta.*

5 ▷ Ils gagnent pas mal d'argent.
Ganan bastante dinero.
▷ Il a pas mal de copains.
Tiene bastantes amigos.

5 ► **pas mal de : bastante**

*Notez que **bastante** s'accorde en nombre avec le nom qui suit.*

malade

1 ▷ Ahmed n'est pas à l'école parce qu'il est malade.
Ahmed no está en clase porque está enfermo.

1 ► **être malade** (= être souffrant) **: estar enfermo** *ou* **enferma**

*On peut dire aussi **estar malo** ou **mala**.*

2 ▷ J'ai été malade sur le bateau.
Vomité en el barco.

2 ► **être malade** (= vomir) **: vomitar**

3 ▷ Il veut plonger de là ? Il est malade !
¿Quiere zambullirse desde allí? ¡Está loco!

3 (= fou, au sens familier) **loco, loca**

4 ▷ Les infirmiers s'occupent des malades.
Los enfermeros se ocupan de los enfermos.

4 ► **un** *ou* **une malade : un enfermo** *ou* **una enferma**

maladie

▷ C'est une maladie très grave.
Es una enfermedad muy grave.

la **enfermedad** (pluriel : **las enfermedades**)

maladroit, maladroite

▷ Laure est maladroite, elle casse tout.
Laure es torpe, lo rompe todo.

torpe

malaise

▷ J'ai eu un malaise pendant le cours.
Me mareé durante la clase.

► **avoir un malaise : marearse**

*Le pronom réfléchi fonctionne de la façon suivante en espagnol : **me** mareo, **te** mareas, **se** (singulier) marea, **nos** mareamos, **os** mareáis, **se** (pluriel) marean.*

mâle

▻ J'ai un nouveau chat. – Un mâle ou une femelle ?
Tengo un nuevo gato. – ¿Un macho o una hembra?

el **macho**

malentendu

▻ Ne te fâche pas, c'est juste un malentendu.
No te enfades, sólo es un malentendido.

el **malentendido**

malgré

▻ Ils sont partis malgré la pluie.
Se fueron a pesar de la lluvia.

a pesar de

malheur

1 ▻ Leur maison a brûlé. – Quel malheur !
Se quemó su casa. – ¡Qué desgracia!
▻ J'espère qu'il ne leur est pas arrivé de malheur.
Espero que no les haya ocurrido ninguna desgracia.

1 (= catastrophe ou accident) la **desgracia**

2 ▻ Tu me portes malheur !
¡Me traes mala suerte!

2 ► **porter malheur à** quelqu'un : **traer mala suerte a** alguien

malheureusement

▻ Malheureusement, mes cousins n'ont pas pu venir.
Desgraciadamente, mis primos no pudieron venir.

desgraciadamente

malheureux, malheureuse

▻ Alexandra avait l'air malheureux.
Alexandra parecía desdichada.

(= triste) **desdichado, desdichada**

malhonnête

▻ Robert est malhonnête, il ne veut pas rembourser ce qu'il a emprunté.
Robert es deshonesto, no quiere pagar lo que ha tomado prestado.

deshonesto, deshonesta

malin, maligne

1 ▻ Il est malin, il trouvera une solution.
Es astuto, ya encontrará una solución.

1 (= rusé) **astuto, astuta**

2 ▻ Elle n'est pas très maligne.
No es muy lista.

2 (= intelligent) **listo, lista**

3 ▻ Arrête de faire le malin !
¡Deja de dártelas de listo!

3 ► **faire le malin** *ou* **faire la maligne : dárselas de listo** *ou* **lista**

malle

▷ Ils sont partis en voyage avec plusieurs malles.
Se fueron de viaje con varios baúles.

(= valise) el **baúl** (pluriel : **los baúles**)

ℹ *Remarquez que le mot espagnol porte sur le **u** un accent écrit qui reflète l'accent tonique.*

mallette

▷ Un homme a oublié sa mallette sur le banc.
Un hombre dejó su maletín en el banco.

el **maletín** (pluriel : **los maletines**)

ℹ *Il n'y a pas d'accent écrit au pluriel. L'accent tonique porte sur le **i**, comme au singulier.*

maman

▷ La maman de Suzanne est malade.
La mamá de Suzanne está enferma.

la **mamá**

ℹ *Remarquez que le mot espagnol porte sur le deuxième **a** un accent écrit qui reflète l'accent tonique.*

mamie

▷ La mamie de Loïc a soixante ans.
La abuelita de Loïc tiene sesenta años.

la **abuelita**

manche

1 ▷ Tu as taché ta manche.
Te has manchado la manga.
▷ Simon a gagné la première manche.
Simon ganó la primera manga.
▷ Tu aurais moins chaud avec une chemise à manches courtes.
Tendrías menos calor con una camisa de manga corta.
▷ Anne porte un tee-shirt à manches longues.
Anne lleva una camiseta de manga larga.

2 ▷ Le manche de la casserole est très chaud.
El mango de la cacerola está muy caliente.

1 ► **une manche : una manga**

► **à manches courtes : de manga corta**

► **à manches longues : de manga larga**

2 ► **un manche** (= le manche d'un objet) **: un mango**

mandarine

▷ Ces mandarines sont délicieuses.
Estas mandarinas están deliciosas.

la **mandarina**

manège

▷ Ma petite sœur a fait un tour de manège.
Mi hermanita montó en el tiovivo.

(pour les enfants) el **tiovivo**

► **faire un tour de manège : montar en el tiovivo**

manger

▷ On a bien mangé au restaurant.
Comimos bien en el restaurante.
▷ Est-ce que tu as donné à manger au chien ?
¿Le has dado de comer al perro?

comer
► **donner à manger à :** **dar de comer a**

manie

▷ Il a la manie de laisser toutes les lumières allumées.
Tiene la manía de dejar todas las luces encendidas.

la **manía**

Remarquez que le mot espagnol porte sur le ***i*** *un accent écrit qui reflète l'accent tonique.*

manière

1 ▷ Il y a plusieurs manières de faire ça.
Hay varias maneras de hacer eso.
▷ Il se comporte d'une manière bizarre.
Se porta de una manera rara.
2 ▷ Je n'aime pas ses manières.
No me gustan sus modales.

1 (= façon) la **manera**

On peut dire aussi ***el modo****.*

2 ► **manières** (= attitude) **:** **los modales**

manifestation

▷ Il y avait une manifestation d'étudiants dans les rues.
Había una manifestación de estudiantes por las calles.

la **manifestación** (pluriel : **las manifestaciones**)

Il n'y a pas d'accent écrit au pluriel. L'accent tonique porte sur le ***o****, comme au singulier.*

mannequin

1 ▷ Le mannequin dans la vitrine avait l'air vivant.
El maniquí en el escaparate parecía vivo.

1 (= statue) el **maniquí** (pluriel : **los maniquíes**)

Remarquez que le mot espagnol porte sur le deuxième ***i*** *un accent écrit qui reflète l'accent tonique.*

2 ▷ Pedro veut être mannequin.
Pedro quiere ser modelo.

2 (= personne) el **modelo,** la **modelo**

manquer

1 ▷ Jesús a manqué son train.
Jesús perdió el tren.

1 (= rater) **perder**

Suite page suivante

2 ▷ Eulalie manque d'imagination.
A Eulalie le falta imaginación.
▷ On va manquer de boissons.
Nos van a faltar bebidas.

2 Pour dire qu'on n'a pas assez de quelque chose, on emploie en espagnol le verbe **faltar**, précédé du complément de personne.

ℹ *Le pronom personnel fonctionne de la façon suivante en espagnol : **me** falta..., **te** falta..., **le** falta..., **nos** falta..., **os** falta..., **les** falta...*

3 ▷ Il manque une assiette.
Falta un plato.
▷ Il manque trois fourchettes.
Faltan tres tenedores.

3 Pour dire qu'il manque quelque chose, on emploie en espagnol le verbe **faltar**, au singulier s'il ne manque qu'une chose et au pluriel s'il en manque plusieurs.

4 ▷ Tu me manques !
¡Te echo de menos!
▷ Il m'écrit souvent, je crois que je lui manque.
Me escribe a menudo, creo que me echa de menos.

4 Pour dire que quelqu'un ou quelque chose **nous manque**, on emploie en espagnol la tournure **echar de menos**.

ℹ *Attention à la place du sujet et du complément dans la phrase espagnole.*

manteau

▷ Mets ton manteau, il fait froid.
Ponte el abrigo, hace frío.

el **abrigo**

manuel, manuelle

1 ▷ Bruno préférerait faire un métier manuel.
Bruno preferiría hacer un oficio manual.

1 (adjectif = non intellectuel)
manual (pluriel : **manuales**)

2 ▷ J'ai perdu le manuel du magnétoscope.
He perdido el manual de instrucciones del vídeo.

2 ► **un manuel** (= un mode d'emploi) : **un manual de instrucciones** (pluriel : **manuales de instrucciones**)

3 ▷ L'école nous prête des manuels scolaires.
En el colegio nos prestan libros de texto.

3 ► **un manuel scolaire** : **un libro de texto** (pluriel : **libros de texto**)

maquette

▷ Ce n'est pas la taille normale, c'est une maquette.
No es el tamaño normal, es una maqueta.

la **maqueta**

maquillage

▷ Ce maquillage a l'air très naturel.
Este maquillaje parece muy natural.

el **maquillaje**

ℹ *Attention à l'orthographe du mot **maquillaje**.*

se maquiller

▷ Élodie est en train de se maquiller.
Élodie se está maquillando.
▷ Mes parents ne veulent pas que je me maquille.
Mis padres no quieren que me maquille.

maquillarse

ℹ *Le pronom réfléchi fonctionne de la façon suivante en espagnol : **me** maquillo, **te** maquillas, **se*** (singulier) *maquilla, **nos** maquillamos, **os** maquilláis, **se*** (pluriel) *maquillan.*

marbre

▷ Le marbre est un matériau de luxe.
El mármol es un material de lujo.

el **mármol**

ℹ *Remarquez que le mot espagnol porte sur le **a** un accent écrit qui reflète l'accent tonique.*

▷ L'escalier est en marbre.
Las escaleras son de mármol.

► **en marbre : de mármol**

marchand, marchande

▷ Quand je suis entrée dans le magasin, le marchand m'a dit bonjour.
Cuando entré en la tienda, el vendedor me saludó.
▷ Le marchand de journaux est très aimable.
El vendedor de periódicos es muy amable.

el **vendedor** (pluriel : los vendedores), la **vendedora**

marche

1 ▷ La marche est bonne pour la santé.
La marcha es buena para la salud.

1 ► **la marche** (= la randonnée) **: la marcha**

2 ▷ Mes grands-parents aiment faire de la marche.
A mis abuelos les gusta caminar.

2 ► **faire de la marche : caminar**

3 ▷ Attention, la dernière marche est plus haute.
Cuidado, que el último escalón es más alto.

3 (= la marche d'un escalier) el **escalón** (pluriel : los escalones)

4 ▷ Le moteur est en marche, tu peux démarrer.
El motor está encendido, puedes arrancar.

4 ► **être en marche : estar encendido** *ou* **encendida**

5 ▷ Qui a mis la radio en marche ?
¿Quién ha encendido la radio?

5 ► **mettre en marche : encender**

6 ▷ Fais marche arrière, il n'y a pas de places libres.
Da marcha atrás, que no quedan plazas.

6 ► **faire marche arrière : dar marcha atrás**

marché

1 ▷ Ma mère achète le poisson au marché.
Mi madre compra el pescado en el mercado.

1 el **mercado**

2 ▷ Ces fleurs sont bon marché.
Estas flores son baratas.

2 ► **bon marché : barato, barata**

marcher

1 ▷ On a marché pendant trois heures.
Anduvimos durante tres horas.

2 ▷ Oh non, j'ai marché dans une crotte !
¡Oh no, pisé una caca!

3 ▷ L'ordinateur de Jacobo ne marche pas très bien.
El ordenador de Jacobo no funciona muy bien.

4 ▷ Tu me fais marcher !
¡Me estás tomando el pelo!

1 (= aller à pied) **andar**

*On peut dire aussi **caminar**.*

2 ► **marcher dans** quelque chose (= mettre le pied) : **pisar** algo

3 (= fonctionner) **funcionar**

4 ► **faire marcher** quelqu'un (= le taquiner) : **tomarle el pelo a** alguien

*Le pronom personnel fonctionne de la façon suivante en espagnol : **me** toma, **le** toma, **nos** toma, **os** toma, **les** toma el pelo.*

mardi

▷ Aujourd'hui c'est mardi.
Hoy es martes.

▷ Nous partirons mardi.
Nos marcharemos el martes.

▷ Mes grands-parents sont venus mardi.
Mis abuelos vinieron el martes.

▷ Le mardi Sandra va à son cours de piano.
Los martes Sandra va a clase de piano.

el **martes**

► **faire** quelque chose **mardi** : **hacer** algo **el martes**

► **le mardi** (= tous les mardis) : **los martes**

mare

▷ Il y a une mare avec des canards à côté de l'église.
Hay un estanque con patos al lado de la iglesia.

el **estanque**

marée

▷ La marée monte.
La marea está subiendo.

▷ Nous pourrons ramasser des coquillages à marée basse.
Podremos coger conchas con la marea baja.

▷ À marée haute, la route est sous l'eau.
Con la marea alta, la carretera está debajo del agua.

la **marea**

► **à marée basse : con la marea baja**

► **à marée haute : con la marea alta**

margarine

▷ Je mets de la margarine sur mon pain grillé.
Le pongo margarina al pan tostado.

la **margarina**

marge

▻ N'oublie pas de laisser une marge pour les corrections.
No te olvides de dejar un margen para las correcciones.

el **margen** (pluriel : los márgenes)

Il n'y a pas d'accent écrit au singulier. L'accent tonique porte sur le ***a****, comme au pluriel.*

Attention : contrairement au français, le mot espagnol ***margen*** *est masculin.*

marguerite

▻ Léa a ramassé des marguerites pour sa mère.
Léa cogió margaritas para su madre.

la **margarita**

mari

▻ Le mari de Solange est très grand.
El marido de Solange es muy alto.

el **marido**

mariage

1 ▻ Lucas nous a invités à son mariage.
Lucas nos ha invitado a su boda.

2 ▻ Certains jeunes ne croient plus au mariage et préfèrent l'union libre.
Algunos jóvenes ya no creen en el matrimonio y prefieren la unión libre.

1 (= fête, cérémonie) la **boda**

2 (= l'institution) el **matrimonio**

marié, mariée

1 ▻ Ils vivent ensemble mais ils ne sont pas mariés.
Viven juntos pero no están casados.

2 ▻ Le marié est arrivé en retard à l'église.
El novio llegó con retraso a la iglesia.
▻ Le père de la mariée a fait un discours.
El padre de la novia hizo un discurso.
▻ Les mariés ont reçu beaucoup de cadeaux.
Los novios recibieron muchos regalos.

1 ► **être marié :** estar casado *ou* casada

2 ► **le marié :** el novio
► **la mariée :** la novia
► **les mariés :** los novios

se marier

▻ Ils se marieront cet été.
Se casarán este verano.
▻ Céline va se marier avec Anthony.
Céline se va a casar con Anthony.

casarse

Le pronom réfléchi fonctionne de la façon suivante en espagnol : ***me*** *caso,* ***te*** *casas,* ***se*** (singulier) *casa,* ***nos*** *casamos,* ***os*** *casáis,* ***se*** (pluriel) *casan.*

marin

▻ Il y avait un groupe de marins dans le bar.
Había un grupo de marinos en el bar.

el **marino**

marine

▻ Mon grand frère est dans la marine.
Mi hermano mayor está en la marina.

► **la marine : la marina**

marionnette

▻ Il y avait un spectacle de marionnettes dans le parc.
Había un espectáculo de marionetas en el parque.

la **marioneta**

marmelade

▻ Cette marmelade d'oranges est très amère.
Esta mermelada de naranja es muy amarga.

la **mermelada**

ℹ *Attention à l'orthographe du mot **mermelada**.*

marmite

▻ La cuisinière fait de la soupe dans une grande marmite.
La cocinera hace sopa en una gran olla.

la **olla**

Maroc

▻ Le Maroc est un pays fascinant.
Marruecos es un país fascinante.
▻ La famille de Lalia vit au Maroc.
La familia de Lalia vive en Marruecos.
▻ On peut aller au Maroc en voiture et en ferry.
Se puede ir a Marruecos en coche y en transbordador.

Marruecos

ℹ *Ne prend généralement pas d'article.*

► **au Maroc** (= dans le pays) **: en Marruecos**

► **au Maroc** (= vers le pays) **: a Marruecos**

🔊 *Attention à bien prononcer les deux **r** de **Marruecos**.*

marocain, marocaine

▻ Ce restaurant marocain fait d'excellents couscous.
Este restaurante marroquí hace unos cuscús excelentes.
▻ Beaucoup de Marocains parlent français.
Muchos marroquíes hablan francés.

marroquí (pluriel : **marroquíes**)

ℹ *Remarquez que le mot espagnol porte sur le **i** un accent écrit qui reflète l'accent tonique.*

ℹ *S'écrit toujours avec une minuscule, qu'il s'agisse de l'adjectif ou du nom.*

marque

▷ Fais une marque sur ton livre pour montrer que c'est le tien.
Ponle una marca a tu libro para indicar que es el tuyo.
▷ C'est une marque de jeans célèbre.
Es una marca de vaqueros famosa.

la **marca**

marquer

1 ▷ Marque ton adresse sur ce papier.
Apunta tu dirección en este papel.
2 ▷ Nous avons marqué deux points.
Marcamos dos puntos.

1 (= écrire) **apuntar**
2 (en parlant d'un score) **marcar**

marqueur

▷ Prête-moi ton marqueur noir.
Préstame tu rotulador negro.

(= feutre) el **rotulador** (pluriel : los rotuladores)

marraine

▷ Julie est ma marraine.
Julie es mi madrina.

la **madrina**

marrant, marrante

▷ Ton frère est très marrant.
Tu hermano es muy divertido.

divertido, divertida

marre

▷ Tu n'en as pas marre de cette musique ?
¿No estás harto de esta música?
▷ J'en ai marre d'attendre.
Estoy harto de esperar.

► **en avoir marre de : estar harto** *ou* **harta de**

se marrer

1 ▷ Ils se sont marrés quand ils m'ont vu.
Se rieron al verme.

1 (= rire) **reírse**
i *Le pronom réfléchi fonctionne de la façon suivante en espagnol :* ***me*** *río,* ***te*** *ríes,* ***se*** (singulier) *ríe,* ***nos*** *reímos,* ***os*** *reís,* ***se*** (pluriel) *ríen.*

2 ▷ On s'est marrés à la fête foraine.
Lo pasamos bien en la feria.

2 (= s'amuser) **pasárselo bien**
i *Le pronom réfléchi fonctionne de la façon suivante en espagnol :* ***me*** *lo paso bien,* ***te*** *lo pasas bien,* ***se*** (singulier) *lo pasa bien,* ***nos*** *lo pasamos bien,* ***os*** *lo pasáis bien,* ***se*** (pluriel) *lo pasan bien.*

marron

1 ▷ Elle portait une jupe marron.
Llevaba una falda marrón.

1 (= couleur) **marrón** (pluriel : marrones)

ℹ *Il n'y a pas d'accent écrit au pluriel. L'accent tonique porte sur le **o**, comme au singulier.*

▷ Le marron est une couleur triste.
El marrón es un color triste.

► **le marron** (= la couleur marron) : **el marrón**

2 ▷ Nous avons acheté des marrons chauds dans la rue.
Compramos unas castañas calientes en la calle.

2 ► **un marron** (= une châtaigne) : **una castaña**

mars

▷ Nous allons déménager en mars.
Nos vamos a mudar en marzo.
▷ Mireille est née le quinze mars.
Mireille nació el quince de marzo.

marzo

ℹ *Notez l'emploi de **de** quand on dit la date en espagnol.*

marteau

▷ Je dois acheter un marteau et des clous.
Tengo que comprar un martillo y clavos.

el **martillo**

Martien

▷ Il y a des gens qui croient aux Martiens.
Hay gente que cree en los marcianos.

el **marciano**

masque

▷ Philippe portait un masque de Zorro.
Philippe llevaba una máscara de Zorro.

la **máscara**

*Attention : contrairement au français, le mot espagnol **máscara** est féminin.*

massacre

1 ▷ Il y a eu un terrible massacre.
Hubo una masacre terrible.

1 (= tuerie) la **masacre**

*Attention : contrairement au français, le mot espagnol **masacre** est féminin.*

2 ▷ Regarde ce que tu as fait ! Quel massacre !
¡Mira lo que has hecho! ¡Vaya estropicio!

2 (= gâchis) el **estropicio**

massacrer

▷ Les soldats ont massacré une famille entière.
Los soldados masacraron a una familia entera.

(= tuer) **masacrar**

*Si le complément est une personne ou un groupe de personnes, n'oubliez pas de le faire précéder de **a**.*

massage

▷ Les massages me font beaucoup de bien.
Los masajes me hacen mucho bien.

▷ Fais-moi un massage.
Dame un masaje.

el **masaje**

Attention à l'orthographe du mot ***masaje****.*

► **faire un massage à** quelqu'un : **darle un masaje a** alguien

masse

1 ▷ Il y a une masse de choses à faire.
Hay montones de cosas que hacer.

2 ▷ Ils sont venus en masse.
Acudieron en masa.

1 ► **une masse de** (= beaucoup de) : **montónes de**

2 ► **en masse : en masa**

masser

▷ Il a massé le boxeur avant le combat.
Le dio un masaje al boxeador antes del combate.

▷ Elle m'a massé la nuque.
Me dio un masaje en la nuca.

► **masser** quelqu'un : **darle un masaje a** alguien

► **masser** + partie du corps : **dar un masaje en** + partie du corps

match

▷ Ce n'était pas un très bon match.
No fue un muy buen partido.

▷ Lyon et Strasbourg ont fait match nul.
Lyon y Estrasburgo empataron.

el **partido**

► **faire match nul : empatar**

matelas

▷ Ce matelas est très confortable.
Este colchón es muy confortable.

▷ As-tu un matelas pneumatique ?
¿Tienes un colchón neumático?

el **colchón** (pluriel : **los colchones**)

Il n'y a pas d'accent écrit au pluriel. L'accent tonique porte sur le ***o****, comme au singulier.*

► **matelas pneumatique : colchón neumático** (pluriel : **colchones neumáticos**)

matériel

▷ Ils vendent du matériel de camping.
Venden material de camping.

el **material** (pluriel : **los materiales**)

En espagnol, on emploie le même mot, ***material****, pour le matériel et le matériau.*

maternelle

▷ Ma petite sœur est à la maternelle.
Mi hermanita va al parvulario.

el **parvulario**

mathématiques

▷ Je n'aime pas beaucoup les mathématiques.
No me gustan mucho las matemáticas.

las **matemáticas**

Remarquez que le mot espagnol porte sur le deuxième **a** *un accent écrit qui reflète l'accent tonique.*

maths

▷ Raoul est très bon en maths.
A Raoul se le dan muy bien las mates.

las **mates**

matière

1 ▷ L'espagnol est ma matière préférée.
Español es mi asignatura preferida.

2 ▷ Ce yaourt contient 40 % de matière grasse.
Este yogur contiene un 40 % de materia grasa.

1 (= sujet que l'on étudie) la **asignatura**

2 (= substance) la **materia**

matin

1 ▷ Le matin est le moment de la journée que je préfère.
La mañana es el momento del día que prefiero.

▷ Viens demain matin.
Ven mañana por la mañana.

▷ Tu veux que je vienne le matin ?
¿Quieres que venga por la mañana?

2 ▷ Mon père était furieux quand je suis rentré à deux heures du matin.
Mi padre estaba furioso cuando volví a casa a las dos de la madrugada.

1 (après le lever du soleil) la **mañana**

Notez l'emploi de **por** *en espagnol pour dire* **pendant la matinée** *ou quand on parle d'un jour de la semaine.*

2 (avant le lever du soleil) la **madrugada**

Notez bien qu'il y a deux mots différents en espagnol : avant le lever du soleil, on emploie le mot **madrugada**. *Autrement, c'est le mot* **mañana** *qui convient.*

matinée

1 ▷ J'ai passé la matinée à faire mes devoirs.
Me pasé la mañana haciendo los deberes.

▷ Je t'appellerai dans la matinée.
Te llamaré por la mañana.

▷ Le plombier vient demain dans la matinée.
El fontanero viene mañana por la mañana.

1 la **mañana**

► **dans la matinée :** por la mañana

2 ▷ Le dimanche je fais la grasse matinée.
Los domingos me levanto tarde.

2 ► **faire la grasse matinée :** **levantarse tarde**

*Le pronom réfléchi fonctionne de la façon suivante en espagnol : **me** levanto, **te** levantas, **se*** (singulier) *levanta, **nos** levantamos, **os** levantáis, **se*** (pluriel) *levantan.*

mauvais, mauvaise

1 ▷ Ce sandwich est vraiment mauvais.
Este bocadillo está realmente malo.

1 (= pas bon) **malo, mala**

Malo** devient **mal** quand il est placé devant le nom. On dit par exemple **¡Qué mal olor ! = **quelle mauvaise odeur !**

2 ▷ Je suis mauvais en maths.
No se me dan bien las matemáticas.

2 Pour dire qu'on est mauvais dans une matière ou un domaine, on emploie en espagnol l'expression **darse bien** à la forme négative avec la matière ou le domaine comme sujet et la personne comme complément : *no se **le** da bien la informática, no se **me dan** bien las matemáticas.*

3 ▷ C'était la mauvaise réponse.
Era la respuesta incorrecta.

3 (= incorrect) **incorrecto, incorrecta**

*Attention à bien prononcer les deux **r** de **incorrecto** et **incorrecta**.*

mauve

▷ Ces foulards mauves sont très jolis.
Estos pañuelos malva son muy bonitos.

malva

*Notez que **malva** est invariable au pluriel.*

▷ Le mauve te va bien.
El malva te sienta bien.

► **le mauve : el malva**

maximum

1 ▷ Le maximum est cent euros.
El máximo es cien euros.

1 ► **le maximum : el máximo**

2 ▷ Quelle est la vitesse maximum autorisée ?
¿Cuál es la velocidad máxima autorizada?

2 (adjectif = le plus grand) **máximo, máxima**

*Remarquez que le mot espagnol porte sur le **a** un accent écrit qui reflète l'accent tonique.*

mayonnaise

▷ En entrée il y avait des œufs durs avec de la mayonnaise.
De primer plato había huevos duros con mayonesa.

la **mayonesa**

ℹ *On peut dire aussi* ***mahonesa****.*

me ou m'

▷ Est-ce que tu m'entends ?
¿Me oyes?
▷ Ma mère m'a donné de l'argent de poche.
Mi madre me dio la paga.
▷ Je me gratte parce que j'ai des piqûres de moustique.
Me rasco porque los mosquitos me han picado.

me

mec

1 ▷ Ce mec est vraiment idiot !
¡Ese tío es realmente tonto!

1 (= garçon, homme) el **tío**

ℹ ***Tío****, comme* **mec***, est un mot familier.*

ℹ *Remarquez que le mot espagnol porte sur le* ***i*** *un accent écrit qui reflète l'accent tonique.*

2 ▷ Vous connaissez le nouveau mec d'Élodie ?
¿Conocéis al nuevo novio de Élodie?

2 (= copain) el **novio**

mécanicien, mécanicienne

▷ Le mécanicien du garage a dit que la panne n'était pas grave.
El mecánico del taller ha dicho que la avería no era grave.

(= le mécanicien qui répare les voitures) **el mecánico, la mecánica**

ℹ *Remarquez que le mot espagnol porte sur le* ***a*** *un accent écrit qui reflète l'accent tonique.*

mécanique

1 ▷ Mon petit frère a eu un train mécanique pour Noël.
A mi hermano pequeño le regalaron un tren mecánico para Navidad.

1 (adjectif) **mecánico, mecánica**

2 ▷ Ludovic fait des études de mécanique.
Ludovic estudia mecánica.

2 ► **la mécanique :** la mecánica

ℹ *Remarquez que le mot espagnol porte le premier* ***a*** *un accent écrit qui reflète l'accent tonique.*

méchamment

▷ Déborah m'a répondu méchamment.
Déborah me contestó con maldad.

con maldad

méchant, méchante

1 ▷ Aurélien est méchant avec sa sœur.
Aurélien es malo con su hermana.

▷ Ne sois pas méchant, fais ce qu'on te dit.
No seas malo, haz lo que te dicen.

1 (= désagréable ou désobéissant)
malo, mala

ℹ *Notez l'emploi du verbe **ser** avec **malo** et **mala** dans le sens de* **méchant** *; **estar malo** ou **estar mala** veut dire* **être malade**.

2 ▷ Tu peux t'approcher, le chien n'est pas méchant.
Te puedes acercar, el perro no es peligroso.

2 (= féroce, en parlant d'un animal)
peligroso, peligrosa

mèche

▷ Juana s'est fait faire des mèches.
Juana se ha hecho mechas.

(= mèches colorées) las **mechas**
► **se faire faire des mèches :**
hacerse mechas

ℹ *Le pronom réfléchi fonctionne de la façon suivante en espagnol : **me** hago, **te** haces, **se*** (singulier) *hace, **nos** hacemos, **os** hacéis, **se*** (pluriel) *hacen mechas.*

médaille

▷ Les Français ont remporté la médaille d'or.
Los franceses han ganado la medalla de oro.

la **medalla**

médecin

▷ Le médecin a dit que je devais me reposer.
El médico dijo que tenía que descansar.

el **médico,** la **médica**

ℹ *On peut dire aussi **el doctor, la doctora**.*

médecine

▷ Loïc fait des études de médecine.
Loïc estudia medicina.

la **medicina**

ℹ *Attention à l'orthographe du mot **medicina**.*

ℹ ***Medicina** signifie aussi* **médicament**.

médicament

▷ Jean-Jacques prend des médicaments pour l'estomac.
Jean-Jacques toma medicamentos para el estómago.

el **medicamento**

ℹ *On peut dire aussi **la medicina**.*

médiéval, médiévale

▷ Nous avons visité une ville médiévale.
Visitamos una ciudad medieval.

medieval (pluriel : **medievales**)

médire

▷ Arrête de médire !
¡Deja de criticar!
▷ Ce n'est pas sympa de médire de ses copines.
No está bien hablar mal de las amigas.

criticar

► médire de quelqu'un : hablar mal de alguien

Méditerranée

▷ C'est plus facile de nager dans la Méditerranée que dans l'océan.
Es más fácil nadar en el Mediterráneo que en el océano.

► la Méditerranée : el Mediterráneo

*Remarquez que le mot espagnol porte sur le **a** un accent écrit qui reflète l'accent tonique.*

*Attention : contrairement au français, le mot espagnol **Mediterráneo** est masculin.*

méduse

▷ Il y avait des méduses mortes sur la plage.
Había medusas muertas en la playa.

la medusa

se méfier

1 ▷ Je me méfie de lui, je crois qu'il est malhonnête.
Desconfío de él, creo que no es honesto.

1 Pour dire qu'on ne fait pas confiance à quelqu'un, on emploie en espagnol la forme négative du verbe **desconfiar**.

*On peut dire aussi **no fiarse de**.*

2 ▷ Méfie-toi, ça glisse.
Ten cuidado, que resbala.

2 (= faire attention) tener cuidado

mégot

▷ Il y avait plein de mégots par terre.
Había muchas colillas en el suelo.

la colilla

meilleur, meilleure

▷ Ce film est meilleur que le précédent.
Esta película es mejor que la anterior.
▷ Latifa est la meilleure élève de la classe.
Latifa es la mejor alumna de la clase.

▷ Il fait meilleur qu'hier.
Hace mejor que ayer.

mejor (pluriel : mejores)

► le meilleur *ou* la meilleure : el mejor *ou* la mejor (pluriel : los mejores *ou* las mejores)
► il fait meilleur : hace mejor

mélange

▷ C'est un mélange d'eau et de lait.
Es una mezcla de agua y de leche.

la mezcla

mélanger

1 ▷ Mélange bien les ingrédients.
Mezcla bien los ingredientes.

2 ▷ Mon arrière-grand-mère mélange les dates.
Mi bisabuela confunde las fechas.

1 (= combiner) **mezclar**

2 (= confondre) **confundir**

se mêler

1 ▷ Ne te mêle pas de ça !
¡No te metas en esto!

2 ▷ Mêle-toi de ce qui te regarde !
¡Ocúpate de tus asuntos!

1 ► **se mêler de** quelque chose : **meterse en** algo

ℹ *Le pronom réfléchi fonctionne de la façon suivante en espagnol : **me** meto, **te** metes, **se** (singulier) mete, **nos** metemos, **os** metéis, **se** (pluriel) meten.*

2 Pour dire à quelqu'un de s'occuper de ses affaires, on emploie en espagnol l'expression **¡ocúpate de tus asuntos!**

melon

▷ Ce melon est délicieux.
Este melón es delicioso.

el **melón** (pluriel : los melones)

ℹ *Il n'y a pas d'accent écrit au pluriel. L'accent tonique porte sur le **o**, comme au singulier.*

membre

▷ Tous les membres du club étaient là.
Todos los miembros del club estaban ahí.

el **miembro**

même

1 ▷ Les deux sont de la même couleur.
Ambos son del mismo color.

▷ Tu crois que c'est la même ?
¿Crees que es la misma?

▷ J'ai le même tee-shirt que toi.
Tengo la misma camiseta que tú.

2 ▷ Même Sarah est venue à la soirée.
Incluso Sarah vino a la fiesta.

3 ▷ Rupert n'a même pas voulu me parler.
Rupert ni siquiera me quiso hablar.

1 (= identique) **mismo, misma**

► **le même** *ou* **la même : el mismo** *ou* **la misma**

► **le même** *ou* **la même... que : el mismo** *ou* **la misma... que**

2 (= y compris) **incluso**

3 ► **même pas... : ni siquiera...**

mémé

▷ La mémé de Claire a soixante ans.
La abuelita de Claire tiene sesenta años.

la **abuelita**

mémoire

▷ Je n'ai pas une très bonne mémoire.
No tengo muy buena memoria.
▷ Lionel a de la mémoire.
Lionel tiene buena memoria.

(= la mémoire d'une personne ou d'un ordinateur) **la memoria**
► **avoir de la mémoire :** tener buena memoria

menacer

▷ L'homme m'a menacé avec un couteau.
El hombre me amenazó con una navaja.
▷ Le prof a menacé Xavier de le punir.
El profesor amenazó a Xavier con castigarlo.

amenazar

*Si le complément est une personne ou un groupe de personnes, n'oubliez pas de le faire précéder de **a**.*
*Attention à l'orthographe du mot **amenazar**.*
Notez la préposition utilisée en espagnol : menacer quelqu'un **de** = *amenazar alguien **con**.*

ménage

▷ Quelquefois j'aide ma mère à faire le ménage.
A veces ayudo a mi madre a hacer la limpieza.

► **faire le ménage :** hacer la limpieza

mendiant, mendiante

▷ J'ai donné de l'argent à un mendiant.
Le di dinero a un mendigo.

el **mendigo**, la **mendiga**

mendier

▷ Il y a des gens qui mendient dans le métro.
Hay gente que mendiga en el metro.

mendigar

mener

1 ▷ Ce chemin mène à la rivière.
Este camino lleva al río.
2 ▷ Marseille mène deux à un.
Marsella va ganando dos a uno.

1 ► **mener à** (= déboucher sur) **:** llevar a
2 (= gagner un match) **ir ganando**

mensonge

▷ Je ne te crois pas, c'est un mensonge !
¡No te creo, es una mentira!
▷ Arrête de dire des mensonges.
Deja de decir mentiras.

la **mentira**

mentalité

▷ Il a une mentalité d'enfant de cinq ans.
Tiene una mentalidad de niño de cinco años.

la **mentalidad**

menteur, menteuse

mentiroso, mentirosa

▻ Méfie-toi d'elle, c'est une menteuse.
No te fíes de ella, es una mentirosa.

menthe

la **menta**

► **à la menthe :** de menta

▻ Mon père a planté de la menthe dans le jardin.
Mi padre plantó menta en el jardín.
▻ Je prends des bonbons à la menthe pour le voyage.
Me llevo pastillas de menta para el viaje.

mentir

mentir

▻ Je sais que tu mens.
Sé que mientes.
▻ Thierry m'a menti.
Thierry me mintió.

menton

la **barbilla**

On peut dire aussi ***el mentón****.*

Remarquez que le mot espagnol porte sur le ***o*** *un accent écrit qui reflète l'accent tonique.*

▻ Tu as de la tomate sur le menton.
Tienes tomate en la barbilla.

menu

el **menú** (pluriel : los menús)

▻ Passe-moi le menu, s'il te plaît.
Pásame el menú, por favor.
▻ Il y a un menu à dix euros.
Hay un menú de diez euros.
▻ En cliquant sur l'icône, vous revenez au menu principal.
Haciendo clic en el icono, vuelve al menú principal.

Remarquez que le mot espagnol porte sur le ***u*** *un accent écrit qui reflète l'accent tonique.*

menuisier

el **carpintero**

▻ Le menuisier est venu réparer l'escalier.
El carpintero vino a reparar la escalera.

méprisant, méprisante

despectivo, despectiva

▻ Mirabelle nous a lancé un regard méprisant.
Mirabelle nos echó una mirada despectiva.

mer

1 ▷ La mer est calme aujourd'hui.
El mar está en calma hoy.

1 (= l'océan) **el mar** (pluriel : los mares)

*Notez que le mot espagnol **mar** peut aussi être féminin*

2 ▷ Nous allons à la mer chaque été.
Vamos a la costa cada verano.

2 (= la côte) : **la costa**

merci

▷ Merci, c'était très bon.
Gracias, estaba muy bueno.
▷ Merci beaucoup pour le cadeau.
Muchas gracias por el regalo.
▷ Merci de m'avoir aidée.
Gracias por haberme ayudado.
▷ Reprends du gâteau. – Non merci, je n'ai plus faim.
Toma más pastel. – No, gracias, no tengo más hambre.
▷ Tu veux du chocolat ? – Oui, merci.
¿Quieres chocolate? – Si, gracias.

gracias

► **merci beaucoup** : muchas gracias
► **merci de** + infinitif passé : gracias por + infinitif passé
► **non merci** : no, gracias
► **oui, merci** : sí, gracias

mercredi

▷ Aujourd'hui c'est mercredi.
Hoy es miércoles.
▷ Nous partirons mercredi.
Nos marcharemos el miércoles.
▷ Mes grands-parents sont venus mercredi.
Mis abuelos vinieron el miércoles.
▷ Le mercredi, Sandra va à son cours de piano.
Los miércoles, Sandra va a clase de piano.

el **miércoles**

► **faire** quelque chose **mercredi** : hacer algo el miércoles
► **le mercredi** (= tous les mercredis) : los miércoles

mère

▷ La mère de Thibauld est infirmière.
La madre de Thibauld es enfermera.

la **madre**

mériter

▷ Mes parents m'ont puni. – Tu l'as mérité !
Me han castigado mis padres. – ¡Te lo has merecido!

merecerse

*Le pronom réfléchi fonctionne de la façon suivante en espagnol : **me** merezco..., **te** mereces..., **se** (singulier) merece..., **nos** merecemos..., **os** merecéis..., **se** (pluriel) merecen.*

▷ Il méritait d'avoir une bonne note.
Se merecía sacar una buena nota.

► **mériter de faire** quelque chose : merecerse hacer algo

mes

▻ Mes parents sont tous les deux médecins.
Mis padres son médicos los dos.

mis

mesdames

▻ Bonjour, mesdames, comment allez-vous ?
Buenos días, señoras, ¿cómo están ustedes?

señoras

mesdemoiselles

▻ Bonjour, mesdemoiselles, comment allez-vous ?
Buenos días, señoritas, ¿cómo están ustedes?

señoritas

message

▻ Quand je suis rentré, il y avait un message sur le répondeur.
Cuando volví a casa, había un mensaje en el contestador automático.

el **mensaje**

Attention à l'orthographe du mot ***mensaje****.*

messe

▻ La messe commence à dix heures.
La misa empieza a las diez.

▻ Mes grands-parents vont à la messe tous les dimanches.
Mis abuelos van a misa todos los domingos.

la **misa**

► **aller à la messe : ir a misa**

messieurs

▻ Bonjour, messieurs, comment allez-vous ?
Buenos días, señores, ¿cómo están ustedes?

▻ Il y a deux messieurs qui t'attendent.
Hay dos señores que te están esperando.

señores

mesurer

▻ David mesure un mètre quatre-vingts.
David mide un metro ochenta.

▻ On va mesurer la pièce pour voir si le canapé rentre.
Vamos a medir la habitación para ver si el sofá cabe.

medir

métal

▻ Le plomb est un métal très lourd.
El plomo es un metal muy pesado.

▻ Ces chaises sont en métal.
Estas sillas son de metal.

el **metal** (pluriel : **los metales**)

► **en métal : de metal**

métallique

▷ Ils l'ont frappé avec une barre métallique.
Le pegaron con una barra metálica.

metálico, metálica
*Remarquez que le mot espagnol porte sur le **a** un accent écrit qui reflète l'accent tonique.*

météo

▷ Que dit la météo pour demain ?
¿Qué dice el parte meteorológico para mañana?

► **la météo** (= le bulletin météorologique) **: el parte meteorológico**

méthode

▷ Ses méthodes sont très intéressantes.
Sus métodos son muy interesantes.

(= moyen) el **método**
*Remarquez que le mot espagnol porte sur le **e** un accent écrit qui reflète l'accent tonique.*
*Attention : contrairement au français, le mot espagnol **método** est masculin.*

métier

▷ Quel métier voudrais-tu faire ?
¿Qué oficio te gustaría hacer?

el **oficio**

mètre

▷ Il y a deux mètres d'eau ici.
Hay dos metros de agua aquí.
▷ La cuisine fait quinze mètres carrés.
La cocina mide quince metros cuadrados.

el **metro**

► **mètre carré : metro cuadrado** (pluriel : **metros cuadrados**)

métro

▷ On prend le métro ou le bus ?
¿Cogemos el metro o el autobus?

el **metro**

mettre

1 ▷ Mets tes affaires là.
Pon tus cosas ahí.
▷ Je peux mettre la radio ?
¿Puedo poner la radio?
▷ Marcelo s'est mis au premier rang pour mieux entendre.
Marcelo se puso en la primera fila para oír mejor.
▷ Il s'est mis à pleuvoir dès qu'on est sortis.
Se puso a llover en cuanto salimos.

1 (= poser, placer ou allumer) **poner**

► **se mettre** (= se placer) **: ponerse**

► **se mettre à** + infinitif **: ponerse a** + infinitif

2 ▷ J'ai mis mes lunettes de soleil.
Me puse las gafas de sol.
▷ Est-ce que tu mets souvent ta veste noire ?
¿Te pones mucho la chaqueta negra?

2 (= mettre sur soi, en parlant d'un vêtement, de lunettes ou de maquillage) **ponerse**

ℹ *Notez que, là où en français on emploie un possessif* (**mes** lunettes de soleil), *en espagnol on emploie l'article défini* (***las** gafas de sol*).

ℹ *Le pronom réfléchi fonctionne de la façon suivante en espagnol :* ***me** pongo..., **te** pones..., **se*** (singulier) *pone..., **nos** ponemos..., **os** ponéis..., **se*** (pluriel) *ponen...*

3 ▷ Lucie a mis deux heures pour faire ses devoirs.
Lucie tardó dos horas en hacer los deberes.

3 (pour parler du temps qu'il faut pour faire quelque chose) **tardar**

ℹ *Notez la préposition utilisée en espagnol :* mettre deux heures **pour** faire... = *tardar dos horas **en** hacer...*

meuble

▷ C'est un meuble très ancien.
Es un mueble muy antiguo.

el **mueble**

meurtre

▷ Il y a eu un meurtre hier soir.
Hubo un asesinato anoche.

el **asesinato**

miauler

▷ Je ne sais pas pourquoi le chat miaule comme ça.
No sé por qué el gato maulla de este modo.

maullar

micro

▷ Parle dans le micro, on n'entend rien !
¡Habla en el micrófono, no se oye nada!

el **micrófono**

ℹ *Remarquez que le mot espagnol porte sur le premier **o** un accent écrit qui reflète l'accent tonique.*

ℹ *Il n'y a pas d'abréviation espagnole équivalente à* **micro** *; il faut utiliser le mot **micrófono** en entier.*

microbe

▷ Va-t-en, tu vas me passer tous tes microbes !
¡Vete, que me vas a contagiar todos los microbios!

el **microbio**

microscope

▷ Le microscope du laboratoire est cassé.
El microscopio del laboratorio está roto.
▷ Nous avons observé l'insecte au microscope.
Examinos el insecto por el microscopio.

microscopio

ℹ *Notez la préposition utilisée en espagnol :* au microscope = ***por** el microscopio.*

midi

1 ▷ Il est midi et demi.
Son las doce y media.
2 ▷ À midi, ma mère va au restaurant avec ses collègues.
Al mediodía, mi madre va al restaurante con los colegas.
3 ▷ Est-ce que vous connaissez le Midi ?
¿Conocéis el sur de Francia?

1 (pour dire l'heure) las **doce**

2 (= heure du déjeuner) el **mediodía**

3 ► **le Midi** (de la France) **: el sur de Francia**

miel

▷ Pour le petit-déjeuner, il y avait du pain grillé, du beurre et du miel.
Para el desayuno, había pan tostado, mantequilla y miel.

la **miel**

*Attention : contrairement au français, le mot espagnol **miel** est féminin.*

mien, mienne

1 ▷ Ses parents sont plus jeunes que les miens.
Sus padres son más jóvenes que los míos.
▷ Tu ne trouves pas tes lunettes de soleil ? Prends les miennes.
¿No encuentras las gafas de sol? Toma las mías.
2 ▷ Ce livre n'est pas le mien.
Este libro no es mío.
▷ Rends-moi cette écharpe, c'est la mienne !
¡Devúelveme esta bufanda, es mía!

1 ► **le mien** *ou* **la mienne** *ou* **les miens** *ou* **les miennes : el mío** *ou* **la mía** *ou* **los míos** *ou* **las mías**

2 Quand le pronom possessif suit le verbe être, il se traduit en espagnol par **mío, mía, míos, mías**, sans article.

miette

▷ Il y a plein de miettes sous la table.
Hay muchas migas debajo de la mesa.

(= miette de pain) la **miga**

mieux

1 ▷ Tu te sens mieux ?
¿Te sientes mejor?
▷ Ce CD est mieux que le précédent.
Este CD está mejor que el anterior.

1 (= plus en forme, de meilleure qualité, de façon plus satisfaisante) **mejor** (pluriel : **mejores**)

▷ Celle-ci est la mieux de toutes.
Ésta es la mejor de todas.

▷ C'est Amélie qui chante le mieux.
Amélie es la que canta mejor.

▷ Les choses vont de mieux en mieux.
Las cosas van cada vez mejor

► **le mieux** *ou* **la mieux : el mejor** *ou* **la mejor** (pluriel : **los mejores** *ou* **las mejores**)

► **le mieux** (après un verbe) **: mejor**

► **de mieux en mieux : cada vez mejor**

2 ▷ Je trouve que Michaël est mieux que son frère.
Pienso que Michaël es más guapo que su hermano.

2 (= plus séduisant) **más guapo** *ou* **más guapa**

3 ▷ Tu ferais mieux de te dépêcher.
Sería mejor que te dieras prisa.

3 Pour dire à quelqu'un qu'il **ferait mieux** de faire quelque chose, on emploie en espagnol la tournure **ser mejor que** + subjonctif.

mignon, mignonne

▷ Ce petit chien est vraiment mignon.
Este perrito es realmente mono.

(= joli, séduisant) **mono, mona**

migraine

▷ J'ai la migraine depuis ce matin.
Tengo jaqueca desde esta mañana.

► **avoir la migraine** (= avoir mal à la tête) **: tener jaqueca**

milieu

1 ▷ Le milieu de la piscine est ici.
El medio de la piscina está aquí.

▷ Je préfère celui du milieu.
Prefiero el de en medio.

▷ Mets-toi au milieu, tu verras mieux.
Ponte en medio, así verás mejor.

▷ Rachid s'est assis par terre au milieu de la cour.
Rachid se sentó en el suelo en medio del patio.

1 (= centre) **el medio**

► **du milieu : de en medio**

► **au milieu : en medio**

► **au milieu de : en medio de**

2 ▷ Clémentine vient d'un milieu riche.
Clémentine viene de una familia rica.

2 (= origine familiale) **la familia**

militaire

▷ Les militaires défilaient dans la rue.
Los militares desfilaban por la calle.

▷ L'intervention militaire n'est pas nécessaire.
La intervención militar no es necesaria.

militar (pluriel : **militares**)

i ***Militar*** *peut être soit un adjectif, soit un nom.*

mille

▷ Il y avait plus de mille spectateurs.
Había más de mil espectadores.
▷ Ça vaut deux mille euros.
Cuesta dos mil euros.
▷ Je suis allé en Espagne en deux mille trois.
Fui a España en dos mil tres.

mil

milliard

▷ Ça vaut un milliard de dollars.
Cuesta mil millones de dólares.
▷ Il y a plus de cinq milliards de personnes dans le monde.
Hay más de cinco mil millones de personas en el mundo.
▷ Il y a des milliards d'insectes dans ce champ.
Hay miles de millones de insectos en este campo.

► **un milliard : mil millones**

ℹ *Le mot espagnol **millar** existe, mais il veut dire* **millier**.

► **des milliards de... : miles de millones de...**

millier

1 ▷ Il y avait un millier de personnes dans le stade.
Había un millar de personas en el estadio.
2 ▷ Des milliers de gens ont téléphoné.
Miles de personas han llamado.

1 ► **un millier de... : un millar de...**
2 ► **des milliers de... : miles de...**

millimètre

▷ Le métal fait deux millimètres d'épaisseur.
El metal tiene dos milímetros de espesor.

el **milímetro**

ℹ *Remarquez que le mot espagnol porte sur le deuxième **i** un accent écrit qui reflète l'accent tonique.*

million

▷ Ils ont gagné un million au Loto.
Ganaron un millón en la lotería primitiva.
▷ La France a presque soixante millions d'habitants.
Francia tiene casi sesenta millones de habitantes.

el **millón** (pluriel : los millones)

ℹ *Il n'y a pas d'accent écrit au pluriel. L'accent tonique porte sur le **o**, comme au singulier.*

ℹ *Attention à l'orthographe du mot* ***millón***.

▷ Il y a des millions de fleurs dans ce champ !
¡Hay millones de flores en este campo!

► **des millions de... : millones de...**

mimer

▷ Tu mimes un titre de film et on essaie de deviner, d'accord ?
Expresas con mímica un título de película y nosotros intentamos adivinar, ¿de acuerdo?

(= exprimer sans parler) **expresar con mímica**

ℹ *Remarquez que le mot espagnol* ***mímica*** *porte sur le premier* ***i*** *un accent écrit qui reflète l'accent tonique.*

mince

1 ▷ Sylviane est très mince.
Sylviane es muy delgada.
▷ Coupe-moi une tranche mince.
Córtame una loncha delgada.

2 ▷ Mince, j'ai oublié le lait !
¡Vaya, se me ha olvidado la leche!

1 (= svelte ou fin) **delgado, delgada**

2 ► **mince ! : ¡vaya!**

mine

1 ▷ La mine de mon crayon est cassée.
La mina de mi lápiz está rota.
▷ Le travail dans les mines était très dur.
El trabajo en las minas era muy duro.

2 ▷ Tu as bonne mine aujourd'hui.
Tienes buena cara hoy.

▷ Sébastien a mauvaise mine, peut-être qu'il a la grippe.
Sébastien tiene mala cara, quizás tiene gripe.

1 (= bout d'un crayon ou mine de charbon, d'or, etc.) **la mina**

2 ► **avoir bonne mine** (= avoir l'air en bonne santé) **: tener buena cara**
► **avoir mauvaise mine** (= avoir l'air en mauvaise santé) **: tener mala cara**

mineur, mineure

1 ▷ Les mineurs n'ont pas le droit d'acheter d'alcool.
Los menores de edad no tienen derecho a comprar alcohol.
▷ Quand on est mineur, il faut l'autorisation des parents.
Cuando uno es menor de edad, hace falta el permiso de los padres.

2 ▷ Les mineurs sont en grève.
Los mineros están en huelga.

1 (en parlant d'une jeune personne) **menor de edad** (pluriel : **menores de edad**)

ℹ ***Menor de edad*** *peut être soit un adjectif, soit un nom.*

2 ► **un mineur** (= une personne qui travaille dans une mine) **: un minero**

minimum

1 ▷ Le minimum est cent euros.
El mínimo es cien euros.

1 ► **le minimum : el mínimo**

Suite page suivante

2 ▷ C'est leur prix minimum.
Es el precio mínimo.

2 (= le plus petit) **mínimo, mínima**

ℹ *Remarquez que le mot espagnol porte sur le premier **i** un accent écrit qui reflète l'accent tonique.*

ministre

▷ La ministre de l'Éducation est très jeune.
La Ministra de Educación es muy joven.
▷ Comment s'appelle le Premier ministre ?
¿Cómo se llama el Primer Ministro?

el **ministro**, la **ministra**

► **Premier ministre :** el **primer ministro**, la **primera ministra**

minuit

1 ▷ Les filles sont rentrées avant minuit.
Las chicas volvieron antes de medianoche.

2 ▷ Il est minuit vingt.
Son las doce y veinte.

1 (= 24 heures précises) **medianoche**

2 (pour dire l'heure) las **doce** (de la noche)

minuscule

▷ Ton écriture est minuscule, je n'y vois rien.
Tu letra es minúscula, no veo nada.
▷ Je mets un A majuscule ou minuscule ?
¿Pongo una A mayúscula o minúscula?
▷ L'adresse électronique est tout en minuscules.
La dirección electrónica está toda en minúsculas.

minúsculo, minúscula

ℹ ***Minúscula** peut être soit un adjectif, soit un nom.*

ℹ *Remarquez que le mot espagnol porte sur le premier **u** un accent écrit qui reflète l'accent tonique.*

minute

▷ Le film ne dure que quarante minutes.
La película dura sólo cuarenta minutos.
▷ Une minute, j'arrive !
¡Un minuto, ya voy!

el **minuto**

► **une minute !** (pour faire patienter quelqu'un) **: ¡un minuto!**

*Attention : contrairement au français, le mot espagnol **minuto** est masculin.*

miracle

▷ Personne n'a été blessé, c'est un miracle.
Nadie ha resultado herido, es un milagro.

el **milagro**

miroir

▷ Il y a deux miroirs dans la salle de bains.
Hay dos espejos en el cuarto de baño.

el **espejo**

misère

▷ Il y a encore beaucoup de gens qui vivent dans la misère.
Todavía hay mucha gente que vive en la miseria.

(= pauvreté) la **miseria**

mi-temps

1 ▷ La seconde mi-temps était plus intéressante que la première.
El segundo tiempo fue más interesante que el primero.

2 ▷ On se retrouvera à la mi-temps.
Nos vemos en el descanso.

3 ▷ Ma mère travaille à mi-temps.
Mi madre trabaja a media jornada.

1 (= moitié d'un match) el **tiempo**

2 (= repos) el **descanso**

3 ► **travailler à mi-temps : trabajar a media jornada**

mixte

▷ Certaines écoles ne sont pas mixtes.
Algunas escuelas no son mixtas.

mixto, mixta

moche

▷ Ce bâtiment est vraiment moche.
Este edificio es realmente feo.

feo, fea

ℹ **Moche** *est familier, mais* ***feo*** *ne l'est pas.*

mode

▷ Je ne suis pas spécialement la mode.
No sigo mucho la moda.

▷ Le rose est à la mode.
El rosa está de moda.

la **moda**

► **à la mode : de moda**

modèle

▷ Si tu suis le modèle, tu ne peux pas te tromper.
Si sigues el modelo, no te puedes equivocar.

el **modelo**

moderne

▷ Je préfère les meubles modernes.
Prefiero los muebles modernos.

moderno, moderna

modeste

▷ Tu es trop modeste !
¡Eres demasiado modesto!

modesto, modesta

modifier

▷ Tu devrais modifier un peu l'introduction.
Deberías modificar un poco la introducción.

modificar

moi

1 ▷ Ces cadeaux sont pour moi ?
¿Estos regalos son para mí?

1 Quand **moi suit une préposition, il se traduit par mí.**

ℹ *Notez que* ***mí*** *porte un accent qui le distingue de l'adjectif possessif* ***mi****.*

Suite page suivante

2 ▷ Appelez-moi quand vous arriverez.
Llamadme cuando lleguéis.
▷ Donne-moi le journal.
Dame el periódico.

3 ▷ Moi je trouve que ce n'est pas juste.
Yo pienso que no es justo.
▷ Qui veut du gâteau ? – Moi !
¿Quién quiere pastel? – ¡Yo!
▷ Sophie est plus mince que moi.
Sophie es más delgada que yo.

2 Quand **moi** est complément d'objet, il se traduit par **me**.

3 Quand **moi** est sujet ou qu'il intervient dans une comparaison, il se traduit par **yo**.

moi-même

▷ Puisque tu ne veux pas m'aider, je vais le faire moi-même.
Ya que no me quieres ayudar, lo voy a hacer yo mismo.

yo mismo, yo misma

moineau

▷ Ces miettes sont pour les moineaux.
Estas migas son para los gorriones.

el **gorrión** (pluriel : los **gorriones**)

ℹ *Il n'y a pas d'accent écrit au pluriel. L'accent tonique porte sur le* ***o****, comme au singulier.*

moins

1 ▷ J'aime moins celui-ci.
Éste me gusta menos.
▷ Il est huit heures moins dix.
Son las ocho menos diez.
▷ Douze moins cinq égale sept.
Doce menos cinco son siete.
▷ Adrien est moins sympa que son frère.
Adrien es menos simpático que su hermano.
▷ Quel est le moins cher ?
¿Cuál es el menos caro?
▷ C'est la personne la moins timide que je connaisse !
¡Es la persona menos tímida que conozco!
▷ C'est celui qui travaille le moins.
Es el que menos trabaja.
▷ Il y a moins d'élèves cette année.
Hay menos alumnos este año.
▷ Ça coûte moins de dix euros.
Cuesta menos de diez euros.

1 **menos**

► **moins que** : **menos que**

ℹ **Le moins...** *ou* **la moins...** *se traduit par* ***el menos...*** *ou* ***la menos...*** *si la chose dont on parle n'est pas précisée.*
Si elle est précisée avant **le moins** *ou* **la moins**, *la traduction est* ***menos...***

ℹ *Après un verbe,* **le moins** *se traduit par* ***menos****, placé avant le verbe.*

► **moins de** + nom : **menos** + nom

► **moins de** + prix, dimension, etc. : **menos de**

▻ Il y a trois profs de moins que l'année dernière.
Hay tres profesores menos que el año pasado.
▻ Yann a un an de moins que moi.
Yann tiene un año menos que yo.
▻ Moins on mange, moins on a envie de manger.
Cuanto menos comes, menos ganas tienes de comer.
▻ Moins tu feras d'exercice, plus tu auras de problèmes.
Cuanto menos ejercicio hagas, más problemas tendrás.
▻ Il fait au moins trente degrés.
Hace por lo menos treinta grados.
▻ Alban devrait venir, à moins que ses parents ne le laissent pas sortir.
Alban debería venir, a no ser que sus padres no lo dejen salir.
2 ▻ Il faisait moins cinq degrés.
Hacía cinco grados bajo cero.

► **de moins : menos**

► **moins... moins... : cuanto menos... menos...**

► **moins... plus... : cuanto menos... más...**

► **au moins : por lo menos**

ℹ *On peut dire aussi **al menos**.*

► **à moins que : a no ser que**

ℹ *On peut dire aussi **a menos que**.*

2 Pour dire les températures, on emploie **bajo cero** après la température.

mois

▻ Adèle aura quinze ans dans deux mois.
Adèle tendrá quince años dentro de dos meses.
▻ Je suis beaucoup sorti au mois de mars.
Salí mucho en el mes de marzo.

el **mes** (pluriel : los meses)

► **au mois de... : en el mes de...**

moitié

1 ▻ Il y a plus d'olives sur cette moitié.
Hay más aceitunas en esta mitad.
▻ La moitié des élèves étaient là.
La mitad de los alumnos estaban ahí.
2 ▻ Tu fais toujours tout à moitié !
¡Siempre haces las cosas a medias!
3 ▻ Tu veux faire moitié-moitié ?
¿Quieres ir a medias?

1 la **mitad** (pluriel : las mitades)

2 ► **à moitié** (= non entièrement) **: a medias**

3 ► **faire moitié-moitié : ir a medias**

molle

Regardez le mot **mou**.

mollet

▻ J'ai trop marché, j'ai mal aux mollets.
He caminado demasiado, me duelen las pantorrillas.

la **pantorrilla**

moment

1 ▻ J'ai passé un moment avec eux.
Pasé un momento con ellos.
▻ Un moment, j'arrive !
¡Un momento, ya voy!
▻ C'est le bon moment pour lui parler.
Éste es un buen momento para hablarle.
▻ Lise est arrivée juste à ce moment-là.
Lise llegó justo en ese momento.
▻ Il est parti au moment où j'allais lui poser une question.
Se fue en el momento en que iba a hacerle una pregunta.
▻ Nicolas ne va pas très bien en ce moment.
Nicolas no está muy bien en este momento.

1 (= instant, courte période) el **momento**

► **à ce moment-là :** en ese momento

► **au moment où :** en el momento en que

► **en ce moment :** en este momento

2 ▻ Pour le moment tout le monde est content.
Por ahora todo el mundo está contento.

2 ► **pour le moment :** por ahora

3 ▻ Ça fait un moment que j'attends.
Hace un buen rato que te estoy esperando.

3 (= une assez longue période de temps) **un buen rato**

4 ▻ Par moments je me demande pourquoi je fais ça.
A veces me pregunto por qué hago eso.

4 ► **par moments :** a veces

mon

▻ Mon père est boucher.
Mi padre es carnicero.

mi

ℹ *Remarquez qu'en espagnol l'adjectif possessif ne porte pas d'accent écrit sur le* ***i*** *(**mi** padre es alto), pour le différencier du pronom complément (¿esta bici es para **mí**?).*

monde

1 ▻ Il y a beaucoup de gens pauvres dans le monde.
Hay mucha gente pobre en el mundo.
▻ C'est le coureur le plus rapide du monde.
Es el corredor más rápido del mundo.

1 (= Terre) el **mundo**

2 ▻ Il y avait beaucoup de monde à la fête.
Había mucha gente en la fiesta.
▻ Il connaît tout le monde ici.
Conoce a todo el mundo aquí.

2 (= gens) la **gente**

► **tout le monde :** todo el mundo

mondial, mondiale

▻ L'équipe a participé à un tournoi mondial.
El equipo participó en un torneo mundial.

mundial (pluriel : mundiales)

moniteur, monitrice

▻ Le moniteur de ski est très mignon !
¡El monitor de esquí es muy guapo!

(= surveillant ou professeur) el **monitor** (pluriel : los monitores), la **monitora**

monnaie

1 ▻ La monnaie espagnole est l'euro.
La moneda española es el euro.

2 ▻ Est-ce que tu as de la monnaie ?
¿Tienes cambio?

▻ Vous avez la monnaie de cinquante euros ?
¿Tiene cambio de cincuenta euros?

▻ Passe-moi le billet, je vais faire de la monnaie.
Pásame el billete, voy a pedir cambio.

3 ▻ Gardez la monnaie.
Quédese con la vuelta.

1 (= argent d'un pays) la **moneda**

2 (= pièces) el **cambio**

► **faire de la monnaie : pedir cambio**

3 (= l'argent que l'on rend quand on paye) la **vuelta**

monotone

▻ Les cours de latin sont un peu monotones.
Las clases de latín son un poco monótonas.

monótono, monótona

*Remarquez que le mot espagnol porte sur le deuxième **o** un accent écrit qui reflète l'accent tonique.*

monsieur

1 ▻ Bonjour, monsieur, je voudrais un kilo de pommes, s'il vous plaît.
Buenos días, señor, quisiera un kilo de manzanas, por favor.

▻ Ce monsieur dit qu'il te connaît.
Este señor dice que te conoce.

2 ▻ Monsieur Gálvez est venu nous chercher à la gare.
El señor Gálvez nos vino a buscar a la estación.

1 Quand on s'adresse directement à quelqu'un, on emploie **señor** en espagnol.

2 Quand on parle de quelqu'un en l'appelant par son nom de famille, **monsieur** se traduit par **el señor**.

monstre

▻ J'ai rêvé d'un monstre horrible qui me poursuivait.
Soñé con un monstruo horrible que me perseguía.

el **monstruo**

*L'accent tonique porte sur la première syllabe, **mons-**.*

montagne

1 ▻ Cette montagne est très haute.
Esta montaña es muy alta.

▻ J'ai eu peur sur les montagnes russes.
Tuve miedo en la montaña rusa.

1 (= sommet) la **montaña**

► **montagnes russes : la montaña rusa**

Suite page suivante

2 ▷ J'aimerais vivre à la montagne.
Me gustaría vivir en la montaña.

2 ► **à la montagne** (= une région montagneuse) : **en la sierra**

monter

1 ▷ Tu pourras fermer les volets quand tu monteras ?
¿Podrás cerrar los postigos cuando subas?
▷ La route monte après le tournant.
La carretera sube después de la curva.
▷ Ne restez pas sur la plage, la marée monte.
No os quedéis en la playa, que está subiendo la marea.
▷ Jean-Loup a monté la pente à toute vitesse.
Jean-Loup subió la pendiente a toda velocidad.
▷ Est-ce que tu peux m'aider à monter les valises ?
¿Me puedes ayudar a subir las maletas?
▷ Tu peux monter le son, s'il te plaît ?
¿Puedes subir el volumen, por favor?

1 La traduction la plus courante du verbe **monter** est **subir**.

2 ▷ Ils sont montés à la station Saint-Paul.
Se subieron en la estación Saint Paul.
▷ Il est monté en voiture et il a démarré.
Se subió en el coche y arrancó.

2 (en parlant d'un véhicule) **subirse en**

ℹ *Le pronom réfléchi fonctionne de la façon suivante en espagnol :* ***me*** *subo,* ***te*** *subes,* ***se*** (singulier) *sube,* ***nos*** *subimos,* ***os*** *subís,* ***se*** (pluriel) *suben.*

▷ Monte sur le mur, tu verras mieux.
Súbete a la pared, así verás mejor.

► **monter sur** (un mur, un arbre) : **subirse a**

3 ▷ On a monté la tente en vingt minutes.
Montamos la tienda en veinte minutos.

3 (= assembler) **montar**

montre

▷ Ma montre retarde.
Mi reloj atrasa.

el **reloj** (pluriel : **los relojes**)

🔊 *Attention à bien prononcer le* ***r*** *et le* ***j*** *de* ***reloj****.*

ℹ *En espagnol on emploie le même mot,* ***reloj****, pour désigner la montre et l'horloge.*

montrer

1 ▷ Le marin nous a montré comment faire des nœuds.
El marino nos enseñó cómo hacer nudos.
▷ Montre-moi ton dessin.
Enséñame tu dibujo.

1 (= faire voir ou enseigner) **enseñar**

2 ▷ Ça montre que ce n'est pas possible.
Eso muestra que no es posible.

2 (= démontrer) **mostrar**

monument

▷ Nous avons visité les monuments de Madrid.
Visitamos los monumentos de Madrid.

el **monumento**

se moquer

▷ Tous mes copains se sont moqués de moi.
Todos mis amigos se burlaron de mí.

► **se moquer de** quelqu'un : **burlarse de** alguien

*Le pronom réfléchi fonctionne de la façon suivante en espagnol : **me** burlo, **te** burlas, **se** (singulier) burla, **nos** burlamos, **os** burláis, **se** (pluriel) burlan.*

moquette

▷ J'ai de la moquette grise dans ma chambre.
Tengo moqueta gris en mi cuarto.

la **moqueta**

moral

1 ▷ Je vois que tu as le moral, Pierre !
¡Veo que tienes la moral alta, Pierre!

▷ Adeline n'a pas le moral parce qu'elle a eu plusieurs mauvaises notes.
Adeline tiene la moral baja porque ha sacado varias malas notas.

2 ▷ Je ne sais pas quoi faire pour lui remonter le moral.
No sé qué hacer para levantarle el ánimo.

1 ► **avoir le moral** : **tener la moral alta**

► **ne pas avoir le moral** : **tener la moral baja**

2 ► **remonter le moral à** quelqu'un : **levantar el ánimo a** alguien

morceau

1 ▷ Tu veux un morceau de fromage ?
¿Quieres un trozo de queso?

2 ▷ Je vais vous jouer un morceau de Bach.
Les voy a tocar un fragmento de Bach.

3 ▷ Antoine prend trois morceaux de sucre dans son café !
¡Antoine toma tres terrones de azúcar en el café!

1 (= bout) el **trozo**

*On peut dire aussi **el pedazo**.*

2 (= morceau de musique) el **fragmento**

3 ► **morceau de sucre** : el **terrón de azúcar** (pluriel : **terrones de azúcar**)

mordre

1 ▷ Un chien a mordu Mathieu.
Un perro mordió a Mathieu.

2 ▷ Fabrice s'est cassé une dent en mordant dans une pomme.
Fabrice se rompió un diente dándole un mordisco a una manzana.

1 **morder**

*Si le complément est une personne, n'oubliez pas de le faire précéder de **a**.*

2 ► **mordre dans** quelque chose : **darle un mordisco a** algo

mort, morte (adjectif)

▻ Il ne bougeait plus, on a cru qu'il était mort.
Ya no se movía, creímos que estaba muerto.

▻ On était morts de rire !
¡Estábamos muertos de risa!

▻ Je suis morte de faim.
Estoy muerta de hambre.

▻ Christine était morte de peur.
Christine estaba muerta de miedo.

muerto, muerta

Attention : le verbe qui traduit **être** *dans* **être mort** *est* ***estar*** *et non* ***ser***.

► **mort de... :** muerto *ou* muerta de...

mort (nom)

▻ Samir a changé depuis la mort de son père.
Samir ha cambiado desde la muerte de su padre.

la **muerte**

mortel, mortelle

▻ Il y a beaucoup d'accidents mortels sur la route.
Hay muchos accidentes mortales en las carreteras.

mortal (pluriel : mortales)

mosquée

▻ La mosquée est près de notre immeuble.
La mezquita está cerca de nuestro bloque de pisos.

la **mezquita**

mot

1 ▻ Que veut dire ce mot ?
¿Qué significa esta palabra?

2 ▻ Il a laissé un mot sur la porte du frigo.
Dejó una nota en la puerta de la nevera.

3 ▻ J'ai oublié d'apporter un mot d'excuse.
Se me olvidó traer un justificante.

4 ▻ Mon père faisait les mots croisés.
Mi padre estaba haciendo el crucigrama.

1 (= terme, parole) la **palabra**

2 (= message) la **nota**

3 ► **mot d'excuse :** el justificante

4 ► **mots croisés :** el crucigrama

moteur

▻ Le mécanicien a sorti le moteur pour le réparer.
El mecánico sacó el motor para repararlo.

el **motor** (pluriel : los motores)

motif

▻ Quels sont les motifs qui t'ont poussé à faire ça ?
¿Qué motivos te empujaron a hacer eso?

▻ Ce tissu a un très joli motif.
Este tejido tiene un motivo muy bonito.

▻ Caroline portait une robe bleue à motifs.
Caroline llevaba un vestido azul con motivos.

el **motivo**

► **à motifs :** con motivos

moto

▷ La moto nous a doublés.
La moto nos adelantó.

la **moto**

mou, molle

▷ Ce lit est trop mou.
Esta cama es demasiado blanda.

(= moelleux) **blando, blanda**

mouche

▷ Il y a des mouches partout parce qu'il fait chaud.
Hay moscas por todo porque hace calor.

la **mosca**

se moucher

▷ Quand il se mouche, il fait un bruit terrible.
Cuando se suena, hace un ruido espantoso.

sonarse

ℹ *Le pronom réfléchi fonctionne de la façon suivante en espagnol :* ***me*** *sueno,* ***te*** *suenas,* ***se*** (singulier) *suena,* ***nos*** *sonamos,* ***os*** *sonáis,* ***se*** (pluriel) *suenan.*

mouchoir

▷ J'ai prêté un mouchoir à Mathias.
Le presté un pañuelo a Mathias.

▷ Est-ce que tu as un mouchoir en papier ?
¿Tienes un pañuelo de papel?

el **pañuelo**

► **mouchoir en papier :** el **pañuelo de papel** (pluriel : los **pañuelos de papel**)

moue

▷ Elena a fait la moue quand j'ai proposé d'aller au cinéma.
Elena puso mala cara cuando propuse que fuéramos al cine.

► **faire la moue** (quand on est déçu) **: poner mala cara**

mouette

▷ Une mouette s'est posée près de nous.
Una gaviota se posó cerca de nosotros.

la **gaviota**

moufles

▷ N'oublie pas tes moufles, il fait froid dehors.
No olvides las manoplas, que fuera hace frío.

las **manoplas**

mouillé, mouillée

▷ Tes habits sont mouillés : qu'est-ce qui t'est arrivé ?
Tu ropa está mojada : ¿qué te ha pasado?

mojado, mojada

mouiller

1 ▻ Attention, tu vas mouiller tes chaussures.
Cuidado, que te vas a mojar los zapatos.

2 ▻ J'emporte un parapluie, je déteste me mouiller.
Me llevo un paraguas, odio mojarme.
▻ Elle nage sans se mouiller les cheveux.
Nada sin mojarse el pelo.

1 **mojar**

2 ► **se mouiller : mojarse**

*Le pronom réfléchi fonctionne de la façon suivante en espagnol : **me** mojo, **te** mojas, **se*** (singulier) *moja, **nos** mojamos, **os** mojáis, **se*** (pluriel) *mojan.*

moulant, moulante

▻ Nathalie porte un pantalon moulant.
Nathalie lleva unos pantalones ceñidos.

ceñido, ceñida

moule

1 ▻ Ce moule à gâteau est trop petit.
Este molde para pastel es demasiado pequeño.

2 ▻ Il y avait plusieurs moules qui n'étaient pas fraîches.
Había varios mejillones que no estaban frescos.

1 ► **un moule** (pour fabriquer des objets ou faire des gâteaux) **: un molde**

2 ► **une moule** (= un coquillage) **: un mejillón** (pluriel : **mejillones**)

*Il n'y a pas d'accent écrit au pluriel. L'accent tonique porte sur le **o**, comme au singulier.*

moulin

1 ▻ Ils habitent dans un vieux moulin.
Viven en un antiguo molino.
▻ Il y a des moulins à vent dans la Manche.
Hay molinos de viento en la Mancha.

2 ▻ Le moulin à poivre est cassé.
El molinillo de pimienta está roto.

1 (= bâtiment) el **molino**

► **moulin à vent : molino de viento** (pluriel : **molinos de viento**)

2 (= appareil pour moudre le poivre ou le café) el **molinillo**

mourir

▻ L'arrière-grand-mère de Sylvie est morte hier.
La bisabuela de Sylvie murió ayer.
▻ De quoi est-ce qu'il est mort ?
¿De qué murió?

morir

*On peut dire aussi **morirse**.*

► **mourir de** quelque chose **: morir de** algo

▷ Quand est-ce qu'on mange ? Je meurs de faim !
¿Cuándo vamos a comer? ¡Me muero de hambre!
▷ Je meurs de soif !
¡Me muero de sed!

► **mourir de faim** *ou* **de soif**, *etc.* : **morirse de hambre** *ou* **de sed**, *etc.*

ℹ *Le pronom réfléchi fonctionne de la façon suivante en espagnol :* ***me*** *muero,* ***te*** *mueres,* ***se*** (singulier) *muere,* ***nos*** *morimos,* ***os*** *morís,* ***se*** (pluriel) *mueren.*

mousse

1 ▷ Ce matelas n'est qu'un gros morceau de mousse.
Este colchón no es más que un gran pedazo de espuma.
▷ Il n'y a plus de mousse à raser.
Ya no queda espuma de afeitar.
2 ▷ J'adore la mousse au chocolat.
Me encanta la mousse de chocolate.

1 (= matière, bulles) la **espuma**

► **mousse à raser** : **espuma de afeitar**

2 ► **mousse au chocolat** : **la mousse de chocolate**

🔊 *Le mot* ***mousse*** *se prononce de la même façon en espagnol et en français.*

mousseux

▷ On a bu du mousseux pour fêter ça.
Bebimos vino espumoso para celebrarlo.

el **vino espumoso**

ℹ *On peut dire aussi, tout simplement,* ***el espumoso.***

moustache

▷ Denis se laisse pousser la moustache.
Denis se deja bigote.
▷ Les moustaches du chat sont très douces.
Los bigotes del gato son muy suaves.

el **bigote**

moustique

▷ Je me suis fait piquer par un moustique.
Me picó un mosquito.

el **mosquito**

ℹ *Attention à l'orthographe du mot* ***mosquito.***

moutarde

▷ Cette moutarde est très forte !
¡Esta mostaza es muy fuerte!

la **mostaza**

mouton

1 ▷ Un troupeau de moutons traversait la route.
Un rebaño de ovejas estaba cruzando la carretera.

1 (= animal) la **oveja**

Suite page suivante

2 ▷ Nous avons mangé du mouton avec des haricots.
Comimos cordero con alubias.

2 (= viande) el **cordero**
ℹ *On peut dire aussi* ***carne de cordero.***

mouvement

▷ Joaquín a fait un mouvement soudain.
Joaquín hizo un movimiento repentino.

el **movimiento**

moyen, moyenne

1 ▷ Marie est de taille moyenne.
Marie es de estatura mediana.

2 ▷ La température moyenne est de vingt degrés.
La temperatura media es de veinte grados.

3 ▷ Je suis moyen en espagnol.
Soy regular en español.

1 (= ni grand ni petit) **mediano, mediana**
2 (= qui est calculé en faisant une moyenne) **medio, media**
3 (= ni bon ni mauvais) **regular** (pluriel : **regulares**)

moyen

1 ▷ Stéphane a trouvé un moyen pour avoir des billets gratuits.
Stéphane ha encontrado un medio para conseguir entradas gratuitas.

2 ▷ Ils n'ont pas les moyens d'acheter une voiture neuve.
No tienen medios para comprar un coche nuevo.
▷ As-tu les moyens d'acheter ça ?
¿Tienes medios para comprar esto?

1 (= méthode) el **medio**
2 ► **avoir les moyens de : tener medios para**

moyenne

1 ▷ Je suis content, j'ai eu la moyenne en géo.
Estoy contento, saqué un suficiente en geografía.

2 ▷ Ce n'est pas le résultat final, c'est juste une moyenne.
No es el resultado final, sólo es una media.

1 ► **avoir la moyenne : sacar un suficiente**
2 (= chiffre ou note intermédiaire) la **media**

muet, muette

▷ Il y a un garçon muet dans ma classe.
Hay un chico mudo en mi clase.

mudo, muda

multiplication

▷ Ta multiplication est fausse.
Tu multiplicación es incorrecta.

la **multiplicación**

multiplier

▷ Sept multiplié par huit égale cinquante-six.
Siete multiplicado por ocho es igual a cincuenta y seis.

multiplicar

mur

1 ▷ Il y a un haut mur autour du jardin.
Hay un alto muro alrededor del jardín.

2 ▷ Les murs de ma chambre sont peints en bleu.
Las paredes de mi habitación están pintadas de azul.

1 (= un mur à l'extérieur) el **muro**

2 (= un mur à l'intérieur ou le mur d'une maison) la **pared** (pluriel : las paredes)

mûr, mûre (adjectif)

▷ Choisis un melon mûr.
Elige un melón maduro.
▷ Elle n'est pas très mûre pour son âge.
No es muy madura para su edad.

maduro, madura

mûre (nom)

▷ Nous avons ramassé des mûres pour faire de la confiture.
Cogimos moras para hacer confitura.

la **mora**

mûrir

▷ Attends que les pêches mûrissent.
Espera a que los melocotones maduren.

madurar

musclé, musclée

▷ Lucas a des mollets très musclés.
Lucas tiene unas pantorrillas muy musculosas.

musculoso, musculosa

musculation

▷ Thierry fait de la musculation avec son père.
Thierry hace ejercicios de musculación con su padre.

► **faire de la musculation :**
hacer ejercicios de musculación

museau

▷ Le chien poussait la balle avec son museau.
El perro empujaba la pelota con el morro.

el **morro**

ℹ *On peut dire aussi* ***el hocico****.*

musée

▷ Nous avons visité le musée d'art moderne.
Visitamos el museo de arte moderna.

el **museo**

musicien, musicienne

▷ Ce sont d'excellents musiciens.
Son unos músicos excelentes.

el **músico**, la **música**

ℹ *Remarquez que le mot espagnol porte sur le* ***u*** *un accent écrit qui reflète l'accent tonique.*

musique

▷ On a écouté de la musique toute la soirée.
Escuchamos música toda la noche.

▷ Je n'aime pas tellement la musique classique.
No me gusta mucho la música clásica.

la **música**

*Remarquez que le mot espagnol porte sur le **u** un accent écrit qui reflète l'accent tonique.*

► **musique classique : música clásica**

musulman, musulmane

▷ Hakim ne peut pas manger de porc parce qu'il est musulman.
Hakim no puede comer cerdo porque es musulmán.

▷ Les musulmans prient dans une mosquée.
Los musulmanes rezan en una mezquita.

musulmán (pluriel : **musulmanes**), **musulmana**

N'oubliez pas l'accent du masculin singulier.

myope

▷ Cécile porte des lunettes parce qu'elle est myope.
Cécile lleva gafas porque es miope.

miope

myrtille

▷ Cette tarte aux myrtilles est délicieuse.
Esta tarta de arándanos está riquísima.

el **arándano**

*Remarquez que le mot espagnol porte sur le deuxième **a** un accent écrit qui reflète l'accent tonique.*

mystère

▷ Personne ne sait où il est, c'est un mystère.
Nadie sabe dónde está, es un misterio.

el **misterio**

Attention à l'orthographe !

FRANÇAIS

N

ESPAGNOL

nage

1 ▷ La nage est un sport que tout le monde peut pratiquer.
La natación es un deporte que todo el mundo puede practicar.

1 (= natation) la **natación**

2 ▷ Ma nage préférée est le crawl.
Mi estilo de natación preferido es el crol.

2 (= style) el **estilo de natación** (pluriel : los estilos de natación)

3 ▷ Comment veux-tu que je rentre ? à la nage ?
¿Cómo quieres que regrese? ¿a nado?

3 ► **à la nage** : **a nado**

4 ▷ Ils étaient en nage quand ils sont arrivés en haut de la côte.
Estaban empapados en sudor al llegar arriba de la cuesta.

4 ► **être en nage** : **estar empapado** *ou* **empapada en sudor**

nager

1 ▷ Loïc nage très bien.
Loïc nada muy bien.

1 (dans l'eau) **nadar**

2 ▷ Sabine a maigri, elle nage dans son jean.
Sabine ha adelgazado, le bailan los vaqueros.

2 Pour dire qu'on nage dans ses vêtements, on emploie en espagnol le verbe **bailar**, avec le vêtement pour sujet.

3 ▷ Je nage complètement en allemand.
Estoy pez en alemán.

3 (= ne rien comprendre) **estar pez**

naïf, naïve

▷ Lambert est vraiment naïf, il croit tout ce qu'on lui dit.
Lambert es realmente ingenuo, se cree todo lo que le dicen.

ingenuo, ingenua

*L'accent tonique porte sur la deuxième syllabe, **-ge**.*

nain, naine

▷ Comment s'appelaient les sept nains de Blanche-Neige ?
¿Cómo se llamaban los siete enanos de Blancanieves?

el **enano**, la **enana**

naissance

▷ J'ai dû mettre ma date de naissance dans le formulaire.
Tuve que poner mi fecha de nacimiento en el formulario.

el **nacimiento**

naître

▷ Chloé est née au Canada mais elle vit en France.
Chloé nació en Canadá pero vive en Francia.

nacer

nappe

1 ▷ La nappe est toute trouée.
El mantel está todo agujereado.

2 ▷ Une énorme nappe de pétrole a atteint la côte.
Una enorme mancha de petróleo alcanzó la costa.

1 (sur la table) el **mantel** (pluriel : los manteles)

2 ► **nappe de pétrole** : la mancha de petróleo

natation

▷ La natation est un sport que tout le monde peut pratiquer.
La natación es un deporte que todo el mundo puede practicar.

▷ Je fais de la natation le mercredi.
Practico la natación los miércoles.

la **natación**

► **faire de la natation** : practicar la natación

national, nationale

1 ▷ Ludovic a été sélectionné pour l'équipe nationale.
Ludovic ha sido seleccionado para el equipo nacional.

2 ▷ On va prendre la nationale au lieu de l'autoroute.
Vamos a tomar la carretera nacional en vez de la autopista.

1 (= du pays) **nacional** (pluriel : nacionales)

2 ► **une nationale** *ou* **une route nationale** : una carretera nacional
(pluriel : carreteras nacionales)

*Attention à bien prononcer les deux **r** de **carretera**.*

nationalité

▷ Mourad est de nationalité française.
Mourad tiene la nacionalidad francesa.

la **nacionalidad** (pluriel : las nacionalidades)

natte

▷ Monique porte des nattes.
Monique lleva trenzas.
▷ Parfois je me fais des nattes.
A veces me hago trenzas.

(= tresse) la **trenza**

nature

1 ▷ Ces couleurs n'existent pas dans la nature.
Estos colores no existen en la naturaleza.
▷ Je n'aime pas vivre en ville, la nature me manque.
No me gusta vivir en la ciudad, echo de menos la naturaleza.

2 ▷ Ce n'est pas gentil de ta part de me dire que je suis une petite nature !
¡No es nada amable de tu parte decirme que soy un debilucho!

3 ▷ Tu veux un yaourt nature ou un yaourt aux fruits ?
¿Quieres un yogur natural o un yogur de frutas?

4 ▷ Annelise prend son thé nature.
Annelise toma el té solo.

1 ► **la nature** (= le monde naturel, la campagne) : **la naturaleza**

2 ► **une petite nature : un debilucho, una debilucha**

3 (adjectif : en parlant d'un yaourt) **natural** (pluriel : **naturales**)

4 (en parlant du thé ou du café) **solo**

naturel, naturelle

▷ Est-ce que c'est ta couleur de cheveux naturelle ?
¿Éste es tu color de pelo natural?
▷ Il est naturel de s'inquiéter.
Es natural inquietarse.

natural (pluriel : **naturales**)

► **il est naturel de** + faire quelque chose : **es natural** + hacer algo

nausée

▷ C'est un médicament contre les nausées.
Es un medicamento contra las náuseas.
▷ J'ai la nausée, je veux rentrer à la maison.
Siento náuseas, quiero volver a casa.

la **náusea**

► **avoir la nausée : sentir náuseas**

navet

1 ▷ Il y a des navets dans la soupe.
Hay nabos en la sopa.

2 ▷ Ce film est un navet !
¡Esta película es una birria!

1 (= légume) el **nabo**

2 (= mauvais film) la **birria**

ℹ ***Birria****, comme* **navet**, *est un mot familier.*

navette

1 ▷ Nous avons pris la navette pour l'aéroport.
Cojimos el servicio regular de autobús para el aeropuerto.

2 ▷ Mon père fait la navette entre Paris et Orléans.
Mi padre va y viene de París a Orleans.

1 (= autobus) el **servicio regular de autobús**

2 ► **faire la navette : ir y venir**

naviguer

▷ Louis passe des heures à naviguer sur Internet.
Louis se pasa horas navegando por Internet.

► **naviguer sur Internet : navegar por Internet**

ne ou n'

1 ▷ Je ne sais pas.
No sé.
▷ Tu n'es pas très sympa.
No eres muy amable.
▷ Il n'a pas pu le faire.
No ha podido hacerlo.

2 ▷ Je n'ai lu que le premier chapitre.
Sólo he leído el primer capítulo.

1 ► **ne... pas : no**

2 ► **ne... que** (= seulement) **: sólo**

*Notez que **sólo** porte sur le premier **o** un accent qui le distingue de l'adjectif **solo**.*

nécessaire

▷ Ne prends pas ton cartable, ce n'est pas nécessaire.
No cojas tu cartera, no es necesario.
▷ Je crois qu'il est nécessaire de réagir !
¡Creo que es necesario actuar!

necesario, necesaria

► **il est nécessaire de** + infinitif **: es necesario** + infinitif

nectarine

▷ Un kilo de nectarines, s'il vous plaît.
Un kilo de nectarinas, por favor.

la **nectarina**

négatif, négative

1 ▷ Ne sois pas si négatif !
¡No seas tan negativo!

2 ▷ Je voulais un autre exemplaire des photos, mais j'ai perdu les négatifs.
Quería otro ejemplar de las fotos, pero he perdido los negativos.

1 (adjectif = contraire de positif) **negativo, negativa**

2 ► **un négatif** (= photo) **: un negativo**

neige

1 ▷ La neige commence à fondre.
La nieve empieza a derretirse.

1 la **nieve**

2 ▷ Yannick a de la chance, il ira à la neige en février.
Yannick tiene suerte, irá a esquiar en febrero.

2 ► **aller à la neige** (= aller au ski) : **ir a esquiar**

neiger

▷ Il neige souvent ici.
Nieva a menudo aquí.
▷ Regardez ! Il neige !
¡Mirad! ¡Está nevando!

nevar

► **il neige** (en ce moment) : **está nevando**

néon

1 ▷ Il faut changer les deux néons qui sont grillés.
Hay que cambiar los dos fluorescentes que están fundidos.
2 ▷ Le soir, les néons des bars s'allument.
Por la noche se encienden las luces de neón de los bares.

1 (= le tube) **el fluorescente**

*Attention à bien prononcer séparément le **s** et le **c** de **fluorescente**.*

2 (= enseigne lumineuse) **la luz de neón** (pluriel : **las luces de neón**)

nerf

▷ Il s'agit d'une inflammation du nerf.
Se trata de una inflamación del nervio.
▷ Il y a beaucoup de nerfs dans cette viande.
Hay muchos nervios en esta carne.

el nervio

nerveux, nerveuse

▷ Bien qu'il n'en ait pas l'air, Jean-Loup est un garçon très nerveux.
Aunque no lo parezca, Jean-Loup es un chico muy nervioso.
▷ Je suis toujours nerveuse avant les interros.
Siempre estoy nerviosa antes de las pruebas.

nervioso, nerviosa

*Notez l'emploi du verbe **ser** quand on est nerveux de nature, et du verbe **estar** quand on est anxieux dans un cas particulier.*

n'est-ce pas

▷ Elle est gentille, n'est-ce pas ?
Es simpática, ¿no?
▷ Vous êtes d'accord, n'est-ce pas ?
Estáis de acuerdo, ¿no?

¿no?

*On peut dire aussi **¿verdad ?***

net, nette

1 ▷ L'image n'est pas très nette.
La imagen no es muy nítida.
2 ▷ Ces draps ne sont pas très nets.
Estas sábanas no están muy limpias.

1 (= le contraire de flou) **nítido, nítida**

2 (= propre) **limpio, limpia**

Suite page suivante

3 ▷ Patricia a fait de nets progrès en espagnol.
Patricia ha hecho claros progresos en español.

4 ▷ Il s'est arrêté net quand il m'a vue.
Se paró en seco al verme.

3 (= évident) **claro, clara**

4 ► **s'arrêter net : pararse en seco**

ℹ *Le pronom réfléchi fonctionne de la façon suivante en espagnol (au présent) :* ***me*** *paro,* ***te*** *paras,* ***se*** (singulier) *para,* ***nos*** *paramos,* ***os*** *paráis,* ***se*** (pluriel) *paran.*

nettement

▷ Bruno est nettement plus sympa que son frère.
Bruno es mucho más simpático que su hermano.

(= beaucoup) **mucho**

nettoyer

▷ Tu devrais nettoyer tes chaussures avant de sortir.
Deberías limpiarte los zapatos antes de salir.

limpiar

neuf

▷ Il reste neuf jours avant les vacances.
Quedan nueve días antes de las vacaciones.
▷ Nous viendrons le neuf septembre.
Vendremos el nueve de septiembre.

nueve

ℹ *Notez l'emploi de* ***de*** *en espagnol quand on dit la date.*

neuf, neuve

▷ Lucie a un manteau neuf.
Lucie tiene un abrigo nuevo.
▷ L'écran est tout neuf.
La pantalla es completamente nueva.

nuevo, nueva

► **tout neuf** *ou* **toute neuve : completamente nuevo** *ou* **completamente nueva** (pluriel : **completamente nuevos** *ou* **completamente nuevas**)

▷ Alors, quoi de neuf ?
Así pues, ¿qué hay de nuevo?

► **quoi de neuf ? : ¿qué hay de nuevo?**

neutre

▷ Je ne défends personne, je suis neutre.
No defiendo a nadie, estoy neutral.

(= impartial) **neutral** (pluriel : **neutrales**)

neuvième

▷ C'est le neuvième match que gagne notre équipe.
Es el noveno partido que gana nuestro equipo.

noveno, novena

neveu

▷ Anthony est le neveu du prof de gym.
Anthony es el sobrino del profesor de gimnasia.

el **sobrino**

nez

▷ Camille a un joli nez.
Camille tiene una preciosa nariz.

la **nariz** (pluriel : las narices)

*N'oubliez pas que le **z** devient **c** au pluriel.*

Remarquez que le mot espagnol est féminin.

ni... ni

▷ Je ne connais ni sa sœur ni son frère.
No conozco ni a su hermana ni a su hermano.

ni... ni

niche

▷ Le chien ne veut pas dormir dans sa niche.
El perro no quiere dormir en su caseta.

(= la niche du chien) la **caseta**

nid

▷ Le pauvre oiseau est tombé de son nid.
El pobre pájaro se cayó del nido.

el **nido**

nièce

▷ La nièce de madame Garand est dans ma classe.
La sobrina de la señora Garand está en mi clase.

la **sobrina**

n'importe

1 ▷ Tu as fait ça n'importe comment !
¡Lo has hecho de cualquier manera!

2 ▷ Prends n'importe lequel, ça m'est égal.
Coge cualquiera, me da igual.

3 ▷ Tu peux aller n'importe où, tout le monde te dira la même chose.
Puedes ir donde sea, todo el mundo te dirá lo mismo.

4 ▷ Achète n'importe quelle marque.
Compra cualquier marca.

5 ▷ N'importe qui pourrait faire ça.
Cualquiera podría hacer eso.

6 ▷ Raconte-lui n'importe quoi, mais ne lui dis pas la vérité !
¡Dile lo que sea, pero no le digas la verdad!

1 ► **n'importe comment : de cualquier manera**

2 ► **n'importe lequel, n'importe laquelle : cualquiera**

3 ► **n'importe où : donde sea**

*On peut dire aussi **en cualquier parte** ou **en cualquier lugar** ou **en cualquier sitio**.*

4 ► **n'importe quel, n'importe quelle : cualquier**

5 ► **n'importe qui : cualquiera**

6 ► **n'importe quoi : lo que sea**

*On peut dire aussi **cualquier cosa**.*

Suite page suivante

7 ▻ Je crois que tu lui plais. – N'importe quoi !
Creo que le gustas. – ¡Qué tontería!

7 Pour exprimer son mépris pour ce que vient de dire l'autre personne, on peut dire **¡qué tontería!**

niveau

▻ C'est juste au-dessus du niveau de la mer.
Está justo por encima del nivel del mar.
▻ Suzie a un bon niveau en maths.
Suzie tiene un buen nivel de matemáticas.

el **nivel** (pluriel : los niveles)

► **avoir un bon niveau en... :** tener un buen nivel de...

noce

▻ Tu t'es amusé à la noce ?
¿Te divertiste en la boda?
▻ Dimanche on a fêté les noces d'or de mes grands-parents.
El domingo celebramos las bodas de oro de mis abuelos.

la **boda**

► **noces d'or :** las bodas de oro

ℹ *De même*, noces d'argent = ***bodas de plata.***

Noël

▻ Qu'est-ce que tu as eu pour Noël ?
¿Qué te regalaron para Navidad?
▻ Joyeux Noël tout le monde !
¡Feliz Navidad a todos!

Navidad

► **Joyeux Noël ! :** ¡Feliz Navidad!

nœud

1 ▻ Le nœud n'était pas assez serré.
El nudo no estaba bastante apretado.
2 ▻ Marielle avait un nœud dans les cheveux.
Marielle llevaba un lazo en el pelo.
3 ▻ Mon père a dû porter un nœud papillon.
Mi padre tuvo que llevar una pajarita.

1 (= lien) el **nudo**

2 (pour faire joli) el **lazo**

3 ► **nœud papillon :** la pajarita

noir, noire

1 ▻ Ce pantalon noir te va bien.
Estos pantalones negros te sientan bien.
2 ▻ Mon arrière-grand-mère ne porte que du noir.
Mi bisabuela sólo se viste de negro.
3 ▻ Ma petite sœur a peur du noir.
Mi hermana pequeña tiene miedo de la oscuridad.
▻ Il fait noir dans la grotte.
Está oscuro en la cueva.
4 ▻ Julien prend des photos en noir et blanc.
Julien saca fotos en blanco y negro.

1 (= couleur) **negro, negra**

2 ► **le noir** (= la couleur noire) **:** el negro

3 ► **le noir** (= l'obscurité) **:** la oscuridad

► **faire noir :** estar oscuro

ℹ *Attention à l'orthographe du mot* ***oscuridad.***

4 ► **en noir et blanc :** en blanco y negro

noisette

▷ Est-ce qu'il y a des noisettes dans ce chocolat ?
¿Hay avellanas en este chocolate?
▷ Monique a les yeux noisette.
Monique tiene los ojos avellana.

la **avellana**
ℹ *De même qu'en français, on peut employer le nom **avellana** en tant qu'adjectif invariable.*

noix

1 ▷ J'ai acheté un mélange de noix et de noisettes.
Compré una mezcla de nueces y avellanas.

1 (= fruit) la **nuez** (pluriel : las nueces)
ℹ *N'oubliez pas que le **z** devient **c** au pluriel.*

2 ▷ Ma mère a fait un gâteau à la noix de coco.
Mi madre hizo un pastel de coco.

2 ► **noix de coco :** el coco

nom

1 ▷ Rodolphe, c'est un drôle de nom pour un chien !
¡Rodolphe es un nombre curioso para un perro!
▷ Quel est ton nom ?
¿Cuál es tu nombre?
▷ Je la connais de nom seulement.
Sólo la conozco de nombre.

1 el **nombre**

► **connaître** quelqu'un **de nom :** conocer a alguien **de nombre**

2 ▷ Ils m'ont demandé mon nom de famille.
Me preguntaron el apellido.
▷ Nom et prénom, s'il vous plaît.
Nombre y apellido, por favor.
▷ C'est vrai qu'en Espagne les femmes mariées utilisent toujours leur nom de jeune fille ?
¿Es cierto que en España las mujeres casadas usan siempre su apellido de soltera?

2 ► **nom** (de famille) **:** el apellido

► **nom de jeune fille :** el apellido de soltera

nombre

▷ Choisis un nombre au hasard.
Elige un número al azar.

el **número**
ℹ *Remarquez que le mot espagnol porte sur le **u** un accent écrit qui reflète l'accent tonique.*

nombreux, nombreuses

▷ Il y a eu de nombreux accidents ici.
Ha habido muchos accidentes aquí.

► **de nombreux** *ou* **de nombreuses...** (= beaucoup de) **:** muchos *ou* muchas...

▷ Vous étiez nombreux ?
¿Erais muchos?

► **être nombreux** *ou* **nombreuses :** ser muchos *ou* muchas

▷ Nous étions plus nombreux que l'année dernière.
Éramos más que el año pasado.

► **être plus nombreux** *ou* **nombreuses :** ser más

Suite page suivante

▷ Les élèves sont moins nombreux qu'avant.
Los alumnos son menos que antes.

► **être moins nombreux** *ou* **nombreuses :** ser menos

nombril

▷ Sarah a un anneau dans le nombril.
Sarah lleva un piercing en el ombligo.

el **ombligo**

nommer

▷ Nous avons nommé Charles délégué de classe.
Hemos nombrado a Charles delegado de clase.

(= désigner à un poste) **nombrar**

Si le complément est une personne ou un groupe de personnes, n'oubliez pas de le faire précéder de ***a****.*

non

1 ▷ Tu as faim ? – Non, pas encore.
¿Tienes hambre? – No, todavía no.
▷ Tu aimes ça ? Moi non.
¿Te gusta eso? A mí no.
▷ Ils m'ont demandé si je pouvais le faire, mais j'ai dit que non.
Me preguntaron si podía hacerlo, pero dije que no.
▷ C'est joli, non ?
Es bonito, ¿no?

1 **no**

2 ▷ Ambre n'est pas venue non plus.
Ambre tampoco vino.
▷ Je ne veux pas ! – Moi non plus !
¡No quiero! – Yo tampoco!

2 ► **non plus :** tampoco

non-fumeurs

▷ Nous voudrions une table non-fumeurs.
Quisiéramos una mesa de no fumadores.

(pour parler d'un endroit où il est interdit de fumer) **de no fumadores**

nord

▷ Le nord est dans cette direction.
El norte queda en esa dirección.
▷ Ils habitent dans le Nord.
Viven en el norte.
▷ Mon village est au nord de Joinville.
Mi pueblo está al norte de Joinville.

el **norte**

normal, normale

▷ Tout semble normal.
Todo parece normal.
▷ Ah non ! Ce n'est pas normal !
¡Ah no! ¡No es normal!
▷ Il est normal de vouloir réussir dans la vie.
Es normal querer tener éxito en la vida.

normal (pluriel : **normales**)

► **il est normal de** + faire quelque chose : **es normal** + **hacer algo**

normalement

1 ▷ Tu peux t'asseoir normalement, s'il te plaît ?
¿Te puedes sentar normalmente, por favor?
2 ▷ Normalement, je me couche à neuf heures.
Generalmente, me acuesto a las nueve.
3 ▷ Normalement, on devrait arriver vers sept heures.
En principio, deberíamos llegar hacia las siete.

1 (= de façon normale) **generalmente**
2 (= d'habitude) **generalmente**
3 (= s'il n'y a pas de problème) **en principio**

Norvège

▷ La Norvège ne fait pas partie de l'Union européenne.
Noruega no forma parte de la Unión europea.
▷ Nous avons vu des fjords magnifiques en Norvège.
Vimos unos fiordos magníficos en Noruega.
▷ Simone est allée en Norvège pour voir son fils.
Simone fue a Noruega a ver a su hijo.

Noruega

ℹ *Ne prend généralement pas d'article.*

► **en Norvège** (= dans le pays) : **en Noruega**

► **en Norvège** (= vers le pays) : **a Noruega**

norvégien, norvégienne

▷ Monika est norvégienne.
Monika es noruega.
▷ Aurélie sort avec un Norvégien.
Aurélie sale con un noruego.

noruego, noruega

ℹ *S'écrit toujours avec une minuscule, qu'il s'agisse de l'adjectif ou du nom.*

nos

▷ Tous nos profs sont en grève.
Todos nuestros profesores están en huelga.
▷ On nous a volé nos affaires.
Nos robaron nuestras cosas.

nuestros, nuestras

notamment

▷ J'ai beaucoup aimé le livre, notamment le début.
Me gustó mucho el libro, especialmente el principio.

especialmente

note

1 ▷ J'ai eu une mauvaise note en géographie.
Saqué una mala nota en geografía.
▷ Avant de jouer, il faut savoir lire les notes.
Antes de tocar, hay que saber leer las notas.

1 (à l'école et en musique) la **nota**

2 ▷ Nous avons demandé la note et nous avons quitté l'hôtel.
Pedimos la cuenta y nos fuimos del hotel.

2 (= facture) la **cuenta**

3 ▷ Tu prends des notes, j'espère...
Espero que estés tomando apuntes...

3 ► **prendre des notes : tomar apuntes**

noter

1 ▷ Note l'adresse sur ce bout de papier.
Apunta la dirección en este trozo de papel.

1 (= écrire) **apuntar**

2 ▷ Les devoirs sont notés sur vingt.
Los exámenes se califican sobre veinte.

2 (= mettre une note à un devoir) **calificar**

ℹ *En Espagne les élèves sont notés sur 10 et non pas sur 20.*

notre

▷ Notre voisin est très sympathique.
Nuestro vecino es muy simpático.
▷ Notre maison est au bout de la rue.
Nuestra casa está al final de la calle.

nuestro, nuestra

le nôtre, la nôtre, les nôtres

▷ Leur prof est sympa, mais le nôtre raconte des choses plus intéressantes.
Su profesor es simpático, pero el nuestro cuenta cosas más interesantes.
▷ Je crois que ces places sont les nôtres.
Creo que estos asientos son nuestros.

el **nuestro,** la **nuestra,** los **nuestros,** las **nuestras**

nouer

▷ Alix a mal noué sa cravate.
Alix se anudó mal la corbata.

anudar

nouilles

1 ▷ Encore des nouilles ? On pourrait manger autre chose pour changer !
¿Pasta otra vez? ¡Podríamos comer otra cosa para cambiar!

1 (= pâtes) : la **pasta**

ℹ ***Pasta*** *est indénombrable : il ne se met pas au pluriel et* **on ne dit pas** *'una pasta'. On dit par exemple* ***esta pasta es deliciosa*** (ces nouilles sont délicieuses).

2 ▷ Quelle nouille celui-là !
¡Qué ganso ese tío!

2 **quelle nouille !** (= personne niaise) : **¡qué ganso!** *ou* **¡qué gansa!**

nourrir

1 ▷ Il est essentiel de bien nourrir les bébés.
Es esencial alimentar bien a los bebés.

1 (= donner à manger à) **alimentar**
Si le complément est une personne ou un groupe de personnes, n'oubliez pas de le faire précéder de ***a****.*

2 ▷ Il refuse de se nourrir.
Se niega a alimentarse.

2 ► **se nourrir : alimentarse**
Le pronom réfléchi fonctionne de la façon suivante en espagnol : ***me*** *alimento,* ***te*** *alimentas,* ***se*** (singulier) *alimenta,* ***nos*** *alimentamos,* ***os*** *alimentáis,* ***se*** (pluriel) *alimentan.*

▷ Emilia ne se nourrit que de chips et de chocolat.
Emilia se alimenta sólo de patatas fritas y chocolate.

► **se nourrir de** quelque chose : **alimentarse de** algo

nourriture

▷ Nous n'avons pas préparé assez de nourriture.
No hemos preparado bastante comida.

la **comida**

nous

1 ▷ Nous avons décidé d'accepter.
Hemos decidido aceptar.

1 Quand **nous** est sujet, il ne se traduit généralement pas en espagnol.

2 ▷ Ne nous attends pas.
No nos esperes.
▷ Robert nous l'a montré.
Robert nos lo enseñó.

2 Quand **nous** est complément d'objet, il se traduit par **nos**.

3 ▷ Ces cadeaux sont pour nous ?
¿Estos regalos son para nosotros?
▷ Ils ont eu plus de chance que nous.
Tuvieron más suerte que nosotros.

3 Quand **nous** suit une préposition ou intervient dans une comparaison, il se traduit par **nosotros**.

4 ▷ Nous nous sommes fait mal en jouant au foot.
Nos hicimos daño jugando al fútbol.
▷ Nous nous sommes bien amusés.
Lo pasamos muy bien.

4 Le pronom réfléchi **nous** équivaut généralement à **nos**. Mais dans certains cas, il faut utiliser une expression particulière où le pronom réfléchi **nous** n'a pas d'équivalent.

nous-mêmes

▷ Nous pourrions le lui expliquer nous-mêmes.
Podríamos explicárselo nosotros mismos.

nosotros mismos, nosotras mismas

nouveau, nouvel, nouvelle

▷ Nous avons une nouvelle prof d'espagnol.
Tenemos una nueva profesora de español.

nuevo, nueva

Suite page suivante

▻ Ce sera bientôt le nouvel An.
Pronto será Año Nuevo.
▻ Il y a une nouvelle dans la classe de Mathilde.
Hay una nueva en la clase de Mathilde.
▻ Le chien s'est de nouveau échappé.
El perro se ha escapado de nuevo.

► **le nouvel an :** el Año Nuevo

► **de nouveau :** de nuevo

nouveaux-mariés

▻ Les nouveaux-mariés sont allés passer leur lune de miel en Thaïlande.
Los recién casados han ido a pasar la luna de miel a Tailandia.

los **recién casados**

nouveau-né

▻ Le nouveau-né n'arrête pas de brailler.
El recién nacido no deja de berrear.

el **recién nacido** (pluriel : los recién nacidos)

novembre

▻ Nous allons déménager en novembre.
Nos vamos a mudar en noviembre.
▻ Mireille est née le quinze novembre.
Mireille nació el quince de noviembre.

noviembre

ℹ *Notez l'emploi de **de** en espagnol quand on dit la date.*

noyau

▻ J'ai trouvé des noyaux d'olives dans la pizza !
¡He encontrado huesos de aceitunas en la pizza !

(= noyau d'un fruit) el **hueso**

se noyer

▻ Quelqu'un s'est noyé hier à Biarritz.
Alguien se ahogó ayer en Biarritz.

ahogarse

ℹ *Le pronom réfléchi fonctionne de la façon suivante en espagnol : **me** ahogo, **te** ahogas, **se*** (singulier) *ahoga, **nos** ahogamos, **os** ahogáis, **se*** (pluriel) *ahogan.*

nu, nue

1 ▻ Ça me gêne d'être nue devant le médecin.
Me incomoda estar desnuda delante del médico.
▻ Il se promenait tout nu dans le salon !
¡Se paseaba completamente desnudo por el salón!
2 ▻ Les enfants couraient pieds nus sur la plage.
Los niños corrían descalzos por la playa.

1 **desnudo, desnuda**

► **tout nu** *ou* **toute nue :** completamente desnudo *ou* desnuda

2 ► **pieds nus :** descalzo, descalza

nuage

▷ Regarde ces nuages noirs, il va y avoir un orage.
Mira esas nubes negras, va a haber una tormenta.

la **nube**

nucléaire

▷ Il y a une centrale nucléaire près de chez eux.
Hay una central nuclear cerca de su casa.

nuclear (pluriel : nucleares)

nuit

▷ On a passé la nuit à jouer de la guitare et à chanter.
Nos pasamos la noche tocando la guitarra y cantando.

▷ J'ai entendu du bruit cette nuit.
Oí ruido anoche.

▷ J'espère que tu dormiras mieux cette nuit.
Espero que duermas mejor esta noche.

▷ Le père d'Agathe travaille la nuit.
El padre de Agathe trabaja por la noche.

▷ Bonne nuit tout le monde !
¡Buenas noches a todos!

▷ Il fait déjà nuit.
Ya se hace de noche.

la **noche**

► **cette nuit** (= la nuit dernière) **:** anoche

► **cette nuit** (= la nuit prochaine) **:** esta noche

► **la nuit** (= pendant la nuit) **:** por la noche

► **bonne nuit ! :** ¡buenas noches!

► **il fait nuit :** se hace de noche

nul, nulle

1 ▷ Cette chanson est nulle.
Esta canción es una porquería.

1 Quand on veut dire que quelque chose est très mauvais, on emploie en espagnol l'expression **ser una porquería**.

2 ▷ Je suis nul en maths.
Soy un negado para las matemáticas.

2 ► **être nul en... :** ser un negado *ou* una negada para...

3 ▷ La rencontre a fini en match nul.
El encuentro terminó con un empate.

3 ► **match nul :** el empate

nulle part

▷ Où es-tu allé ? Nulle part !
¿Adónde has ido? ¡A ninguna parte!

▷ Je ne trouve mes lunettes nulle part.
No encuentro las gafas en ninguna parte.

i *Quand la phrase implique un mouvement,* **nulle part** *se traduit par* ***a ninguna parte*** *ou* ***a ningún sitio****.*

i *Quand il n'y a pas de mouvement,* **nulle part** *se traduit par* ***en ninguna parte*** *ou* ***en ningún sitio****.*

numérique

▷ C'est un appareil photo numérique.
Es una cámara fotográfica digital.

digital (pluriel : digitales)

numéro

▻ Je joue toujours les mêmes numéros au Loto.
Siempre juego los mismos números en la lotería.
▻ Le premier numéro du magazine était super.
El primer número de la revista era estupendo.
▻ J'ai adoré le numéro de magie.
Me encantó el número de magia.
▻ Je vais noter ton numéro de téléphone.
Voy a apuntar tu número de teléfono.

el **número**

*Remarquez que le mot espagnol porte sur le **u** un accent écrit qui reflète l'accent tonique.*

► **numéro de téléphone :** el **número de teléfono** (pluriel : los **números de teléfono**)

nuque

▻ J'ai mal à la nuque.
Me duele la nuca.

la **nuca**

O

FRANÇAIS — ESPAGNOL

obéir

▷ Natacha refuse d'obéir.
Natacha se niega a obedecer.
▷ Mon petit frère n'obéit jamais à ma grand-mère.
Mi hermano pequeño nunca obedece a mi abuela.

obedecer

obéissant, obéissante

▷ Ce petit garçon n'est pas obéissant.
Este niño no es obediente.

obediente

obèse

▷ Tu vas devenir obèse si tu continues à manger comme ça !
¡Te vas a volver obeso si sigues comiendo así!
▷ Il y a de plus en plus d'obèses en France.
Hay cada vez más obesos en Francia.

obeso, obesa

objet

▷ Attention, ces objets sont fragiles.
Cuidado, estos objetos son frágiles.
▷ Je suis allé aux objets trouvés mais mon portefeuille n'y était pas.
Fui a la oficina de objetos perdidos pero mi cartera no estaba ahí.

el **objeto**

► **objets trouvés** (= bureau) : **la oficina de objetos perdidos**
ℹ *Signifie littéralement* bureau des objets perdus.

obligatoire

▷ La visite médicale est obligatoire.
La revisión médica es obligatoria.

obligatorio, obligatoria

obliger

1 ▷ Ils m'ont obligé à leur donner de l'argent.
Me obligaron a darles dinero.

1 ► **obliger quelqu'un à faire** quelque chose : **obligar a** alguien **a hacer** algo

Suite page suivante

2 ▷ Tu n'es pas obligé de venir si tu ne veux pas.
No tienes que venir si no quieres.

2 ► **être obligé de faire** quelque chose : **tener que hacer** algo

obscur, obscure

▷ Cette pièce est trop obscure.
Esta habitación es demasiado oscura.

(= foncé) **oscuro, oscura**

obscurité

▷ Les chats voient bien dans l'obscurité.
Los gatos ven bien en la oscuridad.

la **oscuridad**

observation

▷ Les observations du prof sont dans la marge.
Las observaciones del profesor están en el margen.
▷ Personne n'a fait d'observations sur les résultats.
Nadie hizo ninguna observación sobre los resultados.

la **observación** (pluriel : las observaciones)

*Il n'y a pas d'accent écrit au pluriel. L'accent tonique porte sur le **o**, comme au singulier.*

observer

▷ On a observé un échantillon au microscope.
Observamos una muestra por el microscopio.
▷ Pourquoi est-ce qu'il observe les gens comme ça ?
¿Por qué observa de este modo a la gente?

observar

*Si le complément est une personne ou un groupe de personnes, n'oubliez pas de le faire précéder de **a**.*

obstacle

▷ Je ne vois pas d'obstacle à son projet.
No veo ningún obstáculo a su proyecto.
▷ Le cheval a refusé de sauter par-dessus l'obstacle.
El caballo se negó a saltar por encima del obstáculo.

el **obstáculo**

*Remarquez que le mot espagnol porte sur le **a** un accent écrit qui reflète l'accent tonique.*

obtenir

▷ Tu n'obtiendras rien si tu ne dis rien !
¡No obtendrás nada si no dices nada!

obtener

*On peut dire aussi **conseguir**.*

occasion

1 ▷ Tu as manqué une bonne occasion.
Has perdido una buena ocasión.

1 (= possibilité) la **ocasión**
(pluriel : **las ocasiones**)

*Il n'y a pas d'accent écrit au pluriel. L'accent tonique porte sur le **o**, comme au singulier.*

*On peut dire aussi **la oportunidad*** (pluriel : ***las oportunidades***).

2 ▷ C'est une robe que je garde pour les grandes occasions.
Es un vestido que guardo para las grandes ocasiones.

2 (= événement) la **ocasión**
(pluriel : **las ocasiones**)

3 ▷ Je n'ai pas eu l'occasion de lui parler.
No tuve la oportunidad de hablarle.

3 ► **avoir l'occasion de faire** quelque chose : **tener la oportunidad de hacer** algo

4 ▷ Ludmila a acheté un blouson en cuir d'occasion.
Ludmila ha comprado una cazadora de cuero de ocasión.

4 ► **d'occasion : de ocasión**

*On peut dire aussi **de segunda mano**.*

occupation

▷ La lecture est mon occupation préférée.
La lectura es mi ocupación preferida.

(= passe-temps) la **ocupación**
(pluriel : **las ocupaciones**)

occupé, occupée

1 ▷ La région est occupée par un groupe de rebelles.
La región está ocupada por un grupo de rebeldes.
▷ Désolée, je suis occupée, je ne peux pas vous parler.
Lo siento, estoy ocupada, no puedo hablar con usted.
▷ Les toilettes sont occupées.
Los servicios están ocupados.

1 **ocupado, ocupada**

2 ▷ Ça sonne occupé, je vais rappeler plus tard.
Está comunicando, voy a volver a llamar más tarde.

2 ► **ça sonne occupé : está comunicando**

*On peut dire aussi **comunica**.*

occuper

1 ▷ Ils occupent le nord du pays.
Ocupan el norte del país.
▷ Ça occupe trop de place.
Esto ocupa demasiado sitio.
▷ Ma mère a un travail qui l'occupe beaucoup.
Mi madre tiene un trabajo que la ocupa mucho.

1 **ocupar**

*Si le complément est une personne ou un groupe de personnes, n'oubliez pas de le faire précéder de **a**.*

Suite page suivante

2 ▷ Il faut que je m'occupe, sinon je ne me sens pas bien.
Tengo que mantenerme ocupado, si no, no me siento bien.

2 ► s'occuper (= s'activer) **: mantenerse ocupado/ocupada**

*Le pronom réfléchi fonctionne de la façon suivante en espagnol : **me** mantengo ocupado, **te** mantienes ocupado, **se*** (singulier) *mantiene ocupado, **nos** mantenemos ocupados, **os** mantenéis ocupados, **se*** (pluriel) *mantienen ocupados.*

3 ▷ Je m'en occuperai demain.
Me ocuparé de ello mañana.
▷ Occupe-toi de tes affaires !
¡Ocúpate de tus asuntos!
▷ Adrien s'occupe très bien de sa petite sœur.
Adrien se ocupa muy bien de su hermanita.

3 ► s'occuper de quelque chose *ou* de quelqu'un **: ocuparse de** algo *ou* **de** alguien

océan

▷ Il a traversé l'océan seul sur son bateau.
Atravesó el océano solo en su barco.

el **océano**

*Remarquez que le mot espagnol porte sur le **e** un accent écrit qui reflète l'accent tonique.*

▷ Nous voulons aller en vacances au bord de l'océan Atlantique.
Queremos ir de vacaciones a orillas del Océano Atlántico.

► l'océan Atlantique : el Océano Atlántico

▷ C'est une île de l'océan Pacifique.
Es una isla del Océano Pacífico.

► l'océan Pacifique : el Océano Pacífico

octobre

▷ Nous allons déménager en octobre.
Nos vamos a mudar en octubre.
▷ Mireille est née le quinze octobre.
Mireille nació el quince de octubre.

octubre

*Notez l'emploi de **de** quand on dit la date en espagnol.*

oculiste

▷ L'oculiste a dit que je devais porter des lunettes.
El oculista me dijo que tenía que llevar gafas.
▷ André est encore chez l'oculiste.
André está todavía en el oculista.
▷ Ma mère m'a envoyé chez l'oculiste.
Mi madre me mandó al oculista.

el **oculista**, la **oculista**

► chez l'oculiste (= dans son cabinet) **: en el oculista**
► chez l'oculiste (= vers le cabinet) **: al oculista**

odeur

▻ D'où vient cette mauvaise odeur ?
¿De dónde viene este mal olor?

el **olor** (pluriel : los olores)

*Attention : contrairement au français, le mot espagnol **olor** est masculin.*

odieux, odieuse

▻ Camille a été odieuse avec Raoul.
Camille fue odiosa con Raoul.

odioso, odiosa

œil

1 ▻ Martial a les yeux bleus.
Martial tiene los ojos azules.

1 el **ojo**

2 ▻ Tu pourrais juste jeter un coup d'œil à ma rédaction ?
¿Podrías sólo echarle un vistazo a mi redacción?

2 ► **jeter un coup d'œil à :** echarle un vistazo a

œuf

▻ Achète une douzaine d'œufs.
Compra una docena de huevos.

el **huevo**

▻ La dame nous a servi des œufs brouillés au petit déjeuner.
La señora nos sirvió huevos revueltos para el desayuno.

► **œufs brouillés :** huevos revueltos

▻ Tu préfères un œuf à la coque ou un œuf au plat ?
¿Prefieres un huevo pasado por agua o un huevo frito?

► **œuf à la coque :** huevo pasado por agua (pluriel : huevos pasados por agua)

► **œuf au plat :** huevo frito (pluriel : huevos fritos)

▻ Nous avons emporté des œufs durs et des sandwiches.
Nos llevamos huevos duros y bocadillos.

► **œuf dur :** huevo duro (pluriel : huevos duros)

▻ Personne ne m'a offert d'œuf de Pâques cette année.
Nadie me ha regalado un huevo de Pascua este año.

► **œuf de Pâques :** huevo de Pascua (pluriel : huevos de Pascua)

office du tourisme

▻ J'ai trouvé cette carte à l'office du tourisme.
Encontré este mapa en la oficina de turismo.

la **oficina de turismo**

officiel, officielle

▻ Ce document a l'air officiel.
Este documento parece oficial.

oficial (pluriel : oficiales)

officier

▷ Mon cousin est officier dans la marine.
Mi primo es oficial de la marina.

el **oficial**, la **oficial** (pluriel : oficiales)

offre

▷ C'est une offre intéressante.
Es una oferta interesante.

▷ Il y a une offre spéciale sur le chocolat.
Hay una oferta especial para el chocolate.

▷ Regarde les offres d'emploi dans le journal.
Mira las ofertas de trabajo en el periódico.

la **oferta**

► **offre spéciale** : **oferta especial** (pluriel : ofertas especiales)

► **offres d'emploi** (= petites annonces) : **ofertas de trabajo**

offrir

1 ▷ On pourrait offrir un CD à Kamal pour son anniversaire.
Le podríamos regalar un CD a Kamal para su cumpleaños.

2 ▷ Je t'offre une glace.
Te invito a un helado.

1 ► **offrir** quelque chose **à** quelqu'un (= lui faire un cadeau) : **regalarle** algo a alguien

2 ► **offrir** quelque chose **à** quelqu'un (= payer) : **invitar** a alguien a algo

oie

▷ Tu as vu les oies dans la cour de la ferme ?
¿Has visto las ocas en el corral de la granja?

la **oca**

oignon

▷ Ne mets pas d'oignon dans la salade, je n'aime pas ça.
No pongas cebolla en la ensalada, no me gusta.

la **cebolla**

oiseau

▷ Un oiseau s'est posé juste au-dessus de nous.
Un pájaro se posó justo encima de nosotros.

el **pájaro**

ℹ *Remarquez que le mot espagnol porte sur le premier **a** un accent écrit qui reflète l'accent tonique.*

▷ Un oiseau de proie plane haut dans le ciel.
Un ave de rapiña está planeando alto en el cielo.

► **oiseau de proie** : el **ave de rapiña** (pluriel : las aves de rapiña)

ℹ *Bien que l'article qui accompagne **ave** au singulier soit masculin (**el** ave), **ave** est un mot féminin et les adjectifs qui l'accompagnent doivent se mettre au féminin : el ave está herid**a**, **las** aves están herid**as**.*

OK

▷ OK, j'arrive !
¡Vale, ya voy!

vale
*On peut dire aussi **de acuerdo**.*

olive

1 ▷ Je préfère les olives noires aux olives vertes.
Prefiero las aceitunas negras a las verdes.

2 ▷ Les Espagnols utilisent beaucoup d'huile d'olive.
Los españoles usan mucho aceite de oliva.

1 ► (pour manger) **la aceituna**

2 ► (pour faire de l'huile) **la oliva**

olympique

▷ La ville se prépare pour les jeux Olympiques.
La ciudad se prepara para los Juegos Olímpicos.

► **les jeux Olympiques :** los Juegos Olímpicos
*Remarquez que le mot espagnol porte sur le premier **i** un accent écrit qui reflète l'accent tonique.*

ombre

▷ Regarde, le chien a peur de son ombre !
¡Mira, el perro tiene miedo de su sombra!
▷ Restons à l'ombre, il fait trop chaud.
Quedémonos a la sombra, hace demasiado calor.
▷ J'ai acheté de l'ombre à paupières bleue.
Compré sombra de ojos azul.

la **sombra**

► **à l'ombre :** a la sombra

► **ombre à paupières :** sombra de ojos

omelette

▷ Je vais te faire une omelette aux champignons.
Te voy a hacer una tortilla de champiñones.

la **tortilla**
*En espagnol, une omelette nature s'appelle **una tortilla a la francesa** !*

on

1 ▷ On m'a demandé de remplacer le délégué de classe.
Me han pedido que sustituya al delegado de clase.
▷ On frappe à la porte.
Llaman a la puerta.

1 Quand **on** représente une personne indéterminée (= quelqu'un), la façon la plus courante de le traduire en espagnol est d'utiliser la troisième personne du pluriel.

Suite page suivante

2 ▷ En Espagne on dîne tard.
En España se cena tarde.
▷ On loue des chambres.
Se alquilan habitaciones.
▷ On vend des livres.
Se venden libros.
▷ C'est plus facile de voyager quand on n'a pas d'enfants.
Es más fácil viajar cuando no se tienen niños.

3 ▷ On s'est bien amusés chez Sébastien.
Lo pasamos muy bien en casa de Sébastien.

2 Quand **on** représente les gens en général, il se traduit généralement par **se** + verbe au singulier.

Attention ! Quand on peut transformer la phrase impersonnelle en phrase passive, il faut accorder le verbe.

3 Quand **on** signifie **nous,** il se traduit en espagnol par la première personne du pluriel.

oncle

▷ L'oncle de Sybille est chauffeur de taxi.
El tío de Sybille es taxista.

el **tío**

ongle

▷ La prof de musique a les ongles très longs.
La profesora de música tiene las uñas muy largas.
▷ Je vais me faire les ongles avant de sortir.
Me voy a pintar las uñas antes de salir.

la **uña**

*Attention : contrairement au français, le mot espagnol **uña** est féminin.*

► **se faire les ongles** (= se mettre du vernis) **: pintarse las uñas**

*Le pronom réfléchi fonctionne de la façon suivante en espagnol : **me** pinto, **te** pintas, **se*** (singulier) *pinta, **nos** pintamos, **os** pintáis, **se*** (pluriel) *pintan las uñas.*

onze

▷ Il n'y a que onze élèves dans ma classe.
Sólo hay once alumnos en mi clase.
▷ Aujourd'hui c'est le onze juin.
Hoy es el once de junio.

once

*Attention à l'orthographe du mot **once**.*

*Notez l'emploi de **de** en espagnol quand on dit la date.*

onzième

▷ Je ne connaissais pas la réponse à la onzième question.
No conocía la respuesta a la undécima pregunta.

undécimo, undécima

*Remarquez que le mot espagnol porte sur le **e** un accent écrit qui reflète l'accent tonique.*

opéra

▷ Je ne suis jamais allé à l'opéra.
No he ido nunca a la ópera.

la ópera

*Remarquez que le mot espagnol porte sur le **o** un accent écrit qui reflète l'accent tonique.*

*Attention : contrairement au français, le mot espagnol **ópera** est féminin.*

opération

▷ L'opération a duré deux heures.
La operación duró dos horas.
▷ Le résultat de l'opération est faux.
El resultado de la operación es incorrecto.

la operación (pluriel : **las operaciones**)

*Il n'y a pas d'accent écrit au pluriel. L'accent tonique porte sur le **o**, comme au singulier.*

opérer

▷ Lucien s'est fait opérer hier.
Lucien se operó ayer.
▷ Mon grand-père s'est fait opérer du cœur.
Mi abuelo se operó del corazón.

► **se faire opérer : operarse**

La préposition utilisée en espagnol est la même qu'en français : se faire opérer **de...** = *operarse **de...***

*Le pronom réfléchi fonctionne de la façon suivante en espagnol : **me** opero, **te** operas, **se*** (singulier) *opera, **nos** operamos, **os** operáis, **se*** (pluriel) *operan.*

opinion

▷ Personne ne t'a demandé ton opinion !
¡Nadie te ha preguntado tu opinión!

la opinión (pluriel : **las opiniones**)

*Il n'y a pas d'accent écrit au pluriel. L'accent tonique porte sur le **o**, comme au singulier.*

opposé, opposée

▷ Il venait en sens opposé.
Venía en sentido opuesto.

opuesto, opuesta

opticien, opticienne

▷ L'opticien m'a dit que mes verres étaient rayés.
El óptico me dijo que tenía los cristales rayados.

el óptico, la óptica

*Remarquez que le mot espagnol porte sur le **o** un accent écrit qui reflète l'accent tonique.*

▷ Je suis resté une heure chez l'opticien.
Me quedé una hora en la óptica.

► **chez l'opticien** (= dans le magasin) **: en la óptica**

Suite page suivante

▷ Claire est allée chez l'opticien pour récupérer ses lunettes.
Claire fue a la óptica a recuperar sus gafas.

► **chez l'opticien** (= vers le magasin) **: a la óptica**

optimiste

▷ Tu pourrais être un peu plus optimiste !
¡Podrías ser un poco más optimista!
▷ C'est une grande optimiste.
Es una gran optimista.

optimista

option

▷ J'ai choisi le latin comme option.
Elegí el latín como optativa.

(= matière) la **optativa**

or

▷ L'or coûte cher.
El oro es caro.
▷ Est-ce que ton bracelet est en or ?
¿Tu pulsera es de oro?

(= métal) el **oro**

► **en or : de oro**

orage

▷ Il y a eu un orage terrible hier soir.
Hubo una tormenta terrible anoche.

la **tormenta**

oral

▷ Jean-Yves a eu la meilleure note à l'oral.
Jean-Yves sacó la mejor nota en la prueba oral.

► **l'oral** (à l'école) **:** la **prueba oral** (pluriel : las **pruebas orales**)

orange

1 ▷ Tu veux une orange ?
¿Quieres una naranja?
2 ▷ Le ballon de basket est orange.
La pelota de baloncesto es naranja.
▷ Il portait des chaussettes orange.
Llevaba calcetines naranja.
3 ▷ L'orange est une couleur gaie.
El naranja es un color alegre.

1 (= fruit) la **naranja**

2 (= de couleur orange) **naranja**

ℹ *L'adjectif **naranja** est invariable au pluriel, c'est-à-dire qu'il ne prend pas de **s**.*

3 ► **l'orange** (= la couleur orange) **:** el **naranja**

orangeade

▷ Une orangeade et un café, s'il vous plaît.
Una naranjada y un café, por favor.

la **naranjada**

orchestre

▷ L'orchestre de l'école va donner un concert.
La orquesta del colegio va a dar un concierto.

la **orquesta**

*Attention à l'orthographe du mot **orquesta**.*

*Attention : contrairement au français, le mot espagnol **orquesta** est féminin.*

ordinaire

▷ Prends un modèle ordinaire, ça suffira.
Toma un modelo ordinario, será suficiente.

(= de qualité courante) **ordinario, ordinaria**

ordinateur

▷ L'école a acheté dix ordinateurs neufs.
El colegio ha comprado diez ordenadores nuevos.

el **ordenador** (pluriel : los ordenadores)

ordonnance

▷ J'ai perdu l'ordonnance.
He perdido la receta.
▷ Le médecin m'a fait une ordonnance.
El médico me hizo una receta.

(= ordonnance du médecin) la **receta**

► **faire une ordonnance à** quelqu'un : **hacer una receta a** alguien

ordonné, ordonnée

▷ Sylvian est un garçon très ordonné.
Sylvian es un chico muy ordenado.

ordenado, ordenada

ordonner

▷ Le directeur leur a ordonné de se calmer.
El director les ordenó que se tranquilizaran.
▷ Je t'ordonne de me dire la vérité.
Te ordeno que me digas la verdad.

► **ordonner à** quelqu'un **de** + infinitif : **ordenar a** alguien **que** + subjonctif

*Attention à la concordance des temps : quand **ordenar** est au présent, le verbe de la subordonnée est au présent du subjonctif (te **ordeno** que lo **hagas** enseguida), mais quand **ordenar** est au passé, le verbe de la subordonnée doit être à l'imparfait du subjonctif (les **ordenó** que se **tranquilizaran**).*

ordre

1 ▷ Elle adore donner des ordres aux gens.
Le encanta dar órdenes a la gente.

1 (= instruction) la **orden** (pluriel : las órdenes)

Suite page suivante

▷ Restez assis, c'est un ordre !
¡Quedaos sentados, es una orden!

*Il n'y a pas d'accent écrit au singulier. L'accent tonique porte sur le **o**, comme au pluriel.*
*Attention : contrairement au français, dans ce sens, le mot espagnol **orden** est féminin.*

2 ▷ Dans quel ordre est-ce que tu as classé les livres ?
¿En qué orden has clasificado los libros?

2 (= classification) el **orden**

▷ Les chanteurs sont classés par ordre alphabétique.
Los cantantes están clasificados por orden alfabético.

► **par ordre alphabétique : por orden alfabético**

▷ Ma mère m'a dit de mettre de l'ordre dans mes affaires.
Mi madre me dijo que pusiera mis cosas en orden.

► **mettre de l'ordre dans** quelque chose **: poner** algo **en orden**

ordures

▷ Il y a des gens qui jettent leurs ordures dans la rue !
¡Hay gente que tira la basura por la calle!

(= déchets) la **basura**

***Basura** est un nom indénombrable : il ne se met pas au pluriel, et on ne dit pas '**una basura**'. Il s'emploie avec un verbe au singulier, comme dans l'exemple de gauche (**está**).*

▷ Les ordures sont dans un sac.
La basura está en una bolsa.

*En espagnol, on emploie le même mot, **basura**, pour les ordures et la poubelle.*

oreille

1 ▷ Elle a de grandes oreilles.
Tiene las orejas grandes.

1 (= l'oreille externe) **la oreja**

2 ▷ J'ai mal aux dents et aux oreilles.
Me duelen las muelas y los oídos.

2 (= l'oreille interne) **el oído**

oreiller

▷ L'oreiller est trop mou.
La almohada es demasiado blanda.

la **almohada**

organisé, organisée

▷ Capucine n'est pas du tout organisée.
Capucine no es para nada organizada.

organizado, organizada

organiser

▷ Le prof d'espagnol organise un voyage à Tolède.
El profesor de español está organizando un viaje a Toledo.
▷ Tu pourrais t'organiser un peu mieux !
¡Te podrías organizar un poco mejor!
▷ Il va falloir qu'elles s'organisent.
Se van a tener que organizar.

organizar

► **s'organiser : organizarse**

*Le pronom réfléchi fonctionne de la façon suivante en espagnol : **me** organizo, **te** organizas, **se*** (singulier) *organiza, **nos** organizamos, **os** organizáis, **se*** (pluriel) *organizan.*

organisme

▷ C'est un organisme qui aide les pays pauvres.
Es un organismo que ayuda a los países pobres.
▷ Fumer est mauvais pour l'organisme.
Fumar es malo para el organismo.

el **organismo**

orgue

▷ L'orgue de la cathédrale est magnifique.
El órgano de la catedral es magnífico.

el **órgano**

*Remarquez que le mot espagnol porte sur le premier **o** un accent écrit qui reflète l'accent tonique.*

orgueilleux, orgueilleuse

▷ Sabine est très orgueilleuse.
Sabine es muy orgullosa.

orgulloso, orgullosa

*Notez l'emploi du verbe **ser** avec **orgulloso** et **orgullosa** dans le sens* orgueilleux *; **estar orgulloso** ou **orgullosa de** veut dire* être fier de.

orientation

▷ Heureusement que tu as le sens de l'orientation !
¡Menos mal que tienes buen sentido de la orientación!
▷ Je n'ai aucun sens de l'orientation.
Tengo muy mal sentido de la orientación.

► **avoir le sens de l'orientation : tener buen sentido de la orientación**

*Regardez aussi le mot **conseiller**.*

s'orienter

▷ Je n'arrive pas à m'orienter dans cette ville.
No consigo orientarme en esta ciudad.

► **s'orienter : orientarse**

*Le pronom réfléchi fonctionne de la façon suivante en espagnol : **me** oriento, **te** orientas, **se*** (singulier) *orienta, **nos** orientamos, **os** orientáis, **se*** (pluriel) *orientan.*

original, originale

▻ Cette musique est très originale.
Esta música es muy original.
▻ Garde l'original du document sur toi.
Guarda el original del documento.

original (pluriel : **originales**)

ℹ *original peut être soit un adjectif, soit un nom.*

origine

1 ▻ Personne ne connaît l'origine de ce mot.
Nadie conoce el origen de esta palabra.

1 (= provenance) el **origen** (pluriel : **los orígenes**)

ℹ *Il n'y a pas d'accent écrit au singulier. L'accent tonique porte sur le **i**, comme au singulier.*

▻ Ils sont d'origine danoise.
Son de origen danés.

► **d'origine** + adjectif de nationalité : **de origen** + adjectif de nationalité

*Attention : contrairement au français, le mot espagnol **origen** est masculin.*

2 ▻ À l'origine, on devait rester quatre jours.
Al principio, debíamos quedarnos cuatro días.

2 ► **à l'origine** (= au départ) : **al principio**

orphelin, orpheline

▻ Kamal est orphelin.
Kamal es huérfano.
▻ Ils ont adopté une orpheline.
Han adoptado a una huérfana.

huérfano, huérfana

ℹ *Remarquez que le mot espagnol porte sur le **e** un accent écrit qui reflète l'accent tonique.*

orteil

▻ Je me suis cassé un orteil.
Me he roto un dedo del pie.
▻ Mon gros orteil est gonflé.
Tengo el dedo gordo del pie hinchado.
▻ Louise s'est cogné le petit orteil contre le pied du lit.
Louise se dio un golpe en el dedo meñique del pie contra el pie de la cama.

el **dedo del pie**

► **gros orteil** : **dedo gordo del pie**

► **petit orteil** : **dedo meñique del pie**

orthographe

▻ Érica est nulle en orthographe.
Érica es negada para la ortografía.

la **ortografía**

ℹ *Remarquez que le mot espagnol porte sur le **i** un accent écrit qui reflète l'accent tonique.*

os

▻ Le chien a enterré un os dans le jardin.
El perro ha enterrado un hueso en el jardín.

el **hueso**

oser

▻ Je n'ose pas en parler au prof.
No me atrevo a hablar de ello con el profesor.
▻ Je n'ai jamais osé lui dire la vérité.
Nunca me he atrevido a decirle la verdad.

► **oser faire** quelque chose :
atreverse a hacer algo

*Le pronom réfléchi fonctionne de la façon suivante en espagnol : **me** atrevo, **te** atreves, **se** (singulier) atreve, **nos** atrevemos, **os** atrevéis, **se** (pluriel) atreven.*

ôter

1 ▻ Tu peux ôter ton manteau maintenant.
Puedes quitarte el abrigo ahora.

1 (en parlant d'un vêtement)
quitarse

*Le pronom réfléchi fonctionne de la façon suivante en espagnol : **me** quito, **te** quitas, **se** (singulier) quita, **nos** quitamos, **os** quitáis, **se** (pluriel) quitan el abrigo.*

2 ▻ Ôte tes pieds de la table !
¡Quita los pies de la mesa!

2 (en parlant d'un objet ou des pieds)
quitar

ou

▻ Tu veux le bleu ou le vert ?
¿Quieres el azul o el verde?
▻ Arrête ou je crie !
¡Para o grito!
▻ Ou tu viens ou tu restes, tu ne peux pas faire les deux !
¡O vienes o te quedas, no puedes hacer ambas cosas!
▻ Tu peux choisir l'une ou l'autre.
Puedes elegir entre una u otra.
▻ Je ne vois pas bien si le garçon qu'il y a là-bas est Georges ou Oscar.
No veo bien si el chico que está allí es Georges u Oscar.
▻ Je peux venir lundi ou bien mardi.
Puedo venir el lunes o bien el martes.

o

*Devant un mot commençant par **o** ou **ho**, **o** devient **u**.*

► **ou bien** : **o bien**

où

1 ▻ Où étais-tu ?
¿Dónde estabas?

1 (quand la phrase n'implique pas de mouvement) **dónde**

Suite page suivante

▻ La plage où nous nous baignons est tout près.
La playa donde nos bañamos está muy cerca.
▻ Je me demande où ils se sont cachés.
Me pregunto dónde se han escondido.
▻ D'où vient cette carte postale ?
¿De dónde viene esta postal?

*Pour poser une question, **dónde** porte un accent. Dans une phrase affirmative **donde** ne porte pas d'accent.*

► **d'où... ? : ¿de dónde..?**

2 ▻ Où vas-tu ?
¿Adónde vas?
▻ C'est le bar où nous sommes allés l'autre jour.
Éste es el bar adonde fuimos el otro día.

2 (quand la phrase implique un mouvement) **adónde**

*Pour poser une question, **adónde** porte un accent. Dans une phrase affirmative **adonde** ne porte pas d'accent.*

3 ▻ Tu te souviens du jour où on s'est rencontrés ?
¿Te acuerdas del día en que nos conocimos?

3 (quand on parle d'un moment) **en que**

4 ▻ On va acheter une nouvelle maison. – Où ça ?
Vamos a comprar una nueva casa. – ¿Dónde?
▻ On y va ? – Où ça ?
¿Vamos? – ¿Adónde?

4 ► **où ça ?** (sans mouvement) : **¿dónde?**
► **où ça ?** (avec mouvement) : **¿adónde?**

oublier

1 ▻ J'ai oublié son nom.
He olvidado su nombre.
▻ Lionel a oublié son blouson dans le train.
Lionel olvidó la cazadora en el tren.

1 ► **oublier** quelque chose : **olvidar** algo

2 ▻ N'oublie pas de fermer la porte à clé.
No te olvides de cerrar la puerta con llave.
▻ J'ai oublié d'acheter du lait.
Me he olvidado de comprar leche.

2 ► **oublier de faire** quelque chose : **olvidarse de hacer** algo

*Le pronom réfléchi fonctionne de la façon suivante en espagnol : **me** olvido, **te** olvidas, **se*** (singulier) *olvida, **nos** olvidamos, **os** olvidáis, **se*** (pluriel) *olvidan.*

ouest

▻ L'ouest est dans cette direction.
El oeste queda en esa dirección.
▻ Ils habitent dans l'Ouest.
Viven en el oeste.
▻ Mon village est à l'ouest de Lunéville.
Mi pueblo está al oeste de Lunéville.

el **oeste**

oui

▻ Tu veux du riz ? – Oui.
¿Quieres arroz? – Sí.
▻ Je pense que oui.
Pienso que sí.

sí

__Sí__ porte un accent qui le distingue de la conjonction de condition __si__.

ouragan

▻ L'ouragan a détruit le toit de plusieurs maisons.
El huracán destruyó el tejado de varias casas.

el **huracán** (pluriel : los huracanes)

*Il n'y a pas d'accent écrit au pluriel. L'accent tonique porte sur le deuxième **a**, comme au singulier.*

*Attention à l'orthographe du mot **huracán**.*

ours

▻ Les ours aiment le miel.
A los osos les gusta la miel.

el **oso**

outil

▻ Mon père a prêté ses outils au voisin.
Mi padre le prestó las herramientas al vecino.

la **herramienta**

ouvert, ouverte

▻ Elle est ouverte et tolérante.
Es abierta y tolerante.
▻ Est-ce que le musée est ouvert le mardi ?
¿El museo está abierto los martes?

abierto, abierta

*Notez l'emploi du verbe **ser** quand on parle d'une personne ouverte, et du verbe **estar** quand on parle d'un lieu ouvert, d'une porte ouverte, etc.*

ouverture

1 ▻ Il y a une ouverture sur un côté de la boîte.
Hay una abertura en un lado de la caja.

2 ▻ Les heures d'ouverture sont affichées sur la porte.
El horario de atención al público está fijado en la puerta.

1 (= trou) la **abertura**

2 ► **heures d'ouverture :** el **horario de atención al público**

*Remarquez les accents écrits sur le **o** et sur le **u** qui reflètent l'accent tonique.*

ouvre-boîte

▻ Cet ouvre-boîte ne marche pas.
Este abrelatas no funciona.

el **abrelatas** (pluriel : los abrelatas)

ouvrier, ouvrière

▻ Les ouvriers sont en grève.
Los obreros están en huelga.

el **obrero**, la **obrera**

ouvrir

▻ Ouvre la fenêtre, il fait chaud.
Abre la ventana, hace calor.

abrir

Suite page suivante

▷ J'ai ouvert le robinet, mais l'eau ne coule pas.
He abierto el grifo, pero el agua no sale.
▷ Tout d'un coup, la porte s'est ouverte.
De repente, la puerta se abrió.

ℹ *Notez le participe passé **abierto**.*

ovale

ovalado, ovalada

▷ Apporte-moi un plat ovale.
Tráeme un plato ovalado.

oxygène

el **oxígeno**

ℹ *Remarquez que le mot espagnol porte sur le **i** un accent écrit qui reflète l'accent tonique.*

▷ On ne peut pas vivre sans oxygène.
No se puede vivir sin oxígeno.

ozone

el **ozono**

► **couche d'ozone :** la capa de ozono

▷ La couche d'ozone devient de plus en plus mince.
La capa de ozono se vuelve cada vez más delgada.

P

FRANÇAIS — ESPAGNOL

pagaille

▷ Quelle pagaille ! J'espère que tu vas tout ranger !
¡Qué desorden ! ¡Espero que vas a arreglarlo todo!

(= désordre) el **desorden**

ℹ **Pagaille** *est un mot familier, mais* ***desorden*** *ne l'est pas.*

page

▷ Le livre fait trois cents pages.
El libro tiene trescientas páginas.

la **página**

ℹ *Remarquez que le mot espagnol porte sur le premier* ***a*** *un accent écrit qui reflète l'accent tonique.*

paillasson

▷ Je laisserai la clé sous le paillasson.
Dejaré la llave debajo del felpudo.

el **felpudo**

paille

▷ Tu as de la paille dans les cheveux.
Tienes paja en el pelo.
▷ Lucien boit toujours avec une paille.
Lucien siempre bebe con una paja.

la **paja**

paillettes

1 ▷ Il y a des paillettes dans cette ombre à paupières.
Hay purpurina en esta sombra de ojos.

2 ▷ La chanteuse portait une robe à paillettes.
La cantante llevaba un vestido de lentejuelas.

1 (= poudre d'or) la **purpurina**

2 ► **à paillettes** (en parlant d'un vêtement) : **de lentejuelas**

pain

▷ Il ne reste plus de pain, je vais en acheter.
No queda pan, voy a comprar más.
▷ Prends deux pains et une baguette.
Coge dos panes y una barra.

el **pan** (pluriel : los **panes**)

▷ Je préfère le pain complet.
Prefiero el pan integral.
▷ Il y avait des biscuits et du pain d'épices.
Había galletas y alajú.
▷ Tu prends du pain grillé au petit déjeuner ?
¿Tomas pan tostado para el desayuno?
▷ Nous avons fait des sandwiches au pain de mie.
Hicimos unos sándwiches de pan de molde.

► **pain complet :** pan integral (pluriel : panes integrales)

► **pain d'épices :** el alajú

► **pain grillé :** pan tostado

► **pain de mie :** pan de molde

pair, paire (adjectif)

▷ Les numéros pairs sont de ce côté de la rue.
Los números pares están en este lado de la calle.

(en parlant d'un chiffre ou d'un numéro) **par** (pluriel : pares)

paire

▷ Il a au moins vingt paires de chaussettes !
¡Tiene por lo menos veinte pares de calcetines!

el **par** (pluriel : los pares)

paix

▷ Il y a eu une manifestation pour la paix.
Hubo una manifestación en favor de la paz.
▷ Fiche la paix à ta sœur !
¡Deja en paz a tu hermana!

la **paz**

► **ficher la paix à** quelqu'un : **dejar** a alguien **en paz**

ℹ **Ficher la paix** *est une expression familière, mais* ***dejar en paz*** *ne l'est pas.*

palais

1 ▷ Nous avons visité le palais du roi.
Visitamos el palacio del rey.
2 ▷ Le concert aura lieu au palais des sports.
El concierto tendrá lugar en el Palacio de Deportes.
3 ▷ Je me suis brûlé le palais avec du café.
Me he quemado el paladar con café.

1 (= château) el **palacio**

2 ► **palais des sports :** el Palacio de Deportes

3 (= le palais dans la bouche) el **paladar**

pâle

▷ Tu es pâle ; tu ne te sens pas bien ?
Estás pálido; ¿no te encuentras bien ?

pálido, pálida

ℹ *Remarquez que le mot espagnol porte sur le* ***a*** *un accent écrit qui reflète l'accent tonique.*

▷ Sylvian est devenu tout pâle.
Sylvian se puso muy pálido.

► **devenir pâle :** ponerse pálido

palier

▷ J'ai parlé au voisin sur le palier.
Hablé con el vecino en el rellano.

(= le palier de l'escalier) el **rellano**

pâlir

▻ Tout d'un coup Georgina a pâli.
De repente Georgina palideció.

palidecer

palmes

▻ Rachida nage avec des palmes.
Rachida nada con aletas.

(pour nager) las **aletas**

palmier

▻ Il y a des palmiers partout en Floride.
Hay palmeras por todas partes en Florida.

la **palmera**

*Attention : contrairement au français, le mot espagnol **palmera** est féminin.*

pamplemousse

▻ Il y avait des céréales et un demi-pamplemousse au petit déjeuner.
Había cereales y medio pomelo para el desayuno.

el **pomelo**

panaché

▻ Je prendrai un panaché, s'il vous plaît.
Tomaré una clara, por favor.

(= une bière avec de la limonade) la **clara**

pancarte

▻ Il y avait une pancarte qui disait « Fermé ».
Había un letrero que decía "Cerrado".

(= avis) el **letrero**

pané, panée

▻ Le poisson pané n'était pas bon du tout.
El pescado empanado no estaba nada bueno.

empanado, empanada

panier

1 ▻ Nous avons mis les courses dans le panier.
Pusimos la compra en la cesta.

2 ▻ Emmanuel a marqué un panier magnifique.
Emmanuel marcó una canasta magnífica.

1 (en osier) la **cesta**

2 ► **marquer un panier** (au basket) **: marcar una canasta**

paniquer

▻ J'ai paniqué et j'ai dit n'importe quoi.
Me entró el pánico y dije cualquier cosa.

Pour dire qu'on s'affole, on emploie en espagnol une expression avec le nom **pánico** et le verbe **entrar**.

▻ Ne paniquez pas, j'ai appelé la police !
¡Que no cunda el pánico, he llamado a la policía!

► **ne paniquez pas ! : ¡que no cunda el pánico!**

*Remarquez que le mot espagnol **pánico** porte sur le **a** un accent écrit qui reflète l'accent tonique.*

panne

1 ▷ La machine à laver est en panne.
La lavadora tiene una avería.
▷ On est tombés en panne sur l'autoroute.
Tuvimos una avería en la autopista.

1 ► **être en panne : tener una avería**
► **tomber en panne : tener una avería**

*Remarquez que le mot espagnol **avería** porte sur le **i** un accent écrit qui reflète l'accent tonique.*

2 ▷ Ils sont tombés en panne d'essence.
Se han quedado sin gasolina.

2 ► **tomber en panne d'essence : quedarse sin gasolina**

*Le pronom réfléchi fonctionne de la façon suivante en espagnol : **me** quedo, **te** quedas, **se** (singulier) queda, **nos** quedamos, **os** quedáis, **se** (pluriel) quedan sin gasolina.*

3 ▷ Il y a eu une panne de courant pendant l'orage.
Hubo un apagón durante la tormenta.

3 ► **panne de courant** *ou* **panne d'électricité : el apagón** (pluriel : los apagones)

*Il n'y a pas d'accent écrit au pluriel. L'accent tonique porte sur le **o**, comme au singulier.*

panneau

1 ▷ On a raté le panneau « Toulouse ».
Nos pasamos la señal de "Tolosa".

2 ▷ Il y a un panneau sur la porte qui dit « Fermé ».
Hay un cartel en la puerta que dice "Cerrado".

3 ▷ Les résultats sont sur le panneau d'affichage.
Los resultados están en el tablón de anuncios.

1 (= direction sur la route) la **señal** (pluriel : las señales)

2 (= pancarte) el **cartel** (pluriel : los carteles)

3 ► **panneau d'affichage : el tablón de anuncios** (pluriel : los tablones de anuncios)

*Il n'y a pas d'accent écrit au pluriel. L'accent tonique porte sur le **o**, comme au singulier.*

panoplie

▷ Rémi a eu une panoplie de cow-boy pour Noël.
A Rémi le regalaron un disfraz de vaquero para Navidad.

(= déguisement) el **disfraz** (pluriel : los disfraces)

*N'oubliez pas que le **z** devient **c** au pluriel.*

pansement

▷ Est-ce que tu as des pansements ? Je me suis fait mal au pied.
¿Tienes tiritas®? Me he hecho daño en el pie.

(= sparadrap) la **tirita®**

pantalon

▻ Laetitia a un nouveau pantalon.
Laetitia tiene unos pantalones nuevos.
▻ Je n'aime pas ce pantalon, il est trop court.
No me gustan estos pantalones, son demasiado cortos.

los **pantalones**

ℹ *Pantalones est un nom pluriel qui s'emploie avec un verbe au pluriel, comme dans l'exemple de gauche (gustan et son).*

panthère

▻ Nous avons vu des panthères au zoo.
Vimos panteras en el zoo.

la **pantera**

pantoufles

▻ J'ai mis mes pantoufles et je suis descendu préparer le petit déjeuner.
Me puse las zapatillas y bajé a preparar el desayuno.

las **zapatillas**

paon

▻ Il y a de magnifiques paons dans le parc.
Hay unos pavos reales magníficos en el parque.

el **pavo real** (pluriel : **los pavos reales**)

papa

▻ Le papa de Ludovic est agriculteur.
El papá de Ludovic es agricultor.

el **papá**

ℹ *Remarquez que le mot espagnol porte sur le deuxième **a** un accent écrit qui reflète l'accent tonique.*

*Ne confondez pas **el papá** (= le papa) et **el papa** (= le pape).*

pape

▻ Le pape a fait un voyage au Mexique.
El Papa ha hecho un viaje a México.

el **papa**

papeterie

▻ La papeterie est près de la mairie.
La papelería está cerca del ayuntamiento.

(= magasin) la **papelería**

ℹ *Remarquez que le mot espagnol porte sur le **i** un accent écrit qui reflète l'accent tonique.*

papier

▻ Je dois acheter du papier pour l'imprimante.
Tengo que comprar papel para la impresora.
▻ Passe-moi un morceau de papier, je vais noter l'adresse.
Pásame un papel, que voy a apuntar la dirección.

el **papel** (pluriel : **los papeles**)

Suite page suivante

▷ Cet éventail est en papier.
Este abanico es de papel.
▷ Je vais l'emballer dans du papier alu.
Lo voy a envolver en papel de plata.
▷ Ce papier cadeau est très joli.
Este papel de regalo es muy bonito.
▷ Il n'y a plus de papier hygiénique.
No queda papel higiénico.
▷ Utilise du papier journal pour boucher le trou.
Usa papel de periódico para tapar el agujero.

► **en papier** : de papel
► **papier alu** : papel de plata
► **papier cadeau** : papel de regalo
► **papier hygiénique** : papel higiénico
► **papier journal** : papel de periódico

ℹ *Remarquez que les mots espagnols* ***higiénico*** *et* ***periódico*** *portent un accent écrit qui reflète l'accent tonique.*

▷ Elle m'a écrit sur du papier à lettres bleu.
Me ha escrito en papel de cartas azul.
▷ Ce papier peint est affreux.
Este papel pintado es horrible.
▷ Le policier voulait voir nos papiers.
El policía quería ver nuestros papeles.

► **papier à lettres** : papel de cartas
► **papier peint** : papel pintado
► **papiers** (d'identité) : los papeles

papillon

▷ Quel joli papillon !
¡Qué mariposa más bonita !

la **mariposa**

papoter

▷ On a papoté pendant une heure au téléphone.
Charlamos durante una hora por teléfono.

charlar

ℹ ***Charlar***, *comme* papoter, *est familier.*

Pâques

▷ J'aime bien Pâques à cause du chocolat !
¡Me gusta Pascua a causa del chocolate!

Pascua

ℹ *Quand on parle de la période de Pâques en général, on dit* ***la Semana Santa***, *par exemple* ***las vacaciones de Semana Santa*** (les vacances de Pâques).

paquet

▷ Achète deux paquets de café.
Compra dos paquetes de café.
▷ Lydie a reçu un paquet du Canada.
Lydie ha recibido un paquete de Canadá.

el **paquete**

par

1 ▷ Ce roman a été écrit par Victor Hugo.
Esta novela fue escrita por Víctor Hugo.

1 (= complément d'agent) **por**

2 ▷ Vous êtes venus par la rue du Moulin ?
¿Vinisteis por la rue du Moulin?

2 (= en passant par, à travers) **por**

3 ▻ Ils voyagent souvent par bateau.
Viajan a menudo en barco.

3 (en parlant d'un moyen de transport) **en**

4 ▻ Est-ce que je peux payer par chèque ?
¿Puedo pagar con cheque?

4 (pour indiquer le moyen dont on se sert) **con**

5 ▻ Il a fait ça par amour.
Lo hizo por amor.

5 (pour indiquer le motif d'une action) **por**

6 ▻ Anne va à la piscine deux fois par semaine.
Anne va a la piscina dos veces a la semana.
▻ Ils gagnent deux mille euros par mois.
Ganan dos mil euros al mes.

6 (= chaque) **a**

ℹ *A + el = al.*

7 ▻ Il y a deux sandwiches par personne.
Hay dos bocadillos por persona.

7 ► **par personne :** por persona

8 ▻ Il n'y a pas de magasins par ici.
No hay tiendas por aquí.

8 ► **par ici :** por aquí

9 ▻ On est passés par là.
Pasamos por allí.

9 ► **par là :** por allí

parachute

▻ Le parachute ne s'est pas ouvert.
El paracaídas no se abrió.

el **paracaídas** (pluriel : los paracaídas)

ℹ *Remarquez que le mot espagnol porte sur le **i** un accent écrit qui reflète l'accent tonique.*

paradis

▻ La plage, les palmiers : c'est le paradis !
La playa, las palmeras: ¡es el paraíso!

el **paraíso**

ℹ *Remarquez que le mot espagnol porte sur le **i** un accent écrit qui reflète l'accent tonique.*

paragraphe

▻ Le troisième paragraphe est très compliqué.
El tercer párrafo es muy complicado.

el **párrafo**

ℹ *Remarquez que le mot espagnol porte sur le premier **a** un accent écrit qui reflète l'accent tonique.*

🔊 *Attention à bien prononcer les deux **r** de **párrafo**.*

paraître

▻ Ça paraît simple, mais en fait c'est assez difficile.
Parece sencillo, pero en realidad es bastante difícil.
▻ Il paraît que Lise sort avec Matthieu.
Parece ser que Lise sale con Matthieu.

parecer

► **il paraît que... :** parecer ser que...

parallèle

▷ Les deux rues sont parallèles.
Las dos calles son paralelas.
▷ L'avenue est parallèle à la rivière.
La avenida es paralela al río.

paralelo, paralela

ℹ *La préposition est la même en français et en espagnol :* parallèle à = *paralelo* ***a***.

paralysé, paralysée

▷ Elle est paralysée depuis l'accident.
Está paralítica desde el accidente.

(= handicapé) **paralítico, paralítica**

ℹ *Remarquez que le mot espagnol porte sur le premier* ***i*** *un accent écrit qui reflète l'accent tonique.*

parapluie

▷ Zut, j'ai laissé mon parapluie dans le train !
¡Mecachis, me dejé el paraguas en el tren!

el **paraguas** (pluriel : los paraguas)

parasol

▷ On a besoin d'un parasol parce qu'il fait très chaud.
Necesitamos una sombrilla porque hace mucho calor.

la **sombrilla**

ℹ *On peut dire aussi* ***el parasol*** (pluriel : ***los parasoles***).

parc

▷ Barnabé promène son chien dans le parc tous les soirs.
Barnabé pasea a su perro por el parque todas las tardes.
▷ On s'est bien amusés au parc d'attractions.
Nos lo pasamos bien en el parque de atracciones.

el **parque**

► **parc d'attractions :** el **parque de atracciones** (pluriel : los parques de atracciones)

parce que

▷ Léna est absente parce qu'elle a la grippe.
Léna está ausente porque tiene gripe.

porque

ℹ *Ne pas confondre avec* ***por qué****, qui signifie* **pourquoi**.

parcmètre

▷ Tu as de la monnaie pour le parcmètre ?
¿Tienes cambio para el parquímetro?

el **parquímetro**

ℹ *Remarquez que le mot espagnol porte sur le* ***i*** *un accent écrit qui reflète l'accent tonique.*

parcours

1 ▷ Le bus suit un parcours compliqué.
El autobús sigue un recorrido complicado.

1 (= itinéraire ou voyage) el **recorrido**

*Attention à bien prononcer les deux **r** de **recorrido**.*

2 ▷ Il y a un parcours de golf près d'ici.
Hay un campo de golf cerca de aquí.

2 ► **parcours de golf :** el campo de golf (pluriel : los campos de golf)

par-derrière

1 ▷ On va passer par-derrière pour qu'ils ne nous voient pas.
Vamos a pasar por detrás para que no nos vean.

2 ▷ Elle critique les gens par-derrière.
Critica a la gente a sus espaldas.
▷ Je sais qu'il dit du mal de moi par-derrière.
Sé que habla mal de mí a mis espaldas.

1 (= derrière quelque chose) **por detrás**

2 (= sournoisement) **a** + adjectif possessif + **espaldas**

par-dessous

▷ Passez par-dessous la clôture.
Pasad por debajo de la alambrada.

► **par-dessous** quelque chose : por debajo de algo

par-dessus

▷ Il est passé par-dessus la grille.
Pasó por encima de la verja.

► **par-dessus** quelque chose : por encima de algo

pardon

▷ Pardon, je ne vous avais pas vu.
Perdón, no le había visto.
▷ Pardon ? Vous pouvez répéter ?
¿Perdón? ¿Lo puede repetir?
▷ Il devrait te demander pardon.
Te debería pedir perdón.

perdón

*Remarquez que le mot espagnol porte sur le **o** un accent écrit qui reflète l'accent tonique.*

► **demander pardon à** quelqu'un **:** pedir perdón a alguien

pardonner

▷ Je ne te pardonnerai jamais !
¡Nunca te lo perdonaré!
▷ Elle n'a jamais pardonné à Lucien ce qu'il lui avait dit.
Nunca le perdonó a Lucien lo que había dicho.

perdonar

*Si le complément est une personne ou un groupe de personnes, n'oubliez pas de le faire précéder de **a**.*

Attention à l'orthographe du mot espagnol.

Suite page suivante

▷ Tu me pardonnes de m'être moqué de toi ?
¿Me perdonas que me haya burlado de ti?

► **pardonner à** quelqu'un **de** + infinitif : **perdonar a** alguien **que** + subjonctif

pare-brise

▷ Le pare-brise est tout sale.
El parabrisas está todo sucio.

el **parabrisas** (pluriel : los parabrisas)

pareil, pareille

▷ Nos cartables sont pareils.
Nuestras carteras son iguales.
▷ Ta méthode marche bien, je vais faire pareil.
Tu método funciona bien, voy a hacer igual.

igual (pluriel : iguales)

parent

1 ▷ Les parents de Karim sont algériens.
Los padres de Karim son argelinos.
2 ▷ Tous les parents de la mariée étaient là.
Todos los parientes de la novia estaban ahí.

1 ► **parents** (= père et mère) : **los padres**
2 (= membre de la famille) el **pariente**

parenthèse

▷ La date est entre parenthèses.
La fecha está entre paréntesis.

el **paréntesis**
(pluriel : los paréntesis)
ℹ *Remarquez que le mot espagnol porte sur le deuxième **e** un accent écrit qui reflète l'accent tonique.*

paresseux, paresseuse

▷ Tu es vraiment paresseuse ! Lève-toi !
¡Qué perezosa eres! ¡Levántate!

perezoso, perezosa
ℹ *Attention à l'orthographe du mot espagnol.*

parfait, parfaite

▷ Thomas se croit parfait.
Thomas se cree que es perfecto.

perfecto, perfecta

parfois

▷ Parfois j'ai envie de te frapper !
¡A veces tengo ganas de pegarte!

a veces

parfum

1 ▷ Mmm, quel bon parfum ! C'est quoi ?
¡Mmm, que perfume tan bueno! ¿Qué es?
2 ▷ Tu veux un yaourt à quel parfum ?
¿De qué quieres un yogur?

1 (= eau de toilette, odeur) el **perfume**
2 ℹ *Quand on parle du goût d'une glace ou d'un yaourt, on emploie en espagnol la préposition **de** + le nom du parfum.*

pari

▻ Ludovic a gagné son pari.
Ludovic ha ganado la apuesta.
▻ Ils ont fait un pari et Annabelle a perdu.
Hicieron una apuesta y Annabelle perdió.

la **apuesta**

► **faire un pari : hacer una apuesta**

parier

▻ On a parié dix euros.
Apostamos diez euros.
▻ Je parie qu'elle va encore avoir la meilleure note.
Apuesto a que otra vez saca la mejor nota.

apostar

► **parier que... : apostar a que...**

Paris

▻ J'habite à Paris depuis quatre ans.
Vivo en París desde hace cuatro años.
▻ Pierre va à Paris mardi.
Pierre va a París el martes.

París

i *Le* s *se prononce en espagnol.*

i *N'oubliez pas l'accent en espagnol !*

parisien, parisienne

▻ Mes amies parisiennes sont venues me voir.
Mis amigas parisinas han venido a verme.
▻ C'est un vrai Parisien.
Es un verdadero parisino.

parisino, parisina

i *S'écrit toujours avec une minuscule, qu'il s'agisse de l'adjectif ou du nom.*

parking

▻ Le parking est plein.
El aparcamiento está lleno.

el **aparcamiento**

i *On peut dire aussi* ***el estacionamiento****.*

parler

1 ▻ Tu devrais parler à Marielle.
Deberías hablar con Marielle.
▻ J'ai parlé au prof de mon problème.
Hablé de mi problema con el profesor.
▻ Juan parle très bien français.
Juan habla francés muy bien.
2 ▻ C'est un livre qui parle de la guerre.
Es un libro que trata de la guerra.
3 ▻ Ils ne se parlent plus.
Ya no se hablan.

1 (= s'exprimer, discuter) **hablar**

i *Notez la préposition utilisée en espagnol :* parler à quelqu'un = *hablar con alguien.*

2 ► **parler de** quelque chose (= avoir pour sujet) **: tratar de** algo

3 ► **se parler : hablarse**

i *Le pronom réfléchi fonctionne de la façon suivante en espagnol :* ***nos*** *hablamos,* ***os*** *habláis,* ***se*** *hablan.*

parmi

▷ Il y a plusieurs femmes parmi les candidats.
Hay varias mujeres entre los candidatos.

entre

parole

1 ▷ Tu connais les paroles de cette chanson ?
¿Conoces la letra de esta canción?

2 ▷ Il tient toujours parole.
Siempre cumple con su palabra.

3 ▷ Arrête de me couper la parole !
¡Deja de interrumpirme!

▷ Le prof a donné la parole à Djamel.
El profesor concedió la palabra a Djamel.

▷ Cyril a pris la parole pour dire qu'il n'était pas d'accord.
Cyril tomó la palabra para decir que no estaba de acuerdo.

1 ► **paroles** (= mots d'une chanson) **:** la letra

2 ► **tenir parole :** cumplir con su palabra

ℹ *L'adjectif possessif fonctionne de la façon suivante en espagnol : cumplo con **mi** palabra, cumples con **tu** palabra, cumple con **su** palabra, cumplimos con **nuestra** palabra, cumplís con **vuestra** palabra, cumplen con **su** palabra.*

3 ► **couper la parole à** quelqu'un **:** interrumpir a alguien

► **donner la parole à** quelqu'un **:** conceder la palabra a alguien

► **prendre la parole :** tomar la palabra

parquet

▷ Le parquet est vraiment sale.
El parqué está realmente sucio.

el **parqué** (pluriel : los parqués)

ℹ *Remarquez que le mot espagnol porte sur le **e** un accent écrit qui reflète l'accent tonique.*

parrain

▷ Je vais en vacances avec mon parrain.
Me voy de vacaciones con mi padrino.

el **padrino**

part

1 ▷ Tu as pris la plus grosse part de gâteau !
¡Has cogido la parte de pastel más gorda!

▷ Chacun doit payer sa part.
Cada uno debe pagar su parte.

2 ▷ Le prof a traité ce cas à part.
El profesor trató este caso aparte.

3 ▷ Qui est venu à part Charlie ?
¿Quién vino aparte de Charlie?

4 ▷ Ce cadeau est de la part de Sophie.
Este regalo es de parte de Sophie.

1 (quand on partage) la **parte**

2 ► **à part** (= séparément) **:** aparte

3 ► **à part** (= en dehors de) **:** aparte de

4 ► **de la part de :** de parte de

▷ Donne-lui ce mot de ma part.
Dale esta nota de parte mía.

▷ C'est de la part de qui ?
¿De parte de quién?

5 ▷ Les élèves qui ont pris part à l'enquête recevront un livre.
Los alumnos que tomaron parte en la encuesta recibirán un libro.

ℹ *Quand on emploie l'adjectif possessif en français* **(de ma part, de ta part,** *etc.*), *on emploie en espagnol le pronom possessif* (***de parte mía, de parte tuya,*** etc.).

ℹ *Pour demander qui est au téléphone, on dit* ***¿de parte de quién?***

5 ► **prendre part à : tomar parte en**

partager

1 ▷ J'ai partagé l'argent entre tous.
He repartido el dinero entre todos.

2 ▷ J'ai dû partager une chambre avec mon frère.
Tuve que compartir un cuarto con mi hermano.

3 ▷ Partage la tarte en huit.
Divide la tarta en ocho.

4 ▷ On s'est partagé le travail.
Nos repartimos el trabajo.

1 (= répartir, distribuer) **repartir**

2 (= avoir en commun) **compartir**

3 (= couper) **dividir**

4 ► **se partager** quelque chose : **repartirse** algo

ℹ *Le pronom réfléchi fonctionne de la façon suivante en espagnol :* ***nos*** *repartimos..., **os** repartís..., **se** reparten...*

parti

▷ Chaque parti a un candidat.
Cada partido tiene un candidato.

el **partido**

participer à

▷ Est-ce que tu veux participer au concours ?
¿Quieres participar en el concurso?
▷ Qui veut participer au cadeau ?
¿Quién quiere participar en el regalo?

participar en

particulier, particulière

▷ C'est un cas très particulier.
Es un caso muy particular.
▷ Est-ce que tu pensais à un problème particulier ?
¿Pensabas en un problema particular?
▷ Jérôme a des habitudes assez particulières.
Jérôme tiene unas costumbres bastante particulares.
▷ C'est vrai, en particulier en France.
Es cierto, en particular en Francia.

particular (pluriel : **particulares**)

► **en particulier : en particular**

particulièrement

1 ▷ Raïssa a été particulièrement désagréable.
Raïssa fue especialmente desagradable.
▷ Tu as aimé le film ? – Pas particulièrement.
¿Te gustó la película? – No me gustó especialmente.

1 (= très) **especialmente**

► **pas particulièrement : no... especialmente**

2 ▷ J'aime l'Espagne, particulièrement le Sud.
Me gusta España, sobre todo el sur.

2 (= surtout) **sobre todo**

partie

1 ▷ Vous voulez faire une autre partie ?
¿Queréis hacer otra partida?

1 (= jeu) la **partida**

2 ▷ La première partie du texte est plus facile.
La primera parte del texto es más fácil.

2 (= section, élément) la **parte**

3 ▷ Ce jardin fait partie du musée.
Este jardín forma parte del museo.

3 ► **faire partie de** (= être une partie de) **: formar parte de**

4 ▷ Je fais partie du club de voile.
Pertenezco al club de vela.

4 ► **faire partie de** (= être membre de) **: pertenecer a**

partir

1 ▷ Je dois partir, il est tard.
Tengo que irme, ya es tarde.
▷ On est partis de la maison à huit heures.
Nos fuimos de casa a las ocho.
▷ Cédric part en Espagne en août.
Cédric se va a España en agosto.

1 (= aller, s'éloigner) **irse**

ℹ *Le pronom réfléchi fonctionne de la façon suivante en espagnol :* ***me** voy, **te** vas, **se*** (singulier) *va, **nos** vamos, **os** vais, **se*** (pluriel) *van.*

ℹ *On peut dire aussi **marcharse**.*

2 ▷ Le moteur ne veut pas partir.
El motor no quiere arrancar.

2 (= démarrer, en parlant d'une machine ou d'un moteur) **arrancar**

3 ▷ La tache a fini par partir.
La mancha terminó yéndose.

3 (= disparaître) **irse**

4 ▷ Je serai libre à partir de mardi.
Estaré libre a partir del martes.

4 ► **à partir de : a partir de**

partout

1 ▷ On t'a cherché partout !
¡Te buscamos en todas partes!

1 (quand il n'y a pas de déplacement) **en todas partes**

2 ▷ Il a voyagé partout.
Viajó a todas partes.

2 (quand il y a un déplacement) **a todas partes**

pas

1 ▷ On entendait des pas dans la nuit.
Se oían pasos en la noche.

1 (= enjambée, bruit) el **paso**

▷ Raoul fait de grands pas.
Raoul da grandes pasos.

ℹ *Notez la traduction de* **faire un pas** : ***dar un paso***.

2 ▷ Je ne suis pas content.
No estoy contento.
▷ Sabine ne viendra pas à la soirée.
Sabine no vendrá a la fiesta.
▷ J'essaye de ne pas trop y penser.
Intento no pensar mucho en ello.

2 ► **ne... pas** : **no**

3 ▷ Tu viens ou pas ?
¿Vienes o no ?
▷ Qui veut faire la vaisselle ? – Pas moi !
¿Quién quiere fregar los platos? – ¡Yo no!

3 (employé sans ne) **no**

4 ▷ Ça te dérange ? – Non, pas du tout.
¿Te molesta? – No, en absoluto.
▷ Je n'aime pas du tout ce tableau.
No me gusta este cuadro en absoluto.

4 ► **pas du tout** : **en absoluto**

passable

▷ Le prof a dit que mon devoir était passable.
El profesor dijo que mi examen estaba pasable.

(= moyen) **pasable**

passage

1 ▷ Il y a un passage difficile dans ce morceau.
Hay un pasaje difícil en este fragmento.

1 (= partie d'un morceau, d'un texte, etc.) el **pasaje**

ℹ *Attention à l'orthographe du mot espagnol.*

2 ▷ On pourrait s'arrêter à Lascaux au passage.
Nos podríamos parar en Lascaux de paso.

2 ► **au passage** (= en route) : **de paso**

3 ▷ Je traverse toujours aux passages cloutés.
Cruzo siempre en los pasos de peatones.

3 ► **passage clouté** *ou* **passage piétons** : el **paso de peatones** (pluriel : los **pasos de peatones**)

4 ▷ On a dû s'arrêter à un passage à niveau.
Nos tuvimos que parar en un paso a nivel.

4 ► **passage à niveau** : el **paso a nivel** (pluriel : los **pasos a nivel**)

5 ▷ Prenez le passage souterrain.
Tome el paso subterráneo.

5 ► **passage souterrain** : el **paso subterráneo** (pluriel : los **pasos subterráneos**)

passager

▷ Tous les passagers sont descendus.
Todos los pasajeros se bajaron.

el **pasajero**

ℹ *Attention à l'orthographe du mot espagnol.*

passant

▷ Plusieurs passants se sont arrêtés.
Varios transeúntes se pararon.

el **transeúnte**

*Remarquez que le mot espagnol porte sur le **u** un accent écrit qui reflète l'accent tonique.*

passe

▷ Quelle belle passe !
¡Qué pase más bonito !
▷ Luc a fait la passe à Nouredine.
Luc le dio un pase a Nouredine.

(dans les jeux de ballon) el **pase**

► **faire la passe à** quelqu'un : **dar un pase a** alguien

passé, passée

1 ▷ Ça a commencé l'année passée.
Empezó el año pasado.
2 ▷ Ne pense pas au passé.
No pienses en el pasado.

1 (= dernier, écoulé) **pasado, pasada**

2 ► **le passé : el pasado**

passeport

▷ Tu dois présenter ton passeport à la douane.
Tienes que presentar el pasaporte en la aduana.

el **pasaporte**

passer

1 ▷ J'ai vu passer Lise et sa mère.
Vi pasar a Lise y a su madre.
▷ Je passe toujours par le jardin public.
Paso siempre por el parque público.
▷ Je passerai chez toi si tu veux.
Pasaré por tu casa si quieres.
▷ Le temps est passé très vite.
El tiempo pasó muy rápido.
▷ Je passerai en cinquième en septembre.
Pasaré a primero de E.S.O. en septiembre.
▷ Passe-moi un bonbon, s'il te plaît.
Pásame un caramelo, por favor.
▷ Tu peux me passer Érika ?
¿Me puedes pasar a Érika?
▷ Passe la balle !
¡Pasa la pelota !
▷ On a passé l'après-midi à discuter.
Pasamos la tarde charlando.
2 ▷ Ce film est déjà passé à la télé.
Ya han puesto esta película en la tele.

1 La traduction la plus courante de passer est **pasar**.

2 Pour dire qu'une émission ou un film passe à la télé, on emploie en espagnol le verbe **poner** à la troisième personne du pluriel.

3 ▷ Ce n'est qu'un mal de tête, ça passera.
No es más que un dolor de cabeza, ya se me pasará.

3 Pour parler d'une douleur qui disparaît, on emploie en espagnol le verbe **pasarse** + le pronom personnel qui convient.

4 ▷ Personne ne nous a arrêtés quand nous avons passé la frontière.
Nadie nos detuvo al cruzar la frontera.

4 (= franchir) **cruzar**

5 ▷ La sœur de Fouad a passé son permis de conduire.
La hermana de Fouad se examinó del carné de conducir.

5 (en parlant d'un examen, du permis de conduire) **examinarse de**

ℹ *Le pronom réfléchi fonctionne de la façon suivante en espagnol : **me** examino, **te** examinas, **se*** (singulier) *examina, **nos** examinamos, **os** examináis, **se*** (pluriel) *examinan.*

6 ▷ Qu'est-ce qui s'est passé ?
¿Qué pasó?

6 ► **se passer** (= se produire) : **pasar**

ℹ *On peut dire aussi **ocurrir** ou **suceder**.*

7 ▷ Comment se sont passées tes vacances ?
¿Qué tal te fueron las vacaciones?
▷ Ça s'est très bien passé.
Me fue muy bien.

7 Pour demander ou dire comment s'est passé quelque chose, on emploie en espagnol le verbe **ir** précédé du pronom personnel qui convient.

8 ▷ Tu devras te passer de douche pendant quelque temps.
Deberás prescindir de ducha durante algún tiempo.

8 ► **se passer de** quelque chose : **prescindir de** algo

passe-temps

▷ Quel est ton passe-temps préféré ?
¿Cuál es tu pasatiempo preferido?

el **pasatiempo**

passion

▷ Aurélien a une passion pour les motos.
Aurélien le apasionan las motos.

Pour dire que quelqu'un a une passion pour quelque chose, on utilise en espagnol le verbe **apasionar** précédé du nom ou du pronom correspondant à la personne.
(Voir aussi le verbe **aimer**)

passionnant, passionnante

▷ J'ai trouvé ce livre passionnant.
Encontré este libro apasionante.

apasionante

ℹ *Attention à l'orthographe du mot espagnol.*

passoire

▻ Où est la passoire ? J'en ai besoin pour les pommes de terre
¿Dónde está el colador? Lo necesito para las patatas.
▻ Je vais acheter une passoire à thé.
Voy a comprar un colador de té.

el **colador** (pluriel : los coladores)

► **passoire à thé :** colador de té (pluriel : coladores de té)

pastille

▻ Je voudrais des pastilles pour la gorge, s'il vous plaît.
Quisiera pastillas para la garganta, por favor.

(= médicament) la **pastilla**

patate

▻ Il y a du poulet et des patates pour le déjeuner.
Hay pollo con patatas para la comida.

la **patata**

pâte

1 ▻ La pâte est trop liquide.
La masa está demasiado líquida.

1 (= mélange pour gâteaux ou croûte du gâteau) la **masa**

2 ▻ C'est du poisson recouvert de pâte et frit.
Es pescado cubierto con pasta y frito.

2 (= mélange pour friture) la **pasta**

3 ▻ Madame Roberto a fait des pâtes au fromage.
La señora Roberto hizo pasta con queso.

3 ► **pâtes** (= nouilles) **:** la pasta

ℹ *Pasta ne se met pas au pluriel : on dit par exemple* ***esta pasta está deliciosa*** (ces pâtes sont délicieuses).

4 ▻ Mon petit frère adore jouer avec la pâte à modeler.
A mi hermano pequeño le encanta jugar con la plastilina®.

4 ► **pâte à modeler :** la plastilina®

pâté

1 ▻ J'ai mangé un sandwich au pâté.
Comí un bocadillo de paté.

1 (= charcuterie) el **paté** (pluriel : los patés)

ℹ *Remarquez que le mot espagnol porte sur le* ***e*** *un accent écrit qui reflète l'accent tonique.*

2 ▻ On a fait trois fois le tour du pâté de maisons mais on ne l'a pas trouvé.
Dimos tres vueltas a la manzana pero no lo encontramos.

2 ► **pâté de maisons :** la manzana

patiemment

▻ Le prof a patiemment expliqué l'exercice.
El profesor explicó el ejercicio con paciencia.

con paciencia

patience

▷ Tu n'as aucune patience !
¡No tienes ninguna paciencia!

la **paciencia**

patient, patiente

▷ Sois patient, ça sera bientôt ton tour.
Ten paciencia, pronto te tocará.

► **être patient :** tener paciencia

patin

▷ Un de mes patins est cassé.
Se me ha roto uno de los patines.

(pour glisser ou rouler) el **patín** (pluriel : los patines)

*Il n'y a pas d'accent écrit au pluriel. L'accent tonique porte sur le **i**, comme au singulier.*

▷ Djamila a des patins à roulettes.
Djamila tiene patines de ruedas.

► **patins à roulettes :** patines de ruedas

▷ Tu sais faire du patin à roulettes ?
¿Sabes patinar sobre ruedas?

► **faire du patin à roulettes :** patinar sobre ruedas

patinage

▷ Mélodie fait du patinage artistique.
Mélodie hace patinaje artístico.

► **patinage artistique :** el patinaje artístico

*Attention à l'orthographe du mot **patinaje**.*

patinoire

▷ Tu viens avec nous à la patinoire ?
¿Vienes con nosotros a la pista de patinaje?

la **pista de patinaje** (pluriel : las pistas de patinaje)

pâtisserie

1 ▷ Est-ce qu'il y a une bonne pâtisserie dans ce quartier ?
¿Hay una buena pastelería en este barrio?

1 (= magasin) la **pastelería**

*Remarquez que le mot espagnol porte sur le **i** un accent écrit qui reflète l'accent tonique.*

2 ▷ Tu manges trop de pâtisseries.
Comes demasiados pasteles.

2 (= gâteau) el **pastel** (pluriel : los pasteles)

patron, patronne

▷ Le patron du bar est venu voir ce qui se passait.
El patrón del bar vino a ver qué pasaba.

▷ Le patron et les ouvriers ont discuté.
El patrón y los obreros han hablado.

el **patrón** (pluriel : los patrones), la **patrona**

*Il n'y a pas d'accent écrit au pluriel ni au féminin. L'accent tonique porte sur le **o**, comme au singulier.*

patte

▷ Le chat a une patte cassée.
El gato tiene una pata rota.

(= jambe d'un animal) la **pata**

paume

▷ Il cachait quelque chose dans la paume de sa main.
Escondía algo en la palma de la mano.

(= creux de la main) la **palma**

paupière

▷ Mes paupières sont vraiment lourdes !
¡Siento los párpados muy pesados!

el **párpado**

i *Remarquez que le mot espagnol porte sur le premier **a** un accent écrit qui reflète l'accent tonique.*

pause

▷ On a pris un café pendant la pause.
Tomamos un café durante la pausa.

▷ Bon, faisons une pause !
¡Bueno, hagamos una pausa!

(= repos) la **pausa**

i *On peut dire aussi **el descanso**.*

► **faire une pause : hacer una pausa**

pauvre

▷ Ce sont des gens très pauvres.
Son gente muy pobre.
▷ Pauvre Jean, il n'a pas eu la moyenne en histoire !
¡Pobre Jean, no ha sacado un suficiente en historia!
▷ La pauvre, elle doit avoir très peur !
¡La pobre, debe de tener mucho miedo!

pobre

pavillon

▷ Ils habitent en banlieue, dans un pavillon.
Viven en las afueras, en un chalé.

(= maison) el **chalé** (pluriel : los chalés)

i *Remarquez que le mot espagnol porte sur le **e** un accent écrit qui reflète l'accent tonique.*

payant, payante

▷ Est-ce que le concert est payant ?
¿El concierto es de pago?

de pago

payer

1 ▻ C'est Sandrine qui a payé les glaces.
Fue Sandrine la que pagó los helados.
▻ J'ai payé ce livre dix euros.
Pagué diez euros por este libro.
▻ J'ai oublié de payer le plombier.
Se me olvidó de pagar al fontanero.
2 ▻ Viens, je te paie un café.
Ven, te invito a un café.

1 (= acheter, rémunérer) **pagar**

*Si le complément est une personne ou un groupe de personnes, n'oubliez pas de le faire précéder de **a**.*

2 ► **payer** quelque chose **à** quelqu'un : **invitar a** alguien **a** algo

pays

▻ Malika voudrait vivre dans un autre pays.
Malika quisiera vivir en otro país.

el **país** (pluriel : **los países**)

*Remarquez que le mot espagnol porte sur le **i** un accent écrit qui reflète l'accent tonique.*

paysage

▻ Quel beau paysage !
¡Qué paisaje más bonito!

el **paisaje**

Attention à l'orthographe du mot espagnol.

paysan, paysanne

▻ Les paysans français ne sont pas contents.
Los campesinos franceses no están contentos.

el **campesino,** la **campesina**

Pays-Bas

▻ Les Pays-Bas sont en demi-finale.
Los Países Bajos están en la semifinal.

► **les Pays-Bas** : **los Países Bajos**

*Remarquez que le mot espagnol **Países** porte sur le i un accent écrit qui reflète l'accent tonique.*

▻ On voit des champs de fleurs aux Pays-Bas.
Se ven campos de flores en los Países Bajos.
▻ Quentin et sa famille sont allés aux Pays-Bas.
Quentin y su familia han ido a los Países Bajos.

► **aux Pays-Bas** (= dans le pays) : **en los Países Bajos**

► **aux Pays-Bas** (= vers le pays) : **a los Países Bajos**

péage

▻ Le péage est cher sur cette autoroute.
El peaje es caro en esta autopista.
▻ Le péage est juste après Bayonne.
El peaje está justo después de Bayona.

el **peaje**

Attention à l'orthographe du mot espagnol.

peau

▷ Sophie a une jolie peau.
Sophie tiene una bonita piel.
▷ Les jupes en peau sont à la mode.
Las faldas de piel están de moda.

la **piel**

► **en peau** (= en cuir) **:** **de piel**

ℹ *En espagnol, on emploie le même mot,* ***piel****, pour* **la peau** *et* **la fourrure**.

pêche

1 ▷ Cette pêche est délicieuse.
Este melocotón es delicioso.

1 (= fruit) el **melocotón** (pluriel : los melocotones)

ℹ *Il n'y a pas d'accent écrit au pluriel. L'accent tonique porte sur le* ***o****, comme au singulier.*

2 ▷ Marc lit un magazine sur la pêche.
Marc está leyendo una revista de pesca.
▷ Je vais souvent à la pêche avec mon père.
Voy a pescar a menudo con mi padre.

2 (pour attraper des poissons) la **pesca**

► **aller à la pêche :** **ir a pescar**

3 ▷ J'ai la pêche aujourd'hui !
¡Qué marcha tengo hoy!

3 ► **avoir la pêche** (= être en forme, au sens familier) **:** **tener marcha**

ℹ **Avoir la pêche**, *comme* ***tener marcha****, est familier.*

pêcher

▷ Karim a pêché trois truites.
Karim pescó tres truchas.
▷ Ils pêchent le thon dans cette région.
Pescan el atún en esta región.

pescar

pêcheur

▷ Il y avait des pêcheurs au bord de la rivière.
Había pescadores a orillas del río.

el **pescador** (pluriel : los pescadores)

pédale

▷ La pédale gauche de mon vélo est cassée.
El pedal izquierdo de mi bici está roto.

el **pedal** (pluriel : los pedales)

Attention : contrairement au français, le mot espagnol ***pedal*** *est masculin.*

pédaler

▷ Allez, pédale plus vite !
¡Venga, pedalea más rápido!

pedalear

peigne

▷ Qui a laissé des cheveux sur mon peigne ?
¿Quién ha dejado pelos en mi peine?

el **peine**

peigner

1 ▷ Ma mère a du mal à peigner ma petite sœur.
A mi madre le cuesta peinar a mi hermana pequeña.

2 ▷ Je me suis lavé et peigné en deux minutes.
Me lavé y me peiné en dos minutos.

1 ► **peinar**

Si le complément est une personne ou un groupe de personnes, n'oubliez pas de le faire précéder de ***a****.*

2 ► **se peigner : peinarse**

Le pronom réfléchi fonctionne de la façon suivante en espagnol : ***me*** *peino,* ***te*** *peinas,* ***se*** (singulier) *peina,* ***nos*** *peinamos,* ***os*** *peináis,* ***se*** (pluriel) *peinan.*

peignoir

1 ▷ Karine était encore en peignoir quand je suis arrivée.
Karine estaba todavía en bata cuando llegué.

2 ▷ Sèche-toi, mets ton peignoir et descends.
Sécate, ponte el albornoz y baja.

1 (= robe de chambre) la **bata**

2 (en éponge) el **albornoz** (pluriel : los albornoces)

N'oubliez pas que le ***z*** *devient* ***c*** *au pluriel.*

peindre

▷ Émile peint très bien.
Émile pinta muy bien.
▷ Nous avons peint le couloir en vert pâle.
Pintamos el pasillo de verde pálido.

pintar

Notez la préposition utilisée en espagnol : peindre **en** = *pintar* ***de****.*

peine

1 ▷ Sarah a eu beaucoup de peine quand son chien est mort.
Sarah sintió mucha lástima cuando murió su perro.
▷ Les animaux abandonnés me font de la peine.
Los animales abandonados me dan lástima.
▷ Je crois que tu as fait de la peine à Carole.
Creo que has herido a Carole.

2 ▷ Mon grand-père a de la peine à marcher.
Mi abuelo tiene dificultad para andar.

3 ▷ Est-ce que ça vaut la peine d'aller voir ce film ?
¿Vale la pena ir a ver esa película?
▷ Tu veux que je t'aide ? – Non, ce n'est pas la peine.
¿Quieres que te ayude? – No, no vale la pena.

1 ► (= ressentir du chagrin) **avoir de la peine : sentir lástima**
► **faire de la peine** (= faire pitié) **: dar lástima**
► **faire de la peine à** quelqu'un (= blesser) **: herir** a alguien

2 ► **avoir de la peine à faire** quelque chose (= avoir du mal) **: tener dificultad para hacer** algo

3 ► **valoir la peine de faire** quelque chose **: valer la pena hacer** algo
► **ce n'est pas la peine : no vale la pena**

Suite page suivante

▷ Ce n'est pas la peine de se presser.
No vale la pena darse prisa.

► **ce n'est pas la peine de faire** quelque chose : **no vale la pena hacer** algo

4 ▷ Elle a à peine mangé, elle doit être malade.
Apenas ha comido, debe de estar enferma.

4 ► **à peine** (= presque pas) : **apenas**

peinture

1 ▷ Cette peinture est du dix-septième siècle.
Esta pintura es del siglo diecisiete.
▷ Je voudrais une boîte de peintures pour mon anniversaire.
Quisiera una caja de pinturas para mi cumpleaños.

1 (= tableau, substance) la **pintura**

2 ▷ Je fais souvent de la peinture.
Pinto a menudo.

2 ► **faire de la peinture : pintar**

peler

1 ▷ Benoît mange les pêches sans les peler.
Benoît come los melocotones sin pelarlos.

1 (= enlever la peau de) **pelar**

2 ▷ J'ai le nez qui pèle.
Se me pela la nariz.
▷ On dirait que tu as le dos qui pèle.
Parece que se te pela la espalda.

2 Pour dire qu'on pèle après un coup de soleil, on emploie le verbe **pelarse** avec le pronom personnel qui convient.

pelle

▷ L'ouvrier enlève le sable avec une pelle.
El obrero quita la arena con una pala.

(= outil) la **pala**

pellicule

1 ▷ J'ai utilisé six pellicules pendant les vacances !
¡Usé seis carretes durante las vacaciones!

1 (= rouleau d'appareil photo) el **carrete**

Attention à bien prononcer les deux ***r*** *de* ***carrete****.*

On peut dire aussi ***la película****.*

2 ▷ Il a des pellicules.
Tiene caspa.

2 ► **avoir des pellicules** (dans les cheveux) : **tener caspa**

pelouse

▷ Monsieur Hébert tond sa pelouse tous les samedis.
El señor Hébert corta el césped todos los sábados.

el **césped**

Remarquez que le mot espagnol porte sur le ***e*** *un accent écrit qui reflète l'accent tonique.*

peluche

▷ Le lit d'Estelle est couvert de peluches.
La cama de Estelle está cubierta con muñecos de peluche.

▷ Ce canard en peluche est adorable !
¡Este pato de peluche es encantador!

(= jouet) el **muñeco de peluche**

► **en peluche :** de peluche

pencher

1 ▷ Il a penché le verre pour servir la bière.
Inclinó el vaso para servir la cerveza.

2 ▷ Cet arbre penche, on dirait qu'il va tomber.
Este árbol está inclinado, parece que va a caer.

3 ▷ Ne te penche pas trop, c'est dangereux.
No te inclines demasiado, que es peligroso.

1 (= incliner) **inclinar**

2 (= être incliné) **estar inclinado** *ou* **inclinada**

3 ► **se pencher** (= s'incliner) : **inclinarse**

ℹ *Le pronom réfléchi fonctionne de la façon suivante en espagnol :* ***me*** *inclino,* ***te*** *inclinas,* ***se*** (singulier) *inclina,* ***nos*** *inclinamos,* ***os*** *inclináis,* ***se*** (pluriel) *inclinan.*

pendant

1 ▷ Il a rencontré Adeline pendant les vacances.
Conoció a Adeline durante las vacaciones.

2 ▷ Nous sommes restés à Lérida pendant trois jours.
Nos quedamos tres días en Lérida.

3 ▷ J'irai à la bibliothèque pendant que tu fais les courses.
Iré a la biblioteca mientras haces la compra.

1 Quand **pendant** est suivi du nom d'une activité ou d'un événement (pendant la réunion, pendant le festival, etc.), il se traduit par **durante**.

2 Quand **pendant** est suivi d'une expression de durée (pendant deux semaines, pendant une heure, etc.), il ne se traduit pas.

3 ► **pendant que :** mientras

pendre

1 ▷ Ta veste pend au portemanteau.
Tu chaqueta cuelga del perchero.

2 ▷ Le cousin de Jeanne s'est pendu.
El primo de Jeanne se ahorcó.

1 (= être accroché) **colgar**

ℹ *Notez la préposition utilisée en espagnol :* pendre à = *colgar* ***de***.

2 ► **se pendre** (= se suicider) : **ahorcarse**

ℹ *Le pronom réfléchi fonctionne de la façon suivante en espagnol :* ***me*** *ahorco,* ***te*** *ahorcas,* ***se*** (singulier) *ahorca,* ***nos*** *ahorcamos,* ***os*** *ahorcáis,* ***se*** (pluriel) *ahorcan.*

pendule

▻ Cette pendule ne marche pas.
Este reloj no funciona.

el **reloj** (pluriel : los relojes)

Attention à bien prononcer le ***r*** *et le* ***j*** *de* ***reloj****.*

En espagnol, on emploie le même mot, ***reloj****, pour désigner* **la montre** *et* **l'horloge**.

pénible

1 ▻ C'est un métier très pénible.
Es un oficio muy penoso.

2 ▻ Tu es vraiment pénible !
¡Qué pesado eres!

1 (= fatigant) **penoso, penosa**

2 (en parlant d'une personne) **pesado, pesada**

penser

1 ▻ Je pense que c'est possible.
Pienso que es posible.
▻ Je pense que oui.
Pienso que sí.
▻ Nous pensions partir demain.
Pensábamos irnos mañana.
▻ Je pense souvent à Samir.
Pienso a menudo en Samir.

2 ▻ Que penses-tu de mon idée ?
¿Qué te parece mi idea?

1 La traduction la plus courante de penser est **pensar**.

► **penser à :** pensar en

2 Pour demander son opinion à quelqu'un, on emploie en espagnol l'expression **¿qué te parece?**

pente

▻ On a eu du mal à monter la pente.
Nos costó subir la pendiente.
▻ La route est en pente.
La carretera está en pendiente.

la **pendiente**

► **être en pente :** estar en pendiente

pépin

1 ▻ Ces mandarines sont pleines de pépins.
Estas mandarinas están llenas de pepitas.

2 ▻ On a eu un pépin avec la voiture, c'est pour ça qu'on est en retard.
Tuvimos un contratiempo con el coche, por eso llegamos tarde.

1 (= graine) la **pepita**

2 (= ennui) el **contratiempo**

Pépin *est familier, mais* ***contratiempo*** *ne l'est pas.*

percer

1 ▻ Ils percent un tunnel en dessous des Pyrénées.
Están perforando un túnel por debajo de los Pirineos.

1 (= perforer, traverser) **perforar**

2 ▷ Est-ce que tes oreilles sont percées ?
¿Tienes las orejas agujereadas?
3 ▷ On va percer un trou dans le mur.
Vamos a hacer un agujero en la pared.

2 ► **percer les oreilles :** **agujerear las orejas**

3 (en parlant d'un trou) **hacer**

perceuse

▷ Nous avons emprunté la perceuse du voisin.
Pedimos prestado el taladro del vecino.

el **taladro**

perdre

1 ▷ Je suis sûr qu'ils vont perdre.
Estoy seguro de que van a perder.
▷ J'ai perdu mon portefeuille.
He perdido la cartera.
▷ On a perdu du temps pour rien.
Perdimos tiempo para nada.
2 ▷ C'est facile de se perdre dans Madrid.
Es fácil perderse en Madrid.

1 **perder**

2 ► **se perdre :** **perderse**

ℹ *Le pronom réfléchi fonctionne de la façon suivante en espagnol : **me** pierdo, **te** pierdes, **se*** (singulier) *pierde, **nos** perdemos, **os** perdéis, **se*** (pluriel) *pierden.*

père

1 ▷ Comment s'appelle ton père ?
¿Cómo se llama tu padre?
2 ▷ Elle croit encore au père Noël !
¡Todavía cree en Papá Noel!

1 (= papa) el **padre**

2 ► **le père Noël :** **Papá Noel**

ℹ *Il n'y a jamais d'article devant le nom **Papá Noel**.*

périmé, périmée

▷ Apparemment, ma carte était périmée.
Al parecer, mi tarjeta estaba caducada.

(= plus valable) **caducado, caducada**

période

▷ C'est une période difficile pour elle.
Es un período difícil para ella.

el **período**

ℹ *Remarquez que le mot espagnol porte sur le **i** un accent écrit qui reflète l'accent tonique.*

perle

1 ▷ Claire a fait un collier avec des perles en verre.
Claire hizo un collar con cuentas de vidrio.
2 ▷ Ma mère a un beau collier de perles.
Mi madre tiene un hermoso collar de perlas.

1 (= bille) la **cuenta**

2 (= perle d'huître) la **perla**

permettre

1 ▷ J'espère que mes parents me permettront d'aller à la soirée.
Espero que mis padres me permitirán ir a la fiesta.
▷ Ses études lui ont permis de trouver un bon poste.
Los estudios le permitieron encontrar un buen puesto.

2 ▷ Ils peuvent se permettre d'aller en vacances aux Antilles.
Se pueden permitir ir de vacaciones a las Antillas.

1 ► **permettre à** quelqu'un **de faire** quelque chose **:** **permitir a** alguien **hacer** algo

ℹ *Notez qu'en espagnol, il n'y a pas de préposition entre* ***permitir*** *et le verbe qui suit.*

2 ► **pouvoir se permettre** (= avoir les moyens financiers) **:** **poder permitirse**

permis

▷ Il faut un permis pour pêcher ici.
Hace falta un permiso para pescar aquí.
▷ Il me tarde de passer mon permis de conduire.
Tengo muchas ganas de presentarme al permiso de conducir.

el **permiso**

► **permis de conduire :** **permiso de conducir**

ℹ *On peut dire aussi* ***el carné de conducir****.*

permission

▷ Mes parents m'ont donné la permission de sortir.
Mis padres me dieron permiso para salir.
▷ Je vais demander la permission au professeur.
Voy a pedir permiso al profesor.

(= autorisation) el **permiso**
► **donner la permission à** quelqu'un **de faire** quelque chose **:** **dar permiso a** alguien **para hacer** algo
► **demander la permission à** quelqu'un **:** **pedir permiso a** alguien

perpendiculaire à

▷ C'est une rue perpendiculaire à celle-ci.
Es una calle perpendicular a ésta.

perpendicular a

perroquet

▷ Sandrine a un perroquet vert.
Sandrine tiene un loro verde.

el **loro**

perruque

▷ Alain a mis une perruque rousse pour la fête.
Alain se puso una peluca pelirroja para la fiesta.

la **peluca**

persil

▷ Il y a trop de persil dans cette salade.
Hay demasiado perejil en esta ensalada.

el **perejil**

personnage

▷ Le personnage principal du film est un médecin.
El personaje principal de la película es un médico.

el **personaje**

personnalité

▷ Elle a une forte personnalité.
Tiene una fuerte personalidad.

la **personalidad**

Attention à l'orthographe du mot espagnol.

personne

1 ▷ Plusieurs personnes sont parties avant la fin.
Varias personas se fueron antes del final.
▷ C'est gratuit pour les personnes âgées.
Es gratuito para las personas mayores.

2 ▷ Les grandes personnes ne nous comprennent pas.
Los adultos no nos entienden.

3 ▷ Personne n'a voulu m'aider.
Nadie quiso ayudarme.
▷ Je ne connais personne ici.
No conozco a nadie aquí.

1 (= être humain) la **persona**

► **personne âgée :** persona mayor (pluriel : personas mayores)

2 ► **grande personne :** el adulto

3 (= aucun) **nadie**

*Quand **nadie** est complément, n'oubliez pas de le faire précéder de **a**.*

personnel, personnelle

1 ▷ C'est un problème personnel.
Es un problema personal.

2 ▷ L'entreprise n'a pas assez de personnel.
La empresa no tiene bastante personal.

1 (= privé) **personal** (pluriel : personales)

Attention à l'orthographe du mot espagnol.

2 (= employés) el **personal**

personnellement

▷ Personnellement, je préférerais mardi.
Personalmente, preferiría el martes.

personalmente

persuader

▷ On a persuadé Alice de venir au cinéma avec nous.
Convencimos a Alice de que viniera al cine con nosotros.

► **persuader** quelqu'un **de** + infinitif : **convencer** a alguien **de que** + subjonctif

*Attention à la concordance des temps : quand **convencer** est au présent, le verbe de la subordonnée est au présent du subjonctif (me **quieren convencer** de que **vaya** con ellos), mais quand **convencer** est au passé, le verbe de la subordonnée doit être à l'imparfait du subjonctif (la **convencimos** de que **fuera** con nosotros).*

peser

1 ▷ Le médecin a pesé et mesuré tous les élèves.
El médico pesó y midió a todos los alumnos.
▷ Sabrina pèse quarante-cinq kilos.
Sabrina pesa cuarenta y cinco kilos.

1 **pesar**

*Si le complément est une personne ou un groupe de personnes, n'oubliez pas de le faire précéder de **a**.*

2 ▷ Italo se pèse tous les matins.
Italo se pesa todas las mañanas.

2 ► **se peser : pesarse**

*Le pronom réfléchi fonctionne de la façon suivante en espagnol : **me** peso, **te** pesas, **se** (singulier) pesa, **nos** pesamos, **os** pesáis, **se** (pluriel) pesan.*

pessimiste

▷ Ne sois pas si pessimiste !
¡No seas tan pesimista!
▷ C'est une pessimiste, elle voit des problèmes partout.
Es una pesimista, ve problemas por todas partes.

pesimista

pétale

▷ Les fleurs perdent leurs pétales.
Las flores están perdiendo los pétalos.

el **pétalo**

*Remarquez que le mot espagnol porte sur le **e** un accent écrit qui reflète l'accent tonique.*

pétard

▷ Ils lançaient des pétards dans la rue.
Tiraban petardos en la calle.

(= feu d'artifice) el **petardo**

péter

1 ▷ Qui a pété ? !
¡¿Quién se ha tirado un pedo?!

1 (= avoir des gaz) **tirarse un pedo**

Le pronom réfléchi fonctionne de la façon suivante en espagnol : ***me*** *tiro,* ***te*** *tiras,* ***se*** (singulier) *tira,* ***nos*** *tiramos,* ***os*** *tiráis,* ***se*** (pluriel) *tiran un pedo.*

2 ▷ Tous les ballons ont pété.
Todos los globos estallaron.

2 (= exploser) **estallar**

3 ▷ La corde a pété et tout s'est écroulé.
La cuerda se rompió y todo se derrumbó.

3 (= casser) **romperse**

Le pronom réfléchi fonctionne de la façon suivante en espagnol : ***se*** (singulier) *rompe,* ***se*** (pluriel) *rompen.*

Péter *est familier, mais* ***estallar*** *et* ***romperse*** *ne le sont pas.*

pétillant, pétillante

▷ Je n'aime pas l'eau pétillante.
No me gusta el agua mineral.

(en parlant d'une boisson) **mineral** (pluriel : **minerales**)

petit, petite

1 ▷ C'est un joli petit parc.
Es un pequeño parque bonito.
▷ Il est trop petit pour comprendre ça.
Es demasiado pequeño para entender eso.
▷ Quand j'étais petite, je jouais à la poupée.
De pequeña, jugaba con muñecas.
▷ Ma petite sœur s'appelle Barbara.
Mi hermana pequeña se llama Barbara.
▷ Cette cour est pour les petits.
Este patio es para los pequeños.
▷ Lucas est petit pour son âge.
Lucas es pequeño ou **bajo para su edad.**

1 (= de petite taille, jeune) **pequeño, pequeña**

Quand on parle de la taille d'une personne, on peut dire aussi ***bajo, baja****.*

2 ▷ La chatte a eu des petits.
La gata ha tenido cachorros.

2 (= jeune animal) el **cachorro**

3 ▷ Je m'y suis habitué petit à petit.
Me acostumbré poco a poco.

3 ► **petit à petit :** poco a poco

4 ▷ On a mangé des crêpes au petit déjeuner.
Comimos crepes para el desayuno.

4 ► **petit déjeuner :** el desayuno

5 ▷ Il y a des petits pois avec le steak.
Hay guisantes con el bistec.

5 ► **petits pois :** los guisantes

petite-fille

▻ La petite-fille de madame Haudouin a le même âge que moi.
La nieta de la señora Haudouin tiene la misma edad que yo.

la **nieta**

petit-fils

▻ Mes voisins gardent souvent leur petit-fils.
Mis vecinos vigilan a menudo a su nieto.

el **nieto**

petits-enfants

▻ Les Herrero passent beaucoup de temps avec leurs petits-enfants.
Los Herrero pasan mucho tiempo con sus nietos.

los **nietos**

peu

1 ▻ Elle mange peu, c'est pour ça qu'elle est maigre.
Come poco, por eso está flaca.
▻ Je les vois peu.
Les veo poco.
▻ Sébastien parle très peu.
Sébastien habla muy poco.

1 (= pas beaucoup, pas souvent) **poco**

2 ▻ Ils ont peu d'argent mais ils se débrouillent.
Tienen poco dinero pero se las arreglan.
▻ Peu de gens savent que ça existe.
Poca gente sabe que eso existe.
▻ Il y a peu de magasins ici.
Hay pocas tiendas aquí.

2 ► **peu de :** poco, poca, pocos, pocas

*L'adjectif **poco** s'accorde en genre (masculin ou féminin) et en nombre (singulier ou pluriel) avec le nom qui suit.*

3 ▻ Il faut à peu près une heure.
Hace falta aproximadamente una hora.

3 ► **à peu près :** aproximadamente

4 ▻ Je m'y suis habituée peu à peu.
Me acostumbré a ello poco a poco.

4 ► **peu à peu :** poco a poco

5 ▻ Mange un peu avant de partir.
Come un poco antes de marcharte.
▻ Elle est un peu bizarre.
Es un poco rara.

5 ► **un peu :** un poco

6 ▻ Il reste un peu de lait.
Queda un poco de leche.

6 ► **un peu de :** un poco de

7 ▻ Je voudrais un petit peu de gâteau.
Quisiera un poquito de pastel.

7 ► **un petit peu de :** un poquito de

peur

1 ▻ C'est la peur qui lui a fait faire ça.
Fue el miedo lo que le empujó a hacer eso.
▻ N'aie pas peur, ce n'est rien.
No tengas miedo, no es nada.
▻ Ma petite sœur a peur du noir.
Mi hermana pequeña tiene miedo de la oscuridad.

2 ▻ Pierre adore nous faire peur avec ses histoires de fantômes.
A Pierre le encanta asustarnos con sus historias de fantasmas.

1 el miedo

► **avoir peur :** tener miedo

► **avoir peur de :** tener miedo de

2 ► **faire peur à** quelqu'un **:** asustar a alguien

peut-être

▻ Tu vas aller à la fête ? – Peut-être.
¿Vas a ir a la fiesta? – Quizás.
▻ Ils sont peut-être déjà arrivés.
Quizás ya han llegado.
▻ Peut-être qu'il est sympa.
Quizás es simpático.
▻ Peut-être qu'ils t'aideront, qui sait ?
Quizás te ayuden, ¿quién sabe?

quizás

*Remarquez que le mot espagnol porte sur le **a** un accent écrit qui reflète l'accent tonique.*

*On peut dire aussi **quizá** ou **tal vez**.*

***Quizás** peut être suivi du subjonctif si l'hypothèse dont on parle n'est pas très probable.*

phare

▻ Ici les phares des voitures sont jaunes.
Aquí los faros de los coches son amarillos.
▻ Nous avons marché jusqu'au phare.
Fuimos andando hasta el faro.

el faro

pharmacie

▻ Où est la pharmacie la plus proche ?
¿Dónde está la farmacia más cercana?

(= magasin) la **farmacia**

*L'accent tonique porte sur la deuxième syllabe (**-ma-**).*

pharmacien, pharmacienne

▻ La pharmacienne a désinfecté ma plaie.
La farmaceútica me desinfectó la herida.

el **farmaceútico**, la **farmaceútica**

*Remarquez que le mot espagnol porte sur le **u** un accent écrit qui reflète l'accent tonique.*

phoque

▻ Le gardien du zoo donne des poissons aux phoques.
El guarda del zoo da pescado a las focas.

la **foca**

*Attention : contrairement au français, le mot espagnol **foca** est féminin.*

photo

1 ▻ Montre-moi les photos de tes vacances.
Enséñame las fotos de las vacaciones.
▻ Est-ce que vous avez fait des photos ?
¿Sacasteis fotos ?
2 ▻ Lulu prend des cours de photo.
Lulu toma clases de fotografía.

1 (= image) la **foto**

► **faire une photo** *ou* **prendre une photo : sacar una foto**

2 (= activité) la **fotografía**

*Remarquez que le mot espagnol porte sur le **i** un accent écrit qui reflète l'accent tonique.*

photocopie

▻ Cette photocopie n'est pas très claire.
Esta fotocopia no está muy clara.

la **fotocopia**

*L'accent tonique porte sur la troisième syllabe (**-co-**).*

photocopier

▻ Tu peux me photocopier l'article ?
¿Me puedes fotocopiar el artículo?

fotocopiar

photocopieuse

▻ La photocopieuse est encore en panne !
¡La fotocopiadora otra vez tiene una avería!

la **fotocopiadora**

photographe

▻ Un photographe est venu faire une photo de toute la classe.
Un fotógrafo ha venido a sacarle una foto a toda la clase.

el **fotógrafo,** la **fotógrafa**

*Remarquez que le mot espagnol porte sur le deuxième **o** un accent écrit qui reflète l'accent tonique.*

photographie

▻ J'aimerais faire un stage de photographie cet été.
Me gustaría hacer un cursillo de fotografía este verano.

(= activité) la **fotografía**

*Remarquez que le mot espagnol porte sur le **i** un accent écrit qui reflète l'accent tonique.*

photographier

▻ On a tous photographié Marc devant la cathédrale.
Todos fotografiamos a Marc delante de la catedral.

fotografiar

*Si le complément est une personne ou un groupe de personnes, n'oubliez pas de le faire précéder de **a**.*

phrase

▻ Il manque le verbe dans cette phrase.
Falta el verbo en esta frase.

la **frase**

physique

1 ▻ Lalia a eu la meilleure note en physique.
Lalia sacó la mejor nota en física.

1 (= matière) la **física**

2 ▻ Ce garçon a un physique impressionnant.
Este chico tiene un físico impresionante.

2 (= corps) el **físico**

*Remarquez que les deux mots portent sur le premier **i** un accent écrit qui reflète l'accent tonique.*

pianiste

▻ La pianiste portait une longue robe noire.
La pianista llevaba un largo vestido negro.

el **pianista**, la **pianista**

piano

▻ J'aime beaucoup le son du piano.
Me gusta mucho el sonido del piano.
▻ Clémence joue très bien du piano.
Clémence toca muy bien el piano.
▻ Il n'y a pas assez de place pour un piano à queue.
No hay bastante espacio para un piano de cola.

el **piano**

► **jouer du piano : tocar el piano**

► **piano à queue : piano de cola** (pluriel : **pianos de cola**)

pic

▻ C'est le plus haut pic des Pyrénées.
Es el pico más alto de los Pirineos.

(= sommet) el **pico**

pièce

1 ▻ Le salon est la plus grande pièce de la maison.
El salón es la habitación más grande de la casa.

1 (dans une maison) la **habitación** (pluriel : las **habitaciones**)

*Il n'y a pas d'accent écrit au pluriel. L'accent tonique porte sur le **o**, comme au singulier.*

2 ▻ Est-ce que tu as des pièces pour le distributeur de boissons ?
¿Tienes monedas para la máquina expendedora de bebidas?

2 (= monnaie) la **moneda**

Suite page suivante

3 ▷ Le garagiste a changé une pièce dans le moteur.
El mecánico ha cambiado una pieza del motor.

3 (= composant) la **pieza**

4 ▷ J'ai vu une très bonne pièce de théâtre hier.
Ayer vi una obra de teatro muy buena.

4 ► **pièce de théâtre :** la **obra de teatro** (pluriel : las **obras de teatro**)

pied

1 ▷ Esther a de grands pieds.
Esther tiene los pies grandes.
▷ Les pieds de la table sont tordus.
Los pies de la mesa están torcidos.
▷ On vous attendra au pied de la colline.
Os esperaremos al pie de la colina.
▷ Je vais à l'école à pied avec Lise.
Voy al colegio a pie con Lise.

1 el **pie**

► **à pied : a pie**

ℹ *On peut dire aussi* ***andando****.*

2 ▷ Samuel a donné un coup de pied à Hubert.
Samuel le ha dado una patada a Hubert.

2 ► **donner un coup de pied à** quelqu'un *ou* dans quelque chose : **darle una patada a** alguien *ou* **a** algo

piège

▷ N'y va pas, c'est un piège !
¡No vayas, que es una trampa !

la **trampa**

pierre

▷ Ils lui ont jeté des pierres.
Le tiraron piedras.
▷ Il y a un mur en pierre autour du champ.
Hay un muro de piedra alrededor del campo.

la **piedra**

► **en pierre : de piedra**

piéton, piétonne

▷ Il y a un passage souterrain pour les piétons.
Hay un paso subterráneo para peatones.

el **peatón** (pluriel : los **peatones**)

ℹ *Il n'y a pas d'accent écrit au pluriel. L'accent tonique porte sur le* ***o****, comme au singulier.*

pigeon

▷ La vieille dame donnait du pain aux pigeons.
La anciana daba pan a las palomas.

la **paloma**

pile

1 ▷ Je dois changer les piles de la radio.
Tengo que cambiar las pilas de la radio.
▷ Cette pile de livres va s'écrouler.
Esta pila de libros se va a derrumbar.

1 (= pile électrique, tas) la **pila**

2 ▷ D'accord, on parie trois euros. Pile ou face ?
Vale, apostamos tres euros. ¿Cara o cruz ?

2 ► **pile ou face ? : ¿cara o cruz ?**

3 ▻ Il est trois heures pile.
Son las tres en punto.

3 (= exactement, en disant l'heure) **en punto**

4 ▻ Tu es pile à l'heure.
Llegas justo a la hora.

4 ► **être pile à l'heure : llegar justo a la hora**

pilote

▻ Le pilote m'a montré les commandes.
El piloto me enseñó los mandos.

▻ C'est un célèbre pilote automobile.
Es un famoso piloto de carreras.

el **piloto**

► **pilote automobile : piloto de carreras** (pluriel : **pilotos de carreras**)

pilule

▻ Je dois prendre trois différentes sortes de pilules.
Tengo que tomar tres tipos diferentes de píldoras.

▻ Karine prend la pilule.
Karine toma la píldora.

la **píldora**

ℹ *Remarquez que le mot espagnol porte sur le **i** un accent écrit qui reflète l'accent tonique.*

► **prendre la pilule** (= contraceptif) **: tomar la píldora**

piment

▻ Il y a trop de piment dans ce plat.
Hay demasiada guindilla en este plato.

(= assaisonnement piquant) la **guindilla**

pin

▻ Il y a beaucoup de pins dans les Landes.
Hay muchos pinos en los Landes.

▻ Mes parents ont acheté une armoire en pin.
Mis padres han comprado un armario de pino.

el **pino**

► **en pin : de pino**

pince

▻ Ils ont coupé le fil de fer avec une pince.
Cortaron el alambre con unas pinzas.

▻ Tu peux me prêter ta pince à épiler ?
¿Me puedes prestar las pinzas de depilar?

▻ Je ne trouve pas les pinces à linge.
No encuentro las pinzas de la ropa.

(= outil) las **pinzas**

ℹ ***Pinzas** est un nom pluriel : on dit par exemple **estas pinzas son mías** (cette pince est à moi).*

► **pince à épiler : pinzas de depilar**

► **pince à linge : pinza de la ropa** (pluriel : **pinzas de la ropa**)

pinceau

▻ J'ai besoin d'un plus gros pinceau pour peindre le ciel.
Necesito un pincel más gordo para pintar el cielo.

el **pincel** (pluriel : **los pinceles**)

pincée

▷ Mets juste une pincée de sel dans la sauce.
Pon justo un pellizco de sal en la salsa.

el **pellizco**

pincer

1 ▷ Benjamin a pincé Suzanne !
¡Benjamin ha pellizcado a Suzanne!

2 ▷ Je me suis pincé le doigt dans la portière, ça fait vraiment mal !
Me pillé el dedo en la portezuela, y ¡cómo duele!

1 (= serrer la peau) **pellizcar**

Le complément est une personne : n'oubliez pas de le faire précéder de ***a****.*

2 ► **se pincer le doigt : pillarse el dedo**

Le pronom réfléchi fonctionne de la façon suivante en espagnol : ***me*** *pillo,* ***te*** *pillas,* ***se*** (singulier) *pilla,* ***nos*** *pillamos,* ***os*** *pilláis,* ***se*** (pluriel) *pillan el dedo.*

pingouin

▷ Les pingouins marchent d'une drôle de façon.
Los pingüinos andan de una manera rara.

el **pingüino**

Remarquez que le mot espagnol porte sur le ***u*** *un tréma écrit pour indiquer que le* ***u*** *doit se prononcer.*

ping-pong

▷ Aïcha participe à des compétitions de ping-pong.
Aïcha participa en competiciones de ping-pong.
▷ On pourrait jouer au ping-pong.
Podríamos jugar al ping-pong.

el **ping-pong**

► **jouer au ping-pong : jugar al ping-pong**

pion, pionne

1 ▷ La pionne m'a donné deux heures de colle.
La vigilante me castigó dos horas.

2 ▷ Je joue avec les pions blancs.
Yo juego con los peones blancos.

1 (= surveillant) el **vigilante,** la **vigilante**

2 (au jeu de dames) el **peón** (pluriel : los peones)

Il n'y a pas d'accent écrit au pluriel. L'accent tonique porte sur le ***o****, comme au singulier.*

pipe

▷ Le tabac que mon grand-père met dans sa pipe sent très bon.
El tabaco que mi abuelo pone en la pipa huele muy bien.
▷ Le patron du café fume la pipe.
El patrón del café fuma en pipa.

la **pipa**

► **fumer la pipe : fumar en pipa**

pipi

▻ On peut s'arrêter ? Je veux faire pipi.
¿Nos podemos parar? Quiero hacer pipí.

► **faire pipi : hacer pipí**

ℹ *Remarquez que le mot espagnol porte sur le deuxième* ***i*** *un accent écrit qui reflète l'accent tonique.*

piquant, piquante

▻ Cette sauce est trop piquante.
Esta salsa es demasiado picante.

(= épicé) **picante**

pique-nique

▻ Dimanche, s'il fait beau, on fera un pique-nique.
El domingo, si hace bueno, iremos de picnic.

► **faire un pique-nique : ir de picnic**

pique-niquer

▻ Nous adorons pique-niquer.
Nos encanta ir de picnic.

▻ Cherchons un endroit pour pique-niquer.
Busquemos un lugar para hacer picnic.

(= aller faire un pique-nique) **ir de picnic**
(= manger) **hacer (un) picnic**

piquer

1 ▻ Cette moutarde pique !
¡Esta mostaza pica!

▻ J'ai les yeux qui piquent.
Me pican los ojos.

▻ Jérémie s'est fait piquer par une guêpe.
A Jérémie le ha picado una avispa.

1 (= être épicé, être irrité) **picar**

ℹ *Pour dire qu'on s'est fait piquer par un animal, on emploie en espagnol le verbe* ***picar****, avec pour sujet l'animal et pour complément la personne qui s'est fait piquer.*

2 ▻ Isabelle m'a piqué avec une aiguille !
¡Isabelle me ha pinchado con una aguja!

2 (= blesser avec un objet pointu) **pinchar**

✋ *Si le complément est une personne ou un groupe de personnes, n'oubliez pas de le faire précéder de* ***a****.*

3 ▻ Aïe ! Je me suis piqué avec l'aiguille !
¡Ay ! ¡Me he pinchado con la aguja!

3 ► **se piquer** (= se faire mal) **: pincharse**

ℹ *Le pronom réfléchi fonctionne de la façon suivante en espagnol :* ***me*** *pincho,* ***te*** *pinchas,* ***se*** (singulier) *pincha,* ***nos*** *pinchamos,* ***os*** *pincháis,* ***se*** (pluriel) *pinchan.*

piqûre

1 ▷ Les piqûres de moustique ne sont pas dangereuses.
Las picaduras de mosquito no son peligrosas.

2 ▷ Le médecin m'a fait une piqûre dans l'épaule.
El médico me puso una inyección en el hombro.

1 (= piqûre de moustique, d'insecte) la **picadura**

2 ► **faire une piqûre à quelqu'un :** ponerle una inyección a alguien

Remarquez que le mot espagnol ***inyección*** *porte sur le* ***o*** *un accent écrit qui reflète l'accent tonique.*

pire

▷ Il est encore pire que son frère !
¡Es aún peor que su hermano !

▷ C'est les pires vacances que j'aie jamais passées.
Son las peores vacaciones que he pasado en mi vida.

▷ Le pire c'est que Jérémie n'est pas au courant.
Lo peor es que Jérémie no está al corriente.

▷ Ils ne s'entendent pas du tout, c'est de pire en pire.
No se llevan nada bien, es cada vez peor.

(= plus mauvais) **peor**
(pluriel : peores)

► **le pire, la pire, les pires :** el peor, la peor, los peores, las peores

► **le pire c'est... :** lo peor es...

► **de pire en pire :** cada vez peor

piscine

▷ Tu viens à la piscine avec nous ?
¿Vienes con nosotros a la piscina ?

la **piscina**

pistache

▷ J'ai acheté des pistaches salées pour l'apéritif.
Compré pistachos salados para el aperitivo.

▷ Une glace à la pistache, s'il vous plaît.
Un helado de pistacho, por favor.

el **pistacho**

Attention : contrairement au français, le mot espagnol ***pistacho*** *est masculin.*

► **à la pistache :** de pistacho

piste

1 ▷ La piste noire est la plus difficile.
La pista negra es la más difícil.

▷ Adèle s'entraîne à courir sur la piste du stade.
Adèle se entrena a correr en la pista del estadio.

▷ L'avion s'est posé sur la piste d'atterrissage.
El avión se posó en la pista de aterrizaje.

2 ▷ Reste sur la piste cyclable.
Quédate en el carril-bici.

1 la **pista**

► **piste d'atterrissage :** la pista de aterrizaje (pluriel : las pistas de aterrizaje)

2 ► **piste cyclable :** el carril-bici (pluriel : los carriles-bici)

3 ▷ Il n'y avait personne sur la piste de danse.
No había nadie en la pista de baile.

3 ► **piste de danse :** la pista de baile (pluriel : las pistas de baile)

pistolet

▷ Le cambrioleur avait un pistolet.
El ladrón tenía una pistola.

la **pistola**

pitié

1 ▷ J'ai eu pitié de lui et je lui ai donné de l'argent.
Sentí lástima por él y le di dinero.

2 ▷ Ces pauvres enfants me font pitié.
Esos pobres niños me dan lástima.

1 ► **avoir pitié de** quelqu'un **:** sentir lástima por alguien

2 ► **faire pitié à** quelqu'un **:** dar lástima a alguien

pizza

▷ Je voudrais une pizza aux champignons.
Quisiera una pizza de champiñones.

la **pizza**

pizzeria

▷ Il y a une très bonne pizzeria près de l'école.
Hay una pizzería muy buena cerca del colegio.

la **pizzería**

*Remarquez que le mot espagnol porte sur le **i** un accent écrit qui reflète l'accent tonique.*

placard

▷ L'aspirateur est dans le placard.
El aspirador está en el armario empotrado.

el **armario empotrado** (pluriel : los armarios empotrados)

place

1 ▷ Il y a une belle statue sur la place.
Hay una hermosa estatua en la plaza.

2 ▷ Est-ce que cette place est libre ?
¿Este asiento está libre?

3 ▷ On a fini par trouver une place de parking.
Terminamos encontrando un estacionamiento.

4 ▷ On a gagné deux places de cinéma.
Ganamos dos entradas de cine.

5 ▷ Nous avions des places au premier rang.
Teníamos localidades en la primera fila.

6 ▷ Remets ce livre à sa place !
¡Pon este libro en su sitio!
▷ Qui a changé mes CD de place ?
¿Quién ha cambiado mis CD de sitio?
▷ Il n'y a pas assez de place pour tout le monde dans la voiture.
No hay bastante sitio para todo el mundo en el coche.

1 (= esplanade) la **plaza**

2 (= siège) el **asiento**

3 ► **la place de parking :** el estacionamiento

4 (= billet de cinéma) la **entrada**

5 (= billet de théâtre) la **localidad** (pluriel : las localidades)

6 (= emplacement de quelque chose, espace) el **sitio**

Suite page suivante

7 ▷ J'ai rapporté la radio et j'ai pris un baladeur à la place.
Devolví la radio y cogí un Walkman® en su lugar.
▷ À ta place, je dirais non.
En tu lugar, diría que no.
▷ Que ferais-tu à ma place ?
¿Qué harías en mi lugar?

7 ► **à la place** (= en remplacement) **: en su lugar**

► **à ta place : en tu lugar**

ℹ *De même,* **à ma place** *se dit* ***en mi lugar***, **à sa place** *se dit* ***en su lugar***, **à votre place** *se dit* ***en vuestro/su lugar***, **à leur place** *se dit* ***en su lugar***.

placer

1 ▷ Ce n'est pas bon de placer les plantes près du radiateur.
No es bueno colocar las plantas cerca del radiador.

1 (= mettre) **colocar**

ℹ *On peut dire aussi* ***poner***.

2 ▷ Vous pouvez vous placer comme vous voulez autour de la table.
Os podéis colocar como queráis alrededor de la mesa.

2 ► **se placer : colocarse**

ℹ *Le pronom réfléchi fonctionne de la façon suivante en espagnol :* ***me*** *coloco,* ***te*** *colocas,* ***se*** (singulier) *coloca,* ***nos*** *colocamos,* ***os*** *colocáis,* ***se*** (pluriel) *colocan.*

ℹ *On peut dire aussi* ***ponerse***.

plafond

▷ Mon père a repeint le plafond.
Mi padre ha vuelto a pintar el techo.

el **techo**

plage

1 ▷ La plage est à cinq minutes d'ici.
La playa está a cinco minutos de aquí.

1 (au bord de la mer) la **playa**

2 ▷ Mets les vestes sur la plage arrière.
Pon las chaquetas en la bandeja.

2 ► **plage arrière** (d'une voiture) **:** la **bandeja**

plaie

1 ▷ La plaie s'est infectée.
La herida se ha infectado.

1 (= blessure) la **herida**

2 ▷ Quelle plaie, ce garçon !
¡Qué pesado es este chico!

2 Pour dire que quelqu'un ou quelque chose est pénible, on emploie l'adjectif **pesado, pesada**.

plaindre

1 ▷ Ne la plains pas, elle fait semblant.
No la compadezcas, que está fingiendo.

1 ► **plaindre** quelqu'un (= avoir pitié) **: compadecer** a **alguien**

2 ▻ Arrête de te plaindre !
¡Deja de quejarte!
▻ Astrid s'est plainte du prof d'histoire au directeur.
Astrid se quejó del profesor de historia al director.

2 ► se plaindre : quejarse

*Le pronom réfléchi fonctionne de la façon suivante en espagnol : **me** quejo, **te** quejas, **se** (singulier) queja, **nos** quejamos, **os** quejáis, **se** (pluriel) quejan.*

plaine

▻ Le village est au milieu d'une plaine.
El pueblo está en medio de una llanura.

la **llanura**

plaire

1 ▻ Je pense que tu lui plais.
Pienso que le gustas.
2 ▻ Tu t'es plu à Madrid ?
¿Estuviste a gusto en Madrid ?
3 ▻ Prête-moi ton stylo, s'il te plaît.
Préstame el boli, por favor.

1 ► **plaire à** quelqu'un : gustarle a alguien
2 ► **se plaire** (dans un endroit) : estar a gusto
3 ► **s'il te plaît** *ou* **s'il vous plaît** : por favor

plaisanter

▻ Arrête de plaisanter et aide-moi !
¡Deja de bromear y ayúdame!
▻ Deux cents euros ? Tu plaisantes !
¿Doscientos euros ? ¡Estás bromeando!

bromear

plaisanterie

▻ Je n'ai pas trouvé sa plaisanterie très drôle.
No encontré su broma muy divertida.
▻ Sara a fait une plaisanterie de très mauvais goût.
Sara gastó una broma de muy mal gusto.

la **broma**

► **faire une plaisanterie** (= faire une farce) : gastar una broma

plaisir

1 ▻ Ça me fait plaisir que tu puisses venir.
Me hace ilusión que puedas venir.

1 ► **ça me fait plaisir** : me hace ilusión

De même : ça te fait plaisir = ***te hace ilusión*** ; ça lui fait plaisir = ***le hace ilusión***, etc.

2 ▻ Je fais de la natation pour le plaisir.
Hago natación por gusto.

2 ► **pour le plaisir** : por gusto

plan

1 ▷ Sur le plan de la maison, on voit les dimensions des pièces.
En el plano de la casa, se ven las dimensiones de las habitaciones.

1 (= dessin d'architecte) el **plano**

2 ▷ On devrait acheter un plan de la ville, sinon on va se perdre.
Deberíamos comprar un mapa de la ciudad, que si no nos vamos a perder.

2 (= carte) el **mapa**

3 ▷ J'ai un super plan pour avoir des places moins chères.
Tengo un plan muy bueno para conseguir entradas más baratas.

3 (= idée) el **plan** (pluriel : los planes)

4 ▷ Laurent a toujours de bons plans pour ne pas payer.
Laurent siempre tiene buenos chollos para no pagar.

4 (= combine) el **chollo**

planche

▷ Ils ont construit une cabane avec des vieilles planches.
Construyeron una cabaña con viejas tablas.

(= bout de bois) la **tabla**

▷ La planche à repasser est très lourde.
La tabla de planchar pesa mucho.

► **planche à repasser :** tabla de planchar (pluriel : tablas de planchar)

▷ Luc a une planche de surf bleue et blanche.
Luc tiene una tabla de surf azul y blanca.

► **planche de surf :** tabla de surf (pluriel : tablas de surf)

▷ C'est difficile de rester debout sur une planche à voile.
Es difícil mantenerse de pie en una tabla de windsurf.

► **planche à voile** (= la planche elle-même) **:** tabla de windsurf (pluriel : tablas de windsurf)

▷ Lise fait de la planche à voile à Biarritz.
Lise hace windsurf en Biarritz.

► **faire de la planche à voile :** hacer windsurf

plancher

▷ Ma mère cire le plancher une fois par mois.
Mi madre encera el suelo una vez al mes.

el **suelo**

planer

▷ L'aigle planait dans le ciel.
El águila planeaba en el cielo.

(= flotter dans l'air) **planear**

planète

▷ Aziz connaît le nom de toutes les planètes.
Aziz conoce el nombre de todos los planetas.

el **planeta**

▻ Ils ont voyagé sur toute la planète.
Han viajado por todo el planeta.

Attention : contrairement au français, le mot espagnol ***planeta*** *est masculin.*

planquer

▻ Je ne sais pas où il a planqué mon livre.
No sé dónde ha escondido mi libro.
▻ Planquez-vous, le prof arrive !
¡Escondeos, que el profesor viene !

(= cacher) **esconder**

► **se planquer : esconderse**

Le pronom réfléchi fonctionne de la façon suivante en espagnol : ***me*** *escondo,* ***te*** *escondes,* ***se*** (singulier) *esconde,* ***nos*** *escondemos,* ***os*** *escondéis,* ***se*** (pluriel) *esconden.*

plante

1 ▻ C'est une plante qui pousse très vite.
Es una planta que crece muy rápidamente.

1 (= végétal) la **planta**

2 ▻ J'ai mal à la plante des pieds.
Me duele la planta de los pies.

2 ► **la plante des pieds : la planta de los pies**

planter

1 ▻ Mon père a planté des arbres dans le jardin.
Mi padre ha plantado árboles en el jardín.

1 (= planter des arbres, des fleurs, etc.) **plantar**

2 ▻ J'ai aidé Simon en plantant des clous.
Ayudé a Simon clavando clavos.

2 (= planter un clou ou un piquet) **clavar**

3 ▻ Zut, je me suis encore planté !
¡Mecachis, he metido la pata otra vez!

3 ► **se planter** (= se tromper) : **meter la pata**

Meter la pata*, comme* **se planter***, est une expression familière.*

4 ▻ Romy s'est planté une épine dans le doigt.
Romy se ha clavado una espina en el dedo.

4 ► **se planter** quelque chose **dans le doigt** *ou* **dans le pied : clavarse** algo **en el dedo** *ou* **en el pie**

Le pronom réfléchi fonctionne de la façon suivante en espagnol : ***me*** *clavo…,* ***te*** *clavas…,* ***se*** (singulier) *clava…,* ***nos*** *clavamos…,* ***os*** *claváis…,* ***se*** (pluriel) *clavan…*

plaque

1 ▻ Les murs du musée sont couverts de plaques de métal.
Las paredes del museo están cubiertas con placas de metas.

1 (= plaque de métal ou de verre) la **placa**

2 ▻ Bénédicte a mangé toute la plaque de chocolat !
¡Bénédicte se comió toda la tableta de chocolate!

2 (de chocolat) la **tableta**

Suite page suivante

3 ▷ Je croyais que j'avais acheté deux plaques de beurre.
Creía haber comprado dos paquetes de mantequilla.

3 (de beurre) el **paquete**

4 ▷ Est-ce que tu as vu la plaque d'immatriculation de la voiture ?
¿Viste la matrícula del coche?

4 ► **plaque d'immatriculation :** la matrícula

*Remarquez que le mot espagnol porte sur le **i** un accent écrit qui reflète l'accent tonique.*

plaqué

▷ C'est en or ? – Non, c'est du plaqué or.
¿Es de oro? – No, está chapado en oro.

► **plaqué or :** chapado en oro

plaquette

1 ▷ Bénédicte a mangé toute la plaquette de chocolat !
¡Bénédicte se comió toda la tableta de chocolate!

1 (de chocolat) la **tableta**

2 ▷ Je croyais que j'avais acheté deux plaquettes de beurre.
Creía haber comprado dos paquetes de mantequilla.

2 (de beurre) el **paquete**

plastique

▷ C'est du plastique très dur.
Es plástico muy duro.

el **plástico**

*Remarquez que le mot espagnol porte sur le **a** un accent écrit qui reflète l'accent tonique.*

▷ Cette chaise est en plastique.
Esta silla es de plástico.

► **en plastique :** de plástico

plat, plate

1 ▷ La surface n'est pas tout à fait plate.
La superficie no es completamente plana.
▷ Mets la carte à plat sur la table.
Pon el mapa plano en la mesa.

1 (= sans bosses) **plano, plana**
► **mettre** quelque chose **à plat :** poner algo plano *ou* plana

2 ▷ Mets la viande dans le plat blanc.
Pon la carne en la fuente blanca.

2 (= assiette) la **fuente**

3 ▷ La ratatouille est un de mes plats préférés.
El pisto es uno de mis platos preferidos.
▷ Comme plat principal, je prendrai le poisson.
De plato principal, tomaré el pescado.

3 (= nourriture) el **plato**
► **plat principal** (au restaurant) : plato principal

4 ▷ Les quatre pneus étaient à plat.
Los cuatro neumáticos estaban desinflados.

4 ► **être à plat** (= dégonflé) : estar desinflado *ou* desinflada

platane

▻ Il y a des platanes tout le long de la route.
Hay plátanos a lo largo de la carretera.

el **plátano**

*Remarquez que le mot espagnol porte sur le premier **a** un accent écrit qui reflète l'accent tonique.*

plateau

1 ▻ À l'hôtel, on nous a servi le petit déjeuner au lit, sur un plateau.
En el hotel, nos sirvieron el desayuno en la cama, en una bandeja.

2 ▻ Après, il y a soit de la tarte, soit un plateau de fromages.
Después, hay tarta o una tabla de quesos.

▻ Nous avons mangé un excellent plateau de fruits de mer.
Comimos una excelente tabla de mariscos.

1 (pour servir) la **bandeja**

2 ► **plateau de fromages :** la **tabla de quesos** (pluriel : las tablas de quesos)

► **plateau de fruits de mer :** la **tabla de mariscos** (pluriel : las tablas de mariscos)

platine

▻ J'ai acheté la platine laser et la platine cassettes séparément.
Compré la platina láser y la platina de casete por separado.

► **platine laser :** la **platina láser** (pluriel : las platinas láser)

*Remarquez que le mot espagnol **láser** porte sur le **a** un accent écrit qui reflète l'accent tonique.*

► **platine cassettes :** la **platina de casete** (pluriel : las platinas de casete)

plâtre

1 ▻ Le plâtre n'est pas encore sec.
El yeso no está seco todavía.

2 ▻ Tous ses copains ont signé sur son plâtre.
Todos sus amigos le han firmado en la escayola.

1 (= matériau) el **yeso**

2 (= moulage autour d'un membre cassé) la **escayola**

plein, pleine

1 ▻ Le placard est plein, on va mettre le reste dans le garage.
El armario empotrado está lleno, vamos a poner el resto en el garaje.

▻ Tes devoirs sont pleins de fautes.
Tus deberes están llenos de faltas.

2 ▻ On s'est arrêtés pour faire le plein.
Nos paramos para llenar el depósito.

1 (= rempli) **lleno, llena**

La préposition est la même en français et en espagnol : plein **de** = *lleno* ***de***.

2 ► **faire le plein : llenar el depósito**

Suite page suivante

3 ▻ Suzie a plein de copains à l'école.
Suzie tiene muchos amigos en el colegio.
▻ Il y a plein de magasins ici.
Hay muchas tiendas aquí.

3 ► **plein de** (= beaucoup de) : **muchos, muchas**

4 ▻ Il a frappé à la porte en pleine nuit.
Llamó a la puerta en plena noche.
▻ Ils ont cambriolé la maison en plein jour.
Robaron la casa en pleno día.
▻ Il y a une tache en plein milieu de la nappe.
Hay una mancha en medio del mantel.

4 ► **en plein...** (+ nuit, jour, soleil, etc.) : **en pleno** *ou* **plena...**

► **en plein milieu** : **en medio**

pleurer

▻ Ne pleure pas, ce n'est pas grave.
No llores, que no es grave.
▻ Ils ont pleuré de joie quand ils se sont vus.
Lloraron de alegría al verse.

llorar

pleuvoir

▻ Il a plu pendant toutes les vacances.
Llovió durante todas las vacaciones.
▻ Il pleut, cours chercher le linge !
¡Está lloviendo, corre a recoger la colada!

llover

► **il pleut** (en ce moment) : **llueve**

pli

▻ Ma robe est pleine de plis.
Mi vestido está lleno de arrugas.

(= froissure) **la arruga**

Attention à bien prononcer les deux ***r*** *de* ***arruga****.*

pliant, pliante

▻ Thomas dormira sur le lit pliant.
Thomas dormirá en la cama plegable.

plegable

plier

1 ▻ Aide-moi à plier les draps.
Ayúdame a doblar las sábanas.
▻ Plie les genoux ou tu vas te faire mal au dos.
Dobla las rodillas o te vas a lastimar las espaldas.

1 (en parlant d'un tissu, d'un papier ou d'une partie du corps) **doblar**

2 ▻ Je n'arrive pas à plier la chaise.
No consigo plegar la silla.

2 (en parlant d'une chaise ou d'un lit) **plegar**

3 ▻ On était pliés de rire !
¡Estábamos retorcidos de risa!

3 ► **plié de rire** : **retorcido** *ou* **retorcida de risa**

plissé, plissée

▻ Amélie portait une jupe plissée.
Amélie llevaba una falda plisada.

(en parlant d'un vêtement) **plisado, plisada**

plomb

▷ Le plomb est un métal très lourd.
El plomo es un metal muy pesado.
▷ Les plombs ont encore sauté.
Los plomos se han fundido otra vez.
▷ Les gouttières sont en plomb.
Los canalones son de plomo.

el **plomo**

► **en plomb : de plomo**

plombage

▷ J'ai perdu mon plombage.
He perdido el empaste.

(sur une dent) el **empaste**

plombier

▷ Le plombier a dit que la fuite n'était pas grave.
El fontanero dijo que el escape no era grave.

el **fontanero**

plongée

▷ Éric a fait de la plongée pendant ses vacances.
Éric buceó durante las vacaciones.

► **faire de la plongée : bucear**

plongeoir

▷ Ce plongeoir est trop haut pour moi.
Este trampolín es demasiado alto para mí.

el **trampolín** (pluriel : los trampolines)

ℹ *Il n'y a pas d'accent écrit au pluriel. L'accent tonique porte sur le* ***i****, comme au singulier.*

plonger

▷ Hélène a plongé du rocher.
Hélène se zambulló desde el peñasco.

zambullirse

ℹ *Le pronom réfléchi fonctionne de la façon suivante en espagnol :* ***me*** *zambullo,* ***te*** *zambulles,* ***se*** (singulier) *zambulle,* ***nos*** *zambullimos,* ***os*** *zambullís,* ***se*** (pluriel) *zambullen.*

pluie

▷ La pluie est bonne pour les cultures.
La lluvia es buena para los cultivos.

la **lluvia**

plume

▷ J'ai trouvé une belle plume dans la forêt.
Encontré una hermosa pluma en el bosque.

la **pluma**

plumer

▷ J'ai aidé ma mère à plumer le poulet.
Ayudé a mi madre a desplumar el pollo.

desplumar

plupart

▷ La plupart des gens ne sont pas d'accord.
La mayoría de la gente no está de acuerdo.
▷ La plupart du temps il n'y a pas de problème.
La mayoría de las veces no hay ningún problema.

► la plupart de : la mayoría de
► la plupart du temps : la mayoría de las veces

pluriel

▷ Quel est le pluriel de « mejillón » ?
¿Cuál es el plural de "mejillón" ?
▷ Cet adjectif est au pluriel.
Este adjetivo está en plural.

el plural (pluriel : los plurales)
► au pluriel : en plural

plus

1 ▷ Je travaille plus que Lucille.
Trabajo más que Lucille.
▷ Ce pull est plus cher que l'autre.
Este jersey es más caro que el otro.
▷ Marchez plus vite !
¡Andad más rápido!
▷ Dix plus trois égale treize.
Diez más tres es igual a trece.
▷ C'est Jean qui mange le plus.
Jean es el que más come.
▷ C'est le plus intelligent de la classe.
Es el más inteligente de la clase.
▷ C'est le film le plus ennuyeux que j'aie jamais vu !
¡Es la película más aburrida que he visto en mi vida!
▷ Il nous faut plus d'argent.
Necesitamos más dinero.
▷ Il y avait plus de cent personnes.
Había más de cien personas.
▷ Il y a trois profs de plus que l'année dernière.
Hay tres profesores más que el año pasado.
▷ Elle travaille de plus en plus mais elle a toujours de mauvaises notes.
Trabaja cada vez más pero sigue sacando malas notas.
▷ C'est de plus en plus difficile.
Es cada vez más difícil.

1 más
► le plus (avec un verbe) : más
► le plus *ou* la plus... (avec un adjectif) : el *ou* la más...
► déterminant + nom + le plus *ou* la plus... (avec un adjectif) : déterminant + nom + más...
► plus de (= davantage de) : más
► plus de + prix, dimension, etc. : más de
► de plus (= supplémentaire) : más
► de plus en plus : cada vez más

2 ▷ Tu mens et en plus tu trouves ça drôle !
¡Mientes y además encuentras eso divertido!

2 ► en plus (= par-dessus le marché) : además

3 ▷ Plus je mange, plus j'ai envie de manger.
Cuanto más como, más ganas de comer tengo.

3 ► plus... plus... : cuanto más... más...

▷ Plus tu réfléchiras, moins tu y arriveras.
Cuanto más lo pienses, menos lo conseguirás.

4 ▷ Je ne veux plus le voir.
Ya no quiero verle.
▷ Je ne vais plus lui parler.
No voy a hablarle más.

5 ▷ Il n'y a plus de lait.
No queda leche.
▷ Il n'y a plus d'œufs.
No quedan huevos.

► **plus... moins... : cuanto más... menos...**

4 ► **ne... plus : ya no...**

ℹ *On peut dire aussi* ***no ...más.***

5 ► **il n'y a plus de... : no queda** *ou* **quedan...**

plusieurs

▷ Jérémie a plusieurs copains anglais.
Jérémie tiene varios amigos ingleses.

varios, varias

plutôt

1 ▷ Viens plutôt mardi.
Ven más bien el martes.
▷ C'est un ami, ou plutôt une connaissance.
Es un amigo, o más bien un conocido.

2 ▷ Aide-moi plutôt que de me regarder !
¡Ayúdame en vez de mirarme!

3 ▷ C'est plutôt agréable.
Es bastante agradable.

1 (= à la place) **más bien**

► **ou plutôt** (pour rectifier ce qu'on vient de dire) **: o más bien**

2 ► **plutôt que de : en vez de**

3 (= assez) **bastante**

poche

▷ J'ai regardé dans toutes mes poches.
Miré en todos mis bolsillos.

(dans un vêtement) el **bolsillo**

poêle

1 ▷ Mets un peu plus d'huile dans la poêle.
Pon un poco más de aceite en la sartén.

2 ▷ Il n'y a plus de bois dans le poêle.
No queda leña en la estufa.

1 ► **une poêle** (à frire) **: una sartén** (pluriel : **sartenes**)

ℹ *Il n'y a pas d'accent écrit au pluriel. L'accent tonique porte sur le* ***e****, comme au singulier.*

2 ► **un poêle** (= un radiateur) **: una estufa**

poème

▷ Je connais ce poème par cœur.
Me sé este poema de memoria.

el **poema**

poésie

▷ Nous étudions la poésie du dix-neuvième siècle.
Estudiamos la poesía del siglo diecinueve.

la **poesía**

Suite page suivante

▷ C'est une jolie poésie de Prévert.
Es una bonita poesía de Prévert.

ℹ *Remarquez que le mot espagnol porte sur le **i** un accent écrit qui reflète l'accent tonique.*

poète

▷ Qui est ton poète préféré ?
¿Quién es tu poeta preferido?

el **poeta**

poids

1 ▷ Barbara parle tout le temps de ses problèmes de poids.
Barbara siempre está hablando de sus problemas de peso.
▷ J'ai encore pris du poids.
He ganado peso otra vez.

2 ▷ Il y a beaucoup de poids lourds sur l'autoroute.
Hay muchos vehículos pesados en la autopista.

1 (= masse) el **peso**

► **prendre du poids : ganar peso**

2 ► **poids lourd** (= camion) **: el vehículo pesado** (pluriel : **los vehículos pesados**)

ℹ *Remarquez que le mot **vehículo** porte sur le **i** un accent écrit qui reflète l'accent tonique.*

poignarder

▷ Le ministre a été poignardé dans la rue.
Apuñalaron al ministro en la calle.

apuñalar

*Si le complément est une personne ou un groupe de personnes, n'oubliez pas de le faire précéder de **a**.*

poignée

1 ▷ La poignée de la porte est coincée.
El picaporte está atrancado.

2 ▷ La poignée de la valise me fait mal à la main.
El asa de la maleta me hace daño en la mano.

1 (= la poignée d'une porte, d'une fenêtre) **el picaporte**

2 (= la poignée d'une valise, d'un tiroir) **el asa**

ℹ *Bien que l'article qui accompagne **asa** au singulier soit masculin (**el asa**), **asa** est un mot féminin et les adjectifs qui l'accompagnent doivent se mettre au féminin : **el asa está rota.***

3 ▷ Lambert m'a donné une poignée de bonbons.
Lambert me ha dado un puñado de caramelos.

3 (= contenu d'une main) el **puñado**

poignet

1 ▷ Aurélie s'est cassé le poignet.
Aurélie se ha roto la muñeca.

1 (= partie du bras) la **muñeca**

2 ▷ Les poignets de ta chemise sont sales.
Los puños de tu camisa están sucios.

2 (= partie d'un vêtement) el **puño**

poil

▷ Il y a des poils de chat partout sur le canapé.
Hay pelos de gato por todo el sofá.

(sur le corps des gens ou des animaux) el **pelo**

*En espagnol, on emploie le même mot, **pelo**, pour le poil et les cheveux.*

poilu, poilue

▷ Il a les bras très poilus.
Tiene los brazos muy peludos.

peludo, peluda

poinçonner

▷ Le contrôleur a poinçonné nos billets.
El revisor nos picó los billetes.

(= faire un trou dans un billet) **picar**

poing

▷ Lucas a tapé des poings sur la table.
Lucas golpeó con los puños en la mesa.

el **puño**

point

1 ▷ Tu as oublié le point sur le i.
Has olvidado el punto sobre la i.
▷ C'est la fin de la phrase, mets un point.
Es el final de la frase, pon un punto.
▷ L'équipe de Mons a marqué cinquante points.
El equipo de Mons marcó cincuenta puntos.
▷ On était sur le point de partir quand Luc a appelé.
Estábamos a punto de salir cuando Luc llamó.
▷ Son point faible c'est les maths.
Su punto débil son las mates.
▷ C'est mon point de vue.
Éste es mi punto de vista.
▷ Du point de vue des résultats, ce n'est pas mal.
Desde el punto de vista de los resultados, no está mal.

1 el **punto**

► **être sur le point de faire** quelque chose : **estar a punto de hacer** algo
► **point faible : punto débil** (pluriel : puntos débiles)
► **point de vue** (= opinion) **: punto de vista** (pluriel : puntos de vista)
► **du point de vue de... : desde el punto de vista de...**

2 ▷ Le docteur m'a fait trois points de suture.
El médico me hizo tres puntos de sutura.

2 (= point de suture) **punto de sutura** (pluriel : puntos de sutura)

3 ▷ On a beaucoup de points communs.
Tenemos mucho en común.

3 ► **avoir des points communs : tener** algo **en común**

4 ▷ Il y a trois points d'exclamation pour exprimer la surprise.
Hay tres signos de exclamación para expresar la sorpresa.

4 ► **point d'exclamation : signo de exclamación** (pluriel : signos de exclamación)

Suite page suivante

5 ▷ Tu as oublié le point d'interrogation.
Has olvidado el signo de interrogación.

5 ► **point d'interrogation :** signo de interrogación (pluriel : signos de interrogación)

*Remarquez que les mots espagnols **exclamación** et **interrogación** portent un accent écrit qui reflète l'accent tonique.*

6 ▷ Louise a plusieurs points forts.
Louise tiene varios puntos fuertes.

6 ► **point fort :** el punto fuerte

pointe

1 ▷ Raoul s'est piqué avec la pointe du couteau.
Raoul se ha pinchado con la punta del cuchillo.

1 (= bout) la **punta**

2 ▷ Ils sont entrés sur la pointe des pieds.
Entraron de puntillas.

2 ► **sur la pointe des pieds :** de puntillas

pointillé

▷ Écris ton nom sur le pointillé.
Escribe tu nombre en el punteado.

(= série de points) el **punteado**

pointu, pointue

▷ Attention avec ce bâton, il est pointu.
Cuidado con este bastón, es puntiagudo.
▷ Le toit de la maison est pointu.
El tejado de la casa es puntiagudo.

(= en forme de pointe ou qui peut faire mal) **puntiagudo, puntiaguda**

pointure

▷ Les pointures sont différentes en Amérique.
Los números son diferentes en América.

el **número**

*Remarquez que le mot espagnol porte sur le **u** un accent écrit qui reflète l'accent tonique.*

▷ Quelle est ta pointure ?
¿Qué número calzas?

*Pour demander à quelqu'un du combien il chausse, on dit **¿qué número calzas?** ou **¿qué número calza?***

poire

▷ Cette poire était délicieuse.
Esta pera estaba deliciosa.
▷ Une glace à la poire, s'il vous plaît.
Un helado de pera, por favor.

(= fruit) la **pera**

► **à la poire :** de pera

*Ne pas confondre avec **perra**, qui signifie* chienne.

poireau

▷ J'espère qu'il n'y a pas de poireaux dans la soupe.
Espero que no hay puerros en la sopa.

el **puerro**

*Attention à bien prononcer les deux **r** de **puerro**.*

pois chiches

▷ Il y a des pois chiches dans le couscous.
Hay garbanzos en el cuscús.

los **garbanzos**

poison

▷ Les voleurs ont mis du poison dans la nourriture du chien.
Los ladrones pusieron veneno en la comida del perro.

el **veneno**

poisson

1 ▷ On mange du poisson une fois par semaine.
Comemos pescado una vez por semana.

1 (= le poisson qu'on mange) el **pescado**

2 ▷ Mon père a attrapé deux gros poissons.
Mi padre cogió dos peces grandes.

2 (= le poisson vivant) el **pez** (pluriel : los peces)

*N'oubliez pas que le **z** devient **c** au pluriel.*

3 ▷ Mathias a plus de vingt poissons rouges.
Mathias tiene más de veinte ciprinos.

3 ► **poisson rouge :** el **ciprino**

poissonnerie

▷ La poissonnerie est fermée le lundi.
La pescadería está cerrada los lunes.

la **pescadería**

*Remarquez que le mot espagnol porte sur le **i** un accent écrit qui reflète l'accent tonique.*

poitrine

▷ Quentin a une cicatrice sur la poitrine.
Quentin tiene una cicatriz en el pecho.

el **pecho**

poivre

▷ Le poivre me fait éternuer.
La pimienta me hace estornudar.

la **pimienta**

*Ne pas confondre avec **el pimiento**, qui signifie* **le poivron**.

poivron

▷ Il y a des poivrons rouges et des poivrons verts dans cette recette.
Hay pimientos rojos y pimientos verdes en esta receta.

el **pimiento**

*Ne pas confondre avec **la pimienta**, qui signifie* **le poivre**.

pôle

▷ Ils ont fini par atteindre le pôle Nord.
Terminaron alcanzando el Polo Norte.

► **le pôle Nord :** el Polo Norte

Suite page suivante

▷ Personne n'habite au pôle Sud sauf les scientifiques.
Nadie vive en el Polo Sur excepto los científicos.

► **le pôle Sud :** el Polo Sur

poli, polie

▷ Tu pourrais être poli avec le prof !
¡Podrías ser bien educado con el profesor!

▷ Ce n'est pas poli de regarder les gens comme ça.
Es de mala educación mirar así a la gente.

(en parlant d'une personne) **bien educado, bien educada, bien educados, bien educadas**

► **ce n'est pas poli :** es de mala educación

police

▷ La police est arrivée tout de suite.
La policía llegó en seguida.

la **policía**

*Remarquez que le mot espagnol porte sur le deuxième **i** un accent écrit qui reflète l'accent tonique.*

*Ne pas confondre avec **el policía**, qui signifie* **le policier**.

policier, policière

1 ▷ Il y avait des policiers partout.
Había policías por todas partes.

2 ▷ C'est un très bon film policier.
Es una muy buena película policíaca.

1 (= gendarme) el **policía**

2 (adjectif : en parlant d'un film ou d'un roman) **policíaco, policíaca**

*Remarquez que le nom et l'adjectif espagnols portent sur le deuxième **i** un accent écrit qui reflète l'accent tonique.*

poliment

▷ Le monsieur a répondu très poliment.
El señor contestó muy educadamente.

educadamente

politique

1 ▷ Je ne m'intéresse pas à la politique.
No me intereso por la política.

2 ▷ C'est un problème politique.
Es un problema político.

1 (= affaires publiques ou mesures) la **política**

2 (adjectif = qui se rapporte à la politique) **político, política**

*Remarquez que le nom et l'adjectif espagnols portent sur le premier **i** un accent écrit qui reflète l'accent tonique.*

pollution

▷ La pollution est un grand problème dans les villes.
La contaminación es un gran problema en las ciudades.

la **contaminación**

ℹ *Remarquez que le mot espagnol porte sur le deuxième* ***o*** *un accent écrit qui reflète l'accent tonique.*

Pologne

▷ La Pologne est un pays très intéressant.
Polonia es un país muy interesante.

▷ Le président est en visite officielle en Pologne.
El presidente está de visita oficial en Polonia.

▷ Ils sont passés par l'Allemagne pour aller en Pologne.
Pasaron por Alemania para ir a Polonia.

Polonia

ℹ *Ne prend généralement pas d'article.*

► **la Pologne :** Polonia

► **en Pologne** (= dans le pays) **:** en Polonia

► **en Pologne** (= vers le pays) **:** a Polonia

polonais, polonaise

▷ C'est un grand réalisateur de cinéma polonais.
Es un gran director de cine polaco.

▷ Les Polonais ont voté en faveur de cette mesure.
Los polacos votaron a favor de esta medida.

polaco, polaca

ℹ *S'écrit toujours avec une minuscule, qu'il s'agisse de l'adjectif ou du nom.*

pommade

▷ Cette pommade soulagera ta douleur.
Esta pomada te aliviará el dolor.

la **pomada**

pomme

1 ▷ Nous avons ramassé des pommes dans le jardin.
Cogimos manzanas en el jardín.

2 ▷ On va manger des pommes de terre bouillies avec la viande.
Vamos a comer patatas hervidas con la carne.

1 (= fruit) la **manzana**

2 ► **pomme de terre :** la **patata**

pompe

1 ▷ Ma pompe à vélo ne marche plus.
Mi bomba de bicicleta ya no funciona.

2 ▷ Baptiste fait cinquante pompes tous les matins.
Baptiste hace cincuenta flexiones cada mañana.

1 (pour aspirer ou souffler) la **bomba**

2 ► **faire des pompes :** hacer flexiones

pompier

▷ Les pompiers sont arrivés tout de suite.
Los bomberos llegaron en seguida.

el **bombero**

pompon

▷ Mélanie a un bonnet avec un pompon.
Mélanie tiene un gorro con un pompón.

el **pompón** (pluriel : **los pompones**)

ℹ *Il n'y a pas d'accent écrit au pluriel. L'accent tonique porte sur le deuxième **o**, comme au singulier.*

pondre

▷ La poule pond un œuf tous les matins.
La gallina pone un huevo todas las mañanas.

(= faire des œufs) **poner**

poney

▷ Les poneys galopaient dans le champ.
Los ponis galopaban en el campo.
▷ Sarah fait du poney le samedi.
Sarah monta en poni los sábados.

el **poni** (pluriel : **los ponis**)

► **faire du poney** : **montar en poni**

pont

▷ L'école est de l'autre côté du pont.
La escuela está en el otro lado del puente.
▷ Est-ce que vous faites le pont pour l'Ascension ?
¿Hacen puente para la Ascensión?

el **puente**

► **faire le pont** : **hacer puente**

pop-corn

▷ J'adore manger du pop-corn quand je vais au cinéma.
Me encanta comer palomitas cuando voy al cine.

las **palomitas**

ℹ ***Palomitas** est un nom pluriel : on dit par exemple **estas palomitas están riquísimas** (ce pop-corn est délicieux).*

populaire

▷ Cette chanson est très populaire chez les jeunes.
Esta canción es muy popular entre los jóvenes.
▷ C'est un quartier populaire.
Es un barrio popular.

popular (pluriel : **populares**)

porc

▷ Mes parents élèvent des porcs.
Mis padres crían cerdos.
▷ Les musulmans ne mangent pas de porc.
Los musulmanes no comen cerdo.

el **cerdo**

porcelaine

▷ La porcelaine est très fragile.
La porcelana es muy frágil.

la **porcelana**

▷ Ma grand-mère a beaucoup d'objets en porcelaine dans son salon.
Mi abuela tiene muchos objetos de porcelana en su salón.

► **en porcelaine :** de porcelana

port

▷ Nous allons souvent au port regarder les bateaux.
Vamos a menudo al puerto a mirar los barcos.
▷ Marseille est un port.
Marsella es un puerto.

(= bassin, ville) el **puerto**

portable

1 ▷ Mon père travaille sur son portable quand nous sommes en vacances.
Mi padre trabaja en el portátil cuando estamos de vacaciones.

1 (= ordinateur) el **portátil** (pluriel : los portátiles)

ℹ *Remarquez que le mot espagnol porte sur le **a** un accent écrit qui reflète l'accent tonique.*

2 ▷ Je t'appellerai sur ton portable.
Te llamaré en el móvil.

2 (= téléphone) el **móvil** (pluriel : los móviles)

ℹ *Remarquez que le mot espagnol porte sur le **o** un accent écrit qui reflète l'accent tonique.*

portail

▷ Le portail était ouvert, alors je suis entré.
El portal estaba abierto, entonces entré.

el **portal** (pluriel : los portales)

porte

1 ▷ Ferme la porte à clé.
Cierra la puerta con llave.
▷ La porte d'entrée est restée ouverte.
La puerta de entrada se quedó abierta.

1 (d'une maison, d'une voiture, du frigo) la **puerta**
► **porte d'entrée :** puerta de entrada

2 ▷ Le prof a mis Raphaëlle à la porte parce qu'elle était insolente.
El profesor echó a Raphaëlle porque era insolente.

2 ► **mettre** quelqu'un **à la porte :** echar a alguien

3 ▷ Nous devons aller à la porte d'embarquement numéro trois.
Tenemos que ir a la puerta de embarque número tres.

3 ► **porte d'embarquement :** la puerta de embarque (pluriel : las puertas de embarque)

porte-bagages

▷ Mon vélo n'a pas de porte-bagages.
Mi bici no tiene portaequipajes.

el **portaequipajes** (pluriel : los portaequipajes)

porte-bonheur

▷ Alix porte toujours une médaille, c'est son porte-bonheur.
Alix siempre lleva una medalla, es su amuleto.

el **amuleto**

porte-clés

▷ Tarek a un porte-clés en forme de pyramide.
Tarek tiene un llavero en forma de pirámide.

el **llavero**

portefeuille

▷ Lucie n'a jamais retrouvé son portefeuille.
Lucie nunca encontró su cartera.

(= porte-monnaie) la **cartera**

portemanteau

1 ▷ Accroche ta veste au portemanteau.
Cuelga la chaqueta del perchero.

2 ▷ Elle emporte même des portemanteaux quand elle part en vacances !
¡Se lleva perchas incluso cuando se va de vacaciones!

1 (sur le mur) el **perchero**

2 (= cintre) la **percha**

porte-monnaie

▷ Prends mon porte-monnaie, mais ne le perds pas.
Coge mi monedero, pero no lo pierdas.

el **monedero**

porter

1 ▷ J'arrive à peine à porter cette valise.
Apenas consigo llevar esta maleta.
▷ Aziz portait un jean noir.
Aziz llevaba unos vaqueros negros.
▷ Porte-lui ce plateau.
Llévale esta bandeja.

2 ▷ Le texte porte sur l'histoire de l'Espagne.
El texto trata de la historia de España.

3 ▷ Laure se porte très bien maintenant.
Laure se encuentra ahora muy bien.

1 (= transporter, avoir sur soi, apporter) **llevar**

2 ► **porter sur** quelque chose (= avoir pour thème) : **tratar de** algo

3 ► **se porter bien** (= aller bien) : **encontrarse bien**

ℹ *Le pronom réfléchi fonctionne de la façon suivante en espagnol :* ***me*** *encuentro bien,* ***te*** *encuentras bien,* ***se*** (singulier) *encuentra bien,* ***nos*** *encontramos bien,* ***os*** *encontráis bien,* ***se*** (pluriel) *encuentran bien.*

portière

▷ La portière est mal fermée.
La portezuela está mal cerrada.

(de la voiture) la **portezuela**

portillon

▻ Siméon est passé par-dessus le portillon parce qu'il n'avait pas de ticket.
Siméon pasó por encima de la puerta porque no tenía billete.

(dans le métro) la **puerta**

portion

▻ Les portions sont minuscules ici !
¡Aquí las raciones son minúsculas!

(= ration) la **ración** (pluriel : las raciones)

Il n'y a pas d'accent écrit au pluriel. L'accent tonique porte sur le **o***, comme au singulier.*

portrait

▻ Benoît a fait de beaux portraits de ses parents.
Benoît ha hecho unos bonitos retratos de sus padres.

el **retrato**

portugais, portugaise

▻ La cuisine portugaise est délicieuse.
La cocina portuguesa es deliciosa.
▻ C'est un Portugais qui a remporté le mille mètres.
Fue un portugués el que ganó los mil metros.
▻ Le portugais est une langue proche de l'espagnol.
El portugués es un idioma cercano al español.

portugués (pluriel : portugueses), **portuguesa**

S'écrit toujours avec une minuscule, qu'il s'agisse de l'adjectif ou du nom.

Portugal

▻ Le Portugal est un pays magnifique.
Portugal es un país magnífico.

▻ Sarah est au Portugal.
Sarah está en Portugal.
▻ Tu es déjà allé au Portugal ?
¿Has ido alguna vez a Portugal?

Portugal

Ne prend généralement pas d'article.

► **le Portugal :** Portugal
► **au Portugal** (= dans le pays) **:** en Portugal
► **au Portugal** (= vers le pays) **:** a Portugal

poser

1 ▻ Pose tes valises là.
Pon tus maletas ahí.
▻ Quelqu'un est venu poser de la moquette dans les chambres.
Alguien vino a poner moqueta en los cuartos.

1 (= placer, installer) **poner**

Suite page suivante

2 ▷ Le prof nous a posé une question difficile.
El profesor nos hizo una pregunta difícil.

2 ► **poser une question à** quelqu'un : **hacer una pregunta a** alguien

3 ▷ Sylvie nous a demandé de poser pour la photo.
Sylvie nos pidió que posáramos para la foto.

3 (= prendre la pose) **posar**

4 ▷ L'avion s'est posé à Grenade au lieu de Séville.
El avión se posó en Granada en vez de Sevilla.

4 ► **se poser** (= atterrir) **: posarse**

ℹ *Le pronom réfléchi fonctionne de la façon suivante en espagnol :* ***se*** (singulier) *posa,* ***se*** (pluriel) *posan.*

position

▷ J'ai dormi dans une position bizarre, maintenant j'ai mal au cou.
Dormí en una posición rara, y ahora me duele el cuello.
▷ Qui est arrivé en première position ?
¿Quién llegó en primera posición?

la **posición** (pluriel : **las posiciones**)

ℹ *Il n'y a pas d'accent écrit au pluriel. L'accent tonique porte sur le* ***o****, comme au singulier.*

possibilité

▷ Il y a plusieurs possibilités.
Hay varias posibilidades.
▷ Vous avez la possibilité d'y aller demain.
Tiene la posibilidad de ir mañana.

la **posibilidad** (pluriel : **las posibilidades**)

possible

▷ Je ne crois pas que ce soit possible.
No creo que sea posible.
▷ C'est pas possible ! J'ai encore oublié ma clé !
¡No es posible! ¡Otra vez me he olvidado la llave!
▷ Ce n'est pas possible de continuer ainsi !
¡No es posible continuar de este modo!

posible

► **il est possible de** + faire quelque chose **: es posible** + hacer algo

poste

1 ▷ La poste est fermée le samedi après-midi.
Correos está cerrado los sábados por la tarde.

1 ► **la poste** (= l'endroit où on achète des timbres) **correos**

ℹ ***Correos*** *est masculin. Il s'emploie sans article.*

2 ▷ N'envoie jamais d'argent par la poste.
Nunca mandes dinero por correo.

2 ► **par la poste** (= par courrier) **: por correo**

3 ▷ Tu peux mettre cette lettre à la poste pour moi ?
¿Me puedes echar esta carta al correo?

3 ► **mettre** quelque chose **à la poste : echar** algo **al correo**

4 ▷ La mère de Pascal a un très bon poste.
La madre de Pascal tiene un muy buen puesto.

4 ► **un poste** (= un emploi) **:** un puesto

5 ▷ Ils réparent les postes de télé.
Reparan los aparatos de televisión.

5 (= appareil de télé ou de radio) el aparato

6 ▷ Ils l'ont emmené au poste de police.
Le llevaron al puesto de policía.

6 ► **poste de police :** el puesto de policía

poster (verbe)

▷ Donne-moi ta lettre, je vais la poster.
Dame tu carta, la voy a echar al correo.

(= mettre dans la boîte aux lettres) echar al correo

poster (nom)

▷ Les murs sont couverts de posters.
Las paredes están llenas de pósters.

(= affiche) el póster (pluriel : los pósters)

Remarquez que le mot espagnol porte sur le ***o*** *un accent écrit qui reflète l'accent tonique.*

pot

1 ▷ Ma mère garde les pots vides pour y mettre de la confiture.
Mi madre guarda los tarros vacíos para poner confitura dentro.

1 (= récipient en verre) el tarro

Attention à bien prononcer les deux ***r*** *de* ***tarro****.*

2 ▷ On pourrait lui offrir un pot de fleurs.
Le podríamos regalar una maceta.

2 ► **pot de fleurs :** la maceta

3 ▷ Tu veux boire un pot ?
¿Quieres tomar una copa?

3 ► **boire un pot** *ou* **prendre un pot :** tomar una copa

4 ▷ Tu as vraiment eu du pot !
¡Tuviste mucha suerte!

4 ► **avoir du pot** (= avoir de la chance) **:** tener suerte

Avoir du pot *est familier, mais* ***tener suerte*** *ne l'est pas.*

5 ▷ Le pot d'échappement est rouillé.
El tubo de escape está oxidado.

5 ► **pot d'échappement :** el tubo de escape (pluriel : los tubos de escape)

potable

▷ L'eau du train n'est pas potable.
El agua del tren no es potable.
▷ Il n'y a pas d'eau potable ici.
Aquí no hay agua potable.

(= bon à boire) potable

potage

▷ Il y a du potage à la tomate en entrée.
De primer plato hay sopa de tomate.

la **sopa**

ℹ *En espagnol, on emploie le même mot,* ***sopa****, pour* **la soupe** *et* **le potage**.

ℹ *Attention : le mot* ***potaje*** *existe en espagnol, mais il s'agit d'un* **plat de légumes**.

poteau

▷ La voiture est rentrée dans un poteau électrique.
El coche chocó contra un poste del tendido eléctrico.

▷ Nous n'avons pas vu le poteau indicateur.
No vimos el poste indicador.

► **poteau électrique :** el **poste del tendido eléctrico** (pluriel : los **postes del tendido eléctrico**)

► **poteau indicateur :** el **poste indicador** (pluriel : los **postes indicadores**)

poterie

1 ▷ C'est une poterie très ancienne.
Es una cerámica muy antigua.

1 ► **une poterie** (= un objet en terre) **:** una **cerámica**

ℹ *Remarquez que le mot espagnol porte sur le premier* ***a*** *un accent écrit qui reflète l'accent tonique.*

2 ▷ Il va à un atelier de poterie.
Va a un taller de alfarería.

2 ► **la poterie** (= l'activité) **:** la **alfarería**

ℹ *Remarquez que le mot espagnol porte sur le* ***i*** *un accent écrit qui reflète l'accent tonique.*

potiron

▷ Ma mère a fait de la soupe au potiron.
Mi madre ha hecho sopa de calabaza.

la **calabaza**

pou

▷ Ma petite sœur a des poux.
Mi hermana pequeña tiene piojos.

el **piojo**

poubelle

1 ▷ La poubelle est pleine.
El cubo de la basura está lleno.

1 (= récipient) el **cubo de la basura** (pluriel : los **cubos de la basura**)

2 ▷ Jette ça à la poubelle.
Tira esto a la basura.

2 ► **jeter** quelque chose **à la poubelle : tirar** algo **a la basura**

ℹ *En espagnol, on emploie le même mot,* ***basura****, pour* **les ordures** *et* **la poubelle**.

pouce

▷ Lambert s'est cassé le pouce en jouant au volley.
Lambert se ha roto el pulgar jugando al balonvolea.

(= doigt) el **pulgar** (pluriel : los **pulgares**)

poudre

▷ C'est une poudre que tu prends avec de l'eau.
Es un polvo que tomas con agua.
▷ Ma mère préfère la lessive liquide à la lessive en poudre.
Mi madre prefiere el detergente líquido al detergente en polvo.

(= substance très fine) el **polvo**

ℹ *En espagnol, on emploie le même mot,* ***polvo****, pour* **la poudre** *et* **la poussière**.

poulain

▷ La jument et son poulain nous regardaient.
La yegua y su potro nos miraban.

(= jeune cheval) el **potro**

poule

▷ Les poules pondent des œufs tous les matins.
Las gallinas ponen huevos todas las mañanas.

la **gallina**

poulet

▷ J'aime bien le poulet avec des frites.
Me gusta el pollo con patatas fritas.

el **pollo**

pouls

▷ Le médecin a pris mon pouls.
El médico me tomó el pulso.

el **pulso**
► **prendre le pouls de** quelqu'un : **tomar el pulso a** alguien

poumon

▷ Rubén a une infection des poumons.
Rubén tiene une infección de los pulmones.

el **pulmón** (pluriel : los **pulmones**)
ℹ *Il n'y a pas d'accent écrit au pluriel. L'accent tonique porte sur le* ***o****, comme au singulier.*

poupée

▷ C'est une poupée qui parle et qui pleure.
Es una muñeca que habla y llora.
▷ Elle est petite, elle joue encore à la poupée.
Es pequeña, todavía juega con muñecas.

(= jouet) la **muñeca**

► **jouer à la poupée : jugar con muñecas**

pour

1 ▻ C'est pour moi ?
¿Es para mí ?
▻ Nous partons demain pour Madrid.
Nos vamos mañana para Madrid.
▻ Ils sont partis pour une semaine.
Se han ido para una semana.
▻ Anaïs a poussé pour ouvrir la porte.
Anaïs empujó para abrir la puerta.
▻ Il a fait ça pour se faire remarquer.
Ha hecho eso para llamar la atención.

1 La traduction la plus courante de pour est **para**, notamment pour exprimer l'attribution, la destination, la durée, le but.

2 ▻ J'en ai acheté deux pour dix euros.
Compré dos por diez euros.

2 (avec un prix) **por**

3 ▻ C'est pour ça que je suis fâchée.
Es por eso por lo que estoy enfadada.

3 ► **c'est pour ça que... : por eso es por lo que...**

4 ▻ Je propose qu'on aille au cinéma. Qui est pour ?
Propongo que vayamos al cine. ¿Quién está a favor?

4 ► **être pour** (= être d'accord) **: estar a favor**

pourboire

▻ D'habitude je laisse un pourboire.
Generalmente dejo propina.

la **propina**

pourquoi

▻ Pourquoi tu ne veux pas venir ?
¿Por qué no quieres venir?
▻ Je ne comprends pas pourquoi.
No entiendo por qué.

por qué

ℹ *Ne pas confondre avec* ***porque****, qui signifie* **parce que**.

▻ Ça te dit de venir ? – Pourquoi pas !
¿Te apetece venir? – ¡Por qué no!

► **pourquoi pas : por qué no**

pourri, pourrie

1 ▻ Ces poires sont pourries.
Estas peras están podridas.

1 (= en décomposition) **podrido, podrida**

2 ▻ Quel temps pourri !
¡Qué tiempo tan asqueroso!

2 (= très mauvais, en parlant du temps) **asqueroso, asquerosa**

ℹ *On peut dire aussi* ***de perros****.*

poursuivre

▻ Sylvain poursuivait Benoît dans la cour.
Sylvain perseguía a Benoît en el patio.

(= courir après) **perseguir**

Si le complément est une personne ou un groupe de personnes, n'oubliez pas de le faire précéder de ***a****.*

pourtant

▷ Il est sympa, et pourtant je ne l'aime pas.
Es simpático, y sin embargo no me gusta.

(= malgré tout) **sin embargo**

pourvu que

1 ▷ Mes parents me laissent sortir pourvu que je rentre avant minuit.
Mis padres me dejan salir con tal que vuelva antes de medianoche.

2 ▷ Pourvu qu'il fasse beau !
¡Ojalá haga buen tiempo!

1 (= à condition que) **con tal que**

On peut dire aussi ***siempre que****.*

2 (= espérons que) **ojalá**

Remarquez que ***ojalá*** *porte sur le deuxième* ***a*** *un accent écrit qui reflète l'accent tonique.*

pousser

1 ▷ Ne me pousse pas !
¡No me empujes!

2 ▷ Ils ont poussé Marina à faire du latin.
Incitaron a Marina a estudiar latín.

3 ▷ Mathieu a poussé un cri.
Mathieu lanzó un grito.

▷ Il a dit « d'accord » et il a poussé un grand soupir.
Dijo "de acuerdo" y lanzó un gran suspiro.

4 ▷ Cette plante pousse bien.
Esta planta crece bien.

5 ▷ Tu te laisses pousser les cheveux ?
¿Te dejas el pelo largo?

6 ▷ Pousse-toi, je ne vois rien.
Apártate, que no veo nada.

1 (= appuyer, bousculer) **empujar**

Si le complément est une personne ou un groupe de personnes, n'oubliez pas de le faire précéder de ***a****.*

2 (= inciter) **pousser** quelqu'un à faire quelque chose **: incitar** a alguien **a hacer** algo

3 ► **pousser un cri : lanzar un grito**

► **pousser un soupir : lanzar un suspiro**

4 (= grandir) **crecer**

5 ► **se laisser pousser les cheveux : dejarse el pelo largo**

Le pronom réfléchi fonctionne de la façon suivante en espagnol : ***me*** *dejo,* ***te*** *dejas,* ***se*** (singulier) *deja,* ***nos*** *dejamos,* ***os*** *dejáis,* ***se*** (pluriel) *dejan el pelo largo.*

6 ► **se pousser : apartarse**

poussette

▷ La petite fille s'est endormie dans sa poussette.
La niñita se durmió en el cochecito.

el **cochecito**

Signifie littéralement **petite voiture**.

poussière

▷ Il y a beaucoup de poussière dans cette pièce.
Hay mucho polvo en esta habitación.

el **polvo**

Suite page suivante

▻ Je ne fais jamais la poussière dans ma chambre.
Nunca limpio el polvo en mi cuarto.

► **faire la poussière : limpiar el polvo**

ℹ *En espagnol, on emploie le même mot,* ***polvo****, pour* la poussière *et* la poudre.

poussin

▻ Ces poussins sont très mignons.
Estos pollitos son muy monos.

(= jeune poulet) el **pollito**

pouvoir

▻ Est-ce que tu peux m'aider ?
¿Me puedes ayudar?

▻ Est-ce que je pourrais vous parler, s'il vous plaît ?
¿Podría hablarle, por favor?

▻ Tu aurais pu m'en parler d'abord !
¡Me podrías haber hablado de ello primero!

▻ Cette randonnée était difficile, je n'en peux plus !
¡Esta excursión era difícil, no puedo más!

▻ Il se peut qu'on ait une interro demain.
Puede que tengamos un examen mañana.

poder

ℹ *Pour le conditionnel passé, on utilise* ***poder*** *au conditionnel +* ***haber*** *+ participe passé.*

► **je n'en peux plus** (= je suis épuisé) **: no puedo más**

► **il se peut que : puede que**

prairie

▻ Nous avons cueilli des fleurs dans la prairie.
Cogimos flores en el prado.

el **prado**

pratique

▻ Je peux aller à pied à l'école, c'est très pratique.
Puedo ir al colegio andando, es muy práctico.

práctico, práctica

ℹ *Remarquez que le mot espagnol porte sur le* ***a*** *un accent écrit qui reflète l'accent tonique.*

pratiquement

▻ Azzedine a pratiquement tout mangé.
Azzedine lo comió prácticamente todo.

(= presque) **prácticamente**

ℹ *Remarquez que le mot espagnol porte sur le premier* ***a*** *un accent écrit qui reflète l'accent tonique.*

pratiquer

▻ Quels sports est-ce que tu pratiques ?
¿Qué deportes practicas?

practicar

pré

▻ Nous avons fait un pique-nique dans le pré.
Hicimos un picnic en el prado.

el **prado**

préau

▷ On joue sous le préau quand il pleut.
Jugamos en el cobertizo del patio de recreo cuando llueve.

el **cobertizo del patio de recreo** (pluriel : los cobertizos del patio de recreo)

précaution

▷ Vous devriez prendre des précautions et réserver avant de partir.
Deberíais tomar precauciones y reservar antes de marcharos.

▷ Thomas a ouvert la porte avec précaution.
Thomas abrió la puerta con precaución.

la **precaución** (pluriel : las precauciones)

ℹ *Il n'y a pas d'accent écrit au pluriel. L'accent tonique porte sur le **o**, comme au singulier.*

précédent, précédente

▷ L'année précédente nous étions allés en Italie.
El año anterior habíamos ido a Italia.

anterior (pluriel : anteriores)

précieux, précieuse

▷ C'est un bijou très précieux.
Es un joya muy preciosa.

(= de grande valeur) **precioso, preciosa**

se précipiter

1 ▷ Aurélie s'est précipitée dans la classe.
Aurélie se precipitó en el aula.

1 ► **se précipiter dans : precipitarse en**

ℹ *Le pronom réfléchi fonctionne de la façon suivante en espagnol :* ***me*** *precipito,* ***te*** *precipitas,* ***se*** (singulier) *precipita,* ***nos*** *precipitamos,* ***os*** *precipitáis,* ***se*** (pluriel) *precipitan.*

2 ▷ Tout le monde s'est précipité sur lui pour lui demander son autographe.
Todo el mundo se abalanzó sobre él para pedirle un autógrafo.

▷ Marc s'est précipité vers sa mère.
Marc se abalanzó hacia su madre.

2 ► **se précipiter sur/vers : abalanzarse sobre/hacia**

ℹ *Le pronom réfléchi fonctionne de la façon suivante en espagnol :* ***me*** *abalanzo,* ***te*** *abalanzas,* ***se*** (singulier) *abalanza,* ***nos*** *abalanzamos,* ***os*** *abalanzáis,* ***se*** (pluriel) *abalanzan.*

précis, précise

1 ▷ Le prof voulait une réponse précise.
El profesor quería una respuesta precisa.
▷ Cette balance n'est pas très précise.
Esta balanza no es muy precisa.
2 ▷ Je serai là à deux heures précises.
Estaré ahí a las dos en punto.

1 (= détaillé, exact) **preciso, precisa**

2 En parlant de l'heure, on dit **en punto**.

préciser

▷ Le prof n'a pas précisé à quelle heure on commencerait.
El profesor no precisó a qué hora empezaríamos.

precisar

prédire

▷ Je ne peux pas prédire l'avenir !
¡No puedo predecir el porvenir!

predecir

préface

▷ Il faut toujours lire la préface d'un dictionnaire.
Siempre hay que leer el prólogo de un diccionario.

el **prólogo**

ℹ *Remarquez que le mot espagnol porte sur le premier* ***o*** *un accent écrit qui reflète l'accent tonique.*

préféré, préférée

▷ Qui est ton chanteur préféré ?
¿Quién es tu cantante preferido?

preferido, preferida

préférence

▷ Est-ce que tu as une préférence ?
¿Tienes una preferencia?
▷ Soyez là de préférence avant huit heures.
Llegue preferentemente antes de las ocho.

la **preferencia**

► **de préférence :** preferentemente

préférer

▷ Je préfère la géo à l'histoire.
Prefiero la geografía a la historia.

preferir

préhistorique

▻ Les dinosaures étaient des animaux préhistoriques.
Los dinosaurios eran animales prehistóricos.

prehistórico, prehistórica

*Remarquez que le mot espagnol porte sur le **o** un accent écrit qui reflète l'accent tonique.*

préjugé

▻ Tu dois le traiter sans aucun préjugé.
Le debes tratar sin ningún prejuicio.

el **prejuicio**

*Ne pas confondre avec **perjuicio**, qui signifie* **préjudice**.

premier, première

1 ▻ J'ai seulement eu le temps de faire le premier exercice.
Sólo tuve tiempo de hacer el primer ejercicio.

▻ On est partis les premiers.
Nos marchamos los primeros.

2 ▻ Mouloud est toujours premier en classe.
Mouloud siempre es el primero de la clase.

3 ▻ Les invités sont toujours servis en premier.
Se sirve siempre primero a los invitados.

4 ▻ Le frère de Tanya est en première.
El hermano de Tanya está en primero de bachillerato.

5 ▻ Qu'est-ce que vous faites pour le premier de l'an ?
¿Qué vais a hacer el Día de Año Nuevo?

1 (= qui vient d'abord) **primero, primera**

*Remarquez que **primero** perd le **o** devant un nom.*

► **le premier, la première :** el primero, la primera

2 ► **être premier en classe :** ser el primero *ou* la primera de la clase

3 ► **en premier :** primero

4 La classe scolaire qui correspond à la première en Espagne s'appelle **primero de bachillerato**.

5 ► **le premier de l'an :** el Día de Año Nuevo

*Remarquez que le mot espagnol **día** porte sur le **i** un accent écrit qui reflète l'accent tonique.*

prendre

1 ▻ Prends mon stylo, j'en ai un autre.
Coge mi boli, tengo otro.

▻ Tu prends le train pour aller à Ségovie ?
¿Coges el tren para ir a Segovia?

2 ▻ Nous avons pris le café.
Tomamos el café.

3 ▻ Ça nous a pris trois heures.
Nos llevó tres horas.

1 La traduction la plus courante de **prendre** est **coger**, mais attention aux autres traductions présentées plus bas.

2 (= manger, boire, prendre une douche) **tomar**

3 (en parlant du temps qu'il faut) **llevar**

Suite page suivante

4 ▷ Tu me prends pour un imbécile ?
¿Me tomas por un imbécil?
▷ Le prof a pris Amandine pour ma sœur.
El profesor tomó a Amandine por mi hermana.

5 ▷ Adam se prend pour un grand intellectuel.
Adam se las da de gran intelectual.
▷ Pour qui elle se prend ?
¿Ésta de qué se las da?

4 ► **prendre quelqu'un pour... : tomar a** alguien **por...**

5 ► **se prendre pour... : dárselas de...**

ℹ *Le pronom réfléchi fonctionne de la façon suivante en espagnol :* ***me*** *las doy de...,* ***te*** *las das de...,* ***se*** (singulier) *las da de...,* ***nos*** *las damos de...,* ***os*** *las dais de...,* ***se*** (pluriel) *las dan de...*

6 ▷ Je ne sais pas comment m'y prendre.
No sé cómo hacerlo.

7 ▷ Mais qu'est-ce qu'il t'a pris de te mettre à chanter ?
¿Qué te ha dado por ponerte a cantar ?

6 ► **s'y prendre** (= faire quelque chose) **: hacerlo**

7 ► **prendre** à quelqu'un de faire quelque chose (= agir de façon soudaine) **: dar** a alguien **por hacer** algo

prénom

▷ Quel est ton prénom ?
¿Cuál es tu nombre de pila ?

el **nombre de pila** (pluriel : los **nombres de pila**)

préoccuper

1 ▷ On voit que quelque chose préoccupe Isabelle.
Se ve que algo preocupa a Isabelle.

1 (= inquiéter) **preocupar**

Si le complément est une personne ou un groupe de personnes, n'oubliez pas de le faire précéder de ***a****.*

2 ▷ Martial ne se préoccupe pas beaucoup de nous.
Martial no se preocupa mucho por nosotros.

2 ► **se préoccuper de** (= penser à) **: preocuparse por**

ℹ *Le pronom réfléchi fonctionne de la façon suivante en espagnol :* ***me*** *preocupo,* ***te*** *preocupas,* ***se*** (singulier) *preocupa,* ***nos*** *preocupamos,* ***os*** *preocupáis,* ***se*** (pluriel) *preocupan.*

préparer

1 ▷ Je vais préparer le dîner.
Voy a preparar la cena.

1 **preparar**

2 ▷ Prépare-toi vite, on est en retard !
¡Prepárate de prisa, que vamos a llegar tarde!

2 ► **se préparer** (= s'habiller, se maquiller, etc.) : **prepararse**

*Le pronom réfléchi fonctionne de la façon suivante en espagnol : **me** preparo, **te** preparas, **se** (singulier) prepara, **nos** preparamos, **os** preparáis, **se** (pluriel) preparan.*

3 ▷ On se préparait à manger quand Raphaël est arrivé.
Estábamos a punto de comer cuando Raphaël llegó.

3 ► **se préparer à faire** quelque chose (= être sur le point de) : **estar a punto de hacer** algo

près

▷ J'habite tout près.
Vivo muy cerca.

▷ L'école est près de la mairie.
La escuela está cerca del ayuntamiento.

cerca

► **près de** : **cerca de**

présent, présente

1 ▷ Le passé, le présent et le futur.
El pasado, el presente y el futuro.

1 ► **le présent** : **el presente**

2 ▷ Tout le monde était présent.
Todo el mundo estaba presente.

2 ► **être présent** : **estar presente**

3 ▷ On peut partir à présent.
Podemos irnos ahora.

3 ► **à présent** : **ahora**

présentateur, présentatrice

▷ Le présentateur a remercié la chanteuse.
El presentador dio las gracias a la cantante.

el **presentador**, la **presentadora**

présentation

▷ Le prof a dit que je devais faire attention à la présentation.
El profesor dijo que debía poner cuidado en la presentación.

la **presentación** (pluriel : las presentaciones)

*Il n'y a pas d'accent écrit au pluriel. L'accent tonique porte sur le **o**, comme au singulier.*

▷ Bon, je vais faire les présentations.
Bueno, voy a hacer las presentaciones.

► **faire les présentations** : **hacer las presentaciones**

présenter

1 ▷ Je lui ai présenté Sandrine.
Le presenté a Sandrine.

1 **presentar**

Suite page suivante

▷ Tu dois présenter ton passeport à la douane.
Debes presentar el pasaporte en la aduana.
▷ Je n'aime pas le journaliste qui présente les informations.
No me gusta el periodista que presenta las noticias.

Si le complément est une personne ou un groupe de personnes, n'oubliez pas de le faire précéder de ***a****.*

2 ▷ Loïc est entré et s'est présenté.
Loïc entró y se presentó.
▷ Je me présente : je m'appelle Esteban.
Me presento: me llamo Esteban.

2 ► **se présenter** (= annoncer son nom) : **presentarse**

Le pronom réfléchi fonctionne de la façon suivante en espagnol : ***me*** *presento,* ***te*** *presentas,* ***se*** (singulier) *presenta,* ***nos*** *presentamos,* ***os*** *presentáis,* ***se*** (pluriel) *presentan.*

▷ Le frère de Mourad se présente au bac en juin.
El hermano de Mourad se presenta a la selectividad en junio.

► **se présenter à** (un examen) : **presentarse a**

3 ▷ Tu vas te présenter au concours de chant ?
¿Te vas a presentar al concurso de canto?

3 ► **se présenter à un concours** (une compétition) : **presentarse a un concurso**

▷ Omar s'est présenté à un concours pour travailler dans la mairie.
Omar hizo oposiciones para trabajar en el ayuntamiento.

► **se présenter à un concours** (un examen) : **hacer oposiciones**

préservatif

▷ Il faut prendre ses précautions et utiliser un préservatif.
Hay que tomar precauciones y utilizar un preservativo.

el **preservativo**

président, présidente

▷ Le président de la République a fait un discours.
El Presidente de la República pronunció un discurso.

el **presidente**, la **presidenta**
► **le président de la République** : **el Presidente de la República**

presque

▷ J'ai presque fini.
Casi he terminado.
▷ Il ne reste presque pas de pain.
Casi no queda pan.
▷ Je ne les vois presque plus.
Ya casi no les veo.

casi

presse

▷ La presse a critiqué la décision du gouvernement.
La prensa criticó la decisión del gobierno.

la **prensa**

pressé, pressée

1 ▷ Tu es pressé ? Tu ne peux pas rester ?
¿Tienes prisa? ¿No te puedes quedar?
▷ Leïla est pressée de finir ses devoirs.
Leïla tiene prisa por terminar los deberes.

2 ▷ Est-ce que tu peux m'aider ? – C'est pressé ?
¿Me puedes ayudar? – ¿Es urgente?

3 ▷ Un citron pressé, s'il vous plaît.
Un zumo de limón natural, por favor.

1 ► **être pressé : tener prisa**

► **être pressé de faire** quelque chose : **tener prisa por hacer** algo

2 (= urgent) **urgente**

3 ► **un citron pressé : un zumo de limón natural** (pluriel : **zumos de limón naturales**)

ℹ *De même,* **une orange pressée** = ***un zumo de naranja natural.***

presser

1 ▷ Je presse deux oranges tous les matins.
Exprimo dos naranjas todas las mañanas.

2 ▷ Ce n'est pas la peine de se presser, le film commence à neuf heures.
No vale la pena darse prisa, la película empieza a las nueve.

1 (= presser des fruits) **exprimir**

2 ► **se presser : darse prisa**

ℹ *Le pronom réfléchi fonctionne de la façon suivante en espagnol :* ***me*** *doy prisa,* ***te*** *das prisa,* ***se*** (singulier) *da prisa,* ***nos*** *damos prisa,* ***os*** *dais prisa,* ***se*** (pluriel) *dan prisa.*

pressing

▷ J'ai apporté ma veste au pressing.
Llevé la chaqueta a la tintorería.

(= magasin) la **tintorería**

ℹ *Remarquez que le mot espagnol porte sur le* ***i*** *un accent écrit qui reflète l'accent tonique.*

prêt, prête

▷ Tu es prêt ? C'est l'heure de partir.
¿Estás listo? Es hora de salir.

listo, lista

Veillez à bien employer le verbe ***estar*** *et non* ***ser****, car* ***ser listo*** *signifie* **être vif** *ou* **être malin.**

prêt

▷ Ils ont demandé un prêt à la banque.
Han pedido un préstamo al banco.

el **préstamo**

ℹ *Remarquez que le mot espagnol porte sur le* ***e*** *un accent écrit qui reflète l'accent tonique.*

prétentieux, prétentieuse

▷ Sonia est vraiment prétentieuse.
Sonia es muy presuntuosa.

presuntuoso, presuntuosa

prêter

▷ J'ai prêté dix euros à Samantha.
Le presté diez euros a Samantha.

► **prêter** quelque chose **à** quelqu'un : **prestar** algo **a** alguien

prétexte

▷ Il n'est pas vraiment malade, ce n'est qu'un prétexte.
No está realmente enfermo, no es más que un pretexto.

▷ Charlotte est sortie sous prétexte de promener le chien.
Charlotte salió con el pretexto de pasear el perro.

el **pretexto**

► **sous prétexte de faire** quelque chose : **con el pretexto de hacer** algo

prêtre

▷ Je connais bien le prêtre.
Conozco bien al sacerdote.

el **sacerdote**

preuve

▷ Tu dis ça, mais tu n'as pas de preuves.
Dices eso, pero no tienes pruebas.

la **prueba**

Attention : le mot espagnol prend un ***b*** *là où le français prend un* ***v****.*

prévenir

▷ Va avertir le docteur, vite !
¡Ve a avisar al médico, rápido!

▷ Heureusement, Michaël a prévenu ses copains que le prof arrivait.
Afortunadamente, Michaël aviso a sus amigos de que el profesor venía.

▷ Personne n'a averti les parents que la réunion était annulée.
Nadie avisó a los padres de que la reunión quedaba anulada.

(= appeler, avertir, informer) **avisar**

► **prévenir** quelqu'un **que... : avisar** a alguien **de que...**

ℹ *Le complément est une personne ou un groupe de personnes : n'oubliez pas de le faire précéder de* ***a****.*

prévoir

▻ Personne n'avait prévu ce problème.
Nadie había previsto este problema.
▻ Qu'est-ce que vous avez prévu pour ce week-end ?
¿Qué habéis previsto para el fin de semana?
▻ Caro est arrivée plus tôt que prévu.
Caro llegó más temprano que lo previsto.
▻ On avait prévu de manger dehors, mais il s'est mis à pleuvoir.
Habíamos previsto comer fuera, pero se puso a llover.

prever

► **...que prévu : ...que lo previsto**

► **prévoir de faire** quelque chose : **prever hacer** algo

prier

1 ▻ Isabelle prie tous les soirs avant de se coucher.
Isabelle reza todas las noches antes de acostarse.

2 ▻ Merci. – Je t'en prie.
Gracias. – No hay de qué.

1 (= faire une prière) **rezar**

2 ► **je t'en prie** *ou* **je vous en prie** (en réponse à merci) : **no hay de qué**

ℹ *Signifie littéralement* **il n'y a pas de quoi.**

prière

▻ Je ne sais pas cette prière en espagnol.
No me sé esta oración en español.

la **oración** (pluriel : las oraciones)

ℹ *Il n'y a pas d'accent écrit au pluriel. L'accent tonique porte sur le **o**, comme au singulier.*

▻ Alice fait sa prière tous les soirs.
Alice reza todas las noches.

► **faire sa prière : rezar**

primaire

▻ C'est plus difficile au collège qu'à l'école primaire.
Es más difícil en el colegio que en la escuela primaria.
▻ Elle enseigne dans le primaire.
Enseña en la escuela primaria.

► **l'école primaire, le primaire : la escuela primaria**

► **le primaire : la escuela primaria**

principal, principale

1 ▻ Le foot est leur activité principale.
El fútbol es su actividad principal.

2 ▻ Le principal a convoqué Anouar dans son bureau.
El director convocó a Anouar en su despacho.

1 (= le plus important) **principal** (pluriel : principales)

2 ► **un principal, une principale** (= directeur ou directrice d'école) : **un director, una directora**

Suite page suivante

3 ▷ Le principal, c'est que tu ne sois pas blessé.
Lo principal es que no estés herido.

3 ► **le principal** (= l'essentiel) **:** lo principal

principe

1 ▷ C'est une fille qui a des principes.
Es una chica que tiene principios.

1 (= règle, loi) el **principio**

2 ▷ En principe, je devrais venir avec Luc.
En principio, debería venir con Luc.

2 ► **en principe** (= théoriquement) **:** en principio

3 ▷ En principe, je me couche à neuf heures.
Generalmente, me acuesto a las nueve.

3 ► **en principe** (= normalement) **:** generalmente

printemps

▷ Le printemps est ma saison préférée.
La primavera es mi estación preferida.

la **primavera**

priorité

▷ Il donne la priorité aux problèmes des jeunes.
Da prioridad a los problemas de los jóvenes.
▷ Qui a la priorité aux ronds-points ?
¿Quién tiene prioridad en las glorietas?

la **prioridad** (pluriel : las prioridades)

pris, prise

▷ Est-ce que ce siège est pris ?
¿Este asiento está ocupado?
▷ Lundi je ne peux pas, je suis pris.
El lunes no puedo, estoy ocupado.

(= occupé) **ocupado, ocupada**

prise

1 ▷ Ne joue pas avec la prise de la radio, c'est dangereux !
¡No juegues con el enchufe de la radio, que es peligroso!
▷ Branche l'aspirateur sur cette prise.
Enchufa el aspirador en este enchufe.

1 (au bout d'un fil électrique ou au mur) el **enchufe**

2 ▷ Le médecin m'a fait une prise de sang.
El médico me realizó una toma de sangre.

2 (= action de prendre) la **toma**

prison

▷ Émile habite près de la prison.
Émile vive cerca de la cárcel.

la **cárcel**

ℹ *Remarquez que le mot espagnol porte sur le **a** un accent écrit qui reflète l'accent tonique.*

▷ Le frère de Carmen est en prison.
El hermano de Carmen está en la cárcel.

► **être en prison :** estar en la cárcel

ℹ *On peut dire aussi **la prisión**.*

prisonnier, prisonnière

1 ▷ Deux prisonniers se sont évadés.
Dos presos se han evadido.

2 ▷ L'armée ennemie a fait une dizaine de prisonniers.
El ejército enemigo ha hecho unos diez prisioneros.

1 (= personne qui est en prison) el **preso,** la **presa**

2 (de guerre) el **prisionero,** la **prisionera**

privé, privée

▷ Nous avions une chambre avec salle de bains privée.
Teníamos un cuarto con un cuarto de baño privado.

privado, privada

priver

▷ Ils ont privé Samuel de dessert.
Castigaron a Samuel sin postre.

► **priver** quelqu'un **de** quelque chose **: castigar** a alguien **sin** algo

prix

1 ▷ Les prix sont bas ici.
Aquí los precios son bajos.

2 ▷ Romain a gagné le premier prix.
Romain ganó el primer premio.

3 ▷ Annelise veut à tout prix être hôtesse de l'air.
Annelise quiere ser azafata cueste lo que cueste.

4 ▷ Cette robe est hors de prix !
¡Este vestido es carísimo!

1 (= coût) el **precio**

2 (= lot ou récompense) el **premio**

3 ► **à tout prix : cueste lo que cueste**

4 ► **hors de prix : carísimo, carísima**

ℹ *Remarquez que le mot espagnol porte sur le premier* ***i*** *un accent écrit qui reflète l'accent tonique.*

probable

▷ Tu crois qu'il sera là ? – C'est probable.
¿Crees que estará ? – Es probable.

► **c'est probable : es probable**

probablement

▷ Ils sont probablement partis.
Probablemente se han marchado.

probablemente

problème

▷ Mylène a eu beaucoup de problèmes.
Mylène ha tenido muchos problemas.

▷ Tu peux m'aider ? – Pas de problème !
¿Me puedes ayudar? – ¡No hay problema!

el **problema**

► **pas de problème ! : ¡no hay problema!**

procès

▷ Le procès a duré plusieurs semaines.
El juicio duró varias semanas.
▷ Monsieur Lenoir a gagné son procès.
El señor Lenoir ganó el juicio.
▷ Ils ont fait un procès à leurs voisins.
Llevaron a juicio a sus vecinos.

(au tribunal) el **juicio**

► **faire un procès à** quelqu'un : **llevar a juicio a** alguien

prochain, prochaine

1 ▷ On descend à la prochaine station.
Nos bajamos en la próxima estación.

2 ▷ L'interro c'est mardi prochain.
El examen es el martes que viene.

3 ▷ Bon, je m'en vais. À la prochaine !
Bueno, me voy. ¡Hasta la próxima!

1 (= qui vient après, dans l'espace) **próximo, próxima**

ℹ *Remarquez que le mot espagnol porte sur le* ***o*** *un accent écrit qui reflète l'accent tonique.*

2 (= qui vient après, dans le temps) **que viene**

3 ► **à la prochaine ! : ¡hasta la próxima!**

proche

1 ▷ Où est la pharmacie la plus proche ?
¿Dónde está la farmacia más cercana?

2 ▷ Anne et Valérie sont très proches.
Anne y Valérie están muy unidas.

1 (= proche dans l'espace) **cercano, cercana**

2 (= intime) **unido, unida**

procurer

1 ▷ Je peux vous procurer des billets si vous voulez.
Os puedo conseguir entradas si queréis.

2 ▷ Où est-ce que tu t'es procuré ça ?
¿Dónde has conseguido esto ?

1 ► **procurer** quelque chose **à** quelqu'un : **conseguir** algo **a** alguien

2 ► **se procurer** quelque chose : **conseguir** algo

produire

▷ Cette région produit du vin.
Esta región produce vino.

producir

produit

▷ Certains produits sont plus chers ici.
Ciertos productos son más caros aquí.
▷ Elles utilisent beaucoup de produits de beauté.
Utilizan muchos productos de belleza.
▷ C'est un produit d'entretien efficace.
Es un producto de limpieza eficaz.

el **producto**

► **produit de beauté : producto de belleza** (pluriel : **productos de belleza**)

► **produit d'entretien : producto de limpieza** (pluriel : **productos de limpieza**)

prof

▷ J'aime bien le prof de maths.
Me cae bien el profesor de mates.

el **profesor** (pluriel : los profesores), la **profesora**

ℹ *On peut aussi employer le mot familier* ***el/la profe*** *en espagnol.*

professeur

▷ Les professeurs sont en grève.
Los profesores están en huelga.

el **profesor** (pluriel : los profesores), la **profesora**

profession

▷ On a dû donner la profession de nos parents.
Tuvimos que dar la profesión de nuestros padres.

la **profesión** (pluriel : las profesiones)

ℹ *Il n'y a pas d'accent écrit au pluriel. L'accent tonique porte sur le deuxième* ***o****, comme au singulier.*

ℹ *On peut dire aussi* ***el oficio****.*

professionnel, professionnelle

▷ Hocine rêve de devenir footballeur professionnel.
Hocine sueña con llegar a ser futbolista profesional.

▷ On a besoin d'un professionnel pour réparer ça.
Necesitamos a un profesional para reparar esto.

profesional (pluriel : profesionales)

ℹ ***Profesional*** *peut être soit un adjectif, soit un nom.*

profil

▷ Lise a un joli profil.
Lise tiene un bonito perfil.

▷ Mets-toi de profil.
Ponte de perfil.

el **perfil**

► **de profil : de perfil**

profiter de

1 ▷ On a bien profité des vacances.
Aprovechamos las vacaciones.

▷ J'ai profité de l'occasion pour lui parler.
Aproveché la ocasión para hablarle.

2 ▷ Ils ont profité de ma gentillesse.
Se aprovecharon de mi bondad.

1 (= tirer le meilleur parti de)
aprovechar

2 (= utiliser égoïstement)
aprovecharse de

ℹ *Le pronom réfléchi fonctionne de la façon suivante en espagnol :* ***me*** *aprovecho,* ***te*** *aprovechas,* ***se*** (singulier) *aprovecha,* ***nos*** *aprovechamos,* ***os*** *aprovecháis,* ***se*** (pluriel) *aprovechan.*

profond, profonde

▷ L'eau est trop profonde, c'est dangereux.
El agua es demasiado profunda, es peligroso.
▷ Le puits est profond de dix mètres.
El pozo tiene diez metros de profundidad.

profundo, profunda

ℹ *Quand on veut dire la profondeur de quelque chose en espagnol (un puits ou une grotte, par exemple), on utilise l'expression* ***tener + de profundidad****.*

profondeur

▷ Quelle est la profondeur de l'étang ?
¿Cuál es la profundidad del estanque?
▷ L'eau a deux mètres de profondeur ici.
El agua tiene aquí una profundidad de dos metros.

la **profundidad**

programme

▷ Je veux acheter le programme du concert.
Quiero comprar el programa del concierto.
▷ Quelqu'un a vu le programme de la télé ?
¿Alguien ha visto el programa de la tele ?
▷ Ce programme te permet de faire du dessin avec ton ordinateur.
Este programa te permite dibujar con el ordenador.
▷ Le programme de français est dur cette année.
El programa de francés es difícil este año.
▷ Est-ce que Molière est au programme ?
¿Molière forma parte del programa?

el **programa**

Attention ! Un seul m *en espagnol.*

► **être au programme : formar parte del programa**

programmer

▷ J'apprends à programmer dans mon cours d'informatique.
Aprendo a programar en clase de informática.
▷ Tu as pensé à programmer le magnétoscope ?
¿Te has acordado de programar el vídeo?

programar

Attention ! Un seul m *en espagnol.*

progrès

▷ Bob a fait des progrès en espagnol.
Bob ha hecho progresos en español.

el **progreso**
► **faire des progrès : hacer progresos**

progresser

▷ La prof dit que j'ai progressé ce trimestre.
La profesora dice que he progresado durante este trimestre.

(= faire des progrès) **progresar**

projecteur

▷ J'ai besoin d'un projecteur pour te montrer mes diapositives.
Necesito un proyector para enseñarte mis diapositivas.

▷ Les projecteurs se sont éteints et les spectateurs sont partis.
Los proyectores se apagaron y los espectadores se fueron.

el **proyector** (pluriel : los proyectores)

Attention à l'orthographe du mot espagnol.

projet

▷ Vous avez des projets pour les vacances ?
¿Tenéis proyectos para las vacaciones?

▷ C'est agréable de faire des projets.
Es agradable hacer proyectos.

el **proyecto**

Attention à l'orthographe du mot espagnol.

► **faire des projets :** hacer proyectos

prolonger

▷ On aurait aimé prolonger nos vacances.
Nos hubiera gustado prolongar las vacaciones.

prolongar

promenade

▷ On a fait une promenade au bord de la rivière.
Dimos un paseo a orillas del río.

el **paseo**

► **faire une promenade :** dar un paseo

promener

1 ▷ Je promène souvent ma petite sœur.
Paseo mucho a mi hermana pequeña.
▷ Qui va promener le chien ?
¿Quién va a pasear al perro?

1 (= emmener en promenade) : **pasear**

*Le complément est une personne, un groupe de personnes ou un animal de compagnie : n'oubliez pas de le faire précéder de **a**.*

2 ▷ On pourrait se promener dans la campagne.
Nos podríamos pasear por el campo.

2 ► **se promener :** pasearse

*Le pronom réfléchi fonctionne de la façon suivante en espagnol : **me** paseo, **te** paseas, **se** (singulier) pasea, **nos** paseamos, **os** paseáis, **se** (pluriel) pasean.*

*On peut dire aussi **pasear**, sans le pronom réfléchi.*

promesse

▷ Tu fais des promesses mais tu ne les tiens jamais !
¡Haces promesas pero nunca las cumples!

la **promesa**

promettre

▷ Nathan a promis de nous aider.
Nathan prometió ayudarnos.
▷ Je te promets de faire un effort.
Te prometo que haré un esfuerzo.

prometer
► **promettre à** quelqu'un **de faire** quelque chose : **prometer a alguien que** + phrase

prononcer

1 ▷ Je n'arrive pas à prononcer ce mot.
No consigo pronunciar esta palabra.
2 ▷ Comment ça se prononce ?
¿Cómo se pronuncia esto?

1 **pronunciar**

2 ► **se prononcer : pronunciarse**
ℹ *Le pronom réfléchi fonctionne de la façon suivante en espagnol : **se** (singulier) pronuncia, **se** (pluriel) pronuncian.*

prononciation

▷ La prononciation espagnole n'est pas très difficile.
La pronunciación española no es muy difícil.

la **pronunciación**

ℹ *Remarquez que le mot espagnol porte sur le deuxième **o** un accent écrit qui reflète l'accent tonique.*

proposer

1 ▷ Qu'est-ce que tu proposes ?
¿Qué propones?
▷ Le prof nous a proposé de travailler en équipe.
El profesor nos propuso trabajar en equipo.
2 ▷ Samia m'a proposé son stylo parce que le mien ne marchait pas.
Samia me ofreció su boli porque el mío no funcionaba.

1 (= suggérer) **proponer**
► **proposer de faire** quelque chose : **proponer hacer** algo

2 (= offrir) **ofrecer**

proposition

▷ C'est une proposition intéressante, tu ne peux pas la refuser.
Es una propuesta interesante, no la puedes rechazar.

(= suggestion, offre) la **propuesta**

propre

1 ▷ Vérifie que la table est propre.
Comprueba que la mesa esté limpia.

1 (= pas sale) **limpio, limpia**

2 ▻ Vous devez apporter votre propre repas.
Tenéis que traer vuestra propia comida.

2 (= à soi) **propio, propia**

Attention à l'orthographe du mot espagnol.

propriétaire

▻ Où est le propriétaire de ce chien ?
¿Dónde está el propietario de este perro?

el **propietario,** la **propietaria**

Attention à l'orthographe du mot espagnol.

protéger

▻ Karim protège toujours sa petite sœur.
Karim siempre protege a su hermana pequeña.

proteger

Si le complément est une personne ou un groupe de personnes, n'oubliez pas de le faire précéder de ***a****.*

protester

▻ Ne proteste pas, fais-le !
¡No protestes, hazlo!

protestar

prouver

▻ Tu dois prouver ce que tu dis.
Debes demostrar lo que dices.

demostrar

On peut dire aussi ***probar****.*

province

▻ Il y a des différences entre Paris et la province.
Hay diferencias entre París y las provincias.

▻ Les parents de Georgina veulent aller vivre en province.
Los padres de Georgina se quieren ir a vivir en una ciudad de provincias.

► **la province** (= régions hors de Paris) **: las provincias**

► **en province : en una ciudad de provincias**

proviseur

▻ Le proviseur est venu dans notre classe.
El director vino a nuestra clase.

On dit ***el director*** *si le proviseur est un homme, et* ***la directora*** *si c'est une femme.*

provision

1 ▻ Bérénice a une provision de bonbons dans son tiroir.
Bérénice tiene una provisión de caramelos en el cajón.

1 (= stock) la **provisión** (pluriel : **las provisiones**)

Il n'y a pas d'accent écrit au pluriel. L'accent tonique porte sur le deuxième ***o****, comme au singulier.*

2 ▻ Nous avons fait nos provisions au supermarché.
Hicimos la compra en el supermercado.

2 ► **faire ses provisions** (= acheter de la nourriture) **: hacer la compra**

provisoire

▷ Tu dormiras sur le canapé, mais c'est provisoire.
Dormirás en el sofá, pero es provisional.

provisional (pluriel : **provisionales**)

provoquer

▷ La tempête a provoqué des accidents.
La tormenta provocó accidentes.
▷ C'est Benjamin qui a provoqué sa sœur !
¡Fue Benjamin el que provocó a su hermana!

provocar

ℹ *Si le complément est une personne ou un groupe de personnes, n'oubliez pas de le faire précéder de **a**.*

prudemment

▷ Conduisez prudemment.
Conduzca con prudencia.

con prudencia

prudent, prudente

▷ Sois prudent, regarde avant de traverser.
Sé prudente, mira antes de cruzar.

prudente

prune

▷ Ma mère a fait de la confiture avec les prunes du jardin.
Mi madre ha hecho confitura con las ciruelas del jardín.

la **ciruela**

pruneau

▷ Il y a des pruneaux dans ce gâteau.
Hay ciruelas pasas en este pastel.

la **ciruela pasa** (pluriel : las **ciruelas pasas**)

pub

1 ▷ Le père de Gwendoline travaille dans la pub.
El padre de Gwendoline trabaja en la publicidad.
▷ Ils font beaucoup de pub pour ce spectacle à la radio.
Hacen mucha publicidad para este espectáculo en la radio.

1 ► **la pub** (= l'activité de la publicité) **:** la **publicidad**
► **faire de la pub pour** quelque chose **: hacer publicidad para** algo

ℹ *Il n'y a pas d'abréviation espagnole équivalente à* **pub** *; il faut utiliser le mot* ***publicidad****.*

2 ▷ La musique de cette pub est super.
La música de este anuncio es guay.

2 ► **une pub** (= une annonce) **:** un **anuncio**

public, publique

1 ▷ Il est interdit de fumer dans les endroits publics.
Está prohibido fumar en los lugares públicos.

1 (adjectif) **público, pública**

2 ▷ Le public a applaudi.
El público aplaudió.

2 ► **le public** (= les spectateurs) : **el público**

*Remarquez que le mot espagnol porte sur le **u** un accent écrit qui reflète l'accent tonique.*

publicité

1 ▷ Le père de Gwendoline travaille dans la publicité.
El padre de Gwendoline trabaja en la publicidad.
▷ Ils font beaucoup de publicité pour ce spectacle à la radio.
Hacen mucha publicidad para este espectáculo en la radio.

2 ▷ La musique de cette publicité est super.
La música de este anuncio es guay.

1 ► **la publicité** (= l'activité de la publicité) : **la publicidad**
► **faire de la publicité pour** quelque chose : **hacer publicidad para** algo

2 (= annonce) el **anuncio**

puce

1 ▷ Le chien a des puces.
El perro tiene pulgas.

2 ▷ Cette carte fonctionne avec une puce.
Esta tarjeta funciona con un chip.

1 (= insecte) la **pulga**

2 (= puce électronique) el **chip** los **chips**)

puer

▷ Ce fromage pue !
¡Este queso apesta!
▷ Ça pue l'ail.
Apesta a ajo.

apestar

► **puer** quelque chose : **apestar a** algo

puis

▷ Tournez à gauche, puis à droite.
Gire a la izquierda, luego a la derecha.

luego

*On peut dire aussi **después** ou **a continuación**.*

puisque

▷ Puisque tu ne veux pas sortir, tu pourrais faire la vaisselle.
Ya que no quieres salir, podrías fregar los platos.

ya que

puissant, puissante

1 ▷ Les États-Unis sont un pays très puissant.
Los Estados Unidos son un país muy poderoso.

2 ▷ Cette moto a un moteur très puissant.
Esta moto tiene un motor muy potente.

1 (en parlant d'une personne ou d'un pays) **poderoso, poderosa**

2 (en parlant d'une machine) **potente**

puits

▷ Le puits est très profond.
El pozo es muy profundo.

el **pozo**

pull

▷ J'ai froid, tu peux me prêter ton pull ?
Tengo frío, ¿me puedes prestar tu jersey?

el **jersey** (pluriel : los jerseys)

ℹ *On peut dire aussi* ***el suéter*** (pluriel : ***los suéteres***).

punaise

▷ J'ai accroché le poster avec quatre punaises.
Colgué el póster con cuatro chinchetas.

(= clou) la **chincheta**

punir

▷ Le prof a puni Guénolé.
El profesor castigó a Guénolé.

castigar

ℹ *Le complément est une personne ou un groupe de personnes : n'oubliez pas de le faire précéder de* ***a***.

punition

▷ Quel genre de punition t'a donné ta mère ?
¿Qué tipo de castigo te ha dado tu madre?

el **castigo**

pur, pure

▷ L'air est très pur ici.
El aire aquí es muy puro.

puro, pura

purée

▷ J'aimerais de la purée avec mon poisson.
Quisiera puré con el pescado.

(= légumes écrasés) el **puré**

Attention : contrairement au français, le mot espagnol ***puré*** *est masculin. Attention aussi à son orthographe.*

puzzle

▷ Ça m'a pris une journée de faire ce puzzle.
Me llevó un día hacer este rompecabezas.

el **rompecabezas** (pluriel : los rompecabezas)

ℹ *Signifie littéralement* **casse-tête**.

ℹ *On peut dire aussi* ***el puzle***.

P.-V.

▷ Mon frère a eu un P.-V.
Le pusieron una multa a mi hermano.

(= amende) la **multa**

pyjama

▷ J'ai dû dormir en tee-shirt parce que j'avais oublié mon pyjama.
Tuve que dormir con una camiseta porque me había olvidado el pijama.
▷ Lucille était encore en pyjama.
Lucille iba todavía en pijama.

el **pijama**

Attention à l'orthographe du mot espagnol.

► **en pyjama : en pijama**

pylône

▷ La voiture est rentrée dans un pylône.
El coche chocó contra un poste.

el **poste**

pyramide

▷ Est-ce que tu as vu la pyramide du Louvre ?
¿Has visto la pirámide del Louvre?

la **pirámide**

*Remarquez que le mot espagnol porte sur le **a** un accent écrit qui reflète l'accent tonique.*

Pyrénées

▷ Nous avons passé nos vacances dans les Pyrénées.
Pasamos las vacaciones en los Pirineos.

► **les Pyrénées : los Pirineos**

Attention à l'orthographe du mot espagnol.

*Les noms de montagnes sont masculins en espagnol (**los Alpes, los Andes**).*

Q

FRANÇAIS — ESPAGNOL

quai

1 ▷ Le train part du quai douze.
El tren sale del andén número doce.

1 (dans une gare) el **andén** (pluriel : **andenes**)

*Il n'y a pas d'accent écrit au pluriel. L'accent tonique porte sur le **e**, comme au singulier.*

2 ▷ On voit les bateaux depuis le quai.
Se ven los barcos desde el muelle.

2 (dans un port) el **muelle**

qualité

1 ▷ La qualité est plus importante que la quantité.
La calidad es más importante que la cantidad.
▷ C'est un produit de bonne qualité.
Es un producto de buena calidad.

1 (= la qualité d'une chose) la **calidad** (pluriel : **las calidades**)
► **de bonne qualité : de buena calidad**

2 ▷ Simon a beaucoup de qualités.
Simon tiene muchas cualidades.

2 (= la qualité d'une personne) la **cualidad** (pluriel : **las cualidades**)

quand

1 ▷ Quand est-ce que vous partez ?
¿Cuándo os vais?

1 (pour poser une question) **cuándo**

2 ▷ Quand tu voudras un autre livre, je t'en prêterai un.
Cuando quieras otro libro, te prestaré uno.

2 (dans une phrase affirmative) **cuando**

*Attention : là où le français emploie le futur avec **quand**, l'espagnol emploie le subjonctif.*

quand même

▷ Mes parents ne veulent pas que j'y aille, mais j'irai quand même.
Mis padres no quieren que vaya, pero iré a pesar de todo.

(= de toute façon) **a pesar de todo**

quantité

▷ La quantité est moins importante que la qualité.
La cantidad es menos importante que la calidad.
▷ On a acheté une grande quantité de boissons.
Compramos una gran cantidad de bebidas.

la **cantidad**

quarante

▷ Il y a quarante bonbons dans ce paquet.
Hay cuarenta caramelos en este paquete.
▷ Le père de Mathieu a quarante ans.
El padre de Mathieu tiene cuarenta años.

cuarenta

quart

▷ Un quart de cinquante, ça fait combien ?
¿Cuánto hace un cuarto de cincuenta?

▷ Ça me prendra un quart d'heure.
Me llevará un cuarto de hora.
▷ Julie est revenue trois quarts d'heure plus tard.
Julie volvió tres cuartos de hora más tarde.
▷ Le rendez-vous est à deux heures et quart.
La cita es a las dos y cuarto.
▷ Il est cinq heures moins le quart.
Son las cinco menos cuarto.

el **cuarto**

ℹ *Quand on parle d'une fraction, on peut dire aussi* ***la cuarta parte****.*

► **un quart d'heure : un cuarto de hora**
► **trois quarts d'heure : tres cuartos de hora**
► **...et quart : ...y cuarto**
► **...moins le quart :...menos cuarto**

quartier

1 ▷ C'est un quartier très calme.
Es un barrio muy tranquilo.
2 ▷ Tu veux un quartier d'orange ?
¿Quieres un gajo de naranja?

1 (= partie d'une ville) el **barrio**

2 (= morceau d'orange) el **gajo**

quatorze

▷ On doit répondre aux quatorze questions.
Tenemos que contestar a las catorce preguntas.
▷ Jean-Marc a quatorze ans.
Jean-Marc tiene catorce años.
▷ C'est quand ton anniversaire ? – Le quatorze décembre.
¿Cuándo es tu cumpleaños? – El catorce de diciembre.

catorce

ℹ *Notez l'emploi de* ***de*** *en espagnol quand on dit la date.*

quatre

cuatro

▻ J'ai quatre paires de tennis.
Tengo cuatro pares de zapatillas de deporte.
▻ Le petit frère de Thomas a quatre ans.
El hermano pequeño de Thomas tiene cuatro años.
▻ Aujourd'hui, c'est le quatre juin.
Hoy es el cuatro de junio.

Notez l'emploi de ***de*** *en espagnol quand on dit la date.*

► **à quatre pattes : a cuatro patas**

On peut dire aussi ***a gatas****.*

▻ Le bébé marche à quatre pattes.
El bebé anda a cuatro patas.

quatre-vingts ou quatre-vingt

ochenta

▻ Ça coûte quatre-vingts euros.
Cuesta ochenta euros.
▻ C'était en dix-neuf cent quatre-vingt-deux.
Era en mil novecientos ochenta y dos.

quatre-vingt-dix

noventa

▻ L'arrière-grand-mère de Sylvie a quatre-vingt-dix ans.
La bisabuela de Sylvie tiene noventa años.

quatrième

1 (pour compter) **cuarto, cuarta**

1 ▻ C'est la quatrième fois que je t'appelle.
Es la cuarta vez que te llamo.

2 (= quatrième étage) **el cuarto piso**

2 ▻ Les Pérez habitent au quatrième.
Los Pérez viven en el cuarto piso.

3 (= niveau scolaire) **2º de E.S.O.** (segundo de Educación Secundaria Obligatoria)

3 ▻ Je ferai du latin en quatrième.
Estudiaré latín en segundo de E.S.O.

que

1 (conjonction, relatif se rapportant à une chose) **que**

1 ▻ Tu crois qu'il sera là ?
¿Crees que estará?
▻ Lise veut que je l'aide.
Lise quiere que le ayude.
▻ La robe que Sara a choisie est rouge.
El vestido que ha elegido Sara es rojo.

Suite page suivante

2 ▷ C'est un garçon que je connais très bien.
Es un chico al que conozco muy bien.
▷ L'amie que j'ai vue hier m'a raconté une histoire intéressante.
La amiga a la que vi ayer me contó una historia interesante.
3 ▷ Que s'est-il passé ?
¿Qué ha pasado?
4 ▷ Que tu es bête !
¡Qué tonto eres!

2 (pronom relatif se rapportant à une personne) **al que, a la que**

3 (interrogatif) **qué**

4 (exclamatif) **qué**

Québec

▷ Le Québec est une province canadienne.
Quebec es una provincia canadiense.
▷ Cécile a passé deux mois au Québec chez son oncle.
Cécile pasó dos meses en Quebec en casa de su tío.
▷ Un jour, j'aimerais aller au Québec.
Un día, me gustaría ir a Quebec.

Quebec

Ne prend généralement pas d'article.

► **au Québec** (= dans la province) : **en Quebec**

► **au Québec** (= vers la province) : **a Quebec**

québécois, québécoise

▷ Il travaille pour le gouvernement québécois.
Trabaja por el gobierno quebequense.
▷ Les Québécois parlent français.
Los quebequenses hablan francés.

quebequense

On peut dire aussi ***quebequés*** (pluriel : **quebequeses**), ***quebequesa***. *Dans ce cas, il n'y a pas d'accent écrit au masculin pluriel. L'accent tonique porte sur le troisième* ***e****, comme au singulier.*

S'écrit toujours avec une minuscule, qu'il s'agisse de l'adjectif ou du nom.

quel, quelle

1 ▷ Quelle couleur est-ce que tu préfères ?
¿Qué color prefieres?
▷ Quel imbécile !
¡Qué imbécil!
▷ Quelle chance !
¡Qué suerte!
▷ Quelle belle maison !
¡Qué casa más hermosa!
2 ▷ Quel est ton chanteur préféré ?
¿Quién es tu cantante favorito?

1 (devant un nom, dans les choix et les exclamations) **qué**

Notez l'emploi de ***más*** *quand* **quel** *ou* **quelle** *est suivi d'un adjectif.*

2 (devant un verbe, dans les questions concernant une personne) **quién**

3 ▷ Quel est ton animal préféré ?
¿Cuál es tu animal favorito?

3 (devant un verbe, dans les questions concernant une chose, un animal)
cuál

quelque chose

▷ Viens, j'ai quelque chose à te dire.
Ven, tengo algo que decirte.

▷ Je cherche quelque chose de plus grand.
Busco algo más grande.

algo

► **quelque chose de** + adjectif : **algo** + adjectif

quelquefois

▷ Tu lui parles ? – Quelquefois.
¿Le hablas? – A veces.

a veces

quelque part

▷ Si je dois aller quelque part, ce sera dans un pays européen.
Si tengo que ir a alguna parte, será a un país europeo.

▷ Ces lunettes doivent bien être quelque part !
¡Estas gafas tienen que estar en alguna parte!

ℹ *Quand la phrase implique un mouvement,* **quelque part** *se traduit par* ***a alguna parte*** *ou* ***a algún sitio****.*

ℹ *Quand il n'y a pas de mouvement,* **quelque part** *se traduit par* ***en alguna parte*** *ou* ***en algún sitio****.*

quelques

▷ On a eu quelques problèmes au début.
Tuvimos algunos problemas al principio.

algunos, algunas

ℹ *On peut dire aussi* ***unos cuantos, unas cuantas****.*

quelques-uns, quelques-unes

▷ Il en restait quelques-uns.
Quedaban algunos.

algunos, algunas

quelqu'un

1 ▷ Quelqu'un viendra réparer le toit.
Alguien vendrá a arreglar el tejado.

2 ▷ C'est quelqu'un de très bien élevé.
Es una persona muy bien educada.

1 **alguien**

2 ► **quelqu'un de** + adjectif : **una persona** + adjectif

qu'est-ce que

▷ Qu'est-ce que tu veux ?
¿Qué quieres?

qué

qu'est-ce qui

▷ Qu'est-ce qui s'est passé ?
¿Qué pasó?

qué

question

1 ▷ Il m'a posé une question gênante.
Me hizo una pregunta embarazosa.

1 (= demande) la **pregunta**
► **poser une question à quelqu'un :** hacer una pregunta a alguien

2 ▷ C'est une question de temps.
Es una cuestión de tiempo.

2 (= problème) la **cuestión** (pluriel : las cuestiones)

questionnaire

▷ Est-ce que tu as rempli le questionnaire ?
¿Has rellenado el cuestionario?

el **cuestionario**

queue

1 ▷ Le chien essaie de se mordre la queue.
El perro está intentando morderse la cola.
▷ Il y a une queue d'une centaine de personnes.
Hay una cola de unas cien personas.

1 (= la queue d'un animal ou d'un avion, la file d'attente) **la cola**

*Pour la queue des animaux à quatre pattes, on peut dire aussi **el rabo**.*

▷ Les gens font la queue pour acheter des billets.
La gente hace cola para comprar entradas.

► **faire la queue :** hacer cola

▷ Lambert a une queue de cheval.
Lambert tiene una cola de caballo.

► **queue de cheval :** la cola de caballo

*On peut dire aussi **la coleta**.*

2 ▷ Attention, la queue de la casserole est brûlante.
Cuidado, que el mango de la cacerola quema.

2 (= la queue d'une poêle ou d'une casserole) **el mango**

3 ▷ Tu peux laver les cerises sans enlever les queues.
Puedes lavar las cerezas sin quitar los rabillos.

3 (= la queue d'un fruit) **el rabillo**

qui

1 ▷ Qui a dit que c'était fini ?
¿Quién dijo que estaba terminado?
▷ Je ne sais pas qui c'était.
No sé quién era.

1 (pour poser une question, directe ou indirecte, sur le sujet) **quién**

2 ▷ Qui est-ce que tu vas inviter ?
¿A quién vas a invitar?

2 (pour poser une question, directe ou indirecte, sur le complément) **a quién**

3 ▷ De qui est-ce que vous parlez ?
¿De quién estáis hablando?
▷ Pour qui est ce cadeau ?
¿Para quién es este regalo?

3 (pour poser une question, directe ou indirecte, sur le complément avec préposition) **quién**

4 ▻ La fille qui vient de me parler est ma cousine.
La chica que acaba de hablarme es mi prima.
▻ Les bonbons qui sont sur la table sont pour toi.
Los caramelos que están sobre la mesa son para ti.

4 (pronom relatif) **que**

quiche

▻ Cette quiche est délicieuse.
Esta quiche es deliciosa.

la **quiche**

quincaillerie

▻ Va à la quincaillerie acheter des clous.
Ve a la ferretería a comprar clavos.

(= magasin) la **ferretería**

Remarquez que le mot espagnol porte sur le ***i*** *un accent écrit qui reflète l'accent tonique.*

Attention à bien prononcer les deux ***r*** *de* ***ferretería****.*

quinze

▻ Il y a quinze joueurs dans une équipe de rugby.
Hay quince jugadores en un equipo de rugby.
▻ J'ai quinze ans.
Tengo quince años.
▻ Le concert est dans quinze jours.
El concierto es dentro de quince días.
▻ Aujourd'hui, c'est le quinze juin.
Hoy es el quince de junio.

quince

Notez l'emploi de ***de*** *en espagnol quand on dit la date.*

quitter

1 ▻ Monsieur Berganza a quitté sa femme.
El señor Berganza ha dejado a su mujer.

1 (= laisser une personne) **dejar**

Le complément est une personne ou un groupe de personnes : n'oubliez pas de le faire précéder de ***a****.*

2 ▻ Ils veulent quitter Paris pour s'installer à la campagne.
Quieren irse de París para instalarse en el campo.

2 (= s'en aller d'un endroit) **irse de**

Le pronom réfléchi fonctionne de la façon suivante en espagnol : ***me*** *voy,* ***te*** *vas,* ***se*** (singulier) *va,* ***nos*** *vamos,* ***os*** *vais,* ***se*** (pluriel) *van.*

quoi

1 ▻ Quoi ? Qu'est-ce que tu as dit ?
¿Qué? ¿Qué has dicho?
▻ Je ne sais pas quoi lui offrir.
No sé qué regalarle.
▻ À quoi est-ce que tu penses ?
¿En qué estás pensando?

2 ▻ Quoi que tu dises, je la trouve sympa.
Digas lo que digas, yo la encuentro simpática.
▻ Quoi qu'il arrive, nous partirons demain.
Pase lo que pase, saldremos mañana.

3 ▻ Merci ! – Il n'y a pas de quoi !
¡Gracias! – ¡No hay de qué!

1 (pour poser une question directe ou indirecte) **qué**

2 Notez l'emploi du verbe au subjonctif deux fois et de **lo que...** pour traduire **quoi que...**

3 ► **il n'y a pas de quoi** (en réponse à un remerciement) **: no hay de qué**

quoique

▻ Elle est généreuse quoiqu'elle n'ait pas beaucoup d'argent.
Es generosa aunque no tiene mucho dinero.

► **quoique** + subjonctif **: aunque** + indicatif

ℹ *Ne pas confondre avec* ***aunque*** + subjonctif, *qui signifie* **même si.**

R

FRANÇAIS — ESPAGNOL

rabais

▻ Ils nous ont fait un rabais de dix pour cent.
Nos hicieron una rebaja del diez por ciento.

la **rebaja**

On peut dire aussi ***el descuento****.*

► **faire un rabais à** quelqu'un **:** **hacer una rebaja** *ou* **un descuento a** alguien

raccompagner

▻ Le père de Charlotte a raccompagné son copain en voiture.
El padre de Charlotte acompañó a su novio en coche.

acompañar

Si le complément est une personne ou un groupe de personnes, n'oubliez pas de le faire précéder de ***a****.*

raccourcir

1 ▻ Cette jupe est trop longue, ma mère va la raccourcir.
Esta falda es demasiado larga, mi madre la va a acortar.

2 ▻ Les jours raccourcissent.
Los días se están acortando.

1 ► **raccourcir** quelque chose (= le couper) **:** **acortar** algo

2 ► **raccourcir** (= devenir plus court) **:** **acortarse**

Le pronom réfléchi fonctionne de la façon suivante en espagnol : ***se*** (singulier) *acorta,* ***se*** (pluriel) *acortan.*

raccourci

1 ▻ Nous avons voulu prendre un raccourci, et nous nous sommes perdus dans les bois.
Quisimos tomar un atajo, y nos perdimos en el bosque.

2 ▻ Utilise les raccourcis clavier, tu iras plus vite !
¡Usa las teclas rápidas, irás más de prisa!

1 (= un chemin plus court) el **atajo**

2 ► (en informatique) **raccourci clavier :** la **tecla rápida** (pluriel : las **teclas rápidas**)

raccrocher

▷ Alain a raccroché dès qu'il a entendu la voix de Karine.
Alain colgó en cuanto oyó la voz de Karine.
▷ Vanessa m'a raccroché au nez !
¡Vanessa me colgó el teléfono!

(au téléphone) **colgar**

► **raccrocher au nez à** quelqu'un : **colgar el teléfono a** alguien

race

▷ De quelle race est ton chien ?
¿De qué raza es tu perro?
▷ Il y a des gens de races différentes ici.
Hay gente de diferentes razas aquí.

la **raza**

racine

▷ L'arbre a des racines très profondes.
El árbol tiene unas raíces muy profundas.

la **raíz** (pluriel : las **raíces**)

*Remarquez que le mot espagnol porte sur le **i** un accent écrit qui reflète l'accent tonique.*

*N'oubliez pas que le **z** devient **c** au pluriel.*

racisme

▷ Nous avons lu un article sur le racisme.
Leímos un artículo sobre el racismo.

el **racismo**

raciste

▷ Charles a fait une remarque raciste.
Charles hizo un comentario racista.

racista

racler

▷ Ne racle pas la poêle, tu vas l'abîmer.
No rasques la sartén, que la vas a estropear.

rascar

raconter

▷ Imad raconte des blagues très drôles.
Imad cuenta unos chistes muy divertidos.
▷ Raconte-nous tes vacances !
¡Cuéntanos tus vacaciones!

(= raconter une histoire ou une blague) **contar**

radiateur

▷ On s'est assis près du radiateur.
Nos sentamos cerca del radiador.

el **radiador** (pluriel : los **radiadores**)

radin, radine

▻ Il est radin, il achète toujours des cadeaux bon marché.
Es tacaño, siempre compra regalos baratos.

tacaño, tacaña

radio

1 ▻ Ma radio ne marche pas.
Mi radio no funciona.
▻ Quelle radio est-ce que tu écoutes ?
¿Qué radio escuchas?
▻ Ma mère l'a entendu à la radio.
Mi madre lo oyó en la radio.

1 (= appareil ou station) la **radio**

*Notez la préposition utilisée en espagnol : à la radio = **en** la radio.*

2 ▻ On voit bien l'os cassé sur la radio.
Se ve bien el hueso roto en la radiografía.

2 (= examen médical) la **radiografía**

*Remarquez que le mot espagnol porte sur le deuxième **i** un accent écrit qui reflète l'accent tonique.*

▻ Rachid a dû passer une radio pour son dos.
Rachid tuvo que hacerse una radiografía para la espalda.

► **passer une radio : hacerse una radiografía**

*Le pronom réfléchi fonctionne de la façon suivante en espagnol : **me** hago, **te** haces, **se** (singulier) hace, **nos** hacemos, **os** hacéis, **se** (pluriel) hacen una radiografía.*

radio-réveil

▻ Il y avait un radio-réveil dans la chambre d'hôtel.
Había un reloj despertador en la habitación del hotel.

el **reloj despertador** (pluriel : los relojes despertadores)

*Attention à bien prononcer le **r** et le **j** de **reloj**.*

radis

▻ J'aime les radis avec du sel et du beurre.
Me gustan los rábanos con sal y mantequilla.

el **rábano**

*Remarquez que le mot espagnol porte sur le premier **a** un accent écrit qui reflète l'accent tonique.*

rafraîchir

▻ Mets la citronnade au frigo pour la rafraîchir.
Pon la limonada en la nevera para refrescarla.
▻ Cette douche m'a rafraîchi.
Esta ducha me ha refrescado.

refrescar

*Si le complément est une personne ou un groupe de personnes, n'oubliez pas de le faire précéder de **a**.*

Suite page suivante

▷ Je vais me rafraîchir un peu avant le dîner.
Voy a refrescarme un poco antes de la cena.

► **se rafraîchir : refrescarse**

*Le pronom réfléchi fonctionne de la façon suivante en espagnol : **me** refresco, **te** refrescas, **se*** (singulier) *refresca, **nos** refrescamos, **os** refrescáis, **se*** (pluriel) *refrescan.*

ragoût

▷ Madame Millas a fait un bon ragoût d'agneau.
La señora Millas ha hecho un buen estofado de cordero.

el **estofado**

raide

1 ▷ Je suis raide, il faut que je fasse de l'exercice.
No tengo mucha flexibilidad, tengo que hacer ejercicio.

2 ▷ Louis a les cheveux très raides.
Louis tiene el pelo muy lacio.

3 ▷ Cette pente est vraiment raide !
¡Esta pendiente es muy empinada!

1 ► **être raide** (= pas souple, en parlant d'une personne) : **no tener mucha flexibilidad**

2 (en parlant des cheveux) **lacio, lacia**

3 (= très incliné) **empinado, empinada**

raie

▷ Marc a choisi un pull avec des raies bleues et blanches.
Marc ha escogido un jersey con rayas azules y blancas.

▷ Nadège a une raie sur le côté.
Nadège lleva la raya al lado.

la **raya**

rail

▷ C'est dangereux de marcher sur les rails.
Es peligroso andar por los raíles.

el **raíl** (pluriel : los raíles)

*Remarquez que le mot espagnol porte sur le **i** un accent écrit qui reflète l'accent tonique.*

raisin

▷ Tu préfères du raisin blanc ou du raisin noir ?
¿Prefieres uvas blancas o negras?

▷ Je vais acheter du raisin.
Voy a comprar uvas.

las **uvas**

Uvas** est pluriel : on dit par exemple **estas uvas son deliciosas (ce raisin est délicieux).

▷ Il y a trop de raisins secs dans ce gâteau.
Hay demasiadas pasas en este pastel.

► **raisin sec : la pasa**

raison

▷ Il n'y a pas de raison de le leur dire.
No hay ninguna razón para decírselo.

▷ Pour une fois, tu as raison !
¡Por una vez, tienes razón!

la **razón** (pluriel : las **razones**)

Il n'y a pas d'accent écrit au pluriel. L'accent tonique porte sur le ***o****, comme au singulier.*

► **avoir raison : tener razón**

raisonnable

▷ Hadrien n'est pas très raisonnable pour son âge.
Hadrien no es muy razonable para su edad.
▷ C'est un salaire raisonnable.
Es un salario razonable.

razonable

raisonnement

▷ Je ne comprends pas ton raisonnement.
No entiendo tu razonamiento.

el **razonamiento**

rajouter

▷ Rajoute un peu de sel.
Añade un poco de sal.

añadir

ralentir

1 ▷ La voiture n'a pas ralenti.
El coche no redujo la velocidad.
2 ▷ Ralentis, tu marches trop vite !
¡Afloja el paso, que andas demasiado rápido!

1 (en parlant d'un véhicule) **reducir la velocidad**

2 (en parlant de quelqu'un qui marche) **aflojar el paso**

râler

▷ Arrête de râler !
¡Deja de refunfuñar!

refunfuñar

rallonger

▷ Ma mère a rallongé ma jupe.
Mi madre me ha alargado la falda.
▷ On a rallongé nos vacances de trois jours.
Alargamos las vacaciones tres días.

(= rendre plus long) **alargar**

Notez que la préposition **de** *n'est pas traduite en espagnol.*

rallumer

▷ J'ai froid, est-ce que je peux rallumer le chauffage ?
Tengo frío, ¿puedo volver a encender la calefacción?

volver a encender

ramasser

1 ▷ Rachid a ramassé ma gomme, qui était tombée par terre.
Rachid recogió mi goma, que se había caído al suelo.
▷ Le prof va ramasser les copies.
El profesor va a recoger los exámenes.

1 (= prendre quelque chose qui est tombé, rassembler quelque chose) **recoger**

2 ▷ On est allés ramasser des champignons dans la forêt.
Fuimos a coger setas al bosque.

2 (= cueillir) **coger**

rame

1 ▷ Paul a laissé tomber la rame dans l'eau.
Paul dejó caer el remo al agua.

1 (= aviron) el **remo**

2 ▷ La rame de métro est passée sans s'arrêter.
El metro pasó sin pararse.

2 ► **rame de métro :** el **metro**

ramener

1 ▷ Sébastien a ramené un copain pour dîner.
Sébastien trajo a un amigo a cenar.

1 (= amener avec soi) **traer**

2 ▷ La mère de Luc a ramené son frère à l'école.
La madre de Luc llevó a su hermano al colegio.

2 (= emmener ailleurs) **llevar**
Si le complément est une personne ou un groupe de personnes, n'oubliez pas de le faire précéder de ***a****.*

ramer

▷ J'ai appris à ramer sur le lac.
Aprendí a remar en el lago.

(sur un bateau) **remar**

se ramollir

▷ Laisse le beurre se ramollir.
Deja que se ablande la mantequilla.

(en parlant d'un aliment) **ablandarse**
Le pronom réfléchi fonctionne de la façon suivante en espagnol : ***se*** (singulier) *ablanda,* ***se*** (pluriel) *ablandan.*

rampe

1 ▷ Tiens bien la rampe, les marches sont glissantes.
Sujeta bien la barandilla, que los escalones resbalan.

1 (= main courante d'un escalier) la **barandilla**

2 ▷ Il y a une rampe d'accès pour les personnes en fauteuil roulant.
Hay una rampa de acceso para las personas en sillas de ruedas.

2 (= plan incliné) la **rampa**

ramper

▻ On a dû ramper sous la clôture.
Tuvimos que reptar por debajo de la valla.

(= avancer sur le ventre) **reptar**

randonnée

1 ▻ J'aime beaucoup la randonnée.
Me gusta mucho el senderismo.

2 ▻ Hier on a fait une longue randonnée.
Ayer hicimos una larga excursión.

1 ► **la randonnée : el senderismo**

2 ► **une randonnée : una excursión** (pluriel : **excursiones**)

Il n'y a pas d'accent écrit au pluriel. L'accent tonique porte sur le ***o****, comme au singulier.*

rang

▻ On a des places au premier rang.
Tenemos asientos en la primera fila.

▻ La prof de sport nous a demandé de nous mettre en rang.
La profesora de deporte nos pidió que nos pusiéramos en fila.

(= rangée) **la fila**

► **se mettre en rang : ponerse en fila**

Le pronom réfléchi fonctionne de la façon suivante en espagnol : ***nos*** *ponemos en fila,* ***os*** *ponéis en fila,* ***se*** *ponen en fila.*

rangé, rangée

▻ La cuisine est bien rangée.
La cocina está bien arreglada.

▻ Ce bureau n'est pas bien rangé.
Este despacho no está bien arreglado.

arreglado, arreglada

rangée

▻ Il y avait au moins dix rangées de CD.
Había por lo menos diez hileras de CD.

la **hilera**

rangement

▻ J'ai fait du rangement dans ma chambre.
Puse orden en mi habitación.

► **faire du rangement : poner orden**

ranger

1 ▻ Je n'ai pas rangé ma chambre depuis des mois.
Hace meses que no he arreglado mi cuarto.

1 (= mettre de l'ordre dans) **arreglar**

Attention à bien prononcer les deux ***r*** *de* ***arreglar****.*

2 ▻ Tu ranges mes affaires et je ne retrouve rien !
¡Ordenas mis cosas y no encuentro nada!

2 (= mettre à sa place) **ordenar**

râpé, râpée

▷ Suivant la recette, il faut ajouter deux cents grammes de fromage râpé.
Según la receta, hay que añadir doscientos gramos de queso rallado.

(= coupé très fin) **rallado, rallada**

rapide

▷ On a préparé un repas rapide.
Preparamos una comida rápida.
▷ C'est un coureur très rapide.
Es un corredor muy rápido.

rápido, rápida

*Remarquez que le mot espagnol porte sur le **a** un accent écrit qui reflète l'accent tonique.*

rappeler

1 ▷ Il n'est pas là ? Tant pis, je rappellerai.
¿No está? No importa, volveré a llamar.
2 ▷ Rappelle-moi d'acheter du pain.
Recuérdame que compre pan.

▷ Ça me rappelle mes vacances en Espagne.
Me recuerda mis vacaciones en España.
3 ▷ Je ne me rappelle plus son nom.
No me acuerdo de su nombre.

1 (= retéléphoner) **volver a llamar**

2 ► **rappeler à** quelqu'un **de** + infinitif : **recordar a** alguien **que** + subjonctif
► **rappeler** quelque chose **à** quelqu'un : **recordar** algo **a** alguien

3 ► **se rappeler** quelque chose : **acordarse de** algo

*Le pronom réfléchi fonctionne de la façon suivante en espagnol : **me** acuerdo, **te** acuerdas, **se*** (singulier) *acuerda, **nos** acordamos, **os** acordáis, **se*** (pluriel) *acuerdan.*

rapport

1 ▷ Il n'y aucun rapport entre les deux.
No hay ninguna relación entre los dos.
▷ Andrea et Sabine ont de bons rapports avec leur mère.
Andrea y Sabine mantienen buenas relaciones con su madre.

▷ Il faut te protéger si tu as des rapports sexuels.
Te tienes que proteger si tienes relaciones sexuales.

1 (= lien, contact) la **relación** (pluriel : las relaciones)

*Il n'y a pas d'accent écrit au pluriel. L'accent tonique porte sur le **o**, comme au singulier.*

► **avoir des rapports sexuels : tener relaciones sexuales**

2 ▷ Susana est grande par rapport à sa sœur.
Susana es alta comparada con su hermana.
▷ Par rapport à Thomas, Nicolas n'a pas beaucoup de copains.
Comparado con Thomas, Nicolas no tiene muchos amigos.

2 ► **par rapport à** (= comparé à) : **comparado** *ou* **comparada con**

rapporter

1 ▷ Mes parents ont rapporté des souvenirs de Grèce.
Mis padres trajeron souvenirs de Grecia.

1 ► **rapporter** quelque chose (= l'apporter avec soi) : **traer** algo

2 ▷ Je vais rapporter cette jupe au magasin, elle a un défaut.
Voy a devolver esta falda a la tienda, tiene un defecto.

2 ► **rapporter** quelque chose (= le rendre) : **devolver** algo

3 ▷ Ce n'est pas bien de rapporter.
No está bien chivarse.

3 ► **rapporter** (= dénoncer quelqu'un) : **chivarse**

ℹ *Le pronom réfléchi fonctionne de la façon suivante en espagnol :* ***me*** *chivo,* ***te*** *chivas,* ***se*** (singulier) *chiva,* ***nos*** *chivamos,* ***os*** *chiváis,* ***se*** (pluriel) *chivan.*

rapprocher

1 ▷ Rapproche ton fauteuil de la lampe.
Acerca tu sillón a la lámpara.

1 ► **rapprocher** quelque chose (= le mettre plus près) : **acercar** algo

ℹ *Notez la préposition utilisée en espagnol :* rapprocher **de** = *acercar* ***a***.

2 ▷ Le bateau se rapprochait lentement de la côte.
El barco se acercaba lentamente a la costa.

2 ► **se rapprocher** (= se mettre plus près) : **acercarse**

ℹ *Notez la préposition utilisée en espagnol :* se rapprocher **de** = *acercarse* ***a***.

ℹ *Le pronom réfléchi fonctionne de la façon suivante en espagnol :* ***me*** *acerco,* ***te*** *acercas,* ***se*** (singulier) *acerca,* ***nos*** *acercamos,* ***os*** *acercáis,* ***se*** (pluriel) *acercan.*

raquette

1 ▷ J'ai besoin d'une nouvelle raquette de tennis.
Necesito una nueva raqueta de tenis.

1 (pour jouer au tennis, au squash, au badminton) la **raqueta**

2 ▷ N'oublie pas d'emporter les raquettes de ping-pong.
No te olvides de llevar las palas de ping-pong.

2 (pour jouer au ping-pong) la **pala**

rare

1 ▷ Dans certains pays, l'eau est une denrée rare.
En algunos países, el agua es un bien escaso.

2 ▷ Mathilde collectionne les timbres rares.
Mathilde colecciona los sellos raros.

1 (= peu abondant) **escaso, escasa**

2 (= exceptionnel) **raro, rara**

rarement

▷ Nous allons rarement au cinéma.
Vamos muy poco al cine.

muy poco

se raser

▷ Mathieu se rase tous les jours.
Mathieu se afeita todos los días.

▷ Elle est folle, elle veut se raser la tête !
¡Está loca, quiere afeitarse la cabeza!

afeitarse

ℹ *Le pronom réfléchi fonctionne de la façon suivante en espagnol :* ***me** afeita,* ***te** afeitas,* ***se*** (singulier) *afeita,* ***nos** afeitamos,* ***os** afeitáis,* ***se*** (pluriel) *afeitan.*

rasoir

1 ▷ Est-ce que tu as un rasoir jetable ?
¿Tienes una maquinilla de afeitar desechable?

2 ▷ Le cours de français était vraiment rasoir !
¡La clase de francés era aburridísima!

1 ► **le rasoir** (pour se raser) **: la maquinilla de afeitar** (pluriel : **las maquinillas de afeitar**)

2 ► **rasoir** (adjectif = ennuyeux) **:**
aburrido, aburrida

ℹ *L'adjectif* **rasoir** *est familier, mais* ***aburrido*** *ne l'est pas.*

se rassembler

▷ Tous les élèves se sont rassemblés dans la cour.
Todos los alumnos se reunieron en el patio.

reunirse

ℹ *Le pronom réfléchi fonctionne de la façon suivante en espagnol :* ***nos** reunimos,* ***os** reunís,* ***se*** (pluriel) *reúnen.*

se rasseoir

▷ Le proviseur nous a dit de nous rasseoir.
El director nos dijo que volviéramos a sentarnos.

volver a sentarse

ℹ *Le pronom réfléchi fonctionne de la façon suivante en espagnol : vuelvo a senta**rme**, vuelves a senta**rte**, vuelve a senta**rse*** (singulier), *volvemos a senta**rnos**, volvéis a senta**ros**, vuelven a senta**rse*** (pluriel).

rassurer

1 ▻ J'ai essayé de rassurer Charlotte.
Traté de tranquilizar a Charlotte.

1 **tranquilizar**
Si le complément est une personne ou un groupe de personnes, n'oubliez pas de le faire précéder de ***a****.*

2 ▻ Rassure-toi, je rentrerai tôt.
Tranquilízate, volveré temprano.

2 Pour dire à quelqu'un de ne pas s'inquiéter, on dit **tranquilízate**.

rat

▻ J'ai vu un énorme rat noir !
¡He visto una rata negra enorme!

(= animal) la **rata**

râteau

▻ Alex nettoie la pelouse avec un râteau.
Alex está limpiando el césped con un rastrillo.

el **rastrillo**

rater

1 ▻ Dépêche-toi, on va rater le train !
¡Date prisa, que vamos a perder el tren!

1 (= manquer) **perder**

2 ▻ Mon père a raté le gâteau.
A mi padre le salió mal el pastel.

2 Pour dire qu'on a mal fait un plat ou une photo, on emploie l'expression **salir mal** précédée du pronom complément d'objet indirect qui convient (***me*** *salió mal*, ***te*** *salió mal*, etc.).

3 ▻ Virginie a encore raté son permis de conduire.
Virginie ha vuelto a suspender el examen de conducir.

3 (en parlant d'un examen) **suspender**

rattrapage

▻ Il y a des cours de rattrapage en espagnol le mardi.
Hay clases de recuperación de español los martes.

► **cours de rattrapage :** la **clase de recuperación** (pluriel : las **clases de recuperación**)

rattraper

1 ▻ Heureusement que j'ai rattrapé le vase avant qu'il ne se casse !
¡Menos mal que cogí el florero antes de que se rompiera!

1 (= saisir) **coger**

2 ▻ J'ai réussi à rattraper Isa en marchant vite.
Conseguí alcanzar a Isa caminando de prisa.

2 (= rejoindre) **alcanzar**
Si le complément est une personne ou un groupe de personnes, n'oubliez pas de le faire précéder de ***a****.*

Suite page suivante

3 ▷ Hubert a rattrapé son retard en maths.
Hubert se ha puesto al día en matemáticas.

3 ► **rattraper son retard** (dans une matière) : **ponerse al día**

ℹ *Le pronom réfléchi fonctionne de la façon suivante en espagnol : **me** pongo, **te** pones, **se*** (singulier) *pone, **nos** ponemos, **os** ponéis, **se*** (pluriel) *ponen al día.*

rature

▷ Tu ne peux pas rendre ta copie comme ça, elle est pleine de ratures.
No puedes entregar el examen así, está lleno de tachaduras.

la **tachadura**

rayé, rayée

1 ▷ Adam porte une cravate rayée.
Adam lleva una corbata a rayas.

2 ▷ Mes lunettes sont rayées.
Tengo las gafas rayadas.

1 (avec des bandes) **a rayas**

2 (= éraflé) **rayado, rayada**

rayon

1 ▷ Enfin un rayon de soleil !
¡Por fin un rayo de sol!

2 ▷ Le vendeur nous a envoyés au rayon surgelés.
El dependiente nos mandó a la sección de congelados.

1 (= lumière) el **rayo**

2 (= partie d'un magasin) la **sección** (pluriel : las **secciones**)

ℹ *Il n'y a pas d'accent écrit au pluriel. L'accent tonique porte sur le **o**, comme au singulier.*

rayure

▷ Il y a une grande rayure sur la portière.
Hay una gran raya en la portezuela.

▷ Il portait une chemise avec des rayures très fines.
Llevaba una camisa de rayas muy finas.

▷ Loïc portait un pull à rayures.
Loïc llevaba un jersey a rayas.

la **raya**

► **à rayures** : **a rayas**

ℹ *On peut dire aussi **de rayas**.*

réaction

▷ Je n'ai pas compris sa réaction.
No entendí su reacción.

la **reacción** (pluriel : las **reacciones**)

ℹ *Il n'y a pas d'accent écrit au pluriel. L'accent tonique porte sur le **o**, comme au singulier.*

réagir

▻ Pourquoi tu as réagi si violemment ?
¿Por qué reaccionaste tan violentamente?

reaccionar

réaliser

1 ▻ Tout d'un coup j'ai réalisé que c'était impossible.
De repente me di cuenta de que era imposible.

1 ► **réaliser que** (= se rendre compte) : **darse cuenta de que**

*Le pronom réfléchi fonctionne de la façon suivante en espagnol : **me** doy cuenta, **te** das cuenta, **se*** (singulier) *da cuenta, **nos** damos cuenta, **os** dais cuenta, **se*** (pluriel) *dan cuenta.*

2 ▻ Eugénie a réalisé son projet.
Eugénie ha realizado su proyecto.

2 (= faire) **realizar**

3 ▻ Qui a réalisé ce film ?
¿Quién ha dirigido esta película?

3 ► **réaliser un film** : **dirigir una película**

réalité

▻ Parfois la réalité est dure à accepter.
A veces la realidad es difícil de aceptar.
▻ Ça a l'air difficile, mais en réalité ça ne l'est pas.
Parece difícil, pero en realidad no lo es.

la **realidad**

► **en réalité** : **en realidad**

rebondir

▻ Le ballon a rebondi contre le mur.
La pelota rebotó contra la pared.

rebotar

rebord

▻ Ma mère a posé le gâteau sur le rebord de la fenêtre et le chien l'a mangé !
¡Mi madre puso el pastel en el alféizar de la ventana y el perro se lo comió!

► **le rebord de la fenêtre** : **el alféizar de la ventana** (pluriel : **los alféizares de las ventanas**)

*Remarquez que le mot espagnol porte sur le **e** un accent écrit qui reflète l'accent tonique.*

récemment

▻ Je ne t'ai pas beaucoup vu récemment.
No te he visto mucho recientemente.

recientemente

récent, récente

▻ C'est un changement récent.
Es un cambio reciente.

reciente

recette

▷ Cette recette est très facile à suivre.
Esta receta es muy fácil de seguir.

(= recette de cuisine) la **receta**

recevoir

1 ▷ Est-ce que tu as reçu ton cadeau ?
¿Has recibido tu regalo?
▷ Alex a reçu un coup sur la tête en essayant de les séparer.
Alex recibió un golpe en la cabeza al intentar separarlos.

2 ▷ Les Pereira ont très bien reçu l'ami français de leur fils.
Los Pereira acogieron muy bien al amigo francés de su hijo.

1 **recibir**

2 (= accueillir) **acoger**
Si le complément est une personne ou un groupe de personnes, n'oubliez pas de le faire précéder de ***a****.*
Voir aussi **reçu, reçue**.

rechange

1 ▷ Heureusement, nous avions une roue de rechange.
Afortunadamente, teníamos una rueda de recambio.

2 ▷ Emporte des habits de rechange au cas où il pleuvrait.
Llévate ropa de repuesto por si llueve.

1 ► **de rechange** (en parlant d'une roue ou d'une pièce) : **de recambio**

2 ► **de rechange** (en parlant de vêtements) : **de repuesto**

réchauffer

1 ▷ On pourrait juste réchauffer des restes.
Podríamos simplemente recalentar sobras.

2 ▷ Bois ça, ça te réchauffera.
Bebe esto, te hará entrar en calor.

3 ▷ Sacha courait pour se réchauffer.
Sacha corría para entrar en calor.

4 ▷ Le temps se réchauffe enfin !
¡Por fin suben las temperaturas!

1 (en parlant de nourriture) **recalentar**

2 (en parlant d'une personne) **hacer entrar en calor**

3 ► **se réchauffer** (= soi-même) : **entrar en calor**

4 Pour dire que le temps se réchauffe, on emploie l'équivalent de les températures augmentent : **suben las temperaturas.**

recherche

1 ▷ La recherche des deux enfants disparus n'aboutit pour l'instant à rien.
La búsqueda de los dos niños desaparecidos no da por el momento ningún resultado.

1 (= pour trouver ou retrouver) la **búsqueda** (pluriel : las **búsquedas**)

Remarquez que le mot espagnol porte sur le ***u*** *un accent écrit qui reflète l'accent tonique.*

▷ Je suis à la recherche d'un appartement.
Estoy en busca de un piso.

▷ J'ai fait des recherches à la bibliothèque pour mon exposé.
Busqué información en la biblioteca para mi exposición.

► **à la recherche de : en busca de**

► **faire des recherches** (pour un travail) **: buscar información**

2 ▷ J'aimerais me consacrer à la recherche scientifique.
Me gustaría dedicarme a la investigación científica.

2 (= pour découvrir) la **investigación** (pluriel : las investigaciones)

*Il n'y a pas d'accent écrit au pluriel. L'accent tonique porte sur le **o**, comme au singulier.*

▷ La sœur de Malek fait de la recherche en physique.
La hermana de Malek hace un trabajo de investigación en física.

▷ La police a fait des recherches mais n'a pas retrouvé l'assassin.
La policía hizo investigaciones pero no encontró al asesino.

► **faire de la recherche** (= activité scientifique) **: hacer un trabajo de investigación**

► **faire des recherches** (= faire une enquête) **: hacer investigaciones**

rechercher

▷ Arnaud veut rechercher son père biologique.
Arnaud quiere buscar a su padre biológico.

▷ Apparemment, il est recherché par la police.
Se ve que le busca la policía.

buscar

*Si le complément est une personne ou un groupe de personnes, n'oubliez pas de le faire précéder de **a**.*

récipient

▷ Utilise n'importe quel récipient.
Usa cualquier recipiente.

el **recipiente**

récitation

▷ Tu ne sais pas bien ta récitation.
No te sabes bien la recitación.

la **recitación** (pluriel : las recitaciones)

*Il n'y a pas d'accent écrit au pluriel. L'accent tonique porte sur le **o**, comme au singulier.*

réciter

▷ Le prof lui a fait réciter un poème.
El profesor le hizo recitar un poema.

recitar

réclamation

▷ Mes parents ont fait une réclamation parce que la chambre d'hôtel était sale.
Mis padres presentaron una reclamación porque la habitación del hotel estaba sucia.

la **reclamación** (pluriel : **las reclamaciones**)

*Il n'y a pas d'accent écrit au pluriel. L'accent tonique porte sur le **o**, comme au singulier.*

réclamer

▷ Il a réclamé des frites à tous les repas !
¡Reclamó patatas fritas en cada comida!
▷ J'ai réclamé mon livre à Sandra mais elle n'a pas voulu me le rendre.
Le reclamé mi libro a Sandra pero no quiso devolvérmelo.

reclamar

récolte

▷ La récolte est très bonne cette année.
La cosecha es muy buena este año.

la **cosecha**

récolter

1 ▷ À cause du mauvais temps, nous n'avons pu rien récolter.
A causa del mal tiempo, no pudimos cosechar nada.
2 ▷ Nous avons aidé notre voisin à récolter les pommes de terre.
Ayudamos a nuestro vecino a recoger las patatas.

1 (= faire la récolte) **cosechar**

2 (= ramasser) **recoger**

recommander

▷ C'est un restaurant que nous a recommandé mon oncle.
Es un restaurante que nos recomendó mi tío.
▷ Le médecin a recommandé à Paul de se reposer.
El médico le recomendó a Paul que descansara.

recomendar

► **recommander à** quelqu'un **de** + infinitif **: recomendar a** alguien **que** + subjonctif

recommencer

▷ Ne recommence pas ou je me fâche !
¡No vuelvas a empezar o me enfado!
▷ L'école recommence en septembre.
Las clases vuelven a empezar en septiembre.

volver a empezar

récompenser

▷ À la maternelle, l'institutrice récompense les enfants en leur donnant des bonbons.
En el parvulario, la profesora recompensa a los niños dándoles caramelos.

recompensar

*Si le complément est une personne ou un groupe de personnes, n'oubliez pas de le faire précéder de **a**.*

se réconcilier

▷ Gilles et Mathieu se sont réconciliés.
Gilles y Mathieu se han reconciliado.

reconciliarse

*Le pronom réfléchi fonctionne de la façon suivante en espagnol : **nos** reconciliamos, **os** reconciliáis, **se*** (pluriel) *reconcilian.*

reconnaître

▷ Je n'ai pas reconnu Serge, car il a beaucoup changé.
No reconocí a Serge, ya que ha cambiado mucho.
▷ Reconnais que tu as eu tort.
Reconoce que te equivocaste.

reconocer

*Si le complément est une personne ou un groupe de personnes, n'oubliez pas de le faire précéder de **a**.*

recopier

1 ▷ Si je recopie le poème, je m'en souviendrai plus facilement.
Si copio el poema, me acordaré más fácilmente de él.
2 ▷ Je dois encore recopier mon exposé, il est plein de fautes.
Todavía tengo que pasar a limpio mi exposición, que está llena de errores.

1 (= reproduire) **copiar**

2 (= mettre au propre) **pasar a limpio**

record

▷ Ludmila a battu le record de l'école à la course.
Ludmila batió el récord de carrera del colegio.

el **récord** (pluriel : los récords)

*Remarquez que le mot espagnol porte sur le **e** un accent écrit qui reflète l'accent tonique.*

Notez la traduction de battre un record : ***batir** un récord.*

recouvert, recouverte de

▷ Le mur est recouvert de lierre.
La pared está recubierta de hiedra.

recubierto, recubierta de

récré ou récréation

▷ Il y a une récréation le matin et une l'après-midi.
Tenemos recreo por la mañana y por la tarde.
▷ On se retrouve à la récré.
Nos vemos a la hora del recreo.

el **recreo**

rectangle

▷ Tu as mal fait ton rectangle, on dirait un carré.
Has hecho mal el rectángulo, parece un cuadrado.

el **rectángulo**
Remarquez que le mot espagnol porte sur le **a** *un accent écrit qui reflète l'accent tonique.*

rectifier

▷ La prof m'a fait rectifier trois choses dans mon exposé.
La profesora me hizo rectificar tres cosas en la exposición.

rectificar

reçu, reçue

1 ▷ Nicolas a été reçu à son examen.
Nicolas aprobó el examen.
2 ▷ Ma sœur aînée a été reçue à La Sorbonne.
Mi hermana mayor ha ingresado en La Sorbona.
3 ▷ Est-ce que tu as gardé le reçu ?
¿Has guardado el recibo?

1 ► **être reçu** (à un examen) : **aprobar**
2 ► **être reçu à** (à une institution scolaire) : **ingresar en**
3 ► **un reçu** (= une preuve d'achat) : **un recibo**

reculer

1 ▷ Recule, tu es trop près pour la photo.
Retrocede, estás demasiado cerca para la foto.
▷ La voiture a reculé pour nous laisser passer.
El coche retrocedió para dejarnos pasar.
2 ▷ Recule un peu ta chaise.
Aparta un poco tu silla.

1 ► **reculer** (= s'éloigner) : **retroceder**
2 ► **reculer** quelque chose (= le mettre plus loin) : **apartar** algo

à reculons

▷ Lucas a traversé la pièce à reculons.
Lucas atravesó la habitación andando hacia atrás.

(= en arrière) **andando hacia atrás**

récupérer

1 ▷ Si tu ne lui réclames pas ton livre, tu ne le récupéreras jamais.
Si no le reclamas tu libro, nunca lo recuperarás.
2 ▷ Elle récupérera sa fille après les cours.
Irá a buscar a su hija después de las clases.

1 ► **récupérer** quelque chose (= le retrouver) : **recuperar** algo
2 ► **récupérer** quelqu'un (= aller le chercher) : **ir a buscar** a **alguien**

3 ▷ Ça va mieux ? Tu as récupéré ?
¿Estás mejor? ¿Te has recuperado?

3 ► **récupérer** (= se remettre d'une maladie, de la fatigue) : **recuperarse**

ℹ *Le pronom réfléchi fonctionne de la façon suivante en espagnol :* ***me*** *recupero,* ***te*** *recuperas,* ***se*** (singulier) *recupera,* ***nos*** *recuperamos,* ***os*** *recuperáis,* ***se*** (pluriel) *recuperan.*

recycler

▷ La mairie recycle les bouteilles en plastique.
El ayuntamiento recicla las botellas de plástico.

reciclar

rédaction

▷ Sabine a eu une bonne note à sa rédaction.
Sabine sacó una buena nota en la redacción.

la **redacción** (pluriel : las **redacciones**)

ℹ *Il n'y a pas d'accent écrit au pluriel. L'accent tonique porte sur le* ***o****, comme au singulier.*

rédiger

▷ Le prof a dit que mon devoir était mal rédigé.
El profesor dijo que mi examen estaba mal redactado.

redactar

redoubler

▷ Les parents de Juan ne veulent pas qu'il redouble.
Los padres de Juan no quieren que repita curso.

(= refaire une année) **repetir curso**

redresser

1 ▷ Lucille porte un appareil pour redresser ses dents.
Lucille lleva un aparato para enderezarle los dientes.

1 (= remettre droit quelque chose de tordu) **enderezar**

2 ▷ Idriss a redressé la tête quand on est entrés.
Idriss levantó la cabeza cuando entramos.

2 ► **redresser la tête** : **levantar la cabeza**

3 ▷ Redresse-toi, Carmen, tu es presque couchée sur la table !
¡Ponte derecha, Carmen, que estás casi tumbada en la mesa!

3 ► **se redresser** : **ponerse derecho**

ℹ *Le pronom réfléchi fonctionne de la façon suivante en espagnol :* ***me*** *pongo derecho,* ***te*** *pones derecho,* ***se*** (singulier) *pone derecho,* ***nos*** *ponemos derechos,* ***os*** *ponéis derechos,* ***se*** (pluriel) *ponen derechos.*

réduction

▷ Est-ce que tu as eu une réduction sur les billets ?
¿Conseguiste una rebaja en los billetes?

(= rabais) la **rebaja**

refaire

1 ▷ Si tu refais ça, je ne te parle jamais plus !
¡Si vuelves a hacer eso, no te hablo nunca más!

2 ▷ Le toit de l'école a été refait.
Han reparado el tejado de la escuela.

1 (= recommencer) **volver a hacer**

2 (= réparer) **reparar**

réfléchir

1 ▷ Réfléchis avant de parler !
¡Reflexiona antes de hablar!

2 ▷ Le blanc réfléchit la lumière du soleil.
El blanco refleja la luz del sol.

1 (= penser) **reflexionar**

2 (= refléter) **reflejar**

refléter

▷ La mer reflète la couleur du ciel.
El mar refleja el color del cielo.

reflejar

réflexe

1 ▷ Il faut avoir de bons réflexes pour conduire.
Hay que tener buenos reflejos para conducir.

2 ▷ Mon premier réflexe a été d'appeler mon père.
Mi primera reacción fue de llamar a mi padre.

1 (= mouvement) el **reflejo**

2 (= réaction) la **reacción** (pluriel : las reacciones)

i *Il n'y a pas d'accent écrit au pluriel. L'accent tonique porte sur le* ***o****, comme au singulier.*

réflexion

▷ Suzie a fait une réflexion sur ma façon de parler.
Suzie hizo un comentario sobre mi modo de hablar.

(= remarque) el **comentario**

refrain

▷ Je ne connais que le refrain de cette chanson.
Conozco sólo el estribillo de esta canción.

(= couplet que l'on répète) el **estribillo**

Le mot ***refrán*** *existe, mais il signifie* proverbe.

réfrigérateur

▷ Qui a oublié de mettre le beurre au réfrigérateur ?
¿Quién se olvidó de poner la mantequilla en la nevera?

la **nevera**

refroidir

1 ▷ Attends que la soupe refroidisse.
Espera a que la sopa se enfríe.
▷ Mangez ou ça va refroidir.
Comed o se va a enfriar.

1 (= devenir moins chaud)
enfriarse

*Le pronom réfléchi fonctionne de la façon suivante en espagnol : **se** (singulier) enfría, **se** (pluriel) enfrían.*

2 ▷ Le temps s'est encore refroidi.
Las temperaturas han vuelto a bajar.

2 Pour dire que le temps se refroidit, on emploie l'équivalent de les températures baissent : **bajan las temperaturas.**

réfugié, réfugiée

▷ Les parents de Mourad sont des réfugiés.
Los padres de Mourad son refugiados.

el **refugiado,** la **refugiada**

refuser

1 ▷ Quentin a refusé de nous aider.
Quentin se negó a ayudarnos.
2 ▷ Je n'ai pas osé refuser l'invitation.
No me atreví a rechazar la invitación.

1 ► **refuser de faire** quelque chose : **negarse a hacer** algo

2 ► **refuser** quelque chose (en parlant d'une invitation ou d'une offre) : **rechazar** algo

3 ▷ Anaïs voulait aller au conservatoire, mais elle a été refusée.
Anaïs quería ir al conservatorio, pero no la aceptaron.

3 Pour dire qu'on a été refusé à une école ou pour un poste, on emploie en espagnol le verbe **aceptar** à la forme négative et à la troisième personne du pluriel.

se régaler

▷ Ce repas était délicieux, je me suis régalé.
Esta comida fue deliciosa, la disfruté mucho.

Pour dire qu'on se régale, on emploie en espagnol l'expression **disfrutar mucho** + complément d'objet.

regard

▷ Antonio m'a lancé un regard furieux.
Antonio me lanzó una mirada furiosa.

(= expression, coup d'œil) la **mirada**
► **lancer un regard à** quelqu'un : **lanzar una mirada a** alguien

regarder

1 ▷ Regarde ce bel arc-en-ciel !
¡Mira este hermoso arco iris!
▷ Est-ce que tu as regardé dans les pages jaunes ?
¿Has mirado en las páginas amarillas?

1 (= voir un paysage, un livre, chercher dans un dictionnaire) **mirar**

2 ▷ Est-ce que tu regardes souvent la télévision ?
¿Ves mucho la tele?

2 (en parlant de la télévision ou d'un film) **ver**

3 ▷ Tu as un copain ? – Ça ne te regarde pas !
¿Tienes novio? – ¡Eso no es asunto tuyo!

3 Pour dire à quelqu'un de se mêler de ses affaires, on emploie en espagnol **eso no es asunto tuyo/suyo/vuestro**.

4 ▷ Ils se sont regardés et ils ont éclaté de rire.
Se miraron y se pusieron a reír.
▷ Je me suis regardée dans la glace et j'ai vu que j'avais un gros bouton sur le front.
Me miré en el espejo y vi que tenía un grano enorme en la frente.

4 ► **se regarder : mirarse**

ℹ *Le pronom réfléchi fonctionne de la façon suivante en espagnol : **me** miro, **te** miras, **se** (singulier) mira, **nos** miramos, **os** miráis, **se** (pluriel) miran.*

régime

▷ Le docteur a imposé à mon père un régime sans sel.
El doctor ha impuesto a mi padre un régimen sin sal.

(= pour perdre du poids) el **régimen** (pluriel : los regímenes)

ℹ *Attention ! Au singulier l'accent écrit et tonique porte sur le **e**, tandis qu'au pluriel l'accent écrit et tonique se déplace sur le **i**.*

▷ Paul est au régime, il veut maigrir.
Paul está a régimen, quiere adelgazar.

► **être au régime : estar a régimen**

région

▷ Nous avons visité une région de montagne.
Visitamos una región de montaña.
▷ Ils habitent en région parisienne.
Viven en la región de París.

la **región** (pluriel : las regiones)

ℹ *Il n'y a pas d'accent écrit au pluriel. L'accent tonique porte sur le **o**, comme au singulier.*

règle

▷ Utilise une règle pour tracer les traits.
Utiliza una regla para trazar las rayas.
▷ C'est un jeu facile ; je vais t'expliquer les règles.
Es un juego fácil; te voy a explicar las reglas.

la **regla**

règlement

▻ Le règlement de l'école interdit de mâcher du chewing-gum pendant les cours.
El reglamento del colegio prohibe mascar chicle durante las clases.

el **reglamento**

régler

1 ▻ Le proviseur a dit qu'il allait régler le problème.
El director dijo que iba a resolver el problema.

2 ▻ Peux-tu régler le son ? Je n'entends rien.
¿Puedes regular el volumen? No oigo nada.

3 ▻ Le chauffage est mal réglé.
La calefacción está mal ajustada.

1 (= résoudre) **resolver**

2 (= moduler, en parlant du son) **regular**

3 (= mettre au point, en parlant d'un appareil) **ajustar**

réglisse

▻ Hubert m'a donné des bonbons à la réglisse.
Hubert me dio caramelos de regaliz.

la **regaliz**

regretter

1 ▻ Je regrette, je ne peux pas t'aider.
Lo siento, no te puedo ayudar.
▻ Je regrette de ne pas les avoir vus.
Siento no haberlos visto.

2 ▻ Personne n'a regretté cette prof quand elle est partie.
Nadie echó de menos a esa profesora cuando se fue.

1 (= être désolé) **sentirlo**

Notez que la préposition **de** *dans* **je regrette de...** *ne se traduit pas en espagnol.*

2 (en parlant d'une personne ou d'un endroit qui nous manque) **echar de menos**

Si le complément est une personne ou un groupe de personnes, n'oubliez pas de le faire précéder de **a**.

régulier, régulière

▻ Les bus ne sont pas très réguliers.
Los autobuses no son muy regulares.

regular (pluriel : **regulares**)

régulièrement

▻ Jean-Loup vient régulièrement nous voir.
Jean-Loup viene a vernos con regularidad.

con regularidad

rein

▷ Mon oncle s'est fait opérer d'un rein.
A mi tío le han operado de un riñón.
▷ J'ai mal aux reins.
Me duelen los riñones.

el **riñón** (pluriel : los **riñones**)

ℹ *Il n'y a pas d'accent écrit au pluriel. L'accent tonique porte sur le* ***o****, comme au singulier.*

reine

▷ La reine d'Espagne s'appelle Sofía.
La reina de España se llama Sofía.

la **reina**

rejoindre

1 ▷ Je vous rejoins après le film.
Os veo después de la película.

1 Pour dire qu'on retrouve quelqu'un d'autre, on emploie en espagnol le verbe **ver**.

2 ▷ Pascal a couru tellement vite qu'il a rejoint les autres.
Pascal corrió tan rápido que alcanzó a los demás.

2 (= rattraper) **alcanzar**

Si le complément est une personne ou un groupe de personnes, n'oubliez pas de le faire précéder de ***a****.*

relation

▷ Il n'y aucune relation entre les deux idées.
No hay ninguna relación entre las dos ideas.
▷ Ils ont de très bonnes relations.
Mantienen muy buenas relaciones.

la **relación** (pluriel : las **relaciones**)

ℹ *Il n'y a pas d'accent écrit au pluriel. L'accent tonique porte sur le* ***o****, comme au singulier.*

▷ Ils ont eu des relations sexuelles.
Han tenido relaciones sexuales.

► **relations sexuelles : relaciones sexuales**

se relayer

▷ On s'est relayés pour donner à manger aux animaux.
Nos turnamos para dar de comer a los animales.

turnarse

ℹ *Le pronom réfléchi fonctionne de la façon suivante en espagnol :* ***nos*** *turnamos,* ***os*** *turnáis,* ***se*** (pluriel) *turnan.*

relever

1 ▷ Relève tes manches pour ne pas les salir.
Súbete las mangas para no ensuciarlas.

1 (= remonter) **subir**

2 ▷ Le prof va relever les copies dans cinq minutes.
El profesor recogerá los exámenes dentro de cinco minutos.

2 (= ramasser) **recoger**

3 ▻ Patricia s'est relevée toute seule.
Patricia se levantó sola.

3 ► **se relever** (= se remettre debout) : **levantarse**

*Le pronom réfléchi fonctionne de la façon suivante en espagnol : **me** levanto, **te** levantas, **se** (singulier) levanta, **nos** levantamos, **os** levantáis, **se** (pluriel) levantan.*

relier

▻ C'est la route qui relie les deux villages.
Es la carretera que une los dos pueblos.

(= réunir, mettre en relation) **unir**

religion

▻ Pour lui la religion est très importante.
Para él la religión es muy importante.

la **religión** (pluriel : las **religiones**)

*Il n'y a pas d'accent écrit au pluriel. L'accent tonique porte sur le **o**, comme au singulier.*

relire

1 ▻ Est-ce que tu pourrais relire ma rédaction pour voir s'il y a des fautes ?
¿Podrías leer mi redacción a ver si hay faltas?

1 (= lire pour corriger) **leer**

2 ▻ Je suis en train de relire mon roman préféré.
Estoy releyendo mi novela preferida.

2 (= lire à nouveau) **releer**

remarquable

▻ Le prof dit que Fatima fait des progrès remarquables.
El profesor dice que Fatima está haciendo progresos extraordinarios.

extraordinario

remarque

▻ Les remarques du prof sont dans la marge.
Los comentarios del profesor están en el margen.

el **comentario**

remarquer

1 ▻ Tu as remarqué son piercing ?
¿Te has fijado en su piercing?

1 ► **remarquer** quelque chose : **fijarse en** algo

*Le pronom réfléchi fonctionne de la façon suivante en espagnol : **me** fijo, **te** fijas, **se** (singulier) fija, **nos** fijamos, **os** fijáis, **se** (pluriel) fijan.*

2 ▻ Je n'avais pas remarqué qu'Aurélie s'était teint les cheveux.
No me había dado cuenta de que Aurélie se había teñido el pelo.

2 ► **remarquer que : darse cuenta de que**

Suite page suivante

3 ▷ Ce n'est pas un problème, remarque !
¡La verdad es que no es un problema!

3 Pour traduire **remarque,** en fin ou en début de phrase, on emploie en espagnol l'expression **la verdad es que...** en début de phrase.

rembourser

1 ▷ Bob a oublié de me rembourser.
Bob se olvidó de devolverme el dinero.

1 ► **rembourser** quelqu'un (à qui on a emprunté de l'argent) : **devolver el dinero a** alguien

2 ▷ Ils n'arrivent pas à rembourser leur emprunt.
No consiguen pagar el préstamo.

2 ► **rembourser** quelque chose (en parlant d'un emprunt ou d'une dette) : **pagar** algo

remède

▷ C'est un remède très efficace.
Es un remedio muy eficaz.

el **remedio**

remercier

1 ▷ Il aurait pu nous remercier !
¡Hubiera podido darnos las gracias!
▷ Tu l'as remerciée pour le cadeau ?
¿Le has dado las gracias por el regalo?

1 (= dire merci à) **dar las gracias a**

ℹ *Notez la préposition utilisée en espagnol :* remercier quelqu'un **pour** = *dar las gracias a alguien* ***por***.

2 ▷ C'est très gentil, je vous remercie.
Muy amable, gracias.

2 ► **je vous remercie** *ou* **je te remercie : gracias**

remettre

1 ▷ Remets ce livre sur l'étagère.
Vuelve a poner este libro en el estante.
▷ Tu peux remettre la radio si tu veux.
Puedes volver a poner la radio si quieres.

1 (= replacer, remettre en marche) **volver a poner**

2 ▷ Je remets ma veste, j'ai froid.
Me vuelvo a poner la chaqueta, tengo frío.
▷ Remets tes chaussures, on va sortir.
Vuelve a ponerte los zapatos, vamos a salir.

2 (= se remettre dessus, en parlant d'un vêtement) **volver a ponerse**

ℹ *Le pronom réfléchi fonctionne de la façon suivante en espagnol :* ***me*** *vuelvo a poner,* ***te*** *vuelves a poner,* ***se*** (singulier) *vuelve a poner,* ***nos*** *volvemos a poner,* ***os*** *volvéis a poner,* ***se*** (pluriel) *vuelven a poner.*

3 ▷ Je lui ai remis une photocopie de mon passeport.
Le entregué una fotocopia de mi pasaporte.

3 ► **remettre** quelque chose **à** quelqu'un : **entregar** algo **a** alguien

4 ▷ La réunion a été remise à lundi.
La reunión ha sido aplazada hasta el lunes.

4 (= reporter) **aplazar**

5 ▷ Je ne sais pas si Bruno va se remettre de son accident.
No sé si Bruno se va a recuperar del accidente.

5 ► **se remettre** (= retrouver la santé) : **recuperarse**

*Le pronom réfléchi fonctionne de la façon suivante en espagnol : **me** recupero, **te** recuperas, **se*** (singulier) *recupera, **nos** recuperamos, **os** recuperáis, **se*** (pluriel) *recuperan.*

6 ▷ Et elle s'est remise à pleurer !
¡Y volvió a ponerse a llorar!

6 ► **se remettre à faire** quelque chose : **volver a ponerse a hacer** algo

remonter

1 ▷ On est remontés jusqu'en haut de la colline.
Volvimos a subir hasta lo alto de la colina.
▷ Grégoire a remonté la pente à toute vitesse.
Grégoire subió la cuesta a toda velocidad.

1 (= aller vers le haut) **volver a subir**
► **remonter la pente** : **subir la cuesta**

2 ▷ N'oublie pas de remonter la pendule.
No te olvides de darle cuerda al reloj.

2 ► **remonter** quelque chose (en parlant d'une montre ou d'une horloge) : **darle cuerda a** algo

remords

▷ Lucas a eu des remords quand il a vu qu'Isabelle était triste.
Lucas sintió remordimientos al ver que Isabelle estaba triste.

► **avoir des remords** : **sentir remordimientos**

remorquer

▷ Le garagiste a remorqué la voiture.
El mecánico remolcó el coche.

remolcar

remplaçant, remplaçante

▷ On a eu un remplaçant parce que la prof de gym était malade.
Nos pusieron un sustituto porque la profesora de gimnasia estaba enferma.

el **sustituto**, la **sustituta**

remplacer

1 ▷ Tu peux me remplacer deux minutes ?
¿Me puedes sustituir un par de minutos?
▷ C'est le prof qui remplace monsieur Benoît.
Es el profesor que sustituye al señor Benoît.

1 (= prendre le relais de) **sustituir**

*Si le complément est une personne ou un groupe de personnes, n'oubliez pas de le faire précéder de **a**.*

2 ▷ Je vais remplacer l'ampoule.
Voy a cambiar la bombilla.

2 (= changer) **cambiar**

rempli, remplie

(= plein) **lleno, llena**

▷ La bouteille est remplie.
La botella está llena.
▷ Cette rédaction est remplie de fautes !
¡Esta redacción está llena de faltas!

remplir

1 (= combler) **llenar**

1 ▷ Ne remplis pas le verre.
No llenes el vaso.
▷ Marcel a rempli son cahier de petits dessins.
Marcel ha llenado su cuaderno de dibujitos.

2 (en parlant d'un formulaire) **rellenar**

2 ▷ Est-ce que tu as rempli le questionnaire ?
¿Has rellenado el cuestionario?

remporter

(= gagner) **ganar**

▷ L'équipe de l'école a remporté la compétition.
El equipo del colegio ganó la competición.

remuer

1 (= s'agiter) **mover**

1 ▷ Peux-tu remuer les légumes, qu'ils ne s'accrochent pas à la poêle ?
¿Puedes mover la verdura, que no se pegue a la sartén?
▷ Le chien remue la queue quand il est content.
El perro mueve la cola cuando está contento.

2 (en parlant de la salade ou du café) **remover**

2 ▷ Simon a mis du sucre dans son café et l'a remué.
Simon le puso azúcar al café y lo removió.

3 ► (= s'agiter) **moverse**

i *Le pronom réfléchi fonctionne de la façon suivante en espagnol :* ***me*** *muevo,* ***te*** *mueves,* ***se*** (singulier) *mueve,* ***nos*** *movemos,* ***os*** *movéis,* ***se*** (pluriel) *mueven.*

3 ▷ Arrête de remuer !
¡Deja de moverte!

renard

el **zorro**

Attention à bien prononcer les deux ***r*** *et le* ***z*** *de* ***zorro****.*

▷ Un renard a traversé la route juste devant la voiture.
Un zorro cruzó la carretera justo delante del coche.

rencontrer

1 (= faire la connaissance de) **conocer**

Si le complément est une personne ou un groupe de personnes, n'oubliez pas de le faire précéder de ***a****.*

1 ▷ J'ai rencontré Alex l'année dernière.
Conocí a Alex el año pasado.

2 ▷ Nous avons rencontré Gisèle au cinéma par hasard.
Hemos encontrado a Gisèle en el cine por casualidad.

2 (= se retrouver, coïncider avec quelqu'un) **encontrar**
*Si le complément est une personne ou un groupe de personnes, n'oubliez pas de le faire précéder de **a**.*

3 ▷ Mon père et ma mère se sont rencontrés en Espagne.
Mi padre y mi madre se conocieron en España.

3 ► (= faire la connaissance de) **se rencontrer : conocerse**
*Le pronom réfléchi fonctionne de la façon suivante en espagnol : **nos** conocemos, **os** conocéis, **se*** (pluriel) *conocen.*

4 ▷ Où pouvons-nous nous rencontrer ? Dans un café ?
¿Dónde podemos encontrarnos? ¿En un bar ?

4 ► (= se retrouver) **se rencontrer : encontrarse**
*Le pronom réfléchi fonctionne de la façon suivante en espagnol : **nos** encontramos, **os** encontráis, **se*** (pluriel) *encuentran.*

rendez-vous

1 ▷ Nous avons beaucoup travaillé lors du premier rendez-vous.
Trabajamos mucho en la primera cita.
▷ Cyril a manqué son rendez-vous chez l'oculiste.
Cyril no acudió a su cita con el oculista.
▷ J'ai rendez-vous avec mon amie à 15 heures.
Tengo una cita con mi novia a las tres.

1 la **cita**
► **manquer un rendez-vous : no acudir a una cita**
► (= rencontre avec un amoureux, ou pour des affaires) **avoir rendez-vous avec** quelqu'un **: tener una cita con** alguien

2 ▷ Christelle est absente parce qu'elle a rendez-vous chez le docteur.
Christelle está ausente porque tiene hora en el médico.
▷ J'ai pris rendez-vous chez le dentiste pour lundi.
He pedido hora en el dentista para el lunes.

2 ► (= rendez-vous chez le médecin, le dentiste, le coiffeur) **avoir rendez-vous** (chez) **: tener hora (en)**
► (= rendez-vous chez le médecin, le dentiste, le coiffeur) **prendre rendez-vous : pedir hora**

3 ▷ J'ai rendez-vous avec Jeannine à 18 heures devant le cinéma.
He quedado con Jeannine a las seis delante del cine.

3 ► (= avec un ami) **avoir** *ou* **prendre rendez-vous : quedar**

rendre

1 ▷ Laetitia a refusé de me rendre mon crayon.
Laetitia se negó a devolverme el lápiz.

1 ► **rendre** quelque chose **à** quelqu'un **: devolver** algo **a** alguien

2 ▷ On doit rendre les copies maintenant.
Ahora tenemos que entregar los exámenes.

2 ► **rendre** quelque chose (en parlant de copies) **: entregar** algo

Suite page suivante

3 ▷ Ça a rendu Alice triste.
Eso le puso triste a Alice.

3 (= faire devenir) **poner**

Si le complément est une personne ou un groupe de personnes, n'oubliez pas de le faire précéder de ***a****.*

4 ▷ Le pauvre Jean-Luc a rendu sur le bateau.
El pobre Jean-Luc devolvió en el barco.

4 (= vomir) **devolver**

renifler

▷ Patricia est enrhumée, elle renifle.
Patricia está constipada, sorbe por la nariz.

sorber por la nariz

renoncer

▷ Non, c'est trop dur, je renonce !
No, es demasiado difícil, ¡me rindo!

(= abandonner) **rendirse**

Le pronom réfléchi fonctionne de la façon suivante en espagnol : ***me*** *rindo,* ***te*** *rindes,* ***se*** (singulier) *rinde,* ***nos*** *rendimos,* ***os*** *rendís,* ***se*** (pluriel) *rinden.*

rénover

▷ Ils vont rénover la façade de la mairie.
Van a renovar la fachada del ayuntamiento.

renovar

renseignement

▷ Ces renseignements sont très utiles.
Esta información es muy útil.
▷ On a demandé des renseignements à l'office de tourisme.
Pedimos información en la oficina de turismo.
▷ Quelqu'un m'a demandé un renseignement dans la rue.
Alguien me pidió información en la calle.

Le mot **renseignement** se traduit par la **información**, mais attention : **información** se met très rarement au pluriel et il ne s'emploie pas avec l'article **una**.

se renseigner

▷ Je vais me renseigner sur les horaires de train.
Voy a informarme de los horarios de trenes.
▷ Pouvez-vous me renseigner, s'il vous plaît ?
¿Podría informarme, por favor?

informarse

Le pronom réfléchi fonctionne de la façon suivante en espagnol : ***me*** *informo,* ***te*** *informas,* ***se*** (singulier) *informa,* ***nos*** *informamos,* ***os*** *informáis,* ***se*** (pluriel) *informan.*

Notez la préposition utilisée en espagnol : s'informer **sur** = *informarse* ***de****.*

rentrée

▷ La rentrée est le 6 septembre.
La vuelta al colegio es el 6 de septiembre.

► **la rentrée : la vuelta al colegio**

rentrer

1 ▷ Rentrez, il fait froid dehors.
Entrad, que hace frío fuera.
▷ Ils sont rentrés dans le salon.
Entraron en el salón.

1 ► rentrer (= aller ou venir dedans) **: entrar**

Notez la préposition utilisée en espagnol : rentrer **dans** = ***entrar en***.

2 ▷ Je suis fatigué, je rentre.
Estoy cansado, vuelvo a casa.
▷ Tu veux rentrer ?
¿Quieres regresar a casa?

2 ► rentrer (= aller chez soi) **: volver a casa**

*On peut dire aussi **regresar a casa**.*

3 ▷ Tu crois qu'on va tous rentrer dans la voiture ?
¿Crees que todos vamos a caber en el coche?
▷ Je ne rentre plus dans ce jean.
Estos vaqueros ya no me caben.

3 ► rentrer dans (= tenir dans un espace) **: caber en**

*Pour parler d'un vêtement, on emploie aussi le verbe **caber**, mais avec le vêtement pour sujet.*

4 ▷ La voiture est rentrée dans un arbre.
El coche chocó contra un árbol.

4 ► rentrer dans quelque chose (= heurter) **: chocar contra** algo

5 ▷ Je vais rentrer le linge, il commence à pleuvoir.
Voy a meter la colada dentro, está empezando a llover.

5 ► rentrer quelque chose (= le mettre à l'intérieur) **: meter** algo **dentro**

renverser

1 ▷ Attention, ne renverse pas le seau.
Cuidado, no vuelques el cubo.

1 (= faire tomber) **volcar**

2 ▷ Benoît a renversé son café.
Benoît ha derramado el café.

2 (= répandre) **derramar**

*Attention à bien prononcer les deux **r** de **derramar**.*

3 ▷ Madame Rainier s'est fait renverser par une voiture.
A la señora Rainier le atropelló un coche.

3 Pour dire qu'un piéton s'est fait renverser par un véhicule, on emploie le verbe **atropellar** avec le véhicule comme sujet.

renvoyer

1 ▷ Matthieu a été renvoyé du lycée.
Expulsaron a Matthieu del instituto.

1 (= expulser) **expulsar**

*Si le complément est une personne ou un groupe de personnes, n'oubliez pas de le faire précéder de **a**.*

2 ▷ Renvoie-moi la balle !
¡Devuélveme la pelota!

2 (= lancer) **devolver**

réparer

▷ Quelqu'un est venu réparer la télé.
Alguien vino a reparar la tele.

reparar

*On peut dire aussi **arreglar**.*

repartir

▷ On est repartis après une pause d'une heure.
Nos fuimos tras una pausa de una hora.

(= reprendre la route) **irse**

ℹ *Le pronom réfléchi fonctionne de la façon suivante en espagnol : **me** voy, **te** vas, **se** (singulier) va, **nos** vamos, **os** vais, **se** (pluriel) van.*

répartir

▷ Le prof a réparti le travail entre trois équipes.
El profesor repartió el trabajo entre tres equipos.

(= partager) **repartir**

repas

▷ Les repas de l'hôtel sont excellents.
Las comidas del hotel son excelentes.
▷ Mes parents éteignent la télé à l'heure des repas.
Mis padres apagan la tele a la hora de comer.
▷ Nous prenons nos repas dans la cuisine.
Comemos en la cocina.

la **comida**

► **l'heure du repas :** la hora de comer

► **prendre un repas :** comer

repassage

▷ Je déteste faire le repassage !
¡Odio planchar!

► **faire le repassage :** planchar

repasser

1 ▷ Je vais repasser ma chemise.
Me voy a planchar la camisa.

2 ▷ La mère de Pierre a dû repasser son permis de conduire.
La madre de Pierre tuvo que repetir el examen de conducir.

3 ▷ J'ai vu repasser Lise et Marine.
Vi a Lise y Marine que volvían a pasar.
▷ Marc a dit qu'il repasserait ce soir.
Marc dijo que volvería a pasar esta noche.

1 ► **repasser** quelque chose (avec un fer à repasser) **:** planchar

2 ► **repasser** quelque chose (en parlant d'un examen ou du permis de conduire) **:** repetir

3 ► **repasser** (= aller de nouveau ou revenir) **:** volver a pasar

repeindre

▷ Mon père repeint la maison avec un copain.
Mi padre está volviendo a pintar la casa con un amigo.

volver a pintar

repérer

1 ▷ Essaie de repérer Fabio, il est sur la plage.
Trata de localizar a Fabio, está en la playa.
▷ On devrait repérer le village sur la carte avant de partir.
Deberíamos que localizar el pueblo en el mapa antes de marcharnos.

1 (= trouver, situer) **localizar**

Si le complément est une personne ou un groupe de personnes, n'oubliez pas de le faire précéder de ***a****.*

2 ▷ Il fait trop noir, et je n'arrive pas à me repérer.
Hace demasiado oscuro, y no consigo orientarme.
▷ Il y a des flèches qui permettent de se repérer.
Hay flechas que permiten orientarse.

2 ► **se repérer** : **orientarse**

Le pronom réfléchi fonctionne de la façon suivante en espagnol : ***me*** *oriento,* ***te*** *orientas,* ***se*** (singulier) *orienta,* ***nos*** *orientamos,* ***os*** *orientáis,* ***se*** (pluriel) *orientan.*

répéter

1 ▷ Tu peux répéter, s'il te plaît ? Je n'ai pas compris.
¿Puedes repetir, por favor? No he entendido.

1 (= redire la même chose) **repetir**

2 ▷ On répète tous les mardis.
Ensayamos todos los martes.

2 (= s'entraîner au théâtre) **ensayar**

répétition

1 ▷ Apparemment il y avait trop de répétitions dans ma rédaction.
Se ve que había demasiadas repeticiones en mi redacción.

1 (= mot ou phrase répétée) la **repetición** (pluriel : las **repeticiones**)

Il n'y a pas d'accent écrit au pluriel. L'accent tonique porte sur le ***o****, comme au singulier.*

2 ▷ N'oublie pas que la répétition est à six heures.
No olvides que el ensayo es a las seis.

2 (= séance d'entraînement au théâtre) el **ensayo**

répondeur

▷ Il y a trois messages sur le répondeur.
Hay tres mensajes en el contestador automático.

el **contestador automático** (pluriel : los **contestadores automáticos**)

répondre

▷ J'ai posé une question à Pascal mais il ne m'a pas répondu.
Le hice una pregunta a Pascal pero no me contestó.
▷ Je ne veux pas répondre à cette question.
No quiero contestar a esta pregunta.

contestar
► **répondre à** quelqu'un *ou* quelque chose : **contestar a** alguien *o* algo

Suite page suivante

▷ Ça ne répond pas, ils doivent être déjà partis.
No contestan, deben de haberse marchado.

► **ça ne répond pas : no contestan**

On peut dire aussi ***responder****.*

réponse

▷ Ce n'était pas la bonne réponse.
No era la respuesta correcta.

la **respuesta**

reportage

▷ Vous avez vu le reportage sur le Tour de France ?
¿Visteis el reportaje sobre el Tour de Francia ?

el **reportaje**

reporter

▷ La réunion parents-profs est reportée à mardi.
La reunión de padres y profesores se ha aplazado para el martes.

(= remettre à plus tard) **aplazar**

Notez la préposition utilisée en espagnol : reporter à = *aplazar* ***para****.*

repos

▷ Le médecin a dit que Christophe avait besoin de repos.
El médico dijo que Christophe necesitaba descanso.

(= détente) el **descanso**

se reposer

▷ Tu devrais te reposer avant de partir.
Deberías descansar antes de irte.

descansar

En espagnol on n'emploie pas de verbe pronominal pour traduire **se reposer**.

reprendre

1 ▷ Reprends du gâteau si tu veux.
Toma más pastel si quieres.

1 (= prendre plus de nourriture) **tomar más**

2 ▷ Ils ont repris leur conversation.
Reanudaron su conversación.

2 (= poursuivre) **reanudar**

3 ▷ Quand est-ce que vous reprenez l'école ?
¿Cuándo volvéis al colegio?

3 ► **reprendre l'école : volver al colegio**

4 ▷ Le prof reprend patiemment les élèves.
El profesor corrige a los alumnos con paciencia.

4 ► **reprendre** quelqu'un (= le corriger) **: corregir**

Si le complément est une personne ou un groupe de personnes, n'oubliez pas de le faire précéder de ***a****.*

5 ▷ Les cours reprennent le 6 septembre.
Las clases se reanudan el 6 de septiembre.

5 ► **reprendre** (= recommencer) **: reanudarse**

Le pronom réfléchi fonctionne de la façon suivante en espagnol : ***se*** (singulier) *reanuda,* ***se*** (pluriel) *reanudan.*

représentant, représentante

▷ On devrait choisir un représentant pour parler au proviseur.
Deberíamos elegir a un representante para hablar con el director.

el **representante,** la **representante**

représentation

▷ La représentation commence à huit heures.
La representación empieza a las ocho.

(= pièce de théâtre) la **representación** (pluriel : las representaciones)

*Il n'y a pas d'accent écrit au pluriel. L'accent tonique porte sur le **o**, comme au singulier.*

représenter

▷ Que représente ce tableau ?
¿Qué representa este cuadro?
▷ Amandine représente tous les élèves.
Amandine representa a todos los alumnos.

representar

*Si le complément est une personne ou un groupe de personnes, n'oubliez pas de le faire précéder de **a**.*

reproche

▷ Ce n'est pas un reproche !
¡No es un reproche!
▷ Mes parents me font des reproches tout le temps.
Mis padres me hacen reproches todo el rato.

el **reproche**

► **faire des reproches à** quelqu'un : **hacer reproches a** alguien

reprocher

▷ Le prof a reproché à Raoul de ne pas travailler assez.
El profesor le reprochó a Raoul que no trabajara bastante.

► **reprocher à** quelqu'un **de** + infinitif : **reprocharle a** alguien **que** + subjonctif

reptile

▷ Il y a un bâtiment spécial pour les reptiles au zoo.
Hay un edificio especial para los reptiles en el zoo.

el **reptil** (pluriel : los **reptiles**)

répugnant, répugnante

▷ Comment peux-tu manger ça ? C'est répugnant !
¿Cómo puedes comer esto? ¡Es repugnante!

repugnante

*On peut dire aussi **asqueroso, asquerosa**.*

réputation

▷ Ce lycée a une très bonne réputation.
Este instituto tiene muy buena reputación.

la **reputación**

*Remarquez que le mot espagnol porte sur le **o** un accent écrit qui reflète l'accent tonique.*

*On peut dire aussi **la fama**.*

réputé, réputée

▷ C'est un écrivain très réputé.
Es un escritor muy famoso.

(= célèbre) **famoso, famosa**

requin

▷ Il y a des requins près de cette plage.
Hay tiburones cerca de esta playa.

el **tiburón** (pluriel : los **tiburones**)

*Il n'y a pas d'accent écrit au pluriel. L'accent tonique porte sur le **o**, comme au singulier.*

réserve

▷ Nous avons une réserve de bougies en cas de coupure de courant.
Tenemos una reserva de velas en caso de apagón.

la **reserva**

réserver

1 ▷ Les billets de train sont moins chers si tu réserves à l'avance.
Los billetes de tren son más baratos si reservas por adelantado.

2 ▷ On te réservera une place à côté de nous.
Te guardaremos un asiento al lado nuestro.

1 (= retenir à l'avance) **reservar**

2 (= garder) **guardar**

résistant, résistante

1 ▷ Ce tissu est très résistant.
Esta tela es muy resistente.

2 ▷ Célia est très résistante, elle n'est jamais malade.
Célia tiene mucha resistencia, nunca se pone enferma.

1 (en parlant d'un matériau) **resistente**

2 ► **être résistant** (en parlant d'une personne) : **tener resistencia**

résister à

▷ Je n'ai pas pu lui résister, il est si mignon !
¡No lo pude resistir, es tan mono!

resistir

*Notez l'absence de préposition en espagnol (on ne dit pas **resistir a**).*

résoudre

▷ Personne n'a su résoudre le problème de maths.
Nadie supo resolver el problema de mates.

resolver

*On peut dire aussi **solucionar**.*

respecter

▷ On nous demande de respecter les profs.
Nos piden que respetemos a los profesores.

respetar

Si le complément est une personne ou un groupe de personnes, n'oubliez pas de le faire précéder de **a**.

Attention à l'orthographe du mot espagnol.

respiration

▷ Linda a retenu sa respiration avant de plonger.
Linda contuvo la respiración antes de zambullirse.

(= souffle) la **respiración**

Remarquez que le mot espagnol porte sur le **o** *un accent écrit qui reflète l'accent tonique.*

respirer

▷ Mon grand-père a du mal à respirer.
A mi abuelo le cuesta respirar.

respirar

responsable

▷ Chaque équipe est responsable d'une partie du travail.
Cada equipo es responsable de parte del trabajo.
▷ Le proviseur a dit que le responsable sera puni.
El director dijo que se castigará al responsable.

responsable

ressemblant, ressemblante

▷ Ce portrait est très ressemblant.
Este retrato guarda un gran parecido con el modelo.

parecido

ressembler

1 ▷ Joël ressemble à sa mère.
Joël se parece a su madre.

1 ► **ressembler à** quelqu'un : **parecerse a** alguien

Le pronom réfléchi fonctionne de la façon suivante en espagnol : ***me** parezco, **te** pareces, **se*** (singulier) *parece, **nos** parecemos, **os** parecéis, **se*** (pluriel) *parecen.*

2 ▷ Cet immeuble ressemble à un bateau.
Este edificio parece un barco.

2 **ressembler à** quelque chose : **parecer** algo

3 ▷ Les deux frères ne se ressemblent pas beaucoup.
Los dos hermanos no se parecen mucho.

3 ► **se ressembler** : **parecerse**

ressort

▷ Il y a un ressort cassé dans le canapé.
Hay un muelle roto en el sofá.

(= pièce de métal) el **muelle**

ressortir

▷ Il est tard, je n'ai pas envie de ressortir.
Ya es tarde, no tengo ganas de volver a salir.

(= sortir de nouveau) **volver a salir**

restaurant

▷ Mon oncle nous a conseillé un restaurant indien.
Mi tío nos aconsejó un restaurante indio.

el **restaurante**

reste

▷ On va payer le repas, et avec le reste de l'argent on ira au musée.
Vamos a pagar la comida, y con el resto del dinero iremos al museo.

el **resto**

▷ On a mangé des restes au dîner.
Comimos restos para la cena.

► **restes** (de nourriture) : **los restos**

On peut dire aussi ***las sobras****.*

rester

1 ▷ Reste avec moi.
Quédate un poco conmigo.

1 (dans un endroit, dans une position) **quedarse**

Le pronom réfléchi fonctionne de la façon suivante en espagnol : ***me*** *quedo,* ***te*** *quedas,* ***se*** (singulier) *queda,* ***nos*** *quedamos,* ***os*** *quedáis,* ***se*** (pluriel) *quedan.*

2 ▷ Il reste du gâteau, qui en veut ?
Queda pastel, ¿quién quiere?

▷ Il reste trois euros.
Quedan tres euros.

▷ Il nous reste cinquante euros.
Nos quedan cincuenta euros.

2 (= subsister) **quedar**

Notez que, avec la tournure impersonnelle (il reste...)*, le verbe espagnol s'accorde en nombre avec le nom qui suit :* ***queda*** *pastel,* ***quedan*** *tres euros.*

3 ▷ Vous pouvez emporter la nourriture qui reste.
Podéis llevaros la comida que sobra.

3 (= être en trop) **sobrar**

résultat

▷ Nous avons eu de très bons résultats.
Obtuvimos muy buenos resultados.

el **resultado**

résumé

▷ On doit faire un résumé du texte.
Tenemos que hacer un resumen del texto.

el **resumen** (pluriel : **los resúmenes**)

Il n'y a pas d'accent écrit au singulier. L'accent tonique porte sur le ***u****, comme au pluriel.*

résumer

▷ C'est un film qui est difficile à résumer.
Es una película difícil de resumir.
▷ Il a résumé le texte en quelques phrases.
Resumió el texto en unas cuantas frases.

resumir

retard

1 ▷ Le train avait du retard.
El tren llevaba retraso.
▷ Vous avez une demi-heure de retard.
Lleva media hora de retraso.

1 ► **avoir du retard :** llevar retraso

2 ▷ Charles arrive toujours en retard.
Charles siempre llega tarde.
▷ Tu es encore en retard !
¡Otra vez llegas tarde!

2 ► **en retard :** tarde

► **être en retard :** llegar tarde

retarder

▷ Les Chaumet ont dû retarder leur départ de deux jours.
Los Chaumet tuvieron que retrasar su salida dos días.

► **retarder** quelque chose (= le remettre à plus tard) **:** retrasar algo

▷ Je crois que ta montre retarde.
Creo que tu reloj atrasa.
▷ L'horloge retarde de trois minutes.
El reloj va tres minutos atrasado.

► **retarder** (en parlant d'une montre) **:** atrasar
► **retarder de... :** ir... atrasado

retenir

1 ▷ On a retenu Lambert, qui allait sauter.
Retuvimos a Lambert, que iba a saltar.
▷ J'ai du mal à retenir ma leçon.
Me cuesta retener la lección.

1 (= maintenir ou se rappeler)
retener

Si le complément est une personne ou un groupe de personnes, n'oubliez pas de le faire précéder de **a***.*

2 ▷ Est-ce que cette table est retenue ?
¿Esta mesa está reservada?

2 (= réserver) **reservar**

3 ▷ Lydie peut retenir son souffle pendant une minute.
Lydie puede contener la respiración durante un minuto.

3 ► **retenir son souffle :** contener la respiración

retenue

▷ Le prof a donné deux heures de retenue à Raphaëlle.
El profesor dejo castigada dos horas a Raphaëlle.
▷ J'ai eu une heure de retenue mais je ne la méritais pas !
¡Me castigaron una hora pero no me lo merecía!

Pour dire qu'on donne ou qu'on a une retenue, on emploie en espagnol le verbe **castigar**.

Le complément est une personne ou un groupe de personnes : n'oubliez pas de le faire précéder de ***a****.*

retirer

1 ▷ Tu peux retirer ton manteau, il fait chaud.
Te puedes quitar el abrigo, hace calor.

1 (= enlever, en parlant d'un vêtement, de gants ou d'un chapeau) **quitarse**

Le pronom réfléchi fonctionne de la façon suivante en espagnol : ***me*** *quito,* ***te*** *quitas,* ***se*** (singulier) *quita,* ***nos*** *quitamos,* ***os*** *quitáis,* ***se*** (pluriel) *quitan.*

2 ▷ J'ai retiré les allumettes à mon petit frère.
Le quité las cerillas a mi hermano pequeño.
▷ Siri s'est brûlée en retirant le plat du four.
Siri se quemó al quitar la fuente del horno.

2 (= sortir, enlever) **quitar**

3 ▷ Je vais retirer de l'argent à la banque.
Voy a sacar dinero del banco.

3 (en parlant d'argent) **sacar**

retomber

▷ Le ballon est retombé sur le toit.
La pelota cayó encima del tejado.

(= atterrir) **caer**

retour

1 ▷ Le retour m'a semblé plus court que l'aller.
La vuelta me pareció más corta que la ida.
▷ C'est ma mère qui a conduit au retour.
Mi madre condujo de vuelta.

1 (= trajet) la **vuelta**

► **au retour :** de **vuelta**

On peut dire aussi ***el regreso****.*

2 ▷ Appelle-moi à ton retour.
Llámame cuando vuelvas.

2 Pour dire **au retour de** quelqu'un, on emploie **cuando** plus le verbe **volver** au subjonctif avec la personne concernée comme sujet.

retourner

1 ▷ Retourne les pommes de terre pour qu'elles cuisent des deux côtés.
Dales la vuelta a las patatas para que cuezan de ambos lados.

1 ► **retourner** quelque chose (= le mettre de l'autre côté) **: darle la vuelta a** algo

2 ▷ Christian retourne en Italie chaque été.
Christian vuelve a Italia cada verano.

2 ► **retourner** (= repartir) **: volver**

N'oubliez pas que la préposition qui suit ***volver*** *est toujours* ***a*** *et non* ***en****.*

3 ▷ Ne te retourne pas, il est juste derrière toi !
¡No te des la vuelta, que está justo detrás tuyo!
▷ Il nous a appelés, mais nous ne nous sommes pas retournés.
Nos llamó pero no nos dimos la vuelta.

3 ► **se retourner** (= faire volte-face) : **darse la vuelta**

*Le pronom réfléchi fonctionne de la façon suivante en espagnol : **me** doy la vuelta, **te** das la vuelta, **se*** (singulier) *da la vuelta, **nos** damos la vuelta, **os** dais la vuelta, **se*** (pluriel) *dan la vuelta.*

retraite

▷ Mes grands-parents sont à la retraite.
Mis abuelos están jubilados.
▷ Mon père veut prendre sa retraite à cinquante ans.
Mi padre quiere jubilarse a los cincuenta años.

► **être à la retraite : estar jubilado** *ou* **jubilada**
► **prendre sa retraite : jubilarse**

*Le pronom réfléchi fonctionne de la façon suivante en espagnol : **me** jubilo, **te** jubilas, **se*** (singulier) *jubila, **nos** jubilamos, **os** jubiláis, **se*** (pluriel) *jubilan.*

rétrécir

▷ Oh non, mon pull a rétréci au lavage !
¡Oh no, mi jersey ha encogido al lavarlo!

(en parlant d'un vêtement) **encoger**

retrousser

▷ Sébastien a retroussé ses manches parce qu'il avait chaud.
Sébastien se remangó las mangas porque tenía calor.

remangar

Là où le français emploie un possessif (ses manches), *l'espagnol emploie l'article défini (**las** mangas) ; le verbe se met alors à la forme pronominale (**se** remangó).*

retrouver

1 ▷ Emmanuelle n'a jamais retrouvé son porte-monnaie.
Emmanuelle nunca encontró su monedero.

1 (= trouver quelque chose qu'on avait égaré) **encontrar**

2 ▷ Allez-y, je vous retrouverai au restaurant.
Marchaos, ya os veré en el restaurante.
▷ J'ai retrouvé mes amis au musée.
Vi a mis amigos en el museo.

2 (= rejoindre quelqu'un) **ver**

*Si le complément est une personne ou un groupe de personnes, n'oubliez pas de le faire précéder de **a**.*

3 ▷ On peut se retrouver devant le cinéma si tu veux.
Podemos quedar delante del cine si quieres.

3 ► **se retrouver** (= se rejoindre) : **quedar**

Suite page suivante

4 ▷ On s'est perdus et on s'est retrouvés au milieu de la forêt.
Nos perdimos y nos encontramos en medio del bosque.

4 ► **se retrouver** (= finir) : **encontrarse**

*Le pronom réfléchi fonctionne de la façon suivante en espagnol : **me** encuentro, **te** encuentras, **se** (singulier) encuentra, **nos** encontramos, **os** encontráis, **se** (pluriel) encuentran.*

rétroviseur

▷ Quentin nous regardait dans le rétroviseur.
Quentin nos miraba en el retrovisor.

el **retrovisor** (pluriel : los **retrovisores**)

réunion

▷ Ma mère est à une réunion pour son travail.
Mi madre tiene una reunión para el trabajo.

la **reunión** (pluriel : las **reuniones**)

*Il n'y a pas d'accent écrit au pluriel. L'accent tonique porte sur le **o**, comme au singulier.*

se réunir

▷ Mes amis et moi nous réunissons tous les mercredis après-midi.
Mis amigos y yo nos reunimos todos los miércoles por la tarde.

reunirse

*Le pronom réfléchi fonctionne de la façon suivante en espagnol : **nos** reunimos, **os** reunís, **se** reúnen.*

réussi, réussie

▷ Merci pour la soirée, c'était très réussi.
Gracias por la fiesta, fue todo un éxito.

► **être réussi** (= être bien) : **ser un éxito**

réussir

1 ▷ Pour réussir dans la vie, il faut travailler.
Para tener éxito en la vida, hay que trabajar.

2 ▷ L'opération a bien réussi.
La operación salió bien.

3 ▷ Est-ce que tu as réussi à le convaincre ?
¿Conseguiste convencerlo?

4 ▷ Le frère d'Angèle a réussi à son examen.
El hermano de Angèle aprobó el examen.

1 (= avoir du succès dans la vie, dans son travail) **tener éxito**

2 (= avoir le résultat attendu) **salir bien**

3 ► **réussir à faire** quelque chose : **conseguir hacer** algo

4 ► **réussir un examen** *ou* **réussir à un examen** : **aprobar un examen**

réussite

▷ La fête a été une grande réussite.
La fiesta fue un gran éxito.

el **éxito**

*Remarquez que le mot espagnol porte sur le **e** un accent écrit qui reflète l'accent tonique.*

revanche

1 ▷ Puisque tu as gagné la première partie, maintenant on va faire la revanche.
Ya que ganaste el primer partido, ahora vamos a hacer el desquite.

2 ▷ Émile veut prendre sa revanche sur Mathieu.
Émile quiere desquitarse de Mathieu.

1 (= deuxième partie) el **desquite**

2 ► **prendre sa revanche sur** quelqu'un : **desquitarse de** alguien

ℹ *Le pronom réfléchi fonctionne de la façon suivante en espagnol :* ***me*** *desquito,* ***te*** *desquitas,* ***se*** (singulier) *desquita,* ***nos*** *desquitamos,* ***os*** *desquitáis,* ***se*** (pluriel) *desquitan.*

rêve

1 ▷ Tout s'est passé comme dans un rêve...
Todo ocurrió como en un sueño...

2 ▷ J'ai fait des rêves toute la nuit.
Estuve soñando toda la noche.
▷ Clémentine, tu fais des rêves éveillée !
¡Clémentine, tú sueñas despierta!
▷ J'ai fait un rêve merveilleux.
Tuve un sueño maravilloso.

1 el **sueño**

2 ► **faire un rêve** *ou* **faire des rêves** : **soñar**

ℹ *Quand on donne un qualificatif à ce rêve, on traduit* **faire un rêve** *par :* ***tener un sueño.***

réveil

▷ Le réveil a sonné à sept heures.
El despertador sonó a las siete.
▷ Mets le réveil à huit heures.
Pon el despertador a las ocho.

el **despertador** (pluriel : los despertadores)

réveiller

1 ▷ Les cloches de l'église m'ont réveillé.
Me despertaron las campanas de la iglesia.

2 ▷ Jean-Charles s'est réveillé de mauvaise humeur.
Jean-Charles se despertó de mal humor.
▷ Réveille-toi ! C'est l'heure de partir.
¡Despiértate! Es hora de irse.

1 ► **réveiller** quelqu'un : **despertar** a alguien

2 ► **se réveiller** : **despertarse**

ℹ *Le pronom réfléchi fonctionne de la façon suivante en espagnol :* ***me*** *despierto,* ***te*** *despiertas,* ***se*** (singulier) *despierta,* ***nos*** *despertamos,* ***os*** *despertáis,* ***se*** (pluriel) *despiertan.*

réveillon

1 ▷ Le réveillon du Nouvel An était très sympa.
El cotillón de Nochevieja estuvo muy bien.
▷ On a fêté le réveillon de Noël chez mes grands-parents.
Celebramos el cotillón de Nochebuena en casa de mis abuelos.

2 ▷ On a mangé du foie gras pour le réveillon de Noël.
Comimos foie gras para la cena de Nochebuena.

1 Si on parle de la soirée, on dit en espagnol **el cotillón de Nochebuena** s'il s'agit de Noël, et **el cotillón de Nochevieja** s'il s'agit du Nouvel An.

2 Pour parler du repas, on dit soit **la cena de Nochebuena**, soit **la cena de Nochevieja**.

revendre

▷ Sacha a revendu son vélo pour s'acheter une console de jeux.
Sacha ha revendido la bici para comprarse una consola de juegos.

revender

revenir

1 ▷ Notre chien n'est jamais revenu.
Nuestro perro nunca más volvió.
▷ Reviens demain, la responsable sera certainement là.
Vuelve mañana, seguro que la responsable estará.

2 ▷ Ça revient cher d'aller à l'hôtel.
Sale caro alojarse en hoteles.

1 (= venir de nouveau ou rentrer) **volver**

2 ► revenir cher : **salir caro**

rêver

▷ J'ai rêvé que tu te mariais !
¡Soñé que te casabas!
▷ Audrey rêve souvent de ses copines.
Audrey sueña mucho con sus amigas.

soñar

ℹ *Notez la préposition utilisée en espagnol :* rêver de = *soñar* ***con***.

réverbère

▷ La voiture est rentrée dans un réverbère.
El coche chocó contra una farola.

la farola

réviser

▷ On pourrait réviser notre espagnol ensemble.
Podríamos repasar el español juntos.

(= étudier) **repasar**

revoir

1 ▷ Est-ce que tu as revu Lulu depuis la dernière fois ?
¿Has vuelto a ver a Lulu desde la última vez?

1 (= rencontrer de nouveau) **volver a ver**

Si le complément est une personne ou un groupe de personnes, n'oubliez pas de le faire précéder de ***a****.*

▷ Aurélie et Benoît se sont revus.
Aurélie y Benoît se han vuelto a ver.

► **se revoir : volverse a ver**

Le pronom réfléchi fonctionne de la façon suivante en espagnol : ***nos*** *volvemos a ver,* ***os*** *volvéis a ver,* ***se*** *vuelven a ver.*

2 ▷ Je dois revoir ma rédaction avant de pouvoir sortir.
Tengo que repasar la redacción antes de poder salir.

2 (= réviser) **repasar**

3 ▷ Au revoir ! À mardi !
¡Hasta la vista! ¡Nos vemos el martes!

3 ► **au revoir : hasta la vista**

On peut dire aussi ***hasta luego****, quand c'est plutôt dans le sens de* **tout à l'heure**.

revolver

▷ Il portait un revolver sur lui.
Llevaba un revólver.

el **revólver** (pluriel : los revólveres)

Remarquez que le mot espagnol porte sur le ***o*** *un accent écrit qui reflète l'accent tonique.*

revue

▷ Mon père est abonné à une revue d'architecture.
Mi padre está suscrito a una revista de arquitectura.

(= magazine) la **revista**

rez-de-chaussée

▷ Leur appartement est au rez-de-chaussée.
Su apartamento está en la planta baja.

la **planta baja**

se rhabiller

▷ On s'est rhabillés à toute vitesse.
Nos volvimos a vestir a toda velocidad.
▷ Rhabillez-vous ! On s'en va.
¡Volved a vestiros! Nos vamos.

volver a vestirse

Le pronom réfléchi fonctionne de la façon suivante en espagnol : ***me*** *vuelvo,* ***te*** *vuelves,* ***se*** (singulier) *vuelve,* ***nos*** *volvemos,* ***os*** *volvéis,* ***se*** (pluriel) *vuelven a vestir.*

rhinocéros

▷ Les chasseurs tuent les rhinocéros pour prendre leurs cornes.
Los cazadores matan los rinocerontes para coger sus cuernos.

el **rinoceronte**

rhumatismes

▷ Ma grand-mère a des rhumatismes au genou.
Mi abuela padece reuma en la rodilla.

el **reuma**

ℹ ***Reuma*** *est un nom singulier : on dit par exemple* ***su reuma le duele mucho*** (ses rhumatismes lui font très mal).

rhume

▷ Mets une veste, sinon tu vas attraper un rhume.
Ponte una chaqueta, o sino vas a pillar un resfriado.
▷ Élodie a le rhume des foins.
Élodie tiene fiebre del heno.

el **resfriado**

ℹ *On peut dire aussi* ***el constipado****.*

► **le rhume des foins :** la fiebre del heno

ricaner

▷ Elles ricanaient en nous regardant.
Se reían con risa tonta mirándonos.

(= rire bêtement) **reírse con risa tonta**

riche

▷ Luc rêve de devenir riche.
Luc sueña con hacerse rico.
▷ Les riches devraient payer plus d'impôts.
Los ricos deberían pagar más impuestos.

rico, rica

ride

▷ Ma mère s'inquiète parce qu'elle a quelques petites rides.
Mi madre está preocupada porque tiene unas pequeñas arrugas.

(= ride sur la peau) la **arruga**

ℹ *Attention à bien prononcer les deux* ***r*** *de* ***arruga****.*

ridé, ridée

1 ▷ Mon grand-père a le front ridé.
Mi abuelo tiene la frente arrugada.
2 ▷ Elle est très ridée pour son âge.
Tiene muchas arrugas para su edad.

1 (en parlant de la peau) **arrugado, arrugada**

2 ► **être ridé** (en parlant d'une personne) **:** tener arrugas

rideau

▷ Le chat a déchiré les rideaux avec ses griffes.
El gato desgarró las cortinas con las uñas.

la **cortina**

ridicule

▷ Benjamin a l'air ridicule avec cette coupe de cheveux !
¡Benjamin tiene una pinta ridícula con este corte de pelo!

ridículo, ridícula

*Remarquez que le mot espagnol porte sur le deuxième **i** un accent écrit qui reflète l'accent tonique.*

rien

1 ▷ Qu'est-ce que tu fais ? – Rien.
¿Qué estás haciendo? – Nada.
▷ Il n'y a rien de nouveau.
No hay nada nuevo.
▷ Je n'ai rien compris.
No he entendido nada.
▷ Tu as mal ? – Non, ce n'est rien.
¿Te duele? – No, no es nada.
▷ Merci. – De rien !
Gracias. – ¡De nada!
2 ▷ Il ne veut pas venir ? Ça ne fait rien, on n'a pas besoin de lui.
¿No quiere venir? No importa, no le necesitamos.

1 **nada**

► **rien de** + adjectif : **nada** + adjectif

► **ce n'est rien** (= ce n'est pas grave) : **no es nada**

► **de rien** (en réponse à merci) : **de nada**

2 ► **ça ne fait rien** (= tant pis) : **no importa**

rigoler

▷ J'ai tellement rigolé que j'avais mal aux côtes.
Me reí tanto que me dolían las costillas.
▷ Arrête de rigoler, ce n'est pas drôle !
¡Deja de reírte, no es divertido!

(= rire) **reírse**

*Le pronom réfléchi fonctionne de la façon suivante en espagnol : **me** río, **te** ríes, **se*** (singulier) *ríe, **nos** reímos, **os** reís, **se*** (pluriel) *ríen.*

*Remarquez que les différentes formes du verbe portent sur le **i** un accent écrit qui reflète l'accent tonique.*

rigolo, rigolote

▷ Linda raconte des blagues très rigolotes.
Linda cuenta unos chistes muy graciosos.

(= drôle) **gracioso, graciosa**

rimer

▷ « Razón » rime avec « limón ».
"Razón" rima con "limón".

(en parlant de mots ou de vers) **rimar**

rincer

▷ Rince bien les assiettes.
Enjuaga bien los platos.

enjuagar

rire

1 ▷ Tu vas rire quand je te raconterai ce qui s'est passé.
Te vas a reír cuando te cuente lo que pasó.
▷ Nous avons beaucoup ri à la fête.
Reímos mucho en la fiesta.

1 (verbe) **reír** *ou* **reírse**

*Le pronom réfléchi fonctionne de la façon suivante en espagnol : **me** río, **te** ríes, **se** (singulier) ríe, **nos** reímos, **os** reís, **se** (pluriel) ríen.*

*Remarquez que les différentes formes du verbe portent sur le **i** un accent écrit qui reflète l'accent tonique.*

2 ▷ Annie a un rire contagieux.
Annie tiene una risa contagiosa.

2 (nom) la **risa**

risque

▷ Ne le fais pas, il y a trop de risques.
No lo hagas, hay demasiado riesgos.

el **riesgo**

risqué, risquée

▷ N'y va pas, c'est trop risqué.
No vayas, es demasiado arriesgado.

arriesgado, arriesgada

risquer

1 ▷ Le père de Jérôme a risqué sa vie pour le sauver.
El padre de Jérôme arriesgó la vida para salvarlo.

1 (= mettre en danger) **arriesgar**

*Attention à bien prononcer les deux **r** de **arriesgar**.*

2 ▷ Ça risque de la décourager.
Eso podría desanimarla.
▷ Tu risques d'avoir des problèmes.
Podrías tener problemas.

2 Pour dire que quelque chose risque d'arriver, on emploie en espagnol le verbe **poder** au conditionnel.

rive

▷ Il y a une piste cyclable sur la rive.
Hay una pista para ciclistas en la orilla.

la **orilla**

rivière

▷ La rivière est très sale.
El río está muy sucio.

el **río**

*Remarquez que le mot espagnol porte sur le **i** un accent écrit qui reflète l'accent tonique.*

*En espagnol, on emploie le même mot, **río**, pour la rivière et le fleuve.*

riz

▷ On pourrait faire du riz avec le poisson.
Podríamos hacer arroz con el pescado.

el **arroz**

*Attention à bien prononcer les deux **r** et le **z** de **arroz**.*

▷ Il y a du riz au lait pour dessert.
Hay arroz con leche de postre.

► **riz au lait :** arroz con leche

robe

el **vestido**

ℹ *Le mot espagnol* ***ropa*** *existe, mais il veut dire* vêtements.

▷ Annelise porte une robe rouge.
Annelise lleva un vestido rojo.

▷ Loïc était encore en robe de chambre.
Loïc todavía llevaba bata.

► **robe de chambre :** la bata

▷ Ma mère ne rentre plus dans sa robe de mariée.
El vestido de novia ya no le cabe a mi madre.

► **robe de mariée :** el vestido de novia (pluriel : los vestidos de novia)

▷ Est-ce que tu vas porter une robe du soir pour la fête ?
¿Vas a llevar un traje de noche para la fiesta?

► **robe du soir :** el traje de noche (pluriel : los trajes de noche)

robinet

el **grifo**

▷ Le robinet d'eau chaude ne marche pas.
El grifo del agua caliente no funciona.

robot

el **robot** (pluriel : los robots)

▷ C'est un jeu vidéo avec des robots qu'il faut détruire.
Es un videojuego con robots que hay que destruir.

▷ Les robots ménagers sont très pratiques.
Los robots de cocina son muy prácticos.

► **robot ménager :** robot de cocina (pluriel : robots de cocina)

rocher

(= grosse pierre) el **peñasco**

▷ Pierre-Jean a plongé depuis un rocher.
Pierre-Jean se zambulló desde un peñasco.

rock

(= musique) el **rock**

▷ Lise a des places pour un concert de rock.
Lise tiene entradas para un concierto de rock.

rôder

merodear

▷ Il y a une bande de garçons qui rôdent autour de l'école.
Hay un grupo de chicos que merodea alrededor del colegio.

roi

el **rey** (pluriel : los reyes)

▷ Le roi d'Espagne a rencontré le président français la semaine dernière.
El rey de España se reunió con el presidente de Francia la semana pasada.

rôle

▻ Il joue le rôle du détective.
Interpreta el papel del detective.
▻ Le rôle du délégué de classe est de parler au nom des élèves.
El papel del delegado de clase es de hablar en nombre de los alumnos.

el **papel** (pluriel : **los papeles**)

roller

1 ▻ Sabrina m'a prêté ses nouveaux rollers.
Sabrina me ha prestado sus nuevos patines.
2 ▻ On fait du roller tous les vendredis.
Patinamos todos los viernes.

1 ► **rollers : los patines**

2 ► **faire du roller : patinar**

roman

▻ Son dernier roman est très bien.
Su última novela está muy bien.
▻ Loïc ne lit que des romans d'aventures.
Loïc no lee más que novelas de aventuras.
▻ Mon père adore les romans policiers.
A mi padre le encantan las novelas policíacas.

(= livre) la **novela**

► **roman d'aventures : novela de aventuras** (pluriel : **novelas de aventuras**)

► **roman policier : novela policíaca** (pluriel : **novelas policíacas**)

ℹ *Remarquez que le mot* ***policíaca*** *porte sur le deuxième* ***i*** *un accent écrit qui reflète l'accent tonique.*

romantique

▻ Il m'a offert des roses. – Qu'est-ce qu'il est romantique !
Me ha regalado rosas. – ¡Qué romántico es!

romántico, romántica

ℹ *Remarquez que le mot espagnol porte sur le* ***a*** *un accent écrit qui reflète l'accent tonique.*

rompre

▻ Ils ont rompu au bout d'un mois seulement.
Rompieron al cabo de un mes solamente.

(= se séparer) **romper**

rond, ronde

1 ▻ La table de la salle à manger est ronde.
La mesa del comedor es redonda.
2 ▻ Je ne suis pas grosse, je suis ronde !
¡No estoy gorda, estoy regordeta!

1 (= circulaire) **redondo, redonda**

2 (= enrobé) **regordete, regordeta**

3 ▷ Marc dessine des ronds dans le sable.
Marc está dibujando círculos en la arena.

▷ Asseyez-vous en rond, on va faire un jeu.
Sentados en círculo, vamos a hacer un juego.

3 ► **un rond** (= un cercle) **: un círculo**

*Remarquez que le mot espagnol porte sur le **i** un accent écrit qui reflète l'accent tonique.*

► **en rond : en círculo**

rondelle

▷ Tu peux me couper quelques rondelles de saucisson ?
¿Me puedes cortar unas rodajas de salchichón?

la **rodaja**

rond-point

▷ Qui a la priorité aux ronds-points ?
¿Quién tiene prioridad en las glorietas?

la **glorieta**

ronfler

▷ Je ne veux pas dormir dans la même chambre que Christophe, il ronfle !
¡No quiero dormir en el mismo cuarto que Christophe, ronca!

(en dormant) **roncar**

ronger

1 ▷ Le chien est en train de ronger son os.
El perro está royendo un hueso.

2 ▷ Arrête de te ronger les ongles !
¡Deja de morderte las uñas!

▷ Vincent se ronge les ongles.
Vincent se muerde las uñas.

1 (en parlant d'un chien ou d'une souris) **roer**

2 ► **se ronger les ongles : morderse las uñas**

*Le pronom réfléchi fonctionne de la façon suivante en espagnol : **me** muerdo, **te** muerdes, **se** (singulier) muerde, **nos** mordemos, **os** mordéis, **se** (pluriel) muerden las uñas.*

ronronner

▷ Le chat ronronne quand on le caresse.
El gato ronronea cuando lo acarician.

ronronear

rose

▷ Le bébé portait un tee-shirt rose.
El bebé llevaba una camiseta rosa.

▷ Je n'aime pas le rose.
No me gusta el rosa.

▷ Ces roses sentent bon.
Estas rosas huelen bien.

(= couleur) **rosa**

► **le rose : el rosa**

► **une rose** (= une fleur) **: una rosa**

rosée

▷ Il y a encore de la rosée sur les feuilles.
Todavía hay rocío en las hojas.

el **rocío**

ℹ *Remarquez que le mot espagnol porte sur le **i** un accent écrit qui reflète l'accent tonique.*

roter

▷ Luc a roté en classe, c'est dégoûtant !
Luc eructó en clase, ¡qué asqueroso!

eructar

rôti, rôtie

▷ J'aime beaucoup le poulet rôti.
Me gusta mucho el pollo asado.

▷ Il y a un rôti d'agneau pour dîner.
Hay un asado de cordero para la cena.

(adjectif = cuit au four) **asado, asada**

► **un rôti** : un asado

roue

1 ▷ La roue de mon vélo est cassée.
La rueda de mi bici está rota.

2 ▷ J'ai eu vraiment peur sur la grande roue.
Tuve mucho miedo en la noria.

1 la **rueda**

2 ► **la grande roue** (à la fête foraine) : la noria

rouge

1 ▷ Cette écharpe rouge te va très bien.
Esta bufanda roja te sienta muy bien.

▷ Le rouge est ma couleur préférée.
El rojo es mi color preferido.

2 ▷ Mes parents ne veulent pas que je mette du rouge à lèvres.
Mis padres no quieren que lleve pintalabios.

▷ Elle a toujours un rouge à lèvres dans son sac.
Siempre lleva una barra de labios en el bolso.

1 (= couleur) **rojo, roja**

► **le rouge** : el rojo

2 ► **rouge à lèvres** (= couleur) : el pintalabios

► **rouge à lèvres** (= bâtonnet) : la barra de labios

ℹ *On peut dire aussi **el lápiz de labios**.*

rougeole

▷ Adeline est au lit, elle a la rougeole.
Adeline está en la cama, tiene sarampión.

el **sarampión**

ℹ *Remarquez que le mot espagnol porte sur le **o** un accent écrit qui reflète l'accent tonique.*

rougir

1 ▻ Lydie a rougi quand Victor lui a souri.
Lydie se puso colorada cuando Victor le sonrío.

1 (= rougir de honte) **ponerse colorado** *ou* **colorada**

ℹ *Le pronom réfléchi fonctionne de la façon suivante en espagnol :* ***me*** *pongo colorado,* ***te*** *pones colorado,* ***se*** (singulier) *pone colorado,* ***nos*** *ponemos colorados,* ***os*** *ponéis colorados,* ***se*** (pluriel) *ponen colorados.*

2 ▻ D'abord je rougis, puis je pèle.
Primero me pongo rojo, luego me pelo.

2 (= rougir après un coup de soleil ou parce qu'on a chaud) **ponerse rojo** *ou* **roja**

rouillé, rouillée

▻ Mon vélo est tout rouillé.
Mi bici está completamente oxidada.

oxidado, oxidada

rouleau

1 ▻ C'est le dernier rouleau de papier hygiénique.
Es el último rollo de papel higiénico.

1 (= rouleau de papier ou de pellicule) el **rollo**

2 ▻ As-tu un rouleau à pâtisserie ?
¿Tienes un rodillo?

2 ► **rouleau à pâtisserie :** el **rodillo**

roulement

1 ▻ On a un roulement pour la vaisselle.
Tenemos un turno para fregar los platos.

1 (= tour de rôle) el **turno**

2 ▻ On a entendu un roulement de tonnerre.
Se oyó un trueno.

2 ► **roulement de tonnerre :** el **trueno**

rouler

1 ▻ La voiture roulait en sens interdit.
El coche circulaba en dirección prohibida.

1 (= avancer, en parlant d'un véhicule) **circular**

2 ▻ La moto roulait à au moins cent cinquante.
La moto iba al menos a ciento cincuenta kilómetros por hora.

2 ► **rouler à** + vitesse : **ir a** + vitesse

3 ▻ Le ballon a roulé dans la pente.
El balón rodó por la pendiente.

3 (en parlant d'un objet rond) **rodar**

ℹ *Notez la préposition utilisée en espagnol :* rouler **dans** une pente = *rodar* ***por*** *una pendiente.*

4 ▻ On va rouler le tapis pour passer l'aspirateur.
Vamos a enrollar la alfombra para pasar el aspirador.

4 (= mettre en rouleau) **enrollar**

roulette

1 ▷ Le piano a des roulettes.
El piano tiene ruedecitas.

2 ▷ J'ai peur de la roulette du dentiste.
Tengo miedo del torno del dentista.

3 ▷ Le père de Lucas joue parfois à la roulette.
El padre de Lucas a veces juega a la ruleta.

1 (= petite roue) la **ruedecita**

2 (= instrument dentaire) el **torno**

3 (au casino) la **ruleta**

rouspéter

▷ Arrête de rouspéter !
¡Deja de refunfuñar!

refunfuñar

route

1 ▷ Fais attention en traversant la route.
Ten cuidado al cruzar la carretera.

1 (= voie de circulation) la **carretera**

Attention à bien prononcer les deux ***r*** *de* ***carretera****.*

2 ▷ Je ne sais pas quelle route prendre.
No sé qué ruta tomar.

2 (= itinéraire) la **ruta**

3 ▷ Il y a au moins trois heures de route.
Hay por lo menos tres horas de camino.
▷ On s'est arrêtés plusieurs fois en route.
Nos paramos varias veces en el camino.

3 (= trajet) el **camino**
► **en route** (= sur le chemin) **: en el camino**

4 ▷ Allez, en route !
Vamos, ¡en marcha!
▷ La tondeuse est difficile à mettre en route.
Cuesta poner en marcha el cortacésped.

4 ► **en route !** (= allons-y) **: ¡en marcha!**
► **mettre en route** (en parlant d'une machine ou d'un moteur) **: poner en marcha**

roux, rousse

▷ Arnaud, c'est le garçon roux là-bas.
Arnaud es aquel chico pelirrojo.
▷ Cécile aimerait avoir les cheveux roux.
A Cécile le gustaría tener el pelo pelirrojo.

(en parlant d'une personne ou des cheveux) **pelirrojo, pelirroja**

Attention à bien prononcer les deux ***r*** *de* ***pelirrojo****.*

royal, royale

▷ La famille royale espagnole a assisté à la cérémonie.
La familia real española asistió a la ceremonia.

real (pluriel : **reales**)

royaume

▷ Autrefois, la France était un royaume.
Antaño, Francia era un reino.

el **reino**

Royaume-Uni

▷ L'Écosse fait partie du Royaume-Uni.
Escocia forma parte del Reino Unido.

► **le Royaume-Uni : el Reino Unido**

ruban

▷ Béatrice porte un ruban noir dans les cheveux.
Béatrice lleva una cinta negra en el pelo.

la **cinta**

rubéole

▷ Anne est absente, elle a la rubéole.
Anne está ausente, tiene rubeola.

la **rubeola**

rubis

▷ Ce sont de vrais rubis ?
¿Son verdaderos rubíes?

el **rubí** (pluriel : los **rubíes**)

ℹ *Remarquez que le mot espagnol porte sur le **i** un accent écrit qui reflète l'accent tonique.*

ruche

▷ Notre voisin a des ruches dans son jardin.
Nuestro vecino tiene colmenas en su jardín.

la **colmena**

rue

▷ Prenez la deuxième rue à droite.
Coja la segunda calle a la derecha.

la **calle**

ruer

▷ Le poney a rué et Antoine est tombé.
El poney coceó y Antoine se cayó.

(= donner un coup de pied) **cocear**

rugby

▷ Le rugby est un sport assez violent.
El rugby es un deporte bastante violento.
▷ Marc joue au rugby depuis plusieurs années.
Marc juega al rugby desde hace varios años.

el **rugby**

► **jouer au rugby : jugar al rugby**

rugbyman

▷ Aurélien veut devenir rugbyman professionnel.
Aurélien quiere llegar a ser jugador de rugby profesional.

el **jugador de rugby** (pluriel : los **jugadores de rugby**)

rugir

▷ Le lion a rugi quand on s'est approchés de sa cage.
El león rugió cuando nos acercamos a su jaula.

rugir

rugueux, rugueuse

▷ L'écorce de l'arbre est rugueuse.
La corteza del árbol es rugosa.

rugoso, rugosa

ruiné, ruinée

▷ L'entreprise sera ruinée si elle perd le procès.
La empresa se arruinará si pierde el juicio.

(= sans argent) **arruinado, arruinada**

ruines

▷ Nous avons visité les ruines romaines.
Visitamos las ruinas romanas.
▷ L'église du village est en ruines.
La iglesia del pueblo está en ruinas.

las **ruinas**

► **en ruines : en ruinas**

ruisseau

▷ On a enlevé nos chaussures pour traverser le ruisseau.
Nos quitamos los zapatos para cruzar el arroyo.

el **arroyo**

*Attention à bien prononcer les deux **r** de **arroyo**.*

rumeur

▷ N'écoute pas les rumeurs, les gens racontent n'importe quoi.
No escuches los rumores, la gente cuenta cualquier cosa.

el **rumor** (pluriel : los rumores)

rusé, rusée

▷ Claude est très rusé, il évite toujours les punitions.
Claude es muy astuto, siempre evita los castigos.

astuto, astuta

russe

▷ Connais-tu un bon restaurant russe ?
¿Conoces un buen restaurante ruso?
▷ Les Russes sont très bons en athlétisme.
A los rusos se les da muy bien el atletismo.
▷ Adeline apprend le russe.
Adeline está aprendiendo ruso.

ruso, rusa

S'écrit toujours avec une minuscule, qu'il s'agisse de l'adjectif ou du nom.

Russie

▷ La Russie est un pays immense.
Rusia es un país inmenso.

▷ Il peut faire très froid en Russie.
Puede hacer mucho frío en Rusia.

Rusia

Ne prend généralement pas d'article.

► **la Russie : Rusia**

► **en Russie** (= dans le pays) **: en Rusia**

▷ J'aimerais aller en Russie un jour.
Me gustaría ir a Rusia un día.

► **en Russie** (= vers le pays) **: a Rusia**

rythme

el **ritmo**

▷ Le rythme de ce morceau est très lent.
El ritmo de este fragmento es muy lento.

▷ Chacun peut travailler à son propre rythme.
Cada uno puede trabajar a su propio ritmo.

S

FRANÇAIS — ESPAGNOL

sa

▷ Hubert est fier de sa moto.
Hubert está orgulloso de su moto.
▷ Aline est sympa, mais sa sœur est désagréable.
Aline es simpática, pero su hermana es desagradable.

su

Notez que ***su*** *correspond au français* son *et* sa.

sable

▷ Marie a écrit ses initiales sur le sable.
Marie escribió sus iniciales en la arena.

la **arena**

sac

1 ▷ J'ai mis mes affaires dans un sac pour aller à la piscine.
Puse mis cosas en una bolsa para ir a la piscina.
2 ▷ Emportez un sac de couchage chacun.
Llevaos un saco de dormir cada uno.
3 ▷ Ton sac à dos est très lourd.
Tu mochila es muy pesada.
4 ▷ Élodie a perdu son sac à main.
Élodie ha perdido el bolso.

1 la **bolsa**

2 ► **sac de couchage :** el **saco de dormir** (pluriel : los sacos de dormir)

3 ► **sac à dos :** la **mochila**

4 ► **sac à main :** el **bolso**

sachet

1 ▷ Lucien m'a donné la moitié de son sachet de bonbons.
Lucien me dio la mitad de su bolsita de caramelos.
▷ J'utilise un sachet de thé par personne.
Uso una bolsita de té por persona.
2 ▷ Il y a six sachets de soupe dans chaque boîte.
Hay seis sobres de sopa en cada caja.

1 (= petit sac) la **bolsita**

2 (= dose individuelle de soupe, de sucre, etc.) el **sobre**

sacrifice

▷ Les parents de Mourad ont fait beaucoup de sacrifices pour lui.
Los padres de Mourad han hecho muchos sacrificios por él.

el **sacrificio**

sacrifier

▷ Vincent a sacrifié son week-end pour m'aider.
Vincent sacrificó su fin de semana para ayudarme.
▷ Je sais que mes parents se sacrifient pour moi.
Sé que mis padres se sacrifican por mí.

sacrificar

► **se sacrifier : sacrificarse**

ℹ *Le pronom réfléchi fonctionne de la façon suivante en espagnol :* ***me*** *sacrifico,* ***te*** *sacrificas,* ***se*** (singulier) *sacrifica,* ***nos*** *sacrificamos,* ***os*** *sacrificáis,* ***se*** (pluriel) *sacrifican.*

ℹ *Notez la préposition utilisée en espagnol :* se sacrifier **pour** quelqu'un = *sacrificarse* ***por*** *alguien.*

sage

▷ J'ai gardé mon petit frère et il a été très sage.
Cuidé de mi hermano pequeño y se portó muy bien.
▷ Si tu n'es pas sage, je vais te donner une punition.
Si te portas mal, te voy a castigar.

► **être sage** (= être obéissant) **: portarse bien**

► **ne pas être sage** (= ne pas être obéissant) **: portarse mal**

ℹ *Le pronom réfléchi fonctionne de la façon suivante en espagnol :* ***me*** *porto,* ***te*** *portas,* ***se*** (singulier) *porta,* ***nos*** *portamos,* ***os*** *portáis,* ***se*** (pluriel) *portan mal.*

saigner

▷ Emmanuelle s'est coupée, elle saigne.
Emmanuelle se ha cortado, está sangrando.
▷ Je saigne souvent du nez.
A menudo me sangra la nariz.
▷ Céleste saignait du nez.
A Céleste le sangraba la nariz.

sangrar

ℹ *Notez la construction avec* ***sangrar*** *quand on veut dire qu'on saigne du nez.*

sain, saine

▷ L'air de la mer est plus sain que celui de la ville.
El aire del mar es más sano que el de la ciudad.
▷ Tout le monde est arrivé sain et sauf.
Todo el mundo llegó sano y salvo.

sano, sana

► **sain et sauf, saine et sauve : sano y salvo, sana y salva**

saison

▻ L'automne est ma saison préférée.
El otoño es mi estación preferida.

(= printemps, été, automne, hiver) la **estación** (pluriel : las estaciones)

*Il n'y a pas d'accent écrit au pluriel. L'accent tonique porte sur le **o**, comme au singulier.*

salade

1 ▻ Achète une salade et des oignons.
Compra una lechuga y cebollas.

2 ▻ Il y avait un buffet avec des salades et des quiches.
Había un bufé con ensaladas y quiches.
▻ Alice a fait une salade de betteraves.
Alice hizo una ensalada de remolacha.

3 ▻ J'adore la salade de fruits.
Me encanta la macedonia de frutas.

1 (= laitue) la **lechuga**

2 (= plat) la **ensalada**

3 ► **salade de fruits :** la macedonia de frutas

saladier

▻ Est-ce que tu as un grand saladier pour mettre les pommes de terre ?
¿Tienes una gran ensaladera para poner las patatas?

la **ensaladera**

salaire

▻ Le frère de Marc est informaticien, il a un bon salaire.
El hermano de Marc es informático, tiene un buen sueldo.

el **sueldo**

*On peut dire aussi **el salario**.*

sale

1 ▻ Ton pantalon est tout sale, qu'est-ce qui t'est arrivé ?
Tus pantalones están muy sucios, ¿qué te ha pasado?

2 ▻ Mon tee-shirt préféré est au sale.
Mi camiseta preferida está para lavar.

1 (= pas propre) **sucio, sucia**

*Veillez à bien employer le verbe **estar** et non **ser**, car **ser sucio** signifie* être salissant.

2 ► **au sale** (= à la lessive) **:** para lavar

salé, salée

▻ Cette sauce est trop salée.
Esta salsa está demasiado salada.
▻ Lucas n'aime que les choses salées, pas les gâteaux.
A Lucas sólo le gustan las cosas saladas, no le gustan los pasteles.

salado, salada

saleté

1 ▻ J'ai une saleté dans l'œil, ça me fait mal.
Tengo algo en el ojo, me duele.

1 Pour parler d'une **saleté**, il n'y a pas de mot précis en espagnol ; on peut employer **algo**, comme dans l'exemple ci-contre.

2 ▻ Attention avec ces peintures, tu vas faire des saletés.
Cuidado con estas pinturas, vas a dejarlo todo hecho una porquería.

2 ► **faire des saletés : dejarlo todo hecho una porquería**

salir

1 ▻ Amélie s'est fait gronder parce qu'elle a sali son tee-shirt.
A Amélie la riñeron por haber ensuciado la camiseta.

1 **ensuciar**

2 ▻ Je me suis sali en jouant au rugby.
Me ensucié jugando al rugby.

2 ► **se salir : ensuciarse**

Le pronom réfléchi fonctionne de la façon suivante en espagnol : ***me*** *ensucio,* ***te*** *ensucias,* ***se*** (singulier) *ensucia,* ***nos*** *ensuciamos,* ***os*** *ensuciáis,* ***se*** (pluriel) *ensucian.*

salissant, salissante

▻ Le blanc est très salissant.
El blanco es muy sucio.
▻ Sébastien ne veut pas faire ce travail parce que c'est salissant.
Sébastien no quiere hacer este trabajo porque es sucio.

sucio, sucia

Veillez à bien employer le verbe ***ser*** *et non* ***estar****, car* ***estar sucio*** *signifie* être sale.

salive

▻ Le bébé a de la salive sur le menton.
El bebé tiene saliva en la barbilla.

la **saliva**

salle

1 ▻ On a visité toutes les salles du musée.
Visitamos todas las salas del museo.
▻ Il y avait plus de cinq cents spectateurs dans la salle.
Había más de quinientos espectadores en la sala.
▻ J'ai rencontré Sylvain dans la salle d'attente du dentiste.
Me encontré con Sylvain en la sala de espera del dentista.

1 (= pièce) la **sala**

► **salle d'attente : sala de espera** (pluriel : **salas de espera**)

2 ▻ Nathalie passe des heures dans la salle de bains.
Nathalie se pasa horas en el cuarto de baño.

2 ► **salle de bains : el cuarto de baño** (pluriel : **los cuartos de baño**)

3 ▻ La salle de classe est fermée à clé.
El aula está cerrada con llave.

3 ► **salle de classe : el aula**

*Bien que l'article qui accompagne **aula** au singulier soit masculin (**el** aula), **aula** est un mot féminin et les adjectifs qui l'accompagnent doivent se mettre au féminin : el aula está cerrada, **las** aulas están cerrad**as**.*

4 ▻ On mange dans la salle à manger quand il y a des invités.
Comemos en el comedor cuando hay invitados.

4 ► **salle à manger : el comedor** (pluriel : **los comedores**)

5 ▻ Karine est encore en salle d'opération.
Karine está todavía en el quirófano.

5 ► **salle d'opération : el quirófano**

*Remarquez que le mot espagnol porte sur le premier **o** un accent écrit qui reflète l'accent tonique.*

salon

1 ▻ Ils ont un très grand salon et une petite cuisine.
Tienen un salón muy grande y una cocina pequeña.
▻ Tu vas au Salon du livre ce week-end ?
¿Vas al Salón del Libro este fin de semana?

1 **el salón** (pluriel : **los salones**)

*Il n'y a pas d'accent écrit au pluriel. L'accent tonique porte sur le **o**, comme au singulier.*

▻ La mère d'Eugénie travaille dans un salon de beauté.
La madre de Eugénie trabaja en un salón de belleza.

► **salon de beauté : salón de belleza** (pluriel : **salones de belleza**)

▻ Aurélie m'a emmenée dans un salon de thé très élégant.
Aurélie me llevó a un salón de té muy elegante.

► **salon de thé : salón de té** (pluriel : **salones de té**)

2 ▻ Étienne a travaillé dans un salon de coiffure.
Étienne ha trabajado en una peluquería.

2 ► **salon de coiffure : la peluquería**

*Remarquez que le mot espagnol porte sur le **i** un accent écrit qui reflète l'accent tonique.*

salopette

▻ Les salopettes ne sont plus à la mode.
Los petos ya no están de moda.

(= pantalon à bretelles) **el peto**

saluer

▷ Simon a salué tout le monde en entrant.
Simon saludó a todo el mundo al entrar.

saludar

Si le complément est une personne ou un groupe de personnes, n'oubliez pas de le faire précéder de ***a****.*

salut !

1 ▷ Salut ! Ça va ?
¡Hola! ¿Qué tal?

2 ▷ Bon, je m'en vais, salut !
Bueno, me voy, ¡adiós!

1 (= bonjour) **¡hola!**

2 (= au revoir) **¡adiós!**

Remarquez que le mot espagnol porte sur le ***o*** *un accent écrit qui reflète l'accent tonique.*

samedi

▷ Aujourd'hui c'est samedi.
Hoy es sábado.

el **sábado**

Remarquez que le mot espagnol porte sur le premier ***a*** *un accent écrit qui reflète l'accent tonique.*

▷ Nous partirons samedi.
Nos marcharemos el sábado.

▷ Mes grands-parents sont venus samedi.
Mis abuelos vinieron el sábado.

▷ Le samedi Sandra va à son cours de piano.
Los sábados Sandra tiene clase de piano.

► **faire** quelque chose **samedi** :
hacer algo **el sábado**

► **le samedi** (= tous les samedis) :
los sábados

sandale

▷ En été je préfère porter des sandales.
En verano prefiero llevar sandalias.

la **sandalia**

sandwich

1 ▷ On va préparer des sandwiches pour le pique-nique.
Vamos a preparar bocadillos para el picnic.

▷ Lucas mange un sandwich au pâté.
Lucas está comiendo un bocadillo de paté.

1 (de baguette) el **bocadillo**

Notez la préposition utilisée en espagnol : un sandwich **au** pâté = *un bocadillo* ***de*** *paté.*

2 ▷ Où as-tu mis le pain de mie pour faire les sandwiches?
¿Dónde has puesto el pan de molde para hacer los sándwiches?

2 (de pain de mie) el **sándwich** (pluriel : **los sándwiches**)

Remarquez que le mot espagnol porte sur le ***a*** *un accent écrit qui reflète l'accent tonique.*

sang

▻ Christelle a du sang sur le genou.
Christelle tiene sangre en la rodilla.

la **sangre**

Attention : contrairement au français, le mot espagnol ***sangre*** *est féminin.*

sanglot

▻ On entendait des sanglots qui venaient du salon.
Se oían sollozos que venían del salón.
▻ Tout d'un coup Émilie a éclaté en sanglots.
De repente Émilie se echó a llorar.

el **sollozo**

► **éclater en sanglots :** echarse a llorar

Le pronom réfléchi fonctionne de la façon suivante en espagnol : ***me*** *echo a llorar,* ***te*** *echas a llorar,* ***se*** (singulier) *echa a llorar,* ***nos*** *echamos a llorar,* ***os*** *echáis a llorar,* ***se*** (pluriel) *echan a llorar.*

sangloter

▻ Le pauvre Jérémie sanglotait dans un coin.
El pobre Jérémie sollozaba en un rincón.

sollozar

sans

▻ Anaïs ne va nulle part sans son parapluie.
Anaïs no va a ninguna parte sin el paraguas.
▻ Ils sont partis sans dire au revoir.
Se fueron sin despedirse.

sin

santé

▻ La santé est plus importante que tout.
La salud es más importante que todo.
▻ Mes grands-parents sont en bonne santé.
Mis abuelos están bien de salud.
▻ Santé !
¡Salud!

la **salud**

► **être en bonne santé :** estar bien de salud

On emploie aussi le mot ***salud*** *quand on trinque.*

sapin

1 ▻ Nous avons traversé une forêt de sapins.
Atravesamos un bosque de abetos.

1 (= arbre) el **abeto**

2 ▻ Le sapin de Noël est magnifique.
El árbol de Navidad es magnífico.

2 ► **sapin de Noël :** el árbol de Navidad (pluriel : los árboles de Navidad)

Remarquez que le mot espagnol ***árbol*** *porte sur le* ***a*** *un accent écrit qui reflète l'accent tonique.*

3 ▻ La table du salon est en sapin.
La mesa del salón es de pino.

3 (= bois) el **pino**

sardine

▷ Il ne reste plus qu'une boîte de sardines.
Sólo queda una lata de sardinas.

(= poisson) la **sardina**

satisfait, satisfaite

▷ La prof n'est pas très satisfaite de mes résultats.
La profesora no está muy satisfecha con mis resultados.

satisfecho, satisfecha

ℹ *Notez la préposition utilisée en espagnol :* satisfait **de** = *satisfecho* ***con***.

sauce

▷ Il y a trop de crème dans cette sauce.
Hay demasiada nata en esta salsa.
▷ J'adore les pâtes à la sauce tomate.
Me encanta la pasta con salsa de tomate.

la **salsa**

► **sauce tomate :** la salsa de tomate

saucisse

▷ Pour dîner, il y a des saucisses et de la purée.
Para la cena, hay salchichas con puré.

la **salchicha**

saucisson

▷ Coupe-moi deux rondelles de saucisson.
Córtame dos rodajas de salchichón.

el **salchichón** (pluriel : los salchichones)

ℹ *Il n'y a pas d'accent écrit au pluriel. L'accent tonique porte sur le* ***o****, comme au singulier.*

sauf

▷ Tout le monde est venu, sauf Romane.
Vino todo el mundo, excepto Romane.

(= excepté) **excepto**

ℹ *On peut dire aussi* ***salvo****.*

saumon

▷ Ce saumon fumé est excellent.
Este salmón ahumado es excelente.

el **salmón** (pluriel : los salmones)

ℹ *Il n'y a pas d'accent écrit au pluriel. L'accent tonique porte sur le* ***o****, comme au singulier.*

saut

▷ Michaël a fait un saut quand je suis entré.
Michaël dio un salto cuando entré.
▷ Alex est bon en saut en hauteur.
A Alex se le da bien el salto de altura.
▷ Élise fait du saut en longueur.
Élise hace salto de longitud.
▷ Le saut à la perche est un sport difficile.
El salto con pértiga es un deporte difícil.

► **faire un saut :** dar un salto

► **saut en hauteur :** el salto de altura

► **saut en longueur :** el salto de longitud

► **saut à la perche :** el salto con pértiga

▻ As-tu déjà fait du saut à l'élastique ?
¿Has echo puenting alguna vez?

► **saut à l'élastique :** el **puenting**

sauté, sautée

▻ J'aime beaucoup les pommes de terre sautées.
Me gustan mucho las patatas salteadas.

(= cuit à feu vif) **salteado, salteada**

saute-mouton

▻ Ivan et Jeanne jouent à saute-mouton.
Ivan y Jeanne están jugando a la pídola.

► **jouer à saute-mouton : jugar a la pídola**

ℹ *Regardez aussi* **sauter**, *ci-dessous.*

sauter

1 ▻ Nathan a sauté du mur et s'est foulé la cheville.
Nathan saltó desde el muro y se torció el tobillo.

1 (= faire un bond) **saltar**

2 ▻ L'homme a sauté sur Natacha pour lui voler son sac.
El hombre se abalanzó sobre Natacha para robarle el bolso.

2 ► **sauter sur** quelqu'un : **abalanzarse sobre** alguien

ℹ *Le pronom réfléchi fonctionne de la façon suivante en espagnol :* ***me*** *abalanzo,* ***te*** *abalanzas,* ***se*** (singulier) *abalanza,* ***nos*** *abalanzamos,* ***os*** *abalanzáis,* ***se*** (pluriel) *abalanzan.*

3 ▻ Tout l'immeuble a sauté.
Estalló todo el inmueble.

3 (= exploser) **estallar**

4 ▻ Les terroristes ont fait sauter l'immeuble.
Los terroristas hicieron estallar el edificio.

4 ► **faire sauter** quelque chose : **hacer estallar** algo

5 ▻ Tu as sauté une ligne.
Te has saltado una línea.

5 (= oublier, ignorer) **saltarse**

ℹ *Le pronom réfléchi fonctionne de la façon suivante en espagnol :* ***me*** *salto...,* ***te*** *saltas...,* ***se*** (singulier) *salta...,* ***nos*** *saltamos...,* ***os*** *saltáis...,* ***se*** (pluriel) *saltan...*

sauterelle

▻ Hubert a réussi à attraper une sauterelle.
Hubert consiguió atrapar un saltamontes.

el **saltamontes** (pluriel : los **saltamontes**)

sauvage

1 ▻ Nous avons vu des animaux sauvages au Kenya.
Vimos animales salvajes en Kenya.

1 (= à l'état naturel) **salvaje**

ℹ *Attention à l'orthographe du mot espagnol.*

2 ▻ Karine n'est pas timide, elle est sauvage.
Karine no es tímida, es huraña.

2 (= farouche, en parlant d'une personne) **huraño, huraña**

sauver

1 ▷ Loïc a plongé pour sauver son petit frère qui allait se noyer.
Loïc se zambulló para salvar a su hermano pequeño que se iba a ahogar.

2 ▷ Sauvez-vous vite, le prof arrive !
¡Largaos rápido, que viene el profesor!

1 (= aider quelqu'un qui est en danger) **salvar**

*Si le complément est une personne ou un groupe de personnes, n'oubliez pas de le faire précéder de **a**.*

2 ► **se sauver** (= s'échapper) : **largarse**

*Le pronom réfléchi fonctionne de la façon suivante en espagnol : **me** largo, **te** largas, **se** (singulier) larga, **nos** largamos, **os** largáis, **se** (pluriel) largan.*

savant, savante

1 ▷ Bénédicte se croit très savante.
Bénédicte se cree muy sabia.

2 ▷ Les savants cherchent un vaccin contre le sida.
Los científicos están buscando una vacuna contra el sida.

1 (adjectif = qui sait beaucoup de choses) **sabio, sabia**

2 ► **un savant** (= un scientifique) : **un científico**

*Remarquez que le mot espagnol porte sur le deuxième **i** un accent écrit qui reflète l'accent tonique.*

savoir

▷ Est-ce que tu sais comment il s'appelle ?
¿Sabes cómo se llama?
▷ Rachel ne sait pas parler espagnol.
Rachel no sabe hablar español.
▷ Quel âge a-t-elle ? – Je n'en sais rien.
¿Cuántos años tiene? – No tengo ni idea.

saber

► **je n'en sais rien** : **no tengo ni idea**

savon

1 ▷ Je n'aime pas le gel douche, je préfère le savon.
No me gusta el gel de ducha, prefiero el jabón.

2 ▷ Il y a deux savons dans ce paquet.
Hay dos pastillas de jabón en este paquete.

1 (= produit) **el jabón**

*Remarquez que le mot espagnol porte sur le **o** un accent écrit qui reflète l'accent tonique.*

2 (= morceau) **la pastilla de jabón** (pluriel : **las pastillas de jabón**)

saxophone

▷ Le saxophone est surtout utilisé pour le jazz.
El saxofón se usa sobre todo para el jazz.

el saxofón (pluriel : **los saxofones**)

*Il n'y a pas d'accent écrit au pluriel. L'accent tonique porte sur le deuxième **o**, comme au singulier.*

▷ Clémence joue du saxophone.
Clémence toca el saxofón.

► **jouer du saxophone** : **tocar el saxofón**

scandale

▷ C'est un scandale !
¡Es un escándalo!

el **escándalo**

*Remarquez que le mot espagnol porte sur le premier **a** un accent écrit qui reflète l'accent tonique.*

▷ Pierre a fait un scandale parce qu'il y avait un cheveu dans sa soupe.
Pierre armó un escándalo porque había un pelo en su sopa.

► **faire un scandale** (= se plaindre) : **armar un escándalo**

scène

1 ▷ Nicolas avait peur quand il est monté sur scène.
Nicolas tenía miedo al subir al escenario.

2 ▷ On a répété la première scène de la pièce.
Ensayamos la primera escena de la obra.

1 (= estrade) el **escenario**

2 (= partie d'une pièce de théâtre ou d'un film) la **escena**

*Attention à bien prononcer séparément le **s** et le **c** de **escenario** et de **escena**.*

schéma

▷ Tu comprendras mieux avec un schéma.
Entenderás mejor con un esquema.

el **esquema**

Attention à l'orthographe du mot espagnol.

scie

▷ Aurélien coupe du bois avec une scie.
Aurélien está cortando leña con una sierra.

la **sierra**

*Attention à bien prononcer les deux **r** de **sierra**.*

science

▷ Sylvie a une passion pour les sciences.
Sylvie tiene pasión por las ciencias.

▷ Jérôme a les meilleures notes en sciences naturelles.
Jérôme saca las mejores notas en ciencias naturales.

la **ciencia**

► **sciences naturelles** (= matière) : **las ciencias naturales**

science-fiction

▷ Laurent adore les films de science-fiction.
A Laurent le encantan las películas de ciencia ficción.

la **ciencia ficción**

*Remarquez que le mot espagnol **ficción** porte sur le **o** un accent écrit qui reflète l'accent tonique.*

scientifique

▷ Ce n'est pas une méthode très scientifique.
No es un método muy científico.
▷ Les scientifiques américains ont fait une découverte importante.
Los científicos americanos han hecho un descubrimiento importante.

científico, científica

ℹ *Remarquez que le mot espagnol porte sur le deuxième* ***i*** *un accent écrit qui reflète l'accent tonique.*
ℹ ***Científico, científica*** *peut être soit un adjectif, soit un nom.*

scier

▷ Mon père a scié les pieds de la table.
Mi padre cortó las patas de la mesa con una sierra.

cortar con una sierra

scolaire

▷ Les vacances scolaires commencent le 29 juin.
Las vacaciones escolares empiezan el 29 de junio.

escolar (pluriel : escolares)

scooter

▷ Chantal rêve d'avoir un scooter.
Chantal sueña con tener un scooter.

el **scooter** (pluriel : los scooters)

score

▷ Est-ce que quelqu'un connaît le score ?
¿Alguien conoce la puntuación?

la **puntuación**
ℹ *Remarquez que le mot espagnol porte sur le* ***o*** *un accent écrit qui reflète l'accent tonique.*

scotch®

▷ Lise a fermé l'enveloppe avec du scotch®.
Lise cerró el sobre con celo.

(= ruban adhésif) el **celo**

scout

▷ On a rencontré un groupe de scouts dans la forêt.
Nos encontramos con un grupo de escultistas en el bosque.

el **escultista**, la **escultista**

ℹ *On peut dire aussi* ***el boy scout*** (pluriel : ***los boys scouts***)

sculpter

▷ Capucine apprend à sculpter le bois.
Capucine está aprendiendo a esculpir la madera.

esculpir

sculpture

▻ Les sculptures de Rodin sont magnifiques.
Las esculturas de Rodin son magníficas.

la **escultura**

Attention à l'orthographe du mot espagnol.

SDF

▻ Il y avait un SDF qui mendiait devant la station de métro.
Había un sin techo que mendigaba delante de la estación de metro.

el **sin techo** (pluriel : **los sin techo**), la **sin techo** (pluriel : **las sin techo**)

se ou s'

▻ Benoît se gratte parce qu'il a des piqûres de moustique.
Benoît se está rascando porque tiene picaduras de mosquito.
▻ Le prof s'est trompé.
El profesor se ha equivocado.
▻ Ils ne se parlent plus.
Ya no se hablan.

se

séance

▻ On va à la séance de l'après-midi parce que c'est moins cher.
Vamos a la sesión de la tarde porque es más barato.

la **sesión** (pluriel : **las sesiones**)

*Il n'y a pas d'accent écrit au pluriel. L'accent tonique porte sur le **o**, comme au singulier.*

seau

▻ Alice transporte de l'eau dans un seau.
Alice transporta agua en un cubo.

el **cubo**

sec, sèche

▻ Attention, la peinture n'est pas sèche !
¡Cuidado, que la pintura no está seca!

(= pas mouillé) **seco, seca**

sèche-cheveux

▻ Tu peux brancher ton sèche-cheveux là.
Puedes enchufar el secador ahí.

el **secador** (pluriel : **los secadores**)

sécher

1 ▻ Sèche tes larmes, ce n'est rien !
Sécate las lagrimas, ¡no es nada!

1 ► **sécher** quelque chose (= le rendre sec) : **secar** algo

Suite page suivante

2 ▻ Le linge n'a pas séché.
La colada no se ha secado.
▻ Les plantes ont séché parce qu'on ne les a pas arrosées.
Las plantas se han secado porque no las hemos regado.

2 ► sécher (= devenir sec) **: secarse**

ℹ *Le pronom réfléchi fonctionne de la façon suivante en espagnol :* ***se*** (singulier) *seca,* ***se*** (pluriel) *secan.*

▻ J'ai mis le linge à sécher pour aider ma mère.
Tendí la colada para ayudar a mi madre.

► mettre le linge à sécher : tender la colada

3 ▻ Sèche-toi bien après ton bain.
Sécate bien después del baño.
▻ Je voudrais une serviette pour me sécher les mains.
Quisiera una toalla para secarme las manos.

3 ► se sécher : secarse

ℹ *Le pronom réfléchi fonctionne de la façon suivante en espagnol :* ***me*** *seco,* ***te*** *secas,* ***se*** (singulier) *seca,* ***nos*** *secamos,* ***os*** *secáis,* ***se*** (pluriel) *secan.*

4 ▻ Loïc a séché le cours de maths.
Loïc se ha fumado la clase de matemáticas.

4 (= manquer, en parlant de l'école) **fumarse**

ℹ *Le pronom réfléchi fonctionne de la façon suivante en espagnol :* ***me*** *fumo...,* ***te*** *fumas...,* ***se*** (singulier) *fuma...,* ***nos*** *fumamos...,* ***os*** *fumáis...,* ***se*** (pluriel) *fuman...*

ℹ ***Fumarse****, comme* **sécher***, est un mot familier.*

sécheresse

▻ Les agriculteurs sont inquiets à cause de la sécheresse.
Los agricultores están preocupados a causa de la sequía.

(= absence de pluie) **la sequía**

ℹ *Remarquez que le mot espagnol porte sur le* ***i*** *un accent écrit qui reflète l'accent tonique.*

second, seconde

1 ▻ L'équipe de l'école a terminé seconde.
El equipo del colegio terminó segundo.
2 ▻ Manu et sa famille habitent au second.
Manu y su familia viven en el segundo piso.

1 (= deuxième) **segundo, segunda**

2 (= deuxième étage) **el segundo piso**

ℹ *Regardez aussi* seconde, *plus bas.*

secondaire

▻ Teresa voudrait enseigner dans le secondaire.
Teresa quisiera enseñar en la enseñanza secundaria.

► le secondaire (= le collège et le lycée) **: la enseñanza secundaria**

seconde

1 ▷ Ça va me prendre deux secondes.
Me va a llevar un par de segundos.

2 ▷ La sœur de Lionel est en seconde.
La hermana de Lionel está en cuarto de E.S.O.

1 (= unité de temps) el **segundo**

2 ► **la seconde** (= niveau scolaire) : **4º de E.S.O.** *(cuarto de Educación Secundaria Obligatoria)*

ℹ *Regardez aussi* second, seconde, *plus haut.*

secouer

1 ▷ J'ai aidé ma mère à secouer les tapis.
Ayudé a mi madre a sacudir las alfombras.

2 ▷ Secoue-toi, fainéant !
¡Muévete, holgazán!

1 (= agiter) **sacudir**

2 ► **se secouer** (= se bouger) : **moverse**

ℹ *Le pronom réfléchi fonctionne de la façon suivante en espagnol :* ***me*** *muevo,* ***te*** *mueves,* ***se*** (singulier) *mueve,* ***nos*** *movemos,* ***os*** *movéis,* ***se*** (pluriel) *mueven.*

secours

▷ On a entendu quelqu'un qui appelait au secours.
Oímos a alguien que pedía auxilio.

▷ Au secours ! Au secours !
¡Auxilio! ¡Auxilio!

► **appeler au secours** *ou* **crier au secours : pedir auxilio**

ℹ *Quand on crie pour demander de l'aide, on peut dire aussi* ***¡socorro!***

secret, secrète

▷ Ils se rencontrent dans un endroit secret.
Se ven en un lugar secreto.

▷ Ne le répète à personne, c'est un secret.
No se lo repitas a nadie, es un secreto.

(adjectif = caché) **secreto, secreta**

► **un secret : un secreto**

secrétaire

▷ La secrétaire du collège est très gentille.
La secretaria del colegio es muy amable.

(= métier) el **secretario,** la **secretaria**

section

▷ Noémie ne sait pas si elle doit choisir une section scientifique ou littéraire.
Noémie no sabe si debe elegir ciencias o letras.

► **section scientifique : ciencias**

► **section littéraire : letras**

sécurité

1 ▷ Il y a des problèmes de sécurité dans ce quartier.
Hay problemas de seguridad en este barrio.

2 ▷ Céleste se sentait en sécurité avec Joël.
Céleste se sentía segura con Joël.

1 (= absence de criminalité) la **seguridad**

2 ► **en sécurité : seguro, segura**

sein

▷ Les garçons n'ont pas de seins.
Los chicos no tienen pechos.
▷ Ma mère nous a donné le sein quand nous étions bébés.
Mi madre nos dio el pecho cuando éramos bebés.

el **pecho**

► **donner le sein à** un bébé (= l'allaiter) : **dar el pecho a** un **bebé**

la Seine

el Sena

seize

▷ Il y a seize élèves dans la classe.
Hay dieciséis alumnos en la clase.

▷ Le concert aura lieu le seize janvier.
El concierto tendrá lugar el dieciséis de enero.

dieciséis

ℹ *Remarquez que le mot espagnol porte sur le deuxième **e** un accent écrit qui reflète l'accent tonique.*

ℹ *Notez l'emploi de **de** en espagnol quand on dit la date.*

séjour

1 ▷ Merci beaucoup, nous avons passé un séjour très agréable.
Muchas gracias, nuestra estancia ha sido muy agradable.
2 ▷ Bénédicte va faire un séjour linguistique en Espagne cet été.
Bénédicte va a hacer un viaje de idioma en España este verano.

1 (= visite) la **estancia**

2 ► **séjour linguistique :** el **viaje de idioma**

sel

▷ Il n'y a pas assez de sel dans la soupe.
No hay bastante sal en la sopa.

la **sal**

*Attention : contrairement au français, le mot espagnol **sal** est féminin.*

self-service

▷ On a mangé dans un self-service sur l'autoroute.
Comimos en un autoservicio en la autopista.

el **autoservicio**

selle

1 ▷ La selle de ce vélo est très dure.
El sillín de esta bici es muy duro.

1 (= la selle d'un vélo) el **sillín** (pluriel : los **sillines**)

ℹ *Il n'y a pas d'accent écrit au pluriel. L'accent tonique porte sur le deuxième **i**, comme au singulier.*

2 ▷ Le cheval ne porte pas de selle.
El caballo no lleva silla de montar.

2 (= la selle d'un cheval) la **silla de montar** (pluriel : las sillas de montar)

selon

▷ Selon les journaux, c'est le ministre qui est responsable.
Según los periódicos, el responsable es el ministro.
▷ Selon moi, ce n'est pas vrai.
Para mí, no es verdad.

según

Remarquez que le mot espagnol porte sur le ***u*** *un accent écrit qui reflète l'accent tonique.*

Exception : à la première personne, on dit ***para mí****.*

semaine

▷ J'ai vu Suzanne la semaine dernière.
Vi a Suzanne la semana pasada.
▷ Jean-Charles est toujours très occupé en semaine.
Jean-Charles está siempre muy ocupado durante la semana.

la **semana**

► **en semaine : durante la semana**

sembler

▷ Capucine semblait calme, mais je pense qu'elle était inquiète.
Capucine parecía tranquila, pero pienso que estaba preocupada.
▷ Il me semble que je vous connais.
Me parece que le conozco.

parecer

semelle

▷ Les semelles de ces sandales sont en cuir.
Las suelas de estas sandalias son de cuero.

(= le dessous des chaussures) la **suela**

semer

▷ Mon père a semé des graines, mais les oiseaux les ont mangées.
Mi padre sembró semillas, pero se las comieron los pájaros.

sembrar

sens

1 ▷ Je crois qu'on ne va pas dans le bon sens.
Creo que no vamos en la buena dirección.

1 (= direction) la **dirección**

Remarquez que le mot espagnol porte sur le ***o*** *un accent écrit qui reflète l'accent tonique.*

Suite page suivante

2 ▷ Ce jeu se joue dans le sens des aiguilles d'une montre.
Este juego se juega en el sentido de las agujas del reloj.

2 ► **dans le sens des aiguilles d'une montre :** en el sentido de las agujas del reloj

3 ▷ Quel est le sens de ce mot ?
¿Cuál es el sentido de esta palabra?
▷ Camille n'a aucun sens de l'humour.
Camille no tiene ningún sentido del humor.
▷ Patrice est plein de bon sens.
Patrice tiene mucho sentido común.

3 (= signification, notion instinctive) el **sentido**

► **bon sens :** sentido común

sensation

▷ C'est une sensation bizarre d'être suspendu dans les airs.
Quedarse colgado en el aire produce una sensación rara.

la **sensación** (pluriel : las sensaciones)

*Il n'y a pas d'accent écrit au pluriel. L'accent tonique porte sur le **o**, comme au singulier.*

▷ La nouvelle a fait sensation dans l'école.
La noticia causó sensación en el colegio.

► **faire sensation :** causar sensación

sensible

▷ Marine est quelqu'un de très sensible.
Marine es una persona muy sensible.

(= émotif) **sensible**

sentier

▷ Prenez ce sentier à gauche.
Tomen este sendero a la izquierda.

el **sendero**

sentiment

▷ Lucas n'aime pas parler de ses sentiments.
A Lucas no le gusta hablar de sus sentimientos.

(= émotion) el **sentimiento**

sentimental, sentimentale

▷ Ce film est trop sentimental.
Esta película es demasiado sentimental.

sentimental (pluriel : sentimentales)

sentir

1 ▷ Est-ce que tu sens cette odeur bizarre ?
¿Hueles ese olor raro?
▷ Mmm, ça sent bon !
Mmm, ¡qué bien huele!
▷ Ça sent la menthe.
Huele a menta.

1 (= percevoir par le nez, avoir une odeur) **oler**

Notez la différence de construction entre le français et l'espagnol : sentir la menthe = *oler **a** menta.*

2 ▻ J'ai senti une main dans mon dos.
Sentí una mano en la espalda.
▻ J'ai senti que Mathieu n'était pas content.
Sentí que Mathieu no estaba contento.
▻ Comment tu te sens ?
¿Cómo te sientes?
▻ Je me sens mal tout d'un coup.
De repente me siento mal.

2 (= percevoir par le toucher, avoir une impression) **sentir**

► **se sentir** (= se porter) : **sentirse**

*Le pronom réfléchi fonctionne de la façon suivante en espagnol : **me** siento, **te** sientes, **se** (singulier) siente, **nos** sentimos, **os** sentís, **se** (pluriel) sienten.*

3 ▻ Je sens qu'il va y avoir des problèmes.
Creo que va a haber problemas.

3 ► **sentir que** (= penser que) : **creer que**

séparer

1 ▻ D'abord, sépare les blancs des jaunes.
Primero, separa las claras de las yemas.
▻ Les parents de Jeanne se sont séparés.
Los padres de Jeanne se han separado.

1 (= mettre à part) **separar**

► **se séparer** (= cesser de vivre ensemble) : **separarse**

*Le pronom réfléchi fonctionne de la façon suivante en espagnol : **nos** separamos, **os** separáis, **se** separan.*

2 ▻ La classe est séparée en deux.
El aula está dividida en dos.

2 (= diviser) **dividir**

sept

▻ Le voyage en train dure sept heures.
El viaje en tren dura siete horas.
▻ Le bébé est né le sept mars.
El bebé nació el siete de marzo.

siete

*Notez l'emploi de **de** en espagnol quand on dit la date.*

septembre

▻ Nous allons déménager en septembre.
Nos vamos a mudar en septiembre.
▻ Mireille est née le quinze septembre.
Mireille nació el quince de septiembre.

septiembre

*On peut écrire aussi **setiembre**, sans le **p**.*

*Notez l'emploi de **de** en espagnol quand on dit la date.*

septième

▻ Le septième exercice est le plus difficile.
El séptimo ejercicio es el más difícil.

séptimo, séptima

*Remarquez que le mot espagnol porte sur le **e** un accent écrit qui reflète l'accent tonique.*

série

▻ J'ai eu une série de mauvaises notes.
He tenido una serie de malas notas.
▻ Ma grand-mère regarde toutes les séries américaines.
Mi abuela mira todas las series americanas.

la **serie**

sérieusement

▻ Tu ne parles pas sérieusement ?
¿No hablas en serio?
▻ La prof a dit à Cécile de travailler plus sérieusement.
La profesora le dijo a Cécile que trabajara más en serio.

(= sans plaisanter, consciencieusement)
en serio

sérieux, sérieuse

▻ Étienne avait l'air très sérieux.
Étienne parecía muy serio.
▻ Caro est une élève sérieuse.
Caro es una alumna seria.

serio, seria

seringue

▻ J'ai eu peur quand j'ai vu l'infirmière avec une grosse seringue.
Tuve miedo al ver a la enfermera con una enorme jeringuilla.

la **jeringuilla**

serpent

▻ Lionel a vu un serpent dans l'herbe.
Lionel vio una serpiente en la hierba.

la **serpiente**
Attention : contrairement au français, le mot espagnol ***serpiente*** *est féminin.*

serré, serrée

1 ▻ Elle porte toujours des jeans très serrés.
Siempre lleva vaqueros muy ceñidos.
2 ▻ On était serrés comme des sardines.
Estábamos apretados como sardinas.

1 (= étroit, en parlant de vêtements)
ceñido, ceñida
2 (= collés les uns contre les autres)
apretado, apretada

serrer

1 ▻ Je serrais la lettre dans ma main parce que j'avais peur de la perdre.
Estrechaba la carta en la mano porque tenía miedo de perderla.
2 ▻ Ahmed m'a serrée dans ses bras en me disant au revoir.
Ahmed me abrazó al despedirse.

1 (= tenir pressé) **estrechar**
2 ► **serrer** quelqu'un **dans ses bras : abrazar** a alguien

3 ▷ On s'est serré la main.
Nos dimos la mano.

3 ► **se serrer la main** : **darse la mano**

Le pronom réfléchi fonctionne de la façon suivante en espagnol : ***nos*** *damos la mano,* ***os*** *dais la mano,* ***se*** *dan la mano.*

4 ▷ Ce jean me serre.
Estos vaqueros me aprietan.
▷ Serre bien tes lacets.
Apriétate bien los cordones.
▷ Serrez-vous un peu, sinon on ne rentrera pas tous.
Apretaos un poco, o no cabremos todos.

4 (= être trop étroit pour quelqu'un ou tirer sur quelque chose) **apretar**

► **se serrer** (= se comprimer) : **apretarse**

Le pronom réfléchi fonctionne de la façon suivante en espagnol : ***nos*** *apretamos,* ***os*** *apretáis,* ***se*** *aprietan.*

serrure

▷ On a dû changer les serrures après le **cambriolage.**
Tuvimos que cambiar las cerraduras después del robo.

la **cerradura**

Attention à bien prononcer les deux ***r*** *de* ***cerradura****.*

serveur, serveuse

▷ Demande au serveur de nous apporter du pain.
Pídele al camarero que nos traiga pan.

el **camarero,** la **camarera**

service

1 ▷ Est-ce que je peux te demander un service ?
¿Te puedo pedir un favor?
▷ Isabelle m'a rendu service, maintenant c'est mon tour.
Isabelle me ha hecho un favor, ahora me toca a mí.

1 (= aide) el **favor** (pluriel : los **favores**)

► **rendre service à** quelqu'un : **hacerle un favor a** alguien

2 ▷ On m'a dit de m'adresser au service des réclamations.
Me dijeron que me dirigiera al servicio de reclamaciones.
▷ Est-ce que le service est compris ?
¿El servicio está incluido?
▷ Ma grand-mère a un joli service à café.
Mi abuela tiene un bonito servicio de café.

2 (en parlant d'une société, d'une administration, du restaurant ou de la vaisselle) el **servicio**

serviette

1 ▷ Il manque les petites cuillères et les serviettes.
Faltan las cucharillas y las servilletas.

1 (= serviette de table) la **servilleta**

Suite page suivante

2 ▷ Les serviettes sont changées tous les jours à l'hôtel.
Las toallas se cambian todos los días en el hotel.

2 (= serviette de toilette) la **toalla**

3 ▷ Est-ce que tu peux me passer une serviette hygiénique ?
¿Me puedes dar una compresa?

3 ► **serviette hygiénique :** la **compresa**

servir

1 ▷ Le garçon a servi les autres clients avant nous.
El camarero sirvió a los otros clientes antes que a nosotros.

1 (à table ou dans un magasin) **servir**

Le complément est une personne ou un groupe de personnes : n'oubliez pas de le faire précéder de ***a****.*

2 ▷ À quoi sert cet outil ?
¿Para qué sirve esta herramienta?
▷ Ça ne sert à rien de pleurer.
No sirve para nada llorar.

2 ► **servir à** quelque chose (en parlant d'un objet) : **servir para** algo
► **ça ne sert à rien de** + infinitif : **no sirve para nada** + infinitif

3 ▷ Cette pièce sert de bureau.
Esta habitación sirve de despacho.

3 ► **servir de : servir de**

4 ▷ Vas-y, sers-toi.
Venga, sírvete.

4 ► **se servir** (à table) : **servirse**

Le pronom réfléchi fonctionne de la façon suivante en espagnol : ***me*** *sirvo,* ***te*** *sirves,* ***se*** (singulier) *sirve,* ***nos*** *servimos,* ***os*** *servís,* ***se*** (pluriel) *sirven.*

5 ▷ Tu sais te servir d'un arc ?
¿Sabes usar un arco?

5 ► **se servir de** quelque chose : **usar** algo

ses

▷ Claude s'entend bien avec ses cousins.
Claude se lleva bien con sus primos.

sus

set

1 ▷ Qui a gagné le premier set ?
¿Quién ganó el primer set?

1 (au tennis) el **set** (pluriel : los **sets**)

2 ▷ Ma mère a acheté des sets de table.
Mi madre compró manteles individuales.

2 ► **set de table :** el **mantel individual** (pluriel : los **manteles individuales**)

seuil

▷ Ne reste pas sur le seuil de la porte, entre !
¡No te quedes en el umbral, entra!

(= entrée) el **umbral**

seul, seule

1 ▻ Nous étions seuls dans le restaurant.
Estábamos solos en el restaurante.
▻ Nathan se sent très seul.
Nathan se siente muy solo.
▻ J'ai un seul ami : il s'appelle Rachid.
Tengo un solo amigo : se llama Rachid.
▻ Claire a mis la table toute seule.
Claire ha puesto la mesa sola.
2 ▻ C'est le seul chanteur qu'elle aime.
Es el único cantante que le gusta.

1 **solo, sola**

► **tout seul, toute seule : solo, sola**

2 ► **le seul..., la seule... : el único..., la única...**

seulement

1 ▻ On a seulement cinq jours de vacances.
Tenemos sólo cinco días de vacaciones.

2 ▻ Si seulement tu m'en avais parlé avant !
¡Si al menos me lo hubieras dicho antes!

1 (= uniquement) **sólo**

i *Remarquez que le mot espagnol porte sur le premier* ***o*** *un accent écrit qui le distingue de l'adjectif* ***solo*** (= seul).

i *On peut dire aussi* ***solamente****.*

2 ► **si seulement ... : si al menos...**

i *Notez l'emploi du subjonctif imparfait après* ***si al menos****.*

sévère

▻ La prof d'espagnol est très sévère.
La profesora de español es muy severa.

severo, severa

sexe

▻ Ils ne veulent pas connaître le sexe de leur bébé.
No quieren saber el sexo de su bebé.

el sexo

shampoing ou shampooing

1 ▻ J'ai du shampoing dans les yeux, ça pique !
Tengo champú en los ojos, ¡pica!

2 ▻ La coiffeuse m'a d'abord fait un shampoing.
Primero la peluquera me lavó el pelo.

1 (= liquide) **el champú** (pluriel : **los champús**)

i *Remarquez que le mot espagnol porte sur le* ***u*** *un accent écrit qui reflète l'accent tonique.*

2 ► **faire un shampoing à** quelqu'un : **lavarle el pelo a alguien**

short

▻ Je n'aime pas ce short, il est trop petit.
No me gusta este short, es demasiado pequeño.

el short (pluriel : **los shorts**)

i *On peut dire aussi* ***el pantalón corto*** (pluriel : **los pantalones cortos**).

si

1 ▷ On pourrait faire un pique-nique s'il fait beau.
Podríamos ir de picnic si hace bueno.
▷ Je ne sais pas si Amélie sera là.
No sé si Amélie estará.
▷ Si j'étais riche, j'achèterais un bateau.
Si fuese rico, compraría un barco.

1 (pour exprimer une hypothèse) **si**

2 ▷ Tu n'es pas contente ? – Si !
¿No estás contenta? – ¡Sí!

2 (= oui) **sí**

ℹ *Notez l'emploi du subjonctif imparfait en espagnol (**si fuese...**) quand on emploie l'imparfait en français* (**si j'étais...**).

ℹ *Remarquez que le mot espagnol porte sur le **i** un accent écrit qui le distingue de la conjonction **si**.*

3 ▷ Arthur est si malade qu'il ne peut pas se lever.
Arthur está tan enfermo que no se puede levantar.

3 (= tellement) **tan**

sida

▷ Il faut se protéger pour ne pas attraper le sida.
Hay que protegerse para no coger el sida.

el **sida**

siècle

▷ Nous sommes au début du vingt et unième siècle.
Estamos a principios del siglo veintiuno.

(= cent ans) el **siglo**

ℹ *Notez l'ordre des mots dans la phrase espagnole (**siglo** +* nombre) *et l'emploi du nombre cardinal (**veintiuno**) là où le français emploie le nombre ordinal* (**vingt et unième**).

siège

▷ Est-ce que ce siège est libre ?
¿Este asiento está libre?

(= chaise, fauteuil) el **asiento**

sien, sienne

▷ Sophie aime bien ma jupe, mais elle préfère la sienne.
A Sophie le gusta mi falda, pero prefiere la suya.
▷ Damien dit que ce livre est le sien.
Damien dice que este libro es suyo.
▷ Ces lunettes de soleil sont les miennes, pas les tiennes.
Estas gafas de sol son mías, no son tuyas.

ℹ **Le sien, la sienne, les siens, les siennes** *se traduit par **el suyo, la suya, los suyos, las suyas**.*

ℹ *Mais quand on veut dire que quelque chose appartient à quelqu'un,* **le sien, la sienne, les siens, les siennes** *se traduit par **suyo, suya, suyos, suyas**.*

sieste

▷ Où est Lionel ? – Il fait la sieste.
¿Dónde está Lionel? – Se está echando la siesta.

la **siesta**
► **faire la sieste :** echarse la siesta

*Le pronom réfléchi fonctionne de la façon suivante en espagnol : **me** echo, **te** echas, **se** (singulier) echa, **nos** echamos, **os** echáis, **se** (pluriel) echan la siesta.*

*On peut dire aussi **dormir la siesta**.*

sifflement

▷ Tu entends le sifflement du vent ?
¿Oyes el silbido del viento?

el **silbido**

siffler

1 ▷ Sylvian sifflait, il avait l'air heureux.
Sylvian silbaba, parecía feliz.
▷ Le public a sifflé les acteurs.
El público silbó a los actores.

1 **silbar**

*Si le complément est une personne ou un groupe de personnes, n'oubliez pas de le faire précéder de **a**.*

2 ▷ Siffle Médor, il va revenir.
Llama a Médor con un silbido, va a volver.

2 ► **siffler un chien :** llamar un perro con un silbido

sifflet

1 ▷ Le berger se sert d'un sifflet pour appeler son chien.
El pastor usa un silbato para llamar a su perro.

1 (= instrument) el **silbato**

2 ▷ L'arbitre a donné un coup de sifflet.
El árbitro tocó el silbato.

2 ► **donner un coup de sifflet :** tocar el silbato

signal

▷ Le prof a donné le signal du début de la course.
El profesor dio la señal de que empezaba la carrera.
▷ Quelqu'un a tiré le signal d'alarme.
Alguien ha tirado la señal de alarma.

la **señal** (pluriel : las señales)

*Attention : contrairement au français, le mot espagnol **señal** est féminin.*

► **signal d'alarme :** señal de alarma

signaler

1 ▷ Bruno m'a signalé qu'il y avait une faute dans le premier paragraphe.
Bruno me señaló que había una falta en el primer párrafo.

1 (= faire remarquer) **señalar**

Suite page suivante

2 ▷ Nous avons signalé le vol à la police.
Denunciamos el robo a la policía.

2 (= déclarer à la police) **denunciar**

signature

▷ Ta signature est illisible.
Tu firma es ilegible.

la **firma**

signe

1 ▷ Mathieu nous a fait un signe pour nous dire qu'il s'en allait.
Mathieu nos hizo una seña para decirnos que se iba.

2 ▷ Elle sourit, c'est bon signe.
Está sonriendo, es buena señal.

1 (= geste) la **seña**

2 (= indice) la **señal** (pluriel : **las señales**)

signer

▷ Signe en bas du formulaire.
Firma en la parte inferior del formulario.

(= écrire son nom) **firmar**

signification

▷ Quelle est la signification de ce mot ?
¿Cuál es el significado de esta palabra?

el **significado**

signifier

▷ Que signifie ce mot ?
¿Qué significa esta palabra?

significar

silence

▷ Le prof nous a demandé de sortir en silence.
El profesor nos pidió que saliéramos en silencio.

el **silencio**

silencieux, silencieuse

1 ▷ Les élèves sont restés silencieux.
Los alumnos se quedaron callados.

2 ▷ Cette voiture est très silencieuse.
Este coche es muy silencioso.

1 (= qui ne parle pas) **callado, callada**

2 (= qui ne fait pas de bruit) **silencioso, silenciosa**

silhouette

▷ On ne voyait que des silhouettes dans le brouillard.
Sólo se veían siluetas en la niebla.

(= vague forme) la **silueta**

ℹ *Attention à l'orthographe du mot espagnol.*

s'il te plaît, s'il vous plaît

▻ Ouvre la porte, s'il te plaît.
Abre la puerta, por favor.
▻ Un kilo de pommes, s'il vous plaît.
Un kilo de manzanas, por favor.

por favor

simple

▻ Les règles du jeu sont très simples.
Las reglas del juego son muy sencillas.

sencillo, sencilla

ℹ *On peut dire aussi **simple**.*

simplement

▻ Leur maison est meublée très simplement.
Su casa está amueblada muy sencillamente.
▻ Je voudrais simplement que tu m'aides.
Quisiera sencillamente que me ayudaras.

sencillamente

sincère

▻ Pierre souriait, mais ce n'était pas sincère.
Pierre sonreía, pero no era sincero.

sincero, sincera

singe

1 ▻ Il est interdit de donner des cacahuètes aux singes.
Está prohibido darles cacahuetes a los monos.
2 ▻ Arrête de faire le singe et travaille !
¡Deja de hacer el payaso y trabaja!

1 el **mono**

2 ► **faire le singe : hacer el payaso**

singulier

▻ Le singulier et le pluriel sont les mêmes.
El singular y el plural son iguales.
▻ Cet adjectif est au singulier.
Este adjetivo está en singular.

el **singular**

► **au singulier : en singular**

sinistre

▻ Ils habitent dans un quartier sinistre.
Viven en un barrio siniestro.

siniestro, siniestra

ℹ *Attention à l'orthographe du mot espagnol.*

sinon

▻ Appelle Carlos, sinon il va se fâcher.
Llama a Carlos, si no va a enfadarse.

(= autrement) **si no**

sirène

▻ Tu as entendu la sirène des pompiers ?
¿Oíste la sirena de los bomberos?

la **sirena**

sirop

▷ Si tu veux, j'ai un très bon sirop contre la toux.
Si quieres, tengo un jarabe muy bueno para la tos.

el **jarabe**

site

1 ▷ La ville est dans un très beau site.
La ciudad está en un paraje muy hermoso.

1 (= décor) el **paraje**

2 ▷ Nous avons visité plusieurs sites archéologiques.
Visitamos varios yacimientos.

2 ► **site archéologique :** el **yacimiento**

3 ▷ Il y a plein de sites touristiques dans cette région.
Hay muchos lugares turísticos en esta región.

3 ► **site touristique :** el **lugar turístico** (pluriel : los **lugares turísticos**)

ℹ *Remarquez que le mot espagnol **turístico** porte sur le **u** un accent écrit qui reflète l'accent tonique.*

4 ▷ Madeleine m'a conseillé un site web pour apprendre l'espagnol en jouant.
Madeleine me ha aconsejado un sitio web para aprender español jugando.

4 ► **site web :** el **sitio web** (pluriel : los **sitios web**)

situation

▷ La situation est compliquée.
La situación es complicada.

(= circonstances) la **situación** (pluriel : las **situaciones**)

ℹ *Il n'y a pas d'accent écrit au pluriel. L'accent tonique porte sur le **o**, comme au singulier.*

situé, située

▷ Le château est situé sur une colline.
El castillo está situado sobre una colina.

situado, situada

six

▷ Mon frère a six ans.
Mi hermano tiene seis años.

▷ Les cours reprennent le six septembre.
Las clases se reanudan el seis de septiembre.

seis

ℹ *Notez l'emploi de **de** en espagnol quand on dit la date.*

sixième

1 ▷ C'est notre sixième interro cette semaine.
Éste es el sexto examen esta semana.

1 **sexto, sexta**

2 ▷ Ils habitent au sixième sans ascenseur.
Viven en el sexto piso sin ascensor.

2 (= sixième étage) el **sexto piso**

3 ▷ J'étais inquiet quand je suis entré en sixième.
Estaba preocupado al empezar sexto de primaria.

3 ► **la sixième** (= classe) **:** 6º de EP *(sexto de primaria)*

skate(-board)

▻ Hakim fait du skate tous les jours.
Hakim hace monopatín todos los días.

► **faire du skate : hacer monopatín**

Remarquez que le mot espagnol ***monopatín*** *porte sur le* ***i*** *un accent écrit qui reflète l'accent tonique.*

sketch

▻ Les profs ont préparé un sketch pour la fête de l'école.
Los profesores han preparado un sketch para la fiesta del colegio.

el **sketch** (pluriel : los sketches *ou* los sketchs)

Se prononce ***'esketch'*** *en espagnol.*

ski

▻ On pourra louer des skis là-bas.
Podremos alquilar esquíes ahí.
▻ Le ski est mon sport préféré.
El esquí es mi deporte preferido.

el **esquí** (pluriel : los esquís *ou* los esquíes)

Remarquez que le mot espagnol porte sur le ***i*** *un accent écrit qui reflète l'accent tonique.*

▻ J'ai appris à faire du ski dans les Alpes.
Aprendí a esquiar en los Alpes.
▻ Élisabeth va au ski en janvier.
Élisabeth va a esquiar en enero.
▻ Je préfère le ski de fond au ski alpin.
Prefiero el esquí de fondo al esquí alpino.
▻ L'été je fais du ski nautique et de la plongée.
En verano hago esquí acuático y submarinismo.

► **faire du ski : esquiar**

► **aller au ski : ir a esquiar**

► **ski de fond : esquí de fondo**
► **ski alpin : esquí alpino**
► **ski nautique : esquí acuático**

skier

▻ Est-ce que tu sais skier ?
¿Sabes esquiar?

esquiar

slip

1 ▻ On voit son slip sous sa jupe.
Se le ven las bragas por debajo de la falda.

1 (= sous-vêtement féminin) las **bragas**

Bragas *est un nom pluriel : on dit par exemple* ***estas bragas son demasiado grandes*** (cette culotte est trop large).

2 ▻ Ludovic préfère porter des slips que des caleçons.
Ludovic prefiere llevar slips a llevar calzoncillos.

2 (= sous-vêtement masculin) el **slip** (pluriel : los slips)

Se prononce ***'eslip'*** *en espagnol.*

3 ▻ Andrés porte un slip de bain bleu.
Andrés lleva un bañador azul.

3 ► **slip de bain : el bañador** (pluriel : los bañadores)

smoking

▷ Mon père était en smoking.
Mi padre llevaba esmoquin.

el **esmoquin** (pluriel : **los esmóquines**)

ℹ *Il n'y a pas d'accent écrit au singulier. L'accent tonique porte sur le **o**, comme au pluriel.*

société

▷ Ma mère travaille pour une grosse société.
Mi madre trabaja para una gran sociedad.
▷ Nous vivons dans une société multiculturelle.
Vivimos en una sociedad multicultural.

la **sociedad** (pluriel : **las sociedades**)

socquettes

▷ Trois paires de socquettes pour dix euros, ce n'est pas cher.
Tres pares de calcetines cortos por diez euros es barato.

los **calcetines cortos**

sœur

▷ Ma sœur s'appelle Camille.
Mi hermana se llama Camille.

la **hermana**

soi-disant

▷ Édouard est soi-disant malade.
Édouard está supuestamente enfermo.

(utilisé comme adverbe) **supuestamente**

soie

▷ La soie est un tissu agréable au toucher.
La seda es un tejido agradable al tacto.
▷ Ce foulard est en soie.
Este fular es de seda.

la **seda**

► en soie : **de seda**

soif

▷ Tu as soif ? Tu veux de l'eau ?
¿Tienes sed? ¿Quieres agua?
▷ Cette promenade m'a donné soif.
Este paseo me ha dado sed.

la **sed**

soigné, soignée

▷ Le travail de Cyril est toujours très soigné.
El trabajo de Cyril es siempre muy cuidado.

(= fait ou tenu avec soin) **cuidado, cuidada**

soigner

1 ▷ Le docteur qui soigne Paul est très gentil.
El médico que trata a Paul es muy amable.

1 (= traiter) **tratar**

Si le complément est une personne ou un groupe de personnes, n'oubliez pas de le faire précéder de **a**.

2 ▷ Elle soigne bien ses plantes.
Cuida muy bien sus plantas.
▷ Tu devrais soigner la présentation.
Deberías cuidar la presentación.

2 (= s'occuper de ou être attentif à) **cuidar**

3 ▷ J'espère que tu te soignes pour ce rhume.
Espero que tomas algo para ese resfriado.

3 ► **se soigner** (= prendre des médicaments) **: tomar algo**

soigneux, soigneuse

▷ Marc n'est pas soigneux, il écrit n'importe comment.
Marc no es cuidadoso, escribe de cualquier manera.

cuidadoso, cuidadosa

soin

1 ▷ Léa classe ses notes avec soin.
Léa clasifica sus apuntes con cuidado.

1 ► **avec soin : con cuidado**

2 ▷ Les soins médicaux sont gratuits ici.
La asistencia médica aquí es gratuita.

2 ► **soins médicaux : la asistencia médica**

soir

▷ Je passerai chez toi ce soir, vers six heures.
Pasaré por tu casa esta tarde, hacia las seis.
▷ La fête aura lieu un soir de la semaine prochaine.
La fiesta tendrá lugar una noche de la semana que viene.

La journée se divise différemment en français et en espagnol : **le matin** *et* ***la mañana*** *coïncident, mais* ***la tarde*** *couvre à la fois* **l'après-midi** *et* **le début de la soirée, jusqu'à la tombée de la nuit**. *Ensuite, on dit* ***la noche***.

▷ Le soir je suis trop fatigué pour lire.
Por la noche estoy demasiado cansado para leer.

Le soir se dit ***por la tarde*** *si on parle du début de soirée, ou* ***por la noche*** *si on parle de la période qui suit la tombée de la nuit.*

▷ Qu'est-ce que tu as fait hier soir ?
¿Qué hiciste anoche?

► **hier soir : anoche**

soirée

1 ▷ On a passé la soirée à raconter des blagues.
Nos pasamos la noche contando chistes.
▷ Bonne soirée !
¡Buenas noches!

1 (= partie de la journée) **la noche**

Notez que l'expression espagnole qui correspond à **bonne soirée !** *est au pluriel.*

2 ▷ La soirée chez Patou était très réussie.
La fiesta en casa de Patou fue un éxito.

2 (= fête) **la fiesta**

soit

▷ Soit tu viens tout de suite, soit tu restes.
O vienes en seguida o te quedas aquí.

► soit... soit : **o... o**

soixante

▷ Il y avait soixante élèves dans le car.
Había sesenta alumnos en el autobús.

sesenta

soixante-dix

▷ La limitation de vitesse est à soixante-dix kilomètres-heure.
El límite de velocidad es de setenta kilómetros por hora.

setenta

soja

▷ Les végétariens mangent du soja pour remplacer la viande.
Los vegetarianos comen soja para sustituir la carne.

la **soja**

*Attention : contrairement au français, le mot espagnol **soja** est féminin.*

sol

▷ Il n'a pas plu depuis longtemps, le sol est très sec.
Hace mucho tiempo que no llueve, el suelo está muy seco.

el **suelo**

solaire

▷ Il y a des panneaux solaires sur le toit de cette maison.
Hay paneles solares en el tejado de esta casa.
▷ N'oublie pas de mettre de la crème solaire.
No te olvides de ponerte crema solar.

solar (pluriel : **solares**)

soldat

▷ Les soldats défilent ici le quatorze juillet.
Los soldados desfilan aquí el catorce de julio.

el **soldado**

solde

▷ J'ai acheté ce tee-shirt en solde.
Compré esta camiseta en las rebajas.
▷ La jupe était en solde.
La falda estaba rebajada.
▷ Les soldes commencent en juin.
Las rebajas empiezan en junio.
▷ On pourrait faire les soldes samedi.
Podríamos ir de rebajas el sábado.

► acheter quelque chose en solde : **comprar** algo **en las rebajas**
► être en solde : **estar rebajado**
► les soldes : **las rebajas**
► faire les soldes : **ir de rebajas**

soleil

▻ Ah, enfin, le soleil sort !
¡Ah, por fin sale el sol!
▻ Il y a du soleil aujourd'hui.
Hace sol hoy.
▻ Ne reste pas trop au soleil.
No te quedes demasiado tiempo al sol.
▻ Tu vas attraper un coup de soleil.
Vas a sufrir una insolación.

el **sol**

Notez la traduction de **il y a du soleil** : ***hace** sol.*

► **au soleil** : al sol

► **attraper un coup de soleil** : sufrir una insolación

solfège

▻ Capucine apprend le solfège et la guitare.
Capucine está aprendiendo solfeo y guitarra.

(= règles de la musique) el **solfeo**

solide

▻ Ce tissu est très solide, il ne se déchirera pas.
Esta tela es muy sólida, no se desgarrará.
▻ Mon grand-père n'a pas le cœur très solide.
Mi abuelo no tiene el corazón muy sólido.

sólido, sólida

*Remarquez que le mot espagnol porte sur le **o** un accent écrit qui reflète l'accent tonique.*

solution

▻ Le prof nous a donné la solution du problème.
El profesor nos dio la solución del problema.

la **solución** (pluriel : las soluciones)

*Il n'y a pas d'accent écrit au pluriel. L'accent tonique porte sur le **o**, comme au singulier.*

sombre

▻ Cette salle de classe est très sombre.
Este aula es muy oscura.

(= obscur, foncé) **oscuro, oscura**

Attention à l'orthographe du mot espagnol.

somme

▻ Mille euros, c'est une grosse somme.
Mil euros es una suma importante.
▻ Lucie a fait la somme de toutes les dépenses.
Lucie hizo la suma de todos los gastos.

la **suma**

sommeil

▻ J'ai très sommeil, je vais me coucher.
Tengo mucho sueño, me voy a acostar.

► **avoir sommeil** : tener sueño

sommet

▷ On a presque atteint le sommet.
Ya casi hemos alcanzado la cumbre.

la **cumbre**

somnambule

▷ J'ai trouvé Michaël en pyjama sur le balcon : il est somnambule !
Encontré a Michaël en pijama en el balcón: ¡es sonámbulo!

sonámbulo, sonámbula

ℹ *Attention à l'orthographe du mot espagnol.*

ℹ *Remarquez aussi qu'il porte sur le **a** un accent écrit qui reflète l'accent tonique.*

somnifère

▷ Mon père prend des somnifères.
Mi padre toma somníferos.

el **somnífero**

ℹ *Remarquez que le mot espagnol porte sur le **i** un accent écrit qui reflète l'accent tonique.*

son

1 ▷ Ce piano a un très beau son.
Este piano tiene un hermoso sonido.

2 ▷ Patrice va venir avec son frère.
Patrice va a venir con su hermano.
▷ Charlotte arrive ! Où est son cadeau ?
¡Ya viene Charlotte! ¿Dónde está su regalo?

1 ► un son : **un sonido**

2 (adjectif possessif) **su**

sonner

1 ▷ Les cloches sonnent.
Las campanas están sonando.

2 ▷ J'ai sonné plusieurs fois, mais il n'y avait personne.
Llamé varias veces, pero no había nadie.

1 (en parlant des cloches, du téléphone ou d'un réveil) **sonar**

2 (= actionner la sonnette) **llamar**

sonnerie

1 ▷ Tu n'as pas entendu la sonnerie du téléphone ?
¿No oíste el teléfono?
▷ J'ai entendu la sonnerie du réveil, mais je me suis rendormie.
Oí el despertador, pero me volví a dormir.

2 ▷ Maîtresse, vous avez entendu la sonnerie ?
¿Señorita, ha oído el timbre?

1 Quand on parle de la sonnerie du téléphone ou du réveil, on dit simplement el **teléfono** *ou* el **despertador**.

2 Pour la sonnerie à l'école, on emploie le mot el **timbre**.

sonnette

▷ La sonnette ne marche pas, il faut frapper.
El timbre no funciona, hay que llamar con los nudillos.

el **timbre**

sorbet

▷ Comme dessert, il y a du sorbet à la poire.
De postre hay sorbete de pera.

el **sorbete**

sorcière

▷ Mon frère me racontait des histoires de sorcières pour me faire peur.
Mi hermano me contaba historias de brujas para asustarme.

la **bruja**

sort

▷ On a tiré au sort pour savoir qui ferait la vaisselle.
Echamos a suertes para saber quién fregaría los platos.

► **tirer au sort :** **echar a suertes**

sorte

1 ▷ Il y a plusieurs sortes de desserts.
Hay varios tipos de postres.

2 ▷ C'est une sorte d'écharpe très large.
Es una especie de bufanda muy ancha.

1 (= type) el **tipo**

2 ► **une sorte de** (= une espèce de) **:** **una especie de**

sortie

▷ Où est la sortie ?
¿Dónde está la salida?

(= endroit par où on sort) la **salida**

sortir

1 ▷ Sors si tu veux, moi je reste ici.
Sal si quieres, yo me quedo aquí.
▷ Il est sorti de la salle et on ne l'a plus revu.
Salió del aula y no le volvimos a ver.
▷ Est-ce que Lalia est là ? – Non, elle est sortie.
¿Está Lalia? – No, ha salido.
▷ Lise sort avec Charles.
Lise sale con Charles.

2 ▷ Son dernier film vient de sortir.
Su última película acaba de estrenarse.

3 ▷ Quand sort son roman ?
¿Cuándo se publica su novela?

1 ► **sortir** (= venir ou aller dehors) **salir**

ℹ *La préposition utilisée en espagnol est la même qu'en français :* sortir **de** = *salir* ***de***.

► **sortir avec** quelqu'un **:** **salir con alguien**

2 ► **sortir** (en parlant d'un film) **: estrenarse**

ℹ *Le pronom réfléchi fonctionne de la façon suivante en espagnol :* ***se*** (singulier) *estrena*, ***se*** (pluriel) *estrenan*.

3 ► **sortir** (en parlant d'un livre) **: publicarse**

ℹ *Le pronom réfléchi fonctionne de la façon suivante en espagnol :* ***se*** (singulier) *publica*, ***se*** (pluriel) *publican*.

Suite page suivante

4 ▷ Sors ton vélo du garage.
Saca tu bici del garaje.

5 ▷ Ne t'inquiète pas, on va s'en sortir.
No te preocupes, nos las vamos a arreglar.

4 ► **sortir** quelque chose (= le mettre dehors) : **sacar** algo

5 ► **s'en sortir** (= réussir) : **arreglárselas**

ℹ *Le pronom réfléchi fonctionne de la façon suivante en espagnol : **me** las arreglo, **te** las arreglas, **se*** (singulier) *las arregla, **nos** las arreglamos, **os** las arregláis, **se*** (pluriel) *las arreglan.*

sottise

▷ Arrête de dire des sottises !
¡Deja de decir tonterías!
▷ Zut, j'ai fait une sottise !
¡Mecachis, he hecho una tontería!

la **tontería**

ℹ *Remarquez que le mot espagnol porte sur le **i** un accent écrit qui reflète l'accent tonique.*

sou

▷ Tu as des sous pour acheter une glace ?
¿Tienes dinero para comprar un helado?

► **des sous** (= de l'argent) : **dinero**

ℹ ***Dinero** est un nom masculin.*

ℹ Sou *est familier, mais **dinero** ne l'est pas.*

▷ Je n'ai plus de sous.
Estoy sin blanca.

► **n'avoir pas un sou** : **estar sin blanca**

ℹ ***Estar sin blanca**, comme* n'avoir pas un sou, *est un mot familier.*

souci

▷ La mère de Jean a bien des soucis.
La madre de Jean tiene muchas preocupaciones.

(= inquiétude) la **preocupación** (pluriel : las **preocupaciones**)

ℹ *Il n'y a pas d'accent écrit au pluriel. L'accent tonique porte sur le **o**, comme au singulier.*

▷ Ne te fais pas de souci.
No te preocupes.

► **se faire du souci** : **preocuparse**

ℹ *Le pronom réfléchi fonctionne de la façon suivante en espagnol : **me** preocupo, **te** preocupas, **se*** (singulier) *preocupa, **nos** preocupamos, **os** preocupáis, **se*** (pluriel) *preocupan.*

soucoupe

▷ Je ne trouve pas la soucoupe pour cette tasse.
No encuentro el platillo para esta taza.

el **platillo**

▷ Tu crois aux soucoupes volantes ?
¿Tú crees en los platillos volantes?

► **soucoupe volante : platillo volante** (pluriel : **platillos volantes**)

soudain

▷ Soudain un homme est apparu.
De repente apareció un hombre.

(= tout d'un coup) **de repente**

souffle

1 ▷ Éric est un athlète, il a du souffle.
Éric es un atleta, tiene fondo.

2 ▷ On était à bout de souffle quand on est arrivés en haut de la côte.
Estábamos sin aliento al llegar arriba de la cuesta.

3 ▷ Clarisse peut retenir son souffle pendant une minute.
Clarisse puede contener la respiración durante un minuto.

1 ► **avoir du souffle : tener fondo**

2 ► **être à bout de souffle : estar sin aliento**

3 ► **retenir son souffle : contener la respiración**

souffler

▷ Le vent souffle fort aujourd'hui.
El viento sopla fuerte hoy.
▷ Isabelle a soufflé toutes les bougies d'un seul coup.
Isabelle sopló todas las velas de golpe.

soplar

souffrir

▷ Karim a beaucoup souffert après son accident.
Karim sufrió mucho después del accidente.

sufrir

souhait

▷ Atchoum ! – À tes souhaits !
¡Achís! – ¡Jesús!

► **à tes souhaits !** *ou* **à vos souhaits !** (quand on éternue) : **¡Jesús!**

ℹ *Remarquez que le mot espagnol porte sur le* ***u*** *un accent écrit qui reflète l'accent tonique.*

souhaiter

▷ Nos voisins nous ont souhaité la bonne année.
Los vecinos nos desearon un feliz año nuevo.

► **souhaiter** quelque chose **à** quelqu'un **: desear** algo **a** alguien

soûl, soûle

▷ Ignore-la, elle est complètement soûle.
Ignórala, está completamente borracha.

borracho, borracha

*Notez l'emploi de **ser** et de **estar** avec le mot **borracho** : on emploie **ser** quand on dit que quelqu'un est toujours soûl, donc un ivrogne, et **estar** quand quelqu'un est soûl à un moment donné.*

soulager

▷ Le médecin lui a fait une piqûre pour soulager la douleur.
El médico le puso una inyección para aliviarle el dolor.
▷ Je suis soulagé de savoir qu'ils vont bien.
Me alivia saber que están bien.

aliviar

se soûler

▷ Raphaël s'est soûlé à la fête.
Raphaël se emborrachó en la fiesta.

emborracharse

*Le pronom réfléchi fonctionne de la façon suivante en espagnol : **me** emborracho, **te** emborrachas, **se*** (singulier) *emborracha, **nos** emborrachamos, **os** emborracháis, **se*** (pluriel) *emborrachan.*

*Attention à bien prononcer les deux **r** de **emborracharse**.*

soulever

▷ Aide-moi à soulever le canapé.
Ayúdame a levantar el sofá.

(= lever) **levantar**

soulier

▷ Sophie a mis ses souliers neufs.
Sophie se ha puesto los zapatos nuevos.

el **zapato**

souligner

▷ Le prof souligne les fautes en rouge.
El profesor subraya las faltas en rojo.

subrayar

soupçonner

▷ Tout le monde soupçonne Mathieu.
Todo el mundo sospecha de Mathieu.
▷ Je soupçonne Amandine d'avoir copié sur moi.
Sospecho que Amandine copió de mí.

► **soupçonner** quelqu'un : **sospechar de** alguien

► **soupçonner** quelqu'un **de** + infinitif : **sospechar que** alguien + indicatif

soupe

▷ Cette soupe aux légumes est très bonne.
Esta sopa de verduras está muy buena.

la **sopa**

*En espagnol, on emploie le même mot, **sopa**, pour la soupe et le potage.*

soupir

▷ Bruno a poussé un grand soupir quand je lui ai demandé de m'aider.
Bruno dio un gran suspiro cuando le pedí que me ayudara.

► **pousser un soupir** : dar un suspiro

soupirer

▷ Alex soupire en faisant ses devoirs.
Alex suspira mientras hace los deberes.

suspirar

souple

▷ Sophie est plus souple depuis qu'elle fait du yoga.
Sophie está más flexible desde que hace yoga.

flexible

source

1 ▷ On est allés chercher de l'eau à la source.
Fuimos a buscar agua al manantial.

2 ▷ Quelle est la source du problème ?
¿Cuál es la fuente del problema?

1 (= eau) el **manantial** (pluriel : los manantiales)

2 (= origine) la **fuente**

sourcils

▷ Ma mère se teint les cheveux et les sourcils.
Mi madre se tiñe el pelo y las cejas.

las **cejas**

sourd, sourde

▷ Ne crie pas, je ne suis pas sourd !
¡No grites, que no estoy sordo!

▷ Il y a des sous-titres pour les sourds.
Hay subtítulos para los sordos.

sordo, sorda

sourire

1 ▷ Coralie a un beau sourire.
Coralie tiene una hermosa sonrisa.

▷ Allez, fais-moi un sourire !
¡Venga, sonríeme!

2 ▷ Le prof ne sourit pas souvent.
El profesor no sonríe a menudo.

1 ► **un sourire** : una sonrisa

► **faire un sourire à** quelqu'un : sonreír a alguien

2 ► **sourire** (= faire un sourire) : sonreír

souris

▷ Je ne peux pas utiliser mon ordinateur parce que la souris ne marche pas.
No puedo usar el ordenador porque el ratón no funciona.
▷ Le chat court après les souris.
El gato corre detrás de los ratones.

el **ratón** (pluriel : **los ratones**)

sous

1 ▷ Ta serviette est tombée sous ta chaise.
Se te ha caído la servilleta debajo de la silla.

2 ▷ Carole est sous antibiotiques.
Carole toma antibióticos.

1 (= au-dessous de) **debajo de**

2 Quand on parle de médicaments, on emploie en espagnol le verbe **tomar**.

sous-marin

▷ Nous avons visité un sous-marin à Toulon.
Visitamos un submarino en Tolón.

el **submarino**

sous-sol

▷ On a transformé le sous-sol en chambre.
Hemos transformado el sótano en cuarto de dormir.

el **sótano**

ℹ *Remarquez que le mot espagnol porte sur le premier* ***o*** *un accent écrit qui reflète l'accent tonique.*

sous-titre

▷ Je préfère les films en V.O. avec des sous-titres.
Prefiero las películas en versión original con subtítulos.

el **subtítulo**

ℹ *Remarquez que le mot espagnol porte sur le* ***i*** *un accent écrit qui reflète l'accent tonique.*

soustraction

▷ Ma petite sœur apprend à faire les soustractions.
Mi hermana pequeña está aprendiendo a hacer las restas.

la resta

soustraire

▷ Tu dois soustraire le prix du repas du total.
Tienes que restar el precio de la comida del total.

restar

sous-vêtements

▷ Où est le rayon sous-vêtements ?
¿Dónde está la sección de ropa interior?
▷ Je dois acheter des sous-vêtements chauds.
Tengo que comprar ropa interior caliente.

la **ropa interior**

ℹ ***Ropa interior*** *est indénombrable : il ne se met pas au pluriel, et ne s'emploie jamais avec l'article* ***una****. On dit par exemple* ***lleva ropa interior de seda*** (elle porte des sous-vêtements en soie).

soutenir

1 ▷ Personne n'a soutenu Jérémie quand il s'est plaint au prof.
Nadie apoyó a Jérémie cuando se quejó al profesor.

2 ▷ Simon soutient que ce n'est pas sa faute.
Simon sostiene que no es culpa suya.

1 (= défendre) **apoyar**

Si le complément est une personne ou un groupe de personnes, n'oubliez pas de le faire précéder de ***a****.*

2 (= dire, prétendre) **sostener**

souterrain, souterraine

▷ Nous nous sommes garés dans un parking souterrain.
Nos aparcamos en un aparcamiento subterráneo.
▷ Il y a un souterrain sous le château.
Hay un subterráneo debajo del castillo.

► **souterrain** (adjectif = qui est en sous-sol) **: subterráneo, subterránea**
► **un souterrain** (= un passage) **: un subterráneo**

Remarquez que le mot espagnol porte sur le ***a*** *un accent écrit qui reflète l'accent tonique.*

Attention à l'orthographe du mot espagnol.

soutien-gorge

▷ Aurélie vient d'acheter son premier soutien-gorge.
Aurélie acaba de comprarse el primer sujetador.

el **sujetador** (pluriel : los sujetadores)

souvenir

1 ▷ J'ai de très bons souvenirs de mon séjour en Andalousie.
Guardo muy buenos recuerdos de mi estancia en Andalucía.

2 ▷ Mes parents m'ont rapporté un souvenir du Maroc.
Mis padres me trajeron un souvenir de Marruecos.

3 ▷ Tu te souviens de Rémi ?
¿Te acuerdas de Rémi?
▷ Je ne me souviens pas de l'avoir rencontré.
No me acuerdo de haberlo visto antes.

1 ► (= mémoire) **un souvenir : un recuerdo**

2 ► (= un objet qu'on rapporte d'un voyage) **un souvenir : un souvenir** (pluriel : los souvenirs)

3 ► **se souvenir de : acordarse de**

Le pronom réfléchi fonctionne de la façon suivante en espagnol : ***me*** *acuerdo,* ***te*** *acuerdas,* ***se*** (singulier) *acuerda,* ***nos*** *acordamos,* ***os*** *acordáis,* ***se*** (pluriel) *acuerdan.*

souvent

▷ Je vais souvent voir mes grands-parents.
Voy a ver a mis abuelos a menudo.
▷ Il est souvent en retard.
A menudo llega tarde.

a menudo
ℹ *Contrairement au français, **a menudo** se place soit en fin de phrase, soit au début.*

spaghettis

▷ Mmm, des spaghettis à la tomate !
¡Mmm, espaguetis con tomate!

los **espaguetis**

sparadrap®

▷ Juanjo a mis du sparadrap sur son doigt.
Juanjo se ha puesto una tirita en el dedo.

(= pansement) la **tirita®**
ℹ *Le ® signifie qu'il s'agit d'un nom de marque. Vous ne devez pas l'écrire.*

spatial, spatiale

▷ La navette spatiale est revenue sur Terre.
La lanzadera espacial ha vuelto a la Tierra.

espacial (pluriel : espaciales)

spécial, spéciale

▷ Je n'ai rien fait de spécial hier.
No hice nada especial ayer.
▷ Jean-Yves est un peu spécial, mais il est gentil.
Jean-Yves es un poco especial, pero es simpático.

especial (pluriel : especiales)

spécialement

1 ▷ Éric est venu spécialement pour nous voir.
Éric vino especialmente para vernos.

2 ▷ L'exposition t'a plu ? – Pas spécialement.
¿Te gustó la exposición? – No, no me gustó mucho.

1 (= exprès) **especialmente**

2 ► **pas spécialement :** no... mucho

spécialiste

▷ On va appeler un spécialiste pour réparer l'ordinateur.
Vamos a llamar a un especialista para reparar el ordenador.

el **especialista,** la **especialista**

spécialité

▷ Quelles sont les spécialités de la région ?
¿Cuáles son las especialidades de la región?

la **especialidad**
(pluriel : las especialidades)

spectacle

▻ Nous préparons un spectacle à l'école.
Estamos preparando un espectáculo en el colegio.

el **espectáculo**

*Remarquez que le mot espagnol porte sur le **a** un accent écrit qui reflète l'accent tonique.*

spectateur, spectatrice

▻ Les spectateurs ont beaucoup applaudi.
Los espectadores aplaudieron mucho.

el **espectador** (pluriel : **los espectadores**), la **espectadora**

sphère

▻ La Terre est une sphère.
La Tierra es una esfera.

la **esfera**

spirale

▻ On voyait monter une spirale de fumée.
Se veía subir una espiral de humo.

la **espiral** (pluriel : **las espirales**)

splendide

▻ Le paysage est splendide.
El paisaje es espléndido.

espléndido

*Remarquez que le mot espagnol porte sur le deuxième **e** un accent écrit qui reflète l'accent tonique.*

spontané, spontanée

▻ J'aime bien Christelle parce qu'elle est très spontanée.
Me gusta Christelle porque es muy espontánea.

espontáneo, espontánea

*Remarquez que le mot espagnol porte sur le **a** un accent écrit qui reflète l'accent tonique.*

sport

▻ Je préfère les sports d'équipe.
Prefiero los deportes de equipo.
▻ Tu devrais faire du sport.
Deberías hacer deporte.

el **deporte**

► **faire du sport : hacer deporte**

sportif, sportive

▻ Aurélie n'est pas très sportive.
Aurélie no es muy deportista.
▻ Les footballeurs sont les sportifs les mieux payés.
Los futbolistas son los deportistas que más ganan.

(en parlant d'une personne)
deportista

spot

1 ▷ La chambre de Martial est éclairée par des spots.
La habitación de Martial está iluminada por unos focos.

1 (= lampe) el **foco**

2 ▷ Il y a un spot publicitaire toutes les dix minutes.
Hay un espacio publicitario cada diez minutos.

2 ► **spot publicitaire :** el **espacio publicitario** (pluriel : los **espacios publicitarios**)

square

▷ Les enfants jouent dans le square.
Los niños están jugando en la plaza.

la **plaza**

squash

▷ Le squash est un sport très énergique.
El squash es un deporte muy enérgico.

el **squash**

*Se prononce '**esquash**' en espagnol.*

▷ Pascal joue au squash avec Denis.
Pascal juega al squash con Denis.

► **jouer au squash : jugar al squash**

squelette

▷ Il y a un squelette de dinosaure au musée.
Hay un esqueleto de dinosaurio en el museo.

el **esqueleto**

stable

▷ Je ne crois pas que cette pile de livres soit très stable.
No creo que esta pila de libros sea muy estable.

estable

stade

▷ Nous sommes allés voir un match de foot dans le nouveau stade.
Fuimos a ver un partido de fútbol en el nuevo estadio.

(= terrain de sport) el **estadio**

stage

1 ▷ Fred fait un stage dans un grand magasin.
Fred está haciendo prácticas en un gran almacén.

1 (= stage en entreprise) las **prácticas**

*Remarquez que le mot espagnol porte sur le premier **a** un accent écrit qui reflète l'accent tonique.*

2 ▷ Cyril fait un stage d'informatique de trois mois.
Cyril está haciendo un cursillo de informática de tres meses.

2 (= cours) el **cursillo**

stand

▷ J'aide ma mère sur un stand à la kermesse.
Estoy ayudando a mi madre en un puesto en la fiesta.

(dans une fête) el **puesto**

standard

▷ Appelle le standard et demande à parler à madame Lancel.
Llama la centralita y pregunta si puedes hablar con la señora Lancel.

(= standard téléphonique) la **centralita**

star

▷ Toutes les grandes stars sont à Cannes.
Todas las estrellas están en Cannes.

la **estrella**

ℹ *estrella signifie également* étoile.

station

1 ▷ L'hôtel est près de la station Puerta del Sol.
El hotel está cerca de la estación Puerta del Sol.

1 (= station de métro) la **estación** (pluriel : las estaciones)

ℹ *Il n'y a pas d'accent écrit au pluriel. L'accent tonique porte sur le* ***o****, comme au singulier.*

2 ▷ Quelle est ta station de radio préférée ?
¿Cuál es tu emisora de radio preferida?

2 ► **station de radio :** la **emisora de radio** (pluriel : las emisoras de radio)

3 ▷ Bérénice va toujours à la même station de sports d'hiver.
Bérénice va siempre a la misma estación de esquí.

3 ► **station de sports d'hiver :** la **estación de esquí** (pluriel : las estaciones de esquí)

stationner

▷ Il est interdit de stationner ici.
Está prohibido aparcar aquí.

aparcar

station-service

▷ Où est la station-service la plus proche ?
¿Dónde está la estación de servicio más cercana?

la **estación de servicio** (pluriel : las estaciones de servicio)

ℹ *Il n'y a pas d'accent écrit au pluriel. L'accent tonique porte sur le* ***o****, comme au singulier.*

statue

▷ Il y a une statue de Napoléon sur la place.
Hay una estatua de Napoleón en la plaza.

la **estatua**

steak

▷ Mon plat préféré, c'est le steak frites.
Mi plato preferido es el bistec con patatas fritas.
▷ Tu veux un steak haché ?
¿Quieres una hamburguesa?

el **bistec** (pluriel : los bistecs)

► **un steak haché : una hamburguesa**

stock

▷ Le stock est épuisé.
Las existencias están agotadas.
▷ Ils n'avaient plus ma pointure en stock.
Ya no tenían mi número en existencia.

las **existencias**

► **en stock : en existencia**

stop

1 ▷ La voiture ne s'est pas arrêtée au stop.
El coche no paró en el stop.

2 ▷ Nous avons fait du stop en Espagne.
Hicimos autoestop en España.
▷ Nous irons au Portugal en stop.
Iremos a Portugal haciendo autoestop.

1 (= panneau) el **stop** (pluriel : los stops)

*Se prononce **'estop'** en espagnol.*

2 ► **faire du stop : hacer autoestop**
► **en stop : haciendo autoestop**

store

▷ Baisse le store, il y a trop de soleil.
Baja la persiana, hay demasiado sol.

la **persiana**

stressant, stressante

▷ C'était très stressant.
Era muy estresante.

estresante

stressé, stressée

▷ Ma mère doit se reposer, elle est stressée.
Mi madre tiene que descansar, está estresada.

estresado, estresada

strict, stricte

▷ Le règlement de l'école est très strict.
El reglamento del colegio es muy estricto.

(= sévère) **estricto, estricta**

studio

▷ Le frère de Samir habite dans un studio.
El hermano de Samir vive en un estudio.

el **estudio**

stupéfait, stupéfaite

▷ Aurélie a été stupéfaite de voir Luc à cet endroit.
Aurélie se quedó estupefacta al ver a Luc en aquel lugar.

estupefacto, estupefacta

stupide

▷ Arrête de raconter des blagues stupides !
¡Deja de contar chistes estúpidos!

estúpido, estúpida

ℹ *Remarquez que le mot espagnol porte sur le **u** un accent écrit qui reflète l'accent tonique.*

style

▷ Je n'aime pas son style.
No me gusta su estilo.

el **estilo**

ℹ *Attention à l'orthographe.*

stylo

▷ Tu peux me prêter ton stylo rouge ?
¿Me puedes prestar tu bolígrafo rojo?

el **bolígrafo**

ℹ *Remarquez que le mot espagnol porte sur le **i** un accent écrit qui reflète l'accent tonique.*

ℹ *Dans la langue courante, le mot **bolígrafo** s'abrège souvent en **boli**.*

subtil, subtile

▷ Il y a une différence subtile entre les deux.
Hay una diferencia sutil entre los dos.

sutil

ℹ *Attention à l'orthographe du mot espagnol.*

succès

▷ Sa nouvelle chanson a beaucoup de succès.
Su nueva canción tiene mucho éxito.

el **éxito**

ℹ *Remarquez que le mot espagnol porte sur le **e** un accent écrit qui reflète l'accent tonique.*

sucer

▷ Ma petite sœur suce encore son pouce.
Mi hermanita todavía se chupa el dedo.

chupar

sucette

▷ J'ai acheté des sucettes pour tout le monde.
Compré pirulís para todo el mundo.

(= bonbon) el **pirulí** (pluriel : los pirulís)

ℹ *Remarquez que le mot espagnol porte sur le **i** un accent écrit qui reflète l'accent tonique.*

ℹ *On peut dire aussi **el chupa chups**®.*

sucre

▷ Est-ce que vous prenez du sucre dans votre café ?
¿Toma azúcar en el café?

el **azúcar**

ℹ *Remarquez que le mot espagnol porte sur le **u** un accent écrit qui reflète l'accent tonique.*

▷ Achète du sucre en morceaux.
Compra terrones de azúcar.

▷ Je ne veux qu'un morceau de sucre.
Sólo quiero un terrón de azúcar.

► **sucre en morceaux : terrones de azúcar**

► **morceau de sucre : el terrón de azúcar** (pluriel : **los terrones de azúcar**)

ℹ *Il n'y a pas d'accent écrit au pluriel. L'accent tonique porte sur le **o**, comme au singulier.*

▷ Il te faudra cent grammes de sucre en poudre.
Necesitarás cien gramos de azúcar en polvo.

► **sucre en poudre : azúcar en polvo**

sucré, sucrée

1 ▷ Ce gâteau est trop sucré pour moi.
Este pastel está demasiado dulce para mí.

2 ▷ Est-ce que ce café est sucré ?
¿Este café tiene azúcar?

1 (= qui a un goût sucré) **dulce**

2 ► **être sucré** (= avoir du sucre ajouté) **: tener azúcar**

sucreries

▷ Cyril mange trop de sucreries.
Cyril come demasiadas golosinas.

las **golosinas**

ℹ *On peut dire aussi **los dulces**.*

sud

▷ Le sud est dans cette direction.
El sur queda en esa dirección.

▷ Ils habitent dans le Sud.
Viven en el sur.

▷ Mon village est au sud de Joinville.
Mi pueblo está al sur de Joinville.

el **sur**

► **dans le Sud : en el sur**

► **au sud : al sur**

sud-américain

▷ Ils jouaient de la musique sud-américaine.
Tocaban música suramericana.

▷ Beaucoup de Sud-Américains émigrent aux États-Unis.
Muchos suramericanos emigran a Estados Unidos.

suramericano, suramericana

ℹ *S'écrit toujours avec une minuscule, qu'il s'agisse de l'adjectif ou du nom.*

Suède

▷ Ils sont partis pour la Suède hier.
Salieron para Suecia ayer.

▷ Le père de Lucas travaille en Suède.
El padre de Lucas trabaja en Suecia.

▷ Ma sœur veut aller en Suède avec des copains.
Mi hermana quiere ir a Suecia con unos amigos.

Suecia

Ne prend généralement pas d'article.

► **en Suède** (= dans le pays) : **en Suecia**

► **en Suède** (= vers le pays) : **a Suecia**

suédois, suédoise

▷ C'est un grand écrivain suédois.
Es un gran escritor sueco.

▷ Est-ce que tu parles suédois ?
¿Hablas sueco?

▷ Sylvian a rencontré une Suédoise.
Sylvian ha conocido a una sueca.

sueco, sueca

S'écrit toujours avec une minuscule, qu'il s'agisse de l'adjectif ou du nom.

suer

▷ J'ai beaucoup sué en montant la côte.
Sudé mucho al subir la cuesta.

(= transpirer) **sudar**

suffire

1 ▷ Je ne sais pas si deux bouteilles suffiront.
No sé si bastará con dos botellas.

▷ Il suffit de téléphoner et de réserver.
Basta con llamar y reservar.

2 ▷ Dix euros, ça te suffit ?
¿Tienes bastante con diez euros?

3 ▷ Ça suffit maintenant ! Tu es pénible !
¡Basta ya! ¡Qué pesado eres!

1 Pour dire que quelque chose est suffisant, on emploie en espagnol l'expression **basta con** (*ou* **bastará con** au futur).

► **il suffit de** : **basta con**

2 Pour dire que quelque chose suffit à quelqu'un, on emploie l'expression **tener bastante con**.

3 ► **ça suffit !** (quand on est agacé) : **¡basta ya!**

suffisamment

▷ J'ai suffisamment mangé, merci.
He comido suficientemente, gracias.

▷ Tu n'es pas suffisamment attentif.
No estás suficientemente atento.

▷ Est-ce qu'il y a suffisamment de nourriture pour tout le monde ?
¿Hay suficiente comida para todo el mundo?

▷ Il n'y a pas suffisamment de chaises.
No hay suficientes sillas.

suficientemente

► **suffisamment de** + nom : **suficiente** + nom

*Notez que **suficiente** s'accorde en nombre avec le nom qui suit (**suficientes sillas**).*

suffisant, suffisante

(= assez) **suficiente**

▷ Deux kilos, c'est suffisant.
Dos kilos son suficientes.

suffoquer

sofocarse

*Le pronom réfléchi fonctionne de la façon suivante en espagnol : **me** sofoco, **te** sofocas, **se** (singulier) sofoca, **nos** sofocamos, **os** sofocáis, **se** (pluriel) sofocan.*

▷ La fumée nous faisait suffoquer.
El humo nos hacía sofocarnos.

suggérer

► **suggérer à** quelqu'un **de** + infinitif : **sugerir** a alguien **que** + subjonctif
► quelque chose à **suggérer** : **algo que sugerir**

▷ Je te suggère de lui dire la vérité.
Te sugiero que le digas la verdad.

▷ Est-ce que quelqu'un a un film à me suggérer ?
¿Alguien tiene una película que sugerirme?

suggestion

la **sugerencia**

▷ Ce n'était qu'une suggestion.
Era sólo una sugerencia.

se suicider

suicidarse

*Le pronom réfléchi fonctionne de la façon suivante en espagnol : **me** suicido, **te** suicidas, **se** (singulier) suicida, **nos** suicidamos, **os** suicidáis, **se** (pluriel) suicidan.*

▷ Le prisonnier s'est suicidé en prison.
El preso se suicidó en la cárcel.

suisse

1 (adjectif et nationalité) **suizo, suiza**

S'écrit toujours avec une minuscule, qu'il s'agisse de l'adjectif ou du nom.

1 ▷ J'aime les montagnes suisses.
Me gustan las montañas suizas.
▷ Certains Suisses parlent français.
Algunos suizos hablan francés.

2 (= pays) **Suiza**

Ne prend généralement pas d'article.

► **la Suisse : Suiza**
► **en Suisse** (= dans le pays) **: en Suiza**

2 ▷ L'allemand est l'une des langues officielles de la Suisse.
El alemán es uno de los idiomas oficiales de Suiza.

▷ Mes parents vivaient en Suisse.
Mis padres vivían en Suiza.

▷ Nous irons en Suisse en train.
Iremos a Suiza en tren.

► **en Suisse** (= vers le pays) **: a Suiza**

suite

1 ▷ Je te raconterai la suite de l'histoire demain.
Mañana te contaré la continuación de la historia.

1 (= reste) la **continuación**

Remarquez que le mot espagnol porte sur le ***o*** *un accent écrit qui reflète l'accent tonique.*

2 ▷ Je reviens tout de suite.
Vuelvo en seguida.

2 ► **tout de suite : en seguida**

suivant, suivante

1 ▷ La solution est à la page suivante.
La solución está en la página siguiente.

2 ▷ On décidera suivant le temps qu'il fera.
Decidiremos según el tiempo que haga.

1 (= qui vient après) **siguiente**

2 (= en fonction de) **según**

Remarquez que le mot espagnol porte sur le ***u*** *un accent écrit qui reflète l'accent tonique.*

suivre

1 ▷ Le chien suit son maître.
El perro sigue a su amo.
▷ Élodie n'a pas suivi nos conseils.
Élodie no siguió nuestros consejos.

2 ▷ La prof a grondé Momo parce qu'il ne suivait pas.
La profesora riño a Momo porque no prestaba atención.

3 ▷ Je n'arrive pas à suivre en espagnol.
No consigo comprender en español.

1 (= aller après) **seguir**

Si le complément est une personne ou un groupe de personnes, n'oubliez pas de le faire précéder de ***a****.*

2 (= être attentif) **prestar atención**

3 (= comprendre) **comprender**

sujet

1 ▷ J'ai trouvé le sujet de la rédaction difficile.
Encontré el tema de la redacción difícil.

2 ▷ Ils se sont disputés au sujet de l'argent que Loïc a prêté à Romaine.
Se pelearon a propósito del dinero que Loïc le prestó a Romaine.

1 (= thème) el **tema**

2 ► **au sujet de : a propósito de**

Remarquez que le mot espagnol porte sur le ***o*** *un accent écrit qui reflète l'accent tonique.*

super

1 ▻ Tu viens jouer avec nous ? Super !
¿Vienes a jugar con nosotros? ¡Estupendo!

2 ▻ Le nouveau prof est super sympa.
El nuevo profesor es supersimpático.

1 (= génial) **estupendo**

ℹ *On peut dire aussi* ***guay*** (pluriel : ***guays***).

2 Pour dire que quelqu'un est super sympathique, super intelligent, etc., on emploie en espagnol le préfixe **super-** collé devant l'adjectif.

superbe

▻ Il a fait un temps superbe.
Hizo un tiempo magnífico.

magnífico, magnífica

ℹ *Remarquez que le mot espagnol porte sur le premier* ***i*** *un accent écrit qui reflète l'accent tonique.*

supérieur, supérieure

▻ Les prix sont supérieurs à ceux du supermarché.
Los precios son superiores a los del supermercado.

▻ Thomas se croit supérieur aux autres.
Thomas se cree superior a los demás.

superior (pluriel : **superiores**)

ℹ *La préposition utilisée en espagnol est la même qu'en français :* supérieur à = *superior* ***a***.

supermarché

▻ Ma mère va au supermarché tous les week-ends.
Mi madre va al supermercado todos los fines de semana.

el **supermercado**

superposés

▻ Mon frère et moi dormons dans des lits superposés.
Mi hermano y yo dormimos en una litera.

► **lits superposés : la litera**

ℹ ***Litera*** *est un nom singulier : on dit par exemple* ***esta litera es de pino*** (ces lits superposés sont en pin).

superstitieux, superstitieuse

▻ Benoîte est superstitieuse, elle a peur des chats noirs !
¡Benoîte es supersticiosa, tiene miedo de los gatos negros!

supersticioso, supersticiosa

supplément

▻ Il y a un supplément pour les chambres individuelles.
Hay un suplemento para habitaciones individuales.

el **suplemento**

supplémentaire

1 ▻ Ajoute une assiette supplémentaire pour Cathy.
Añade un plato suplementario para Cathy.

2 ▻ Mon père fait beaucoup d'heures supplémentaires.
Mi padre hace muchas horas extraordinarias.

1 (= en plus) **suplementario, suplementaria**

2 ► **heures supplémentaires :** las **horas extraordinarias**

supplier

▻ Cédric a supplié le prof de ne pas le punir.
Cédric le suplicó al profesor que no le castigara.

► **supplier** quelqu'un **de** + infinitif : **suplicarle** a alguien **que** + subjonctif

supporter (verbe)

▻ Il est énervant, je ne peux pas le supporter !
¡Es exasperante, no le soporto!
▻ Je ne supporte pas que les gens me mentent.
No soporto que la gente mienta.
▻ Elle ne supportait pas de vivre dans ces conditions.
No soportaba vivir en esas condiciones.

soportar

► **supporter de** + infinitif : **soportar** + infinitif

supporter (nom)

▻ Les supporters de l'équipe de Toulouse criaient et chantaient.
Los hinchas del equipo de Tolosa gritaban y cantaban.

(= personne qui encourage une équipe) el **hincha**

supposer

▻ Je suppose que Clarisse ne viendra pas.
Supongo que no vendrá Clarisse.

suponer

supprimer

▻ L'entreprise va supprimer cent emplois.
La empresa va a suprimir cien puestos.
▻ Le train de treize heures a été supprimé.
Han suprimido el tren de la una.

suprimir

sur

1 ▻ Tes cahiers sont sur ton bureau.
Tus cuadernos están en tu mesa.

1 (pour parler de la position) **en**

Suite page suivante

2 ▻ Paul a fait un exposé sur l'Italie.
Paul hizo una exposición sobre Italia.
▻ Capucine a encore eu dix-huit sur vingt.
Capucine volvió a sacar dieciocho sobre veinte.
3 ▻ Deux élèves sur trois ont eu la moyenne.
Dos de cada tres alumnos sacaron un suficiente.

2 (= au sujet de ou pour parler d'une note) **sobre**

3 (pour parler d'une proportion) **de cada**

sûr, sûre

▻ Je suis sûre que Nathalie a copié sur moi.
Estoy segura de que Nathalie ha copiado de mí.
▻ Il y aura peut-être une fête, mais ce n'est pas sûr.
Quizás haya una fiesta, pero no es seguro.

seguro, segura

ℹ *Notez la différence entre **estar seguro**, qui s'applique à une personne* (= être certain de quelque chose), *et **ser seguro**, qui s'applique à une chose* (= être très probable).

ℹ *Notez également la conjonction utilisée en espagnol :* être sûr que = *estar seguro **de que**.*

sûrement

1 ▻ Chloé viendra sûrement demain.
Seguramente Chloé vendrá mañana.
2 ▻ Tu ne veux pas venir ? – Ah non, sûrement pas !
¿No quieres venir? – ¡No, ni hablar!

1 (= probablement) **seguramente**

2 ► sûrement pas ! : **¡ni hablar!**

surf

▻ Le surf peut être un sport dangereux.
El surf puede ser un deporte peligroso.
▻ Erwann fait du surf à Biarritz.
Erwann hace surf en Biarritz.

(= sport) el **surf**

► faire du surf : **hacer surf**

surface

▻ Jérôme est remonté à la surface tout essoufflé.
Jérôme volvió a la superficie sin aliento.
▻ Quelle est la surface de l'appartement ?
¿Cuál es la superficie del apartamento?

la **superficie**

surfer

1 ▻ Tu viens surfer avec nous ?
¿Vienes a hacer surf con nosotros?
2 ▻ À l'école on apprend à surfer sur Internet.
En el colegio aprendemos a navegar por Internet.

1 (= faire du surf) **hacer surf**

2 ► surfer sur Internet : **navegar por Internet**

surgelé, surgelée

1 ▷ Les frites surgelées ne sont pas mauvaises.
Las patatas fritas congeladas no están malas.

2 ▷ Nous ne mangeons pas beaucoup de surgelés.
No comemos muchos alimentos congelados.

1 (adjectif = congelé) **congelado, congelada**

2 ► **des surgelés :** **los alimentos congelados**

surgir

▷ Un homme a surgi de derrière la maison.
Un hombre apareció de repente de la parte de atrás de la casa.

(en parlant d'une personne ou d'un animal) **aparecer de repente**

surligneur

▷ Tu peux me prêter ton surligneur jaune ?
¿Me puedes prestar el marcador amarillo?

el **marcador** (pluriel : los marcadores)

surprenant, surprenante

▷ La réaction d'Alexis était assez surprenante.
La reacción de Alexis era bastante sorprendente.

sorprendente

surprendre

▷ Rebecca a surpris tout le monde en arrivant première.
Rebecca sorprendió a todo el mundo llegando la primera.

sorprender

Si le complément est une personne ou un groupe de personnes, n'oubliez pas de le faire précéder de ***a****.*

surpris, surprise

▷ Loïc a eu l'air surpris quand je lui ai dit ça.
Loïc pareció sorprendido cuando le dije eso.

▷ Nous avons été surpris de sa réaction.
Nos sorprendió su reacción.

sorprendido, sorprendida

i *Pour dire qu'on est surpris de quelque chose, on emploie en espagnol le verbe* ***sorprender****, avec pour sujet la chose qui surprend.*

surprise

▷ Isabelle ! Quelle bonne surprise !
¡Isabelle! ¡Qué buena sorpresa!

▷ Ne lui dis rien, je veux lui faire une surprise.
No le digas nada, quiero darle una sorpresa.

la **sorpresa**

► **faire une surprise à** quelqu'un **:** **dar una sorpresa a** alguien

sursaut

▷ Simon s'est réveillé en sursaut.
Simon se despertó sobresaltado.

► **en sursaut :** **sobresaltado, sobresaltada**

sursauter

▷ Il a sursauté en entendant l'explosion.
Se sobresaltó al oír la explosión.

sobresaltarse

ℹ *Le pronom réfléchi fonctionne de la façon suivante en espagnol : **me** sobresalto, **te** sobresaltas, **se*** (singulier) *sobresaltas, **nos** sobresaltamos, **os** sobresaltáis, **se*** (pluriel) *sobresaltan.*

▷ Adèle m'a fait sursauter quand elle est entrée.
Adèle me sobresaltó al entrar.

► **faire sursauter** quelqu'un : **sobresaltar** a alguien

surtout

▷ Sébastien aime le sport, surtout le foot.
A Sébastien le gusta el deporte, sobre todo el fútbol.
▷ Surtout ne leur dis rien !
¡Sobre todo, no les digas nada!

sobre todo

surveillant, surveillante

▷ Les surveillants de l'école sont en grève.
Los vigilantes del colegio están en huelga.

el **vigilante,** la **vigilante**

surveiller

▷ La prof nous surveille pendant l'interro.
La profesora nos vigila durante el examen.
▷ Je dois surveiller ma petite sœur.
Tengo que vigilar a mi hermana pequeña.

(= contrôler ou veiller sur) **vigilar**

*Si le complément est une personne ou un groupe de personnes, n'oubliez pas de le faire précéder de **a**.*

survêtement

▷ Je porte un survêtement pour les cours de gym.
Llevo un chándal para las clases de gimnasia.

el **chándal** (pluriel : **los chándales**)

ℹ *Remarquez que le mot espagnol porte sur le premier **a** un accent écrit qui reflète l'accent tonique.*

survivant

▷ Les survivants de l'accident nous ont raconté ce qui s'était passé.
Los supervivientes del accidente nos contaron lo que había pasado.

el **superviviente**

ℹ *On peut dire aussi **el sobreviviente**.*

susceptible

▷ Ne sois pas si susceptible !
¡No seas tan susceptible!

(= qui se vexe facilement) **susceptible**

suspect

▷ La police a arrêté un suspect.
La policía ha detenido a un sospechoso.

(= personne que l'on soupçonne) el **sospechoso**

suspendre

1 ▷ On a suspendu le mobile à un clou au-dessus du berceau.
Colgamos el móvil de un clavo encima de la cuna.

1 **colgar**

*Notez la préposition utilisée en espagnol : à = **de**.*

2 ▷ Mathieu s'est suspendu à la branche par les pieds.
Mathieu se colgó de la rama con los pies.

2 ► **se suspendre à** quelque chose : **colgarse de** algo

suspense

▷ Il y a beaucoup de suspense dans ce film.
Hay mucho suspense en esa película.
▷ C'est un film à suspense américain.
Es una película de suspense americana.

el **suspense**

► **film à suspense :** la **película de suspense**

sweat-shirt

▷ Aurélie porte un sweat-shirt à capuche.
Aurélie lleva una sudadera con capucha.

la **sudadera**

syllabe

▷ La première syllabe est accentuée.
La primera sílaba está acentuada.

la **sílaba**

*Remarquez que le mot espagnol porte sur le **i** un accent écrit qui reflète l'accent tonique.*

symbole

▷ La colombe est le symbole de la paix.
La paloma es el símbolo de la paz.

el **símbolo**

*Remarquez que le mot espagnol porte sur le **i** un accent écrit qui reflète l'accent tonique.*

sympa

1 ▷ La sœur de Charles est très sympa.
La hermana de Charles es muy simpática.

1 (en parlant d'une personne) **simpático, simpática**

*Remarquez que le mot espagnol porte sur le **a** un accent écrit qui reflète l'accent tonique.*

*Il n'y a pas d'abréviation espagnole équivalente à **sympa** ; il faut utiliser le mot **simpático** en entier.*

Suite page suivante

2 ▻ Ce café est plus sympa que l'autre.
Este bar es más agradable que el otro.

2 (en parlant d'un endroit ou d'une ambiance) **agradable**

sympathique

▻ Je ne la trouve pas très sympathique.
No la encuentro muy simpática.

simpático, simpática

*Remarquez que le mot espagnol porte sur le **a** un accent écrit qui reflète l'accent tonique.*

synagogue

▻ Samuel et ses parents vont à la synagogue.
Samuel y sus padres van a la sinagoga.

la **sinagoga**

syndicat

▻ Les syndicats réclament de meilleures conditions de travail.
Los sindicatos reclaman mejores condiciones de trabajo.

(= organisation de travailleurs) el **sindicato**

synonyme

▻ « Rápido » est un synonyme de « de prisa ».
"Rápido" es un sinónimo de "de prisa".

el **sinónimo**

*Remarquez que le mot espagnol porte sur le premier **o** un accent écrit qui reflète l'accent tonique.*

synthétique

▻ Le plastique est un matériau synthétique.
El plástico es un material sintético.

sintético, sintética

*Remarquez que le mot espagnol porte sur le **e** un accent écrit qui reflète l'accent tonique.*

système

▻ Il va y avoir une réforme du système scolaire.
Va a haber una reforma del sistema escolar.

el **sistema**

T

FRANÇAIS — ESPAGNOL

ta

▻ Ta jupe est jolie ; elle est neuve ?
Tu falda es bonita; ¿es nueva?

tu

ℹ *Remarquez qu'en espagnol l'adjectif possessif ne porte pas d'accent écrit sur le **u** (**tu** falda es bonita), pour le différencier du pronom sujet (**tú** tienes una falda).*

tabac

▻ Le tabac est la principale culture dans cette région.
El tabaco es el principal cultivo en esta región.

el **tabaco**

table

1 ▻ Pose le sac sur la table.
Pon la bolsa en la mesa.

2 ▻ Il y a toujours un verre d'eau sur sa table de chevet.
Hay siempre un vaso de agua en su mesilla de noche.

3 ▻ À table tout le monde !
¡A comer, todo el mundo!

▻ Ils étaient encore à table à quatre heures.
Estaban todavía comiendo a las cuatro.

▻ Nous serons huit à table.
Seremos ocho para comer.

▻ On s'est mis à table à midi.
Empezamos a comer a las doce.

4 ▻ Regarde la table des matières.
Mira el índice.

1 (= meuble) la **mesa**

2 ► **table de chevet :** la **mesilla de noche** (pluriel : las **mesillas de noche**)

3 ► **à table ! :** **¡a comer!**

► **être à table :** **estar comiendo**

► **être** + nombre + **à table :** **ser** + número + **para comer**

► **se mettre à table :** **empezar a comer**

4 ► **table des matières :** el **índice**

ℹ *Remarquez que le mot espagnol porte sur le premier **i** un accent écrit qui reflète l'accent tonique.*

Suite page suivante

5 ▷ Tu ne sais pas bien tes tables de multiplication.
No te sabes bien las tablas de multiplicar.

5 ► **table de multiplication :** la **tabla de multiplicar** (pluriel : las **tablas de multiplicar**)

tablette

▷ Lionel a mangé toute la tablette de chocolat.
Lionel se ha comido toda la tableta de chocolate.

(= plaque de chocolat) la **tableta**

tablier

▷ Mon père met toujours un tablier quand il fait la cuisine.
Mi padre siempre se pone un delantal cuando hace la cocina.

el **delantal** (pluriel : los **delantales**)

tabouret

▷ Amélie est montée sur le tabouret pour ouvrir le placard.
Amélie se subió al taburete para abrir el armario.

el **taburete**

tache

1 ▷ Il y a des taches de vin sur la nappe.
Hay manchas de vino en el mantel.
▷ Tu as fait une tache sur ton tee-shirt.
Te has hecho una mancha en la camiseta.

1 (= saleté) la **mancha**

► **faire une tache sur** quelque chose **: hacer una mancha en** algo

i *S'il s'agit d'une tache sur un vêtement, on emploie* ***hacerse** **una mancha en...***

2 ▷ Alexandre a des taches de rousseur.
Alexandre tiene pecas.

2 ► **tache de rousseur :** la **peca**

tâche

▷ Nettoyer les W.-C. est une tâche désagréable.
Limpiar el retrete es una tarea desagradable.

la **tarea**

tacher

▷ Attention, tu vas tacher ton pantalon.
Cuidado, que te vas a manchar los pantalones.

manchar

i *S'il s'agit d'une tache sur un vêtement, on emploie* ***mancharse**.*

tâcher

▷ Tâche d'être à l'heure.
Trata de ser puntual.

► **tâcher de faire** quelque chose **: tratar de hacer** algo

tact

▷ Il faut avoir du tact pour être professeur.
Hay que tener tacto para ser profesor.

el **tacto**

tag

▷ Les murs de la gare sont couverts de tags.
Las paredes de la estación están cubiertas de pintadas.

la **pintada**

taie

▷ Les taies d'oreiller sont de la même couleur que les draps.
Las fundas de almohada son del mismo color que las sábanas.

► **taie d'oreiller :** la funda de **almohada** (pluriel : las fundas de almohada)

taille

1 ▷ Quentin et David sont à peu près de la même taille.
Quentin y David son más o menos de la misma estatura.

1 (= hauteur d'une personne) la **estatura**

2 ▷ Ça dépend de la taille du paquet.
Depende del tamaño del paquete.

2 (= volume d'un objet) el **tamaño**

3 ▷ C'est un pull de taille 38.
Es un jersey de talla 38.
▷ Quelle taille fais-tu ?
¿Qué talla usas?

3 (pour les vêtements) la **talla**

ℹ *Pour dire qu'on fait telle taille, on emploie en espagnol le verbe* ***usar****.*

4 ▷ Suzanne a la taille très fine.
Suzanne tiene la cintura muy fina.

4 (= partie du corps) la **cintura**

taille-crayon

▷ Tu peux me prêter ton taille-crayon ?
¿Me puedes prestar tu sacapuntas?

el **sacapuntas** (pluriel : los sacapuntas)

tailler

1 ▷ J'ai aidé mon père à tailler la haie.
Ayudé a mi padre a podar el seto.

1 (en parlant d'une haie ou d'un arbre) **podar**

2 ▷ Taille bien tes crayons avant de commencer ton dessin.
Sácales bien la punta a los lápices antes de empezar el dibujo.

2 (= aiguiser) **sacarle punta a**

tailleur

1 ▷ Ma mère porte un tailleur pour aller au travail.
Mi madre lleva un traje de chaqueta para ir al trabajo.

1 (= costume) el **traje de chaqueta** (pluriel : los trajes de chaqueta)

2 ▷ Tout le monde était assis en tailleur autour du feu.
Todo el mundo estaba sentado con las piernas cruzadas alrededor del fuego.

2 ► **assis en tailleur :** sentado con las piernas cruzadas

se taire

▻ Tais-toi, je n'arrive pas à me concentrer !
¡Cállate, que no consigo concentrarme!

callarse

*Le pronom réfléchi fonctionne de la façon suivante en espagnol : **me** callo, **te** callas, **se** (singulier) calla, **nos** callamos, **os** calláis, **se** (pluriel) callan.*

talent

▻ Cette chanteuse a beaucoup de talent.
Esta cantante tiene mucho talento.

el **talento**

talon

1 ▻ Ces chaussures me font mal aux talons.
Estos zapatos me hacen daño en los talones.

1 (= partie du pied) el **talón** (pluriel : los talones)

*Il n'y a pas d'accent écrit au pluriel. L'accent tonique porte sur le **o**, comme au singulier.*

2 ▻ Le talon de ma botte est cassé.
El tacón de mi bota está roto.

2 (= partie de la chaussure) el **tacón** (pluriel : los tacones)

*Il n'y a pas d'accent écrit au pluriel. L'accent tonique porte sur le **o**, comme au singulier.*

▻ Les talons aiguilles sont à la mode.
Los tacones de aguja están de moda.

▻ Mes parents ne veulent pas que je porte des talons hauts.
Mis padres no quieren que lleve tacones altos.

► **talons aiguilles :** tacones de aguja

► **talons hauts :** tacones altos

tambour

▻ Mes parents ont rapporté un tambour du Pérou.
Mis padres han traído un tambor de Perú.

el **tambor** (pluriel : los tambores)

tampon

1 ▻ Il y a un tampon avec la date en haut de la page.
Hay un tampón con la fecha en la parte superior de la página.

1 (= le tampon qu'on imprime sur du papier) el **tampón** (pluriel : los tampones).

*On peut dire aussi **el sello**.*

2 ▻ Je dois acheter des tampons hygiéniques.
Tengo que comprar tampones.

2 ► **tampon hygiénique :** el tampón (pluriel : los tampones)

*Il n'y a pas d'accent écrit au pluriel. L'accent tonique porte sur le **o**, comme au singulier.*

tandis que

1 ▷ Érika est timide tandis que sa sœur est très sociable.
Érika es tímida mientras que su hermana es muy sociable.

1 (pour opposer deux choses) **mientras que**

2 ▷ Il nous regardait tandis que nous faisions notre exposé.
Nos miraba mientras hacíamos la exposición.

2 (= pendant que) **mientras**

tank

▷ Les tanks de l'armée entrent dans la ville.
Los tanques del ejército entran en la ciudad.

el **tanque**

tant

1 ▷ Jérémie a tant mangé qu'il a été malade.
Jérémie comió tanto que se mareó.

1 (= tellement) **tanto**

2 ▷ Il a tant d'argent qu'il ne sait pas quoi en faire.
Tiene tanto dinero que no sabe qué hacer con él.
▷ Audrey a tant de vêtements qu'elle n'a plus de place dans son armoire.
Audrey tiene tanta ropa que no tiene sitio en el armario.

2 ► **tant de** + nom : **tanto** *ou* **tanta** *ou* **tantos** *ou* **tantas** + nom

3 ▷ Tu n'as pas besoin d'arriver avant deux heures. – Tant mieux !
No necesitas llegar antes de las dos. – ¡Pues mejor!

3 ► **tant mieux : pues mejor**

4 ▷ Il est sorti ? Tant pis, je rappellerai.
¿Ha salido? No importa, volveré a llamar.

4 ► **tant pis : no importa**

5 ▷ Elle ne veut pas venir ? Tant pis pour elle !
¿No quiere venir? ¡Peor para ella!

5 ► **tant pis pour... : peor para...**

tante

▷ La prof de géo est la tante de Noémie.
La profesora de geografía es la tía de Noémie.

la **tía**

ℹ *Remarquez que le mot espagnol porte sur le* ***i*** *un accent écrit qui reflète l'accent tonique.*

tantôt

▷ Je vais au cinéma tantôt avec Bénédicte, tantôt avec Samuel.
Unas veces voy al cine con Bénédicte, otras veces con Samuel.

► **tantôt... tantôt : unas veces... otras veces**

taper

1 ▷ Madame, Paul a tapé Sylvie !
¡Señora, Paul le ha pegado a Sylvie!

1 (= frapper) **pegar**

*Si le complément est une personne ou un groupe de personnes, n'oubliez pas de le faire précéder de **a**.*

2 ▷ Il tapait sur un clou avec un marteau.
Daba golpes en un clavo con un martillo.

2 ► **taper sur** quelque chose : **dar golpes en** algo

3 ▷ Quelqu'un a tapé à la porte.
Alguien ha llamado a la puerta.

3 ► **taper à la porte : llamar a la puerta**

4 ▷ Peux-tu taper la lettre ?
¿Puedes escribir la carta?

▷ Ma sœur apprend à taper à l'ordinateur.
Mi hermana está aprendiendo a escribir en el ordenador.

4 (= écrire) **escribir**

► **taper à l'ordinateur : escribir en el ordenador**

tapis

▷ Soulève le tapis, je vais passer l'aspirateur.
Levanta la alfombra, voy a pasar el aspirador.

la **alfombra**

tapisser

▷ Nous avons aidé Jean-René à tapisser sa chambre.
Ayudamos a Jean-René a empapelar su habitación.

(= couvrir de papier peint) **empapelar**

tapisserie

1 ▷ Il y a de la tapisserie jaune sur les murs de la chambre.
Hay papel pintado amarillo en las paredes del cuarto.

1 (= papier peint) el **papel pintado**

2 ▷ Il y a des tapisseries magnifiques dans le château.
Hay tapices magníficos en el castillo.

2 (= tissu) el **tapiz** (pluriel : los tapices)

*N'oubliez pas que le **z** devient **c** au pluriel.*

taquiner

▷ Roméo adore taquiner ses cousines.
A Roméo le encanta pinchar a sus primas.

pinchar

*Si le complément est une personne ou un groupe de personnes, n'oubliez pas de le faire précéder de **a**.*

tard

▷ Je me suis levée trop tard pour aller à la messe.
Me levanté demasiado tarde para ir a misa.

tarde

tarder

▻ Il me tarde de partir en vacances.
Espero impaciente irme de vacaciones.

► **il me tarde de** + infinitif : **esperar impaciente** *ou* **impacientes** + infinitif

tarif

▻ C'est le tarif normal pour les cours particuliers.
Es la tarifa normal para clases particulares.
▻ Deux billets à tarif réduit, s'il vous plaît.
Dos billetes de tarifa reducida, por favor.

la **tarifa**

tarte

▻ Cette tarte aux pommes est délicieuse.
Esta tarta de manzana está deliciosa.

(= gâteau) la **tarta**

tartine

▻ Je veux seulement une tartine.
Quiero sólo una rebanada de pan con mantequilla.

▻ Sabine a mangé trois tartines de confiture.
Sabine se comió tres rebanadas de pan con confitura.

(= pain + beurre) la **rebanada de pan con mantequilla** (pluriel : las rebanadas de pan con mantequilla)
► **tartine de confiture** : la rebanada de pan con confitura (pluriel : las rebanadas de pan con confitura)

tas

1 ▻ Il y a plusieurs tas de feuilles mortes à ramasser.
Hay varios montones de hojas secas para recoger.

1 (= accumulation) el **montón** (pluriel : los montones)

ℹ *Il n'y a pas d'accent écrit au pluriel. L'accent tonique porte sur le* **o**, *comme au singulier.*

2 ▻ Il y a un tas de livres sur la table.
Hay una pila de libros en la mesa.

2 (= pile) la **pila**

3 ▻ Laurent a des tas d'amis.
Laurent tiene un montón de amigos.

3 ► **des tas de** (= beaucoup de) : **un montón de**

tasse

▻ Tu veux une tasse de thé ?
¿Quieres una taza de té?
▻ Ces tasses à café sont très jolies.
Estas tazas de café son muy bonitas.
▻ Ma grand-mère a des tasses à thé en porcelaine.
Mi abuela tiene tazas de té de porcelana.

la **taza**

► **tasse à café** : taza de café (pluriel : tazas de café)
► **tasse à thé** : taza de té (pluriel : tazas de té)

tasser

▻ J'ai réussi à tasser tous mes vêtements dans la valise.
Conseguí apretujar toda mi ropa en la maleta.

(= entasser) **apretujar**

tatouage

▻ Myriam aimerait se faire faire un tatouage sur l'épaule.
A Myriam le gustaría hacerse un tatuaje en el hombro.

el **tatuaje**

taureau

▻ Le taureau nous a foncé dessus.
El toro arremetió contra nosotros.

el **toro**

taxe

▻ Les gens paient beaucoup de taxes dans ce pays.
La gente paga muchos impuestos en este país.

el **impuesto**

taxi

1 ▻ On prendra un taxi de l'aéroport.
Cogeremos un taxi desde el aeropuerto.

2 ▻ Ma cousine est taxi à Bordeaux.
Mi prima es taxista en Burdeos.

1 (= la voiture) el **taxi**

2 (= le chauffeur) el **taxista,** la **taxista**

te ou t'

▻ Je ne t'entends pas bien.
No te oigo bien.

▻ Combien est-ce qu'ils t'ont donné d'argent de poche ?
¿Cuánto te han dado de paga?

▻ Tu te grattes ; est-ce que tu t'es fait piquer par un insecte ?
Te estás rascando; ¿te ha picado un insecto?

▻ Tu t'es trompé.
Te has equivocado.

te

technique

1 ▻ Tout ça est beaucoup trop technique pour moi.
Todo esto es demasiado técnico para mí.

2 ▻ C'est une nouvelle technique de fabrication.
Es una nueva técnica de fabricación.

1 (adjectif = qui se rapporte aux techniques) **técnico, técnica**

2 ► **une technique** (= une méthode) **:** una técnica

ℹ *Remarquez que le mot espagnol porte sur le* ***e*** *un accent écrit qui reflète l'accent tonique.*

tee-shirt

▷ Je n'ai plus de tee-shirts propres.
No me quedan camisetas limpias.

la **camiseta**

teindre

▷ Charlotte a teint son jean dans la machine à laver.
Charlotte tiñó sus vaqueros en la lavadora.
▷ Le prof de maths se teint les cheveux.
El profesor de matemáticas se tiñe el pelo.

teñir

► **se teindre les cheveux : teñirse el pelo**

ℹ *Le pronom réfléchi fonctionne de la façon suivante en espagnol : **me** tiño el pelo, **te** tiñes el pelo, **se*** (singulier) *tiñe el pelo, **nos** teñimos el pelo, **os** teñís el pelo, **se*** (pluriel) *tiñen el pelo.*

teint

▷ Émilie a un joli teint.
Émilie tiene una bonita tez.

(= couleur de la peau) la **tez**

teinturerie

▷ Tu devrais porter ton manteau à la teinturerie.
Deberías llevar tu abrigo a la tintorería.

la **tintorería**

ℹ *Remarquez que le mot espagnol porte sur le deuxième **i** un accent écrit qui reflète l'accent tonique.*

tel, telle

▷ Avec un tel bruit, c'est impossible de se concentrer !
¡Con tal ruido es imposible concentrarse!

► **un tel** *ou* **une telle : tal** (pluriel : tales)

télé

▷ La télé ne marche pas bien.
La tele no funciona bien.
▷ Qu'est-ce qu'il y a à la télé ce soir ?
¿Qué dan en la tele esta noche?

la **tele**

► **à la télé : en la tele**

ℹ *Pour dire* **il y a** *quand on parle du programme de la télé, on emploie en espagnol le verbe **dar** à la troisième personne du pluriel* (***dan***).

télécarte

▷ Il faut une télécarte pour appeler d'une cabine.
Hace falta una tarjeta telefónica para llamar desde una cabina.

la **tarjeta telefónica** (pluriel : las tarjetas telefónicas)

télécommande

▷ Où est la télécommande de la télé ?
¿Dónde está el mando a distancia de la tele?

el **mando a distancia** (pluriel : **los mandos a distancia**)

télécommandé, télécommandée

▷ On a joué avec des bateaux télécommandés sur le lac.
Jugamos con barcos teledirigidos en el lago.

teledirigido, teledirigida

téléfilm

▷ Vous avez regardé le téléfilm hier soir ?
¿Visteis el telefilm anoche?

el **telefilm** (pluriel : **los telefilmes**)

téléguidé, téléguidée

▷ Richard a eu une voiture téléguidée pour son anniversaire.
A Richard le regalaron un coche teledirigido para su cumpleaños.

teledirigido, teledirigida

téléphérique

▷ On a pris le téléphérique pour aller jusqu'au château.
Cogimos el teleférico para ir al castillo.

el **teleférico**

Remarquez que le mot espagnol porte sur le troisième ***e*** *un accent écrit qui reflète l'accent tonique.*

téléphone

▷ Le téléphone est débranché.
El teléfono está desconectado.

el **teléfono**

Remarquez que le mot espagnol porte sur le deuxième ***e*** *un accent écrit qui reflète l'accent tonique.*

▷ Jean est au téléphone.
Jean está hablando por teléfono.

▷ Je te passerai un coup de téléphone ce soir.
Te llamaré por teléfono esta noche.

▷ J'ai reçu un coup de téléphone de Marc.
Recibí una llamada de Marc.

▷ Les téléphones portables sont très pratiques.
Los móviles son muy prácticos.

► **être au téléphone** : **estar hablando por teléfono**

► **passer un coup de téléphone à** quelqu'un : **llamar por teléfono a alguien**

► **recevoir un coup de téléphone** : **recibir una llamada**

► **téléphone portable** *ou* **téléphone mobile** : el **móvil** (pluriel : **los móviles**)

Attention : le mot espagnol prend un ***v*** *là où le français prend un* ***b****.*

téléphoner

▷ Élisa m'a téléphoné pour m'inviter à sa soirée.
Élisa me llamó para invitarme a su fiesta.

► **téléphoner à** quelqu'un : **llamar a alguien**

On peut dire aussi ***telefonear a alguien***.

télésiège

▷ Il y a la queue aux télésièges.
Hay cola en las telesillas.

la **telesilla**

téléviseur

▷ Le téléviseur est en panne.
El televisor está averiado.

el **televisor** (pluriel : los televisores)

télévision

▷ Mes parents ont acheté une nouvelle télévision.
Mis padres han comprado una nueva televisión.

la **televisión** (pluriel : las televisiones)

Il n'y a pas d'accent écrit au pluriel. L'accent tonique porte sur le ***o****, comme au singulier.*

▷ Elle est passée à la télévision.
Salió en la televisión.

▷ Les Réno ont la télévision par câble.
Los Réno tienen televisión por cable.

▷ Avec la télévision par satellite, on peut regarder des chaînes étrangères.
Con la televisión por satélite, se pueden ver cadenas extranjeras.

► **à la télévision** : **en la televisión**

► **télévision par câble** : **televisión por cable**

► **télévision par satellite** : **televisión por satélite**

tellement

1 ▷ Il a tellement mangé qu'il a été malade.
Comió tanto que se puso enfermo.

1 (avec un verbe) **tanto**

2 ▷ Il est tellement mignon !
¡Es tan mono!

2 (avec un adjectif ou un adverbe) **tan**

3 ▷ Raoul a tellement de travail qu'il ne sort pas le week-end.
Raoul tiene tanto trabajo que no sale los fines de semana.

▷ Coralie a tellement de chaussures qu'elle ne sait pas où les mettre.
Coralie tiene tantos pares de zapatos que no sabe dónde ponerlos.

3 ► **tellement de** + nom : **tanto** *ou* **tanta** *ou* **tantos** *ou* **tantas** + nom

4 ▷ Tu aimes le veau ? – Non, pas tellement.
¿Te gusta la ternera? – No, no mucho.

4 ► **pas tellement** : **no mucho**

témoin

▷ La police a interrogé les témoins.
La policía interrogó a los testigos.

(= personne qui a assisté à quelque chose) el **testigo**

température

1 ▷ Les températures sont basses pour la saison.
Las temperaturas son bajas para la época.

2 ▷ Thomas est au lit, il a de la température.
Thomas está en la cama, tiene fiebre.

1 (= chaleur ou froid) la **temperatura**

2 ► **avoir de la température : tener fiebre**

tempête

1 ▷ Le bateau a chaviré dans la tempête.
El barco zozobró en la tempestad.

2 ▷ La tempête a arraché les poteaux électriques.
La tormenta arrancó los postes eléctricos.

▷ Il y a souvent des tempêtes de neige ici.
Hay muchas tormentas de nieve aquí.

▷ Les chameaux savent se protéger des tempêtes de sable.
Los camellos saben protegerse de las tormentas de arena.

1 (en mer) la **tempestad** (pluriel : **las tempestades**)

2 (à terre) la **tormenta**

► **tempête de neige : tormenta de nieve** (pluriel : **tormentas de nieve**)

► **tempête de sable : tormenta de arena** (pluriel : **tormentas de arena**)

temple

▷ Il y a de magnifiques temples en Grèce.
Hay templos magníficos en Grecia.

▷ Alain va au temple le dimanche.
Alain va al templo los domingos.

el **templo**

temporaire

▷ Cette solution est temporaire.
Esta solución es temporal.

temporal (pluriel : **temporales**)

temps

▷ Il a fait un temps superbe.
Hizo un tiempo magnífico.

▷ Samir met beaucoup de temps à se préparer.
A Samir le lleva mucho tiempo prepararse.

▷ Je n'ai pas eu le temps de faire tous les exercices.
No he tenido tiempo de hacer todos los ejercicios.

▷ Laura n'a pas beaucoup de temps libre.
Laura no tiene mucho tiempo libre.

el **tiempo**

ℹ *Pour dire qu'on met du temps à faire quelque chose, on emploie en espagnol le verbe* ***llevar****.*

► **avoir le temps : tener tiempo**

► **temps libre : tiempo libre**

▻ De temps en temps, le prof nous demande de faire un exposé.
De vez en cuando, el profesor nos pide que hagamos una exposición.
▻ Nous sommes arrivés juste à temps.
Llegamos justo a tiempo.
▻ Ne m'interromps pas tout le temps !
¡No me interrumpas todo el rato!

► **de temps en temps : de vez en cuando**

► **à temps : a tiempo**

► **tout le temps : todo el rato**

ℹ *On dit aussi **todo el tiempo**.*

tendance

▻ Cette porte a tendance à se bloquer.
Esta puerta tiene tendencia a bloquearse.

► **avoir tendance à** faire quelque chose **: tener tendencia a** hacer algo

tendre

1 ▻ Ce steak est très tendre.
Este bistec está muy tierno.
2 ▻ C'est une mère très tendre.
Es una madre muy cariñosa.
3 ▻ Tu devrais tendre la corde un peu plus.
Deberías tensar la cuerda un poco más.
4 ▻ Je lui ai tendu la main mais il m'a ignoré.
Le tendí la mano pero me ignoró.
▻ Ils m'ont tendu un piège.
Me tendieron una trampa.

1 (= pas dur) **tierno, tierna**

2 (= affectueux) **cariñoso, cariñosa**

3 ► **tendre** quelque chose (= l'étirer) **: tensar** algo

4 ► **tendre** quelque chose **à** quelqu'un **: tender** algo **a** alguien

tendu, tendue

▻ La corde n'est pas assez tendue.
La cuerda no está bastante tensa.
▻ Je suis toujours un peu tendue avant les interros.
Estoy siempre un poco tensa antes de los exámenes.

tenso, tensa

tenir

1 ▻ Qu'est-ce que tu tiens à la main ?
¿Qué tienes en la mano?
2 ▻ Tiens bien la rampe.
Agarra bien la barandilla.
3 ▻ Ce nœud ne tiendra pas, il est trop lâche.
Este nudo no aguantará, está demasiado flojo.
4 ▻ Est-ce qu'on tiendra tous dans la voiture ?
¿Cabremos todos en el coche?
5 ▻ Les parents de Corentin tiennent un café.
Los padres de Corentin llevan un bar.
6 ▻ Aurélie tient beaucoup à son chat.
Aurélie quiere mucho a su gato.

1 (= avoir) **tener**

2 (= agripper) **agarrar**

3 (= être solide) **aguantar**

4 (= être contenu) **caber**

5 (= être gérant de) **llevar**

6 ► **tenir à** (= aimer) **: querer**

Suite page suivante

7 ▷ Clotilde tient de son père.
Clotilde se parece a su padre.

8 ▷ Tiens-toi à la rampe, ça glisse.
Agárrate a la barandilla, que resbala.

9 ▷ Ils se tenaient par la main.
Se cogían de la mano.

7 ► **tenir de** (= ressembler à) : **parecerse a**

8 ► **se tenir à** (= s'agripper à) : **agarrarse a**

Le pronom réfléchi fonctionne de la façon suivante en espagnol : ***me*** *agarro,* ***te*** *agarras,* ***se*** (singulier) *agarra,* ***nos*** *agarramos,* ***os*** *agarráis,* ***se*** (pluriel) *agarran.*

9 ► **se tenir par la main : cogerse de la mano**

Le pronom réfléchi fonctionne de la façon suivante en espagnol : ***nos*** *cogemos de la mano,* ***os*** *cogéis de la mano,* ***se*** *cogen de la mano.*

tennis

1 ▷ J'aime bien regarder le tennis à la télé.
Me gusta ver tenis en la tele.

▷ Tu veux jouer au tennis avec moi ?
¿Quieres jugar al tenis conmigo?

2 ▷ Chloé a de super tennis neuves.
Chloé tiene unas zapatillas de deporte nuevas muy guay.

1 (= sport) el **tenis**

L'accent tonique porte sur la première syllabe, ***te-****.*

► **jouer au tennis : jugar al tenis**

2 ► **des tennis** (= chaussures) : **zapatillas de deporte**

tennisman, tenniswoman

▷ David veut être tennisman.
David quiere ser tenista.

el **tenista**, la **tenista**

tension

1 ▷ La tension entre les deux pays augmente au jour le jour.
La tensión entre los dos países va en aumento de día en día.

2 ▷ Mon grand-père prend des médicaments pour sa tension.
Mi abuelo toma medicamentos para la tensión.

▷ Ma mère a de la tension.
Mi madre tiene la tensión alta.

1 (= tiraillement, opposition) la **tensión**

2 (= pression du sang dans les veines) la **presión**

Remarquez que le mot espagnol porte sur le ***o*** *un accent écrit qui reflète l'accent tonique.*

► **avoir de la tension : tener la tensión alta**

tentant, tentante

▷ C'est très tentant !
¡Es muy tentador!

tentador (pluriel : tentadores), **tentadora**

tente

▷ C'est une tente pour trois personnes.
Es una tienda de campaña para tres personas.

la **tienda de campaña** (pluriel : las tiendas de campaña)

tenter

1 ▷ Sylvain va tenter de battre le record.
Sylvain va a intentar batir el récord.

2 ▷ Ce chocolat me tente beaucoup !
¡Me tienta mucho este chocolate!

▷ Cela me tente de monter une affaire.
Me seduce la idea de montar un negocio.

1 ► (= essayer) **tenter de faire** quelque chose : **intentar hacer** algo

2 (= attirer) **tentar**

*Si le complément est une personne ou un groupe de personnes, n'oubliez pas de le faire précéder de **a**.*

► (= attirer) **tenter de faire** quelque chose : **seducir la idea de hacer** algo

tenue

1 ▷ Isabelle porte une tenue différente chaque jour.
Isabelle lleva ropa diferente cada día.

2 ▷ Le prof donne une note pour la tenue en classe.
El profesor da una nota para el comportamiento en clase.

1 (= habits) la **ropa**

*i **Ropa** est indénombrable : il ne se met pas au pluriel, et ne s'emploie jamais avec l'article **una**.*

2 (= conduite) el **comportamiento**

terme

▷ Je sais qu'il y a un terme pour ça, mais je ne le trouve pas.
Sé que hay un término para esto, pero no lo encuentro.

(= mot) el **término**

*i Remarquez que le mot espagnol porte sur le **e** un accent écrit qui reflète l'accent tonique.*

terminer

1 ▷ Viens quand tu auras terminé tes devoirs.
Ven cuando hayas terminado los deberes.

2 ▷ Le film s'est terminé à minuit.
La película se terminó a las doce.

1 **terminar**

2 ► **se terminer : terminarse**

*i Le pronom réfléchi fonctionne de la façon suivante en espagnol : **se** (singulier) termina, **se** (pluriel) terminan.*

terminus

▷ Je descends au terminus.
Me bajo en el final de línea.

el **final de línea**

terrain

1 ▻ La maison est entourée d'un grand terrain.
La casa está rodeada de un gran terreno.

1 (= parcelle de terre) el **terreno**

Attention à bien prononcer les deux ***r*** *de* ***terreno****.*

2 ▻ Il y a un terrain de camping près du village.
Hay un camping cerca del pueblo.

2 ► **terrain de camping :** el **camping**

3 ▻ Le terrain de foot de l'école est inondé.
El campo de fútbol del colegio está inundado.
▻ Nous partageons le terrain de sport avec une autre école.
Compartimos el campo de deportes con otro colegio.

3 (pour jouer au foot ou au rugby) el **campo**
► **terrain de sport :** el **campo de deportes** (pluriel : los **campos de deportes**)

4 ▻ Il y a un terrain de basket dans le gymnase.
Hay una cancha de baloncesto en el gimnasio.

4 (pour jouer au basket, au volley, au hand-ball) la **cancha**

terrasse

▻ On a fait un barbecue sur la terrasse.
Hicimos una barbacoa en la terraza.

la **terraza**

Attention à bien prononcer les deux ***r*** *et le son* ***z*** *de* ***terraza****.*

terre

1 ▻ La Terre tourne autour du Soleil.
La Tierra gira alrededor del Sol.
▻ Ici, la terre est bonne pour les cultures.
Aquí, la tierra es buena para los cultivos.

1 (= planète ou matière dont est fait le sol) la **tierra**

Attention à bien prononcer les deux ***r*** *de* ***tierra****.*

2 ▻ Je ne veux pas m'asseoir par terre, c'est mouillé.
No me quiero sentar en el suelo, está mojado.

2 ► (= pour indiquer la position) **par terre :** **en el suelo**

3 ▻ Ne jette pas des papiers par terre !
¡No tires papeles al suelo!

3 ► (= pour indiquer le mouvement) **par terre :** **al suelo**

terrible

1 ▻ Il y a eu une tempête terrible.
Hubo una tormenta terrible.

1 (= horrible, insupportable) **terrible**

2 ▻ Sa dernière chanson n'est pas terrible.
Su última canción no es muy buena.

2 ► **pas terrible** (= pas très bon) : **no muy bueno, no muy buena**

ℹ *On peut dire aussi* ***nada del otro mundo****.*

terroriste

▻ Des terroristes ont fait sauter la mairie.
Unos terroristas han hecho explotar el ayuntamiento.

el **terrorista,** la **terrorista**

Attention à bien prononcer les deux ***r*** *de* ***terrorista****.*

tes

▻ Est-ce que tes chaussures de marche sont neuves ?
¿Son nuevas tus botas de montaña?

tus

test

▻ On a passé des tests à l'école.
Hicimos unas pruebas en la escuela.

la **prueba**

tête

1 ▻ Cécile s'est cogné la tête.
Cécile se ha dado un golpe en la cabeza.
▻ J'ai mal à la tête.
Me duele la cabeza.

1 (= partie du corps) la **cabeza**

2 ▻ Cette fille a une tête sympathique.
Esta chica tiene una cara simpática.

2 (= visage, expression) la **cara**

3 ▻ Arrête de faire la tête !
¡Deja de poner mala cara!

3 ► **faire la tête : poner mala cara**

4 ▻ Cédric est tête en l'air, il oublie toujours quelque chose.
Cédric es muy despistado, siempre olvida algo.

4 ► **être tête en l'air : ser despistado** *ou* **despistada**

5 ▻ L'équipe du collège est en tête.
El equipo del colegio está a la cabeza.

5 ► **être en tête** (dans un classement) **: estar a la cabeza**

6 ▻ On est montés en tête de rame.
Nos subimos delante del metro.

6 ► **en tête de** (= à l'avant de) **: delante de**

têtu, têtue

▻ Tu es vraiment têtu !
¡Qué testarudo eres!

testarudo, testaruda

texte

▻ Nous étudions un texte de Jean Anouilh.
Estamos estudiando un texto de Jean Anouilh.

el **texto**

TGV

▻ Nous sommes allés à Toulouse en TGV.
Fuimos a Tolosa en TGV.

el **TGV**

ℹ *L'équivalent espagnol est* ***el AVE*** *(dont les sigles signifient* ***Alta Velocidad Español****), mot qui veut aussi dire* oiseau.

thé

▻ Tu prendras une tasse de thé ?
¿Vas a tomar una taza de té?
▻ Deux thés au lait, s'il vous plaît.
Dos tés con leche, por favor.

el **té**

► **thé au lait : té con leche**

Suite page suivante

▷ Je préfère le thé nature.
Prefiero el té solo.

► **thé nature : té solo**

théâtre

▷ Vendredi, nous allons au théâtre avec l'école.
El viernes, vamos al teatro con el colegio.

el **teatro**

théière

▷ Rachel a rapporté une très jolie théière d'Angleterre.
Rachel trajo una tetera muy bonita de Inglaterra.

la **tetera**

thème

1 ▷ Le thème de ce film est intéressant.
El tema de esta película es interesante.

2 ▷ Je préfère la version au thème.
Prefiero la traducción directa a la traducción inversa.

1 (= sujet) el **tema**

2 (= traduction) la **traducción inversa** (pluriel : las **traducciones inversas**)

*Il n'y a pas d'accent écrit au pluriel. L'accent tonique porte sur le **o**, comme au singulier.*

thermomètre

▷ Le thermomètre est cassé.
El termómetro está roto.

el **termómetro**

*Remarquez que le mot espagnol porte sur le premier **o** un accent écrit qui reflète l'accent tonique.*

thermos®

▷ On prendra du café dans une thermos.
Nos llevaremos café en un termo.

el **termo®**

thon

▷ Ce thon grillé est excellent.
Este atún a la parrilla está excelente.

el **atún**

*Remarquez que le mot espagnol porte sur le **u** un accent écrit qui reflète l'accent tonique.*

thym

▷ Il y a du thym et du persil dans le jardin.
Hay tomillo y perejil en el jardín.

el **tomillo**

tic

▷ Le prof d'histoire a un tic : il se frotte tout le temps le menton.
El profesor de historia tiene un tic: se frota la barbilla todo el rato.

el **tic** (pluriel : los tics)

ticket

1 ▷ Tu peux acheter un carnet de dix tickets.
Puedes comprar un taco de diez billetes.

1 (= billet) el **billete**

2 ▷ Heureusement que j'ai gardé le ticket de caisse.
Menos mal que he guardado el tique de compra.

2 ► **ticket de caisse :** el tique de compra (pluriel : los tiques de compra)

tiède

▷ Je n'aime pas la soupe tiède.
No me gusta la sopa tibia.

tibio, tibia

tien, tienne

1 ▷ Mon cartable est léger, mais le tien est plus joli.
Mi cartera es ligera, pero la tuya es más bonita.
▷ Elle dit que cet argent est le sien.
Dice que este dinero es suyo.

1 **Le tien, la tienne, les tiens, les tiennes** se traduit par **el tuyo, la tuya, los tuyos, las tuyas.**

ℹ *Mais quand on veut dire que quelque chose appartient à quelqu'un,* **le tien, la tienne, les tiens, les tiennes** *se traduit par* ***tuyo, tuya, tuyos, tuyas.***

2 ▷ À la tienne !
¡Salud!

2 Quand on trinque, on dit **¡salud!**

tiercé

▷ Le père de Simon joue au tiercé tous les samedis.
El padre de Simon apuesta a las carreras de caballos todos los sábados.

► **jouer au tiercé :** apostar a las carreras de caballos

tiers

▷ Je n'ai fait qu'un tiers de ma rédaction.
He hecho sólo un tercio de la redacción.
▷ Les deux tiers des élèves sont partis.
Los dos tercios de los alumnos se han ido.

(= fraction) el **tercio**

ℹ *On peut dire aussi* ***la tercera parte.***

► **deux tiers de :** dos tercios *ou* dos terceras partes de

tige

▷ Ces fleurs ont une longue tige.
Estas flores tienen un largo tallo.

(= queue) el **tallo**

tigre

▷ On a vu des tigres au cirque.
Vimos unos tigres en el circo.

el **tigre**

tigresse

▷ La tigresse défend ses petits.
El tigre hembra defiende a sus cachorros.

el **tigre hembra**

i *On peut dire aussi* ***la tigresa****.*

timbre

▷ Combien coûte un timbre pour la Russie ?
¿Cuánto cuesta un sello para Rusia?

(pour le courrier) el **sello**

timide

▷ Ana rougit beaucoup, elle est très timide.
Ana se pone muy colorada, es muy tímida.

tímido, tímida

i *Remarquez que le mot espagnol porte sur le premier* ***i*** *un accent écrit qui reflète l'accent tonique.*

tire-bouchon

▷ Je n'arrive pas à ouvrir la bouteille avec ce tire-bouchon.
No consigo abrir la botella con este sacacorchos.

el **sacacorchos** (pluriel : los sacacorchos)

tirelire

▷ Adam a plus de cent euros dans sa tirelire.
Adam tiene más de cien euros en la hucha.

la **hucha**

tirer

1 ▷ Il faut une voiture puissante pour tirer une caravane.
Hace falta un coche potente para tirar de una caravana.

1 ► **tirer** quelque chose (= l'amener vers soi, le remorquer) **: tirar de** algo

2 ▷ Tu as pensé à tirer les rideaux ?
¿Te has acordado de correr las cortinas?

2 ► **tirer les rideaux : correr las cortinas**

3 ▷ Maintenant je vais tirer un numéro au hasard.
Ahora voy a sacar un número al azar.

3 ► **tirer un numéro : sacar un número**

4 ▷ Lucas a tiré sur la corde et elle s'est cassée.
Lucas tiró de la cuerda y se rompió.

4 ► **tirer sur** quelque chose (pour l'amener vers soi) **: tirar de** algo

5 ▷ Les policiers ont tiré sur les terroristes.
Los policías dispararon a los terroristas.

5 ► **tirer sur** quelqu'un (avec une arme) **: disparar a** alguien

6 ▷ Natacha a tiré et elle a marqué un but.
Natacha chutó y marcó un gol.

6 ► **tirer** (au foot, au hand-ball, etc.) **: chutar**

tiroir

▷ Ma mère a regardé dans mon tiroir.
Mi madre miró en mi cajón.

el **cajón** (pluriel : los cajones)

ℹ *Il n'y a pas d'accent écrit au pluriel. L'accent tonique porte sur le **o**, comme au singulier.*

tisane

▷ Tu veux une tisane avant d'aller au lit ?
¿Quieres una tisana antes de ir a la cama?

la **tisana**

tissu

▷ C'est un tissu très léger.
Es una tela muy ligera.

(= étoffe) la **tela**

ℹ *On peut dire aussi **el tejido**.*

titre

▷ J'ai oublié le titre du film.
Se me ha olvidado el título de la película.

(= nom) el **título**

ℹ *Remarquez que le mot espagnol porte sur le **i** un accent écrit qui reflète l'accent tonique.*

toboggan

▷ Tu es trop grand pour aller sur ce toboggan.
Eres demasiado grande para bajar por este tobogán.

el **tobogán** (pluriel : los toboganes)

ℹ *Il n'y a pas d'accent écrit au pluriel. L'accent tonique porte sur le **a**, comme au singulier.*

toi

1 ▷ Tiens, c'est pour toi.
Ten, es para ti.

2 ▷ Et toi ? Qu'est-ce que tu en penses ?
¿Y tú? ¿Qué opinas de ello?
▷ Mélisse est plus grande que toi.
Mélisse es más alta que tú.

3 ▷ Achète-toi quelque chose si tu veux.
Cómprate algo si quieres.
▷ Dépêche-toi !
¡Date prisa!

1 Quand **toi** est complément d'objet indirect ou suit une préposition, il se traduit par **ti**.

2 Quand **toi** est sujet ou intervient dans une comparaison, il se traduit par **tú**.

3 Avec un verbe réfléchi à l'impératif, l'équivalent de **toi** est **te. Te** se rattache à la fin du verbe (**cómprate, date**).

toile

1 ▷ Ce pantalon est en toile.
Estos pantalones son de tela.

▷ Caroline porte un pantalon en toile.
Caroline lleva pantalones de tela.

2 ▷ Le grenier est plein de toiles d'araignée.
La buhardilla está llena de telarañas.

1 (= étoffe) la **tela**

ℹ *Remarquez que le mot espagnol porte sur le deuxième **o** un accent écrit qui reflète l'accent tonique.*

► **en toile : de tela**

2 ► **toile d'araignée :** la **telaraña**

toilette

1 ▷ Où sont les toilettes, s'il vous plaît ?
¿Dónde están los servicios, por favor?

2 ▷ Où est le rayon produits de toilette ?
¿Dónde está la sección de artículos de tocador?

3 ▷ Je fais ma toilette avant d'aller au lit.
Me lavo antes de ir a la cama.

1 ► **les toilettes** (= les W.-C.) **: los servicios**

2 ► **produits de toilette :** los **artículos de tocador**

3 ► **faire sa toilette : lavarse**

ℹ *Le pronom réfléchi fonctionne de la façon suivante en espagnol : **me** lavo, **te** lavas, **se*** (singulier) *lava, **nos** lavamos, **os** laváis, **se*** (pluriel) *lavan.*

toi-même

▷ Fais-le toi-même, paresseux !
¡Hazlo tú mismo, perezoso!

tú mismo, tú misma

toit

▷ Il manque des tuiles sur le toit.
Faltan tejas en el tejado.

(= le toit d'une maison) el **tejado**

tolérant, tolérante

▷ Arrête de critiquer les gens, sois tolérant !
¡Deja de criticar a la gente, sé tolerante!

tolerante

tomate

▷ Achète des tomates bien mûres.
Compra tomates bien maduros.

el **tomate**

*Attention : contrairement au français, le mot espagnol **tomate** est masculin.*

tombe

▷ Nous mettons parfois des fleurs sur la tombe de mon arrière-grand-père.
A veces ponemos flores en la tumba de mi bisabuelo.

la **tumba**

tomber

1 ▷ Attention, tu vas tomber !
¡Cuidado, que te vas a caer!
▷ Lucrèce est tombée de cheval.
Lucrèce se cayó del caballo.

1 (= faire une chute) **caerse**

ℹ *Le pronom réfléchi fonctionne de la façon suivante en espagnol : **me** caigo, **te** caes, **se** (singulier) cae, **nos** caemos, **os** caéis, **se** (pluriel) caen.*

2 ▷ J'ai laissé tomber un verre.
Se me cayó un vaso.

2 Pour dire qu'**on laisse tomber** quelque chose ou qu'**on fait tomber** quelque chose, on emploie le verbe **caerse** avec comme sujet la chose qui tombe et comme complément la personne qui la lâche.

3 ▷ La nuit tombe, rentrons.
Anochece, volvamos a casa.

3 ► **la nuit tombe : anochece**

4 ▷ Devine sur qui je suis tombée ?
¿Adivina con quién me he topado?

4 ► **tomber sur** quelqu'un (= le rencontrer par hasard) **: toparse con alguien**

ℹ *Le pronom réfléchi fonctionne de la façon suivante en espagnol : **me** topo con..., **te** topas con..., **se** (singulier) topa con..., **nos** topamos con..., **os** topáis con..., **se** (pluriel) topan con...*

tombola

▷ L'école a organisé une tombola.
El colegio ha organizado una tómbola.

la **tómbola**

ℹ *Remarquez que le mot espagnol porte sur le premier **o** un accent écrit qui reflète l'accent tonique.*

tome

▷ C'est un ouvrage en plusieurs tomes.
Es una obra de varios tomos.

el **tomo**

ton

1 ▷ Comment va ton frère ?
¿Cómo está tu hermano?
▷ Geneviève est ton amie ?
¿Geneviève es tu amiga?

1 (adjectif possessif = à toi) **tu**

2 ▷ Ne me parle pas sur ce ton !
¡No me hables en ese tono!

2 (nom = façon de parler) el **tono**

ℹ *Notez la préposition utilisée en espagnol :* sur ce ton = ***en** ese tono.*

tondeuse

▷ Mon père n'arrivait pas à faire démarrer la tondeuse.
Mi padre no conseguía arrancar el cortacésped.

(pour le gazon) el **cortacésped**
(pluriel : los cortacéspedes)
ℹ *Remarquez que le mot espagnol porte sur le premier* **e** *un accent écrit qui reflète l'accent tonique.*

tondre

1 ▷ Notre voisin tond sa pelouse tous les dimanches.
Nuestro vecino corta el césped todos los domingos.

1 (= couper, en parlant de la pelouse) **cortar**

2 ▷ Thierry s'est fait tondre les cheveux.
Thierry se ha rapado el pelo.

2 (en parlant des cheveux) **rapar**

tongs

▷ Je prends des tongs pour la plage.
Me llevo chancletas para la playa.

las **chancletas**

tonne

1 ▷ Ils ont commandé plusieurs tonnes de terre pour le jardin.
Han encargado varias toneladas de tierra para el jardín.

1 (= 1 000 kilos) la **tonelada**

2 ▷ J'ai des tonnes de travail à faire.
Tengo un montón de trabajo que hacer.

2 ► **des tonnes de** (= beaucoup de) : **un montón de**

tonnerre

▷ Tu as entendu le tonnerre hier soir ?
¿Oíste los truenos anoche?

los **truenos**
ℹ ***Truenos*** *est un nom pluriel : on dit par exemple* ***los truenos me asustan*** (le tonnerre me fait peur).

▷ Il y a eu un coup de tonnerre terrible.
Hubo un trueno terrible.

► **coup de tonnerre :** el **trueno**

torche

1 ▷ Ils ont allumé une torche pour pouvoir y voir dans la grotte.
Encendieron una antorcha para poder ver en la cueva.

1 (= flamme) la **antorcha**

2 ▷ Prends la torche électrique, il fait noir dehors.
Toma la linterna, fuera está oscuro.

2 ► **torche électrique :** la **linterna**

torchon

▷ Ce torchon est mouillé, il m'en faut un autre.
Este paño de cocina está mojado, necesito otro.

(pour la vaisselle) el **paño de cocina** (pluriel : los paños de cocina)

tordre

1 ▷ Il est si fort qu'il peut tordre une barre de fer avec ses mains.
Es tan fuerte que puede torcer una barra de hierro con las manos.

1 (= déformer) **torcer**

2 ▷ Je tords les serviettes avant de les étendre.
Estrujo las toallas antes de tenderlas.

2 (= essorer) **estrujar**

3 ▷ Annette s'est tordu la cheville.
Annette se ha torcido el tobillo.

3 ► **se tordre la cheville :** torcerse el tobillo

ℹ *Le pronom réfléchi fonctionne de la façon suivante en espagnol :* ***me*** *tuerzo,* ***te*** *tuerces,* ***se*** (singulier) *tuerce,* ***nos*** *torcemos,* ***os*** *torcéis,* ***se*** (pluriel) *tuercen el tobillo.*

4 ▷ Tout le monde dans la salle se tordait de rire.
Todo el mundo en la sala se partía de risa.

4 ► **se tordre de rire :** partirse de risa

ℹ *Le pronom réfléchi fonctionne de la façon suivante en espagnol :* ***me*** *parto de risa,* ***te*** *partes de risa,* ***se*** (singulier) *parte de risa,* ***nos*** *partimos de risa,* ***os*** *partís de risa,* ***se*** (pluriel) *parten de risa.*

tordu, tordue

1 ▷ La barre est toute tordue.
La barra está toda torcida.

1 (une chose) **torcido, torcida**

2 ▷ Je ne supporte pas les gens tordus !
¡No soporto a la gente retorcida!

2 (une personne) **retorcido, retorcida**

torrent

▷ On a bu de l'eau dans un torrent.
Bebimos agua en un torrente.

el **torrente**

tort

▷ Reconnais que tu as tort.
Reconoces que estás equivocado.

▷ Il a eu tort de faire ça.
Fue un error que hiciera eso.

► **avoir tort :** estar equivocado *ou* equivocada

ℹ *Pour dire qu'on a tort de faire quelque chose, on emploie en espagnol l'expression* ***es un error*** *(ou* ***fue un error****, au passé)* + ***que*** + subjonctif.

torticolis

▷ Tu vas attraper un torticolis si tu ne fais pas attention.
Vas a coger tortícolis si no andas con cuidado.
▷ Marie a un torticolis, elle ne peut pas tourner la tête.
Marie tiene tortícolis, no puede volver la cabeza.

► **attraper un torticolis :** **coger tortícolis**

► **avoir un torticolis :** **tener tortícolis**

Attention : contrairement au français, le mot ***tortícolis*** *peut être soit masculin, soit féminin.*

tortue

▷ Nicolas a une tortue dans son jardin.
Nicolas tiene una tortuga en su jardín.

la **tortuga**

tôt

▷ On devra se lever tôt lundi.
Nos tendremos que levantar temprano el lunes.
▷ Tôt ou tard il s'en rendra compte.
Tarde o temprano se dará cuenta.

(= de bonne heure) **temprano**

► **tôt ou tard :** **tarde o temprano**

total, totale

1 ▷ La somme totale est de cent deux euros.
La suma total es de ciento dos euros.
2 ▷ On a calculé le total.
Calculamos el total.

1 (adjectif = global, complet) **total** (pluriel : **totales**)

2 ► **le total** (= le chiffre global) **:** **el total** (pluriel : **los totales**)

totalement

▷ C'est totalement faux.
Es totalmente falso.

totalmente

touche

▷ Pour effacer, appuie sur cette touche.
Para borrar, pulsa esta tecla.

(d'un ordinateur, d'un piano, d'un téléphone) la **tecla**

toucher

1 ▷ Ne me touche pas !
¡No me toques!
2 ▷ La balle l'a touché au bras.
La bala le dio en el brazo.
3 ▷ Jean-Jacques a touché mille euros pour ce travail.
Jean-Jacques cobró mil euros por este trabajo.
4 ▷ Notre cadeau a beaucoup touché le prof.
Nuestro regalo conmovió mucho al profesor.

1 (= être en contact avec, palper) **tocar**

2 (= atteindre) **dar en**

3 (= être payé) **cobrar**

4 (= émouvoir) **conmover**

Le complément est une personne ou un groupe de personnes : n'oubliez pas de le faire précéder de ***a****.*

5 ▷ Ne touchez à rien !
¡No toquéis nada!

5 ► **toucher à** quelque chose : tocar algo

6 ▷ Nos maisons se touchent.
Nuestras casas se tocan.

6 ► **se toucher** (= être contigus) : tocarse

toujours

1 ▷ Je vais toujours à l'école à pied.
Voy siempre al colegio andando.

1 (= tout le temps) **siempre**

2 ▷ Il est quatre heures et il est toujours là.
Son las cuatro y todavía está aquí.
▷ Béa n'a toujours pas appelé.
Béa todavía no ha llamado.

2 (= encore) **todavía**

*Remarquez que le mot espagnol porte sur le **i** un accent écrit qui reflète l'accent tonique.*

tour

1 ▷ La tour Eiffel est le monument le plus célèbre de Paris.
La torre Eiffel es el monumento más famoso de París.

1 ► **une tour** (= bâtiment haut) : la torre

2 ▷ José habite en banlieue, dans une tour.
José vive en las afueras, en un bloque de pisos.

2 ► **une tour** (= immeuble d'habitation) : un bloque de pisos (pluriel : bloques de pisos)

3 ▷ Allons faire un tour dans le parc.
Vamos a dar una vuelta por el parque.

3 ► **faire un tour** : dar una vuelta

4 ▷ On pourrait faire le tour du lac.
Podríamos dar la vuelta al lago.

4 ► **faire le tour de** quelque chose : dar la vuelta a algo

5 ▷ C'est ton tour de faire la vaisselle.
Te toca a ti fregar los platos.

5 Pour dire que c'est le tour de quelqu'un de faire quelque chose, on emploie en espagnol le verbe **tocar** avec le complément qui correspond à la personne : me toca a mí, te toca a ti, le toca a él/ella/usted, nos toca a nosotros, os toca a vosotros, les toca a ellos/ellas/ustedes.

6 ▷ On surveillera Noémie à tour de rôle.
Vigilaremos a Noémie por turno.

6 ► **à tour de rôle** : por turno

7 ▷ Les élèves ont joué un tour au prof d'espagnol.
Los alumnos gastaron una broma al profesor de español.

7 ► **jouer un tour à** quelqu'un : gastar una broma a alguien

tourisme

▷ Le tourisme rapporte beaucoup d'argent à notre région.
El turismo proporciona mucho dinero a nuestra región.

el **turismo**

Suite page suivante

▷ Nous allons faire du tourisme à Madrid.
Vamos a hacer turismo a Madrid.

► **faire du tourisme** : **hacer turismo**

touriste

▷ Il y a beaucoup de touristes ici en juillet.
Hay muchos turistas aquí en julio.

el **turista**, la **turista**

touristique

▷ Cette région est très touristique.
Esta región es muy turística.

turístico, turística

*Remarquez que le mot espagnol porte sur le premier **i** un accent écrit qui reflète l'accent tonique.*

tournée

1 ▷ Le facteur fait sa tournée.
El cartero está haciendo la ronda.
▷ C'est ma tournée !
¡Pago una ronda!

2 ▷ Le groupe est en tournée jusqu'en juin.
El grupo está de gira hasta junio.

1 (= la tournée du facteur ou la tournée au bar) **la ronda**

2 ► **être en tournée** : **estar de gira**

tourner

1 ▷ Tu n'as pas assez tourné le volant.
No has girado el volante bastante.
▷ Ce manège tourne très lentement.
Este tiovivo gira muy lentamente.

2 ▷ Jérémie a tourné la tête vers nous.
Jérémie volvió la cabeza hacia nosotros.

3 ▷ Ils tournent un film sur la place du village.
Están rodando una película en la plaza del pueblo.

4 ▷ Alex s'est tourné vers nous en riant.
Alex se volvió hacia nosotros riendo.

1 ► **tourner** quelque chose (= le faire pivoter) : **girar** algo
► **tourner** (= faire des tours) : **girar**

2 ► **tourner la tête** : **volver la cabeza**

3 ► **tourner un film** : **rodar una película**

4 ► **se tourner** : **volverse**

*Le pronom réfléchi fonctionne de la façon suivante en espagnol : **me** vuelvo, **te** vuelves, **se*** (singulier) *vuelve, **nos** volvemos, **os** volvéis, **se*** (pluriel) *vuelven.*

tournesol

▷ Regarde : un champ de tournesols.
Mira : un campo de girasoles.

el **girasol** (pluriel : los **girasoles**)

tournevis

▷ Passe-moi un tournevis plus grand.
Pásame un destornillador más grande.

el **destornillador** (pluriel : los **destornilladores**)

tournoi

▷ L'équipe du collège a gagné le tournoi de handball.
El equipo del colegio ganó el torneo de balonmano.

el **torneo**

tous, toutes

1 ▷ Ils sont tous arrivés en même temps.
Llegaron todos al mismo tiempo.
▷ Toutes mes copines sont venues.
Vinieron todas mis amigas.
▷ Il a plu tous les jours.
Llovió todos los días.

1 (= l'ensemble des personnes, des choses) **todos, todas**

2 ▷ Nous allons voir mes grands-parents tous les trois jours.
Vamos a ver a mis abuelos cada tres días.

2 ► **tous les** *ou* **toutes les...** (pour parler de la fréquence) : **cada...**

tousser

▷ Ludovic est enrhumé, il tousse beaucoup.
Ludovic está resfriado, tose mucho.

toser

tout, toute

1 ▷ C'est tout ce que je sais.
Es todo lo que sé.
▷ Lise a bu toute la limonade.
Lise se bebió toda la gaseosa.
▷ Tu as tout mangé ?
¿Te lo has comido todo?
▷ Je lis tout, puis je te le passe.
Lo leo todo, y luego te lo paso.
▷ Il y assez de nourriture pour tout le monde.
Hay bastante comida para todo el mundo.

1 (= toutes les choses) **todo**

Quand **tout** *est complément d'objet direct, il faut ajouter* **lo** *avant le verbe dans la phrase espagnole.*

► **tout le monde : todo el mundo**

2 ▷ Anne-Marie était toute contente.
Anne-Marie estaba muy contenta.

2 (= très) **muy**

3 ▷ Il y a trente invités en tout.
Hay treinta invitados en total.

3 ► **en tout** (= au total) : **en total**

4 ▷ Je suis tout à fait d'accord.
Estoy del todo de acuerdo.
▷ Je n'ai pas tout à fait fini.
No he terminado del todo.

4 ► **tout à fait** (= entièrement) : **del todo**

5 ▷ Je ne suis pas du tout d'accord avec ton avis.
No estoy para nada de acuerdo con tu opinión.

5 ► **pas du tout** (= nullement) : **para nada**

tout-terrain

▷ Les parents de Camille ont une voiture tout-terrain.
Los padres de Camille tienen un coche todoterreno.

todoterreno

ℹ *Regardez aussi le mot* VTT.

toux

▷ Tu devrais prendre du sirop contre la toux.
Deberías tomar jarabe para la tos.

la **tos**

toxique

▷ Ces champignons sont toxiques.
Estas setas son tóxicas.

tóxico, tóxica

ℹ *Remarquez que le mot espagnol porte sur le* ***o*** *un accent écrit qui reflète l'accent tonique.*

trac

▷ Capucine avait le trac avant son exposé.
Capucine estaba nerviosa antes de su exposición.

► **avoir le trac : estar nervioso** *ou* **nerviosa**

tracasser

▷ Ce que tu m'as dit hier m'a tracassée.
Me preocupó lo que me dijiste ayer.

preocupar

Le complément est une personne : n'oubliez pas de le faire précéder de ***a***.

▷ Ne te tracasse pas pour ça.
No te preocupes por eso.

► **se tracasser : preocuparse**

ℹ *Le pronom réfléchi fonctionne de la façon suivante en espagnol :* ***me*** *preocupo,* ***te*** *preocupas,* ***se*** (singulier) *preocupa,* ***nos*** *preocupamos,* ***os*** *preocupáis,* ***se*** (pluriel) *preocupan.*

trace

1 ▷ Les policiers ont suivi les traces de pneus.
Los policías siguieron las huellas de los neumáticos.

1 (= empreinte sur le sol) la **huella**

2 ▷ Il y a des traces de peinture sur le sol.
Hay marcas de pintura en el suelo.

2 (= marque) la **marca**

tracer

▷ Trace d'abord un carré.
Primero traza un cuadrado.

trazar

tracteur

▷ Le fermier laboure ses champs avec son tracteur.
El granjero ara los campos con su tractor.

el **tractor** (pluriel : los **tractores**)

traduire

▷ Nous devons traduire ce paragraphe pour demain.
Tenemos que traducir este párrafo para mañana.

traducir

train

1 ▷ Le train pour Limoges part du quai deux.
El tren para Limoges sale del andén número dos.

▷ Les trains à grande vitesse n'empruntent pas les mêmes voies que ceux de banlieue.
Los trenes de alta velocidad no toman las mismas vías que los de cercanías.

▷ Nous irons à Logroño en train.
Iremos a Logroño en tren.

▷ Dépêche-toi, sinon nous allons rater le train !
¡Apresúrate, que si no vamos a perder el tren !

2 ▷ J'étais en train de me préparer quand Luc est arrivé.
Me estaba preparando cuando llegó Luc.

▷ Je suis en train d'écrire une lettre.
Estoy escribiendo una carta.

1 (= véhicule) **el tren** (pluriel : **los trenes**)

► **train à grande vitesse : el tren de alta velocidad** (pluriel : **los trenes de alta velocidad**)

► **train de banlieue : el tren de cercanías** (pluriel : **los trenes**)

► **en train : en tren**

► **rater le train : perder el tren**

2 Pour dire qu'on est (ou qu'on était) **en train de faire** quelque chose, on emploie en espagnol la forme **estar** + gérondif.

► **être en train de** + infinitif : **estar** + gérondif

traîner

1 ▷ Nathan traîne son cartable derrière lui.
Nathan arrastra la cartera detrás suyo.

▷ Attention, tes lacets traînent par terre.
Cuidado, que vas arrastrando los cordones de los zapatos.

2 ▷ Ne traînez pas, on est en retard !
¡No os rezaguéis, que vamos a llegar tarde!

3 ▷ Ils s'ennuient, alors ils traînent dans les rues.
Como se aburren, pues vagabundean por la calle.

4 ▷ Tes affaires traînent, range-les.
Tus cosas están tiradas por el suelo, ordénalas.

1 ► **traîner** quelque chose (= le tirer) : **arrastrar** algo

ℹ *Pour dire que quelque chose traîne par terre, on emploie en espagnol le verbe **arrastrar**.*

2 ► **traîner** (= aller lentement) : **rezagarse**

ℹ *Le pronom réfléchi fonctionne de la façon suivante en espagnol : **me** rezago, **te** rezagas, **se*** (singulier) *rezaga, **nos** rezagamos, **os** rezagáis, **se*** (pluriel) *rezagan.*

3 ► **traîner** (= errer) : **vagabundear**

4 ► **traîner** (= ne pas être rangé) : **estar tirado por el suelo**

Suite page suivante

5 ▷ Ma petite sœur adore se traîner par terre.
A mi hermana pequeña le encanta arrastrarse por el suelo.

5 ► **se traîner** (= ramper) : **arrastrarse**

ℹ *Le pronom réfléchi fonctionne de la façon suivante en espagnol :* ***me*** *arrastro,* ***te*** *arrastras,* ***se*** (singulier) *arrastra,* ***nos*** *arrastramos,* ***os*** *arrastráis,* ***se*** (pluriel) *arrastran.*

traire

▷ L'agriculteur trait ses vaches tous les matins.
El agricultor ordeña sus vacas todas las mañanas.

ordeñar

trait

1 ▷ Ce trait est trop épais.
Este trazo es demasiado grueso.
▷ J'ai du mal à me rappeler quand un mot s'écrit avec un trait d'union ou pas.
Me cuesta recordar cuándo una palabra se escribe con guión o no.

1 (= ligne) el **trazo**

► **trait d'union :** el **guión** (pluriel : los **guiones**)

ℹ *Il n'y a pas d'accent écrit au pluriel. L'accent tonique porte sur le* ***o****, comme au singulier.*

2 ▷ Jean-Claude a les traits fins.
Jean-Claude tiene unos rasgos finos.

2 ► **traits** (= visage) **:** los **rasgos**

3 ▷ Agathe a tout bu d'un trait.
Agathe se lo bebió todo de un trago.

3 ► **boire** quelque chose **d'un trait :** **beberse** algo **de un trago**

traitement

1 ▷ Ce traitement est très efficace.
Este tratamiento es muy eficaz.

1 (= médicaments) el **tratamiento**

2 ▷ Qu'est-ce que tu utilises comme traitement de texte ?
¿Qué tratamiento de textos usas?

2 ► **traitement de texte** (= logiciel) **:** el **tratamiento de textos**

traiter

1 ▷ Myriam traite vraiment mal ses copines.
Myriam trata muy mal a las amigas.
▷ Le médecin a refusé de la traiter.
El médico se negó a tratarla.

1 (= se comporter avec, soigner) **tratar**

Si le complément est une personne ou un groupe de personnes, n'oubliez pas de le faire précéder de ***a****.*

2 ▷ La prof m'a traité de menteur.
La profesora me trató de mentiroso.

2 ► **traiter** quelqu'un **de... : tratar a** alguien **de...**

trajet

▻ Le trajet m'a semblé plus court au retour.
El trayecto de regreso me pareció más corto.

(= voyage) el **trayecto**

tram

▻ On va prendre le tram, ce sera plus rapide.
Vamos a coger el tranvía, será más rápido.

el **tranvía**

ℹ *Remarquez que le mot espagnol porte sur le **i** un accent écrit qui reflète l'accent tonique.*

ℹ *Il n'y a pas d'abréviation espagnole équivalente à **tram** ; il faut utiliser le mot **tranvía** en entier.*

trampoline

▻ Héloïse rebondit sur le trampoline.
Héloïse rebota en la cama elástica.

la **cama elástica** (pluriel : las camas elásticas)

tramway

▻ Il y a un nouveau système de tramway à Nancy.
Hay un nuevo sistema de tranvía en Nancy.

el **tranvía**

ℹ *Remarquez que le mot espagnol porte sur le **i** un accent écrit qui reflète l'accent tonique.*

tranche

1 ▻ J'ai mangé deux tranches de pain avec du beurre.
Comí dos rebanadas de pan con mantequilla.

2 ▻ Coupez-moi six tranches de jambon, s'il vous plaît.
Córteme seis lonchas de jamón, por favor.

3 ▻ J'ai mis six tranches de saucisson dans le sandwich.
Puse seis rodajas de salsichón en el bocadillo.

4 ▻ Il reste une tranche de gâteau.
Queda una porción de pastel.

1 (= tartine de pain) la **rebanada**

2 (= tranche de jambon ou de fromage) la **loncha**

3 (= tranche de saucisson) la **rodaja**

4 (= tranche de gâteau) la **porción** (pluriel : las porciones)

tranquille

1 ▻ C'est un quartier tranquille.
Es un barrio tranquilo.
▻ Laisse ton frère tranquille !
¡Deja a tu hermano tranquilo!

2 ▻ Mes parents nous ont dit de rester tranquilles.
Mis padres nos dijeron que nos estuviéramos quietos.

1 (= calme) **tranquilo, tranquila**
► **laisser** quelqu'un **tranquille** : **dejar** a alguien **tranquilo**

2 ► **rester tranquille** (= rester sage) : **estarse quieto**

tranquillement

▷ Je vais lire tranquillement pendant que tu fais tes devoirs.
Voy a leer tranquilamente mientras haces los deberes.

(= calmement) **tranquilamente**

transformer

▷ Le nouvel éclairage a complètement transformé la place.
El nuevo alumbrado ha transformado la plaza por completo.
▷ Le magicien a transformé le foulard en lapin.
El mago transformó el pañuelo en un conejo.

▷ Le vampire s'est transformé en chauve-souris.
El vampiro se transformó en un murciélago.

transformar

i *La préposition utilisée en espagnol est la même qu'en français (**en**), mais notez qu'il faut l'article indéfini avant le nom (en **un** conejo).*

► **se transformer en : transformarse en**

i *Le pronom réfléchi fonctionne de la façon suivante en espagnol : **me** transformo, **te** transformas, **se*** (singulier) *transforma, **nos** transformamos, **os** transformáis, **se*** (pluriel) *transforman.*

transmettre

▷ Bérénice m'a transmis la nouvelle.
Bérénice me transmitió la noticia.
▷ Cette maladie se transmet facilement.
Esta enfermedad se transmite fácilmente.

transmitir

► **se transmettre : transmitirse**

i *Le pronom réfléchi fonctionne de la façon suivante en espagnol : **se*** (singulier) *transmite, **se*** (pluriel) *transmiten.*

transparent, transparente

▷ Ce chemisier est trop transparent.
Esta blusa es demasiado transparente.

transparente

transpirer

▷ Il fait chaud, je transpire.
Hace calor, estoy transpirando.

transpirar

transport

▷ C'est le moyen de transport le plus rapide.
Es el medio de transporte más rápido.
▷ L'État a promis d'améliorer les transports en commun.
El estado ha prometido mejorar los transportes públicos.

el **transporte**

► **transports en commun : los transportes públicos**

transporter

▷ Les marchandises sont transportées en train.
Las mercancías se transportan en tren.

transportar

travail

1 ▷ J'ai trop de travail, je ne peux pas sortir.
Tengo demasiado trabajo, no puedo salir.
▷ Le frère de Luc a un travail intéressant.
El hermano de Luc tiene un trabajo interesante.

1 el **trabajo**

2 ▷ Il y a des travaux entre les deux villages.
Hay obras entre los dos pueblos.

2 ► **travaux** (sur la route ou dans une maison) **:** **las obras**

travailler

▷ Tu ne travailles pas assez.
No trabajas bastante.

trabajar

travailleur, travailleuse

▷ C'est un garçon très travailleur.
Es un chico muy trabajador.
▷ Les travailleurs du secteur métallurgique sont en grève.
Los trabajadores del sector metalúrgico están en huelga.

trabajador (pluriel : **trabajadores**), **trabajadora**

ℹ *__Trabajador, trabajadora__ peut être soit un adjectif, soit un nom.*

travers

1 ▷ L'eau entre à travers les fentes.
El agua entra a través de las grietas.

1 ► **à travers : a través de**

2 ▷ Le poster est de travers.
El póster está torcido.

2 ► **de travers** (= tordu) **: torcido, torcida**

3 ▷ Le chien s'était mis en travers du lit.
El perro se había atravesado en la cama.

3 ► **se mettre en travers de : atravesarse en**

ℹ *Le pronom réfléchi fonctionne de la façon suivante en espagnol : __se__ (singulier) atravesa, __se__ (pluriel) atravesan.*

▷ Le camion est en travers de la route.
El camión está atravesado en la carretera.

► **être en travers de : estar atravesado** *ou* **atravesada en**

traverser

1 ▷ Regarde avant de traverser la route.
Mira antes de cruzar la carretera.

1 (en parlant d'une route ou d'une rue) **cruzar**

2 ▷ On a dû traverser la forêt.
Tuvimos que atravesar el bosque.

2 (= passer dans) **atravesar**

traversin

▷ Où est la housse de ce traversin ?
¿Dónde está la funda de este cabezal?

el **cabezal** (pluriel : los cabezales)

trébucher

▷ Adrienne a trébuché sur une branche.
Adrienne tropezó con una rama.

tropezar

ℹ *Notez la préposition utilisée en espagnol :* trébucher **sur** = *tropezar* ***con***.

trèfle

▷ On cherche des trèfles à quatre feuilles.
Estamos buscando tréboles de cuatro hojas.

(= plante) el **trébol** (pluriel : los tréboles)

ℹ *Remarquez que le mot espagnol porte sur le **e** un accent écrit qui reflète l'accent tonique.*

treize

▷ Il y a treize filles dans ma classe.
Hay trece chicas en mi clase.
▷ Nous partirons le treize décembre.
Nos marcharemos el trece de diciembre.

trece

ℹ *Notez l'emploi de **de** en espagnol quand on dit la date.*

tremblement

▷ Il y a eu un tremblement de terre terrible au Japon.
Ha habido un terremoto terrible en Japón.

► **tremblement de terre :** el **terremoto**

*Attention à bien prononcer les deux r de **terremoto**.*

trembler

▷ Pourquoi tu trembles ? Tu as peur?
¿Por qué tiemblas? ¿Tienes miedo?

temblar

trempé, trempée

▷ Nous sommes revenus trempés de la promenade.
Volvimos empapados del paseo.

empapado, empapada

tremper

1 ▷ Trempe ta main dans l'eau pour voir si elle est froide.
Mete la mano en el agua para ver si está fría.
2 ▷ J'aime bien tremper des madeleines dans le café.
Me gusta mojar magdalenas en el café.

1 (= plonger) **meter**

2 (en parlant du pain ou de biscuits) **mojar**

tremplin

▷ Jonathan a plongé du tremplin.
Jonathan se zambulló desde el trampolín.

(= tremplin de piscine ou de gymnastique) el **trampolín** (pluriel : los trampolines)
ℹ *Il n'y a pas d'accent écrit au pluriel. L'accent tonique porte sur le **i**, comme au singulier.*

trente

▷ Trente élèves ont voté.
Votaron treinta alumnos.

▷ La fête aura lieu le trente juillet.
La fiesta tendrá lugar el treinta de julio.

treinta
ℹ *Attention à l'orthographe du mot **treinta**.*
ℹ *Notez l'emploi de **de** en espagnol quand on dit la date.*

très

▷ Cet exercice est très difficile.
Este ejercicio es muy difícil.
▷ J'ai très faim.
Tengo mucha hambre.
▷ Nous avions très soif.
Teníamos mucha sed.

ℹ *Dans la plupart des cas,* très *se traduit par **muy**.*
Exception : dans les expressions avec faim *(= **hambre**),* soif *(= **sed**),* chaud *(= **calor**),* froid *(= **frío**), etc.,* très *se traduit par **mucho** ou **mucha**.*

trésor

▷ Les pirates avaient caché un trésor sur l'île.
Los piratas habían escondido un tesoro en la isla.

el **tesoro**

tresse

▷ Natacha porte des tresses.
Natacha lleva trenzas.

la **trenza**

triangle

▷ Les trois côtés du triangle équilatéral sont égaux.
Los tres lados del triángulo equilátero son iguales.

el **triángulo**
ℹ *Remarquez que le mot espagnol porte sur le **a** un accent écrit qui reflète l'accent tonique.*

tribunal

▷ Le tribunal a décidé qu'il était innocent.
El tribunal decidió que era inocente.

el **tribunal** (pluriel : los tribunales)

tricher

1 ▷ Si tu triches, j'arrête de jouer !
¡Si haces trampas, dejo de jugar!
2 ▷ Elle a réussi son examen parce qu'elle a triché.
Aprobó el examen porque copió.

1 (= tricher dans un jeu) **hacer trampas**
2 (= tricher à un examen) **copiar**

tricheur, tricheuse

tramposo, tramposa

▷ Espèce de tricheur !
¡Pedazo de tramposo!

tricot

1 (= pull) el **jersey** (pluriel : los jerseys)

On peut dire aussi ***el suéter*** (pluriel : ***los suéteres***).

1 ▷ Ce tricot est fait à la main.
Este jersey está hecho a mano.

2 ► faire du tricot : hacer punto

2 ▷ Ma grand-mère passe ses soirées à faire du tricot.
Mi abuela se pasa las noches haciendo punto.

tricoter

hacer punto

▷ Ma grand-mère m'a appris à tricoter.
Mi abuela me ha enseñado a hacer punto.

trier

(= classer) **clasificar**

▷ J'ai trié tous mes papiers le week-end dernier.
Clasifiqué todos mis papeles el fin de semana pasado.

trimestre

el **trimestre**

▷ J'ai eu de bons résultats au premier trimestre.
Tuve unos buenos resultados en el primer trimestre.

triste

triste

▷ Ne sois pas triste, il reviendra.
No estés triste, ya volverá.

trois

tres

Notez l'emploi de ***de*** *en espagnol quand on dit la date.*

▷ Je l'ai vu il y a trois jours.
Lo vi hace tres días.
▷ Lise est née le trois avril.
Lise nació el tres de abril.

troisième

1 **tercero, tercera**

Remarquez que ***tercero*** *perd le* ***o*** *devant un nom.*

1 ▷ C'est la troisième fois que je te le dis !
¡Es la tercera vez que te lo digo!
▷ Tu es le troisième sur la liste.
Eres el tercero de la lista.
▷ J'habite au troisième étage.
Vivo en el tercer piso.

2 ▻ L'année prochaine je serai en troisième.
El año que viene estaré en tercero de E.S.O.

2 (= niveau scolaire) **3° de E.S.O.** (tercero de Educación Secundaria Obligatoria)

trombone

1 ▻ Donne-moi un trombone pour attacher les feuilles.
Dame un clip para juntar las hojas.

1 (= agrafe) el **clip** (pluriel : **los clips**)

2 ▻ Le trombone est un instrument à vent.
El trombón es un instrumento de viento.

2 (= instrument de musique) el **trombón** (pluriel : **los trombones**)

Il n'y a pas d'accent écrit au pluriel. L'accent tonique porte sur le ***o****, comme au singulier.*

▻ Jean-Marc joue du trombone.
Jean-Marc toca el trombón.

► **jouer du trombone : tocar el trombón**

se tromper

▻ Tu t'es trompé, il n'habite plus ici.
Te has equivocado, ya no vive aquí.

equivocarse

Le pronom réfléchi fonctionne de la façon suivante en espagnol : ***me*** *equivoco,* ***te*** *equivocas,* ***se*** (singulier) *equivoca,* ***nos*** *equivocamos,* ***os*** *equivocáis,* ***se*** (pluriel) *equivocan.*

trompette

▻ La trompette est un instrument à vent.
La trompeta es un instrumento de viento.
▻ Louis Armstrong jouait de la trompette.
Louis Armstrong tocaba la trompeta.

la **trompeta**
► **jouer de la trompette : tocar la trompeta**

tronc

▻ Astrid a gravé ses initiales sur le tronc de l'arbre.
Astrid grabó sus iniciales en el tronco del árbol.

(= le tronc d'un arbre) el **tronco**

trop

▻ Ne mange pas trop, tu vas être malade.
No comas demasiado, que te vas poner enfermo.
▻ C'est trop difficile pour moi.
Es demasiado difícil para mí.

demasiado

▻ Il y a trop de sucre dans ce café.
Hay demasiado azúcar en este café.
▻ Il y a trop de fautes dans ce texte.
Hay demasiadas faltas en este texto.

► **trop de** + nom : **demasiado** *ou* **demasiada** *ou* **demasiados** *ou* **demasiadas** + nom

trottinette

▷ Les trottinettes sont de nouveau à la mode.
Los patinetes están de moda otra vez.

el **patinete**

trottoir

▷ Le trottoir est très étroit ici.
La acera está muy estrecha aquí.

la **acera**

trou

1 ▷ Il y a un trou dans ton pantalon.
Tienes un agujero en los pantalones.

2 ▷ Ils ont creusé un trou dans le jardin.
Han cavado un hoyo en el jardín.

3 ▷ J'ai un trou dans mon emploi du temps.
Tengo un hueco en el horario.

1 (= déchirure) el **agujero**

2 (= creux) el **hoyo**

3 (= moment libre) el **hueco**

troué, trouée

▷ Mon blouson est troué.
Tengo la chaqueta agujereada.

agujereado, agujereada

trouille

▷ J'ai eu la trouille quand j'ai vu le directeur.
Tuve miedo al ver al director.

► **avoir la trouille :** tener miedo

ℹ **Trouille** *est familier, mais* ***miedo*** *ne l'est pas.*

troupeau

▷ Il y avait un troupeau de vaches dans le champ.
Había un rebaño de vacas en el campo.

el **rebaño**

trousse

1 ▷ Le surligneur est dans ma trousse.
Tengo el marcador en el estuche.

2 ▷ Je ne trouve pas ma trousse de toilette.
No encuentro mi neceser de aseo.

1 (= étui à stylos) el **estuche**

2 ► **trousse de toilette :** el neceser de aseo (pluriel : los neceseres de aseo)

trouver

▷ Tu as trouvé la solution ?
¿Has encontrado la solución?

▷ Je trouve ça très bizarre.
Encuentro esto muy raro.

▷ Mes parents trouvent que je ne travaille pas assez.
Mis padres encuentran que no trabajo bastante.

(= découvrir, juger) **encontrar**

► **trouver que...** (= penser que) : encontrar que...

▻ Où se trouve la gare ?
¿Dónde se encuentra la estación?

► **se trouver** (= être situé) : **encontrarse**

ℹ *Le pronom réfléchi fonctionne de la façon suivante en espagnol : **me** encuentro, **te** encuentras, **se*** (singulier) *encuentra, **nos** encontramos, **os** encontráis, **se*** (pluriel) *encuentran.*

truc

1 ▻ Enlève tous ces trucs de là !
¡Quita todos esos chismes de ahí!
▻ C'est quoi, ce truc ?
¿Qué es eso?
2 ▻ Yves fait parfois des trucs bizarres.
Yves hace a veces cosas raras.

1 (= chose) el **chisme**

ℹ *Très souvent on traduit le mot* **truc** *par le pronom neutre* ***eso****.*

2 ► **faire des trucs : hacer cosas**

truite

▻ Paul-Émile a pêché deux grosses truites.
Paul-Émile ha pescado dos truchas enormes.

la **trucha**

t-shirt

▻ Camille porte un t-shirt rose et bleu.
Camille lleva una camiseta rosa y azul.

la **camiseta**

tu

▻ Est-ce que tu as faim ?
¿Tienes hambre?

ℹ **Tu** *ne se traduit généralement pas en espagnol.*

tube

1 ▻ Le tube de dentifrice est presque vide.
El tubo de pasta de dientes está casi vacío.
2 ▻ Cette chanson va être un tube.
Esta canción va a ser un éxito.

1 (= cylindre) el **tubo**

2 (= chanson à succès) el **éxito**

ℹ *Remarquez que le mot espagnol porte sur le* ***e*** *un accent écrit qui reflète l'accent tonique.*

tuer

1 ▻ Les terroristes ont essayé de tuer le député.
Los terroristas intentaron matar al diputado.

1 **matar**

Si le complément est une personne ou un groupe de personnes, n'oubliez pas de le faire précéder de ***a****.*

Suite page suivante

2 ▷ Notre voisin s'est tué dans un accident de la route.
Nuestro vecino se ha matado en un accidente de coche.
▷ Elle a voulu se tuer.
Quiso matarse.

2 ► **se tuer :** matarse

tuile

▷ Plusieurs tuiles se sont envolées pendant la tempête.
Varias tejas volaron durante la tormenta.

(sur un toit) la **teja**

tulipe

▷ Il y a d'immenses champs de tulipes en Hollande.
Hay campos de tulipanes inmensos en Holanda.

el **tulipán** (pluriel : los tulipanes)

ℹ *Il n'y a pas d'accent écrit au pluriel. L'accent tonique porte sur le **a**, comme au singulier.*

Tunisie

▷ La Tunisie est voisine de l'Algérie.
Túnez es vecino de Argelia.

Túnez

ℹ *Remarquez que le mot espagnol porte sur le **u** un accent écrit qui reflète l'accent tonique.*

ℹ *Ne prend généralement pas d'article.*

▷ On a eu très chaud en Tunisie.
Tuvimos mucho calor en Túnez.
▷ Le père de Saïd veut retourner en Tunisie.
El padre de Saïd quiere volver a Túnez.

► **en Tunisie** (= dans le pays) **:** en Túnez

► **en Tunisie** (= vers le pays) **:** a Túnez

ℹ *Remarquez que le mot espagnol **Túnez** indique aussi bien le pays, la Tunisie, que la ville de Tunis.*

tunisien, tunisienne

▷ Ce magasin vend des meubles tunisiens.
Esta tienda vende muebles tunecinos.
▷ Ce sont les Tunisiens qui habitent au numéro douze.
Son los tunecinos que viven en el número doce.

tunecino, tunecina

ℹ *S'écrit toujours avec une minuscule, qu'il s'agisse de l'adjectif ou du nom.*

tunnel

▷ Le tunnel traverse la montagne.
El túnel atraviesa la montaña.

el **túnel** (pluriel : los túneles)

ℹ *Remarquez que le mot espagnol porte sur le **u** un accent écrit qui reflète l'accent tonique.*

turbulent, turbulente

(en parlant d'un élève) **revoltoso, revoltosa**

▷ Lionel est souvent puni parce qu'il est turbulent en classe.
Castigan a menudo a Lionel porque es revoltoso en clase.

turc, turque

turco, turca

ℹ *S'écrit toujours avec une minuscule, qu'il s'agisse de l'adjectif ou du nom.*

▷ On a mangé dans un restaurant turc.
Comimos en un restaurante turco.
▷ Il y a deux Turcs dans notre classe.
Hay dos turcos en nuestra clase.

Turquie

Turquía

ℹ *Remarquez que le mot espagnol porte sur le **i** un accent écrit qui reflète l'accent tonique.*

ℹ *Ne prend généralement pas d'article.*

▷ La Turquie veut entrer dans l'Union européenne.
Turquía quiere ingresar en la Unión europea.

► **la Turquie :** Turquía
► **en Turquie** (= dans le pays) **:** en Turquía
► **en Turquie** (= vers le pays) **:** a Turquía

▷ Il y a des plages magnifiques en Turquie.
Hay unas playas magníficas en Turquía.
▷ Nous irons en Turquie en avion.
Iremos a Turquía en avión.

tutoyer

tutear

*Si le complément est une personne ou un groupe de personnes, n'oubliez pas de le faire précéder de **a**.*

▷ Je ne sais pas si je dois tutoyer Max.
No sé si debo tutear a Max.
▷ En Espagne les gens se tutoient facilement.
En España la gente se tutea con facilidad.

tuyau

1 (= conduite) el **tubo**

1 ▷ À quoi sert ce tuyau?
¿Para qué sirve ese tubo?

2 ► **tuyau d'arrosage :** la manguera

2 ▷ Ma mère arrose le jardin avec un tuyau d'arrosage.
Mi madre riega el jardín con una manguera.

type

▷ La vendeuse nous a montré plusieurs types d'imprimantes.
La dependienta nos enseñó varios tipos de impresoras.
▷ Il y a un type qui t'attend dehors.
Hay un tipo que te está esperando ahí fuera.

el **tipo**

typique

▷ J'aimerais goûter un plat typique.
Me gustaría probar un plato típico.

típico, típica

Remarquez que le mot espagnol porte sur le premier ***i*** *un accent écrit qui reflète l'accent tonique.*

U

FRANÇAIS — ESPAGNOL

un, une

▷ Tu en veux un ?
¿Quieres uno?
▷ C'est une bonne idée.
Es una buena idea.
▷ Les élèves sont rentrés l'un après l'autre.
Los alumnos entraron uno tras otro.
▷ Il y a un chat dans le jardin.
Hay un gato en el jardín.

(article indéfini ou adjectif numéral) **uno, una**

ℹ *Remarquez que **uno** perd le **o** devant un nom.*

uni, unie

▷ Je voudrais un tissu uni plutôt qu'un tissu imprimé.
Quisiera una tela lisa mejor que una tela estampada.

(= sans motifs) **liso, lisa**

unique

▷ L'argent est son unique souci.
El dinero es su única preocupación.
▷ Aurélie est fille unique.
Aurélie es hija única.

único, única

ℹ *Remarquez que le mot espagnol porte sur le **u** un accent écrit qui reflète l'accent tonique.*

uniquement

▷ J'ai fait ça uniquement pour te faire plaisir.
Lo hice únicamente para complacerte.

únicamente

ℹ *Remarquez que le mot espagnol porte sur le **u** un accent écrit qui reflète l'accent tonique.*

unité

▷ Le mètre est une unité de distance.
El metro es una unidad de distancia.

la **unidad** (pluriel : **las unidades**)

univers

▷ Les astronomes étudient l'univers.
Los astrónomos estudian el universo.

el **universo**

université

▷ La sœur de Farid vient d'entrer à l'université.
La hermana de Farid acaba de entrar en la universidad.

la **universidad** (pluriel : las universidades)

urgence

1 ▷ Voici mon numéro de téléphone en cas d'urgence.
He aquí mi número de teléfono en caso de emergencia.

2 ▷ Thierry a été transporté aux urgences.
Llevaron a Thierry a urgencias.

3 ▷ Il faut d'urgence prévenir ses parents !
Hay que avisar urgentemente a sus padres.

1 (= cas urgent) la **emergencia**

2 ► **les urgences** (de l'hôpital) : urgencias

3 ► **d'urgence** : urgentemente

urgent, urgente

▷ Tu dois rappeler Samia, c'est urgent.
Tienes que llamar a Samia, es urgente.

urgente

usé, usée

▷ Cette veste est tout usée, je vais la jeter.
Esta chaqueta está toda desgastada, la voy a tirar.

(= abîmé) **desgastado, desgastada**

user

▷ Tu vas user ton jean si tu te traînes par terre.
Te vas a desgastar los vaqueros si te arrastras por el suelo.

(en parlant d'un vêtement) **desgastar**

usine

▷ Le père d'Hubert travaille à l'usine de chaussures.
El padre de Hubert trabaja en la fábrica de calzado.

la **fábrica**

ℹ *Remarquez que le mot espagnol porte sur le premier **a** un accent écrit qui reflète l'accent tonique.*

utile

▷ Merci, c'est un renseignement très utile.
Gracias, esta información es muy útil.

útil (pluriel : útiles)

ℹ *Remarquez que le mot espagnol porte sur le **u** un accent écrit qui reflète l'accent tonique.*

utiliser

▷ J'utilise toujours un stylo rouge pour souligner les mots nouveaux.

Utilizo siempre un bolígrafo rojo para subrayar las palabras nuevas.

utilizar

ℹ *On peut dire aussi* ***usar****.*

V

FRANÇAIS — ESPAGNOL

vacances

▷ Les vacances commencent le trente juin.
Las vacaciones empiezan el treinta de junio.
▷ Mes cousins sont en vacances tandis que moi, je suis encore à l'école.
Mis primos están de vacaciones mientras que yo estoy todavía en el colegio.
▷ Vivement les grandes vacances !
¡Que lleguen pronto las vacaciones de verano!

las **vacaciones**

► **en vacances : de vacaciones**

► **les grandes vacances : las vacaciones de verano**

vaccin

▷ Il n'y a pas de vaccin contre cette maladie.
No hay ninguna vacuna contra esta enfermedad.
▷ Le docteur m'a fait un vaccin avant mon voyage en Afrique.
El médico me vacunó antes de mi viaje a África.

la **vacuna**

► **faire un vaccin à** quelqu'un : **vacunar a** alguien

*Attention : contrairement au français, le mot espagnol **vacuna** est féminin.*

vacciner

▷ Le médecin a vacciné tous les élèves.
El médico vacunó a todos los alumnos.

▷ Je vais me faire vacciner contre le tétanos.
Me voy a vacunar contra el tétanos.

vacunar

*Si le complément est une personne ou un groupe de personnes, n'oubliez pas de le faire précéder de **a**.*

► **se faire vacciner : vacunarse**

*Le pronom réfléchi fonctionne de la façon suivante en espagnol : **me** vacuno, **te** vacunas, **se*** (singulier) *vacuna, **nos** vacunamos, **os** vacunáis, **se*** (pluriel) *vacunan.*

vache

▷ Nous avons attendu que les vaches traversent la route.
Esperamos a que las vacas cruzaran la carretera.

(= animal) la **vaca**

vachement

▷ La copine d'Alex est vachement sympa.
La novia de Alex es supersimpática.

super-

*Le préfixe **super-** se colle devant l'adjectif qu'on veut renforcer (**supersimpática**, **superguapo**, etc.).*

vague

1 ▷ Les vagues sont très hautes aujourd'hui.
Las olas están muy altas hoy.
▷ La météo a annoncé une vague de chaleur.
El parte meteorológico anunció una ola de calor.

2 ▷ Ta description est trop vague.
Tu descripción es demasiado vaga.

1 ► **une vague** (dans la mer) **: una ola**
► **une vague de chaleur : una ola de calor**

2 ► **vague** (adjectif = pas précis) **:** **vago, vaga**

vainqueur

▷ Le vainqueur de la course recevra un prix.
El vencedor de la carrera recibirá un premio.

el **vencedor** (pluriel : los vencedores), la **vencedora**

vaisseau spatial

▷ Au musée des sciences, nous avons vu un vaisseau spatial américain.
En el museo de ciencias, vimos una nave espacial americana.

la **nave espacial** (pluriel : las naves espaciales)

vaisselle

1 ▷ Nous avons offert de la vaisselle à Nissim pour son mariage.
Le regalamos una vajilla a Nissim para su boda.

2 ▷ C'est ton tour de faire la vaisselle.
Te toca a ti fregar los platos.

1 (= plats, tasses, etc.) la **vajilla**

2 ► **faire la vaisselle : fregar los platos**

*On peut aussi dire **lavar los platos**.*

valable

▷ Cette carte est valable jusqu'à la fin du mois.
Esta tarjeta es válida hasta final del mes.

(= acceptable) **válido, válida**

*Remarquez que le mot espagnol porte sur le **a** un accent écrit qui reflète l'accent tonique.*

valeur

▻ Personne ne connaît la vraie valeur de ce tableau.
Nadie conoce el verdadero valor de este cuadro.
▻ Il y a un coffre-fort dans la chambre pour les objets de valeur.
Hay una caja fuerte en la habitación para los objetos de valor.

el **valor**

Attention : contrairement au français, le mot espagnol ***valor*** *est masculin.*

valise

▻ Cette valise est trop lourde pour moi.
Esta maleta es demasiado pesada para mí.
▻ Est-ce que tu as fait ta valise pour partir en vacances ?
¿Has hecho la maleta para irte de vacaciones?

la **maleta**

► **faire sa valise** : **hacer la maleta**

vallée

▻ D'ici, on voit toute la vallée.
Desde aquí, se ve todo el valle.

el **valle**

valoir

▻ Ce tableau vaut plusieurs millions d'euros.
Este cuadro vale varios millones de euros.
▻ Combien vaut ce foulard, s'il vous plaît ?
¿Cuánto vale este pañuelo, por favor?
▻ Il vaut mieux le leur dire tout de suite.
Más vale decírselo en seguida.
▻ Il vaut mieux que tu en parles à tes parents.
Más vale que hables de ello con tus padres.
▻ Est-ce que ça vaut le coup d'aller voir ce film ?
¿Vale la pena ir a ver esa película?

valer

► **il vaut mieux faire** quelque chose : **más vale hacer** algo
► **il vaut mieux que** : **más vale que**
► **valoir le coup de faire** quelque chose : **valer la pena hacer** algo

vampire

▻ C'est une horrible histoire de vampires.
Es una historia horrible de vampiros.

el **vampiro**

vanille

▻ Il y a de la vanille dans ce gâteau.
Hay vainilla en este pastel.
▻ Deux boules de glace à la vanille, s'il vous plaît.
Dos bolas de helado de vainilla, por favor.

la **vainilla**

► **à la vanille** : **de vainilla**

se vanter

▻ Arrête de te vanter, ce n'était pas très difficile.
Deja de presumir, que no era muy difícil.

presumir

vapeur

▷ Il y a de la vapeur sur le miroir.
Hay vapor en el espejo.
▷ J'aime les légumes cuits à la vapeur.
Me gusta la verdura cocida al vapor.

el **vapor**

► **cuit à la vapeur : cocido al vapor**

*Attention : contrairement au français, le mot espagnol **vapor** est masculin.*

varié, variée

▷ Les repas de la cantine sont assez variés.
Las comidas de la cantina son bastante variadas.

variado, variada

varier

▷ Les températures varient beaucoup entre le nord et le sud de l'Espagne.
Las temperaturas varían mucho entre el norte y el sur de España.

variar

variétés

▷ Cette variété de rose est très belle.
Esta variedad de rosa es muy hermosa.
▷ Il y a un spectacle de variétés à la télé ce soir.
Hay un espectáculo de variedades en la tele esta noche.

la **variedad** (pluriel : las variedades)

vase

1 ▷ Je vais mettre les fleurs dans un vase.
Voy a poner las flores en un florero.

1 **le vase** (= récipient à fleurs) : el **florero**

*On peut dire aussi **el jarrón*** (pluriel : los jarrones).

2 ▷ Les oiseaux cherchent des vers dans la vase.
Los pájaros buscan gusanos en el cieno.

2 **la vase** (= boue) : el **cieno**

*On peut dire aussi **el fango**.*

vaut

Regardez le mot **valoir**.

vautour

▷ Les vautours attendent que l'animal meure.
Los buitres esperan a que muera el animal.

el **buitre**

veau

1 ▷ Le veau suit sa mère partout.
El ternero sigue su madre por todas partes.

1 (= petit de la vache) el **ternero**

2 ▷ Ils mangent rarement du veau.
Comen ternera muy poco.

2 (= viande) la **ternera**

vécu

Regardez le mot **vivre**.

vedette

1 ▷ Toutes les vedettes du cinéma français étaient là.
Estaban ahí todas las estrellas del cine francés.

2 ▷ La vedette a dépassé le voilier.
La motora adelantó el velero.

1 (= star) la **estrella**

2 (= bateau) la **motora**

végétarien, végétarienne

▷ Les végétariens peuvent manger des œufs.
Los vegetarianos pueden comer huevos.

vegetariano, vegetariana

végétation

▷ La végétation est très dense ici.
La vegetación es muy tupida aquí.

la **vegetación**

Remarquez que le mot espagnol porte sur le ***o*** *un accent écrit qui reflète l'accent tonique.*

véhicule

▷ Les véhicules sont interdits sur l'île.
Los vehículos están prohibidos en la isla.

el **vehículo**

Remarquez que le mot espagnol porte sur le ***i*** *un accent écrit qui reflète l'accent tonique.*

veille

▷ Ils sont arrivés la veille.
Llegaron la víspera.
▷ Bénédicte a révisé la veille de l'examen.
Bénédicte repasó la víspera del examen.

la **víspera**

Remarquez que le mot espagnol porte sur le ***i*** *un accent écrit qui reflète l'accent tonique.*

On peut aussi dire ***el día antes****.*

veiller

▷ Hier, j'ai veillé et aujourd'hui, je suis fatigué.
Ayer me acosté tarde y hoy estoy cansado.

(= se coucher tard) **acostarse tarde**

Le pronom réfléchi fonctionne de la façon suivante en espagnol : ***me*** *acuesto,* ***te*** *acuestas,* ***se*** (singulier) *acuesta,* ***nos*** *acostamos,* ***os*** *acostáis,* ***se*** (pluriel) *acuestan.*

veine

1 ▷ L'infirmière ne trouvait pas la veine.
La enfermera no encontraba la vena.

2 ▷ Tu vas à Madrid ? Tu as de la veine !
¿Vas a Madrid? ¡Qué suerte tienes!

1 (= vaisseau sanguin) la **vena**

2 ► **avoir de la veine :** tener suerte

ℹ **Avoir de la veine** *est familier, mais* ***tener suerte*** *ne l'est pas.*

vélo

▷ Le nouveau vélo de Martial est génial.
La nueva bici de Martial es guay.

la **bici**

ℹ *On peut dire aussi* ***la bicicleta*** *;* ***bici*** *est une forme abrégée de* ***bicicleta****.*

▷ Tu vas à l'école en vélo ?
¿Vas al colegio en bici?

▷ Édouard et son père font du vélo le dimanche.
Édouard y su padre montan en bici los domingos.

► **en vélo** *ou* **à vélo :** en bici

► **faire du vélo :** montar en bici

velours

1 ▷ Le velours est un tissu doux.
El terciopelo es un tejido suave.

▷ Ces rideaux sont en velours.
Estas cortinas son de terciopelo.

2 ▷ Le velours est un tissu chaud.
La pana es un tejido cálido.

▷ En hiver je porte toujours des pantalons en velours.
En invierno siempre llevo pantalones de pana.

1 (uni) el **terciopelo**

► **en velours :** de terciopelo

2 (côtelé) la **pana**

► **en velours :** de pana

vendanges

▷ Les vendanges commencent en septembre.
La vendimia empieza en septiembre.

▷ Le frère de Louis fait les vendanges chaque année.
El hermano de Louis hace la vendimia cada año.

la **vendimia**

ℹ *Remarquez que le mot espagnol est au singulier.*

vendeur, vendeuse

▷ La vendeuse m'a aidée à trouver la bonne taille.
La dependienta me ayudó a encontrar la talla adecuada.

(dans un magasin)
el **dependiente,**
la **dependienta**

vendre

▷ Quentin a vendu ses CD à Camille.
Quentin vendió sus CD a Camille.

vender

vendredi

▷ Aujourd'hui, c'est vendredi.
Hoy es viernes.
▷ Nous partirons vendredi.
Nos marcharemos el viernes.
▷ Mes grands-parents sont venus vendredi.
Mis abuelos vinieron el viernes.
▷ Le vendredi, Sandra va à son cours de piano.
Los viernes, Sandra va a clase de piano.

el **viernes**

► **faire** quelque chose **vendredi** : **hacer** algo **el viernes**

► **le vendredi** (= tous les vendredis) : **los viernes**

vénéneux, vénéneuse

▷ Roland sait reconnaître tous les champignons vénéneux.
Roland sabe reconocer todas las setas venenosas.

venenoso, venenosa

En espagnol, on emploie le même adjectif, ***venenoso*** *ou* ***venenosa****, pour désigner* **vénéneux** *et* **venimeux**.

se venger

▷ Thomas a voulu se venger de ce que lui avait fait Malik.
Thomas quiso vengarse de lo que le había hecho Malik.

vengarse

Le pronom réfléchi fonctionne de la façon suivante en espagnol : ***me*** *vengo,* ***te*** *vengas,* ***se*** (singulier) *venga,* ***nos*** *vengamos,* ***os*** *vengáis,* ***se*** (pluriel) *vengan.*

venimeux, venimeuse

▷ Il y a des serpents venimeux dans cette région.
Hay serpientes venenosas en esta región.

(= toxique) **venenoso, venenosa**

En espagnol, on emploie le même adjectif, ***venenoso*** *ou* ***venenosa****, pour désigner* **venimeux** *et* **vénéneux**.

venir

1 ▷ Tu viens avec moi ?
¿Vienes conmigo?
▷ Ils viennent de Valence.
Vienen de Valencia.
▷ Nous avons fait venir le docteur tout de suite.
Hicimos venir al médico en seguida.
▷ Viens m'aider, s'il te plaît.
Ven a ayudarme, por favor.

1 **venir**

Là où **venir** *est suivi d'un infinitif en français, on dit en espagnol* ***venir a*** + infinitif.

2 ▷ La prof vient de rendre les copies.
La profesora acaba de entregar los exámenes.
▷ Je venais de manger.
Acababa de comer.

2 ► **venir de faire** quelque chose : **acabar de hacer** algo

vent

▷ Le vent souffle fort aujourd'hui.
El viento sopla mucho hoy.
▷ Il y a du vent.
Hace viento.
▷ Est-ce qu'il y avait du vent ?
¿Hacía viento?

el **viento**

► **il y a du vent :** hace viento

► **il y avait du vent :** hacía viento

vente

▷ Il y a eu une vente de tableaux célèbres.
Hubo una venta de cuadros famosos.
▷ La maison est en vente.
La casa está en venta.

la **venta**

► **en vente :** en venta

ventre

1 ▷ J'ai mal au ventre.
Me duele la barriga.
2 ▷ Benoît dort toujours sur le ventre.
Benoît duerme siempre boca abajo.

1 (= estomac) la **barriga**

2 ► **sur le ventre :** boca abajo

ver

1 ▷ Il y a un ver dans cette pomme.
Hay un gusano en esta manzana.
2 ▷ La poule cherche des vers de terre dans le sol.
La gallina está buscando lombrices en el suelo.

1 (dans la nourriture) el **gusano**

2 ► **ver de terre :** la lombriz (pluriel : las lombrices)

N'oubliez pas que le **z** *devient* **c** *au pluriel.*

verglas

▷ La voiture a dérapé sur le verglas.
El coche patinó sobre el hielo.

el **hielo**

vérifier

▷ Vérifie que la porte est fermée à clé.
Comprueba que la puerta está cerrada con llave.

comprobar

On peut dire aussi **verificar**.

vérité

▷ Tu ferais mieux de dire la vérité !
¡Sería mejor que dijeras la verdad!

la **verdad**

vernis

1 ▷ Le vernis de la table est abîmé.
El barniz de la mesa está estropeado.
2 ▷ Mélanie porte du vernis bleu vif.
Mélanie lleva esmalte de uñas azul vivo.

1 (sur du bois, sur un tableau) el **barniz**

2 (sur les ongles) el **esmalte de uñas**

verre

1 ▷ Il y avait des morceaux de verre par terre.
Había pedazos de vidrio en el suelo.
▷ La porte du bureau est en verre.
La puerta del despacho es de vidrio.
2 ▷ Un verre de lait, s'il vous plaît.
Un vaso de leche, por favor.
▷ Venez prendre un verre avec nous.
Venid a tomar una copa con nosotros.
3 ▷ Sabrina porte des verres épais.
Sabrina lleva cristales espesos.
▷ Je préfère les verres de contact aux lunettes.
Prefiero las lentillas a las gafas.

1 (= matériau) el **vidrio**
ℹ *On peut dire aussi* ***el cristal***.
► **en verre : de vidrio**

2 (= récipient pour boire) el **vaso**
► **prendre un verre** (= boire) **: tomar una copa**

3 (= verre de lunettes) el **cristal** (pluriel : los cristales)
► **verres de contact : las lentillas**

verrue

▷ Isabelle a des verrues aux mains.
Isabelle tiene verrugas en las manos.

la **verruga**

vers

1 ▷ Allez vers l'église, puis tournez à gauche.
Vaya hacia la iglesia, luego gire a la izquierda.
2 ▷ Ils habitent vers Angers.
Viven cerca de Angers.
3 ▷ Nous arriverons vers huit heures.
Llegaremos a eso de las ocho.

1 (= en direction de) **hacia**

2 (= aux environs de, dans l'espace) **cerca de**

3 (= aux environs de, dans le temps) **a eso de**

verser

1 ▷ Marie a versé le vin dans la cruche.
Marie echó el vino en la jarra.
2 ▷ Verse-moi de l'eau, s'il te plaît.
Sírveme un poco de agua, por favor.
3 ▷ Il m'a versé l'argent qu'il me devait.
Me pagó el dinero que me debía.
4 ▷ Mes grands-parents versent de l'argent sur mon compte tous les mois.
Mis abuelos ingresan dinero en mi cuenta cada mes.

1 (= transvaser) **echar**

2 (= servir) **servir**

3 (= payer à une personne) **pagar**

4 (= payer sur un compte) **ingresar**

version

▷ Chacun a raconté sa version de l'histoire.
Cada uno contó su versión de la historia.

(= interprétation) la **versión** (pluriel : las versiones)
ℹ *Il n'y a pas d'accent écrit au pluriel. L'accent tonique porte sur le* ***o****, comme au singulier.*

vert, verte

1 ▻ L'herbe du jardin est très verte.
La hierba del jardín es muy verde.
▻ Ce melon est encore vert.
Este melón todavía está verde.

2 ▻ Le vert ne me va pas.
El verde no me sienta bien.

1 (= de couleur verte ou pas mûr) **verde**

2 ► **le vert** (= la couleur verte) : **el verde**

vertical, verticale

▻ Trace un trait vertical au milieu de la page.
Traza una línea vertical en medio de la página.

vertical (pluriel : **verticales**)

vertige

▻ Je ne peux pas monter à l'échelle, j'ai le vertige.
No me puedo subir a la escalera, tengo vértigo.
▻ L'altitude me donne le vertige.
La altura me da vértigo.

► **avoir le vertige** : **tener vértigo**

► **donner le vertige à** quelqu'un : **dar vértigo a** alguien

veste

▻ Tu peux accrocher ta veste derrière la porte.
Puedes colgar la chaqueta detrás de la puerta.

la **chaqueta**

vestiaire

1 ▻ Les vestiaires sont à côté de l'entrée du gymnase.
Los vestuarios están al lado de la entrada del gimnasio.

2 ▻ Tu peux laisser ton sac au vestiaire.
Puedes dejar tu bolso en el guardarropa.

1 (dans un stade, une piscine) **el vestuario**

2 (au théâtre, au musée) **el guardarropa**

Attention à bien prononcer les deux ***r*** *de* ***guardarropa****.*

vêtements

▻ Céline adore acheter des vêtements.
A Céline le encanta comprar ropa.

la **ropa**

i ***Ropa*** *est indénombrable : il ne se met jamais au pluriel.*

vétérinaire

▻ Le vétérinaire a dit que ce n'était pas grave.
El veterinario dijo que no era grave.
▻ Chez le vétérinaire, il y a des photos d'animaux partout.
En el consultorio del veterinario, hay fotos de animales por todas partes.
▻ Ma mère a emmené le chat chez le vétérinaire.
Mi madre llevó el gato al veterinario.

el **veterinario**, la **veterinaria**

► **chez le vétérinaire** (= dans son cabinet) : **en el consultorio del veterinario**

► **chez le vétérinaire** (= vers son cabinet) : **al veterinario**

veuf, veuve

▻ Notre voisin est veuf.
Nuestro vecino es viudo.

viudo, viuda

vexer

1 ▻ La remarque de Daniel a vexé Suzanne.
El comentario de Daniel ofendió a Suzanne.

2 ▻ Ne te vexe pas, c'était pour rire.
No te ofendas, lo dije en broma.

1 **ofender**

Si le complément est une personne ou un groupe de personnes, n'oubliez pas de le faire précéder de ***a****.*

2 ► **se vexer : ofenderse**

Le pronom réfléchi fonctionne de la façon suivante en espagnol : ***me*** *ofendo,* ***te*** *ofendes,* ***se*** (singulier) *ofende,* ***nos*** *ofendemos,* ***os*** *ofendéis,* ***se*** (pluriel) *ofenden.*

viande

▻ Cette viande est très tendre.
Esta carne es muy tierna.

la **carne**

vibrer

▻ Le frigo vibre et fait beaucoup de bruit.
La nevera vibra y hace mucho ruido.

vibrar

victime

▻ Plusieurs des victimes de l'attentat ont été interviewées.
Varias víctimas del atentado han sido entrevistadas.

▻ Le tremblement de terre a fait beaucoup de victimes.
El terremoto causó muchas víctimas.

la **víctima**

Remarquez que le mot espagnol porte sur le premier ***i*** *un accent écrit qui reflète l'accent tonique.*

► **faire des victimes : causar víctimas**

victoire

1 ▻ L'armée a fêté sa victoire en défilant dans les rues.
El ejército celebró la victoria desfilando por las calles.

2 ▻ Bordeaux a facilement remporté la victoire.
Burdeos triunfó fácilmente.

1 la **victoria**

2 ► **remporter la victoire : triunfar**

vide

1 ▷ La carafe est vide, je vais la remplir.
La jarra está vacía, la voy a llenar.

1 (adjectif ; contraire de **plein**)
vacío, vacía

*Remarquez que le mot espagnol porte sur le **i** un accent écrit qui reflète l'accent tonique.*

2 ▷ Il s'est jeté dans le vide.
Se lanzó al vacío.

2 ► **le vide** (= l'espace, le néant) : **el vacío**

vidéo

▷ Ce film a été entièrement tourné en vidéo.
La película fue rodada integralmente en vídeo.

el **vídeo**

*Remarquez que le mot espagnol porte sur le **i** un accent écrit qui reflète l'accent tonique.*

▷ On a loué une cassette vidéo.
Alquilamos un vídeo.

► **la cassette vidéo : el vídeo**

*Attention : contrairement au français, le mot espagnol **vídeo** est masculin.*

vider

1 ▷ Aide-moi à vider la poubelle.
Ayúdame a vaciar el cubo de la basura.

1 (= enlever le contenu de) **vaciar**

2 ▷ Je déteste vider le poisson.
Odio limpiar el pescado.

2 (= enlever les tripes de) **limpiar**

3 ▷ La baignoire se vide très lentement.
La bañera se vacía muy lentamente.

3 ► **se vider : vaciarse**

*Le pronom réfléchi fonctionne de la façon suivante en espagnol : **se** (singulier) vacía, **se** (pluriel) vacían.*

vie

▷ Tania a eu une vie difficile.
Tania ha tenido una vida difícil.
▷ Heureusement, le chien était encore en vie.
Afortunadamente, el perro estaba todavía vivo.

la **vida**

► **en vie : vivo, viva**

vieil

Regardez le mot **vieux.**

vieillard

▷ J'ai aidé un vieillard à traverser la rue.
Ayudé a un anciano a cruzar la calle.

el **anciano**

vieille

Regardez le mot **vieux.**

vieillesse

▷ Mon arrière-grand-mère est morte de vieillesse.
Mi bisabuela se murió de vejez.

la **vejez**

vieillir

1 ▷ Je trouve qu'il a beaucoup vieilli.
Pienso que ha envejecido mucho.

2 ▷ Cette robe la vieillit.
Este vestido la avejenta.

1 (= devenir ou paraître plus vieux) **envejecer**

2 ► **vieillir** quelqu'un (= le faire paraître plus vieux) : **avejentar a** alguien

vieux, vieil, vieille

▷ Lucas est plus vieux que toi.
Lucas es más viejo que tú.

▷ Je porte un vieux jean quand je fais du jardinage.
Llevo un par de vaqueros viejos cuando trabajo en el jardín.

viejo, vieja

vif, vive

1 ▷ Les chambres sont peintes de couleurs vives.
Las habitaciones están pintadas de colores vivos.

▷ Les couleurs de ses vêtements sont très vives.
Los colores de su ropa son muy vivos.

2 ▷ Hocine est un garçon très vif.
Hocine es un chico muy despierto.

1 (= brillant) **vivo, viva**

ℹ *Notez l'emploi du verbe* ***ser*** *avec* ***vivo*** *et* ***viva*** *dans le sens* **vif** *;* ***estar vivo*** *ou* ***estar viva*** *veut dire* **être vivant**.

2 (= dynamique) **despierto, despierta**

vigne

▷ La maison est entourée de vignes.
La casa está rodeada de viñas.

(= terrain) la **viña**

ℹ *On peut dire aussi* ***el viñedo***.

vilain, vilaine

1 ▷ Cet immeuble est vraiment vilain.
Este edificio es muy feo.

2 ▷ C'est vilain de mentir.
Mentir es despreciable.

3 ▷ Tu es un vilain garçon !
¡Eres un niño muy malo!

1 (= laid) **feo, fea**

2 (= mal) **despreciable**

3 (= méchant) **malo, mala**

ℹ *Notez l'emploi du verbe* ***ser*** *avec* ***malo*** *et* ***mala*** *dans le sens* **méchant** *;* ***estar malo*** *ou* ***estar mala*** *veut dire* **être malade**.

villa

▷ Nos amis ont deux villas en Provence.
Nuestros amigos tienen dos chalés en Provenza.

(= maison de vacances) el **chalé**

ℹ *Remarquez que le mot espagnol porte sur le **e** un accent écrit qui reflète l'accent tonique.*

village

▷ François nous a rapporté des saucissons du village de ses parents.
François nos trajo salchichones del pueblo de sus padres.

▷ Laure habite dans un tout petit village.
Laure vive en un pueblecito.

el **pueblo**

► **petit village :** el **pueblecito**

ville

1 ▷ La ville la plus proche est à dix kilomètres.
La ciudad más cercana está a diez kilómetros.

2 ▷ Je préférerais habiter en ville qu'en banlieue.
Preferiría vivir en el centro que en las afueras.

▷ On pourrait aller en ville cet après-midi.
Podríamos ir al centro esta tarde.

1 la **ciudad** (pluriel : las **ciudades**)

2 ► **en ville** (= dans le centre) **: en el centro**

► **en ville** (= vers le centre) **: al centro**

vin

▷ Les invités ont apporté une bouteille de vin.
Los invitados trajeron una botella de vino.

el **vino**

vinaigre

▷ Il y a trop de vinaigre dans cette vinaigrette.
Hay demasiado vinagre en esta vinagreta.

el **vinagre**

vinaigrette

▷ Lise ne met pas de vinaigrette sur sa salade.
Lise no le echa vinagreta a la ensalada.

la **vinagreta**

vingt

▷ Il y a vingt élèves dans ma classe.
Hay veinte alumnos en mi clase.

▷ L'anniversaire de Julie est le vingt septembre.
El cumpleaños de Julie es el veinte de septiembre.

veinte

ℹ *Notez l'emploi de **de** en espagnol quand on dit la date.*

vingtaine

▷ Il y avait une vingtaine de spectateurs.
Había una veintena de espectadores.

► **une vingtaine de... : una veintena de...**

ℹ *On peut dire aussi **unos** ou **unas veinte...***

violence

▷ Il y a beaucoup de violence à la télé.
Hay mucha violencia en la tele.

la **violencia**

violent, violente

▷ J'ai trouvé ce film beaucoup trop violent.
Encontré esa película demasiado violenta.

violento, violenta

violer

▷ Il est accusé d'avoir violé plusieurs femmes.
Le acusan de haber violado a varias mujeres.

▷ Elle s'est fait violer dans un parc.
La violaron en un parque.

violar

*Le complément est une personne : n'oubliez pas de le faire précéder de **a**.*

*Pour dire que quelqu'un s'est fait violer, on emploie le verbe **violar** à la troisième personne du pluriel.*

violet, violette

1 ▷ La prof de maths porte un pantalon violet.
La profesora de matemáticas lleva unos pantalones violeta.

2 ▷ Le violet est ma couleur préférée.
El violeta es mi color preferido.

1 (= couleur) **violeta**

2 ► **le violet** (= la couleur violette) : **el violeta**

violon

▷ Les musiciens sont arrivés avec leurs violons.
Los músicos llegaron con sus violines.

el **violín** (pluriel : los **violines**)

*Il n'y a pas d'accent écrit au pluriel. L'accent tonique porte sur le deuxième **i**, comme au singulier.*

▷ Angèle joue très bien du violon.
Angèle toca muy bien el violín.

► **jouer du violon** : **tocar el violín**

violoncelle

▷ Le son du violoncelle est magnifique.
El sonido del violonchelo es magnífico.

▷ J'aimerais savoir jouer du violoncelle.
Me gustaría saber tocar el violonchelo.

el **violonchelo**

► **jouer du violoncelle** : **tocar el violonchelo**

violoniste

▷ Les violonistes ont salué le public.
Los violinistas saludaron al público.

el **violinista**, la **violinista**

*Attention à l'orthographe du mot **violinista**.*

vipère

▷ Les vipères sont des serpents venimeux.
Las víboras son serpientes venenosas.

la **víbora**

*Remarquez que le mot espagnol porte sur le **i** un accent écrit qui reflète l'accent tonique.*

virage

▷ Ce virage est très dangereux.
Esta curva es muy peligrosa.

(sur une route) la **curva**

virgule

▷ Tu as oublié la virgule, là.
Has olvidado la coma ahí.

la **coma**

virus

▷ Maxime a attrapé un virus.
Maxime ha cogido un virus.

el **virus** (pluriel : los virus)

visa

▷ Il faut un visa pour aller en Chine.
Hace falta un visado para ir a China.

(sur un passeport) el **visado**

visage

▷ Le visage du clown est tout blanc.
La cara del payaso es completamente blanca.

la **cara**

*On peut dire aussi **el rostro**.*

viser

▷ Prends ton temps pour viser.
Tómate todo el tiempo necesario para apuntar.

▷ Benoît a visé la cible mais il l'a ratée.
Benoît apuntó al blanco pero no dio en él.

► **viser** (= ajuster le tir) **: apuntar**

► **viser** quelqu'un *ou* quelque chose **: apuntar a** alguien *ou* **a** algo

vision

▷ Ma grand-mère a des problèmes de vision.
Mi abuela tiene problemas de visión.

(= vue) la **visión**

*Remarquez que le mot espagnol porte sur le **o** un accent écrit qui reflète l'accent tonique.*

visite

1 ▷ Nous rendons souvent visite à mes grands-parents.
Visitamos a menudo a mis abuelos.

2 ▷ Nous avons fait une visite guidée du palais.
Hicimos una visita con guía del palacio.

1 ► **rendre visite à** quelqu'un **: visitar a** alguien

2 ► **visite guidée : la visita con guía**

3 ▷ Nous passons une visite médicale chaque année à l'école.
Nos hacen una revisión médica cada año en el colegio.

3 ► **visite médicale :** la revisión **médica**

Notez la traduction du verbe **passer** *dans ce cas.*

visiter

▷ J'ai visité le musée Picasso avec Emilio.
Visité el museo Picasso con Emilio.

visitar

vitamine

▷ Mange des oranges, elles sont pleines de vitamines.
Come naranjas, están llenas de vitaminas.

la **vitamina**

vite

1 ▷ Ne marche pas si vite !
¡No andes tan de prisa!

2 ▷ Viens voir, vite !
¡Ven a ver, rápido!

1 (= rapidement) **de prisa**

2 Pour dire à quelqu'un de se dépêcher, on emploie **¡rápido!**

vitesse

1 ▷ Quelle est la vitesse maximum en ville ?
¿Cuál es la velocidad máxima en las ciudades?
▷ Le vélo de Jean-Marc a dix vitesses.
La bici de Jean-Marc tiene diez velocidades.

1 la **velocidad** (pluriel : las velocidades)

Au sens de mécanisme sur un vélo ou une voiture, on peut dire aussi ***la marcha.***

▷ Je me suis changé à toute vitesse avant d'aller au cinéma.
Me cambié a toda velocidad antes de ir al cine.

► **à toute vitesse :** a toda **velocidad**

2 ▷ Isa a fait ses devoirs en vitesse.
Isa hizo los deberes rápidamente.

2 ► **en vitesse :** **rápidamente**

Remarquez que le mot espagnol porte sur le premier ***a*** *un accent écrit qui reflète l'accent tonique.*

vitrail

▷ Il y a un beau vitrail dans l'église.
Hay una hermosa vidriera en la iglesia.

la **vidriera**

vitre

1 ▷ On a dû changer la vitre cassée.
Tuvimos que cambiar el cristal roto.
▷ J'ai aidé ma mère à faire les vitres.
Ayudé a mi madre a limpiar los cristales.

1 (= verre d'une fenêtre) el **cristal** (pluriel : los cristales)

► **faire les vitres :** limpiar los **cristales**

Suite page suivante

2 ▷ Baisse la vitre, il fait chaud.
Abre la ventanilla, que hace calor.

2 (= fenêtre d'une voiture ou d'un train) la **ventanilla**

vitrine

▷ Il y a des œufs en chocolat dans la vitrine de la pâtisserie.
Hay huevos de chocolate en el escaparate de la pastelería.
▷ J'ai fait les vitrines avec Clémentine.
Fui a mirar escaparates con Clémentine.

el **escaparate**

► **faire les vitrines : mirar escaparates**

vivant, vivante

1 ▷ Il est blessé, mais il est encore vivant.
Está herido, pero todavía está vivo.

1 (= en vie) **vivo, viva**

ℹ *Notez l'emploi du verbe* ***estar*** *avec* ***vivo*** *et* ***viva*** *dans le sens* vivant *;* ***ser vivo*** *ou* ***ser viva*** *veut dire* être vif.

2 ▷ Ce quartier est très vivant.
Este barrio es muy animado.

2 (= animé) **animado, animada**

vivement

▷ Vivement les vacances !
¡Ojalá las vacaciones lleguen pronto!
▷ Vivement Noël!
¡Ojalá Navidad llegue pronto!

ℹ *Pour exprimer son impatience, on emploie en espagnol l'expression* ***¡ojalá ... llegue pronto!*** *si le nom qui suit est au singulier, et* ***¡ojalá ... lleguen pronto!*** *si le nom est au pluriel.*

vivre

▷ Notre chien a vécu longtemps.
Nuestro perro vivió mucho tiempo.
▷ Où est-ce que tu vis ?
¿Dónde vives?
▷ Nathalie a vécu une période difficile.
Nathalie vivió un período difícil.

vivir

vocabulaire

▷ Je dois réviser mon vocabulaire espagnol.
Tengo que repasar el vocabulario español.

el **vocabulario**

vœu

1 ▷ Ferme les yeux et fais un vœu.
Cierra los ojos y pide un deseo.

1 ► **faire un vœu : pedir un deseo**

2 ▷ J'ai envoyé mes vœux à tous mes amis.
Felicité a todos mis amigos.

2 ► **présenter** *ou* **envoyer ses vœux à** quelqu'un (pour le nouvel an ou un anniversaire) : **felicitar** alguien

voici

1 ▻ Voici la clé que tu cherchais.
Aquí está la llave que buscabas.
▻ Voici les garçons, juste à l'heure.
Aquí están los chicos, en punto.

1 Pour désigner quelque chose ou quelqu'un de proche, on emploie en espagnol **aquí está** si le nom est singulier, et **aquí están** s'il est pluriel.

2 ▻ Voici ta chambre.
Ésta es tu habitación.
▻ Voici mes cousins, Paul et Karine.
Éstos son mis primos, Paul y Karine.

2 Pour présenter quelque chose ou quelqu'un, on emploie en anglais **éste** *ou* **ésta es** si le nom est singulier, et **éstos** *ou* **éstas son** s'il est pluriel.

voie

1 ▻ Reste sur la voie de gauche.
Quédate en el carril de la izquierda.

1 (= couloir d'une route) **el carril** (pluriel : **los carriles**)

2 ▻ C'est dangereux de traverser les voies.
Es peligroso cruzar las vías.

2 (= rails) **la vía**

ℹ *Remarquez que le mot espagnol porte sur le* ***i*** *un accent écrit qui reflète l'accent tonique.*

▻ La voie ferrée est juste derrière chez eux.
La vía férrea está justo detrás de su casa.

► **voie ferrée : vía férrea** (pluriel : **vías férreas**)

3 ▻ N'y va pas, c'est une voie sans issue.
No vayas ahí, es un callejón sin salida.

3 ► **voie sans issue : el callejón sin salida** (pluriel : **los callejones sin salida**)

ℹ *Il n'y a pas d'accent écrit au pluriel. L'accent tonique porte sur le* ***o****, comme au singulier.*

voilà

1 ▻ Voilà ton livre, sur le bureau.
Ahí está tu libro, sobre la mesa.
▻ Voilà Marc et Valérie. – Où ça ?
Ahí están Marc y Valérie. – ¿Dónde?

1 Pour désigner quelque chose ou quelqu'un d'un peu éloigné, on emploie en espagnol **ahí está** si le nom est singulier, et **ahí están** s'il est pluriel.

2 ▻ Voilà ta clé, mets-la dans ta poche.
Aquí está tu llave, póntela en el bolsillo.
▻ Voilà mes lunettes, tu veux les essayer ?
Aquí están mis gafas, ¿las quieres probar?

2 Pour désigner quelque chose ou quelqu'un de proche, on emploie en espagnol **aquí está** si le nom est singulier, et **aquí están** s'il est pluriel.

3 ▻ Voilà votre chambre, au bout du couloir.
Ésa es su habitación, al fondo del pasillo.
▻ Voilà mes frères, je crois que tu ne les connais pas.
Éstos son mis hermanos, creo que no les conoces.

3 Pour présenter quelque chose ou quelqu'un, on emploie en espagnol **éste** *ou* **ésta es** si le nom est singulier, et **éstos** *ou* **éstas son** s'il est pluriel.

4 ▻ Et voilà ! C'est fini !
¡Ya está! ¡Está terminado!

4 ► **et voilà !** (pour conclure) : **¡ya está!**

voile

1 ▻ La mariée portait un voile.
La novia llevaba un velo.

2 ▻ L'une des voiles s'est déchirée.
Una de las velas se desgarró.

▻ Mon père adore la voile.
A mi padre le encanta la vela.

▻ Ils font de la voile tous les week-ends.
Practican la vela todos los fines de semana.

1 ► **un voile** (= tissu léger) **: un velo**

2 ► **une voile** (de bateau) **: una vela**

► **la voile** (= le sport) **: la vela**

► **faire de la voile : practicar la vela**

voilier

▻ Les Jeanneret sont allés en Corse sur leur voilier.
Los Jeanneret han ido a Córcega en su velero.

el **velero**

voir

1 ▻ J'ai vu la prof d'anglais en ville.
Vi a la profesora de inglés en el centro.

▻ Je vais voir mes grands-parents tous les dimanches.
Voy a ver a mis abuelos todos los domingos.

2 ▻ Fais-moi voir ta nouvelle casquette.
Enséñame tu nueva gorra.

3 ▻ Ils se voient pendant les vacances.
Se ven durante las vacaciones.

1 (= apercevoir, fréquenter) **ver**

Si le complément est une personne ou un groupe de personnes, n'oubliez pas de le faire précéder de ***a****.*

2 ► **faire voir** quelque chose **à** quelqu'un **: enseñar** algo **a** alguien

3 ► **se voir** (= se rencontrer) **: verse**

Le pronom réfléchi fonctionne de la façon suivante en espagnol : ***nos*** *vemos,* ***os*** *veis,* ***se*** *ven.*

voisin, voisine

▻ Nous avons des voisins très sympathiques.
Tenemos unos vecinos muy simpáticos.

el **vecino**, la **vecina**

voiture

▻ La voiture est dans le garage.
El coche está en el garaje.

▻ Nos places sont dans la voiture quarante-deux.
Nuestros asientos están en el coche número cuarenta y dos.

▻ Vous êtes venus en voiture ?
¿Habéis venido en coche?

▻ Éric rêve d'avoir une voiture de sport.
Éric sueña con tener un coche deportivo.

el **coche**

Attention : contrairement au français, le mot espagnol ***coche*** *est masculin.*

► **en voiture : en coche**

► **voiture de sport : coche deportivo** (pluriel : **coches deportivos**)

voix

1 ▷ Samuel a une belle voix grave.
Samuel tiene una hermosa voz grave.

1 (quand on parle) la **voz** (pluriel : las voces)

*N'oubliez pas que le **z** devient **c** au pluriel.*

▷ Pourquoi vous parlez à voix basse ?
¿Por qué habláis en voz baja?

► **à voix basse : en voz baja**

2 ▷ Émilie a eu vingt voix et Jacques dix.
Émilie obtuvo veinte votos y Jacques diez.

2 (dans une élection) el **voto**

vol

1 ▷ Le vol pour Madrid a été annulé.
El vuelo para Madrid ha sido anulado.

1 (= trajet en avion) el **vuelo**

2 ▷ Il y a souvent des vols dans ce quartier.
A menudo hay robos en este barrio.

2 (= acte criminel) el **robo**

volaille

▷ Le fermier élève de la volaille.
El granjero cría aves de corral.

▷ Elle plumait une volaille dans la cour.
Estaba desplumando un pollo en el patio.

► **la volaille** (= oiseaux qu'on élève) **:** las aves de corral

► **une volaille** (= un poulet) **:** un pollo

volant

▷ C'est un système qui bloque le volant.
Es un sistema que bloquea el volante.

▷ Zut, j'ai envoyé le volant dans le jardin des voisins !
¡Mecachis, he lanzado el volante al jardín de los vecinos!

(= volant de voiture ou de badminton) el **volante**

volcan

▷ Ce volcan est toujours actif.
Este volcán sigue activo.

el **volcán** (pluriel : los volcanes)

*Il n'y a pas d'accent écrit au pluriel. L'accent tonique porte sur le **a**, comme au singulier.*

voler

1 ▷ J'aime regarder les oiseaux voler.
Me gusta mirar los pájaros volar.

1 (= se déplacer dans l'air) **volar**

2 ▷ Apparemment, il a déjà volé deux voitures.
Al parecer ya ha robado dos coches.

▷ Quelqu'un m'a volé mon sac à dos !
¡Alguien me ha robado la mochila!

2 (= dérober) **robar**

volet

▷ Est-ce que tu as fermé les volets ?
¿Has cerrado los postigos?

(= volet d'une fenêtre) el **postigo**

voleur, voleuse

▷ Le voleur s'est échappé par la fenêtre.
El ladrón se escapó por la ventana.

el **ladrón** (pluriel : **los ladrones**)

*Il n'y a pas d'accent écrit au pluriel. L'accent tonique porte sur le **o**, comme au singulier.*

volley

▷ Le volley est mon sport préféré.
El balonvolea es mi deporte preferido.

el **balonvolea**

*On peut dire aussi **el voleibol** ou **el volei**.*

▷ On a joué au volley tout l'après-midi.
Jugamos al balonvolea toda la tarde.

► **jouer au volley : jugar al balonvolea**

volonté

▷ Avec un peu de volonté, tu devrais arriver à maigrir.
Con un poco de voluntad, deberías conseguir adelgazar.

la **voluntad**

volontiers

▷ Est-ce que tu veux rester pour dîner ?
– Volontiers.
¿Te quieres quedar a cenar? – Con mucho gusto.

(pour accepter une offre) **con mucho gusto**

volume

▷ Je dois calculer le volume de ce cylindre.
Tengo que calcular el volumen de este cilindro.
▷ C'est un dictionnaire en deux volumes.
Es un diccionario de dos volúmenes.
▷ Monte un peu le volume, je n'entends rien.
Sube un poco el volumen, no oigo nada.

el **volumen** (pluriel : **los volúmenes**)

*Il n'y a pas d'accent écrit au singulier. L'accent tonique porte sur le **u**, comme au pluriel.*

vomir

▷ Je ne me sens pas bien, je crois que je vais vomir.
No me siento bien, creo que voy a vomitar.

vomitar

vos

1 ▷ Allez, les filles, prenez vos affaires et préparez-vous.
Venga, chicas, coged vuestras cosas y preparaos.

1 Quand on s'adresse à plusieurs personnes qu'on tutoie, on emploie en espagnol l'adjectif **vuestros, vuestras.**

2 ▷ Monsieur, vos arguments sont ridicules !
¡Señor, sus argumentos son ridículos!

2 Quand on s'adresse à une ou plusieurs personnes qu'on vouvoie, on emploie **sus**.

voter

▷ Nous avons voté pour élire les délégués de classe.
Votamos para elegir a los delegados de clase.

votar

votre

1 ▷ Est-ce que votre prof est sympa ?
¿Es simpático vuestro profesor?

1 Quand on s'adresse à plusieurs personnes qu'on tutoie, on emploie en espagnol l'adjectif **vuestro, vuestra.**

2 ▷ Madame, votre passeport, s'il vous plaît.
Señora, su pasaporte, por favor.

2 Quand on s'adresse à une ou plusieurs personnes qu'on vouvoie, on emploie **su**.

le vôtre, la vôtre, les vôtres

1 ▷ Notre maison est grande, mais la vôtre est plus jolie.
Nuestra casa es grande, pero la vuestra es más bonita.

▷ Excusez-moi, mon stylo ne marche pas, est-ce que je peux prendre le vôtre ?
Perdone, pero no funciona mi boli, ¿puedo coger el suyo?

1 Quand on s'adresse à plusieurs personnes qu'on tutoie, on emploie en espagnol le pronom **el vuestro, la vuestra, los vuestros, las vuestras.**
Quand on s'adresse à une ou plusieurs personnes qu'on vouvoie, on emploie **el suyo, la suya, los suyos, las suyas.**

2 ▷ Ces bonbons sont les vôtres, mangez-les.
Estos caramelos son vuestros, comedlos.
▷ Pardon, mesdames, est-ce que ces places sont les vôtres ?
Perdonen, señoras, ¿estos asientos son suyos?

2 Quand le pronom possessif suit le verbe **être**, il se traduit en espagnol par **vuestro, vuestra, vuestros, vuestras,** sans article, si on s'adresse à des personnes qu'on tutoie. S'il s'agit de personnes qu'on vouvoie, on emploie **suyo, suya, suyos, suyas.**

3 ▷ À la vôtre !
¡Salud!

3 Pour trinquer, on dit **¡salud!**

vouloir

1 ▷ Tu veux une pomme ?
¿Quieres una manzana?

1 (= désirer) **querer**

Suite page suivante

▷ Quentin veut être pilote d'avion.
Quentin quiere ser piloto de aviones.
▷ Mes parents veulent que je fasse du latin.
Mis padres quieren que estudie latín.
▷ Je voudrais un café, s'il vous plaît.
Quisiera un café, por favor.
▷ Que veut dire ce mot ?
¿Qué quiere decir esta palabra?
▷ Je l'ai fait sans le vouloir.
Lo hice sin querer.

► **vouloir faire** quelque chose : **querer hacer** algo
► **vouloir que : querer que**
► **vouloir dire : querer decir**
► **sans le vouloir : sin querer**

2 ▷ Je veux bien aller avec toi, mais je dois rentrer tôt.
No me molesta ir contigo, pero tengo que volver temprano.

2 ► **je veux bien** + infinitif (= ça ne me dérange pas) : **no me molesta** + infinitif

3 ▷ J'espère que tu ne m'en veux pas.
Espero que no estés resentido conmigo.
▷ Sabine m'en veut d'avoir cassé son stylo.
Sabine está resentida conmigo por haberle roto el boli.

3 ► **en vouloir à** quelqu'un : **estar resentido** *ou* **resentida con** alguien

ℹ *Notez la préposition utilisée en espagnol :* en vouloir à quelqu'un d'avoir... = *estar resentido con alguien por...*

ℹ *N'oubliez pas que **con** + **mí** ou **tí** devient **conmigo** ou **contigo**.*

vous

1 ▷ Vous voulez jouer avec nous ?
¿Queréis jugar con nosotros?
▷ Est-ce que vous pourriez m'aider, madame ?
¿Me podría ayudar, señora?
▷ Mesdames et messieurs, vous pouvez maintenant me poser des questions.
Señoras y señores, ahora pueden hacerme preguntas.

1 Quand **vous** est sujet, il ne se traduit généralement pas en espagnol.

2 ▷ Salut ! Je vous appellerai demain.
¡Hasta luego! Os llamaré mañana.
▷ Je peux vous aider, monsieur ?
¿Le puedo ayudar, señor?
▷ Madame, je vous raccompagne ?
Señora, ¿la acompaño?
▷ Je crois vous avoir déjà rencontrés.
Creo que ya les conozco.
▷ Nous voudrions vous féliciter, mesdemoiselles.
Quisiéramos felicitarlas, señoritas.

2 Quand **vous** est complément d'objet direct, il équivaut soit à **os** (plusieurs personnes qu'on tutoie), soit à **lo** (un homme qu'on vouvoie), soit à **la** (une femme qu'on vouvoie), soit à **los** (plusieurs hommes ou hommes + femmes qu'on vouvoie), soit à **las** (plusieurs femmes qu'on vouvoie).

ℹ *Bien que l'emploi des pronoms **lo** et **los** soit préconisé, en Espagne on emploie presque toujours **le** et **les** à la place.*

3 ▷ Je vais vous donner une récompense si vous travaillez bien.
Os voy a dar un premio si trabajáis bien.
▷ Je vais vous montrer la taille au-dessus.
Le voy a enseñar la talla superior.
▷ Messieurs, je voudrais vous poser une question.
Señores, quisiera hacerles una pregunta.

3 Quand **vous** est complément d'objet indirect, il se traduit soit par **os** (plusieurs personnes qu'on tutoie), soit par **le** (une personne qu'on vouvoie), soit par **les** (plusieurs personnes qu'on vouvoie).

4 ▷ Paul et Simon, je peux venir avec vous ?
Paul y Simon, ¿puedo ir con vosotros?
▷ C'est pour vous, les filles.
Esto es para vosotras, chicas.
▷ Les autres candidats sont plus âgés que vous.
Los demás candidatos son más mayores que usted.
▷ Je viens avec vous, mesdames, je vais vous montrer le chemin.
Voy con ustedes, señoras, les voy a indicar el camino.

4 Quand **vous** suit une préposition ou une conjonction, il équivaut soit à **vosotros** (plusieurs hommes ou hommes + femmes qu'on tutoie), soit à **vosotras** (plusieurs femmes qu'on tutoie), soit à **usted** (une personne qu'on vouvoie), soit à **ustedes** (plusieurs personnes qu'on vouvoie).

5 ▷ Servez-vous, les enfants.
Servíos, niños.
▷ Vous vous êtes fait mal, monsieur ?
¿Se ha hecho daño, señor?
▷ Est-ce que vous vous connaissez ?
¿Se conocen?

5 Le pronom réfléchi ou réciproque **vous** se traduit par **os** (plusieurs personnes qu'on tutoie) ou par **se** (une ou plusieurs personnes qu'on vouvoie).

vous-même

▷ Faites-le vous-même, je n'ai pas le temps.
Hágalo usted mismo, yo no tengo tiempo.

usted mismo (s'il s'agit d'un homme) *ou* **usted misma** (s'il s'agit d'une femme)

vous-mêmes

▷ Est-ce que vous avez peint la maison vous-mêmes ?
¿Habéis pintado la casa vosotros mismos?
▷ Mesdames, vous devrez décider vous-mêmes.
Señoras, tendrán que decidir ustedes mismas.

vosotros mismos (plusieurs hommes ou hommes + femmes qu'on tutoie), **vosotras mismas** (plusieurs femmes qu'on tutoie), **ustedes mismos** (plusieurs hommes ou hommes + femmes qu'on vouvoie), **ustedes mismas** (plusieurs femmes qu'on vouvoie).

vouvoyer

▷ Le prof de maths nous vouvoie.
El profesor de matemáticas nos trata de usted.

tratar de usted

voyage

el viaje

*Attention : après **viaje**, on emploie toujours la préposition **a** pour parler du lieu où on va en voyage.*

▷ Le voyage en Espagne s'est bien passé.
Nos fue bien el viaje a España.

► **faire un voyage : ir de viaje**

▷ Camille et Bob ont fait un voyage en Amérique du Sud.
Camille y Bob fueron de viaje a América del Sur.

► **partir en voyage : irse de viaje**

*Le pronom réfléchi fonctionne de la façon suivante en espagnol : **me** voy, **te** vas, **se** (singulier) va, **nos** vamos, **os** vais, **se** (pluriel) van.*

▷ Nos voisins partent en voyage ce soir.
Nuestros vecinos se van de viaje esta noche.

► **voyage organisé : viaje organizado** (pluriel : **viajes organizados**)

▷ Mes parents n'aiment pas les voyages organisés.
A mis padres no les gustan los viajes organizados.

► **voyage scolaire : viaje de estudios** (pluriel : **viajes de estudios**)

▷ Nous avons fait un voyage scolaire en Andalousie.
Hicimos un viaje de estudios a Andalucía.

voyager

viajar

▷ Karim a beaucoup voyagé.
Karim ha viajado mucho.

voyou

el gamberro

▷ Il y a une bande de voyous qui traîne sur la place.
Hay un grupo de gamberros que vagabundea por la plaza.

vrai, vraie

1 (= exact, réel) **verdadero, verdadera**

1 ▷ C'est une histoire vraie.
Es una historia verdadera.

2 Avec c'est ou ce n'est pas, on emploie le nom **verdad** plutôt que l'adjectif **verdadero**.

2 ▷ Ce n'est pas vrai, tu mens !
¡No es verdad, mientes!

3 ► **c'est pas vrai !** (quand on est agacé) : **¡no me lo puedo creer!**

3 ▷ C'est pas vrai, j'ai encore oublié mes clés !
¡No me lo puedo creer, otra vez me he olvidado las llaves!

4 (= authentique) **auténtico, auténtica**

*Remarquez que le mot espagnol porte sur le **e** un accent écrit qui reflète l'accent tonique.*

4 ▷ Est-ce que ce sont de vraies perles ?
¿Son perlas auténticas?

vraiment

1 ▻ Anne est vraiment sympa.
Anne es realmente simpática.

2 ▻ Est-ce qu'il t'a vraiment demandé de sortir avec lui ?
¿De verdad te ha pedido que salieras con él?

1 (= très) **realmente**

On peut dire aussi ***muy****.*

2 (= réellement) **de verdad**

VTT

▻ Aurélien a un VTT tout neuf.
Aurélien tiene una bicicleta todoterreno nueva.

▻ Je fais du VTT avec mon père le dimanche.
Monto en bicicleta todoterreno con mi padre los domingos.

la **bicicleta todoterreno** (pluriel : las bicicletas todoterreno)

► **faire du VTT : montar en bicicleta todoterreno**

vue

▻ Érika a des problèmes de vue.
Érika tiene problemas de vista.

▻ Ils ont une vue magnifique depuis leur maison.
Tienen una vista magnífica desde su casa.

la **vista**

vulgaire

▻ Ne sois pas si vulgaire !
¡No seas tan vulgar!

(= grossier) **vulgar** (pluriel : vulgares)

W-X-Y-Z

FRANÇAIS — ESPAGNOL

wagon

▻ Nos places sont dans le dernier wagon.
Nuestros asientos están en el último vagón.

el **vagón** (pluriel : los vagones)

ℹ *Il n'y a pas d'accent écrit au pluriel. L'accent tonique porte sur le* **o**, *comme au singulier.*

W.-C.

1 ▻ Je ne peux pas te le passer, il est aux W.-C.
No puedo ponerte con él, está en el baño.

1 (chez quelqu'un) el **baño**

ℹ *On peut dire aussi* ***el lavabo*** *ou* ***el váter***.

2 ▻ Les W.-C. sont au fond du restaurant.
Los servicios están al fondo del restaurante.

2 (dans un lieu public) los **servicios**

week-end

▻ Qu'est-ce que tu as fait le week-end dernier ?
¿Qué hiciste el fin de semana pasado?

▻ Bon week-end !
¡Buen fin de semana!

el **fin de semana** (pluriel : los fines de semana)

western

▻ Mon père regarde tous les westerns à la télévision.
Mi padre ve todas las películas del oeste en la tele.

la **película del oeste** (pluriel : las películas del oeste)

ℹ *Signifie littéralement* **film de l'Ouest**.

whisky

▻ Lambert nous a rapporté du whisky d'Écosse.
Lambert nos trajo whisky de Escocia.

el **whisky**

X

▻ Son nom commence par un X.
Su apellido empieza por una X.

la **X**

xénophobe

▷ Ces gens ont des idées xénophobes.
Esta gente tiene unas ideas xenófobas.
▷ Ce sont des xénophobes.
Son unos xenófobos.

xenófobo, xenófoba

*Remarquez que le mot espagnol porte sur le premier **o** un accent écrit qui reflète l'accent tonique.*

y

1 ▷ J'ai beaucoup aimé l'Espagne et j'aimerais y retourner.
Me gustó mucho España y me gustaría volver (allí).
▷ Tu viens à la piscine ? – Non, j'y suis déjà allé ce matin.
¿Vienes a la piscina? – No, ya fui esta mañana.

2 ▷ N'y pense pas.
No pienses en ello.
▷ N'y compte pas !
¡No cuentes con ello!

1 Quand **y** signifie **là-bas**, on peut soit le traduire par **allí**, soit ne pas le traduire.

2 Quand **y** remplace un nom, sa traduction en espagnol dépend du verbe : **penser à** = **pensar en** ; **y penser** = **pensar en ello** (au singulier) *ou* **pensar en ellos/ellas** (au pluriel). De même : **compter sur** = **contar con** ; **y compter** = **contar con ello**.

yaourt

▷ Tu veux un yaourt à la fraise ou à l'abricot ?
¿Quieres un yogur de fresa o de albaricoque?

el **yogur** (pluriel : los **yogures**)

yeux

Regardez le mot **œil**.

yoga

▷ Le yoga est bon pour les gens stressés.
El yoga es bueno para la gente estresada.
▷ Ma mère fait du yoga deux fois par semaine.
Mi madre hace yoga dos veces por semana.

el **yoga**

► **faire du yoga** : **hacer yoga**

yo-yo®

▷ Rebecca a un super yo-yo fluo.
Rebecca tiene un yoyó fluorescente muy guay.

el **yoyó** (pluriel : los **yoyós**)

*Remarquez que le mot espagnol porte sur le deuxième **o** un accent écrit qui reflète l'accent tonique.*

zapper

▷ Arrête de zapper, c'est énervant !
¡Deja de hacer zapping, que es exasperante!

hacer zapping

zèbre

▷ Les lions ont attaqué le zèbre.
Los leones atacaron la cebra.

la **cebra**

*Attention : contrairement au français, le mot espagnol **cebra** est féminin.*

zéro

▷ Tu as oublié un zéro à la fin.
Has olvidado un cero al final.
▷ Le Real Madrid a gagné deux à zéro.
El Real Madrid ganó dos a cero.

cero

zodiaque

▷ Tu es de quel signe du zodiaque ?
¿Cuál es tu signo del zodíaco?

► **signe du zodiaque :** el **signo del zodíaco** (pluriel : los **signos del zodíaco**)

*On peut aussi écrire **zodiaco**, sans accent sur le **i**.*

zone

▷ L'Espagne est dans la zone euro.
España está en la zona euro.
▷ Vous préférez la zone fumeurs ou non-fumeurs ?
¿Prefieren la zona de fumadores o de no fumadores?
▷ Ils habitent à côté de la zone industrielle.
Viven al lado de la zona industrial.

(= espace déterminé) la **zona**

► **zone fumeurs/non-fumeurs :** **zona de fumadores/no fumadores**

► **zone industrielle :** **zona industrial** (pluriel : **zonas industriales**)

zoo

▷ Nous avons visité le zoo avec l'école.
Visitamos el zoo con el colegio.

el **zoo**

zut !

▷ Zut, j'ai oublié mon portefeuille !
¡Mecachis, he olvidado la cartera!

¡mecachis !

ANNEXES

1 la conjugaison

➢ Les verbes réguliers

La langue espagnole compte 3 conjugaisons :

	verbe modèle	verbe pronominal
1re conjugaison	cant**ar**	burl**arse**
2e conjugaison	deb**er**	atrev**erse**
3e conjugaison	viv**ir**	evad**irse**

➢ Les verbes irréguliers

Quelques verbes espagnols ne se conjuguent pas de manière régulière à certaines personnes. Ce sont les verbes irréguliers dont vous trouverez les tableaux de conjugaison complets à leur place alphabétique dans la partie espagnol-français de ce dictionnaire.

andar
caber
caer
dar
decir (contradecir, etc.)
erguir
errar
estar
haber
hacer (deshacer, satisfacer, etc.)
ir
oír
oler
poder
poner (componer, disponer, imponer, oponer, suponer, etc.)
querer
reír (sonreír, etc.)
saber
salir
ser
tener (contener, detener, mantener, sostener, etc.)
traer (atraer, distraer, etc.)
valer
venir (convenir, prevenir, etc.)
ver
volver (devolver, revolver, etc.)

REMARQUE

Lorsqu'un verbe est irrégulier, tous les verbes dérivés se forment sur le même modèle.

exemple : tener > tengo / mantener > mantengo

2 ser et estar

Les verbes **ser** et **estar** se traduisent tous les deux par **être**.

L'une des difficultés de la langue espagnole est de choisir entre ces deux verbes. Pour simplifier, on peut dire que le verbe **être** se traduit par **ser** excepté dans les cas suivants, où l'on emploie **estar** :

➢ pour parler d'une **attitude physique** ou d'un **état** (qui résulte d'une action antérieure ou qui est lié à des circonstances occasionnelles)

Estaba de pie todo el día. J'étais debout toute la journée.

Mi ropa está mojada. Mes vêtements sont mouillés.

Su habitación está bien ordenada. Sa chambre est bien rangée.

Estoy triste desde su partida. Je suis triste depuis son départ.

¿Está bien? Vous allez bien ?

➢ pour exprimer une **opinion**

Estoy en contra. Je suis contre.

Estaba a favor. Il était pour.

➢ pour donner (de manière précise) la **date**, le **jour**, le **mois** ou la **saison**

Estamos a 29 de octubre. Nous sommes le 29 octobre.

Estamos en primavera. Nous sommes au printemps.

➢ pour **situer** quelque chose ou quelqu'un **dans l'espace** et **dans le temps**

Estoy en clase hasta las seis. Je suis en cours jusqu'à six heures.

Está en Madrid desde hace un mes. Il est à Madrid depuis un mois.

REMARQUES

- Pour donner la profession de quelqu'un, on utilise indifféremment **ser** ou **estar** :

Era profesora. Elle était professeur.

Está de médico en una clínica. Il est médecin dans une clinique.

- Certains adjectifs ont des sens différents selon qu'ils sont employés avec **ser** ou avec **estar** :

ser atento être attentionné ou gentil	*estar atento* être attentif
ser bueno être bon ou bien ou sage	*estar bueno* être en bonne santé
ser callado être peu bavard	*estar callado* être silencieux
ser cansado être fatigant	*estar cansado* être fatigué
ser delicado être délicat	*estar delicado* être souffrant
ser distraído être distrayant	*estar distraído* être distrait
ser grave être grave	*estar grave* être gravement malade
ser listo être vif ou intelligent ou malin	*estar listo* être prêt
ser malo être méchant	*estar malo* être malade
ser molesto être gênant	*estar molesto* être fâché
ser moreno être brun	*estar moreno* être bronzé
ser nervioso être nerveux (par nature)	*estar nervioso* être nerveux (dans une circonstance particulière) ou être énervé
ser orgulloso être orgueilleux	*estar orgulloso* être fier
ser vivo être vif	*estar vivo* être vivant

3 choisir la bonne préposition

Les prépositions sont des mots invariables. Comme en français, elles servent à lier un nom, un adjectif, un adverbe ou un verbe avec son complément.

En espagnol, certaines structures se construisent avec des prépositions différentes du français. Il faut donc être vigilant quant au choix des prépositions.

acercar **a** algo	rapprocher **de** quelque chose
aficionado **a** algo	amateur **de** quelque chose
amenazar **con** hacer algo	menacer **de** faire quelque chose
apresurarse **a** hacer algo	se dépêcher **de** faire quelque chose
aproximar **a** algo	approcher **de** quelque chose
arrimarse **a** algo	s'approcher **de** quelque chose ou s'appuyer **contre** quelque chose
atreverse **a** hacer algo	oser faire quelque chose
basarse **en** algo	se baser **sur** quelque chose
cercano **a** algo	près **de** quelque chose
tener la certeza **de** que...	avoir la certitude que...
tener la certidumbre **de** que...	avoir la certitude que...
conformarse **con** algo	se contenter **de** quelque chose
contento **con** algo	content **de** quelque chose
convenir **en** hacer algo	convenir **de** faire quelque chose
creer **en** algo	croire **à** quelque chose
debajo **de** algo	sous quelque chose
decidirse **por** hacer algo	se décider **à** faire quelque chose
delante **de** algo	devant quelque chose
descontento **con** algo	mécontent **de** quelque chose
detrás **de** algo	derrière quelque chose
difícil **de** hacer	difficile **à** faire
disfrazarse **de** algo	se déguiser **en** quelque chose
enterarse **de** algo	apprendre quelque chose
escapar **de** algo	échapper **à** quelque chose
estar **a** + date (*estar a 24 de mayo*)	être le + date (être le 24 mai)
estar **a** + température (*estar a 10°*)	faire + température (faire 10°)
ir **a** hacer algo	aller faire quelque chose
fácil **de** hacer	facile **à** faire
helado **de** ...	glace **à la**... / **au**...
huir **de** algo	fuir quelque chose
ilusionarse **con** algo	se réjouir **de** quelque chose
estar impaciente **por** hacer algo	être impatient **de** faire quelque chose

iniciar a alguien **en** algo	initier quelqu'un **à** quelque chose
largo **de** hacer	long **à** faire
ligar **con** alguien	draguer quelqu'un
por la mañana	le matin
tener miedo **a** algo	avoir peur **de** quelque chose
tener miedo **de** que...	avoir peur que...
necesario **para** algo	nécessaire **à** quelque chose
negarse **a** hacer algo	refuser **de** faire quelque chose
estar negro **con** alguien	être furieux **contre** quelqu'un
por la noche	le soir ou la nuit
obsequiar a alguien **con** algo	offrir quelque chose **à** quelqu'un
oler **a** algo	sentir quelque chose
participar **en** algo	participer **à** quelque chose
pasear(se) **por**...	se promener **dans**...
pensar **en** algo	penser **à** quelque chose
reconocer a alguien **por** algo	reconnaître quelqu'un **à** quelque chose
guardar rencor a alguien **por** algo	en vouloir à quelqu'un **de** quelque chose
saber **a** algo	avoir le goût **de** quelque chose
con sabor **a** algo	**au** goût **de** quelque chose
satisfecho **con** algo	satisfait **de** quelque chose
soñar **con** algo	rêver **de** quelque chose
tardar **en** hacer algo	mettre du temps **à** faire quelque chose ou prendre du temps **pour** faire quelque chose
por la tarde	l'après-midi ou le soir
trabajar **de**...	travailler **comme**...
unir **con** algo	unir **à** quelque chose
útil **para** algo	utile **à** quelque chose
estar **de** vacaciones	être **en** vacances
ir **de** vacaciones	partir **en** vacances
estar vestido **de**...	être habillé **en**...
vigilar **por** alguien	surveiller quelqu'un

REMARQUES

- On emploie la préposition **a** devant un complément d'objet direct qui représente une personne.
  Encontré a María en el camino del colegio. J'ai rencontré María sur le chemin de l'école.
- On emploie la préposition **a** après un verbe de mouvement.
  Voy a su casa. Je vais chez lui.

4 l'accent grammatical

En espagnol, l'accent écrit peut avoir une fonction grammaticale. Il permet dans ce cas de distinguer deux mots qui s'écrivent de la même manière mais qui n'ont pas la même catégorie grammaticale, ni le même sens.

adonde où (adverbe de lieu)
*Conoce bien la ciudad **adonde** voy.*
Il connaît bien la ville où je vais.

aquel ce (adjectif démonstratif)
***Aquel** chico es un buen alumno.*
Ce garçon est un bon élève.

aun même ou même si (adverbe)
***Aun** corriendo, llegaré tarde.*
Même en courant, j'arriverai en retard.

como comme (adverbe)
*El uno **como** el otro tocan piano.*
L'un comme l'autre jouent du piano.

cual quel(le) ou qui (pronom relatif)
*Es el chico con el **cual** me encontré ayer.*
C'est le garçon sur qui je suis tombé hier.

cuando quand ou lorsque (conjonction)
***Cuando** vengas, visitaremos museos.*
Quand tu viendras, nous visiterons des musées.

cuanto tout (ce que)
*Quiero leer **cuantas** novelas escribió.*
Je veux lire tous les livres qu'il a écrits.

donde où (adverbe de lieu)
*Fui en la ciudad **donde** yo nací.*
Je suis allé dans la ville où je suis né.

el le, l' (article défini)
***El** nuevo profesor es muy simpático.*
Le nouveau professeur est très sympathique.

ese, esa ce, cet, cette (adjectif démonstratif)
*Estoy de vacaciones **esa** semana.*
Je suis en vacances cette semaine-là.

adónde où (mot interrogatif ou exclamatif)
*¿**Adónde** vas?*
Où est-ce que tu vas ?

aquél celui-là (pronom démonstratif)
*Cuál quieres ? -**Aquél**.*
Lequel veux-tu ? - Celui-là.

aún encore (adverbe)
***Aún** no llegó.*
Il n'est pas encore arrivé.

cómo comment (mot interrogatif ou exclamatif)
*¿**Cómo** se llama?*
Comment vous appelez-vous ?

cúal quel ou lequel (mot interrogatif ou exclamatif)
*¿**Cuál** es tu apellido?*
Quel est ton nom de famille ?

cuándo quand (mot interrogatif ou exclamatif)
*¿**Cuándo** empiezan los examenes?*
Quand commencent les examens ?

cuánto combien (mot interrogatif ou exclamatif)
*¿**Cuánto** cuesta?*
Combien ça coûte ?

dónde où (mot interrogatif ou exclamatif)
*¿**Dónde** vive ahora?*
Où est-ce qu'il habite maintenant ?

él il (pron. pers. sujet) ou lui (pron. pers. comp.)
*Nunca hablé con **él**.*
Je n'ai jamais parlé avec lui.

ése, ésa celui-là, celle-là (pronom démonstratif)
***Ése** me parece mejor.*
Celui-là m'a l'air mieux.

mas mais (conjonction de coordination)

*Es feo, **mas** si de verdad te gusta, cómpratelo.*

C'est laid, mais si vraiment ça te plaît, achète-le toi.

mi mon, ma (adjectif possessif)

***Mi** gato tiene miedo al agua.*

Mon chat a peur de l'eau.

que que (pronom relatif)

*Es necesario **que** venga inmediatamente.*

Il faut que vous veniez immédiatement.

quien qui (pronom relatif)

*Es el hombre **quien** me indicó el camino.*

C'est l'homme qui m'a indiqué le chemin.

si si (conjonction)

***Si** hace buen tiempo, vamos a la playa.*

S'il fait beau, nous allons à la plage.

solo seul (adjectif)

*Mis padres me quedaron **solo** en casa.*

Mes parents m'ont laissé seul à la maison.

te te, t' (pronom personnel)

***Te** llamé por teléfono.*

Je t'ai téléphoné.

tu ton, ta (adjectif possessif)

*No me gusta **tu** nuevo abrigo.*

Je n'aime pas ton nouveau manteau.

más plus (adverbe)

*¿Quieres **más**?*

Tu en veux plus ?

mí moi (pronom personnel)

*Lo hizo para **mí**.*

Il l'a fait pour moi.

qué que ou quel(le) (mot interrogatif ou exclamatif)

*¿**Qué** dices?*

Que dis-tu ?

quién qui (mot interrogatif ou exclamatif)

*¿**Quién** te lo dijo?*

Qui te l'a dit ?

sí oui ou si (adverbe)

*¿Vienes? -**Sí**.*

Tu viens ? - Oui.

sólo seulement (adverbe)

***Sólo** tengo quince años, no puedo conducir.*

J'ai seulement quinze ans, je ne peux pas conduire.

té thé (nom)

*¿**Té** o café?*

Thé ou café ?

tú tu (pronom personnel)

***Tú** no sabes leer.*

Tu ne sais pas lire.

5 les faux amis

La langue espagnole compte un certain nombre de mots « pièges », qui ressemblent beaucoup au français mais qui n'ont pas le même sens. Ce sont des faux amis :

abandonarse se laisser aller
abrasar brûler
acostar coucher
afortunado heureux ou chanceux
aliñar assaisonner
alumbrar éclairer
anciano vieux
aniversario anniversaire (d'un événement)
anticipar faire une avance
apretar serrer
arena sable
asombrar étonner
atender être attentif
averiarse tomber en panne
bala balle (projectile)
batir battre (un record) ou battre (des ailes)
blusa chemisier
bombón chocolat
bravo féroce
carta lettre
charlatán bavard
cigala langoustine
codo coude
col chou
colocación emplacement ou emploi
constipado enrhumé
constiparse s'enrhumer
contestación réponse
contestar répondre
criar élever
débil faible
debilidad faiblesse
destreza habileté
disgustado déçu
disgustar contrarier
disgusto contrariété
diversión distraction
enfermar tomber malade
equipaje bagages
exprimir presser
factor facteur (cause)
fiero féroce
fracasar échouer
gafe personne qui porte la poisse
granja ferme
jubilación retraite
largo long
letra parole (d'une chanson)
limonada citronnade
maleta valise
máscara masque
nombre prénom
obsequio cadeau
pimienta poivre
pimiento poivron
placer plaire
polar polaire
poste poteau
quitar ôter ou enlever
refrán proverbe
regresar revenir ou rentrer
repartir partager ou distribuer
repasar réviser
restar soustraire
siglo siècle
subir monter
tabla planche
usar utiliser

espagnol
français

A

ESPAGNOL — FRANÇAIS

a *a plusieurs sens :*

1 **a** *peut signifier* à *quand il introduit un complément d'objet indirect.*

▷ Regalé un libro a mi amiga para su cumpleaños. J'ai offert un livre à mon amie pour son anniversaire.

2 **a** *s'emploie devant un complément d'objet direct représentant une personne ou un animal :*

▷ He visto a Juan. J'ai vu Juan.

3 **a** *peut signifier* par *quand il introduit une habitude ou une action répétée :*

▷ Tengo clases de violín una vez a la semana. J'ai cours de violon une fois par semaine.

4 **ir** + **a** + infinitif *sert à former le futur proche :* aller + infinitif.

▷ Voy a dormir. Je vais me coucher.

▷ ¿Hoy vas a trabajar? Tu vas travailler aujourd'hui ?

abajo *a plusieurs sens :*

1 **abajo** *peut signifier* en bas.

▷ Se te puede oír desde abajo. On peut t'entendre d'en bas.

► **de arriba abajo** de haut en bas.

2 **abajo** *peut signifier* dessous.

▷ Vive en el piso de abajo. Il habite dans l'appartement du dessous.

3 **abajo** *peut servir à exprimer* un mouvement vers le bas :

▷ Voy abajo. Je descends.

abandonar abandonner *ou* quitter.

► **abandonarse** se laisser aller.

▷ Como ahora sus padres no están, come cualquier cosa y se abandona. Comme ses parents ne sont pas là, elle mange n'importe quoi et se laisse aller.

> Attention ! abandonarse ne signifie pas « s'abandonner ».

Se conjugue sur le modèle de **cantar** (voir p. 903).

abandono abandon.

> **i** abandono peut également être une forme du verbe abandonar.
> ▷ No abandono los estudios. Je n'abandonne pas mes études.

abanico éventail.

abarcar comprendre (*au sens de « contenir »*).

▷ Este texto abarca ocho párrafos. Ce texte comprend huit paragraphes.

Attention ! Pour conserver le son /k/ de l'infinitif, le **-c** *de* **abarcar** *se transforme en* **-qu** *devant un* **-e** *:*

▷ No hay ninguna enciclopedia que abarque todo el saber humano. Il n'y a aucune encyclopédie qui comprenne tout le savoir humain.

Se conjugue sur le modèle de **cantar** (voir p. 903).

abastecer fournir.

Attention ! **abastecer** *appartient au groupe des verbes se terminant en* **-acer, -ecer, -ocer** *et* **-ucir** *qui sont irréguliers à la première personne du singulier du présent de l'indicatif et à toutes les personnes du subjonctif présent :*

INDICATIF PRÉSENT	SUBJONCTIF PRÉSENT
abaste**zco**	aste**zca**
abasteces	abaste**zcas**
abastece	abaste**zca**
abastecemos	abaste**zcamos**
abastecéis	abaste**zcáis**
abastecen	abaste**zcan**

Se conjugue sur le modèle de **deber** (voir p. 928).

abecedario alphabet.

abeja abeille.

abertura ouverture.

abierto, abierta ouvert(e).

abofetear gifler.

Se conjugue sur le modèle de **cantar** (voir p. 903).

abogado, abogada avocat(e) (= *juriste*).

abolladura bosse (*sur une voiture*).

abonar *a plusieurs sens :*

1 **abonar** *peut signifier* payer (*une facture ou une dette*).

2 **abonar** *peut signifier* mettre de l'engrais *ou* fertiliser.

3 ► **abonarse a** s'abonner à *ou* souscrire à.

Se conjugue sur le modèle de **cantar** (voir p. 903).

abono *a plusieurs sens :*

1 **abono** *peut signifier* paiement.

2 **abono** *peut signifier* engrais.

3 **abono** *peut signifier* abonnement.

> i abono peut également être une forme du verbe abonar.
> ▷ Me abono a esta revista. Je m'abonne à cette revue.

aborrecer détester.

▷ Le aborrezco. Je le déteste.

Attention ! **aborrecer** *appartient au groupe des verbes se terminant en* **-acer, -ecer, -ocer** *et* **-ucir** *qui sont irréguliers à la première personne du singulier du présent de l'indicatif et à toutes les personnes du subjonctif présent :*

INDICATIF PRÉSENT	SUBJONCTIF PRÉSENT
aborrezco	aborrezca
aborreces	aborrezcas
aborrece	aborrezca
aborrecemos	aborrezcamos
aborrecéis	aborrezcáis
aborrecen	aborrezcan

Se conjugue sur le modèle de **deber** (voir p. 928).

abortar avorter.

Se conjugue sur le modèle de **cantar** (voir p. 903).

abotonar boutonner.

Se conjugue sur le modèle de **cantar** (voir p. 903).

abrasador, abrasadora brûlant(e).

abrasar brûler.

> abrasar ne signifie pas « embrasser ».

Se conjugue sur le modèle de **cantar** (voir p. 903).

abrazar serrer dans ses bras.

■ *Dans ce mot, on reconnaît le lien avec le nom* **brazo** *qui signifie « bras ».*

Comme les verbes terminés en **-zar, abrazar** *subit des modifications orthographiques : le* **-z** *devient* **-c** *devant un* **-e** *:*

▷ Cuando llegó, le abracé. Quand il est arrivé, je l'ai serré dans mes bras.

Se conjugue sur le modèle de **cantar** (voir p. 903).

abrebotellas ouvre-bouteille.

■ *On remarque que ce mot composé est constitué du verbe* **abrir** *qui signifie « ouvrir » et du nom* **botella** *au pluriel qui signifie « bouteille ».*

■ **abrebotellas** *est masculin et invariable : un abrebotellas, dos abrebotellas.*

abrelatas ouvre-boîte.

■ *On remarque que ce mot composé est constitué du verbe* **abrir** *qui signifie « ouvrir » et du nom* **lata** *au pluriel qui signifie « boîte de conserve ».*

■ **abrelatas** *est masculin et invariable : un abrelatas, dos abrelatas.*

abreviar abréger.

Se conjugue sur le modèle de **cantar** (voir p. 903).

abreviatura abréviation.

abridor ouvre-boîte *ou* ouvre-bouteille.

■ *Comme la plupart des mots espagnols terminés par* **-or, abridor** *est masculin.*

abrigar tenir chaud.

▷ Esta manta abriga mucho. Cette couverture tient très chaud.

► **abrigarse** se couvrir (*avec un vêtement*).

▷ Hay que abrigarse antes de salir. Il faut se couvrir avant de sortir.

Attention ! Pour conserver le son /g/ de l'infinitif, le **-g** *de* **abrigar** *se transforme en* **-gu** *devant un* **-e** *:*

▷ Mientras esta cazadora me abrigue, no necesito comprar un abrigo. Tant que ce blouson me tient chaud, je n'ai pas besoin d'acheter un manteau.

Se conjugue sur le modèle de **cantar** (voir p. 903).

abrigo *a plusieurs sens :*

1 **abrigo** *peut signifier* manteau.

2 **abrigo** *peut signifier* abri *ou* refuge.

> i abrigo peut également être une forme du verbe abrigar.
> ▷ Me abrigo con una chaqueta. Je me couvre avec une veste.

abril avril.

abrir ouvrir.

📖 *Le participe passé du verbe* **abrir** *est irrégulier :* **abierto**.

📖 *Se conjugue sur le modèle de* **vivir** (voir p. 1109).

abrochar *a plusieurs sens :*

1 **abrochar** *peut signifier* boutonner.

2 **abrochar** *peut signifier* attacher.

▷ En coche, es obligatorio abrocharse el cinturón. En voiture, il est obligatoire d'attacher sa ceinture.

📖 *Se conjugue sur le modèle de* **cantar** (voir p. 903).

absoluto, absoluta absolu(e).

► **en absoluto** pas du tout *ou* absolument pas.

abstracto, abstracta abstrait(e).

abuela grand-mère.

abuelo grand-père.

► **los abuelos** les grands-parents.

aburrido, aburrida ennuyeux(-euse).

► **estar aburrido** s'ennuyer.

> ℹ aburrido peut également être le participe passé du verbe aburrir.

aburrimiento ennui.

aburrir ennuyer.

► **aburrirse** s'ennuyer.

📖 *Se conjugue sur le modèle de* **vivir** (voir p. 1109).

acá ici.

■ **Acá**, *comme* **aquí**, *désigne un lieu proche de celui qui parle.*

▷ ¡Ven acá! Viens ici !

acabar *a plusieurs sens :*

1 **acabar** *peut signifier* finir.

▷ He acabado el trabajo. J'ai fini le travail.

2 **acabar** *peut servir à exprimer le fait qu'*il n'y a plus de quelque chose :

▷ Se ha acabado la leche. Il n'y a plus de lait.

► **acabar con** mettre fin à *ou* en finir avec.

▷ Hay que acabar con la violencia en el colegio. Il faut en finir avec la violence à l'école.

► **acabar de** venir de (= *passé proche*).

▷ Acabo de leerlo. Je viens de le lire.

► **acabar por hacer** *ou* **acabar haciendo** finir par faire.

▷ Acabó por confesar *ou* Acabó confesando. Il a fini par avouer.

📖 *Se conjugue sur le modèle de* **cantar** (voir p. 903).

academia *a plusieurs sens :*

1 **academia** *peut signifier* académie.

2 **academia** *peut signifier* école privée.

► **la Real Academia de la Lengua Española** l'Académie Royale de la Langue espagnole (= *équivalent espagnol de l'Académie française*).

acampada camping.

► **ir de acampada** faire du camping.

■ **acampada** *est féminin.*

acampar faire du camping.

📖 *Se conjugue sur le modèle de* **cantar** (voir p. 903).

acantilado falaise.

■ **acantilado** *est masculin.*

acariciar caresser.

📖 *Se conjugue sur le modèle de* **cantar** (voir p. 903).

acarrear *a plusieurs sens :*

1 **acarrear** *peut signifier* transporter.

2 **acarrear** *peut signifier* occasionner *ou* provoquer.

▷ La tormenta acarreó enormes pérdidas. La tempête a provoqué d'énormes dégâts.

📖 *Se conjugue sur le modèle de* **cantar** (voir p. 903).

acaso peut-être.

► **por si acaso** au cas où.

▷ Graba el fichero, por si acaso. Sauvegarde ton fichier au cas où.

acatarrarse s'enrhumer.

■ *Dans ce mot, on reconnaît le lien avec le nom* **catarro** *qui signifie « rhume ».*

📖 *Se conjugue sur le modèle de* **burlarse** (voir p. 898).

accesorio accessoire.

accidentado *a des sens différents selon sa catégorie grammaticale :*

> *Ce peut être un* ADJECTIF :

1 **accidentado, accidentada** *peut signifier* mouvementé(e) *ou* agité(e).

▷ El último día de clase fue muy accidentado. Le dernier jour de classe a été très mouvementé.

2 **accidentado, accidentada** *peut signifier* accidenté(e).

> *Ce peut être un* NOM :

accidentado *signifie* accidenté (= *une personne qui a eu un accident*).

accidente accident.

acción action.

■ *Ce mot, comme la plupart des mots espagnols terminés par* **-ción** *ou* **-sión**, *est féminin.*

aceite huile.

■ **aceite** *est masculin.*

aceituna olive.

acento accent.

> Attention ! Il n'y a qu'un seul -c à acento.

aceptar accepter.

> Attention ! Il n'y a qu'un seul -c à aceptar.

Se conjugue sur le modèle de cantar (voir p. 903).

acera trottoir.

■ **acera** *est féminin.*

acerca de de *ou* sur *ou* à propos de *ou* au sujet de.

▷ Tuvimos un curso acerca de la Edad Media. Nous avons eu un cours sur le Moyen Âge.

acercar rapprocher.

▷ Acércate a la pizarra si no puedes leer bien. Rapproche-toi du tableau si tu ne peux pas bien lire.

> Attention à l'emploi de la préposition a dans acercar a algo (rapprocher de quelque chose).

► **acercarse** approcher.

▷ La tormenta se acerca. L'orage approche.

Attention ! Pour conserver le son /k/ de l'infinitif, le -c *de* acercar *se transforme en* -qu *devant un* -e :

▷ Me acerqué demasiado. Je me suis trop approché.

Se conjugue sur le modèle de cantar (voir p. 903).

acero acier.

acertado, acertada bon(ne) *ou* juste *ou* correct(e).

▷ Todas mis respuestas estaban acertadas. Toutes mes réponses étaient justes.

▷ Era una decisión acertada. C'était une bonne décision.

> ℹ acertado peut également être le participe passé du verbe acertar.

acertar *a plusieurs sens :*

1 **acertar** *peut signifier* trouver.

▷ Ha acertado el acertijo. Il a trouvé la réponse à la devinette.

2 **acertar** *peut signifier* arriver à *ou* réussir.

▷ No acierto a comprender. Je n'arrive pas à comprendre.

acertar *est un verbe à diphtongue. Le* **-e** *devient* **-ie** *aux trois personnes du singulier et à la troisième personne du pluriel au présent de l'indicatif et du subjonctif :*

INDICATIF PRÉSENT	SUBJONCTIF PRÉSENT
acierto	acierte
aciertas	aciertes
acierta	acierte
acertamos	acertemos
acertáis	acertéis
aciertan	acierten

Se conjugue sur le modèle de cantar (voir p. 903).

acertijo devinette.

■ **acertijo** *est masculin.*

acidez acidité.

■ **acidez** *est féminin.*

ácido acide.

acierto bonne réponse *ou* bonne idée.

> ℹ acierto peut également être une forme du verbe acertar.
> ▷ No acierto a comprender. Je n'arrive pas à comprendre.

aclarar *a plusieurs sens :*

1 **aclarar** *peut signifier* éclaircir (*au sens de « rendre plus clair » ou au sens de « tirer au clair »*).

► **aclararse** y voir clair.

▷ No me aclaro. Je n'arrive pas à y voir clair.

2 **aclarar** *peut signifier* rincer.

Se conjugue sur le modèle de cantar (voir p. 903).

acogedor, acogedora accueillant(e).

acoger accueillir.

Attention ! Pour conserver le son /x/ de l'infinitif, le -g *de* acoger *se transforme en* -j *devant un* -a *ou un* -o :

▷ Todos los veranos, acojo a un amigo mejicano. Tous les étés j'accueille un ami mexicain.

Dans ce mot, on reconnaît le verbe coger. *Ils se conjuguent de la même manière.*

acomodar installer *ou* placer (*des personnes*).

Se conjugue sur le modèle de cantar (voir p. 903).

acompañar accompagner.

Se conjugue sur le modèle de **cantar** (voir p. 903).

aconsejar conseiller.

Se conjugue sur le modèle de **cantar** (voir p. 903).

acontecimiento événement.

acordar décider *ou* se mettre d'accord.

▷ Ambos gobiernos han acordado firmar la paz. Les deux gouvernements se sont mis d'accord pour signer la paix.

► **acordarse de** se souvenir de.

▷ No me acuerdo de él. Je ne me souviens pas de lui.

acordar *est un verbe à diphtongue. Le* **-o** *devient* **-ue** *aux trois personnes du singulier et à la troisième personne du pluriel au présent de l'indicatif et du subjonctif :*

INDICATIF PRÉSENT	SUBJONCTIF PRÉSENT
acuerdo	acuerde
acuerdas	acuerdes
acuerda	acuerde
acordamos	acordemos
acordáis	acordéis
acuerdan	acuerden

Se conjugue sur le modèle de **cantar** (voir p. 903).

acostar coucher.

► **acostarse** se coucher.

► **acostarse con alguien** coucher avec quelqu'un.

Attention ! **acostar** ne signifie pas « accoster ».

acostar *est un verbe à diphtongue. Le* **-o** *devient* **-ue** *aux trois personnes du singulier et à la troisième personne du pluriel au présent de l'indicatif et du subjonctif :*

INDICATIF PRÉSENT	SUBJONCTIF PRÉSENT
acuesto	acueste
acuestas	acuestes
acuesta	acueste
acostamos	acostemos
acostáis	acostéis
acuestan	acuesten

Se conjugue sur le modèle de **cantar** (voir p. 903).

acostumbrado, acostumbrada habitué(e).

i **acostumbrado** peut également être le participe passé du verbe **acostumbrar**.

acostumbrar *a plusieurs catégories grammaticales :*

> *Ce peut être un* VERBE TRANSITIF :

acostumbrar *signifie* habituer.

> *Ce peut être un* VERBE INTRANSITIF :

acostumbrar *signifie* avoir l'habitude de.

Se conjugue sur le modèle de **cantar** (voir p. 903).

actitud attitude.

■ *Ce mot, comme la plupart des mots espagnols terminés par* **-tad, -dad** *et* **-tud,** *est féminin.*

acto *a plusieurs sens :*

1 **acto** *peut signifier* acte (*au sens d'« action » ou au sens de « partie d'une pièce de théâtre »*).

▷ Somos responsables de nuestros actos. Nous sommes responsables de nos actes.

2 **acto** *peut signifier* cérémonie.

3 ► **en el acto** sur-le-champ.

actor acteur.

■ *Comme la plupart des mots espagnols terminés par* **-or, actor** *est masculin.*

actriz actrice.

actual actuel.

actualidad actualité.

■ *Ce mot, comme la plupart des mots espagnols terminés par* **-tad, -dad** *et* **-tud,** *est féminin.*

actuar *a plusieurs sens :*

1 **actuar** *peut signifier* agir.

2 **actuar** *peut signifier* jouer (*un rôle*).

Attention ! **actuar** *subit une modification de l'accentuation : le* **-u** *se transforme en* **-ú** *aux trois personnes du singulier et à la troisième personne du pluriel au présent, au subjonctif et à l'impératif.*

INDICATIF PRÉSENT	SUBJONCTIF PRÉSENT	IMPÉRATIF
actúo	actúe	
actúas	actúes	actúa
actúa	actúe	actúe
actuamos	actuemos	actuemos
actuáis	actuéis	actuad
actúan	actúen	actúen

Se conjugue sur le modèle de **cantar** (voir p. 903).

acuario *a plusieurs sens :*

1 **Acuario** *peut signifier* Verseau (= *signe astrologique*).

2 **acuario** *peut signifier* aquarium.

acuático, acuática aquatique.

acudir aller *ou* se rendre.

▷ Nunca acudió a la cita. Elle ne s'est jamais rendue au rendez-vous.

Se conjugue sur le modèle de vivir (voir p. 1109).

acuerdo accord.

► **de acuerdo** d'accord.

> **i** acuerdo peut également être une forme du verbe acordar.
> ▷ No me acuerdo. Je ne me souviens pas.

acunar bercer.

■ *Dans ce mot, on reconnaît le nom* cuna *qui signifie « berceau ».*

Se conjugue sur le modèle de cantar (voir p. 903).

acusación accusation.

> Attention à l'orthographe de acusación, acusado et acusar.

■ *Ce mot, comme la plupart des mots espagnols terminés par* -ción *ou* -sión, *est féminin.*

acusado, acusada accusé(e).

acusar accuser.

Se conjugue sur le modèle de cantar (voir p. 903).

adecuar adapter.

Attention ! adecuar *subit une modification de l'accentuation : le* -u *se transforme en* -ú *aux trois personnes du singulier et à la troisième personne du pluriel au présent, au subjonctif et à l'impératif.*

INDICATIF PRÉSENT	SUBJONCTIF PRÉSENT	IMPÉRATIF
adecúo	adecúe	
adecúas	adecúes	adecúa
adecúa	adecúe	adecúe
adecuamos	adecuemos	adecuemos
adecuáis	adecuéis	adecuad
adecúan	adecúen	adecúen

Se conjugue sur le modèle de cantar (voir p. 903).

adelantado, adelantada en avance *ou* précoce (*en parlant d'une personne*) *ou* avancé(e) (*en parlant de travaux par exemple*).

► **por adelantado** à l'avance.

> **i** adelantado peut également être le participe passé du verbe adelantar.

adelantar *a plusieurs sens :*

1 adelantar *peut signifier* avancer.

2 adelantar *peut signifier* doubler (*une voiture*).

Se conjugue sur le modèle de cantar (voir p. 903).

adelante en avant.

► **en adelante** désormais *ou* dorénavant.

► **más adelante** plus tard *ou* plus loin.

► **¡Adelante!** Entrez ! *ou* Allez ! (*encouragement*).

adelanto progrès.

adelgazar maigrir.

■ *Dans ce mot, on reconnaît le lien avec l'adjectif* delgado *qui signifie « maigre ».*

Les verbes terminés en -zar *subissent des modifications orthographiques : le* -z *devient* -c *devant un* -e *:*

▷ El médico me ha dicho que es necesario que adelgace. Le médecin m'a dit qu'il faut que je maigrisse.

Se conjugue sur le modèle de cantar (voir p. 903).

además en plus.

adentro à l'intérieur.

adición addition (*mathématique*).

> Attention ! Il n'y a qu'un seul -d à adición. Les seules consonnes qui peuvent redoubler en espagnol sont le -c, le -r, le -l et le -n.

■ *Ce mot, comme la plupart des mots espagnols terminés par* -ción *ou* -sión, *est féminin.*

adicto, adicta dépendant(e).

adinerado, adinerada riche.

■ *Dans ce mot, on reconnaît le lien avec le nom* dinero *qui signifie « argent ».*

adiós au revoir.

adivinar deviner.

Se conjugue sur le modèle de cantar (voir p. 903).

adjetivo adjectif.

adjunto *a plusieurs sens selon sa catégorie grammaticale :*

> *Ce peut être un* ADJECTIF *:*

adjunto, adjunta *signifie* ci-joint.

▷ **Encontrará adjunto mi currículum vítae.** Vous trouverez ci-joint mon curriculum vitae.

> *Ce peut être un* NOM :
adjunto, adjunta *signifie* assistant(e).

> **i** adjunto peut également être une forme du verbe adjuntar.
> ▷ Adjunto un cheque para los libros. Je joins un chèque pour les livres.

admiración *a plusieurs sens :*

1 **admiración** *peut signifier* étonnement.

► **signo de admiración** point d'exclamation.

2 **admiración** *peut signifier* admiration.

■ *Ce mot, comme la plupart des mots espagnols terminés par* **-ción** *ou* **-sión**, *est féminin.*

admitir admettre.

Se conjugue sur le modèle de **vivir** (voir p. 1109).

adonde (sans accent) *est l'adverbe de lieu* où.

▷ No sé adonde voy. Je ne sais pas où je vais.

> Attention à l'accent grammatical : il ne faut pas confondre adonde adverbe de lieu, et adónde mot interrogatif et exclamatif.

adónde (avec accent) *est le mot interrogatif et exclamatif* où.

▷ ¿Adónde voy? Où est-ce que je vais?

> Attention à l'accent grammatical : il ne faut pas confondre adónde mot interrogatif et exclamatif, et adonde adverbe de lieu.

adoptar adopter.

Se conjugue sur le modèle de **cantar** (voir p. 903).

adorar adorer.

Se conjugue sur le modèle de **cantar** (voir p. 903).

adormecer endormir.

Attention ! **adormecer** *appartient au groupe des verbes se terminant en* **-acer, -ecer, -ocer** *et* **-ucir** *qui sont irréguliers à la première personne du singulier du présent de l'indicatif et à toutes les personnes du subjonctif présent :*

INDICATIF PRÉSENT	SUBJONCTIF PRÉSENT
adormezco	adormezca
adormeces	adormezcas
adormece	adormezca
adormecemos	adormezcamos
adormecéis	adormezcáis
adormecen	adormezcan

Se conjugue sur le modèle de **deber** (voir p. 928).

adornar décorer.

Se conjugue sur le modèle de **cantar** (voir p. 903).

adorno décoration.

■ **adorno** *est masculin.*

> **i** adorno peut également être une forme du verbe adornar.
> ▷ Yo adorno el árbol de Navidad, ¿vale? C'est moi qui décore le sapin de Noël, d'accord ?

adquirir prendre *ou* acquérir.

adquirir *est un verbe à diphtongue. Le* **-i** *devient* **-ie** *aux trois personnes du singulier et à la troisième personne du pluriel au présent de l'indicatif et du subjonctif :*

INDICATIF PRÉSENT	SUBJONCTIF PRÉSENT
adquiero	adquiera
adquieres	adquieras
adquiere	adquiera
adquirimos	adquiramos
adquirís	adquiráis
adquieren	adquieran

Se conjugue sur le modèle de **vivir** (voir p. 1109).

adrede exprès.

adverbio adverbe.

advertencia avertissement.

■ **advertencia** *est féminin.*

advertir *a plusieurs sens :*

1 **advertir** *peut signifier* se rendre compte.

2 **advertir** *peut signifier* prévenir *ou* avertir.

advertir *est un verbe à diphtongue. Le* **-e** *devient* **-ie** *aux trois personnes du singulier et à la troisième personne du pluriel au présent de l'indicatif et du subjonctif :*

INDICATIF PRÉSENT	SUBJONCTIF PRÉSENT
advierto	advierta
adviertes	adviertas
advierte	advierta
advertimos	advertamos
advertís	advirtáis
advierten	adviertan

Se conjugue sur le modèle de **vivir** (voir p. 1109).

aeropuerto aéroport.

afecto affection.

▷ Le tengo mucho afecto. J'ai beaucoup d'affection pour lui.

■ **afecto** *est masculin.*

afectuoso, afectuosa affectueux(-euse).

afeitarse se raser.

📖 *Se conjugue sur le modèle de* **burlarse** (voir p. 898).

afición *a plusieurs sens :*

1 **afición** *peut signifier* passion *ou* passe-temps.
2 **afición** *peut signifier* aficionados.
▷ La afición grita mucho durante las corridas. Les aficionados crient beaucoup pendant les corridas.

■ *Ce mot, comme la plupart des mots espagnols terminés par* **-ción** *ou* **-sión**, *est féminin.*

aficionado, aficionada amateur, amatrice.

▷ Es muy aficionado a la ópera. C'est un grand amateur d'opéra.

Attention à l'emploi de la préposition **a** dans **aficionado a** (amateur de).

afilado, afilada pointu(e).

ℹ **afilado** peut également être le participe passé du verbe **afilar**.

afilar tailler.

📖 *Se conjugue sur le modèle de* **cantar** (voir p. 903).

afirmar affirmer *ou* dire oui.

📖 *Se conjugue sur le modèle de* **cantar** (voir p. 903).

afortunado, afortunada heureux(-euse) *ou* chanceux(-euse).

afortunado ne signifie pas « fortuné ».

África Afrique.

africano, africana africain(e) *ou* Africain(e).

afuera dehors.

► **las afueras** les environs *ou* la banlieue.

agacharse se baisser *ou* s'accroupir.

📖 *Se conjugue sur le modèle de* **burlarse** (voir p. 898).

agarrar attraper.

► **agarrarse** se tenir *ou* s'accrocher.
► **¡agárrate!** tiens-toi bien !
▷ ¡Agárrate! ¡Ganamos! Tiens-toi bien ! On a gagné !

📖 *Se conjugue sur le modèle de* **cantar** (voir p. 903).

ágil agile.

agobiar *a plusieurs sens :*

1 **agobiar** *peut signifier* stresser.
2 **agobiar** *peut signifier* étouffer.

📖 *Se conjugue sur le modèle de* **cantar** (voir p. 903).

agosto août.

agotado, agotada épuisé(e).

agotar épuiser.

📖 *Se conjugue sur le modèle de* **cantar** (voir p. 903).

agradable agréable.

agradecer remercier.

► **estar agradecido** être reconnaissant.

📖 *Attention !* **agradecer** *appartient au groupe des verbes se terminant en* **-acer, -ecer, -ocer** *et* **-ucir** *qui sont irréguliers à la première personne du singulier du présent de l'indicatif et à toutes les personnes du subjonctif présent :*

INDICATIF PRÉSENT	SUBJONCTIF PRÉSENT
agrade**zco**	agrade**zca**
agradeces	agrade**zcas**
agradece	agrade**zca**
agradecemos	agrade**zcamos**
agradecéis	agrade**zcáis**
agradecen	agrade**zcan**

📖 *Se conjugue sur le modèle de* **deber** (voir p. 928).

agravar aggraver.

📖 *Se conjugue sur le modèle de* **cantar** (voir p. 903).

agredir agresser *ou* injurier.

📖 *Se conjugue sur le modèle de* **vivir** (voir p. 1109).

agregar ajouter *ou* associer.

► **agregarse a algo** se joindre à quelque chose.

📖 *Attention ! Pour conserver le son /g/ de l'infinitif, le* **-g** *de* **agregar** *se transforme en* **-gu** *devant un* **-e** *:*

▷ Insistió para que se agregue a nuestro grupo. Il a insisté pour qu'il se joigne à notre groupe.

📖 *Se conjugue sur le modèle de* **cantar** (voir p. 903).

agrupación groupement (*de personnes ou de choses*) *ou* association (*de personnes*).

▷ En el colegio, tenemos una agrupación para los discapacitados. À l'école, nous avons une association pour les handicapés.

■ *Ce mot, comme la plupart des mots espagnols terminés par* **-ción** *ou* **-sión**, *est féminin.*

aguacate avocat (= *fruit*).

agrupar grouper.

► **agruparse** se réunir.

Se conjugue sur le modèle de **cantar** (voir p. 903).

agua eau.

► **agua con gas** eau gazeuse.
► **agua corriente** eau courante.
► **agua del grifo** eau du robinet.
► **agua sin gas** eau plate.

■ **agua** *est féminin.*

■ *Attention ! On emploie* **el** *ou* **un** *au lieu de* **la** *ou* **una** *devant un nom féminin singulier commençant par* **a-** *ou* **ha-** *si cette syllabe porte l'accent tonique :*
▷ Prefiero el agua sin gas. Je préfère l'eau plate.

aguantar *a plusieurs sens :*

1 **aguantar** *peut signifier* soutenir.
▷ Éstas columnas aguantan el edificio. Ces colonnes soutiennent l'immeuble.

2 **aguantar** *peut signifier* supporter.
▷ No puedo aguantarlo más. Je ne peux plus le supporter.

3 **aguantar** *peut signifier* tenir (*au sens de « résister »*).
▷ Si os sentáis encima, la mesa no va a aguantar. Si vous vous asseyez dessus, la table ne va pas tenir.

4 ► **aguantarse de** se retenir de.
▷ No podía aguantarse la risa. Il ne pouvait pas se retenir de rire.

Se conjugue sur le modèle de **cantar** (voir p. 903).

agudo, aguda aigu(ë) *ou* pointu(e).

águila aigle.

■ **águila** *est féminin.*

■ *Attention ! On emploie* **el** *ou* **un** *au lieu de* **la** *ou* **una** *devant un nom féminin singulier commençant par* **a-** *ou* **ha-** *si cette syllabe porte l'accent tonique :*
▷ El águila es una rapaz. L'aigle est un rapace.

aguja aiguille.

agujero trou.

ahí là.

■ **ahí** *ne désigne ni un lieu proche de celui qui parle, ni un lieu éloigné : il désigne un lieu intermédiaire.*

ahogar se noyer *ou* étouffer.

Attention ! Pour conserver le son / g / de l'infinitif, le **-g** *de* **ahogar** *se transforme en* **-gu** *devant un* **-e** *:*
▷ Los socorristas vigilan que nadie se ahogue. Les maîtres nageurs veillent à ce que personne ne se noie.

Se conjugue sur le modèle de **cantar** (voir p. 903).

ahora maintenant.

► **ahora mismo** tout de suite.
► **por ahora** pour l'instant.
► **de ahora en adelante** dorénavant.
► **desde ahora** à partir de maintenant.
► **¡hasta ahora!** à tout à l'heure !

ahorcar pendre (*une personne*).

Attention ! Pour conserver le son / k / de l'infinitif, le **-c** *de* **ahorcar** *se transforme en* **-qu** *devant un* **-e** *:*
▷ ...para que no se ahorque. ...pour qu'il ne se pende pas.

Se conjugue sur le modèle de **cantar** (voir p. 903).

ahorrar économiser.

Se conjugue sur le modèle de **cantar** (voir p. 903).

ahorro économie.

■ **ahorro** *est masculin.*

aire air (*que l'on respire*) *ou* vent.

► **al aire libre** en plein air.

airear *a plusieurs sens :*

1 **airear** *peut signifier* aérer.

2 **airear** *peut signifier* dévoiler (*un secret*).

Se conjugue sur le modèle de **cantar** (voir p. 903).

aislar isoler.

■ *Dans ce mot, on reconnaît le lien avec le nom* **isla** *qui signifie « île ».*

Se conjugue sur le modèle de **cantar** (voir p. 903).

ajedrez échecs (= *jeu*).

ajeno, ajena *a plusieurs sens :*

1 **ajeno, ajena** *peut signifier* d'un autre.
▷ Las desgracias ajenas me afectan. Les malheurs des autres me touchent.

2 **ajeno, ajena** *peut signifier* étranger(ère).
▷ Estoy totalmente ajena a este tipo de problema. Je suis complètement étrangère à ce genre de problème.

ajetreo agitation.

■ **ajetreo** *est masculin.*

ajo ail.

► **diente de ajo** gousse d'ail.
► **en el ajo** dans le coup.

en el ajo est une expression familière.

ajustado, ajustada serré(e) (*en parlant de vêtements*).

al *a plusieurs sens :*

■ **al** *est la contraction de* **a** *et* **el**.

1 **al** *peut signifier* à l' *ou* au.

▷ A él no le gusta ir al instituto. Il n'aime pas aller au lycée.

2 **al** *peut signifier* chez.

▷ Tengo que ir al médico. Je dois aller chez le médecin.

3 **al** + infinitif *sert à exprimer deux actions simultanées :*

▷ Al llegar ya no había nadie. Quand il est arrivé, il n'y avait plus personne.

■ **al** + infinitif *se traduit le plus souvent par le gérondif* (**en** + participe présent).

▷ No se habla al comer. On ne parle pas en mangeant.

ala aile.

■ **ala** *est féminin.*

■ *Attention ! On emploie* **el** *ou* **un** *au lieu de* **la** *ou* **una** *devant un nom féminin singulier commençant par* **a-** *ou* **ha-** *si cette syllabe porte l'accent tonique :*

▷ Recogí un pájaro con un ala herida. J'ai recueilli un oiseau avec une aile cassée.

alarde

► **hacer alarde de algo** se vanter de quelque chose.

alargar allonger *ou* prolonger.

📖 *Attention ! Pour conserver le son / g / de l'infinitif, le* **-g** *de* **alargar** *se transforme en* **-gu** *devant un* **-e** *:*

▷ Dudo que alarguemos las vacaciones. Je doute que nous prolongions les vacances.

📖 *Se conjugue sur le modèle de* **cantar** (voir p. 903).

alba aube.

■ **alba** *est féminin.*

■ *Attention ! On emploie* **el** *ou* **un** *au lieu de* **la** *ou* **una** *devant un nom féminin singulier commençant par* **a-** *ou* **ha-** *si cette syllabe porte l'accent tonique :*

▷ Nos levantamos al alba. Nous nous sommes levés à l'aube.

albañil maçon.

albaricoque abricot.

albergue refuge.

► **albergue juvenil** auberge de jeunesse.

■ **albergue** *est masculin.*

albornoz peignoir (*de bain*).

alcachofa artichaut.

alcalde, alcaldesa maire.

alcaldía mairie.

alcanzar *a plusieurs sens :*

1 **alcanzar** *peut signifier* atteindre.

2 **alcanzar** *peut signifier* suffire.

▷ No me alcanza. Necesito más. Ça ne me suffit pas. Il m'en faut plus.

📖 *Les verbes terminés en* **-zar** *subissent des modifications orthographiques : le* **-z** *devient* **-c** *devant un* **-e** *:*

▷ Alcancé mi objetivo. J'ai atteint mon objectif.

📖 *Se conjugue sur le modèle de* **cantar** (voir p. 903).

alcohol alcool.

alcohólico, alcohólica *a plusieurs sens selon sa catégorie grammaticale :*

> *Ce peut être un* ADJECTIF *:*

alcohólico, alcohólica *signifie* alcoolisé(e).

> *Ce peut être un* NOM *:*

alcohólico *signifie* alcoolique.

aldea hameau *ou* petit village.

■ **aldea** *est féminin.*

aldeano, aldeana villageois(e).

alegrar égayer.

► **alegrarse (de)** être content (de).

📖 *Se conjugue sur le modèle de* **cantar** (voir p. 903).

alegre content *ou* gai.

alegría joie *ou* bonheur.

alejar éloigner.

■ *Dans ce mot, on reconnaît le lien avec l'adverbe* **lejos** *qui signifie « loin ».*

📖 *Se conjugue sur le modèle de* **cantar** (voir p. 903).

alemán, alemana allemand(e) *ou* Allemand(e).

alentador, alentadora encourageant(e).

alentar encourager.

📖 **alentar** *est un verbe à diphtongue. Le* **-e** *devient* **-ie** *aux trois personnes du singulier et à la troisième personne du pluriel au présent de l'indicatif et du subjonctif :*

INDICATIF PRÉSENT	SUBJONCTIF PRÉSENT
aliento	aliente
alientas	alientes
alienta	aliente
alentamos	alentemos
alentáis	alentéis
alientan	alienten

Se conjugue sur le modèle de **cantar** (voir p. 903).

alerta alerte.

► **estar alerta** être vigilant.

aleta *a plusieurs sens :*

1 **aleta** *peut signifier* nageoire.

2 **aleta** *peut signifier* palme (*d'un plongeur*).

3 **aleta** *peut signifier* narine.

alfiler épingle.

■ **alfiler** *est masculin.*

alfombra tapis.

■ **alfombra** *est féminin.*

alfombrilla paillasson.

■ **alfombrilla** *est féminin.*

algo *a plusieurs sens :*

1 **algo** *peut signifier* quelque chose.

▷ Tenemos que hacer algo para salvarlo. Nous devons faire quelque chose pour le sauver.

2 **algo** *peut signifier* un peu.

▷ Está algo mejor desde unos días. Il va un peu mieux depuis quelques jours.

► **algo de** un peu de.

▷ Para preparar una paella se necesita algo de azafrán. Pour préparer une paella on a besoin d'un peu de safran.

algodón coton.

alguien quelqu'un.

algún *est la forme apocopée de* **alguno**.

▷ Iré algún día. J'irai un jour.

■ *L'apocope est la suppression d'une ou plusieurs lettres à la fin d'un mot.* **Alguno** *s'apocope en* **algún** *devant un nom masculin singulier.*

alguno, alguna *a plusieurs sens :*

1 **alguno, alguna** *peut signifier* quelque *ou* un *ou* une.

▷ Soló necesito algunos días de vacaciones. J'ai seulement besoin de quelques jours de vacances.

2 *Dans une phrase négative,* **alguno, alguna** *peut signifier* aucun.

▷ Eso no tiene interés alguno. Ceci est sans aucun intérêt.

► **algunos, algunas** certains, certaines.

alimentar nourrir *ou* manger.

Se conjugue sur le modèle de **cantar** (voir p. 903).

alimento nourriture.

> **i** **alimento** peut également être une forme du verbe **alimentar**.
> ▷ No me alimento bastante con legumbres. Je ne mange pas assez de légumes.

■ **alimento** *est masculin.*

aliento *a plusieurs sens :*

1 **aliento** *peut signifier* haleine *ou* souffle.

2 **aliento** *peut signifier* courage.

aliñar assaisonner.

> Attention ! **aliñar** ne signifie pas « aligner ».

Se conjugue sur le modèle de **cantar** (voir p. 903).

aliviar soulager.

Se conjugue sur le modèle de **cantar** (voir p. 903).

alivio soulagement.

allá *a plusieurs sens :*

1 **allá** *peut signifier* là-bas.

▷ **Siéntate allá.** Assieds-toi là-bas.

■ **allá**, *comme* **allí**, *sert à désigner* un lieu qui est éloigné de celui qui parle.

2 **allá** *peut signifier* y *pour indiquer un déplacement.*

▷ Voy allá todos los días. J'y vais tous les jours.

► **más allá** plus loin.

► **el más allá** l'au-delà.

allí *a plusieurs sens :*

1 **allí** *peut signifier* là-bas.

■ **allí**, *comme* **allá**, *sert à désigner* un lieu qui est éloigné de celui qui parle.

2 **allí** *peut signifier* y *pour indiquer un déplacement.*

▷ Va para allí. Il y va.

► **allí + estar** voilà.

▷ Allí están tus amigos. Voilà tes copains.

alma âme.

■ **alma** *est féminin.*

■ *Attention ! On emploie* **el** *ou* **un** *au lieu de* **la** *ou* **una** *devant un nom féminin singulier commençant par* **a-** *ou* **ha-** *si cette syllabe porte l'accent tonique :*

► **sentir algo en el alma** regretter quelque chose du fond du cœur.

almacén magasin.

■ almacén *est masculin.*

almendra amande.

almíbar sirop.

■ almíbar *est masculin.*

almohada oreiller.

■ almohada *est féminin.*

almohadón coussin.

■ almohadón *est masculin.*

almorzar déjeuner (= *manger le midi*).

📖 *Les verbes terminés en* -zar *subissent des modifications orthographiques : le* -z *devient* -c *devant un* -e. *De plus,* almorzar *est un verbe à diphtongue. Le* -o *devient* -ue *aux trois personnes du singulier et à la troisième personne du pluriel au présent de l'indicatif et du subjonctif :*

INDICATIF PRÉSENT	SUBJONCTIF PRÉSENT
almuerzo	almuerce
almuerzas	almuerces
almuerza	almuerce
almorzamos	almorcemos
almorzáis	almorcéis
almuerzan	almuercen

📖 *Se conjugue sur le modèle de* cantar (voir p. 903).

almuerzo déjeuner (= *repas de midi*).

> ℹ almuerzo peut également être une forme du verbe almorzar :
> ▷ En general, almuerzo temprano. En général, je déjeune tôt.

alojamiento logement.

alojar loger.

📖 *Se conjugue sur le modèle de* cantar (voir p. 903).

alquilar louer (*un appartement par exemple*).

📖 *Se conjugue sur le modèle de* cantar (voir p. 903).

alquiler loyer *ou* location.

■ alquiler *est masculin.*

alquitrán goudron.

■ alquitrán *est masculin.*

alrededor autour.

▷ Hay campos alrededor de mi casa. Il y a des champs autour de ma maison.

► **los alrededores** les alentours.

altavoz haut-parleur.

■ altavoz *est masculin.*

alterarse *a plusieurs sens :*

1 alterarse *peut signifier* s'énerver.

2 alterarse *peut signifier* s'abîmer.

📖 *Se conjugue sur le modèle de* burlarse (voir p. 898).

alternar alterner.

► **alternar con alguien** fréquenter quelqu'un.

📖 *Se conjugue sur le modèle de* cantar (voir p. 903).

alterno, alterna alternatif(-ive).

► **días alternos** un jour sur deux.

> ℹ alterno et alterna peuvent également être des formes du verbe alternar.
> ▷ Alterno con él desde hace ocho años. Je le fréquente depuis huit ans.

alteza altesse.

alto *a plusieurs sens selon sa catégorie grammaticale :*

> *Ce peut être un* ADJECTIF :

1 alto, alta *peut signifier* haut *ou* élevé (*en parlant de la taille de quelque chose*).

▷ El Mulhacén es la cima más alta de la Península Ibérica. Le Mulhacén est le sommet le plus haut de la Péninsule ibérique.

2 alto, alta *peut signifier* grand (*en parlant de la taille de quelqu'un*).

▷ Es el chico más alto de la clase. C'est le garçon le plus grand de la classe.

3 alto, alta *peut signifier* fort (*en parlant du volume sonore*).

▷ ¡No pongas la música tan alta! Ne mets pas la musique si fort !

> *Ce peut être un* NOM :

1 alto *peut signifier* hauteur.

▷ El rascacielos hará 250 metros de alto. Le gratte-ciel fera 250 mètres de hauteur.

2 alto *peut signifier* halte.

■ alto *est masculin.*

altura hauteur *ou* altitude.

alubia haricot.

■ **alubia** *est féminin.*

aludir a faire allusion à.

Se conjugue sur le modèle de **vivir** (voir p. 1109).

alumbrar éclairer.

> Attention ! **alumbrar** ne signifie pas « allumer ».

Se conjugue sur le modèle de **cantar** (voir p. 903).

alumno, alumna élève.

alza hausse.

■ **alza** *est féminin.*

■ *Attention ! On emploie* **el** *ou* **un** *au lieu de* **la** *ou* **una** *devant un nom féminin singulier commençant par* **a-** *ou* **ha-** *si cette syllabe porte l'accent tonique :*

▷ El alza de los precios fue muy rápida. La hausse des prix a été très rapide.

> **i** **alza** peut également être une forme du verbe **alzar.**
> ▷ Alza la voz. Il parle plus fort.

alzar lever *ou* élever *ou* hausser.

▷ ¡Que alcen la mano todos los alumnos que no hayan hecho los ejercicios! Que tous les élèves qui n'ont pas fait leurs exercices lèvent la main !

► **alzarse** se lever *ou* se soulever *ou* se révolter.

► **alzar la voz** parler plus fort.

Comme la plupart des verbes terminés en **-zar, alzar** *subit des modifications orthographiques : le* **-z** *devient* **-c** *devant un* **-e.**

▷ No quiero que nadie alce la mano. Je ne veux pas qu'on lève la main.

Se conjugue sur le modèle de **cantar** (voir p. 903).

amable aimable.

amanecer *a plusieurs sens selon sa catégorie grammaticale :*

> *Ce peut être un* NOM :

amanecer *signifie* lever du jour.

■ **amanecer** *est masculin.*

> *Ce peut être un* VERBE :

1 **amanecer** *peut signifier* commencer à faire jour.

2 **amanecer** *peut signifier* se réveiller.

Attention ! **amanecer** *appartient au groupe des verbes se terminant en* **-acer, -ecer, -ocer** *et* **-ucir** *qui sont irréguliers à la première personne du singulier du présent de l'indicatif et à toutes les personnes du subjonctif présent :*

INDICATIF PRÉSENT	SUBJONCTIF PRÉSENT
amanezco	amanezca
amaneces	amanezcas
amanece	amanezca
amanecemos	amanezcamos
amanecéis	amanezcáis
amanecen	amanezcan

Se conjugue sur le modèle de **deber** (voir p. 928).

amapola coquelicot.

■ **amapola** *est féminin.*

amar aimer.

Se conjugue sur le modèle de **cantar** (voir p. 903).

amarillo, amarilla jaune.

ámbar *a plusieurs sens selon sa catégorie grammaticale :*

> *Ce peut être un* ADJECTIF :

ámbar *signifie* orange (*en parlant des feux de signalisation*).

▷ El semáforo está en ámbar. Le feu est orange.

> *Ce peut être un* NOM :

ámbar *signifie* ambre.

■ **ámbar** *est masculin.*

ambiente atmosphère *ou* ambiance.

► **el medio ambiente** l'environnement.

■ **ambiente** *est masculin.*

ambos, ambas les deux *ou* tou(te)s les deux.

▷ Conozco a María y a Lucía. Ambas son españolas. Je connais María et Lucía. Elles sont toutes les deux espagnoles.

amenaza menace.

> **i** **amenaza** peut également être une forme du verbe **amenazar.**
> ▷ Nos amenaza con decir lo todo al profesor. Il nous menace de tout dire au professeur.

amenazar menacer.

Comme la plupart des verbes terminés en **-zar, amenazar** *subit des modifications orthographiques : le* **-z** *devient* **-c** *devant un* **-e.**

▷ Les amenacé con irme. Je les ai menacés de m'en aller.

> Attention à l'emploi de la préposition **con** dans **amenazar con hacer algo** (menacer de faire quelque chose).

Se conjugue sur le modèle de **cantar** (voir p. 903).

ameno, amena agréable.

América Amérique.

► **América Central** Amérique centrale.
► **América Latina** Amérique latine.
► **América del Norte** Amérique du Nord.
► **América del Sur** Amérique du Sud.

americano, americana américain(e) *ou* Américain(e).

amistad amitié.

► **las amistades** les amis.

▪ *Ce mot, comme la plupart des mots espagnols terminés par* **-tad, -dad** *et* **-tud,** *est féminin.*

amo, ama *a plusieurs sens :*

1 **amo** *peut signifier* maître (*d'un animal par exemple*).

2 **amo** *peut signifier* propriétaire.

► **ama de casa** femme au foyer.

> ℹ **amo** et **ama** peuvent également être des formes du verbe **amar**.
> ▷ **Le amo con locura.** Je l'aime à la folie.

amor amour.

▪ *Comme la plupart des mots espagnols terminés par* **-or, amor** *est masculin.*

amoroso, amorosa affectueux(-euse) *ou* amoureux(-euse).

amparar protéger.

► **ampararse** s'abriter.

📖 *Se conjugue sur le modèle de* **cantar** (voir p. 903).

amparo protection.

> ℹ **amparo** peut également être une forme du verbe **amparar**.
> ▷ **Te amparo.** Je te protège.

▪ **amparo** *est masculin.*

amplio, amplia grand(e) *ou* vaste.

amuleto porte-bonheur.

análisis analyse.

▪ **análisis** *est masculin et invariable :* ***el análisis, los análisis.***

analizar analyser.

📖 *Comme la plupart des verbes terminés en* **-zar, analizar** *subit des modifications orthographiques : le* **-z** *devient* **-c** *devant un* **-e.**

▷ **Tal vez no analices bien el problema.** Peut-être que tu n'analyses pas bien le problème.

📖 *Se conjugue sur le modèle de* **cantar** (voir p. 903).

ancho *a plusieurs catégories grammaticales :*

> *Ce peut être un* ADJECTIF :

ancho, ancha *signifie* large.

> *Ce peut être un* NOM :

ancho *signifie* largeur.

▪ **ancho** *est masculin.*

anchoa anchois.

▪ **anchoa** *est féminin.*

anchura largeur.

anciano, anciana *a plusieurs catégories grammaticales :*

> *Ce peut être un* ADJECTIF :

anciano, anciana *signifie* vieux, vieille.

> Attention ! **anciano** ne signifie pas « ancien ».

> *Ce peut être un* NOM :

anciano, anciana *signifie* personne âgée *ou* vieillard.

Andalucía Andalousie.

andar *a plusieurs sens :*

1 **andar** *peut signifier* marcher.

▷ **Anda por la calle.** Il marche dans la rue.

2 **andar** *peut signifier* aller.

▷ **Andamos al colegio en bicicleta.** Nous allons à l'école à vélo.

1 **andar** *peut signifier* fonctionner *ou* marcher.

▷ **Mi despertador no anda bien.** Mon réveil ne marche pas bien.

► **¡Anda!** Allez ! (*pour encourager*).
► **andar con cuidado** faire attention.
► **andarse con rodeos** tourner autour du pot.
► **andar haciendo algo** être en train de faire quelque chose.

▷ **¡Siempre anda molestando!** Il est toujours en train de nous déranger !

📖 **andar** *est un verbe irrégulier (voir tableau page suivante).*

andén quai.

Andorra Andorre.

ángel ange.

► **ángel de la guardia** ange gardien.

anginas angine.

▪ **anginas** *est féminin pluriel.*

anguila anguille.

ANDAR

INDICATIF				CONDITIONNEL
PRÉSENT	IMPARFAIT	PASSÉ SIMPLE	FUTUR	PRÉSENT
ando	andaba	and**uve**	andaré	andaría
andas	andabas	and**uviste**	andarás	andarías
anda	andaba	and**uvo**	andará	andaría
andamos	andábamos	and**uvimos**	andaremos	andaríamos
andáis	andabáis	and**uvisteis**	andaréis	andaríais
andan	andaban	and**uvieron**	andarán	andarían

SUBJONCTIF		IMPÉRATIF		
PRÉSENT	IMPARFAIT	PRÉSENT		
ande	and**uviera**		INFINITIF	andar
andes	and**uvieras**	anda		
ande	and**uviera**	ande	PARTICIPE	andado
andemos	and**uviéramos**	andemos		
andéis	and**uvierais**	andad	GÉRONDIF	andando
anden	and**uvieran**	anden		

ángulo angle.

angustia angoisse.

angustiar angoisser.

angustioso, angustiosa angoissant(e).

anilla anneau.

anillo bague.

animar *a plusieurs sens :*

1 **animar** *peut signifier* animer (*au sens de « mettre de l'animation »*).

2 **animar** *peut signifier* encourager.

► **animar a alguien** remonter le moral à quelqu'un.

📖 *Se conjugue sur le modèle de* **cantar** (voir p. 903).

ánimo courage.

► **estado de ánimo** état d'esprit.

animoso, animosa courageux (-euse).

aniversario anniversaire (= *commémoration d'un événement*).

Attention ! **aniversario** ne signifie pas « anniversaire de naissance ».

anoche hier soir.

anochecer *a des sens différents selon sa catégorie grammaticale :*

> *Ce peut être un* NOM :

anochecer *signifie* tombée de la nuit.

■ **anochecer** *est masculin.*

> *Ce peut être un* VERBE :

anochecer *signifie* faire nuit.

📖 **anochecer** *est un verbe impersonnel, il ne se conjugue qu'à la troisième personne du singulier : indicatif présent* **anochece**, *subjonctif présent* **anochezca**.

anónimo, anónima anonyme.

► **un anónimo** une lettre anonyme.

anotar noter.

📖 *Se conjugue sur le modèle de* **cantar** (voir p. 903).

ansia anxiété *ou* désir.

■ **ansia** *est féminin.*

■ *Attention ! On emploie* **el** *ou* **un** *au lieu de* **la** *ou* **una** *devant un nom féminin singulier commençant par* **a-** *ou* **ha-** *si cette syllabe porte l'accent tonique :*

▷ **El ansia de saber de este niño era desmesurada.** Le désir de connaissance de cet enfant était démesuré.

ansiar désirer.

📖 *Attention !* **ansiar** *subit une modification de l'accentuation : le* **-i** *se transforme en* **-í** *aux trois personnes du singulier et à la troisième personne du pluriel au présent, au subjonctif et à l'impératif.*

Voir tableau page suivante.

INDICATIF PRÉSENT	SUBJONCTIF PRÉSENT	IMPÉRATIF
ansío	ansíe	
ansías	ansíes	ansía
ansía	ansíe	ansíe
ansiamos	ansiemos	ansiemos
ansiáis	ansiéis	ansiad
ansían	ansíen	ansíen

📖 *Se conjugue sur le modèle de* **cantar** (voir p. 903).

ansiedad anxiété.

■ *Ce mot, comme la plupart des mots espagnols terminés par* **-tad, -dad** *et* **-tud,** *est féminin.*

ansioso, ansiosa impatient(e).

Antártico Antarctique.

► **el Antártico** l'Antarctique.

ante devant.

Attention ! Ne pas confondre **ante** et **antes** qui signifie « avant ».

antepasados ancêtres.

anterior précédent.

antes avant.

► **anteanoche** avant-hier soir.

► **anteayer** avant-hier.

Attention ! Ne pas confondre **antes** et **ante** qui signifie « devant ».

anticipar faire une avance.

Attention ! **anticipar** ne signifie pas « anticiper ».

► **anticiparse** devancer *ou* prévenir *ou* être en avance.

📖 *Se conjugue sur le modèle de* **cantar** (voir p. 903).

antifaz masque.

■ *Dans ce mot, on reconnaît la préposition* **ante** *qui signifie « devant » et le nom* **faz** *qui signifie « visage ».*

■ **antifaz** *est masculin.*

antigüedad antiquité.

■ *Ce mot, comme la plupart des mots espagnols terminés par* **-tad, -dad** *et* **-tud,** *est féminin.*

antiguo, antigua ancien(ne).

anular annuler.

Attention ! Il n'y a qu'un seul **-n** à **anular.**

📖 *Se conjugue sur le modèle de* **cantar** (voir p. 903).

anunciar *a plusieurs sens :*

1 **anunciar algo** *peut signifier* annoncer quelque chose.

2 **anunciar algo** *peut signifier* faire la publicité pour quelque chose.

📖 *Se conjugue sur le modèle de* **cantar** (voir p. 903).

anuncio *a plusieurs sens :*

1 **anuncio** *peut signifier* annonce.

2 **anuncio** *peut signifier* publicité.

■ **anuncio** *est masculin.*

ℹ **anuncio** peut également être une forme du verbe **anunciar.**
▷ **¿Le anuncio la buena noticia ahora o más tarde?** Je lui annonce la bonne nouvelle maintenant ou plus tard ?

añadir ajouter.

📖 *Se conjugue sur le modèle de* **vivir** (voir p. 1109).

añicos petits morceaux.

► **hacer algo añicos** casser quelque chose en petits morceaux.

año an *ou* année.

▷ **Isabela tiene 15 años.** Isabela a 15 ans.

▷ **Un año tiene 365 días.** Il y a 365 jours dans une année.

► **en el año ...** en ...

▷ **Nació en el año 1980.** Il est né en 1980.

► **¡Feliz Año Nuevo!** Bonne année !

apagar éteindre.

📖 *Attention ! Pour conserver le son /g/ de l'infinitif, le* **-g** *de* **apagar** *se transforme en* **-gu** *devant un* **-e** *:*

▷ **¡No apague la luz!** N'éteignez pas la lumière !

📖 *Se conjugue sur le modèle de* **cantar** (voir p. 903).

apagón coupure de courant.

■ **apagón** *est masculin.*

aparador *a plusieurs sens :*

1 **aparador** *peut signifier* vitrine.

2 **aparador** *peut signifier* buffet (= *meuble*).

■ *Comme la plupart des mots espagnols terminés par* **-or, aparador** *est masculin.*

aparato appareil.

aparcamiento place de parking.

aparcar se garer.

Attention ! Pour conserver le son / k / de l'infinitif, le **-c** *de* **aparcar** *se transforme en* **-qu** *devant un* **-e** *:*

▷ **No aparqué muy lejos.** Je ne me suis pas garé très loin.

Se conjugue sur le modèle de **cantar** (voir p. 903).

aparecer *a plusieurs sens :*

1 **aparecer** *peut signifier* apparaître (*au sens de « se montrer »*).

2 **aparecer** *peut signifier* paraître (*en parlant d'un livre par exemple*).

Attention ! **aparecer** *appartient au groupe des verbes se terminant en* **-acer, -ecer, -ocer** *et* **-ucir** *qui sont irréguliers à la première personne du singulier du présent de l'indicatif et à toutes les personnes du subjonctif présent :*

INDICATIF PRÉSENT	SUBJONCTIF PRÉSENT
apare**zco**	apare**zca**
apareces	apare**zcas**
aparece	apare**zca**
aparecemos	apare**zcamos**
aparecéis	apare**zcáis**
aparecen	apare**zcan**

Se conjugue sur le modèle de **deber** (voir p. 928).

aparentar faire semblant.

▷ **Aparenta cólera.** Il fait semblant d'être en colère.

Se conjugue sur le modèle de **cantar** (voir p. 903).

aparición apparition.

■ *Ce mot, comme la plupart des mots espagnols terminés par* **-ción** *ou* **-sión**, *est féminin.*

apariencia apparence.

apartamento appartement.

apartar écarter *ou* mettre de côté.

Se conjugue sur le modèle de **cantar** (voir p. 903).

aparte à part *ou* de côté.

▷ **El dependiente me lo puso aparte.** Le vendeur me l'a mis de côté.

▷ **Parece vivir en un mundo aparte.** On a l'impression qu'il vit dans un monde à part.

► **a parte de** *peut signifier* à part (*dans le sens de « à l'exception de »*).

▷ **Aparte del mal tiempo, la excursión fue estupenda.** Mis à part le mauvais temps, l'excursion était géniale.

► **a parte de** *peut signifier* en plus de.

▷ **Aparte de caro, este apartamento es demasiado pequeño.** En plus d'être cher, cet appartement est trop petit.

apasionante passionnant(e).

apasionar passionner.

Se conjugue sur le modèle de **cantar** (voir p. 903).

apego attachement.

apellido nom de famille.

apenas *a plusieurs sens :*

1 **apenas** *peut signifier* à peine.

2 **apenas** *peut signifier* aussitôt.

apertura ouverture.

apestar puer.

Se conjugue sur le modèle de **cantar** (voir p. 903).

apetecer *est un verbe qu'on emploie pour dire que* quelque chose nous fait envie.

▷ **Me apetece un helado.** J'ai envie d'une glace.

▷ **Les apetece un pedazo de pastel.** Ils ont envie d'une part de gâteau.

■ *La plupart des verbes qui expriment un sentiment ou une sensation en espagnol se construisent différemment du français ; l'exemple le plus courant est le verbe* **gustar**. *Le sujet français* (je, tu, il, nous, vous, ils) *devient le complément espagnol* (**me, te, se, nos, os, les**) :

▷ **¿Te apetecen caramelos?** Tu as envie de bonbons ? (*littéralement : les bonbons font envie à toi ?*)

apetito appétit.

apiadarse avoir pitié.

Se conjugue sur le modèle de **burlarse** (voir p. 898).

aplastar écraser.

Se conjugue sur le modèle de **cantar** (voir p. 903).

aplaudir applaudir.

Se conjugue sur le modèle de **vivir** (voir p. 1109).

aplauso applaudissement.

aplicar appliquer.

Attention ! Pour conserver le son / k / de l'infinitif, le **-c** *de* **aplicar** *se transforme en* **-qu** *devant un* **-e** *:*

▷ **Para hacer este trabajo me apliqué.** Pour faire ce travail je me suis appliqué.

Se conjugue sur le modèle de **cantar** (voir p. 903).

apodo surnom.

aposta exprès.

apostarse *a plusieurs sens :*

1 **apostarse** *peut signifier* parier.

► **¿Qué te apuestas a que...?** On parie combien que... ?

2 **apostarse** *peut signifier* se poster.

▷ Se apostó contra la máquina expendedora de bebidas. Il s'est posté contre le distributeur de boissons.

📖 **apostarse**, *au sens de « parier », est un verbe à diphtongue. Le* **-o** *devient* **-ue** *aux trois personnes du singulier et à la troisième personne du pluriel au présent de l'indicatif et du subjonctif :*

INDICATIF PRÉSENT	SUBJONCTIF PRÉSENT
me apuesto	me apueste
te apuestas	te apuestes
se apuesta	se apueste
nos apostamos	nos apostemos
os apostáis	os apostéis
se apuestan	se apuesten

📖 *Se conjugue sur le modèle de* **burlarse** (voir p. 898).

apóstrofo apostrophe.

■ **apóstrofo** *est masculin.*

apoyar appuyer.

📖 *Se conjugue sur le modèle de* **cantar** (voir p. 903).

apoyo appui.

> ℹ apoyo peut également être une forme du verbe apoyar.
> ▷ Me apoyo contra la pared. Je m'appuie contre le mur.

apreciar apprécier.

📖 *Se conjugue sur le modèle de* **cantar** (voir p. 903).

aprender apprendre.

► **aprender de memoria** *ou* **aprender de carretilla** apprendre par cœur.

📖 *Se conjugue sur le modèle de* **deber** (voir p. 928).

aprendizaje apprentissage.

apresar *a plusieurs sens :*

1 **apresar** *peut signifier* arrêter (*en parlant de la police*).

2 **apresar** *peut signifier* saisir (*en parlant de la police*).

📖 *Se conjugue sur le modèle de* **cantar** (voir p. 903).

apresurarse se dépêcher.

► **Al salir de clase se apresura a volver a casa.** Quand il sort de classe, il se dépêche de rentrer chez lui.

> Attention à l'emploi de la préposition a dans apresurarse a hacer algo (se dépêcher de faire quelque chose).

📖 *Se conjugue sur le modèle de* **burlarse** (voir p. 898).

apretar *a plusieurs sens :*

1 **apretar** *peut signifier* serrer.

► **apretar la mano a alguien** serrer la main à quelqu'un.

2 **apretar** *peut signifier* presser *ou* appuyer sur (*un bouton, par exemple*).

> apretar ne signifie pas « apprêter ».

📖 **apretar** *est un verbe à diphtongue. Le* **-e** *devient* **-ie** *aux trois personnes du singulier et à la troisième personne du pluriel au présent de l'indicatif et du subjonctif :*

INDICATIF PRÉSENT	SUBJONCTIF PRÉSENT
aprieto	apriete
aprietas	aprietes
aprieta	apriete
apretamos	apretemos
apretáis	apretéis
aprietan	aprieten

📖 *Se conjugue sur le modèle de* **cantar** (voir p. 903).

apretón bousculade.

► **apretón de mano** poignée de main.

■ **apretón** *est masculin.*

aprieto gêne *ou* embarras.

► **estar en un aprieto** être dans l'embarras.

► **poner a alguien en un aprieto** mettre quelqu'un dans l'embarras *ou* embarrasser quelqu'un.

> ℹ aprieto peut également être une forme du verbe apretar.
> ▷ Le aprieto la mano. Je lui serre la main.

aprisa vite.

aprisionar emprisonner.

■ *Dans ce mot, on reconnaît le lien avec le nom* **prisión** *qui signifie « prison ».*

📖 *Se conjugue sur le modèle de* **cantar** (voir p. 903).

aprobar *a plusieurs sens selon sa catégorie grammaticale :*

> *Ce peut être un* VERBE TRANSITIF *:*

1 **aprobar** *peut signifier* approuver.

2 **aprobar** *peut signifier* être reçu (*à un examen*).

> *Ce peut être un* VERBE INTRANSITIF :

aprobar *signifie* réussir (*un examen*).

aprobar *est un verbe à diphtongue. Le* **-o** *devient* **-ue** *aux trois personnes du singulier et à la troisième personne du pluriel au présent de l'indicatif et du subjonctif :*

INDICATIF PRÉSENT	SUBJONCTIF PRÉSENT
apruebo	apruebe
apruebas	apruebes
aprueba	apruebe
aprobamos	aprobemos
aprobáis	aprobéis
aprueban	aprueben

Se conjugue sur le modèle de **cantar** (voir p. 903).

apropiarse s'approprier.

Se conjugue sur le modèle de **cantar** (voir p. 903).

aprovechar profiter.

► **aprovecharse de** profiter de (*au sens péjoratif*).

► **¡que aproveche!** bon appétit !

Se conjugue sur le modèle de **cantar** (voir p. 903).

aproximadamente à peu près.

aproximar approcher.

▷ ¡No te aproximes al acantilado, que es demasiado peligroso! N'approche pas de la falaise, c'est trop dangereux !

Attention à l'emploi de la préposition **a** dans **aproximar a algo** (approcher de quelque chose).

Se conjugue sur le modèle de **cantar** (voir p. 903).

apuesta pari.

i **apuesta** peut également être une forme du verbe **apostar**.
▷ Apuesta siempre por el mismo caballo. Il parie toujours sur le même cheval.

■ **apuesta** *est féminin.*

apuntar *a plusieurs sens :*

1 **apuntar** *peut signifier* noter *ou* prendre des notes.

2 **apuntar** *peut signifier* viser.

3 **apuntar** *peut signifier* montrer.

► **apuntarse** s'inscrire.

Se conjugue sur le modèle de **cantar** (voir p. 903).

apunte note.

► **tomar apuntes** prendre des notes.

■ **apunte** *est masculin.*

apuñalar poignarder.

■ *Dans ce mot, on reconnaît le nom* **puñal** *qui signifie « poignard ».*

Se conjugue sur le modèle de **cantar** (voir p. 903).

apurarse *a plusieurs sens :*

1 **apurarse** *peut signifier* se dépêcher.

2 **apurarse** *peut signifier* s'inquiéter.

▷ No se apure usted. Ne vous inquiétez pas.

Se conjugue sur le modèle de **burlarse** (voir p. 898).

aquél, aquélla, aquéllos, aquéllas (avec accent) celui-là, celle-là, ceux-là, celles-là.

▷ **Entre todos, aquél es mi preferido.** Entre tous, c'est celui-ci mon préféré.

■ **aquél** (avec accent) *est le pronom démonstratif qui sert à désigner quelqu'un ou quelque chose qui se trouve loin de la personne qui parle.*

Attention à l'accent grammatical : il ne faut pas confondre **aquél**, pronom démonstratif et **aquel**, adjectif démonstratif.

aquel, aquella, aquellos, aquellas (sans accent) ce, cette, ces, cettes.

▷ Es aquella bici que quiero. C'est ce vélo que je veux.

■ **aquel** (sans accent) *est l'adjectif démonstratif qui sert à désigner quelqu'un ou quelque chose qui se trouve loin de la personne qui parle.*

Attention à l'accent grammatical : il ne faut pas confondre **aquel**, adjectif démonstratif et **aquél**, pronom démonstratif.

aquello cela.

■ **aquello** *est le pronom démonstratif neutre qui sert à désigner quelque chose qui est loin de la personne qui parle.*

aquí *a plusieurs sens :*

1 **aquí** *peut signifier* ici.

▷ Aquí nació Pablo Picasso en 1881. Pablo Picasso est né ici en 1881.

■ **aquí**, *comme* **acá**, *désigne un lieu proche de celui qui parle.*

2 **aquí** *peut signifier* à présent.

► **de aquí en adelante** désormais.

► **de aquí a poco** d'ici peu.

árabe arabe *ou* Arabe.

araña araignée.

árbol arbre.

■ **árbol** *est masculin.*

archivador classeur.

■ *Comme la plupart des mots espagnols terminés par* **-or, archivador** *est masculin.*

archivar classer.

Se conjugue sur le modèle de **cantar** (voir p. 903).

archivo *a plusieurs sens :*

1 *En informatique,* **archivo** *peut signifier* fichier.

2 **archivo** *peut signifier* archives.

arco arc.

► **arco iris** arc-en-ciel.

arder brûler.

Se conjugue sur le modèle de **deber** (voir p. 928).

ardilla écureuil.

■ **ardilla** *est féminin.*

área surface.

■ **área** *est féminin.*

■ *Attention ! On emploie* **el** *ou* **un** *au lieu de* **la** *ou* **una** *devant un nom féminin singulier commençant par* **a-** *ou* **ha-** *si cette syllabe porte l'accent tonique :*

▷ Este área está reservada a los fumadores. Cette zone est réservée aux fumeurs.

arena sable.

> Attention ! **arena** ne signifie pas « arène ».

■ **arena** *est féminin.*

Argentina Argentine.

argentino, argentina argentin(e) *ou* Argentin(e).

árido, árida aride.

Aries Bélier (= *signe astrologique*).

arma arme.

► **arma de fuego** arme à feu.

■ **arma** *est féminin.*

■ *Attention ! On emploie* **el** *ou* **un** *au lieu de* **la** *ou* **una** *devant un nom féminin singulier commençant par* **a-** *ou* **ha-** *si cette syllabe porte l'accent tonique :*

▷ El puñal es un arma blanca. Le poignard est une arme blanche.

armada marine (*de guerre*).

armadura *a plusieurs sens :*

1 **armadura** *peut signifier* armure.

2 **armadura** *peut signifier* charpente.

armar *a plusieurs sens :*

1 **armar** *peut signifier* armer.

2 **armar** *peut signifier* monter *ou* assembler.

Se conjugue sur le modèle de **cantar** (voir p. 903).

armario armoire.

■ **armario** *est masculin.*

armonía harmonie.

arquitectura architecture.

> Attention à l'orthographe du mot **arquitectura**.

arqueología archéologie.

> Attention à l'orthographe du mot **arqueología**.

arrancar *a plusieurs sens :*

1 **arrancar** *peut signifier* arracher.

2 **arrancar** *peut signifier* démarrer (*une voiture*).

Attention ! Pour conserver le son /k/ de l'infinitif, le **-c** *de* **arrancar** *se transforme en* **-qu** *devant un* **-e.**

▷ Aunque arranque las malas hierbas, volverán a crecer. Même si j'arrache les mauvaises herbes, elles recommenceront à pousser.

Se conjugue sur le modèle de **cantar** (voir p. 903).

arranque *a plusieurs sens :*

1 **arranque** *peut signifier* démarrage (d'*une voiture*).

2 **arranque** *peut signifier* élan.

> **i** **arranque** peut également être une forme du verbe **arrancar**.

arrastrar traîner.

► **arrastrarse** ramper.

Se conjugue sur le modèle de **cantar** (voir p. 903).

arrebatar arracher.

Se conjugue sur le modèle de **cantar** (voir p. 903).

arrecife récif.

arreglar *a plusieurs sens :*

1 **arreglar** *peut signifier* réparer.

2 **arreglar** *peut signifier* ranger.

3 **arreglar** *peut signifier* préparer.

► **arreglárselas** se débrouiller.

arreglárselas est un mot familier.

Se conjugue sur le modèle de **cantar** (voir p. 903).

arreglo *a plusieurs sens :*

1 **arreglo** *peut signifier* réparation.

2 **arreglo** *peut signifier* rangement.

3 **arreglo** *peut signifier* accord (*au sens d'« arrangement »*).

arrepentirse se repentir *ou* regretter.

▷ Se arrepiente de haber hecho esta tontería. Il regrette d'avoir fait cette bêtise.

arrepentirse *est un verbe à diphtongue. Le deuxième* **-e** *devient* **-ie** *aux trois personnes du singulier et à la troisième personne du pluriel au présent de l'indicatif et du subjonctif :*

INDICATIF PRÉSENT	SUBJONCTIF PRÉSENT
me arrepiento	me arrepienta
te arrepientes	te arrepientas
se arrepiente	se arrepienta
nos arrepentimos	nos arrepintamos
os arrepentís	os arrepintáis
se arrepienten	se arrepientan

Se conjugue sur le modèle de **evadirse** (voir p. 960).

arriba en haut *ou* dessus.

► **de arriba abajo** de haut en bas.

arriesgar risquer.

■ *Dans ce mot, on reconnaît le lien avec le nom* **riesgo** *qui signifie « risque ».*

Attention ! Pour conserver le son / g / de l'infinitif, le **-g** *de* **arriesgar** *se transforme en* **-gu** *devant un* **-e.**

▷ ¡No arriesgues tanto dinero en esta empresa! Ne risque pas autant d'argent dans cette entreprise.

Se conjugue sur le modèle de **cantar** (voir p. 903).

arrimar approcher.

► **arrimarse** *peut signifier* s'appuyer.

▷ No te arrimes a la barandilla. Ne t'appuie pas contre la balustrade.

► **arrimarse** *peut signifier* s'approcher.

▷ No te arrimes al fuego. Ne t'approche pas du feu.

Attention à l'emploi de la préposition **a** dans **arrimarse a algo** (s'approcher de *ou* s'appuyer contre quelque chose).

Se conjugue sur le modèle de **cantar** (voir p. 903).

arrodillarse s'agenouiller.

■ *Dans ce mot, on reconnaît le lien avec le nom* **rodilla** *qui signifie « genou ».*

Se conjugue sur le modèle de **burlarse** (voir p. 898).

arrojar jeter.

Se conjugue sur le modèle de **cantar** (voir p. 903).

arroyo ruisseau.

arroz riz.

arruga *a plusieurs sens :*

1 **arruga** *peut signifier* ride.

2 **arruga** *peut signifier* pli.

arrugar *a plusieurs sens :*

1 **arrugar** *peut signifier* rider.

2 **arrugar** *peut signifier* froisser.

Attention ! Pour conserver le son / g / de l'infinitif, le **-g** *de* **arrugar** *se transforme en* **-gu** *devant un* **-e** *:*

▷ ¡No arrugues este papel, que es un documento importante! Ne froisse pas ce papier, c'est un document important.

Se conjugue sur le modèle de **cantar** (voir p. 903).

arruinar ruiner.

Attention à l'orthographe du mot **arruinar**.

Se conjugue sur le modèle de **cantar** (voir p. 903).

arte art.

■ **arte** *peut être masculin ou féminin, mais il s'emploie surtout au masculin. Au pluriel il est toujours féminin.*

► **las Bellas Artes** les Beaux Arts.

artefacto machine.

artesano, artesana artisan(e).

ártico, ártica arctique.

► **el Ártico** l'Arctique.

artículo article.

artista artiste.

■ *Comme la plupart des mots se terminant en* **-ista, artista** *peut être masculin ou féminin : el artista, la artista.*

artístico, artística artistique.

asado rôti.

asaltar *a plusieurs sens :*

1 **asaltar** *peut signifier* attaquer *ou* agresser.

2 **asaltar** *peut signifier* venir à l'esprit.

▷ Me asaltó una idea. Une idée m'est venue à l'esprit.

📖 *Se conjugue sur le modèle de* **cantar** (voir p. 903).

asalto attaque *ou* agression.

asamblea assemblée.

asar rôtir *ou* griller.

📖 *Se conjugue sur le modèle de* **cantar** (voir p. 903).

ascender *a plusieurs sens :*

1 **ascender** *peut signifier* monter.

2 **ascender** *peut signifier* promouvoir.

📖 **ascender** *est un verbe à diphtongue. Le* **-e** *devient* **-ie** *aux trois personnes du singulier et à la troisième personne du pluriel au présent de l'indicatif et du subjonctif :*

INDICATIF PRÉSENT	SUBJONCTIF PRÉSENT
asciendo	ascienda
asciendes	asciendas
asciende	ascienda
ascendemos	ascendamos
ascendéis	ascendáis
ascienden	asciendan

📖 *Se conjugue sur le modèle de* **deber** (voir p. 928).

ascenso *a plusieurs sens :*

1 **ascenso** *peut signifier* ascension.

2 **ascenso** *peut signifier* promotion.

ascensor ascenseur.

■ *Comme la plupart des mots espagnols terminés par* **-or, ascensor** *est masculin.*

asco dégoût.

► **dar asco** dégoûter.
► **ser un asco** être nul.
► **morirse de asco** s'ennuyer à mourir.

asegurar assurer *ou* garantir.

📖 *Se conjugue sur le modèle de* **cantar** (voir p. 903).

aseo hygiène.

► **aseos** toilettes.

■ **aseo** *est masculin.*

asequible abordable *ou* accessible.

asesinar assassiner.

📖 *Se conjugue sur le modèle de* **cantar** (voir p. 903).

asesino, asesina assassin(e).

así comme ça *ou* comme celui-là *ou* comme celle-là.

▷ Mira el coche. Quiero uno así. Regarde la voiture. J'en veux une comme ça.

► **así así** comme ci, comme ça.
► **así que** donc.
► **así como** ainsi que.

Asia Asie.

asiático, asiática asiatique.

asiento *a plusieurs sens :*

1 **asiento** *peut signifier* siège.

► **asiento delantero** siège avant.
► **asiento trasero** siège arrière.

2 **asiento** *peut signifier* place (*dans un théâtre ou dans un train par exemple*).

asignar *a plusieurs sens :*

1 **asignar** *peut signifier* confier.

2 **asignar** *peut signifier* attribuer.

📖 *Se conjugue sur le modèle de* **cantar** (voir p. 903).

asignatura matière (*au sens de « discipline »*).

asimismo *ou* **así mismo** aussi *ou* de même *ou* pareillement.

asistenta femme de ménage.

asistente assistant.

> Attention ! Ne pas confondre **asistente** et **asistenta** qui signifie « femme de ménage ».

asistir *a plusieurs sens :*

1 **asistir** *peut signifier* assister.

2 **asistir** *peut signifier* soigner.

📖 *Se conjugue sur le modèle de* **vivir** (voir p. 1109).

asno âne.

asociación association.

■ *Ce mot, comme la plupart des mots espagnols terminés par* **-ción** *ou* **-sión**, *est féminin.*

asombrar étonner.

> Attention ! **asombrar** ne signifie pas « assombrir ».

📖 *Se conjugue sur le modèle de* **cantar** (voir p. 903).

asombro *a plusieurs sens :*

1 **asombro** *peut signifier* étonnement.

2 **asombro** *peut signifier* admiration.

aspa aile (*d'un moulin par exemple*).

■ **aspa** *est féminin.*

■ *Attention ! On emploie* **el** *ou* **un** *au lieu de* **la** *ou* **una** *devant un nom féminin singulier commençant par* **a-** *ou* **ha-** *si cette syllabe porte l'accent tonique :*

▷ **El molino perdió un aspa.** Le moulin a perdu une aile.

► **en aspa** en forme de X.

aspirador *ou* **aspiradora** aspirateur.

asqueroso, asquerosa dégoûtant(e).

asta *a plusieurs sens :*

1 **asta** *peut signifier* corne.

2 **asta** *peut signifier* hampe (*d'un drapeau*).

■ **asta** *est féminin.*

■ *Attention ! On emploie* **el** *ou* **un** *au lieu de* **la** *ou* **una** *devant un nom féminin singulier commençant par* **a-** *ou* **ha-** *si cette syllabe porte l'accent tonique :*

▷ **El toro hirió al torero con las astas.** Le taureau a blessé le toreador avec ses cornes.

astronomía astronomie.

Asturias Asturies.

astuto, astuta astucieux(-euse) *ou* rusé(e).

asunto *a plusieurs sens :*

1 **asunto** *peut signifier* sujet *ou* thème.

2 **asunto** *peut signifier* affaire (*au sens de « entreprise »*).

► **ir al asunto** en venir aux choses sérieuses.

asustar faire peur.

► **asustarse** avoir peur.

■ *Dans ce mot, on reconnaît le lien avec le nom* **susto** *qui signifie « peur ».*

📖 *Se conjugue sur le modèle de* **cantar** (voir p. 903).

atacar attaquer.

📖 *Attention ! Pour conserver le son /k/ de l'infinitif, le* **-c** *de* **atacar** *se transforme en* **-qu** *devant un* **-e.**

▷ **Ojála el perro no nos ataque.** Pourvu que le chien ne nous attaque pas.

📖 *Se conjugue sur le modèle de* **cantar** (voir p. 903).

ataque attaque.

► **ataque de corazón** crise cardiaque.

► **ataque de risa** fou rire.

► **ataque de tos** quinte de toux.

> i **ataque** peut également être une forme du verbe **atacar**.
> ▷ **Has debido de enfurecerlo para que te ataque.** Tu as dû le rendre furieux pour qu'il t'attaque.

atar attacher.

📖 *Se conjugue sur le modèle de* **cantar** (voir p. 903).

atascar *a plusieurs sens :*

1 **atascar** *peut signifier* boucher.

2 **atascar** *peut signifier* bloquer *ou* coincer.

📖 *Attention ! Pour conserver le son /k/ de l'infinitif, le* **-c** *de* **atascar** *se transforme en* **-qu** *devant un* **-e.**

▷ **No tires desperdicios en el fregadero, que no se atasque.** Ne jette pas de restes dans l'évier pour qu'il ne se bouche pas.

📖 *Se conjugue sur le modèle de* **cantar** (voir p. 903).

atasco embouteillage.

ataúd cercueil.

■ **ataúd** *est masculin.*

atemorizar effrayer.

📖 *Les verbes terminés en* **-zar** *subissent des modifications orthographiques : le* **-z** *devient* **-c** *devant un* **-e.**

▷ **No creo que tus amenazas les atemoricen.** Je ne crois pas que tes menaces les effrayent.

📖 *Se conjugue sur le modèle de* **cantar** (voir p. 903).

atención attention.

► **llamar la atención de alguien** attirer l'attention de quelqu'un.

■ *Ce mot, comme la plupart des mots espagnols terminés par* **-ción** *ou* **-sión**, *est féminin.*

atender *a plusieurs sens :*

1 **atender** *peut signifier* s'occuper de (= *prendre soin de*).

2 **atender** *peut signifier* être attentif.

> **atender** ne signifie pas « attendre ».

📖 **atender** *est un verbe à diphtongue. Le* **-e** *devient* **-ie** *aux trois personnes du singulier et à la troisième personne du pluriel au présent de l'indicatif et du subjonctif :*

INDICATIF PRÉSENT	SUBJONCTIF PRÉSENT
atiendo	atienda
atiendes	atiendas
atiende	atienda
atendemos	atendamos
atendéis	atendáis
atienden	atiendan

📖 *Se conjugue sur le modèle de* **deber** (voir p. 928).

📖 *Le verbe* **atender** *a deux participes passés : on peut utiliser* **atendido** *ou* **atento.**

atentado attentat.

atentar commettre un attentat *ou* porter atteinte.

📖 *Se conjugue sur le modèle de* **cantar** (voir p. 903).

atento, atenta *a des sens différents selon qu'il s'emploie avec* **ser** *ou avec* **estar** :

1 **ser atento, atenta** *signifie* être attentionné(e).

2 **estar atento, atenta** *signifie* être attentif (-ive).

ateo, atea athée.

aterrar terrifier.

■ *Dans ce mot, on reconnaît le lien avec le nom* **terror** *qui signifie « terreur ».*

📖 *Se conjugue sur le modèle de* **cantar** (voir p. 903).

aterrizaje atterrissage.

> Attention à l'orthographe du mot **aterrizaje**.

aterrizar atterrir.

📖 *Les verbes terminés en* **-zar** *subissent des modifications orthographiques : le* **-z** *devient* **-c** *devant un* **-e**.

▷ **Cuando el avión aterrice, me llamará por teléfono.** Quand l'avion atterrira, il me téléphonera.

📖 *Se conjugue sur le modèle de* **cantar** (voir p. 903).

atleta athlète.

atlético, atlética athlétique.

atletismo athlétisme.

atmósfera atmosphère.

atómico, atómica atomique.

atornillar visser.

■ *Dans ce mot, on reconnaît le lien avec le nom* **tornillo** *qui signifie « vis ».*

📖 *Se conjugue sur le modèle de* **cantar** (voir p. 903).

atracción attraction.

■ *Ce mot, comme la plupart des mots espagnols terminés par* **-ción** *ou* **-sión**, *est féminin.*

atractivo *a plusieurs sens selon sa catégorie grammaticale :*

> *Ce peut être un* ADJECTIF :

atractivo, atractiva *signifie* attrayant(e) *ou* séduisant(e).

> *Ce peut être un* NOM :

atractivo *signifie* attrait.

atraer attirer.

■ *Dans ce mot, on reconnaît le verbe* **traer***. *Ils se conjuguent de la même manière.*

atrás en arrière.

▷ **¡No mires atrás!** Ne regarde pas en arrière.

▷ **No se puede volver atrás.** On ne peut pas revenir en arrière.

► **días atrás** il y a quelques jours.

► **cuenta atrás** compte à rebours.

atrasar retarder.

📖 *Se conjugue sur le modèle de* **cantar** (voir p. 903).

atraso retard.

atravesar traverser.

📖 *Se conjugue sur le modèle de* **cantar** (voir p. 903).

atreverse oser.

▷ **No me atrevo a decírselo.** Je n'ose pas le lui dire.

> Attention à l'emploi de la préposition **a** dans **atreverse a hacer algo** (oser faire quelque chose).

📖 **atreverse** *est un verbe pronominal régulier qui appartient à la deuxième conjugaison (verbe modèle). Voir tableau page suivante.*

atrevido, atrevida audacieux(-euse).

atrevimiento audace.

atribuir attribuer.

📖 *Les verbes terminés en* **-uir** *subissent des modifications orthographiques : le* **-i** *se transforme en* **-y** *devant* **-o** *et* **-e** :

▷ **Le atribuyeron el premio.** Ils lui ont attribué le prix.

📖 *Se conjugue sur le modèle de* **vivir** (voir p. 1109).

atrocidad atrocité.

■ *Ce mot, comme la plupart des mots espagnols terminés par* **-tad, -dad** *et* **-tud**, *est féminin.*

atropellar renverser (*dans un accident*) *ou* bousculer.

📖 *Se conjugue sur le modèle de* **cantar** (voir p. 903).

atropello accident *ou* bousculade.

atroz atroce.

atún thon.

aula salle (*de cours*).

■ **aula** *est féminin.*

ATREVERSE				
INDICATIF				CONDITIONNEL
PRÉSENT	IMPARFAIT	PASSÉ SIMPLE	FUTUR	PRÉSENT
me atrevo te atreves se atreve nos atrevemos os atrevéis se atreven	me atrevía te atrevías se atrevía nos atrevíamos os atrevíais se atrevían	me atreví te atreviste se atrevió nos atrevimos os atrevisteis se atrevieron	me atreveré te atreverás se atreverá nos atreveremos os atreveréis se atreverán	me atrevería te atreverías se atrevería nos atreveríamos os atreveríais se atreverían
SUBJONCTIF		IMPÉRATIF		
PRÉSENT	IMPARFAIT	PRÉSENT		
me atreva te atrevas se atreva nos atrevamos os atreváis se atrevan	me atreviera te atrevieras se atreviera nos atreviéramos os atrevierais se atrevieran	atrévete atrévase atrevámonos atreveos atrévense	INFINITIF PARTICIPE GÉRONDIF	atreverse atreviéndose

▪ *Attention ! On emploie* **el** *ou* **un** *au lieu de* **la** *ou* **una** *devant un nom féminin singulier commençant par* **a-** *ou* **ha-** *si cette syllabe porte l'accent tonique :*

▷ El aula está vacía. La salle est vide.

aullar hurler.

📖 *Attention !* **aullar** *subit une modification de l'accentuation : le* **-u** *se transforme en* **-ú** *aux trois personnes du singulier et à la troisième personne du pluriel au présent, au subjonctif et à l'impératif.*

INDICATIF PRÉSENT	SUBJONCTIF PRÉSENT	IMPÉRATIF
aúllo	aúlle	
aúllas	aúlles	aúlla
aúlla	aúlle	aúlle
aullamos	aullemos	aullemos
aulláis	aulléis	aullad
aúllan	aúllen	aúllen

📖 *Se conjugue sur le modèle de* **cantar** (voir p. 903).

aullido hurlement.

aumentar augmenter.

📖 *Se conjugue sur le modèle de* **cantar** (voir p. 903).

aun (sans accent) *est l'adverbe* même *ou* même si.

▷ Aun haciendo esfuerzos, no consiguió ganar la carrera. Même en faisant des efforts, il n'a pas réussi à gagner la course.

> Attention à l'accent grammatical : il ne faut pas confondre **aun**, l'adverbe « même », et **aún**, l'adverbe « encore ».

aún (avec accent) *est l'adverbe* encore.

▷ Aún no he acabado el trabajo. Je n'ai pas encore terminé le travail.

> Attention à l'accent grammatical : il ne faut pas confondre **aún**, l'adverbe « encore », et **aun**, l'adverbe « même ».

aunque *a plusieurs sens :*

1 **aunque** + indicatif bien que *ou* quoique.

▷ Aunque llueve, saldré. Bien qu'il pleuve, je sortirai.

2 **aunque** + subjonctif même si.

▷ Aunque llueva, saldré. Même s'il pleut, je sortirai.

> ℹ Par rapport au français, les modes sont inversés :
> **aunque** + indicatif = bien que + subjonctif
> **aunque** + subjonctif = même si + indicatif

ausencia absence.

ausentarse s'absenter.

📖 *Se conjugue sur le modèle de* **burlarse** (voir p. 898).

ausente absent(e).

Australia Australie.

australiano, australiana australien(ne) *ou* Australien(ne).

Austria Autriche.

austriaco, austriaca *ou* **austríaco, austríaca** autrichien(ne) *ou* Autrichien(ne).

auténtico, auténtica authentique *ou* véritable.

autobús autobus.

autoescuela auto-école.

automóvil automobile.

■ **automóvil** *est masculin.*

automovilista automobiliste.

■ *Les mots terminés par* **-ista** *peuvent être masculins ou féminins.*

autonomía autonomie.

autónomo, autónoma autonome *ou* indépendant(e).

autopista autoroute.

► **autopista de peaje** autoroute à péage.

autor, autora auteur.

autoridad autorité.

■ *Ce mot, comme la plupart des mots espagnols terminés par* **-tad, -dad** *et* **-tud,** *est féminin.*

autorización autorisation.

■ *Ce mot, comme la plupart des mots espagnols terminés par* **-ción** *ou* **-sión**, *est féminin.*

autorizar autoriser.

📖 *Les verbes terminés en* **-zar** *subissent des modifications orthographiques : le* **-z** *devient* **-c** *devant un* **-e.**

▷ Autoricé a mi hermano a jugar con nosotros. J'ai autorisé mon frère à jouer avec nous.

📖 *Se conjugue sur le modèle de* **cantar** (voir p. 903).

autorretrato autoportrait.

■ *Dans ce mot, on reconnaît le nom* **retrato** *qui signifie « portrait ».*

auxilio secours.

► **auxilio en carretera** secours d'urgence.

► **¡auxilio!** au secours !

avance avancement *ou* progrès.

avanzar *a plusieurs sens :*

1 **avanzar** *peut signifier* avancer.

2 **avanzar** *peut signifier* faire des progrès.

📖 *Les verbes terminés en* **-zar** *subissent des modifications orthographiques : le* **-z** *devient* **-c** *devant un* **-e.**

▷ Es necesario que avance. Il doit faire des progrès.

📖 *Se conjugue sur le modèle de* **cantar** (voir p. 903).

avaricioso, avariciosa avare.

avaro, avara avare.

ave oiseau.

► **ave de rapiña** oiseau de proie.

► **ave de corral** oiseau de basse-cour *ou* volaille.

■ **ave** *est féminin.*

■ *Attention ! On emploie* **el** *ou* **un** *au lieu de* **la** *ou* **una** *devant un nom féminin singulier commençant par* **a-** *ou* **ha-** *si cette syllabe porte l'accent tonique :*

▷ La gallina es un ave de corral. La poule est un oiseau de basse-cour.

avellana noisette.

avenida avenue.

aventajar dépasser *ou* surpasser.

■ *Dans ce mot, on reconnaît le nom* **ventaja** *qui signifie « avantage ».*

📖 *Se conjugue sur le modèle de* **cantar** (voir p. 903).

aventura aventure.

avergonzar faire honte.

► **avergonzarse** avoir honte.

■ *Dans ces mots, on reconnaît le nom* **vergüenza** *qui signifie « honte ».*

📖 *Les verbes terminés en* **-zar** *subissent des modifications orthographiques : le* **-z** *devient* **-c** *devant un* **-e.**

📖 **avergonzarse** *est un verbe à diphtongue. Le* **-o** *devient* **-ue** *aux trois personnes du singulier et à la troisième personne du pluriel au présent de l'indicatif et du subjonctif.*
De plus, on ajoute un tréma sur le **-u** *pour que les deux voyelles soient prononcées séparément :*

INDICATIF PRÉSENT	SUBJONCTIF PRÉSENT
me avergüenzo	me avergüence
te avergüenzas	te avergüences
se avergüenza	se avergüence
nos avergonzamos	nos avergoncemos
os avergonzáis	os avergoncéis
se avergüenzan	se avergüencen

📖 *Se conjugue sur le modèle de* **cantar** (voir p. 903).

avería panne.

averiarse tomber en panne.

averiarse ne signifie pas « s'avarier ».

Attention ! **averiarse** *subit une modification de l'accentuation : le* **-i** *se transforme en* **-í** *aux trois personnes du singulier et à la troisième personne du pluriel au présent, au subjonctif et à l'impératif.*

INDICATIF PRÉSENT	SUBJONCTIF PRÉSENT	IMPÉRATIF
me averío	me averíe	
te averías	te averíes	averíate
se avería	se averíe	averíese
nos averiamos	nos averiemos	averiémonos
os averiáis	os averiéis	averiaos
se averían	se averíen	averíense

Se conjugue sur le modèle de **burlarse** (voir p. 898).

averiguar *a plusieurs sens :*

1 **averiguar** *peut signifier* rechercher *ou* enquêter.

2 **averiguar** *peut signifier* découvrir.

On ajoute un tréma sur le **-u** *devant un* **-e** *pour que les deux voyelles soient prononcées séparément :*

▷ No averigüé dónde estaba. Je n'ai pas découvert où il était.

Se conjugue sur le modèle de **cantar** (voir p. 903).

avestruz autruche.

▪ **avestruz** *est masculin.*

avión avion.

avisar prévenir *ou* avertir.

Se conjugue sur le modèle de **cantar** (voir p. 903).

aviso annonce.

▪ **aviso** *est masculin.*

avispa guêpe.

ay *a plusieurs sens :*

1 **¡ay!** *peut signifier* aïe ! (*douleur*).

2 **¡ay!** *peut signifier* oh ! (*surprise*).

3 **¡ay!** *peut signifier* hélas ! (*résignation*).

ayer *a plusieurs sens selon sa catégorie grammaticale :*

> *Ce peut être un* ADVERBE *:*

1 **ayer** *peut signifier* hier.

► **antes de ayer** *ou* **anteayer** avant-hier.

2 **ayer** *peut signifier* autrefois.

> *Ce peut être un* NOM *:*

► **el ayer** le passé.

▷ Siempre piensa en el ayer. Il pense toujours au passé.

ayuda aide.

ayuda peut également être une forme du verbe **ayudar**.

▷ Ayuda a su hermana a hacer sus deberes. Il aide sa sœur à faire ses devoirs.

ayudante assistant(e) *ou* adjoint(e).

ayudar aider.

► **ayudar a alguien a hacer algo** aider quelqu'un à faire quelque chose.

Se conjugue sur le modèle de **cantar** (voir p. 903).

ayuntamiento mairie *ou* hôtel de ville.

azar *a plusieurs sens :*

1 **azar** *peut signifier* hasard.

2 **azar** *peut signifier* malheur.

azotea terrasse.

► **estar mal de la azotea** être cinglé.

estar mal de la azotea est une expression familière.

azúcar sucre.

azucena lys.

azul bleu.

► **azul celeste** bleu ciel.

azulejo carreau de faïence.

B

ESPAGNOL — FRANÇAIS

baba bave.

babear baver.

Se conjugue sur le modèle de **cantar** (voir p. 903).

baboso, babosa baveux(-euse).

baca galerie (*de voiture*).

> Attention ! Ne pas confondre **baca** et **vaca** qui signifie « vache ».

bacalao morue.

■ **bacalao** *est masculin.*

bachillerato *a plusieurs sens :*

1 **bachillerato** *peut signifier* baccalauréat.

▷ **Para este trabajo exigen el título de bachillerato.** Pour ce travail, le baccalauréat est exigé.

2 **bachillerato** *correspond aux classes de première et de terminale.*

▷ **Mi hermana está en segundo de bachillerato.** Ma sœur est en terminale.

bailar danser.

Se conjugue sur le modèle de **cantar** (voir p. 903).

baile *a plusieurs sens :*

1 **baile** *peut signifier* danse.

2 **baile** *peut signifier* bal.

► **baile de disfraces** bal masqué.

■ **baile** *est masculin.*

baja baisse.

► **baja por enfermedad** congé maladie.

► **baja por maternidad** congé maternité.

► **estar de baja** être en congé maladie.

► **darse de baja** cesser d'être membre *ou* démissionner *ou* arrêter un abonnement.

► **dar de baja a alguien** exclure quelqu'un *ou* porter quelqu'un disparu.

> **i** **baja** peut également être une forme du verbe **bajar**.
> ▷ **¡Baja del columpio!** Descends de la balançoire !

bajada descente *ou* pente.

bajar *a plusieurs sens :*

1 **bajar** *peut signifier* descendre.

2 **bajar** *peut signifier* baisser.

Se conjugue sur le modèle de **cantar** (voir p. 903).

bajo *a des sens différents selon sa catégorie grammaticale :*

> *Ce peut être une* PRÉPOSITION :

bajo *signifie* sous.

▷ **La encontré bajo la cama.** Je l'ai retrouvée sous le lit.

► **bajo cero** en dessous de zéro.

> *Ce peut être un* ADVERBE :

bajo *signifie* bas.

▷ **Hablas demasiado bajo.** Tu parles trop bas.

> *Ce peut être un* NOM :

1 **bajo** *peut signifier* bas.

2 **bajo** *peut signifier* basse (= *instrument de musique*).

► **bajos** rez-de-chaussée.

> *Ce peut être un* ADJECTIF :

1 **bajo, baja** *peut signifier* petit(e).

2 **bajo, baja** *peut signifier* bas(se).

> **i** **bajo** *et* **baja** peuvent également être des formes du verbe **bajar**.
> ▷ **Bajo al sótano.** Je descends au sous-sol.

bala balle (= *projectile*).

► **como una bala** comme une flèche *ou* comme l'éclair.

> Attention ! **bala** ne signifie pas « balle » (*pour jouer*).

balance bilan.

► **hacer balance** faire le bilan.

balancear balancer.

📖 *Se conjugue sur le modèle de* **cantar** (voir p. 903).

balanza balance.

balcón balcon.

balde seau.

► **de balde** gratuitement.

► **en balde** en vain.

balompié football.

balón ballon.

baloncesto basket-ball.

■ *Dans ce mot, on reconnaît le nom* **balón** *qui signifie « ballon » et le nom* **cesto** *qui signifie « panier ».*

balonmano handball.

■ *Dans ce mot, on reconnaît le nom* **balón** *qui signifie « ballon » et le nom* **mano** *qui signifie « main ».*

balonvolea volley-ball.

■ **balonvolea** *est masculin.*

banco *a plusieurs sens :*

1 **banco** *peut signifier* banc.

► **banco de hielo** banquise.

2 **banco** *peut signifier* banque.

banda bande.

► **banda de música** fanfare.

bandeja plateau.

bandera drapeau.

> Attention ! Ne pas confondre **bandera** et **bandeja** qui signifie « plateau ».

bandido bandit.

banquero banquier.

banquete banquet.

bañador maillot de bain.

■ *Comme la plupart des mots espagnols terminés par* **-or, bañador** *est masculin.*

bañar baigner.

► **bañarse** se baigner *ou* prendre un bain.

📖 *Se conjugue sur le modèle de* **cantar** (voir p. 903).

bañera baignoire.

baño *a plusieurs sens :*

1 **baño** *peut signifier* bain.

▷ **Suelo tomar un baño antes de acostarme.** J'ai l'habitude de prendre un bain avant d'aller me coucher.

2 **baño** *peut signifier* baignoire.

3 **baño** *peut signifier* salle de bains.

► **ir al baño** aller aux toilettes.

> **i** **baño** peut également être une forme du verbe **bañar.**
> ▷ **Me baño en el mar cada mañana cuando estoy de vacaciones.** Je me baigne dans la mer tous les matins quand je suis en vacances.

baraja jeu de cartes.

> **i** **baraja** peut également être une forme du verbe **barajar.**
> ▷ **Baraja los naipes.** Il bat les cartes.

barajar battre (*au sens de « mélanger les cartes »*).

📖 *Se conjugue sur le modèle de* **cantar** (voir p. 903).

barato, barata bon marché.

barba barbe.

barbacoa barbecue.

■ **barbacoa** *est féminin.*

barbaridad *a plusieurs sens :*

1 **barbaridad** *peut signifier* bêtise.

2 **barbaridad** *peut signifier* atrocité.

3 **barbaridad** *peut signifier* énormément.

▷ **Come una barbaridad.** Il mange énormément.

> Au sens de « énormément », **barbaridad** est un mot familier.

■ *Ce mot, comme la plupart des mots espagnols terminés par* **-tad, -dad** *et* **-tud,** *est féminin.*

bárbaro, bárbara barbare.

► **¡qué bárbaro!** c'est génial !

barbero coiffeur.

barbilla menton.

■ **barbilla** *est féminin.*

barbudo barbu.

barco bateau.

► **barco de vela** bateau à voiles.

barra *a plusieurs sens :*

1 **barra** *peut signifier* barre.

► **barra de chocolate** tablette de chocolat.

► **barra de labios** rouge à lèvres.

2 **barra** *peut signifier* comptoir.

barrer balayer.

Se conjugue sur le modèle de **deber** (voir p. 928).

barrera barrière.

► **barrera del sonido** mur du son.

► **barrera generacional** conflit des générations.

barriga ventre.

■ **barriga** *est féminin.*

barrio quartier.

barro boue *ou* argile.

barrote barreau.

barullo pagaille.

► **armar barullo** mettre la pagaille.

basar baser.

► **basarse en algo** se baser sur quelque chose.

> Attention à l'emploi de la préposition **en** dans **basarse en algo** (se baser sur quelque chose).

Se conjugue sur le modèle de **cantar** (voir p. 903).

báscula balance *ou* pèse-personne.

base base.

básico, básica essentiel(le) *ou* de base.

bastante *a des sens différents selon sa catégorie grammaticale :*

> *Ce peut être un* ADVERBE *:*

1 **bastante** *peut signifier* assez.

▷ La comida era bastante buena. Le repas était assez bon.

2 **bastante** *peut signifier* assez longtemps.

▷ Hace bastante que espero. Ça fait assez longtemps que j'attends.

> *Ce peut être un* ADJECTIF *:*

1 **bastante** *peut signifier* assez (de) *ou* suffisamment (de).

▷ ¿Te he dado bastantes caramelos o quieres más? Je t'ai donné assez de bonbons ou tu en veux plus ?

2 **bastante** *peut signifier* pas mal (de).

▷ Tiene bastantes problemas con el ordenador. Il a pas mal de problèmes avec l'ordinateur.

bastar suffire.

► **¡basta!** ça suffit !

► **basta con...** il suffit de *ou* que...

▷ Basta con mirar en el mapa. Il suffit de regarder sur la carte.

▷ Basta con que me digas lo que necesitas. Il suffit que tu me dises ce dont tu as besoin.

Se conjugue sur le modèle de **cantar** (voir p. 903).

basto, basta grossier(-ère).

► **bastos** *est une des couleurs du jeu de cartes espagnol.*

bastón canne.

■ **bastón** *est masculin.*

basura ordures.

► **cubo de la basura** poubelle.

■ **basura** *est féminin singulier.*

basurero *a plusieurs sens :*

1 **basurero** *peut signifier* éboueur.

2 **basurero** *peut signifier* décharge.

bata *a plusieurs sens :*

1 **bata** *peut signifier* robe de chambre.

2 **bata** *peut signifier* blouse *ou* bleu de travail.

batalla bataille.

batería batterie.

batir battre (*en parlant des ailes d'un oiseau ou en parlant d'un record*).

> Attention ! **batir** ne signifie pas « bâtir ».

Se conjugue sur le modèle de **vivir** (voir p. 1109).

baúl malle *ou* coffre.

■ **baúl** *est masculin.*

bautizar baptiser.

Comme la plupart des verbes terminés en **-zar**, **bautizar** *subit des modifications orthographiques : le* **-z** *devient* **-c** *devant un* **-e.**

▷ Bauticé a mi gato Leo. J'ai baptisé mon chat Léo.

Se conjugue sur le modèle de **cantar** (voir p. 903).

beber boire.

► **beber a sorbos** boire à petites gorgées.

📖 *Se conjugue sur le modèle de* **deber** (voir p. 928).

bebida boisson.

> **bebida** peut également être le féminin de l'adjectif **bebido** qui signifie « ivre ».

bebido, bebida ivre.

becerro veau.

béisbol base-ball.

belga belge *ou* Belge.

Bélgica Belgique.

Belice Bélize.

belleza beauté.

bello, bella beau, belle.

beneficiar *a plusieurs sens :*

1 **beneficiar** *peut signifier* faire du bien *ou* être bon.

▷ El deporte beneficia a la salud. Le sport est bon pour la santé.

2 **beneficiar** *peut signifier* profiter.

▷ Hay que descubrir a quién beneficia el crimen. Il faut découvrir à qui profite le crime.

► **beneficiarse de algo** *ou* **beneficiarse con algo** profiter de quelque chose.

📖 *Se conjugue sur le modèle de* **cantar** (voir p. 903).

beneficio bénéfice.

benéfico, benéfica bienfaisant(e).

berenjena aubergine.

besar embrasser.

📖 *Se conjugue sur le modèle de* **cantar** (voir p. 903).

beso baiser.

> ℹ **beso** peut également être une forme du verbe **besar**.
> ▷ Siempre beso a mis padres antes de irme. J'embrasse toujours mes parents avant de m'en aller.

bestia *a plusieurs sens :*

1 **bestia** *peut signifier* bête (*= animal*).

► **bestia de carga** bête de somme.

■ **bestia** *dans ce sens est féminin.*

2 **bestia** *peut signifier* brute (*au sens de « personne grossière et / ou violente »*).

■ **bestia** *dans ce sens est aussi bien masculin que féminin.*

bestialidad *a plusieurs sens :*

1 **bestialidad** *peut signifier* bestialité.

2 **bestialidad** *peut signifier* bêtise *ou* acte excessif.

▷ Salir con ese tiempo es una bestialidad. C'est de la folie de sortir par ce temps.

■ *Ce mot, comme la plupart des mots espagnols terminés par* **-tad, -dad** *et* **-tud,** *est féminin.*

betún cirage.

■ **betún** *est masculin.*

biblioteca bibliothèque.

> Attention à l'orthographe du mot **biblioteca**.

bibliotecario, bibliotecaria bibliothécaire.

bici vélo.

■ **bici** *est l'abréviation de* **bicicleta**. *C'est un nom féminin.*

> **bici** est un mot familier.

bicicleta bicyclette *ou* vélo.

bien *a plusieurs sens :*

1 **bien** *peut signifier* bien.

▷ Trabaja bien en clase. Il travaille bien à l'école.

▷ Lo hago por tu bien. Je le fais pour ton bien.

► **estar bien** être bien *ou* être en bonne santé.

► **sentar bien** faire du bien *(en parlant de la nourriture).*

► **oler bien** sentir bon.

2 **bien** *peut être employé dans des expressions :*

► **¡qué bien!** super !

► **¡(está) bien!** d'accord !

► **¡ya está bien!** ça suffit !

▷ ¿Vienes conmigo? - Bien. Tu viens avec moi ? - D'accord.

► **bien... bien** soit... soit.

▷ Vamos al colegio bien en coche, bien en bicicleta. Nous allons à l'école soit en voiture, soit à vélo.

► **ahora bien** mais *ou* cependant.

bienestar bien-être.

■ **bienestar** est masculin.

bienvenido, bienvenida bienvenu(e).

► **dar la bienvenida a alguien** souhaiter la bienvenue à quelqu'un.

bigote moustache.

■ **bigote** *est masculin.*

billete billet *ou* ticket.

billetero portefeuille.

billón mille milliards.

biología biologie.

biólogo, bióloga biologiste.

bisabuela arrière-grand-mère.

■ *Dans ce mot, on reconnaît le nom* **abuela** *qui signifie « grand-mère ».*

bisabuelo arrière-grand-père.

► **bisabuelos** arrière-grands-parents.

■ *Dans ce mot, on reconnaît le nom* **abuelo** *qui signifie « grand-père ».*

bisnieta *ou* **biznieta** arrière-petite-fille.

■ *Dans ce mot, on reconnaît le nom* **nieta** *qui signifie « petite-fille ».*

bisnieto *ou* **biznieto** arrière-petit-fils.

► **bisnietos** arrière-petits-enfants.

■ *Dans ce mot, on reconnaît le nom* **nieto** *qui signifie « petit-fils ».*

bizco, bizca

► **ser bizco** loucher.

blanco *a des sens différents selon sa catégorie grammaticale :*

> *Ce peut être un* ADJECTIF *:*

blanco, blanca *signifie* blanc, blanche.

► **en blanco y negro** en noir et blanc.
► **quedarse en blanco** avoir un trou de mémoire.
► **noche en blanco** nuit blanche.
► **votar en blanco** voter blanc.

> *Ce peut être un* NOM *:*

1 **blanco** *peut signifier* blanc (= *la couleur*).
2 **blanco** *peut signifier* cible.

► **estar sin blanca** être fauché(e).

Dans ce sens, **blanca** est un mot familier.

blando, blanda *a plusieurs sens :*

1 **blando, blanda** *peut signifier* mou, molle.
2 **blando, blanda** *peut signifier* faible.

blanquear blanchir.

Se conjugue sur le modèle de **cantar** (voir p. 903).

bloquear bloquer.

Se conjugue sur le modèle de **cantar** (voir p. 903).

bloqueo blocage.

blusa chemisier.

Attention ! **blusa** ne signifie pas « blouse ».

■ **blusa** *est féminin.*

bobo, boba idiot(e).

► **hacer el bobo** faire le pitre.

boca bouche.

► **boca abajo** *ou* **bocabajo** à plat ventre.
► **boca arriba** sur le dos.
► **se me hace la boca agua** j'en ai l'eau à la bouche.

bocacalle rue (*qui débouche dans une autre*).

▷ **Vive en la bocacalle de la avenida de la Constitución que da a la Plaza Real.** Il habite dans l'avenue de la Constitution qui donne sur la Plaza Real.

■ **bocacalle** *n'est pas toujours traduit en français.*

▷ **Sigue todo recto y es la primera bocacalle a la derecha.** Vous allez tout droit et c'est la première à droite.

■ **bocacalle** *est féminin.*

bocadillo sandwich.

bocado bouchée.

■ *Dans ce mot, on reconnaît le nom* **boca** *qui signifie « bouche ».*

■ **bocado** *est masculin.*

boceto esquisse *ou* ébauche.

■ **boceto** *est masculin.*

bocina klaxon.

► **tocar la bocina** klaxonner.

■ **bocina** *est féminin.*

boda mariage *ou* noce.

bodega cave *ou* cale.

bofetada gifle.

bofetón claque.

■ **bofetón** *est masculin.*

bogavante homard.

boina béret.

■ **boina** *est féminin.*

bola *a plusieurs sens :*

1 **bola** *peut signifier* boule.
2 **bola** *peut signifier* bobard.

> Dans ce sens, **bola** est un mot familier.

boletín bulletin.

boli stylo.

■ **boli** *est l'abréviation de* **bolígrafo**.

bolsa sac.

► **bolsa de estudios** bourse d'étude.
► **la Bolsa** la Bourse.
► **las bolsas de los ojos** les poches sous les yeux.

■ **bolsa** *est féminin.*

bolsillo poche.

■ **bolsillo** *est masculin.*

bolso sac à main.

bomba *a plusieurs sens :*

1 **bomba** *peut signifier* bombe.
2 **bomba** *peut signifier* pompe.
3 **bomba** *peut être employé dans des expressions :*
► **ser una bomba** faire sensation.
► **noticia bomba** nouvelle sensationnelle.
► **pasarlo bomba** s'amuser comme un fou.

bombardeo bombardement.

bombero, bombera pompier.

bombilla ampoule (*pour une lampe*).

bombón chocolat.

> Attention ! **bombón** ne signifie pas « bonbon » en général, mais seulement « bonbon au chocolat ».

bondad bonté.

■ *Ce mot, comme la plupart des mots espagnols terminés par* **-tad, -dad** *et* **-tud,** *est féminin.*

bonito, bonita joli(e).

boquiabierto, boquiabierta bouche bée.

■ *Dans ce mot, on reconnaît le lien avec le nom* **boca** *qui signifie « bouche » et l'adjectif* **abierto, abierta** *qui signifie « ouvert(e) ».*

borbotear bouillonner.

Se conjugue sur le modèle de **cantar** (voir p. 903).

bordar broder.

> Attention ! Ne pas confondre **bordar** et **bordear** qui signifie « longer ».

Se conjugue sur le modèle de **cantar** (voir p. 903).

borde bord.

► **estar al borde de hacer algo** être sur le point de faire quelque chose.

bordear longer.

> Attention ! Ne pas confondre **bordear** et **bordar** qui signifie « broder ».

Se conjugue sur le modèle de **cantar** (voir p. 903).

bordo

► **a bordo (de)** à bord (de).

borracho, borracha *a des sens différents selon sa catégorie grammaticale :*

> *Ce peut être un* ADJECTIF :

borracho, borracha *signifie* soûl(e).

> *Ce peut être un* NOM :

borracho, borracha *signifie* ivrogne.

► **bizcocho borracho** baba au rhum.

borrador *a plusieurs sens :*

1 **borrador** *peut signifier* éponge (*pour nettoyer un tableau*).

2 **borrador** *peut signifier* brouillon.

■ *Comme la plupart des mots espagnols terminés par* **-or, borrador** *est masculin.*

borrar effacer *ou* barrer.

Se conjugue sur le modèle de **cantar** (voir p. 903).

borroso, borrosa flou(e).

bosque bois *ou* forêt.

bosquejar esquisser *ou* ébaucher.

Se conjugue sur le modèle de **cantar** (voir p. 903).

bosquejo esquisse *ou* ébauche.

bostezar bâiller.

Comme la plupart des verbes terminés en **-zar, bostezar** *subit des modifications orthographiques : le* **-z** *devient* **-c** *devant un* **-e.**

▷ Bostecé durante el curso y el profesor me vió. J'ai bâillé en cours et le professeur m'a vu.

Se conjugue sur le modèle de **cantar** (voir p. 903).

bostezo bâillement.

bota *a plusieurs sens :*

1 **bota** *peut signifier* botte.

► **botas de agua** *ou* **botas de goma** bottes en caoutchouc.

2 **bota** *peut désigner des chaussures pour pratiquer un sport :*

► **botas de fútbol** chaussures de football.

► **botas de esquí** chaussures de ski.

3 **bota** *peut signifier* gourde.

botar rebondir.

► **botar de alegría** sauter de joie.

Se conjugue sur le modèle de **cantar** (voir p. 903).

bote *a plusieurs sens :*

1 **bote** *peut signifier* pot.

2 **bote** *peut signifier* bond *ou* rebond.

► **pegar un bote** faire un bond.

3 **bote** *peut signifier* canot.

► **bote salvavidas** canot de sauvetage.

4 **bote** *peut être employé dans des expressions :*

► **está en el bote** c'est dans la poche.

► **tener a alguien metido en el bote** avoir quelqu'un dans sa poche.

► **chupar del bote** être un profiteur.

> i **bote** peut également être une forme du verbe **botar**.

botella bouteille.

botiquín trousse de secours *ou* armoire à pharmacie.

botón bouton.

► **pulsar el botón** appuyer sur le bouton.

boxeo boxe.

■ **boxeo** *est masculin.*

boya bouée.

bragas culotte.

■ **bragas** *est féminin pluriel.*

Brasil Brésil.

brasileño, brasileña brésilien(ne) *ou* Brésilien(ne).

bravo, brava *a plusieurs sens :*

1 **bravo** *peut signifier* courageux(-euse).

► **¡bravo!** bravo !

2 **bravo** *peut signifier* féroce.

> Attention ! **bravo, brava** ne signifie pas « brave ».

brazalete bracelet *ou* brassard.

brazo bras.

► **con los brazos abiertos** à bras ouverts.

► **de brazos cruzados** *ou* **con los brazos cruzados** les bras croisés.

brécol brocoli.

breve bref, brève.

brillo éclat (= *lumière vive*).

► **sacar brillo a algo** faire briller quelque chose.

brincar bondir *ou* sauter.

> Attention ! Ne pas confondre **brincar** et **brindar** qui signifie « porter un toast ».

Attention ! Pour conserver le son / k / de l'infinitif, le **-c** *de* **brincar** *se transforme en* **-qu** *devant un* **-e** *:*

▷ Cuando me lo dijo, brinqué de alegría. Quand il me l'a dit, j'ai sauté de joie.

Se conjugue sur le modèle de **cantar** (voir p. 903).

brinco bond.

► **pegar un brinco** faire un bond.

brindar porter un toast.

> Attention ! Ne pas confondre **brindar** et **brincar** qui signifie « bondir ».

Se conjugue sur le modèle de **cantar** (voir p. 903).

británico, británica britannique *ou* Britannique.

broma plaisanterie *ou* farce *ou* blague.

► **en broma** pour rire.

► **gastar una broma a alguien** faire une blague à quelqu'un.

► **tomar algo a broma** ne pas prendre quelque chose au sérieux.

bromear plaisanter.

Se conjugue sur le modèle de **cantar** (voir p. 903).

bromista blagueur(-euse) *ou* farceur (-euse).

▪ *Comme la plupart des mots se terminant en* **-ista**, **bromista** *peut être masculin ou féminin :* *un bromista, una bromista.*

bronca dispute *ou* bagarre.

► **echar una bronca a alguien** passer un savon à quelqu'un.

broncearse bronzer.

📖 *Se conjugue sur le modèle de* **burlarse** (voir p. 898).

brotar *a plusieurs sens :*

1 **brotar** *peut signifier* pousser (*en parlant d'une plante*) *ou* bourgeonner.

2 **brotar** *peut signifier* jaillir *ou* apparaître.

📖 *Se conjugue sur le modèle de* **cantar** (voir p. 903).

brote pousse (*en parlant d'une plante*) *ou* bourgeon.

▪ **brote** *est masculin.*

brujo, bruja sorcier(-ière).

brújula boussole.

bruto, bruta brut(e) *ou* grossier(-ière).

bucear plonger *ou* nager sous l'eau.

📖 *Se conjugue sur le modèle de* **cantar** (voir p. 903).

buceo plongée.

▪ **buceo** *est masculin.*

buen *est la forme apocopée de* **bueno**.

▪ *L'apocope est la suppression d'une ou plusieurs lettres à la fin d'un mot.* **Bueno** *s'apocope en* **buen** *devant un nom masculin singulier.*

▷ Es un libro bueno *ou* Es un buen libro. C'est un bon livre.

bueno, buena *a des sens différents selon qu'il est employé avec* **ser** *ou* **estar** *:*

1 **ser bueno, buena** *signifie* être bon(ne) *ou* bien *ou* sage.

▷ Es una buena persona. C'est quelqu'un de bien.

2 **estar bueno, buena** *signifie* être en bonne santé.

► **por las buenas** comme ça *ou* sans motif précis.

► **¡buenas!** salut !

buey bœuf.

bufanda écharpe.

búho hibou.

Bulgaria Bulgarie.

búlgaro, búlgara bulgare *ou* Bulgare.

bulto *a plusieurs sens :*

1 **bulto** *peut signifier* grosseur.

2 **bulto** *peut signifier* silhouette.

► **bultos** bagages.

buñuelo beignet.

buque bateau.

burbuja bulle.

► **hacer burbujas** pétiller.

burgués, burguesa bourgeois(e).

burla moquerie *ou* blague.

burlarse se moquer.

📖 **burlarse** *est un verbe pronominal régulier qui appartient à la première conjugaison (verbe modèle). Voir tableau page suivante.*

burrada ânerie.

> **burrada** est un mot familier.

burro âne.

► **no ver tres en un burro** être myope comme une taupe.

busca

► **en busca de algo** *ou* **a la busca de algo** à la recherche de quelque chose.

> ℹ **busca** peut également être une forme du verbe **buscar**.
> ▷ Busca bien. Cherche bien.

buscar chercher.

📖 *Attention ! Pour conserver le son /k/ de l'infinitif, le* **-c** *de* **buscar** *se transforme en* **-qu** *devant un* **-e** *:*

▷ Busqué las gafas por todas partes. J'ai cherché mes lunettes partout.

► **buscarle tres pies al gato** chercher midi à quatorze heures.

► **buscar una aguja en un pajar** chercher une aiguille dans une botte de foin.

Se conjugue sur le modèle de **cantar** (voir p. 903).

búsqueda recherche.

butaca fauteuil.

■ **butaca** *est féminin.*

buzón boîte aux lettres.

■ **buzón** *est masculin.*

BURLARSE

INDICATIF				CONDITIONNEL
PRÉSENT	IMPARFAIT	PASSÉ SIMPLE	FUTUR	PRÉSENT
me burlo te burlas se burla nos burlamos os burláis se burlan	me burlaba te burlabas se burlaba nos burlábamos os burlabais se burlaban	me burlé te burlaste se burló nos burlamos os burlasteis se burlaron	me burlaré te burlarás se burlará nos burlaremos os burlaréis se burlarán	me burlaría te burlarías se burlaría nos burlaríamos os burlaríais se burlarían

SUBJONCTIF		IMPÉRATIF		
PRÉSENT	IMPARFAIT	PRÉSENT		
me burle te burles se burle nos burlemos os burléis se burlen	me burlara te burlaras se burlara nos burláramos os burlarais se burlaran	búrlate búrlese burlémonos burlaos búrlanse	INFINITIF PARTICIPE GÉRONDIF	burlarse burlándose

ESPAGNOL

C

FRANÇAIS

caballero *a plusieurs sens :*

1 **caballero** *peut signifier* monsieur.

▷ ¡Caballeros! Vamos a empezar la reunión. Messieurs ! Nous allons commencer la réunion.

► **de caballero** pour homme.

► **damas y caballeros** mesdames et messieurs.

2 **caballero** *peut signifier* gentleman.

3 **caballero** *peut signifier* chevalier.

caballo cheval.

> Attention ! Ne pas confondre caballo et cabello qui signifie « cheveux ».

cabecear hocher la tête.

► **cabecear el balón** faire une tête.

■ *Dans ce mot, on reconnaît le lien avec le nom* **cabeza** *qui signifie « tête ».*

📖 *Se conjugue sur le modèle de* **cantar** (voir p. 903).

cabellera chevelure.

cabello cheveu(x).

> Attention ! Ne pas confondre cabello et caballo qui signifie « cheval ».

■ **cabello** *est masculin singulier quand il signifie « cheveux » au sens de « chevelure ».*

caber tenir *ou* rentrer *ou* passer.

▷ Caben tres más. On peut encore en rentrer trois.

▷ No me caben todos los libros en la cartera. Tous les livres ne tiennent pas dans mon cartable.

▷ El sofá no cabrá por la puerta. Le canapé ne passera pas par la porte.

► **no cabe duda** cela ne fait pas de doute.
Voir tableau ci-dessous.

cabeza tête.

► **cabeza de familia** chef de famille.

► **romperse la cabeza** se creuser la tête.

CABER				
INDICATIF				CONDITIONNEL
PRÉSENT	IMPARFAIT	PASSÉ SIMPLE	FUTUR	PRÉSENT
quepo	cabía	**cupe**	**cabré**	**cabría**
cabes	cabías	**cupiste**	**cabrás**	**cabrías**
cabe	cabía	**cupo**	**cabrá**	**cabría**
cabemos	cabíamos	**cupimos**	**cabremos**	**cabríamos**
cabéis	cabíais	**cupisteis**	**cabréis**	**cabríais**
caben	cabían	**cupieron**	**cabrán**	**cabrían**
SUBJONCTIF		IMPÉRATIF		
PRÉSENT	IMPARFAIT	PRÉSENT		
quepa	**cupiera**		INFINITIF	caber
quepas	**cupieras**	cabe		
quepa	**cupiera**	**quepa**	PARTICIPE	cabido
quepamos	**cupiéramos**	**quepamos**		
quepáis	**cupierais**	cabed	GÉRONDIF	cabiendo
quepan	**cupieran**	**quepan**		

cabezada coup de tête.

► **echar una cabezada** faire un somme.

cabezota têtu(e).

cabo *a plusieurs sens :*

1 **cabo** *peut signifier* cap.

► **Cabo de Hornos** le Cap Horn.

2 **cabo** *peut signifier* bout *ou* extrémité.

► **al cabo de** au bout de.

▷ Al cabo de tres horas de espera me fui. Au bout de trois heures d'attente je suis parti.

► **de cabo a rabo** d'un bout à l'autre.

► **al fin y al cabo** finalement *ou* à la fin.

► **llevar algo a cabo** mener quelque chose à bien.

cabr... **(cabré, cabrás, cabría, etc.)** → **caber**.

cabra chèvre.

cacerola casserole.

> Attention à l'orthographe du mot cacerola.

cacharro *a plusieurs sens :*

1 **cacharro** *peut signifier* ustensile.

2 **cacharro** *peut signifier* truc.

cachorro, cachorra *sert à désigner le* petit d'un mammifère.

cada chaque.

▷ Cada alumno tiene que llevar su libro de matemáticas. Chaque élève doit avoir son livre de mathématiques.

► **cada uno** chacun.

► **cada día / semana / mes / año / etc.** tou-(te)s les jours / semaines / mois / ans / etc.

► **cada vez más** de plus en plus.

► **cada vez menos** de moins en moins.

► **... de cada ...** ... sur ... (*pour établir des comparaisons en chiffres*)

▷ Ocho de cada diez españoles disponen de móvil. Huit Espagnols sur dix ont un téléphone portable.

cadáver cadavre.

cadena chaîne.

► **trabajo en cadena** travail à la chaîne.

caer *ou* **caerse** tomber.

► **caer bien a alguien** plaire à quelqu'un.

► **caer mal a alguien** déplaire à quelqu'un.

> Attention ! caer mal et caer bien ne signifient pas « tomber mal » ou « tomber bien ».

caída chute.

► **sufrir una caída** faire une chute.

► **a la caída del sol** au coucher du soleil.

► **a la caída de la tarde** à la tombée de la nuit.

caig... **(caigo, caiga, caigamos, etc.)** → **caer**.

caja boîte *ou* caisse.

► **caja de caudales** *ou* **caja fuerte** coffre-fort.

CAER				
INDICATIF				CONDITIONNEL
PRÉSENT	IMPARFAIT	PASSÉ SIMPLE	FUTUR	PRÉSENT
caigo	caía	caí	caeré	caería
caes	caías	**caíste**	caerás	caerías
cae	caía	**cayó**	caerá	caería
caemos	caíamos	**caímos**	caeremos	caeríamos
caéis	caíais	**caísteis**	caeréis	caeríais
caen	caían	**cayeron**	caerán	caerían
SUBJONCTIF		IMPÉRATIF		
PRÉSENT	IMPARFAIT	PRÉSENT		
caiga	**cayera**		INFINITIF	caer
caigas	**cayeras**	cae		
caiga	**cayera**	**caiga**	PARTICIPE	caído
caigamos	**cayéramos**	**caigamos**		
caigáis	**cayerais**	caed	GÉRONDIF	cayendo
caigan	**cayeran**	**caigan**		

cajero, cajera caissier(-ière).

► **cajero automático** distributeur automatique.

cajón tiroir.

calabacín courgette.

■ **calabacín** *est masculin.*

calabaza citrouille.

► **dar calabazas a alguien** envoyer promener quelqu'un *ou* recaler quelqu'un *(à un examen).*

► **recibir calabazas** essuyer un refus *ou* être recalé(e).

calar *a plusieurs sens :*

1 **calar** *peut signifier* tremper.

2 **calar** *peut signifier* transpercer.

► **calarse** caler (*en voiture*).

📖 *Se conjugue sur le modèle de* **cantar** (voir p. 903).

calcetín chaussette.

■ **calcetín** *est masculin.*

calderilla ferraille *ou* petite monnaie.

caldo bouillon.

► **poner a caldo a alguien** passer un savon à quelqu'un.

calefacción chauffage.

■ *Ce mot, comme la plupart des mots espagnols terminés par* **-ción** *ou* **-sión**, *est féminin.*

calentar faire chauffer.

■ *Dans ce mot, on reconnaît le lien avec l'adjectif* **caliente** *qui signifie « chaud(e) ».*

📖 **calentar** *est un verbe à diphtongue. Le* **-e** *devient* **-ie** *aux trois personnes du singulier et à la troisième personne du pluriel au présent de l'indicatif et du subjonctif :*

INDICATIF PRÉSENT	SUBJONCTIF PRÉSENT
caliento	caliente
calientas	calientes
calienta	caliente
calentamos	calentemos
calentáis	calentéis
calientan	calienten

📖 *Se conjugue sur le modèle de* **cantar** (voir p. 903).

calentura fièvre.

■ *Dans ce mot, on reconnaît le lien avec l'adjectif* **caliente** *qui signifie « chaud(e) ».*

cálido, cálida chaud(e) *ou* chaleureux (-euse).

caliente chaud(e).

► **en caliente** à chaud.

> ℹ caliente peut également être une forme du verbe calentar.
> ▷ Antes de comerlo, es preciso que lo calientes. Avant de le manger, il faut que tu le fasses chauffer.

callado, callada *a des sens différents selon qu'il est utilisé avec* **ser** *ou* **estar** :

1 **estar callado, callada** *signifie* être silencieux(-euse) *ou* ne rien dire.

2 **ser callado, callada** *signifie* être peu bavard(e).

callarse se taire.

► **¡callate!** silence ! *ou* tais-toi !

calle rue.

► **calle mayor** grand-rue.
► **calle peatonal** rue piétonne.
► **doblar la calle** tourner au coin de la rue.
► **echar alguien a la calle** mettre quelqu'un dehors *ou* à la porte.
► **ir calle abajo** descendre la rue.
► **ir calle arriba** remonter la rue.

callejear flâner.

■ *Dans ce mot, on reconnaît le lien avec le nom* **calle** *qui signifie « rue ».*

📖 *Se conjugue sur le modèle de* **cantar** (voir p. 903).

callejón ruelle.

► **callejón sin salida** impasse.
■ **callejón** *est masculin.*

callejuela ruelle.

calmar calmer.

📖 *Se conjugue sur le modèle de* **cantar** (voir p. 903).

calor chaleur.

► **hacer calor** faire chaud.

► **tener calor** avoir chaud.

■ *Suivant le registre de langue,* **calor** *peut être masculin* (langage courant) *ou féminin* (langage littéraire).

calvo, calva chauve.

calzado chaussures.

■ **calzado** *est masculin singulier.*

> **i** **calzado** peut également être le participe passé du verbe **calzar**.

calzar chausser.

► **¿Qué número calza?** Quelle est votre pointure ?

Comme la plupart des verbes terminés en **-zar**, **calzar** *subit des modifications orthographiques : le* **-z** *devient* **-c** *devant un* **-e**.

▷ **Me calcé los zapatos.** J'ai mis mes chaussures.

Se conjugue sur le modèle de **cantar** (voir p. 903).

calzoncillos caleçon *ou* slip.

■ **calzoncillos** *est masculin pluriel.*

cama lit.

► **echarse en la cama** s'allonger sur le lit.
► **guardar cama** être alité(e).

■ **cama** *est féminin.*

cámara *a plusieurs sens :*

1 **cámara** *peut signifier* appareil photo *ou* caméra *ou* caméscope.
► **a cámara lenta** au ralenti.

2 **cámara** *peut signifier* chambre.
► **cámara de aire** chambre à air.
► **cámara de gas** chambre à gaz.

camarada camarade *ou* collègue.

■ **camarada** *peut être masculin ou féminin.*

camarero, camarera serveur(-euse).

camarón crevette.

■ **camarón** *est masculin.*

cambiar changer *ou* échanger.

Se conjugue sur le modèle de **cantar** (voir p. 903).

cambio *a plusieurs sens :*

1 **cambio** *peut signifier* changement *ou* échange.
► **a cambio de** en échange de.
► **en cambio** par contre.

2 **cambio** *peut signifier* monnaie.
▷ **Quédese con el cambio.** Gardez la monnaie.

> **i** **cambio** peut également être une forme du verbe **cambiar**.
> ▷ **Cambio de ropa.** Je change de vêtements.

camello chameau.

caminar marcher *ou* aller à pied.

■ *Dans ce mot, on reconnaît le lien avec le nom* **camino** *qui signifie « chemin ».*

Se conjugue sur le modèle de **cantar** (voir p. 903).

camino chemin.

> **i** **camino** peut également être une forme du verbe **caminar**.
> ▷ **Camino por el parque para volver de la escuela.** Je rentre à pied par le parc pour revenir de l'école.

camisa chemise.

camiseta tee-shirt.

■ **camiseta** *est féminin.*

campamento campement *ou* camp *ou* colonie de vacances.

campana cloche.

campanario clocher.

campaña campagne.

campeón, campeona champion(ne).

campeonato championnat.

campesino, campesina paysan(ne).

■ *Dans ce mot, on reconnaît le lien avec le nom* **campo** *qui signifie « campagne ».*

campo *a plusieurs sens :*

1 **campo** *peut signifier* campagne.

2 **campo** *peut signifier* champ.
► **campo a través** à travers champs.

3 **campo** *peut signifier* domaine (*d'activité*).

4 **campo** *peut signifier* terrain (*de sport*).

canadiense canadien(ne) *ou* Canadien(ne).

canasta *a plusieurs sens :*

1 **canasta** *peut signifier* corbeille.

2 **canasta** *peut signifier* panier (*au basket-ball*).
► **hacer canasta** réussir un panier.

cancelar annuler.

Se conjugue sur le modèle de **cantar** (voir p. 903).

cancha terrain (*de sport*) *ou* court (*de tennis*) *ou* fronton (*de pelote basque*).

canción chanson.

■ *Ce mot, comme la plupart des mots espagnols terminés par* **-ción** *ou* **-sión**, *est féminin.*

cangrejo crabe.

canguro *a plusieurs sens :*

1 **canguro** *peut signifier* kangourou.

2 **canguro** *peut signifier* baby-sitter.

▷ **Hago de canguro los fines de semana.** Je travaille comme baby-sitter les week-ends.

canica bille.

cansado, cansada *a des sens différents selon qu'il est employé avec* **ser** *ou avec* **estar :**

1 **estar cansado, cansada** *signifie* être fatigué(e).

2 **ser cansado, cansada** *signifie* être fatigant(e).

> Attention ! Ne pas confondre **cansado** et **casado** qui signifie « marié ».

cansancio fatigue.

■ **cansancio** *est masculin.*

cansar fatiguer *ou* ennuyer *ou* lasser.

📖 *Se conjugue sur le modèle de* **cantar** (voir p. 903).

cantante chanteur(-euse).

cantar chanter.

📖 **cantar** *est un verbe régulier qui appartient à la première conjugaison (verbe modèle). Voir tableau ci-dessous.*

cántaro cruche.

► **llover a cántaros** pleuvoir très fort.

■ **cántaro** *est masculin.*

cantidad *a des sens différents selon sa catégorie grammaticale :*

> *Ce peut être un* ADVERBE *:*

cantidad *signifie* beaucoup.

▷ **Los niños se divirtieron cantidad.** Les enfants se sont beaucoup amusés.

> *Ce peut être un* NOM *:*

cantidad *signifie* quantité *ou* somme (*d'argent*).

canto chant.

caña *a plusieurs sens :*

1 **caña** *peut signifier* canne.

► **caña de pescar** canne à pêche.

► **caña de azúcar** canne à sucre.

2 **caña** *peut signifier* tige *ou* roseau.

3 **caña** *peut signifier* demi (*de bière*).

cañón *a plusieurs sens :*

1 **cañón** *peut signifier* canon.

2 **cañón** *peut signifier* canyon.

capa *a plusieurs sens :*

1 **capa** *peut signifier* cape.

2 **capa** *peut signifier* couche (= *épaisseur*).

► **capa de ozono** couche d'ozone.

capacidad capacité.

► **tener capacidades para algo** être doué pour quelque chose.

■ *Ce mot, comme la plupart des mots espagnols terminés par* **-tad, -dad** *et* **-tud,** *est féminin.*

CANTAR				
INDICATIF				CONDITIONNEL
PRÉSENT	IMPARFAIT	PASSÉ SIMPLE	FUTUR	PRÉSENT
canto cantas canta cantamos cantáis cantan	cantaba cantabas cantaba cantábamos cantabais cantaban	canté cantaste cantó cantamos cantasteis cantaron	cantaré cantarás cantará cantaremos cantaréis cantarán	cantaría cantarías cantaría cantaríamos cantaríais cantarían
SUBJONCTIF		IMPÉRATIF		
PRÉSENT	IMPARFAIT	PRÉSENT		
cante cantes cante cantemos cantéis canten	cantara cantaras cantara cantáramos cantarais cantaran	 canta cante cantemos cantad canten	INFINITIF PARTICIPE GÉRONDIF	cantar cantado cantando

capacitado, capacitada apte.

capaz capable.

capital *a des sens différents selon qu'il est masculin ou féminin :*

1 **una capital** (féminin) *signifie* une capitale (*d'un pays*).
2 **un capital** (masculin) *signifie* un capital (*financier*).

capítulo chapitre.

capricho caprice.

cara *a plusieurs sens :*

1 **cara** *peut signifier* visage.
2 **cara** *peut signifier* face (= *côté d'un objet*).
- ► **cara a algo** face à quelque chose.
- ► **cara a cara** face à face.
- ► **de cara a la pared** face au mur *ou* au coin.
- ► **de cara** en face.
- ► **¿cara o cruz?** pile ou face ?

3 **cara** *peut signifier* aspect.

> ℹ cara peut également être le féminin de l'adjectif caro qui signifie « cher ».

caracol escargot.
- ► **escalera de caracol** escalier en colimaçon.

carácter *ou* **caracter** caractère.
- ► **tener buen carácter** avoir bon caractère.
- ► **tener mal carácter** avoir mauvais caractère.

> Attention à l'orthographe du mot carácter.

caradura personne culottée.

caramelo bonbon *ou* caramel.

caravana *a plusieurs sens :*

1 **caravana** *peut signifier* embouteillage.
2 **caravana** *peut signifier* caravane.

carcajada éclat de rire.
- ► **soltar una carcajada** éclater de rire.
- ► **reírse a carcajadas** rire aux éclats.

cárcel prison.
- ▪ **cárcel** *est féminin.*

carecer manquer.

▷ **Carecemos de dinero para la vuelta.** Nous manquons d'argent pour le retour.

Attention ! **carecer** *appartient au groupe des verbes se terminant en* **-acer, -ecer, -ocer** *et* **-ucir** *qui sont irréguliers à la première personne du singulier du présent de l'indicatif et à toutes les personnes du subjonctif présent :*

INDICATIF PRÉSENT	SUBJONCTIF PRÉSENT
carezco	carezca
careces	carezcas
carece	carezca
carecemos	carezcamos
carecéis	carezcáis
carecen	carezcan

Se conjugue sur le modèle de **deber** (voir p. 928).

carga *a plusieurs sens :*

1 **carga** *peut signifier* charge *ou* chargement.
2 **carga** *peut signifier* cartouche (*pour un stylo*) *ou* recharge.

> ℹ carga peut également être une forme du verbe cargar.
> ▷ Carga el coche mientras verifico que todo está cerrado. Il charge la voiture pendant que je vérifie que tout est fermé.

cargado, cargada chargé(e) *ou* lourd(e).

cargar charger.

Attention ! Pour conserver le son /g/ de l'infinitif, le **-g** *de* **cargar** *se transforme en* **-gu** *devant un* **-e** *:*

▷ **Está previsto que carguemos el coche por la mañana.** Il est prévu que nous chargions la voiture le matin.

Se conjugue sur le modèle de **cantar** (voir p. 903).

cargo poste *ou* charge (= *responsabilité*).
- ► **a cargo de** à la charge de.
- ► **hacerse cargo de algo** prendre conscience de quelque chose.
- ► **hacerse cargo de alguien** prendre quelqu'un en charge.

> ℹ cargo peut également être une forme du verbe cargar.
> ▷ Cargo las maletas en el coche. Je charge les valises dans la voiture.

caridad charité.
- ▪ *Ce mot, comme la plupart des mots espagnols terminés par* **-tad, -dad** *et* **-tud,** *est féminin.*

cariño affection.

► **¡cariño!** mon amour !

► **sentir cariño por alguien** *ou* **tener cariño a alguien** avoir de l'affection pour quelqu'un.

► **tomar cariño a alguien** s'attacher à quelqu'un.

cariñoso, cariñosa affectueux(-euse).

carne *a plusieurs sens :*

1 **carne** *peut signifier* chair.

► **de carne y hueso** en chair et en os.

2 **carne** *peut signifier* viande.

carnero mouton.

carnicería boucherie.

caro, cara cher, chère.

carrera *a plusieurs sens :*

1 **carrera** *peut signifier* course (*de vitesse*).

► **a la carrera** à toute vitesse.

2 **carrera** *peut signifier* études *ou* carrière.

► **examen de fin de carrera** examen de fin d'étude.

carretera route.

carrillo joue.

■ **carrillo** *est masculin.*

carro chariot.

carta *a plusieurs sens :*

1 **carta** *peut signifier* lettre (*que l'on envoie*).

► **echar una carta al correo** mettre une lettre à la poste.

> carta ne signifie pas « carte postale ».

2 **carta** *peut signifier* carte (= *menu*).

cartel affiche.

► **en cartel** à l'affiche.

■ **cartel** *est masculin.*

cartera *a plusieurs sens :*

1 **cartera** *peut signifier* cartable.

2 **cartera** *peut signifier* portefeuille.

■ **cartera** *est féminin.*

cartero, cartera facteur(-trice).

■ *Dans ce mot, on reconnaît le lien avec le nom* **carta** *qui signifie « lettre ».*

casa maison.

▷ Nunca he sido a su casa. Je ne suis jamais allé chez elle.

► **echar** *ou* **tirar la casa por la ventana** jeter l'argent par les fenêtres.

► **entrar como Pedro por su casa** entrer comme dans un moulin.

> Attention ! Ne pas confondre casa et caza qui signifie « chasse ».

casado, casada marié(e).

> Attention ! Ne pas confondre casado et cansado qui signifie « fatigué ».

casar marier.

> Attention ! Ne pas confondre casar et cazar qui signifie « chasser ».

Se conjugue sur le modèle de **cantar** (voir p. 903).

cáscara coquille (*d'œuf ou de fruit sec*) *ou* zeste (*de citron*) *ou* croûte (*de fromage*).

casco casque.

► **el casco antiguo** la vieille ville.

casero, casera *a plusieurs sens :*

1 **casero, casera** *peut signifier* fait maison.

▷ Son pasteles caseros. Ce sont des gâteaux faits maison.

2 **casero, casera** *peut signifier* casanier(-ière).

■ *Dans ce mot, on reconnaît le lien avec le nom* **casa** *qui signifie « maison ».*

casi presque.

caso cas.

► **estar caso de algo** s'occuper de quelque chose.

► **estar al caso** être au courant.

► **en caso de ...** au cas où ...

> Attention ! Ne pas confondre caso et cazo qui signifie « casserole ».

castaño, castaña marron *ou* brun(e).

castañuelas castagnettes.

castellano, castellana castillan(e) *ou* Castillan(e).

▷ Hablo castellano. Je parle espagnol.

castigar punir.

Attention ! Pour conserver le son /g/ de l'infinitif, le **-g** *de* **castigar** *se transforme en* **-gu** *devant un* **-e** *:*

▷ Le castigué porque no me avisó de que salía. Je l'ai puni parce qu'il ne m'a pas prévenu qu'il sortait.

Se conjugue sur le modèle de **cantar** (voir p. 903).

castigo punition.

■ **castigo** *est masculin.*

castillo château.

casualidad hasard.

■ *Ce mot, comme la plupart des mots espagnols terminés par* **-tad, -dad** *et* **-tud,** *est féminin.*

catalán, catalana catalan(e) *ou* Catalan(e).

catarata *a plusieurs sens :*

1 **catarata** *peut signifier* chute (*d'eau*).

► **las cataratas del Niágara** les chutes du Niagara.

2 **catarata** *peut signifier* cataracte.

catarro rhume.

catchup *ou* **catsup** ketchup.

catedral cathédrale.

> Attention à l'orthographe du mot **catedral**.

catedrático, catedrática professeur (*à l'université*).

categoría catégorie.

católico, católica catholique.

catorce quatorze.

causar causer (= *provoquer*).

Se conjugue sur le modèle de **cantar** (voir p. 903).

cautela précaution *ou* prudence.

cauteloso, cautelosa prudent(e).

■ *Dans ce mot, on reconnaît le lien avec le nom* **cautela** *qui signifie « prudence ».*

cavar creuser.

Se conjugue sur le modèle de **cantar** (voir p. 903).

caza *a des sens différents selon qu'il est masculin ou féminin :*

1 **un caza** (masculin) *signifie* un avion de chasse.

2 **la caza** (féminin) *signifie* la chasse *ou* le gibier.

> Attention ! Ne pas confondre **caza** et **casa** qui signifie « maison ».

> **i** **caza** peut également être une forme du verbe **cazar**.
> ▷ **Mi gato caza los ratones.** Mon chat chasse les souris.

cazador, cazadora chasseur(-euse).

cazar chasser.

> Attention ! Ne pas confondre **cazar** et **casar** qui signifie « marier ».

Comme la plupart des verbes terminés en **-zar, cazar** *subit des modifications orthographiques : le* **-z** *devient* **-c** *devant un* **-e.**

▷ Tenemos un gato para que cace los ratones. Nous avons un chat pour qu'il chasse les souris

Se conjugue sur le modèle de **cantar** (voir p. 903).

cazo casserole.

■ **cazo** *est masculin.*

> Attention ! Ne pas confondre **cazo** et **caso** qui signifie « cas ».

cebolla oignon.

■ **cebolla** *est féminin.*

cebra zèbre.

► **paso (de) cebra** passage pour piétons.

> Attention à l'orthographe du mot **cebra**.

cegar aveugler.

■ *Dans ce mot, on reconnaît le lien avec l'adjectif* **ciego, ciega** *qui signifie « aveugle ».*

Attention ! Pour conserver le son / g / de l'infinitif, le **-g** *de* **cegar** *se transforme en* **-gu** *devant un* **-e.** *De plus,* **cegar** *est un verbe à diphtongue. Le* **-e** *devient* **-ie** *aux trois personnes du singulier et à la troisième personne du pluriel au présent de l'indicatif et du subjonctif :*

INDICATIF PRÉSENT	SUBJONCTIF PRÉSENT
ciego	ciegue
ciegas	ciegues
ciega	ciegue
cegamos	ceguemos
cegáis	ceguéis
ciegan	cieguen

Se conjugue sur le modèle de **cantar** (voir p. 903).

ceja sourcil.

■ **ceja** *est féminin.*

celda cellule.

celebrar fêter *ou* célébrer.

▷ **Celebro mi cumpleaños este fin de semana.** Je fête mon anniversaire ce week-end.

celos jalousie.

► **tener celos de alguien** être jaloux(-ouse) de quelqu'un.

► **dar celos a alguien** rendre quelqu'un jaloux(-ouse).

■ **celos** *est masculin pluriel.*

celoso, celosa jaloux(-ouse).

cementerio cimetière.

cena dîner (= *repas du soir*).

■ **cena** *est féminin.*

> **i** **cena** peut également être une forme du verbe **cenar**.
> ▷ **¿Cuánto cena?** Quand est-ce qu'il dîne ?

cenar dîner (= *manger le soir*).

📖 *Se conjugue sur le modèle de* **cantar** (voir p. 903).

cenicero cendrier.

■ *Dans ce mot, on reconnaît le lien avec le nom* **ceniza** *qui signifie « cendre ».*

ceniza cendre.

centenar centaine.

■ **centenar** *est masculin.*

centro centre.

► **en el centro** au milieu.

ceño

► **fruncir el ceño** froncer les sourcils.

cepillar brosser.

■ *Dans ce mot, on reconnaît le lien avec le nom* **cepillo** *qui signifie « brosse ».*

📖 *Se conjugue sur le modèle de* **cantar** (voir p. 903).

cepillo brosse.

► **cepillo de dientes** brosse à dents.

■ **cepillo** *est masculin.*

cera cire.

cerca à côté *ou* près.

► **cerca de** près de *ou* à côté de.

▷ **Habiá cerca de cien mil personas.** Il y avait environ cent mille personnes.

► **de cerca** de près.

cercano, cercana proche *ou* voisin(e).

► **cercano a algo** près de quelque chose.

cerda truie.

cerdo cochon *ou* porc.

cerebro cerveau.

cereza cerise.

cerilla allumette.

cero zéro.

► **empezar de cero** commencer à zéro.

► **bajo cero** en-dessous de zéro.

> Attention à l'orthographe du mot **cero**.

cerrado, cerrada fermé(e).

► **a puerta cerrada** à huis clos.

cerradura serrure.

■ *Dans ce mot, on reconnaît le lien avec le verbe* **cerrar** *qui signifie « fermer ».*

cerrar *a plusieurs sens :*

1 **cerrar** *peut signifier* fermer.

► **cerrar algo con llave** fermer quelque chose à clef.

2 **cerrar** *peut signifier* conclure (*un marché par exemple*).

3 **cerrarse** s'obstiner.

📖 **cerrar** *est un verbe à diphtongue. Le* **-e** *devient* **-ie** *aux trois personnes du singulier et à la troisième personne du pluriel au présent de l'indicatif et du subjonctif :*

INDICATIF PRÉSENT	SUBJONCTIF PRÉSENT
cierro	cierre
cierras	cierres
cierra	cierre
cerramos	cerremos
cerráis	cerréis
cierran	cierren

📖 *Se conjugue sur le modèle de* **cantar** (voir p. 903).

> Attention ! Ne pas confondre **cerrar** et **serrar** qui signifie « scier ».

cerrojo verrou.

► **echar el cerrojo** verrouiller.

certeza certitude.

▷ Tengo la certeza de que va a arreglárselas. J'ai la certitude que ça va s'arranger.

> Attention à l'emploi de la préposition de dans tener la certeza de que (avoir la certitude que).

certidumbre certitude.

▷ Tengo la certidumbre de que va a venir. J'ai la certitude qu'il va venir.

> Attention à l'emploi de la préposition de dans tener la certidumbre de que (avoir la certitude que).

■ **certidumbre** *est féminin.*

certificado certificat.

cerveza bière.

césped pelouse *ou* gazon.

■ **césped** *est masculin.*

cesta panier.

► **cesta de la compra** panier à provisions.

■ **cesta** *est féminin.*

cesto panier *ou* corbeille.

chaleco gilet.

► **chaleco antibalas** gilet pare-balles.
► **chaleco salvavidas** gilet de sauvetage.

champán champagne.

champú shampooing.

chándal survêtement.

chapa *a plusieurs sens :*

1 **chapa** *peut signifier* plaque (*en métal*) *ou* planche (*en bois*).

2 **chapa** *peut signifier* capsule (*d'une bouteille*).

chaparrón averse.

■ **chaparrón** *est masculin.*

chapucero *a des sens différents selon sa catégorie grammaticale :*

> *Ce peut être un* ADJECTIF *:*

chapucero *signifie* bâclé(e).

▷ Le pareció al profesor que era un trabajo chapucero. Le professeur a trouvé que c'était un travail bâclé.

> *Ce peut être un* NOM *:*

chapucero *signifie* bricoleur.

chapuza travail bâclé *ou* rafistolage.

■ **chapuza** *est féminin.*

chaqueta veste *ou* gilet.

charca mare.

charco flaque d'eau.

> Attention ! Ne pas confondre charco et charca.

charla bavardage *ou* discussion.

charlar bavarder *ou* discuter.

Se conjugue sur le modèle de cantar (voir p. 903).

charlatán, charlatana bavard(e).

■ *Dans ce mot, on reconnaît le lien avec le verbe* charlar *qui signifie « bavarder ».*

> Attention ! charlatán ne signifie pas « charlatan ».

chasco déception.

► **llevarse un chasco** avoir une déception.

■ **chasco** *est masculin.*

chaval, chavala gamin(e).

chicle chewing-gum.

chica fille.

chico garçon.

chiflado, chiflada fou, folle.

► **estar chiflado por algo** raffoler de quelque chose.

> i chiflado peut également être le participe passé du verbe chiflar.

chiflar *est un verbe qu'on emploie pour dire que quelque chose nous plaît beaucoup.*

▷ Me chiflan los helados. J'adore les glaces.

▷ Les chifla tocar guitarra. Ils adorent jouer de la guitare.

■ *Certains verbes qui expriment un sentiment ou une sensation en espagnol se contruisent différemment du français ; l'exemple le plus courant est le verbe* gustar. *Le sujet français* (je, tu, il, nous, vous, ils) *devient le complément espagnol* (**me, te, se, nos, os, les**) :

▷ **Sé que te chiflan los libros de ciencia ficción.** Je sais que tu adores les livres de science-fiction. (*littéralement : les livres de science-fiction plaisent beaucoup à toi.*)

Chile Chili.

chileno, chilena chilien(ne) *ou* Chilien(ne).

chillar crier.

📖 *Se conjugue sur le modèle de* **cantar** (voir p. 903).

chillido cri *ou* hurlement.

chimenea cheminée.

chino, china chinois(e) *ou* Chinois(e).

chirriar grincer.

📖 *Attention !* **chirriar** *subit une modification de l'accentuation : le* **-i** *se transforme en* **-í** *aux trois personnes du singulier et à la troisième personne du pluriel au présent, au subjonctif et à l'impératif.*

INDICATIF PRÉSENT	SUBJONCTIF PRÉSENT	IMPÉRATIF
chirrío	chirríe	
chirrías	chirríes	chirría
chirría	chirríe	chirríe
chirriamos	chirriemos	chirriemos
chirriáis	chirriéis	chirriad
chirrían	chirríen	chirríen

📖 *Se conjugue sur le modèle de* **cantar** (voir p. 903).

chirrido *a plusieurs sens :*

1 **chirrido** *peut signifier* grincement.

2 **chirrido** *peut signifier* chant *ou* cri (*d'un animal*).

chispa étincelle.

► **una chispa de algo** un tout petit peu de quelque chose.

> **una chispa de algo** est une expression familière.

chiste blague *ou* histoire drôle.

■ **chiste** *est masculin.*

chistoso, chistosa drôle *ou* blagueur (-euse).

chocar heurter *ou* choquer.

► **chocar con** *ou* **contra algo** rentrer dans quelque chose.

► **¡chócala!** tope-là !

> **¡chócala!** est une expression familière.

📖 *Attention ! Pour conserver le son / k / de l'infinitif, le* **-c** *de* **chocar** *se transforme en* **-qu** *devant un* **-e** :

▷ **Iba distraído y choqué con un árbol.** J'étais distrait et j'ai heurté un arbre.

📖 *Se conjugue sur le modèle de* **cantar** (voir p. 903).

chocolate chocolat.

chófer, choferesa chauffeur(-euse).

choque choc.

> **i** **choque** peut également être une forme du verbe **chocar**.
> ▷ **Puede que tanta violencia choque a los niños.** Il se peut qu'autant de violence choque les enfants.

chorrear couler *ou* dégouliner.

► **estar chorreando** être trempé(e).

📖 *Se conjugue sur le modèle de* **cantar** (voir p. 903).

chorro jet *ou* flot.

► **a chorros** avec abondance.

chuchería friandise.

chulo, chula *a plusieurs sens :*

1 **chulo, chula** *peut signifier* chouette (*au sens de « bien »*).

> Dans ce sens, **chulo, chula** est un mot familier.

2 **chulo, chula** *peut signifier* effronté(e) *ou* insolent(e).

chupar sucer.

📖 *Se conjugue sur le modèle de* **cantar** (voir p. 903).

chupete sucette.

■ *Dans ce mot, on reconnaît le lien avec le verbe* **chupar** *qui signifie « sucer ».*

■ **chupete** *est masculin.*

churro churro *ou* beignet.

► **por churro** par hasard.

> **por churro** est une expression familière.

cicatriz cicatrice.

■ **cicatriz** *est féminin.*

ciego, ciega aveugle.

► **a ciegas** à tâtons.

cielo ciel.

► **¡cielo!** zut !

cien *est la forme apocopée de* **ciento**.

▪ *L'apocope est la suppression d'une ou plusieurs lettres à la fin d'un mot.* **Ciento** *s'apocope en* **cien** *devant un nom (même s'il se trouve plus loin dans la phrase et même s'il est seulement sous-entendu) et devant « mil ».*

▷ Te lo he dicho cien veces : lávate las manos antes de comer. Je te l'ai dit cent fois : lave-toi les mains avant de manger.

ciencia science.

► **saber algo a ciencia cierta** être sûr(e) et certain(e) de quelque chose.

ciento cent.

► **por ciento** pour cent.

▷ En esta tienda, hacen un quince por ciento de descuento. Ils font quinze pour cent de réduction dans ce magasin.

▷ El diez por ciento de la población está en paro. Dix pour cent de la population est au chômage.

> Attention à l'emploi des articles **un** ou **el** dans l'expression du pourcentage.

cierto *a des sens différents selon sa catégorie grammaticale :*

> *Ce peut être un* ADVERBE :

cierto *signifie* certainement.

> *Ce peut être un* ADJECTIF :

cierto, cierta *signifie* certain(e) *ou* vrai(e).

cifra chiffre.

▪ **cifra** *est féminin.*

cigala langoustine.

> Attention ! **cigala** ne signifie pas « cigale ».

cigarillo cigarette.

▪ **cigarillo** *est masculin.*

cigarro cigare.

cima sommet *ou* cime.

cinco cinq.

cincuenta cinquante.

cine cinéma.

cinta *a plusieurs sens :*

1 **cinta** *peut signifier* ruban *ou* bande.

2 **cinta** *peut signifier* cassette.

► **cinta de vídeo** cassette video.

cintura taille (= *partie du corps humain*).

cinturón ceinture.

▪ **cinturón** *est masculin.*

círculo cercle.

circunstancia circonstance.

ciruela prune.

► **ciruela pasa** pruneau.

cirugía chirurgie.

> Attention à l'orthographe du mot **cirugía**.

cirujano, cirujana chirurgien(ne).

cisne cygne.

cita *a plusieurs sens :*

1 **cita** *peut signifier* rendez-vous.

► **acudir a una cita** aller à un rendez-vous.

► **faltar a una cita** manquer un rendez-vous.

2 **cita** *peut signifier* citation.

> ℹ **cita** peut également être une forme du verbe **citar**.
> ▷ Siempre cita el mismo fragmento. Il cite toujours le même extrait.

citar *a plusieurs sens :*

1 **citar** *peut signifier* donner un rendez-vous.

2 **citar** *peut signifier* citer.

Se conjugue sur le modèle de **cantar** (voir p. 903).

ciudad ville.

ciudadano, ciudadana citoyen(ne).

clara blanc d'œuf.

▪ **clara** *est féminin.*

> ℹ **clara** peut également être le féminin de l'adjectif **claro** qui signifie « clair ».

claridad clarté.

▪ *Dans ce mot, on reconnaît le lien avec l'adjectif* **claro** *qui signifie « clair ».*

■ *Ce mot, comme la plupart des mots espagnols terminés par* **-tad, -dad** *et* **-tud,** *est féminin.*

claro *a des sens différents selon sa catégorie grammaticale :*

> *Ce peut être un* ADVERBE :

claro *signifie* bien sûr.

▷ –¿Vendrás a la cita? –Claro. –Tu viendras au rendez-vous ? – Bien sûr.

> *Ce peut être un* NOM :

1 **claro** *peut signifier* clairière.

2 **claro** *peut signifier* éclaircie.

■ **claro** *est masculin.*

> *Ce peut être un* ADJECTIF :

claro, clara *signifie* clair(e).

► **sacar en claro** tirer au clair *ou* éclaircir.

clase classe *ou* cours.

► **dar clases** donner des cours.

► **tener clase** avoir de la classe.

► **clase obrera** classe ouvrière.

■ **clase** *est masculin.*

clasificar classer *ou* trier.

► **clasificarse** se qualifier.

Attention ! Pour conserver le son /k/ de l'infinitif, le **-c** *de* **clasificar** *se transforme en* **-qu** *devant un* **-e** *:*

▷ Clasifiqué todos mis documentos. J'ai classé tous mes documents.

Se conjugue sur le modèle de **cantar** (voir p. 903).

clavar clouer *ou* enfoncer.

Se conjugue sur le modèle de **cantar** (voir p. 903).

clave clef.

► **en clave** codé(e).

■ **clave** *est féminin.*

clavel œillet.

clavo clou.

► **dar en el clavo** viser juste *ou* mettre en plein dans le mille.

cobarde peureux(-euse) *ou* lâche.

cobijo abri *ou* protection.

► **dar cobijo a alguien** héberger quelqu'un.

cobrar encaisser *ou* toucher (*de l'argent*).

Se conjugue sur le modèle de **cantar** (voir p. 903).

cocer cuire.

Comme la plupart des verbes terminés en **-cer** *et en* **-cir, cocer** *subit des modifications orthographiques pour conserver le son /s/ : le* **-c** *se transforme en* **-z** *devant* **-o** *et* **-a**. *De plus,* **cocer** *est un verbe à diphtongue. Le* **-o** *devient* **-ue** *aux trois personnes du singulier et à la troisième personne du pluriel au présent de l'indicatif et du subjonctif :*

INDICATIF PRÉSENT	SUBJONCTIF PRÉSENT
cuezo	cueza
cueces	cuezas
cuece	cueza
cocemos	cozamos
cocéis	cozáis
cuecen	cuezan

coche voiture.

► **coche-cama** wagon-lit.

► **coches de choque** autos tamponneuses.

■ **coche** *est masculin.*

cochecito landau.

■ *Dans ce mot, on reconnaît le nom* **coche** *qui signifie « voiture » et le suffixe diminutif* **-ito**.

cocina cuisine.

cocinar faire la cuisine.

Se conjugue sur le modèle de **cantar** (voir p. 903).

cocinero, cocinera cuisinier(-ière).

coco noix de coco.

► **comerse el coco** se prendre la tête.

comerse el coco est une expression familière.

cocodrilo crocodile.

codazo coup de coude.

■ *Dans ce mot, on reconnaît le lien avec le nom* **codo** *qui signifie « coude ».*

código code.

codo coude.

► **codo con codo** coude à coude.

Attention ! **codo** ne signifie pas « code ».

coger prendre *ou* attraper.

► **cogerse a algo** s'accrocher à quelque chose.

Attention ! Pour conserver le son /x/ de l'infinitif, le **-g** *de* **coger** *se transforme en* **-j** *devant un* **-a** *ou un* **-o**.

▷ Me cojo a la barandilla. Je m'accroche à la rambarde.

cohete fusée.

■ **cohete** *est masculin.*

coincidir *a plusieurs sens :*

1 **coincidir** *peut signifier* se rencontrer.

▷ Coincidimos en la calle. Nous nous sommes rencontrés dans la rue.

2 **coincidir** *peut signifier* coïncider.

► **coincidir con algo** tomber en même temps que quelque chose.

► **coincidir en algo** partager les mêmes idées sur quelque chose.

📖 *Se conjugue sur le modèle de* **vivir** (voir p. 1109).

cojo, coja boiteux(-euse) *ou* bancal(e).

► **a la pata coja** à cloche-pied.

> ℹ cojo et coja peuvent également être des formes du verbe coger.

col chou.

► **coles de Bruselas** choux de Bruxelles.

> Attention ! col ne signifie pas « col ».

■ **col** *est féminin.*

cola *a plusieurs sens :*

1 **cola** *peut signifier* queue.

► **hacer cola** faire la queue.

2 **cola** *peut signifier* colle.

colador passoire.

■ *Dans ce mot, on reconnaît le lien avec le verbe* **colar** *qui signifie « filtrer ».*

■ *Comme la plupart des mots espagnols terminés par* **-or, colador** *est masculin.*

colar filtrer.

► **colarse** se faufiler *ou* resquiller.

📖 **colar** *est un verbe à diphtongue. Le* **-o** *devient* **-ue** *aux trois personnes du singulier et à la troisième personne du pluriel au présent de l'indicatif et du subjonctif :*

INDICATIF PRÉSENT	SUBJONCTIF PRÉSENT
cuelo	cuele
cuelas	cueles
cuela	cuele
colamos	colemos
coláis	coléis
cuelan	cuelen

📖 *Se conjugue sur le modèle de* **cantar** (voir p. 903).

colchón matelas.

coleccionar collectionner.

> Attention à l'orthographe du mot coleccionar.

📖 *Se conjugue sur le modèle de* **cantar** (voir p. 903).

coleccionista collectionneur(-euse).

colega collègue *ou* copain, copine.

■ **colega** *est masculin ou féminin.*

colegial, colegiala écolier(-ière).

colegio école.

■ **colegio** *est masculin.*

> ℹ En espagnol, colegio a un sens plus large que le français « collège ». Escuela et colegio sont presque des synonymes.

cólera *a plusieurs sens selon qu'il est masculin ou féminin :*

1 **el cólera** (masculin) *signifie* le choléra.

2 **la cólera** (féminin) *signifie* la colère.

► **montar en cólera** se mettre en colère.

colgador portemanteau.

■ *Dans ce mot, on reconnaît le lien avec le verbe* **colgar** *qui signifie « pendre ».*

■ *Comme la plupart des mots espagnols terminés par* **-or, colgador** *est masculin.*

colgar pendre *ou* accrocher *ou* raccrocher (*le téléphone*).

▷ He colgado su dibujo en la pared. J'ai accroché son dessin au mur.

📖 *Attention ! Pour conserver le son /g/ de l'infinitif, le* **-g** *de* **colgar** *se transforme en* **-gu** *devant un* **-e**. *De plus,* **colgar** *est un verbe à diphtongue. Le* **-o** *devient* **-ue** *aux trois personnes du singulier et à la troisième personne du pluriel au présent de l'indicatif et du subjonctif :*

INDICATIF PRÉSENT	SUBJONCTIF PRÉSENT
cuelgo	cuelgue
cuelgas	cuelgues
cuelga	cuelgue
colgamos	colguemos
colgáis	colguéis
cuelgan	cuelguen

📖 *Se conjugue sur le modèle de* **cantar** (voir p. 903).

coliflor chou-fleur.

■ *On remarque que ce mot composé est constitué du nom* **col** *qui signifie « chou » et du nom* **flor** *qui signifie « fleur ».*

■ **coliflor** *est féminin.*

collar collier.

colmena ruche.

colmillo canine *ou* croc *ou* défense (*d'éléphant*).

colocación *a plusieurs sens :*

1 **colocación** *peut signifier* emplacement.

2 **colocación** *peut signifier* emploi.

Attention ! colocación ne signifie pas « collocation ».

■ *Ce mot, comme la plupart des mots espagnols terminés par* **-ción** *ou* **-sión**, *est féminin.*

colocar mettre *ou* placer.

Attention ! Pour conserver le son /k/ de l'infinitif, le **-c** *de* **colocar** *se transforme en* **-qu** *devant un* **-e** *:*

▷ Colóquelo ahí. Mettez-le là.

Se conjugue sur le modèle de **cantar** (voir p. 903).

colombiano, colombiana colombien (-ne) *ou* Colombien(-ne).

color couleur.

■ *Comme la plupart des mots espagnols terminés par* **-or, color** *est masculin.*

colorado, colorada rouge.

columna colonne.

columpiar balancer (*au sens de « bercer »*).

Se conjugue sur le modèle de **cantar** (voir p. 903).

columpio balançoire.

■ **columpio** *est masculin.*

coma *a des sens différents selon qu'il est masculin ou féminin :*

1 **el coma** (masculin) *signifie* le coma.

2 **una coma** (féminin) *signifie* une virgule.

comba corde.

combatir combattre.

Se conjugue sur le modèle de **vivir** (voir p. 1109).

comedor salle à manger.

■ *Dans ce mot, on reconnaît le lien avec le verbe* **comer** *qui signifie « manger ».*

■ *Comme la plupart des mots espagnols terminés par* **-or, comedor** *est masculin.*

comenzar commencer *ou* entamer.

Comme la plupart des verbes terminés en **-zar, comenzar** *subit des modifications orthographiques : le* **-z** *devient* **-c** *devant un* **-e**. *De plus,* **comenzar** *est un verbe à diphtongue. Le* **-e** *devient* **-ie** *aux trois personnes du singulier et à la troisième personne du pluriel au présent de l'indicatif et du subjonctif :*

INDICATIF PRÉSENT	SUBJONCTIF PRÉSENT
comienzo	comience
comienzas	comiences
comienza	comience
comenzamos	comencemos
comenzáis	comencéis
comienzan	comiencen

Se conjugue sur le modèle de **cantar** (voir p. 903).

comer manger.

Se conjugue sur le modèle de **deber** (voir p. 928).

comerciante commerçant(e).

Attention ! Il n'y a qu'un seul -m à comerciante.

comercio commerce.

Attention ! Il n'y a qu'un seul -m à comercio.

comestibles aliments.

► **tienda de comestibles** épicerie.

cometa *a des sens différents selon qu'il est masculin ou féminin :*

1 **un cometa** (masculin) *signifie* une comète.

2 **una cometa** (féminin) *signifie* un cerf-volant.

cómic bande dessinée.

■ **cómic** *est masculin.*

cómico, cómica *a des sens différents selon sa catégorie grammaticale :*

> *Ce peut être un* ADJECTIF *:*

cómico, cómica *signifie* comique.

> *Ce peut être un* NOM *:*

cómico, cómica *signifie* comédien(ne).

comida nourriture *ou* repas.

comienzo début *ou* commencement.

i comienzo peut également être une forme du verbe comenzar.
▷ Por la mañana, comienzo por ducharme. Le matin, je commence par me doucher.

comillas guillemets.

■ **comillas** *est féminin.*

como (sans accent) *a des sens différents selon sa catégorie grammaticale :*

> *Ce peut être un* ADVERBE :

1 **como** *peut être l'adverbe de manière ou de comparaison* comme.

▷ Haz como quieras. Fais comme tu veux.

2 **como** *peut signifier* environ.

▷ Hoy en la clase había como diez alumnos. Aujourd'hui en classe il y avait environ dix élèves.

3 **como** *peut signifier* en tant que.

▷ Como cabeza de clase, suele hablar con los profesores. En tant que chef de classe, il a l'habitude de parler avec les professeurs.

> *Ce peut être une* CONJONCTION :

1 **como** *peut signifier* comme *pour exprimer la cause.*

▷ Como había huelgas, llegó tarde. Comme il y avait des grèves, il est arrivé en retard.

2 **como** *peut signifier* si *pour exprimer la condition.*

▷ Como no te portes bien, no iremos a pasear. Si tu n'es pas sage, nous n'irons pas nous promener.

i como peut également être une forme du verbe comer.
▷ Como demasiado. Je mange trop.

Attention à l'accent grammatical : il ne faut pas confondre como et cómo.

cómo (avec accent) *est le mot interrogatif et exclamatif* comment.

▷ ¿Cómo te llamas? Comment tu t'appelles ?
► **¡cómo no!** bien sûr !

Attention à l'accent grammatical : il ne faut pas confondre cómo et como.

comodidad commodité *ou* confort.

■ *Ce mot, comme la plupart des mots espagnols terminés par* **-tad, -dad** *et* **-tud**, *est féminin.*

comodín joker.

cómodo, cómoda *a plusieurs sens :*

1 **cómodo, cómoda** *peut signifier* confortable.

► **sentirse cómodo** se sentir à l'aise.

2 **cómodo, cómoda** *peut signifier* pratique.

compadecer plaindre.

📖 *Attention !* **compadecer** *appartient au groupe des verbes se terminant en* **-acer, -ecer, -ocer** *et* **-ucir** *qui sont irréguliers à la première personne du singulier du présent de l'indicatif et à toutes les personnes du subjonctif présent :*

INDICATIF PRÉSENT	SUBJONCTIF PRÉSENT
compadezco	compadezca
compadeces	compadezcas
compadece	compadezca
compadecemos	compadezcamos
compadecéis	compadezcáis
compadecen	compadezcan

📖 *Se conjugue sur le modèle de* **deber** (voir p. 928).

compañero, compañera compagnon, compagne *ou* copain, copine.

compañía compagnie.

► **hacer compañía a alguien** tenir compagnie à quelqu'un.

Attention à l'orthographe du mot compañía.

comparación comparaison.

► **en comparación con algo** par comparaison à quelque chose.

■ *Ce mot, comme la plupart des mots espagnols terminés par* **-ción** *ou* **-sión**, *est féminin.*

compartir partager.

📖 *Se conjugue sur le modèle de* **vivir** (voir p. 1109).

compás *a plusieurs sens :*

1 **compás** *peut signifier* compas.

2 **compás** *peut signifier* rythme.

► **llevar el compás** battre la mesure.

competencia *a plusieurs sens :*

1 **competencia** *peut signifier* concurrence *ou* compétition.

► **hacer la competencia a alguien** faire concurrence à quelqu'un.

2 **competencia** *peut signifier* compétence.

competidor, competidora concurrent(e) *ou* rival(e).

competir concourir pour *ou* faire concurrence à.

📖 **competir** *subit un changement de voyelle : le* **-e** *se transforme en* **-i** *aux trois personnes du singulier et à la troisième personne du pluriel du présent de l'indicatif, à toutes les personnes du présent du subjonctif, aux troisièmes personnes du singulier et du pluriel au passé simple et à toutes les personnes du subjonctif imparfait.*

INDICATIF PRÉSENT	SUBJONCTIF PRÉSENT	PASSÉ SIMPLE	SUBJONCTIF IMPARFAIT
compito	compita	competí	compitiera
compites	compitas	competiste	compitieras
compite	compita	compitió	compitiera
competimos	compitamos	competimos	compitiéramos
competís	compitáis	competisteis	compitierais
compiten	compitan	compitieron	compitieran

complejo, compleja complexe.

componer *a plusieurs sens :*

1 **componer** *peut signifier* composer.

2 **componer** *peut signifier* réparer.

■ *Dans ce mot, on reconnaît le verbe* **poner**. *Ils se conjuguent de la même manière.*

compra achat.

► **hacer la compra** faire les courses.

► **ir de compras** faire du shopping.

■ **compra** *est féminin.*

> **i** compra peut également être une forme du verbe comprar.
> ▷ Siempre compra cosas inutiles. Il achète toujours des choses inutiles.

comprar acheter.

📖 *Se conjugue sur le modèle de* **cantar** (voir p. 903).

comprensión compréhension.

■ *Ce mot, comme la plupart des mots espagnols terminés par* **-ción** *ou* **-sión**, *est féminin.*

comprensivo, comprensiva compréhensif(-ive).

comprobar vérifier *ou* contrôler.

■ *Dans ce mot, on reconnaît le verbe* **probar**. *Ils se conjuguent de la même manière.*

comprometerse s'engager.

📖 *Se conjugue sur le modèle de* **atreverse** (voir p. 887).

compromiso *a plusieurs sens :*

1 **compromiso** *peut signifier* engagement.

2 **compromiso** *peut signifier* fiançailles.

3 **compromiso** *peut signifier* embarras.

► **poner a alguien en un compromiso** mettre quelqu'un dans l'embarras.

computador *ou* **computadora** ordinateur.

■ *Comme la plupart des mots espagnols terminés par* **-or, computador** *est masculin.*

■ **computadora** *est féminin.*

comunidad communauté.

> Attention ! Il n'y a qu'un seul -m à comunidad. Les seules consonnes qui peuvent redoubler en espagnol sont le -c, le -r, le -l et le -n.

■ *Ce mot, comme la plupart des mots espagnols terminés par* **-tad, -dad** *et* **-tud**, *est féminin.*

con avec.

► **café con leche** café au lait.

► **con** + infinitif *peut signifier* bien que + subjonctif.

▷ Con leerla diez vece, no sabe su lección de memoria. Bien qu'il l'ait lu dix fois, il ne sait pas sa leçon par cœur.

► **con** + infinitif *peut signifier* en + participe présent.

▷ Con estudiar un poco cada día, aprobará. En travaillant un peu chaque jour, il réussira.

► **con tal de que** + subjonctif du moment que.

▷ Con tal de que tenga buenas notas, puede salir con sus amigos. Du moment qu'il a de bonnes notes, il peut sortir avec ses amis.

> **i** La préposition con, employée pour exprimer le moyen ou la manière de faire quelque chose, n'est pas toujours traduite en français :
> ▷ Camina con las manos en los bolsillos. Il marche les mains dans les poches.

concebir concevoir *ou* comprendre.

📖 **concebir** *subit un changement de voyelle : le* **-e** *se transforme en* **-i** *aux trois personnes du singulier et à la troisième personne du pluriel du présent de l'indicatif, à toutes les personnes du présent du subjonctif, aux troisièmes personnes du singulier et du pluriel au passé simple et à toutes les personnes du subjonctif imparfait.*

INDICATIF PRÉSENT	SUBJONCTIF PRÉSENT	PASSÉ SIMPLE	SUBJONCTIF IMPARFAIT
concibo	conciba	concebí	concibiera
concibes	concibas	concebiste	concibieras
concibe	conciba	concibió	concibiera
concebimos	concibamos	concebimos	concibiéramos
concebís	concibáis	concebisteis	concibierais
conciben	conciban	concibieron	concibieran

📖 *Se conjugue sur le modèle de* **vivir** (voir p. 1109).

conceder accorder.

📖 *Se conjugue sur le modèle de* **deber** (voir p. 928).

concepto concept.

► **tener buen concepto de alguien** avoir bonne opinion de quelqu'un.

► **tener mal concepto de alguien** avoir mauvaise opinion de quelqu'un.

concha coquille *ou* carapace.

concierto concert.

► **sin orden ni concierto** à tort et à travers.

concluir terminer *ou* conclure.

Comme la plupart des verbes terminés en **-uir, -eer** *et* **-aer, concluir** *subit des modifications orthographiques : le* **-i** *se transforme en* **-y** *devant* **-o** *et* **-e.**

▷ Concluyó la exposición con una cita de Alberti. Il a terminé son exposé par une citation de Alberti.

Se conjugue sur le modèle de **vivir** (voir p. 1109).

conclusión fin *ou* conclusion.

■ *Ce mot, comme la plupart des mots espagnols terminés par* **-ción** *ou* **-sión**, *est féminin.*

concordar s'accorder.

▷ El nombre y el adjetivo concuerdan en género y en número. Le nom et l'adjectif s'accordent en genre et en nombre.

concordar *est un verbe à diphtongue. Le* **-o** *devient* **-ue** *aux trois personnes du singulier et à la troisième personne du pluriel au présent de l'indicatif et du subjonctif :*

INDICATIF PRÉSENT	SUBJONCTIF PRÉSENT
concuerdo	concuerde
concuerdas	concuerdes
concuerda	concuerde
concordamos	concordemos
concordáis	concordéis
concuerdan	concuerden

Se conjugue sur le modèle de **cantar** (voir p. 903).

concursar concourir *ou* être candidat (*à un jeu*).

Se conjugue sur le modèle de **cantar** (voir p. 903).

concurso concours.

conde comte.

condena condamnation.

condenar condamner.

Se conjugue sur le modèle de **cantar** (voir p. 903).

condesa comtesse.

condición condition.

► **a condición (de) que...** à condition que...

► **condiciones** *peut aussi signifier* aptitudes *ou* capacités.

■ *Ce mot, comme la plupart des mots espagnols terminés par* **-ción** *ou* **-sión**, *est féminin.*

conducir conduire *ou* mener.

Attention ! **conducir** *appartient au groupe des verbes se terminant en* **-ducir** *qui sont irréguliers à la première personne du singulier du présent de l'indicatif, à toutes les personnes du passé simple et du subjonctif présent et imparfait :*

INDICATIF PRÉSENT	PASSÉ SIMPLE	SUBJONCTIF PRÉSENT	SUBJONCTIF IMPARFAIT
conduzco	conduje	conduzca	condujera
conduces	condujiste	conduzcas	condujeras
conduce	condujo	conduzca	condujera
conducimos	condujimos	conduzcamos	condujéramos
conducís	condujisteis	conduzcáis	condujerais
conducen	condujeron	conduzcan	condujeran

Se conjugue sur le modèle de **vivir** (voir p. 1109).

conducta conduite.

conductor, conductora conducteur (-trice).

conectar brancher *ou* connecter.

Se conjugue sur le modèle de **cantar** (voir p. 903).

conejo lapin.

confesar avouer *ou* confesser.

Se conjugue sur le modèle de **cantar** (voir p. 903).

confesión aveu *ou* confession.

■ *Ce mot, comme la plupart des mots espagnols terminés par* **-ción** *ou* **-sión**, *est féminin.*

confiado, confiada confiant(e) *ou* crédule.

confianza confiance.

confiar confier *ou* faire confiance.

► **confiar en alguien** faire confiance à quelqu'un.

▷ Confío en él. Je lui fais confiance.

► **confiar en hacer algo** avoir bon espoir de faire quelque chose.

▷ Confío en encontrar trabajo. J'ai bon espoir de trouver un travail.

📖 *Attention ! **confiar** subit une modification de l'accentuation : le **-i** se transforme en **-í** aux trois personnes du singulier et à la troisième personne du pluriel au présent, au subjonctif et à l'impératif.*

INDICATIF PRÉSENT	SUBJONCTIF PRÉSENT	IMPÉRATIF
confío	confíe	
confías	confíes	confía
confía	confíe	confíe
confiamos	confiemos	confiemos
confiáis	confiéis	confiad
confían	confíen	confíen

📖 *Se conjugue sur le modèle de* **cantar** (voir p. 903).

conflicto conflit.

conformarse se contenter.

▷ Debemos conformarnos con lo que tenemos. Nous devons nous contenter de ce que nous avons.

Attention à l'emploi de la préposition **con** dans **conformarse con** (se contenter de).

📖 *Se conjugue sur le modèle de* **burlarse** (voir p. 898).

confundir confondre.

► **confundirse** se tromper.

📖 *Se conjugue sur le modèle de* **vivir** (voir p. 1109).

congelado, congelada gelé(e) *ou* surgelé(e).

conjugar conjuguer.

📖 *Attention ! Pour conserver le son / g / de l'infinitif, le **-g** de **conjugar** se transforme en **-gu** devant un **-e** :*

▷ Conjuguen el verbo "salir" en futuro. Conjuguez le verbe « salir » au futur.

📖 *Se conjugue sur le modèle de* **cantar** (voir p. 903).

conjunto ensemble.

conjuro formule magique.

■ **conjuro** *est masculin.*

conmigo avec moi.

conmovedor, conmovedora émouvant(e).

conmover émouvoir.

📖 *Dans ce mot, on reconnaît le verbe **mover**. Ils se conjuguent de la même manière.*

conocer connaître *ou* reconnaître.

📖 *Attention ! **conocer** appartient au groupe des verbes se terminant en **-acer, -ecer, -ocer** et **-ucir** qui sont irréguliers à la première personne du singulier du présent de l'indicatif et à toutes les personnes du subjonctif présent :*

INDICATIF PRÉSENT	SUBJONCTIF PRÉSENT
conozco	conozca
conoces	conozcas
conoce	conozca
conocemos	conozcamos
conocéis	conozcáis
conocen	conozcan

📖 *Se conjugue sur le modèle de* **deber** (voir p. 928).

conocimiento connaissance.

■ **conocimiento** *est masculin.*

conque donc *ou* alors.

conquista conquête.

conquistar conquérir.

📖 *Se conjugue sur le modèle de* **cantar** (voir p. 903).

consecuencia conséquence.

► **en consecuencia** par conséquent.

conseguir *a plusieurs sens :*

1 **conseguir** *peut signifier* réussir.

▷ He conseguido aprender las lecciones de memoria. J'ai réussi à apprendre mes leçons par cœur.

2 **conseguir** *peut signifier* obtenir *ou* trouver.

▷ Consiguió un buen trabajo. Il a trouvé un bon travail.

3 **conseguir** *peut signifier* remporter (*une médaille par exemple*).

📖 *Dans ce mot, on reconnaît le verbe **seguir**. Ils se conjuguent de la même manière.*

consejo conseil.

conserje concierge.

consigo avec lui *ou* avec elle *ou* avec vous.

► **consigo mismo** avec soi-même.

consiguiente

► **por consiguiente** par conséquent.

consonante consonne.

constar *a plusieurs sens :*

1 **constar** *peut signifier* figurer (= *se trouver*).

► **constar de** comprendre *ou* se composer de.

▷ Esta obra de teatro consta de tres actos. Cette pièce comprend trois actes.

2 **constar** *peut signifier* être certain(e).

📖 *Se conjugue sur le modèle de* **cantar** (voir p. 903).

constipado, constipada enrhumé(e).

> Attention ! constipado, constipada ne signifie pas « constipé ».

constiparse s'enrhumer.

> Attention ! constiparse ne signifie pas « être constipé ».

📖 *Se conjugue sur le modèle de* **burlarse** (voir p. 898).

construcción construction *ou* bâtiment.

■ *Ce mot, comme la plupart des mots espagnols terminés par* **-ción** *ou* **-sión**, *est féminin.*

consuelo consolation.

■ **consuelo** *est masculin.*

consulta *a plusieurs sens :*

1 **consulta** *peut signifier* consultation.

2 **consulta** *peut signifier* conseil *ou* renseignement.

► **hacer una consulta** demander un conseil *ou* chercher un renseignement.

► **obra de consulta** ouvrage de référence.

consumición consommation.

■ *Ce mot, comme la plupart des mots espagnols terminés par* **-ción** *ou* **-sión**, *est féminin.*

consumidor, consumidora consommateur(-trice).

consumir consommer.

► **consumirse** se consumer.

📖 *Se conjugue sur le modèle de* **vivir** (voir p. 1109).

contacto contact.

contado, contada

► **en contadas occasiones** rarement.

contagiar transmettre (*une maladie*) *ou* communiquer.

📖 *Se conjugue sur le modèle de* **cantar** (voir p. 903).

contaminación pollution *ou* contamination.

■ *Ce mot, comme la plupart des mots espagnols terminés par* **-ción** *ou* **-sión**, *est féminin.*

contaminar polluer *ou* contaminer.

📖 *Se conjugue sur le modèle de* **cantar** (voir p. 903).

contar *a plusieurs sens :*

1 **contar** *peut signifier* compter.

► **contar con alguien** compter sur quelqu'un.

▷ ¡Cuenta conmigo! Compte sur moi !

► **contar con algo** disposer de quelque chose.

2 **contar** *peut signifier* raconter.

📖 **contar** *est un verbe à diphtongue. Le* **-o** *devient* **-ue** *aux trois personnes du singulier et à la troisième personne du pluriel au présent de l'indicatif et du subjonctif :*

INDICATIF PRÉSENT	SUBJONCTIF PRÉSENT
cuento	cuente
cuentas	cuentes
cuenta	cuente
contamos	contemos
contáis	contéis
cuentan	cuenten

📖 *Se conjugue sur le modèle de* **cantar** (voir p. 903).

contemplar *a plusieurs sens :*

1 **contemplar** *peut signifier* contempler.

2 **contemplar** *peut signifier* envisager.

▷ Mi hermano contempla la posibilidad de casarse. Mon frère envisage de se marier.

📖 *Se conjugue sur le modèle de* **cantar** (voir p. 903).

contemporáneo, contemporánea contemporain(e).

contener contenir.

■ *Dans ce mot, on reconnaît le verbe* **tener**. *Ils se conjuguent de la même manière.*

contentar faire plaisir à.

▷ Quiero contentarla para su cumpleaños. Je veux lui faire plaisir pour son anniversaire.

► **contentarse con algo** se contenter de quelque chose.

📖 *Se conjugue sur le modèle de* **cantar** (voir p. 903).

contento, contenta content(e).

► **contento con algo** content de quelque chose.

contestación réponse.

> Attention ! contestación ne signifie pas « contestation ».

■ *Ce mot, comme la plupart des mots espagnols terminés par* **-ción** *ou* **-sión**, *est féminin.*

contestar répondre.

> Attention ! **contestar** ne signifie pas « contester ».

Se conjugue sur le modèle de **cantar** (voir p. 903).

contigo avec toi.

continuación suite.

► **a continuación** après *ou* ensuite.

▪ *Ce mot, comme la plupart des mots espagnols terminés par* **-ción** *ou* **-sión**, *est féminin.*

continuar continuer.

Attention ! **continuar** *subit une modification de l'accentuation : le* **-u** *se transforme en* **-ú** *aux trois personnes du singulier et à la troisième personne du pluriel au présent, au subjonctif et à l'impératif.*

INDICATIF PRÉSENT	SUBJONCTIF PRÉSENT	IMPÉRATIF
continúo	continúe	
continúas	continúes	continúa
continúa	continúe	continúe
continuamos	continuemos	continuemos
continuáis	continuéis	continuad
continúan	continúen	continúen

Se conjugue sur le modèle de **cantar** (voir p. 903).

continuo, continua continu(e).

contorno contour.

contra contre.

► **en contra de algo** contre quelque chose.

contrabajo contrebasse.

▪ **contrabajo** *est masculin.*

contradecir contredire.

▪ *Dans ce mot, on reconnaît le verbe* **decir**. *Ils se conjuguent de la même manière.*

contrario, contraria *a des sens différents selon sa catégorie grammaticale :*

> *Ce peut être un* ADJECTIF :

contrario, contraria *signifie* contraire.

► **al contrario** au contraire.

► **llevar la contraria** avoir l'esprit de contradiction.

► **ser contrario a algo** être contre quelque chose *ou* être opposé à quelque chose.

> *Ce peut être un* NOM :

contrario, contraria *signifie* adversaire.

contraseña mot de passe.

▪ **contraseña** *est féminin.*

convencer convaincre.

▪ *Dans ce mot, on reconnaît le verbe* **vencer**. *Ils se conjuguent de la même manière.*

convenir convenir.

► **convenir en hacer algo** convenir de faire quelque chose.

> Attention à l'emploi de la préposition **en** dans **convenir en hacer algo** (convenir de faire quelque chose).

▪ *Dans ce mot, on reconnaît le verbe* **venir**. *Ils se conjuguent de la même manière.*

convento couvent.

convertir changer *ou* convertir *ou* transformer.

convertir *subit un changement de voyelle et la diphtongaison : le* **-e** *se transforme en* **-i** *aux troisièmes personnes du singulier et du pluriel au passé simple, aux deux premières personnes du pluriel au subjonctif présent et à toutes les personnes du subjonctif imparfait* (changement de voyelle) *et le* **-i** *devient* **-ie** *aux trois personnes du singulier et à la troisième personne du pluriel au présent de l'indicatif et du subjonctif* (diphtongaison).

INDICATIF PRÉSENT	SUBJONCTIF PRÉSENT	PASSÉ SIMPLE	SUBJONCTIF IMPARFAIT
convierto	convierta	convertí	convirtiera
conviertes	conviertas	convertiste	convirtieras
convierte	convierta	convirtió	convirtiera
convertimos	convirtamos	convertimos	convirtiéra-mos
convertís	convirtáis	convertisteis	convirtierais
convierten	conviertan	convirtieron	convirtieran

Se conjugue sur le modèle de **vivir** (voir p. 1109).

copa *a plusieurs sens :*

1 **copa** *peut signifier* coupe *ou* verre.

2 **copa** *peut signifier* cime (*d'un arbre*).

► **copas** *est l'une des quatre couleurs du jeu de cartes espagnol.*

► **sombrero de copa** chapeau haut-de-forme.

copo flocon.

► **copo de nieve** flocon de neige.

coquetear flirter.

Se conjugue sur le modèle de **cantar** (voir p. 903).

coraje *a plusieurs sens :*

1 **coraje** *peut signifier* courage.

2 **coraje** *peut signifier* irritation.

coral *a des sens différents selon qu'il est masculin ou féminin :*

1 **un coral** (masculin) *signifie* un corail.

2 **una coral** (féminin) *signifie* une chorale.

corazón cœur.

■ **corazón** *est masculin.*

corbata cravate.

cordel ficelle.

■ **cordel** *est masculin.*

Córdoba Cordoue.

cordón lacet *ou* cordon *ou* fil.

corona couronne *ou* auréole.

> ℹ **corona** peut également être une forme du verbe **coronar**.
> ▷ **Una veleta corona el campanario.** Une girouette couronne le clocher.

coronar couronner.

📖 *Se conjugue sur le modèle de* **cantar** (voir p. 903).

corral basse-cour.

■ **corral** *est masculin.*

correa laisse (*pour promener le chien*).

corredor *a des sens différents selon sa catégorie grammaticale :*

> *Ce peut être un* NOM *:*
corredor *signifie* couloir.

> *Ce peut être un* ADJECTIF *ou un* NOM *:*
corredor, corredora *signifie* coureur(-euse).

corregir corriger.

📖 **corregir** *subit un changement de voyelle : le* **-e** *se transforme en* **-i** *aux trois personnes du singulier et à la troisième personne du pluriel du présent de l'indicatif, à toutes les personnes du présent du subjonctif, aux troisièmes personnes du singulier et du pluriel au passé simple et à toutes les personnes du subjonctif imparfait. De plus, comme la plupart des verbes terminés en* **-ger** *ou* **-gir**, **corregir** *subit des modifications orthographiques pour conserver le son /x/ : le* **-g** *se transforme en* **-j** *devant* **-o** *et* **-a**.

INDICATIF PRÉSENT	SUBJONCTIF PRÉSENT	PASSÉ SIMPLE	SUBJONCTIF IMPARFAIT
corrijo	corrija	corregí	corrigiera
corriges	corrijas	corregiste	corrigieras
corrige	corrija	corrigió	corrigiera
corregimos	corrijamos	corregimos	corrigiéra-mos
corregís	corrijáis	corregisteis	corrigierais
corrigen	corrijan	corrigieron	corrigieran

correo courrier.

► **Correos** la Poste.
► **echar algo al correo** mettre quelque chose à la poste.

correr *a plusieurs sens :*

1 **correr** *peut signifier* courir *ou* aller vite.

2 **correr** *peut signifier* couler (*en parlant d'un cours d'eau*).

> Attention à l'orthographe du mot **correr**.

📖 *Se conjugue sur le modèle de* **deber** (voir p. 928).

corriente courant(e) *ou* ordinaire.

> Attention à l'orthographe du mot **corriente**.

corrupto, corrupta corrompu(e).

cortado *a des sens différents selon sa catégorie grammaticale :*

> *Ce peut être un* ADJECTIF *:*

1 **cortado, cortada** *peut signifier* timide.

2 **cortado, cortada** *peut signifier* troublé(e).

> *Ce peut être un* NOM *:*
cortado *signifie* café crème.

> ℹ **cortado** peut également être le participe passé du verbe **cortar**.

cortar couper.

📖 *Se conjugue sur le modèle de* **cantar** (voir p. 903).

corte *a des sens différents selon qu'il est masculin ou féminin :*

1 **un corte** (masculin) *signifie* une coupure.

2 **la corte** (féminin) *signifie* la cour (*royale*).
► **las Cortes** le Parlement.

cortés courtois(e) *ou* poli(e).

cortesía courtoisie *ou* politesse.

corteza écorce *ou* croûte.

cortina rideau.

► **correr la cortina** tirer le rideau.

■ **cortina** *est féminin.*

corto, corta court(e).

► **corto de vista** myope.

cosa chose.

► **cosa(s) que** + infinitif chose(s) à + infinitif.

▷ Tengo cosas que hacer. J'ai des choses à faire.

► **como si tal cosa** comme si de rien n'était.

► **cualquier cosa** n'importe quoi.

► **cosa de** à peu près.

▷ Esperé cosa de una hora. J'ai attendu à peu près une heure.

cosecha récolte.

cosechar récolter.

📖 *Se conjugue sur le modèle de* **cantar** (voir p. 903).

coser coudre.

📖 *Se conjugue sur le modèle de* **deber** (voir p. 928).

cosquillas

► **hacer cosquillas a alguien** chatouiller quelqu'un.

► **tener cosquillas** être chatouilleux(-euse).

costa côte (= *bord de mer*).

► **a costa de** à force de.

► **a toda costa** coûte que coûte.

costar coûter.

► **costar** + infinitif avoir du mal à + infinitif.

📖 **costar** *est un verbe à diphtongue. Le* **-o** *devient* **-ue** *aux trois personnes du singulier et à la troisième personne du pluriel au présent de l'indicatif et du subjonctif :*

INDICATIF PRÉSENT	SUBJONCTIF PRÉSENT
cuesto	cueste
cuestas	cuestes
cuesta	cueste
costamos	costemos
costáis	costéis
cuestan	cuesten

📖 *Se conjugue sur le modèle de* **cantar** (voir p. 903).

costarricense costaricien(ne) *ou* Costaricien(ne) (= *habitant du Costa Rica*).

coste coût *ou* prix.

costilla côte (= *partie du corps*).

costoso, costosa coûteux(-euse).

costumbre coutume *ou* habitude.

► **como de costumbre** comme d'habitude.

► **costumbres** mœurs.

■ **costumbre** *est féminin.*

cotidiano, cotidiana quotidien(ne).

cráneo crâne.

cráter cratère.

creación création.

■ *Ce mot, comme la plupart des mots espagnols terminés par* **-ción** *ou* **-sión**, *est féminin.*

crear créer.

Attention ! Ne pas confondre **crear** et **creer** qui signifie « croire ».

📖 *Se conjugue sur le modèle de* **cantar** (voir p. 903).

crecer grandir *ou* pousser (*en parlant des cheveux*) *ou* augmenter.

📖 *Attention !* **crecer** *appartient au groupe des verbes se terminant en* **-acer, -ecer, -ocer** *et* **-ucir** *qui sont irréguliers à la première personne du singulier du présent de l'indicatif et à toutes les personnes du subjonctif présent :*

INDICATIF PRÉSENT	SUBJONCTIF PRÉSENT
crezco	crezca
creces	crezcas
crece	crezca
crecemos	crezcamos
crecéis	crezcáis
crecen	crezcan

📖 *Se conjugue sur le modèle de* **deber** (voir p. 928).

crecimiento croissance.

■ **crecimiento** *est masculin.*

crédito crédit.

► **dar crédito a algo** croire à quelque chose.

► **ser digno de crédito** être digne de confiance.

creencia croyance.

creer croire.

▷ No cree en los fantasmas. Il ne croit pas aux fantômes.

Attention à l'emploi de la préposition en dans creer en algo (croire à quelque chose).

Attention ! Ne pas confondre creer et crear qui signifie « créer ».

Comme la plupart des verbes terminés en -uir, -eer *et* -aer, creer *subit des modifications orthographiques : lorsqu'il est conjugué, le* -i *se transforme en* -y *devant* -o *et* -e.

▷ No se lo creyó. Il n'y a pas cru.

Se conjugue sur le modèle de vivir (voir p. 1109).

creído, creída vantard(e) *ou* prétentieux (-euse).

cría *a plusieurs sens :*

1 cría *peut signifier* petit (*d'un animal*).

2 cría *peut signifier* élevage.

■ cría *est féminin.*

cría peut également être une forme du verbe criar.
▷ Mi abuelo cría cerdos. Mon grand-père élève des cochons.

criado, criada domestique.

criado peut également être le participe passé du verbe criar.

criar nourrir *ou* élever *ou* éduquer.

Attention ! criar ne signifie pas « crier ».

Attention ! criar *subit une modification de l'accentuation : le* -i *se transforme en* -í *aux trois personnes du singulier et à la troisième personne du pluriel au présent, au subjonctif et à l'impératif.*

INDICATIF PRÉSENT	SUBJONCTIF PRÉSENT	IMPÉRATIF
crío	críe	
crías	críes	cría
cría	críe	críe
criamos	criemos	criemos
criáis	criéis	criad
crían	críen	críen

Se conjugue sur le modèle de cantar (voir p. 903).

criatura créature.

crimen crime.

■ crimen *est masculin.*

crisis crise.

■ crisis *est féminin et invariable :* una crisis, varias crisis.

cristal *a plusieurs sens :*

1 cristal *peut signifier* verre *ou* cristal (= *matériau*).

2 cristal *peut signifier* vitre.

■ cristal *est masculin.*

cristiano, cristiana chrétien(ne).

cruce carrefour *ou* croisement.

■ cruce *est masculin.*

cruces *est le pluriel de* cruce *et de* cruz.

crucifijo crucifix.

crucigrama mots croisés.

crudo, cruda *a plusieurs sens :*

1 crudo, cruda *peut signifier* cru(e).

2 crudo, cruda *peut signifier* écru(e).

3 crudo, cruda *peut signifier* rude *ou* rigoureux (-euse).

crueldad cruauté.

■ *Ce mot, comme la plupart des mots espagnols terminés par* -tad, -dad *et* -tud, *est féminin.*

crujir craquer (*au sens de « faire du bruit »*).

▷ El suelo crujió. Le plancher a craqué.

Se conjugue sur le modèle de vivir (voir p. 1109).

cruz croix.

► cara o cruz pile ou face.

cruzar traverser *ou* croiser.

Comme la plupart des verbes terminés en -zar, cruzar *subit des modifications orthographiques : le* -z *devient* -c *devant un* -e.

▷ ¡Nunca cruces fuera del paso de peatones! Ne traverse jamais en dehors des clous !

Se conjugue sur le modèle de cantar (voir p. 903).

cuaderno cahier.

cuadrado, cuadrada carré(e).

cuadriculado, cuadriculada quadrillé(e).

cuadro *a plusieurs sens :*

1 cuadro *peut signifier* cadre *ou* tableau.

2 cuadro *peut signifier* équipe *ou* groupe.

► a cuadros *ou* de cuadros à carreaux.

cual (sans accent)

► **el cual** *ou* **la cual** *ou* **los cuales** *ou* **las cuales** lequel *ou* laquelle *ou* lesquels *ou* lesquelles.

▪ **El cual**, **la cual**, *etc. se rapportent à des personnes ou à des choses. Ils s'emploient surtout avec les prépositions* **ante** (devant), **bajo** (sous), **contra** (contre), **hacia** (vers), *etc :*

▷ Es la chica ante la cual cayó el otro día. C'est la fille devant laquelle il est tombé l'autre jour.

▷ Es la chica contra la cual jugué al ajedrez. C'est la fille contre qui j'ai joué aux échecs.

► **del cual** *ou* **de la cual** *ou* **de los cuales** *ou* **de las cuales** dont.

► **cada cual** chacun.

► **tal cual** tel quel.

► **por lo cual** par conséquent.

> Attention à l'accent grammatical : il ne faut pas confondre cual et cuál, mot interrogatif et exclamatif.

cuál (avec accent) *a plusieurs sens :*

1 *Suivi du verbe* ser, **cuál** *est le pronom interrogatif* quel(le).

▷ ¿Cuál es tu dirección? Quelle est ton adresse ?

► **cuáles** quels *ou* quelles.

▷ ¿Cuáles son sus defectos? Quels sont ses défauts ?

2 *Employé avec d'autres verbes,* **cuál** *est le pronom interrogatif* lequel *ou* laquelle *qui exprime un choix.*

▷ ¿Cuál quieres? Lequel tu veux ?

► **cuáles** lesquels *ou* lesquelles.

▷ No sé cuáles escogería. Je ne sais pas lesquels je choisirais.

> Attention à l'accent grammatical : il ne faut pas confondre cuál et cual.

cualesquiera *est le pluriel de* **cualquiera**.

cualidad qualité.

▪ *Ce mot, comme la plupart des mots espagnols terminés par* **-tad**, **-dad** *et* **-tud**, *est féminin.*

cualquier *est la forme apocopée de* **cualquiera**.

▪ *L'apocope est la suppression d'une ou plusieurs lettres à la fin d'un mot.* **Cualquiera** *s'apocope en* **cualquier** *devant un nom masculin ou féminin singulier.*

cualquiera n'importe quel(le) *ou* n'importe qui *ou* quiconque.

▷ Tengo hambre. Vamos a cenar en un restaurante cualquiera. J'ai faim. Allons manger dans n'importe quel restaurant.

► **cualquiera que sea** *ou* **cualesquiera que sean** quel(le) que soit *ou* quel(le)s que soient.

▷ Cualquiera que sea su problema, me da igual. Quel que soit son problème, je m'en fiche.

cuando (sans accent) *est la conjonction* quand *ou* lorsque.

▷ Cuando tenga treinta años, yo tendré veinte. Quand il aura trente ans, moi j'en aurai vingt.

> Attention ! cuando + subjonctif présent se traduit par quand + futur :

▷ Cuando sea mayor de edad, podré votar. Quand je serai majeur, je pourrai voter.

> Attention à l'accent grammatical : il ne faut pas confondre cuando, conjonction, et cuándo, mot interrogatif.

cuándo (avec accent) *est l'adverbe interrogatif* quand.

▷ ¿Cuándo vendrá? Quand est-ce qu'il vient ?

▷ No sé cuándo vendrá. Je ne sais pas quand il viendra.

> Attention à l'accent grammatical : il ne faut pas confondre cuándo, mot interrogatif, et cuando, conjonction.

cuanto, cuanta (sans accent) *a plusieurs sens :*

1 *Suivi d'un nom,* **cuanto, cuanta** *signifie* tous *ou* toute.

▷ Quiero leer cuantas novelas escribió. Je veux lire tous les livres qu'il a écrits.

2 *Suivi d'un verbe,* **cuanto, cuanta** *signifie* tout ce qui *ou* tout ce que.

▷ Cuantos estaban presentes lo recuerdan. Tous ceux qui étaient présents s'en souviennent.

► **cuanto antes** dès que possible.

► **cuanto menos ... menos** moins ... moins.

▷ Cuanto menos estudies, menos tienes buenas notas. Moins tu étudies, moins tu as de bonnes notes.

► **cuanto más ... mejor** plus ... mieux.

▷ Cuanto más hablas alto, mejor te oímos. Plus tu parles fort, mieux nous t'entendons.

► **en cuanto** + subjonctif dès que *ou* aussitôt que.

▷ En cuanto entre en el cuarto cantamos "cumpleaños feliz". Dès qu'il entre dans la pièce, on chante « joyeux anniversaire ».

► **en cuanto a** en ce qui concerne *ou* pour ce qui est de.

> Attention à l'accent grammatical : il ne faut pas confondre cuanto, qui signifie « tous », et cuánto, mot interrogatif et exclamatif.

cuánto, cuánta (avec accent) *a des sens différents selon sa catégorie grammaticale :*

> *Ce peut être un* PRONOM INTERROGATIF *:*

cuánto, cuánta *signifie* combien.

▷ ¿Cuánto cuesta el café? Combien coûte le café ?

▷ ¿Cuántos años tienes? Quel âge as-tu ?

▷ ¿Cada cuánto vas a la piscina? Tu vas à la piscine tous les combien ?

> *Ce peut être un* PRONOM EXCLAMATIF *:*

cuánto, cuánta *signifie* comme *ou* combien *ou* que de *dans des exclamations.*

▷ ¡Cuántos regalos! Que de cadeaux !

> Attention à l'accent grammatical : il ne faut pas confondre cuánto, mot interrogatif et exclamatif, et cuanto, qui signifie « tous ».

cuarenta quarante.

cuarto *a plusieurs sens selon sa catégorie grammaticale :*

> *Ce peut être un* ADJECTIF *:*

cuarto, cuarta *signifie* quatrième.

▷ Es la cuarta medalla que gana este año. C'est la quatrième médaille qu'il gagne cette année.

■ *Les nombres ordinaux s'accordent et sont généralement employés devant le nom, sauf pour un souverain, un siècle ou un chapitre :* **Enrique IV (cuarto)** Henri IV (quatre). *Ils ne sont utilisés que du premier au onzième. Ensuite, on emploie des cardinaux :* **el veinte aniversario** le vingtième anniversaire.

> *Ce peut être un* NOM *:*

1 **cuarto** *peut signifier* quart.

▷ Son las tres y cuarto. Il est trois heures et quart.

2 **cuarto** *peut signifier* pièce (*d'une maison*) *ou* chambre.

► **cuarto de baño** salle de bain.

► **cuarto de estar** salle de séjour.

► **cuarto de dormir** chambre à coucher.

cuatro quatre.

cuatrocientos, cuatrocientas quatre cents.

> ℹ En espagnol, les centaines s'accordent en genre et en nombre avec le nom : cuatrocientas libras esterlinas / cuatrocientos euros.

cubano, cubana cubain(e) *ou* Cubain(e).

cubierta housse *ou* couverture (*d'un livre*).

cubierto *a plusieurs catégories grammaticales :*

> *Ce peut être un* NOM *:*

cubierto *signifie* couvert (*pour manger*).

> *Ce peut être un* ADJECTIF *:*

cubierto, cubierta *signifie* couvert(e).

> ℹ cubierto peut également être le participe passé du verbe cubrir.

cubo *a plusieurs sens :*

1 **cubo** *peut signifier* seau.

► **cubo de la basura** poubelle.

2 **cubo** *peut signifier* cube.

cubrir couvrir.

📖 *Le participe passé du verbe* **cubrir** *est irrégulier :* **cubierto**.

📖 *Se conjugue sur le modèle de* **vivir** (voir p. 1109).

cucaracha cafard.

■ **cucaracha** *est féminin.*

cuchara cuillère.

cucharada cuillerée.

■ *Dans ce mot, on reconnaît le nom* **cuchara** *qui signifie « cuillère » et le suffixe* **-ada**.

cucharilla petite cuillère.

■ *Dans ce mot, on reconnaît le nom* **cuchara** *qui signifie « cuillère » et le suffixe diminutif* **-illa**.

cucharón louche.

■ *Dans ce mot, on reconnaît le nom* **cuchara** *qui signifie « cuillère » et le suffixe augmentatif* **-ón**.

■ **cucharón** *est masculin.*

cuchilla lame.

cuchillo couteau.

> Attention ! Ne pas confondre cuchillo et cuchilla.

cuclillas

► **en cuclillas** accroupi(e).

► **ponerse en cuclillas** s'accroupir.

cuello *a plusieurs sens :*

1 **cuello** *peut signifier* cou.

2 **cuello** *peut signifier* col (*en parlant d'un vêtement*).

► **cuello alto** *ou* **cisne** col roulé.

► **cuello de pico** col en V.

3 **cuello** *peut signifier* goulot.

cuenca *a plusieurs sens :*

1 **cuenca** *peut signifier* orbite (*en parlant de l'œil*).

2 *En géographie,* **cuenca** *peut signifier* vallée *ou* bassin.

cuenco bol.

> Attention ! Ne pas confondre **cuenco** et **cuenca**.

cuenta *a plusieurs sens :*

1 **cuenta** *peut signifier* compte.

2 **cuenta** *peut signifier* addition (*dans un restaurant*).

► **cuenta atrás** compte à rebours.

► **tener algo en cuenta** tenir compte de quelque chose.

► **darse cuenta de algo** se rendre compte de quelque chose.

> **cuenta** peut également être une forme du verbe **contar** :
> ▷ **Cuenta con los dedos.** Il compte sur ses doigts.

cuento conte *ou* histoire.

> Attention ! Ne pas confondre **cuento** et **cuenta**.

> **cuento** peut également être une forme du verbe **contar** :
> ▷ **Cuento rápido.** Je compte vite.

cuerda corde.

> **cuerda** peut également être le féminin de **cuerdo**.

cuerdo, cuerda raisonnable *ou* prudent.

cuerno *a plusieurs sens :*

1 **cuerno** *peut signifier* corne.

2 **cuerno** *peut signifier* cor (= *instrument de musique*).

■ **cuerno** *est masculin.*

cuero cuir.

► **en cueros** tout(e) nu(e).

cuerpo corps.

cuervo corbeau.

cuesta pente *ou* côte.

► **ir cuesta arriba** monter.

► **ir cuesta abajo** descendre.

► **a cuestas** sur le dos.

> **cuesta** peut également être une forme du verbe **costar**.
> ▷ **No puedo regalártelo, cuesta demasiado caro.** Je ne peux pas te l'offrir, il coûte trop cher.

cuestión question.

> Attention à l'orthographe du mot **cuestión**.

cueva grotte *ou* caverne.

cuidado *a des sens différents selon sa catégorie grammaticale :*

> *Ce peut être un* ADJECTIF :

cuidado, cuidada *signifie* soigné(e).

> *Ce peut être un* NOM :

1 **cuidado** *peut signifier* précaution.

2 **cuidado** *peut signifier* soins.

▷ **Necesita el cuidado de un especialista.** Il a besoin des soins d'un spécialiste.

► **tener cuidado con algo** faire attention à quelque chose.

► **¡cuidado!** attention !

■ **cuidado** *est masculin singulier.*

cuidadoso, cuidadosa soigneux(-euse) *ou* prudent(e).

cuidar *a des sens différents selon sa catégorie grammaticale :*

> *Ce peut être un* VERBE TRANSITIF :

cuidar *signifie* soigner.

> *Ce peut être un* VERBE INTRANSITIF :

cuidar *signifie* prendre soin de.

▷ **Cuida su casa : hace la limpieza cada día.** Il prend soin de sa maison : il fait le ménage chaque jour.

Se conjugue sur le modèle de **cantar** (voir p. 903).

culo derrière *ou* cul.

> **culo** est un mot familier.

culpa faute.

► **echar la culpa a alguien** accuser quelqu'un.

► **por culpa de** à cause de.

► **no tengo la culpa** ce n'est pas de ma faute.

culpable coupable *ou* responsable.

culpar accuser.

Se conjugue sur le modèle de **cantar** (voir p. 903).

culto *a des sens différents selon sa catégorie grammaticale :*

> *Ce peut être un* ADJECTIF :

culto, culta *signifie* cultivé(e) *ou* intelligent(e).

> *Ce peut être un* NOM :

culto *signifie* culte.

cumbre sommet.

cumpleaños anniversaire.

▷ ¡Feliz cumpleaños! Joyeux anniversaire !

■ *Dans ce mot, on reconnaît le lien avec le verbe* **cumplir** *qui signifie « fêter » et le nom* **año** *qui signifie « année ».*

■ **cumpleaños** *est invariable : un cumpleaños, dos cumpleaños.*

cumplir *a plusieurs sens :*

1 **cumplir** *peut signifier* accomplir.

2 **cumplir** *peut signifier* tenir (*une promesse*).

3 **cumplir** *peut signifier* exécuter (*un ordre*).

4 **cumplir** *peut signifier* fêter (*un anniversaire*).

▷ Mañana cumple dieciocho años. Demain il fête ses dix-huit ans.

📖 *Se conjugue sur le modèle de* **vivir** (voir p. 1109).

cuna berceau.

► **canción de cuna** berceuse.

■ **cuna** *est féminin.*

cuñada belle-sœur.

cuñado beau-frère.

cup... (cupe, cupiste, cupiera, etc.) → **caber.**

cúpula coupole.

cura *a des sens différents selon qu'il est masculin ou féminin :*

1 **un cura** (masculin) *signifie* un curé.

2 **una cura** (féminin) *signifie* une guérison *ou* un soin.

> **i** cura peut également être une forme du verbe curar.
>
> ▷ Es un especialista que le cura. C'est un spécialiste qui le soigne.

curar guérir *ou* soigner.

📖 *Se conjugue sur le modèle de* **cantar** (voir p. 903).

curiosidad curiosité.

■ *Ce mot, comme la plupart des mots espagnols terminés par* **-tad, -dad** *et* **-tud,** *est féminin.*

curioso, curiosa curieux(-euse).

cursar suivre des cours.

► **cursar estudios** faire des études.

📖 *Se conjugue sur le modèle de* **cantar** (voir p. 903).

cursi cucul *ou* maniéré(e).

> cursi est un mot familier.

cursillo stage.

■ *Dans ce mot, on reconnaît le nom* **curso** *qui signifie « cours » et le suffixe diminutif* **-illo**.

curso *a plusieurs sens :*

1 **curso** *peut signifier* année scolaire.

2 **curso** *peut signifier* cours.

curva virage *ou* tournant *ou* courbe.

■ **curva** *est féminin.*

cuyo, cuya *est le pronom relatif* dont.

▷ Es la chica cuya hermana vive en Londres. C'est la fille dont la sœur habite à Londres.

▷ Es una película cuyo guión está sacado de una novela. C'est un film dont le scénario est tiré d'un roman.

■ **cuyo, cuya** *est placé devant le nom et s'accorde avec lui.*

D

ESPAGNOL — FRANÇAIS

dado dé.

> **i** dado peut également être le participe passé du verbe dar.

dama dame.

► **damas y caballeros** mesdames et messieurs.

danés, danesa danois(e) *ou* Danois(e).

dañar nuire à *ou* endommager *ou* abîmer.

📖 *Se conjugue sur le modèle de* **cantar** (voir p. 903).

dañino, dañina nuisible *ou* nocif(-ive).

daño *a plusieurs sens :*

1 **daño** *peut signifier* mal.

▷ Me haces daño. Tu me fais mal.

2 **daño** *peut signifier* dégât *ou* dommage.

dar *a plusieurs sens :*

1 **dar** *peut signifier* donner.

2 **dar** *peut signifier* passer (*un film*).

3 **dar** *peut être employé dans des expressions :*

► **dar con algo** *signifie* trouver quelque chose.

▷ Finalmente dí con la solución. Finalement j'ai trouvé la solution.

► **dar algo por** + adjectif *signifie* considérer quelque chose + adjectif.

▷ Doy la conversación por terminada. Je considère que la discussion est terminée.

► **dar igual** *ou* **dar lo mismo** être égal.

▷ Me da igual *ou* Me da lo mismo. Ça m'est égal.

► **dar miedo** faire peur.

▷ ¡No me das miedo! Tu ne me fais pas peur !

► **dar vergüenza** faire honte.

▷ Me da vergüenza hablar en público. J'ai honte de parler en public.

Voir tableau ci-dessous.

dato renseignement.

► **datos personales** coordonnées.

DAR				
INDICATIF				CONDITIONNEL
PRÉSENT	IMPARFAIT	PASSÉ SIMPLE	FUTUR	PRÉSENT
doy	daba	**di**	daré	daría
das	dabas	**diste**	darás	darías
da	daba	**dio**	dará	daría
damos	dábamos	**dimos**	daremos	daríamos
dais	dabais	**disteis**	daréis	daríais
dan	daban	**dieron**	darán	darían
SUBJONCTIF		IMPÉRATIF		
PRÉSENT	IMPARFAIT	PRÉSENT		
dé	**diera**		INFINITIF	dar
des	**dieras**	da		
dé	**diera**	**dé**	PARTICIPE	dado
demos	**diéramos**	demos		
deis	**dierais**	dad	GÉRONDIF	dando
den	**dieran**	den		

de *a plusieurs sens :*

1 **de** *peut signifier* de (*pour introduire le complément du nom ou exprimer l'origine*).

▷ Es una caja de cerillas. C'est une boîte d'allumettes.

▷ Soy de Barcelona. Je suis de Barcelone.

2 **de** *peut signifier* en (*pour parler de la matière ou de la couleur de quelque chose*).

▷ Es una mesa de madera. C'est une table en bois.

▷ Iba vestido de negro. Il était habillé en noir.

3 **de** *peut signifier* à *ou* au (*pour parler de la composition de quelque chose*).

▷ ¿Te gusta el pastel de chocolate? Tu aimes le gâteau au chocolat ?

4 **de** *peut signifier* à (*pour désigner les caractéristiques de quelqu'un ou de quelque chose ou pour marquer la possession*).

▷ Ahora ya casi no se utilizan las máquinas de escribir. Aujourd'hui on n'utilise presque plus de machine à écrire.

▷ Es de mi padre. C'est à mon père.

5 **de** *peut signifier* comme (*pour parler de la profession de quelqu'un*).

▷ Mi madre trabaja de profesora en este instituto. Ma mère travaille comme professeur dans ce lycée.

6 **de** *peut signifier* pendant *ou* dans (*pour exprimer le temps*).

▷ Llego de noche. Il est arrivé dans la nuit.

► **de niño** quand j'étais / tu étais / il était / etc. enfant.

7 **de** + infinitif *peut signifier* si (*pour exprimer la condition*).

▷ De ser posible iría de vacaciones contigo. Si c'était possible je partirais en vacances avec toi.

8 adjectif + **de** + infinitif = adjectif + à + infinitif.

▷ Me parece difícil de creer. Ça me paraît difficile à croire.

debajo *a des sens différents selon sa catégorie grammaticale :*

> *Ce peut être une* PRÉPOSITION :

debajo de *signifie* sous.

▷ Encontré tu libro debajo de la mesa. J'ai trouvé ton livre sous la table.

Attention à l'emploi de la préposition **de** dans **debajo de algo** (sous quelque chose).

> *Ce peut être un* ADVERBE :

debajo *signifie* dessous.

deber *a plusieurs catégories grammaticales :*

> *Ce peut être un* NOM :

deber *signifie* devoir.

▷ ¿Has hecho los deberes? Tu as fait tes devoirs ?

> *Ce peut être un* VERBE :

1 **deber** *signifie* devoir (*pour montrer l'obligation morale ou la dette*).

2 ► **deber de** *signifie* devoir (*pour montrer la possibilité*).

▷ Deben de ser las dos. Il doit être deux heures.

► **deberse** être dû, due à.

▷ Su nivel de español se debe a los diferentes viajes que ha hecho en España. Son niveau d'espagnol est dû aux différents voyages qu'il a faits en Espagne.

deber *est un verbe régulier qui appartient à la deuxième conjugaison (verbe modèle).*
Voir tableau ci-dessous.

debido, debida dû, due.

► **debido a algo** à cause de quelque chose.

DEBER				
INDICATIF				CONDITIONNEL
PRÉSENT	IMPARFAIT	PASSÉ SIMPLE	FUTUR	PRÉSENT
debo debes debe debemos debéis deben	debía debías debía debíamos debíais debían	debí debiste debió debimos debisteis debieron	deberé deberás deberá deberemos deberéis deberán	debería deberías debería deberíamos deberíais deberían
SUBJONCTIF		IMPÉRATIF		
PRÉSENT	IMPARFAIT	PRÉSENT		
deba debas deba debamos debáis deban	debiera debieras debiera debiéramos debierais debieran	debe deba debamos debed deban	INFINITIF PARTICIPE GÉRONDIF	deber debido debiendo

débil faible.

> Attention ! **débil** ne signifie pas « débile ».

debilidad faiblesse.

> Attention ! **debilidad** ne signifie pas « débilité ».

■ *Ce mot, comme la plupart des mots espagnols terminés par* **-tad, -dad** *et* **-tud,** *est féminin.*

debilitar affaiblir.

■ *Dans ce mot, on reconnaît l'adjectif* **débil** *qui signifie « faible ».*

Se conjugue sur le modèle de **cantar** (voir p. 903).

decena dizaine.

decepcionante décevant(e).

decepcionar décevoir.

Se conjugue sur le modèle de **cantar** (voir p. 903).

decidir décider.

▷ Decidió irse temprano. Il a décidé de s'en aller tôt.

> Attention à l'absence de préposition dans **decidir hacer algo** (décider de faire quelque chose).

► **decidirse** se décider.

▷ Me decidí por aceptar su proposición. Je me suis décidé à accepter sa proposition.

> Attention à l'emploi de la préposition **por** dans **decidirse por hacer algo** (se décider à faire quelque chose).

Se conjugue sur le modèle de **vivir** (voir p. 1109).

décimo, décima dixième.

▷ Es el décimo libro que leo este año. C'est le dixième livre que je lis cette année.

Les nombres ordinaux s'accordent et sont généralement employés devant le nom, sauf pour un souverain, un siècle ou un chapitre : **el capítulo X (décimo)** le chapitre X (dix). *Ils ne sont utilisés que du premier au onzième. Ensuite, on emploie des cardinaux :* **el veinte aniversario** le vingtième anniversaire.

decir dire.

► **es decir** c'est-à-dire.

► **¿diga?** *ou* **¿dígame?** allô ?
Voir tableau ci-dessous.

decorado décor.

> **decorado** peut également être le participe passé du verbe **decorar**.

dedicar *a plusieurs sens :*

1 **dedicar** *peut signifier* consacrer.

▷ Cada día dedica varias horas a la pintura. Elle consacre plusieurs heures par jour à la peinture.

► ¿A qué se dedica usted? Que faites-vous dans la vie ?

2 **dedicar** *peut signifier* dédier *ou* dédicacer.

Attention ! Pour conserver le son /k/ de l'infinitif, le **-c** *de* **dedicar** *se transforme en* **-qu** *devant un* **-e** *:*

▷ Dediqué las vacaciones a hacer deporte. J'ai consacré mes vacances à faire du sport.

Se conjugue sur le modèle de **cantar** (voir p. 903).

DECIR				
INDICATIF				CONDITIONNEL
PRÉSENT	IMPARFAIT	PASSÉ SIMPLE	FUTUR	PRÉSENT
digo **dices** **dice** decimos decís **dicen**	decía decías decía decíamos decíais decían	**dije** **dijiste** **dijo** **dijimos** **dijisteis** **dijeron**	**diré** **dirás** **dirá** **diremos** **diréis** **dirán**	**diría** **dirías** **diría** **diríamos** **diríais** **dirían**
SUBJONCTIF		IMPÉRATIF		
PRÉSENT	IMPARFAIT	PRÉSENT		
diga **digas** **diga** **digamos** **digáis** **digan**	**dijera** **dijeras** **dijera** **dijéramos** **dijerais** **dijeran**	**di** **diga** **digamos** decid **digan**	INFINITIF PARTICIPE GÉRONDIF	decir **dicho** diciendo

dedo doigt.

deducir déduire.

📖 *Attention !* **deducir** *appartient au groupe des verbes se terminant en* **-ducir** *qui sont irréguliers à la première personne du singulier du présent de l'indicatif, à toutes les personnes du subjonctif présent et imparfait et du passé simple :*

INDICATIF PRÉSENT	PASSÉ SIMPLE	SUBJONCTIF PRÉSENT	SUBJONCTIF IMPARFAIT
deduzco	deduje	deduzca	dedujera
deduces	dedujiste	deduzcas	dedujeras
deduce	dedujo	deduzca	dedujera
deducimos	dedujimos	deduzcamos	dedujéramos
deducís	dedujisteis	deduzcáis	dedujerais
deducen	dedujeron	deduzcan	dedujeran

📖 *Se conjugue sur le modèle de* **vivir** (voir p. 1109).

defecto défaut.

defender défendre (*au sens de « protéger »*).

> Attention ! **defender** ne signifie jamais défendre au sens d'« interdire ».

📖 **defender** *est un verbe à diphtongue. Le* **-e** *devient* **-ie** *aux trois personnes du singulier et à la troisième personne du pluriel au présent de l'indicatif et du subjonctif :*

INDICATIF PRÉSENT	SUBJONCTIF PRÉSENT
defiendo	defienda
defiendes	defiendas
defiende	defienda
defendemos	defendamos
defendéis	defendáis
defienden	defiendan

📖 *Se conjugue sur le modèle de* **deber** (voir p. 928).

defensa défense (au sens de « protection »).

> Attention ! **defensa** ne signifie pas « interdiction ».

defraudar *a plusieurs sens :*

1 **defraudar** *peut signifier* décevoir.

2 **defraudar** *peut signifier* escroquer.
📖 *Se conjugue sur le modèle de* **cantar** (voir p. 903).

dejar *a plusieurs sens :*

1 **dejar** *peut signifier* laisser *ou* quitter (au sens d'« abandonner »).

▷ No la dejes sola. Ne la laisse pas seule.

2 **dejar** *peut signifier* prêter.

▷ Te dejo la goma pero luego me la devuelves, ¿vale? Je te prête ma gomme, mais après tu me la rends, d'accord ?

► **dejar de hacer algo** arrêter de faire quelque chose.

📖 *Se conjugue sur le modèle de* **cantar** (voir p. 903).

del du *ou* de l'.

■ **del** *est la contraction de la préposition* **de** *et de l'article* **el**.

delantal tablier.

delante devant.

▷ Estoy delante del instituto. Je suis devant le lycée.

> Attention à l'emploi de la préposition **de** dans **delante de algo** (devant quelque chose).

delatar dénoncer.

📖 *Se conjugue sur le modèle de* **cantar** (voir p. 903).

delegado, delegada délégué(e).

> Attention ! Ne pas confondre **delegado, delegada** et **delgado, delgada** qui signifie « mince ».

deletrear épeler *ou* articuler.

📖 *Se conjugue sur le modèle de* **cantar** (voir p. 903).

delfín dauphin.

delgado, delgada mince *ou* maigre *ou* fin(e).

> Attention ! Ne pas confondre **delgado, delgada** et **delegado, delegada** qui signifie « délégué(e) ».

delicado, delicada *a des sens différents selon qu'il est utilisé avec* **ser** *ou avec* **estar** *:*

► **ser delicado, delicada** *signifie* être délicat(e).

► **estar delicado, delicada** *signifie* être souffrant(e).

delicioso, deliciosa délicieux(-euse).

delincuencia délinquance.

delincuente délinquant(e).

demás

► **los demás** les autres.

▷ No habla con los demás niños. Il ne parle pas avec les autres enfants.

► **lo demás** le reste.

demasiado trop.

▻ Tiene demasiados problemas. Il a trop de problèmes.

Attention à l'absence de préposition dans demasiado algo (trop de quelque chose).

▻ Ha comido demasiado. Il a trop mangé.

▻ Eres demasiado baja para practicar el baloncesto. Tu es trop petite pour faire du basket-ball.

En espagnol, demasiado s'accorde en genre et en nombre avec le nom mais il reste invariable devant un adjectif ou lorsqu'il est employé seul.

demonio diable *ou* démon.

demostración démonstration *ou* preuve.

■ *Ce mot, comme la plupart des mots espagnols terminés par* **-ción** *ou* **-sión**, *est féminin.*

demostrar démontrer *ou* prouver.

Dans ce mot, on reconnaît le verbe **mostrar** *qui signifie « montrer ». Ils se conjuguent de la même manière.*

dental dentaire.

dentífrico dentifrice.

dentista dentiste.

■ *Comme la plupart des mots se terminant en* **-ista, dentista** *peut être masculin ou féminin : el dentista, la dentista.*

dentro dans *ou* dedans *ou* à l'intérieur.

► **dentro de poco** d'ici peu.

denuncia dénonciation *ou* plainte.

denunciar dénoncer *ou* porter plainte.

Se conjugue sur le modèle de **cantar** (voir p. 903).

departamento *a plusieurs sens :*

1 **departamento** *peut signifier* département (= *division administrative*).

2 **departamento** *peut signifier* compartiment (*dans un meuble*).

3 **departamento** *peut signifier* rayon (*dans un magasin*).

dependiente, dependienta vendeur (-euse).

deporte sport.

deportista sportif(-ive).

■ *Comme la plupart des mots se terminant en* **-ista, deportista** *peut être masculin ou féminin : el deportista, la deportista.*

deportivo, deportiva sportif(-ive).

depositar déposer.

► **depositar la confianza en alguien** accorder sa confiance à quelqu'un.

Se conjugue sur le modèle de **cantar** (voir p. 903).

depósito *a plusieurs sens :*

1 **depósito** *peut signifier* réservoir.

2 **depósito** *peut signifier* dépôt *ou* entrepôt.

3 **depósito** *peut signifier* caution.

deprisa vite.

derecha droite.

► **a la derecha** à droite.

derecho droit.

► **derecho a voto** droit de vote.

► **derechos humanos** droits de l'homme.

► **ir** *ou* **seguir derecho** aller tout droit.

► **tener derecho de** *ou* **para** avoir le droit de.

► **estudiar Derecho** faire des études de droit.

derramar renverser *ou* verser.

Se conjugue sur le modèle de **cantar** (voir p. 903).

derretir fondre.

derretir *subit un changement de voyelle : le* **-e** *se transforme en* **-i** *aux trois personnes du singulier et à la troisième personne du pluriel du présent de l'indicatif, à toutes les personnes du présent du subjonctif, aux troisièmes personnes du singulier et du pluriel au passé simple et à toutes les personnes du subjonctif imparfait.*

INDICATIF PRÉSENT	SUBJONCTIF PRÉSENT	PASSÉ SIMPLE	SUBJONCTIF IMPARFAIT
derrito	derrita	derretí	derritiera
derrites	derritas	derretiste	derritieras
derrite	derrita	derritió	derritiera
derretimos	derritamos	derretimos	derritiéramos
derretís	derritáis	derretísteis	derritierais
derriten	derritan	derritieron	derritieran

Se conjugue sur le modèle de **vivir** (voir p. 1109).

derribar faire tomber *ou* démolir *ou* abattre.

Se conjugue sur le modèle de **cantar** (voir p. 903).

derrochar gaspiller.

📖 *Se conjugue sur le modèle de* **cantar** (voir p. 903).

derroche gaspillage.

> ℹ derroche peut également être une forme du verbe derrochar.

▷ ¡No derroche agua! Ne gaspillez pas l'eau !

derrota défaite.

► Sufrir una grave derrota. Subir un grave échec.

> ℹ derrota peut également être une forme du verbe derrotar.

▷ Siempre derrota a sus adversarios. Il bat toujours ses adversaires.

derrotar battre *ou* vaincre.

📖 *Se conjugue sur le modèle de* **cantar** (voir p. 903).

derrumbar démolir.

► **derrumbarse** s'effondrer *ou* s'écrouler.

desacuerdo désaccord.

■ *Dans ce mot, on reconnaît le nom* **acuerdo** *qui signifie « accord ».*

desafortunadamente malheureusement.

desafortunado, desafortunada malheureux(-euse).

desagradable désagréable.

desanimar décourager.

📖 *Dans ce mot, on reconnaît le verbe* **animar** *qui signifie « encourager ». Ils se conjuguent de la même manière.*

desaparecer disparaître.

📖 *Dans ce mot, on reconnaît le verbe* **aparecer** *qui signifie « apparaître ». Ils se conjuguent de la même manière.*

desaparición disparition.

■ *Ce mot, comme la plupart des mots espagnols terminés par* **-ción** *ou* **-sión**, *est féminin.*

desarrollar développer.

► **desarrollarse** se développer *ou* se dérouler.

▷ La acción de la película se desarolla en Madrid. L'action du film se déroule à Madrid.

desarrollo développement *ou* déroulement.

► **país en vías de desarrollo** pays en voie de développement.

desatar défaire *ou* détacher.

📖 *Dans ce mot, on reconnaît le verbe* **atar** *qui signifie « attacher ». Ils se conjuguent de la même manière.*

desayunar prendre son petit déjeuner.

📖 *Se conjugue sur le modèle de* **cantar** (voir p. 903).

desayuno petit déjeuner.

> ℹ desayuno peut également être une forme du verbe desayunar.
> ▷ Siempre desayuno antes de ir al colegio. Je prends toujours mon petit déjeuner avant d'aller à l'école.

descalzarse enlever ses chaussures.

📖 *Les verbes terminés en* **-zar** *subissent des modifications orthographiques : le* **-z** *devient* **-c** *devant un* **-e.**

▷ Me descalcé antes de entrar en su habitación. Je me suis déchaussé avant de rentrer dans sa chambre.

📖 *Se conjugue sur le modèle de* **burlarse** (voir p. 898).

descalzo, descalza pieds nus.

▷ En la playa, me paseo descalzo. Sur la plage, je me promène pieds nus.

descansar se reposer *ou* faire une pause.

📖 *Dans ce mot, on reconnaît le verbe* **cansar** *qui signifie « fatiguer ». Ils se conjuguent de la même manière.*

descansillo palier.

descanso repos *ou* pause.

> ℹ descanso peut également être une forme du verbe descansar.
> ▷ Descanso cada dos horas. Je fais une pause toutes les deux heures.

descarado, descarada insolent(e).

descaro insolence.

■ **descaro** *est masculin.*

descarga *a plusieurs sens :*

1 **descarga** *peut signifier* déchargement.

2 **descarga** *peut signifier* décharge (*électrique*).

> ℹ descarga peut également être une forme du verbe descargar.
> ▷ ¡Descarga el coche, por favor! Décharge la voiture s'il te plaît !

descargar décharger.

📖 *Dans ce mot, on reconnaît le verbe* **cargar** *qui signifie « charger ». Ils se conjuguent de la même manière.*

descender descendre.

📖 **descender** *est un verbe à diphtongue. Le* **-e** *devient* **-ie** *aux trois personnes du singulier et à la troisième personne du pluriel au présent de l'indicatif et du subjonctif :*

INDICATIF PRÉSENT	SUBJONCTIF PRÉSENT
desciendo	descienda
desciendes	desciendas
desciende	descienda
descendemos	descendamos
descendéis	descendáis
descienden	desciendan

📖 *Se conjugue sur le modèle de* **deber** (voir p. 928).

descenso diminution *ou* descente *ou* baisse.

■ **descenso** *est masculin.*

descolgar décrocher.

📖 *Dans ce mot, on reconnaît le verbe* **colgar** *qui signifie « accrocher ». Ils se conjuguent de la même manière.*

desconfiado, desconfiada méfiant(e).

■ *Dans ce mot, on reconnaît l'adjectif* **confiado, confiada** *qui signifie « confiant(e) ».*

desconfianza méfiance.

■ *Dans ce mot, on reconnaît le nom* **confianza** *qui signifie « confiance ».*

desconfiar se méfier.

📖 *Dans ce mot, on reconnaît le verbe* **confiar** *qui signifie « se fier ». Ils se conjuguent de la même manière.*

desconocer ignorer.

📖 *Dans ce mot, on reconnaît le verbe* **conocer** *qui signifie « connaître ». Ils se conjuguent de la même manière.*

desconocido, desconocida inconnu(e).

descontento *a des sens différents selon sa catégorie grammaticale :*

> *Ce peut être un* ADJECTIF :

descontento, descontenta *signifie* mécontent(e).

► **descontento con algo** mécontent de quelque chose.

> *Ce peut être un* NOM :

descontento *signifie* mécontentement.

■ *Dans ce mot, on reconnaît l'adjectif* **contento, contenta** *qui signifie « content(e) ».*

descortés impoli(e) *ou* grossier(-ière).

■ *Dans ce mot, on reconnaît l'adjectif* **cortés** *qui signifie « poli(e) ».*

describir décrire.

📖 *Se conjugue sur le modèle de* **vivir** (voir p. 1109).

📖 *Le participe passé du verbe* **describir** *est irrégulier :* **descrito**.

descrito *est le participe passé du verbe* **describir**.

descubierto *est le participe passé du verbe* **descubrir**.

descubrimiento découverte.

■ **descubrimiento** *est masculin.*

descubrir découvrir.

📖 *Se conjugue sur le modèle de* **vivir** (voir p. 1109).

📖 *Le participe passé du verbe* **descubrir** *est irrégulier :* **descubierto**.

descuento réduction *ou* remise.

▷ Me hizo un descuento del diez por ciento. Il m'a fait une remise de dix pour cent.

■ **descuento** *est masculin.*

descuidado, descuidada négligé(e) *ou* inattentif(-ive).

descuidar négliger.

📖 *Dans ce mot, on reconnaît le verbe* **cuidar** *qui signifie « prendre soin de ». Ils se conjuguent de la même manière.*

descuido négligence *ou* inattention.

■ **descuido** *est masculin.*

desde de *ou* depuis.

▷ Desde París hasta Burdeos hay unos 600 kilómetros. De Paris à Bordeaux, il y a environ 600 kilomètres.

▷ Le conozco desde la escuela de párvulos. Je le connais depuis la maternelle.

► **desde ahora** à partir de maintenant.

► **desde entonces** depuis (ce temps-là).

► **desde niño** depuis mon / ton / son / etc. enfance.

■ **desde** *sert à se repérer par rapport à une date ou à un moment précis :*

▷ Estudio español desde 2001. J'apprends l'espagnol depuis 2001.

■ **desde** + **hace** *sert à se repérer par rapport à une durée :*

▷ Estudio español desde hace tres años. J'apprends l'espagnol depuis trois ans.

desdén mépris *ou* dédain.

desdeñar mépriser *ou* dédaigner.

📖 *Se conjugue sur le modèle de* cantar (voir p. 903).

desdicha malheur.

■ desdicha *est féminin.*

desear désirer *ou* souhaiter.

📖 *Se conjugue sur le modèle de* cantar (voir p. 903).

desechar se débarrasser de *ou* rejeter.

📖 *Dans ce mot, on reconnaît le verbe* echar *qui signifie « jeter ». Ils se conjuguent de la même manière.*

desechos déchets *ou* ordures.

desembocar se jeter dans (*en parlant d'un cours d'eau*) *ou* déboucher sur (*en parlant d'une route*).

📖 *Attention ! Pour conserver le son /k/ de l'infinitif, le* -c *de* desembocar *se transforme en* -qu *devant un* -e.

▷ Tal vez esta calle no desemboque en la avenida. Peut-être que cette rue ne débouche pas sur l'avenue.

📖 *Se conjugue sur le modèle de* cantar (voir p. 903).

desempeñar occuper (*une fonction*) *ou* jouer (*un rôle*).

📖 *Se conjugue sur le modèle de* cantar (voir p. 903).

desempleo chômage.

■ *Dans ce mot, on reconnaît le nom* empleo *qui signifie « emploi ».*

desengaño déception *ou* désillusion.

► **llevarse un desengaño con alguien** être déçu(e) par quelqu'un.

■ desengaño *est masculin.*

desenlace dénouement.

deseo désir *ou* envie.

► **pedir un deseo** faire un vœu.

> **i** deseo peut également être une forme du verbe desear.
> ▷ Te deseo un feliz cumpleaños. Je te souhaite un joyeux anniversaire.

desesperación désespoir.

■ *Ce mot, comme la plupart des mots espagnols terminés par* -ción *ou* -sión, *est féminin.*

desfilar défiler.

📖 *Se conjugue sur le modèle de* cantar (voir p. 903).

desgarrar déchirer.

► **desgarrar el corazón de alguien** fendre le cœur de quelqu'un.

📖 *Se conjugue sur le modèle de* cantar (voir p. 903).

desgarrón déchirure.

■ desgarrón *est masculin.*

desgastar user.

📖 *Se conjugue sur le modèle de* cantar (voir p. 903).

desgaste usure.

■ desgaste *est masculin.*

desgracia malheur.

► **por desgracia** malheureusement.

■ desgracia *est féminin.*

desgraciado, desgraciada malheureux (-euse) *ou* misérable.

deshacer défaire *ou* démonter *ou* désunir.

► **deshacerse** fondre *ou* se dissoudre.

► **deshacer el camino** revenir sur ses pas.

📖 *Dans ce mot, on reconnaît le verbe* hacer *qui signifie « faire ». Ils se conjuguent de la même manière.*

deshelar dégeler.

📖 *Dans ce mot, on reconnaît le verbe* helar *qui signifie « geler ». Ils se conjuguent de la même manière.*

deshinchar dégonfler *ou* désenfler.

📖 *Dans ce mot, on reconnaît le verbe* hinchar *qui signifie « gonfler ». Ils se conjuguent de la même manière.*

deshonesto, deshonesta *a plusieurs sens :*

1 deshonesto, deshonesta *peut signifier* malhonnête.

2 deshonesto, deshonesta *peut signifier* indécent(e).

■ *Dans ce mot, on reconnaît l'adjectif* honesto, honesta *qui signifie « honnête ».*

deshonra déshonneur *ou* honte.

desierto désert.

desigual inégal(e) *ou* irrégulier(-ière).

■ *Dans ce mot, on reconnaît l'adjectif* igual *qui signifie « égal(e) ».*

desigualdad inégalité *ou* irrégularité.

■ *Dans ce mot, on reconnaît le nom* igualdad *qui signifie « égalité ».*

■ *Ce mot, comme la plupart des mots espagnols terminés par* **-tad, -dad** *et* **-tud,** *est féminin.*

desilusión déception *ou* désillusion.

■ *Ce mot, comme la plupart des mots espagnols terminés par* **-ción** *ou* **-sión**, *est féminin.*

desilusionar décevoir.

📖 *Se conjugue sur le modèle de* **cantar** (voir p. 903).

desleal déloyal(e).

■ *Dans ce mot, on reconnaît l'adjectif* **leal** *qui signifie « loyal(e) ».*

deslizarse glisser.

📖 *Les verbes terminés en* **-zar** *subissent des modifications orthographiques : le* **-z** *devient* **-c** *devant un* **-e.**

▷ **Me deslicé por el hielo.** J'ai glissé sur le verglas.

📖 *Se conjugue sur le modèle de* **burlarse** (voir p. 898).

deslumbrar éblouir.

📖 *Se conjugue sur le modèle de* **cantar** (voir p. 903).

desmayarse s'évanouir *ou* perdre connaissance.

📖 *Se conjugue sur le modèle de* **burlarse** (voir p. 898).

desnudarse se déshabiller.

📖 *Se conjugue sur le modèle de* **burlarse** (voir p. 898).

desnudo, desnuda nu(e).

desobedecer désobéir.

📖 *Dans ce mot, on reconnaît le verbe* **obedecer** *qui signifie « obéir ». Ils se conjuguent de la même manière.*

desorden désordre *ou* confusion.

■ **desorden** *est masculin.*

desordenar déranger *ou* mettre en désordre.

📖 *Dans ce mot, on reconnaît le verbe* **ordenar** *qui signifie « mettre de l'ordre ». Ils se conjuguent de la même manière.*

despacho bureau.

despacio lentement *ou* doucement.

despedida adieux.

■ **despedida** *est féminin.*

despedir renvoyer.

► **despedirse** dire au revoir *ou* faire ses adieux.

📖 *Dans ce mot, on reconnaît le verbe* **pedir** *qui signifie « demander ». Ils se conjuguent de la même manière.*

despegar décoller.

📖 *Dans ce mot, on reconnaît le verbe* **pegar** *qui signifie « coller ». Ils se conjuguent de la même manière.*

desperdiciar gaspiller.

📖 *Se conjugue sur le modèle de* **cantar** (voir p. 903).

desperdicio gaspillage.

► **desperdicios** restes *ou* déchets.

ℹ **desperdicio** peut également être une forme du verbe **desperdiciar.**
▷ **Desperdicio demasiado tiempo haciendo esto.** Je gaspille trop mon temps à faire ça.

desperfecto dégât *ou* défaut *ou* imperfection.

📖 *Dans ce mot, on reconnaît l'adjectif* **perfecto, perfecta** *qui signifie « parfait(e) ».*

despertador réveil.

📖 *Dans ce mot, on reconnaît le verbe* **despertar** *qui signifie « réveiller ».*

■ *Comme la plupart des mots espagnols terminés par* **-or, despertador** *est masculin.*

despertar réveiller.

📖 **despertar** *est un verbe à diphtongue. Le* **-e** *devient* **-ie** *aux trois personnes du singulier et à la troisième personne du pluriel au présent de l'indicatif et du subjonctif :*

INDICATIF PRÉSENT	SUBJONCTIF PRÉSENT
desp**ie**rto	desp**ie**rte
desp**ie**rtas	desp**ie**rtes
desp**ie**rta	desp**ie**rte
despertamos	despertemos
despertáis	despertéis
desp**ie**rtan	desp**ie**rten

📖 *Le verbe* **despertar** *a deux participes passés : on peut utiliser* **despertado** *ou* **despierto**.

📖 *Se conjugue sur le modèle de* **cantar** (voir p. 903).

despierto, despierta éveillé(e) *ou* réveillé(e).

ℹ **despierto** et **despierta** peuvent également être des formes du verbe **despertar.**
▷ **¿Le despierto o espero que se despierte?** Je le réveille ou j'attends qu'il se réveille ?

despistarse se perdre *ou* s'embrouiller.

📖 *Se conjugue sur le modèle de* **burlarse** (voir p. 898).

despiste distraction.

■ **despiste** *est masculin.*

desplazar déplacer.

📖 *Les verbes terminés en* **-zar** *subissent des modifications orthographiques : le* **-z** *devient* **-c** *devant un* **-e.**

▷ Desplacé tus libros para que tuvieras más espacio en la habitación. J'ai déplacé tes livres pour que tu aies plus de place dans ta chambre.

📖 *Se conjugue sur le modèle de* **cantar** (voir p. 903).

desplegar déployer *ou* déplier.

📖 *Dans ce mot, on reconnaît le verbe* **plegar** *qui signifie « plier ». Ils se conjuguent de la même manière.*

despoblado, despoblada inhabité(e).

despreciar mépriser *ou* dédaigner.

📖 *Se conjugue sur le modèle de* **cantar** (voir p. 903).

desprecio mépris.

despreocupado, despreocupada insouciant(e) *ou* négligent(e).

después *a plusieurs sens :*

1 **después** *peut signifier* plus tard *ou* après.

▷ Te lo diré después. Je te le dirai plus tard.

2 ► **después de** + nom *peut signifier* après + nom.

▷ Voy al cine después de la cena. Je vais au cinéma après le dîner.

3 ► **después de** + infinitif *peut signifier* après + infinitif passé.

▷ Después de cenar fui al cine. Après avoir dîné je suis allé au cinéma.

destacar *a des sens différents selon sa catégorie grammaticale :*

> *Ce peut être un* VERBE TRANSITIF :

destacar algo *signifie* mettre quelque chose en relief *ou* souligner quelque chose.

> *Ce peut être un* VERBE INTRANSITIF :

destacar *signifie* se démarquer *ou* se distinguer.

📖 *Attention ! Pour conserver le son / k / de l'infinitif, le* **-c** *de* **destacar** *se transforme en* **-qu** *devant un* **-e.**

▷ Destaqué por mis resultados. Je me suis distingué par mes résultats.

📖 *Se conjugue sur le modèle de* **cantar** (voir p. 903).

destierro exil.

destino *a plusieurs sens :*

1 **destino** *peut signifier* destinée *ou* destin.

2 **destino** *peut signifier* destination.

destornillador tournevis.

■ *Dans ce mot, on reconnaît le lien avec le nom* **tornillo** *qui signifie « vis ».*

■ *Comme la plupart des mots espagnols terminés par* **-or, destornillador** *est masculin.*

destreza habileté.

destrozar détruire *ou* abîmer.

📖 *Les verbes terminés en* **-zar** *subissent des modifications orthographiques : le* **-z** *devient* **-c** *devant un* **-e.**

▷ Le destrocé el juguete sin querer. J'ai abîmé son jouet sans faire exprès.

📖 *Se conjugue sur le modèle de* **cantar** (voir p. 903).

destrozo dégât.

> ℹ destrozo peut également être une forme du verbe destrozar.
> ▷ Soy torpe : destrozo todo lo que toco. Je suis maladroit : j'abîme tout ce que je touche.

destrucción destruction.

■ *Ce mot, comme la plupart des mots espagnols terminés par* **-ción** *ou* **-sión**, *est féminin.*

destruir détruire.

📖 *Les verbes terminés en* **-uir, -eer** *et* **-aer** *subissent des modifications orthographiques : le* **-i** *se transforme en* **-y** *devant* **-o** *et* **-e.**

▷ Estos dos niños se divierten destruyendo los castillos de arena de los demás. Ces deux enfants s'amusent à détruire les châteaux de sable des autres.

📖 *Se conjugue sur le modèle de* **vivir** (voir p. 1109).

desván grenier.

desvanecerse s'évanouir.

📖 *Attention !* **desvanecerse** *appartient au groupe des verbes se terminant en* **-acer, -ecer, -ocer** *et* **-ucir** *qui sont irréguliers à la première personne du singulier du présent de l'indicatif et à toutes les personnes du subjonctif présent :*

INDICATIF PRÉSENT	SUBJONCTIF PRÉSENT
me desvanezco	me desvanezca
te desvaneces	te desvanezcas
se desvanece	se desvanezca
nos desvanecemos	nos desvanezcamos
os desvanecéis	os desvanezcáis
se desvanecen	se desvanezcan

📖 *Se conjugue sur le modèle de* **atreverse** (voir p. 887).

desventaja désavantage *ou* inconvénient.

desvestir déshabiller.

📖 *Dans ce mot, on reconnaît le verbe* **vestir** *qui signifie « habiller ». Ils se conjuguent de la même manière.*

desvío déviation.

■ **desvío** *est masculin.*

detalle détail.

detener arrêter.

📖 *Dans ce mot, on reconnaît le verbe* **tener**. *Ils se conjuguent de la même manière.*

determinación détermination *ou* décision.

■ *Ce mot, comme la plupart des mots espagnols terminés par* **-ción** *ou* **-sión**, *est féminin.*

determinar déterminer *ou* décider de.

📖 *Se conjugue sur le modèle de* **cantar** (voir p. 903).

detestar détester *ou* haïr.

📖 *Se conjugue sur le modèle de* **cantar** (voir p. 903).

detrás derrière.

▷ La piscina está detrás de la casa. La piscine est derrière la maison.

> Attention à l'emploi de la préposition **de** dans **detrás de algo** *ou* **alguien** (derrière quelque chose ou quelqu'un).

► **hacer algo por detrás de alguien** faire quelque chose dans le dos de quelqu'un.

deuda dette.

devolver *a plusieurs sens :*

1 **devolver** *peut signifier* rendre.
2 **devolver** *peut signifier* rembourser.

📖 *Dans ce mot, on reconnaît le verbe* **volver**. *Ils se conjuguent de la même manière.*

día jour *ou* journée.

► **día festivo** jour férié.
► **día laborable** jour ouvrable.
► **hacer mal día** faire mauvais.
► **hacer buen día** faire beau.
► **ser de día** faire jour.
► **estar al día** être à jour *ou* être au courant *ou* être à la page.
► **hoy en día** de nos jours.

■ **día** *est masculin.*

diablo diable.

diálogo dialogue.

diana cible.

► **dar en la diana** mettre en plein dans le mille.

diario *a des sens différents selon sa catégorie grammaticale :*

> *Ce peut être un* ADJECTIF :

diario, diaria *signifie* quotidien(ne).

> *Ce peut être un* NOM :

diario *signifie* journal (= *presse*).

dibujar dessiner.

📖 *Se conjugue sur le modèle de* **cantar** (voir p. 903).

dibujo dessin.

diccionario dictionnaire.

> Attention à l'orthographe du mot **diccionario**.

dicho dicton.

> ℹ **dicho** peut également être le participe passé du verbe **decir**.

dichoso, dichosa heureux(-euse).

diciembre décembre.

dictado dictée.

■ **dictado** *est masculin.*

dictador dictateur.

dictadura dictature.

diecinueve dix-neuf.

dieciocho dix-huit.

dieciséis seize.

diecisiete dix-sept.

diente dent.

► **diente de ajo** gousse d'ail.

■ **diente** *est masculin.*

diestro, diestra *a des sens différents selon sa catégorie grammaticale :*

> *Ce peut être un* ADJECTIF :

► **diestro, diestra** *peut signifier* droitier(-ière).
► **diestro, diestra** *peut signifier* adroit(e).

> *Ce peut être un* NOM :
diestro *signifie* torero.

dieta régime.

► **estar a dieta** être au régime.

■ **dieta** *est féminin.*

diez dix.

diferencia différence.

> Attention ! Il n'y a qu'un seul **-f** à **diferencia**. Les seules consonnes qui peuvent redoubler en espagnol sont le **-c**, le **-r**, le **-l** et le **-n**.

diferente différent(e).

> Attention ! Il n'y a qu'un seul **-f** à **diferente**.

difícil difficile.

► **difícil de hacer** difficile à faire.

> Attention ! Il n'y a qu'un seul **-f** à **difícil**. Les seules consonnes qui peuvent redoubler en espagnol sont le **-c**, le **-r**, le **-l** et le **-n**.

dificultad difficulté.

> Attention ! Il n'y a qu'un seul **-f** à **dificultad**.

■ *Ce mot, comme la plupart des mots espagnols terminés par* **-tad, -dad** *et* **-tud,** *est féminin.*

difunto, difunta défunt(e).

digerir digérer.

digerir *subit un changement de voyelle et la diphtongaison : le* **-e** *se transforme en* **-i** *aux troisièmes personnes du singulier et du pluriel au passé simple, aux deux premières personnes du pluriel au subjonctif présent et à toutes les personnes du subjonctif imparfait* (changement de voyelle) *et le* **-e** *devient* **-ie** *aux trois personnes du singulier et à la troisième personne du pluriel au présent de l'indicatif et du subjonctif* (diphtongaison).

INDICATIF PRÉSENT	SUBJONCTIF PRÉSENT	PASSÉ SIMPLE	SUBJONCTIF IMPARFAIT
digiero	digiera	digerí	digiriera
digieres	digieras	digeriste	digirieras
digiere	digiera	digirió	digiriera
digerimos	digiramos	digerimos	digiriéramos
digerís	digiráis	digeristeis	digirierais
digieren	digieran	digirieron	digirieran

Se conjugue sur le modèle de **vivir** (voir p. 1109).

dignidad dignité.

■ *Ce mot, comme la plupart des mots espagnols terminés par* **-tad, -dad** *et* **-tud,** *est féminin.*

digno, digna digne.

▷ **Es alguien digno de confianza.** C'est une personne digne de confiance.

diluvio déluge.

diminuto, diminuta tout(e) petit(e) *ou* minuscule.

dimisión démission.

■ *Ce mot, comme la plupart des mots espagnols terminés par* **-ción,** *ou* **-sión**, *est féminin.*

dimitir démissionner.

Se conjugue sur le modèle de **vivir** (voir p. 1109).

dinero argent.

► **dinero suelto** monnaie.

dios dieu.

► **como Dios manda** comme il faut.
► **¡vaya por Dios!** zut !

diosa déesse.

diploma diplôme.

■ **diploma** *est masculin.*

diputado, diputada député(e).

dirección *a plusieurs sens :*

1 **dirección** *peut signifier* direction.
► **dirección prohibida** sens interdit.

2 **dirección** *peut signifier* adresse (= *lieu où l'on peut joindre quelqu'un*).

■ *Ce mot, comme la plupart des mots espagnols terminés par* **-ción,** *ou* **-sión**, *est féminin.*

directo direct(e).

director, directora directeur, directrice.

► **director de orquesta** chef d'orchestre.

dirigir diriger *ou* adresser.

Les verbes terminés en **-ger** *ou* **-gir** *subissent des modifications orthographiques pour conserver le son /x/ : le* **-g** *se transforme en* **-j** *devant* **-o** *et* **-a**.

▷ **No dirijo la palabra a nadie.** Je n'adresse la parole à personne.

Se conjugue sur le modèle de **vivir** (voir p. 1109).

disco *a plusieurs sens :*

1 **disco** *peut signifier* disque.

2 **disco** *peut signifier* panneau (*de signalisation*).

disculpa excuse.

► **pedir disculpas** s'excuser.

i **disculpa** peut également être une forme du verbe **disculpar**.

▷ **Se disculpa por no haber podido venir.** Il s'excuse de ne pas avoir pu venir.

disculpar pardonner.

► **diculparse** s'excuser.

Se conjugue sur le modèle de **cantar** (voir p. 903).

discurrir *a plusieurs sens :*

1 **discurrir** *peut signifier* passer (*en parlant du temps*).

2 **discurrir** *peut signifier* couler (*en parlant d'un cours d'eau*).

3 **discurrir** *peut signifier* réfléchir (*au sens de « penser »*).

Se conjugue sur le modèle de **vivir** (voir p. 1109).

discurso discours.

discusión dispute *ou* débat.

▪ *Ce mot, comme la plupart des mots espagnols terminés par* **-ción** *ou* **-sión**, *est féminin.*

discutir *a plusieurs sens :*

1 **discutir** *peut signifier* se disputer *ou* débattre *ou* parler de façon très animée.

▷ **Discutieron sobre fútbol durante horas.** Ils ont parlé de football pendant des heures.

2 **discutir** *peut signifier* contester.

Se conjugue sur le modèle de **vivir** (voir p. 1109).

disfraz déguisement.

► **baile de disfraces** bal costumé.

▪ **disfraz** *est masculin.*

disfrazarse se déguiser.

Comme la plupart des verbes terminés en **-zar, disfrazarse** *subit des modifications orthographiques : le* **-z** *devient* **-c** *devant un* **-e.**

▷ **Me disfracé de princesa.** Je me suis déguisée en princesse.

Attention à l'emploi de la préposition **de** dans **disfrazarse de** (se déguiser en).

Se conjugue sur le modèle de **burlarse** (voir p. 898).

disfrutar *a plusieurs sens.*

1 **disfrutar** *peut signifier* profiter.

2 **disfrutar** *peut signifier* s'amuser.

► **¡disfrútate!** amuse-toi bien !

Se conjugue sur le modèle de **cantar** (voir p. 903).

disgustado, disgustada *a plusieurs sens :*

1 **disgustado, disgustada** *peut signifier* fâché(e) *ou* contrarié(e).

2 **disgustado, disgustada** *peut signifier* déçu(e).

Attention ! **disgustado, disgustada** ne signifie pas « dégoûté(e) ».

disgustar déplaire *ou* contrarier.

► **disgustarse** être contrarié(e).

▷ **Se disgusta a causa de ti.** Il est contrarié à cause de toi.

Dans ce mot, on reconnaît le verbe **gustar** *qui signifie « aimer ». Ils se conjuguent de la même manière.*

Attention ! **disgustar** ne signifie pas « dégoûter ».

disgusto contrariété *ou* ennui *ou* chagrin.

► **a disgusto** à contrecœur.

► **estar a disgusto** être mal à l'aise.

disimular *a plusieurs sens :*

1 **disimular** *peut signifier* dissimuler.

2 **disimular** *peut signifier* faire semblant *ou* feindre.

▷ **No se puede saber si disimula o no.** On ne peut pas savoir s'il fait semblant ou pas.

Se conjugue sur le modèle de **cantar** (voir p. 903).

disminución diminution.

Attention à l'orthographe du mot **disminución**.

▪ *Ce mot, comme la plupart des mots espagnols terminés par* **-ción** *ou* **-sión**, *est féminin.*

disminuido, disminuida handicapé(e).

disminuir diminuer *ou* réduire.

Attention à l'orthographe du mot **disminuir**.

Les verbes terminés en **-uir, -eer** *et* **-aer** *subissent des modifications orthographiques : le* **-i** *se transforme en* **-y** *devant* **-o** *et* **-e.**

▷ **En el campo, el número de habitantes disminuye cada año.** À la campagne, le nombre d'habitants diminue chaque année.

Se conjugue sur le modèle de **vivir** (voir p. 1109).

disolver dissoudre.

disolver *est un verbe à diphtongue. Le* **-o** *devient* **-ue** *aux trois personnes du singulier et à la troisième personne du pluriel au présent de l'indicatif et du subjonctif :*

INDICATIF PRÉSENT	SUBJONCTIF PRÉSENT
disuelvo	disuelva
disuelves	disuelvas
disuelve	disuelva
disolvemos	disolvamos
disolvéis	disolváis
disuelven	disuelvan

Le participe passé du verbe **disolver** *est irrégulier :* **disuelto**.

Se conjugue sur le modèle de **deber** (voir p. 928).

disparar tirer (*avec une arme*).

Se conjugue sur le modèle de **cantar** (voir p. 903).

disparo coup de feu.

disponer disposer.

Dans ce mot, on reconnaît le verbe **poner** *qui signifie « poser ». Ils se conjuguent de la même manière.*

disquete disquette.

■ **disquete** *est masculin.*

disquetera lecteur de disquette.

■ **disquetera** *est féminin.*

distante distant(e) *ou* éloigné(e).

distinguido, distinguida *a plusieurs sens :*

1 **distinguido, distinguida** *peut signifier* brillant(e) (*au sens de « doué(e) »*).

2 **distinguido, distinguida** *peut signifier* distingué(e) (*au sens d'« élégant(e) »*).

distinguir *a plusieurs sens :*

1 **distinguir** *peut signifier* distinguer.

2 **distinguir** *peut signifier* rendre hommage à.

Les verbes terminés en **-guir** *subissent des modifications orthographiques pour conserver le son /g/ : le* **-gu** *se transforme en* **-g** *devant* **-o** *et* **-a**.

▷ Está demasiado lejos: apenas lo distingo. Il est trop loin : je le distingue à peine.

distinto, distinta différent(e).

distraer distraire.

Dans ce mot, on reconnaît le verbe **traer**. *Ils se conjuguent de la même manière.*

distraído, distraída *a des sens différents selon qu'il est utilisé avec* **ser** *ou avec* **estar** :

1 **ser distraído, distraída** *signifie* être distrayant(e).

2 **estar distraído, distraída** *signifie* être distrait(e).

distribuir distribuer.

Les verbes terminés en **-uir, -eer** *et* **-aer** *subissent des modifications orthographiques : le* **-i** *se transforme en* **-y** *devant* **-o** *et* **-e**.

▷ Gana un poco de dinero distribuyendo el diario. Il gagne un petit peu d'argent en distribuant le journal.

Se conjugue sur le modèle de **vivir** (voir p. 1109).

disuetto *est le participe passé du verbe* **disolver**.

diversidad diversité.

■ *Ce mot, comme la plupart des mots espagnols terminés par* **-tad, -dad** *et* **-tud**, *est féminin.*

diversión distraction.

> Attention ! **diversión** ne signifie pas « diversion ».

■ *Ce mot, comme la plupart des mots espagnols terminés par* **-ción** *ou* **-sión**, *est féminin.*

diverso, diversa *a plusieurs sens :*

1 **diverso, diversa** *peut signifier* divers(e).

2 **diverso, diversa** *peut signifier* plusieurs.

▷ He leído diversos libros sobre este tema. J'ai lu plusieurs livres sur ce sujet.

divertido, divertida amusant(e).

divertir amuser.

divertir *subit un changement de voyelle et la diphtongaison : le* **-e** *se transforme en* **-i** *aux troisièmes personnes du singulier et du pluriel au passé simple, aux deux premières personnes du pluriel au subjonctif présent et à toutes les personnes du subjonctif imparfait* (changement de voyelle) *et le* **-i** *devient* **-ie** *aux trois personnes du singulier et à la troisième personne du pluriel au présent de l'indicatif et du subjonctif* (diphtongue).

INDICATIF PRÉSENT	SUBJONCTIF PRÉSENT	PASSÉ SIMPLE	SUBJONCTIF IMPARFAIT
divierto	divierta	divertí	divirtiera
diviertes	diviertas	divertiste	divirtieras
divierte	divierta	divirtió	divirtiera
divertimos	divirtamos	divertimos	divirtiéramos
divertís	divirtáis	divertisteis	divirtierais
divierten	diviertan	divirtieron	divirtieran

Se conjugue sur le modèle de **vivir** (voir p. 1109).

dividir diviser.

■ *8 / 2 = 4 :* ocho **dividido entre** dos son cuatro *ou* ocho **dividido con** dos son cuatro.

Le verbe **dividir** *a deux participes passés : on peut utiliser* **dividido** *ou* **diviso**.

Se conjugue sur le modèle de **vivir** (voir p. 1109).

divorciarse divorcer.

📖 *Se conjugue sur le modèle de* **burlarse** (voir p. 898).

divorcio divorce.

doblar *a plusieurs sens :*

1 **doblar** *peut signifier* plier.

2 **doblar** *peut signifier* tourner.

▷ Doble la esquina del ayuntamiento y sigua recto. Tournez au coin de la mairie et allez tout droit.

3 **doblar** *peut signifier* doubler (*au sens de « multiplier par deux »*).

4 **doblar** *peut signifier* sonner (*les cloches*).

📖 *Se conjugue sur le modèle de* **cantar** (voir p. 903).

doble *a des sens différents selon sa catégorie grammaticale :*

> *Ce peut être un* ADJECTIF *:*

doble *signifie* double.

> *Ce peut être un* NOM *:*

1 **doble** *peut signifier* double.

2 **doble** *peut signifier* doublure (= *acteur*).

doce douze.

► **las doce** midi *ou* minuit.

docena douzaine.

doctor, doctora médecin *ou* docteur.

documentación *a plusieurs sens :*

1 **documentación** *peut signifier* papiers (= *pièces d'identité*).

2 **documentación** *peut signifier* documentation.

■ *Ce mot, comme la plupart des mots espagnols terminés par* **-ción** *ou* **-sión**, *est féminin.*

doler *est un verbe qu'on emploie pour dire que quelque chose nous fait mal.*

▷ Me duele el brazo. J'ai mal au bras.

▷ Les duele la cabeza. Ils ont mal à la tête.

■ *Certains verbes qui expriment un sentiment ou une sensation en espagnol se contruisent différemment du français ; l'exemple le plus courant est le verbe* **gustar**. *Le sujet français* (je, tu, il, nous, vous, ils) *devient le complément espagnol (me, te, se, nos, os, les) :*

▷ ¿Te duelen los ojos? Tu as mal aux yeux ? (*littéralement : tes yeux font mal à toi ?*)

📖 **doler** *est un verbe à diphtongue. Le* **-o** *devient* **-ue** *à la troisième personne du singulier et à la troisième personne du pluriel au présent de l'indicatif et du subjonctif :*

INDICATIF PRÉSENT	SUBJONCTIF PRÉSENT
duele	duela
duelen	duelan

📖 *Se conjugue sur le modèle de* **deber** (voir p. 928).

dolor douleur *ou* mal.

■ *Comme la plupart des mots espagnols terminés par* **-or**, **dolor** *est masculin.*

doloroso, dolorosa douloureux(-euse).

domar dompter.

📖 *Se conjugue sur le modèle de* **cantar** (voir p. 903).

dominar dominer *ou* maîtriser.

📖 *Se conjugue sur le modèle de* **cantar** (voir p. 903).

domingo dimanche.

dominio domaine *ou* maîtrise *ou* domination.

don *a plusieurs sens :*

1 **don** *peut signifier* monsieur.

■ **Don** *s'emploie devant le prénom* (qui peut être suivi du nom). *Il est réservé à des personnes d'un certain rang social* (administration, religion, politique, etc.). *Il suppose donc l'emploi de* **Usted**.

2 **don** *peut signifier* don.

doña madame.

■ **Doña** *s'emploie devant le prénom* (qui peut être suivi du nom). *Il est réservé à des personnes d'un certain rang social* (administration, religion, politique, etc.). *Il suppose donc l'emploi de* **Usted**.

donde (sans accent) *est l'adverbe de lieu* où.

▷ Tu bolsa está donde la dejaste. Ton sac est là où tu l'as laissé.

> Attention à l'accent grammatical : il ne faut pas confondre **donde**, adverbe de lieu, et **dónde**, mot interrogatif.

dónde (avec accent) *est le mot interrogatif* où.

▷ ¿Dónde has puesto la bolsa? Où as-tu mis ton sac ?

> Attention à l'accent grammatical : il ne faut pas confondre **dónde**, mot interrogatif, et **donde**, adverbe de lieu.

dondequiera n'importe où *ou* où que.

▷ Dondequiera que esté, le encontraré. Où qu'il soit, je le trouverai.

dorado, dorada doré(e).

dormido, dormida endormi(e).

dormir *a des sens différents selon sa catégorie grammaticale :*

> *Ce peut être un* VERBE TRANSITIF :

dormir *signifie* endormir.

> *Ce peut être un* VERBE INTRANSITIF :

dormir *signifie* dormir.

► **dormirse** s'endormir.

► **dormir la siesta** faire la sieste.

📖 **dormir** *est un verbe à diphtongue. Le* **-o** *devient* **-ue** *aux trois personnes du singulier et à la troisième personne du pluriel au présent de l'indicatif et du subjonctif :*

INDICATIF PRÉSENT	SUBJONCTIF PRÉSENT
duermo	duerma
duermes	duermas
duerme	duerma
dormimos	dormamos
dormís	dormáis
duermen	duerman

📖 *Se conjugue sur le modèle de* **vivir** (voir p. 1109).

dormitorio chambre à coucher.

■ **dormitorio** *est masculin.*

dos deux.

► **son las dos** il est deux heures.

doscientos, doscientas deux cents.

■ *En espagnol, les multiples de cent s'accordent en genre et en nombre avec le nom qu'ils désignent : doscientos euros / doscientas libras.*

dosis dose.

■ **dosis** *est invariable : una dosis, dos dosis.*

■ **dosis** *est féminin.*

doy *est le verbe* **dar** *conjugué à la première personne du singulier au présent de l'indicatif :*

▷ Te lo doy si estás sabio. Je te le donne si tu es sage.

drama drame.

■ **drama** *est masculin.*

dramático, dramática dramatique.

ducha douche.

ducharse se doucher *ou* prendre une douche.

📖 *Se conjugue sur le modèle de* **burlarse** (voir p. 898).

duda doute.

■ **duda** *est féminin.*

ℹ **duda** peut également être une forme du verbe **dudar**.
▷ **Duda mucho.** Il doute beaucoup.

dudar douter *ou* hésiter.

📖 *Se conjugue sur le modèle de* **cantar** (voir p. 903).

dudoso, dudosa douteux(-euse) *ou* hésitant(e).

dueño, dueña propriétaire.

dulce *a des sens différents selon sa catégorie grammaticale :*

> *Ce peut être un* ADJECTIF :

1 **dulce** *peut signifier* sucré(e).

2 **dulce** *peut signifier* doux, douce.

> *Ce peut être un* NOM :

dulce *signifie* sucrerie.

■ **dulce** *est masculin.*

duque duc.

duquesa duchesse.

duración durée.

■ *Ce mot, comme la plupart des mots espagnols terminés par* **-ción** *ou* **-sión**, *est féminin.*

durante pendant.

dureza dureté.

duro *a des sens différents selon sa catégorie grammaticale :*

> *Ce peut être un* ADVERBE :

duro *signifie* dur.

▷ Tienes que trabajar duro. Tu dois travailler dur.

> *Ce peut être un* ADJECTIF :

1 **duro, dura** *peut signifier* dur(e).

2 **duro, dura** *peut signifier* fort(e).

> *Ce peut être un* NOM :

duro correspond à l'ancienne pièce de cinq pesetas.

► **no tengo ni un duro** je n'ai pas un sou.

E

ESPAGNOL — FRANÇAIS

e *est la conjonction* et.

▷ Francia e Italia han empatado. La France et l'Italie ont fait match nul.

■ *La conjonction* y *devient* e *devant un mot commençant par* -i *ou* -hi.

echar *a plusieurs sens :*

1 **echar** *peut signifier* lancer *ou* jeter.

2 **echar** *peut signifier* verser.

3 **echar** *peut signifier* expulser.

► **echar de menos a algo** *ou* **alguien** *sert à exprimer le manque ou le regret.*

▷ Echo de menos a mis amigos. Mes amis me manquent.

► **echarse a hacer algo** se mettre à faire quelque chose.

▷ Se echó a reír. Il se mit à rire.

📖 *Se conjugue sur le modèle de* cantar (voir p. 903).

eclipse éclipse.

■ eclipse *est masculin.*

economía économie.

económico, económica économique.

Ecuador Équateur.

ecuatoriano, ecuatoriana équatorien(ne) *ou* Équatorien(ne).

edad âge.

► **ser mayor de edad** être majeur(e).

► **ser menor de edad** être mineur(e).

► **la Edad Media** le Moyen-Âge.

■ edad *est féminin.*

edificio bâtiment *ou* immeuble.

editor, editora éditeur(-trice).

educación éducation.

► **ser de buena educación** être bien élevé(e).

► **ser de mala educación** être mal élevé(e).

■ *Ce mot, comme la plupart des mots espagnols terminés par* -ción *ou* -sión, *est féminin.*

educado, educada poli(e).

► **bien educado, educada** bien élevé(e).

► **mal educado, educada** mal élevé(e).

> i educado peut également être le participe passé du verbe educar.

educar *a plusieurs sens :*

1 **educar** *peut signifier* éduquer *ou* élever.

2 **educar** *peut signifier* dresser.

📖 *Attention ! Pour conserver le son /k/ de l'infinitif, le* -c *de* educar *se transforme en* -qu *devant un* -e.

▷ **Es necesario que eduque a su perro ahora que todavía es un cachorro.** Il faut qu'il dresse son chien pendant qu'il est encore chiot.

📖 *Se conjugue sur le modèle de* cantar (voir p. 903).

EE.UU. USA.

■ EE.UU. *est l'abréviation de* Estados Unidos *qui signifie « États-Unis ».*

efecto effet.

► **en efecto** en effet.

> Attention ! Il n'y a qu'un seul -f à efecto. Les seules consonnes qui peuvent redoubler en espagnol sont le -c, le -r, le -l et le -n.

eficaz efficace.

> Attention ! Il n'y a qu'un seul -f à eficaz.

egipcio, egipcia égyptien(ne) *ou* Égyptien(ne).

egoísmo égoïsme.

eje axe.

ejecución exécution.

■ *Ce mot, comme la plupart des mots espagnols terminés par* **-ción** *ou* **-sión**, *est féminin.*

ejecutar exécuter.

📖 *Se conjugue sur le modèle de* **cantar** (voir p. 903).

ejecutivo *a des sens différents selon sa catégorie grammaticale :*

> *Ce peut être un* ADJECTIF :

ejecutivo, ejecutiva *signifie* exécutif(-ive).

> *Ce peut être un* NOM :

ejecutivo, ejecutiva *signifie* cadre supérieur.

ejemplar exemplaire.

ejemplo exemple.

► **por ejemplo** par exemple.

ejercer exercer.

► **ejercer de...** exercer le métier de...

📖 *Les verbes terminés en* **-cer** *et en* **-cir** *subissent des modifications orthographiques pour conserver le son /s/ : le* **-c** *se transforme en* **-z** *devant* **-o** *et* **-a.**

▷ **Mis padres quieren que ejerza de abogado.** Mes parents veulent que je sois avocat.

📖 *Se conjugue sur le modèle de* **deber** (voir p. 928).

ejercicio exercice.

► **hacer ejercicio** faire de l'exercice.

ejército armée.

Attention ! Ne pas confondre **ejército** et **ejercicio** qui signifie « exercice ».

■ **ejército** *est masculin.*

el (sans accent) *est l'article défini* le *ou* l'.

L'article défini n'est pas toujours traduit en français.

▷ **Iré a verte el domingo.** J'irai te voir dimanche.

▷ **El señor López va a casarse.** Monsieur López va se marier.

Attention à l'accent grammatical : il ne faut pas confondre **el**, article défini, et **él**, pronom personnel.

él, ella *a des sens différents selon sa catégorie grammaticale :*

> *Ce peut être un* PRONOM PERSONNEL SUJET :

él, ella *signifie* il, elle.

▷ **Él canta muy bien.** Il chante très bien.

■ *En espagnol, les pronoms personnels sont omis car ce sont les terminaisons verbales qui indiquent la personne. On les utilise pour éviter les confusions entre plusieurs personnes ou pour renforcer le sujet.*

> *Ce peut être un* PRONOM PERSONNEL COMPLÉMENT :

él, ella *signifie* lui, elle.

▷ **Fui al cine con ella.** Je suis allé au cinéma avec elle.

Attention à l'accent grammatical : il ne faut pas confondre **él**, pronom personnel, et **el**, article défini.

elaborar préparer *ou* élaborer.

📖 *Se conjugue sur le modèle de* **cantar** (voir p. 903).

elección *a plusieurs sens :*

1 **elección** *peut signifier* élection.

2 **elección** *peut signifier* choix.

■ *Ce mot, comme la plupart des mots espagnols terminés par* **-ción** *ou* **-sión**, *est féminin.*

electricidad électricité.

■ *Ce mot, comme la plupart des mots espagnols terminés par* **-tad**, **-dad** *et* **-tud**, *est féminin.*

elefante éléphant.

Attention à l'orthographe du mot **elefante**.

elegir *a plusieurs sens :*

1 **elegir** *peut signifier* élire.

2 **elegir** *peut signifier* choisir.

📖 *Comme la plupart des verbes terminés en* **-ger** *ou* **-gir**, **elegir** *subit des modifications orthographiques pour conserver le son /x/ : le* **-g** *se transforme en* **-j** *devant* **-o** *et* **-a.** *De plus,* **elegir** *subit un changement de voyelle : le* **-e** *se transforme en* **-i** *aux trois personnes du singulier et à la troisième personne du pluriel du présent de l'indicatif, à toutes les personnes du présent du subjonctif, aux troisièmes personnes du singulier et du pluriel au passé simple et à toutes les personnes du subjonctif imparfait.*

INDICATIF PRÉSENT	SUBJONCTIF PRÉSENT	PASSÉ SIMPLE	SUBJONCTIF IMPARFAIT
elijo	elija	elegí	eligiera
eliges	elijas	elegiste	eligieras
elige	elija	eligió	eligiera
elegimos	elijamos	elegimos	eligiéramos
elegís	elijáis	elegisteis	eligierais
eligen	elijan	eligieron	eligieran

📖 *Le verbe* **elegir** *a deux participes passés : on peut utiliser* **elegido** *ou* **electo.**

📖 *Se conjugue sur le modèle de* **vivir** (voir p. 1109).

elevar élever (*au sens de « soulever »*).

> Attention ! **elevar** ne signifie pas « élever » au sens de « éduquer ».

📖 *Se conjugue sur le modèle de* **cantar** (voir p. 903).

eliminar éliminer.

📖 *Se conjugue sur le modèle de* **cantar** (voir p. 903).

ella elle.

ello *est le pronom personnel neutre* cela *ou* ça.

ellos, ellas *a plusieurs sens selon sa catégorie grammaticale :*

> *Ce peut être un* PRONOM PERSONNEL SUJET :

ellos, ellas *signifie* ils, elles.

▷ **Ellas son gemelas.** Elles sont jumelles.

■ *En espagnol, les pronoms personnels sont omis car ce sont les terminaisons verbales qui indiquent la personne. On les utilise pour éviter les confusions entre plusieurs personnes ou pour renforcer le sujet.*

> *Ce peut être un* PRONOM PERSONNEL COMPLÉMENT :

ellos, ellas *signifie* eux, elles.

▷ **Estos regalos son para ellos.** Ces cadeaux sont pour eux.

elogiar louer (*au sens de « faire l'éloge »*).

📖 *Se conjugue sur le modèle de* **cantar** (voir p. 903).

elogio éloge.

embajada ambassade.

> Attention à l'orthographe du mot **embajada**.

embalaje emballage.

> Attention à l'orthographe du mot **embalaje**.

embalse barrage (*hydraulique*).

■ **embalse** *est masculin.*

embarazada enceinte.

embarazo grossesse.

■ **embarazo** *est masculin.*

embargo

► **sin embargo** cependant.

emborrachar soûler.

📖 *Se conjugue sur le modèle de* **cantar** (voir p. 903).

embrujado, embrujada ensorcelé(e).

■ *Dans ce mot, on reconnaît le lien avec le nom* **brujo, bruja** *qui signifie « sorcier(-ère) ».*

embuste mensonge.

embustero, embustera menteur(-euse).

emergencia urgence.

► **salida de emergencia** sortie de secours.

emitir émettre.

📖 *Se conjugue sur le modèle de* **vivir** (voir p. 1109).

emoción émotion.

■ *Ce mot, comme la plupart des mots espagnols terminés par* **-ción** *ou* **-sión**, *est féminin.*

emocionado, emocionada ému(e).

> **i** **emocionado** peut également être le participe passé du verbe **emocionar**.

emocionante émouvant(e) *ou* passionnant(e).

emocionar émouvoir.

📖 *Se conjugue sur le modèle de* **cantar** (voir p. 903).

empapado, empapada trempé(e).

> **i** **empapado** peut également être le participe passé du verbe **empapar**.

empapar *a plusieurs sens :*

1 **empapar** *peut signifier* tremper.

2 **empapar** *peut signifier* éponger *ou* absorber.

📖 *Se conjugue sur le modèle de* **cantar** (voir p. 903).

emparentado, emparentada apparenté(e).

empatar faire match nul.

📖 *Se conjugue sur le modèle de* **cantar** (voir p. 903).

empate match nul.

► **un empate a uno** un partout.

empeñar mettre en gage.

► **empeñarse** s'entêter *ou* insister *ou* persister.

▷ **¿Por qué te empeñas en hacer esto así?** Pourquoi tu t'entêtes à faire ça comme ça ?

> Attention à l'emploi de la préposition **en** dans **empeñarse en hacer algo** (s'entêter à faire quelque chose).

📖 *Se conjugue sur le modèle de* **cantar** (voir p. 903).

empeño obstination *ou* persévérance.

> **i** empeño peut également être une forme du verbe empeñar.
> ▷ Cuando me empeño en algo, nadie consigue hacerme cambiar de opinión. Quand je m'obstine, personne ne réussit à me faire changer d'avis.

■ empeño *est masculin.*

emperador empereur.

emperatriz impératrice.

empezar commencer.

📖 empezar *est un verbe à diphtongue. Le* -e *devient* -ie *aux trois personnes du singulier et à la troisième personne du pluriel au présent de l'indicatif et du subjonctif. De plus, comme les verbes terminés en* -zar, empezar *subit des modifications orthographiques : le* -z *devient* -c *devant un* -e *:*

INDICATIF PRÉSENT	SUBJONCTIF PRÉSENT
empiezo	empiece
empiezas	empieces
empieza	empiece
empezamos	empecemos
empezáis	empecéis
empiezan	empiecen

📖 *Se conjugue sur le modèle de* cantar (voir p. 903).

emplear employer *ou* utiliser.

📖 *Se conjugue sur le modèle de* cantar (voir p. 903).

empleo emploi *ou* usage.

> **i** empleo peut également être une forme du verbe emplear.
> ▷ Empleo muchas hojas para tomar notas. J'utilise beaucoup de feuilles pour prendre des notes.

empresa entreprise.

empujar pousser.

📖 *Se conjugue sur le modèle de* cantar (voir p. 903).

en *a plusieurs sens :*

1 **en** *peut signifier* à *ou* au *pour indiquer un lieu ou une situation.*
▷ Estoy en Barcelona durante unos días. Je suis à Barcelone pendant quelques jours.

2 **en** *peut signifier* dans.
▷ Pon el equipaje en el maletero. Mets les bagages dans le coffre.

3 **en** *peut signifier* sur.
▷ Tus gafas están en la mesa. Tes lunettes sont sur la table.

4 **en** *peut signifier* en *pour parler d'une époque, d'un moyen ou d'une manière.*
▷ La historia empieza en 1956, en invierno. L'histoire commence en 1956, en hiver.
▷ Suelo viajar en tren. J'ai l'habitude de voyager en train.

5 **en** *peut être utilisé dans des expressions.*
► **en broma** pour rire.
► **en cambio** par contre.
► **en serio** sérieusement.

enamorado, enamorada amoureux (-euse).

> **i** enamorado peut également être le participe passé du verbe enamorarse.

enamorarse tomber amoureux(-euse).

📖 *Se conjugue sur le modèle de* burlarse (voir p. 898).

enano, enana nain(e).

encadenar enchaîner *ou* attacher.

■ *Dans ce mot, on reconnaît le lien avec le mot* cadena *qui signifie « chaîne ».*

📖 *Se conjugue sur le modèle de* cantar (voir p. 903).

encajar *a plusieurs sens :*

1 **encajar** *peut signifier* emboîter *ou* encastrer.

2 **encajar** *peut signifier* encaisser (*au sens familier de « supporter »*).

📖 *Se conjugue sur le modèle de* cantar (voir p. 903).

encaje dentelle.

■ encaje *est masculin.*

encantado, encantada *a plusieurs sens :*

1 **encantado, encantada** *peut signifier* enchanté(e).

2 **encantado, encantada** *peut signifier* hanté(e).
► **casa encantada** maison hantée.

3 **encantado, encantada** *peut signifier* distrait(e).

> Dans ce sens, encantado, encantada est un mot familier.

> **i** encantado peut également être le participe passé du verbe encantar.

encantar *a plusieurs sens :*

1 **encantar** *peut être employé pour dire que quelque chose nous plaît beaucoup.*
▷ Me encanta el arte contemporáneo. J'adore l'art contemporain.
▷ Me han dicho que os encanta bailar. On m'a dit que vous aimez beaucoup danser.

■ *Certains verbes qui expriment un sentiment ou une sensation en espagnol se construisent différemment du français ; l'exemple le plus courant est le verbe* **gustar**. *Le sujet français* (je, tu, il, nous, vous, ils) *devient le complément espagnol* (me, te, se, nos, os, les) :

▷ Le encantan los cómics. Il adore les bandes dessinées. (*littéralement : les bandes dessinées plaisent beaucoup à lui*).

2 **encantar** *peut signifier* enchanter.

📖 *Se conjugue sur le modèle de* **cantar** (voir p. 903).

encanto charme.

encarcelamiento emprisonnement.

■ *Dans ce mot, on reconnaît le lien avec le nom* **cárcel** *qui signifie « prison ».*

encarcelar emprisonner.

■ *Dans ce mot, on reconnaît le lien avec le nom* **cárcel** *qui signifie « prison ».*

📖 *Se conjugue sur le modèle de* **cantar** (voir p. 903).

encargado, encargada responsable.

> i encargado peut également être le participe passé du verbe encargar.

encargar commander.

► **encargarse de algo** se charger de quelque chose.

📖 *Dans ce mot, on reconnaît le verbe* **cargar** *qui signifie « charger ». Ils se conjuguent de la même manière.*

encargo commande *ou* commission.

► **por encargo** sur commande.

■ **encargo** *est masculin.*

> i encargo peut également être une forme du verbe encargar.
> ▷ Yo me encargo de las bebidas. Je me charge des boissons.

encendedor briquet.

■ *Comme la plupart des mots espagnols terminés par* **-or, encendedor** *est masculin.*

encender allumer.

📖 **encender** *est un verbe à diphtongue. Le* **-e** *devient* **-ie** *aux trois personnes du singulier et à la troisième personne du pluriel au présent de l'indicatif et du subjonctif :*

INDICATIF PRÉSENT	SUBJONCTIF PRÉSENT
enciendo	encienda
enciendes	enciendas
enciende	encienda
encendemos	encendamos
encendéis	encendáis
encienden	enciendan

📖 *Se conjugue sur le modèle de* **deber** (voir p. 928).

encerrar enfermer *ou* renfermer.

📖 *Dans ce mot, on reconnaît le verbe* **cerrar** *qui signifie « fermer ». Ils se conjuguent de la même manière.*

enchufe *a plusieurs sens :*

1 **enchufe** *peut signifier* prise (*de courant*).

2 **enchufe** *peut signifier* piston (*au sens familier de « recommandation »*).

► **tener enchufe** avoir un piston.

> tener enchufe est une expression familière.

encima *a plusieurs sens :*

1 **encima** *peut signifier* au-dessus.

▷ Tengo un escondite encima del armario. J'ai une cachette au-dessus de l'armoire.

2 **encima** *peut signifier* sur.

▷ No dejes los libros encima de la mesa de la cocina. Ne laisse pas tes livres sur la table de la cuisine.

3 **encima** *peut signifier* en plus.

▷ Es tonto y, encima, se cree más listo que los demás. Il est bête et, en plus, il se croit plus malin que les autres.

4 **encima** *peut signifier* sur moi / toi / soi / etc.

▷ No llevo ningún boli encima. Je n'ai pas de stylo sur moi.

encontrar *a plusieurs sens :*

1 **encontrar** *peut signifier* trouver.

2 **encontrar** *peut signifier* rencontrer.

► **encontrarse con alguien** tomber sur quelqu'un.

► **encontrarse bien** se sentir bien.

► **encontrarse mal** se sentir mal.

📖 **encontrar** *est un verbe à diphtongue. Le* **-o** *devient* **-ue** *aux trois personnes du singulier et à la* *troisième personne du pluriel au présent de l'indicatif et du subjonctif :*

INDICATIF PRÉSENT	SUBJONCTIF PRÉSENT
encuentro	encuentre
encuentras	encuentres
encuentra	encuentre
encontramos	encontremos
encontráis	encontréis
encuentran	encuentren

Se conjugue sur le modèle de **cantar** (voir p. 903).

encuentro rencontre.

> **i** encuentro peut également être une forme du verbe encontrar.
> ▷ Te encuentro un poco preocupada. ¿Qué te pasa? Je te trouve un peu inquiète. Qu'est-ce qu'il t'arrive ?

■ **encuentro** *est masculin.*

encuesta enquête *ou* sondage.

endulzar *a plusieurs sens :*

1 **endulzar** *peut signifier* sucrer.

2 **endulzar** *peut signifier* adoucir.

■ *Dans ce mot, on reconnaît le lien avec l'adjectif* **dulce** *qui signifie « sucré(e) » ou « doux, douce ».*

Comme les verbes terminés en **-zar, endulzar** *subit des modifications orthographiques : le* **-z** *devient* **-c** *devant un* **-e.**

▷ **Endulcé el té con miel.** J'ai sucré mon thé avec du miel.

Se conjugue sur le modèle de **cantar** (voir p. 903).

endurecer durcir *ou* endurcir.

Attention ! **endurecer** *appartient au groupe des verbes se terminant en* **-acer, -ecer, -ocer** *et* **-ucir** *qui sont irréguliers à la première personne du singulier du présent de l'indicatif et à toutes les personnes du subjonctif présent :*

INDICATIF PRÉSENT	SUBJONCTIF PRÉSENT
endurezco	endurezca
endureces	endurezcas
endurece	endurezca
endurecemos	endurezcamos
endurecéis	endurezcáis
endurecen	endurezcan

Se conjugue sur le modèle de **deber** (voir p. 928).

enemigo, enemiga ennemi(e).

energía énergie.

enero janvier.

enfadarse se fâcher.

Se conjugue sur le modèle de **burlarse** (voir p. 898).

enfermar tomber malade.

> Attention ! **enfermar** ne signifie pas « enfermer ».

Se conjugue sur le modèle de **cantar** (voir p. 903).

enfermedad maladie.

■ *Ce mot, comme la plupart des mots espagnols terminés par* **-tad, -dad** *et* **-tud,** *est féminin.*

enfermería infirmerie.

enfermero, enfermera infirmier(-ière).

enfermo, enferma malade.

► **ponerse enfermo, enferma** tomber malade.

► **poner a alguien enfermo, enferma** rendre quelqu'un malade.

> **poner a alguien enfermo, enferma** est une expression familière.

> **i** enfermo et enferma peuvent également être des formes du verbe enfermar.
> ▷ Enferma a menudo. Il tombe souvent malade.

enfrentar affronter *ou* faire face à.

Se conjugue sur le modèle de **cantar** (voir p. 903).

enfrente en face.

▷ **¿Sabes quién vive en la casa de enfrente?** Tu sais qui habite dans la maison d'en face ?

enfriar refroidir.

► **enfriarse** prendre froid.

■ *Dans ce mot, on reconnaît le lien avec l'adjectif* **frío, fría** *qui signifie « froid(e) ».*

Attention ! **enfriar** *subit une modification de l'accentuation : le* **-i** *se transforme en* **-í** *aux trois personnes du singulier et à la troisième personne du pluriel au présent, au subjonctif et à l'impératif.*

INDICATIF PRÉSENT	SUBJONCTIF PRÉSENT	IMPÉRATIF
enfrío	enfríe	
enfrías	enfríes	enfría
enfría	enfríe	enfríe
enfriamos	enfriemos	enfriemos
enfriáis	enfriéis	enfriad
enfrían	enfríen	enfríen

Se conjugue sur le modèle de **cantar** (voir p. 903).

enfurecer rendre furieux(-ieuse) *ou* mettre en colère.

📖 *Attention !* **enfurecer** *appartient au groupe des verbes se terminant en* **-acer, -ecer, -ocer** *et* **-ucir** *qui sont irréguliers à la première personne du singulier du présent de l'indicatif et à toutes les personnes du subjonctif présent :*

INDICATIF PRÉSENT	SUBJONCTIF PRÉSENT
enfurezco	enfurezca
enfureces	enfurezcas
enfurece	enfurezca
enfurecemos	enfurezcamos
enfurecéis	enfurezcáis
enfurecen	enfurezcan

📖 *Se conjugue sur le modèle de* **deber** (voir p. 928).

enfurecido, enfurecida furieux(-ieuse).

> ℹ enfurecido peut également être le participe passé du verbe enfurecer.

engañar *a plusieurs sens :*

1 **engañar** *peut signifier* tromper.

2 **engañar** *peut signifier* mentir.

📖 *Se conjugue sur le modèle de* **cantar** (voir p. 903).

engaño *a plusieurs sens :*

1 **engaño** *peut signifier* tromperie.

2 **engaño** *peut signifier* mensonge.

3 **engaño** *peut signifier* piège.

> ℹ engaño peut également être une forme du verbe engañar.
> ▷ ¡Te juro que no te engaño! Je te jure que je ne te mens pas !

engordar grossir.

■ *Dans ce mot, on reconnaît le lien avec l'adjectif* **gordo, gorda** *qui signifie « gros(se) ».*

📖 *Se conjugue sur le modèle de* **cantar** (voir p. 903).

enhorabuena félicitations.

► **dar la enhorabuena a alguien** féliciter quelqu'un.

■ **enhorabuena** *est féminin singulier.*

enigma énigme.

■ **enigma** *est masculin.*

enjabonar savonner.

■ *Dans ce mot, on reconnaît le lien avec le nom* **jabón** *qui signifie « savon ».*

📖 *Se conjugue sur le modèle de* **cantar** (voir p. 903).

enlace *a plusieurs sens :*

1 **enlace** *peut signifier* union *ou* liaison.

2 **enlace** *peut signifier* contact *ou* lien.

3 **enlace** *peut signifier* correspondance (*dans une gare par exemple*).

■ **enlace** *est masculin.*

enlatado, enlatada en conserve.

■ *Dans ce mot, on reconnaît le lien avec le nom* **lata** *qui signifie « boîte de conserve ».*

enlazar lier *ou* relier.

► **enlazar algo con otra cosa** faire le lien entre deux choses.

📖 *Comme les verbes terminés en* **-zar, enlazar** *subit des modifications orthographiques : le* **-z** *devient* **-c** *devant un* **-e.**

▷ Enlacé lo que dijo con lo que ya sabía. J'ai fait le lien entre ce qu'il a dit et ce que je savais déjà.

> Attention ! enlazar ne signifie pas « enlacer ».

📖 *Se conjugue sur le modèle de* **cantar** (voir p. 903).

enloquecer rendre fou, folle *ou* devenir fou, folle.

■ *Dans ce mot, on reconnaît le lien avec l'adjectif* **loco, loca** *qui signifie « fou, folle ».*

📖 *Attention !* **enloquecer** *appartient au groupe des verbes se terminant en* **-acer, -ecer, -ocer** *et* **-ucir** *qui sont irréguliers à la première personne du singulier du présent de l'indicatif et à toutes les personnes du subjonctif présent :*

INDICATIF PRÉSENT	SUBJONCTIF PRÉSENT
enloquezco	enloquezca
enloqueces	enloquezcas
enloquece	enloquezca
enloquecemos	enloquezcamos
enloquecéis	enloquezcáis
enloquecen	enloquezcan

📖 *Se conjugue sur le modèle de* **deber** (voir p. 903).

enmudecer rester muet(te) *ou* devenir muet(te).

■ *Dans ce mot, on reconnaît le lien avec l'adjectif* **mudo, muda** *qui signifie « muet(te) ».*

📖 *Attention !* **enmmudecer** *appartient au groupe des verbes se terminant en* **-acer, -ecer, -ocer** *et* **-ucir** *qui sont irréguliers à la première personne du singulier du présent de l'indicatif et à toutes les personnes du subjonctif présent :*

INDICATIF PRÉSENT	SUBJONCTIF PRÉSENT
enmudezco	enmudezca
enmudeces	enmudezcas
enmudece	enmudezca
enmudecemos	enmudezcamos
enmudecéis	enmudezcáis
enmudecen	enmudezcan

Se conjugue sur le modèle de **deber** (voir p. 928).

enojado, enojada en colère.

▷ ¿Estás enojado conmigo? Tu es en colère contre moi ?

> Attention à l'emploi de la préposition con dans estar enojado, enojada con alguien (être en colère contre quelqu'un).

enojar mettre en colère.

Se conjugue sur le modèle de **cantar** (voir p. 903).

enorgullecerse être fier, fière.

■ *Dans ce mot, on reconnaît le lien avec l'adjectif* **orgulloso, orgullosa** *qui signifie « orgueilleux (-euse) » ou « fier, fière ».*

Attention ! **enorgullecerse** *appartient au groupe des verbes se terminant en* **-acer, -ecer, -ocer** *et* **-ucir** *qui sont irréguliers à la première personne du singulier du présent de l'indicatif et à toutes les personnes du subjonctif présent :*

INDICATIF PRÉSENT	SUBJONCTIF PRÉSENT
me enorgullezco	me enorgullezca
te enorgulleces	te enorgullezcas
se enorgullece	se enorgullezca
nos enorgullecemos	nos enorgullezcamos
os enorgullecéis	os enorgullezcáis
se enorgullecen	se enorgullezcan

Se conjugue sur le modèle de **atreverse** (voir p. 887).

enredar *a plusieurs sens :*

1 **enredar** *peut signifier* emmêler *ou* mêler.

► **enredar a alguien en algo** mêler quelqu'un à quelque chose.

2 **enredar** *peut signifier* faire des bêtises.

3 **enredar** *peut signifier* embrouiller.

Se conjugue sur le modèle de **cantar** (voir p. 903).

enredo *a plusieurs sens :*

1 **enredo** *peut signifier* confusion *ou* embrouille.

2 **enredo** *peut signifier* intrigue.

3 **enredo** *peut signifier* mensonge.

> i enredo peut également être une forme du verbe enredar.
> ▷ En historia, ¡con tantas fechas me enredo! En histoire, avec autant de dates je m'embrouille !

enriquecer enrichir.

■ *Dans ce mot, on reconnaît le lien avec l'adjectif* **rico, rica** *qui signifie « riche ».*

Attention ! **enriquecer** *appartient au groupe des verbes se terminant en* **-acer, -ecer, -ocer** *et* **-ucir** *qui sont irréguliers à la première personne du singulier du présent de l'indicatif et à toutes les personnes du subjonctif présent :*

INDICATIF PRÉSENT	SUBJONCTIF PRÉSENT
enriquezco	enriquezca
enriqueces	enriquezcas
enriquece	enriquezca
enriquecemos	enriquezcamos
enriquecéis	enriquezcáis
enriquecen	enriquezcan

Se conjugue sur le modèle de **deber** (voir p. 928).

enrojecer rougir.

■ *Dans ce mot, on reconnaît le lien avec l'adjectif* **rojo, roja** *qui signifie « rouge ».*

Attention ! **enrojecer** *appartient au groupe des verbes se terminant en* **-acer, -ecer, -ocer** *et* **-ucir** *qui sont irréguliers à la première personne du singulier du présent de l'indicatif et à toutes les personnes du subjonctif présent :*

INDICATIF PRÉSENT	SUBJONCTIF PRÉSENT
enrojezco	enrojezca
enrojeces	enrojezcas
enrojece	enrojezca
enrojecemos	enrojezcamos
enrojecéis	enrojezcáis
enrojecen	enrojezcan

Se conjugue sur le modèle de **deber** (voir p. 928).

enrollar enrouler.

► **enrollarse (como una persiana)** tenir la jambe à quelqu'un.

> enrollarse (como una persiana) est une expression familière.

■ *Dans ce mot, on reconnaît le lien avec le nom* **rollo** *qui signifie « rouleau ».*

Se conjugue sur le modèle de **cantar** (voir p. 903).

ensalada salade.

ensangrentar ensanglanter.

▪ *Dans ce mot, on reconnaît le lien avec le mot* **sangre** *qui signifie « sang ».*

📖 **ensangrentar** *est un verbe à diphtongue. Le* **-e** *devient* **-ie** *aux trois personnes du singulier et à la troisième personne du pluriel au présent de l'indicatif et du subjonctif :*

INDICATIF PRÉSENT	SUBJONCTIF PRÉSENT
ensangriento	ensangriente
ensangrientas	ensangrientes
ensangrienta	ensangriente
ensangrentamos	ensangrentemos
ensangrentáis	ensangrentéis
ensangrientan	ensangrienten

📖 *Se conjugue sur le modèle de* **cantar** (voir p. 903).

ensayar *a plusieurs sens :*

1 **ensayar** *peut signifier* essayer.

2 **ensayar** *peut signifier* répéter (*au théâtre*).

📖 *Se conjugue sur le modèle de* **cantar** (voir p. 903).

ensayo *a plusieurs sens :*

1 **ensayo** *peut signifier* essai.

2 **ensayo** *peut signifier* répétition.

> ℹ ensayo peut également être une forme du verbe ensayar.
> ▷ Ensayo para el espectáculo de fin de curso. Je répète pour le spectacle de fin d'année.

enseguida *ou* **en seguida** aussitôt *ou* tout de suite.

enseñanza enseignement.

▪ **enseñanza** *est féminin.*

enseñar *a plusieurs sens :*

1 **enseñar** *peut signifier* enseigner *ou* apprendre.

2 **enseñar** *peut signifier* montrer.

► **enseñar a alguien a hacer algo** montrer à quelqu'un comment faire quelque chose.

📖 *Se conjugue sur le modèle de* **cantar** (voir p. 903).

ensuciar salir.

▪ *Dans ce mot, on reconnaît le lien avec l'adjectif* **sucio, sucia** *qui signifie « sal(e) ».*

📖 *Se conjugue sur le modèle de* **cantar** (voir p. 903).

entender *a plusieurs sens :*

1 **entender** *peut signifier* comprendre.

▷ ¡No entiendo nada! Je ne comprends rien !

► **entender de algo** s'y connaître en quelque chose.

▷ Javier entiende mucho de música. Javier s'y connaît bien en musique.

2 **entender** *peut signifier* croire *ou* juger.

► **a mi entender** d'après moi.

> Attention ! entender ne signifie pas « entendre ».

📖 **entender** *est un verbe à diphtongue. Le* **-e** *devient* **-ie** *aux trois personnes du singulier et à la troisième personne du pluriel au présent de l'indicatif et du subjonctif :*

INDICATIF PRÉSENT	SUBJONCTIF PRÉSENT
entiendo	entienda
entiendes	entiendas
entiende	entienda
entendemos	entendamos
entendéis	entendáis
entienden	entiendan

📖 *Se conjugue sur le modèle de* **deber** (voir p. 928).

entendimiento *a plusieurs sens :*

1 **entendimiento** *peut signifier* intelligence.

2 **entendimiento** *peut signifier* entente.

▪ **entendimiento** *est masculin.*

enterado, enterada au courant.

▷ Siempre estáis enterados de todo. Vous êtes toujours au courant de tout.

► **dárselas de enterado, enterada** faire le malin, la maligne.

► **no darse por enterado, enterada** faire la sourde oreille.

> dárselas de enterado et no darse por enterado sont des expressions familières.

> ℹ enterado peut également être le participe passé du verbe enterarse.

enterarse *a plusieurs sens :*

1 **enterarse** *peut signifier* apprendre *ou* être au courant.

▷ ¿Te has enterado de la noticia? Tu as appris la nouvelle ?

> Attention à l'emploi de la préposition de dans enterarse de algo (apprendre quelque chose).

2 **enterarse** *peut signifier* se rendre compte de *ou* comprendre.

▷ No se enteró de nada. Il ne s'est rendu compte de rien.

📖 *Se conjugue sur le modèle de* **burlarse** (voir p. 898).

entero, entera entier(-ière).

► **por entero** entièrement.

i entero et entera peuvent également être des formes du verbe enterarse.
▷ Siempre se entera de todo antes que los demás. Il est toujours au courant de tout avant les autres.

enterrar enterrer *ou* ensevelir.

📖 **enterrar** *est un verbe à diphtongue. Le* **-e** *devient* **-ie** *aux trois personnes du singulier et à la troisième personne du pluriel au présent de l'indicatif et du subjonctif :*

INDICATIF PRÉSENT	SUBJONCTIF PRÉSENT
entierro	entierre
entierras	entierres
entierra	entierre
enterramos	enterremos
enterráis	enterréis
entierran	entierren

📖 *Se conjugue sur le modèle de* **deber** (voir p. 928).

entierro enterrement.

entonces alors.

► **desde entonces** depuis.

entorno environnement.

entrada *a plusieurs sens :*

1 **entrada** *peut signifier* entrée.

2 **entrada** *peut signifier* ticket *ou* billet *ou* place (*pour un spectacle par exemple*).

entrar entrer *ou* rentrer.

► **entrarle a uno frío** (commencer à) avoir froid.

► **entrarle a uno sueño** (commencer à) s'endormir *ou* s'assoupir.

▷ Después de comer siempre me entra sueño. Après avoir mangé je m'assoupis toujours.

📖 *Se conjugue sur le modèle de* **cantar** (voir p. 903).

entre *a plusieurs sens :*

1 **entre** *peut signifier* entre.

▷ En clase me siento entre Mercedes y Elena. En cours, je m'assois entre Mercedes et Elena.

► **entre clase y clase** entre deux cours.

2 **entre** *peut signifier* parmi *ou* au milieu de.

▷ La perdí entre la muchedumbre. Je l'ai perdue au milieu de la foule.

3 **entre** *peut signifier* à.

▷ Entre todos pueden formar un equipo de fútbol. À eux tous ils peuvent former une équipe de football.

4 **entre** *peut signifier* divisé par.

▷ 4 entre 2 es igual a 2. 4 divisé par 2 est égal à 2.

entregar remettre *ou* livrer.

► **entregarse a algo** se consacrer à quelque chose.

📖 *Attention ! Pour conserver le son /g/ de l'infinitif, le* **-g** *de* **entregar** *se transforme en* **-gu** *devant un* **-e.**

▷ Entregué la redacción a tiempo. J'ai remis ma rédaction à temps.

📖 *Se conjugue sur le modèle de* **cantar** (voir p. 903).

entrenador, entrenadora entraîneur (-euse).

entrenamiento entraînement.

entrenar entraîner.

📖 *Se conjugue sur le modèle de* **cantar** (voir p. 903).

entretanto pendant ce temps.

entretener amuser *ou* distraire.

📖 *Dans ce mot, on reconnaît le verbe* **tener**. *Ils se conjuguent de la même manière.*

entretenimiento distraction.

■ **entretenimiento** *est masculin.*

entrevista entretien *ou* interview *ou* entrevue.

entrevistar interviewer *ou* avoir un entretien avec.

📖 *Se conjugue sur le modèle de* **cantar** (voir p. 903).

entristecer attrister.

■ *Dans ce mot, on reconnaît le lien avec l'adjectif* **triste** *qui signifie « triste ».*

📖 *Attention !* **entristecer** *appartient au groupe des verbes se terminant en* **-acer, -ecer, -ocer** *et* **-ucir** *qui sont irréguliers à la première personne du singulier du présent de l'indicatif et à toutes les personnes du subjonctif présent :*

INDICATIF PRÉSENT	SUBJONCTIF PRÉSENT
entristezco	entristezca
entristeces	entristezcas
entristece	entristezca
entristecemos	entristezcamos
entristecéis	entristezcáis
entristecen	entristezcan

Se conjugue sur le modèle de **deber** (voir p. 928).

entusiasmo enthousiasme.

> Attention à l'orthographe du mot **entusiasmo**.

envase *a plusieurs sens :*

1 **envase** *peut signifier* emballage.

2 **envase** *peut signifier* récipient.

envejecer vieillir.

▪ *Dans ce mot, on reconnaît le lien avec l'adjectif* **viejo, vieja** *qui signifie « vieux, vieille ».*

Attention ! **envejecer** *appartient au groupe des verbes se terminant en* **-acer, -ecer, -ocer** *et* **-ucir** *qui sont irréguliers à la première personne du singulier du présent de l'indicatif et à toutes les personnes du subjonctif présent :*

INDICATIF PRÉSENT	SUBJONCTIF PRÉSENT
envejezco	envejezca
envejeces	envejezcas
envejece	envejezca
envejecemos	envejezcamos
envejecéis	envejezcáis
envejecen	envejezcan

Se conjugue sur le modèle de **deber** (voir p. 928).

envenenar *a plusieurs sens :*

1 **envenenar** *peut signifier* empoisonner.

2 **envenenar** *peut signifier* envenimer.

Se conjugue sur le modèle de **cantar** (voir p. 903).

enviar envoyer.

► **enviar a alguien a hacer algo** envoyer quelqu'un faire quelque chose.

> Attention ! **enviar** ne signifie pas « envier ».

Attention ! **enviar** *subit une modification de l'accentuation : le* **-i** *se transforme en* **-í** *aux trois personnes du singulier et à la troisième personne du pluriel au présent, au subjonctif et à l'impératif :*

INDICATIF PRÉSENT	SUBJONCTIF PRÉSENT	IMPÉRATIF
envío	envíe	
envías	envíes	envía
envía	envíe	envíe
enviamos	enviemos	enviemos
enviáis	enviéis	enviad
envían	envíen	envíen

Se conjugue sur le modèle de **cantar** (voir p. 903).

envidia envie *ou* jalousie.

► **tener envidia a alguien** être jaloux de quelqu'un.

► **dar envidia** faire envie.

envidiar envier.

Se conjugue sur le modèle de **cantar** (voir p. 903).

envío envoi.

> **i** **envío** peut également être une forme du verbe **enviar**.
> ▷ **¿Te lo envío por correo?** Je te l'envoie par la poste ?

envolver envelopper.

Se conjugue comme le verbe **volver** (voir p. 1110).

Le participe passé du verbe **envolver** *est irrégulier :* **envuelto**.

época époque.

equilibrio équilibre.

► **hacer equilibrios** faire des acrobaties.

► **mantener el equilibrio** garder son équilibre.

equipaje bagages.

> Attention ! **equipaje** ne signifie pas « équipage ».

▪ **equipaje** *est masculin singulier.*

equipo *a plusieurs sens :*

1 **equipo** *peut signifier* équipe.

2 **equipo** *peut signifier* équipement.

▪ **equipo** *est masculin.*

equivocación erreur.

▪ *Ce mot, comme la plupart des mots espagnols terminés par* **-ción** *ou* **-sión**, *est féminin.*

equivocarse se tromper.

Attention ! Pour conserver le son /k/ de l'infinitif, le **-c** *de* **equivocarse** *se transforme en* **-qu** *devant un* **-e**.

▷ **Quizás se equivoque.** Peut-être qu'il se trompe.

Se conjugue sur le modèle de **burlarse** (voir p. 898).

era ère.

> **i** **era** peut également être une forme du verbe **ser**.
> ▷ **Era un gran escultor.** C'était un grand sculpteur.

era... (era, eras, éramos, etc.) → ser.

erizo hérisson.

► **erizo de mar** oursin.

error erreur.

■ *Comme la plupart des mots espagnols terminés par* **-or, error** *est masculin.*

escabullirse se sauver *ou* échapper.

📖 *Attention à la conjugaison du verbe* **escabullirse**. *Le* **-i** *disparaît quand il est situé entre les consonnes* **ch, ñ** *ou* **ll** *et une voyelle.*

▷ Se escabulló de la fiesta porque se aburría. Il s'est sauvé de la fête parce qu'il s'ennuyait.

📖 *Se conjugue sur le modèle de* **evadirse** (voir p. 960).

escala *a plusieurs sens :*

1 **escala** *peut signifier* échelle.

2 **escala** *peut signifier* escale.

escalar escalader *ou* grimper.

📖 *Se conjugue sur le modèle de* **cantar** (voir p. 903).

escalera escalier.

► **escalera de caracol** escalier en colimaçon.

► **escalera de incendios** escalier de secours.

escalofrío frisson.

escalón marche *ou* échelon.

■ **escalón** *est masculin.*

escama écaille.

escándalo scandale.

► **armar un escándalo** faire un scandale.

> Attention à l'orthographe du mot **escándalo**.

escapar échapper.

▷ Afortunadamente escaparon de la muerte. Heureusement ils échappèrent à la mort.

> Attention à l'emploi de la préposition **de** dans **escapar de algo** (échapper à quelque chose).

► **escaparse** s'échapper *ou* s'évader.

▷ Los prisioneros se escaparon de la cárcel. Les prisonniers se sont évadés de la prison.

📖 *Se conjugue sur le modèle de* **cantar** (voir p. 903).

escaparate vitrine.

► **ir de escaparates** faire du lèche-vitrines.

■ **escaparate** *est masculin.*

escape fuite.

■ **escape** *est masculin.*

> **i** **escape** peut également être une forme du verbe **escapar**.
> ▷ ¡Cerrad las puertas, que el ladrón no escape! Fermez les portes pour que le voleur ne s'échappe pas !

escaso, escasa *a plusieurs sens :*

1 **escaso, escasa** *peut signifier* peu abondant(e).

2 **escaso, escasa** *peut signifier* faible.

3 **escaso, escasa** *peut signifier* à peine.

▷ El examen duró dos horas escasas. L'examen a duré à peine deux heures.

► **andar escaso, escasa de algo** être à court de quelque chose.

escena scène.

escenario scène (= *l'emplacement où les acteurs paraissent devant le public*).

► **salir al escenario** monter sur scène.

> Attention ! **escenario** ne signifie pas « scénario ».

esclavitud esclavage.

■ *Ce mot, comme la plupart des mots espagnols terminés par* **-tad, -dad** *et* **-tud,** *est féminin.*

esclavo, esclava esclave.

escoba balai.

■ **escoba** *est féminin.*

escoger choisir.

📖 *Comme la plupart des verbes terminés en* **-ger** *ou* **-gir, escoger** *subit des modifications orthographiques pour conserver le son /x/ : le* **-g** *se transforme en* **-j** *devant* **-o** *et* **-a.**

▷ Escojo éste. Je choisis celui-là.

📖 *Dans ce mot, on reconnaît le verbe* **coger**. *Ils se conjuguent de la même manière.*

escolar scolaire.

escolta *a des sens différents selon qu'il est masculin ou féminin :*

1 **un escolta** (masculin) *signifie* un garde du corps.

2 **una escolta** (féminin) *signifie* une escorte.

escoltar escorter.

📖 *Se conjugue sur le modèle de* cantar (voir p. 903).

esconder cacher.

📖 *Se conjugue sur le modèle de* deber (voir p. 928).

escondidas

► **a escondidas** en cachette.

escondite cachette.

► **jugar al escondite** jouer à cache-cache.

■ **escondite** *est masculin.*

escopeta fusil.

■ **escopeta** *est féminin.*

escribir écrire.

📖 *Se conjugue sur le modèle de* vivir (voir p. 1109).

📖 *Le participe passé du verbe* escribir *est irrégulier :* escrito.

escrito écrit.

> **i** escrito peut également être le participe passé du verbe escribir.

escritor, escritora écrivain.

escritura écriture.

escuchar écouter.

📖 *Se conjugue sur le modèle de* cantar (voir p. 903).

escuela école.

escultura sculpture.

escupir cracher.

📖 *Se conjugue sur le modèle de* vivir (voir p. 1109).

escurrir essorer *ou* égoutter.

📖 *Se conjugue sur le modèle de* vivir (voir p. 1109).

ese (sans accent) *a des sens différents selon sa catégorie grammaticale :*

> *Ce peut être un* NOM *:*

ese *signifie* S (= *lettre de l'alphabet*).

■ *En espagnol, toutes les lettres de l'alphabet sont féminines. On dit :* una S (ese).

► **hacer eses** faire des zigzags.

> *Ce peut être un* ADJECTIF DÉMONSTRATIF *:*

ese, esa *signifie* ce *ou* cet *ou* cette.

▷ ¿Ese libro es tuyo? Ce livre est à toi ?

> **i** ese (sans accent) est l'adjectif démonstratif qui sert à désigner quelqu'un ou quelque chose qui se trouve un peu loin de la personne qui parle.

> Attention à l'accent grammatical : il ne faut pas confondre ese, adjectif démonstratif, et ése, pronom démonstratif.

ése, ésa (avec accent) *est le pronom démonstratif* celui-là *ou* celle-là.

▷ Ése es tuyo. Celui-là est à toi.

> **i** ése (avec accent) est le pronom démonstratif qui sert à désigner quelqu'un ou quelque chose qui se trouve un peu loin de la personne qui parle.

> Attention à l'accent grammatical : il ne faut pas confondre ése, pronom démonstratif, et ese, adjectif démonstratif.

esencia essence.

esforzar forcer.

► **esforzarse** s'efforcer *ou* faire un effort.

■ *Dans ce mot, on reconnaît le lien avec le nom* fuerza *qui signifie « force ».*

📖 *Comme les verbes terminés en* -zar, esforzar *subit des modifications orthographiques : le* -z *devient* -c *devant un* -e. *De plus,* esforzar *est un verbe à diphtongue. Le* -o *devient* -ue *aux trois personnes du singulier et à la troisième personne du pluriel au présent de l'indicatif et du subjonctif :*

INDICATIF PRÉSENT	SUBJONCTIF PRÉSENT
esfuerzo	esfuerce
esfuerzas	esfuerces
esfuerza	esfuerce
esforzamos	esforcemos
esforzáis	esforcéis
esfuerzan	esfuercen

📖 *Se conjugue sur le modèle de* cantar (voir p. 903).

esfuerzo effort.

> **i** esfuerzo peut également être une forme du verbe esforzar.
> ▷ Me esfuerzo. Je fais un effort.

eso *est le pronom neutre* cela.

▷ Eso le puede pasar a todo el mundo. Cela peut arriver à tout le monde.

esos, esas (sans accent) *est l'adjectif démonstratif* ces.

▷ Guardad esas camisas en el armario. Rangez ces chemises dans l'armoire.

> **i** esos (sans accent) est l'adjectif démonstratif qui sert à désigner quelque chose ou quelqu'un qui est un peu éloigné de la personne qui parle.

ésos, ésas (avec accent) *est le pronom démonstratif* ceux-là, celles-là.

▷ Dame ésas, por favor. Donne-moi celles-là, s'il te plaît.

> **i** ésos (avec accent) est le pronom démonstratif qui sert à désigner quelque chose ou quelqu'un qui est un peu éloigné de la personne qui parle.

espacial spatial(e).

espacio espace.

espacioso, espaciosa spacieux(-euse).

espada épée.

► **espadas** *est une couleur du jeu de cartes espagnol.*

espalda dos.

► **a espaldas de alguien** dans le dos de quelqu'un.

► **dar** *ou* **volver la espalda a alguien** tourner le dos à quelqu'un.

■ **espalda** *est féminin.*

> Attention! Ne pas confondre espalda et espada qui signifie « épée ».

espantapájaros épouvantail.

■ *On remarque que ce mot composé est constitué du verbe* **espantar** *qui signifie « effrayer » et du nom* **pájaro** *au pluriel qui signifie « oiseau ».*

■ **espantapájaros** *est invariable : un espantapájaros, dos espantapájaros.*

espantar effrayer.

Se conjugue sur le modèle de **cantar** (voir p. 903).

España Espagne.

español, española espagnol(e) *ou* Espagnol(e).

especia épice.

> Attention ! Ne pas confondre especia et especie qui signifie « espèce » ou « genre ».

especial spécial(e).

especialidad spécialité.

■ *Ce mot, comme la plupart des mots espagnols terminés par* **-tad, -dad** *et* **-tud,** *est féminin.*

especie espèce *ou* genre *ou* sorte.

■ **especie** *est féminin.*

> Attention ! Ne pas confondre especie et especia qui signifie « épice ».

espectacular spectaculaire.

espectáculo spectacle.

espectador, espectadora spectateur, spectatrice.

espejo glace *ou* miroir.

espera attente.

> **i** espera peut également être une forme du verbe esperar.
> ▷ Espera desde hace una hora. Il attend depuis une heure.

esperanza espoir.

► **esperanza de vida** espérance de vie.

■ **esperanza** *est féminin.*

esperar *a plusieurs sens :*

1 **esperar** *peut signifier* attendre.

2 **esperar** *peut signifier* espérer.

▷ Espero que venga mucha gente a mi fiesta de cumpleaños. J'espère que beaucoup de monde viendra à ma fête d'anniversaire.

> Attention à l'emploi du subjonctif dans esperar que + subjonctif (espérer que + futur).

Se conjugue sur le modèle de **cantar** (voir p. 903).

espeso, espesa épais(se).

espía espion(ne).

> **i** espía peut également être une forme du verbe espiar.
> ▷ Siempre espía a sus vecinos. Il espionne toujours ses voisins.

espiar épier *ou* espionner.

Attention ! **espiar** *subit une modification de l'accentuation : le* **-i** *se transforme en* **-í** *aux trois personnes du singulier et à la troisième personne du pluriel au présent, au subjonctif et à l'impératif.*

INDICATIF PRÉSENT	SUBJONCTIF PRÉSENT	IMPÉRATIF
espío	espíe	
espías	espíes	espía
espía	espíe	espíe
espiamos	espiemos	espiemos
espiáis	espiéis	espiad
espían	espíen	espíen

Se conjugue sur le modèle de **cantar** (voir p. 903).

espina *a plusieurs sens :*

1 **espina** *peut signifier* épine.

2 **espina** *peut signifier* arête.

espíritu esprit.

■ **espíritu** *est masculin.*

esponja éponge.

espontáneo, espontánea spontané(e).

esposa épouse *ou* femme.

► **esposas** menottes.

esposo époux *ou* mari.

espuma mousse *ou* écume.

esqueleto squelette.

esquema schéma.

■ **esquema** *est masculin.*

esquí ski.

► **esquí acuático** ski nautique.

esquiar skier.

Attention ! **esquiar** *subit une modification de l'accentuation : le* **-i** *se transforme en* **-í** *aux trois personnes du singulier et à la troisième personne du pluriel au présent, au subjonctif et à l'impératif :*

INDICATIF PRÉSENT	SUBJONCTIF PRÉSENT	IMPÉRATIF
esquío	esquíe	
esquías	esquíes	esquía
esquía	esquíe	esquíe
esquiamos	esquiemos	esquiemos
esquiáis	esquiéis	esquiad
esquían	esquíen	esquíen

Se conjugue sur le modèle de **cantar** (voir p. 903).

esquina coin.

■ **esquina** *est féminin.*

establecer établir.

Attention ! **establecer** *appartient au groupe des verbes se terminant en* **-acer, -ecer, -ocer** *et* **-ucir** *qui sont irréguliers à la première personne du singulier du présent de l'indicatif et à toutes les personnes du subjonctif présent :*

INDICATIF PRÉSENT	SUBJONCTIF PRÉSENT
establezco	establezca
estableces	establezcas
establece	establezca
establecemos	establezcamos
establecéis	establezcáis
establecen	establezcan

Se conjugue sur le modèle de **deber** (voir p. 928).

establecimiento établissement.

estación *a plusieurs sens :*

1 **estación** *peut signifier* gare.

2 **estación** *peut signifier* saison.

3 **estación** *peut signifier* station.

► **estación de servicio** station-service.

■ *Ce mot, comme la plupart des mots espagnols terminés par* **-ción** *ou* **-sión**, *est féminin.*

estacionar se garer.

Se conjugue sur le modèle de **cantar** (voir p. 903).

estadio stade.

estado état.

Estados Unidos États-Unis.

■ *L'abréviation de* **Estados Unidos** *est* **EE.UU**.

estadounidense américain(e) *ou* Américain(e).

estafar escroquer.

Se conjugue sur le modèle de **cantar** (voir p. 903).

estallar exploser *ou* éclater.

Se conjugue sur le modèle de **cantar** (voir p. 903).

estallido *a plusieurs sens :*

1 **estallido** *peut signifier* explosion.

► **estallido de risa** éclat de rire.

2 **estallido** *peut signifier* éclatement.

estampado, estampada imprimé(e).

estancia séjour.

■ **estancia** *est féminin.*

estanco bureau de tabac.

estanque étang *ou* bassin.

estante étagère.

■ **estante** *est masculin.*

estar *a plusieurs sens :*

1 **estar** *peut signifier* être.

▷ Estamos a 23 de junio. Nous sommes le 23 juin.

> Attention à l'emploi de la préposition a dans estar a + date (être le + date).

► **estar** + gérondif être en train de + infinitif

▷ Te llamo más tarde, que estoy comiendo con mis padres. Je t'appelle plus tard, je suis en train de manger avec mes parents.

► **estar a punto de** + infinitif être sur le point de + infinitif.

▷ Estaba a punto de llamarte. J'étais sur le point de t'appeler.

► **estar al** + infinitif être sur le point de + infinitif.

▷ Mis padres están al llegar. Mes parents sont sur le point d'arriver.

► **estar por** + infinitif *peut signifier* être sur le point de + infinitif.

▷ Cuando él llegó, yo estaba por irme. Quand il est arrivé, j'étais sur le point de partir.

► **estar por** + infinitif *peut signifier* être à + infinitif *ou* rester à + infinitif.

▷ Todo está por hacer. Tout est à faire.

► **estar de vacaciones** être en vacances.

► **estar de viaje** être en voyage.

2 **estar** *peut signifier* se sentir (*en parlant de la santé*).

► **estar bien / mal** se sentir bien / mal.

> Attention ! estar bien / mal veut aussi dire « être bien / mal ».

► **¿cómo estás?** Comment vas-tu ?

3 **estar** *peut signifier* aller (*en parlant d'un vêtement*).

▷ Mi jersey te está muy bien. Mon pull te va très bien.

4 **estar** *peut signifier* faire.

▷ Hoy estamos a 32°. Aujourd'hui il fait 32°.

> Attention à l'emploi de la préposition a dans estar a + température (faire + température).

5 **estar** *peut être employé dans des expressions :*

► **¡aquí está!** le / la voilà!

► **¡está bien!** c'est bien !

► **¡ya está!** ça y est !

► **¡ya está bien!** ça suffit !

► **estarse** rester.

▷ Es mejor que te estés tumbada. Il est préférable que tu restes allongée.

Voir tableau ci-dessous.

> Attention ! Il ne faut pas confondre ser et estar pour traduire le verbe « être ». Voir encadré article ser.

estatua statue.

estatuto statut.

este (sans accent) *a des sens différents selon sa catégorie grammaticale :*

> *Ce peut être un* NOM :

este *signifie* est (= *point cardinal*).

> *Ce peut être un* ADJECTIF DÉMONSTRATIF :

este, esta *signifie* ce, cet, cette.

▷ Esta semana no puedo ir con vosotros. Cette semaine je ne peux pas venir avec vous.

ESTAR				
INDICATIF				CONDITIONNEL
PRÉSENT	IMPARFAIT	PASSÉ SIMPLE	FUTUR	PRÉSENT
estoy estás está estamos estáis están	estaba estabas estaba estábamos estabais estaban	**estuve** **estuviste** **estuvo** **estuvimos** **estuvisteis** **estuvieron**	estaré estarás estará estaremos estaréis estarán	estaría estarías estaría estaríamos estaríais estarían
SUBJONCTIF		IMPÉRATIF		
PRÉSENT	IMPARFAIT	PRÉSENT		
esté estés esté estemos estéis estén	**estuviera** **estuvieras** **estuviera** **etuviéramos** **estuvierais** **estuvieran**	 está esté estemos estad estén	INFINITIF PARTICIPE GÉRONDIF	estar estado estando

ℹ este (sans accent) est l'adjectif démonstratif qui sert à désigner quelqu'un ou quelque chose qui se trouve près de la personne qui parle.

Attention à l'accent grammatical : il ne faut pas confondre este, adjectif démonstratif, et éste, pronom démonstratif.

éste, ésta (avec accent) *est le pronom démonstratif* celui-ci *ou* celle-ci.

▷ Yo quiero éste. Moi je veux celui-ci.

ℹ éste (avec accent) est le pronom démonstratif qui sert à désigner quelqu'un ou quelque chose qui se trouve près de la personne qui parle.

Attention à l'accent grammatical : il ne faut pas confondre éste, pronom démonstratif, et este, adjectif démonstratif.

estilo style *ou* manière.

estilográfica stylo-plume.

■ **estilográfica** *est féminin.*

estimar *a plusieurs sens :*

1 **estimar** *peut signifier* considérer *ou* penser.
2 **estimar** *peut signifier* estimer *ou* apprécier.
3 **estimar** *peut signifier* évaluer.

Se conjugue sur le modèle de **cantar** (voir p. 903).

estirar *a plusieurs sens :*

1 **estirar** *peut signifier* étirer *ou* tendre.
2 **estirar** *peut signifier* allonger *ou* faire durer.

Se conjugue sur le modèle de **cantar** (voir p. 903).

esto *est le pronom démonstratif neutre* cela *ou* ça.

▷ ¿Quién ha escrito esto? Qui a écrit ça ?

estómago estomac.

estorbar gêner *ou* déranger.

Se conjugue sur le modèle de **cantar** (voir p. 903).

estornudar éternuer.

Se conjugue sur le modèle de **cantar** (voir p. 903).

estornudo éternuement.

ℹ estornudo peut également être une forme du verbe estornudar.
▷ Con todo este polvo, estornudo todo el rato. Avec toute cette poussière, j'éternue tout le temps.

estos, estas (sans accent) *est l'adjectif démonstratif* ces.

▷ Estos ejercicios son demasiado difíciles. Ces exercices sont trop difficiles.

Attention à l'accent grammatical : il ne faut pas confondre estos, adjectif démonstratif, et éstos, pronom démonstratif.

ℹ estos (sans accent) est l'adjectif démonstratif qui sert à désigner quelqu'un ou quelque chose qui se trouve près de la personne qui parle.

éstos, éstas (avec accent) *est le pronom démonstratif* ceux-ci, celles-ci.

▷ -¿Cuáles son? -Son éstos. - Ce sont lesquels ? - Ce sont ceux-ci.

Attention à l'accent grammatical : il ne faut pas confondre éstos, pronom démonstratif, et estos, adjectif démonstratif.

ℹ éstos (avec accent) est le pronom démonstratif qui sert à désigner quelqu'un ou quelque chose qui se trouve près de la personne qui parle.

estoy *est le verbe* **estar** *à la première personne du singulier au présent de l'indicatif.*

▷ Estoy de acuerdo con ella. Je suis d'accord avec elle.

estrangular étrangler.

Se conjugue sur le modèle de **cantar** (voir p. 903).

estrechar rétrécir *ou* serrer.

Se conjugue sur le modèle de **cantar** (voir p. 903).

estrecho *a des sens différents selon sa catégorie grammaticale :*

> *Ce peut être un* ADJECTIF :

estrecho, estrecha *signifie* étroit(e) *ou* serré(e).

> *Ce peut être un* NOM :

estrecho *signifie* détroit.

estrella *a plusieurs sens :*

1 **estrella** *peut signifier* étoile.
► **estrella fugaz** étoile filante.
► **ver las estrellas** voir trente-six chandelles.
2 **estrella** *peut signifier* vedette *ou* star.

estrellar briser en mille morceaux.

► **estrellarse** s'écraser (*en parlant d'un avion*).

Se conjugue sur le modèle de **cantar** (voir p. 903).

estrenar *a plusieurs sens :*

1 **estrenar** *peut signifier* étrenner *ou* porter pour la première fois (*un vêtement*).

2 **estrenar** *peut signifier* passer en exclusivité (*un film*).

📖 *Se conjugue sur le modèle de* **cantar** (voir p. 903).

estrés stress.

estribillo refrain.

estricto, estricta strict(e).

estrofa strophe.

estropear abîmer *ou* gâcher *ou* casser.

📖 *Se conjugue sur le modèle de* **cantar** (voir p. 903).

estructura structure.

estudiante étudiant(e).

estudiar étudier *ou* faire des études.

📖 *Se conjugue sur le modèle de* **cantar** (voir p. 903).

estudios études.

► **cursar estudios** faire des études.

▪ **estudios** *est masculin pluriel.*

estufa radiateur *ou* poêle.

estupendo, estupenda formidable *ou* super.

estupidez stupidité.

estúpido, estúpida stupide *ou* idiot.

estuv... **(estuve, estuviste, estuviera, etc.)** → **estar**.

eternidad éternité.

▪ *Ce mot, comme la plupart des mots espagnols terminés par* **-tad, -dad** *et* **-tud,** *est féminin.*

europeo, europea européen(ne) *ou* Européen(ne).

Euskadi Pays Basque.

euskera *ou* **eusquera** basque *ou* Basque.

evadirse s'évader.

📖 **evadirse** *est un verbe pronominal régulier qui appartient à la troisième conjugaison (verbe modèle). Voir tableau ci-dessous.*

evolucionar évoluer.

📖 *Se conjugue sur le modèle de* **cantar** (voir p. 903).

ex ex *ou* ancien.

▷ **Fui a una cena de ex-alumnos.** Je suis allé à un dîner d'anciens élèves.

exagerado, exagerada exagéré(e) *ou* excessif(-ive).

examen examen.

► **examen de ingreso** examen d'entrée.
► **examen de fin de curso** examen de fin d'année.
► **examen oral** épreuve orale.
► **examen médico** visite médicale.

examinar examiner *ou* faire passer un examen.

► **examinarse** passer un examen.

📖 *Se conjugue sur le modèle de* **cantar** (voir p. 903).

EVADIRSE				
INDICATIF				CONDITIONNEL
PRÉSENT	IMPARFAIT	PASSÉ SIMPLE	FUTUR	PRÉSENT
me evado te evades se evade nos evadimos os evadís se evaden	me evadía te evadías se evadía nos evadíamos os evadíais se evadían	me evadí te evadiste se evadió nos evadimos os evadisteis se evadieron	me evadiré te evadirás se evadirá nos evadiremos os evadiréis se evadirán	me evadiría te evadirías se evadiría nos evadiríamos os evadiríais se evadirían
SUBJONCTIF		IMPÉRATIF		
PRÉSENT	IMPARFAIT	PRÉSENT		
me evada te evadas se evada nos evadamos os evadáis se evadan	me evadiera te evadieras se evadiera nos evadiéramos os evadierais se evadieran	evádete evádase evadámonos evadios evádanse	INFINITIF PARTICIPE GÉRONDIF	evadirse - evadiéndose

excelente excellent(e).

> Attention ! Il n'y a qu'un seul -l à excelente.

excepto sauf *ou* excepté.

▷ Voy al colegio todos los días excepto los domingos. Je vais à l'école tous les jours sauf le dimanche.

exclamación exclamation.

► **signo de exclamación** point d'exclamation.

■ *Ce mot, comme la plupart des mots espagnols terminés par* **-ción** *ou* **-sión,** *est féminin.*

excluir exclure.

📖 *Comme la plupart des verbes terminés en* **-uir, -eer** *et* **-aer, excluir** *subit des modifications orthographiques : le* **-i** *se transforme en* **-y** *devant* **-o** *et* **-e.**

▷ Le excluyeron del grupo. Ils l'ont exclu du groupe.

📖 *Le verbe* **excluir** *a deux participes passés : on peut utiliser* **excluido** *ou* **excluso.**

📖 *Se conjugue sur le modèle de* **vivir** (voir p. 1109).

excursionista randonneur(-euse).

■ *Comme la plupart des mots se terminant en* **-ista, excursionista** *peut être masculin ou féminin : el excursionista, la excursionista.*

excusarse faire ses excuses *ou* présenter ses excuses.

📖 *Se conjugue sur le modèle de* **burlarse** (voir p. 898).

exhibir montrer *ou* exposer (*une œuvre*).

► **exhibirse** s'exhiber.

📖 *Se conjugue sur le modèle de* **vivir** (voir p. 1109).

exigir exiger.

📖 *Comme la plupart des verbes terminés en* **-ger** *ou* **-gir, exigir** *subit des modifications orthographiques pour conserver le son /x/ : le* **-g** *se transforme en* **-j** *devant* **-o** *et* **-a.**

▷ Exijo excusas. J'exige des excuses.

📖 *Se conjugue sur le modèle de* **vivir** (voir p. 1109).

exilio exil.

existencia existence.

► **existencias** stock.

existir exister.

📖 *Se conjugue sur le modèle de* **vivir** (voir p. 1109).

éxito succès.

► **tener éxito** avoir du succès *ou* réussir.

experiencia expérience.

experimentar *a plusieurs sens :*

1 **experimentar** *peut signifier* expérimenter *ou* tester.

2 **experimentar** *peut signifier* ressentir.

📖 *Se conjugue sur le modèle de* **cantar** (voir p. 903).

experimento expérience.

■ **experimento** *est masculin.*

explotación exploitation.

■ *Ce mot, comme la plupart des mots espagnols terminés par* **-ción** *ou* **-sión,** *est féminin.*

explotar *a des sens différents selon sa catégorie grammaticale :*

> *Ce peut être un* VERBE TRANSITIF *:*

explotar *signifie* exploiter.

> *Ce peut être un* VERBE INTRANSITIF *:*

explotar *signifie* exploser.

📖 *Se conjugue sur le modèle de* **cantar** (voir p. 903).

exponer exposer.

📖 *Dans ce mot, on reconnaît le verbe* **poner**. *Ils se conjuguent de la même manière.*

📖 *Le participe passé du verbe* **exponer** *est irrégulier :* **expuesto.**

exposición *a plusieurs sens :*

1 **exposición** *peut signifier* exposition.

2 **exposición** *peut signifier* exposé.

■ *Ce mot, comme la plupart des mots espagnols terminés par* **-ción** *ou* **-sión,** *est féminin.*

expresar exprimer.

📖 *Le verbe* **expresar** *a deux participes passés : on peut utiliser* **expresado** *ou* **expreso.**

📖 *Se conjugue sur le modèle de* **cantar** (voir p. 903).

exprimidor presse-agrumes.

■ *Dans ce mot, on reconnaît le lien avec le verbe* **exprimir** *qui signifie « presser ».*

■ *Comme la plupart des mots espagnols terminés par* **-or, exprimidor** *est masculin.*

exprimir presser.

> Attention ! exprimir ne signifie pas « exprimer ».

📖 *Se conjugue sur le modèle de* **vivir** (voir p. 1109).

extender étaler *ou* répandre.

📖 **extender** *est un verbe à diphtongue. Le* **-e** *devient* **-ie** *aux trois personnes du singulier et à la troisième personne du pluriel au présent de l'indicatif et du subjonctif :*

INDICATIF PRÉSENT	SUBJONCTIF PRÉSENT
extiendo	extienda
extiendes	extiendas
extiende	extienda
extendemos	extendamos
extendéis	extendáis
extienden	extiendan

📖 *Le verbe* **extender** *a deux participes passés : on peut utiliser* **extendido** *ou* **extenso**.

📖 *Se conjugue sur le modèle de* **deber** (voir p. 928).

extensión étendue.

► **en toda la extensión de la palabra** dans tous les sens du terme.

■ *Ce mot, comme la plupart des mots espagnols terminés par* **-ción** *ou* **-sión**, *est féminin.*

extenso, extensa *a plusieurs sens :*

1 **extenso, extensa** *peut signifier* vaste.

2 **extenso, extensa** *peut signifier* long(ue).

extinguir éteindre (*un feu*) *ou* provoquer l'extinction de (*un animal*).

📖 *Comme la plupart des verbes terminés en* **-guer** *ou* **-guir**, **extinguir** *subit des modifications orthographiques pour conserver le son /g/ : le* **-gu** *se transforme en* **-g** *devant* **-o** *et* **-a**.

▷ Extingo el fuego. J'éteins le feu.

📖 *Le verbe* **extinguir** *a deux participes passés : on peut utiliser* **extinguido** *ou* **extinto**.

📖 *Se conjugue sur le modèle de* **vivir** (voir p. 1109).

extintor extincteur.

■ *Comme la plupart des mots espagnols terminés par* **-or**, **extintor** *est masculin.*

extra *a des sens différents selon sa catégorie grammaticale :*

> *Ce peut être un* ADJECTIF :

extra *signifie* extra.

► **horas extras** heures supplémentaires.

> *Ce peut être un* NOM :

1 **extra** *peut signifier* à-côté *ou* extra.

2 **extra** *peut signifier* figurant(e) (*dans un film*).

extraer extraire.

■ *Dans ce mot on reconnaît le verbe* **traer**. *Ils se conjuguent de la même manière.*

extranjero, extranjera étranger(-ère).

► **en el extranjero** à l'étranger.

extrañar *a plusieurs sens :*

1 **extrañar** *peut signifier* étonner.

2 **extrañar** *peut servir à exprimer le regret.*

▷ Te extraño mucho. Tu me manques beaucoup.

📖 *Se conjugue sur le modèle de* **cantar** (voir p. 903).

extraño, extraña *a plusieurs sens :*

1 **extraño, extraña** *peut signifier* étranger *ou* inconnu(e).

2 **extraño, extraña** *peut signifier* bizarre.

> ℹ extraño et extraña peuvent également être des formes du verbe extrañar.
> ▷ Me extraña que no haya venido. Ça m'étonne qu'il ne soit pas venu.

extraordinario, extraordinaria extraordinaire.

► **horas extraordinarias** heures supplémentaires.

extremo *a des sens différents selon sa catégorie grammaticale :*

> *Ce peut être un* ADJECTIF :

extremo, extrema *signifie* extrême.

> *Ce peut être un* NOM :

extremo *signifie* bout *ou* extrémité.

F

ESPAGNOL — FRANÇAIS

fábrica usine.

fábula fable.

fachada façade.

fácil facile.

▷ **Esta novela es fácil de leer.** Ce roman est facile à lire.

> Attention à l'emploi de la préposition **de** dans **fácil de ...** (facile à ...).

factor facteur (*au sens de « cause »*).

> Attention ! **factor** ne signifie pas « facteur » au sens de « postier ».

facultad faculté.

► **tener facultad para** avoir la faculté de.

■ *Ce mot, comme la plupart des mots espagnols terminés par* **-tad, -dad** *et* **-tud,** *est féminin.*

faena travail.

► **hacer una faena a alguien** jouer un mauvais tour à quelqu'un.

■ **faena** *est féminin.*

> **hacer una faena a alguien** est une expression familière.

fajo liasse.

■ **fajo** *est masculin.*

falda *a plusieurs sens :*

1 **falda** *peut signifier* jupe.

2 **falda** *peut signifier* flanc (*d'une montagne*).

fallar *a plusieurs sens :*

1 **fallar** *peut signifier* rater *ou* échouer.

2 **fallar** *peut signifier* lâcher (*au sens de « cesser de fonctionner »*).

► **fallar la memoria** avoir mauvaise mémoire.

Se conjugue sur le modèle de **cantar** (voir p. 903).

fallecer décéder.

▷ **Ha fallecido en un accidente.** Il est décédé dans un accident.

Attention ! **fallecer** *appartient au groupe des verbes se terminant en* **-acer, -ecer, -ocer** *et* **-ucir** *qui sont irréguliers à la première personne du singulier du présent de l'indicatif et à toutes les personnes du subjonctif présent :*

INDICATIF PRÉSENT	SUBJONCTIF PRÉSENT
falle**zco**	falle**zca**
falleces	falle**zcas**
fallece	falle**zca**
fallecemos	falle**zcamos**
fallecéis	falle**zcáis**
fallecen	falle**zcan**

Se conjugue sur le modèle de **deber** (voir p. 928).

fallecimiento décès.

fallo *a plusieurs sens :*

1 **fallo** *peut signifier* erreur *ou* défaut.

2 **fallo** *peut signifier* panne.

3 *En sport,* **fallo** *peut signifier* faute.

4 **fallo cárdiaco** crise cardiaque.

► **tener fallos de memoria** avoir des trous de mémoire.

falso, falsa faux, fausse.

falta *a plusieurs sens :*

1 **falta** *peut signifier* manque *ou* absence.

2 **falta** *peut signifier* faute *ou* erreur.

► **hacer falta** avoir besoin de *ou* falloir.

▷ **Me hace falta un destornillador.** J'ai besoin d'un tournevis.

▷ Hace falta pensar en el porvenir. Il faut penser à l'avenir.

► **echar algo en falta** remarquer l'absence de quelque chose.

► **echar a alguien en falta** manquer (*au sens de « regretter quelqu'un »*).

▷ Echo en falta a mis amigos. Mes amis me manquent.

faltar *a plusieurs sens :*

1 **faltar** *peut signifier* manquer.

▷ Falta algo. Il manque quelque chose.

▷ ¡Me faltan dos piezas del rompecabezas! Il me manque deux pièces du puzzle !

2 **faltar** *peut signifier* rester.

▷ Sólo falta un cuarto de hora antes que vuelvan los padres. Il reste seulement un quart d'heure avant que nos parents reviennent.

▷ ¿Cuántos ejercicios te faltan para terminar los deberes? Il te reste combien d'exercices pour finir tes devoirs ?

> Attention ! En espagnol, on accorde le verbe faltar avec ce qui manque ou ce qui reste.

Se conjugue sur le modèle de **cantar** (voir p. 903).

fama célébrité *ou* réputation.

► **tener fama de...** avoir la réputation de...

► **tener mucha fama** être très célèbre.

familia famille.

familiar familial(e) *ou* familier(-ière).

famoso, famosa célèbre.

fango boue.

■ **fango** *est masculin.*

fantasía *a plusieurs sens :*

1 **fantasía** *peut signifier* imagination.

2 **fantasía** *peut signifier* fantaisie.

fantasma *a plusieurs sens :*

1 **fantasma** *peut signifier* fantôme.

2 **fantasma** *peut signifier* fantasme.

■ **fantasma** *est masculin.*

> Attention à l'orthographe du mot fantasma.

farmacia pharmacie.

> Attention à l'orthographe du mot farmacia.

faro phare.

farola réverbère.

■ **farola** *est féminin.*

fascismo fascisme.

fase phase.

fastidiar *a plusieurs sens :*

1 **fastidiar** *peut signifier* ennuyer *ou* gêner *ou* agacer.

2 **fastidiar** *peut signifier* gâcher.

► **fastidiarse** s'ennuyer *ou* se lasser.

► **te fastidias** tans pis pour toi.

Se conjugue sur le modèle de **cantar** (voir p. 903).

fatal *a des sens différents selon sa catégorie grammaticale :*

> *Ce peut être un* ADVERBE :

fatal *signifie* très mal.

▷ Toca guitarra fatal. Il joue très mal de la guitare.

► **sentirse fatal** se sentir très mal.

> *Ce peut être un* ADJECTIF :

fatal *signifie* très mauvais(e) *ou* fatal(e).

▷ Hace un tiempo fatal. Il fait très mauvais.

fatigar fatiguer *ou* épuiser.

Attention ! Pour conserver le son /g/ de l'infinitif, le **-g** *de* **fatigar** *se transforme en* **-gu** *devant un* **-e** .

▷ No te fatigues subiendo las escaleras. Bajo. Ne te fatigue pas à monter les escaliers. Je descends.

Se conjugue sur le modèle de **cantar** (voir p. 903).

fatigoso, fatigosa pénible *ou* difficile.

favor faveur.

► **por favor** s'il vous plaît *ou* s'il te plaît.

► **hacer un favor a alguien** rendre un service à quelqu'un.

■ *Comme la plupart des mots espagnols terminés par* **-or, favor** *est masculin.*

favorecer favoriser *ou* avantager.

Attention ! **favorecer** *appartient au groupe des verbes se terminant en* **-acer, -ecer, -ocer** *et* **-ucir** *qui sont irréguliers à la première personne du singulier du présent de l'indicatif et à toutes les personnes du subjonctif présent :*

INDICATIF PRÉSENT	SUBJONCTIF PRÉSENT
favorezco	favorezca
favoreces	favorezcas
favorece	favorezca
favorecemos	favorezcamos
favorecéis	favorezcáis
favorecen	favorezcan

Se conjugue sur le modèle de **deber** (voir p. 928).

fe foi *ou* confiance.

■ **fe** *est féminin.*

fealdad laideur.

■ *Ce mot, comme la plupart des mots espagnols terminés par* **-tad, -dad** *et* **-tud,** *est féminin.*

febrero février.

fecha date.

► **hasta la fecha** jusqu'à présent.

felices *est le pluriel de* **feliz.**

felicidad bonheur.

► **¡felicidades!** félicitations ! *ou* joyeux anniversaire ! *ou* bonne fête ! *ou* meilleurs vœux !

■ *Ce mot, comme la plupart des mots espagnols terminés par* **-tad, -dad** *et* **-tud,** *est féminin.*

feliz heureux(-euse).

► **¡feliz Año Nuevo!** Bonne année !

► **¡feliz Navidad!** Joyeux Noël !

femenino, femenina féminin(e).

fenómeno phénomène.

> Attention à l'orthographe du mot **fenómeno.**

feo, fea laid(e).

feria foire *ou* fête foraine.

feroz féroce.

► **el lobo feroz** le grand méchant loup.

ferrocarril chemin de fer.

festejar fêter.

Se conjugue sur le modèle de **cantar** (voir p. 903).

festejos festivités *ou* fête.

■ **festejos** *est masculin pluriel.*

fiambre charcuterie.

▷ **Comieron distintos tipos de fiambre.** Ils ont mangé plusieurs sortes de charcuteries.

■ **fiambre** *est masculin.*

fiar faire crédit.

► **fiarse de alguien** avoir confiance en quelqu'un.

Attention ! **fiar** *subit une modification de l'accentuation : le* **-i** *se transforme en* **-í** *aux trois personnes du singulier et à la troisième personne du pluriel au présent, au subjonctif et à l'impératif.*

INDICATIF PRÉSENT	SUBJONCTIF PRÉSENT	IMPÉRATIF
fío	fíe	
fías	fíes	fía
fía	fíe	fíe
fiamos	fiemos	fiemos
fiáis	fiéis	fiad
fían	fíen	fíen

Se conjugue sur le modèle de **cantar** (voir p. 903).

ficción fiction.

> Attention à l'orthographe du mot **ficción.**

■ *Ce mot, comme la plupart des mots espagnols terminés par* **-ción** *ou* **-sión,** *est féminin.*

fichero fichier.

fidelidad fidélité.

■ *Ce mot, comme la plupart des mots espagnols terminés par* **-tad, -dad** *et* **-tud,** *est féminin.*

fiebre fièvre.

> Attention à l'orthographe du mot **fiebre.**

fiel fidèle.

fiera bête féroce *ou* fauve.

fiero, fiera féroce.

> Attention ! **fiero, fiera** ne signifie pas « fier, fière ».

fiesta *a plusieurs sens :*

1 **fiesta** *peut signifier* fête.

► **estar de fiesta** *ou* **ir de fiesta** faire la fête.

2 **fiesta** *peut signifier* jour férié.

figura *a plusieurs sens :*

1 **figura** *peut signifier* forme *ou* silhouette.

2 **figura** *peut signifier* figure.

fijar fixer.

► **fijarse** faire attention *ou* regarder *ou* observer.

▷ Fíjate en cómo se hace. Regarde comment on fait.

Le verbe **fijar** *a deux participes passés : on peut utiliser* **fijado** *ou* **fijo**.

Se conjugue sur le modèle de **cantar** (voir p. 903).

fijo *a des sens différents selon sa catégorie grammaticale :*

> *Ce peut être un* ADVERBE :

1 **fijo** *peut signifier* fixement.

2 **fijo** *peut signifier* sûr.

> *Ce peut être un* ADJECTIF :

fijo, fija *signifie* fixé(e) *ou* fixe.

> i **fijo** peut également être le participe passé ou une forme conjuguée du verbe **fijar**.
> ▷ Siempre me fijo en lo que digo. Je fais toujours attention à ce que je dis.

fila *a plusieurs sens :*

1 **fila** *peut signifier* file *ou* queue.

2 **fila** *peut signifier* rang *ou* rangée.

► **en fila india** en file indienne *ou* à la queue leu leu.

filosofía philosophie.

> Attention à l'orthographe du mot **filosofía**.

filósofo, filósofa philosophe.

> Attention à l'orthographe du mot **filósofo**.

fin *a plusieurs sens :*

1 **fin** *peut signifier* fin.

2 **fin** *peut signifier* but.

► **a fin de** à la fin de.

▷ Llegaré a fin de mes. J'arriverai à la fin du mois.

► **fin de semana** week-end.

► **por fin** enfin.

■ **fin** *est masculin en espagnol.*

final *a des sens différents selon sa catégorie grammaticale :*

> *Ce peut être un* ADJECTIF :

final *signifie* final(e).

> *Ce peut être un* NOM :

final *signifie* fin.

► **a final de** *ou* **a finales de** à la fin de.

▷ Este escritor nació a finales del siglo XIX. Cet écrivain est né à la fin du XIXe siècle.

■ **final** *est masculin.*

finca propriété *ou* ferme.

fingir faire semblant.

Les verbes terminés en **-ger** *ou* **gir** *subissent des modifications orthographiques pour conserver le son /x/ : le* **-g** *se transforme en* **-j** *devant* **-o** *et* **-a**.

▷ Finjo dormir. Je fais semblant de dormir.

Se conjugue sur le modèle de **vivir** (voir p. 1109).

finlandés, finlandesa finlandais(e) *ou* Finlandais(e).

Finlandia Finlande.

fino, fina *a plusieurs sens :*

1 **fino, fina** *peut signifier* fin(e).

2 **fino, fina** *peut signifier* raffiné(e).

firma signature.

> i **firma** peut également être une forme du verbe **firmar**.
> ▷ Firma aquí, por favor. Signe ici, s'il te plaît.

firmar signer.

Se conjugue sur le modèle de **cantar** (voir p. 903).

firme solide *ou* ferme.

firmeza solidité *ou* fermeté.

físico, física *a des sens différents selon sa catégorie grammaticale :*

> *Ce peut être un* ADJECTIF :

físico, física *signifie* physique.

> *Ce peut être un* NOM :

físico, física *signifie* physicien(ne).

► **el físico** le physique.

► **la física** la physique.

> Attention à l'orthographe du mot **físico, física**.

flaco, flaca maigre.

flauta flûte.

flechazo coup de foudre.

■ *Dans ce mot, on reconnaît le lien avec le nom* **flecha** *qui signifie « flèche ».*

flojo, floja mou, molle *ou* faible *ou* léger(-ère).

flor fleur.

■ **flor** *est féminin.*

florecer fleurir.

Attention ! **florecer** *appartient au groupe des verbes se terminant en* **-acer, -ecer, -ocer** *et* **-ucir** *qui sont irréguliers à la première personne du singulier du présent de l'indicatif et à toutes les personnes du subjonctif présent :*

INDICATIF PRÉSENT	SUBJONCTIF PRÉSENT
florezco	florezca
floreces	florezcas
florece	florezca
florecemos	florezcamos
florecéis	florezcáis
florecen	florezcan

Se conjugue sur le modèle de **deber** (voir p. 928).

florero vase.

■ *Dans ce mot, on reconnaît le lien avec le nom* **flor** *qui signifie « fleur ».*

florista fleuriste.

■ *Comme la plupart des mots se terminant en* **-ista, florista** *peut être masculin ou féminin : el florista, la florista.*

flotar flotter.

Se conjugue sur le modèle de **cantar** (voir p. 903).

fluir *a plusieurs sens :*

1 **fluir** *peut signifier* couler (*en parlant d'un liquide*).

2 **fluir** *peut signifier* venir facilement.

Les verbes terminés en **-uir, -eer** *et* **-aer** *subissent des modifications orthographiques : le* **-i** *se transforme en* **-y** *devant* **-o** *et* **-e.**

▷ **El río Guadalquivir fluye por Andalucía.** Le Guadalquivir coule en Andalousie.

Se conjugue sur le modèle de **vivir** (voir p. 1109).

foca phoque.

■ **foca** *est féminin.*

folio feuille de papier.

■ **folio** *est masculin.*

folleto brochure.

■ **folleto** *est masculin.*

follón chahut *ou* pagaille.

► **armar follón** faire du chahut.

follón est un mot familier.

■ **follón** *est masculin.*

fomentar encourager *ou* promouvoir.

Se conjugue sur le modèle de **cantar** (voir p. 903).

fomento développement *ou* promotion.

fondo fond.

► **en el fondo** au fond.

fontanero, fontanera plombier.

forastero, forastera étranger(-ère) (*d'une autre ville ou région*).

■ *Dans ce mot, on reconnaît le lien avec le mot* **fuera** *qui signifie « dehors »* (qui vient de l'extérieur).

forma *a plusieurs sens :*

1 **forma** *peut signifier* forme.

2 **forma** *peut signifier* manière *ou* façon.

► **de todas formas** de toute manière.

formar *a plusieurs sens :*

1 **formar** *peut signifier* former.

2 **formar** *peut signifier* composer *ou* constituer.

► **formar parte de algo** faire partie de quelque chose.

Se conjugue sur le modèle de **cantar** (voir p. 903).

fórmula formule.

forrado, forrada *a plusieurs sens :*

1 **forrado, forrada** *peut signifier* fourré(e) *ou* doublé(e) (*en parlant d'un vêtement*).

2 **forrado, forrada** *peut signifier* friqué(e).

Dans ce sens, **forrado, forrada** est un mot familier.

forrar couvrir (*un livre par exemple*).

► **forrarse** gagner beaucoup d'argent.

forrarse est une expression familière.

Se conjugue sur le modèle de **cantar** (voir p. 903).

fortalecer renforcer.

Attention ! **fortalecer** *appartient au groupe des verbes se terminant en* **-acer, -ecer, -ocer** *et* **-ucir** *qui sont irréguliers à la première personne du singulier du présent de l'indicatif et à toutes les personnes du subjonctif présent :*

INDICATIF PRÉSENT	SUBJONCTIF PRÉSENT
fortalezco	fortalezca
fortaleces	fortalezcas
fortalece	fortalezca
fortalecemos	fortalezcamos
fortalecéis	fortalezcáis
fortalecen	fortalezcan

Se conjugue sur le modèle de **deber** (voir p. 928).

fortaleza *a plusieurs sens :*

1 **fortaleza** *peut signifier* force.

2 **fortaleza** *peut signifier* forteresse.

fortuna *a plusieurs sens :*

1 **fortuna** *peut signifier* chance.

2 **fortuna** *peut signifier* fortune.
► **por fortuna** heureusement.
► **probar fortuna** tenter sa chance.

forzar forcer.

▪ *Dans ce mot, on reconnaît le lien avec le nom* **fuerza** *qui signifie « force ».*

Comme les verbes terminés en **-zar**, **forzar** *subit des modifications orthographiques : le* **-z** *devient* **-c** *devant un* **-e**. *De plus,* **forzar** *est un verbe à diphtongue. Le* **-o** *devient* **-ue** *aux trois personnes du singulier et à la troisième personne du pluriel au présent de l'indicatif et du subjonctif :*

INDICATIF PRÉSENT	SUBJONCTIF PRÉSENT
fuerzo	fuerce
fuerzas	fuerces
fuerza	fuerce
forzamos	forcemos
forzáis	forcéis
fuerzan	fuercen

Se conjugue sur le modèle de **cantar** (voir p. 903).

fósforo allumette.

▪ **fósforo** *est masculin.*

foso fossé *ou* fosse.

foto photo.
► **sacar una foto** prendre une photo.

fotografiar photographier.

Attention ! **fotografiar** *subit une modification de l'accentuation : le* **-i** *se transforme en* **-í** *aux trois personnes du singulier et à la troisième personne du pluriel au présent, au subjonctif et à l'impératif.*

INDICATIF PRÉSENT	SUBJONCTIF PRÉSENT	IMPÉRATIF
fotografío	fotografíe	
fotografías	fotografíes	fotografía
fotografía	fotografíe	fotografíe
fotografiamos	fotografiemos	fotografiemos
fotografiáis	fotografiéis	fotografiad
fotografían	fotografíen	fotografíen

Se conjugue sur le modèle de **cantar** (voir p. 903).

fotógrafo, fotógrafa photographe.

fracasar échouer.

> Attention ! **fracasar** ne signifie pas « fracasser ».

Se conjugue sur le modèle de **cantar** (voir p. 903).

fracaso échec *ou* catastrophe.

fragancia parfum.

▪ **fragancia** *est féminin.*

frágil fragile.

> Attention à l'orthographe du mot **frágil**.

fragmento fragment.

fraile moine.

frambuesa framboise.

francés, francesa français(e) ou Français(e).

Francia France.

franco, franca franc, franche.

franja bande.

frase phrase.

▪ **frase** *est féminin.*

frecuencia fréquence.
► **con frecuencia** fréquemment.

fregar laver.

Attention ! Pour conserver le son / g / de l'infinitif, le **-g** *de* **fregar** *se transforme en* **-gu** *devant un* **-e**. *De plus,* **fregar** *est un verbe à diphtongue. Le* **-e** *devient* **-ie** *aux trois personnes du singulier et à la troisième personne du pluriel au présent de l'indicatif et du subjonctif :*

INDICATIF PRÉSENT	SUBJONCTIF PRÉSENT
friego	friegue
friegas	friegues
friega	friegue
fregamos	freguemos
fregáis	freguéis
friegan	frieguen

Se conjugue sur le modèle de **cantar** (voir p. 903).

fregona serpillière.

freír frire.

📖 **freír** *subit un changement de voyelle : le* **-e** *se transforme en* **-i** *aux trois personnes du singulier et à la troisième personne du pluriel du présent de l'indicatif, à toutes les personnes du présent du subjonctif, aux troisièmes personnes du singulier et du pluriel au passé simple et à toutes les personnes du subjonctif imparfait.*

INDICATIF PRÉSENT	SUBJONCTIF PRÉSENT	PASSÉ SIMPLE	SUBJONCTIF IMPARFAIT
frío	fría	freí	friera
fríes	frías	freíste	frieras
fríe	fría	frió	friera
freímos	friamos	freímos	friéramos
freís	friáis	freísteis	frierais
fríen	frían	frieron	frieran

📖 *Le verbe* **freír** *a deux participes passés : on peut utiliser* **freído** *ou* **frito**.

frenar freiner.

📖 *Se conjugue sur le modèle de* **cantar** (voir p. 903).

freno frein.

fresa fraise.

fresco, fresca *a plusieurs sens :*

1 **fresco, fresca** *peut signifier* frais, fraîche *ou* léger(-ère) *ou* impassible.

► **al fresco** au frais.

2 **fresco, fresca** *peut signifier* culotté(e).

> Dans ce sens, **fresco, fresca** est un mot familier.

frescura *a plusieurs sens :*

1 **frescura** *peut signifier* fraîcheur.

2 **frescura** *peut signifier* culot.

> Dans ce sens, **frescura** est un mot familier.

frigorífico réfrigérateur.

frío, fría froid(e).

► **coger frío** prendre froid.

► **hace un frío que pela** il fait un froid de canard.

frontera frontière.

fronterizo, fronteriza frontalier(-ière).

fruncir froncer *ou* plisser.

► **fruncir el ceño** froncer les sourcils.

📖 *Les verbes terminés en* **-cer** *et en* **-cir** *subissent des modifications orthographiques pour conserver le son / s / : le* **-c** *se transforme en* **-z** *devant* **-o** *et* **-a.**

▷ **Frunzo el ceño para mostrar mi descontento.** Je fronce les sourcils pour montrer mon mécontentement.

📖 *Se conjugue sur le modèle de* **vivir** (voir p. 1109).

frustrado, frustrada frustré(e).

► **quedar frustrado, frustrada** être déçu(e).

frustrar *a plusieurs sens :*

1 **frustrar** *peut signifier* décevoir.

2 **frustrar** *peut signifier* empêcher.

fruta fruit.

► **fruta del tiempo** fruit de saison.

► **fruta escarchada** fruit confit.

■ **fruta** *est féminin.*

frutal fruitier(-ière).

fruto fruit.

► **fruto seco** fruit sec.

■ **fruto** *est masculin.*

fue *correspond aux verbes* **ir** *et* **ser** *conjugués à la troisième personne du singulier au passé simple :*

▷ Fue de vacaciones en el sur de Francia. Il est allé en vacances dans le sud de la France.

▷ Velázquez fue un gran pintor del siglo XVII. Velázquez fut un grand peintre du XVIIe siècle.

fuego feu *ou* incendie.

► **pegar fuego** mettre le feu.

fuente *a plusieurs sens :*

1 **fuente** *peut signifier* fontaine.

2 **fuente** *peut signifier* source.

■ **fuente** *est féminin.*

fuer... (fuera, fueras, fuéramos, etc.)→ **ser** *et* **ir**.

fuera dehors.

► **fuera de...** hors de...

fuerte fort(e) *ou* solide.

fuerza force.

► **a la fuerza** forcément.

► **cobrar fuerzas** prendre des forces.

> i **fuerza** peut également être une forme du verbe **forzar**.
> ▷ La profesora fuerza la voz para hablar. La prof force la voix pour parler.

fui... **(fui, fuiste, fuimos, etc.)** → **ser** *et* **ir**.

Fulano, Fulana Un tel, Une telle *ou* Machin(e).

▷ He visto a Fulano. J'ai vu Machin.

> Fulano, Fulana est une expression familière.

fumador, fumadora fumeur(-euse).

fumar fumer.

Se conjugue sur le modèle de **cantar** (voir p. 903).

fundamental fondamental(e).

> Attention à l'orthographe du mot fundamental.

fundar fonder.

Se conjugue sur le modèle de **cantar** (voir p. 903).

fundir fondre.

> Attention ! Ne pas confondre **fundir** et **fundar** qui signifie « fonder ».

Se conjugue sur le modèle de **vivir** (voir p. 1109).

furia colère.

furioso, furiosa furieux(-euse).

furor fureur.

■ *Comme la plupart des mots espagnols terminés par* **-or, furor** *est masculin.*

fusilar fusiller.

Se conjugue sur le modèle de **cantar** (voir p. 903).

fútbol football.

futbolín baby-foot.

futbolista footballeur(-euse).

■ *Comme la plupart des mots se terminant en* **-ista, futbolista** *peut être masculin ou féminin : el futbolista, la futbolista.*

futuro *a plusieurs sens :*

1 **futuro** *peut signifier* futur.

2 **futuro** *peut signifier* avenir.

G

ESPAGNOL — FRANÇAIS

gacho, gacha courbé(e) *ou* penché(e).

► **a gachas** à quatre pattes.

gafas lunettes.

► **gafas de sol** lunettes de soleil.

gafe personne qui porte la poisse.

► **ser gafe** porter la poisse.

> **gafe** et **ser gafe** sont des expressions familières.

gajo quartier (*d'orange*).

galardón récompense *ou* prix.

■ **galardón** *est masculin.*

galardonar récompenser.

Se conjugue sur le modèle de **cantar** (voir p. 903).

gallego, gallega galicien(ne) *ou* Galicien(ne).

galleta biscuit *ou* tarte.

gallina poule.

► **gallina ciega** colin-maillard.

gallinero poulailler.

gallo coq.

gamba crevette.

gana envie.

► **tener ganas de hacer algo** avoir envie de faire quelque chose.

> **i** **gana** peut également être une forme du verbe **ganar.**
> ▷ **Gana mucho dinero trabajando como intérprete.** Il gagne beaucoup d'argent en travaillant comme interprète.

ganadería élevage *ou* troupeau.

■ **ganadería** *est féminin.*

ganadero, ganadera éleveur(-euse).

ganado bétail.

> **i** **ganado** peut également être le participe passé du verbe **ganar.**

ganancia gain *ou* profit.

► **ganancias** revenus.

ganar gagner.

► **ganarse la vida** gagner sa vie.

Se conjugue sur le modèle de **cantar** (voir p. 903).

gancho crochet.

gandul, gandula fainéant(e).

ganga occasion *ou* bonne affaire.

gansa oie.

garaje garage.

> Attention à l'orthographe du mot **garaje.**

garantizar garantir *ou* promettre.

Comme la plupart des verbes terminés en **-zar, garantizar** *subit des modifications orthographiques : le* **-z** *devient* **-c** *devant un* **-e.**

▷ **Le garanticé que vendría.** Je lui ai promis de venir.

Se conjugue sur le modèle de **cantar** (voir p. 903).

garbanzo pois chiche.

garganta gorge.

garra griffe *ou* serre.

garrafa carafe.

gas gaz.

► **a todo gas** à toute vitesse.

gaseoso, gaseosa gazeux(-euse).

► **gaseosa** limonade.

gasóleo gas-oil.

gasolina essence.

gasolinera station-service.

gastar *a plusieurs sens :*

1 **gastar** *peut signifier* dépenser.

2 **gastar** *peut signifier* user.

📖 *Se conjugue sur le modèle de* **cantar** (voir p. 903).

gasto dépense.

► **gastos** frais.

■ **gasto** *est masculin.*

> ℹ gasto peut également être une forme du verbe gastar.
> ▷ Gasto todo lo que gano. Je dépense tout ce que je gagne.

gato, gata chat, chatte.

► **andar a gatas** marcher à quatre pattes.

gaviota mouette.

gemelo, gemela jumeau, jumelle.

► **gemelos** jumelles (= *instrument d'optique*).

Géminis Gémeaux (= *signe astrologique*).

género genre.

generosidad générosité.

■ *Ce mot, comme la plupart des mots espagnols terminés par* **-tad, -dad** *et* **-tud,** *est féminin.*

generoso, generosa généreux(-euse).

genio *a plusieurs sens :*

1 **genio** *peut signifier* caractère *ou* tempérament.

► **tener mal genio** avoir mauvais caractère.

2 **genio** *peut signifier* génie.

gente gens.

▷ Antes la gente se casaba muy joven. Avant les gens se mariaient très jeunes.

► **hay mucha gente** il y a beaucoup de monde.

■ **gente** *est féminin singulier.*

gentío foule.

■ **gentío** *est masculin.*

geográfico, geográfica géographique.

gerundio gérondif.

gesto mouvement *ou* geste.

gigante, giganta géant(e).

gimnasia gymnastique.

gimnasio gymnase.

girar tourner.

📖 *Se conjugue sur le modèle de* **cantar** (voir p. 903).

girasol tournesol.

■ *Dans ce mot, on reconnaît le verbe* **girar** *qui signifie « tourner » et le nom* **sol** *qui signifie « soleil ».*

giro tour.

gitano, gitana gitan(e) *ou* Gitan(e).

globo *a plusieurs sens :*

1 **globo** *peut signifier* ballon.

2 **globo** *peut signifier* globe.

► **globo terráqueo** globe terrestre.

gloria gloire.

glotón, glotona gourmand(e).

glotonería gourmandise.

gobernar gouverner.

> Attention à l'orthographe du mot gobernar.

📖 **gobernar** *est un verbe à diphtongue. Le* **-e** *devient* **-ie** *aux trois personnes du singulier et à la troisième personne du pluriel au présent de l'indicatif et du subjonctif :*

INDICATIF PRÉSENT	SUBJONCTIF PRÉSENT
gobierno	gobierne
gobiernas	gobiernes
gobierna	gobierne
gobernamos	gobernemos
gobernáis	gobernéis
gobiernan	gobiernen

Se conjugue sur le modèle de **cantar** (voir p. 903).

gobierno gouvernement.

Attention à l'orthographe du mot **gobierno**.

gol but (*au football*).

golear marquer (*un but*).

Se conjugue sur le modèle de **cantar** (voir p. 903).

golfo *a plusieurs sens :*

1 **golfo** *peut signifier* golfe.
2 **golfo** *peut signifier* voyou.

golondrina hirondelle.

golosina friandise.

goloso, golosa gourmand(e).

golpe coup.

- **de golpe** tout à coup.
- **de un golpe** en un clin d'œil *ou* d'un seul coup.
- **dar golpes** frapper.

golpear frapper.

Se conjugue sur le modèle de **cantar** (voir p. 903).

goma *a plusieurs sens :*

1 **goma** *peut signifier* élastique.
2 **goma** *peut signifier* gomme.
3 **goma** *peut signifier* caoutchouc.

gordo *a des sens différents selon sa catégorie grammaticale :*

> *Ce peut être un* ADJECTIF :

gordo, gorda *signifie* gros(se).

> *Ce peut être un* NOM :

gordo *signifie* gros lot.

gorra casquette.

gorro bonnet.

gota goutte.

gotear goutter.

gotear *est un verbe impersonnel, c'est-à-dire qu'il ne s'emploie qu'à la troisième personne du singulier.*

Se conjugue sur le modèle de **cantar** (voir p. 903).

gozar *a plusieurs sens :*

1 **gozar** *peut signifier* jouir.
2 **gozar** *peut signifier* s'amuser.

Comme la plupart des verbes terminés en **-zar**, **gozar** *subit des modifications orthographiques : le* **-z** *devient* **-c** *devant un* **-e**.

▷ **Es una suerte que tu abuelo goce todavía de una excelente salud.** C'est une chance que ton grand-père jouisse encore d'une excellente santé.

Se conjugue sur le modèle de **cantar** (voir p. 903).

gozo joie.

■ **gozo** *est masculin.*

i **gozo** peut également être une forme du verbe **gozar**.
▷ **Gozo con vuestras visitas.** Je m'amuse quand vous venez me voir.

grabación enregistrement.

■ *Ce mot, comme la plupart des mots espagnols terminés par* **-ción** *et* **-sión**, *est féminin.*

grabado gravure.

■ **grabado** *est masculin.*

i **grabado** peut également être le participe passé du verbe **grabar**.

grabar *a plusieurs sens :*

1 **grabar** *peut signifier* enregistrer.
2 **grabar** *peut signifier* graver.

Se conjugue sur le modèle de **cantar** (voir p. 903).

gracia *a plusieurs sens :*

1 **gracia** *peut signifier* charme.
2 **gracia** *peut signifier* plaisanterie.
- **tener gracia** être amusant(e).
- **¡qué gracia!** comme c'est drôle !

3 **gracia** *peut signifier* grâce.
- **gracias a** grâce à.

gracias merci.

- **¡muchas gracias!** merci beaucoup !
- **dar las gracias a alguien** remercier quelqu'un.

gracioso, graciosa amusant(e) *ou* drôle.

- **hacerse el gracioso** faire le pitre.

grada gradin.

■ **grada** *est féminin.*

grado *a plusieurs sens :*

1 **grado** *peut signifier* degré.

2 **grado** *peut signifier* grade.

graduable réglable.

graduado, graduada *a plusieurs sens :*

1 **graduado, graduada** *peut signifier* gradué(e).

2 **graduado, graduada** *peut signifier* diplômé(e).

> i **graduado** peut également être le participe passé du verbe **graduar**.

graduar *a plusieurs sens :*

1 **graduar** *peut signifier* régler *ou* mesurer.

2 **graduar** *peut signifier* conférer un grade à.
► **graduarse de** recevoir le titre *ou* le diplôme de.

Attention ! **graduar** *subit une modification de l'accentuation : le* **-u** *se transforme en* **-ú** *aux trois personnes du singulier et à la troisième personne du pluriel au présent, au subjonctif et à l'impératif.*

INDICATIF PRÉSENT	SUBJONCTIF PRÉSENT	IMPÉRATIF
gradúo	gradúe	
gradúas	gradúes	gradúa
gradúa	gradúe	gradúe
graduamos	graduemos	graduemos
graduáis	graduéis	graduad
gradúan	gradúen	gradúen

Se conjugue sur le modèle de **cantar** (voir p. 903).

gramática grammaire.

> Attention à l'orthographe du mot **gramática**.

gramo gramme.

> Attention à l'orthographe du mot **gramo**.

gran *est la forme apocopée de l'adjectif* **grande**.

■ *L'apocope est la suppression d'une ou plusieurs lettres à la fin d'un mot.* **Grande** *s'apocope en* **gran** *devant un nom masculin ou féminin.*

grande grand(e).

> Attention ! **grande** ne signifie pas « grand » au sens de « haut ».

granizar grêler.

Comme la plupart des verbes terminés en **-zar, granizar** *subit des modifications orthographiques : le* **-z** *devient* **-c** *devant un* **-e**.
▷ **¡Ojalá no granice!** Pourvu qu'il ne grêle pas !

granizar *est un verbe impersonnel, c'est-à-dire qu'il ne s'emploie qu'à la troisième personne du singulier.*

Se conjugue sur le modèle de **cantar** (voir p. 903).

granizo grêle *ou* grêlon.

granja ferme.

> Attention ! **granja** ne signifie pas « grange ».

granjero, granjera fermier(-ière).

grano *a plusieurs sens :*

1 **grano** *peut signifier* grain.

2 **grano** *peut signifier* bouton *(sur la peau).*
► **ir al grano** aller droit au but.

grapa agrafe.

grapadora agrafeuse.

■ *Dans ce mot, on reconnaît le lien avec le nom* **grapa** *qui signifie « agrafe ».*

grapar agrafer.

■ *Dans ce mot, on reconnaît le lien avec le nom* **grapa** *qui signifie « agrafe ».*

Se conjugue sur le modèle de **cantar** (voir p. 903).

grasa graisse.

> i **grasa** peut également être le féminin de l'adjectif **graso** qui signifie « gras ».

graso, grasa gras(se).

gratis gratuit(e).

grato, grata agréable.

gratuito, gratuita gratuit(e).

grave *a des sens différents selon qu'il est employé avec* **ser** *ou* **estar :**

1 **ser grave** *signifie* être grave.

2 **estar grave** *signifie* être gravement malade.

gravedad gravité.

■ *Ce mot, comme la plupart des mots espagnols terminés par* **-tad, -dad** *et* **-tud,** *est féminin.*

griego, griega grec(que) ou Grec(que).

grifo robinet.

gritar crier.

📖 *Se conjugue sur le modèle de* **cantar** (voir p. 903).

grito cri.

> ℹ grito peut également être une forme du verbe gritar.
> ▷ ¡Si te acercas, grito! Si tu t'approches de moi, je crie !

grosella groseille.

► **grosella negra** cassis.

grosero, grosera grossier(-ère).

grueso, gruesa épais(se) *ou* gros(se).

gruñido grognement.

gruñir grogner.

📖 *Attention à la conjugaison du verbe* **gruñir**. *Le* **-i** *disparaît quand il est situé entre les consonnes* **ch, ñ** *ou* **ll** *et une voyelle.*

▷ El perro gruñó cuando me vio. Le chien a grogné quand il m'a vu.

📖 *Se conjugue sur le modèle de* **vivir** (voir p. 1109).

grupo groupe.

gruta grotte.

guante gant.

guapo, guapa beau, bel, belle.

guarda gardien(ne) *ou* surveillant(e).

► **guarda nocturno** veilleur de nuit.

► **guarda jurado** vigile.

> ℹ guarda peut également être une forme du verbe guardar.
> ▷ Guarda los libros en el pupitre. Garde tes livres dans ton pupitre.

guardaespaldas garde du corps.

▪ *Dans ce mot composé, on reconnaît le verbe* **guardar** *qui signifie « garder » et le nom* **espaldas** *qui signifie « dos ».*

▪ **guardaespaldas** *est invariable : un guardaespaldas, una guardaespaldas, dos guardaespaldas.*

guardameta gardien(ne) de but.

▪ *Dans ce mot, on reconnaît le verbe* **guardar** *qui signifie « garder » et le nom* **meta** *qui signifie « but ».*

guardar *a plusieurs sens :*

1 **guardar** *peut signifier* ranger.

2 **guardar** *peut signifier* économiser.

3 **guardar** *peut signifier* garder.

📖 *Se conjugue sur le modèle de* **cantar** (voir p. 903).

guardarropa vestiaire.

▪ *Dans ce mot composé, on reconnaît le verbe* **guardar** *qui signifie « garder » et le nom* **ropa** *qui signifie « vêtements ».*

guardia *a des sens différents selon qu'il est masculin ou féminin :*

1 **un guardia** (masculin) *signifie* un policier.

2 **una guardia** (féminin) *signifie* une femme policier *ou* une garde.

guatemalteco, guatemalteca guatémaltèque *ou* Guatémaltèque.

guay super.

▷ ¡Qué guay, este fin de semana vamos a un parque de atracciones! Super ! Ce week-end nous allons dans un parc d'attractions.

guerra guerre.

guerrero, guerrera guerrier(-ière).

guía *a des sens différents selon qu'il est masculin ou féminin :*

1 **un guía** (masculin) *signifie* un guide (= *personne*).

2 **una guía** (féminin) *signifie* un guide (= *livre*).

► **guía telefónica** annuaire téléphonique.

> ℹ guía peut également être une forme du verbe guiar.
> ▷ Nos guía por la montaña. Il nous guide dans la montagne.

guiar guider.

📖 *Attention !* **guiar** *subit une modification de l'accentuation : le* **-i** *se transforme en* **-í** *aux trois personnes du singulier et à la troisième personne du pluriel au présent, au subjonctif et à l'impératif.*

INDICATIF PRÉSENT	SUBJONCTIF PRÉSENT	IMPÉRATIF
guío	guíe	
guías	guíes	guía
guía	guíe	guíe
guiamos	guiemos	guiemos
guiáis	guiéis	guiad
guían	guíen	guíen

Se conjugue sur le modèle de **cantar** (voir p. 903).

guiñar cligner de l'œil.

► **guiñar el ojo** faire un clin d'œil.

Se conjugue sur le modèle de **cantar** (voir p. 903).

guiño clin d'œil.

> **i** **guiño** peut également être une forme du verbe **guiñar**.
> ▷ **Me guiñó el ojo cuando me vio.** Il m'a fait un clin d'œil quand il m'a vu.

guión *a plusieurs sens :*

1 **guión** *peut signifier* scénario.
2 **guión** *peut signifier* trait d'union.
3 **guión** *peut signifier* plan *ou* schéma.

guisante petit pois.

guisado ragoût.

> **i** **guisado** peut également être le participe passé du verbe **guisar**.

guisar cuisiner *ou* faire cuire *ou* préparer.

Se conjugue sur le modèle de **cantar** (voir p. 903).

guiso ragoût.

► **guisos** cuisine.

> **i** **guiso** peut également être une forme du verbe **guisar**.
> ▷ **Todo el mundo me dice que guiso muy bien el pescado.** Tout le monde me dit que je prépare très bien le poisson.

guitarra guitare.

> Attention à l'orthographe du mot **guitarra**.

gula gourmandise.

gusano ver.

gustar *est un verbe qu'on emploie pour dire que quelque chose nous plaît.*

▷ **Me gusta mucho el deporte.** J'aime beaucoup le sport.

▷ **¿Os gustaría ir al cine?** Ça vous plairait d'aller au cinéma ?

■ *Certains verbes qui expriment un sentiment ou une sensation en espagnol se construisent différemment du français ; l'exemple le plus courant est le verbe* **gustar**. *Le sujet français* (je, tu, il, nous, vous, ils) *devient le complément espagnol* (**me, te, se, nos, os, les**) :

▷ **Le gustan los viajes.** Il aime les voyages. (*littéralement : les voyages plaisent à lui*).

gusto goût.

► **con (mucho) gusto** avec plaisir.
► **a gusto** à l'aise.
► **por gusto** par plaisir.

H

ESPAGNOL — FRANÇAIS

ha *est le verbe* **haber** *à la troisième personne du singulier au présent de l'indicatif.*

▷ Ella ha salido esta mañana. Elle est sortie ce matin.

haber *a plusieurs sens :*

1 **haber** *peut signifier* avoir.

2 **haber** *peut être l'auxiliaire* avoir *ou* être *pour les verbes composés :*

▷ ¿Has visto lo que ha ocurrido en el patio? Tu as vu ce qui s'est passé dans la cour ?

▷ Se ha levantado para hablar delante del grupo. Il s'est levé pour parler devant le groupe.

3 *Avec une tournure impersonnelle,* **haber** *peut signifier* y avoir :

▷ ¡Cuidado! Hay mucha corriente en este río. Attention ! Il y a beaucoup de courant dans cette rivière.

▷ ¿Cuántas personas había en la manifestación? Combien de personnes y avait-il à la manifestation ?

■ *On utilise* **haber** *à la troisième personne du singulier* (hay, había, habrá...) *quand ce verbe est employé comme impersonnel.*

► **hay / había / habrá / etc. que** il faut / faudra / fallait / etc. que.

▷ Hay que estar callado en la biblioteca. Il faut être silencieux à la bibliothèque.

► **haber de** devoir.

▷ He de hablar contigo. Je dois te parler.

► **¿qué hay?** ça va ?

► **¿qué hay de nuevo?** quoi de neuf ?

► **no hay de qué** il n'y a pas de quoi.

hábil habile.

habilidad habileté.

► **habilidades** aptitudes.

■ *Ce mot, comme la plupart des mots espagnols terminés par* **-tad, -dad** *et* **-tud,** *est féminin.*

habitación pièce *ou* chambre.

■ *Ce mot, comme la plupart des mots espagnols terminés par* **-ción** *ou* **-sión,** *est féminin.*

habitante habitant(e).

HABER				
INDICATIF				CONDITIONNEL
PRÉSENT	IMPARFAIT	PASSÉ SIMPLE	FUTUR	PRÉSENT
he **has** **ha** **hemos** habéis **han**	había habías había habíamos habíais habían	**hube** **hubiste** **hubo** **hubimos** **hubisteis** **hubieron**	**habré** **habrás** **habrá** **habremos** **habréis** **habrán**	**habría** **habrías** **habría** **habríamos** **habríais** **habrían**
SUBJONCTIF		IMPÉRATIF		
PRÉSENT	IMPARFAIT	PRÉSENT		
haya **hayas** **haya** **hayamos** **hayáis** **hayan**	**hubiera** **hubieras** **hubiera** **hubiéramos** **hubierais** **hubieran**	 **he** **haya** **hayamos** habed **hayan**	INFINITIF PARTICIPE GÉRONDIF	haber habido habiendo

habitar habiter.

📖 *Se conjugue sur le modèle de* **cantar** (voir p. 903).

hábito *a plusieurs sens :*

1 **hábito** *peut signifier* habitude.

2 **hábito** *peut signifier* habit.

habituar habituer.

📖 *Attention !* **habituar** *subit une modification de l'accentuation : le* **-u** *se transforme en* **-ú** *aux trois personnes du singulier et à la troisième personne du pluriel au présent, au subjonctif et à l'impératif.*

INDICATIF PRÉSENT	SUBJONCTIF PRÉSENT	IMPÉRATIF
habitúo	habitúe	
habitúas	habitúes	habitúa
habitúa	habitúe	habitúe
habituamos	habituemos	habituemos
habituáis	habituéis	habituad
habitúan	habitúen	habitúen

📖 *Se conjugue sur le modèle de* **cantar** (voir p. 903).

habla *a plusieurs sens :*

1 **habla** *peut signifier* parole.

► **perder el habla** perdre l'usage de la parole.

2 **habla** *peut signifier* langage.

► **de habla francesa / española / etc.** de langue française / espagnole / etc.

■ **habla** *est féminin.*

■ *Attention ! On emploie* **el** *ou* **un** *au lieu de* **la** *ou* **una** *devant un nom féminin singulier commençant par* **a-** *ou* **ha-** *si cette syllabe porte l'accent tonique :*

▷ El habla de esta región es muy particular. Le langage de cette région est très particulier.

i **habla** peut également être une forme du verbe **hablar**.
▷ **Habla demasiado.** Il parle trop.

hablador, habladora bavard(e).

hablante locuteur(-trice).

hablar parler.

► **hablar bien de alguien** dire du bien de quelqu'un.

► **hablar mal de alguien** dire du mal de quelqu'un.

► **¡ni hablar!** pas question !

📖 *Se conjugue sur le modèle de* **cantar** (voir p. 903).

habr... **(habré, habrás, habría, etc.)** → **haber.**

hacer faire.

► **hace...** il y a... (*pour parler du temps qui s'est écoulé*).

▷ Mis padres se casaron hace treinta años. Mes parents se sont mariés il y a trente ans.

► **desde hace...** depuis... (*pour parler du temps qui s'est écoulé*).

▷ Practico el boxeo desde hace tres años. Je fais de la boxe depuis trois ans.

► **hacer de** travailler en tant que *ou* jouer le rôle de.

► **hacerse** *peut signifier* devenir.

▷ Se ha hecho socio del club de fútbol. Il est devenu membre du club de foot.

HACER

INDICATIF PRÉSENT	INDICATIF IMPARFAIT	INDICATIF PASSÉ SIMPLE	INDICATIF FUTUR	CONDITIONNEL PRÉSENT
hago	hacía	**hice**	**haré**	**haría**
haces	hacías	**hiciste**	**harás**	**harías**
hace	hacía	**hizo**	**hará**	**haría**
hacemos	hacíamos	**hicimos**	**haremos**	**haríamos**
hacéis	hacíais	**hicisteis**	**haréis**	**haríais**
hacen	hacían	**hicieron**	**harán**	**harían**

SUBJONCTIF PRÉSENT	SUBJONCTIF IMPARFAIT	IMPÉRATIF PRÉSENT
haga	**hiciera**	
hagas	**hicieras**	**haz**
haga	**hiciera**	**haga**
hagamos	**hiciéramos**	**hagamos**
hagáis	**hicierais**	haced
hagan	**hicieran**	**hagan**

INFINITIF	hacer
PARTICIPE	**hecho**
GÉRONDIF	haciendo

► **hacerse** *peut signifier* s'habituer.

▷ No consigo hacerme a la nueva casa. Je n'arrive pas à m'habituer à la nouvelle maison.

► **hacerse viejo** vieillir.

► **hacerse con algo** s'approprier quelque chose.

hacia vers.

▷ En general, comemos hacia las dos. En général, on mange vers deux heures.

> Attention à l'accent grammatical : il ne faut pas confondre **hacia**, qui signifie « vers » et **hacía**, forme du verbe **hacer** à l'imparfait de l'indicatif.

hacienda *a plusieurs sens :*

1 **hacienda** *peut signifier* propriété rurale *ou* hacienda.

2 **hacienda** *peut signifier* fortune.

► **Ministerio de Hacienda** ministère des Finances.

hada fée.

▪ **hada** *est féminin.*

▪ *Attention ! On emploie* **el** *ou* **un** *au lieu de* **la** *ou* **una** *devant un nom féminin singulier commençant par* **a-** *ou* **ha-** *si cette syllabe porte l'accent tonique :*

▷ El hada es un personaje típico de los cuentos. La fée est un personnage typique des contes.

hag... **(hago, hagas, hagamos, etc.)** → **hacer.**

halago flatterie.

▪ **halago** *est masculin.*

halcón faucon.

hallar trouver *ou* découvrir.

► **hallarse** se trouver *ou* être situé(e).

📖 *Se conjugue sur le modèle de* **cantar** (voir p. 903).

hallazgo trouvaille *ou* découverte.

▪ **hallazgo** *est masculin.*

▪ *Dans ce mot, on reconnaît le lien avec le verbe* **hallar** *qui signifie « découvrir ».*

hambre faim.

► **hambre canina** faim de loup.

▪ **hambre** *est féminin.*

▪ *Attention ! On emploie* **el** *ou* **un** *au lieu de* **la** *ou* **una** *devant un nom féminin singulier commençant par* **a-** *ou* **ha-** *si cette syllabe porte l'accent tonique :*

▷ Hay que combatir el hambre en el mundo. Il faut combattre la faim dans le monde.

hambriento, hambrienta affamé(e).

hamburguesa hamburger.

han *est le verbe* **haber** *à la troisième personne du pluriel au présent de l'indicatif.*

▷ Se han sentado. Ils se sont assis.

har... **(haré, harás, haría, etc.)** → **hacer.**

harapo haillon.

harina farine.

hartarse *a plusieurs sens :*

1 **hartarse** *peut signifier* se fatiguer.

2 **hartarse** *peut signifier* se lasser.

3 **hartarse** *peut signifier* se gaver.

📖 *Se conjugue sur le modèle de* **burlarse** (voir p. 898).

harto, harta repu(e).

► **estar harto de algo** en avoir marre de quelque chose.

has *est le verbe* **haber** *à la deuxième personne du singulier au présent de l'indicatif.*

▷ ¿Has entendido? Tu as compris ?

hasta *a des sens différents selon sa catégorie grammaticale :*

> *Ce peut être un* ADVERBE :

hasta *signifie* même.

▷ Lo que haces, hasta un niño podría hacerlo. Ce que tu fais, même un enfant pourrait le faire.

> **i** Dans ce sens, **hasta** a pour équivalent **aun** et **incluso**.

> *Ce peut être une* PRÉPOSITION :

1 **hasta** *peut signifier* jusqu'à.

▷ No me quedé hasta el final. Je ne suis pas resté jusqu'à la fin.

► **hasta que** jusqu'à ce que.

▷ Te esperaré hasta que anochezca. Je t'attendrai jusqu'à ce qu'il fasse nuit.

2 **hasta** *peut signifier* avant.

▷ No puedo salir del trabajo hasta las cinco. Je ne peux pas quitter mon travail avant cinq heures.

► **¡hasta luego!** à tout à l'heure !

► **¡hasta mañana!** à demain !

► **¡hasta el lunes / martes / etc.!** à lundi / mardi / etc. !

► **hasta ahora** jusqu'à présent.

► **¡hasta ahora!** à tout à l'heure !

► **hasta entonces** jusqu'alors.

hay il y a.

▷ No hay problema. Il n'y a pas de problème.
► **¿qué hay?** ça va ?
► **¿qué hay de nuevo?** quoi de neuf ?
► **no hay de qué** il n'y a pas de quoi.

haya... (haya, hayas, hayamos, etc.) → **haber**.

haz *est le verbe* **hacer** *à la deuxième personne du singulier à l'impératif.*

▷ ¡Haz lo que te pido! Fais ce que je te demande !

hazaña exploit.

■ **hazaña** *est féminin.*

he *est le verbe* **haber** *à la première personne du singulier au présent de l'indicatif ou à la deuxième personne du singulier à l'impératif.*

▷ Ya he visto esta película. J'ai déjà vu ce film.

hechizo sortilège *ou* charme.

hecho fait.

> ℹ hecho peut également être le participe passé du verbe hacer.

helado glace (*à manger*).

▷ ¡Me comería un helado de fresa! Je mangerais bien une glace à la fraise !

> Attention à l'emploi de la préposition de dans helado de (glace au *ou* à la).

■ **helado** *est masculin.*

> ℹ helado peut également être le participe passé du verbe helar.

helar geler.

📖 **helar** *est un verbe à diphtongue. Le* **-e** *devient* **-ie** *aux trois personnes du singulier et à la troisième personne du pluriel au présent de l'indicatif et du subjonctif :*

INDICATIF PRÉSENT	SUBJONCTIF PRÉSENT
hielo	hiele
hielas	hieles
hiela	hiele
helamos	helemos
heláis	heléis
hielan	hielen

📖 *Se conjugue sur le modèle de* **cantar** (voir p. 903).

hembra femelle.

hemisferio hémisphère.

hemos *est le verbe* **haber** *à la première personne du pluriel au présent de l'indicatif.*

▷ Hemos de ser buenos. Nous devons être sages.

heredar hériter.

▷ Heredó una fortuna. Il a hérité d'une fortune.

> Attention à l'absence de préposition dans heredar algo (hériter de quelque chose).

📖 *Se conjugue sur le modèle de* **cantar** (voir p. 903).

herencia *a plusieurs sens :*

1 **herencia** *peut signifier* héritage.
2 **herencia** *peut signifier* hérédité.

herida blessure.

herir blesser.

📖 **herir** *subit un changement de voyelle et la diphtongaison : le* **-e** *se transforme en* **-i** *aux troisièmes personnes du singulier et du pluriel au passé simple, aux deux premières personnes du pluriel au subjonctif présent et à toutes les personnes du subjonctif imparfait* (changement de voyelle) *et le* **-i** *devient* **-ie** *aux trois personnes du singulier et à la troisième personne du pluriel au présent de l'indicatif et du subjonctif* (diphtongaison).

INDICATIF PRÉSENT	SUBJONCTIF PRÉSENT	PASSÉ SIMPLE	SUBJONCTIF IMPARFAIT
hiero	hiera	herí	hiriera
hieres	hieras	heriste	hirieras
hiere	hiera	hirió	hiriera
herimos	hiramos	herimos	hiriéramos
herís	hiráis	heristeis	hirierais
hieren	hieran	hirieron	hirieran

📖 *Se conjugue sur le modèle de* **vivir** (voir p. 1109).

hermana sœur.

hermanastra demi-sœur.

hermanastro demi-frère.

hermano frère.

► **hermanos** frères *ou* frère et sœur.
▷ Javier y Santiago son hermanos. Javier et Santiago sont frères.
▷ Antonio y Ana son hermanos. Antonio et Ana sont frère et sœur.
▷ ¿Tienes hermanos? Tu as des frères et sœurs ?

hermoso, hermosa beau, bel, belle.

hermosura beauté.

héroe héros.

heroico, heroica héroïque.

heroína héroïne.

herramienta outil.

■ **herramienta** *est féminin.*

hervir bouillir *ou* faire bouillir.

📖 **hervir** *subit un changement de voyelle et la diphtongaison : le* **-e** *se transforme en* **-i** *aux troisièmes personnes du singulier et du pluriel au passé simple, aux deux premières personnes du pluriel au subjonctif présent et à toutes les personnes du subjonctif imparfait* (changement de voyelle) *et le* **-i** *devient* **-ie** *aux trois personnes du singulier et à la troisième personne du pluriel au présent de l'indicatif et du subjonctif* (diphtongaison).

INDICATIF PRÉSENT	SUBJONCTIF PRÉSENT	PASSÉ SIMPLE	SUBJONCTIF IMPARFAIT
hiervo	hierva	herví	hirviera
hierves	hiervas	herviste	hirvieras
hierve	hierva	hirvió	hirviera
hervimos	hirvamos	hervimos	hirviéramos
hervís	hirváis	hervisteis	hirvierais
hierven	hiervan	hirvieron	hirvieran

📖 **hervir** *se conjugue sur le modèle de* **vivir** (voir p. 1109).

hic... (hice, hiciste, hiciera, etc.) → **hacer.**

hielo glace.

■ **hielo** *est masculin.*

hierba herbe.

► **mala hierba** mauvaise herbe.

hierbabuena menthe.

hierro fer.

► **de hierro** en fer.

hígado foie.

higiene hygiène.

Attention à l'orthographe du mot **higiene**.

higo figue.

■ **higo** *est masculin.*

hija fille.

hijastra belle-fille (= *fille d'un premier mariage*).

hijastro beau-fils (= *fils d'un premier mariage*).

hijo fils.

► **hijos** enfants.

hilera file *ou* rangée.

► **en hilera** en file.

hilo fil

himno hymne.

Attention à l'orthographe du mot **himno**.

hincapié

► **hacer hincapié en algo** mettre l'accent sur quelque chose.

hincha supporter(-trice) *ou* fan.

ℹ **hincha** peut également être une forme du verbe **hinchar**.
▷ **Hincha todos los globos.** Gonfle tous les ballons.

hinchar gonfler *ou* enfler.

📖 *Se conjugue sur le modèle de* **cantar** (voir p. 903).

hindú indien(ne) *ou* Indien(ne) (= *habitants de l'Inde*) *ou* hindou(e).

hipermercado hypermarché.

■ *Dans ce mot, on reconnaît le préfixe* **hiper** *et le nom* **mercado** *qui signifie « marché ».*

hipo hoquet.

► **tener hipo** avoir le hoquet.

hipótesis hypothèse.

■ **hipótesis** *est féminin et invariable : una hipótesis, dos hipótesis.*

Hispanoamérica *correspond à l'ensemble des pays d'Amérique de langue espagnole.*

hispanoamericano, hispanoamericana hispano-américain(e) *ou* Hispano-Américain(e).

hispanohablante hispanophone.

■ *Dans ce mot, on reconnaît le nom* **hablante** *qui signifie « locuteur ».*

historia histoire.

histórico, histórica historique.

historieta bande dessinée.

hizo *est le verbe* **hacer** *à la troisième personne du singulier au passé simple.*

▷ No hizo la cama. Il n'a pas fait son lit.

hocico museau.

► **meter el hocico en todo** fourrer son nez partout.

> meter el hocico en todo est une expression familière.

hogar foyer.

► **sin hogar** sans abri.

hogareño, hogareña casanier(-ère).

■ *Dans ce mot, on reconnaît le lien avec le nom* **hogar** *qui signifie « foyer ».*

hoja *a plusieurs sens :*

1 **hoja** *peut signifier* feuille.

2 **hoja** *peut signifier* pétale.

3 **hoja** *peut signifier* lame.

hojear feuilleter.

> Attention ! Ne pas confondre hojear et ojear qui signifie « jeter un coup d'œil ».

■ *Dans ce mot, on reconnaît le mot* **hoja** *qui signifie « feuille ».*

📖 *Se conjugue sur le modèle de* **cantar** (voir p. 903).

hola salut.

holandés, holandesa hollandais(e) *ou* Hollandais(e).

holgazán, holgazana paresseux(-euse) *ou* fainéant(e).

hombre homme.

► **¡hombre!** tiens ! *ou* quoi !

> ℹ Cette exclamation est très employée dans le langage courant. Elle peut aussi être adressée à une femme.

hombro épaule.

■ **hombro** *est masculin.*

homenaje hommage.

hondo, honda profond(e).

hondureño, hondureña hondurien(ne) *ou* Hondurien(ne).

honesto, honesta honnête.

hongo champignon.

honor honneur.

■ *Comme la plupart des mots espagnols terminés par* **-or, honor** *est masculin.*

honra honneur *ou* prestige.

■ **honra** *est féminin.*

honrado, honrada honnête.

> ℹ honrado peut également être le participe passé du verbe honrar.

honrar honorer.

📖 *Se conjugue sur le modèle de* **cantar** (voir p. 903).

hora heure.

► **media hora** demi-heure.
► **cuarto de hora** quart d'heure.
► **a la hora en punto** à l'heure pile.
► **hora punta** heure de pointe.
► **por hora** à l'heure.
► **pedir hora** demander un rendez-vous.
► **tener hora** avoir rendez-vous.
► **ya es hora de** il est (grand) temps de.
► **ya es hora de que** il est (grand) temps que.

horario *a plusieurs sens :*

1 **horario** *peut signifier* horaire.

► **horario comercial** heures d'ouverture.

2 **horario** *peut signifier* emploi du temps.

horchata orgeat.

horizonte horizon.

► **en el horizonte** à l'horizon.

hormiga fourmi.

hormigón béton.

horno four.

horror horreur.

► **tener horror a algo** avoir horreur de quelque chose.

■ *Comme la plupart des mots espagnols terminés par* **-or, horror** *est masculin.*

horroroso, horrorosa horrible.

hortaliza légume.

■ **hortaliza** *est féminin.*

■ *Dans ce mot, on reconnaît le lien avec les mots* **huerto** *et* **huerta** *qui signifient respectivement « jardin potager » et « verger ».*

hortera plouc *ou* ringard(e).

hospital hôpital.

hostal pension.

■ **hostal** *est masculin.*

hoy aujourd'hui.

► **hoy (en) día** de nos jours.

hoyo trou.

hub... **(hube, hubiste, hubiera, etc.)** → **haber.**

hueco *a des sens différents selon sa catégorie grammaticale :*

> *Ce peut être un* ADJECTIF :

hueco, hueca *signifie* creux(-euse).

> *Ce peut être un* NOM :

1 **hueco** *peut signifier* trou.

2 **hueco** *peut signifier* place.

► **hueco de la escalera** cage d'escalier.

huelga grève.

► **declararse en huelga** faire la grève.

huelguista gréviste.

■ *Comme la plupart des mots se terminant en* **-ista, huelguista** *peut être masculin ou féminin : un huelguista, una huelguista.*

huella empreinte *ou* trace.

huérfano, huérfana orphelin(e).

huerta verger.

huerto jardin potager.

hueso *a plusieurs sens :*

1 **hueso** *peut signifier* os.

2 **hueso** *peut signifier* noyau.

huésped, huéspeda *a plusieurs sens :*

1 **huésped, huéspeda** *peut signifier* hôte (= *la personne invitée*).

2 **huésped, huéspeda** *peut signifier* client(e).

huevo œuf.

► **huevo frito** œuf au plat.
► **huevos revueltos** œufs brouillés.
► **huevo pasado por agua** œuf à la coque.
► **huevo escalfado** œuf poché.

huida fuite.

huir fuir *ou* s'enfuir.

📖 *Comme la plupart des verbes terminés en* **-uir, -eer** *et* **-aer, huir** *subit des modifications orthographiques : le* **-i** *se transforme en* **-y** *devant* **-o** *et* **-e**.
▷ **Huyo del peligro.** Je fuis le danger.

Attention à l'emploi de la préposition **de** dans **huir de algo** (fuir quelque chose).

humanidad humanité.

► **humanidades** sciences humaines.

■ *Ce mot, comme la plupart des mots espagnols terminés par* **-tad, -dad** *et* **-tud,** *est féminin.*

humano, humana humain(e).

► **un ser humano** un être humain.

humear fumer.

■ *Dans ce mot, on reconnaît le mot* **humo** *qui signifie « fumée ».*

📖 *Se conjugue sur le modèle de* **cantar** (voir p. 903).

humedad humidité.

■ *Ce mot, comme la plupart des mots espagnols terminés par* **-tad, -dad** *et* **-tud,** *est féminin.*

húmedo, húmeda humide.

humilde humble *ou* modeste.

humo fumée.

■ **humo** *est masculin.*

humor *a plusieurs sens :*

1 **humor** *peut signifier* humeur.

2 **humor** *peut signifier* humour.

■ *Comme la plupart des mots espagnols terminés par* **-or, humor** *est masculin.*

hundimiento effondrement *ou* naufrage.

hundir *a plusieurs sens :*

1 **hundir** *peut signifier* couler.

2 **hundir** *peut signifier* enfoncer.

► **hundirse** s'effondrer.

📖 *Se conjugue sur le modèle de* **vivir** (voir p. 1109).

Hungría Hongrie.

húngaro, húngara hongrois(e) *ou* Hongrois(e).

huracán ouragan.

husmear flairer *ou* fouiner.

📖 *Se conjugue sur le modèle de* **cantar** (voir p. 903).

I

ESPAGNOL — FRANÇAIS

iba... (**iba, ibas, ibamos, etc.**) → **ir.**

Iberoamérica Amérique latine.

iberoamericano, iberoamericana latino-américain(e) *ou* Latino-américain(e).

icono icône.

■ **icono** *est masculin.*

ida aller.

► **ida y vuelta** aller et retour.
► **idas y venidas** allées et venues.

idea idée *ou* opinion.

► **no tener ni idea** n'avoir aucune idée.

identidad identité.

■ *Ce mot, comme la plupart des mots espagnols terminés par* **-tad, -dad** *et* **-tud,** *est féminin.*

idioma langue.

■ **idioma** *est masculin.*

iglesia église.

ignorancia ignorance.

ignorar ignorer.

📖 *Se conjugue sur le modèle de* **cantar** (voir p. 903).

igual *a des sens différents selon sa catégorie grammaticale :*

> *Ce peut être un* ADVERBE :

igual *signifie* de la même façon.

▷ **Siempre se visten igual.** Ils s'habillent toujours de la même façon.

> *Ce peut être un* ADJECTIF :

1 **igual** *peut signifier* pareil(le) *ou* identique.

2 **igual** *peut signifier* égal(e).

► **dar igual** être égal.
▷ **Me da igual.** Ça m'est égal.
► **ir igual** être à égalité (*en sport*) *ou* faire pareil.

> *Ce peut être un* NOM :

igual *signifie* égal.

igualar égaliser.

📖 *Se conjugue sur le modèle de* **cantar** (voir p. 903).

igualdad égalité.

■ *Ce mot, comme la plupart des mots espagnols terminés par* **-tad, -dad** *et* **-tud,** *est féminin.*

ilegal illégal.

Attention ! Il n'y a qu'un seul **-l** à **ilegal.**

ilegible illisible.

iluminar éclairer *ou* illuminer.

📖 *Se conjugue sur le modèle de* **cantar** (voir p. 903).

ilusión *a plusieurs sens :*

1 **ilusión** *peut signifier* plaisir.

► **hacer ilusión a alguien** remplir quelqu'un de joie.

2 **ilusión** *peut signifier* espoir *ou* illusion.

▷ **No te hagas demasiadas ilusiones.** Ne te fais pas trop d'illusions.

Attention ! Il n'y a qu'un seul **-l** à **ilusión.**

■ *Ce mot, comme la plupart des mots espagnols terminés par* **-ción** *ou* **-sión,** *est féminin.*

ilusionarse *a plusieurs sens :*

1 **ilusionarse** *peut signifier* se réjouir.

▷ **Se ilusiona con ir de vacaciones.** Il se réjouit de partir en vacances.

Attention à l'emploi de la préposition **con** dans **ilusionarse con algo** (se réjouir de quelque chose).

2 **ilusionarse** *peut signifier* se faire des illusions.

Attention ! Il n'y a qu'un seul **-l** à **ilusionarse**.

Se conjugue sur le modèle de **burlarse** (voir p. 898).

imagen image.

■ **imagen** *est féminin.*

imaginar imaginer.

Se conjugue sur le modèle de **cantar** (voir p. 903).

imán aimant.

imitador, imitadora imitateur(-trice).

imitar imiter.

Se conjugue sur le modèle de **cantar** (voir p. 903).

impaciencia impatience.

impacientarse s'impatienter.

Se conjugue sur le modèle de **burlarse** (voir p. 898).

impaciente impatient(e).

▷ **Estoy impaciente por celebrar mi cumpleaños.** Je suis impatient de fêter mon anniversaire.

Attention à l'emploi de la préposition **por** dans **estar impaciente por hacer algo** (être impatient de faire quelque chose).

impacto impact.

impar impair(e).

impedir empêcher.

Dans ce mot, on reconnaît le verbe **pedir**. *Ils se conjuguent de la même manière.*

imperfecto, imperfecta imparfait(e).

imperio empire.

implicar impliquer.

Attention ! Pour conserver le son /k/ de l'infinitif, le **-c** *de* **implicar** *se transforme en* **-qu** *devant un* **-e** *:*

▷ **No quiero que me implique en sus problemas.** Je ne veux pas qu'il m'implique dans ses histoires.

Se conjugue sur le modèle de **cantar** (voir p. 903).

imponer *a plusieurs sens :*

1 **imponer** *peut signifier* imposer.

2 **imponer** *peut signifier* décerner (*un prix par exemple*).

Dans ce mot, on reconnaît le verbe **poner**. *Ils se conjuguent de la même manière.*

importación importation.

■ *Ce mot, comme la plupart des mots espagnols terminés par* **-ción** *ou* **-sión**, *est féminin.*

importador, importadora importateur (-trice).

importancia importance.

importante important(e).

importar *a plusieurs sens :*

1 **importar** *peut signifier* importer *(au sens commercial).*

2 **importar** *peut signifier* intéresser *ou* concerner.

3 **importar** *peut signifier* avoir de l'importance.

► **¿te importa ...?** Cela te dérange... ?

▷ **¿Le importa que abra la ventana?** Cela vous dérange que j'ouvre la fenêtre ?

▷ **¿Os importa venir un poco antes?** Cela vous dérange de venir un peu avant ?

► **me importa un bledo** je m'en fiche pas mal.

► **no importa** ce n'est pas grave.

Se conjugue sur le modèle de **cantar** (voir p. 903).

impostor, impostora imposteur.

impotente impuissant(e).

imprenta imprimerie.

► **letra de imprenta** caractère d'imprimerie.

imprescindible indispensable.

impresionar impressionner.

Attention ! Il n'y a qu'un seul **-s** et un seul **-n** à **impresionar**.

Se conjugue sur le modèle de **cantar** (voir p. 903).

impresora imprimante.

imprevisto, imprevista imprévu(e).

imprimir imprimer.

Se conjugue sur le modèle de **vivir** (voir p. 1109).

Le verbe **imprimir** *a deux participes passés : on peut utiliser* **imprimido** *ou* **impreso**.

improvisar improviser.

Se conjugue sur le modèle de **cantar** (voir p. 903).

impuesto impôt.

> **i** impuesto peut également être le participe passé du verbe imponer.

impulsar pousser.

Se conjugue sur le modèle de **cantar** (voir p. 903).

impulso élan.

impureza impureté.

inaceptable inacceptable.

> Attention ! Il n'y a qu'un seul -c à inaceptable.

inaguantable insupportable.

■ *Dans ce mot, on reconnaît le lien avec le verbe* **aguantar** *qui signifie « supporter ».*

inaudito, inaudita inouï(e).

incansable infatigable.

■ *Dans ce mot, on reconnaît le lien avec le verbe* **cansar** *qui signifie « fatiguer ».*

incapacidad incapacité.

■ *Ce mot, comme la plupart des mots espagnols terminés par* **-tad, -dad** *et* **-tud,** *est féminin.*

incapaz incapable.

incendio incendie.

incertidumbre incertitude.

■ **incertidumbre** *est féminin.*

incierto, incierta incertain(e).

inclemencias intempéries.

inclinar incliner *ou* pencher.

Se conjugue sur le modèle de **cantar** (voir p. 903).

incluido, incluida inclus(e).

incluir comprendre *ou* inclure.

Comme la plupart des verbes terminés en **-uir, -eer** *et* **-aer, incluir** *subit des modifications orthographiques : le* **-i** *se transforme en* **-y** *devant* **-o** *et* **-e.**

▷ Este texto incluye anotaciones interesantes. Ce texte comprend des notes intéressantes.

Se conjugue sur le modèle de **vivir** (voir p. 1109).

Le verbe **incluir** *a deux participes passés : on peut utiliser* **incluido** *ou* **incluso.**

incluso même.

▷ Esta tienda está abierta todos los días, incluso los domingos. Ce magasin est ouvert tous les jours, même le dimanche.

▷ Incluso haciendo una lista, siempre me olvido de comprar algo. Même en faisant une liste, j'oublie toujours d'acheter quelque chose.

> **i** incluso peut également être le participe passé du verbe incluir.

incógnito, incógnita inconnu(e).

incompetencia incompétence.

incompetente incompétent(e).

incontable innombrable.

inconveniente inconvénient.

incorporar incorporer *ou* intégrer.

► **incorporarse** se redresser.

► **incorporarse a un grupo** se joindre à un groupe.

Se conjugue sur le modèle de **cantar** (voir p. 903).

incorrecto, incorrecta incorrect(e).

incrédulo, incrédula incrédule.

increíble incroyable.

incrementar augmenter.

Se conjugue sur le modèle de **cantar** (voir p. 903).

incubar couver.

Se conjugue sur le modèle de **cantar** (voir p. 903).

indefenso, indefensa sans défense.

indefinido, indefinida indéfini(e) *ou* indéterminé(e).

independencia indépendance.

independizarse s'émanciper *ou* devenir indépendant(e).

Comme la plupart des verbes terminés en **-zar, independizarse** *subit des modifications orthographiques : le* **-z** *devient* **-c** *devant un* **-e.**

▷ Es importante a nivel económico y cultural que este país se independice. Il est important au niveau économique et culturel que ce pays devienne indépendant.

📖 *Se conjugue sur le modèle de* **burlarse** (voir p. 898).

indicar indiquer.

📖 *Attention ! Pour conserver le son /k/ de l'infinitif, le* **-c** *de* **indicar** *se transforme en* **-qu** *devant un* **-e** *:*
▷ Si estás perdido, pide que te indiquen el camino. Si tu es perdu, demande qu'on t'indique le chemin.

📖 *Se conjugue sur le modèle de* **cantar** (voir p. 903).

índice *a plusieurs sens :*

1 **índice** *peut signifier* index *ou* table des matières.

2 **índice** *peut signifier* indice.

indígena indigène.

individuo individu.

indudable indubitable.

indumentaria tenue (*vestimentaire*).

industria industrie.

ineficaz inefficace.

inesperado, inesperada inattendu(e).

■ *Dans ce mot, on reconnaît le lien avec le verbe* **esperar** *qui signifie « attendre ».*

infancia enfance.

infelices *est le pluriel de* **infeliz**.

infeliz malheureux(-euse).

■ *Dans ce mot, on reconnaît l'adjectif* **feliz** *qui signifie « heureux(-euse) ».*

inferior inférieur(e).

infiel infidèle.

■ *Dans ce mot, on reconnaît l'adjectif* **fiel** *qui signifie « fidèle ».*

infierno enfer.

infinitivo infinitif.

infinito, infinita infini(e).

inflar gonfler *ou* grossir.

► **inflarse** se goinfrer.

📖 *Se conjugue sur le modèle de* **cantar** (voir p. 903).

influencia influence.

influenciar influencer.

📖 *Se conjugue sur le modèle de* **cantar** (voir p. 903).

información information *ou* renseignement.

■ *Ce mot, comme la plupart des mots espagnols terminés par* **-ción** *ou* **-sión**, *est féminin.*

informal décontracté(e).

informar informer *ou* renseigner.

📖 *Se conjugue sur le modèle de* **cantar** (voir p. 903).

informativo actualités.

■ **informativo** *est masculin singulier.*

informe rapport.

> **i** **informe** peut également être une forme du verbe **informar**.
> ▷ ¿Sería posible que alguien me informe de lo que ocurre? Serait-il possible que quelqu'un m'informe de ce qui se passe ?

infringir enfreindre.

📖 *Comme la plupart des verbes terminés en* **-ger** *ou* **-gir**, **infringir** *subit des modifications orthographiques pour conserver le son /x/ : le* **-g** *se transforme en* **-j** *devant* **-o** *et* **-a**.
▷ Nunca infrinjo las normas de seguridad vial. Je n'enfreins jamais les règles de sécurité routière.

📖 *Se conjugue sur le modèle de* **vivir** (voir p. 1109).

ingeniar inventer.

■ *Dans ce mot, on reconnaît le lien avec le mot* **genio** *qui signifie « génie ».*

📖 *Se conjugue sur le modèle de* **cantar** (voir p. 903).

ingeniero, ingeniera ingénieur.

ingenio *a plusieurs sens :*

1 **ingenio** *peut signifier* génie.

2 **ingenio** *peut signifier* engin.

ingenioso, ingeniosa *a plusieurs sens :*

1 **ingenioso, ingeniosa** *peut signifier* ingénieux(-euse).

2 **ingenioso, ingeniosa** *peut signifier* spirituel(le).

ingenuidad naïveté.

■ *Ce mot, comme la plupart des mots espagnols terminés par* **-tad**, **-dad** *et* **-tud**, *est féminin.*

ingenuo, ingenua naïf, naïve.

Inglaterra Angleterre.

inglés, inglesa anglais(e) *ou* Anglais(e).

ingrediente ingrédient.

ingresar *a plusieurs sens :*

1 **ingresar** *peut signifier* entrer (*au sens d' « intégrer »*).

2 **ingresar** *peut signifier* verser (*de l'argent*).

Se conjugue sur le modèle de **cantar** (voir p. 903).

ingreso *a plusieurs sens :*

1 **ingreso** *peut signifier* admission.

2 **ingreso** *peut signifier* versement.

► **ingresos** revenus.

inhumano, inhumana inhumain(e).

iniciar *a plusieurs sens :*

1 **iniciar** *peut signifier* commencer.

2 **iniciar** *peut signifier* initier.

▷ **Es mi madre quien me inició en la pintura.** C'est ma mère qui m'a initié à la peinture.

> Attention à l'emploi de la préposition **en** dans **iniciar alguien en algo** (initier quelqu'un à quelque chose).

Se conjugue sur le modèle de **cantar** (voir p. 903).

inicio commencement *ou* début.

> **i** **inicio** peut également être une forme du verbe **iniciar**.
> ▷ **Inicio la exposición con una cita.** Je commence l'exposé par une citation.

injusticia injustice.

injusto, injusta injuste.

inmediato, inmediata immédiat(e).

► **de inmediato** immédiatement.

inmenso, inmensa immense.

inmigración immigration.

■ *Ce mot, comme la plupart des mots espagnols terminés par* **-ción** *ou* **-sión**, *est féminin.*

inmigrante immigré(e).

inmoral immoral(e).

inmortal immortel(le).

inmóvil immobile.

inmueble immeuble.

inocencia innocence.

inocuo, inocua inoffensif(-ive).

inolvidable inoubliable.

■ *Dans ce mot, on reconnaît le lien avec le verbe* **olvidar** *qui signifie « oublier ».*

inquieto, inquieta agité(e) *ou* inquiet (-ète).

inquietud inquiétude.

■ *Ce mot, comme la plupart des mots espagnols terminés par* **-tad, -dad** *et* **-tud**, *est féminin.*

inscribir inscrire.

Se conjugue sur le modèle de **vivir** (voir p. 1109).

inscrito *est le participe passé du verbe* **inscribir.**

insecto insecte.

inseguridad *a plusieurs sens :*

1 **inseguridad** *peut signifier* manque d'assurance.

2 **inseguridad** *peut signifier* insécurité.

■ *Ce mot, comme la plupart des mots espagnols terminés par* **-tad, -dad** *et* **-tud**, *est féminin.*

inseguro, insegura incertain(e) *ou* peu sûr(e).

► **sentirse inseguro** ne pas se sentir en sécurité.

insertar insérer.

Se conjugue sur le modèle de **cantar** (voir p. 903).

Le verbe **insertar** *a deux participes passés : on peut utiliser* **insertado** *ou* **inserto**.

insoportable insupportable.

> Attention ! Il n'y a qu'un seul **-p** à **insoportable**. Les seules consonnes qui peuvent redoubler en espagnol sont le **-c**, le **-r**, le **-l** et le **-n**.

instar insister.

Se conjugue sur le modèle de **cantar** (voir p. 903).

instinto instinct.

instituto *a plusieurs sens :*

1 **instituto** *peut signifier* lycée.

2 **instituto** *peut signifier* institut.

instrumento instrument.

► **instrumento de cuerda** instrument à cordes.

► **instrumento de viento** instrument à vent.

► **tocar un instrumento** jouer d'un instrument.

insuficiente *a des sens différents selon sa catégorie grammaticale :*

> *Ce peut être un* ADJECTIF :

insuficiente *signifie* insuffisant(e).

> *Ce peut être un* NOM :

insuficiente *signifie* note inférieure à la moyenne.

► **tener un insuficiente** ne pas avoir la moyenne.

insuperable imbattable *ou* insurmontable.

intacto, intacta intact(e).

íntegro, íntegra *a plusieurs sens :*

1 **íntegro, íntegra** *peut signifier* intégral(e).

2 **íntegro, íntegra** *peut signifier* intègre.

inteligencia intelligence.

Attention à l'orthographe du mot **inteligencia**.

intensidad intensité.

■ *Ce mot, comme la plupart des mots espagnols terminés par* **-tad, -dad** *et* **-tud,** *est féminin.*

intenso, intensa intensif(-ive).

intentar essayer.

▷ **Intenté ayudarle pero rechazó mi ayuda.** J'ai essayé de l'aider mais il a refusé mon aide.

On remarque l'absence de préposition en espagnol dans **intentar hacer algo** (essayer de faire quelque chose).

Se conjugue sur le modèle de **cantar** (voir p. 903).

intento tentative *ou* essai.

intento peut également être une forme du verbe **intentar**.
▷ **Siempre intento hacer cuanto puedo.** J'essaye toujours de faire de mon mieux.

intercambiar échanger.

Dans ce mot, on reconnaît le verbe **cambiar**. *Ils se conjuguent de la même manière.*

intercambio échange.

intercambio peut également être une forme du verbe **intercambiar**.
▷ **Intercambio este libro por éste.** J'échange ce livre contre celui-ci.

interés intérêt.

interesar intéresser.

► **interesarse en algo** s'intéresser à quelque chose.

Se conjugue sur le modèle de **cantar** (voir p. 903).

interior intérieur(e).

intermediario, intermediaria intermédiaire.

interrogar interroger.

Attention ! Pour conserver le son / g / de l'infinitif, le **-g** *de* **interrogar** *se transforme en* **-gu** *devant un* **-e** *:*

▷ **Es necesario para la investigación que el inspector interrogue a los testigos.** Il est indispensable pour l'enquête que l'inspecteur interroge les témoins.

Se conjugue sur le modèle de **cantar** (voir p. 903).

interrogatorio interrogatoire.

interrumpir interrompre.

Se conjugue sur le modèle de **vivir** (voir p. 1109).

intimidad familiarité *ou* intimité.

■ *Ce mot, comme la plupart des mots espagnols terminés par* **-tad, -dad** *et* **-tud,** *est féminin.*

íntimo, íntima intime *ou* personnel(le).

intriga *a plusieurs sens :*

1 **intriga** *peut signifier* suspens.

2 **intriga** *peut signifier* intrigue.

introducir mettre *ou* introduire.

Attention ! **introducir** *appartient au groupe des verbes se terminant en* **-acer, -ecer, -ocer** *et* **-ucir** *qui sont irréguliers à la première personne du singulier du présent de l'indicatif et à toutes les personnes du subjonctif présent :*

INDICATIF PRÉSENT	SUBJONCTIF PRÉSENT
introduzco	introduzca
introduces	introduzcas
introduce	introduzca
introducimos	introduzcamos
introducís	introduzcáis
introducen	introduzcan

📖 *Se conjugue sur le modèle de* **vivir** (voir p. 1109).

intruso, intrusa intrus(e).

inundar inonder.

📖 *Se conjugue sur le modèle de* **cantar** (voir p. 903).

inútil inutile.

invadir envahir.

📖 *Se conjugue sur le modèle de* **vivir** (voir p. 1109).

invención invention.

■ *Ce mot, comme la plupart des mots espagnols terminés par* **-ción** *ou* **-sión**, *est féminin.*

inventar inventer.

📖 *Se conjugue sur le modèle de* **cantar** (voir p. 903).

invento invention.

■ **invento** *est masculin.*

inventor, inventora inventeur(-trice).

inverosímil invraisemblable.

inverso, inversa inverse.

► **a la inversa** à l'inverse.

invertir *a plusieurs sens :*

1 **invertir** *peut signifier* investir.

2 **invertir** *peut signifier* inverser.

📖 **invertir** *subit un changement de voyelle et la diphtongaison : le* **-e** *se transforme en* **-i** *aux troisièmes personnes du singulier et du pluriel au passé simple, aux deux premières personnes du pluriel au subjonctif présent et à toutes les personnes du subjonctif imparfait (changement de voyelle) et le* **-i** *devient* **-ie** *aux trois personnes du singulier et à la troisième personne du pluriel au présent de l'indicatif et du subjonctif (diphtongaison).*

INDICATIF PRÉSENT	SUBJONCTIF PRÉSENT	PASSÉ SIMPLE	SUBJONCTIF IMPARFAIT
invierto	invierta	invertí	invirtiera
inviertes	inviertas	invertiste	invirtieras
invierte	invierta	invirtió	invirtiera
invertimos	invirtamos	invertimos	invirtiéramos
invertís	invirtáis	invertisteis	invirtierais
invierten	inviertan	invirtieron	invirtieran

📖 *Le verbe* **invertir** *a deux participes passés : on peut utiliser* **invertido** *ou* **inverso**.

📖 *Se conjugue sur le modèle de* **vivir** (voir p. 1109).

investigación recherche *ou* enquête.

■ *Ce mot, comme la plupart des mots espagnols terminés par* **-ción** *ou* **-sión**, *est féminin.*

investigador, investigadora *a plusieurs sens :*

1 **investigador, investigadora** *peut signifier* chercheur(-euse).

2 **investigador, investigadora** *peut signifier* détective.

investigar faire des recherches sur *ou* enquêter sur.

📖 *Attention ! Pour conserver le son / g / de l'infinitif, le* **-g** *de* **investigar** *se transforme en* **-gu** *devant un* **-e** *:*

▷ El Estado da dinero a los laboratorios para que los científicos investiguen el cáncer. L'État donne de l'argent aux laboratoires pour que les scientifiques fassent des recherches sur le cancer.

> On remarque l'absence de préposition en espagnol dans **investigar algo** (faire des recherches sur quelque chose).

📖 *Se conjugue sur le modèle de* **cantar** (voir p. 903).

invierno hiver.

invitar inviter.

📖 *Se conjugue sur le modèle de* **cantar** (voir p. 903).

inyección piqûre.

■ *Ce mot, comme la plupart des mots espagnols terminés par* **-ción** *ou* **-sión**, *est féminin.*

inyectar injecter.

📖 *Se conjugue sur le modèle de* **cantar** (voir p. 903).

ir *a plusieurs sens :*

1 **ir** *peut signifier* aller.

2 **ir** *peut signifier* marcher *ou* fonctionner.

3 **ir** *peut être employé dans des expressions :*

► **ir con** porter (*un vêtement*).

IR				
INDICATIF				CONDITIONNEL
PRÉSENT	IMPARFAIT	PASSÉ SIMPLE	FUTUR	PRÉSENT
voy vas va vamos vais van	iba ibas iba íbamos ibais iban	fui fuiste fue fuimos fuisteis fueron	iré irás irá iremos iréis irán	iría irías iría iríamos iríais irían
SUBJONCTIF		IMPÉRATIF		
PRÉSENT	IMPARFAIT	PRÉSENT		
vaya vayas vaya vayamos vayáis vayan	fuera fueras fuera fuéramos fuerais fueran	ve vaya vayamos id vayan	INFINITIF PARTICIPE GÉRONDIF	ir ido yendo

▷ Tuve que ir con vestido a su boda. J'ai dû porter une robe à son mariage.

► **ir a lo suyo** n'en faire qu'à sa tête.

▷ Tú vas a lo tuyo. Toi, tu n'en fais qu'à ta tête.

► **ir bien** convenir.

▷ ¿Te va bien venir el viernes? Cela te convient de venir vendredi ?

► **ir mal** ne pas convenir.

► **ir en broma** plaisanter.

► **ir en serio** être sérieux.

► **ir sobre ruedas** aller comme sur des roulettes.

► **ir a** + infinitif aller + infinitif (*futur proche*).

▷ ¿Qué vamos a hacer ahora? Qu'est-ce qu'on va faire maintenant ?

► **irse** s'en aller *ou* partir.
Voir tableau ci-dessus.

ira colère.

irlandés, irlandesa irlandais(e) *ou* Irlandais(e).

irreal irréel(le).

irregular irrégulier(-ère).

irrompible incassable.

■ *Dans ce mot, on reconnaît le lien avec le verbe* **romper** *qui signifie « casser ».*

irrumpir faire irruption.

📖 *Se conjugue sur le modèle de* **vivir** (voir p. 1109).

isla île.

islámico, islámica islamique.

italiano, italiana italien(ne) *ou* Italien(ne).

itinerario itinéraire.

izquierdo, izquierda gauche.

► **a la izquierda** à gauche.

ESPAGNOL

J-K

FRANÇAIS

jabalí sanglier.

jabón savon.

► **pastilla de jabón** savonnette.

jactarse se vanter.

Se conjugue sur le modèle de **burlarse** (voir p. 898).

jacinto jacinthe.

jactancioso, jactanciosa vantard(e).

■ *Dans ce mot, on reconnaît le lien avec le verbe* **jactarse** *qui signifie « se vanter ».*

jalea gelée (= *confiture*).

jaleo *a plusieurs sens :*

1 **jaleo** *peut signifier* fête.
2 **jaleo** *peut signifier* tapage.

► **armar jaleo** faire la fête *ou* du tapage *ou* du boucan.

jamás jamais.

▷ Jamás vendrá. Il ne viendra jamais.

▷ No lo hubiera hecho jamás. Il ne l'aurait jamais fait.

► **nunca jamás** jamais de la vie.

► **por siempre jamás** à tout jamais.

jamón jambon.

► **jamón (en) dulce** jambon blanc.

jaque échec (= *jeu*).

► **jaque mate** échec et mat.

jarabe sirop (= *médicament*).

jardinería jardinage.

jardinero, jardinera jardinier(-ière).

jarra *a plusieurs sens :*

1 **jarra** *peut signifier* cruche *ou* pot.
2 **jarra** *peut signifier* chope (*de bière*).

jarro pichet.

jarrón vase.

jaula cage.

jefe, jefa chef.

jengibre gingembre.

jersey pull.

Jesús Jésus.
¡Jesús! À tes souhaits !

jinete cavalier.

jirafa girafe.

> Attention à l'orthographe du mot **jirafa**.

jolgorio fête.

■ **jolgorio** *est masculin.*

jornada journée.

joroba bosse.

jorobado, jorobada bossu(e).

■ *Dans ce mot, on reconnaît le lien avec le nom* **joroba** *qui signifie « bosse ».*

jota *est la lettre* **j**.

► **ni jota** rien du tout.

▷ No sé ni jota. Je n'en sais rien du tout.

■ *En espagnol, toutes les lettres de l'alphabet sont féminines. On dit :* **una J** *(jota).*

joven jeune.

joya bijou.

■ **joya** *est féminin.*

joyería bijouterie.

■ *Dans ce mot, on reconnaît le lien avec le nom* **joya** *qui signifie « bijou ».*

jubilación retraite.

■ *Ce mot, comme la plupart des mots espagnols terminés par* **-ción** *ou* **-sión**, *est féminin.*

jubilado, jubilada retraité(e).

■ *Dans ce mot, on reconnaît le lien avec le nom* **jubilación** *qui signifie « retraite ».*

judía haricot.

> ℹ judía peut également être le féminin de l'adjectif judío qui signifie « juif ».

■ **judía** *est féminin.*

judío, judía juif, juive.

juego jeu.

> ℹ juego peut également être une forme du verbe jugar.
> ▷ No juego mucho lotería. Je ne joue pas beaucoup à la loterie.

jueves jeudi.

■ **jueves** *est masculin et invariable : un jueves, dos jueves.*

juez, jueza juge.

jugada *a plusieurs sens :*

1 **jugada** *peut signifier* coup (*dans un jeu*).

2 **jugada** *peut signifier* mauvais tour.

■ *Dans ce mot, on reconnaît le lien avec le verbe* **jugar** *qui signifie « jouer ».*

jugador, jugadora joueur(-euse).

■ *Dans ce mot, on reconnaît le lien avec le verbe* **jugar** *qui signifie « jouer ».*

jugar jouer.

► **jugarse** parier.

▷ Me juego lo que quieras a que es mi equipo preferido el que va a ganar el campeonato. Je parie ce que tu voudras que c'est mon équipe préférée qui va gagner le championnat.

► **jugarse la vida** risquer sa vie.

► **¿Quién juega?** À qui le tour ?

📖 **jugar** *est un verbe à diphtongue. Le* **-u** *devient* **-ue** *aux trois personnes du singulier et à la troisième personne du pluriel au présent de l'indicatif et du subjonctif. De plus, pour conserver le son /g/ de l'infinitif, le* **-g** *de* **jugar** *se transforme en* **-gu** *devant un* **-e**.

INDICATIF PRÉSENT	SUBJONCTIF PRÉSENT
juego	juegue
juegas	juegues
juega	juegue
jugamos	juguemos
jugáis	juguéis
juegan	jueguen

📖 *Se conjugue sur le modèle de* **cantar** (voir p. 903).

jugarreta mauvais tour.

jugo jus.

jugoso, jugosa juteux(-euse).

juguete jouet.

juicio *a plusieurs sens :*

1 **juicio** *peut signifier* procès *ou* jugement.

► **poner algo en tela de juicio** remettre quelque chose en question.

2 **juicio** *peut signifier* avis.

3 **juicio** *peut signifier* esprit.

► **perder el juicio** perdre la raison.

► **muela del juicio** dent de sagesse.

► **sacar de juicio** mettre hors de soi.

julio juillet.

jungla jungle.

junio juin.

juntar unir *ou* rassembler *ou* joindre *ou* mettre côte à côte.

► **juntarse con alguien** se réunir avec quelqu'un *ou* rejoindre quelqu'un.

📖 *Le verbe* **juntar** *a deux participes passés : on peut utiliser* **juntado** *ou* **junto**.

📖 *Se conjugue sur le modèle de* **cantar** (voir p. 903).

junto, junta ensemble.

► **junto a algo** à côté de quelque chose.

> ℹ junto et junta peuvent également être des formes du verbe juntar.
> ▷ Me junto con él a las diez. Je le rejoins à dix heures.

juramento *a plusieurs sens :*

1 **juramento** *peut signifier* serment.

2 **juramento** *peut signifier* juron.

jurar jurer (*au sens de « prêter serment »*).

📖 *Se conjugue sur le modèle de* **cantar** (voir p. 903).

justicia justice.

justificar justifier.

📖 *Attention ! Pour conserver le son / k / de l'infinitif, le* **-c** *de* **justificar** *se transforme en* **-qu** *devant un* **-e** *:*

▷ No hay nada que justifique su actitud. Il n'y a rien qui justifie son attitude.

📖 *Se conjugue sur le modèle de* **cantar** (voir p. 903).

justo *a des sens différents selon sa catégorie grammaticale :*

> *Ce peut être un* ADVERBE *:*

justo *signifie* juste *ou* justement.

▷ Gracias, es justo lo que quería. Merci, c'est justement ce que je voulais.

> *Ce peut être un* ADJECTIF *:*

justo, justa *signifie* juste *ou* exact(e).

juventud jeunesse.

■ *Ce mot, comme la plupart des mots espagnols terminés par* **-tad, -dad** *et* **-tud,** *est féminin.*

juzgado tribunal.

ℹ juzgado peut également être le participe passé du verbe juzgar.

juzgar juger.

📖 *Attention ! Pour conserver le son / g / de l'infinitif, le* **-g** *de* **juzgar** *se transforme en* **-gu** *devant un* **-e** *:*

▷ ¡No juzguemos demasiado rápido! Ne jugeons pas trop vite !

📖 *Se conjugue sur le modèle de* **cantar** (voir p. 903).

K

kilogramo kilogramme.

kilométrico, kilométrica *a plusieurs sens :*

1 **kilométrico, kilométrica** *peut signifier* kilométrique.

2 **kilométrico, kilométrica** *peut signifier* interminable.

Dans ce sens, kilométrico est un mot familier.

kilómetro kilomètre.

► **kilómetro cuadrado** kilomètre carré.

ℹ kilómetro, kilogramo et kilométrico peuvent aussi s'écrire quilómetro, quilogramo et quilométrico.

L

ESPAGNOL — **FRANÇAIS**

la *a des sens différents selon sa catégorie grammaticale :*

> *Ce peut être un* DÉTERMINANT :

la *signifie* la *ou* l'.

▷ La nueva alumna es chilena. La nouvelle élève est chilienne.

> Attention ! L'article **la** peut se traduire en français par le pronom possessif (ma, ta, sa ou votre), notamment quand on fait référence aux vêtements.

▷ Ponte la falda roja. Mets ta jupe rouge.

▷ No olvide las llaves. N'oubliez pas vos clés.

> *Ce peut être un* PRONOM :

1 **la** *peut signifier* la *ou* l'.

▷ Mírala bien. Regarde-la bien.

▷ La caja, ¿la abres o no? La boîte, tu l'ouvres ou pas ?

2 **la** *peut signifier* celle.

▷ Prefiero la de la derecha. Je préfère celle de droite.

► **la que** celle qui *ou* celle que.

▷ Mi amiga es la que viene por allí. Ma copine est celle qui arrive là-bas.

▷ La nueva es la que estoy utilizando. La neuve est celle que j'utilise.

laberinto labyrinthe.

> Attention à l'orthographe du mot **laberinto**.

labio lèvre.

■ **labio** *est masculin.*

labor travail.

■ **labor** *est féminin.*

laboratorio laboratoire.

labrar cultiver *ou* travailler.

📖 *Se conjugue sur le modèle de* **cantar** (voir p. 903).

lacio, lacia raide.

lácteo, láctea laitier(-ière).

► **la Vía Láctea** la Voie lactée.

ladera versant.

■ **ladera** *est féminin.*

lado côté.

► **al lado de algo** à côté de quelque chose.

► **por todos lados** de tous les côtés.

ladrar aboyer.

📖 *Se conjugue sur le modèle de* **cantar** (voir p. 903).

ladrido aboiement.

■ *Dans ce mot, on reconnaît le lien avec le verbe* **ladrar** *qui signifie « aboyer ».*

ladrillo brique.

■ **ladrillo** *est masculin.*

ladrón, ladrona voleur(-euse).

lagarto lézard.

lago lac.

lágrima larme.

► **llorar a lágrima viva** pleurer à chaudes larmes.

► **deshacerse en lágrimas** fondre en larmes.

lamentable regrettable.

lamentar regretter.

▷ Lamenta que no hayan venido. Il regrette qu'ils ne soient pas venus.

► **lamentarse** se plaindre.

📖 *Se conjugue sur le modèle de* **cantar** (voir p. 903).

lamer lécher.

Se conjugue sur le modèle de **deber** (voir p. 928).

lámpara lampe.

► **lámpara de pie** lampadaire.

lana laine.

► **de lana** en laine.

lancha canot.

■ **lancha** *est féminin.*

langosta *a plusieurs sens :*

1 **langosta** *peut signifier* langouste.

2 **langosta** *peut signifier* sauterelle.

langostino grosse crevette.

■ **langostino** *est masculin.*

> langostino ne signifie pas « langoustine ».

lanza lance.

> i lanza peut également être une forme du verbe lanzar.
> ▷ El niño lanza piedras al agua. L'enfant jette des pierres dans l'eau.

lanzamiento lancement *ou* jet.

lanzar lancer.

► **lanzarse** se lancer *ou* s'élancer *ou* se jeter.

Comme la plupart des verbes terminés en **-zar**, **lanzar** *subit des modifications orthographiques : le* **-z** *devient* **-c** *devant un* **-e**.

▷ Lancé la jabalina muy lejos. J'ai lancé le javelot très loin.

Se conjugue sur le modèle de **cantar** (voir p. 903).

lapices *est le pluriel de* **lápiz**.

lápiz crayon.

largar lâcher.

► **largarse** filer (= *partir*).

> largarse est une expression familière.

Attention ! Pour conserver le son /g/ de l'infinitif, le **-g** *de* **largar** *se transforme en* **-gu** *devant un* **-e**.

▷ Me largué sin decir nada a nadie. J'ai filé sans rien dire à personne.

Se conjugue sur le modèle de **cantar** (voir p. 903).

largo *a des sens différents selon sa catégorie grammaticale :*

> *Ce peut être un* ADJECTIF :

largo, larga *signifie* long(ue).

> *Ce peut être un* NOM :

largo *signifie* longueur.

► **a lo largo de** au cours de *ou* pendant.

► **pasar de largo** passer sans s'arrêter.

> Attention ! largo, larga ne signifie pas « large ».

las *a des sens différents selon sa catégorie grammaticale :*

> *Ce peut être un* DÉTERMINANT :

las *signifie* les.

▷ ¿Qué haces durante las vacaciones? Qu'est-ce que tu fais pendant les vacances ?

> Attention ! L'article las peut se traduire en français par le pronom possessif (mes, tes, ses ou vos), notamment quand on fait référence aux vêtements.

▷ Ponte las gafas de sol. Mets tes lunettes de soleil.

▷ ¿Podrían devolverme los deberes rápido? Pourriez-vous me rendre vos devoirs rapidement ?

> *Ce peut être un* PRONOM :

1 **las** *peut signifier* les.

▷ Míralas bien. Regarde-les bien.

2 **las** *peut signifier* celles.

▷ ¿Quiere las del fondo? Vous voulez celles du fond ?

► **las que** celles qui *ou* celles que.

▷ Quiero las que están en el escaparate. Je veux celles qui sont en vitrine.

lástima peine *ou* pitié.

► **dar lástima** faire de la peine.

► **hacer lástima** faire de la peine.

► **tener lástima** avoir pitié.

► **¡qué lástima!** quel dommage !

► **ser (una) lástima** être dommage.

▷ Es (una) lástima que no puedas venir. C'est dommage que tu ne puisses pas venir.

lata *a plusieurs sens :*

1 **lata** *peut signifier* boîte de conserve.

2 **lata** *peut signifier* canette.

► **dar la lata a alguien** casser les pieds à quelqu'un.

► **ser una lata** être rasoir.

> dar la lata et ser una lata sont des expressions familières.

latido battement.

■ *Dans ce mot, on reconnaît le lien avec le verbe* **latir** *qui signifie « battre ».*

latinoamericano, latinoamericana latino-américain(e) *ou* Latino-Américain(e).

latir battre.

Se conjugue sur le modèle de **vivir** (voir p. 1109).

laurel laurier.

lavabo lavabo *ou* toilettes.

► **ir al lavabo** aller aux toilettes.

lavadora machine à laver.

■ *Dans ce mot, on reconnaît le lien avec le verbe* **lavar** *qui signifie « laver ».*

lavaplatos lave-vaisselle.

■ *On remarque que ce mot composé est constitué du verbe* **lavar** *qui signifie « laver » et du nom* **plato** *au pluriel qui signifie « assiette ».*

■ **lavaplatos** *est masculin et invariable : un lavaplatos, dos lavaplatos.*

lavar laver.

► **lavarse la cabeza** se laver les cheveux.

lavar *se conjugue sur le modèle de* **cantar.**

lavavajillas lave-vaisselle.

■ *On remarque que ce mot composé est constitué du verbe* **lavar** *qui signifie « laver » et du nom* **vajilla** *qui signifie « vaisselle ».*

■ **lavavajillas** *est masculin et invariable : un lavavajillas, dos lavavajillas.*

lazo nœud *ou* lien.

le *a des sens différents selon sa catégorie grammaticale :*

> *Ce peut être un* PRONOM PERSONNEL DIRECT :

le *signifie* le *ou* l' *ou* vous (*forme de politesse au singulier*).

▷ No le conozco. Je ne le connais pas.

▷ Ayer le llamé, pero usted no me oyó. Hier je vous ai appelé, mais vous ne m'avez pas entendu.

> *Ce peut être un* PRONOM PERSONNEL INDIRECT :

le *signifie* lui *ou* vous (*forme de politesse au singulier*).

▷ Le regalé un libro. Je lui ai offert un livre.

▷ ¿A usted alguien le ha avisado? Quelqu'un vous a prévenu ?

leal loyal(e).

lealtad loyauté.

■ *Ce mot, comme la plupart des mots espagnols terminés par* **-tad, -dad** *et* **-tud,** *est féminin.*

lección leçon *ou* cours.

■ *Ce mot, comme la plupart des mots espagnols terminés par* **-ción** *ou* **-sión**, *est féminin.*

leche lait.

■ **leche** *est féminin.*

lechuga laitue.

lechuza chouette (= *oiseau*).

lector, lectora lecteur(-trice).

lectura lecture.

leer lire.

Comme la plupart des verbes terminés en **-uir, -eer** *et* **-aer, leer** *subit des modifications orthographiques : lorsqu'il est conjugué, le* **-i** *se transforme en* **-y** *devant* **-o** *et* **-e.**

▷ Todos leyeron un pasaje de su novela favorita. Ils ont tous lu un extrait de leur roman favori.

Se conjugue sur le modèle de **deber** (voir p. 928).

legible lisible.

legumbres légumes.

lejano, lejana lointain(e) *ou* éloigné(e).

lejía eau de Javel.

lejos loin.

► **a lo lejos** au loin.

lelo, lela sot(te).

► **quedar lelo, lela** rester bouche bée.

lema slogan *ou* devise.

lengua langue.

► **lengua materna** *ou* **lengua nativa** langue maternelle.

► **sacar la lengua** tirer la langue.

► **tener una cosa en la punta de la lengua** avoir quelque chose sur le bout de la langue.

lenguaje langage.

Attention à l'orthographe du mot lenguaje.

lente verre.

► **lentes** lunettes.

► **lentes de contacto** lentilles.

lentejas lentilles (*que l'on mange*).

lento, lenta lent(e).

leña bois (*de chauffage*).

leñador, leñadora bûcheron(ne).

■ *Dans ce mot, on reconnaît le lien avec le nom* **leño** *qui signifie « bûche » ou* **leña** *qui signifie « bois ».*

leño bûche.

■ **leño** *est masculin.*

Leo Lion (= *signe astrologique*).

león, leona lion(ne).

les *a des sens différents selon sa catégorie grammaticale :*

> *Ce peut être un* PRONOM PERSONNEL DIRECT :

les *signifie* les *ou* vous (*forme de politesse au pluriel*).

▷ **Les oí llegar de madrugada.** Je les ai entendus arriver au petit matin.

▷ **Les hemos esperado toda la mañana.** Nous vous avons attendus toute la matinée.

> *Ce peut être un* PRONOM PERSONNEL INDIRECT :

les *signifie* leur *ou* vous (*forme de politesse au pluriel*).

▷ **Les diste tus juguetes.** Tu leur as donné tes jouets.

▷ **¿Señoras, ya les han presentado al director?** Mesdames, on vous a déjà présenté le directeur ?

letra *a plusieurs sens :*

1 **letra** *peut signifier* lettre (*de l'alphabet*).

► **letra inicial** initiale.

2 **letra** *peut signifier* écriture.

3 **letra** *peut signifier* caractère (*d'imprimerie*).

4 **letra** *peut signifier* parole (*d'une chanson*).

Attention ! **letra** ne signifie pas « lettre » au sens de « correspondance ».

letero enseigne.

■ **letero** *est masculin.*

levantar lever *ou* relever *ou* soulever.

Se conjugue sur le modèle de **cantar** (voir p. 903).

leve léger(-ère).

ley loi *ou* règlement.

■ **ley** *est féminin.*

leyenda légende.

liar *a plusieurs sens :*

1 **liar** *peut signifier* attacher.

2 **liar** *peut signifier* compliquer *ou* embrouiller.

► **liar a alguien en algo** embarquer quelqu'un dans quelque chose.

liar a alguien en algo est une expression familière.

Attention ! **liar** *subit une modification de l'accentuation : le* **-i** *se transforme en* **-í** *aux trois personnes du singulier et à la troisième personne du pluriel au présent, au subjonctif et à l'impératif.*

INDICATIF PRÉSENT	SUBJONCTIF PRÉSENT	IMPÉRATIF
lío	líe	
lías	líes	lía
lía	líe	líe
liamos	liemos	liemos
liáis	liéis	liad
lían	líen	líen

Se conjugue sur le modèle de **cantar** (voir p. 903).

liberar libérer.

Se conjugue sur le modèle de **cantar** (voir p. 903).

libertad liberté.

■ *Ce mot, comme la plupart des mots espagnols terminés par* **-tad, -dad** *et* **-tud,** *est féminin.*

Libra Balance (= *signe astrologique*).

librar sauver *ou* livrer.

► **librarse de algo** échapper à quelque chose.

► **librarse de alguien** se débarrasser de quelqu'un.

► **librarse de una buena** l'échapper belle.

► **librarse por los pelos** échapper de justesse.

Se conjugue sur le modèle de **cantar** (voir p. 903).

librería librairie *ou* bibliothèque.

libro livre.

► **libro de apuntes** carnet de notes.

licencia permis *ou* licence *ou* autorisation.

liebre lièvre.

■ **liebre** *est féminin.*

lienzo toile *ou* tableau.

liga *a plusieurs sens :*

1 **liga** *peut signifier* championnat.

2 **liga** *peut signifier* jarretelle.

ligar *a plusieurs sens :*

1 **ligar** *peut signifier* attacher *ou* unir.

2 **ligar** *peut signifier* draguer.

▷ Fueron a la discoteca a ligar con los chicos. Elles sont allées draguer les garçons en boîte.

Attention à l'emploi de la préposition con dans ligar con alguien (draguer quelqu'un).

Attention ! Pour conserver le son /g/ de l'infinitif, le **-g** *de* **ligar** *se transforme en* **-gu** *devant un* **-e** *:*

▷ Ligué bien el saco. J'ai bien attaché le sac.

Se conjugue sur le modèle de **cantar** (voir p. 903).

ligero, ligera léger(-ère).

limitar *a plusieurs sens :*

1 **limitar** *peut signifier* délimiter *ou* limiter.

2 **limitar** *peut signifier* être à la frontière.

Se conjugue sur le modèle de **cantar** (voir p. 903).

límite limite.

► **límite de velocidad** limitation de vitesse.

■ **límite** *est masculin.*

limón citron.

limonada citronnade.

limosna aumône.

► **pedir limosna** faire la manche.

limpiar nettoyer.

Se conjugue sur le modèle de **cantar** (voir p. 903).

limpieza *a plusieurs sens :*

1 **limpieza** *peut signifier* propreté.

2 **limpieza** *peut signifier* nettoyage.

limpio, limpia propre.

► **poner en limpio** mettre au propre.

► **sacar algo en limpio** tirer quelque chose au clair.

i limpio et limpia peuvent également être des formes du verbe limpiar.
▷ Limpia su cuarto a fondo una vez al mes. Il nettoie sa chambre à fond une fois par mois.

lindo, linda joli(e).

línea ligne.

lío *a plusieurs sens :*

1 **lío** *peut signifier* pagaille *ou* désordre.

2 **lío** *peut signifier* histoire *ou* embrouille.

► **andar metido en líos** avoir des histoires.

► **hacerse un lío** s'embrouiller.

i lío peut également être une forme du verbe liar.
▷ Me lío con tantos códigos secretos y contraseñas. Je m'embrouille avec tous ces codes secrets et mots de passe.

lirio iris.

liso, lisa *a plusieurs sens :*

1 **liso, lisa** *peut signifier* plat(e).

2 **liso, lisa** *peut signifier* lisse.

3 **liso, lisa** *peut signifier* uni(e).

lista *a plusieurs sens :*

1 **lista** *peut signifier* liste.

► **pasar lista** faire l'appel.

2 **lista** *peut signifier* rayure *ou* bande.

► **tela a listas** tissu rayé.

listo, lista *a des sens différents selon qu'il est employé avec* **ser** *ou* **estar** :

1 **ser listo, lista** *signifie* être intelligent(e) *ou* malin(e) *ou* vif, vive.

► **pasarse de listo** faire le malin.

2 **estar listo, lista** *signifie* être prêt(e).

► **¿listo?** prêt ?

litera couchette *ou* lit superposé.

literario, literaria littéraire.

literatura littérature.

litro litre.

llama *a plusieurs sens :*

1 **llama** *peut signifier* flamme.

2 **llama** *peut signifier* lama.

i llama peut également être une forme du verbe llamar.
▷ ¿Cómo se llama usted? Comment vous appelez-vous ?

llamada appel.

► **hacer una llamada** passer un coup de fil.

■ **llamada** *est féminin.*

llamar *a plusieurs sens :*

1 **llamar** *peut signifier* appeler.

2 **llamar** *peut signifier* frapper *ou* sonner (*à la porte*).

► **llamar la atención** attirer l'attention.

► **llamar por teléfono** téléphoner.

📖 *Se conjugue sur le modèle de* **cantar** (voir p. 903).

llamativo, llamativa criard(e) *ou* voyant(e).

llano, llana *a plusieurs sens :*

1 **llano, llana** *peut signifier* plat(e).

2 **llano, llana** *peut signifier* simple.

► **palabra llana** *mot dont l'accent tonique tombe sur l'avant-dernière syllabe.*

llanto larmes.

■ **llanto** *est masculin singulier.*

llanura plaine.

llave clé.

► **cerrar con llave** fermer à clé.

llavero porte-clés.

■ *Dans ce mot, on reconnaît le lien avec le nom* **llave** *qui signifie « clé ».*

llegada arrivée.

■ *Dans ce mot, on reconnaît le lien avec le verbe* **llegar** *qui signifie « arriver ».*

llegar *a plusieurs sens :*

1 **llegar** *peut signifier* arriver.

2 **llegar** *peut signifier* parvenir *ou* réussir.

3 **llegar** *peut signifier* suffire.

📖 *Attention ! Pour conserver le son / g / de l'infinitif, le* **-g** *de* **llegar** *se transforme en* **-gu** *devant un* **-e** *:*

▷ Es necesario que llegues pronto. Il faut que tu arrives tôt.

📖 *Se conjugue sur le modèle de* **cantar** (voir p. 903).

llenar remplir.

📖 *Se conjugue sur le modèle de* **cantar** (voir p. 903).

lleno, llena plein(e) *ou* rempli(e).

> ℹ lleno et llena peuvent également être des formes du verbe llenar.
> ▷ ¿Te lleno el vaso? Je remplis ton verre ?

llevar *a plusieurs sens :*

1 **llevar** *peut signifier* emporter *ou* emmener *ou* transporter.

2 **llevar** *peut signifier* porter (*un vêtement*).

3 **llevar** *peut signifier* mener (*quelque part*).

4 **llevar** *peut signifier* avoir.

5 ► **llevar...** + gérondif cela fait... que.

▷ Llevo quince días repasando para el examen. Cela fait quinze jours que je révise pour mon examen.

► **llevar...** + **sin** + infinitif cela fait... que.

▷ Llevamos dos meses sin ir al cine. Cela fait deux mois que nous n'allons pas au cinéma.

► **llevar algo a cabo** venir à bout de quelque chose.

llorar pleurer.

📖 *Se conjugue sur le modèle de* **cantar** (voir p. 903).

llorón, llorona pleurnicheur(-euse).

■ *Dans ce mot, on reconnaît le lien avec le verbe* **llorar** *qui signifie « pleurer ».*

llover pleuvoir.

► **llover a cántaros** *ou* **a mares** pleuvoir des cordes.

📖 **llover** *est un verbe impersonnel, c'est-à-dire qu'il ne s'emploie qu'à la troisième personne du singulier.*

📖 **llover** *est un verbe à diphtongue. Le* **-o** *devient* **-ue** *au présent de l'indicatif et du subjonctif :*

INDICATIF PRÉSENT	SUBJONCTIF PRÉSENT
llueve	llueva

📖 *Se conjugue sur le modèle de* **deber** (voir p. 928).

llovizna bruine.

lluvia pluie.

lluvioso, lluviosa pluvieux(-euse).

lo *a des sens différents selon sa catégorie grammaticale :*

> *Ce peut être un* DÉTERMINANT :

1 **lo** *peut signifier* le *ou* l' *ou* la.

▷ Hemos hecho lo necesario. Nous avons fait le nécessaire.

▷ Lo importante es participar. L'important c'est de participer.

▷ Lo difícil de este idioma es la conjugación. La difficulté de cette langue est sa conjugaison.

2 **lo** *peut précéder un adjectif.*

▷ Lo increíble es que tu no hayas visto nada. Ce qui est incroyable c'est que tu n'aies rien vu.

■ **lo**, *en tant qu'article neutre, ne précède pas un nom mais un participe passé ou un adjectif qui, soit prend la valeur d'un nom, soit se traduit par « ce qui est... ».*

> *Ce peut être un* PRONOM PERSONNEL :

1 **lo** *peut signifier* le *ou* l' *ou* vous (*forme de politesse au singulier*).

▷ ¿Lo conoces? Tu le connais ?

▷ ¿Lo has oído volver esta noche? Tu l'as entendu rentrer cette nuit ?

▷ ¿Dónde estaba ayer, Señor Herrera, que no lo vi en todo el día? Où étiez-vous hier, Monsieur Herrera ? Je ne vous ai pas vu de la journée.

▷ Ya lo sabía. Je le savais déjà.

2 **lo** *peut signifier* ce.

▷ Lo que más me molesta es tener que esperar. Ce qui me dérange le plus est de devoir attendre.

▷ Toma lo que quieras. Prends ce que tu veux.

lobo, loba loup, louve.

localizar situer *ou* trouver.

📖 *Comme la plupart des verbes terminés en* **-zar**, **localizar** *subit des modifications orthographiques : le* **-z** *devient* **-c** *devant un* **-e**.

▷ Para el examen, el profesor nos pide que localicemos las capitales en el mapa. Pour l'examen, le professeur nous demande de situer les capitales sur la carte.

📖 *Se conjugue sur le modèle de* **cantar** (voir p. 903).

loco, loca fou, folle.

locura folie.

► **con locura** follement.

lodo boue.

■ **lodo** *est masculin.*

lograr *a plusieurs sens :*

1 **lograr** *peut signifier* réussir *ou* arriver.

2 **lograr** *peut signifier* obtenir *ou* remporter.

📖 *Se conjugue sur le modèle de* **cantar** (voir p. 903).

logro réussite.

■ **logro** *est masculin.*

ℹ logro peut également être une forme du verbe lograr.
▷ No logro comprender este artículo. Je n'arrive pas à comprendre cet article.

loncha tranche.

longitud *a plusieurs sens :*

1 **longitud** *peut signifier* longueur.

2 **longitud** *peut signifier* longitude.

■ *Ce mot, comme la plupart des mots espagnols terminés par* **-tad, -dad** *et* **-tud,** *est féminin.*

loro perroquet.

los *a des sens différents selon sa catégorie grammaticale :*

> *Ce peut être un* DÉTERMINANT :

los *signifie* les.

▷ A él le gustan mucho los caballos. Il aime beaucoup les chevaux.

> *Ce peut être un* PRONOM :

1 **los** *peut signifier* les *ou* vous (*forme de politesse au pluriel*).

▷ Escógelos rápido. Choisis-les rapidement.

2 **los** *peut signifier* ceux.

▷ ¿Cuánto cuestan los que están en el escaparate? Combien coûtent ceux qui sont dans la vitrine ?

▷ Los que me gustan son demasiado caros. Ceux que j'aime sont trop chers.

lotería loterie.

luces *est le pluriel de* **luz**.

lucha lutte.

ℹ lucha peut également être une forme du verbe luchar.
▷ Lucha para sus derechos. Il lutte pour ses droits.

luchar lutter.

📖 *Se conjugue sur le modèle de* **cantar** (voir p. 903).

lucir briller.

📖 *Attention !* **lucir** *appartient au groupe des verbes se terminant en* **-acer, -ecer, -ocer** *et* **-ucir** *qui sont irréguliers à la première personne du singulier du présent de l'indicatif et à toutes les personnes du subjonctif présent :*

INDICATIF PRÉSENT	SUBJONCTIF PRÉSENT
luzco	luzca
luces	luzcas
luce	luzca
lucimos	luzcamos
lucís	luzcáis
lucen	luzcan

📖 *Se conjugue sur le modèle de* **vivir** (voir p. 1109).

luego *a plusieurs sens :*

1 **luego** *peut signifier* après *ou* ensuite *ou* puis.

2 **luego** *peut signifier* donc.

► **desde luego** bien sûr.

► **¡hasta luego!** à tout à l'heure !

lugar endroit *ou* lieu.

► **en lugar de** au lieu de.
► **en cualquier lugar** n'importe où.
► **tener lugar** avoir lieu.

■ **lugar** *est masculin.*

lujo luxe.

lujoso, lujosa luxueux(-euse).

luminoso, luminosa lumineux(-euse).

luna lune.

► **luna creciente** premier quartier de lune.
► **luna llena** pleine lune.
► **luna menguante** dernier quartier de lune.
► **luna nueva** nouvelle lune.
► **estar en la luna** être dans la lune.

lunar *a des sens différents selon sa catégorie grammaticale :*

> *Ce peut être un* ADJECTIF :

lunar *signifie* lunaire.

> *Ce peut être un* NOM :

1 **lunar** *peut signifier* grain de beauté.

2 **lunar** *peut signifier* pois.

► **tela de lunares** tissu à pois.

lunes lundi.

■ **lunes** *est masculin et invariable : un lunes, los lunes.*

luto deuil.

► **de luto** en deuil.

luz *a plusieurs sens :*

1 **luz** *peut signifier* lumière.

► **dar a luz** accoucher.
► **a media luz** dans la pénombre.
► **traje de luces** habit de lumière.

2 **luz** *peut signifier* phare (*d'une voiture*).

M

ESPAGNOL — FRANÇAIS

maceta pot de fleurs.

■ **maceta** *est féminin.*

machista macho.

■ **machista** *est masculin.*

macho mâle *ou* viril.

madera bois (= *matériau*).

► **de madera** en bois.

madrastra belle-mère (*d'un second mariage*).

madre mère.

madrugada aube *ou* matin.

> **i** **madrugada** correspond à la période comprise entre minuit et l'aube.

madrugar se lever tôt.

Attention ! Pour conserver le son /g/ de l'infinitif, le **-g** *de* **madrugar** *se transforme en* **-gu** *devant un* **-e** *:*

▷ **Es imposible que se madrugue, es demasiado holgazán.** C'est impossible qu'il se lève tôt, il est bien trop fainéant.

Se conjugue sur le modèle de **cantar** (voir p. 903).

madurar mûrir.

Se conjugue sur le modèle de **cantar** (voir p. 903).

madurez maturité.

maduro, madura mûr(e).

maestro, maestra maître(sse).

► **obra maestra** chef d'œuvre.

magdalena madeleine.

mago, maga magicien(ne) *ou* sorcier (-ière).

► **los Reyes magos** les Rois mages.

magullarse se blesser.

Se conjugue sur le modèle de **burlarse** (voir p. 898).

maíz maïs.

> Attention à l'orthographe du mot **maíz**.

mal *a des sens différents selon sa catégorie grammaticale :*

> *Ce peut être un* ADVERBE :

mal *signifie* mal.

▷ **¡Qué mal escribes!** Qu'est-ce que tu écris mal !

> *Ce peut être un* ADJECTIF :

mal *signifie* mauvais(e).

▷ **He tenido un mal día.** J'ai eu une mauvaise journée.

> **i** **mal** est la forme apocopée de **malo**. L'apocope est la suppression d'une ou plusieurs lettres à la fin d'un mot. **Malo** s'apocope en **mal** devant un nom masculin singulier.

> *Ce peut être un* NOM :

mal *signifie* mal.

▷ **Según el médico, todos sus males provienen de una mala alimentación.** Selon le médecin, tous ces maux viennent d'une mauvaise alimentation.

malcriado, malcriada mal élevé(e).

■ *Dans ce mot, on reconnaît le lien avec l'adverbe* **mal** *et le verbe* **criar** *qui signifie « élever ».*

maldad méchanceté.

■ *Ce mot, comme la plupart des mots espagnols terminés par* **-tad, -dad** *et* **-tud,** *est féminin.*

maldito, maldita maudit(e).

maleducado, maleducada mal élevé(e).

■ *Dans ce mot, on reconnaît le lien avec l'adverbe* **mal** *et le verbe* **educar** *qui signifie « élever ».*

maleta valise.

> Attention ! maleta ne signifie pas « mallette ».

maletero coffre (*d'une voiture*).

malo, mala *a des sens différents selon qu'il est utilisé avec* **ser** *ou* **estar** *:*

1 **ser malo, mala** *signifie* être méchant(e).

2 **estar malo, mala** *signifie* être malade.
- ► **ponerse malo, mala** tomber malade.
- ► **estar de malas** être de mauvaise humeur.
- ► **lo malo es que...** l'ennui c'est que...

malva mauve.

malvado, malvada méchant(e).

mamá maman.

mamar téter.

📖 *Se conjugue sur le modèle de* **cantar** (voir p. 903).

mamífero mammifère.

> Attention ! Il n'y a qu'un seul -m à mamífero. Les seules consonnes qui peuvent redoubler en espagnol sont le -c, le -r, le -l et le -n.

manada troupeau *ou* bande.

manantial source.

■ **manantial** *est masculin.*

mancha tache.

> ℹ mancha peut également être une forme du verbe manchar.
> ▷ La tinta mancha mucho. L'encre tache beaucoup.

manchar tacher.

📖 *Se conjugue sur le modèle de* **cantar** (voir p. 903).

mandar *a plusieurs sens :*

1 **mandar** *peut signifier* commander *ou* ordonner.

2 **mandar** *peut signifier* envoyer.

📖 *Se conjugue sur le modèle de* **cantar** (voir p. 903).

mando commandement *ou* commande.
- ► **mando a distancia** télécommande.

> ℹ mando peut également être une forme du verbe mandar.
> ▷ Te mando el regalo por correo. Je t'envoie le cadeau par la poste.

mandón, mandona autoritaire.

■ *Dans ce mot, on reconnaît le lien avec le nom* **mando** *qui signifie « commandement ».*

manejar manier *ou* manœuvrer.

📖 *Se conjugue sur le modèle de* **cantar** (voir p. 903).

manera manière *ou* façon.
- ► **de ninguna manera** en aucune façon.
- ► **de cualquier manera** n'importe comment.
- ► **de todas maneras** de toute façon.
- ► **de otra manera** autrement.

manga manche (*d'un vêtement*).

mango *a plusieurs sens :*

1 **mango** *peut signifier* manche (*d'un outil*).

2 **mango** *peut signifier* mangue.

■ **mango** *est masculin.*

maniquí mannequin.

> Attention à l'orthographe du mot maniquí.

mano main.
- ► **hecho a mano** fait à la main.
- ► **echar una mano a alguien** donner un coup de main à quelqu'un.
- ► **dar la mano** donner la main *ou* serrer la main.
- ► **estrechar la mano** serrer la main.
- ► **cogidos de la mano** main dans la main.
- ► **estar mano sobre mano** se tourner les pouces.
- ► **traer algo entre manos** manigancer quelque chose.

■ **mano** *est féminin.*

manojo *a plusieurs sens :*

1 **manojo** *peut signifier* bouquet.

2 **manojo** *peut signifier* trousseau (*de clés*).

manopla gant *ou* moufle.

mansión demeure (= *maison*).

■ *Ce mot, comme la plupart des mots espagnols terminés par* **-ción** *ou* **-sión**, *est féminin.*

manso, mansa docile *ou* calme.

manta couverture.

mantel nappe.

■ **mantel** *est masculin.*

mantener *a plusieurs sens :*

1 **mantener** *peut signifier* maintenir.
► **mantener la calma** garder son calme.
► **mantener a alguien informado** tenir quelqu'un au courant.

2 **mantener** *peut signifier* subvenir aux besoins de.

3 **mantener** *peut signifier* entretenir.

📖 *Dans ce mot, on reconnaît le verbe* **tener**. *Il se conjugue de la même manière.*

mantequilla beurre.

■ **mantequilla** *est féminin.*

manzana *a plusieurs sens :*

1 **manzana** *peut signifier* pomme.

2 **manzana** *peut signifier* pâté de maisons.

manzano pommier.

mañana *a des sens différents selon sa catégorie grammaticale :*

> *Ce peut être un* ADVERBE :

mañana *signifie* demain.
► **¡hasta mañana!** à demain !
► **pasado mañana** après-demain.

> *Ce peut être un* NOM FÉMININ :

la mañana *signifie* le matin.
► **por la mañana** le matin.
► **mañana por la mañana** demain matin.

> *Ce peut être un* NOM MASCULIN :

el mañana *signifie* le lendemain.

mapa carte (*géographique*) *ou* plan.

■ **mapa** *est masculin.*

máquina machine.
► **a toda máquina** à toute allure.
► **máquina de coser** machine à coudre.
► **máquina tragaperras** machine à sous.

mar mer.
► **la mar de** très.
▷ Tu amiga es la mar de simpática. Ton amie est très sympa.

■ **mar** *est masculin. En poésie, il peut être féminin.*

maravilla merveille.

maravilloso, maravillosa merveilleux (-euse).

marcar *a plusieurs sens :*

1 **marcar** *peut signifier* marquer.
► **marcar el compás** battre la mesure.

2 **marcar** *peut signifier* indiquer.

📖 *Attention ! Pour conserver le son / k / de l'infinitif, le* **-c** *de* **marcar** *se transforme en* **-qu** *devant un* **-e** *:*
▷ Marqué dos goles durante el partido. J'ai marqué deux buts pendant le match.

📖 *Se conjugue sur le modèle de* **cantar** (voir p. 903).

marcha *a plusieurs sens :*

1 **marcha** *peut signifier* marche.

2 **marcha** *peut signifier* ambiance.

3 **marcha** *peut signifier* vitesse (*dans une voiture*).
► **a toda marcha** à toute vitesse.
► **irse de marcha** faire la fête.

> ℹ **marcha** peut également être une forme du verbe **marchar**.
> ▷ Debe de aburrirse : se marcha. Elle doit s'ennuyer : elle s'en va.

marchar marcher.
► **marcharse** s'en aller.

📖 *Se conjugue sur le modèle de* **cantar** (voir p. 903).

marco cadre *ou* encadrement.

> ℹ **marco** peut également être une forme du verbe **marcar**.
> ▷ Marco siempre mis cosas con mis iniciales. Je marque toujours mes affaires avec mes initiales.

marearse avoir mal au cœur *ou* avoir le mal de mer.

📖 *Se conjugue sur le modèle de* **burlarse** (voir p. 898).

mareo mal de mer *ou* mal au cœur.

marfil ivoire.

margarita marguerite.

margen *a des sens différents selon qu'il est masculin ou féminin :*

1 **el margen** (masculin) *signifie* le bord.
► **mantenerse al margen** rester à l'écart.

2 **la margen** (féminin) *signifie* la marge.

marido mari.

marinero, marinera marin(e).

mariposa papillon.

■ **mariposa** *est féminin.*

mariquita coccinelle.

marisco fruit de mer.

mármol marbre.

► **de mármol** en marbre.

martes mardi.

■ **martes** *est masculin et invariable : un martes, varios martes.*

martillo marteau.

marzo mars.

más (avec accent) plus.

▷ Tienen más deberes que nosotros. Ils ont plus de devoirs que nous.

> On remarque l'absence de préposition en espagnol dans **más algo** (plus de quelque chose).

▷ Habrá dos personas más de lo previsto. Il y aura deux personnes en plus que ce qui était prévu.

> On remarque l'absence de préposition en espagnol dans **algo más** (quelque chose en plus).

► **el / la más...** le / la plus...

▷ Es el más inteligente. C'est le plus intelligent.

▷ Quiero la más reciente. Je veux la plus récente.

► **el / la... más...** le / la... le / la plus...

▷ Acabo de terminar el libro más interesante que he leído en mi vida. Je viens de finir le livre le plus intéressant que j'aie jamais lu.

▷ Es la chica más alta de la clase. C'est la fille la plus grande de la classe.

> On remarque qu'on ne répète pas l'article défini en espagnol dans la construction du superlatif.

> Attention à l'accent grammatical : il ne faut pas confondre **más**, adverbe, et **mas**, conjonction de coordination.

mas (sans accent) mais.

mascar mâcher.

Attention ! Pour conserver le son / k / de l'infinitif, le **-c** *de* **mascar** *se transforme en* **-qu** *devant un* **-e** *:*

▷ ¡No masques el chicle así! Ne mâche pas ton chewing-gum comme ça !

Se conjugue sur le modèle de **cantar** *(voir p. 903).*

máscara masque.

■ **máscara** *est féminin.*

masculino, masculina masculin(e).

matanza massacre.

■ **matanza** *est féminin.*

matar tuer.

Se conjugue sur le modèle de **cantar** *(voir p. 903).*

materia matière.

> Attention ! **materia** ne signifie pas « matière » au sens de « sujet ».

matiz nuance.

■ **matiz** *est masculin.*

matorral buisson.

matrícula *a plusieurs sens :*

1 **matrícula** *peut signifier* plaque d'immatriculation.

2 **matrícula** *peut signifier* inscription.

► **matrícula de honor** félicitations du jury.

matrimonio *a plusieurs sens :*

1 **matrimonio** *peut signifier* mariage.

2 **matrimonio** *peut signifier* couple.

► **cama de matrimonio** lit à deux places.

► **contraer matrimonio con alguien** se marier avec quelqu'un.

maullar miauler.

Se conjugue sur le modèle de **cantar** *(voir p. 903).*

máximo *a des sens différents selon sa catégorie grammaticale :*

> *Ce peut être un* ADJECTIF *:*

máximo, máxima *signifie* maximal(e) *ou* le plus grand *ou* la plus grande.

> *Ce peut être un* NOM *:*

máximo *signifie* maximum.

► **como máximo** tout au plus.

► **lo máximo** le plus.

mayo mai.

mayor *a des sens différents selon sa catégorie grammaticale :*

> *Ce peut être un* ADJECTIF *:*

1 **mayor** *peut signifier* aîné(e).

2 **mayor** *peut signifier* grand(e).
► **mayor de edad** majeur(e).
► **plaza mayor** grand-place.
3 **mayor** *peut signifier* âgé(e).
4 **el mayor** le plus grand.

> *Ce peut être un* NOM :

mayor *signifie* adulte.
► **mayores** grandes personnes.

mayoría majorité *ou* la plupart.
▷ En la mayoría de los casos. Dans la majorité des cas.

mayúscula majuscule.

Attention à l'orthographe du mot **mayúscula**.

me *est le pronom personnel* me *ou* m' *ou* moi (*à l'impératif*).
▷ ¿Me prestas tu libro, por favor? Tu me prêtes ton livre s'il te plaît ?
▷ ¿Me oyes bien? Tu m'entends bien ?
▷ ¡Dámelo! Donne-le moi.

mechero briquet.

medalla médaille.

media *a plusieurs sens :*
1 **media** *peut signifier* bas *ou* chaussette.
2 **media** *peut signifier* moyenne.
3 **media** *peut signifier* demie.
▷ Son las tres y media. Il est trois heures et demie.
► **a medias** *peut signifier* moitié-moitié.
► **a medias** *peut signifier* à moitié.
▷ Cuando volví, el trabajo estaba hecho a medias. Quand je suis rentré, le travail était à moitié fait.

mediados
► **a mediados de...** à la mi-...
▷ A mediados de agosto me iré de vacaciones. À la mi-août, je partirai en vacances.

mediano, mediana moyen(ne).

medianoche minuit.
■ **medianoche** *est féminin.*

mediante au moyen de *ou* grâce à.
▷ Lograron hacerlo mediante un nuevo sistema muy eficaz. Ils ont réussi à le faire grâce à un nouveau système très efficace.

médico, médica médecin.

medida mesure *ou* dimension.
► **a medida que** au fur et à mesure que.

medio *a des sens différents selon sa catégorie grammaticale :*

> *Ce peut être un* ADVERBE :

medio *signifie* à moitié.
▷ Tu mochila está medio vacía. Ton sac à dos est à moitié vide.

> *Ce peut être un* ADJECTIF :

1 **medio, media** *peut signifier* demi- *ou* mi-.
▷ Todos los días bebo como mínimo medio litro de agua. Tous les jours je bois au moins un demi-litre d'eau.

On remarque l'absence d'article en espagnol devant **medio** (un demi-).

▷ Quedamos a medio camino. Nous nous sommes donné rendez-vous à mi-chemin.
2 **medio, media** *peut signifier* moitié.
▷ Llegó a clase medio dormido. Il est arrivé en cours à moitié endormi.
3 **medio, media** *peut signifier* moyen(ne).
▷ Representa al ciudadano medio. Il représente le citoyen moyen.

> *Ce peut être un* NOM :

1 **medio** *peut signifier* milieu.
► **el medio ambiente** l'environnement.
2 **medio** *peut signifier* moyen.
► **por medio de** au moyen de.

medioambiental environnemental(e).

mediodía midi.

i **mediodía** correspond à la période comprise de 11 h 30 à 15 heures.

medir mesurer.

medir *subit un changement de voyelle : le* **-e** *se transforme en* **-i** *aux trois personnes du singulier et à la troisième personne du pluriel du présent de l'indicatif, à toutes les personnes du présent du subjonctif, aux troisièmes personnes du singulier et du pluriel au passé simple et à toutes les personnes du subjonctif imparfait.*

INDICATIF PRÉSENT	SUBJONCTIF PRÉSENT	PASSÉ SIMPLE	SUBJONCTIF IMPARFAIT
mido	mida	medí	midiera
mides	midas	mediste	midieras
mide	mida	midió	midiera
medimos	midamos	medimos	midiéramos
medís	midáis	medisteis	midierais
miden	midan	midieron	midieran

Se conjugue sur le modèle de **vivir** (voir p. 1109).

mediterráneo *a des sens différents selon sa catégorie grammaticale :*

> *Ce peut être un* ADJECTIF :

mediterráneo, mediterránea *signifie* méditerranéen(ne) *ou* Méditerranéen(ne).

> *Ce peut être un* NOM PROPRE :

Mediterráneo *signifie* Méditerranée.

■ **Mediterráneo** *est masculin.*

mejicano, mejicana *ou* **mexicano, mexicana** mexicain(e) *ou* Mexicain(e).

Méjico *ou* **México** Mexique.

mejilla joue.

mejillón moule (= *fruit de mer*).

■ **mejillón** *est masculin.*

mejor *a plusieurs sens :*

1 **mejor** *peut signifier* meilleur(e).

■ **mejor** *est le comparatif de* **bueno, buena**.

2 **mejor** *peut signifier* mieux.

■ **mejor** *est le comparatif de* **bien**.

3 *Précédé de l'article indéfini,* **mejor** *peut signifier* le meilleur.

■ **mejor** *est le superlatif de* **bien**.

4 **mejor** *peut être employé dans des expressions :*

► **a lo mejor** peut-être.

► **mejor dicho** plutôt.

► **es mejor que...** il vaut mieux que...

▷ Es mejor que no vengas. Il vaut mieux que tu ne viennes pas.

mejorar améliorer.

📖 *Se conjugue sur le modèle de* **cantar** (voir p. 903).

melena chevelure *ou* crinière.

mellizo, melliza faux-jumeau, fausse-jumelle.

melocotón pêche.

■ **melocotón** *est masculin.*

memo, mema niais(e).

memoria mémoire.

► **de memoria** par cœur.

mendigar mendier *ou* faire la manche.

📖 *Attention ! Pour conserver le son /g/ de l'infinitif, le* **-g** *de* **mendigar** *se transforme en* **-gu** *devant un* **-e**.

▷ El policía les pide que no mendiguen en el metro. Le policier leur demande de ne pas faire la manche dans le métro.

📖 *Se conjugue sur le modèle de* **cantar** (voir p. 903).

mendigo, mendiga mendiant(e).

menear remuer.

📖 *Se conjugue sur le modèle de* **cantar** (voir p. 903).

menor *a des sens différents selon sa catégorie grammaticale :*

> *Ce peut être un* ADJECTIF :

1 **menor** *peut signifier* plus petit(e).

► **menor de edad** mineur(e).

2 **menor** *peut signifier* cadet(te).

3 **menor** *peut signifier* moindre.

> *Ce peut être un* NOM :

menor *signifie* mineur(e).

■ **menor** *est le comparatif de* **pequeño, pequeña**.

menos *a plusieurs sens :*

1 **menos** *peut signifier* moins.

▷ Son las siete menos veinte. Il est sept heures moins vingt.

▷ En agosto hay menos coches. Au mois d'août il y a moins de voitures.

> On remarque l'absence de préposition en espagnol dans **menos algo** (moins de quelque chose).

▷ Tenemos diez euros menos que ayer. Nous avons dix euros de moins qu'hier.

> On remarque l'absence de préposition en espagnol dans **algo menos** (quelque chose en moins).

► **el / la menos...** le / la moins...

▷ Es el menos inteligente de los alumnos. C'est le moins intelligent des élèves.

▷ Dame la menos estropeada. Donne-moi la moins abîmée.

► **el / la... menos...** le / la... le / la moins...

▷ Es el regalo menos caro que he encontrado. C'est le cadeau le moins cher que j'aie trouvé.

▷ Es la chica menos guapa de la clase. C'est la fille la moins belle de la classe.

> On remarque qu'on ne répète pas l'article défini en espagnol dans la construction du superlatif.

► **al menos** au moins.

► **menos mal** heureusement.

2 **menos** *peut signifier* sauf.

▷ Todo el mundo está allí menos él. Tout le monde est là-bas sauf lui.

mensaje message.

menta menthe.

mente esprit.

■ **mente** *est féminin.*

mentira mensonge.

► **de mentira** faux, fausse.

■ **mentira** *est féminin.*

mentiroso, mentirosa menteur(-euse).

menudo, menuda petit(e).

► **a menudo** souvent.

meñique petit doigt.

mercado marché.

merecer mériter.

► **merece la pena** ça vaut le coup.

📖 *Attention !* **merecer** *appartient au groupe des verbes se terminant en* **-acer, -ecer, -ocer** *et* **-ucir** *qui sont irréguliers à la première personne du singulier du présent de l'indicatif et à toutes les personnes du subjonctif présent :*

INDICATIF PRÉSENT	SUBJONCTIF PRÉSENT
merezco	merezca
mereces	merezcas
merece	merezca
merecemos	merezcamos
merecéis	merezcáis
merecen	merezcan

📖 *Se conjugue sur le modèle de* **deber** (voir p. 928).

merendar prendre son goûter.

📖 **merendar** *est un verbe à diphtongue. Le* **-e** *devient* **-ie** *aux trois personnes du singulier et à la troisième personne du pluriel au présent de l'indicatif et du subjonctif :*

INDICATIF PRÉSENT	SUBJONCTIF PRÉSENT
meriendo	meriende
meriendas	meriendes
merienda	meriende
merendamos	merendemos
merendáis	merendéis
meriendan	merienden

📖 *Se conjugue sur le modèle de* **cantar** (voir p. 903).

merienda goûter.

> ℹ **merienda** peut également être une forme du verbe **merendar**.
> ▷ **Merienda siempre a las cinco.** Il prend toujours son goûter à cinq heures.

mermelada confiture.

mero, mera simple.

▷ **El mero hecho de echar los papeles en la basura es un acto ecológico.** Le simple fait de jeter ses papiers à la poubelle est un acte écologique.

mes mois.

mesa table.

► **poner la mesa** mettre la table.
► **quitar la mesa** débarrasser la table.
► **mesa electoral** bureau de vote.

meseta plateau (*géographique*).

meta *a plusieurs sens :*

1 **meta** *peut signifier* ligne d'arrivée.

2 **meta** *peut signifier* but *ou* objectif.

meter *a plusieurs sens :*

1 **meter** *peut signifier* mettre.

2 **meter** *peut signifier* faire *ou* provoquer.

3 **meter** *peut signifier* impliquer.

► **meterse en algo** rentrer dans quelque chose *ou* se lancer dans quelque chose.
► **meterse en todo** se mêler de tout.
► **meterse con alguien** embêter quelqu'un.

📖 *Se conjugue sur le modèle de* **deber** (voir p. 928).

metro *a plusieurs sens :*

1 **metro** *peut signifier* mètre.

► **metro cuadrado** mètre carré.
► **metro cúbico** mètre cube.

2 **metro** *peut signifier* métro.

mezcla mélange.

■ **mezcla** *est féminin.*

> ℹ **mezcla** peut également être une forme du verbe **mezclar**.
> ▷ **Mezcla bien los ingredientes.** Mélange bien les ingrédients.

mezclar mélanger.

► **mezclarse en algo** se mêler de quelque chose.

📖 *Se conjugue sur le modèle de* **cantar** (voir p. 903).

mezquita mosquée.

mi (sans accent) *est l'adjectif possessif* mon, ma.

▷ Es mi hermana pequeña. C'est ma petite sœur.

> Attention à l'accent grammatical : il ne faut pas confondre **mi**, adjectif possessif, et **mí**, pronom personnel.

mí (avec accent) *est le pronom personnel* moi.

▷ ¿Es para mí? C'est pour moi ?

miedo peur.

▷ ¿Tienes miedo a la muerte? Tu as peur de la mort ?

> Attention à l'emploi de la préposition **a** dans **tener miedo a** (avoir peur de).

▷ Tengo miedo de que no vuelva. J'ai peur qu'il ne revienne pas.

> Attention à l'emploi de la préposition **de** dans **tener miedo de que** (avoir peur que).

■ **miedo** *est masculin.*

► **dar miedo** faire peur.

miedoso, miedosa peureux(-euse).

miembro membre.

mientras *a plusieurs sens :*

1 *Suivi de l'indicatif,* **mientras** *signifie* pendant que.

▷ Mientras repasa, escucha música. Pendant qu'il révise, il écoute de la musique.

2 *Suivi du subjonctif,* **mientras** *signifie* tant que.

▷ Mientras repase por la mañana, puede salir con sus amigos por la tarde. Tant qu'il révise le matin, il peut sortir avec ses amis le soir.

3 **mientras** *peut être employé dans des expressions :*

► **mientras tanto** pendant ce temps.

► **mientras que** tandis que *ou* alors que (*pour marquer l'opposition*).

▷ Me paso el día trabajando, mientras que tú no haces nada. Je passe toute ma journée à travailler, tandis que toi tu ne fais rien.

miércoles mercredi.

■ **miércoles** *est masculin et invariable : un miércoles, varios miércoles.*

miga mie (*de pain*) *ou* miette.

mil mille.

▷ Vive en un pueblecito de unos tres mil habitantes. Il habite dans un petit village d'environ trois mille habitants.

► **miles de algo** des milliers de quelque chose.

► **mil millones** un milliard.

milagro miracle.

► **de milagro** par miracle.

millar millier.

► **a millares** par milliers.

millón million.

mimado, mimada gâté(e).

mimar gâter.

📖 *Se conjugue sur le modèle de* **cantar** (voir p. 903).

mimo *a plusieurs sens :*

1 **mimo** *peut signifier* câlin.

2 **mimo** *peut signifier* mime.

minifalda minijupe.

mínimo *a des sens différents selon sa catégorie grammaticale :*

> *Ce peut être un* ADJECTIF :

mínimo, mínima *signifie* minimal(e) *ou* minime.

> *Ce peut être un* NOM :

mínimo *signifie* minimum.

► **como mínimo** au moins.

► **lo mínimo** le moins.

▷ Es lo mínimo que puedes hacer. C'est le moins que tu puisses faire.

minusvalía handicap.

■ **minusvalía** *est féminin.*

minusválido, minusválida handicapé(e).

mío, mía *a plusieurs sens :*

1 **mío, mía** *est l'adjectif possessif* mon, ma.

▷ Ellos son amigos míos. Ce sont mes amis.

■ **mío, mía** *se place derrière le nom qu'il détermine et s'accorde avec lui.*

► **a pesar mío** malgré moi.

2 *Précédé de l'auxiliaire* **ser**, **mío, mía** *signifie* à moi.

▷ Esa casa es mía. Cette maison est à moi.

3 *Précédé de l'article indéfini,* **mío, mía** *est le pronom possessif* le mien, la mienne.

▷ ¿De quién es esta raqueta? - Es la mía. À qui est cette raquette ? - C'est la mienne.

mirada regard *ou* coup d'œil.

► **echar una mirada a algo** jeter un coup d'œil à quelque chose.

► **levantar la mirada** lever les yeux.

► **bajar la mirada** baisser les yeux.

■ **mirada** *est féminin.*

mirar regarder.

Se conjugue sur le modèle de **cantar** (voir p. 903).

mis *est l'adjectif possessif* mes.

▷ Nunca he visto a mis vecinos. Je n'ai jamais vu mes voisins.

misa messe.

► **ir a misa** aller à la messe.

> On remarque l'omission de l'article défini en espagnol dans l'expression **ir a misa** (aller à la messe).

► **misa del gallo** messe de minuit.

miseria misère.

mismo, misma même.

▷ Compramos los mismos zapatos. Nous avons acheté les mêmes chaussures.

► **hoy mismo** aujourd'hui même.

► **ahora mismo** tout de suite.

► **ayer mismo** pas plus tard qu'hier.

► **lo mismo** la même chose.

▷ Tomaré lo mismo que tú. Je prendrai la même chose que toi.

misterio mystère.

mitad moitié *ou* milieu.

► **mitad y mitad** moitié-moitié.

► **a mitad de algo** au milieu de quelque chose.

► **a mitad del camino** à mi-chemin.

► **a mitad de precio** à moitié prix.

► **partir por la mitad** couper en deux.

■ *Ce mot, comme la plupart des mots espagnols terminés par* **-tad, -dad** *et* **-tud,** *est féminin.*

mochila sac à dos.

■ **mochila** *est féminin.*

mochuelo hibou.

moda mode.

► **de moda** à la mode.

► **pasado, pasada de moda** démodé(e).

modelo modèle.

modificar modifier.

Attention ! Pour conserver le son /k/ de l'infinitif, le **-c** *de* **modificar** *se transforme en* **-qu** *devant un* **-e** *:*

▷ Modifiqué mi programa de trabajo para verte. J'ai modifié mon emploi du temps pour te voir.

Se conjugue sur le modèle de **cantar** (voir p. 903).

modo façon *ou* manière *ou* mode.

► **buenos modos** bonnes manières.

► **malos modos** mauvaises manières.

► **de todos modos** de toute façon.

► **de cualquier modo** de toute façon *ou* n'importe comment.

► **de ningún modo** en aucune façon.

► **en cierto modo** d'une certaine manière.

mojar mouiller *ou* tremper.

Se conjugue sur le modèle de **cantar** (voir p. 903).

molde moule (*à gâteau*).

molestar déranger *ou* ennuyer.

▷ El humo me molesta. La fumée me dérange.

► **molestarse en hacer algo** prendre la peine de faire quelque chose.

► **molestarse por algo** se déranger *ou* se vexer.

► **no te molestes** ne te dérange pas.

Se conjugue sur le modèle de **cantar** (voir p. 903).

molestia gêne *ou* ennui.

► **tomarse la molestia de hacer algo** prendre la peine de faire quelque chose.

molesto, molesta *a des sens différents selon qu'il est employé avec* **ser** *ou* **estar** *:*

1 **ser molesto, molesta** *signifie* être gênant(e) *ou* désagréable.

2 **estar molesto, molesta** *signifie* être fâché(e).

molino moulin.

momento instant *ou* moment.

► **al momento** à l'instant.

► **de momento** pour l'instant.

► **de un momento a otro** d'un instant à l'autre.

moneda monnaie *ou* pièce de monnaie.

monedero porte-monnaie.

monja nonne.

monje moine.

mono *a des sens différents selon sa catégorie grammaticale :*

> *Ce peut être un* ADJECTIF *:*

mono, mona *signifie* mignon(ne) *ou* joli(e).

> *Ce peut être un* NOM :

1 **mono** *peut signifier* bleu de travail *ou* salopette.

2 **mono** *peut signifier* singe.

monstruo monstre.

montaña montagne.

montar *a plusieurs sens :*

1 **montar** *peut signifier* monter.

► **montar en cólera** se mettre en colère.

2 **montar** *peut signifier* organiser.

Se conjugue sur le modèle de **cantar** (voir p. 903).

montón tas.

► **montones de algo** des masses de quelque chose.

► **del montón** quelconque *ou* ordinaire.

del montón est une expression familière.

monumento monument.

moño chignon.

► **estar hasta el moño** en avoir ras le bol.

estar hasta el moño est une expression familière.

mora mûre (= *fruit*).

i **mora** peut également être le féminin de l'adjectif **moro** qui signifie « maure ».

morado *a des sens différents selon sa catégorie grammaticale :*

> *Ce peut être un* ADJECTIF :
morado, morada *signifie* violet(te).

> *Ce peut être un* NOM :
morado *signifie* bleu (= *hématome*).

morder mordre.

► **morderse las uñas** se ronger les ongles.

morder *est un verbe à diphtongue. Le* **-o** *devient* **-ue** *aux trois personnes du singulier et à la troisième personne du pluriel au présent de l'indicatif et du subjonctif :*

INDICATIF PRÉSENT	SUBJONCTIF PRÉSENT
muerdo	muerda
muerdes	muerdas
muerde	muerda
mordemos	mordamos
mordéis	mordáis
muerden	muerdan

Se conjugue sur le modèle de **deber** (voir p. 928).

moreno, morena *a des sens différents selon qu'il est employé avec* **ser** *ou* **estar** :

1 **ser moreno, morena** *signifie* être brun(e).

2 **estar moreno, morena** *signifie* être bronzé(e).

morir mourir.

morir *subit un changement de voyelle et la diphtongaison : le* **-o** *se transforme en* **-u** *aux troisièmes personnes du singulier et du pluriel au passé simple et à toutes les personnes du subjonctif imparfait* (changement de voyelle) *et le* **-o** *devient* **-ue** *aux trois personnes du singulier et à la troisième personne du pluriel au présent de l'indicatif et du subjonctif* (diphtongaison).

INDICATIF PRÉSENT	SUBJONCTIF PRÉSENT	PASSÉ SIMPLE	SUBJONCTIF IMPARFAIT
muero	muera	morí	muriera
mueres	mueras	moriste	murieras
muere	muera	murió	muriera
morimos	muramos	morimos	muriéramos
morís	muráis	moristeis	murierais
mueren	mueran	murieron	murieran

Se conjugue sur le modèle de **vivir** (voir p. 1109).

moro, mora maure *ou* Maure *ou* mauresque.

mosca mouche.

mosquito moustique.

mostrador comptoir.

■ *Comme la plupart des mots terminés par* **-or**, **mostrador** *est masculin.*

mostrar montrer.

mostrar *est un verbe à diphtongue. Le* **-o** *devient* **-ue** *aux trois personnes du singulier et à la troisième personne du pluriel au présent de l'indicatif et du subjonctif :*

INDICATIF PRÉSENT	SUBJONCTIF PRÉSENT
muestro	muestre
muestras	muestres
muestra	muestre
mostramos	mostremos
mostráis	mostréis
muestran	muestren

Se conjugue sur le modèle de **cantar** (voir p. 903).

motor moteur.

mover bouger *ou* remuer.

mover *est un verbe à diphtongue. Le* **-o** *devient* **-ue** *aux trois personnes du singulier et à la troisième personne du pluriel au présent de l'indicatif et du subjonctif :*

INDICATIF PRÉSENT	SUBJONCTIF PRÉSENT
muevo	mueva
mueves	muevas
mueve	mueva
movemos	movamos
movéis	mováis
mueven	muevan

Se conjugue sur le modèle de **deber** (voir p. 928).

móvil *a plusieurs sens :*

1 **móvil** *peut signifier* portable (*téléphone*).

2 **móvil** *peut signifier* mobile (*d'un meurtre*).

Attention à l'orthographe du mot **móvil**.

movimiento mouvement.

muchacha fille.

muchacho garçon.

muchedumbre foule.

mucho *a des sens différents selon sa catégorie grammaticale :*

> *Ce peut être un* ADVERBE :

1 **mucho** *peut signifier* beaucoup.

▷ Me parece que come mucho. J'ai l'impression qu'il mange beaucoup.

2 **mucho** *peut signifier* longtemps.

▷ Hace mucho que le conozco. Ça fait longtemps que je le connais.

> *Ce peut être un* ADJECTIF :

1 **mucho, mucha** *signifie* nombreux(-euse) *ou* beaucoup de.

▷ Estaban muchos. Ils étaient nombreux.

▷ Había mucha gente en el concierto. Il y avait beaucoup de monde au concert.

mudar changer.

► **mudarse (de casa)** déménager.

► **mudarse (de ropa)** se changer.

Se conjugue sur le modèle de **cantar** (voir p. 903).

mudo, muda muet(te).

mueble meuble.

mueca grimace.

muela molaire.

► **muela del juico** dent de sagesse.

muelle *a plusieurs sens :*

1 **muelle** *peut signifier* ressort.

2 **muelle** *peut signifier* quai.

muerte mort.

▷ Tuvo una muerte apacible. Il a eu une mort paisible.

► **de mala muerte** minable.

de mala muerte est une expression familière.

■ **muerte** *est féminin.*

muerto, muerta mort(e).

muestra échantillon.

■ **muestra** *est féminin.*

muestra peut également être une forme du verbe **mostrar**.

▷ Muestra a la abuela lo que has hecho. Montre à ta grand-mère ce que tu as fait.

mujer femme.

muleta béquille.

multa amende *ou* contravention.

multiplicar multiplier.

■ **3 x 2 = 6** *: tres* **multiplicado por** *dos* **son** *seis.*

Attention ! Pour conserver le son /k/ de l'infinitif, le **-c** *de* **multiplicar** *se transforme en* **-qu** *devant un* **-e** *:*

▷ Multipliqué el número de artículos por el precio. J'ai multiplié le nombre d'articles par le prix.

Se conjugue sur le modèle de **cantar** (voir p. 903).

multitud foule *ou* multitude.

▪ *Ce mot, comme la plupart des mots espagnols terminés par* **-tad, -dad** *et* **-tud,** *est féminin.*

mundial mondial(e).

mundo monde.

► **no es nada del otro mundo** il n'y a pas de quoi fouetter un chat.

muñeca *a plusieurs sens :*

1 **muñeca** *peut signifier* poignet.
2 **muñeca** *peut signifier* poupée.

muralla muraille.

murciélago chauve-souris.

▪ **murciélago** *est masculin.*

murmullo murmure.

murmurar murmurer.

► **murmurar de alguien** dire du mal de quelqu'un.

Se conjugue sur le modèle de **cantar** (voir p. 903).

muro mur.

músculo muscle.

museo musée.

música musique.

> **i** **música** peut également être le féminin du mot **músico** qui signifie « musicien ».

músico, música musicien(ne).

muy très.

N

ESPAGNOL — FRANÇAIS

nabo navet.

nacer naître.

▷ Mis abuelos nacieron en Venezuela. Mes grands-parents sont nés au Venezuela.

📖 *Attention !* **nacer** *appartient au groupe des verbes se terminant en* **-acer, -ecer, -ocer** *et* **-ucir** *qui sont irréguliers à la première personne du singulier du présent de l'indicatif et à toutes les personnes du subjonctif présent :*

INDICATIF PRÉSENT	SUBJONCTIF PRÉSENT
nazco	nazca
naces	nazcas
nace	nazca
nacemos	nazcamos
nacéis	nazcáis
nacen	nazcan

📖 *Le verbe* **nacer** *a deux participes passés : on peut utiliser* **nacido** *ou* **nato.**

▷ Es un músico nato. C'est un musicien-né.

📖 *Se conjugue sur le modèle de* **deber** (voir p. 928).

nacimiento naissance.

■ **nacimiento** *est masculin.*

nacionalidad nationalité.

■ *Ce mot, comme la plupart des mots espagnols terminés par* **-tad, -dad** *et* **-tud,** *est féminin.*

nada *a plusieurs sens :*

1 **nada** *peut signifier* rien.

▷ No digas nada, es un secreto. Ne dis rien, c'est un secret.

► **nada que** + infinitif rien à + infinitif.

▷ ¿No tienes nada que hacer? Tu n'as rien à faire ?

► **nada** + adjectif rien de + adjectif.

▷ En el cine no hay nada interesante. Il n'y a rien d'intéressant au cinéma.

► **de nada** de rien.

▷ Gracias. - ¡De nada! - Merci. - De rien !

► **no hace nada** il y a un instant.

► **como si nada** comme si de rien n'était.

► **por nada del mundo** pour rien au monde.

2 **nada** *peut signifier* pas du tout.

▷ No habla nada de inglés. Il ne parle pas du tout anglais.

> ℹ En espagnol, on ne répète pas la négation avec **no** lorsque **nada** est placé avant le verbe.
> ▷ Nada le interesa. *ou* No le interesa nada. Rien ne l'intéresse.

nadador, nadadora nageur(-euse).

nadar nager.

📖 *Se conjugue sur le modèle de* **cantar** (voir p. 903).

nadie personne.

▷ No había nadie en la calle. Il n'y avait personne dans la rue.

> ℹ En espagnol, on ne répète pas la négation avec **no** lorsque **nadie** est placé avant le verbe.
> ▷ Nadie conocía la respuesta. *ou* No conocía la respuesta nadie. Personne ne connaissait la réponse.

naipe carte (*à jouer*).

■ **naipe** *est masculin.*

nalgas fesses.

naranja orange.

narices *a plusieurs sens :*

1 **narices** *peut être le pluriel de* **nariz.**

2 **narices** *peut signifier* **narines.**

nariz nez.

► **narices** narines.

► **estar hasta las narices** en avoir par-dessus la tête.

► **meter las narices en todo** fourrer son nez partout.

■ **nariz** *est féminin.*

narrador, narradora narrateur(-trice).

narrar raconter.

Se conjugue sur le modèle de **cantar** (voir p. 903).

nata crème.

nativo, nativa natif(-ive) *ou* natal(e).

naturaleza nature.

náusea nausée.

navaja couteau *ou* canif.

■ **navaja** *est féminin.*

nave *a plusieurs sens :*

1 **nave** *peut signifier* navire.

► **nave espacial** vaisseau spatial.

2 **nave** *peut signifier* hangar *ou* entrepôt.

3 **nave** *peut signifier* nef.

■ **nave** *est féminin.*

Navidad Noël.

► **¡Feliz Navidad!** Joyeux Noël !

navideño, navideña de Noël.

▷ La última vez que volvió a casa, fue para las vacaciones navideñas. La dernière fois qu'il est rentré à la maison, c'était pour les vacances de Noël.

neblina brume.

necesario, necesaria nécessaire.

► **es necesario...** il est nécessaire de... *ou* il faut...

▷ Es necesario darse prisa para tomar el próximo tren. Il faut se dépêcher pour avoir le prochain train.

▷ Es necesario que se vista bien para la fiesta. Il faut qu'il s'habille bien pour la soirée.

> **i** On remarque l'emploi du subjonctif après **es necesario que** (il faut que).

▷ Comer fruta es necesario para la salud. Manger des fruits est nécessaire à la santé.

> Attention à l'emploi de la préposition **para** dans **necesario para** (nécessaire à).

► **no es necesario** ce n'est pas nécessaire *ou* ce n'est pas la peine.

▷ No es necesario poner la redacción en limpio. Ce n'est pas la peine de mettre la rédaction au propre.

> **i** On remarque l'absence de préposition en espagnol dans **no es necesario hacer algo** (ce n'est pas la peine de faire quelque chose).

necesidad nécessité *ou* besoin.

■ *Ce mot, comme la plupart des mots espagnols terminés par* **-tad, -dad** *et* **-tud,** *est féminin.*

necesitar avoir besoin de.

▷ Necesito ayuda para hacer este ejercicio. J'ai besoin d'aide pour faire cet exercice.

> **i** On remarque l'absence de préposition en espagnol dans **necesitar algo** (avoir besoin de quelque chose).

Se conjugue sur le modèle de **cantar** (voir p. 903).

negar *a plusieurs sens :*

1 **negar** *peut signifier* nier.

2 **negar** *peut signifier* refuser.

▷ Me negaron el permiso para salir. Ils m'ont refusé la permission de sortir.

► **negarse a hacer algo** refuser de faire quelque chose.

▷ Se niega a venir. Il refuse de venir.

> Attention à l'emploi de la préposition **a** dans **negarse a hacer algo** (refuser de faire quelque chose).

► **negar el saludo a alguien** ignorer quelqu'un.

Attention ! Pour conserver le son /g/ de l'infinitif, le **-g** *de* **negar** *se transforme en* **-gu** *devant un* **-e.**

▷ Aunque lo niegues, sé que fuiste tú quien lo hizo. Même si tu le nies, je sais que c'est toi qui l'as fait.

negar *est un verbe à diphtongue. Le* **-e** *devient* **-ie** *aux trois personnes du singulier et à la troisième personne du pluriel au présent de l'indicatif et du subjonctif :*

INDICATIF PRÉSENT	SUBJONCTIF PRÉSENT
niego	niegue
niegas	niegues
niega	niegue
negamos	neguemos
negáis	neguéis
niegan	nieguen

Se conjugue sur le modèle de **cantar** (voir p. 903).

negocio *a plusieurs sens :*

1 **negocio** *peut signifier* commerce *ou* affaire.

2 **negocio** *peut signifier* boutique.

negrilla *ou* **negrita** caractère gras.

■ **negrilla** *et* **negrita** *sont féminins.*

negro, negra noir(e).

► **estar negro con alguien** être furieux après quelqu'un.

> Attention à l'emploi de la préposition con dans estar negro con alguien (être furieux après quelqu'un).

► **poner negro, negra** agacer.

> estar negro et poner negro sont des expressions familières.

nene, nena bébé *ou* petit enfant.

nervio nerf.

nervioso, nerviosa *a des sens différents selon qu'il est employé avec* **ser** *ou* **estar :**

1 **ser nervioso, nerviosa** *signifie* être nerveux (-euse) *(par nature).*

2 **estar nervioso, nerviosa** *signifie* être nerveux(-euse) *(dans une circonstance particulière).*

► **poner nervioso, nerviosa a alguien** énerver quelqu'un.

► **ponerse nervioso, nerviosa** s'énerver.

neumático pneu.

nevada chute de neige.

■ *Dans ce mot, on reconnaît le lien avec le verbe* **nevar** *qui signifie « neiger ».*

nevar neiger.

📖 **nevar** *est un verbe impersonnel, c'est-à-dire qu'il ne s'emploie qu'à la troisième personne du singulier.*

📖 **nevar** *est un verbe à diphtongue. Le* **-e** *devient* **-ie** *aux trois personnes du singulier et à la troisième personne du pluriel au présent de l'indicatif et du subjonctif :*

INDICATIF PRÉSENT	SUBJONCTIF PRÉSENT
nieva	nieve

📖 *Se conjugue sur le modèle de* cantar (voir p. 903).

nevera réfrigérateur.

■ **nevera** *est féminin.*

nicaragüense nicaraguayen(-ne) *ou* Nicaraguayen(-ne).

nido nid.

niebla brouillard.

■ **niebla** *est féminin.*

nieta petite-fille.

nieto petit-fils.

► **nietos** petits-enfants.

nieve neige.

► **copo de nieve** flocon de neige.

> i nieve peut également être une forme du verbe nevar.
> ▷ ¡Ojalá nieve! Pourvu qu'il neige !

ningún *est la forme apocopée de* ninguno.

▷ Ningún chico quería llevar eso. Aucun garçon ne voudrait porter ça.

► **en ningún lugar** *ou* **en ningún sitio** nulle part.

■ *L'apocope est la suppression d'une ou plusieurs lettres à la fin d'un mot.* **Ninguno** *s'apocope en* **ningún** *devant un nom masculin singulier.*

> i En espagnol, on ne répète pas la négation avec no lorsque ningún est placé avant le verbe.
> ▷ Ningún gato entró en el jardín. *ou* No entró ningún gato en el jardín. Aucun chat n'est entré dans le jardin.

ninguno, ninguna *a plusieurs sens :*

1 **ninguno, ninguna** *peut signifier* aucun(e).

▷ Sin duda alguna. Sans aucun doute.

► **en ninguna parte** nulle part.

2 **ninguno, ninguna** *peut signifier* pas du tout *ou* en rien.

▷ No es ninguna especialista. Elle n'est pas du tout spécialiste.

> i En espagnol, on ne répète pas la négation avec no lorsque ninguno, ninguna est placé avant le verbe.
> ▷ Ninguno de estos libros me conviene. *ou* No me conviene ninguno de estos libros. Aucun de ces livres ne me convient.
> ▷ Ninguna asignatura le interesa. *ou* No le interesa ninguna asignatura. Aucune matière ne l'intéresse.

niña *a plusieurs sens :*

1 **niña** *peut signifier* petite fille.

► **de niña** quand j'étais / tu étais / elle était / etc. petite.

▷ De niña me gustaba dibujar. Quand j'étais petite, j'aimais faire des dessins.

2 **niña** *peut signifier* prunelle *ou* pupille (*de l'œil*).

niñera nourrice.

niñez enfance.

niño petit garçon.

► **de niño** quand j'étais / tu étais / il était / etc. petit.

▷ De niño vivía en el campo. Quand j'étais petit j'habitais à la campagne.

► **niños** enfants.

nivel niveau.

no *a plusieurs sens :*

1 **no** *peut signifier* non *ou* pas.

► **ahora no** pas maintenant.

▷ - ¿Me puedes ayudar? - Lo siento, ahora no. - Est-ce que tu peux m'aider ? - Désolé, pas maintenant.

► **no mucho** pas beaucoup *ou* pas trop.

▷ - ¿Te gusta la música clásica? - No mucho. - Est-ce que tu aimes la musique classique ? - Pas trop.

► **¡como no!** bien sûr !

2 **no** *peut servir à marquer la négation dans une phrase.*

▷ No estoy seguro. Je ne suis pas sûr.

nobleza noblesse.

noche nuit *ou* soir *ou* soirée.

▷ Nos irémos por la noche. Nous partirons le soir.

▷ Pasaré a tu casa por la noche. Je passerai chez toi dans la soirée.

> Attention à l'emploi de la préposition por dans por la noche (le soir).

► **buenas noches** bonsoir *ou* bonne nuit.

► **de la noche a la mañana** du jour au lendemain.

► **de noche** la nuit *ou* de nuit *ou* en soirée.

▷ De noche no me gusta conducir. Je n'aime pas conduire de nuit.

► **ser noche** *ou* **hacer de noche** faire nuit.

nochebuena nuit de Noël.

nochevieja nuit de la Saint-Sylvestre.

nocivo, nociva nocif(-ive).

nodriza nourrice *ou* nounou.

nombrar nommer.

Se conjugue sur le modèle de **cantar** (voir p. 903).

nombre *a plusieurs sens :*

1 **nombre** *peut signifier* nom (*au sens de « substantif » ou au sens de « nom de famille + prénom »*).

▷ Los nombres propios se escriben con mayúscula. Les noms propres s'écrivent avec une majuscule.

▷ Mi nombre debe de estar en la lista. Mon nom doit être sur la liste.

2 **nombre** *peut signifier* prénom.

► **de nombre** de renom.

> Attention ! nombre ne signifie ni « nom de famille », ni « nombre » au sens de « chiffre ».

non impair(e).

► **pares o nones** pair ou impair.

noria grande roue.

norte nord.

Norteamérica Amérique du Nord.

norteamericano, norteamericana américain(e) *ou* Américain(e).

Noruega Norvège.

noruego, noruega norvégien(ne) *ou* Norvégien(ne).

nos *est le pronom personnel réfléchi et complément* nous.

▷ Nos aburrimos. Nous nous ennuyons.

▷ Nos ofrecieron caramelos. Ils nous ont offert des bonbons.

▷ ¿Nos haces una foto, por favor? Tu nous prends en photo, s'il te plaît ?

nosotros, nosotras *est le pronom personnel sujet* nous.

▷ Nosotros esquiamos todos los inviernos en los Pirineos, ¿y vosotros? Nous faisons du ski tous les hivers dans les Pyrénées, et vous ?

▷ ¡Nosotras no hemos sido nada! Nous n'avons rien fait ! *ou* Ce n'est pas nous !

■ *En espagnol, les pronoms personnels sont souvent omis car ce sont les terminaisons verbales qui indiquent la personne. On les utilise pour éviter les confusions entre plusieurs personnes ou pour renforcer le sujet.*

nota *a plusieurs sens :*

1 **nota** *peut signifier* note *ou* mot (= *annotation*).

► **sacar una buena nota** avoir une bonne note.

2 **nota** *peut signifier* addition.

► **dar la nota** se faire remarquer.

dar la nota est une expression familière.

notable mention assez bien *ou* mention bien (*pour un examen*).

▷ Saqué un notable. J'ai eu mention assez bien.

notar remarquer *ou* trouver *ou* noter.

► **notarse** se voir.

▷ ¡Se nota que la profe no está! Ça se voit que la prof n'est pas là !

Se conjugue sur le modèle de **cantar** (voir p. 903).

noticia nouvelle *ou* information.

► **las noticias** les informations (*à la radio par exemple*).

novecientos, novecientas neuf cents.

■ *En espagnol, les multiples de cent s'accordent en genre et en nombre avec le nom qu'ils désignent : novecientos euros / novecientas libras.*

novedad nouveauté.

■ *Ce mot, comme la plupart des mots espagnols terminés par* **-tad, -dad** *et* **-tud,** *est féminin.*

novela roman.

■ **novela** *est féminin.*

novelista romancier(-ière).

■ *Comme la plupart des mots se terminant en* **-ista, novelista** *peut être masculin ou féminin : el novelista, la novelista.*

noveno, novena neuvième.

■ *Les nombres ordinaux s'accordent et sont généralement employés devant le nom, sauf pour un souverain, un siècle ou un chapitre :* **Luis IX** (noveno) Louis IX (neuf). Ils ne sont utilisés que du premier au onzième. Ensuite, on emploie des cardinaux : **el veinte aniversario** le vingtième anniversaire.

noventa quatre-vingt-dix.

noviazgo fiançailles.

■ **noviazgo** *est masculin singulier.*

noviembre novembre.

novillo jeune taureau.

► **hacer novillos** faire l'école buissonnière.

novio, novia fiancé(e) *ou* petit(e) ami(e).

nube nuage.

■ **nube** *est féminin.*

nublado, nublada nuageux(-euse).

núcleo noyau.

nudo nœud.

nueces *est le pluriel de* **nuez**.

nuera belle-fille.

nuestro, nuestra *a plusieurs sens :*

1 **nuestro, nuestra** *est l'adjectif possessif* notre.

▷ Ella es amiga nuestra. C'est notre amie.

■ **nuestro, nuestra** *se place derrière le nom qu'il détermine et s'accorde avec lui.*

2 *Précédé de l'auxiliaire* **ser, nuestro, nuestra** *signifie* à nous.

▷ Esta casa es nuestra. Cette maison est à nous.

3 *Précédé de l'article défini,* **nuestro, nuestra** *est le pronom possessif* le nôtre, la nôtre.

▷ - ¿De quién es este coche? - Es el nuestro. - À qui est cette voiture ? - C'est la nôtre.

nueve neuf.

nuevo, nueva nouveau, nouvel, nouvelle *ou* neuf, neuve.

► **de nuevo** à nouveau.

► **el Año Nuevo** le Nouvel An.

nuez noix.

numerar numéroter.

Se conjugue sur le modèle de **cantar** (voir p. 903).

número *a plusieurs sens :*

1 **número** *peut signifier* nombre.

► **número romano** chiffre romain.

2 **número** *peut signifier* pointure.

▷ ¿Qué número tienes? Tu chausses du combien ? *ou* Quelle est ta pointure ?

3 **número** *peut signifier* numéro.

numeroso, numerosa nombreux(-euse).

nunca jamais.

En espagnol, on ne répète pas la négation avec no lorsque nunca est placé avant le verbe.
▷ Nunca me vienes a ver. *ou* No me vienes a ver nunca. Tu ne viens jamais me voir.

nutrir nourrir.

Se conjugue sur le modèle de **vivir** (voir p. 1109).

O

ESPAGNOL — FRANÇAIS

o *est la conjonction* ou.

► **o sea** c'est-à-dire.

obedecer obéir.

▷ Mi hermanito no quiere obedecerme. Mon petit frère ne veut pas m'obéir.

▷ ¡Obedece las órdenes sin preguntar nada! Obéis aux ordres sans poser de question !

> Attention à l'absence de préposition dans **obedecer algo** (obéir à quelque chose).

Attention ! **obedecer** *appartient au groupe des verbes se terminant en* **-acer, -ecer, -ocer** *et* **-ucir** *qui sont irréguliers à la première personne du singulier du présent de l'indicatif et à toutes les personnes du subjonctif présent :*

INDICATIF PRÉSENT	SUBJONCTIF PRÉSENT
obede**zco**	obede**zca**
obedeces	obede**zcas**
obedece	obede**zca**
obedecemos	obede**zcamos**
obedecéis	obede**zcáis**
obedecen	obede**zcan**

Se conjugue sur le modèle de **deber** (voir p. 928).

obediencia obéissance.

obediente obéissant(e).

obispo évêque.

objetivo objectif.

obligación obligation.

► **tener (la) obligación de hacer algo** être obligé(e) de faire quelque chose *ou* devoir faire quelque chose.

■ *Ce mot, comme la plupart des mots espagnols terminés par* **-ción** *ou* **-sión**, *est féminin.*

obligatorio, obligatoria obligatoire.

obra *a plusieurs sens :*

1 **obra** *peut signifier* œuvre *ou* ouvrage.

► **obra de teatro** pièce de théâtre.

► **obra maestra** chef d'œuvre.

► **buena obra** bonne action.

2 **obra** *peut signifier* chantier *ou* travail.

► **en obras** en travaux.

► **ponerse manos a la obra** se mettre à l'ouvrage.

■ **obra** *est féminin.*

obrar agir.

Se conjugue sur le modèle de **cantar** (voir p. 903).

obrero, obrera ouvrier(-ière).

obsequiar offrir *ou* faire cadeau de.

▷ Nos obsequiaron con un bolígrafo. Ils nous ont offert un stylo.

> Attention à l'emploi de la préposition **con** dans **obsequiar con algo** (offrir quelque chose).

Se conjugue sur le modèle de **cantar** (voir p. 903).

obsequio cadeau.

> **i** **obsequio** peut également être une forme du verbe **obsequiar**.
> ▷ Le obsequio con flores. Je lui ai offert des fleurs.

> Attention ! **obsequio** ne signifie pas « obsèques ».

observación observation *ou* remarque.

■ *Ce mot, comme la plupart des mots espagnols terminés par* **-ción** *ou* **-sión**, *est féminin.*

observador, observadora observateur (-trice).

observar observer *ou* remarquer.

Se conjugue sur le modèle de **cantar** (voir p. 903).

obsesionar obséder.

Se conjugue sur le modèle de **cantar** (voir p. 903).

obstaculizar entraver *ou* faire obstacle à.

Comme la plupart des verbes terminés en **-zar**, **obstaculizar** *subit des modifications orthographiques : le* **-z** *devient* **-c** *devant un* **-e**.

▷ No dejéis nada delante de la puerta que obstaculice el paso. Ne laissez rien devant la porte qui entraverait le passage.

Se conjugue sur le modèle de **cantar** (voir p. 903).

obstáculo obstacle.

obstante

► **no obstante** cependant.

obtener obtenir.

Se conjugue comme le verbe **tener** (voir p. 1090).

obvio, obvia évident(e) *ou* clair(e).

oca oie.

ocasión occasion.

► **en cierta ocasión** une fois.

► **en ocasiones** parfois.

► **en varias ocasiones** à plusieurs reprises.

■ *Ce mot, comme la plupart des mots espagnols terminés par* **-ción** *ou* **-sión**, *est féminin.*

> Attention à l'orthographe du mot ocasión.

ochenta quatre-vingts.

ocho huit.

ochocientos, ochocientas huit cents.

> En espagnol, les centaines s'accordent en genre et en nombre avec le nom : ochocientas libras esterlinas / ochocientos euros.

ocio *a plusieurs sens :*

1 **ocio** *peut signifier* temps libre.

2 **ocio** *peut signifier* loisir.

octavo, octava huitième.

■ *Les nombres ordinaux s'accordent et sont généralement employés devant le nom, sauf pour un souverain, un siècle ou un chapitre :* **el capítulo VIII** (el octavo capítulo) le chapitre VIII (le chapitre huit). Ils ne sont utilisés que du premier au onzième. Ensuite, on emploie des cardinaux : **el veinte aniversario** le vingtième anniversaire.

octubre octobre.

ocultar cacher.

Se conjugue sur le modèle de **cantar** (voir p. 903).

oculto, oculta caché(e).

> **i** oculto et oculta peuvent également être des formes du verbe ocultar.
> ▷ Oculto mis objetos preciosos en un escondite. Je cache mes objets précieux dans une cachette.

ocupación occupation *ou* tâche *ou* profession.

► **sin ocupación** sans emploi.

■ *Ce mot, comme la plupart des mots espagnols terminés par* **-ción** *ou* **-sión**, *est féminin.*

> Attention à l'orthographe du mot ocupación.

ocurrencia idée (*souvent farfelue*).

ocurrir se passer *ou* arriver.

▷ En el guión, la historia ocurre en los años setenta. Dans le scénario, l'histoire se passe dans les années soixante-dix.

▷ ¿Qué ha ocurrido? Que s'est-il passé ?

▷ ¿Por qué lloras? ¿Qué te ocurre? Pourquoi tu pleures ? Qu'est ce qu'il t'arrive ?

► **ocurrirse** venir à l'esprit.

▷ Se me ha ocurrido que podemos prepararle una fiesta sorpresa. J'ai eu l'idée de lui préparer une fête surprise.

▷ ¿Es lo único que se te ocurre? C'est la seule chose qui te vienne à l'esprit ?

Se conjugue sur le modèle de **vivir** (voir p. 1109).

odiar détester.

Se conjugue sur le modèle de **cantar** (voir p. 903).

odio haine.

► **tener odio a alguien** haïr quelqu'un.

■ **odio** *est masculin.*

> **i** odio peut également être une forme du verbe odiar.
> ▷ ¡Odio a la gente hipócrita! Je déteste les gens hypocrites !

oeste ouest.

► **película del oeste** western.

ofender offenser.

► **ofenderse** se vexer.

Se conjugue sur le modèle de **deber** (voir p. 928).

oferta offre *ou* proposition.

oficina bureau.

► **oficina de objetos perdidos** bureau des objets trouvés.

► **oficina de turismo** office du tourisme.

■ **oficina** *est féminin.*

oficinista employé(e) de bureau.

■ *Comme la plupart des mots se terminant en* **-ista, oficinista** *peut être masculin ou féminin : el oficinista, la oficinista.*

oficio métier *ou* travail.

► **desempeñar un oficio** occuper un poste.

ofrecer offrir *ou* donner.

Attention ! **ofrecer** *appartient au groupe des verbes se terminant en* **-acer, -ecer, -ocer** *et* **-ucir** *qui sont irréguliers à la première personne du singulier du présent de l'indicatif et à toutes les personnes du subjonctif présent :*

INDICATIF PRÉSENT	SUBJONCTIF PRÉSENT
ofre**zco**	ofre**zca**
ofreces	ofre**zcas**
ofrece	ofre**zca**
ofrecemos	ofre**zcamos**
ofrecéis	ofre**zcáis**
ofrecen	ofre**zcan**

Se conjugue sur le modèle de **deber** (voir p. 928).

ofrecimiento proposition *ou* offre.

■ **ofrecimiento** *est masculin.*

oído *a plusieurs sens :*

1 **oído** *peut signifier* ouïe.

► **ser todo oídos** être tout ouïe.

2 **oído** *peut signifier* oreille.

▷ Me duelen los oídos. J'ai mal aux oreilles.

► **ser duro de oído** être dur d'oreille.

► **no dar crédito a sus oídos** ne pas en croire ses oreilles.

► **hacer oídos sordos** faire la sourde oreille.

■ **oído** *est masculin.*

i oído peut également être le participe passé du verbe oír.

oír entendre *ou* écouter.

► **¡oiga!** écoutez ! (*pour attirer l'attention*) *ou* allô ! (*au téléphone*).
Voir tableau ci-dessous.

ojalá *a plusieurs sens :*

1 *Suivi du subjonctif présent,* **ojalá** *peut signifier* pourvu que...

▷ ¡Ojalá no llueva este fin de semana! Pourvu qu'il ne pleuve pas ce week-end !

2 *Suivi du subjonctif imparfait,* **ojalá** *peut signifier* si seulement...

▷ ¡Ojalá pudiera venir con nosotros! Si seulement il pouvait venir avec nous !

ojear jeter un coup d'œil.

Dans ce mot, on reconnaît le lien avec le mot **ojo** *qui signifie « œil ».*

Attention ! Ne pas confondre ojear et hojear qui signifie « feuilleter ».

Se conjugue sur le modèle de **cantar** (voir p. 903).

ojera cerne.

► **tener ojeras** avoir les yeux cernés.

OIR				
INDICATIF				CONDITIONNEL
PRÉSENT	IMPARFAIT	PASSÉ SIMPLE	FUTUR	PRÉSENT
oigo **oyes** **oye** **oímos** oís **oyen**	oía oías oía oíamos oíais oían	oí **oíste** **oyó** **oímos** **oísteis** **oyeron**	oiré oirás oirá oiremos oiréis oirán	oiría oirías oiría oiríamos oiríais oirían

SUBJONCTIF		IMPÉRATIF		
PRÉSENT	IMPARFAIT	PRÉSENT		
oiga **oigas** **oiga** **oigamos** **oigáis** **oigan**	**oyera** **oyeras** **oyera** **oyéramos** **oyerais** **oyeran**	**oye** **oiga** **oigamos** **oíd** **oigan**	INFINITIF PARTICIPE GÉRONDIF	oir **oido** **oyendo**

ojo *a plusieurs sens :*

1 **ojo** *peut signifier* œil.

► **a ojo** à vue d'œil.

► **¡ojo!** attention !

► **en un abrir y cerrar de ojos** en un clin d'œil.

► **no pegar (el) ojo** ne pas fermer l'œil.

► **con los ojos cerrados** les yeux fermés.

2 **ojo** *peut signifier* trou (*d'une serrure*).

3 **ojo** *peut signifier* chas (*d'une aiguille*).

ola vague.

óleo huile (= *peinture*).

oler sentir.

▷ ¿Quién ha fumado? Huele a tabaco. Qui a fumé ? Ça sent le tabac.

> Attention à l'emploi de la préposition a dans oler a algo (sentir quelque chose).

▷ Huele bien. Ça sent bon.

▷ Huele mal. Ça sent mauvais.

► **olerse** pressentir *ou* flairer.
Voir tableau ci-dessous.

olfato odorat.

olla marmite.

► **olla a presión** autocuiseur.

olor odeur.

► **mal olor** mauvaise odeur.

► **olor a...** odeur de...

■ *Comme la plupart des mots espagnols terminés par* **-or, olor** *est masculin.*

oloroso, olorosa odorant(e).

■ *Dans ce mot, on reconnaît le nom* **olor** *qui signifie « odeur ».*

olvidar oublier.

▷ Olvidé hacer compras. J'ai oublié de faire les courses.

> On remarque l'absence de préposition en espagnol dans olvidar hacer algo (oublier de faire quelque chose).

► **olvidarse de algo** oublier quelque chose.

▷ ¡No te olvides de las llaves! N'oublie pas tes clés !

▷ ¡Me he olvidado de avisar a mi madre! J'ai oublié de prévenir ma mère !

▷ ¿Te habías olvidado de que venía hoy? Tu avais oublié que je venais aujourd'hui ?

📖 *Se conjugue sur le modèle de* **cantar** (voir p. 903).

olvido oubli.

> i olvido peut également être une forme du verbe olvidar.
> ▷ Si olvido su cumpleaños se va a enfadar. Si j'oublie son anniversaire, il va se fâcher.

ombligo nombril.

once onze.

opción option.

► **no tener otra opción** ne pas avoir le choix.

> Attention à l'orthographe du mot opción.

■ *Ce mot, comme la plupart des mots espagnols terminés par* **-ción** *ou* **-sión**, *est féminin.*

OLER				
INDICATIF				CONDITIONNEL
PRÉSENT	IMPARFAIT	PASSÉ SIMPLE	FUTUR	PRÉSENT
huelo **hueles** **huele** olemos oléis **huelen**	olía olías olía olíamos olíais olían	olí oliste olió olimos olisteis olieron	oleré olerás olerá oleremos oleréis olerán	olería olerías olería oleríamos oleríais olerían
SUBJONCTIF		IMPÉRATIF		
PRÉSENT	IMPARFAIT	PRÉSENT		
huela **huelas** **huela** olamos oláis **huelan**	oliera olieras oliera oliéramos olierais olieran	**huele** **huela** olamos oled **huelan**	INFINITIF PARTICIPE GÉRONDIF	oler olido oliendo

opinar *a plusieurs sens :*

1 **opinar** *peut signifier* penser.

► **opinar bien/mal de algo** penser du bien/du mal de quelque chose.

2 **opinar** *peut signifier* donner son avis.

▷ Siempre opina sobre todo. Il donne toujours son avis sur tout.

📖 *Se conjugue sur le modèle de* **cantar** (voir p. 903).

opinión opinion *ou* avis.

► **en mi opinión** à mon avis.

oponer opposer.

📖 *Dans ce mot, on reconnaît le verbe* **poner** *qui signifie « poser ». Ils se conjuguent de la même manière.*

📖 *Le participe passé du verbe* **oponer** *est irrégulier :* **opuesto**.

oportunidad occasion *ou* opportunité *ou* chance.

▪ *Ce mot, comme la plupart des mots espagnols terminés par* **-tad, -dad** *et* **-tud**, *est féminin.*

oposición opposition.

► **oposiciones** concours.

▪ *Ce mot, comme la plupart des mots espagnols terminés par* **-ción** *ou* **-sión**, *est féminin.*

oprimir *a plusieurs sens :*

1 **oprimir** *peut signifier* serrer (*en parlant d'un vêtement par exemple*).

2 **oprimir** *peut signifier* presser (*un bouton par exemple*).

3 **oprimir** *peut signifier* oppresser *ou* opprimer.

📖 *Se conjugue sur le modèle de* **vivir** (voir p. 1109).

optativo, optativa optionnel(le) *ou* facultatif(-ive).

opuesto, opuesta opposé(e).

> **i** opuesto peut également être le participe passé du verbe oponer.

oración *a plusieurs sens :*

1 **oración** *peut signifier* prière.

2 **oración** *peut signifier* phrase.

▪ *Ce mot, comme la plupart des mots espagnols terminés par* **-ción** *ou* **-sión**, *est féminin.*

orador, oradora orateur(-trice).

orar prier.

📖 *Se conjugue sur le modèle de* **cantar** (voir p. 903).

orden *a des sens différents selon qu'il est masculin ou féminin :*

1 **un orden** *(masculin) signifie* un ordre (*de classement*).

2 **una orden** *(féminin) signifie* un ordre (*auquel on obéit*).

ordenador ordinateur.

► **ordenador portátil** ordinateur portable.

ordenar *a plusieurs sens :*

1 **ordenar** *peut signifier* ranger *ou* classer *ou* mettre de l'ordre.

2 **ordenar** *peut signifier* ordonner.

📖 *Se conjugue sur le modèle de* **cantar** (voir p. 903).

oreja oreille.

órgano *a plusieurs sens :*

1 **órgano** *peut signifier* organe.

2 **órgano** *peut signifier* orgue.

orgullo orgueil.

orgulloso, orgullosa *a des sens différents selon qu'il est employé avec* **ser** *ou* **estar** :

1 **ser orgulloso, orgullosa** *signifie* être orgueilleux(-euse).

2 **estar orgulloso, orgullosa de** *signifie* être fier, fière de.

▪ *Dans ce mot, on reconnaît le nom* **orgullo** *qui signifie « orgueil ».*

origen origine.

▪ **origen** *est masculin.*

originar causer *ou* provoquer.

📖 *Se conjugue sur le modèle de* **cantar** (voir p. 903).

orilla bord.

► **a orillas del mar** au bord de la mer.

▪ **orilla** *est féminin.*

oro or.

► **de oro** en or.

► **oros** *est une des couleurs du jeu de cartes espagnol.*

orquesta orchestre.

► **orquesta de cámara** orchestre de chambre.

> Attention à l'orthographe du mot orquesta.

os *est le pronom personnel* vous.

osar oser.

📖 *Se conjugue sur le modèle de* **cantar** (voir p. 903).

oscurecer commencer à faire sombre.

ℹ oscurecer peut également s'écrire obscurecer.

📖 **oscurecer** *est un verbe impersonnel, c'est-à-dire qu'il ne s'emploie qu'à la troisième personne du singulier.*

INDICATIF PRÉSENT	SUBJONCTIF PRÉSENT
oscurece	oscurezca

oscuridad obscurité.

■ *Ce mot, comme la plupart des mots espagnols terminés par* **-tad, -dad** *et* **-tud,** *est féminin.*

ℹ oscuridad peut également s'écrire obscuridad.

oscuro, oscura obscur(e) *ou* sombre *ou* foncé(e).

► **a oscuras** dans l'obscurité *ou* dans le noir.

ℹ oscuro, oscura peut également s'écrire obscuro, obscura.

oso, osa ours(e).

► **oso pardo** ours brun.

► **hacer el oso** faire le clown.

hacer el oso est une expression familière.

ostra huître.

► **aburrirse como una ostra** s'ennuyer comme un rat mort.

aburrirse como una ostra est une expression familière.

otoño automne.

otorgar accorder *ou* décerner.

📖 *Attention ! Pour conserver le son / g / de l'infinitif, le* **-g** *de* **otorgar** *se transforme en* **-gu** *devant un* **-e** *:*

▷ No creo que le otorguen el primer premio. Je ne crois pas qu'on lui décerne le premier prix.

📖 *Se conjugue sur le modèle de* **cantar** (voir p. 903).

otro, otra autre.

▷ Necesito otra. J'en ai besoin d'une autre.

▷ Me equivoqué de autobús : ¡era el otro! Je me suis trompé de bus, c'était l'autre !

oveja brebis.

► **ser la oveja negra** être la brebis galeuse.

ovillo pelote.

■ **ovillo** *est masculin.*

oxidar rouiller.

📖 *Se conjugue sur le modèle de* **cantar** (voir p. 903).

oyente auditeur(-trice).

ozono ozone.

► **capa de ozono** couche d'ozone.

P

ESPAGNOL — FRANÇAIS

pachucho, pachucha *a plusieurs sens :*

1 **pachucho, pachucha** *peut signifier* flétri(e).

2 **pachucho, pachucha** *peut signifier* patraque.

> Dans ce sens, **pachucho, pachucha** est un mot familier.

paciencia patience.

► **perder la paciencia** perdre patience.
► **tener paciencia** être patient(e).

paciente patient(e).

padecer souffrir.

Attention ! **padecer** *appartient au groupe des verbes se terminant en* **-acer, -ecer, -ocer** *et* **-ucir** *qui sont irréguliers à la première personne du singulier du présent de l'indicatif et à toutes les personnes du subjonctif présent :*

INDICATIF PRÉSENT	SUBJONCTIF PRÉSENT
pade**zco**	pade**zca**
padeces	pade**zcas**
padece	pade**zca**
padecemos	pade**zcamos**
padecéis	pade**zcáis**
padecen	pade**zcan**

Se conjugue sur le modèle de **deber** (voir p. 928).

padrastro beau-père (*d'un second mariage*).

padre père.

► **padres** parents.

padrino *a plusieurs sens :*

1 **padrino** *peut signifier* parrain.
► **padrinos** parrains (= *parrain* + *marraine*).

2 **padrino** *peut signifier* témoin (*de mariage*).

paga *a plusieurs sens :*

1 **paga** *peut signifier* paye *ou* salaire.

2 **paga** *peut signifier* argent de poche.

> **paga** peut également être une forme du verbe **pagar**.
> ▷ **¿Quién paga esta vez?** Qui paye cette fois-ci ?

pagar payer.

Attention ! Pour conserver le son /g/ de l'infinitif, le **-g** *de* **pagar** *se transforme en* **-gu** *devant un* **-e** *:*
▷ **Es necesario que paguemos nuestras deudas.** Il faut que nous payions nos dettes.

Se conjugue sur le modèle de **cantar** (voir p. 903).

página page.

pago paiement.

> **pago** peut également être une forme du verbe **pagar**.
> ▷ **Te lo pago mañana, ¿vale?** Je te le paye demain, d'accord ?

país pays.

► **los Países Bajos** les Pays-Bas.
► **el Pais Vasco** le Pays basque.

paisaje paysage.

> Attention à l'orthographe du mot **paisaje**.

paja paille.

pájaro oiseau.

► **tener la cabeza llena de pájaros** avoir la tête ailleurs.

pala *a plusieurs sens :*

1 **pala** *peut signifier* pelle.

2 **pala** *peut signifier* raquette (*de ping-pong par exemple*).

palabra mot *ou* parole.

palabrota gros mot.

■ **palabrota** *est féminin.*

palacio palais (= *château*).

► **el palacio de Versalles** le château de Versailles.

paladar palais (= *partie de la bouche*).

■ **paladar** *est masculin.*

pálido, pálida pâle.

► **ponerse pálido, pálida** devenir pâle.

palma *a plusieurs sens :*

1 **palma** *peut signifier* paume.
► **dar palmas** applaudir.

2 **palma** *peut signifier* palmier.

3 **palma** *peut signifier* palme.

palo *a plusieurs sens :*

1 **palo** *peut signifier* bâton *ou* piquet.

2 **palo** *peut signifier* mât.

3 **palo** *peut signifier* manche.

4 **palo** *peut signifier* coup.

5 ► **ser un palo** être rasoir.

ser un palo est une expression familière.

paloma pigeon *ou* colombe.

► **paloma mensajera** pigeon voyageur.

palomitas pop-corn.

■ **palomitas** *est féminin pluriel.*

pan pain.

► **pan de molde** pain de mie.
► **pan integral** pain complet.
► **ser pan comido** être un jeu d'enfant.
► **llamar al pan pan y al vino vino** appeler un chat un chat.

panadería boulangerie.

■ *Dans ce mot, on reconnaît le mot* **pan** *qui signifie « pain ».*

panadero, panadera boulanger(-ère).

■ *Dans ce mot, on reconnaît le mot* **pan** *qui signifie « pain ».*

panameño, panameña panaméen(ne) *ou* Panaméen(ne).

panda *a des sens différents selon qu'il est masculin ou féminin :*

1 **un panda** (masculin) *signifie* un panda.

2 **una panda** (féminin) *signifie* une bande (*d'amis*).

una panda est un mot familier.

pánico panique.

■ **pánico** *est masculin.*

pantalla *a plusieurs sens :*

1 **pantalla** *peut signifier* écran.

2 **pantalla** *peut signifier* abat-jour.
■ **pantalla** *est féminin.*

pantalón *ou* **pantalones** pantalon.

► **pantalón corto** short.
► **pantalón vaquero** *ou* **tejano** jean.
■ *En espagnol, ce mot est surtout utilisé au pluriel.*

pantera panthère.

pantorilla mollet.

■ **pantorilla** *est féminin.*

paño drap *ou* torchon.

pañuelo *a plusieurs sens :*

1 **pañuelo** *peut signifier* mouchoir.
► **pañuelo de papel** mouchoir en papier.

2 **pañuelo** *peut signifier* foulard.

papa (sans accent) *a des sens différents selon qu'il est masculin ou féminin :*

1 **un papa** (masculin) *signifie* un pape (= *chef religieux*).

2 **una papa** (féminin) *signifie* une pomme de terre.
► **no saber ni papa de algo** ne pas avoir la moindre idée de quelque chose.

no saber ni papa de algo est une expression familière.

papá (avec accent) papa.

► **Papá Noel** Père Noël.

papagayo perroquet.

papel *a plusieurs sens :*

1 **papel** *peut signifier* papier.
► **papel de aluminio** papier aluminium.
► **papel de envolver** papier d'emballage.

2 **papel** *peut signifier* rôle.

► **interpretar un papel** jouer un rôle.

papelera corbeille *ou* poubelle.

■ *Dans ce mot, on reconnaît le mot* **papel** *qui signifie « papier ».*

par pair(e).

► **pares o nones** pairs ou impairs.

► **a pares** par paires.

para *a plusieurs sens :*

1 **para** *peut signifier* pour.

▷ Es para tí. C'est pour toi.

► **¿Para qué?** Pour quoi faire?

2 **para** *peut signifier* vers.

▷ Voy para la estación. Je vais vers la gare.

3 **para** *peut signifier* à.

▷ ¿Para qué sirve eso? À quoi ça sert ?

► **para mí** à mon avis.

▷ Para mí, es Sebastián el más fuerte. À mon avis, c'est Sebastián le plus fort.

> i **para** peut également être une forme du verbe **parar**.
> ▷ ¡Para de molestarme! Arrête de me déranger !

paracaídas parachute.

■ *On remarque que ce mot composé est constitué du préfixe* **para-** *et du nom* **caída** *au pluriel qui signifie « chute ».*

■ **paracaídas** *est masculin et invariable : un paracaídas, dos paracaídas.*

parada arrêt *ou* parade *(au football).*

■ **parada** *est féminin.*

> i **parada** peut également être le féminin du mot **parado**.

parado, parada *a des sens différents selon sa catégorie grammaticale :*

> *Ce peut être un* ADJECTIF :

1 **parado, parada** *peut signifier* arrêté(e) *ou* immobile.

2 **parado, parada** *peut signifier* au chômage.

3 **parado, parada** *peut signifier* stupéfait(e).

4 **parado, parada** *peut signifier* lent(e) *ou* timide.

> Dans les deux derniers sens, **parado, parada** est un mot familier.

► **salir bien parado, parada** s'en tirer bien.

► **salir mal parado, parada** s'en tirer mal.

> *Ce peut être un* NOM :

parado, parada *signifie* chômeur(-euse).

paraguas parapluie.

■ *On remarque que ce mot composé est constitué du préfixe* **para-** *et du nom* **agua** *au pluriel qui signifie « eau ».*

■ **paraguas** *est masculin et invariable : un paraguas, dos paraguas.*

paraíso paradis.

parar arrêter.

► **sin parar** sans arrêt.

📖 *Se conjugue sur le modèle de* **cantar** (voir p. 903).

pararrayos paratonnerre.

■ *On remarque que ce mot composé est constitué du préfixe* **para-** *et du nom* **rayo** *au pluriel qui signifie « foudre ».*

■ **pararrayos** *est masculin et invariable : un pararrayos, dos pararrayos.*

parecer *a des sens différents selon sa catégorie grammaticale :*

> *Ce peut être un* VERBE :

1 **parecer** *peut signifier* sembler.

▷ Me parece que tiene razón. Il me semble qu'il a raison.

2 **parecer** *peut correspondre à* trouver.

▷ ¿Qué te pareció el espectáculo? Comment tu as trouvé le spectacle ?

3 **parecer** *peut correspondre à* vouloir *ou* convenir.

▷ Me parece bien. Ça me convient.

▷ Hazlo como te parezca. Fais-le comme tu voudras.

4 **parecer** *peut signifier* avoir l'air.

▷ Pareces cansada. Tu as l'air fatiguée.

► **al parecer** à ce qu'il paraît *ou* apparemment.

► **parecerse a alguien** ressembler à quelqu'un.

📖 *Attention !* **parecer** *appartient au groupe des verbes se terminant en* **-acer, -ecer, -ocer** *et* **-ucir** *qui sont irréguliers à la première personne du singulier du présent de l'indicatif et à toutes les personnes du subjonctif présent :*

INDICATIF PRÉSENT	SUBJONCTIF PRÉSENT
pare**zco**	pare**zca**
pareces	pare**zcas**
parece	pare**zca**
parecemos	pare**zcamos**
parecéis	pare**zcáis**
parecen	pare**zcan**

📖 *Se conjugue sur le modèle de* **deber** (voir p. 928).

> *Ce peut être un* NOM :

parecer *signifie* avis *ou* opinion.

► **a mi parecer** à mon avis.

parecido *a des sens différents selon sa catégorie grammaticale :*

> *Ce peut être un* ADJECTIF :

parecido, parecida *signifie* semblable.

> *Ce peut être un* NOM :

parecido *signifie* ressemblance.

▪ **parecido** *est masculin.*

pared mur.

► **subirse por las paredes** monter sur ses grands chevaux.

> **subirse por las paredes** est une expression familière.

▪ **pared** *est féminin.*

pareja couple *ou* paire.

► **por parejas** deux par deux.

parentesco parenté.

▪ **parentesco** *est masculin.*

paréntesis parenthèse.

► **entre paréntesis** entre parenthèses.

▪ **paréntesis** *est masculin et invariable : un paréntesis, dos paréntesis.*

pariente parent (= *membre de la famille*).

> Attention ! **parientes** ne signifie pas « parents » au sens de « père et mère ».

parlamento parlement.

paro *a plusieurs sens :*

1 **paro** *peut signifier* arrêt.

2 **paro** *peut signifier* chômage.

► **estar en (el) paro** être au chômage.

> ℹ **paro** peut également être une forme du verbe **parar**.
> ▷ Si paro ahora, luego me costará mucho volver a retomar el trabajo. Si j'arrête maintenant, après j'aurai beaucoup de mal à reprendre le travail.

párpado paupière.

▪ **párpado** *est masculin.*

parque parc.

párrafo paragraphe.

parrilla grill.

► **a la parrilla** grillé(e).

▷ Me encantan las sardinas a la parrilla. J'adore les sardines grillées.

parte *a des sens différents selon qu'il est masculin ou féminin :*

1 **un parte** (masculin) *signifie* un bulletin *ou* un rapport *ou* un communiqué.

2 **una parte** (féminin) *peut signifier* une partie *ou* une part.

3 **una parte** (féminin) *peut signifier* un endroit.

► **en alguna parte** quelque part.

► **en cualquier parte** n'importe où.

► **en ninguna parte** nulle part.

► **por todas partes** partout.

► **la mayor parte de...** la plupart de...

► **de una parte** d'un côté.

► **por otra parte** d'autre part *ou* par ailleurs.

► **por partes** séparément *ou* point par point.

► **¿de parte de quien?** de la part de qui ? (*au téléphone*)

participar participer.

▷ Mi hermana participó en un concurso televisivo. Ma sœur a participé à un jeu télévisé.

> Attention à l'emploi de la préposition **en** dans **participar en algo** (participer à quelque chose).

📖 *Se conjugue sur le modèle de* **cantar** (voir p. 903).

particular *a plusieurs sens :*

1 **particular** *peut signifier* particulier(-ère).

2 **particular** *peut signifier* privé(e) *ou* personnel(le).

partida *a plusieurs sens :*

1 **partida** *peut signifier* départ.

2 **partida** *peut signifier* partie (*de cartes par exemple*).

> Attention ! Ne pas confondre **partida** et **partido** qui signifie « parti » (politique).

partidario, partidaria partisan(e).

partido *a plusieurs sens :*

1 **partido** *peut signifier* parti (*politique par exemple*).

2 **partido** *peut signifier* match.

> Attention ! Ne pas confondre **partido** et **partida** qui signifie « départ ».

> ℹ **partido** peut également être le participe passé du verbe **partir**.

partir *a des sens différents selon sa catégorie grammaticale :*

> *Ce peut être un* VERBE TRANSITIF *:*

1 **partir** *peut signifier* couper.

2 **partir** *peut signifier* partager.

3 **partir** *peut signifier* casser.

> *Ce peut être un* VERBE INTRANSITIF *:*

partir *signifie* partir.

Se conjugue sur le modèle de **vivir** (voir p. 1109).

parvulario école maternelle.

■ **parvulario** *est masculin.*

pasa raisin sec.

■ **pasa** *est féminin.*

i pasa peut également être une forme du verbe pasar.
▷ Pasa por aquí. Passe par ici.

pasado *a des sens différents selon sa catégorie grammaticale :*

> *Ce peut être un* ADJECTIF *:*

1 **pasado, pasada** *peut signifier* dernier(-ière).
▷ Fui al médico la semana pasada. Je suis allé chez le médecin la semaine dernière.

2 **pasado, pasada** *peut signifier* passé(e).

3 **pasado, pasada** *peut signifier* gâté(e) (*en parlant d'un fruit ou d'un légume*).

> *Ce peut être un* NOM *:*

pasado *signifie* passé.

i pasado peut également être le participe passé du verbe pasar.

pasador *a plusieurs sens :*

1 **pasador** *peut signifier* barrette (*pour s'attacher les cheveux*).

2 **pasador** *peut signifier* verrou.

■ *Comme la plupart des mots espagnols terminés par* **-or, pasador** *est masculin.*

pasaje passage.

Attention à l'orthographe du mot pasaje.

pasajero, pasajera passager(-ère).

pasamanos rampe.

■ *Dans ce mot, on reconnaît le nom* mano *qui signifie « main ».*

■ **pasamanos** *est masculin et invariable : un pasamanos, dos pasamanos.*

pasaporte passeport.

pasar *a plusieurs sens :*

1 **pasar** *peut signifier* passer.

2 **pasar** *peut signifier* traverser *ou* franchir.
▷ Pasaron la barrera. Ils ont franchi la barrière.

3 **pasar** *peut signifier* se produire *ou* se passer.
▷ ¿Qué te pasa? Qu'est-ce qu'il t'arrive ?

4 **pasar** *peut signifier* entrer.
▷ Puede pasar a mi despacho. Vous pouvez entrer dans mon bureau.

5 **pasar** *peut signifier* se ficher.
▷ Paso de lo que me dices. Je me fiche de ce que tu me dis.

Dans ce sens, pasar est un mot familier.

► **pasarlo bien** s'amuser.

► **pasarlo mal** s'ennuyer *ou* avoir des difficultés.

► **pasarse** se gâter (*pourrir*).

► **pasársele algo a alguien** oublier quelque chose.

▷ ¡Se me pasó por completo que tenía que volver temprano! J'ai complètement oublié que je devais rentrer tôt !

► **pasarse (de la raya)** dépasser les bornes.

Se conjugue sur le modèle de **cantar** (voir p. 903).

pasatiempo passe-temps.

pascua Pâque(s).

► **Pascuas** Noël.

Attention à la traduction du mot Pascuas qui signifie « Noël ».

pase *a plusieurs sens :*

1 **pase** *peut signifier* séance *ou* projection.

2 *En sport,* **pase** *peut signifier* passe.

3 **pase** *peut signifier* laissez-passer.

4 **pase** *peut signifier* défilé (*de mode*).

i pase peut également être une forme du verbe pasar.
▷ Dile que pase a verme cuando quiera. Dis-lui de passer me voir quand il voudra.

pasear promener *ou* se promener.

▷ Me encanta pasear(me) por el jardín botánico. J'adore me promener dans le jardin botanique.

Attention à l'emploi de la préposition por dans pasear(se) por (se promener dans).

► **pasearse** se promener.

Se conjugue sur le modèle de **cantar** (voir p. 903).

paseo promenade.

► **dar un paseo** faire une promenade.

► **mandar a alguien a paseo** envoyer promener quelqu'un.

> **mandar a alguien a paseo** est une expression familière.

■ **paseo** *est masculin.*

> **i** **paseo** peut également être une forme du verbe **pasear**.
> ▷ **Cada tarde paseo al perro.** Chaque soir je promène mon chien.

pasillo couloir.

pasmado, pasmada bouche bée *ou* ébahi(e).

paso *a plusieurs sens :*

1 **paso** *peut signifier* pas.

► **dar un paso en falso** trébucher *ou* faire un faux pas.

2 **paso** *peut signifier* passage.

► **paso de cebra** passage pour piétons.

► **de paso** au passage *ou* par la même occasion.

3 **paso** *peut signifier* allure.

4 ► **salir del paso** se sortir d'affaire.

> **i** **paso** peut également être une forme du verbe **pasar**.
> ▷ **¿Por dónde paso para venir a tu casa?** Je passe par où pour venir chez toi ?

pasta *a plusieurs sens :*

1 **pasta** *peut signifier* pâte(s).

2 **pasta** *peut signifier* gâteau.

3 **pasta** *peut signifier* fric.

> Dans ce sens, **pasta** est un mot familier.

4 ► **pasta de dientes** dentifrice.

pastel *a des sens différents selon sa catégorie grammaticale :*

> *Ce peut être un* ADJECTIF :

pastel *signifie* pastel.

> *Ce peut être un* NOM :

pastel *signifie* gâteau.

pastelería pâtisserie.

■ *Dans ce mot, on reconnaît le lien avec le nom* **pastel** *qui signifie « gâteau ».*

pastelero, pastelera pâtissier(-ière).

■ *Dans ce mot, on reconnaît le lien avec le nom* **pastel** *qui signifie « gâteau ».*

pastilla cachet *ou* comprimé.

► **a toda pastilla** à toute vitesse.

► **pastilla de chocolate** morceau *ou* carré de chocolat.

► **pastilla de jabón** savonnette.

■ **pastilla** *est féminin.*

pastor, pastora berger(-ère).

pata *a plusieurs sens :*

1 **pata** *peut signifier* patte (*d'un animal*) *ou* pied (*d'un meuble*).

► **a cuatro patas** à quatre pattes.

► **a la pata coja** à cloche-pied.

► **meter la pata** faire une gaffe *ou* mettre les pieds dans le plat.

► **tener mala pata** ne pas avoir de chance.

> **tener mala pata** est une expression familière.

2 **pata** *peut signifier* cane.

patada coup de pied.

■ *Dans ce mot, on reconnaît le nom* **pata** *qui signifie « patte » ou « pied ».*

patata pomme de terre.

► **patatas fritas** frites.

patinaje patinage.

> Attention à l'orthographe du mot **patinaje**.

patinete patinette *ou* trottinette.

■ **patinete** *est masculin.*

patio cour.

► **patio de recreo** cour de récréation.

■ **patio** *est masculin.*

pato canard.

patrocinador, patrocinadora sponsor.

patrocinar sponsoriser.

Se conjugue sur le modèle de **cantar** (voir p. 903).

pava dinde.

pavo dindon.

► **pavo real** paon.

► **estar en la edad del pavo** être dans l'âge ingrat.

payaso, payasa clown.

paz paix.

► **dejar a alguien en paz** laisser quelqu'un tranquille.

► **hacer las paces** faire la paix.

peaje péage.

> Attention à l'orthographe du mot peaje.

peatón, peatona piéton(ne).

peatonal piéton(ne) *ou* piétonnier(-ière).

peca tache de rousseur.

pecado péché.

pecera aquarium *ou* bocal.

peces *est le pluriel de* pez.

pecho poitrine *ou* sein.

pechuga blanc (*de volaille*).

▷ ¿Prefieres el muslo o la pechuga? Tu préfères l'aile ou la cuisse ?

peculiar particulier(-ière) *ou* caractéristique.

pedazo morceau.

► **hacer algo pedazos** réduire quelque chose en mille morceaux.

pedido commande.

■ pedido *est masculin.*

> pedido peut également être le participe passé du verbe pedir.

pedir demander *ou* commander.

► **pedir que** + subjonctif *peut signifier* demander de + infinitif *lorsque le sujet du verbe de la subordonnée est le complément de* pedir.

▷ Mi madre me pidió que le ayudara a poner la mesa. Ma mère m'a demandé de l'aider à dresser la table.

► **pedir que** + subjonctif *peut signifier* demander que + subjonctif *lorsque le sujet du verbe de la subordonnée n'est pas le complément de* pedir.

▷ Mi madre me pidió que mi cuarto estuviera limpio cuando ella llegara. Ma mère m'a demandé que ma chambre soit propre quand elle arriverait.

► **pedir** + infinitif demander à + infinitif.

▷ Mi hermano ha pedido poder montar en mi bici nueva. Mon frère a demandé à pouvoir monter sur mon nouveau vélo.

> Attention ! pedir ne signifie pas « demander » au sens de « poser une question ».

📖 pedir *subit un changement de voyelle : le* -e *se transforme en* -i *aux trois personnes du singulier et à la troisième personne du pluriel du présent de l'indicatif, à toutes les personnes du présent du subjonctif, aux troisièmes personnes du singulier et du pluriel au passé simple et à toutes les personnes du subjonctif imparfait.*

INDICATIF PRÉSENT	SUBJONCTIF PRÉSENT	PASSÉ SIMPLE	SUBJONCTIF IMPARFAIT
pido	pida	pedí	pidiera
pides	pidas	pediste	pidieras
pide	pida	pidió	pidiera
pedimos	pidamos	pedimos	pidiéramos
pedís	pidáis	pedisteis	pidierais
piden	pidan	pidieron	pidieran

📖 *Se conjugue sur le modèle de* vivir (voir p. 1109).

pedo pet.

► **tirar un pedo** péter.

pega *a plusieurs sens :*

1 **pega** *peut signifier* colle (*au sens de « question difficile »*).

> Dans ce sens, pega est un mot familier.

2 **pega** *peut signifier* inconvénient *ou* difficulté *ou* problème.

3 ► **de pega** en toc.

> pega peut également être une forme du verbe pegar.
> ▷ Pega las fotos en el álbum. Colle les photos dans l'album.

pegajoso, pegajosa collant(e).

pegar *a des sens différents selon sa catégorie grammaticale :*

> *Ce peut être un* VERBE TRANSITIF :

1 **pegar** *peut signifier* coller.

2 **pegar** *peut signifier* frapper.

> *Ce peut être un* VERBE INTRANSITIF :

pegar *signifie* aller (*d'un point de vue esthétique*).

▷ Tu bolso no pega con el vestido. Ton sac ne va pas avec ta robe.

► **pegarse** se battre.

► **pegar un grito** pousser un cri.

► **pegar un salto** faire un saut.

► **pegar un susto a alguien** faire peur à quelqu'un.

► **pegar un tiro** tirer un coup de feu.

📖 *Attention ! Pour conserver le son / g / de l'infinitif, le* **-g** *de* **pegar** *se transforme en* **-gu** *devant un* **-e** *:*

▷ ¡No pegues la mesa a la pared! Ne colle pas la table contre le mur !

📖 *Se conjugue sur le modèle de* **cantar** (voir p. 903).

peinado coiffure.

■ **peinado** *est masculin.*

> ℹ **peinado** peut également être le participe passé du verbe **peinar**.

peinar coiffer *ou* peigner.

📖 *Se conjugue sur le modèle de* **cantar** (voir p. 903).

peine peigne.

pelar *a plusieurs sens :*

1 **pelar** *peut signifier* peler *ou* éplucher *ou* écosser.

2 **pelar** *peut signifier* plumer.

3 **pelar** *peut signifier* couper les cheveux à.

► **pelarse** se faire couper les cheveux.

📖 *Se conjugue sur le modèle de* **cantar** (voir p. 903).

pelea bagarre.

> ℹ **pelea** peut également être une forme du verbe **pelear**.
> ▷ Pelea no sólo con los más pequeños sino también con los mayores. Il se bat non seulement avec les plus petits mais aussi avec les plus grands.

pelear combattre *ou* se battre *ou* se bagarrer.

📖 *Se conjugue sur le modèle de* **cantar** (voir p. 903).

película *a plusieurs sens :*

1 **película** *peut signifier* film.

► **película del oeste** western.

► **película de dibujos animados** dessin animé.

► **película de miedo** *ou* **de terror** *ou* **de horror** film d'épouvante.

► **de película** génial.

> 🌵 **de película** est une expression familière.

2 **película** *peut signifier* pellicule.

■ **película** *est féminin.*

peligro danger.

peligroso, peligrosa dangereux(-euse).

pelirrojo, pelirroja roux, rousse.

■ *Dans ce mot, on reconnaît le lien avec le nom* **pelo** *qui signifie « cheveux » et l'adjectif* **rojo** *qui signifie « rouge ».*

pellizcar pincer.

📖 *Attention ! Pour conserver le son / k / de l'infinitif, le* **-c** *de* **pellizcar** *se transforme en* **-qu** *devant un* **-e** *:*

▷ ¡No pellizques a tu hermana! Ne pince pas ta sœur !

📖 *Se conjugue sur le modèle de* **cantar** (voir p. 903).

pelo poil (*en parlant d'un animal*) *ou* cheveux (*en parlant d'une personne*).

► **venir al pelo** tomber à pic.

► **por los pelos** de justesse.

► **tomar el pelo a alguien** se payer la tête de quelqu'un.

■ **pelo** *est masculin.*

pelota balle *ou* ballon.

peluquería salon de coiffure.

pena peine.

► **ser una pena** être dommage.

► **dar pena a alguien** *ou* **causar pena a alguien** faire de la peine à quelqu'un.

► **merecer la pena** *ou* **valer la pena** valoir la peine.

pendiente *a des sens différents selon sa catégorie grammaticale :*

> *Ce peut être un* ADJECTIF :

1 **pendiente** *peut signifier* en suspens *ou* en attente.

2 **pendiente** *peut signifier* attentif(-ive).

> *Ce peut être un* NOM MASCULIN :

un pendiente *signifie* une boucle d'oreille.

> *Ce peut être un* NOM FÉMININ :

una pendiente *signifie* une pente.

penoso, penosa pénible.

pensamiento pensée.

► **pasarle a uno por el pensamiento** traverser l'esprit de quelqu'un.

■ **pensamiento** *est masculin.*

pensar penser *ou* réfléchir.

▷ Está pensando en todo lo que tiene que hacer. Il est en train de penser à tout ce qu'il a à faire.

Attention à l'emploi de la préposition en dans pensar en algo (penser à quelque chose).

► **¡ni pensarlo!** (il n'en est) pas question !

📖 **pensar** *est un verbe à diphtongue. Le* **-e** *devient* **-ie** *aux trois personnes du singulier et à la troisième personne du pluriel au présent de l'indicatif et du subjonctif :*

INDICATIF PRÉSENT	SUBJONCTIF PRÉSENT
pienso	piense
piensas	pienses
piensa	piense
pensamos	pensemos
pensáis	penséis
piensan	piensen

📖 *Se conjugue sur le modèle de* **cantar** (voir p. 903).

peña *a plusieurs sens :*

1 **peña** *peut signifier* rocher.

2 **peña** *peut signifier* cercle (*d'amis*).

■ **peña** *est féminin.*

peón *a plusieurs sens :*

1 **peón** *peut signifier* pion (*aux échecs par exemple*).

2 **peón** *peut signifier* ouvrier.

peonza toupie.

peor *a plusieurs sens :*

1 **peor** *peut signifier* pire *ou* plus mauvais.

📖 **peor** *est le comparatif de* **malo, mala**.

2 **peor** *peut signifier* moins bien *ou* plus mal.

📖 **peor** *est le comparatif de* **mal**.

3 *Précédé de l'article indéfini,* **peor** *peut signifier* le pire.

📖 *Dans ce cas,* **peor** *est le superlatif de* **malo, mala**.

4 **peor** *peut être employé dans des expressions :*

► **peor para mí / ti / él / etc.** tant pis pour moi / toi / lui / etc.

► **cada vez peor** de pire en pire.

pepino concombre.

► **me importa un pepino** je m'en fiche complètement.

me importa un pepino est une expression familière.

pequeño, pequeña petit(e).

► **de pequeño, pequeña** quand j'étais / tu étais / il était / etc. petit(e).

▷ De pequeña siempre me peleaba con mi hermano. Quand j'étais petite je me bagarrais toujours avec mon frère.

pera poire.

percha cintre.

perchero portemanteau.

percibir percevoir.

📖 *Se conjugue sur le modèle de* **vivir** (voir p. 1109).

perder *a plusieurs sens :*

1 **perder** *peut signifier* perdre.

2 **perder** *peut signifier* rater (*le train par exemple*).

📖 **perder** *est un verbe à diphtongue. Le* **-e** *devient* **-ie** *aux trois personnes du singulier et à la troisième personne du pluriel au présent de l'indicatif et du subjonctif :*

INDICATIF PRÉSENT	SUBJONCTIF PRÉSENT
pierdo	pierda
pierdes	pierdas
pierde	pierda
perdemos	perdamos
perdéis	perdáis
pierden	pierdan

📖 *Se conjugue sur le modèle de* **deber** (voir p. 928).

pérdida perte.

perdón pardon.

perdonar pardonner.

► **perdone** pardon *ou* excusez-moi.

📖 *Se conjugue sur le modèle de* **cantar** (voir p. 903).

perecer périr.

📖 *Attention !* **perecer** *appartient au groupe des verbes se terminant en* **-acer, -ecer, -ocer** *et* **-ucir** *qui sont irréguliers à la première personne du singulier du présent de l'indicatif et à toutes les personnes du subjonctif présent :*

INDICATIF PRÉSENT	SUBJONCTIF PRÉSENT
perezco	perezca
pereces	perezcas
perece	perezca
perecemos	perezcamos
perecéis	perezcáis
perecen	perezcan

Se conjugue sur le modèle de **deber** (voir p. 928).

pereza paresse.

► **me da pereza** j'ai la flemme.

perezoso, perezosa paresseux(-euse).

perfecto, perfecta parfait(e).

perfil profil *ou* silhouette.

perfume parfum.

perfumería parfumerie.

periódico journal.

periodismo journalisme.

periodista journaliste.

■ *Comme la plupart des mots se terminant en* **-ista, periodista** *peut être masculin ou féminin : el periodista, la periodista.*

período *ou* **periodo** période.

■ **período** *est masculin.*

perjudicar nuire à *ou* faire du tort à.

▷ El tabaco perjudica la salud. Le tabac nuit à la santé.

Attention ! Pour conserver le son / k / de l'infinitif, le **-c** *de* **perjudicar** *se transforme en* **-qu** *devant un* **-e** *:*

▷ No quiero hacer nada que te perjudique. Je ne veux rien faire qui te fasse du tort.

Se conjugue sur le modèle de **cantar** (voir p. 903).

perjudicial nuisible.

permanecer rester.

Attention ! **permanecer** *appartient au groupe des verbes se terminant en* **-acer, -ecer, -ocer** *et* **-ucir** *qui sont irréguliers à la première personne du singulier du présent de l'indicatif et à toutes les personnes du subjonctif présent :*

INDICATIF PRÉSENT	SUBJONCTIF PRÉSENT
permanezco	permanezca
permaneces	permanezcas
permanece	permanezca
permanecemos	permanezcamos
permanecéis	permanezcáis
permanecen	permanezcan

Se conjugue sur le modèle de **deber** (voir p. 928).

permiso permission *ou* permis *ou* licence.

permitir permettre *ou* donner la permission.

► **permitir que** + subjonctif *peut signifier* permettre *ou* donner la permission de + infinitif *lorsque le sujet du verbe de la subordonnée est le complément de* **permitir.**

▷ Mis padres me permiten que duerma en tu casa. Mes parents m'ont donné la permission de dormir chez toi.

► **permitir que** + subjonctif *peut signifier* permettre que + subjonctif *lorsque le sujet du verbe de la subordonnée n'est pas le complément de* **permitir.**

▷ No permito que nadie me hable así. Je ne permets pas qu'on me parle de cette façon.

Se conjugue sur le modèle de **vivir** (voir p. 1109).

pero mais.

perplejo, perpleja perplexe.

perro chien.

► **llevarse como perro y gato** s'entendre très mal.

perseguir poursuivre *ou* persécuter.

Dans ce mot, on reconnaît le verbe **seguir** *qui signifie « suivre ». Ils se conjuguent de la même manière.*

persona personne.

► **ser buena persona** être quelqu'un de bien.

personaje personnage.

Attention à l'orthographe du mot **personaje.**

pertenecer appartenir.

Attention ! **pertenecer** *appartient au groupe des verbes se terminant en* **-acer, -ecer, -ocer** *et* **-ucir** *qui sont irréguliers à la première personne du singulier du présent de l'indicatif et à toutes les personnes du subjonctif présent :*

INDICATIF PRÉSENT	SUBJONCTIF PRÉSENT
pertenezco	pertenezca
perteneces	pertenezcas
pertenece	pertenezca
pertenecemos	pertenezcamos
pertenecéis	pertenezcáis
pertenecen	pertenezcan

Se conjugue sur le modèle de **deber** (voir p. 928).

Perú Pérou.

peruano, peruana péruvien(ne) *ou* Péruvien(ne).

pesadez lourdeur *ou* lenteur.

► **tener pesadez en los párpados** avoir les paupières lourdes.

► **¡qué pesadez!** la barbe!

> **¡qué pesadez!** est une expression familière.

■ **pesadez** *est féminin.*

pesadilla cauchemar.

■ **pesadilla** *est féminin.*

pesado, pesada lourd(e) *ou* lent(e) *ou* pénible.

pésame condoléances.

► **dar el pésame** présenter ses condoléances.

pesar *a des sens différents selon sa catégorie grammaticale :*

> *Ce peut être un* NOM :

1 **pesar** *peut signifier* chagrin.

2 **pesar** *peut signifier* remords.

► **a pesar de** malgré.

► **a pesar de que** bien que.

> *Ce peut être un* VERBE :

1 **pesar** *peut signifier* peser.

2 **pesar** *peut signifier* regretter.

Se conjugue sur le modèle de **cantar** (voir p. 903).

pesca pêche.

► **ir de pesca** aller à la pêche.

> **i** **pesca** peut également être une forme du verbe **pescar**.
> ▷ **Mi abuelo pesca anguilas en el río.** Mon grand-père pêche des anguilles dans la rivière.

pescadería poissonnerie.

pescado poisson.

> Il ne faut pas confondre **pescado** qui signifie « poisson que l'on mange » et **pez** qui signifie « poisson vivant ».

pescador, pescadora pêcheur(-euse).

pescar *a plusieurs sens :*

1 **pescar** *peut signifier* pêcher.

2 **pescar** *peut signifier* attraper.

3 **pescar** *peut signifier* piger *ou* comprendre.

> Dans les deux derniers sens, **pescar** est un mot familier.

Attention ! Pour conserver le son /k/ de l'infinitif, le **-c** *de* **pescar** *se transforme en* **-qu** *devant un* **-e** *:*
▷ **Pesqué una trucha enorme.** J'ai pêché une énorme truite.

Se conjugue sur le modèle de **cantar** (voir p. 903).

pésimo, pésima très mauvais(e).

■ **pésimo, pésima** *est le superlatif de* **malo, mala**.

peso poids.

pestaña cil.

■ **pestaña** *est féminin.*

peste *a plusieurs sens :*

1 **peste** *peut signifier* peste.

2 **peste** *peut signifier* puanteur.

petición requête *ou* demande *ou* pétition.

■ *Ce mot, comme la plupart des mots espagnols terminés par* **-ción** *ou* **-sión**, *est féminin.*

petirrojo rouge-gorge.

peto salopette.

■ **peto** *est masculin.*

petróleo pétrole.

pez poisson.

► **como pez en el agua** comme un poisson dans l'eau.

► **estar pez (en algo)** être nul (en quelque chose) *ou* nager complètement (en quelque chose).

▷ **¡Estoy pez en geografía!** Je nage complètement en géo !

> Il ne faut pas confondre **pez** qui signifie « poisson vivant » et **pescado** qui signifie « poisson que l'on mange ».

picadura piqûre.

picar *a plusieurs sens :*

1 **picar** *peut signifier* piquer.

2 **picar** *peut signifier* mordre.

3 **picar** *peut signifier* démanger.

4 **picar** *peut signifier* picorer *ou* grignoter.

5 **picar** *peut signifier* composter (*un billet*).

6 ► **picarse** *peut signifier* être carié(e).

► **picarse** *peut signifier* se vexer.

► **picarse con alguien** se fâcher avec quelqu'un.

Attention ! Pour conserver le son / k / de l'infinitif, le **-c** *de* **picar** *se transforme en* **-qu** *devant un* **-e** *:*

▷ Pique el billete antes de subir al tren. Compostez votre billet avant de monter dans le train.

Se conjugue sur le modèle de **cantar** (voir p. 903).

picardía astuce *ou* bêtise.

pícaro, pícara malin, maligne.

picnic pique-nique.

> Attention à l'orthographe du mot picnic.

pico *a plusieurs sens :*

1 **pico** *peut signifier* bec.

2 **pico** *peut signifier* pic.

3 ► **... y pico** ... et quelques.

▷ Son las cuatro y pico. Il est quatre heures et quelques.

> **i** pico peut également être une forme du verbe picar.
> ▷ Es verdad que si pico ahora, luego no tendré hambre a la hora de la cena. C'est vrai que si je grignote maintenant, je n'aurai pas faim à l'heure du dîner.

picor démangeaison *ou* picotement.

■ *Comme la plupart des mots espagnols terminés par* **-or, picor** *est masculin.*

pie *a plusieurs sens :*

1 **pie** *peut signifier* pied.

2 **pie** *peut signifier* bas (*d'une page par exemple*).

3 **pie** *peut signifier* légende (*d'une carte par exemple*).

► **de pie** debout.

► **no tener ni pies ni cabeza** n'avoir ni queue ni tête.

piedad pitié.

■ *Ce mot, comme la plupart des mots espagnols terminés par* **-tad, -dad** *et* **-tud**, *est féminin.*

piedra pierre.

► **quedarse de piedra** rester de marbre.

piel peau *ou* fourrure.

■ **piel** *est féminin.*

pierna jambe.

pieza *a plusieurs sens :*

1 **pieza** *peut signifier* pièce.

2 **pieza** *peut signifier* morceau (*de musique*).

► **quedarse de una pieza** rester sans voix.

> Attention ! pieza ne signifie pas « pièce » au sens de « partie d'une maison ».

pijo, pija BCBG

píldora pilule.

pillar *a plusieurs sens :*

1 **pillar** *peut signifier* attraper *ou* coincer.

► **pillarse** se coincer *ou* se pincer (*les doigts par exemple*).

2 **pillar** *peut signifier* piller.

Se conjugue sur le modèle de **cantar** (voir p. 903).

pimienta poivre.

> Attention ! pimienta ne signifie pas « piment ».

pimiento poivron.

► **me importa un pimiento** je m'en moque.

> Attention ! pimiento ne signifie pas « piment ».

> Attention ! Ne pas confondre pimiento et pimienta qui signifie « poivre ».

pincel pinceau.

pinchar *a plusieurs sens :*

1 **pinchar** *peut signifier* piquer.

2 **pinchar** *peut signifier* crever (*un pneu*).

3 **pinchar** *peut signifier* taquiner.

Se conjugue sur le modèle de **cantar** (voir p. 903).

pinchazo piqûre *ou* crevaison.

■ **pinchazo** *est masculin.*

pingüino pingouin.

> **i** Le tréma sur le ü sert à indiquer que les voyelles u et i doivent être prononcées séparément.

pinta air (= *aspect*).

▷ Tienes pinta de payaso con este traje. Tu as l'air d'un clown avec ce costume.

► **tener buena pinta** avoir bonne mine (*pour une personne*) *ou* avoir l'air bon (*pour un repas par exemple*).

▷ ¡Qué buena pinta tiene este pastel! Ce gâteau a l'air délicieux !

> **i** pinta peut également être une forme du verbe pintar.
> ▷ Pinta este dibujo con tus nuevos lápices de colores. Colorie ce dessin avec tes nouveaux crayons de couleur.

pintar peindre.

► **pintarse** se maquiller.
► **pintarse las uñas** se vernir les ongles.
► **pintarse los labios** se mettre du rouge à lèvres.

Se conjugue sur le modèle de cantar *(voir p. 903).*

pintor, pintora peintre.

► **pintor de brocha gorda** peintre en bâtiment.

pintura peinture.

piña *a plusieurs sens :*

1 **piña** *peut signifier* ananas.
2 **piña** *peut signifier* pomme de pin.

piojo pou.

pipa *a plusieurs sens :*

1 **pipa** *peut signifier* pipe.
2 **pipa** *peut signifier* graine de tournesol.

pirámide pyramide.

> Attention à l'orthographe du mot pirámide.

piropo galanterie *ou* compliment.

► **echar piropos a alguien** faire des compliments à quelqu'un.

pisar piétiner *ou* marcher sur *ou* écraser.

Se conjugue sur le modèle de cantar *(voir p. 903).*

Piscis Poissons (= *signe astrologique*).

piso *a plusieurs sens :*

1 **piso** *peut signifier* appartement.
2 **piso** *peut signifier* étage.
3 **piso** *peut signifier* sol.

► **en el piso** par terre.

> **i** piso peut également être une forme du verbe pisar.
> ▷ ¡Por poco te piso! J'ai failli te marcher dessus !

pitar siffler.

► **salir pitando** filer *ou* partir à toute vitesse.

> salir pitando est une expression familière.

Se conjugue sur le modèle de cantar *(voir p. 903).*

pitido sifflement *ou* coup de sifflet.

pito sifflet.

► **me importa un pito** je m'en fiche complètement.

> me importa un pito est une expression familière.

> **i** pito peut également être une forme du verbe pitar.
> ▷ Nunca pito. Je ne siffle jamais.

pizarra *a plusieurs sens :*

1 **pizarra** *peut signifier* tableau noir.

► **salir a la pizarra** aller au tableau.

2 **pizarra** *peut signifier* ardoise (= *matière*).

pizca pincée.

► **ni pizca** pas du tout.

placer *a des sens différents selon sa catégorie grammaticale :*

> *Ce peut être un* NOM :

placer *signifie* plaisir.

> *Ce peut être un* VERBE :

placer *signifie* plaire.

> Attention ! placer ne signifie pas « placer ».

Attention ! **placer** *appartient au groupe des verbes se terminant en* **-acer, -ecer, -ocer** *et* **-ucir** *qui sont irréguliers à la première personne du singulier du présent de l'indicatif et à toutes les personnes du subjonctif présent :*

INDICATIF PRÉSENT	SUBJONCTIF PRÉSENT
plazco	plazca
places	plazcas
place	plazca
placemos	plazcamos
placéis	plazcáis
placen	plazcan

Se conjugue sur le modèle de deber *(voir p. 928).*

plaga fléau.

■ **plaga** *est féminin.*

plan plan *ou* projet.

plancha *a plusieurs sens :*

1 **plancha** *peut signifier* fer à repasser.
2 **plancha** *peut signifier* planche (*de surf ou à voile*).
3 **plancha** *peut signifier* grill.
► **a la plancha** grillé(e).

> **plancha** peut également être une forme du verbe **planchar**.
> ▷ **Sólo plancha las camisas.** Il ne repasse que les chemises.

planchar repasser.

Se conjugue sur le modèle de **cantar** (voir p. 903).

planear *a des sens différents selon sa catégorie grammaticale :*

> *Ce peut être un* VERBE TRANSITIF :
planear *signifie* envisager *ou* planifier.
> *Ce peut être un* VERBE INTRANSITIF :
planear *signifie* planer.

Se conjugue sur le modèle de **cantar** (voir p. 903).

planeta planète.

■ **planeta** *est masculin.*

plano *a des sens différents selon sa catégorie grammaticale :*

> *Ce peut être un* ADJECTIF :
plano, plana *signifie* plat(e).
> *Ce peut être un* NOM :
plano *signifie* plan (*au cinéma*).

planta *a plusieurs sens :*

1 **planta** *peut signifier* plante.
2 **planta** *peut signifier* étage.
► **planta baja** rez-de-chaussée.
► **tener buena planta** avoir de l'allure.

plantar *a plusieurs sens :*

1 **plantar** *peut signifier* planter.
2 **plantar** *peut signifier* poser un lapin à *ou* laisser en plan.

> Dans ce sens, **plantar** est un mot familier.

Se conjugue sur le modèle de **cantar** (voir p. 903).

plantear *a plusieurs sens :*

1 **plantear** *peut signifier* projeter.
2 **plantear** *peut signifier* poser (*une question*).
► **plantearse** se poser (la question de) *ou* envisager de.
▷ **Se plantearon incluso ir a vivir al extranjero.** Ils ont même envisagé de partir vivre à l'étranger.

Se conjugue sur le modèle de **cantar** (voir p. 903).

plantón

► **dar plantón a** poser un lapin à.

> **dar plantón a** est une expression familière.

plata argent.

► **de plata** en argent.
■ **plata** *est féminin.*

plátano banane.

■ **plátano** *est masculin.*

plateado argenté(e).

■ *Dans ce mot, on reconnaît le lien avec le nom* **plata** *qui signifie « argent ».*

platillo soucoupe.

► **platillos** cymbales.
■ **platillo** *est masculin.*

plato *a plusieurs sens :*

1 **plato** *peut signifier* assiette.
► **plato de postre** assiette à dessert.
► **plato hondo** assiette creuse.
► **plato llano** assiette plate.
► **plato sopero** assiette à soupe.
► **pagar los platos rotos** payer les pots cassés.
2 **plato** *peut signifier* plat (*cuisiné*).
► **primer plato** entrée.
► **segundo plato** plat principal.
■ **plato** *est masculin.*

playa plage.

plaza place.

► **plaza de toros** arène.
► **plaza mayor** grand-place.

plegar plier.

Attention ! Pour conserver le son / g / de l'infinitif, le **-g** *de* **plegar** *se transforme en* **-gu** *devant un* **-e.** *De plus,* **plegar** *est un verbe à diphtongue. Le* **-e** *devient* **-ie** *aux trois personnes du singulier et à la troisième personne du pluriel au présent de l'indicatif et du subjonctif.*

INDICATIF PRÉSENT	SUBJONCTIF PRÉSENT
pliego	pliegue
pliegas	pliegues
pliega	pliegue
plegamos	pleguemos
plegáis	pleguéis
pliegan	plieguen

Se conjugue sur le modèle de **cantar** (voir p. 903).

pleito procès.

► **entablar un pleito** entamer un procès.

► **poner un pleito a alguien** poursuivre quelqu'un (*en justice*).

pliegue pli.

> **i** **pliegue** peut également être une forme du verbe **plegar**.
> ▷ **¡No pliegue estas hojas, qué son documentos importantes!** Ne pliez pas ces feuilles, ce sont des documents importants !

plomo plomb.

pluma *a plusieurs sens :*

1 **pluma** *peut signifier* plume.

► **de plumas** en plumes.

2 **pluma** *peut signifier* stylo plume.

plumaje plumage.

> Attention à l'orthographe du mot **plumaje**.

plural pluriel(le).

población localité *ou* population.

■ *Dans ce mot, on reconnaît le lien avec le mot* **pueblo** *qui signifie « village » et « peuple ».*

■ *Ce mot, comme la plupart des mots espagnols terminés par* **-ción** *ou* **-sión**, *est féminin.*

poblado localité.

■ **poblado** *est masculin.*

> **i** **poblado** peut également être le participe passé du verbe **poblar**.

poblar peupler.

■ *Dans ce mot, on reconnaît le lien avec le mot* **pueblo** *qui signifie « village » et « peuple ».*

poblar *est un verbe à diphtongue. Le* **-o** *devient* **-ue** *aux trois personnes du singulier et à la troisième personne du pluriel au présent de l'indicatif et du subjonctif :*

INDICATIF PRÉSENT	SUBJONCTIF PRÉSENT
pueblo	pueble
pueblas	puebles
puebla	pueble
poblamos	poblemos
pobláis	probléis
pueblan	pueblen

Se conjugue sur le modèle de **cantar** (voir p. 903).

pobre pauvre.

pobreza pauvreté.

poco *a des sens différents selon sa catégorie grammaticale :*

> *Ce peut être un* ADVERBE :

poco *signifie* peu *ou* pas très.

▷ **Su padre es poco amable.** Son père n'est pas très aimable.

► **cuesta poco** ça ne coûte pas cher.

► **dentro de poco** dans peu de temps.

► **desde hace poco** depuis peu.

► **hace poco** il n'y a pas longtemps.

► **poco a poco** petit à petit.

► **por poco** *indique que quelque chose a failli arriver.*

▷ **Por poco me caía.** J'ai failli tomber.

> *Ce peut être un* ADJECTIF :

poco, poca *signifie* peu de.

▷ **Tengo poco tiempo para hablar con él.** J'ai peu de temps pour lui parler.

> *Ce peut être un* NOM :

► **un poco de algo** un peu de quelque chose.

poder *a plusieurs catégories grammaticales :*

> *Ce peut être un* NOM :

poder *signifie* pouvoir.

> *Ce peut être un* VERBE :

1 **poder** *peut signifier* pouvoir.

▷ **No puedo hacerlo.** Je ne peux pas le faire.

2 *À la forme impersonnelle,* **poder** *peut servir à exprimer la possibilité.*

▷ **Puede que llegue más tarde.** Il se peut qu'il arrive plus tard.

PODER

INDICATIF				CONDITIONNEL
PRÉSENT	IMPARFAIT	PASSÉ SIMPLE	FUTUR	PRÉSENT
puedo	podía	**pude**	**podré**	**podría**
puedes	podías	**pudiste**	**podrás**	**podrías**
puede	podía	**pudo**	**podrá**	**podría**
podemos	podíamos	**pudimos**	**podremos**	**podríamos**
podéis	podíais	**pudisteis**	**podréis**	**podríais**
pueden	podían	**pudieron**	**podrán**	**podrían**

SUBJONCTIF		IMPÉRATIF		
PRÉSENT	IMPARFAIT	PRÉSENT		
pueda	**pudiera**		INFINITIF	poder
puedas	**pudieras**	**puede**	PARTICIPE	podido
pueda	**pudiera**	**pueda**	GÉRONDIF	**pudiendo**
podamos	**pudiéramos**	podamos		
podáis	**pudierais**	poded		
puedan	**pudieran**	**puedan**		

poderoso, poderosa puissant(e).

■ *Dans ce mot, on reconnaît le lien avec le verbe* **poder** *qui signifie « pouvoir ».*

podr... **(podré, podrás, podría, etc.)** → **poder.**

podrir *ou* **pudrir** pourrir.

Se conjugue sur le modèle de **vivir** (voir p. 1109).

poema poème.

■ **poema** *est masculin.*

poeta poète.

■ **poeta** *est masculin.*

poetisa poétesse.

polaco, polaca polonais(e) *ou* Polonais(e).

polar polaire.

> Attention ! **polar** ne signifie pas « polar ».

poli *a des sens différents selon qu'il est masculin ou féminin :*

1 **un poli** (masculin) *signifie* un flic.

2 **la poli** (féminin) *signifie* la police *ou* les flics.

■ **poli** *est l'abréviation de* **policía**.

> **poli** est un mot familier.

policía *a des sens différents selon qu'il est masculin ou féminin :*

1 **un policía** (masculin) *signifie* un policier.

2 **la policía** (féminin) *signifie* la police.

policíaco, policíaca policier(-ère).

► **novela policíaca** polar *ou* roman policier.

política politique.

político, política *a des sens différents selon sa catégorie grammaticale :*

> *Ce peut être un* ADJECTIF *:*

político, política *signifie* politique.

> *Ce peut être un* NOM *:*

político, política *signifie* homme *ou* femme politique.

pollo poulet.

polo *a plusieurs sens :*

1 **polo** *peut signifier* pôle.

2 **polo** *peut signifier* esquimau (= *glace*).

3 **polo** *peut signifier* polo.

polvo *a plusieurs sens :*

1 **polvo** *peut signifier* poussière.

2 **polvo** *peut signifier* poudre.

► **estar hecho, hecha polvo** être crevé(e) *ou* lessivé(e).

> **estar hecho, hecha polvo** est une expression familière.

■ **polvo** *est masculin.*

pólvora poudre (= *explosif*).

pompa bulle.

pon *est le verbe* **poner** *à la troisième personne du singulier à l'impératif.*

▷ ¡Pon la televisión! Allume la télévision !

pondr... **(pondré, pondrás, pondría, etc.)** → **poner**.

poner *a plusieurs sens :*

1 **poner** *peut signifier* mettre *ou* poser.

2 **poner** *peut signifier* allumer *ou* mettre en marche.

3 **poner** *peut signifier* passer (*un film par exemple*).

4 **poner** *peut signifier* appeler (= *donner un nom à*).

5 ► **ponerse** *peut signifier* se placer *ou* se mettre.

► **ponerse** *peut signifier* mettre (*un vêtement*).

► **ponerse** + adjectif *signifie* devenir + adjectif.

▷ Se puso nervioso. Il est devenu nerveux.

► **ponerse a hacer algo** se mettre à faire quelque chose.
Voir tableau ci-dessous.

pong... **(pongo, pongas, pongamos, etc.)** → **poner**.

por *a plusieurs sens :*

1 **por** *peut signifier* par *pour exprimer le moyen ou le lieu ou pour introduire le complément d'agent :*

▷ Pasó por Madrid. Il est passé par Madrid.

▷ Este puente fue construido por los romanos. Ce pont a été construit par les Romains.

2 **por** *peut signifier* fois (*pour multiplier*).

▷ Veinte por cinco son ciento. Cinq fois vingt font cent.

3 **por** *peut signifier* à cause de.

▷ Nos quedamos en casa por la lluvia. Nous sommes restés à la maison à cause de la pluie.

4 **por** *peut signifier* vers *ou* dans.

▷ Me paseo por la calle. Je me promène dans la rue.

5 **por** *n'est pas toujours traduit en français :*

▷ Vino por la mañana. Il est venu le matin.

6 **por** *peut être employé dans des expressions :*

► **por teléfono** au téléphone.

► **quedar por** + infinitif rester à + infinitif.

▷ La pintura queda por hacer. Il reste la peinture à faire.

porción part *ou* partie.

■ *Ce mot, comme la plupart des mots espagnols terminés par* **-ción** *ou* **-sión**, *est féminin.*

porcentaje pourcentage.

> Attention à l'orthographe du mot **porcentaje**.

porque parce que.

por qué pourquoi.

▷ ¿Por qué dices eso? Pourquoi dis-tu ça ?

> Attention ! Ne pas confondre **por qué** et **porque** qui signifie « parce que ».

portada *a plusieurs sens :*

1 **portada** *peut signifier* couverture (*d'un magazine*).

2 **portada** *peut signifier* une (= *première page d'un journal*).

3 **portada** *peut signifier* façade.

portátil portatif(-ive).

► **ordenador portátil** portable.

PONER				
INDICATIF				CONDITIONNEL
PRÉSENT	IMPARFAIT	PASSÉ SIMPLE	FUTUR	PRÉSENT
pongo pones pone ponemos ponéis ponen	ponía ponías ponía poníamos poníais ponían	**puse** **pusiste** **puso** **pusimos** **pusisteis** **pusieron**	**pondré** **pondrás** **pondrá** **pondremos** **pondréis** **pondrán**	**pondría** **pondrías** **pondría** **pondríamos** **pondríais** **pondrían**
SUBJONCTIF		IMPÉRATIF		
PRÉSENT	IMPARFAIT	PRÉSENT		
ponga **pongas** **ponga** **pongamos** **pongáis** **pongan**	**pusiera** **pusieras** **pusiera** **pusiéramos** **pusierais** **pusieran**	**pon** **ponga** **pongamos** poned **pongan**	INFINITIF PARTICIPE GÉRONDIF	poner **puesto** poniendo

portarse se comporter *ou* se conduire.

► **portarse bien** bien se conduire *ou* être sage.

► **portarse mal** mal se conduire.

📖 *Se conjugue sur le modèle de* **burlarse** (voir p. 898).

portazo

► **dar un portazo** claquer la porte.

portero, portera *a plusieurs sens :*

1 **portero, portera** *peut signifier* gardien(ne) d'immeuble.

► **portero automático** interphone.

2 **portero, portera** *peut signifier* gardien(ne) de but.

portorriqueño, portorriqueña portoricain(e) *ou* Portoricain(e).

portugués, portuguesa portugais(e) *ou* Portugais(e).

porvenir avenir.

poseer posséder *ou* détenir.

📖 *Comme la plupart des verbes terminés en* **-uir, -eer** *et* **-aer, poseer** *subit des modifications orthographiques : le* **-i** *se transforme en* **-y** *devant* **-o** *et* **-e.**

▷ **Los españoles poseyeron casi la totalidad de América del Sur.** Les Espagnols ont possédé presque toute l'Amérique du Sud.

📖 *Se conjugue sur le modèle de* **deber** (voir p. 928).

posguerra après-guerre.

posibilidad possibilité.

► **posibilidades** chances.

> Attention ! Il n'y a qu'un seul **-s** à **posibilidad**. Les seules consonnes qui peuvent redoubler en espagnol sont le **-c**, le **-r**, le **-l** et le **-n**.

■ *Ce mot, comme la plupart des mots espagnols terminés par* **-tad, -dad** *et* **-tud,** *est féminin.*

postal *a des sens différents selon sa catégorie grammaticale :*

> *Ce peut être un* ADJECTIF :

postal *signifie* postal(e).

> *Ce peut être un* NOM :

postal *signifie* carte postale.

■ **postal** *est masculin.*

poste poteau.

> Attention ! **poste** ne signifie pas « poste ».

postre dessert.

postura position *ou* posture.

potencia puissance.

potente puissant(e).

pozo puits.

práctica pratique *ou* expérience.

► **prácticas** travaux pratiques *ou* stage.

practicar faire *ou* pratiquer (*un sport par exemple*).

▷ **¿Prácticas el tenis?** Tu fais du tennis ?

📖 *Attention ! Pour conserver le son / k / de l'infinitif, le* **-c** *de* **practicar** *se transforme en* **-qu** *devant un* **-e** *:*

▷ **Toda la semana pasada practiqué la coreografía para el espectáculo.** Toute la semaine dernière j'ai fait la chorégraphie pour le spectacle.

📖 *Se conjugue sur le modèle de* **cantar** (voir p. 903).

prado pré.

precio prix.

► **a cualquier precio** à tout prix.

precioso, preciosa *a plusieurs sens :*

1 **precioso, preciosa** *peut signifier* précieux (-euse) *ou* de grande valeur.

2 **precioso, preciosa** *peut signifier* très joli(e).

preciso, precisa précis(e).

► **en ese preciso momento** à ce moment précis.

► **es preciso que...** il faut que...

▷ **Es preciso que termine los ejercicios.** Il faut que je termine les exercices.

preferible préférable.

preferido, preferida préféré(e).

> ℹ **preferido** peut également être le participe passé du verbe **preferir**.

preferir préférer.

📖 **preferir** *subit un changement de voyelle et la diphtongaison : le* **-e** *se transforme en* **-i** *aux troisièmes personnes du singulier et du pluriel au passé simple et à toutes les personnes du subjonctif imparfait* (changement de voyelle) *et le* **-i** *devient* **-ie** *aux trois personnes du singulier et à la troisième* *personne du pluriel au présent de l'indicatif et du subjonctif* (diphtongaison).

INDICATIF PRÉSENT	SUBJONCTIF PRÉSENT	PASSÉ SIMPLE	SUBJONCTIF IMPARFAIT
prefiero	prefiera	preferí	prefiriera
prefieres	prefieras	preferiste	prefirieras
prefiere	prefiera	prefirió	prefiriera
preferimos	prefieramos	preferimos	prefiriéramos
preferís	prefieráis	preferíseis	prefirieráis
prefieren	prefieran	prefirieron	prefirieran

📖 *Se conjugue sur le modèle de* **vivir** (voir p. 1109).

prefijo préfixe.

pregunta question.

- ► **hacer una pregunta** poser une question.

> ℹ **pregunta** peut également être une forme du verbe **preguntar**.
> ▷ **Pregunta esto más bien a tus padres.** Demande plutôt à tes parents.

preguntar demander.

- ► **preguntar por alguien** demander quelqu'un.

📖 *Se conjugue sur le modèle de* **cantar** (voir p. 903).

prejuicio préjugé.

premiar récompenser *ou* décerner un prix à.

📖 *Se conjugue sur le modèle de* **cantar** (voir p. 903).

premio prix *ou* récompense.

- ► **premio gordo** gros lot.

prenda vêtement.

- ■ **prenda** *est féminin.*

prender *a plusieurs sens :*

1 **prender** *peut signifier* brûler *ou* mettre le feu à.

2 **prender** *peut signifier* arrêter (*en parlant de la police*).

3 **prender** *peut signifier* attacher.

📖 *Le verbe* **prender** *a deux participes passés : on utilise* **prendido** *(au sens de « attaché »)* ou **preso** *(au sens de « arrêté »).*

📖 *Se conjugue sur le modèle de* **deber** (voir p. 928).

prensa presse.

- ► **rueda de prensa** conférence de presse.

prensar presser.

📖 *Se conjugue sur le modèle de* **cantar** (voir p. 903).

preocupado, preocupada soucieux (-euse) *ou* inquiet(-ète).

> ℹ **preocupado** peut également être le participe passé du verbe **preocupar**.

preocupar préoccuper.

- ► **preocuparse de algo** s'occuper de quelque chose.
- ► **preocuparse por algo** se soucier de quelque chose.
- ► **¡No te preocupes!** Ne t'en fais pas !

📖 *Se conjugue sur le modèle de* **cantar** (voir p. 903).

preparado *a des sens différents selon sa catégorie grammaticale :*

> *Ce peut être un* ADJECTIF :

1 **preparado, preparada** *peut signifier* prêt(e).

- ► **¡preparados...listos...ya!** à vos marques... prêts... partez !

2 **preparado, preparada** *peut signifier* formé(e) *ou* préparé(e).

> *Ce peut être un* NOM :

preparado *signifie* préparation.

- ■ **preparado** *est masculin.*

> ℹ **preparado** peut également être le participe passé du verbe **preparar**.

preparar préparer.

- ► **prepararse para hacer algo** se préparer à faire quelque chose.

📖 *Se conjugue sur le modèle de* **cantar** (voir p. 903).

presa *a plusieurs sens :*

1 **presa** *peut signifier* proie.

2 **presa** *peut signifier* barrage.

3 **presa** *peut signifier* prisonnière.

presencia présence.

presenciar assister à *ou* être témoin de.

📖 *Se conjugue sur le modèle de* **cantar** (voir p. 903).

preso prisonnier.

> ℹ **preso** peut également être le participe passé du verbe **prender**.

prestado, prestada prêté(e).

- ► **dejar algo prestado** prêter quelque chose.
- ► **pedir algo prestado** emprunter quelque chose.

préstamo un prêt.

prestar prêter.

► **prestar ayuda** prêter main-forte.

► **prestar a malentendidos** prêter à confusion.

📖 *Se conjugue sur le modèle de* **cantar** (voir p. 903).

prestigio prestige.

presumir se vanter.

▷ Siempre presume de ser el mejor alumno de la clase. Il se vante toujours d'être le meilleur élève de la classe.

📖 *Se conjugue sur le modèle de* **vivir** (voir p. 1109).

presupuesto budget.

prevenir *a plusieurs sens :*

1 **prevenir** *peut signifier* prévenir *ou* prévoir.

2 **prevenir** *peut signifier* éviter *ou* empêcher.

📖 *Dans ce mot, on reconnaît le verbe* **venir**. *Ils se conjuguent de la même manière.*

previo, previa préalable.

prima cousine.

primario, primaria primaire.

primavera printemps.

■ **primavera** *est féminin.*

primaveral printanier(-ière).

primer *est la forme apocopée de* **primero**.

■ *L'apocope est la suppression d'une ou plusieurs lettres à la fin d'un mot.* **primero** *s'apocope en* **primer** *devant un nom masculin singulier.*

primero *a des sens différents selon sa catégorie grammaticale :*

> *Ce peut être un* ADJECTIF *:*

primero, primera *signifie* premier(-ère).

► **a la primera** du premier coup.

► **a primeros de semana / mes / etc.** en début de semaine / mois / etc.

> *Ce peut être un* ADVERBE *:*

primero *signifie* d'abord.

primo cousin.

princesa princesse.

príncipe prince.

► **príncipe azul** prince charmant.

Attention à l'orthographe du mot **príncipe**.

principiante débutant(e).

principio *a plusieurs sens :*

1 **principio** *peut signifier* début *ou* commencement.

► **a principios de** au début de.

► **al principio** au début.

2 **principio** *peut signifier* principe.

prisa hâte.

► **correr prisa** être urgent(e).

► **darse prisa** se dépêcher.

► **tener prisa** être pressé(e).

prisión prison.

■ *Ce mot, comme la plupart des mots espagnols terminés par* **-ción** *ou* **-sión**, *est féminin.*

prisionero, prisionera prisonnier(-ère).

privilegio privilège.

probador cabine d'essayage.

■ *Dans ce mot, on reconnaît le lien avec le verbe* **probar** *qui signifie « essayer ».*

■ *Comme la plupart des mots espagnols terminés par* **-or**, **probador** *est masculin.*

probar *a plusieurs sens :*

1 **probar** *peut signifier* essayer.

2 **probar** *peut signifier* goûter.

3 **probar** *peut signifier* prouver.

📖 **probar** *est un verbe à diphtongue. Le* **-o** *devient* **-ue** *aux trois personnes du singulier et à la troisième personne du pluriel au présent de l'indicatif et du subjonctif :*

INDICATIF PRÉSENT	SUBJONCTIF PRÉSENT
pruebo	pruebe
pruebas	pruebes
prueba	pruebe
probamos	probemos
probáis	probéis
prueban	prueben

📖 *Se conjugue sur le modèle de* **cantar** (voir p. 903).

problema problème.

▷ ¿Cuál es el problema? Quel est le problème ?

■ **problema** *est masculin.*

proceder *a plusieurs sens :*

1 **proceder** *peut signifier* venir *ou* provenir.

2 **proceder** *peut signifier* procéder *ou* agir.

📖 *Se conjugue sur le modèle de* **deber** (voir p. 928).

procedimiento procédé *ou* méthode.

proceso *a plusieurs sens :*

1 **proceso** *peut signifier* processus.

2 **proceso** *peut signifier* procès.

procurar essayer de.

📖 *Se conjugue sur le modèle de* **cantar** (voir p. 903).

producir produire.

📖 *Attention !* **producir** *appartient au groupe des verbes se terminant en* **-ducir** *qui sont irréguliers à la première personne du singulier du présent de l'indicatif et à toutes les personnes du subjonctif présent et imparfait et du passé simple :*

INDICATIF PRÉSENT	PASSÉ SIMPLE	SUBJONCTIF PRÉSENT	SUBJONCTIF IMPARFAIT
produzco	produje	produzca	produjera
produces	produjiste	produzcas	produjeras
produce	produjo	produzca	produjera
producimos	produjimos	produzcamos	produjéramos
producís	produjisteis	produzcáis	produjerais
producen	produjeron	produzcan	produjeran

📖 *Se conjugue sur le modèle de* **vivir** (voir p. 1109).

producto produit.

profe prof.

▪ **profe** *est l'abréviation de* **profesor, profesora**.

profesión profession.

> Attention ! Il n'y a qu'un seul **-s** à **profesión**. Les seules consonnes qui peuvent redoubler en espagnol sont le **-c**, le **-r**, le **-l** et le **-n**.

▪ *Ce mot, comme la plupart des mots espagnols terminés par* **-ción** *ou* **-sión**, *est féminin.*

profesor, profesora professeur.

profundidad profondeur.

► **las profundidades marinas** les fonds marins.

▪ *Ce mot, comme la plupart des mots espagnols terminés par* **-tad, -dad** *et* **-tud,** *est féminin.*

profundo, profunda profond(e).

programa programme.

> Attention ! Il n'y a qu'un seul **-m** à **programa**. Les seules consonnes qui peuvent redoubler en espagnol sont le **-c**, le **-r**, le **-l** et le **-n**.

▪ **programa** *est masculin.*

prohibición interdiction.

▪ *Dans ce mot, on reconnaît le lien avec le verbe* **prohibir** *qui signifie « interdire ».*

▪ *Ce mot, comme la plupart des mots espagnols terminés par* **-ción** *ou* **-sión**, *est féminin.*

prohibido, prohibida interdit(e).

► **prohibido fumar** défense de fumer.

► **prohibida la entrada** entrée interdite.

► **dirección prohibida** sens interdit.

prohibir interdire.

► **prohibir que** + subjonctif *peut signifier* interdire de + infinitif *lorsque le sujet du verbe de la subordonnée est le complément de* **prohibir**.

▷ **Te prohíbo que entres en mi cuarto.** Je t'interdis d'entrer dans ma chambre.

► **prohibir que** + subjonctif *peut signifier* interdire que + subjonctif *lorsque le sujet du verbe de la subordonnée n'est pas le complément de* **prohibir**.

▷ **Mi madre me ha prohibido que el perro duerma en mi cuarto.** Ma mère m'a interdit de faire dormir le chien dans ma chambre.

📖 *Attention !* **prohibir** *subit une modification de l'accentuation : le* **-i** *se transforme en* **-í** *aux trois personnes du singulier et à la troisième personne du pluriel au présent, au subjonctif et à l'impératif.*

INDICATIF PRÉSENT	SUBJONCTIF PRÉSENT	IMPÉRATIF
prohíbo	prohíba	
prohíbes	prohíbas	prohíbe
prohíbe	prohíba	prohíba
prohibimos	prohibamos	prohibamos
prohibís	prohibáis	prohibid
prohíben	prohíban	prohíban

📖 *Se conjugue sur le modèle de* **vivir** (voir p. 1109).

pronóstico *a plusieurs sens :*

1 **pronóstico** *peut signifier* pronostic.

2 **pronóstico** *peut signifier* diagnostic.

3 **pronóstico** *peut signifier* prévisions météorologiques.

▪ **pronóstico** *est masculin singulier.*

pronto *a plusieurs sens :*

1 **pronto** *peut signifier* vite.

▷ Vuelve pronto. Reviens vite.

2 **pronto** *peut signifier* tôt.

▷ Tengo que levantarme pronto para ir a trabajar. Je dois me lever tôt pour aller travailler.

3 **pronto** *peut signifier* bientôt.

▷ ¿Nos vemos pronto? On se voit bientôt ?

► **de pronto** soudain.

► **tan pronto como...** dès que...

▷ Nos veamos tan pronto como tenga el dinero necesario para el viaje. On se retrouve dès que j'ai l'argent nécessaire pour le voyage.

▷ Os llamo tan pronto como llegue al aeropuerto. Je vous téléphone dès que j'arrive à l'aéroport.

▷ Vine tan pronto como supe la noticia. Je suis venu dès que j'ai appris la nouvelle.

propiedad propriété.

■ *Ce mot, comme la plupart des mots espagnols terminés par* **-tad, -dad** *et* **-tud,** *est féminin.*

Attention à l'orthographe du mot propiedad.

propio, propia propre (*pour exprimer la possession*).

▷ Ya tiene su propia opinión sobre el mundo. Il a déjà sa propre opinion sur le monde.

▷ ¿Tienes habitación propia? Tu as une chambre à toi tout seul ?

▷ Prefiero trabajar con mis propias herramientas. Je préfère travailler avec mes propres outils.

Attention à l'orthographe du mot propio.

prospecto prospectus.

protagonista héros, héroïne *ou* protagoniste.

■ *Comme la plupart des mots se terminant en* **-ista, protagonista** *peut être masculin ou féminin : el protagonista, la protagonista.*

provecho profit.

► **¡buen provecho!** bon appétit.

proveedor, proveedora fournisseur (-euse).

proveer fournir.

📖 *Comme la plupart des verbes terminés en* **-uir, -eer** *et* **-aer, proveer** *subit des modifications orthographiques : quand il est conjugué, le* **-i** *se transforme en* **-y** *devant* **-o** *et* **-e.**

▷ Proveyeron el zumo de naranja. Ils ont fourni le jus d'orange.

📖 *Se conjugue sur le modèle de* **deber** (voir p. 928).

provisional provisoire.

provocar provoquer.

📖 *Attention ! Pour conserver le son / k / de l'infinitif, le* **-c** *de* **provocar** *se transforme en* **-qu** *devant un* **-e** *:*

▷ ¡No provoques pelea! Ne provoque pas de bagarre !

📖 *Se conjugue sur le modèle de* **cantar** (voir p. 903).

próximo, próxima *a plusieurs sens :*

1 **próximo, próxima** *peut signifier* proche.

2 **próximo, próxima** *peut signifier* prochain(e).

proyección projection.

Attention à l'orthographe du mot proyección.

■ *Ce mot, comme la plupart des mots espagnols terminés par* **-ción** *ou* **-sión**, *est féminin.*

proyectar projeter.

Attention à l'orthographe du mot proyectar.

📖 *Se conjugue sur le modèle de* **cantar** (voir p. 903).

proyecto projet.

Attention à l'orthographe du mot proyecto.

prueba *a plusieurs sens :*

1 **prueba** *peut signifier* essai *ou* essayage.

2 **prueba** *peut signifier* analyse.

3 **prueba** *peut signifier* épreuve.

4 **prueba** *peut signifier* preuve.

i prueba peut également être une forme du verbe probar.
▷ ¡Pruebalo! Prouve-le !
▷ Prueba este pastel que acabo de hacer. Goûte le gâteau que je viens de faire.

psicología psychologie.

psicólogo, psicóloga psychologue.

psiquiatra psychiatre.

publicar publier.

📖 *Attention ! Pour conserver le son /k/ de l'infinitif, le* **-c** *de* **publicar** *se transforme en* **-qu** *devant un* **-e** *:*

▷ Publiqué mi primer artículo en el periódico local. J'ai publié mon premier article dans le journal local.

📖 *Se conjugue sur le modèle de* **cantar** (voir p. 903).

público, pública public, publique.

► **hacer público** rendre publique.

pudrir *ou* **podrir** pourrir.

📖 *Se conjugue sur le modèle de* **vivir** (voir p. 1109).

pueblo *a plusieurs sens :*

1 **pueblo** *peut signifier* village.
2 **pueblo** *peut signifier* peuple.

puente pont.

puerca truie.

puerco cochon *ou* porc.

► **puerco espín** porc-épic.

puerro poireau.

puerta porte *ou* portière *ou* portail.

puerto port.

Puerto Rico Porto Rico.

puertorriqueño, puertorriqueña portoricain(e) *ou* Portoricain(e).

pues *a plusieurs sens :*

1 **pues** *peut signifier* alors *ou* donc *pour exprimer la conséquence.*

▷ Si no tienes nada que hacer, ¡pues ven con nosotros al cine! Si tu n'as rien à faire, alors viens avec nous au cinéma !

► **¡pues claro!** bien sûr !

2 **pues** *peut signifier* parce que *ou* car.

▷ Tengo sueño, pues me acosté muy tarde anoche. J'ai sommeil parce que je me suis couché très tard hier.

3 **pues** *peut signifier* eh bien !

4 **pues** n'est pas toujours traduit en français :

▷ ¡Pues qué suerte! Quelle chance !

puesta

► **puesta al día** mise à jour.
► **puesta a punto** mise à jour.
► **puesta del sol** coucher du soleil.
► **puesta en escena** mise en scène.
► **puesta en marcha** mise en marche.

puesto place *ou* poste.

► **puesto de socorro** poste de secours.
► **puesto de policía** poste de police.
► **puesto que** puisque.

ℹ **puesto** peut également être le participe passé du verbe **poner**.

pulga puce.

► **tener malas pulgas** avoir mauvais caractère.

pulgada pouce (= *mesure*).

■ **pulgada** *est féminin.*

pulgar pouce (= *doigt*).

■ **pulgar** *est masculin.*

pulmón poumon.

pulpo poulpe *ou* pieuvre.

pulsar appuyer.

▷ Pulsa el botón de la derecha. Appuie sur le bouton de droite.

On remarque l'absence de préposition en espagnol dans **pulsar algo** (appuyer sur quelque chose).

📖 *Se conjugue sur le modèle de* **cantar** (voir p. 903).

pulsera bracelet.

■ **pulsera** *est féminin.*

pulso pouls.

► **echar un pulso** faire un bras de fer.

punta pointe *ou* bout.

► **tecnología punta** technologie de pointe.
► **de punta a punta** d'un bout à l'autre.

puntapié coup de pied.

punto point *ou* endroit.

► **a punto** prêt(e) *ou* à point.
► **en punto** pile *ou* juste (*en parlant de l'heure*).
► **estar a punto de hacer algo** être sur le point de faire quelque chose.

► **punto de vista** point de vue.
► **punto y coma** point virgule.
► **puntos suspensivos** points de suspension.

puntuación ponctuation.

■ *Ce mot, comme la plupart des mots espagnols terminés par* **-ción** *ou* **-sión**, *est féminin.*

Attention à l'orthographe du mot **puntuación.**

puntual ponctuel(le).

► **llegar puntual** arriver à l'heure.

puñal poignard.

puño *a plusieurs sens :*

1 **puño** *peut signifier* poing *ou* poignet.

2 **puño** *peut signifier* manche (*d'un objet*).

puro *a des sens différents selon sa catégorie grammaticale :*

> *Ce peut être un* ADJECTIF :

puro, pura *signifie* pur(e).

> *Ce peut être un* NOM :

puro *signifie* cigare.

pus... **(puse, pusiste, pusiera, etc.)** → **poner**.

Q

ESPAGNOL — FRANÇAIS

que (sans accent) *a des sens différents selon sa catégorie grammaticale :*

> *Ce peut être une* CONJONCTION *:*

1 **que** *peut signifier* que.

▷ Mi casa es más grande que ésta. Ma maison est plus grande que celle-là.

▷ Dijo que vendría. Il a dit qu'il viendrait.

2 *Avec des verbes exprimant des ordres ou des demandes (comme* **pedir***),* **que** *correspond à* de.

▷ Te pido que vengas rápido. Je te demande de venir rapidement.

▷ Me pidió que le dejara la bici. Il m'a demandé de lui prêter mon vélo.

3 **que** *n'est pas toujours traduit en français :*

▷ ¡Que te lo pases bien! Amuse-toi bien !

▷ No puedo venir. Que tengo que repasar esta tarde. Je ne peux pas venir. Je dois réviser ce soir.

> *Ce peut être un* PRONOM RELATIF *:*

que *signifie* que *ou* qui.

▷ Perdí el libro que me regalaste. J'ai perdu le livre que tu m'as offert.

▷ La chica que baila con él es mi hermana. La fille qui danse avec lui est ma sœur.

■ **Que** *devient un complément circonstanciel quand il est employé avec des prépositions comme* **con** (avec), **de** (de), **en** (dans), *etc :*

▷ No conseguí encontrar la tienda en la que dormía. Je n'ai pas réussi à retrouver la tente dans laquelle il dormait.

Attention à l'accent grammatical : il ne faut pas confondre **que**, sans accent, et **qué**, avec accent.

qué (avec accent) *a plusieurs sens :*

1 **qué** *peut signifier* quel(le).

▷ ¡Qué día! Quelle journée !

▷ ¡Qué día tan bonito! Quelle belle journée !

▷ ¿Qué edad tienes? Quel âge as-tu ?

2 **qué** *peut signifier* quoi.

▷ ¿Qué? No te entiendo. Quoi ? Je ne te comprends pas.

► **¿por qué?** pourquoi ?

3 **qué** *peut signifier* que.

▷ ¿Qué dices? Qu'est ce que tu dis ?

Attention à l'accent grammatical : il ne faut pas confondre **qué**, avec accent, et **que**, sans accent.

quebrar *a des sens différents selon sa catégorie grammaticale :*

> *Ce peut être un* VERBE TRANSITIF *:*

quebrar *signifie* casser.

> *Ce peut être un* VERBE INTRANSITIF *:*

quebrar *signifie* faire faillite.

📖 **quebrar** *est un verbe à diphtongue. Le* **–e** *devient* **–ie** *aux trois personnes du singulier et à la troisième personne du pluriel au présent de l'indicatif et du subjonctif :*

INDICATIF PRÉSENT	SUBJONCTIF PRÉSENT
quiebro	quiebre
quiebras	quiebres
quiebra	quiebre
quebramos	quebremos
quebráis	quebréis
quiebran	quiebren

📖 *Se conjugue sur le modèle de* **cantar** (voir p. 903).

quedar *a des sens différents selon sa catégorie grammaticale :*

> *Ce peut être un* VERBE INTRANSITIF *:*

1 **quedar** *peut signifier* rester (= *être encore présent ou disponible*).

▷ No queda nada para comer. Il ne reste rien à manger.

▷ Me quedan sólo cinco euros. Il me reste seulement cinq euros.

Attention ! Dans cette construction, le complément français (ce qui reste) devient le sujet espagnol :
▷ ¿Te quedan caramelos? Il te reste des bonbons ? (*littéralement : des bonbons restent à toi*)

2 **quedar** *peut signifier* devenir.

▷ Quedó cojo tras el accidente. Il est devenu boiteux après l'accident.

3 **quedar** *peut signifier* aller (*en parlant d'un vêtement par exemple*).

▷ Mi vestido te queda bien. Ma robe te va bien.

► **quedar de acuerdo** tomber d'accord.

► **quedar en** convenir de *ou* convenir que.

▷ Quedamos en que pasarías a buscarme. Nous avons convenu que tu viendrais me chercher.

4 **quedar (con alguien) (para hacer algo)** *peut signifier* (se) donner rendez-vous.

▷ Quedamos delante del cine. Nous nous sommes donné rendez-vous devant le cinéma.

▷ Quedé con Marta. J'ai donné rendez-vous à Marta.

▷ Quedamos a las ocho en mi casa para ir juntas al colegio. Nous nous sommes donné rendez-vous chez moi à huit heures pour aller ensemble à l'école.

5 **quedar** *peut signifier* être (= *se situer*).

▷ Eso queda muy lejos. C'est très loin.

6 ► **quedar como...** passer pour...

▷ Quedé como un ladrón. Je suis passé pour un voleur.

> *Ce peut être un* VERBE PRONOMINAL :

1 **quedarse** *peut signifier* rester (= *ne pas sortir*).

▷ Se quedó en casa mirando la televisión. Il est resté chez lui à regarder la télévision.

2 **quedarse** *peut signifier* demeurer *ou* rester (= *ne pas changer*).

▷ Se quedó silenciosa. Elle est demeurée silencieuse.

▷ Se quedaron solteros. Ils sont restés célibataires.

3 **quedarse** *peut signifier* devenir.

▷ Se quedó sordo a causa de un accidente. Il est devenu sourd suite à un accident.

4 **quedarse** *peut signifier* garder.

▷ Quédese con la vuelta. Gardez la monnaie.

Se conjugue sur le modèle de **cantar** (voir p. 903).

queja plainte (= *gémissement*).

■ *Dans ce mot, on reconnaît le lien avec le verbe* **quejarse** *qui signifie « se plaindre ».*

quejarse se plaindre.

▷ Se queja de que le duele la cabeza. Il se plaint d'avoir mal à la tête.

Se conjugue sur le modèle de **burlarse** (voir p. 898).

quejido gémissement *ou* plainte.

quemadura brûlure *ou* coup de soleil.

■ *Dans ce mot, on reconnaît le lien avec le verbe* **quemar** *qui signifie « brûler ».*

quemar brûler.

► **quemarse** *peut signifier* se brûler.

► **quemarse** *peut signifier* attraper des coups de soleil.

Se conjugue sur le modèle de **cantar** (voir p. 903).

quep... (quepo, quepa, quepamos, etc.) → **caber**.

querer *a plusieurs sens :*

1 **querer** *peut signifier* vouloir.

▷ Quiero que le hables. Je veux que tu lui parles.

▷ Querría un café, por favor *ou* Quisiera un café, por favor. Je voudrais un café s'il vous plaît.

Attention ! Dans le sens de « je voudrais » (pour demander un service ou demander la permission), on emploie le verbe querer au conditionnel ou à l'imparfait du subjonctif.

► **sin querer** sans le vouloir.

► **como quien no quiere la cosa** mine de rien.

2 **querer** *peut signifier* aimer.

▷ ¡Te quiero! Je t'aime !

▷ Quiero mucho a mis hermanos. J'aime beaucoup mes frères.

querido, querida cher, chère *ou* chéri(e).

i querido peut également être le participe passé du verbe querer.

queso fromage.

► **queso rallado** fromage râpé.

quiebra faillite.

■ *Dans ce mot, on reconnaît le lien avec le verbe* **quebrar** *qui signifie « faire faillite ».*

quien (sans accent) *est le pronom relatif qui.*

▷ La persona en quien pienso es una mentirosa. La personne à qui je pense est une menteuse.

QUERER				
INDICATIF				CONDITIONNEL
PRÉSENT	IMPARFAIT	PASSÉ SIMPLE	FUTUR	PRÉSENT
quiero	quería	quise	querré	querría
quieres	querías	quisiste	querrás	querrías
quiere	quería	quiso	querrá	querría
queremos	queríamos	quisimos	querremos	querríamos
queréis	queríais	quisisteis	querréis	querríais
quieren	querían	quisieron	querrán	querrían

SUBJONCTIF		IMPÉRATIF		
PRÉSENT	IMPARFAIT	PRÉSENT		
quiera	quisiera		INFINITIF	querer
quieras	quisieras	quiere		
quiera	quisiera	quiera	PARTICIPE	querido
queramos	quisiéramos	queramos		
queráis	quisierais	quered	GÉRONDIF	queriendo
quieran	quisieran	quieran		

quién (avec accent) *est le pronom interrogatif* qui.

▷ ¿Quién ha dicho eso? Qui a dit ça ?

> Attention à l'accent grammatical : il ne faut pas confondre quién, pronom interrogatif, et quien, pronom relatif.

quienesquiera *est le pluriel de* **quienquiera**.

quienquiera qui que ce soit *ou* quiconque.

quier... (quiero, quieres, quieran, etc.) → querer.

quieto, quieta tranquille *ou* immobile.

► **¡estate quieto!** reste calme !

quilo kilo.

■ **quilo** *peut aussi s'écrire* **kilo**.

química chimie.

> **i** química peut également être le féminin de l'adjectif químico qui signifie « chimique » ou « chimiste ».

químico, química *a des sens différents selon sa catégorie grammaticale :*

> *Ce peut être un* ADJECTIF :

químico, química *signifie* chimique.

> *Ce peut être un* NOM :

químico, química *signifie* chimiste.

quince quinze.

quincena quinzaine.

quinientos, quinientas cinq cents.

■ *En espagnol, les multiples de cent s'accordent en genre et en nombre avec le nom qu'ils désignent :* **quinientos euros / quinientas libras**.

quinto, quinta cinquième.

■ *Les nombres ordinaux s'accordent et sont généralement employés devant le nom, sauf pour un souverain, un siècle ou un chapitre :* **Carlos V** (quinto) *Charles V* (cinq). *Ils ne sont utilisés que du premier au onzième. Ensuite, on emploie des cardinaux :* **el veinte aniversario** *le vingtième anniversaire.*

quiosco kiosque.

> Attention à l'orthographe du mot quiosco.

quis... (quise, quisiste, quisiera, etc.) → querer.

quisquilloso, quisquillosa *a plusieurs sens :*

1 **quisquilloso, quisquillosa** *peut signifier* susceptible.

2 **quisquilloso, quisquillosa** *peut signifier* pointilleux(-euse).

quitar *a plusieurs sens :*

1 **quitar** *peut signifier* enlever *ou* ôter.

2 **quitar** *peut signifier* prendre *ou* voler.

► **quitarse algo de encima** se débarrasser de quelque chose.

> Attention ! quitar ne signifie pas « quitter ».

📖 *Se conjugue sur le modèle de* **cantar** (voir p. 903).

R

ESPAGNOL — FRANÇAIS

rábano radis.

► **me importa un rábano** je m'en fiche.

me importa un rábano est une expression familière.

rabia rage *ou* colère.

► **tener rabia a alguien** avoir une dent contre quelqu'un.

rabiar enrager.

► **hacer rabiar a alguien** faire enrager quelqu'un.

► **a rabiar** à la folie.

■ *Dans ce mot, on reconnaît le lien avec le nom* **rabia** *qui signifie « rage ».*

Se conjugue sur le modèle de **cantar** (voir p. 903).

rabioso, rabiosa enragé(e) *ou* furieux (-euse).

■ *Dans ce mot, on reconnaît le lien avec le verbe* **rabiar** *qui signifie « enrager ».*

rabo queue (*d'un animal*).

■ **rabo** *est masculin.*

ración portion (*de tapas ou de pizza par exemple*).

■ *Ce mot, comme la plupart des mots espagnols terminés par* **-ción** *ou* **-sión**, *est féminin.*

racha *a plusieurs sens :*

1 **racha** *peut signifier* rafale.

2 **racha** *peut signifier* série.

► **tener una buena racha** avoir de la veine.

► **tener una mala racha** être dans une mauvaise passe.

radio *a des sens différents selon qu'il est masculin ou féminin :*

1 **un radio** (masculin) *signifie* un rayon.

2 **una radio** (féminin) *signifie* une radio.

ráfaga rafale.

raíz racine.

► **a raíz de** à la suite de *ou* après.

► **echar raíces** prendre racine.

► **raíz cuadrada** racine carrée.

raja *a plusieurs sens :*

1 **raja** *peut signifier* fente *ou* fissure.

2 **raja** *peut signifier* tranche (*de pastèque ou de melon par exemple*).

rajar *a plusieurs sens :*

1 **rajar** *peut signifier* fendre.

2 **rajar** *peut signifier* couper en tranches.

► **rajarse** se dégonfler (= *lâcheté*).

rajarse est une expression familière.

Se conjugue sur le modèle de **cantar** (voir p. 903).

rallar râper.

Se conjugue sur le modèle de **cantar** (voir p. 903).

rama branche (*d'un arbre*).

► **irse por las ramas** tourner autour du pot.

► **no irse por las ramas** *ou* **no andarse por las ramas** ne pas y aller par quatre chemins.

Attention ! Ne pas confondre **rama** et **ramo** qui signifie « bouquet ».

rambla promenade *ou* avenue.

ramo *a plusieurs sens :*

1 **ramo** *peut signifier* bouquet.

2 **ramo** *peut signifier* branche (*d'un secteur d'activité*).

Attention ! Ne pas confondre **ramo** et **rama** qui signifie « branche » (d'un arbre).

rana grenouille.

ranura fente (*d'un téléphone public, distributeur de boissons, distributeur d'argent, etc.*).

raptar enlever (*une personne*).

📖 *Se conjugue sur le modèle de* **cantar** (voir p. 903).

rapto enlèvement.

raro, rara *a plusieurs sens :*

1 **raro, rara** *peut signifier* bizarre *ou* étrange *ou* drôle.

► **¡qué raro!** comme c'est bizarre ! *ou* c'est vraiment curieux !

► **sentirse raro, rara** se sentir tout drôle.

2 **raro, rara** *peut signifier* rare.

rascacielos gratte-ciel.

■ *On remarque que ce mot composé est constitué du verbe* **rascar** *qui signifie « gratter » et du nom* **cielo** *au pluriel qui signifie « ciel ».*

■ **rascacielos** *est invariable : un rascacielos, dos rascacielos.*

rascar gratter *ou* râcler.

📖 *Attention ! Pour conserver le son / k / de l'infinitif, le* **-c** *de* **rascar** *se transforme en* **-qu** *devant un* **-e** *:*

▷ Mi madre me riñó porque me rasqué la cabeza durante la comida. Ma mère m'a grondé parce que je me suis gratté la tête pendant le repas.

📖 *Se conjugue sur le modèle de* **cantar** (voir p. 903).

rasgo trait.

► **a grandes rasgos** dans les grandes lignes.

rasguño égratignure.

■ **rasguño** *est masculin.*

raso *a des sens différents selon sa catégorie grammaticale :*

> *Ce peut être un* ADJECTIF *:*

1 **raso, rasa** *peut signifier* ras(e).

2 **raso, rasa** *peut signifier* plat(e).

► **cielo raso** ciel dégagé.

► **al raso** à la belle étoile.

> *Ce peut être un* NOM *:*

raso *signifie* satin.

rastras

► **a rastras** à la traîne.

rastrillo rateau.

rastro *a plusieurs sens :*

1 **rastro** *peut signifier* trace.

2 **rastro** *peut signifier* marché aux puces.

rata rat.

■ **rata** *est féminin.*

rato moment.

► **a ratos** par moments.

► **al poco rato** peu de temps après.

► **para rato** pour un bout de temps.

► **pasar el rato** passer le temps.

► **todo el rato** tout le temps.

ratón souris.

■ **ratón** *est masculin.*

raya *a plusieurs sens :*

1 **raya** *peut signifier* trait *ou* tiret.

2 **raya** *peut signifier* raie *ou* rayure.

3 **raya** *peut signifier* pli.

► **pasarse de la raya** dépasser les bornes.

> ℹ **raya** peut également être une forme du verbe **rayar**.
> ▷ Siempre me raya los discos. Il raye tout le temps mes disques.

rayar rayer.

📖 *Se conjugue sur le modèle de* **cantar** (voir p. 903).

rayo *a plusieurs sens :*

1 **rayo** *peut signifier* éclair *ou* foudre.

2 **rayo** *peut signifier* rayon.

raza race.

razón raison.

► **dar la razón a alguien** donner raison à quelqu'un.

razonable raisonnable.

razonar raisonner.

📖 *Se conjugue sur le modèle de* **cantar** (voir p. 903).

reaccionar réagir.

📖 *Se conjugue sur le modèle de* **cantar** (voir p. 903).

real *a plusieurs sens :*

1 **real** *peut signifier* réel(le).

2 **real** *peut signifier* royal(e).

realidad réalité.

■ *Ce mot, comme la plupart des mots espagnols terminés par* **-tad, -dad** *et* **-tud,** *est féminin.*

rebaja remise.

► **rebajas** soldes.

rebanada tranche (*de pain*).

rebaño troupeau.

rebelarse se révolter *ou* se rebeller.

📖 *Se conjugue sur le modèle de* **burlarse** (voir p. 898).

rebelde rebelle.

rebeldía révolte *ou* rébellion.

rebotar rebondir.

📖 *Se conjugue sur le modèle de* **cantar** (voir p. 903).

recado commission *ou* message.

► **dar un recado a alguien** faire la commission à quelqu'un.

► **dejar un recado a alguien** laisser un message à quelqu'un.

recalcar souligner *ou* répéter.

📖 *Attention ! Pour conserver le son / k / de l'infinitif, le* **-c** *de* **recalcar** *se transforme en* **-qu** *devant un* **-e** *:*

▷ **¡Recalqué varias veces cómo tenías que hacer el ejercicio!** Je t'ai répété plusieurs fois comment tu devais faire l'exercice !

📖 *Se conjugue sur le modèle de* **cantar** (voir p. 903).

recambio rechange.

► **rueda de recambio** roue de secours.

receloso, recelosa méfiant(e) *ou* craintif (-ive).

receta *a plusieurs sens :*

1 **receta** *peut signifier* recette (*de cuisine*).

2 **receta** *peut signifier* ordonnance.

> **i** **receta** peut également être une forme du verbe **recetar**.
> ▷ **El médico me receta siempre los mismos medicamentos.** Le docteur me prescrit toujours les mêmes médicaments.

recetar prescrire.

📖 *Se conjugue sur le modèle de* **cantar** (voir p. 903).

rechazar repousser *ou* rejeter *ou* refuser *ou* nier.

📖 *Comme la plupart des verbes terminés en* **-zar, rechazar** *subit des modifications orthographiques : le* **-z** *devient* **-c** *devant un* **-e.**

▷ **Rechacé su ayuda.** J'ai refusé son aide.

📖 *Se conjugue sur le modèle de* **cantar** (voir p. 903).

rechazo refus *ou* rejet.

> **i** **rechazo** peut également être une forme du verbe **rechazar**.
> ▷ **Nunca rechazo una invitación.** Je ne refuse jamais une invitation.

recibimiento réception *ou* accueil.

► **tener un buen/mal recibimiento** avoir un bon/mauvais accueil.

recibir recevoir *ou* accueillir.

📖 *Se conjugue sur le modèle de* **vivir** (voir p. 1109).

recibo reçu.

> **i** **recibo** peut également être une forme du verbe **recibir**.
> ▷ **Cada verano recibo muchas postales de mis amigos.** Chaque été je reçois plein de cartes postales de mes amis.

recién *est la forme apocopée de* **recientemente.**

■ *L'apocope est la suppression d'une ou plusieurs lettres à la fin d'un mot.* **Recientemente** *s'apocope en* **recién** *devant un participe passé.*

■ *Suivi d'un participe passé,* **recién** *sert à désigner quelque chose qui vient juste de subir un changement :*

▷ **La fachada de mi edificio está recién pintada.** La façade de mon immeuble vient juste d'être peinte.

► **pan recién hecho** pain frais.

► **recién casados** jeunes mariés.

► **recién nacido** nouveau-né.

► **recién llegado** nouveau venu.

reciente récent(e).

recientemente récemment.

recobrar retrouver *ou* reprendre.

📖 *Se conjugue sur le modèle de* **cantar** (voir p. 903).

recoger *a plusieurs sens :*

1 **recoger** *peut signifier* passer prendre.

2 **recoger** *peut signifier* ramasser *ou* cueillir.

3 **recoger** *peut signifier* recueillir.

📖 *Comme la plupart des verbes terminés en* **-ger** *ou* **gir, recoger** *subit des modifications orthographi-*

ques pour conserver le son /x/ : le **–g** *se transforme en* **–j** *devant* **–o** *et* **–a.**

▷ ¿A qué hora te recojo en la estación? À quelle heure je passe te prendre à la gare ?

Se conjugue sur le modèle de **deber** (voir p. 928).

reconocer *a plusieurs sens :*

1 **reconocer** *peut signifier* reconnaître.

▷ Reconocería a mi perro entre mil por esa pequeña mancha en la oreja. Je reconnaîtrais mon chien entre mille à sa petite tache sur l'oreille.

> Attention à l'emploi de la préposition **por** dans **reconocer alguien por algo** (reconnaître quelqu'un à quelque chose).

2 **reconocer** *peut signifier* examiner *ou* ausculter.

Attention ! **reconocer** *appartient au groupe des verbes se terminant en* **–acer, –ecer, –ocer** *et* **–ucir** *qui sont irréguliers à la première personne du singulier du présent de l'indicatif et à toutes les personnes du subjonctif présent :*

INDICATIF PRÉSENT	SUBJONCTIF PRÉSENT
recono**zco**	recono**zca**
reconoces	recono**zcas**
reconoce	recono**zca**
reconocemos	recono**zcamos**
reconocéis	recono**zcáis**
reconocen	recono**zcan**

Se conjugue sur le modèle de **deber** (voir p. 928).

reconocimiento reconnaissance.

► **reconocimiento médico** examen médical.

reconquista reconquête.

► **la Reconquista** la Reconquête.

■ *Ce mot désigne la reconquête menée par les Espagnols contre les musulmans au Moyen Âge. Cette période va de 718* (bataille de Covadonga) *à 1492* (prise de Grenade par les Rois Catholiques).

recordar *a plusieurs sens :*

1 **recordar** *peut signifier* se souvenir de *ou* se rappeler.

▷ No recuerdo muy bien el final de la película. Je ne me souviens pas très bien de la fin du film.

> On remarque l'absence de préposition en espagnol dans **recordar algo** (se souvenir de quelque chose).

2 **recordar** *peut signifier* rappeler (*au sens de « faire penser à »*).

▷ ¿Sabes que me recuerdas a alguien? Tu sais que tu me rappelles quelqu'un ?

recordar *est un verbe à diphtongue. Le* **–o** *devient* **–ue** *aux trois personnes du singulier et à la troisième personne du pluriel au présent de l'indicatif et du subjonctif :*

INDICATIF PRÉSENT	SUBJONCTIF PRÉSENT
rec**ue**rdo	rec**ue**rde
rec**ue**rdas	rec**ue**rdes
rec**ue**rda	rec**ue**rde
recordamos	recordemos
recordáis	recordéis
rec**ue**rdan	rec**ue**rden

Se conjugue sur le modèle de **cantar** (voir p. 903).

recorrer parcourir.

Se conjugue sur le modèle de **deber** (voir p. 928).

recorrido parcours.

> i **recorrido** peut également être le participe passé du verbe **recorrer**.

recortar découper.

Se conjugue sur le modèle de **cantar** (voir p. 903).

recorte découpage *ou* coupure.

recreo récréation.

■ **recreo** *est masculin.*

recta droite *ou* ligne.

► **recta final** dernière ligne droite.

> i **recta** peut également être le féminin de l'adjectif **recto** qui signifie « droit ».

rectángulo rectangle.

recto *a des sens différents selon sa catégorie grammaticale :*

> *Ce peut être un* ADVERBE :

recto *signifie* tout droit.

> *Ce peut être un* ADJECTIF :

recto, recta signifie droit(e).

► **en el sentido recto de la palabra** au sens strict du terme.

recuerdo souvenir.

> i **recuerdo** peut également être une forme du verbe **recordar**.
> ▷ Si mal no recuerdo, vive aquí. Si je me souviens bien, il habite ici.

► **dar (muchos) recuerdos a alguien** passer le bonjour à quelqu'un.

recuperación récupération *ou* rattrapage.

► **examen de recuperación** examen de rattrapage.

■ *Ce mot, comme la plupart des mots espagnols terminés par* **-ción** *ou* **-sión**, *est féminin.*

recuperar récupérer *ou* reprendre *ou* rattraper.

► **recuperarse** se remettre.

Se conjugue sur le modèle de **cantar** (voir p. 903).

recurso *a plusieurs sens :*

1 **recurso** *peut signifier* recours.

2 **recurso** *peut signifier* ressource.

► **recursos naturales** ressources naturelles.

red *a plusieurs sens :*

1 **red** *peut signifier* filet.

2 **red** *peut signifier* réseau.

► **la Red** le Web.

■ **red** *est féminin.*

redondo *a des sens différents selon sa catégorie grammaticale :*

> *Ce peut être un* ADJECTIF *:*

redondo, redonda *signifie* rond(e).

► **a la redonda** à la ronde.

> *Ce peut être un* NOM *:*

redondo *signifie* rôti.

reducir réduire.

Attention ! **reducir** *appartient au groupe des verbes se terminant en* **-ducir** *qui sont irréguliers à la première personne du singulier du présent de l'indicatif, à toutes les personnes du subjonctif présent et imparfait et du passé simple :*

INDICATIF PRÉSENT	PASSÉ SIMPLE	SUBJONCTIF PRÉSENT	SUBJONCTIF IMPARFAIT
reduzco	reduje	reduzca	redujera
reduces	redujiste	reduzcas	redujeras
reduce	redujo	reduzca	redujera
reducimos	redujimos	reduzcamos	redujéramos
reducís	redujisteis	reduzcáis	redujerais
reducen	redujeron	reduzcan	redujeran

Se conjugue sur le modèle de **vivir** (voir p. 1109).

reemplazar *ou* **remplazar** remplacer.

Attention à l'orthographe du mot **reemplazar**.

Comme la plupart des verbes terminés en **-zar**, **reemplazar** *subit des modifications orthographiques : le* **-z** *devient* **-c** *devant un* **-e**.

▷ **Espero que reemplacen pronto a la profesora enferma.** J'espère que la prof qui est malade sera bientôt remplacée.

Se conjugue sur le modèle de **cantar** (voir p. 903).

reflejar refléter.

Se conjugue sur le modèle de **cantar** (voir p. 903).

reflejo *a plusieurs sens :*

1 **reflejo** *peut signifier* reflet.

2 **reflejo** *peut signifier* réflexe.

reflexionar réfléchir.

Se conjugue sur le modèle de **cantar** (voir p. 903).

refrán proverbe.

Attention ! **refrán** ne signifie pas « refrain ».

refrescar (se) rafraîchir.

Attention ! Pour conserver le son /k/ de l'infinitif, le **-c** *de* **refrescar** *se transforme en* **-qu** *devant un* **-e** *:*

▷ **Espero que el tiempo refresque pronto, porque hace demasiado calor.** J'espère que le temps va bientôt se rafraîchir, parce qu'il fait trop chaud.

Se conjugue sur le modèle de **cantar** (voir p. 903).

refresco rafraîchissement *ou* boisson rafraîchissante.

i **refresco** peut également être une forme du verbe **refrescar**.
▷ **Si quieres, te refresco la memoria.** Si tu veux, je te rafraîchis la mémoire.

refugio refuge *ou* abri.

regadera arrosoir.

► **estar como una regadera** être cinglé(e).

estar como una regadera est une expression familière.

■ *Dans ce mot, on reconnaît le lien avec le verbe* **regar** *qui signifie « arroser ».*

■ **regadera** *est féminin.*

regalar offrir *ou* faire cadeau de.

Se conjugue sur le modèle de **cantar** (voir p. 903).

regaliz réglisse.

regalo cadeau.

■ *Dans ce mot, on reconnaît le lien avec le verbe* **regalar** *qui signifie « offrir ».*

i regalo peut également être une forme du verbe regalar.
▷ Si te gusta tanto mi bufanda, te la regalo. Si tu aimes tellement mon écharpe, je t'en fais cadeau.

regañar *a des sens différents selon sa catégorie grammaticale :*

> *Ce peut être un* VERBE TRANSITIF :

regañar *signifie* gronder (= *réprimander*).

> *Ce peut être un* VERBE INTRANSITIF :

regañar *signifie* se disputer *ou* se fâcher.

Se conjugue sur le modèle de cantar (voir p. 903).

regar arroser.

regar *est un verbe à diphtongue. Le* **-e** *devient* **-ie** *aux trois personnes du singulier et à la troisième personne du pluriel au présent de l'indicatif et du subjonctif. De plus, pour conserver le son /g/ de l'infinitif, le* **-g** *de* **regar** *se transforme en* **-gu** *devant un* **-e** *:*

INDICATIF PRÉSENT	SUBJONCTIF PRÉSENT
riego	riegue
riegas	riegues
riega	riegue
regamos	reguemos
regáis	reguéis
riegan	rieguen

Se conjugue sur le modèle de cantar (voir p. 903).

régimen régime.

registrar *a plusieurs sens :*

1 **registrar** *peut signifier* fouiller.

2 **registrar** *peut signifier* enregistrer.

► **registrarse** s'inscrire.

Se conjugue sur le modèle de cantar (voir p. 903).

regresar rentrer *ou* revenir.

► **regresar a casa** rentrer chez soi.

Attention ! regresar ne signifie pas « régresser ».

Se conjugue sur le modèle de cantar (voir p. 903).

regreso retour.

i regreso peut également être une forme du verbe regresar.
▷ Regreso de vacaciones el viernes. Je reviens de vacances vendredi.

regular *a des sens différents selon sa catégorie grammaticale :*

> *Ce peut être un* ADJECTIF :

regular *signifie* moyen(ne) *ou* régulier(-ière).

> *Ce peut être un* ADVERBE :

regular *signifie* comme ci comme ça.

> *Ce peut être un* VERBE :

regular *signifie* réguler *ou* régler *ou* contrôler.

Se conjugue sur le modèle de cantar (voir p. 903).

rehén otage.

reina reine.

reinado règne.

Attention ! Ne pas confondre reinado et reino qui signifie le plus souvent « royaume ».

■ *Dans ce mot, on reconnaît le lien avec le mot* **rey** *qui signifie « roi ».*

reinar régner.

■ *Dans ce mot, on reconnaît le lien avec le mot* **rey** *qui signifie « roi ».*

Se conjugue sur le modèle de cantar (voir p. 903).

reino *a plusieurs sens :*

1 **reino** *peut signifier* royaume.

► **el Reino Unido** le Royaume-Uni.

2 **reino** *peut signifier* règne (*en parlant de la classification des espèces animales*).

► **el reino animal** le règne animal.

Attention ! Ne pas confondre reino et reinado qui signifie « règne » (d'un roi).

■ *Dans ce mot, on reconnaît le lien avec le mot* **rey** *qui signifie « roi ».*

reír rire.

► **reírse de alguien** se moquer de quelqu'un.

reivindicación revendication.

Attention à l'orthographe du mot reivindicación.

■ *Ce mot, comme la plupart des mots espagnols terminés par* **-ción** *ou* **-sión**, *est féminin.*

reja grille.

rejilla grillage.

■ *Dans ce mot, on reconnaît le nom* **reja** *qui signifie « grille » et le suffixe diminutif* **-illo, -illa**.

■ **rejilla** *est féminin.*

REIR				
INDICATIF				CONDITIONNEL
PRÉSENT	IMPARFAIT	PASSÉ SIMPLE	FUTUR	PRÉSENT
río ríes ríe reímos reís ríen	reía reías reía reíamos reíais reían	reí reíste rió reímos reísteis rieron	reiré reirás reirá reiremos reiréis reirán	reiría reirías reiría reiríamos reiríais reirían
SUBJONCTIF		IMPÉRATIF		
PRÉSENT	IMPARFAIT	PRÉSENT		
ría rías ría riamos riáis rían	riera rieras riera riéramos rierais rieran	ríe ría riamos reíd rían	INFINITIF PARTICIPE GÉRONDIF	reír reído riendo

relación relation *ou* rapport.

► **con relación a algo** par rapport à quelque chose.

► **en relación con algo** en rapport avec quelque chose.

■ *Ce mot, comme la plupart des mots espagnols terminés par* **–ción** *ou* **–sión**, *est féminin.*

relacionar *a plusieurs sens :*

1 **relacionar** *peut signifier* rattacher *ou* relier.

1 **relacionar** *peut signifier* mettre en rapport.

📖 *Se conjugue sur le modèle de* **cantar** (voir p. 903).

relajar détendre *ou* décontracter.

📖 *Se conjugue sur le modèle de* **cantar** (voir p. 903).

relámpago éclair.

relatar raconter.

📖 *Se conjugue sur le modèle de* **cantar** (voir p. 903).

relato récit.

> ℹ **relato** peut également être une forme du verbe **relatar**.
> ▷ **Ya sé que relato siempre la misma historia.** Je sais bien que je raconte toujours la même histoire.

relieve relief.

► **poner algo de relieve** mettre quelque chose en relief.

reloj horloge *ou* montre.

► **ser puntual como un reloj** être réglé(e) comme une horloge.

► **reloj de arena** sablier.

► **reloj de sol** cadran solaire.

remediar *a plusieurs sens :*

1 **remediar** *peut signifier* résoudre *ou* réparer.

2 **remediar** *peut signifier* éviter *ou* remédier à.

📖 *Se conjugue sur le modèle de* **cantar** (voir p. 903).

remedio remède.

► **no hay más remedio que** + infinitif il ne reste plus qu'à + infinitif *ou* il n'y a pas d'autre solution que + infinitif.

▷ **No hay más remedio que llamar al doctor.** Il ne reste plus qu'à appeler le docteur.

> ℹ **remedio** peut également être une forme du verbe **remediar**.

remitir *a plusieurs sens :*

1 **remitir** *peut signifier* envoyer.

2 **remitir** *peut signifier* renvoyer à (= *se référer à*).

📖 *Se conjugue sur le modèle de* **vivir** (voir p. 1109).

remontar remonter (*un fleuve*).

► **remontarse** remonter (*dans le temps*).

▷ **Esta costumbre se remonta al Renacimiento.** Cette coutume remonte à la Renaissance.

📖 *Se conjugue sur le modèle de* **cantar** (voir p. 903).

remordimiento remords.

■ **remordimiento** *est masculin singulier.*

remoto, remota lointain(e) *ou* éloigné(e).

▷ Vivía en un país remoto. Il vivait dans un pays lointain.

▷ No tengo la más remota idea del lugar dónde se esconde. Je n'ai pas la moindre idée de l'endroit où il se cache.

renacimiento renaissance.

■ **renacimiento** *est masculin.*

rencor rancœur.

► **guardar rencor a alguien por algo** en vouloir à quelqu'un de quelque chose.

▷ Me guarda rencor por el comentario que le hice. Il m'en veut de la réflexion que je lui ai faite.

■ *Comme la plupart des mots espagnols terminés par* **-or, rencor** *est masculin.*

rendir *a plusieurs sens :*

1 **rendir** *peut signifier* vaincre.

2 **rendir** *peut signifier* épuiser.

► **estar rendido, rendida** être épuisé(e).

► **rendirse** se rendre.

> Attention ! **rendir** ne signifie pas « rendre » (dans le sens de « restituer »).

Se conjugue sur le modèle de **vivir** (voir p. 1109).

renunciar renoncer.

Se conjugue sur le modèle de **cantar** (voir p. 903).

reñir *a des sens différents selon sa catégorie grammaticale :*

> *Ce peut être un* VERBE TRANSITIF :

reñir *signifie* gronder.

> *Ce peut être un* VERBE INTRANSITIF :

reñir *signifie* se disputer *ou* se brouiller.

reñir *subit un changement de voyelle : le* **-e** *se transforme en* **-i** *aux trois personnes du singulier et à la troisième personne du pluriel du présent de l'indicatif, à toutes les personnes du présent du subjonctif, aux troisièmes personnes du singulier et du pluriel au passé simple et à toutes les personnes du subjonctif imparfait. De plus,* **reñir** *appartient au groupe des verbes terminés en* **-ñer, -ñir** *et* **-ullir** *qui subissent des modifications orthographiques : le* **-i** *disparaît au subjonctif imparfait, au gérondif et aux troisièmes personnes du singulier et du pluriel du passé simple :*

INDICATIF PRÉSENT	SUBJONCTIF PRÉSENT	PASSÉ SIMPLE	SUBJONCTIF IMPARFAIT
riño	riña	reñí	riñera
riñes	riñas	reñiste	riñeras
riñe	riña	riñó	riñera
reñimos	riñamos	reñimos	riñéramos
reñís	riñáis	reñisteis	riñerais
riñen	riñan	riñeron	riñeran

Se conjugue sur le modèle de **vivir** (voir p. 1109).

reojo

► **de reojo** du coin de l'œil *ou* à la dérobée.

repartidor, repartidora livreur(-euse) *ou* distributeur(-trice).

■ *Dans ce mot, on reconnaît le lien avec le verbe* **repartir** *qui signifie « livrer ».*

repartir *a plusieurs sens :*

1 **repartir** *peut signifier* répartir *ou* partager.

2 **repartir** *peut signifier* livrer *ou* distribuer.

Se conjugue sur le modèle de **vivir** (voir p. 1109).

reparto *a plusieurs sens :*

1 **reparto** *peut signifier* partage *ou* distribution.

2 **reparto** *peut signifier* livraison.

■ *Dans ce mot, on reconnaît le lien avec le verbe* **repartir** *qui signifie « livrer ».*

■ **reparto** *est masculin.*

> i **reparto** peut également être une forme du verbe **repartir**.
> ▷ ¿Reparto los caramelos? Je distribue les bonbons ?

repasar réviser.

> Attention ! **repasar** ne signifie pas « repasser ».

Se conjugue sur le modèle de **cantar** (voir p. 903).

repaso révision.

► **curso de repaso** cours de rattrapage.

► **dar un repaso** jeter un coup d'œil.

■ **repaso** *est masculin.*

> i **repaso** peut également être une forme du verbe **repasar**.
> ▷ Escucho música mientras repaso. J'écoute de la musique pendant que je révise.

repelente *a plusieurs sens :*

1 **repelente** *peut signifier* odieux(-euse).

2 **repelente** *peut signifier* écœurant(e) *ou* repoussant(e).

repente

► **de repente** tout à coup *ou* soudain.

repetir *a plusieurs sens :*

1 **repetir** *peut signifier* dire *ou* faire à nouveau.

2 **repetir** *peut signifier* redoubler (*une classe*).

*📖 **repetir** subit un changement de voyelle : le **–e** se transforme en **–i** aux trois personnes du singulier et à la troisième personne du pluriel du présent de l'indicatif, à toutes les personnes du présent du subjonctif, aux troisièmes personnes du singulier et du pluriel au passé simple et à toutes les personnes du subjonctif imparfait.*

INDICATIF PRÉSENT	SUBJONCTIF PRÉSENT	PASSÉ SIMPLE	SUBJONCTIF IMPARFAIT
repito	repita	repetí	repitiera
repites	repitas	repetiste	repitieras
repite	repita	repitió	repitiera
repetimos	repitamos	repetimos	repitiéramos
repetís	repitáis	repetisteis	repitierais
repiten	repitan	repitieron	repitieran

📖 Se conjugue sur le modèle de **vivir** (voir p. 1109).

repleto, repleta plein(e) *ou* rempli(e).

► **estar repleto** *peut signifier* être repu(e) (*en parlant d'une personne*).

► **estar repleto** *peut signifier* être noir de monde (*en parlant d'une rue par exemple*).

reportaje reportage.

> Attention à l'orthographe du mot **reportaje**.

reproducir reproduire.

*📖 Attention ! **reproducir** appartient au groupe des verbes se terminant en **–ducir** qui sont irréguliers à la première personne du singulier du présent de l'indicatif, à toutes les personnes du subjonctif présent et imparfait et du passé simple :*

INDICATIF PRÉSENT	PASSÉ SIMPLE	SUBJONCTIF PRÉSENT	SUBJONCTIF IMPARFAIT
reproduzco	reproduje	reproduzca	reprodujera
reproduces	reprodujiste	reproduzcas	reprodujeras
reproduce	reprodujo	reproduzca	reprodujera
reproducimos	reprodujimos	reproduzcamos	reprodujéramos
reproducís	reprodujisteis	reproduzcáis	reprodujerais
reproducen	reprodujeron	reproduzcan	reprodujeran

📖 Se conjugue sur le modèle de **vivir** (voir p. 1109).

república république.

republicano, republicana républicain(e).

repugnancia répugnance *ou* répulsion *ou* dégoût.

repugnante répugnant(e).

repugnar répugner *ou* dégoûter.

📖 Se conjugue sur le modèle de **cantar** (voir p. 903).

resaltar *a plusieurs sens :*

1 **resaltar** *peut signifier* ressortir.

▷ **Las cortinas azules resaltarían más que las rojas en tu habitación.** Les rideaux bleus ressortiraient plus que les rouges dans ta chambre.

2 **resaltar** *peut signifier* se distinguer.

▷ **Esta chica resalta por su amabilidad.** Cette fille se distingue par sa gentillesse.

3 **resaltar** *peut signifier* faire ressortir.

▷ **Tu vestido amarillo te resalta el bronceado.** Ta robe jaune fait ressortir ton bronzage.

► **hacer resaltar** mettre en valeur *ou* faire ressortir.

📖 Se conjugue sur le modèle de **cantar** (voir p. 903).

resbalar glisser.

► **resbalarse** *(au sens de « être indifférent »)* se moquer.

▷ **Lo que dicen sobre mí me resbala.** Je me moque de ce qu'on dit sur moi.

> **resbalarse** est une expression familière.

📖 Se conjugue sur le modèle de **cantar** (voir p. 903).

resbalón glissade.

► **dar un resbalón** glisser.

▪ **resbalón** *est masculin.*

rescatar délivrer *ou* sauver.

📖 Se conjugue sur le modèle de **cantar** (voir p. 903).

rescate *a plusieurs sens :*

1 **rescate** *peut signifier* sauvetage.

2 **rescate** *peut signifier* rançon.

> **i** **rescate** peut également être une forme du verbe **rescatar**.
> ▷ **Han enviado un helicóptero para que rescate a los esquiadores.** On a envoyé un hélicoptère pour sauver les skieurs.

reserva *a plusieurs sens :*

1 **reserva** *peut signifier* réservation.

2 **reserva** *peut signifier* réserve.

resfriado *a des sens différents selon sa catégorie grammaticale :*

> *Ce peut être un* ADJECTIF :

resfriado, resfriada *signifie* enrhumé(e).

> *Ce peut être un* NOM :

resfriado *signifie* rhume.

► **coger un resfriado** attraper un rhume.

■ *Dans ce mot, on reconnaît le lien avec le mot* **frío** *qui signifie « froid ».*

i **resfriado** peut également être le participe passé du verbe **resfriarse**.

resfriarse s'enrhumer.

■ *Dans ce mot, on reconnaît le lien avec le mot* **frío** *qui signifie « froid ».*

Attention ! **resfriarse** *subit une modification de l'accentuation : le* **-i** *se transforme en* **-í** *aux trois personnes du singulier et à la troisième personne du pluriel au présent, au subjonctif et à l'impératif.*

INDICATIF PRÉSENT	SUBJONCTIF PRÉSENT
me resfrío	me resfríe
te resfrías	te resfríes
se resfría	se resfríe
nos resfriamos	nos resfriamos
os resfriáis	os resfriáis
se resfrían	se resfríen

Se conjugue sur le modèle de **burlarse** (voir p. 898).

resistir résister.

► **resistirse a** + infinitif se refuser à + infinitif.

Se conjugue sur le modèle de **vivir** (voir p. 1109).

resolver résoudre.

► **resolver hacer algo** décider de faire quelque chose.

resolver *est un verbe à diphtongue. Le* **-o** *devient* **-ue** *aux trois personnes du singulier et à la troisième personne du pluriel au présent de l'indicatif et du subjonctif :*

INDICATIF PRÉSENT	SUBJONCTIF PRÉSENT
resuelvo	resuelva
resuelves	resuelvas
resuelve	resuelva
resolvemos	resolvamos
resolvéis	resolváis
resuelven	resuelvan

Le participe passé du verbe **resolver** *est irrégulier :* **resuelto**.

Se conjugue sur le modèle de **deber** (voir p. 928).

respecto

► **(con) respecto a** par rapport à *ou* en ce qui concerne.

Attention ! Ne pas confondre **respecto** et **respeto** qui signifie « respect ».

respetar respecter.

Attention à l'orthographe du mot **respetar**.

Se conjugue sur le modèle de **cantar** (voir p. 903).

respeto respect.

Attention à l'orthographe du mot **respeto**.

Attention ! Ne pas confondre **respeto** et **respecto**.

i **respeto** peut également être une forme du verbe **respetar**.

▷ **Yo te respeto, así que respétame tú también a mí.** Moi je te respecte, alors respecte-moi toi aussi.

respuesta réponse.

resta soustraction.

i **resta** peut également être une forme du verbe **restar**.

▷ **Resta el dinero que hemos gastado de lo que hemos cobrado.** Soustrais l'argent que nous avons dépensé de ce que nous avons touché.

restablecer rétablir.

Attention ! **restablecer** *appartient au groupe des verbes se terminant en* **-acer, -ecer, -ocer** *et* **-ucir** *qui sont irréguliers à la première personne du singulier du présent de l'indicatif et à toutes les personnes du subjonctif présent :*

INDICATIF PRÉSENT	SUBJONCTIF PRÉSENT
restablezco	restablezca
restableces	restablezcas
restablece	restablezca
restablecemos	restablezcamos
restablecéis	restablezcáis
restablecen	restablezcan

Se conjugue sur le modèle de **deber** (voir p. 928).

restar soustraire *ou* faire une soustraction *ou* ôter.

> Attention ! **restar** ne signifie pas « rester ».

Se conjugue sur le modèle de **cantar** (voir p. 903).

resuelto *est le participe passé du verbe* **resolver**.

resultado résultat.

> **resultado** peut également être le participe passé du verbe **resultar**.

resultar être.

▷ **El examen resultó bastante fácil.** L'examen était assez facile.

Se conjugue sur le modèle de **cantar** (voir p. 903).

resumen résumé.

retirar retirer.

► **retirarse** *peut signifier* prendre sa retraite.

► **retirarse** *peut signifier* se retirer *ou* se replier.

Se conjugue sur le modèle de **cantar** (voir p. 903).

retrasar retarder.

► **retrasarse** prendre du retard.

Se conjugue sur le modèle de **cantar** (voir p. 903).

retraso retard.

> **retraso** peut également être une forme du verbe **retrasar**.
> ▷ **Si me retraso, el profesor no me dejará entrar en el aula.** Si je prends du retard, le prof ne me laissera pas rentrer dans la salle de cours.

retratar faire le portrait de.

■ *Dans ce mot, on reconnaît le lien avec le nom* **retrato** *qui signifie « portrait ».*

Se conjugue sur le modèle de **cantar** (voir p. 903).

retrato portrait.

► **ser el retrato vivo de alguien** être le portrait craché de quelqu'un.

> **retrato** peut également être une forme du verbe **retratar**.
> ▷ **Retrato a mi mejor amigo.** Je fais le portrait de mon meilleur ami.

retroceder reculer.

Se conjugue sur le modèle de **deber** (voir p. 928).

reventar crever *ou* éclater.

reventar *est un verbe à diphtongue. Le* **-e** *devient* **-ie** *aux trois personnes du singulier et à la troisième personne du pluriel au présent de l'indicatif et du subjonctif.*

INDICATIF PRÉSENT	SUBJONCTIF PRÉSENT
revi**e**nto	revi**e**nte
revi**e**ntas	revi**e**ntes
revi**e**nta	revi**e**nte
reventamos	reventemos
reventáis	reventéis
revi**e**ntan	revi**e**nten

Se conjugue sur le modèle de **cantar** (voir p. 903).

revés *a plusieurs sens :*

1 **revés** *peut signifier* envers.

2 **revés** *peut signifier* gifle.

3 **revés** *peut signifier* revers.

4 ► **al revés** à l'inverse.

revista revue *ou* magazine.

revoltoso, revoltosa turbulent(e) *ou* remuant(e).

revolución révolution.

■ *Ce mot, comme la plupart des mots espagnols terminés par* **-ción** *ou* **-sión**, *est féminin.*

revolucionario, revolucionaria révolutionnaire.

revolver *a plusieurs sens :*

1 **revolver** *peut signifier* remuer *ou* mettre sens dessus dessous.

2 **revolver** *peut signifier* fouiller.

► **revolverse** *peut signifier* remuer *ou* s'agiter.

► **revolverse** *peut signifier* se retourner.

Le participe passé du verbe **revolver** *est irrégulier :* **revuelto**.

Dans ce mot, on reconnaît le verbe **volver**. *Ils se conjuguent de la même manière.*

revuelta révolte.

> **revuelta** peut également être le féminin de l'adjectif **revuelto** qui signifie « désordonné ».

revuelto, revuelta désordonné(e).

> **revuelto** peut également être le participe passé du verbe **revolver**.

rey roi.

rezar prier.

Comme la plupart des verbes terminés en **–zar**, **rezar** *subit des modifications orthographiques : le* **–z** *devient* **–c** *devant un* **–e.**

▷ Recé para que no sucediera nada malo. J'ai prié pour qu'il n'arrive rien de mauvais.

Se conjugue sur le modèle de **cantar** (voir p. 903).

ría estuaire.

■ **ría** *est féminin.*

riachuelo ruisseau.

riada crue.

ribera rive *ou* rivage.

rico, rica *a des sens différents selon qu'il est employé avec* **ser** *ou* **estar** :

1 **ser rico, rica** *signifie* être riche.

2 **estar rico, rica** *signifie* être délicieux(-euse) (*en parlant d'un repas*).

riego arrosage.

riesgo risque.

rigor rigueur *ou* sévérité.

■ *Comme la plupart des mots espagnols terminés par* **–or, rigor** *est masculin.*

rincón coin.

rinoceronte rhinocéros.

riña bagarre.

> **i** **riña** peut également être une forme du verbe **reñir.**
> ▷ Pórtate bien si no quieres que tu madre te riña. Sois sage si tu ne veux pas que ta mère te gronde.

riñón rein.

► **costar un riñón** coûter les yeux de la tête.

río fleuve *ou* rivière.

■ **río** *est masculin.*

> **i** **río** peut également être une forme du verbe **reír.**
> ▷ Si me haces cosquillas, ¡claro que río! Si tu me chatouilles, bien sûr que je ris !

riqueza richesse.

risa rire.

► **dar risa** faire rire.

► **desternillarse de risa** se tordre de rire.

► **tener un ataque de risa** avoir le fou rire.

► **partirse de risa** se tordre de rire.

■ **risa** *est féminin.*

risueño, risueña souriant(e).

ritmo rythme.

> Attention à l'orthographe du mot **ritmo.**

rizado, rizada frisé(e).

rizar friser.

Comme la plupart des verbes terminés en **–zar**, **rizar** *subit des modifications orthographiques : le* **–z** *devient* **–c** *devant un* **–e.**

▷ Ha ido a la peluquería para que le ricen el pelo. Elle est allée chez le coiffeur se faire friser les cheveux.

Se conjugue sur le modèle de **cantar** (voir p. 903).

rizo boucle.

■ **rizo** *est masculin.*

robar voler *(au sens de « dérober »).*

Se conjugue sur le modèle de **cantar** (voir p. 903).

roble chêne.

robo vol.

> **i** **robo** peut également être une forme du verbe **robar.**
> ▷ Nunca robo. Je ne vole jamais.

roca roche *ou* rocher.

rodar *a plusieurs sens :*

1 **rodar** *peut signifier* rouler.

2 **rodar** *peut signifier* tourner (*un film*).

rodar *est un verbe à diphtongue. Le* **–o** *devient* **–ue** *aux trois personnes du singulier et à la troisième personne du pluriel au présent de l'indicatif et du subjonctif :*

INDICATIF PRÉSENT	SUBJONCTIF PRÉSENT
ruedo	ruede
ruedas	ruedes
rueda	ruede
rodamos	rodemos
rodáis	rodéis
ruedan	rueden

Se conjugue sur le modèle de **cantar** (voir p. 903).

rodear entourer.

📖 *Se conjugue sur le modèle de* **cantar** *(voir p. 903).*

rodeo détour.

► **dar un rodeo** faire un détour.

► **andar(se) con rodeos** tourner autour du pot.

► **no andar(se) con rodeos** ne pas y aller par quatre chemins.

> ℹ rodeo peut également être une forme du verbe rodear.

rodilla genou.

► **de rodillas** à genoux.

■ **rodilla** *est féminin.*

rogar prier (= *demander*).

► **se ruega no fumar** prière de ne pas fumer.

► **rogar que** + subjonctif *signifie* **demander de** + infinitif.

▷ Te ruego que no se lo digas a nadie. Je te demande de ne le dire à personne.

📖 *Attention ! Pour conserver le son /g/ de l'infinitif, le* **-g** *de* **rogar** *se transforme en* **-gu** *devant un* **-e**. *De plus,* **rogar** *est un verbe à diphtongue. Le* **-o** *devient* **-ue** *aux trois personnes du singulier et à la troisième personne du pluriel au présent de l'indicatif et du subjonctif.*

INDICATIF PRÉSENT	SUBJONCTIF PRÉSENT
ruego	ruegue
ruegas	ruegues
ruega	ruegue
rogamos	roguemos
rogáis	roguéis
ruegan	rueguen

📖 *Se conjugue sur le modèle de* **cantar** *(voir p. 903).*

rojo, roja rouge.

rollo rouleau.

► **ser un rollo** être rasoir.

► **un mal rollo** une galère *ou* un mauvais plan.

► **soltar un rollo** faire tout un plat de quelque chose.

> Toutes ces expressions sont familières.

rombo losange.

rompecabezas casse-tête.

■ *On remarque que ce mot composé est constitué du verbe* **romper** *qui signifie « casser » et du nom* **cabeza** *qui signifie « tête ».*

■ **rompecabezas** *est invariable : un rompecabezas, dos rompecabezas.*

romper casser *ou* abîmer *ou* déchirer.

► **romper a hacer algo** se mettre à faire quelque chose.

📖 *Le participe passé du verbe* **romper** *est irrégulier :* **roto**.

📖 *Se conjugue sur le modèle de* **deber** *(voir p. 928).*

ron rhum.

roncar ronfler.

📖 *Attention ! Pour conserver le son /k/ de l'infinitif, le* **-c** *de* **roncar** *se transforme en* **-qu** *devant un* **-e** *:*

▷ Mi hermano me dice que ronqué toda la noche. Mon frère me dit que j'ai ronflé toute la nuit.

📖 *Se conjugue sur le modèle de* **cantar** *(voir p. 903).*

ronco, ronca rauque *ou* enroué(e).

ronda ronde *ou* tournée.

ropa vêtements.

► **ropa blanca** linge de maison.

► **ropa de abrigo** vêtements d'hiver.

► **ropa interior** sous-vêtements.

■ **ropa** *est féminin singulier.*

rostro visage.

► **tener (mucho) rostro** avoir du culot.

> tener (mucho) rostro est une expression familière.

roto *a des sens différents selon sa catégorie grammaticale :*

> *Ce peut être un* ADJECTIF :

roto, rota *signifie* cassé(e) *ou* abîmé(e) *ou* en panne *ou* déchiré(e).

> *Ce peut être un* NOM :

roto *signifie* accroc.

> ℹ roto peut également être le participe passé du verbe romper.

rotonda rond-point.

■ **rotonda** *est féminin.*

rotulador marqueur *ou* crayon feutre.

rozar frôler *ou* effleurer.

📖 *Comme la plupart des verbes terminés en* **-zar, rozar** *subit des modifications orthographiques : le* **-z** *devient* **-c** *devant un* **-e.**

▷ **¡Apenas le rocé la mano y gritó!** Je lui ai à peine effleuré la main et elle a crié !

📖 *Se conjugue sur le modèle de* **cantar** (voir p. 903).

rubio, rubia blond(e).

rueda roue.

ruido bruit.

ruiseñor rossignol.

ruso, rusa russe *ou* Russe.

S

ESPAGNOL — FRANÇAIS

sábado samedi.

sabana savane.

sábana drap.

- **sábana** *est féminin.*

> Attention ! Ne pas confondre **sábana** et **sabana** qui signifie « savane ».

saber *a des sens différents selon sa catégorie grammaticale :*

> *Ce peut être un* NOM :

saber *signifie* savoir.

> *Ce peut être un* VERBE TRANSITIF :

saber *signifie* savoir *ou* connaître.

▷ Ya lo sé. Je le sais.

▷ Ella sabe ruso. Elle connaît le russe.

► **saber de algo** s'y connaître en quelque chose.

▷ No sé nada de fútbol. Je n'y connais rien en football.

► **saber de alguien** avoir des nouvelles de quelqu'un.

▷ Desde hace semanas no sé nada de ella. Je n'ai aucune nouvelle d'elle depuis des semaines.

► **saber de memoria** connaître par cœur.

> *Ce peut être un* VERBE INTRANSITIF :

saber a *signifie* avoir le goût de.

▷ Este chicle sabe a menta. Ce chewing-gum a le goût de menthe.

> Attention à l'emploi de la préposition **a** dans **saber a** (avoir le goût de).

► **saber bien** avoir bon goût.

► **saber mal** avoir mauvais goût.

► **saber algo mal a alguien** gêner quelqu'un.

▷ Me sabe mal que nadie te haya avisado. Cela me gêne que personne ne t'ait prévenu.

SABER				
INDICATIF				CONDITIONNEL
PRÉSENT	IMPARFAIT	PASSÉ SIMPLE	FUTUR	PRÉSENT
sé	sabía	**supe**	**sabré**	**sabría**
sabes	sabías	**supiste**	**sabrás**	**sabrías**
sabe	sabía	**supo**	**sabrá**	**sabría**
sabemos	sabíamos	**supimos**	**sabremos**	**sabríamos**
sabéis	sabíais	**supisteis**	**sabréis**	**sabríais**
saben	sabían	**supieron**	**sabrán**	**sabrían**
SUBJONCTIF		IMPÉRATIF		
PRÉSENT	IMPARFAIT	PRÉSENT		
sepa	**supiera**		INFINITIF	saber
sepas	**supieras**	sabe		
sepa	**supiera**	**sepa**	PARTICIPE	sabido
sepamos	**supiéramos**	**sepamos**		
sepáis	**supierais**	sabed	GÉRONDIF	sabiendo
sepan	**supieran**	**sepan**		

sabiduría sagesse *ou* savoir *ou* connaissance.

sabio, sabia sage *ou* savant(e).

sabor goût *ou* saveur.

▷ Es una bebida con sabor a plátano. C'est une boisson au goût de banane.

> Attention à l'emploi de la préposition **a** dans **con sabor a** (au goût de).

► **sin sabor** sans aucun goût.

■ *Comme la plupart des mots espagnols terminés par* **-or, sabor** *est masculin.*

saborear savourer.

Se conjugue sur le modèle de **cantar** (voir p. 903).

sabroso, sabrosa délicieux(-euse).

sabr.. (sabré, sabrás, sabría, etc.) → **saber**.

sacacorchos tire-bouchon.

■ *Ce mot composé est constitué du verbe* **sacar** *qui signifie « tirer » et du nom* **corcho** *qui signifie « bouchon de liège ».*

■ **sacacorchos** *est masculin et invariable : un sacacorchos, dos sacacorchos.*

sacapuntas taille-crayon.

■ *Ce mot composé est constitué du verbe* **sacar** *qui signifie « sortir » et du nom* **punta** *qui signifie « pointe ».*

■ **sacapuntas** *est masculin et invariable : un sacapuntas, dos sacapuntas.*

sacar *a plusieurs sens :*

1 **sacar** *peut signifier* sortir.

▷ Saca todo lo que tengas en los bolsillos. Sors tout ce que tu as dans les poches.

2 **sacar** *peut signifier* obtenir.

▷ Ha sacado buenas notas. Elle a obtenu de bonnes notes.

3 **sacar** *peut signifier* tirer (= *extraire*).

▷ El texto que estudiamos está sacado de Don Quijote. Le texte que nous étudions est tiré de Don Quichotte.

4 **sacar** *peut signifier* prendre (*une photo*).

▷ Sacamos muchas fotos durante las vacaciones. Nous avons pris beaucoup de photos pendant nos vacances.

Attention ! Pour conserver le son / k / de l'infinitif, le **-c** *de* **sacar** *se transforme en* **-qu** *devant un* **-e** *:*

▷ ¡No saques la lengua! Ne tire pas la langue !

Se conjugue sur le modèle de **cantar** (voir p. 903).

sacerdote prêtre.

saco sac.

► **saco de dormir** sac de couchage.

> **i** **saco** peut également être une forme du verbe **sacar**.
> ▷ ¿Saco los cubiertos del cajón? Je sors les couverts du tiroir ?

sacrificar sacrifier.

Attention ! Pour conserver le son / k / de l'infinitif, le **-c** *de* **sacrificar** *se transforme en* **-qu** *devant un* **-e** *:*

▷ ¡No te sacrifiques por eso! No vale la pena. Ne te sacrifie pas pour ça ! Ça n'en vaut pas la peine.

Se conjugue sur le modèle de **cantar** (voir p. 903).

sacrificio sacrifice.

sacudir secouer.

Se conjugue sur le modèle de **vivir** (voir p. 1109).

Sagitario Sagittaire.

sagrado, sagrada sacré(e).

sal sel.

► **sal gorda** gros sel.

■ **sal** *est féminin.*

> **i** **sal** peut également être une forme du verbe **salir**.
> ▷ ¡Sal de este cuarto! Sors de cette pièce !

sala salon *ou* salle.

► **sala de espera** salle d'attente.

salado, salada salé(e).

salar saler.

Dans ce mot, on reconnaît le mot **sal** *qui signifie « sel ».*

Se conjugue sur le modèle de **cantar** (voir p. 903).

salario salaire.

salchicha saucisse.

salchichón saucisson.

saldr... (saldré, saldrás, saldría, etc.) → **salir**.

salg... (salgo, salgas, salgamos, etc.) → **salir**.

salida *a plusieurs sens :*

1 **salida** *peut signifier* sortie.

▷ **Te espero a la salida de la tienda.** Je t'attends à la sortie du magasin.

► **línea de salida** ligne de touche.

► **salida de emergencia** *ou* **salida de incendios** sortie de secours.

2 **salida** *peut signifier* départ.

▷ **Había demasiada gente a la salida del tren.** Il y avait trop de gens au départ du train.

► **dar la salida** donner le départ.

► **salida nula** faux départ.

3 *En sport,* **salida** *peut signifier* ligne de départ.

4 **salida** *peut signifier* issue.

▷ **En la situación actual, no tenemos ninguna salida.** Dans la situation actuelle, nous n'avons pas d'issue.

► **calle sin salida** voie sans issue.

► **la salida del sol** le lever du soleil.

salir *a plusieurs sens :*

1 **salir** *peut signifier* sortir.

▷ **Nunca salimos solos por la noche.** Le soir nous ne sortons jamais seuls.

2 **salir** *peut signifier* partir.

▷ **¡Date prisa, que el tren sale dentro de cinco minutos!** Dépêche-toi, le train part dans cinq minutes !

► **salir de viaje** partir en voyage.

3 **salir** *peut signifier* apparaître.

▷ **Con el sol me salen pecas.** Mes taches de rousseur apparaissent avec le soleil.

4 **salir** *peut signifier* être élu(e).

▷ **Salió con el cincuenta y tres por ciento de los votos.** Il a été élu avec cinquante-trois pour cent des voix.

► **salir a alguien** ressembler à quelqu'un *ou* tenir de quelqu'un.

▷ **No ha salido a sus padres.** Il ne ressemble pas à ses parents.

5 **salir** *peut signifier* se passer.

► **salir bien** réussir *ou* bien se passer.

▷ **La fiesta salió bien.** La fête s'est bien passée.

► **salir mal** échouer *ou* rater.

6 **salir** *peut signifier* coûter.

▷ **La comida nos saldrá muy cara.** Le repas nous coûtera très cher.

► **no salen las cuentas** ça ne tombe pas juste.

► **salirse de lo corriente** sortir de l'ordinaire.

► **salirse del tema** s'écarter du sujet.

► **salirse con la suya** n'en faire qu'à sa tête.

salmón saumon.

► **salmón ahumado** saumon fumé.

salpicar éclabousser.

📖 *Attention ! Pour conserver le son /k/ de l'infinitif, le* **-c** *de* **salpicar** *se transforme en* **-qu** *devant un* **-e** *:*

▷ **Al freír la carne, ten cuidado que el aceite no te salpiqué.** Quand tu feras revenir la viande, fais attention à ce que l'huile ne t'éclabousse pas.

📖 *Se conjugue sur le modèle de* **cantar** (voir p. 903).

salsa *a plusieurs sens :*

1 **salsa** *peut signifier* sauce.

► **salsa mahonesa** mayonnaise.

2 **salsa** *peut signifier* salsa.

saltar sauter *ou* bondir.

► **saltar a la comba** sauter à la corde.

SALIR				
INDICATIF				CONDITIONNEL
PRÉSENT	IMPARFAIT	PASSÉ SIMPLE	FUTUR	PRÉSENT
salgo	salía	salí	**saldré**	**saldría**
sales	salías	saliste	**saldrás**	**saldrías**
sale	salía	salió	**saldrá**	**saldría**
salemos	salíamos	salimos	**saldremos**	**saldríamos**
saléis	salíais	salisteis	**saldréis**	**saldríais**
salen	salían	salieron	**saldrán**	**saldrían**
SUBJONCTIF		IMPÉRATIF		
PRÉSENT	IMPARFAIT	PRÉSENT		
salga	saliera		INFINITIF	salir
salgas	salieras	**sal**		
salga	saliera	**salga**	PARTICIPE	salido
salgamos	saliéramos	**salgamos**		
salgáis	salierais	salid	GÉRONDIF	saliendo
salgan	salieran	**salgan**		

► **saltar a la vista** sauter aux yeux.

► **saltarse un semáforo** griller un feu.

📖 *Se conjugue sur le modèle de* **cantar** (voir p. 903).

salto bond *ou* saut *ou* chute.

► **a saltos** en sautant.

► **salto de altura** saut en hauteur.

► **salto de longitud** saut en longueur.

► **salto mortal** saut périlleux.

> ℹ **salto** peut également être une forme du verbe **saltar**.
> ▷ **Salto muy alto.** Je saute très haut.

salud santé.

► **¡salud!** à la tienne / vôtre (*pour trinquer*).

► **estar bien de salud** *ou* **gozar de buena salud** être en bonne santé.

► **estar mal de salud** être en mauvaise santé.

■ **salud** *est féminin.*

saludar saluer *ou* dire bonjour à.

📖 *Se conjugue sur le modèle de* **cantar** (voir p. 903).

saludo salut *ou* salutation.

■ **saludo** *est masculin.*

> ℹ **saludo** peut également être une forme du verbe **saludar**.
> ▷ **Saludo a mis compañeros.** Je salue mes camarades.

salvación salut (= *sauvegarde*).

■ *Ce mot, comme la plupart des mots espagnols terminés par* **-ción** *ou* **-sión,** *est féminin.*

salvadoreño, salvadoreña salvadorien(ne) *ou* Salvadorien(ne).

salvaje sauvage.

> Attention à l'orthographe du mot **salvaje**.

salvamento sauvetage.

► **bote de salvamento** canot de sauvetage.

salvar *a plusieurs sens :*

1 **salvar** *peut signifier* sauver.

► **¡sálvese quien pueda!** sauve qui peut !

2 **salvar** *peut signifier* franchir.

▷ **Salvó el río sin dificultad.** Il a franchi la rivière sans difficulté.

📖 *Le verbe* **salvar** *a deux participes passés : on peut utiliser* **salvado** *ou* **salvo**.

📖 *Se conjugue sur le modèle de* **cantar** (voir p. 903).

salvavidas bouée *ou* canot de sauvetage.

► **chaleco salvavidas** gilet de sauvetage.

■ *Ce mot composé est constitué du verbe* **salvar** *qui signifie « sauver » et du nom* **vidas** *qui signifie « vies ».*

salvo *a plusieurs catégories grammaticales :*

> *Ce peut être un* ADVERBE :

salvo *signifie* sauf *ou* à l'exception de.

▷ **He leído todo salvo el prefacio.** J'ai tout lu sauf la préface.

> *Ce peut être un* ADJECTIF :

salvo, salva *signifie* sauf, sauve.

► **a salvo** en lieu sûr.

► **sano y salvo** sain et sauf.

> ℹ **salvo** et **salva** peuvent également être des formes du verbe **salvar**.
> ▷ **El bombero salva vidas todos los días.** Le pompier sauve des vies tous les jours.

san *est la forme apocopée de* **santo**.

■ *L'apocope est la suppression d'une ou plusieurs lettres à la fin d'un mot.* **Santo** *s'apocope en* **san** *devant un nom de saint masculin, sauf* **Domingo, Tomás, Tomé** *et* **Toribio : san Miguel, santo Tomás.**

sandalia sandale.

sandía pastèque.

sándwich sandwich (*au pain de mie*).

sangrar saigner.

📖 *Se conjugue sur le modèle de* **cantar** (voir p. 903).

sangre sang.

► **a sangre fría** de sang froid.

► **de sangre fría** à sang froid (*en parlant d'un animal*).

■ **sangre** *est féminin.*

sangriento, sangrienta sanglant(e).

sanidad hygiène *ou* santé.

sano, sana sain(e) *ou* intact(e).

► **estar sano** être en bonne santé.

► **sano y salvo** sain et sauf.

santo *a des sens différents selon sa catégorie grammaticale :*

> *Ce peut être un* ADJECTIF *:*

santo, santa *signifie* saint(e).

► **el día** *ou* **la fiesta de Todos los Santos** la Toussaint.

> *Ce peut être un* NOM *:*

santo *signifie* fête.

▷ La semana que viene es su santo. La semaine prochaine c'est sa fête.

▷ El quince de agosto es el santo de María. Le quinze août, c'est la Sainte-Marie.

► **santo y seña** mot de passe.

sapo crapaud.

saque *a plusieurs sens :*

1 **saque** *peut signifier* service (*au tennis*).

2 **saque** *peut signifier* remise en jeu.

► **saque de esquina** corner.

► **saque inicial** coup d'envoi.

■ **saque** *est masculin.*

> **i** saque peut également être une forme du verbe sacar.
> ▷ Cuando saque la foto haremos muecas. Quand il prendra la photo nous ferons des grimaces.

sarampión rougeole.

sartén poêle.

sastre tailleur.

satisfacer satisfaire.

📖 *Le participe passé du verbe* **satisfacer** *est irrégulier :* **satisfecho**.

satisfactorio, satisfactoria satisfaisant(e).

satisfecho, satisfecha satisfait(e).

► **darse por satisfecho con algo** se contenter de quelque chose.

► **estar satisfecho con algo** être satisfait de quelque chose.

> **i** satisfecho peut également être le participe passé du verbe satisfacer.

se (sans accent) *a plusieurs sens :*

1 **se** *peut signifier* se *ou* s' *(pronom personnel réfléchi des troisièmes personnes du singulier et du pluriel) ou* vous (*vouvoiement*).

▷ Se mira en todos los espejos y escaparates que cruza. Il se regarde dans tous les miroirs et vitrines qu'il croise.

▷ ¿No se siente bien? Vous ne vous sentez pas bien ?

2 **se** *peut signifier* lui *ou* leur *ou* vous (*vouvoiement*) *lorsqu'il y a deux pronoms personnels compléments qui se suivent.*

▷ Se lo digo (a él). Je le lui dis.

▷ Se lo digo (a ellos). Je le leur dis.

▷ Se lo digo (a usted). Je vous le dis.

■ *Dans ce cas, le pronom personnel complément indirect est placé devant le pronom personnel complément direct.*

3 **se** *peut servir à construire des tournures impersonnelles.*

▷ Se come bastante bien en este restaurante. On mange assez bien dans ce restaurant.

▷ ¿Cómo se dice « por favor » en francés? Comment dit-on « por favor » en français ?

4 **se** *peut servir à construire des tournures passives.*

▷ Se publicaron todas las novelas de Gabriel García Marquez en esta colección. Tous les romans de Gabriel García Marquez ont été publiés dans cette collection.

▷ El piso se alquila sólo a estudiantes. L'appartement n'est loué qu'à des étudiants.

▷ Estos relojes sólo se venden en tiendas de lujo. Ces montres ne sont vendues que dans des boutiques de luxe.

sé (avec accent) *peut être le verbe* **ser** *conjugué à la deuxième personne du singulier à l'impératif ou le verbe* **saber** *conjugué à la première personne du singulier au présent de l'indicatif.*

▷ ¡Sé atento con tu hermana pequeña! Fais attention à ta petite sœur !

▷ No sé cómo se llama. Je ne sais pas comment il s'appelle.

sea... (sea, seas, seamos, etc.) → **ser**.

secador séchoir *ou* sèche-cheveux.

■ *Dans ce mot, on reconnaît le lien avec le verbe* **secar** *qui signifie « sécher ».*

■ *Comme la plupart des mots espagnols terminés par* **–or**, **secador** *est masculin.*

secar sécher *ou* essuyer *ou* dessécher.

📖 *Attention ! Pour conserver le son /k/ de l'infinitif, le* **–c** *de* **secar** *se transforme en* **–qu** *devant un* **–e** *:*

▷ Me sequé el pelo después de la piscina. Je me suis séché les cheveux après la piscine.

📖 *Se conjugue sur le modèle de* **cantar** (voir p. 903).

sección *a plusieurs sens :*

1 **sección** *peut signifier* section *ou* partie.

2 **sección** *peut signifier* rayon (*dans un magasin*).

► **sección de ropa de caballero / señora** rayon hommes / femmes.

► **sección de bricolaje** rayon bricolage.

seco, seca sec, sèche.

► **a secas** tout court.

▷ Prefiero que me llamen María, a secas. Je préfère qu'on m'appelle María tout court.

secretaría secrétariat.

secretario, secretaria secrétaire.

> Attention ! Ne pas confondre secretaria (sans accent) et secretaría.

secreto secret.

► **de** *ou* **en secreto** secrètement.

sed soif.

► **tener sed** avoir soif.

> **i** sed peut également être une forme du verbe ser.
> ▷ ¡Sed buenos con él! Soyez gentils avec lui !

seda soie.

seguida

► **en seguida** tout de suite *ou* aussitôt (après).

seguidamente de suite *ou* aussitôt (après).

seguido, seguida *a plusieurs sens :*

1 **seguido, seguida** *peut signifier* suivi(e) *ou* rapproché(e).

▷ Mi mejor amigo y yo tenemos los cumpleaños muy seguidos. L'anniversaire de mon meilleur ami et le mien sont très rapprochés.

2 **seguido, seguida** *peut signifier* de suite *ou* l'un après l'autre.

▷ Ganamos cuatro partidos seguidos. Nous avons gagné quatre matchs de suite.

> **i** seguido peut également être le participe passé du verbe seguir.

seguir suivre *ou* poursuivre *ou* venir après.

► **seguir** + gérondif continuer à / de + infinitif.

▷ Sigue estudiando español. Il continue à apprendre l'espagnol.

▷ La policía sigue buscando a los culpables. La police continue de chercher les coupables.

📖 **seguir** *subit un changement de voyelle : le* **–e** *se transforme en* **–i** *aux trois personnes du singulier et à la troisième personne du pluriel du présent de l'indicatif, à toutes les personnes du présent du subjonctif, aux troisièmes personnes du singulier et du pluriel au passé simple et à toutes les personnes du subjonctif imparfait. De plus, comme tous les verbes terminés en* **–guir, seguir** *subit des modifications orthographiques pour conserver le son / g / : le* **–gu** *se transforme en* **–g** *devant* **–o** *et* **–a** *:*

INDICATIF PRÉSENT	SUBJONCTIF PRÉSENT	PASSÉ SIMPLE	SUBJONCTIF IMPARFAIT
sigo	siga	seguí	siguiera
sigues	sigas	seguiste	siguieras
sigue	siga	siguió	siguiera
seguimos	sigamos	seguimos	siguiéramos
seguís	sigáis	seguisteis	siguierais
siguen	sigan	siguieron	siguieran

📖 *Se conjugue sur le modèle de* **vivir** (voir p. 1109).

según *a plusieurs sens :*

1 **según** *peut signifier* selon *ou* d'après.

▷ Según el profesor, la educación ciudadana es muy importante. D'après le professeur, l'éducation civique est très importante.

2 **según** *peut signifier* comme.

▷ Construimos nuestra casa según lo previsto. Nous avons construit notre maison comme nous l'avions prévu.

3 **según** *peut signifier* à mesure que.

▷ Nos perdíamos cada vez más según íbamos entrando en el bosque. Nous nous perdions à mesure que nous avancions dans la forêt.

4 **según** *peut signifier* ça dépend.

▷ – ¿Vienes con nosotros? – Según. – Tu viens avec nous ? – Ça dépend.

segundo *a des sens différents selon sa catégorie grammaticale :*

> *Ce peut être un* ADJECTIF *:*

segundo, segunda *signifie* second(e) *ou* deuxième.

■ *Les nombres ordinaux s'accordent et sont généralement employés devant le nom, sauf pour un souverain, un siècle ou un chapitre :* **Juan Pablo II** (segundo) Jean Paul II (deux). Ils ne sont utilisés que du premier au onzième. Ensuite, on emploie des cardinaux : **el veinte aniversario** le vingtième anniversaire.

> *Ce peut être un* NOM *:*

1 **segundo** *peut signifier* seconde (= *partie d'une minute*).

2 **segundo** *peut signifier* deuxième (étage).

▷ Los vecinos del segundo acaban de llegar al edificio. Les voisins du deuxième (étage) viennent d'arriver dans l'immeuble.

seguridad sécurité *ou* assurance.

■ *Ce mot, comme la plupart des mots espagnols terminés par* **–tad, –dad** *et* **–tud**, *est féminin.*

seguro *a des sens différents selon sa catégorie grammaticale :*

> *Ce peut être un* ADJECTIF :

seguro, segura *signifie* sûr(e) *ou* certain(e).

> *Ce peut être un* NOM :

1 **seguro** *peut signifier* assurance (*contre le vol par exemple*).

2 **seguro** *peut signifier* sécurité.

seis six.

seiscientos, seiscientas six cents.

> En espagnol, les centaines s'accordent en genre et en nombre avec le nom : seiscientas libras esterlinas / seiscientos euros.

sello timbre.

selva forêt *ou* jungle.

> Attention ! Ne pas confondre selva qui signifie « forêt équatoriale et tropicale » et bosque qui signifie « forêt, bois ».

semáforo feu (*de signalisation*).

semana semaine.

► **fin de semana** week-end.

► **Semana Santa** semaine sainte.

semanal hebdomadaire.

sembrar semer.

📖 **sembrar** *est un verbe à diphtongue. Le* **–e** *devient* **–ie** *aux trois personnes du singulier et à la troisième personne du pluriel au présent de l'indicatif et du subjonctif :*

INDICATIF PRÉSENT	SUBJONCTIF PRÉSENT
siembro	siembre
siembras	siembres
siembra	siembre
sembramos	sembremos
sembráis	sembréis
siembran	siembren

📖 *Se conjugue sur le modèle de* **cantar** (voir p. 903).

semejante semblable *ou* tel(le).

▷ Nunca había visto un animal semejante. Je n'avais jamais vu un tel animal.

▷ Son muy semejantes. Ils se ressemblent beaucoup.

semejanza ressemblance.

semilla graine.

sencillez simplicité.

sencillo, sencilla simple.

senda sentier.

■ **senda** *est féminin.*

senderismo randonnée.

■ **senderismo** *est masculin.*

seno sein.

sentar asseoir.

► **sentar bien** réussir *ou* aller bien *ou* faire du bien (*à la santé*) *ou* plaire.

▷ El azul te sienta muy bien. Le bleu te va très bien.

▷ Comer fruta le sienta bien. Manger des fruits lui fait du bien.

► **sentar mal** ne pas réussir *ou* aller mal *ou* faire du mal (*à la santé*) *ou* ne pas plaire.

▷ El pescado no me sentó bien. Le poisson ne m'a pas réussi.

▷ No le sentó bien lo que le dijiste. Ce que tu lui as dit ne lui a pas plu.

► **sentarse** s'asseoir.

▷ ¡Siéntese! Asseyez-vous !

📖 **sentar** *est un verbe à diphtongue. Le* **–e** *devient* **–ie** *aux trois personnes du singulier et à la troisième personne du pluriel au présent de l'indicatif et du subjonctif :*

INDICATIF PRÉSENT	SUBJONCTIF PRÉSENT
siento	siente
sientas	sientes
sienta	siente
sentamos	sentemos
sentáis	sentéis
sientan	sienten

📖 *Se conjugue sur le modèle de* **cantar** (voir p. 903).

sentido sens.

► **perder el sentido** perdre connaissance.

► **sentido del humor** sens de l'humour.

► **no tener (ningún) sentido** n'avoir aucun sens *ou* ne rimer à rien.

> ℹ sentido peut également être le participe passé du verbe sentir.

sentir *a plusieurs sens :*

1 **sentir** + indicatif *signifie* éprouver *ou* ressentir *ou* sentir.

▷ Siento que la temperatura ha bajado. Je sens que la température a baissé.

▷ No puedo saber lo que sientes si no me lo dices. Je ne peux pas savoir ce que tu ressens si tu ne me le dis pas.

2 **sentir** + subjonctif *signifie* regretter.

▷ Sentimos que no pudieras venir a la fiesta. Nous regrettons que tu n'aies pas pu venir à la fête.

3 **sentir** *peut signifier* avoir.

▷ Siento frío. J'ai froid.

📖 **sentir** *subit un changement de voyelle et la diphtongaison : le* **-e** *se transforme en* **-i** *aux troisièmes personnes du singulier et du pluriel au passé simple, aux deux premières personnes du pluriel du subjonctif présent et à toutes les personnes du subjonctif imparfait* (changement de voyelle) *et le* **-i** *devient* **-ie** *aux trois personnes du singulier et à la troisième personne du pluriel au présent de l'indicatif et du subjonctif* (diphtongaison).

INDICATIF PRÉSENT	SUBJONCTIF PRÉSENT	PASSÉ SIMPLE	SUBJONCTIF IMPARFAIT
siento	sienta	sentí	sintiera
sientes	sientas	sentiste	sintieras
siente	sienta	sintió	sintiera
sentimos	sintamos	sentimos	sintiéramos
sentís	sintáis	sentisteis	sintierais
sienten	sientan	sintieron	sintieran

📖 *Se conjugue sur le modèle de* **vivir** (voir p. 1109).

seña signe (= *geste*) *ou* signalement.

► **señas** adresse.

▷ Dame tus señas para que pueda enviarte una postal. Donne-moi ton adresse pour que je puisse t'envoyer une carte postale.

■ **seña** *est féminin.*

señal *a plusieurs sens :*

1 **señal** *peut signifier* signe (= *indice*).

▷ Empieza a dar señales de debilidad. Il commence à donner des signes de faiblesse.

► **buena / mala señal** bon / mauvais signe.

2 **señal** *peut signifier* signal.

► **señal de auxilio** *ou* **de socorro** signal de détresse.

► **señal de alarma** *ou* **de peligro** signal d'alarme.

3 **señal** *peut signifier* marque *ou* trace.

► **señal de nacimiento** tache de naissance.

■ **señal** *est féminin.*

señalar *a plusieurs sens :*

1 **señalar** *peut signifier* indiquer.

► **señalar con el dedo** montrer du doigt.

2 **señalar** *peut signifier* marquer.

📖 *Se conjugue sur le modèle de* **cantar** (voir p. 903).

señor, señora monsieur, madame.

> ℹ On utilise l'article défini devant señor, señora et señorita sauf si l'on s'adresse directement à la personne.

▷ ¿Ha llegado ya el señor Sánchez? Monsieur Sánchez est-il déjà arrivé ?

▷ Buenos días, señora García. Bonjour, madame García.

señorita mademoiselle.

> ℹ On utilise l'article défini devant señor, señora et señorita sauf si l'on s'adresse directement à la personne.

▷ ¿Puedo invitarla a bailar, señorita? Je peux vous inviter à danser, mademoiselle ?

▷ La señorita López es nuestra profesora de dibujo. Mademoiselle López est notre professeur de dessin.

sep... (sepa, sepas, sepamos, etc.) → saber.

separar *a plusieurs sens :*

1 **separar** *peut signifier* séparer.

2 **separar** *peut signifier* écarter.

3 **separar** *peut signifier* détacher.

📖 *Se conjugue sur le modèle de* **cantar** (voir p. 903).

septiembre septembre.

> ℹ septiembre peut également s'écrire setiembre.

séptimo, séptima septième.

■ *Les nombres ordinaux s'accordent et sont généralement employés devant le nom, sauf pour un souverain, un siècle ou un chapitre :* **Carlos VII** (séptimo) Charles VII (sept). Ils ne sont utilisés que du premier au onzième. Ensuite, on emploie des cardinaux : **el veinte aniversario** le vingtième anniversaire.

sepultar enterrer *ou* ensevelir.

📖 *Le verbe* **sepultar** *a deux participes passés : on peut utiliser* **sepultado** *ou* **sepulto**.

📖 *Se conjugue sur le modèle de* **cantar** (voir p. 903).

sepultura tombe.

sequedad sécheresse.

■ *Ce mot, comme la plupart des mots espagnols terminés par* **-tad, -dad** *et* **-tud,** *est féminin.*

sequía sécheresse.

ser *a plusieurs catégories grammaticales :*

> *Ce peut être un* NOM :

ser *signifie* être.

► **un ser humano** un être humain.

► **un ser vivo** un être vivant.

> *Ce peut être un* VERBE :

1 **ser** *peut signifier* être.

2 **ser** *peut signifier* faire (*dans un calcul*).

▷ Dos y seis son ocho. Deux et six font huit.

sereno, serena calme *ou* serein(e).

serie série.

► **fuera de serie** hors série.

Attention, il ne faut pas confondre **ser** et **estar** pour traduire le verbe « être ». **Ser** est employé :

• *pour unir le sujet avec son attribut que ce soit un nom, un adjectif, un infinitif ou un pronom.*

▷ Era médico. Il était médecin.

▷ Tu hermana es muy guapa. Ta sœur est très belle.

• *suivi de* **de** + nom commun *pour indiquer la matière d'un objet.*

▷ Esta cacerola es de aluminio. Cette casserole est en aluminium.

• *suivi de* **de** + nom propre *ou pour indiquer l'origine ou l'appartenance.*

▷ Mi abuelo es de Granada. Mon grand-père est de Grenade.

▷ Es de Carmen. C'est à Carmen.

• *pour exprimer le temps ou la quantité.*

▷ Es el uno de septiembre. C'est le premier septembre.

▷ Son las cinco y media. Il est cinq heures et demie.

• *pour former la forme passive.*

▷ Este puente fue construido por los romanos. Ce pont a été construit par les Romains.

seriedad sérieux.

► **falta de seriedad** manque de sérieux.

■ *Ce mot, comme la plupart des mots espagnols terminés par* **-tad, -dad** *et* **-tud,** *est féminin.*

serio, seria sérieux(-euse).

► **en serio** sérieusement.

serpiente serpent.

► **serpiente de cascabel** serpent à sonnette.

SER				
INDICATIF				CONDITIONNEL
PRÉSENT	IMPARFAIT	PASSÉ SIMPLE	FUTUR	PRÉSENT
soy eres es somos sois son	era eras era éramos erais eran	fui fuiste fue fuimos fuisteis fueron	seré serás será seremos seréis serán	sería serías sería seríamos seríais serían
SUBJONCTIF		IMPÉRATIF		
PRÉSENT	IMPARFAIT	PRÉSENT		
sea seas sea seamos seáis sean	fuera fueras fuera fuéramos fuerais fueran	 sé sea seamos sed sean	INFINITIF PARTICIPE GÉRONDIF	ser sido siendo

■ **serpiente** *est féminin.*

serrar scier.

Attention ! Ne pas confondre **serrar** et **cerrar** qui signifie « fermer ».

serrar *est un verbe à diphtongue. Le* **-e** *devient* **-ie** *aux trois personnes du singulier et à la troisième personne du pluriel au présent de l'indicatif et du subjonctif :*

INDICATIF PRÉSENT	SUBJONCTIF PRÉSENT
sierro	sierre
sierras	sierres
sierra	sierre
serramos	serremos
serráis	serréis
sierran	sierren

Se conjugue sur le modèle de **cantar** (voir p. 903).

servicio service.

► **prestar un servicio** rendre un service.

► **los servicios** les toilettes.

servilleta serviette (*de table*).

sesenta soixante.

sesión séance.

■ *Ce mot, comme la plupart des mots espagnols terminés par* **-ción** *ou* **-sión**, *est féminin.*

seso cervelle.

► **devanarse** *ou* **estrujarse los sesos** se creuser la cervelle.

► **perder el seso** perdre la tête.

seta champignon.

■ **seta** *est féminin.*

setecientos, setecientas sept cents.

En espagnol, les centaines s'accordent en genre et en nombre avec le nom : **setecientas libras esterlinas** / **setecientos euros.**

setenta soixante-dix.

setiembre septembre.

setiembre peut également s'écrire **septiembre.**

seto haie.

■ **seto** *est masculin.*

severo, severa sévère.

sexto, sexta sixième.

■ *Les nombres ordinaux s'accordent et sont généralement employés devant le nom, sauf pour un souverain, un siècle ou un chapitre :* **Juan VI** (sexto) Jean VI (six). Ils ne sont utilisés que du premier au onzième. Ensuite, on emploie des cardinaux : **el veinte aniversario** le vingtième anniversaire.

si (sans accent) *est la conjonction* si.

▷ Si me dices la verdad, te prometo que no me enfadaré. Si tu me dis la vérité, je te promets que je ne me fâcherai pas.

sí (avec accent) *a des sens différents selon sa catégorie grammaticale :*

> *Ce peut être un* ADVERBE :

sí *signifie* oui *ou* si.

▷ –¿Quieres más? –Sí. – Tu en veux plus ? – Oui.

▷ –¿Nunca has ido de vacaciones a orillas del mar? –Sí, una vez a la Costa Brava. – Tu n'es jamais allé en vacances au bord de la mer ? – Si, une fois sur la Costa Brava.

> *Ce peut être un* PRONOM :

sí *signifie* soi-même *ou* soi.

▷ Hay que hacerlo para sí. Il faut le faire pour soi-même.

▷ Lo que le dije la puso fuera de sí. Ce que je lui ai dit l'a mise hors d'elle.

siempre toujours.

► **es lo de siempre** c'est toujours la même chose.

► **siempre que...** chaque fois que... *ou* du moment que...

sierra *a plusieurs sens :*

1 **sierra** *peut signifier* montagne *ou* chaîne de montagnes.

2 **sierra** *peut signifier* scie.

sierra peut également être une forme du verbe **serrar.**
▷ Sierra las ramas del roble porque empezaba a ser peligroso. Il scie les branches du chêne parce que ça devenait dangereux.

siesta sieste.

► **dormir la siesta** *ou* **echar la siesta** faire la sieste.

siete sept.

siglo siècle.

► **el Siglo de las Luces** le Siècle des lumières.

► **el Siglo de Oro** le Siècle d'or.

► **el siglo XXI** (veintiuno) le XXIe siècle.

> Attention ! On emploie les nombres cardinaux pour les siècles en espagnol.

> Attention ! **siglo** ne signifie pas « sigle ».

significado sens *ou* signification.

> **i** **significado** peut également être le participe passé du verbe **significar**.

significar représenter *ou* signifier.

Attention ! Pour conserver le son /k/ de l'infinitif, le **-c** *de* **significar** *se transforme en* **-qu** *devant un* **-e** *:*

▷ **Quizás esta señal de tráfico signifique que tiene prioridad.** Peut-être que ce panneau de signalisation signifie qu'il a la priorité.

▷ **En los otros idiomas no existe ninguna palabra que signifique lo mismo.** Dans les autres langues il n'existe aucun mot qui signifie la même chose.

Se conjugue sur le modèle de **cantar** (voir p. 903).

signo signe.

► **signo de admiración** point d'exclamation.

► **signo de interrogación** point d'interrogation.

siguiente suivant(e).

sílaba syllabe.

> Attention à l'orthographe du mot **sílaba**.

silbar siffler.

Se conjugue sur le modèle de **cantar** (voir p. 903).

silbido coup de sifflet *ou* sifflement.

silencio silence.

► **guardar silencio** garder le silence.

silla chaise.

► **silla de montar** selle.

► **silla de ruedas** chaise roulante.

sillón fauteuil.

> Attention ! Ne pas confondre **sillón** et **silla** qui signifie « chaise ».

sin *est la préposition* sans.

sinfonía symphonie.

> Attention à l'orthographe du mot **sinfonía**.

singular singulier(-ère).

siniestro, siniestra sinistre.

sino mais *ou* sinon.

▷ **No son las seis sino las siete.** Il n'est pas six heures mais sept heures.

► **no sólo... sino que (además)...** non seulement... mais en plus...

▷ **No sólo es listo sino guapo.** Non seulement il est intelligent mais en plus il est beau.

sinvergüenza effronté(e).

■ *Ce mot composé est constitué de la préposition* **sin** *qui signifie « sans » et du nom* **vergüenza** *qui signifie « honte ».*

> **i** Le tréma sur le **ü** sert à indiquer que les voyelles u et e doivent être prononcées séparément.

siquiera au moins.

▷ **Quédate siquiera diez minutos.** Reste au moins dix minutes.

► **ni siquiera** même pas.

▷ **Ni siquiera me habló.** Il ne m'a même pas parlé.

sitio *a plusieurs sens :*

1 **sitio** *peut signifier* endroit *ou* site.

► **en cualquier sitio** n'importe où.

2 **sitio** *peut signifier* place *ou* siège.

▷ **¿Hay sitio para mí?** Il y a de la place pour moi ?

situar placer *ou* situer.

Attention ! **situar** *subit une modification de l'accentuation : le* **-u** *se transforme en* **-ú** *aux trois personnes du singulier et à la troisième personne du pluriel au présent, au subjonctif et à l'impératif.*

INDICATIF PRÉSENT	SUBJONCTIF PRÉSENT	IMPÉRATIF
sitúo	sitúe	
sitúas	sitúes	sitúa
sitúa	sitúe	sitúe
situamos	situemos	situemos
situáis	situéis	situad
sitúan	sitúen	sitúen

Se conjugue sur le modèle de **cantar** (voir p. 903).

soberano, soberana souverain(e).

sobra excès.

► **las sobras** les restes.

► **de sobra** plus qu'il n'en faut *ou* en trop.

▷ Tengo comida de sobra. J'ai plus de nourriture qu'il n'en faut.

▷ Hay sitio de sobra. Il y a de la place en trop.

▪ **sobra** *est féminin.*

sobrar *a plusieurs sens :*

1 **sobrar** *peut signifier* y avoir plus qu'il n'en faut *ou* y avoir en trop.

▷ Sobra dinero. Il y a de l'argent en trop.

2 **sobrar** *peut signifier* rester.

▷ Sobra mucha comida de la fiesta de ayer. Il reste beaucoup de nourriture de la fête d'hier.

3 **sobrar** *peut signifier* être de trop.

▷ Aquí sobras. Tu es de trop ici.

📖 *Se conjugue sur le modèle de* **cantar** (voir p. 903).

sobre *a des sens différents selon sa catégorie grammaticale :*

> *Ce peut être un* NOM *:*

sobre *signifie* enveloppe.

▪ **sobre** *est masculin.*

> *Ce peut être une* PRÉPOSITION *:*

1 **sobre** *peut signifier* sur.

▷ El periódico está sobre la mesa de la cocina. Le journal est sur la table de la cuisine.

2 **sobre** *peut signifier* derrière.

▷ Siempre es necesario que alguien esté sobre él. Il faut toujours que quelqu'un soit derrière lui.

3 **sobre** *peut signifier* au-dessus de.

▷ Vuela sobre nuestras cabezas. Il vole au-dessus de nos têtes.

4 **sobre** *peut signifier* de *ou* au sujet de.

▷ Vamos a una conferencia sobre las energías renovables. Nous allons à une conférence sur les énergies renouvelables.

5 **sobre** *peut signifier* vers.

▷ Su tren llega sobre las tres. Son train arrive vers trois heures.

► **sobre todo** surtout.

> **i** sobre peut également être une forme du verbe sobrar.
> ▷ La comida que sobre la pones en la nevera. Mets la nourriture qui reste dans le frigo.

sobrenatural surnaturel(le).

sobrentender *ou* **sobreentender** sous-entendre.

📖 *Dans ce mot, on reconnaît le verbe* **entender** *qui signifie « entendre ». Ils se conjuguent de la même manière.*

sobrepasar dépasser *ou* surpasser.

📖 *Dans ce mot, on reconnaît le verbe* **pasar** *qui signifie « passer ». Ils se conjuguent de la même manière.*

sobresaliente mention très bien (*pour un examen*).

▷ Saqué un sobresaliente. J'ai eu mention très bien.

sobresaltar effrayer *ou* faire sursauter.

► **sobresaltarse** sursauter.

📖 *Dans ce mot, on reconnaît le verbe* **saltar** *qui signifie « sauter ». Ils se conjuguent de la même manière.*

sobrevivir survivre.

📖 *Dans ce mot, on reconnaît le verbe* **vivir** *qui signifie « vivre ». Ils se conjuguent de la même manière.*

sobrino, sobrina neveu, nièce.

sociedad société.

▪ *Ce mot, comme la plupart des mots espagnols terminés par* **-tad, -dad** *et* **-tud,** *est féminin.*

socio, socia *a plusieurs sens :*

1 **socio, socia** *peut signifier* membre (*d'une association*).

► **hacerse socio, socia** s'inscrire *ou* devenir membre de.

2 **socio, socia** *peut signifier* associé(e).

socorro secours.

► **¡socorro!** au secours !

► **pedir socorro** appeler au secours.

> Attention à l'orthographe du mot socorro.

sofá sofa *ou* canapé.

► **sofá cama** canapé-lit.

soga corde.

sol soleil.

► **de sol a sol** du matin au soir.

► **al salir el sol** au lever du soleil.

► **al ponerse el sol** au coucher du soleil.

Attention ! **sol** ne signifie pas « sol ».

solar *a des sens différents selon sa catégorie grammaticale :*

> *Ce peut être un* ADJECTIF :

solar *peut signifier* solaire.

> *Ce peut être un* NOM :

solar *peut signifier* terrain vague.

soldado soldat.

soleado, soleada ensoleillé(e).

Dans ce mot, on reconnaît le mot **sol** *qui signifie « soleil ».*

soledad solitude.

■ *Ce mot, comme la plupart des mots espagnols terminés par* **-tad, -dad** *et* **-tud,** *est féminin.*

solemne solennel(le).

Attention à l'orthographe du mot **solemne**.

soler avoir l'habitude de.

▷ **Suelo dormir la siesta por la tarde.** J'ai l'habitude de faire la sieste l'après-midi.

soler *est un verbe à diphtongue. Le* **-o** *devient* **-ue** *aux trois personnes du singulier et à la troisième personne du pluriel au présent de l'indicatif et du subjonctif :*

INDICATIF PRÉSENT	SUBJONCTIF PRÉSENT
suelo	suela
sueles	suelas
suele	suela
solemos	solamos
soléis	soláis
suelen	suelan

Se conjugue sur le modèle de **deber** (voir p. 928).

solidaridad solidarité.

■ *Ce mot, comme la plupart des mots espagnols terminés par* **-tad, -dad** *et* **-tud,** *est féminin.*

solidez solidité.

sólido, sólida solide.

solitario, solitaria solitaire.

sollozo sanglot.

solo (sans accent) *a des sens différents selon sa catégorie grammaticale :*

> *Ce peut être un* NOM :

1 **solo** *peut signifier* café noir.

2 **solo** *peut signifier* solo (*en musique*).

> *Ce peut être un* ADJECTIF :

solo, sola *signifie* seul(e).

► **a solas** tout(es) seul(es).

Attention à l'accent grammatical : il ne faut pas confondre **solo**, sans accent, avec **sólo**, adverbe.

sólo (avec accent) seulement *ou* juste.

▷ **Hice los deberes en sólo diez minutos.** J'ai fait mes devoirs en seulement dix minutes.

▷ **Sólo esperé cinco minutos.** J'ai juste attendu cinq minutes.

▷ **Sólo tiene diez años.** Il n'a que dix ans.

► **con sólo** + infinitif rien qu'en + gérondif.

▷ **Con sólo pensar que tiene que hablar en público, se pone nerviosa.** Rien que d'imaginer qu'elle doit parler en public, elle devient nerveuse.

Attention à l'accent grammatical : il ne faut pas confondre **sólo**, adverbe, avec **solo**, nom et adjectif.

soltar *a plusieurs sens :*

1 **soltar** *peut signifier* lâcher.

2 **soltar** *peut signifier* défaire *ou* détacher.

► **soltar una carcajada** éclater de rire.

soltar *est un verbe à diphtongue. Le* **-o** *devient* **-ue** *aux trois personnes du singulier et à la troisième personne du pluriel au présent de l'indicatif et du subjonctif :*

INDICATIF PRÉSENT	SUBJONCTIF PRÉSENT
suelto	suelte
sueltas	sueltes
suelta	suelte
soltamos	soltemos
soltáis	soltéis
sueltan	suelten

Le verbe **soltar** *a deux participes passés : on peut utiliser* **soltado** *ou* **suelto**.

Se conjugue sur le modèle de **cantar** (voir p. 903).

soltero, soltera célibataire.

solución solution.

■ *Ce mot, comme la plupart des mots espagnols terminés par* **-ción** *ou* **-sión**, *est féminin.*

solucionar résoudre.

Se conjugue sur le modèle de **cantar** (voir p. 903).

sombra ombre.

► **sin la sombra de una duda** sans l'ombre d'un doute.

► **tener mala sombra** être antipathique.

> **tener mala sombra** est une expression familière.

sombrero chapeau.

► **sombrero de copa** chapeau haut-de-forme.

► **sombrero hongo** chapeau melon.

sombrilla ombrelle *ou* parasol.

Dans ce mot, on reconnaît le mot **sombra** *qui signifie « ombre ».*

son air (= *mélodie*).

> Attention ! **son** ne signifie pas « son ».

> **son** peut également être une forme du verbe **ser**.
> ▷ **Los caracoles son moluscos.** Les escargots sont des mollusques.

sonar *a plusieurs sens :*

1 **sonar** *peut signifier* sonner.

2 **sonar** *peut signifier* faire du bruit.

▷ **La alarma del coche suena muy fuerte.** L'alarme de la voiture fait beaucoup de bruit.

3 **sonar** *peut signifier* dire quelque chose.

▷ **Su nombre me suena.** Son nom me dit quelque chose.

4 **sonar** *peut signifier* se moucher.

sonar *est un verbe à diphtongue. Le* **–o** *devient* **–ue** *aux trois personnes du singulier et à la troisième personne du pluriel au présent de l'indicatif et du subjonctif :*

INDICATIF PRÉSENT	SUBJONCTIF PRÉSENT
sueno	suene
suenas	suenes
suena	suene
sonamos	sonemos
sonáis	sonéis
suenan	suenen

Se conjugue sur le modèle de **cantar** (voir p. 903).

sonido son (= *bruit*).

sonreír sourire.

Dans ce mot, on reconnaît le verbe **reír** *qui signifie « rire ». Ils se conjuguent de la même manière.*

sonriente souriant(e).

sonrisa sourire.

■ **sonrisa** *est féminin.*

soñar rêver.

▷ **Cada noche, sueña con ella.** Il rêve d'elle toutes les nuits.

> Attention à l'emploi de la préposition **con** dans **soñar con alguien / algo** (rêver de quelqu'un / quelque chose).

soñar *est un verbe à diphtongue. Le* **–o** *devient* **–ue** *aux trois personnes du singulier et à la troisième personne du pluriel au présent de l'indicatif et du subjonctif :*

INDICATIF PRÉSENT	SUBJONCTIF PRÉSENT
sueño	sueñe
sueñas	sueñes
sueña	sueñe
soñamos	soñemos
soñáis	soñéis
sueñan	sueñen

Se conjugue sur le modèle de **cantar** (voir p. 903).

sopa soupe.

soplar souffler.

Se conjugue sur le modèle de **cantar** (voir p. 903).

soplo souffle.

> **soplo** peut également être une forme du verbe **soplar**.
> ▷ **Cuando me avises, ¡soplo muy fuerte!** Quand tu me le dis, je souffle très fort !

sorber boire *ou* siroter.

Se conjugue sur le modèle de **deber** (voir p. 928).

sorbo gorgée.

► **beber a sorbos** boire à petites gorgées.

■ **sorbo** *est masculin.*

sordo, sorda sourd(e).

► **quedarse sordo** devenir sourd.

► **hacerse el sordo** faire la sourde oreille.

sordomudo, sordomuda sourd(e)-muet(te).

■ *Ce mot composé est constitué de l'adjectif* **sordo, sorda** *qui signifie « sourd(e) » et de l'adjectif* **mudo, muda** *qui signifie « muet(te) ».*

sorprendente surprenant(e).

sorprender étonner *ou* surprendre.

📖 *Se conjugue sur le modèle de* **deber** (voir p. 928).

sorpresa surprise.

► **dar una sorpresa a alguien** faire une surprise à quelqu'un.

sortear tirer au sort.

📖 *Se conjugue sur le modèle de* **cantar** (voir p. 903).

sorteo tirage au sort.

sortija bague.

soso, sosa fade *ou* insipide.

sospecha soupçon.

■ **sospecha** *est féminin.*

sospechar suspecter *ou* soupçonner.

📖 *Se conjugue sur le modèle de* **cantar** (voir p. 903).

sospechoso, sospechosa suspect(e).

sostén *a plusieurs sens :*

1 **sostén** *peut signifier* soutien *ou* appui.

2 **sostén** *peut signifier* soutien-gorge.

sostener *a plusieurs sens :*

1 **sostener** *peut signifier* soutenir.

2 **sostener** *peut signifier* faire vivre *ou* subvenir aux besoins de.

► **sostenerse** survivre.

📖 *Dans ce mot, on reconnaît le verbe* **tener**. *Ils se conjuguent de la même manière.*

sota valet (*dans un jeu de cartes*).

■ **sota** *est féminin.*

sótano sous-sol.

soy *est le verbe* **ser** *conjugué à la première personne du singulier au présent de l'indicatif.*

▷ **Soy estudiante.** Je suis étudiant.

Sr. *est l'abréviation de* **señor**.

Sra. *est l'abréviation de* **señora**.

Srta. *est l'abréviation de* **señorita**.

su *est l'adjectif possessif* son, sa *ou* leur (*plusieurs propriétaires*) *ou* votre (*vouvoiement*).

▷ **Es su casa.** C'est sa maison.

▷ **Pablo es su segundo hijo.** Pablo est leur deuxième enfant.

▷ **¿Cómo está su familia?** Comment va votre famille ?

suave doux, douce.

suavidad douceur.

■ *Ce mot, comme la plupart des mots espagnols terminés par* **-tad**, **-dad** *et* **-tud**, *est féminin.*

subacuático, subacuática sous-marin(e).

subasta vente aux enchères.

subida montée *ou* hausse.

subir *a des sens différents selon sa catégorie grammaticale :*

> *Ce peut être un* VERBE TRANSITIF :

1 **subir** *peut signifier* soulever (*un meuble*).

2 **subir** *peut signifier* lever (*la tête*).

3 **subir** *peut signifier* augmenter (*le volume sonore ou le prix*).

> Ce peut être un VERBE INTRANSITIF :

subir *signifie* monter.

Attention ! **subir** ne signifie pas « subir ».

📖 *Se conjugue sur le modèle de* **vivir** (voir p. 1109).

súbito, súbita soudain(e).

subjuntivo subjonctif.

sublevarse se soulever *ou* se révolter.

📖 *Se conjugue sur le modèle de* **burlarse** (voir p. 898).

submarino sous-marin.

subrayar souligner.

📖 *Se conjugue sur le modèle de* **cantar** (voir p. 903).

subsidio subvention *ou* allocation *ou* indemnité.

■ **subsidio** *est masculin.*

subterráneo, subterránea sous-terrain(e).

subtítulo sous-titre.

suburbio banlieue (*mal famée*).

suceder *a plusieurs sens :*

1 **suceder** *peut signifier* arriver *ou* se passer (= *avoir lieu*).

▷ **¡Menudo desorden en esta habitación! ¿Qué ha sucedido?** Quel bazar dans cette chambre ! Qu'est ce qui s'est passé ?

Dans ce sens, **suceder** *est un verbe impersonnel, c'est-à-dire qu'il ne s'emploie qu'à la troisième personne du singulier.*

2 **suceder** *peut signifier* succéder.

> Attention à l'orthographe du mot **suceder**.

Se conjugue sur le modèle de **deber** (voir p. 928).

suceso événement.

► **sección de sucesos** faits divers.

suciedad saleté.

■ *Dans ce mot, on reconnaît le lien avec l'adjectif* **sucio** *qui signifie « sale ».*

■ *Ce mot, comme la plupart des mots espagnols terminés par* **–tad, -dad** *et* **–tud,** *est féminin.*

sucio, sucia sale.

► **escribir en sucio** écrire au brouillon.
► **jugar sucio** ne pas être fair-play.

sudaca sud-américain(e) *ou* Sud-Américain(e).

> **sudaca** est un terme familier et péjoratif.

Sudamérica Amérique du Sud.

sudamericano, sudamericana sud-américain(e) *ou* Sud-américain(e).

sudar suer *ou* transpirer.

Se conjugue sur le modèle de **cantar** (voir p. 903).

sudor sueur *ou* transpiration.

■ *Comme la plupart des mots espagnols terminés par* **–or, sudor** *est masculin.*

Suecia Suède.

sueco, sueca suédois(e) *ou* Suédois(e).

► **hacerse el sueco** faire la sourde oreille.

suegro, suegra beau-père, belle-mère.

► **suegros** beaux-parents.

sueldo salaire.

> Attention ! Ne pas confondre **sueldo** avec **suelo** qui signifie « sol » et **suelto** qui signifie « monnaie ».

suelo terre *ou* sol *ou* terrain.

► **caerse al suelo** tomber par terre.

> **i** **suelo** peut également être une forme du verbe **soler**.
> ▷ **Suelo levantarme a las ocho de la mañana.** J'ai l'habitude de me lever à huit heures du matin.

suelto *a des sens différents selon sa catégorie grammaticale :*

> *Ce peut être un* ADJECTIF *:*

1 **suelto, suelta** *peut signifier* en liberté.

2 **suelto, suelta** *peut signifier* dépareillé(e).

3 **suelto, suelta** *peut signifier* séparé(e).

> *Ce peut être un* NOM *:*

suelto *signifie* monnaie.

► **llevar suelto** avoir de la monnaie.

■ **suelto** *est masculin.*

> Attention ! Ne pas confondre **suelto** avec **sueldo** qui signifie « salaire » et **suelo** qui signifie « sol ».

> **i** **suelto** peut également être une forme du verbe **soltar**.
> ▷ **Le suelto la mano a mi hermano pequeño cuando llegamos a la escuela.** Je lâche la main de mon petit frère quand nous arrivons à l'école.

sueño *a plusieurs sens :*

1 **sueño** *peut signifier* sommeil.

► **echarse un sueño** faire un somme.

2 **sueño** *peut signifier* rêve.

> **i** **sueño** peut également être une forme du verbe **soñar**.
> ▷ **Siempre sueño con lo mismo.** Je rêve toujours de la même chose.

suerte coup de chance *ou* hasard.

► **buena suerte** chance.
► **mala suerte** malchance.
► **echar a suertes** tirer au sort.
► **por suerte** heureusement.

■ **suerte** *est féminin.*

suficiente passable (*pour un examen*).

▷ Saqué un suficiente. J'ai eu mention passable.

sufrimiento souffrance.

■ **sufrimiento** *est masculin.*

sufrir *a plusieurs sens :*

1 **sufrir** *peut signifier* souffrir de.

2 **sufrir** *peut signifier* supporter.

3 **sufrir** *peut signifier* subir.

📖 *Se conjugue sur le modèle de* **vivir** (voir p. 1109).

suicidarse se suicider.

📖 *Se conjugue sur le modèle de* **burlarse** (voir p. 898).

suicidio suicide.

Suiza Suisse (*le pays*).

suizo, suiza suisse *ou* Suisse (*adjectif ou nom*).

sujetar *a plusieurs sens :*

1 **sujetar** *peut signifier* fixer *ou* attacher.

2 **sujetar** *peut signifier* tenir *ou* retenir.

📖 *Le verbe* **sujetar** *a deux participes passés : on peut utiliser* **sujetado** *ou* **sujeto**.

📖 *Se conjugue sur le modèle de* **cantar** (voir p. 903).

sujeto *a des sens différents selon sa catégorie grammaticale :*

> *Ce peut être un* ADJECTIF :

1 **sujeto, sujeta** *peut signifier* fixé(e).

2 **sujeto, sujeta** *peut signifier* soumis(e).

> *Ce peut être un* NOM :

sujeto *signifie* sujet.

ℹ sujeto peut également être une forme du verbe sujetar.
▷ Ve a la carnicería, mientras sujeto al perro. Va chez le boucher pendant que je tiens le chien.

suma somme *ou* addition.

sumar additionner.

📖 *Se conjugue sur le modèle de* **cantar** (voir p. 903).

sup... (supe, supiste, supieras, etc.) → saber.

superar *a plusieurs sens :*

1 **superar** *peut signifier* battre (*un record*).

2 **superar** *peut signifier* réussir *ou* surmonter (*une épreuve*).

3 **superar** *peut signifier* dépasser.

► **superarse** se surpasser.

📖 *Se conjugue sur le modèle de* **cantar** (voir p. 903).

superficie surface *ou* aire *ou* superficie.

superior supérieur(e).

supermercado supermarché.

superviviente survivant(e).

suplicar supplier.

📖 *Attention ! Pour conserver le son / k / de l'infinitif, le* **–c** *de* **suplicar** *se transforme en* **–qu** *devant un* **–e** *:*

▷ Le supliqué pero no cedió. Je l'ai supplié mais il n'a pas cédé.

📖 *Se conjugue sur le modèle de* **cantar** (voir p. 903).

suponer *a plusieurs sens :*

1 **suponer** *peut signifier* supposer.

2 **suponer** *peut signifier* impliquer.

📖 *Le participe passé du verbe* **suponer** *est irrégulier :* **supuesto**.

📖 *Dans ce mot, on reconnaît le verbe* **poner**. *Ils se conjuguent de la même manière.*

suprimir supprimer.

📖 *Le verbe* **suprimir** *a deux participes passés : on peut utiliser* **suprimido** *ou* **supreso**.

📖 *Se conjugue sur le modèle de* **vivir** (voir p. 1109).

supuesto *a des sens différents selon sa catégorie grammaticale :*

> *Ce peut être un* NOM :

supuesto *signifie* hypothèse *ou* supposition.

► **por supuesto** bien sûr.

► **dar algo por supuesto** être évident.

> *Ce peut être un* ADJECTIF :

1 **supuesto** *peut signifier* présumé(e).

2 **supuesto** *peut signifier* soi-disant(e).

ℹ supuesto peut également être le participe passé du verbe suponer.

sur sud.

surco *a plusieurs sens :*

1 **surco** *peut signifier* sillon.

2 **surco** *peut signifier* ride.

sus *est le pronom possessif* ses *ou* leurs (*plusieurs propriétaires*) *ou* vos (*vouvoiement*).

▷ **Son sus amigos.** Ce sont ses amis.

▷ **Sus padres no están a casa este fin de semana.** Leurs parents ne sont pas à la maison ce week-end.

▷ **Aquí están sus documentos.** Voici vos documents.

suspender *a plusieurs sens :*

1 **suspender** *peut signifier* échouer (*à un examen*).

2 **suspender** *peut signifier* suspendre.

📖 *Le verbe* **suspender** *a deux participes passés : on peut utiliser* **suspendido** *ou* **suspenso**.

📖 *Se conjugue sur le modèle de* **deber** (voir p. 928).

suspendido, suspendida *a plusieurs sens :*

1 **suspendido, suspendida** *peut signifier* recalé(e).

2 **suspendido, suspendida** *peut signifier* ajourné(e) (*un événement*).

3 **suspendido, suspendida** *peut signifier* suspendu(e).

> ℹ **suspendido** peut également être le participe passé du verbe **suspender**.

suspirar soupirer.

📖 *Se conjugue sur le modèle de* **cantar** (voir p. 903).

suspiro soupir.

susto peur.

► **dar un susto a alguien** faire peur à quelqu'un.

■ **susto** *est masculin.*

susurrar chuchoter *ou* murmurer.

📖 *Se conjugue sur le modèle de* **cantar** (voir p. 903).

susurro chuchotement *ou* murmure.

suyo, suya *a plusieurs sens :*

1 **suyo, suya** *est l'adjectif possessif* son, sa *ou* votre (*vouvoiement*).

▷ **Ellos son amigos suyos.** Ce sont ses amis.

■ *Dans ce sens,* **suyo, suya** *se place derrière le nom qu'il détermine et s'accorde avec lui.*

2 *Précédé de l'auxiliaire* **ser, suyo, suya** *signifie* à lui, à elle *ou* à vous (*vouvoiement*).

▷ **¿Esa casa es suya?** Cette maison est à vous ?

3 *Précédé de l'article défini,* **suyo, suya** *est le pronom possessif* le sien, la sienne *ou* le (la) vôtre (*vouvoiement*).

▷ **– ¿De quién es este cuaderno? – Es el suyo.** – À qui est ce cahier ? – C'est le sien.

T

ESPAGNOL — FRANÇAIS

tabaco tabac.

tabla planche.

► **tabla de contenidos** table des matières.
► **tabla de multiplicar** table de multiplication.
► **tabla de planchar** table à repasser.
► **hacer tablas** faire match nul.

> Attention ! **tabla** ne signifie pas « table » (*au sens de « meuble »*).

tablero *a plusieurs sens :*

1 **tablero** *peut signifier* échiquier *ou* damier.

2 **tablero** *peut signifier* tableau d'affichage.

taburete tabouret.

tacaño, tacaña radin(e).

tachadura rature.

tachar *a plusieurs sens :*

1 **tachar** *peut signifier* rayer *ou* barrer.

► **tachar lo que no convenga** rayer les mentions inutiles.

2 **tachar** *peut signifier* accuser.

📖 *Se conjugue sur le modèle de* **cantar** (voir p. 903).

tachuela punaise *(pour fixer au mur)*.

taco *a plusieurs sens :*

1 **taco** *peut signifier* gros mot.

2 **taco** *peut signifier* liasse *ou* carnet *ou* paquet (*de feuilles*).

tacón talon (*de chaussure*).

► **zapatos de tacón alto** chaussures à talons hauts.

tacto *a plusieurs sens :*

1 **tacto** *peut signifier* toucher (= *un des cinq sens*).

2 **tacto** *peut signifier* tact.

tajada tranche.

tajo *a plusieurs sens :*

1 **tajo** *peut signifier* coupure (*entaille*).

2 **tajo** *peut signifier* ravin.

tal tel(le).

▷ **Lo escondí de tal manera que nadie podrá encontrarlo.** Je l'ai caché de telle manière que personne ne pourra le trouver.
► **con tal que** à condition que.
► **¿qué tal?** comment vas-tu ? *ou* comment allez-vous ?
► **tal cual** tel(le) quel(le).
► **tal como** tel(le) que.
▷ **Me gustas tal como eres.** Tu me plais tel que tu es.
► **tal vez** peut-être.
► **tal y tal** et cætera.
► **un tal...** un(e) certain(e)...

talento talent *ou* don.

talla *a plusieurs sens :*

1 **talla** *peut signifier* taille.

► **dar la talla** être à la hauteur.

2 **talla** *peut signifier* sculpture.

tallar *a plusieurs sens :*

1 **tallar** *peut signifier* tailler *ou* sculpter.

2 **tallar** *peut signifier* mesurer.

📖 *Se conjugue sur le modèle de* **cantar** (voir p. 903).

taller atelier.

tallon tige (*d'une plante*).

talón *a plusieurs sens :*

1 **talón** *peut signifier* talon (*du pied*).

► **talón de Aquiles** talon d'Achille.

2 **talón** *peut signifier* chèque.

tamaño taille *ou* grandeur *ou* volume.

► **(de / a) tamaño natural** grandeur nature.

■ **tamaño** *est masculin.*

también *est l'adverbe* aussi.

tampoco *est l'adverbe* non plus.

▷ Mis padres no prodrán venir, y yo tampoco. Mes parents ne pourront pas venir, et moi non plus.

▷ Yo tampoco sé la respuesta. Moi non plus je ne connais pas la réponse.

tan *a plusieurs sens :*

1 **tan** *peut signifier* si.

▷ ¡No conduzcas tan rápido! Ne conduis pas si vite !

2 **tan** *peut signifier* tellement.

▷ El pueblo es tan pequeño que todo el mundo se conoce. Le village est tellement petit que tout le monde se connaît.

► **tan... como...** aussi... que...

▷ Su piso es tan grande como mi habitación. Son appartement est aussi grand que ma chambre.

► **tan... que...** si... que...

▷ La historia que me contó era tan complicada que no comprendí nada. L'histoire qu'il m'a racontée était si compliquée que je n'ai rien compris.

► **tan sólo...** seulement... *ou* ne... que...

▷ La profesora nos dejó tan sólo media hora para hacer el examen. La prof nous a seulement laissé une demi-heure pour faire l'examen. *ou* La prof ne nous a laissé qu'une demi-heure pour faire l'examen.

■ **tan** *est la forme apocopée de* **tanto**. *L'apocope est la suppression d'une ou plusieurs lettres à la fin d'un mot.* **Tanto** *s'apocope en* **tan** *devant un adjectif, un adverbe ou un nom masculin singulier.*

tanto *a des sens différents selon sa catégorie grammaticale :*

> *Ce peut être un* ADJECTIF *:*

tanto, tanta *signifie* tellement de *ou* tant de.

▷ Tienen tantos libros que su biblioteca no es bastante grande. Ils ont tellement de livres que leur bibliothèque n'est pas assez grande.

► **tanto... como...** autant de... que...

▷ No tiene tantos amigos como nosotros. Il n'a pas autant d'amis que nous.

■ *En tant qu'adjectif,* **tanto, tanta** *s'accorde avec le nom.*

> *Ce peut être un* ADVERBE *:*

tanto *signifie* autant *ou* tant.

▷ No creía que el cine costara tanto. Je ne pensais pas que le cinéma pouvait coûter autant.

► **tanto mejor** tant mieux.

► **tanto peor** tant pis.

► **tanto como** autant que.

▷ Estudio tanto como tú, y sin embargo ¡yo no apruebo! J'étudie autant que toi et, pourtant, je ne réussis pas mes examens !

► **tanto... como...** aussi bien... que... *ou* tout comme...

▷ Tanto Manuel como Juan. Aussi bien Manuel que Juan.

▷ Tanto los habitantes del Brasil como los del Cabo Verde hablan portugués. Les habitants du Brésil, tout comme ceux du Cap Vert, parlent portugais.

► **entre tanto** entre-temps.

► **por (lo) tanto** par conséquent *ou* donc.

► **estar al tanto de algo** être au courant de quelque chose.

► **no es para tanto** ce n'est pas si grave.

> *Ce peut être un* NOM *:*

tanto *signifie* point *ou* but (*dans un match*).

▷ Nuestro equipo ganó por cuatro tantos a uno. Notre équipe a gagné par quatre buts à un.

► **tanto** *peut exprimer l'approximation et se traduire par* quelque.

▷ No sé, pero a mi parecer tiene cuarenta y tantos años. Je ne sais pas, mais à mon avis il a quarante ans et quelques.

> ℹ veinte y tantos (vingt et quelques), treinta y tantos (trente et quelques), *etc.* peuvent également s'écrire veintitantos, treintitantos, *etc.*

► **a las tantas** très tard.

▷ Llegamos a las tantas de la noche. Nous sommes arrivés très tard dans la nuit.

tapa *a plusieurs sens :*

1 **tapa** *peut signifier* couvercle.

2 **tapa** *peut signifier* couverture (*d'un livre*).

► **tapa** *ou* **tapas** amuse-gueules.

■ **tapa** *est féminin.*

> ℹ tapa peut également être une forme du verbe tapar.
> ▷ Tapa bien el tarro de mermelada cuando hayas acabado de desayunar. Ferme bien le pot de confiture quand tu auras fini de prendre ton petit-déjeuner.

tapar fermer *ou* boucher *ou* couvrir.

📖 *Se conjugue sur le modèle de* **cantar** (voir p. 903).

tapia mur.

► **estar sordo como una tapia** être sourd comme un pot.

■ **tapia** *est féminin.*

tapiz tapisserie.

> Attention ! **tapiz** ne signifie pas « tapis ».

tapón bouchon.

taquilla *a plusieurs sens :*

1 **taquilla** *peut signifier* casier.

2 **taquilla** *peut signifier* guichet.

► **ser un éxito de taquilla** (*en parlant d'un film*) faire un carton.

■ **taquilla** *est féminin.*

tararear fredonner.

📖 *Se conjugue sur le modèle de* **cantar** (voir p. 903).

tardanza *a plusieurs sens :*

1 **tardanza** *peut signifier* retard.

2 **tardanza** *peut signifier* lenteur.

■ **tardanza** *est féminin.*

tardar *a plusieurs sens :*

1 **tardar** *peut signifier* mettre longtemps *ou* tarder.

▷ ¿Porqué tardáis tanto en contestar? Pourquoi mettez-vous si longtemps à répondre ?

2 **tardar** *peut signifier* mettre (*du temps*).

▷ La postal tardó dos semanas en llegar aquí. La carte postale a mis deux semaines pour arriver ici.

3 **tardar** *peut signifier* mettre (*du temps*) *ou* en avoir pour.

▷ ¿Cuánto tiempo se tarda en ir a tu casa? Combien de temps met-on pour venir chez toi ?

> Attention à l'emploi de la préposition **en** dans **tardar en hacer algo** (mettre *ou* prendre du temps à / pour faire quelque chose).

► **a más tardar** au plus tard.

📖 *Se conjugue sur le modèle de* **cantar** (voir p. 903).

tarde *a des sens différents selon sa catégorie grammaticale :*

> *Ce peut être un* NOM :

tarde *signifie* après-midi *ou* soir.

▷ ¿Vienes por la tarde? Tu viens cet après-midi ?

> Attention à l'emploi de la préposition **por** dans **por la tarde** (l'après-midi).

► **¡buenas tardes!** bonsoir ! *ou* bonjour !

■ **tarde** *comprend la période de temps qui va de midi jusqu'à la tombée du jour.*

> *Ce peut être un* ADVERBE :

tarde *signifie* tard.

► **llegar tarde** arriver en retard.

► **de tarde en tarde** de temps en temps.

► **tarde o temprano** tôt ou tard.

tarea travail *ou* devoir (*de classe*).

tarjeta carte.

► **tarjeta bancaria** *ou* **tarjeta de crédito** carte de crédit.

► **tarjeta de Navidad** carte de vœux.

► **tarjeta postal** carte postale.

tarro pot.

tartamudear bégayer.

📖 *Se conjugue sur le modèle de* **cantar** (voir p. 903).

tartamudo, tartamuda bègue.

tatuaje tatouage.

> Attention à l'orthographe du mot **tatuaje**.

Tauro Taureau (= *signe astrologique*).

taxista chauffeur de taxi.

■ *Comme la plupart des mots se terminant en* **–ista, taxista** *peut être masculin ou féminin :* **el taxista, la taxista**.

taza tasse.

► **taza de café** tasse à café *ou* tasse de café.

tazón bol.

te (sans accent) *est le pronom personnel* te *ou* t' *ou* toi (*à l'impératif*).

▷ ¿Te conté lo que ocurrió? Je t'ai raconté ce qui s'est passé ?

▷ ¡Mírate en el espejo! Regarde-toi dans la glace !

> Attention à l'accent grammatical : il ne faut pas confondre **te**, pronom personnel, et **té** qui signifie « thé ».

té (avec accent) thé.

> Attention à l'accent grammatical : il ne faut pas confondre **té** qui signifie « thé » et **te**, pronom personnel.

teatro théâtre.

tebeo bande dessinée *ou* BD.

■ **tebeo** *est masculin.*

techo plafond *ou* toit.

► **un sin techo** un SDF.

tecla touche (*sur un clavier*).

teclado clavier.

técnica technique.

i **técnica** peut également être le féminin du nom **técnico** qui signifie « technicien ».

Attention à l'orthographe du mot **técnica**.

técnico, técnica *a des sens différents selon sa catégorie grammaticale :*

> *Ce peut être un* NOM :

técnico, técnica *signifie* technicien(ne).

> *Ce peut être un* ADJECTIF :

técnico, técnica *signifie* technique.

Attention à l'orthographe du mot **técnico, técnica**.

tecnología technologie.

Attention à l'orthographe du mot **tecnología**.

tejado toit.

tejido tissu.

tela toile *ou* tissu.

► **tela metálica** grillage.

telaraña toile d'araignée.

■ *On remarque que ce mot composé est constitué du nom* **tela** *qui signifie « toile » et du nom* **araña** *qui signifie « araignée ».*

telediario journal télévisé.

■ *On remarque que ce mot composé est constitué de l'abréviation du nom* **televisión** *et du nom* **diario** *qui signifie « journal ».*

teledirigido, teledirigida téléguidé(e).

telefonear téléphoner.

Se conjugue sur le modèle de **cantar** (voir p. 903).

telefónico, telefónica téléphonique.

► **llamada telefónica** coup de fil.

telefonillo interphone.

teléfono téléphone.

► **guía de teléfonos** répertoire téléphonique.

► **llamar por teléfono** téléphoner.

► **teléfono inalámbrico** téléphone sans fil.

► **teléfono móvil** téléphone portable.

telenovela feuilleton télévisé.

■ *On remarque que ce mot composé est constitué de l'abréviation du nom* **televisión** *et du nom* **novela** *qui signifie « roman ».*

telespectador, telespectadora téléspectateur(-trice).

■ *On remarque que ce mot composé est constitué de l'abréviation du nom* **televisión** *et du nom* **espectador, espectadora** *qui signifie « spectateur(-trice) ».*

telón rideau.

tema sujet *ou* thème.

temblar trembler.

Attention à l'orthographe du mot **temblar**.

Se conjugue sur le modèle de **cantar** (voir p. 903).

temer craindre *ou* avoir peur de.

Se conjugue sur le modèle de **deber** (voir p. 928).

temible redoutable *ou* dangereux(-euse).

temor crainte *ou* peur.

■ *Comme la plupart des mots espagnols terminés par* **-or, temor** *est masculin.*

tempestad tempête *ou* orage.

■ *Ce mot, comme la plupart des mots espagnols terminés par* **-tad, -dad** *et* **-tud,** *est féminin.*

templado, templada *a plusieurs sens :*

1 **templado, templada** *peut signifier* tempéré(e) (*en parlant d'un climat*).

2 **templado, templada** *peut signifier* modéré(e) (*en parlant de quelqu'un*).

3 **templado, templada** *peut signifier* tiède.

temporada *a plusieurs sens :*

1 **temporada** *peut signifier* saison.

► **de fuera de temporada** hors saison.

2 **temporada** *peut signifier* séjour.

► **pasar una temporada en...** faire un séjour à...

3 **temporada** *peut signifier* période *ou* époque.

► **por temporadas** par périodes.

temporal *a des sens différents selon sa catégorie grammaticale :*

> *Ce peut être un* NOM :

temporal *signifie* tempête *ou* orage *ou* mauvais temps.

> *Ce peut être un* ADJECTIF :

temporal *signifie* temporel(le) *ou* temporaire.

temprano *a plusieurs sens :*

1 **temprano** *peut signifier* tôt.

2 **temprano** *peut signifier* en avance.

ten *est le verbe* **tener** *conjugué à la deuxième personne du singulier de l'impératif.*

▷ ¡Ten, te devuelvo tu boli! Tiens ! Je te rends ton stylo.

tender étendre *ou* tendre.

► **tenderse** s'étendre *ou* s'allonger.

► **tender a hacer algo** avoir tendance à faire quelque chose.

📖 **tender** *est un verbe à diphtongue. Le* **-e** *devient* **-ie** *aux trois personnes du singulier et à la troisième personne du pluriel au présent de l'indicatif et du subjonctif :*

INDICATIF PRÉSENT	SUBJONCTIF PRÉSENT
tiendo	tienda
tiendes	tiendas
tiende	tienda
tendemos	tendamos
tendéis	tendáis
tienden	tiendan

📖 *Se conjugue sur le modèle de* **deber** (voir p. 928).

tendero, tendera commerçant(e).

■ *Dans ce mot on reconnaît le lien avec le mot* **tienda** *qui signifie « magasin ».*

tendr... **(tendré, tendrás, tendría, etc.)** → **tener**.

tenedor fourchette.

► **restaurante de tres tenedores** restaurant trois étoiles.

■ *Comme la plupart des mots espagnols terminés par* **-or, tenedor** *est masculin.*

tener *a plusieurs sens :*

1 **tener** *peut signifier* avoir.

▷ ¿Tienes dinero? Tu as de l'argent ?

▷ Tengo quince años. J'ai quinze ans.

► **tener** + participe passé avoir + participe passé.

▷ Tengo una mesa reservada. J'ai une table réservée.

► **tener en mucho a alguien** avoir beaucoup d'estime pour quelqu'un.

► **tener en poco a alguien** avoir peu d'estime pour quelqu'un.

2 **tener** *peut signifier* tenir.

▷ Tenme la cartera mientras me abrocho los zapatos. Tiens mon cartable pendant que j'attache mes lacets.

► **tener que hacer algo** devoir *ou* falloir faire quelque chose (*obligation*).

▷ Si quieres aprobar esta asignatura, ¡tienes que ponerte a estudiar! Si tu veux réussir cette matière, tu dois te mettre à travailler !

► **aquí tiene(s)...** voici...

► **tener a alguien por...** prendre quelqu'un pour...

▷ Te tiene por un tonto. Il te prend pour un imbécile.

Voir tableau page suivante.

teng... **(tengo, tengas, tengamos, etc.)** → **tener**.

tenis tennis.

► **tenis de mesa** tennis de table.

tenista joueur(-euse) de tennis.

■ *Comme la plupart des mots se terminant en* **-ista, tenista** *peut être masculin ou féminin : el tenista, la tenista.*

teñir teindre.

📖 **teñir** *subit un changement de voyelle : le* **-e** *se transforme en* **-i** *aux trois personnes du singulier et à la troisième personne du pluriel du présent de l'indicatif, à toutes les personnes du présent du subjonctif, aux troisièmes personnes du singulier et du pluriel au passé simple et à toutes les personnes du subjonctif imparfait. De plus,* **teñir** *appartient au groupe des verbes terminés en* **-ñer, -ñir** *et* **-ullir** *qui subissent des modifications orthographiques : le* **-i** *disparaît au subjonctif imparfait, au gérondif et aux troisièmes personnes du singulier et du pluriel du passé simple :*

INDICATIF PRÉSENT	SUBJONCTIF PRÉSENT	PASSÉ SIMPLE	SUBJONCTIF IMPARFAIT	GÉRONDIF
tiño	tiña	teñí	tiñera	tiñendo
tiñes	tiñas	teñiste	tiñeras	
tiñe	tiña	tiñó	tiñera	
teñimos	tiñamos	teñimos	tiñéramos	
teñís	tiñáis	teñisteis	tiñerais	
tiñen	tiñan	tiñeron	tiñeran	

TENER				
INDICATIF				CONDITIONNEL
PRÉSENT	IMPARFAIT	PASSÉ SIMPLE	FUTUR	PRÉSENT
tengo **tienes** **tiene** tenemos tenéis **tienen**	tenía tenías tenía teníamos teníais tenían	**tuve** **tuviste** **tuvo** **tuvimos** **tuvisteis** **tuvieron**	**tendré** **tendrás** **tendrá** **tendremos** **tendréis** **tendrán**	**tendría** **tendrías** **tendría** **tendríamos** **tendríais** **tendrían**
SUBJONCTIF		IMPÉRATIF		
PRÉSENT	IMPARFAIT	PRÉSENT		
tenga **tengas** **tenga** **tengamos** **tengáis** **tengan**	**tuviera** **tuvieras** **tuviera** **tuviéramos** **tuvierais** **tuvieran**	**ten** **tenga** **tengamos** tened **tengan**	INFINITIF PARTICIPE GÉRONDIF	tener tenido teniendo

Le verbe **teñir** *a deux participes passés : on peut utiliser* **teñido** *ou* **tinto**.

Se conjugue sur le modèle de **vivir** (voir p. 1109).

teoría théorie.

► **en teoría** en théorie *ou* en principe.

> Attention à l'orthographe du mot **teoría**.

tercer *est la forme apocopée de* **tercero**.

■ *L'apocope est la suppression d'une ou plusieurs lettres à la fin d'un mot.* **Tercero** *s'apocope en* **tercer** *devant un nom masculin singulier.*

▷ **Es el tercer libro que leo este mes.** C'est le troisième livre que je lis ce mois-ci.

tercero, tercera troisième.

▷ **Llegó tercero.** Il est arrivé troisième.

terciopelo velours.

terco, terca têtu(e).

terminación fin *ou* terminaison.

■ *Ce mot, comme la plupart des mots espagnols terminés par* **–ción** *ou* **–sión**, *est féminin.*

> Attention à l'orthographe du mot **terminación**.

terminar finir *ou* terminer.

► **terminar** + gérondif finir par + infinitif.

▷ **Terminamos enfadándonos.** Nous avons fini par nous fâcher.

Se conjugue sur le modèle de **cantar** (voir p. 903).

término *a plusieurs sens :*

1 **término** *peut signifier* terme.

2 **término** *peut signifier* terminus.

3 **término** *peut signifier* limite.

4 ► **en último término** en dernier recours.

termómetro thermomètre.

> Attention à l'orthographe du mot **termómetro**.

ternera veau (= *viande*).

► **asado de ternera** rôti de veau.

► **filete de ternera** escalope (*de veau*).

ternero veau (= *animal*).

ternura tendresse.

terrateniente propriétaire terrien.

terraza terrasse.

terremoto tremblement de terre.

terreno *a des sens différents selon sa catégorie grammaticale :*

> *Ce peut être un* NOM :

terreno *signifie* terrain.

► **sobre el terreno** sur le terrain (*sur place*).

► **perder terreno** perdre du terrain.

> *Ce peut être un* ADJECTIF :

terreno, terrena *signifie* terrestre.

territorio territoire.

terrón morceau (*de sucre*).

terror terreur.

► **película de terror** film d'horreur.

■ *Comme la plupart des mots espagnols terminés par* **–or, terror** *est masculin.*

terrorífico, terrorífica terrifiant(e).

tesoro trésor.

testarudo, testaruda têtu(e).

testigo témoin.

testimonio témoignage.

teta mamelle *ou* sein *ou* mamelon.

tetera théière.

tez teint (*du visage*).

■ **tez** *est féminin.*

ti *est le pronom personnel* toi.

▷ **Es para ti.** C'est pour toi.

tía *a plusieurs sens :*

1 **tía** *peut signifier* tante.

2 **tía** *peut signifier* nana.

> Dans ce sens, **tía** est un mot familier.

tibio, tibia tiède.

tiburón requin.

tiempo *a plusieurs sens :*

1 **tiempo** *peut signifier* temps ou époque.

► **al mismo tiempo** en même temps.
► **al poco tiempo** peu après.
► **con tiempo** en avance.
► **del tiempo** de saison.
► **hace buen tiempo** il fait beau.
► **hace mal tiempo** il fait mauvais.
► **hace tiempo** il y a longtemps.

2 *En sport,* **tiempo** *peut signifier* mi-temps.

tienda magasin.

► **ir de tiendas** faire du shopping.
► **tienda de campaña** tente.

■ **tienda** *est féminin.*

> **i** **tienda** peut également être une forme du verbe **tender**.
> ▷ **¡No se tienda aquí, la hierba está mojada !** Ne vous allongez pas là, l'herbe est mouillée !

tierno, tierna tendre.

tierra terre.

tieso, tiesa raide.

tijera ciseaux.

► **tijeras** paire de ciseaux.

timar escroquer.

Se conjugue sur le modèle de **cantar** (voir p. 903).

timbre sonnette (*d'une porte*) *ou* sonnerie (*de téléphone*).

► **tocar el timbre** sonner *ou* appuyer sur la sonnette.

■ **timbre** *est masculin.*

timidez timidité.

timo escroquerie.

■ **timo** *est masculin.*

tinieblas ténèbres.

tinta encre.

► **saber algo de buena tinta** savoir quelque chose de source sûre.
► **sudar tinta** suer sang et eau.

tinto, tinta teint(e).

► **vino tinto** vin rouge.

> **i** **tinto** peut également être le participe passé du verbe **teñir**.

tío *a plusieurs sens :*

1 **tío** *peut signifier* oncle.

2 **tío** *peut signifier* mec.

> Dans ce sens, **tío** est un mot familier.

tiovivo manège.

típico, típica typique.

> Attention à l'orthographe du mot **típico**.

tipo *a plusieurs sens :*

1 **tipo** *peut signifier* type *ou* genre.

▷ **¿Qué tipo de tejido escogiste para tu vestido?** Quel genre de tissu as-tu choisi pour ta robe ?

2 **tipo** *peut signifier* type *ou* mec.

► **un buen tipo** un brave type.

► **un tipo raro** un drôle de type.

▷ Nos siguió un tipo sospechoso. Un type suspect nous a suivis.

> Dans ce sens, tipo est un mot familier.

3 **tipo** *peut signifier* silhouette (*d'une personne*).

▷ Esta chica tiene buen tipo. Cette fille a une jolie silhouette.

► **jugarse el tipo** risquer sa vie.

► **tipo de letra** police de caractères.

tira bande (*de papier, tissu, etc.*).

► **tira cómica** bande dessinée.

> **i** tira peut également être une forme du verbe tirar.
>
> ▷ ¡Tira inmediatamente esto a la basura! Jette ça immédiatement à la poubelle !

tirado, tirada *a plusieurs sens :*

1 **tirado, tirada** *peut signifier* courant(e) *ou* qui se trouve partout.

2 **tirado, tirada** *peut signifier* facile.

3 **tirado, tirada** *peut signifier* donné(e) *ou* bon marché.

> Dans tous ces sens, tirado, tirada est un mot familier.

> **i** tirado peut également être le participe passé du verbe tirar.

tirantes bretelles.

■ **tirantes** *est masculin pluriel.*

tirar *a des sens différents selon sa catégorie grammaticale :*

> *Ce peut être un* VERBE TRANSITIF *:*

1 **tirar** *peut signifier* jeter.

▷ Espera encontrar una papelera para tirar el chicle. Attends de trouver une poubelle pour jeter ton chewing-gum.

► **tirar el dinero** gaspiller de l'argent.

2 **tirar** *peut signifier* lancer.

3 **tirar** *peut signifier* renverser *ou* faire tomber.

4 **tirar** *peut signifier* tirer.

> *Ce peut être un* VERBE INTRANSITIF *:*

tirar *signifie* attirer *ou* plaire.

► **ir tirando** comme ci, comme ça.

▷ -¿Qué tal? -Voy tirando. - Ça va ? - Comme ci, comme ça.

Se conjugue sur le modèle de **cantar** (voir p. 903).

tiro coup de feu *ou* tir.

► **pegar un tiro a algo** tirer sur quelque chose.

> **i** tiro peut également être une forme du verbe tirar.
>
> ▷ ¿Estos papeles los tiro o quieres guardarlos? Je jette ces papiers ou tu veux les garder ?

títere marionnette *ou* pantin.

titular *a des sens différents selon sa catégorie grammaticale :*

> *Ce peut être un* NOM *:*

titular *signifie* gros titre (*dans les journaux*).

> *Ce peut être un* VERBE *:*

titular *signifie* donner un titre à.

► **titularse** *peut signifier* s'intituler *ou* être le titre de.

▷ ¿Cómo se titula el poema? Quel est le titre du poème ?

► **titularse** *peut signifier* obtenir un diplôme.

▷ Se tituló en medicina. Il a obtenu son diplôme de médecine.

Se conjugue sur le modèle de **cantar** (voir p. 903).

> *Ce peut être un* ADJECTIF *:*

titular *signifie* titulaire *ou* en titre.

título *a plusieurs sens :*

1 **título** *peut signifier* titre.

2 **título** *peut signifier* diplôme.

tiza craie.

toalla serviette (*de toilette*).

► **arrojar** *ou* **tirar la toalla** baisser les bras *ou* jeter l'éponge.

tobillo cheville.

■ **tobillo** *est masculin.*

tocar *a plusieurs sens :*

1 **tocar** *peut signifier* toucher.

2 **tocar** *peut signifier* jouer (*d'un instrument de musique*).

▷ Aprendí a tocar la guitarra. J'ai appris à jouer de la guitare.

> On remarque l'absence de préposition en espagnol dans tocar un instrumento (jouer d'un instrument).

3 **tocar** *peut signifier* sonner.

▷ Es mediodía, tocan las campanas. Il est midi, les cloches sonnent.

► **tocar el timbre** sonner (*à la porte*).

► **tocar la bocina** klaxonner.

4 **tocar** *peut signifier* être le tour de.

▷ Me toca lavar los platos. C'est mon tour de faire la vaisselle.

5 **tocar** *peut signifier* gagner.

▷ Le tocó la lotería. Il a gagné à la loterie.

Attention ! Pour conserver le son / k / de l'infinitif, le **-c** *de* **tocar** *se transforme en* **-qu** *devant un* **-e** *:*

▷ Toqué el piano ante un público de treinta personas. J'ai joué du piano devant un public de trente personnes.

Se conjugue sur le modèle de **cantar** (voir p. 903).

todavía encore *ou* toujours.

▷ Todavía está comiendo. Il est encore en train de manger.

▷ ¿Todavía está delante de la televisión? Il est toujours devant la télévision ?

► **todavía no** pas encore.

▷ Todavía no ha terminado los ejercicios. Il n'a pas encore terminé ses exercices.

todo, toda tout(e).

▷ Se lo bebió todo. Il a tout bu.

▷ Todos los estudiantes se manifestaron para impedir el cierre de la universidad. Tous les étudiants ont manifesté pour empêcher la fermeture de leur université.

toma prise.

> **i** **toma** peut également être une forme du verbe **tomar**.
> ▷ **Si te duele la garganta, toma un poco de jarabe.** Si tu as mal à la gorge, prends un peu de sirop.

tomar prendre.

► **tomar(se) algo en serio** prendre quelque chose au sérieux.

► **tomar(se) algo a broma** ne pas prendre quelque chose au sérieux

Se conjugue sur le modèle de **cantar** (voir p. 903).

tono ton.

tontería bêtise.

tonto, tonta bête *ou* idiot(e).

► **hacerse el tonto** faire l'innocent.

topo taupe.

■ **topo** *est masculin.*

toque touche.

► **toque de balón** frappe *ou* touche.

> **i** **toque** peut également être une forme du verbe **tocar**.
> ▷ **¡No quiero que el niño toque las paredes con las manos sucias!** Je ne veux pas que cet enfant touche les murs avec ses mains sales !

torcer *a plusieurs sens :*

1 **torcer** *peut signifier* tordre.

2 **torcer** *peut signifier* tourner *ou* dévier.

▷ Al llegar a la plaza, tuerza a la izquierda. Quand vous arriverez à la place, tournez à gauche.

► **torcerse** tomber à l'eau (= *échouer*).

Comme la plupart des verbes terminés en **-cer** *et en* **-cir, torcer** *subit des modifications orthographiques pour conserver le son / s / : le* **-c** *se transforme en* **-z** *devant* **-o** *et* **-a.** *De plus,* **torcer** *est un verbe à diphtongue. Le* **-o** *devient* **-ue** *aux trois personnes du singulier et à la troisième personne du pluriel au présent de l'indicatif et du subjonctif :*

INDICATIF PRÉSENT	SUBJONCTIF PRÉSENT
tuerzo	tuerza
tuerces	tuerzas
tuerce	tuerza
torcemos	torzamos
torcéis	torzáis
tuercen	tuerzan

Le verbe **torcer** *a deux participes passés : on peut utiliser* **torcido** *ou* **tuerto**.

Se conjugue sur le modèle de **deber** (voir p. 928).

torero toréador *ou* toréro.

tormenta tempête *ou* orage.

tormento torture.

■ **tormento** *est masculin.*

> Attention ! Ne pas confondre **tormento** et **tormenta** qui signifie « tempête ».

torneo tournoi.

tornillo vis.

toro taureau.

► **los toros** *peut également signifier* la corrida.

toronja pamplemousse.

■ **toronja** *est féminin.*

torpe maladroit(e).

torpeza maladresse.

torre tour (*bâtiment*).

tortilla omelette.

► **tortilla a la francesa** omelette nature.

> **tortilla** est également un plat mexicain, une galette de maïs.

tortuga tortue.

tos toux.

► **ataque de tos** quinte de toux.

toser tousser.

Se conjugue sur le modèle de **deber** (voir p. 928).

tostada toast (*au sens de « tranche de pain grillé »*).

tostar faire griller.

► **tostarse al sol** se faire bronzer.

tostar *est un verbe à diphtongue. Le* **-o** *devient* **-ue** *aux trois personnes du singulier et à la troisième personne du pluriel au présent de l'indicatif et du subjonctif :*

INDICATIF PRÉSENT	SUBJONCTIF PRÉSENT
tuesto	tueste
tuestas	tuestes
tuesta	tueste
tostamos	tostemos
tostáis	tostéis
tuestan	tuesten

Se conjugue sur le modèle de **cantar** (voir p. 903).

tostón rasoir.

► **ser un tostón** être rasoir.

► **¡qué tostón!** quel truc rasoir !

► **dar el tostón** être assommant *ou* barbant.

> Le mot **tostón** ainsi que toutes ces expressions sont familiers.

total *a des sens différents selon sa catégorie grammaticale :*

> *Ce peut être un* ADJECTIF *:*

total *signifie* total(e).

> *Ce peut être un* NOM *:*

total *signifie* total.

> *Ce peut être un* ADVERBE *:*

1 **total** *peut signifier* bref (*en résumé*).

▷ **Total, nada salió como estaba previsto.** Bref, rien ne s'est passé comme prévu.

2 **total** *peut signifier* de toute façon.

▷ **Haz lo que quieras, total, no eres mi hija.** Fais ce que tu veux, de toute façon, tu n'es pas ma fille.

► **en total** au total *ou* en tout.

trabajador, trabajadora travailleur (-euse).

trabajar travailler.

▷ **Trabajé de vendedor en esta tienda.** J'ai travaillé comme vendeur dans ce magasin.

> Attention à l'emploi de la préposition **de** dans **trabajar de...** (travailler comme...).

► **¡a trabajar!** au travail !

Se conjugue sur le modèle de **cantar** (voir p. 903).

trabajo travail.

> **i** **trabajo** peut également être une forme du verbe **trabajar**.
> ▷ **Trabajo un poco los fines de semana para pagarme los estudios.** Je travaille un peu les week-ends pour payer mes études.

trabalenguas *désigne un mot, une expression ou une phrase difficile à articuler, par exemple :* **"Tres tristes tigres comían trigo en un trigal"**

■ *Dans ce mot composé, on reconnaît le verbe* **trabarse** *qui signifie « s'empêtrer » et le nom* **lengua** *qui signifie « langue ».*

■ **trabalenguas** *est masculin et invariable :* *un trabalenguas, dos trabalenguas.*

trabar *a plusieurs sens :*

1 **trabar** *peut signifier* lier *ou* joindre.

► **trabar amistad** se lier d'amitié.

2 **trabar** *peut signifier* entraver.

► **trabarse** s'empêtrer.

► **se me ha trabado la lengua** ma langue a fourché.

tradicional traditionnel(le).

traducción traduction.

► **traducción directa** version.

► **traducción inversa** thème.

> Attention à l'orthographe du mot **traducción**.

■ *Ce mot, comme la plupart des mots espagnols terminés par* **-ción** *ou* **-sión**, *est féminin.*

traer *a plusieurs sens :*

1 **traer** *peut signifier* apporter *ou* rapporter *ou* amener *ou* ramener.

2 **traer** *peut signifier* porter (*un vêtement*).

TRAER				
INDICATIF				CONDITIONNEL
PRÉSENT	IMPARFAIT	PASSÉ SIMPLE	FUTUR	PRÉSENT
traigo traes trae traemos traéis traen	traía traías traía traíamos traíais traían	**traje** **trajiste** **trajo** **trajimos** **trajisteis** **trajeron**	traeré traerá traerás traeremos traeréis traerán	traería traerías traería traeríamos traeríais traerían
SUBJONCTIF		IMPÉRATIF		
PRÉSENT	IMPARFAIT	PRÉSENT		
traiga **traigas** **traiga** **traigamos** **traigáis** **traigan**	**trajera** **trajeras** **trajera** **trajéramos** **trajerais** **trajeran**	trae **traiga** **traigamos** traed **traigan**	INFINITIF PARTICIPE GÉRONDIF	traer **traído** **trayendo**

tráfico trafic *ou* circulation.

tragar *a plusieurs sens :*

1 **tragar** *ou* **tragarse** *peut signifier* avaler.

▷ Se tragó el bocadillo. Il a avalé le sandwich.

▷ Eloísa es tan ingenua que se traga todo lo que le cuentan. Eloísa est si naïve qu'elle avale tout ce qu'on lui raconte.

2 **tragar** *peut signifier* supporter.

▷ Nadie le traga. Personne ne peut le supporter.

Dans ce sens, tragar est un mot familier.

Attention ! Pour conserver le son /g/ de l'infinitif, le **-g** *de* **tragar** *se transforme en* **-gu** *devant un* **-e** *:*

▷ ¡Te digo que comas, no que tragues ! Je te dis de manger, pas d'avaler !

Se conjugue sur le modèle de **cantar** (voir p. 903).

trago gorgée.

► **tomar** *ou* **echar un trago** boire un coup.

► **de un trago** d'un trait.

► **mal trago** *ou* **trago amargo** coup dur.

■ **trago** *est masculin.*

i trago peut également être une forme du verbe tragar.
▷ Cuando tengo mucha hambre, trago cualquier cosa. Quand j'ai très faim, j'avale n'importe quoi.

traición trahison.

■ *Ce mot, comme la plupart des mots espagnols terminés par* **-ción** *ou* **-sión**, *est féminin.*

traicionar trahir.

Se conjugue sur le modèle de **cantar** (voir p. 903).

traidor, traidora traître, traîtresse.

traje costume.

► **traje de baño** maillot de bain.

► **traje de etiqueta** tenue de soirée.

► **traje de novia** robe de mariée.

► **traje típico** costume folklorique.

i traje peut également être une forme du verbe traer.
▷ Traje recuerdos de mi viaje por África. J'ai rapporté des souvenirs de mon voyage en Afrique.

trámite démarche *ou* formalité.

trampa piège.

► **hacer trampa(s)** tricher.

■ **trampa** *est féminin.*

trampolín tremplin.

tramposo, tramposa tricheur(-euse).

tranquilidad tranquillité.

■ *Ce mot, comme la plupart des mots espagnols terminés par* **-tad, -dad** *et* **-tud,** *est féminin.*

tranquilizar tranquilliser *ou* calmer *ou* apaiser *ou* rassurer.

Comme la plupart des verbes terminés en **-zar, tranquilizar** *subit des modifications orthographiques : le* **-z** *devient* **-c** *devant un* **-e** *:*

▷ **Cuando te tranquilices, volveremos a hablar de este tema.** Quand tu te seras calmé, nous continuerons à discuter de ça.

📖 *Se conjugue sur le modèle de* **cantar** (voir p. 903).

tranquilo, tranquila calme.

transbordo *ou* **trasbordo** changement (*de train*).

► **hacer transbordo** changer *ou* faire un changement.

transcurrir *ou* **trascurrir** s'écouler *ou* passer (*en parlant du temps*).

📖 *Se conjuguent sur le modèle de* **vivir** (voir p. 1109).

transcurso *ou* **trascurso** cours (*du temps*).

transeúnte passant(e).

transparencia *ou* **trasparencia** transparence.

transporte *ou* **trasporte** transport.

tranvía tramway.

trapo chiffon *ou* torchon.

► **a todo trapo** à toute vitesse.

tras *a plusieurs sens :*

1 **tras** *peut signifier* derrière.

▷ Fueron entrando uno tras otro. Ils sont entrés l'un derrière l'autre.

2 **tras** *peut signifier* après.

▷ Tras la victoria todos estaban cansados pero contentos. Après la victoire ils étaient tous fatigués mais contents.

▷ Tras haber hecho los deberes, se puso a mirar la tele. Après avoir fait ses devoirs, elle s'est mise à regarder la télé.

► **día tras día** jour après jour.

trasero *a des sens différents selon sa catégorie grammaticale :*

> *Ce peut être un* ADJECTIF :

trasero, trasera *signifie* arrière *ou* de derrière.

▷ Pasa por la puerta trasera. Passe par la porte de derrière.

► **en la parte trasera** à l'arrière.

> *Ce peut être un* NOM :

trasero *signifie* derrière *ou* fesses.

trasladar déplacer *ou* transférer.

📖 *Se conjugue sur le modèle de* **cantar** (voir p. 903).

traslado déménagement.

trasnochar passer une nuit blanche.

📖 *Se conjugue sur le modèle de* **cantar** (voir p. 903).

traspasar *a plusieurs sens :*

1 **traspasar** *peut signifier* traverser *ou* transpercer.

2 **traspasar** *peut signifier* transférer (*un joueur*).

📖 *Se conjugue sur le modèle de* **cantar** (voir p. 903).

trastero débarras.

■ *Dans ce mot on reconnaît le mot* **trasto** *qui signifie « objet inutile ».*

trastornar bouleverser *ou* chambouler *ou* déranger.

📖 *Se conjugue sur le modèle de* **cantar** (voir p. 903).

trasto objet inutile *ou* machin *ou* truc.

► **trastos** affaires.

tratado traité.

tratar *a plusieurs sens :*

1 **tratar** *peut signifier* traiter.

2 **tratar** *peut signifier* fréquenter (*quelqu'un*).

3 ► **tratar de hacer algo** essayer de faire quelque chose.

4 ► **tratarse de** s'agir de.

▷ Se trata de algo muy importante. Il s'agit de quelque chose de très important.

5 ► **tratar a alguien de tú** tutoyer quelqu'un.

► **tratar a alguien de usted** vouvoyer quelqu'un.

📖 *Se conjugue sur le modèle de* **cantar** (voir p. 903).

trato *a plusieurs sens :*

1 **trato** *peut signifier* traitement *ou* manières *ou* comportement.

2 **trato** *peut signifier* marché (= *arrangement*).

► **¡trato hecho!** marché conclu !

3 ► **tener trato con alguien** fréquenter quelqu'un.

> **i** **trato** peut également être une forme du verbe **tratar**.
> ▷ Le trato como si fuera mi propio hijo. Je le traite comme s'il était mon propre fils.

trauma traumatisme.

través

► **a través de** à travers (de).

► **a través de algo** à travers quelque chose.

► **de través** en travers.

travesía traversée *ou* passage.

travieso, traviesa turbulent(e) *ou* espiègle.

trayecto trajet.

trazar tracer.

📖 *Comme la plupart des verbes terminés en* **–zar, trazar** *subit des modifications orthographiques : le* **–z** *devient* **–c** *devant un* **–e.**

▷ Tracé una línea. J'ai tracé une ligne.

📖 *Se conjugue sur le modèle de* **cantar** (voir p. 903).

trébol trèfle.

trece treize.

treinta trente.

tremendo, tremenda terrible *ou* énorme.

tren train.

trenza tresse *ou* natte.

trepar grimper.

📖 *Se conjugue sur le modèle de* **cantar** (voir p. 903).

tres trois.

trescientos, trescientas trois cents.

> En espagnol, les centaines s'accordent en genre et en nombre avec le nom : trescientas libras esterlinas / trescientos euros.

triángulo triangle.

trigo blé.

trillizos, trillizas triplé(e)s.

tripa boyau *ou* ventre.

► **dolor de tripa(s)** mal au ventre.

► **tripas** tripes.

tripulación équipage.

■ *Ce mot, comme la plupart des mots espagnols terminés par* **–ción** *ou* **–sión**, *est féminin.*

tristeza tristesse.

triunfar triompher.

> Attention à l'orthographe du mot triunfar.

📖 *Se conjugue sur le modèle de* **cantar** (voir p. 903).

trocear couper en morceaux.

■ *Dans ce mot on reconnaît le lien avec le mot* **trozo** *qui signifie « morceau ».*

📖 *Se conjugue sur le modèle de* **cantar** (voir p. 903).

trofeo trophée.

tronar tonner.

📖 **tronar** *est un verbe impersonnel et ne s'emploie qu'à la troisième personne du singulier. De plus,* **tronar** *est un verbe à diphtongue. Le* **–o** *devient* **–ue** *à la troisième personne du singulier au présent de l'indicatif et du subjonctif :*

INDICATIF PRÉSENT	SUBJONCTIF PRÉSENT
truena	truene

📖 *Se conjugue sur le modèle de* **cantar** (voir p. 903).

tronco tronc.

► **dormir como un tronco** dormir comme une souche.

tropezar trébucher.

► **tropezar con alguien** tomber sur quelqu'un (*par hasard*).

📖 **tropezar** *est un verbe à diphtongue. Le* **–e** *devient* **–ie** *aux trois personnes du singulier et à la troisième personne du pluriel au présent de l'indicatif et du subjonctif. De plus, comme la plupart des verbes terminés en* **–zar, tropezar** *subit des modifications orthographiques : le* **–z** *devient* **–c** *devant un* **–e.**

INDICATIF PRÉSENT	SUBJONCTIF PRÉSENT
tropiezo	tropiece
tropiezas	tropieces
tropieza	tropiece
tropezamos	tropecemos
tropezáis	tropecéis
tropiezan	tropiecen

📖 *Se conjugue sur le modèle de* **cantar** (voir p. 903).

trozo morceau.

truco truc *ou* trucage.

> Attention ! truco ne signifie pas « truc » au sens de « machin ».

trucha truite.

trueno tonnerre.

tu (sans accent) *est l'adjectif possessif* ton, ta.

▷ Tu perfume huele a vainilla. Ton parfum sent la vanille.

▷ ¿Cómo se llama tu hermana? Comment s'appelle ta sœur ?

tú (avec accent) *est le pronom personnel* tu.

▷ ¿Tú no sabes nadar? Tu ne sais pas nager ?

■ *En espagnol, les pronoms personnels sont souvent omis car ce sont les terminaisons verbales qui indiquent la personne. On les utilise pour éviter les confusions entre plusieurs personnes ou pour renforcer le sujet.*

tubo tuyau *ou* tube.

► **tubo de ensayo** tube à essai ou éprouvette.

tulipán tulipe.

■ **tulipán** *est masculin.*

tumba tombe.

► **ser una tumba** être muet(te) comme une tombe.

> ℹ tumba peut également être une forme du verbe tumbar.
> ▷ Si se siente cansada, se tumba un ratito. Si vous vous sentez fatiguée, allongez-vous un petit moment.

tumbar *a plusieurs sens :*

1 **tumbar** *peut signifier* renverser.

2 **tumbar** *peut signifier* allonger.

► **tumbarse** s'étendre *ou* s'allonger.

📖 *Se conjugue sur le modèle de* **cantar** (voir p. 903).

túnel tunnel.

> Attention à l'orthographe du mot túnel.

turbio, turbia trouble.

turismo tourisme.

turista touriste.

■ *Comme la plupart des mots se terminant en* **–ista, turista** *peut être masculin ou féminin :* *el turista, la turista.*

turístico, turística touristique.

turnar tourner *ou* se succéder à tour de rôle.

► **turnarse** se relayer.

📖 *Se conjugue sur le modèle de* **cantar** (voir p. 903).

turno tour *ou* service.

► **por turno(s)** à tour de rôle.

► **farmacia de turno** pharmacie de garde.

turquesa turquoise.

turrón *sorte de nougat qui se mange à Noël.*

tus *est l'adjectif possessif* tes.

tuteamiento *ou* **tuteo** tutoiement.

tutear tutoyer.

■ *Dans ce mot on reconnaît le mot* **tú** *qui signifie « tu ».*

📖 *Se conjugue sur le modèle de* **cantar** (voir p. 903).

tuv... (tuve, tuviste, tuviera, etc.) → **tener.**

tuyo, tuya *a plusieurs sens :*

1 **tuyo, tuya** *est l'adjectif possessif* ton, ta.

▷ ¿Son amigos tuyos? Ce sont tes amis ?

■ *Dans ce sens,* **tuyo, tuya** *se place derrière le nom qu'il détermine et s'accorde avec lui.*

2 *Précédé de l'auxiliaire* **ser, tuyo, tuya** *signifie* à toi.

▷ Este libro es tuyo. Ce livre est à toi.

3 *Précédé de l'article défini,* **tuyo, tuya** *est le pronom possessif* le tien, la tienne.

▷ Me parece que es el tuyo. Il me semble que c'est le tien.

U

ESPAGNOL — **FRANÇAIS**

u *est la conjonction* ou.

▷ Toma uno u otro. Prend l'un ou l'autre.

▷ No sé si mis vecinos son de Guatemala u Honduras. Je ne sais pas si mes voisins viennent du Guatemala ou de l'Honduras.

■ *La conjonction* **o** *devient* **u** *devant un mot commençant par un* **o-** *ou* **ho-**.

Ud. *est l'abréviation de* **usted**.

> ℹ Ud. peut également s'écrire Vd.

Uds. *est l'abréviation de* **ustedes**.

> ℹ Uds. peut également s'écrire Vds.

último, última dernier(-ière).

► **a la última** très à la mode.

► **por último** enfin *ou* finalement.

► **a últimos del mes** à la fin du mois.

ultramarino, ultramarina d'outre-mer.

► **(tienda de) ultramarinos** épicerie.

umbral seuil.

un *est la forme apocopée de* **uno**.

■ *L'apocope est la suppression d'une ou plusieurs lettres à la fin d'un mot.* **Uno** *s'apocope en* **un** *devant un nom masculin singulier.*

▷ Mi padre era un buen alumno. Mon père était un bon élève.

▷ ¿Quieres un caramelo? Tu veux un bonbon ?

■ **un** *s'emploie aussi à la place de* **una** *devant les noms féminins commençant par* **a-** *ou* **ha-** *accentué.*

▷ Están construyendo un aula nueva. On est en train de construire une nouvelle salle de cours.

único, única unique *ou* seul(e).

► **lo único** la seule chose.

unidad unité.

■ *Ce mot, comme la plupart des mots espagnols terminés par* **-tad, -dad** *et* **-tud,** *est féminin.*

unido, unida uni(e).

> ℹ unido peut également être le participe passé du verbe unir.

unificar unifier *ou* unir.

📖 *Attention ! Pour conserver le son /k/ de l'infinitif, le* **-c** *de* **unificar** *se transforme en* **-qu** *devant un* **-e** *:*

▷ Propone que unifiquemos nuestros esfuerzos. Il propose que nous unissions nos efforts.

📖 *Se conjugue sur le modèle de* **cantar** (voir p. 903).

unir unir.

▷ Une las definiciones con las palabras a las que éstas corresponden. Unis les définitions aux mots auxquels elles correspondent.

> Attention à l'emploi de la préposition con dans unir con algo (unir à quelque chose).

📖 *Se conjugue sur le modèle de* **vivir** (voir p. 1109).

universidad université.

■ *Ce mot, comme la plupart des mots espagnols terminés par* **-tad, -dad** *et* **-tud,** *est féminin.*

universitario, universitaria *a des sens différents selon sa catégorie grammaticale :*

> *Ce peut être un* NOM :

1 **universitario, universitaria** *signifie* étudiant(e) (*à l'université*).

2 **universitario, universitaria** *signifie* universitaire (= *professeur d'université*).

> *Ce peut être un* ADJECTIF :

universitario, universitaria *signifie* universitaire.

universo univers.

uno, una *a plusieurs sens :*

1 **uno, una** *peut signifier* un, une.
▷ Quiero uno solo. Je n'en veux qu'un.
▷ Es una buena idea. C'est une bonne idée.
► **es todo uno** ça ne fait qu'un.
► **(de) uno a uno** un à un.

2 **uno, una** *peut signifier* quelqu'un.
▷ Encontré a uno que te conoce. J'ai rencontré quelqu'un qui te connaît.
▷ Unos no quisieron venir. Quelques-uns n'ont pas voulu venir.
► **los unos... los otros...** les uns... les autres...
► **uno y otro** l'un et l'autre.

3 ► **unos, unas** *suivi d'un chiffre peut signifier* environ *ou* quelque.
▷ Sevilla está a unos quinientos kilómetros de Madrid. Séville est à environ cinq cents kilomètres de Madrid.

4 ► **cada uno** chacun.

5 ► **es la una** il est une heure.

> ℹ uno et una peuvent également être des formes du verbe unir.
> ▷ Haz una línea que una todos los puntos. Trace une ligne qui unit tous les points.

untar étaler *ou* tartiner.

📖 *Se conjugue sur le modèle de* **cantar** (voir p. 903).

uña ongle.

■ **uña** *est féminin.*

urbanidad politesse *ou* courtoisie.

■ *Ce mot, comme la plupart des mots espagnols terminés par* **-tad, -dad** *et* **-tud,** *est féminin.*

urbano, urbana urbain(e).

urgencia urgence.
► **urgencias** service des urgences.
► **con urgencia** en urgence.

urgente urgent(e).

uruguayo, uruguaya uruguayen(ne) *ou* Uruguayen(ne).

usado, usada *a plusieurs sens :*

1 **usado, usada** *peut signifier* usé(e) *ou* usagé(e).

2 **usado, usada** *peut signifier* employé(e) *ou* utilisé(e).

> ℹ usado peut également être le participe passé du verbe usar.

usar utiliser.
► **usarse** s'employer.

> Attention ! usar ne signifie pas « user ».

📖 *Se conjugue sur le modèle de* **cantar** (voir p. 903).

uso usage *ou* utilisation *ou* emploi.

■ **uso** *est masculin.*

> ℹ uso peut également être une forme du verbe usar.
> ▷ Nunca uso calculadora para hacer cálculos. Je n'utilise jamais de calculatrice pour faire des calculs.

usted *est le pronom personnel* vous *utilisé pour vouvoyer une seule personne.*
► **hablar** *ou* **tratar** *ou* **llamar a alguien de usted** vouvoyer quelqu'un.

■ *On utilise généralement l'abréviation* **Ud.** *ou* **Vd.** *à l'écrit.*

■ *En espagnol, pour vouvoyer une personne, on utilise la troisième personne du singulier.*
▷ Prefiero tratarle de usted. Je préfère vous vouvoyer.

ustedes *est le pronom personnel* vous *utilisé pour vouvoyer plusieurs personnes.*

■ *On utilise généralement l'abréviation* **Uds.** *ou* **Vds.** *à l'écrit.*

■ *En espagnol, pour vouvoyer plusieurs personnes, on utilise la troisième personne du pluriel.*
▷ ¿Pueden indicarme ustedes el camino para la Sagrada Familia, por favor? Vous pouvez m'indiquer le chemin pour aller à la Sagrada Familia, s'il vous plaît ?

usual habituel(le) *ou* courant(e).

usuario, usuaria usager(-ère) *ou* utilisateur(-trice).

utensilio instrument *ou* ustensile.

> Attention à l'orthographe du mot utensilio.

útil *a des sens différents selon sa catégorie grammaticale :*

> *Ce peut être un* NOM :

útil *signifie* outil.

> *Ce peut être un* ADJECTIF :

útil *signifie* utile.

uva raisin.

► **estar de mala uva** être de mauvais poil.
► **tener mala uva** avoir un sale caractère.

estar de mala uva et **tener mala uva** sont des expressions familières.

► **uva pasa** raisin sec.

■ **uva** *est féminin.*

tomar las uvas *ou* **las uvas de la suerte** : en Espagne, il existe une coutume qui consiste à manger un grain de raisin à chacun des douze coups de minuit de la Saint Sylvestre, en faisant à chaque fois un vœu qui devra porter bonheur pendant les douze mois de l'année qui commence.

V

ESPAGNOL — **FRANÇAIS**

va... → **ir**.

vaca vache *ou* bœuf (= *viande*).

vacaciones vacances.

► **estar de vacaciones** être en vacances.

► **ir de vacaciones** partir en vacances.

▷ **Este año no voy de vacaciones.** Cette année je ne pars pas en vacances.

> Attention à l'emploi de la préposition **de** dans **ir de vacaciones** (partir en vacances).

vaciar vider.

Attention ! **vaciar** *subit une modification de l'accentuation : le* **-i** *se transforme en* **-í** *aux trois personnes du singulier et à la troisième personne du pluriel au présent, au subjonctif et à l'impératif.*

INDICATIF PRÉSENT	SUBJONCTIF PRÉSENT	IMPÉRATIF
vacío	vacíe	
vacías	vacíes	vacía
vacía	vacíe	vacíe
vaciamos	vaciemos	vaciemos
vaciáis	vaciéis	vaciad
vacían	vacíen	vacíen

Se conjugue sur le modèle de **cantar** (voir p. 903).

vacilación hésitation.

■ *Dans ce mot, on reconnaît le lien avec le verbe* **vacilar** *qui signifie « hésiter ».*

■ *Ce mot, comme la plupart des mots espagnols terminés par* **-ción** *ou* **-sión**, *est féminin.*

vacilar hésiter.

Se conjugue sur le modèle de **cantar** (voir p. 903).

vacío, vacía vide.

> **i** **vacío** et **vacía** peuvent également être des formes du verbe **vaciar**.
> ▷ **Vacía la papelera, por favor.** Vide la poubelle, s'il te plaît.

vacuna vaccin.

> **i** **vacuna** peut également être le féminin de l'adjectif **vacuno** qui signifie « bovin » ou une forme du verbe **vacunar**.
> ▷ **El médico la vacuna para prevenir la infección.** Le médecin la vaccine pour prévenir l'infection.

vacunar vacciner.

► **vacunarse** se faire vacciner.

Se conjugue sur le modèle de **cantar** (voir p. 903).

vacuno, vacuna bovin(e).

vagabundo, vagabunda clochard(e).

vagar errer *ou* flâner.

Attention ! Pour conserver le son / g / de l'infinitif, le **-g** *de* **vagar** *se transforme en* **-gu** *devant un* **-e** *:*

▷ **Vagué por la ciudad toda la tarde.** J'ai flâné dans la ville toute la journée.

Se conjugue sur le modèle de **cantar** (voir p. 903).

vago, vaga *a des sens différents selon sa catégorie grammaticale :*

> *Ce peut être un* ADJECTIF *:*

1 **vago, vaga** *peut signifier* vague (*au sens de « confus »*) *ou* flou(e).

2 **vago, vaga** *peut signifier* paresseux(-euse) *ou* fainéant(e).

> *Ce peut être un* NOM *:*

vago, vaga *signifie* fainéant(e) *ou* flemmard(e).

► **hacer el vago** paresser *ou* flemmarder.

vagón wagon.

vainilla vanille.

▷ Yo tomaré un helado de vainilla. Je prendrai une glace à la vanille.

Attention à l'emploi de la préposition de, ainsi qu'à l'orthographe du mot vainilla.

vais → ir.

vaivén va-et-vient.

vajilla vaisselle.

vale bon (= *un billet*).

vale peut également être une forme du verbe valer.
▷ ¿Cuánto vale la camisa que hay en el escaparate? Combien coûte la chemise en vitrine ?

► **¡vale!** d'accord *ou* O.K.

valer *a des sens différents selon sa catégorie grammaticale :*

> *Ce peut être un* VERBE TRANSITIF :

valer *signifie* valoir *ou* coûter.

▷ No vale nada. Ça ne vaut rien.

▷ Esto vale demasiado dinero. Ça coûte trop cher.

▷ ¿Cuánto vale esto? Combien ça coûte ?

▷ ¿Cuánto vale un ordenador? Quel est le prix d'un ordinateur ?

► **valer la pena** valoir la peine.

► **más vale...** il vaut mieux *ou* il est préférable de...

> *Ce peut être un* VERBE INTRANSITIF :

1 **valer** *peut signifier* servir.

▷ Llorar no te valdrá para nada. Pleurer ne te servira à rien.

2 **valer** *peut signifier* être valable.

▷ Tus documentos ya no valen. Tes papiers ne sont plus valables.

3 **valer** *peut signifier* aller (*en parlant de vêtements*).

▷ Este traje ya no te vale. Ce costume ne te va plus.

válido, válida valable *ou* valide.

valiente courageux(-euse).

■ *Dans ce mot, on reconnaît le lien avec le mot* **valor** *qui peut signifier « courage ».*

valioso, valiosa précieux(-euse) *ou* de valeur.

■ *Dans ce mot, on reconnaît le lien avec le mot* **valor** *qui peut signifier « valeur ».*

valor *a plusieurs sens :*

1 **valor** *peut signifier* valeur.

2 **valor** *peut signifier* courage.

3 **valor** *peut signifier* audace.

■ *Comme la plupart des mots espagnols terminés par* **-or, valor** *est masculin.*

valorar évaluer *ou* estimer.

■ *Dans ce mot, on reconnaît le lien avec le mot* **valor** *qui peut signifier « valeur ».*

Se conjugue sur le modèle de **cantar** (voir p. 903).

valla clôture *ou* palissade *ou* barrière.

► **valla publicitaria** panneau publicitaire.

► **100 metros vallas** 100 mètres haies.

valle vallée.

■ **valle** *est masculin.*

VALER				
INDICATIF				CONDITIONNEL
PRÉSENT	IMPARFAIT	PASSÉ SIMPLE	FUTUR	PRÉSENT
valgo vales vale valemos valéis valen	valía valías valía valíamos valíais valían	valí valiste valió valimos valisteis valieron	**valdré** **valdrás** **valdrá** **valdremos** **valdréis** **valdrán**	**valdría** **valdrías** **valdría** **valdríamos** **valdríais** **valdrían**
SUBJONCTIF		IMPÉRATIF		
PRÉSENT	IMPARFAIT	PRÉSENT		
valga **valgas** **valga** **valgamos** **valgáis** **valgan**	valiera valieras valiera valiéramos valierais valieran	 vale **valga** **valgamos** valed **valgan**	INFINITIF PARTICIPE GÉRONDIF	valer valido valiendo

vamos → **ir.**

van → **ir.**

vanguardia avant-garde.

vapor vapeur.

► **de vapor** à vapeur.

■ *Comme la plupart des mots espagnols terminés par* **-or, vapor** *est masculin.*

vaquero cow-boy.

► **vaqueros** jeans.

variedad diversité *ou* variété.

■ *Ce mot, comme la plupart des mots espagnols terminés par* **-tad, -dad** *et* **-tud,** *est féminin.*

varios, varias *a des sens différents selon sa catégorie grammaticale :*

> *Ce peut être un* ADJECTIF *:*

varios, varias *peut signifier* différent(e)s *ou* divers(es).

▷ **Tengo jerseys de varios colores.** J'ai des pulls de différentes couleurs.

> *Ce peut être un* PRONOM INDÉFINI *:*

varios, varias *signifie* plusieurs.

▷ **Conozco a varias personas que piensan lo mismo que tú.** Je connais plusieurs personnes qui pensent la même chose que toi.

varón homme *ou* garçon.

■ *Dans les formulaires, sur le passeport et la plupart des documents administratifs, on emploie* **varón** *(ou l'abréviation* **V***) pour indiquer « de sexe masculin » et* **mujer** *(ou l'abréviation* **M***) pour indiquer « de sexe féminin ».*

vas → **ir.**

vasco, vasca basque *ou* Basque.

vaso verre.

vaya... **(vaya, vayas, vayamos, etc.)** → **ir.**

Vd. *est l'abréviation de* **usted.**

ℹ Vd. peut également s'écrire **Ud.**

Vds. *est l'abréviation de* **ustedes.**

ℹ Vds. peut également s'écrire **Uds.**

ve → **ir, ver.**

vea... **(vea, veas, veamos, etc.)** → **ver.**

veces *est le pluriel de* **vez.**

vecino, vecina voisin(e).

vegetariano, vegetariana végétarien(ne).

veinte vingt.

veis → **ver.**

veí... **(veía, veíamos, veían, etc.)** → **ver.**

vejez vieillesse.

vela *a plusieurs sens :*

1 **vela** *peut signifier* bougie.

2 **vela** *peut signifier* voile *(d'un bateau).*

► **barco de vela** bateau à voile.

► **pasar la noche en vela** passer une nuit blanche.

velo voile (= *vêtement*).

velocidad vitesse.

► **de alta velocidad** à grande vitesse.

■ *Ce mot, comme la plupart des mots espagnols terminés par* **-tad, -dad** *et* **-tud,** *est féminin.*

veloz rapide.

vemos → **ver.**

ven → **venir, ver.**

vena veine.

vencedor, vencedora vainqueur *ou* gagnant(e).

vencer *a plusieurs sens :*

1 **vencer** *peut signifier* vaincre *ou* battre.

▷ **Los soldados vencieron al ejército enemigo.** Les soldats ont vaincu l'armée ennemie.

2 **vencer** *peut signifier* remporter *ou* gagner.

▷ **El equipo francés venció en el salto de longitud.** L'équipe française a remporté le saut en longueur.

3 **vencer** *peut signifier* surmonter.

▷ **Consiguió vencer su miedo a la oscuridad.** Il a réussi à surmonter sa peur du noir.

📖 *Comme la plupart des verbes terminés en* **-cer** *et en* **-cir, vencer** *subit des modifications orthographiques pour conserver le son /s/ : le* **-c** *se transforme en* **-z** *devant* **-o** *et* **-a** *:*

▷ Venzo al campeón del pueblo vecino el año pasado. J'ai battu le champion du village voisin l'année dernière.

📖 *Se conjugue sur le modèle de* **deber** (voir p. 928).

vendedor, vendedora vendeur(-euse).

vender vendre.

► **se vende(n)** à vendre.

▷ Se vende coche. Voiture à vendre.

▷ Se venden libros. Livres à vendre.

📖 *Se conjugue sur le modèle de* **deber** (voir p. 928).

vendimia vendange(s).

vendr... **(vendré, vendrá, vendremos, etc.)** → **venir.**

veneno poison.

venenoso, venenosa vénéneux(-euse) *ou* venimeux(-euse).

■ *Dans ce mot, on reconnaît le lien avec le mot* **veneno** *qui signifie « poison ».*

venezolano, venezolana vénézuélien(ne) *ou* Vénézuélien(ne).

veng... **(vengo, venga, vengan, etc.)** → **venir.**

venganza vengeance.

vengar venger.

📖 *Attention ! Pour conserver le son / g / de l'infinitif, le* **-g** *de* **vengar** *se transforme en* **-gu** *devant un* **-e** *:*

▷ Me vengué de los que se habían burlado de mí. Je me suis vengé de ceux qui s'étaient moqués de moi.

📖 *Se conjugue sur le modèle de* **cantar** (voir p. 903).

vení... **(venías, veníamos, venían)** → **venir.**

venir *a plusieurs sens :*

1 **venir** *peut signifier* venir.

▷ ¿Vienes con nosotros? Tu viens avec nous ?

► **el año / mes que viene** l'an / le mois prochain.

► **el día que viene** demain.

2 **venir** *peut signifier* convenir.

► **venir bien** convenir.

► **venir mal** ne pas convenir.

▷ El martes no me viene bien para nuestra cita. Mardi ne me convient pas pour notre rendez-vous.

3 **venir** *peut signifier* être *ou* aller (*en parlant de vêtements*).

▷ Esta camisa te viene demasiado pequeña. Cette chemise est trop petite pour toi.

▷ Te viene bien. Ça te va bien.

► **no venir al caso** n'avoir rien à voir.

► **¡venga!** allez ! (*pour encourager quelqu'un*).

venís → **venir.**

venta vente.

► **a la venta** en vente.

ventaja avantage.

■ **ventaja** *est féminin.*

ventana fenêtre.

► **ventana de la nariz** narine.

VENIR				
INDICATIF				CONDITIONNEL
PRÉSENT	IMPARFAIT	PASSÉ SIMPLE	FUTUR	PRÉSENT
vengo vienes viene venimos venís vienen	venía venías venía veníamos veníais venían	**vine** **viniste** **vino** **vinimos** **vinisteis** **vinieron**	**vendré** **vendrás** **vendrá** **vendremos** **vendréis** **vendrán**	**vendría** **vendrías** **vendría** **vendríamos** **vendríais** **vendrían**
SUBJONCTIF		IMPÉRATIF		
PRÉSENT	IMPARFAIT	PRÉSENT		
venga **vengas** **venga** **vengamos** **vengáis** **vengan**	**viniera** **vinieras** **viniera** **viniéramos** **vinierais** **vinieran**	 **ven** **venga** **vengamos** venid **vengan**	INFINITIF PARTICIPE GÉRONDIF	venir venido **viniendo**

ventanilla *a plusieurs sens :*

1 **ventanilla** *peut signifier* fenêtre (*d'un train ou d'une voiture*) *ou* hublot (*d'un avion ou d'un bateau*).

2 **ventanilla** *peut signifier* guichet (*dans une gare ou une banque*).

■ **ventanilla** *est féminin.*

veo → **ver.**

ver voir *ou* regarder.

► **a ver** voyons *ou* voyons voir.

► **por lo que veo** *ou* **por lo visto** à ce que je vois.

► **¡nos vemos!** à tout à l'heure !

► **no tener nada que ver con algo** n'avoir rien à voir avec quelque chose.

► **ya veremos...** on verra bien...

► **¡no veas ...!** je ne te dis pas... !

▷ ¡No veas cómo se puso cuando se lo dije! Je ne te dis pas dans quel état il s'est mis quand je le lui ai dit !

► **verse** se voir *ou* se rencontrer *ou* se retrouver.

▷ ¿Nos vemos en la cafetería? On se retrouve à la cafétéria ?

veranear passer les vacances d'été.

■ *Dans ce mot, on reconnaît le lien avec* **verano** *qui signifie « été ».*

📖 *Se conjugue sur le modèle de* **cantar** (voir p. 903).

veraniego, veraniega estival(e) *ou* d'été.

■ *Dans ce mot, on reconnaît le lien avec* **verano** *qui signifie « été ».*

verano été.

veras

► **de veras** vraiment.

verbo verbe.

verdad vérité.

► **de verdad** vrai(e) *ou* sérieusement *ou* vraiment *ou* véritable.

▷ Es un amigo de verdad. C'est un véritable ami.

▷ De verdad que no sé qué ha podido pasar. Vraiment, je ne sais pas ce qui a pu se passer.

► **¿verdad?** n'est-ce pas ?

► **¿de verdad?** vraiment ?

▷ ¿De verdad quieres irte ya? Tu veux vraiment partir déjà?

► **ser verdad** être vrai(e).

■ *Ce mot, comme la plupart des mots espagnols terminés par* **-tad, -dad** *et* **-tud,** *est féminin.*

verdadero, verdadera véritable *ou* vrai(e) *ou* véridique.

verde vert(e).

verdugo bourreau.

verdura légumes.

■ **verdura** *est féminin singulier.*

vergonzoso, vergonzosa honteux (-euse).

VER				
INDICATIF				CONDITIONNEL
PRÉSENT	IMPARFAIT	PASSÉ SIMPLE	FUTUR	PRÉSENT
veo ves ve vemos veis ven	veía veías veía veíamos veíais veían	vi viste vio vimos visteis vieron	veré verás verá veremos veréis verán	vería verías vería veríamos veríais verían
SUBJONCTIF		IMPÉRATIF		
PRÉSENT	IMPARFAIT	PRÉSENT		
vea veas vea veamos veáis vean	viera vieras viera viéramos vierais vieran	ve vea veamos ved vean	INFINITIF PARTICIPE GÉRONDIF	ver visto viendo

vergüenza honte.

> **i** Le tréma sur le **ü** sert à indiquer que les voyelles **u** et **i** doivent être prononcées séparément.

verter *a plusieurs sens :*

1 **verter** *peut signifier* verser.

2 **verter** *peut signifier* renverser.

📖 **verter** *est un verbe à diphtongue. Le* **–e** *devient* **–ie** *aux trois personnes du singulier et à la troisième personne du pluriel au présent de l'indicatif et du subjonctif :*

INDICATIF PRÉSENT	SUBJONCTIF PRÉSENT
vierto	vierta
viertes	viertas
vierte	vierta
vertemos	vertamos
vertéis	vertáis
vierten	viertan

📖 *Se conjugue sur le modèle de* **deber** (voir p. 928).

ves → **ver.**

vestido *a plusieurs sens :*

1 **vestido** *signifie* vêtement.

2 **vestido** *signifie* robe.

> **i** **vestido** peut également être le participe passé du verbe **vestir.**

vestir habiller.

▷ **Para carnaval se vistió de princesa.** Pour le carnaval elle s'est habillée en princesse.

> Attention à l'emploi de la préposition **de** dans **estar vestido de** (être habillé en).

📖 **vestir** *subit un changement de voyelle : le* **–e** *se transforme en* **–i** *aux trois personnes du singulier et à la troisième personne du pluriel du présent de l'indicatif, à toutes les personnes du présent du subjonctif, aux troisièmes personnes du singulier et du pluriel au passé simple et à toutes les personnes du subjonctif imparfait.*

INDICATIF PRÉSENT	SUBJONCTIF PRÉSENT	PASSÉ SIMPLE	SUBJONCTIF IMPARFAIT
visto	vista	vestí	vistiera
vistes	vistas	vestiste	vistieras
viste	vista	vistó	vistiera
vestimos	vistamos	vestimos	vistiéramos
vestís	vistáis	vestísteis	vistierais
visten	vistan	vistieron	vistieran

📖 *Se conjugue sur le modèle de* **vivir** (voir p. 1109).

vez fois.

▷ **Cada vez que habla delante de la clase, tartamudea.** Chaque fois qu'il parle devant la classe, il bégaye.

► **a la vez** en même temps.

► **a veces** parfois.

► **cada vez más** de plus en plus.

► **cada vez menos** de moins en moins.

► **de vez en cuando** de temps en temps.

► **en vez de** au lieu de.

► **érase una vez** il était une fois.

► **pocas veces** pas souvent.

► **tal vez** peut-être.

vi → **ver.**

vía voie.

► **en vías de** en voie de.

► **Vía Láctea** Voie Lactée.

viajar voyager.

📖 *Se conjugue sur le modèle de* **cantar** (voir p. 903).

viaje voyage.

► **ir de viaje** partir en voyage.

► **viaje de negocios** voyage d'affaires.

► **viaje de novios** voyage de noces.

> **i** **viaje** peut également être une forme du verbe **viajar.**
> ▷ **Mis padres no quieren que viaje solo.** Mes parents ne veulent pas que je voyage tout seul.

viajero, viajera voyageur(-euse).

victoria victoire.

► **cantar victoria** crier victoire.

vid vigne.

vida vie.

► **de toda la vida** de toujours.

► **estar con vida** être en vie.

videojuego jeu vidéo.

viejo, vieja *a des sens différents selon sa catégorie grammaticale :*

> *Ce peut être un* ADJECTIF :

viejo, vieja *signifie* vieux, vieil, vieille *ou* ancien(ne).

> *Ce peut être un* NOM :

viejo, vieja *signifie* vieillard(e) *ou* vieil homme, vieille femme.

► **viejos** personnes âgées.

viendo → **ver.**

vienen → **venir.**

viento vent.

► **hace viento** il y a du vent.

vientre ventre.

> Attention à l'orthographe du mot **vientre.**

vier... (**viera, viéramos, vierais, etc.**) → **ver.**

viernes vendredi.

■ **viernes** *est masculin et invariable : un viernes, dos viernes.*

vieron → **ver.**

vigilante surveillant(e).

■ *Dans ce mot, on reconnaît le lien avec le verbe* **vigilar** *qui signifie « surveiller ».*

vigilar surveiller *ou* veiller.

▷ **Vigilo por los niños.** Je veille sur les enfants.

> Attention à l'emploi de la préposition **por** dans **vigilar por alguien** (veiller sur quelqu'un).

Se conjugue sur le modèle de **cantar** (voir p. 903).

vigor vigueur.

■ *Comme la plupart des mots espagnols terminés par* **-or, vigor** *est masculin.*

villancico chant de Noël.

vinagre vinaigre.

vínculo lien.

vini... (**viniera, vinimos, viniste, etc.**) → **venir.**

vino vin.

► **vino de crianza** grand cru.

► **vino tinto** vin rouge.

> i **vino** peut également être une forme du verbe **venir.**
> ▷ **Ayer no vino a la escuela, estaba enfermo.** Hier il n'est pas venu à l'école, il était malade.

viña vigne.

vio → **ver.**

violeta *a des sens différents selon sa catégorie grammaticale :*

> *Ce peut être un* ADJECTIF :

violeta *signifie* violet(te).

> *Ce peut être un* NOM :

violeta *signifie* violette (= *fleur*).

violoncelo violoncelle.

► **tocar el violoncelo** jouer du violoncelle.

violín violon.

► **tocar el violín** jouer du violon.

violón contrebasse.

► **tocar el violón** jouer de la contrebasse.

■ **violón** *est masculin.*

> Attention ! Ne pas confondre **violón** et **violín.**

virgen vierge.

Virgo Vierge (= *signe astrologique*).

virtud vertu.

■ *Ce mot, comme la plupart des mots espagnols terminés par* **-tad, -dad** *et* **-tud,** *est féminin.*

visitar visiter *ou* rendre visite à.

▷ **Fui a visitar a mi abuelo al hospital.** Je suis allé à l'hôpital rendre visite à mon grand-père.

Se conjugue sur le modèle de **cantar** (voir p. 903).

vislumbrar apercevoir *ou* distinguer *ou* entrevoir.

Se conjugue sur le modèle de **cantar** (voir p. 903).

víspera veille.

vista vue.

► **a simple vista** *ou* **a primera vista** à première vue.

► **¡hasta la vista!** à bientôt !

► **saltar a la vista** sauter aux yeux.

vistazo coup d'œil.

► **dar un vistazo** *ou* **echar un vistazo** jeter un coup d'œil.

■ *Dans ce mot, on reconnaît le nom* **vista** *qui signifie « vue » et le suffixe* **-azo.**

viste, visteis → **ver.**

visto *est le participe passé du verbe* **ver.**

viudo, viuda veuf, veuve.

VIVIR				
INDICATIF				CONDITIONNEL
PRÉSENT	IMPARFAIT	PASSÉ SIMPLE	FUTUR	PRÉSENT
vivo vives vive vivimos vivís viven	vivía vivías vivía vivíamos vivíais vivían	viví viviste vivió vivimos vivisteis vivieron	viviré vivirás vivirá viviremos viviréis vivirán	viviría vivirías viviría viviríamos viviríais vivirían
SUBJONCTIF		IMPÉRATIF		
PRÉSENT	IMPARFAIT	PRÉSENT		
viva vivas viva vivamos viváis vivan	viviera vivieras viviera viviéramos vivierais vivieran	 vive viva vivamos vivid vivan	INFINITIF PARTICIPE GÉRONDIF	vivir vivido viviendo

vivienda logement *ou* habitation.

vivir vivre *ou* habiter.

vivo, viva *a plusieurs sens :*

1 **vivo, viva** *peut signifier* vivant(e).
► **un ser vivo** un être vivant.

2 **vivo, viva** *peut signifier* vif, vive.

> **i** **vivo** et **viva** peuvent également être des formes du verbe **vivir**.
> ▷ **Vivo en un barrio muy agradable.** J'habite un quartier très agréable.

vocabulario vocabulaire.

vocal *a des sens différents selon sa catégorie grammaticale :*

> *Ce peut être un* ADJECTIF :

vocal *signifie* vocal(e).

> *Ce peut être un* NOM :

vocal *signifie* voyelle.

volar voler *ou* s'envoler.

► **hacer algo volando** faire quelque chose en vitesse *ou* rapidement *ou* tout de suite.

📖 **volar** *est un verbe à diphtongue. Le* **–o** *devient* **–ue** *aux trois personnes du singulier et à la troisième personne du pluriel au présent de l'indicatif et du subjonctif :*

INDICATIF PRÉSENT	SUBJONCTIF PRÉSENT
vuelo	vuele
vuelas	vueles
vuela	vuele
volamos	volemos
voláis	voléis
vuelan	vuelen

📖 *Se conjugue sur le modèle de* **cantar** (voir p. 903).

volcán volcan.

volcar renverser.

📖 *Attention ! Pour conserver le son /k/ de l'infinitif, le* **–c** *de* **volcar** *se transforme en* **–qu** *devant un* **–e.** *De plus,* **volcar** *est un verbe à diphtongue. Le* **–o** *devient* **–ue** *aux trois personnes du singulier et à la troisième personne du pluriel au présent de l'indicatif et du subjonctif.*

INDICATIF PRÉSENT	SUBJONCTIF PRÉSENT
vuelco	vuelque
vuelcas	vuelques
vuelca	vuelque
volcamos	volquemos
volcáis	volquéis
vuelcan	vuelquen

📖 *Se conjugue sur le modèle de* **cantar** (voir p. 903).

voleibol volley-ball.

volumen volume.

► **a todo volumen** à fond.

voluntad volonté.

■ *Ce mot, comme la plupart des mots espagnols terminés par* **–tad, -dad** *et* **–tud,** *est féminin.*

volver *a plusieurs sens :*

1 **volver** *peut signifier* tourner.

2 **volver** *peut signifier* rentrer *ou* retourner.
► **volver a hacer algo** recommencer à faire quelque chose *ou* faire quelque chose à nouveau.
▷ **Esta tarde ha vuelto a llover.** Cet après-midi il a recommencé à pleuvoir.

▷ Vi a Jaime en el metro y lo volví a ver el mismo día en el cine. J'ai vu Jaime dans le métro et je l'ai revu le même jour au cinéma.

▷ ¿Puede volver a llamar más tarde? Vous pouvez rappeler plus tard ?

ℹ Très souvent on peut traduire volver a + infinitif par un verbe français commençant par le préfixe re-.

► **volverse** *peut signifier* se retourner.

► **volverse** *peut signifier* devenir.

▷ Se ha vuelto loco. Il est devenu fou.

📖 **volver** *est un verbe à diphtongue. Le* **-o** *devient* **-ue** *aux trois personnes du singulier et à la troisième personne du pluriel au présent de l'indicatif et du subjonctif :*

INDICATIF PRÉSENT	SUBJONCTIF PRÉSENT
vuelvo	vuelva
vuelves	vuelvas
vuelve	vuelva
volvemos	volvamos
volvéis	volváis
vuelven	vuelvan

📖 *Se conjugue sur le modèle de* **deber** (voir p. 928).

📖 *Le participe passé du verbe* **volver** *est irrégulier :* **vuelto**.

vomitar vomir.

📖 *Se conjugue sur le modèle de* **cantar** (voir p. 903).

vosotros, vosotras *est le pronom personnel* vous.

▷ Nosotros buscamos por la izquierda y vosotros vais a ver por la derecha. Nous cherchons à gauche et vous allez voir à droite.

► **entre vosotros** parmi vous.

■ *En espagnol, à la deuxième personne du pluriel, on précise si l'on s'adresse exclusivement à des femmes (vosotras) ou non (vosotros).*

votación vote.

■ *Ce mot, comme la plupart des mots espagnols terminés par* **-ción** *ou* **-sión**, *est féminin.*

votar voter.

📖 *Se conjugue sur le modèle de* **cantar** (voir p. 903).

voto *a plusieurs sens :*

1 **voto** *peut signifier* voix (*en parlant d'une élection*).

► **dar su voto** voter.

► **voto a favor** vote pour.

► **voto en contra** vote contre.

2 **voto** *peut signifier* vœu.

ℹ voto peut également être une forme du verbe votar.
▷ Yo no voto porque todavía soy menor de edad. Je ne vote pas parce que je suis encore mineur.

voy *est le verbe* **ir** *conjugué à la première personne du singulier au présent de l'indicatif :*

▷ Voy al colegio en bicicleta. Je vais à l'école à vélo.

voz voix.

► **dar voces** pousser des cris.

► **a media voz** à mi-voix.

► **en voz alta** à voix haute.

► **en voz baja** à voix basse.

vuelo vol.

ℹ vuelo peut également être une forme du verbe volar.
▷ A menudo sueño que vuelo. Je rêve souvent que je vole.

vuelta *a plusieurs sens :*

1 **vuelta** *peut signifier* retour.

► **darse la vuelta** se retourner.

► **ida y vuelta** aller-retour.

2 **vuelta** *peut signifier* tour.

► **dar una vuelta** faire un tour.

▷ Di una vuelta por el barrio. J'ai fait un tour dans le quartier.

► **dar vueltas** tourner.

3 **vuelta** *peut signifier* virage.

4 **vuelta** *peut signifier* verso.

5 **vuelta** *peut signifier* monnaie.

▷ Quédese con la vuelta. Gardez la monnaie.

vuelto *est le participe passé du verbe* **volver**.

vuestro, vuestra *a des sens différents selon sa catégorie grammaticale :*

> *Ce peut être un* ADJECTIF POSSESSIF :

vuestro, vuestra *signifie* votre.

▷ ¿Es vuestro amigo? C'est votre ami ?

> *Ce peut être un* PRONOM POSSESSIF :

vuestro, vuestra *signifie* vôtre.

▷ ¿No es el vuestro? Ce n'est pas le vôtre ?

► **un... vuestro** un de vos...

▷ ¿Es un amigo vuestro? C'est un de vos amis ?

W-X-Y-Z

ESPAGNOL — FRANÇAIS

walkie-talkie talkie-walkie.

xenofobia xénophobie.

xenófobo, xenófoba xénophobe.

xilófono xylophone.

y *est la conjonction de coordination* et.

▷ Mi padre y mi madre son médicos. Mon père et ma mère sont médecins.

ya *a plusieurs sens :*

1 **ya** *peut signifier* déjà.

▷ ¿Ya te vas? Tu pars déjà ?

▷ Ya ha terminado los deberes. Il a déjà terminé ses devoirs.

2 **ya** *peut signifier* tout de suite.

▷ Ha llamado para decir que ya llega. Il a appelé pour dire qu'il arrivait tout de suite.

3 **ya** *peut signifier* bien.

▷ Ya sé que es un poco tarde para ir. Je sais bien qu'il est un peu tard pour y aller.

4 **ya** *peut servir à exprimer une action à venir.*

▷ Ya irás mañana. Tu iras demain.

► **¡ya está!** ça y est !

► **ya era hora (de que...)** il était grand temps (que...).

► **ya que** puisque.

► **ya no...** ne... plus.

▷ Ahora ya no vivo allí. Je n'habite plus là maintenant.

► **ya nadie...** plus personne...

▷ Ya nadie le da importancia a eso. Plus personne n'accorde d'importance à ça.

yaya mamie.

yayo papi.

yegua jument.

yema *a plusieurs sens :*

1 **yema** *peut signifier* jaune (*d'œuf*).

2 **yema** *peut signifier* bourgeon.

■ **yema** *est féminin.*

yerba herbe.

> i **yerba** peut également s'écrire **hierba**.

yeso plâtre.

yo *a plusieurs sens :*

1 **yo** *peut signifier* je.

▷ ¡Yo no he hecho nada! Je n'ai rien fait !

■ *En espagnol, les pronoms personnels sont souvent omis car ce sont les terminaisons verbales qui indiquent la personne. On les utilise pour éviter les confusions entre plusieurs personnes ou pour renforcer le sujet.*

2 **yo** *peut signifier* moi.

▷ Es más joven que yo. Il est plus jeune que moi.

▷ ¡Soy yo! C'est moi !

yogur yaourt.

yudo judo.

yugoslavo, yugoslava yougoslave *ou* Yougoslave.

zambullida plongeon.

► **darse una zambullida** faire un plongeon.

■ **zambullida** *est féminin.*

zambullirse plonger.

📖 **zambullirse** *appartient au groupe des verbes terminés en* **-ñer, -ñir** *et* **-ullir** *qui subissent des modifications orthographiques : le* **-i** *disparaît au subjonctif imparfait, au gérondif et aux troisièmes personnes du singulier et du pluriel du passé simple.*

PASSÉ SIMPLE	SUBJONCTIF IMPARFAIT	GÉRONDIF
me zambullí	me zambullera	zambulléndose
te zambulliste	te zambulleras	
se zambulló	se zambullera	
nos zambullimos	nos zambulléramos	
os zambullisteis	os zambullerais	
se zambulleron	se zambulleran	

📖 *Se conjugue sur le modèle de* **evadirse** (voir p. 960).

zampar(se) avaler *ou* engloutir.

> zampar est un mot familier.

📖 *Se conjugue sur le modèle de* **cantar** (voir p. 903).

zanahoria carotte.

zancadilla croche-pied.

► **poner la zancadilla a alguien** faire un croche-pied à quelqu'un.

zapatería cordonnerie *ou* magasin de chaussures.

zapatero, zapatera cordonnier(-ière) *ou* marchand(e) de chaussures.

zapatilla chausson *ou* pantoufle.

► **zapatillas de deporte** chaussures de sport.

zapato chaussure.

► **zapato de tacón** chaussure à talon.

■ **zapato** *est masculin.*

zarandear bousculer.

📖 *Se conjugue sur le modèle de* **cantar** (voir p. 903).

zarpa griffe.

zarpazo coup de griffe.

■ *Dans ce mot, on reconnaît le nom* **zarpa** *qui signifie « griffe » et le suffixe* **-azo**.

zarza ronce.

zarzamora mûre.

zorro *a des sens différents selon sa catégorie grammaticale :*

> *Ce peut être un* ADJECTIF *:*

zorro, zorra *signifie* rusé(e).

> *Ce peut être un* NOM *:*

zorro *signifie* renard.

zumbar bourdonner.

▷ **Me zumban los oídos.** J'ai les oreilles qui bourdonnent.

📖 *Se conjugue sur le modèle de* **cantar** (voir p. 903).

zumbido bourdonnement.

zumo jus (*de fruits*).

zurdo, zurda gaucher(-ère).

zurra raclée.

> zurra est un mot familier.

zurrar flanquer une raclée à.

> zurrar est un mot familier.

📖 *Se conjugue sur le modèle de* **cantar** (voir p. 903).

TABLE DES MATIÈRES

Achevé d'imprimer en Italie par Grafica Veneta S.p.A.
N° d'éditeur 10174644 - Dépôt légal: Janvier 2011

contenido

- Conoce a mi familia -

la chimenea
el tejado
El gato está en lo alto de las escaleras.
una ventana
una pared
la puerta principal
el garaje
Jorge está en la parte de abajo de las escaleras.
el buzón
el camino de entrada
las flores
el césped

- Mi casa -

cuadros
un póster
un armario
juguetes
un radiocasete
portátil
unos discos
compactos
una almohada
una cómoda
patines en línea
Esta es Lucía
¿Piensas que
está durmiendo?
un despertador
un edredón
una cama
un reproductor
de MP3
la moqueta

- En el cuarto -

- En el cuarto de estar -

una persiana
armarios
una campana extractora
un microondas
tarros
un combi/ un frigorífico-congelador
un grifo
un cazo
el fregadero
un lavavajillas
una sartén
una cafetera
una tostadora
una taza

- En la cocina -

- En el comedor -

- En el cuarto de baño -

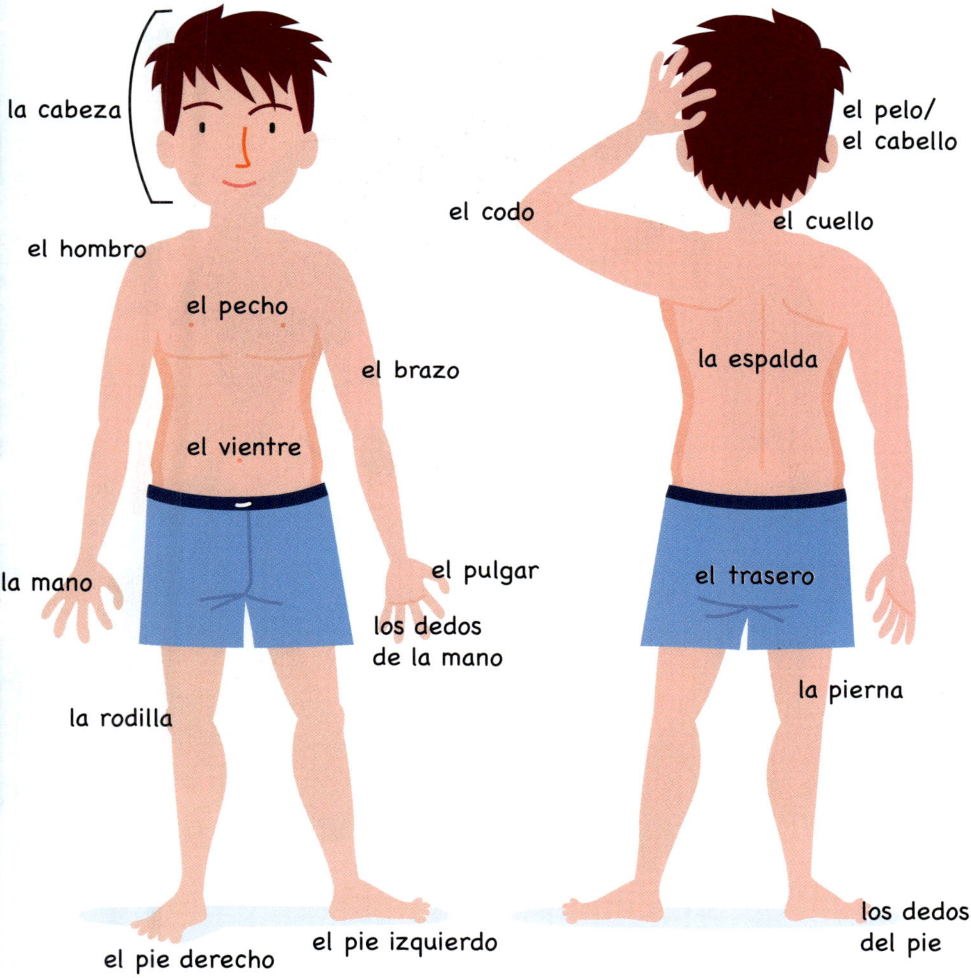
la cabeza
el pelo/
el cabello
el codo
el cuello
el hombro
el pecho
el brazo
la espalda
el vientre
la mano
el pulgar
el trasero
los dedos
de la mano
la pierna
la rodilla
los dedos
del pie
el pie derecho
el pie izquierdo

- Mi cuerpo -

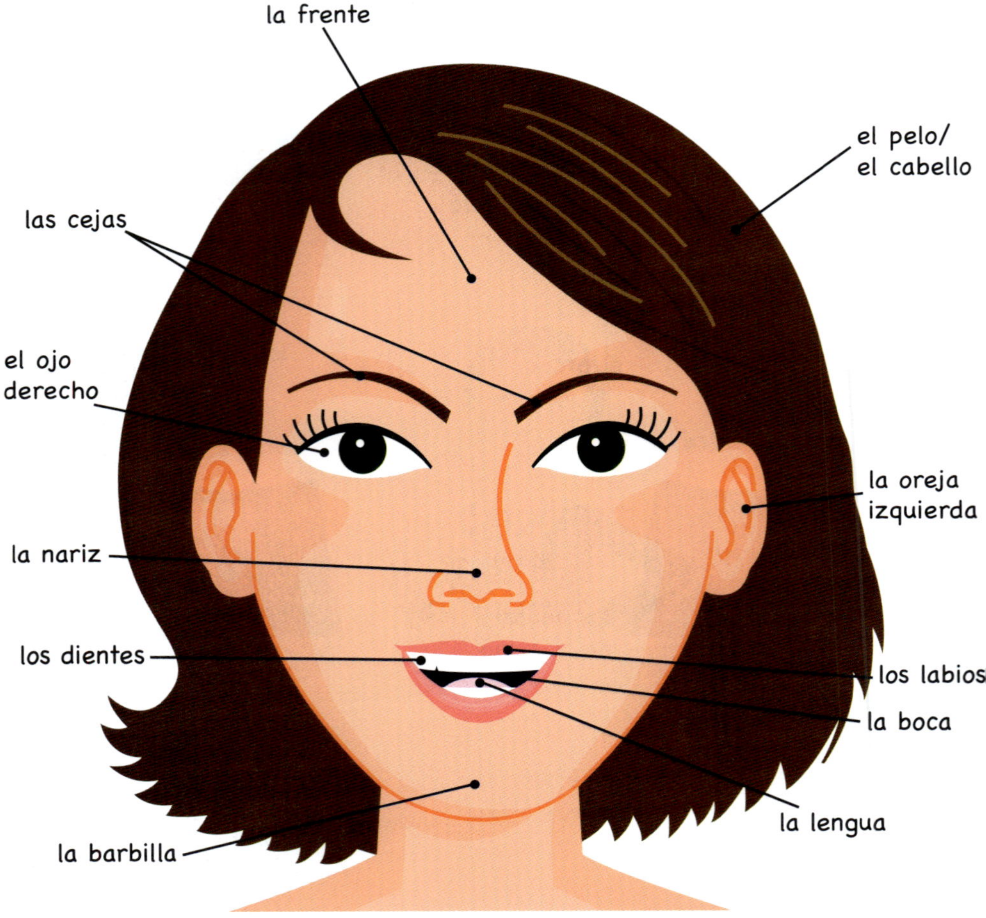
la frente
el pelo/
el cabello
las cejas
el ojo
derecho
la oreja
izquierda
la nariz
los dientes
los labios
la boca
la lengua
la barbilla

- Mi cara -

Es feliz.
Sonríe.

Está triste.
Llora.

Está enfadada.
Está de mal humor.

Se aburre.

Es orgullosa.

Está emocionado.

Está asustado.
Tiene miedo.

Es tímida.

Está decepcionado.

- Emociones y estados de ánimo -

un parque
el hospital
un aparcamiento
un banco
un bloque de pisos
un semáforo
la iglesia
el ayuntamiento
un estanque
un paso de cebra
una encrucijada

- En la ciudad -

Alfredo va al trabajo en coche.

Cecilia va a comprar en bicicleta.

Enrique va a la universidad en moto.

El tren está llegando a la estación.

El avión está esperando en el aeropuerto para despegar.

Este transbordador transporta a la gente de un lado a otro de la bahía.

Los pasajeros esperan en la parada del autobús.

El metro está llegando a la estación.

- Medios de transporte -

el cielo
montañas
una colina
un bosque
un castillo
un lago
un pueblo
un árbol
un río
un puente
una carretera
un campo
flores

- El paisaje -

El otoño: hace viento.

El invierno: nieva y hace mucho frío.

La primavera: llueve y en el cielo brilla el arco iris.

El verano: el sol brilla y hace mucho calor.

- Las estaciones -

- Animales de compañía -

- Animales de la granja -

- Animales salvajes -

- Insectos y reptiles -

zanahorias
cebollas
ajos
una lechuga
puerros
una coliflor
judías
mazorcas
de maíz
tomates
guisantes
pimientos
un pepino
patatas

- Verduras -

plátanos
una sandía
una piña
manzanas
peras
albaricoques
pomelos
limones
melocotones
uvas
ciruelas
cerezas
fresas
naranjas
un melón

- Frutas -

Laura es médica.

Eva es enfermera.

Ramón es policía.

Pablo es bombero.

Julián es cartero.

Patricia es peluquera.

Antonio es fontanero.

Marta es veterinaria.

- Profesiones: ¿qué hacen? -

- Música: ¿qué están haciendo? -

Guillermo monta en bicicleta. Lleva un casco.

Julia monta en poni.

Alberto e Isabel pratican la vela.

Tomás y Andrés juegan al baloncesto.

David está nadando.

Pedro esquía.

Hugo juega al fútbol.

Raúl juega al tenis.

- Los Reyes Magos -

- El ordenador -

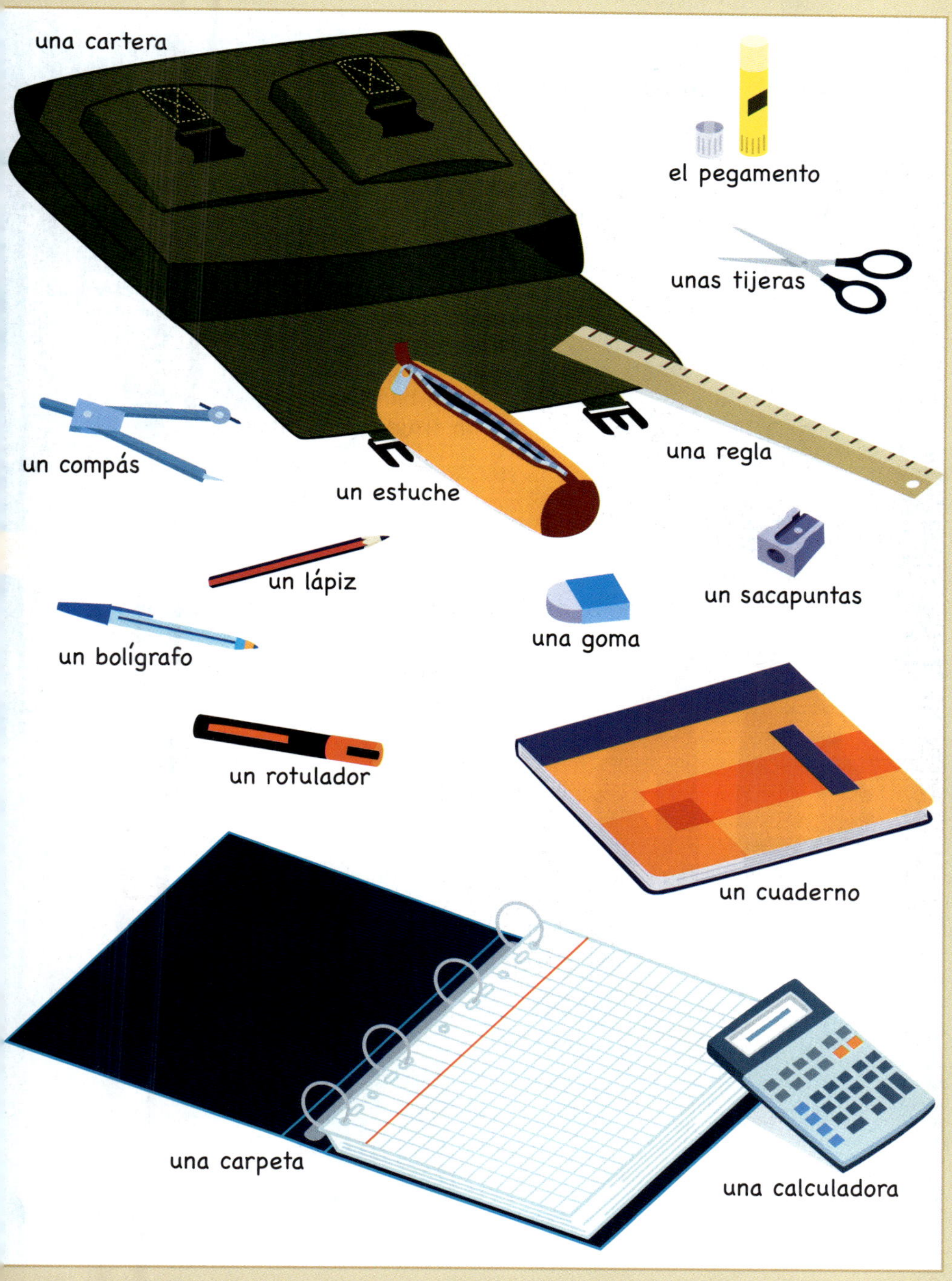

- Cosas que utilizamos en la escuela -

unos calcetines rojos
un jersey naranja/ un suéter naranja
una sudadera gris
unos calzoncillos
unas zapatillas de deporte
un bañador/ un traje de baño
una gorra
un gorro de lana
una camiseta verde y amarilla
una chaqueta azul
unos pantalones cortos verdes
unos pantalones anchos
una camisa blanca
unos pantalones
unos vaqueros
un chándal rojo

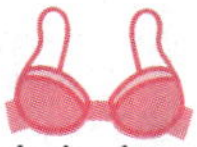

un sujetador rosa/
un sostén rosa

unas medias

unas botas

unas gafas de sol

unas bragas
rosas

un biquini

un albornoz
amarillo

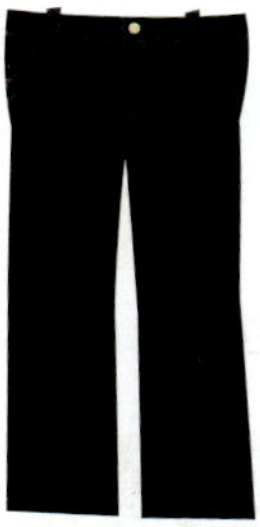

unos pantalones
negros

un vestido
violeta

una blusa
blanca

Son las dos en punto.

Son las dos y diez.

Son las dos y cuarto.

Son las dos y veinticinco.

Son las dos y media.

Son las tres menos veinte.

Son las tres menos cuarto.

Son las doce
(del mediodia).

Son las doce de la noche.
Es medianoche.

Son las doce
(del mediodia).

Son las cuatro y veinticinco.

Es la una y dos minutos.

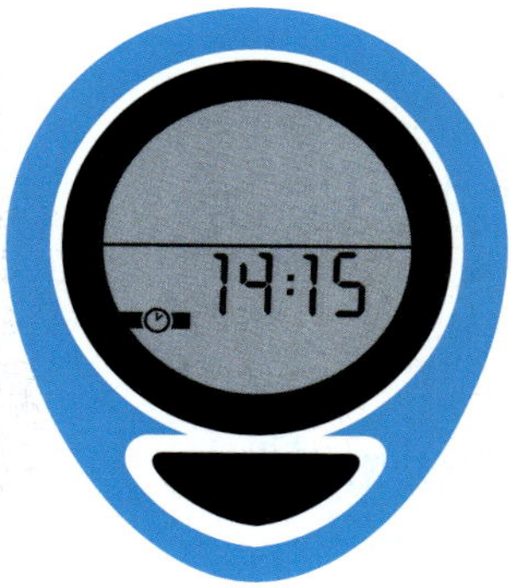

Son las dos y cuarto.

Son las diez y media.

Son las doce de la noche.
Es medianoche.